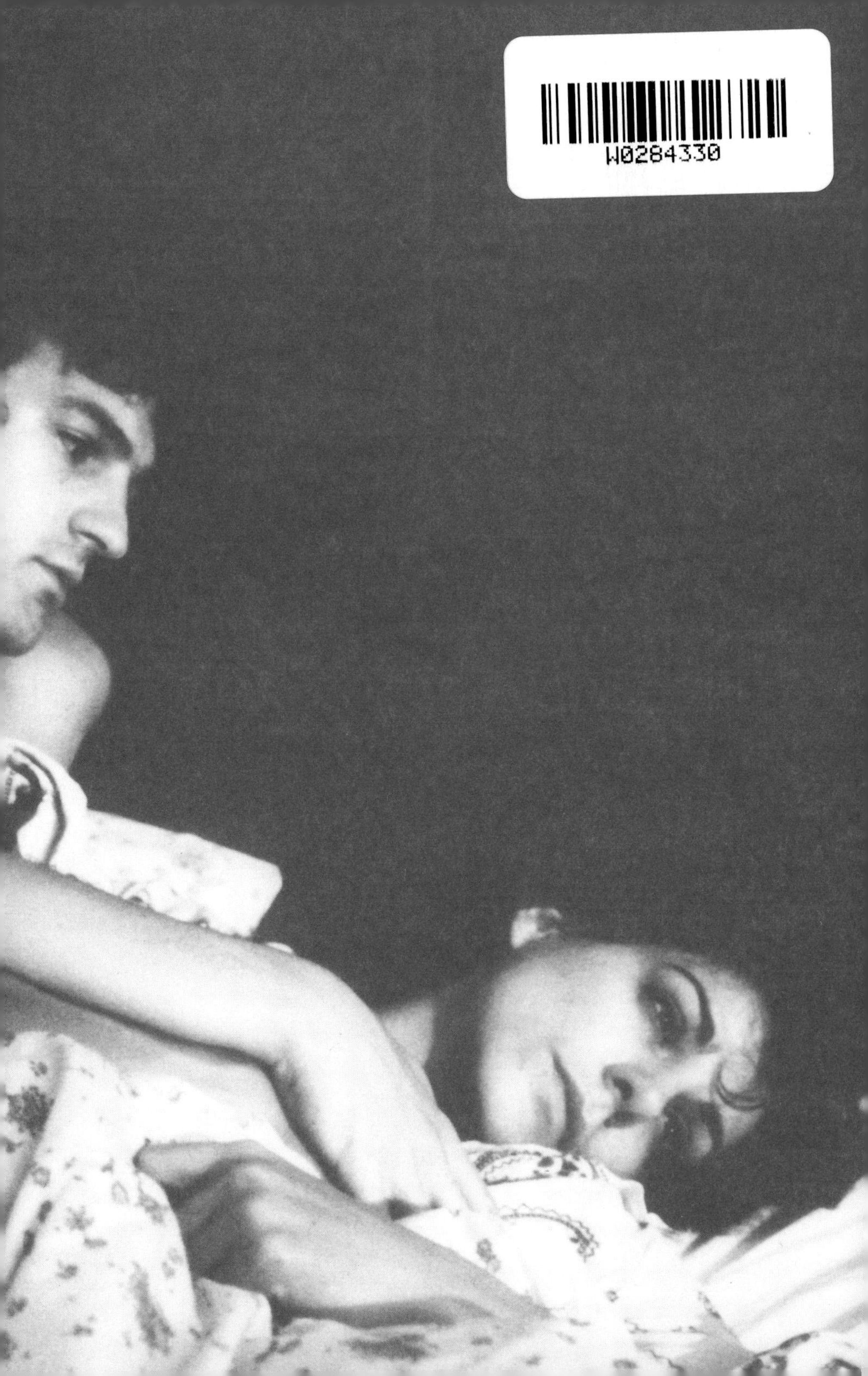

Edgar Reitz · Die Zweite Heimat

Christof 12/93

Weihnachten 93
Christof

Edgar Reitz

Die Zweite Heimat

Chronik einer Jugend
in 13 Büchern

Drehbuch

Goldmann Verlag

Dieses Buch und der Schutzumschlag wurden
auf chlorfrei gebleichtem Papier gedruckt.
Die Einschrumpffolie (zum Schutz vor
Verschmutzung) ist aus umweltschonender
und recyclingfähiger PE-Folie.

Der Goldmann Verlag
ist ein Unternehmen der Verlagsgruppe Bertelsmann

1. Auflage

Satz: Filmsatz Schröter GmbH, München
Printed in Austria · Wiener Verlag
ISBN 3-442-30466-0

Vorbemerkung

Immer wieder habe ich mich gefragt, welche Bedeutung die Drehbücher für das Filmemachen eigentlich haben, abgesehen von ihrem praktischen Wert für die Geldgeber, die Organisation der Produktionsarbeiten oder für die Verständigung mit den Drehteams. Die Filmgeschichte ist voll von Beispielen für großartige Filme, deren Drehbücher unbedeutend waren, und umgekehrt haben gute Drehbücher oft erbärmlichen Filmen zugrunde gelegen. Wenn ich ein Drehbuch schreibe, bediene ich mich der Sprache als Mittel des Ausdrucks, und wenn ich es gut machen will, stehe ich vor literarischen Aufgaben. Jeder, der schreibt und erst recht jeder, der schreibend erzählt, weiß, wie einen die Worte selbst, wie einen die Gesetze der Sprache packen können und wie die Geschichte sich in den Worten zu entwickeln beginnt. Bald ist meine Geschichte dann von den Worten untrennbar und damit meilenweit entfernt von dem, was eigentlich entstehen soll: dem Film.

Alle Erzähler, die Schriftsteller und auch die Filmemacher, sind auf die Phantasie ihres Publikums angewiesen. Der Leser muß sich die Bilderwelt eines Romans beim Lesen selbst erfinden, der Kinobesucher muß sich die Zusammenhänge hinter den Bildern, die Gedanken- und Gefühlswelt der Kinofiguren selbst erschaffen, wenn er den Film überhaupt verstehen will. Die Romane leben von ihren nichtbeschriebenen Bildern, die Filme leben von den unsichtbaren Gefühlsströmen. Literatur und Film sind in vielerlei Hinsicht einander entgegengesetzte Medien und lassen sich niemals wirklich ineinander übersetzen.

Was tut nun einer, der wie ich Drehbuchautor und Filmemacher in einer Person ist? Ich mußte das Buch, das ich als Grundlage für meinen eigenen Film geschrieben habe, bei den Dreharbeiten eigentlich zerstören. Ich mußte mir selbst das antun, worunter viele Literaten leiden, wenn sie erleben, daß ihre Bücher verfilmt werden: Das Buch wurde als Materiallager ausgebeutet, ich mußte es verfälschen, in seine Details zerlegen und benutzen, wie man Requisiten, Schauplätze oder die Darsteller benutzt. Wenn der Film fertig ist, bleibt vom Drehbuch nichts übrig. Oder doch?

Mit dem vorliegenden Buch habe ich etwas versucht, das ich noch nie getan habe: Ich habe das Drehbuch nach der Fertigstellung des Films

noch einmal geschrieben, das heißt, ich habe seinen sprachlichen Hintergrund, mit dem alles angefangen hat, wiederzufinden versucht. Szenenfolge, Dialoge, Handlungsablauf und Charaktere halten sich genau an die endgültige Fassung des Films, so genau, daß der Leser fast jede Stelle auffinden und »nachprüfen« kann. Aber dennoch ist dieses Buch kein Protokoll eines Films, wie es Filmwissenschaftler manchmal anfertigen, sondern eher eine Nacherzählung des ursprünglichen Drehbuchs, in die Ideen und Geschichten, die erst später entstanden sind, einfließen durften.
Ich wäre kein Filmemacher geworden, wenn mir das Erfinden von Bildern nicht noch viel mehr geben würde als das Erzählen in Worten. Deswegen wollte ich auch nicht darauf verzichten, immer wieder Filmbilder in diesen Text einzustreuen, Bilder an deren Herstellung wir über vier Jahre gearbeitet haben. Die Phantasie des Lesers wird also auch mit der Bilderwelt des fertigen Films gefüttert, und wer den Film gesehen hat, kann mit ihnen vielleicht seine Erinnerungen auffrischen.
Unsere Geschichte handelt in den sechziger Jahren. Bei manchen Ereignissen und Figuren mag man an Menschen oder Situationen denken, die es wirklich gegeben hat. Meine Lust am Erzählen nährt sich aber vor allem vom Erfinden und Weiterspinnen der Geschichten, die das Leben nur andeutet. Die Wahrheit reicht uns Geschichtenerzählern nie aus, denn unsere Leidenschaft sucht immer wieder die Steigerung, sucht das noch lebendigere Leben. Wenn es gutgeht, wird die Wahrheit bei diesem Verfahren bis zur (Un-)Kenntlichkeit verzerrt. Bei aller Liebe zum Fabulieren möchte ich allerdings nie in die Lage kommen, *über* meinen Figuren zu stehen. So wie wir uns nicht aussuchen können, wo und wann wir geboren werden, so kann auch ich mir als Erzähler meine Geschichten eigentlich nicht aussuchen. Sie bleiben an meinen kleinen Erfahrungshorizont gebunden, und ich komme selbst darin vor.
Ich möchte an dieser Stelle all diejenigen nennen, ohne deren Hilfe es mir in den sieben Jahren Produktionszeit wohl kaum gelungen wäre, den 26stündigen Film und dieses Buch zuwege zu bringen: die Darsteller der vielen großen und kleinen Rollen, die hingebungsvollen Mitarbeiter in Organisations- und Drehteams, vor allem aber Joachim von Mengershausen, Robert Busch und Salome Kammer. Ihnen gilt mein besonderer Dank.

Edgar Reitz

Erstes Buch

DIE ZEIT DER ERSTEN LIEDER

Hermann, Herbst 1960

101 Wohnküche, Haus Simon in Schabbach

Klärchens Brief liegt aufgeschlagen auf dem Tisch.
Ein stiller Nachmittag im Sommer. In der Wohnküche halten alle Dinge den Atem an: der warme Suppentopf, der neben dem Teller steht, der wartende Löffel, das Brot, die feinen Staubpartikel, die vor dem offenen Fenster im Sonnenstrahl schweben, die Vorhänge, der Herd und die Einmachgläser, die glänzend vor Frische neben den Gartenbohnen bereitstehen, gerade vor zehn Minuten von der Mutter vorbereitet zum Einfüllen und Einkochen. Die Geräusche des Dorfes wehen zum Fenster herein, leise, wie im Nachmittagsschlaf.
Jeden Moment kann sich die Küchentür öffnen, kann die Mutter zurückkehren, kann der Lärm des Landlebens zurückkommen. Dann würde die Stube wieder atmen, das Bild des toten Großvaters wieder von der Wand lächeln, Oma Katharina wieder gütig aus dem Holzrähmchen schweigen, würden die Zwiebeln auf dem Brett zerhackt, würde das Bohnenkraut in das Bohnengemüse, würden die Bohnen in die Gläser gestopft . . .
Auf dem Hackbrettchen liegt Klärchens Brief, aufgeschlagen mitten im Lesen liegengelassen, ein Beweisstück, ein Familienskandal, ein Vorfall, der an diesem Nachmittag das ganze Küchenleben unterbrochen hat.

KLÄRCHEN. *»Hermann, mein lieber Hermann, nun bin ich wieder allein und fühle mich trotzdem nicht einsam und verlassen. Mir ist immer noch warm von Deinem Gesicht in meinem Schoß und Deinen heißen Händen, die mir so viel Kraft geben, daß ich glaube, ich muß laut schreien und alle Menschen halbtot drücken, damit sie etwas abkriegen von unserer Liebe.*
Ach, Hermann, als wir uns in dem kleinen Zelt aneinandergekuschelt haben und wir beide nicht mehr frieren mußten, da gab es nur noch Dich und mich und die Ewigkeit. Ich weiß nicht, wie lange die ist, aber auch wenn sie nur noch einen einzigen Tag dauert – es ist gut so. Ist das nicht verrückt? Jetzt bin ich doch schon ganz schön alt und erwachsen. Ich weiß, Du mußt lachen, wenn Du das liest, aber ein kleines Mädchen bin ich geblieben. Und nun gibt es Dich auf der Welt, und mir kann gar nichts Schlimmes mehr passieren.

In der langen, schönen Zeit bei Dir zu Hause mußte alles heimlich geschehen. Jetzt ist es so einfach und so klar – ich habe keine Angst mehr. Wir dürfen auch nicht mehr traurig sein und weinen.
Versprichst Du mir das? Bei Deiner Mutter, die von unserer Liebe nichts wissen durfte, da hätte auch unser Kind nicht leben können. Da bin ich ganz sicher. Aber in ein paar Jahren, wenn wir uns dann immer noch liebhaben, dann kriegen wir ein Kind oder zwei oder drei oder zehn.
Hermann, ich liebe Dich, auf immer – Dein Klärchen«
Es ist die Stunde der Stubenfliegen, die ungestört und träge über den Brief, das Gemüsebrett und die scharfen Küchenmesser laufen.

102 Hermanns Schlafzimmer

Hermann hält das Erinnerungsfoto vor seine Augen, auf dem er und Klärchen in dem kleinen Zelt aneinandergekuschelt sind, ein Selbstauslöser-Bild, das Hermann einst auf der Radtour ins Rheintal gemacht hat. Glücklich schauen die beiden aus dem Dreieckszelt heraus in die Kamera, lachen wie zwei Kinder, die sich versteckt haben vor den Erwachsenen.
Hermann weint beim Anblick dieses Fotos aus glücklichen Tagen. Ein bitteres Schluchzen schüttelt seinen Körper. Es wird gegen die Zimmertür gepocht und brutal auf die Türklinke geschlagen. Das Schloß hält gerade noch dem Ansturm stand. Hermann hat sich mit seinem Foto eingeschlossen.
STIMME DER MUTTER. Hermann? Mach die Tür uff, Hermann. Hermann!!
STIMME DES BRUDERS ANTON. Ich schlage die Tür in! Mach sofort uff!
Hermann zieht sich das Federbett über den Kopf, verbirgt sich mit seinem Schmerz tief in den Decken. Er ist entschlossen, niemanden an sich herankommen zu lassen.
Als die Mutter und der aufgebrachte Bruder draußen keine Ruhe geben wollen, bäumt Hermann sich kurz auf und schreit: »Nein«! Dann fällt er wieder in seine Trauer-Einsamkeit zurück.
Hermanns Schrei hat wohl seine Wirkung getan: Die Stimmen vor seiner Schlafzimmertür entfernen sich.
HERMANN. *Sie hatten mir meine erste, meine einzige Liebe zerstört. Meine Mutter, mein Stiefbruder, das ganze Hunsrückdorf hatten sich*

zusammengerottet, um mich von meinem geliebten Klärchen zu trennen. Sie war zwölf Jahre älter als ich und – was schlimmer war – ein Flüchtlingsmädchen, ohne Vermögen, ohne Hof, ohne Familie. Sie hatten sie wie eine Kriminelle verfolgt und verjagt, alles unter dem Deckmäntelchen der Mutterliebe und der Fürsorge für mich.

Über Hermanns Leid scheint die milde Nachmittagssonne auf das zerwühlte Bett, auf Hermanns Beine, die unter der Decke herausschauen, auf das alte Klavier neben der Türe, auf das Foto von Otto Wohlleben, Hermanns Vater, das darüber hängt. Hermann ist ruhiger geworden. Langsam erhebt er sich und nähert sich der Verbindungstüre, die früher zu Klärchens Schlafstube führte. Er legt seine Hand auf die Klinke und öffnet behutsam.

Ein Windstoß reißt ihm die Tür aus der Hand. Schreiendes Sonnenlicht fährt ihm ins Gesicht. Hermann ist geblendet: Das frühere Klärchenzimmer existiert nicht mehr. Die Tür führt ins Freie. Vor seinen Füßen klafft ein Abgrund, über dem nur noch Reste des ehemaligen Liebeszimmers hängen: Vorhänge, Bilder, ein Ofenrohr, angesengte Tapeten. Entsetzt blickt Hermann in die Tiefe seiner Vergangenheit.

Hermann ist in sein Zimmer zurückgekehrt. Die Sonne steht jetzt schon tief und scheint orangefarben auf die Wand.

Hermann kniet vor seinem Bett nieder, faltet die Hände zum Gebet. Er blickt in die untergehende Sonne, während er anfängt, mit Gott zu sprechen.

HERMANN. Lieber Gott, du bist in mir. Deswegen kannst du mich auch hören. Deswegen gelobe ich jetzt folgendes.

Erstens: Mit der Liebe soll es für alle Zeiten vorbei sein. Wenn es nämlich die Liebe gibt, dann gibt es sie nur einmal, und lieber wollt' ich mir die Zung' abbeißen, als zu einer anderen Frau zu sagen: Ich liebe dich. Und auf die zweit und dritt und viert und fünfzehnt Lieb' kann ich verzichten, weil ich sie lächerlich finde.

Zweitens: Ich schwöre, daß ich aus Schabbach und dem fürchterlichen Hunsrück fortgehe. Vor allem von meiner Mutter und dem Elternhaus – und ich will nie mehr zurückkommen, auch dann net, wenn ich mal berühmt bin und sie mich alle gern sehen wollen. Dann erst recht net.

Drittens: Die Musik soll meine einzige Liebe sein und meine Heimat. Die Musik ist überall, wo die Menschen frei sind. Ich weiß, daß mich niemand verstehen wird, aber ich will von den großen Meistern lernen, die auch alle einsam waren.

Lieber Gott, ich schwöre, daß ich all das eisern in die Tat umsetzen werde, sobald ich neunzehn bin und das Abitur bestanden habe. Amen.

Wie von Geisterhand öffnet sich in diesem Augenblick die Spiegeltür von Hermanns Kleiderschrank.

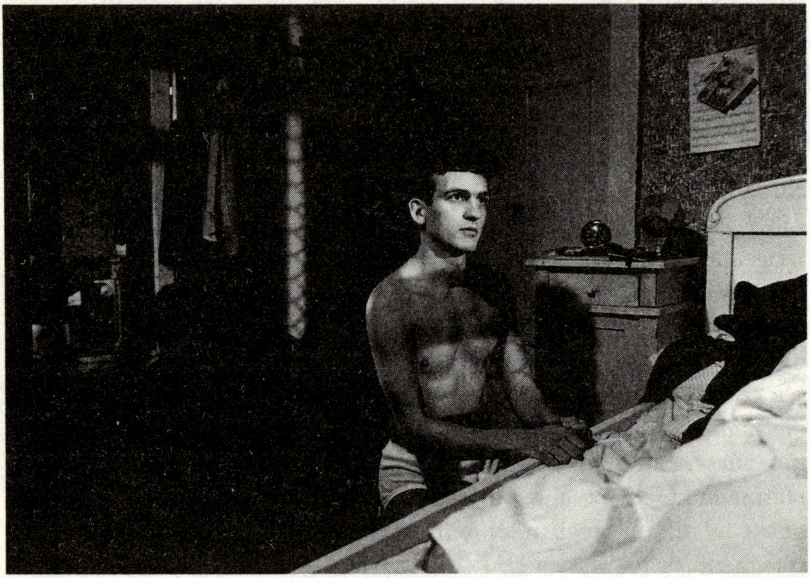

Hermann spürt das und wendet den Blick ins Zimmer. Er sieht das Spiegelbild, das seinen nackten Rücken zeigt, und ihn, wie er im Abendlicht kniet nach seinem Gelübde. Der Blick in den Spiegel ist wie ein Blick in eine andere Welt.

103 Dorfkirche, Orgelempore

Das kleine Kirchenschiff ist erfüllt von brausenden Orgelklängen. Hermann, weinend, wütend, aufgelöst vor Schmerz, sitzt an dem alten Spieltisch und traktiert die Tasten und Register. Er improvisiert ein dramatisches Stück, das die pathetischen Vorsätze seines Gebetes noch einmal ausdrückt und in dröhnende musikalische Wallungen umsetzt.

 Gymnasium-Prüfungszimmer, Gänge

Das Gymnasium ist ein sakral anmutender Bau mit einem Glockenturm, der wie ein Kirchturm über das Schuldach ragt. An diesem Tag der mündlichen Abiturprüfungen haben die Schüler der anderen Klassen frei. Der Schulhof liegt leer, fast sonntäglich da. Nur zwei Primaner in feinen Anzügen schlendern über den Hof. Sie versuchen, einen Blick durch eins der Hochparterrefenster zu werfen.

Das Prüfungszimmer scheint eine ehemalige Hauskapelle gewesen zu sein: Rundsäulen teilen es in Haupt- und Seitenschiff, ein Deckengewölbe gibt dem Raum eine einschüchternde Würde, so wie der alte Steinfußboden und die U-förmig angeordnete Tischrunde, hinter der die Prüfungskommission residiert.

Hermann sitzt an seinem kleinen Tisch hinter einem Wandschirm und versucht, sich auf seinen Prüfungstext vorzubereiten.

HERMANN. *Als einziger in meiner Klasse mußte ich die Abiturprüfung auch in Religion ablegen. Das war der letzte Versuch des Dechanten, mich als sein »Lämmchen« einzufangen. Nicht in Musik, auch nicht in Philosophie oder Literatur sollte ich meine Reife beweisen, sondern in Theologie, die ich als Glaubensfrage ablehnte.*

Jetzt wird Hermann aufgerufen. Er packt sein Heft, seine Schultasche. Er schreitet mutig auf die Lehrerrunde zu. In der Mitte vor der Kommission steht ein einsamer Holzstuhl, auf den Hermann sich aber nicht setzt. Er bleibt hinter dem Stuhl stehen und hält sich unauffällig an der Stuhllehne fest. Hermanns Blick geht abwartend in die Runde. Die Studienräte, der Direktor, der Beamte des Kultusministeriums, der Dechant, der Superintendent, sie alle tun sehr beschäftigt, blättern in ihren Akten, mustern Hermann ein wenig, lassen ihn aber vorerst nur warten. Herr Schiller, Hermanns Musiklehrer, der mit in der Prüfungskommission sitzt, gibt Hermann ein heimliches Aufmunterungszeichen und erhebt seine Finger zum »Victory«-V.

HERMANN.

»Freiheit ist der Zweck des Zwanges,
wie man eine Rebe bindet,
daß sie, statt im Staub zu kriechen,
froh sich in die Lüfte windet.«

Über diesen Vers sollte ich sprechen und über Freiheit. Aber ich konnte nicht an einen Gott glauben, der mir einen Kopf gab und mir dann übelnimmt, wenn ich damit denke.

Der Direktor fordert Hermann auf, Platz zu nehmen. Jetzt wendet sich der Beamte des Ministeriums an Hermann.

PRÜFUNGSBEAMTER. Wie kommt es, daß Sie diese schlechte Vorzensur in Religion haben? Ich sehe hier eine Eins in Deutsch, Eins in Musik, Kunsterziehung Eins, alle musischen Fächer Eins, Mathematik, Physik Eins – in Chemie haben Sie eine Zwei –, aber eine Fünf in Religion! Herr Dechant, können Sie mir das erklären?

Der Prüfungsbeamte wendet sich fragend an den katholischen Pfarrer, der in seinem schwarzen Rock wie das Gericht Gottes dasitzt.

DECHANT. Wir sehen darin keine Glaubensfrage, Herr Regierungsrat. Da können Sie sicher sein. Aber der Schüler Simon wird wohl selbst wissen, warum er in den letzten zwei Jahren die Mitarbeit in Religion verweigert hat. Religion ist ein Fach wie jedes andere.

Während dieser aufgebrachten Worte des Dechanten wird es Herrn Schiller, Hermanns Lieblingslehrer, fast schlecht vor Erregung. Hermann wirkt aber sehr selbstsicher und gefaßt.

PRÜFUNGSBEAMTER. Der Herr Dechant meint, Sie sollen diesen Text mal nach theologischen Gesichtspunkten zu interpretieren versuchen.

Hermann rückt sich in Positur. Er spricht im Tonfall der Überlegenheit. Er geht die Sache »wissenschaftlich« an.

HERMANN. Ich spreche jetzt über »Staub und Kriechen«, »Winden und Binden«. Bei »Staub und Kriechen« denkt der Autor an den Teufel, der wie eine Schlange über den Boden kriecht … Ich finde aber, daß das Bild hinkt, weil eine Rebe doch eigentlich gar nicht in den Himmel kommen kann – oder?

Hermann hat seinen Faden gefunden. Sein Vortrag wird immer flüssiger, immer mehr baut er sich zum brillanten Dialektiker auf und verblüfft seine Lehrer. Herr Schiller atmet auf. Er braucht jetzt eine Entspannungszigarette. Er erhebt sich leise und verläßt den Saal.

HERMANN. In dem Text geht es um den Freiheitsbegriff. Ein altes Streitthema unter den Theologen – seit Augustinus. Schon im vierten und fünften Jahrhundert hat man sich über die Prädestination gestritten, über die Vorherbestimmung. Da ist man von dem Gedanken ausgegangen, wenn Gott allmächtig ist und gleichzeitig allwissend, dann weiß er …

Herr Schiller hört Hermanns Stimme auch noch draußen im Gang. Er raucht am offenen Fenster und erlebt, wie sein Schüler sich durch die Prüfung windet.

105 Schulaula, Musiksaal

Die große Aula ist bis auf den letzten Platz gefüllt: Die Schüler der oberen Klassen, die Eltern der Abiturienten und der gesamte Lehrkörper sind zur Abiturfeier gekommen. Über der Bühne prangt ein Schild mit dem Text »Abitur 1960«; auf der Bühne haben das Schulorchester und der Schulchor Aufstellung genommen. Unter rauschendem Applaus hat der Direktor nun Hermann auf die Bühne gebeten.

HERMANN. *Ich bestand das Abitur mit einer Eins in Religion. Für diese Note, die der Beamte des Kultusministeriums durchgesetzt hatte, schämte ich mich vor den Kameraden, die in mir den Ketzer und Klassenrevoluzzer sehen wollten. Statt der Abiturrede, die ich im Namen der Kameraden halten sollte, komponierte ich ein Konzert für Klavier, Chor und das Schulorchester. Ich nahm ein Gedicht von Rilke als Vorlage. Heimlich dachte ich dabei an Klärchen, die weinte, als ich ihr diese Verse auf unserem Dachboden einmal vorlas.*

Hermann hat sich kurz vor seinem Auditorium verbeugt, dann schlägt er seine Partitur auf, gibt dem Chor das Zeichen zum Aufstehen und verständigt sich mit dem ersten Geiger. Das Orchester signalisiert Bereitschaft.

Auf der Bühne steht ein Konzertflügel, an dem Hermann nun Platz nimmt. Seine Bewegungen sind fast schon professionell, jedenfalls die eines selbstsicheren Musikers. Aus den Reihen der anderen Abiturienten, die unterhalb der Rampe mit den Gesichtern zum Auditorium sitzen, gibt es manch bewundernden Blick für Hermann, der heute seinen großen Tag hat.

Hermanns Komposition beginnt mit einem virtuosen Klaviervorspiel, bestehend aus dramatisch-feierlichen Akkorden mit einem jubelnden Lauf über die gesamte Klaviatur. Auf dem Höhepunkt gibt Hermann jetzt dem Orchester das Zeichen, dann dem Chor. Die Mädchen der Schule (unter ihnen auch »Schnüßchen«) hören voll Bewunderung Hermanns »Canto Triumphale«.

CHORTEXT.

Werkleute sind wir: Knappen, Jünger, Meister,
und bauen dich, du hohes Mittelschiff.
Und manchmal kommt ein ernster Hergereister,
geht wie ein Glanz durch unsre hundert Geister
und zeigt uns zitternd einen neuen Griff...

Unter den Gästen der Schule sitzt auch Hermanns »Marie-Goot«. Die

Patentante vertritt Hermanns Mutter, die nicht zur Abiturfeier erschienen ist. Die Marie-Goot ist noch wie die alten Hunsrücker Bauersfrauen gekleidet, mit schwarzem Häkeljäckchen und einer »Chenillehaube«, unter der ein Ohrverband hervorschaut. Mariegoot trägt ihre dicke Kurzsichtigenbrille. Es scheint aber, daß sie trotzdem alles sehr gut hört und sieht. Sie wendet sich stolz an ihre pikierte Nachbarin.

MARIE-GOOT. Gell, dat is en scheen Musik!

CHORTEXT.

... Dann ist ein Hallen von den vielen Hämmern
und durch die Berge geht es Stoß um Stoß.
Erst wenn es dunkelt, lassen wir dich los:
Und deine kommenden Konturen dämmern.
Gott, du bist groß.

Das Musikwerk ist in triumphalen Akkorden zu Ende gegangen. Sofort setzt der begeisterte Applaus ein, in dem Hermann und seine Musiker sich baden.

Schnüßchen wendet sich klatschend an ein Mädchen neben ihr.

SCHNÜSSCHEN. Isch han ihm dat Küssen beigebracht!

Sie ist stolz, auch an Hermanns Größe mitgebaut zu haben.

Noch einmal läßt Hermann sein Orchester aufstehen, noch einmal rauscht der Beifall empor. Draußen auf dem Gang dreht sich alles um den jungen Komponisten und seinen Auftritt.

Der Musiklehrer Schiller paßt Hermann am Ausgang ab. Er präsentiert ihm ein Abschiedsgeschenk.

MUSIKLEHRER SCHILLER. Das ist mein Geschenk an dich.

Der Lehrer überreicht Hermann einen Stadtplan von München.

MUSIKLEHRER SCHILLER. Paß auf, wenn du ihn falsch faltest, fällt alles auseinander. Aber es ist der beste Stadtplan, den es von München gibt. Er paßt genau in deine Manteltasche.

Die Mitschüler applaudieren im Hintergrund weiter, verabschieden Hermann durch Zwischenrufe und lassen dem Lehrer kaum Zeit, sein Geschenk in Hermanns Manteltasche zu stecken.

106 Gymnasium, Ausgang

Als Hermann an das schmiedeeiserne Schultor kommt, paßt ihn dort der Dechant in Mantel und Hut ab. Der Geistliche steht starr und sehr ernst da. Er versperrt Hermann den Weg.

HERMANN. *Der Dechant wartete am Ausgang auf mich. In seiner Erregtheit brachte er fast keine Worte hervor. Er verlangte von mir, daß ich mich zu einem Kloster in der Eifel begebe, um dort bei Exerzitien und religiösen Übungen »meinen Hochmut« zu überwinden. Aber nicht Gott, sondern ich selbst hatte mir geholfen. Darauf bestand ich eisern. Gerade jetzt, mit dem Abitur und dem Applaus der ganzen Schule in der Tasche.*

Erst als er im Regen wegging, bemerkte ich, daß der Gottesmann meinetwegen weinte.

Hermann hat den Umschlag, den der Dechant ihm überreichen wollte, nur kurz betrachtet. Er enthält eine Einladung zu den Exerzitien in der Eifel und Fahrkarten für die Hin- und Rückfahrt. Hermann hört sich auch die Worte des Geistlichen nicht richtig an, sondern gibt den Umschlag so definitiv zurück, daß der Dechant resigniert weggeht. Noch lange sieht Hermann hinter dem schwarzgekleideten Mann her, der mit seinem Regenschirm in den naßkalten Tag hinausgeht.

107 Haus Simon, Dorfrand Schabbach

Es ist früh am Morgen. In dem schieferbeschlagenen Hunsrückhaus brennt noch Licht, als Hermann aus der Haustür kommt und sich sein Gepäck zurechtstellt: ein unhandlicher Reisekoffer, ein Matchsack, aus dem oben Hermanns Partiturrolle herausragt, die Gitarre in ihrem schwarzen Kunststoffkasten. Den Matchsack wirft Hermann sich über die Schulter, er packt Koffer und Gitarre und macht sich entschlossen auf den Weg, zuerst über den Hühnerhof, dann an der Schmiede des Großvaters vorbei zur Dorfstraße. Hier begegnet ihm der alte Nachbar, der mit seinem Stock auf das Haus deutet.

NACHBAR. Hermännchen, wo ist denn dei Mutter?

HERMANN. In der Küch.

NACHBAR. Ei, dann geh ich mal rein und »meie« noch ein bißchen.

Hermann geht eilig weiter, biegt links um die Ecke, auf die Straße, die zum Dorf hinausführt. Diesen Weg haben alle Schabbacher genommen, wenn sie ihrer Heimat den Rücken kehrten.

HERMANN. *Als ich am 2. September 1960 Schabbach für immer verließ, hatte ich seit fast zwei Jahren nichts mehr von meinem Klärchen gehört. Ich ging – und war eiskalt in der Seele.*

Ich wollte nach München. Das war für mich die Stadt der Künste, die heimliche Hauptstadt mit ihren tausend Farben in den Nächten. Mit Konzerten, Premieren, Museen und Galerien, Künstlerkneipen, Filmstudios und Schwabinger Cafés, Mansarden und Ateliers. Ich hatte beschlossen, mich nicht noch einmal umzudrehen. Ich fühlte, daß die Freiheit auf mich wartete. Endlich entschied ich allein, was gut war oder böse, was schön, was erlaubt sein mußte – was vielleicht verboten war.

Ich wurde zum zweiten Mal geboren, diesmal nicht aus meiner Mutter, sondern aus meinem eigenen Kopf. Ich zog aus, suchte »meine zweite Heimat«.

Als Hermann den Dorfausgang erreicht, wartet dort schon der Bus neben dem Schabbacher Ortsschild. Hermann muß einer kleinen Schafherde ausweichen, die mitten auf der Straße angetrottet kommt. Der Busfahrer scheint unendlich Zeit zu haben, er liest seine Zeitung und läßt sich von seinem einzigen Fahrgast nicht aus der Ruhe bringen. Hermann setzt sich mitten in den Bus und blickt, umgeben von seinem Gepäck, entschlossen geradeaus.

Endlich setzt sich der Bus Schabbach–Simmern in Bewegung. Zuerst entschwindet das gelbe Ortsschild, dann die Schafherde und zuletzt, in aufwirbelndem Staub, die vertraute Dorfsilhouette.

108 Schnellzug, Rheintal

Der silberfarbene Schnellzug rast auf der linken Rheinseite nach Süden. Hermann hat einen Fensterplatz und betrachtet nachdenklich das schöne Rheintal. Gerade geht es an Sankt Goar vorbei – auf der gegenüberliegenden Seite liegt Kaub, der Ort, in dem er einst sein Klärchen getroffen hat, im Rhein jetzt die »Pfalz«, Schiffe, Hermanns Spiegelbild in der Scheibe: Hermann reist in ein neues Leben.

Aus der Tiefe des Abteils vernimmt er jetzt die laute Angeberstimme eines Mitreisenden, der Vorträge über das Reiseziel München hält. Es ist Herr Edel, ein Mittfünfziger mit grauer Künstlermähne, der auf Hermann und die anderen Studententypen im Abteil einredet. Herr Edel hat das Gesicht eines ungeschminkten Clowns.

EDEL. Männer und ihre Freunde machen Geschichte. Man könnte die ganze Geschichte umschreiben: Nicht große Persönlichkeiten machen Geschichte, auch nicht soziale Bewegungen, auch nicht ideologische Konzepte. Nein, Männer und ihre Freunde machen

Geschichte. Wie war es denn bei Julius Cäsar? Erst als der Freundeskreis um ihn zerfiel, da waren die kreativen Jahre zu Ende. Dann wurde es klassisch! Denken Sie doch mal an Goethe, an Schubert, an Hegel. Denken Sie an George und die anderen Münchner Figuren, an Mann, Brecht, Feuchtwanger, Steiner. Erst später wurden sie Klassiker, weil sie einen Tiefen-Bonus bekamen.

Herr Edel wartet die Wirkung seiner in gepflegtem Bayerisch vorgetragenen Worte mit einem eitlen Grinsen ab. Hermann, der zuerst ein wenig genervt war, grinst zurück.

HERMANN. Wat? Tiefen-Bonus?

Herr Edel genießt seine Wortschöpfung. Dann wendet er sich an die Studentin zu seiner Rechten.

EDEL. Haben Sie Sendungsbewußtsein, Kollegin? Das ist ganz entscheidend. Und unterschätzen Sie mir ja nicht die Schwabinger Cafés! Dort wächst das Sendungsbewußtsein. Das ist das, was die Leute zusammenhält. Und natürlich ihre Unfertigkeit. Ihre Suche nach Leben, nach Sinn, nach Ziel. Bin ich Ihnen etwa zu schnell?

Die Studentin versucht zu lächeln. Herr Edel rückt ihr entschieden zu nah auf das Fell. Hermann beobachtet die Situation. Er lächelt der Studentin aufmunternd zu. Nun lenkt Edel ab. Er trällert ein Liedchen.

EDEL. »Unter der roten Laterne von St. Pauli, da wirst am Tag meiner Heimkehr einst stehn . . .«

Edels Blick entdeckt Hermanns Gitarre, die oben im Gepäcknetz liegt.

EDEL. Welches Instrument spielen Sie?

HERMANN. Gitarre. Und Klavier natürlich.

EDEL. Klassisch? *(Hermann nickt.)* Wenn Sie sich der Avantgarde zugehörig fühlen, dann muß ich Ihnen etwas sagen. Das einzige, was ich tun würde, wäre, die Avantgarde zu verlangsamen. Sie ist nämlich viel, viel zu schnell. Und noch etwas: Der erste von Ihnen, der ideologiefrei wird, der erste von Ihnen, der das schafft, der wird Karriere machen. Das glauben Sie mir natürlich heute nicht. Aber in ein paar Jahren. Wenn Sie dreißig sind, dann werden Sie mir alle zustimmen.

HERMANN. Ich kann mir nicht vorstellen, älter als dreißig zu werden.

EDEL. Sind Sie Jesus?

HERMANN. Nein! Aber wenn Jesus fünfzig geworden wäre, dann wäre seine Religion nur eine Jugendsünde gewesen und sonst gar nichts.

Draußen zieht jetzt flachere Landschaft vorbei – ein undefinierbares Deutschland, durch Geschwindigkeit verzerrt.

109 Hauptbahnhof München

Die Gleisanlagen zwischen dem Vorort Pasing und dem Münchner Hauptbahnhof sind ein Anblick wahrhaft großstädtischer Dimensionen, wie sie Hermann noch nie gesehen hat. Schnellzüge, internationale Expreßlinien, Vorortbahnen, Güterzüge und ein die Sinne verwirrendes Geflecht von Signalen, Oberleitungen, Schienen und Weichen. Der Zug, mit dem Hermann ankommt, reiht sich in die Schar anderer Züge ein und kommt an einem der Bahnsteige zum Halten.

Hermanns Füße betreten Münchner Boden, ein fast feierlicher Augenblick. Es folgen die Gitarre, der Matchsack mit der Partiturrolle, der Koffer, der so schwer ist, daß Hermann ihn kurz abstellen muß, bevor er, alles um sich herum betrachtend, weitergeht. Hermann kommt nur langsam voran, so daß Edel ihn überholen kann. Hermanns Blick fällt nun auf Edels Handgepäck: eine alte Aktentasche in der einen Hand, ein Einkaufsnetz in der anderen mit einem Blumenkohl darin.

Edel spürt Hermanns Blicke in seinem Rücken. Er dreht sich um.

EDEL. Den Blumenkohl habe ich in Sigmaringen gekauft, ein Sonderangebot. In München ist er doppelt so teuer oder noch teurer. Ich kaufe mir meine Lebensmittel immer auf dem Lande. Eine Überlebensstrategie. Kennen Sie eigentlich »Blumenkohl polnisch«?

HERMANN. Nein.

EDEL. Eine der größten Erfindungen der Menschheit. Den mache ich mir heute abend mit viel Speck! Das schmeckt! Wissen Sie, München ist wie ein goldener Sattel auf einer dürren Mähre. Als Altbayer kenne ich mich aus. Tiefste Provinz, das Mittelalter. Sind Sie neu hier?

HERMANN. Ja, aber ich han en Stadtplan.

EDEL. Im Vertrauen unter uns Empfindsamen: Hier in München leben die schönsten Frauen der westlichen Hemisphäre, ein ewiger Rausch der Sinne, ein Delirium. Also, viel Glück, Jesus!

Edel hat Hermann mit einem zweideutigen Grinsen entlassen. Der Weg führt an dem Zug entlang, durch den hektischen Bahnsteigbetrieb, bis Hermann nun die Bahnhofshalle erreicht. Hier wird er von Zeitungsverkäufern empfangen, deren Geschrei die ganze Halle füllt: »Wieder Gold für Deutschland!« »Armin Hary, der schnellste Mann der Welt!« Es ist die Zeit der Olympischen Spiele 1960. Die *Abendzeitung* findet reißenden Absatz.

An der großen Glastür, die das Bahnhofsgebäude von der Stadt trennt, hält Hermann kurz inne: Das also ist München.

110 Straßen in Bahnhofsnähe

Hermann, immer noch mit Koffer, Gitarre, Matchsack und Papprolle beladen, quält sich die engen Trottoirs entlang und behindert die Passanten. Er kommt an zwei Nachtbars vorbei, sieht die in Vitrinen ausgestellten Fotos von Stripteasetänzerinnen. Brüste und Schamhaar sind mit goldenen Papiersternchen beklebt. Hermann traut sich kaum hinzusehen und kann doch den Blick nicht wenden von diesen aufreizenden Bildern. Dabei übersieht er einen Mülleimer, stolpert darüber und verliert seine Partiturrolle, die exakt vor die Füße einer Hure rollt, die in einem Hauseingang steht. Ein Bayer in Strickjacke, der mit einem Biertragerl daherkommt, gerät in Wut, beschimpft Hermann mit den unflätigsten bayerischen Schimpfwörtern, so daß Hermann sich beeilt, die Partiturrolle unter dem Schuh der Nutte hervorzuholen und schnell weiterzugehen.

Hermann überquert die Straße. Er windet sich durch den Verkehr. Jetzt ist er in der Häberlstraße angekommen. Das Haus Nr. 20 ist eins der wenigen Jugendstilhäuser, die den Krieg überdauert haben, eine eindrucksvolle Großstadtfassade, wenn auch verwahrlost.

111 Kanzlei Bretschneider

»DR. ALOIS BRETSCHNEIDER, RECHTSANWALT« steht auf einem Messingschild, das im Treppenhaus auf die Kanzlei des Studienfreundes von Herrn Schiller hinweist. Eine Adresse, die Hermann aus dem Hunsrück mitgebracht hat.

Renate, eine rundliche kleine Schwäbin, öffnet gerade die Eingangstüre, um einen Klienten des Anwalts zu verabschieden. So steht sie ganz plötzlich vor Hermann, der vom Treppensteigen verschnaufen möchte, nun aber, ganz überrumpelt, verlegen grüßt.

HERMANN. Ich wollt zum Dr. Bretschneider. Ich han hier einen Brief von meinem Lehrer, dem Musiklehrer Schiller aus Simmern, mit einer Empfehlung.

RENATE *(schwäbisch)*. Ja, dann kommet Sie mal mit rein. Wo stellen wir denn jetzt das viele Gepäck hin? Fasset Sie mal mit an. So, jetzt müssen wir mal die Tür zumachen.

Renate ist offensichtlich eine sehr unkomplizierte Person. Sie packt Hermanns Gepäck, wuchtet es so schnell in die Diele, daß Hermann, mit seinem Empfehlungsschreiben in der Hand und seinem Provinztempo kaum noch mitkommt.

Dr. Bretschneider kommt gerade von der Toilette. Die Klopapierrolle und das Handtuch hält er noch in der Hand, als er Hermann gegenübertritt. Hermanns Koffer steht ihm im Weg.

DR. BRETSCHNEIDER. Renate?

Hermann nickt verlegen einen Gruß. Renate kommt auf ihren Stöckelschuhen mehr getaumelt als gerannt. Sie räumt dem Anwalt den Koffer aus dem Weg. Als Bretschneider Hermann begrüßen will, faßt er sich plötzlich in die Seite.

DR. BRETSCHNEIDER. Au, mich sticht's da immer, ich weiß nicht, was das ist.

HERMANN. Guten Tag.

DR. BRETSCHNEIDER. Grüß Gott! Wer ist denn das?

Hermann nimmt nicht an, daß der ungekämmte Mann mit der Klopapierrolle der Herr Doktor sein könnte. Er bleibt deswegen ganz förmlich.

HERMANN. Simon ... Hermann Simon ... Ich hab da einen Brief für den Herr Dr. Bretschneider. Der ist von meinem Lehrer, dem Musiklehrer Schiller aus Simmern.

Bretschneider hat den Empfehlungsbrief einfach genommen, geöffnet und sich damit in sein Arbeitszimmer verzogen. Die Kanzlei ist eher eine muffige Junggesellenwohnung als ein Büro. Es gibt eine Schlafcouch und sogar ein Klavier. Renate stöbert geschäftig in einer Registratur, Hermann steht schüchtern in der Verbindungstür und wartet.

DR. BRETSCHNEIDER. Ja, wie stellt der sich das denn vor, der Schiller Karl aus dem Hunsrück? München – Wohnungsnot. Studentenzimmer ist eine Mangelware!

RENATE. 18 000 Studente allein an der Uni – net?!

Hermann bleibt in der Tür stehen und wartet, bis der Anwalt, der sich auf sein Sofa gesetzt hat, die Brieflektüre unterbricht.

DR. BRETSCHNEIDER. Was, Musik studieren Sie auch noch? Womöglich Posaune! Da brauchen Sie ein Zimmer mit doppelten Wänden!

HERMANN. Nää! Ich spiele Gitarre und Klavier.

Jetzt hat sich Hermann näher gewagt. Bretschneider vertieft sich wieder in Schillers Brief. Die Erinnerungen überkommen ihn bei der Lektüre.

DR. BRETSCHNEIDER *(liest)*. *»Noch oft muß ich an unsere schöne Zeit in Innsbruck denken. Das war die beste Zeit unseres Lebens damals vor dem Krieg. Dein alter Freund Karl Schiller.«*

Na ja, wir haben beide in Innsbruck studiert, i Juristerei, er Komposition. Das gleiche Madl ham wir gehabt – er hat's kriegt, i hab's geheiratet. Na ja, nach dem Krieg bin i dann zurückkomma aus der Gefangenschaft im November 47. Da war's weg, die Paula, mit einem Kraftfahrer. Der ist auch nie zu Hause. Tja, da hab ich's nicht mehr ausgehalten in Innsbruck – seitdem bin i in München.

Bretschneider hat während seines kleinen Lebensberichts mehrmals den Blickkontakt mit Renate gesucht, die aber offenbar Gefallen an Hermann findet und ihn verführerisch anlächelt. Sie führt Hermann ins Nebenzimmer und beugt sich vertrauensvoll zu seinem Ohr.

RENATE. Dr. Bretschneider ist ein ganz berühmter Strafrechtler. Das ist schon 'ne Referenz, bei ihm zu arbeiten!

HERMANN. Studieren Sie Jura?

RENATE. Im dritten Semester.

Hermann hat beobachtet, daß Dr. Bretschneider, den Schillers Brief wohl etwas aufgewühlt hat, zu seinem Aktenschrank geht und ein heimliches Schnapsfläschchen hervorholt, es entkorkt und seinen Inhalt hinunterkippt: die Rituale eines Alkoholikers.

Renate lenkt Hermann von diesem Einblick in das Anwaltsleben ab. Sie deutet auf die Balkontüre, die sie öffnet, damit Hermann besser sehen kann, was sie meint.

RENATE. Sie, da fällt mir grad was ein! Sehen Sie da unten auf der anderen Seite das Geschäftle, wo »Lederreparatur und Laufmaschenannahme« drauf steht?

HERMANN. Nä – wo?

RENATE. Augenblickle – sehen Sie da unten. Da im Schaufenster, da sind doch so kleine Zettel. Da haben andere Studenten Aushänge gemacht, die Zimmer suchen. Vielleicht sollten Sie da mal hingehen.

HERMANN. Dat is ne gute Idee, das mache ich auch. Ist das da hinten die Frauenkirche?

RENATE. Ja.

Draußen regnet es in Strömen. Hermann sieht zum ersten Mal Münchens Dächer und das fremde Panorama.

Hermann hatte Renates *Süddeutsche Zeitung* als Regenschutz über den Kopf gehalten, rasch die verkehrsreiche Straße überquert und die kleine Täschnerei leidlich trocken erreicht. Er betritt das Geschäft durch eine bimmelnde Glastür, grüßt flüchtig und sieht sich um. In dem Laden sind zwei Frauen. Die eine ist klein und schwächlich. Sie sitzt im Hintergrund auf einem Werktisch und näht an einem Lederläppchen. Die andere, eine kugelrunde Matrone mit Häkelstola, Ohrringen und großen Augen, steht hinter der Ladentheke. Sie spricht Hermann mit starkem österreichisch-ungarischen Akzent an.

MORETTI. Da dürfen S' ruhig abwarten, junger Mann. Diese ewigen Unwetter, sie machen einem das Leben schwer in dieser Stadt. »Millionendorf«, das sagt man zu Recht über München.

HERMANN. Ich wollte fragen, ob ich auch so einen Zettel ins Fenster hängen darf.

MORETTI. Oh, diese Hoffnungen!

TÄSCHNERIN. Schon wieder einer!

MORETTI. Aber wenn Sie wollen?

Hermann geht an die Ladentheke und beugt sich über den Zettel, den die dicke Ungarin ihm vorlegt. Er beginnt, seinen Zimmerwunsch zu formulieren. Die Moretti beobachtet ihn, liest ungeniert mit, was Hermann da schreibt.

MORETTI. Was tun Sie denn studieren?

HERMANN. Musik.

MORETTI. Ein Musiker! Ein Kinstler! No, das habe ich doch gelesen in Ihren traurigen Augen. Ich lebe für die Musik! Was spielen Sie denn? Piano, Violine? Sie müssen mir sagen: Was studieren Sie für ein Instrument?

Die Moretti ist munter geworden. Sie richtet sich vor Hermann auf und zeigt plötzlich riesiges Interesse.

HERMANN. Ich studiere Klavier und Gitarre, ich möchte auf die Musikhochschule und dort Komposition studieren.

MORETTI. Komposition?

TÄSCHNERIN. Ja, wunderbar!

MORETTI. Ist Ihnen der Kapellmeister Moretti ein Begriff, gebirtiger Italiener, in Budapest wirkend?

HERMANN. Nein.

MORETTI. Nein? Er war mein Mann. Ein Genie!

TÄSCHNERIN. Aber ein Schuft!

MORETTI. Er hat mich verlassen vor 56. Er hat mich wollen zurücklassen bei den Kommunisten in Ungarn, aber da hat er sich verrechnet. Kommen Sie auf ein Schalerl Kaffee mit hinauf?

Die Moretti ist unruhig in dem winzigen Laden umhergegangen, hat sich vor Hermann aufgebläht, als wäre es das Glück ihres Lebens, daß er ihr hier gegenübersteht. Ihr Blick geht auf die regnerische Straße hinaus, und bei der Einladung, die sie gegenüber Hermann ausspricht, kommt sie regelrecht ins Träumen.

HERMANN. Aber ich muß dringend auf Zimmersuche.

113 Wohnung Moretti

In dem düsteren Treppenhaus geht die Moretti schwatzend voraus, klappert mit dem Schlüsselbund wie eine Puffmutter, sperrt ihre Wohnung auf und läßt Hermann in den engen Flur eintreten.

MORETTI. Ich bin a Frohnatur! Dem verdanke ich, daß ich das alles überlebt habe. Die Flucht und diese Kinstlerehe. Treulos sind sie alle, diese Kinstler und diese Männer. Man sollte euch vergiften! Kommen Sie, junger Mann, bitte.

HERMANN. Danke.

MORETTI. Links, links herum, legen Sie ab, Sie kriegen schon was Gutes, warten Sie nur – mein Kaffee ist berühmt.

Es ist in dieser Wohnung noch düsterer als unten in dem Laden. Hermann betrachtet die schwülstige Einrichtung, die großblumigen Tapeten, die unechten Teppiche und die viel zu schweren Samtvorhänge. Die Moretti kommt mit ihrem gewaltigen Busen kaum an Hermann vorbei, als sie vorangeht und ihn in die schlauchförmige Küche führt, von wo aus man in den Salon sehen kann. So überladen und theatralisch wie dieses Wohnzimmer kann bestenfalls eine Operettenbühne ausgestattet sein. Sogar ein alter Flügel prangt mitten im Raum. Auch hier sind die Fenster mit Samtvorhängen dicht verhängt. Es dringt kaum Licht in dieses Kitschmuseum. Die Moretti hat begonnen, Kaffee zu kochen. Dabei beobachtet sie ihren Gast und übersieht, daß ihr Kaffeetöpfchen plötzlich überkocht. Sie stößt einen unangemessen lauten Schrei aus.

MORETTI. Kinstler verwirren mich. So a Pech! Schicksal! Glauben S' auch an das Schicksal? Bitte sehr.

Plötzlich steht die Operettenschickse mit dem fertigen Kaffee vor Hermann. Während er trinkt und sich am heißen Gebräu den Mund verbrennt, hat sie auf dem Flügel ungeschickt ein paar Töne angeschlagen.

MORETTI. Spielen Sie mir etwas vor? Bitte, bitte – na, tun S' mir den Gefallen!

Hermann setzt sich widerstrebend ans Klavier und spielt Beethovens »Sturmsonate«. Der Flügel klingt erbärmlich. Die Moretti ist zu ihrem imitierten Marmorkamin gegangen und blättert in einem Notenheft. Nun pirscht sie sich an Hermann heran und steckt ihm das Heft aufs Notenpult. Hermann unterbricht seinen Beethoven.

HERMANN. Was ist dat denn?

MORETTI. Na, »Zigeunerliebe« von Franz Lehár!

Hermann spielt unwillig, was in dem Notenheft steht. Die Moretti ist selig. Sie geht an ihrem Kamin in Positur, bläht ihren Busen und fängt an zu singen. Hermann begleitet sie und lacht. Plötzlich ist er wieder der Hunsrücker Junge. Er vergißt, wo er ist.

MORETTI.

»Hör ich Cymbalklänge,
wird ums Herz mir enge,
süßes Land der Muttersprache –
– Heimatland.

Seufz' nach deinen Wäldern,
nach den goldnen Feldern,
sehnte mich nach dir,
mein süßes Ungarland!

Ziehst du weit hinaus,
gehst die Welt du aus –
überall ist's schön,
und doch am schönsten ist's zu Haus!

Macht nichts, hol's der Teufel
macht nichts, ohne Zweifel
kann der Mensch nicht immer traurig sein.

Liebt mein Schatz mich nimmer,
find' man andre immer,
schad' um jede Träne, die ich wein',
will nicht ohne Küsse leben,
nein, nein, keine Stunde ohne Liebsten sein.

Jai, jai hol's der Teufel,
Jai, jai ohne Zweifel,
kann der Mensch nicht immer traurig sein.«

Während die Moretti mit dem großen Gestus der Operettendiva das Lied schmettert, öffnet sich eine Flügeltür, die jenseits der Küche zu dem Raum führt, in dem Morettis Laufmaschen-Aufnehmerinnen arbeiten: fünf junge Mädchen, die ihre Arbeit unterbrechen und an die Durchgangstür kommen, um der Darbietung ihrer Chefin zuzuhören.
Hermann entdeckt die jungen Damen, fängt nun erst richtig an, sich ins Zeug zu legen. Es gibt feurige Blickwechsel, was die singende Chefin zuerst auf sich bezieht. Dann aber, als sie merkt, daß Hermann für ihre Arbeiterinnen spielt, tänzelt sie zu der Werkstatt, scheucht die Mädchen, immer noch singend, an ihre Arbeit zurück. Auf dem Rückweg beginnt sie eine Art Volkstanz mit erotischen Andeutungen. Am Ende gibt es heftigen Applaus von den Mädchen, die ihre Arbeit natürlich nicht wiederaufgenommen haben. Die Moretti fällt Hermann kichernd um den Hals. Sie ist ganz in ihrem Element.
MORETTI. Kommen S', ich zeig' Ihnen etwas.
Sie führt Hermann durch die Wohnung, öffnet eine Tür und läßt ihn in ein schmales, unaufgeräumtes Schlafzimmer sehen.

MORETTI. Können S' sich vorstellen, hier zu wohnen? Ich geb Ihnen das Zimmer, da staunen S', was?

HERMANN. Aber hier wohnt doch jemand.

MORETTI. In vier Wochen ist das Zimmer frei. Ich habe ihm gekündigt, dem Herrn Untermieter. Jetzt ist er verschollen, aber nur zum Schein. Verstehen S' mich? Am 30. ist der Erste. Dann fliegen diese Sachen auf die Straße, dann ist es frei für Sie.

HERMANN. Sie meinen, ich kann das Zimmer mieten?

MORETTI. Sie Träumerchen! No, sag ich doch die ganze Zeit! Habe ich mir schon immer Mieter gewinscht, der was von Kunst versteht. Macht nichts, wenn Sie üben. Müssen Sie doch, oder? Jeden Tag üben, sechs Stunden üben. Hat auch der Moretti getan, mein gottseliger Mann, der Schuft.

Hermann ist überwältigt. Immer wieder suchen seine Augen die vielen jungen Mädchen, die hinter den verschiedenen Türen zu arbeiten scheinen. Immer wieder sieht er das angebotene Zimmerchen an, und er verliert völlig seine Schüchternheit. Die Moretti steht bei ihrem Angebot sehr nah vor ihm. Mit dem Arm, mit dem sie sich zum Schein abstützt, versperrt sie Hermann den Weg. Sie versucht, ihm in die Augen zu schauen.

MORETTI. Junge, du bist a Genie. Das habe ich in deinen Augen gelesen. No, tue ich wenigstens ein gutes Werk. Wird eines Tages unten an der Mauer ein Schild stehen: »Hier hat gewohnt der berihmte Komponisteur ...«
Wie heißen S' denn eigentlich?

HERMANN. Hermann Simon.

Hermann gibt ihr die Hand, stellt sich vor und macht sich auf den Weg.

MORETTI. Ein Name, den man wird sich merken müssen!

HERMANN. Ich bin gleich wieder da.

Als Hermann durch den kleinen Laden auf die Straße hastet, kann die kleine Täschnerin kaum verstehen, was passiert ist. Verständnislos sieht sie hinter ihm her.

114 Kanzlei Bretschneider

Renate öffnet Hermann die Tür. Er steht, vom Regen benetzt, aber glücklich vor ihr und gibt sofort seine Neuigkeit zum besten.

HERMANN. Ich hab ein Zimmer! Die Frau gegenüber, die hat een

Untermieter, und der zieht am nächsten Ersten aus, da kann ich einziehen!

RENATE. Net zu fassen! Als ob ich eine Ahnung gehabt hätt.

Renate führt Hermann in das Anwaltsbüro, wo Bretschneider mit seiner Sekretärin, Frau Krause, am Klavier sitzt und einzelne Akkorde aus Hermanns »Canto Triumphale« probiert. Seine Partitur steht aufgerollt auf dem Notenständer.

DR. BRETSCHNEIDER. Seien Sie nachsichtig, Herr Simon, wir haben mal einen Blick in Ihre Notenrolle geworfen. Sagen Sie, was ist das für eine Tonart? Wir haben da eine Wette laufen. Ich sage: C-Dur, die gnädigste Frau Krause sagt...

FRAU KRAUSE. A-Moll.

DR. BRETSCHNEIDER. Moll, ja.

HERMANN. Ja, also, dat is weder noch, dat is ein freies Stück – atonal.

FRAU KRAUSE. Ach so.

DR. BRETSCHNEIDER. Ja, da haben wir uns ja beide geirrt. Alle Achtung, das haben Sie selbst geschrieben? Also, das könnte ich nicht. Das habe ich schon beim Karli immer bewundert, daß er immer die Noten hinschreibt, als wann's nix wär. Ihr seid schon ein komisches Volk, ihr Musiker. Was ist denn das, ein Choral oder eine Sinfonie? Was ist denn das für ein Stück?

HERMANN. Das ist meine Bewerbungsarbeit für die Aufnahmeprüfung in der Musikhochschule.

DR. BRETSCHNEIDER. Ach ja, richtig!

Hermann hat Angst um seine Partitur und nimmt sie wieder an sich.

HERMANN. Vorsicht, Vorsicht! Das ist nämlich morgen!

DR. BRETSCHNEIDER. Morgen schon? Ja, da muß man ja Hals- und Beinbruch wünschen.

HERMANN. Danke.

DR. BRETSCHNEIDER. Ja, da muß man spucken. Ja? Gelt? Kommen S'!

Während Hermann seine Notenrolle einpackt, hat Renate ihre Adresse auf einen Zettel geschrieben und pirscht sich nun an Hermann heran, um ihm den Zettel in die Manteltasche zu stecken.

DR. BRETSCHNEIDER. Renate, was machen S' denn da?

HERMANN. Wiederschau'n, Herr Dr. Bretschneider, vielen Dank! Wiederschau'n, Frau Krause.

FRAU KRAUSE. Alles Gute! Alles Gute!

Renate folgt Hermann ins Nebenzimmer, wo noch sein Gitarrenkoffer steht. Sie spricht ihn ganz unbefangen an.

RENATE. Wisset Sie denn schon, wo Sie schlafe könnet?

HERMANN. Nä. Aber ich bin ja erst seit zweieinhalb Stunden in München.

RENATE. Ich hab Ihnen nämlich meine Adresse da in die Manteltasche gesteckt. Sie dürfen bloß net klingeln, wenn Sie zu mir kommen. Ich hab nämlich eine Wirtin, die ist nicht so nett, wie sie sein könnt. Die tät mir eine Szene machen. Aber wenn Sie einen Stein nehmen und an das Fenster werfen, wo noch Licht brennt, dann komm ich runter. Also, wie gesagt, falls Sie nicht wissen sollten, wo Sie schlafen können...

Hermann weiß nicht, was er antworten soll.

115 Laden Moretti

Schwer mit seinem Gepäck beladen, überquert Hermann zum vierten Mal die Häberlstraße und betritt den Täschnerladen. Er hat nun gar keine Scheu mehr, benimmt sich, als wäre er hier schon zu Hause.

HERMANN. So, da bin ich wieder!

TÄSCHNERIN. Hallo, Musikus – mit soviel Gepäck!

116 Dachboden Moretti

MORETTI. Den Koffer bringen wir auf den Speicher. Dort ist er sicherer.

Der geräumige Altbauspeicher hängt voll mit Wäsche. Hermann hat Mühe, der Moretti zu folgen, weil er sie hinter den zum Trocknen aufgehängten Bettlaken immer wieder verliert. Nur ihre Schritte und ihre Stimme führen ihn in diesem geheimnisvollen Labyrinth von weißen Tüchern zum Ziel. Plötzlich steht die dicke Frau wieder vor Hermann und streckt ihm einen Schlüssel entgegen, der an einer alten Garnrolle befestigt ist.

MORETTI. Den Schlüssel können Sie behalten, bis Sie wiederkommen am Ersten.

Hermann stellt seine Koffer ab. Neben ihm befindet sich ein Lattenverschlag, dessen Tür offensteht. Hier verstaut er seinen Koffer. Er sperrt den Verschlag mit seinem eigenen Schlüssel ab.

HERMANN. Dat Geld habe ich auch schon.

MORETTI. Seien Sie vorsichtig mit Geld! Ich sage immer, die Welt ist schlecht. Alle Schlechtigkeit der Welt kommt vom Geld. Wir wohnen in einem bösen Viertel. Die Menschen sind schlecht.

Die Moretti geht hinter der Wäsche auf und ab. Hermann sieht nur ihren Schatten auf der Wäsche.

MORETTI. Wenn Sie wüßten, wie ich in Ungarn gelebt habe. Ein Schloß ist nix. Sehr nobel, mit Extraeingang für Personal.

Hermann findet Morettis ausgestreckte Hand zwischen den Wäschestücken. Er drückt ihr seine Anzahlung, einen Fünfzigmarkschein, zwischen die Finger. Diese verschwinden mit dem Geld wieder hinter den Tüchern. Jetzt geht Morettis Schatten wieder auf und ab vor ihm. Ihre Hand ergreift plötzlich seine Hand und betastet sie.

MORETTI. Geben Sie mir Ihre Hand. Es wird dunkel. Da fürcht ich mich. Oh, ein feines Kinstlerhändchen. Gitarrenfinger. Kenn ich mich doch aus mit Musikern.

Hermann fühlt sich sehr unbehaglich allein mit dieser Frau. Er gibt sich betont sachlich.

HERMANN. Ich freue mich, dat dat geklappt hat.

MORETTI. Sehen Sie, alles verdanken Sie der Musik!

Die Moretti fügt diesem Satz ein derart überwältigendes Lachen hinzu, daß Hermann unwillkürlich mit einstimmt.

117 Odeonsplatz

Über den Odeonsplatz fließt das milde Licht eines zu Ende gehenden Spätsommertages. Vor dem Café *Annast* sitzen die Menschen noch im Freien und genießen den Abend. Auch Hermann, der diese schöne Abendkulisse durchwandert, hätte Lust, etwas zu essen. Er studiert die Speisekarte des feinen Cafés und schüttelt den Kopf.

HERMANN. Cordon Bleue – 12 Mark 50! Die haben se net mehr alle!

Unter den *Annast*-Arkaden betritt Hermann nun den Hofgarten. Hier hat die Nacht schon Einzug gehalten. Bei Kerzenlicht sitzen die Münchner an den Tischen im Freien und essen und trinken. Herr Edel ist einer dieser Abendgäste. Er hat sein Netz mit dem Blumenkohl auf den Tisch gelegt und spricht eine Dame im mittleren Alter an.

EDEL. Das ist eine der begnadeten Nächte. Dieser milde Duft von Sommer, das zarte Parfum der Frauen, und schon der Herbst! Für mich als ungläubigen Katholik ist so was ein Sakrament. Wie sehen Sie das, schöne Nachbarin?

NACHBARIN. Eine Frage der Betrachtung!

Hermann hat seine Reisebekanntschaft vom Vormittag erkannt. Er grüßt vorbeigehend von weitem. Edel spricht ihn ebenso an wie die Dame am Nebentisch. Er monologisiert.

HERMANN. Guten Abend!

EDEL. Jesus, hallo! Kennen Sie eigentlich die Novelle von Thomas Mann, »Gladius dei super terram cito et velociter« – Das Schwert Gottes leuchtet auch über München, der Stadt der Lebensfreude?

Hermann geht ziellos durch den Hofgarten. Er findet eine Bank, auf der er sich ausruht. Nach einer Weile holt er aus seinem Matchsack das Butterbrot, das ihm seine Mutter vor der Abreise gemacht hat. Hungrig beginnt er das Brot zu essen. Es ist sein einziges Abendessen.

HERMANN. *Es war Nacht geworden in München, und ich hatte nichts im Magen. Ich wußte auch noch nicht, wo ich schlafen sollte. So lange war ich in den fremden Straßen umhergelaufen, daß ich jetzt nicht mehr wußte, wo ich mich befand. Alles war unermeßlich groß. War ich heute früh noch in Schabbach gewesen? Ich spürte, daß ich einen weiten Weg angetreten hatte. Mir war kalt. Aber der Himmel über München hing voller Geigen. »Sehen Sie, junger Mann, das alles verdanken Sie der Musik.« Kaum zu glauben . . .*

Tatsächlich hängt der Himmel über München, so wie Hermanns Augen ihn jetzt sehen, voller Geigen. Erst das laute Schnarchen eines Stadtstreichers auf der Nachbarbank schreckt Hermann aus seinen Träumen auf.

118 Vor Haus Renate

Das Hinterhaus, in dem die Jurastudentin Renate wohnt, erreicht man von der Häberlstraße aus durch eine dunkle Toreinfahrt. Mondlicht läßt dieses Mülltonnen- und Hinterhofidyll fremd und unwirklich erscheinen. Hermann entdeckt Renates Fenster im ersten Stock; es ist das einzige noch erleuchtete Fenster. Er läßt seinen Matchsack, die Partiturrolle und den Gitarrenkoffer zu Boden gleiten und sucht ein Steinchen, das er geschickt gegen Renates Scheibe wirft. Es dauert nicht lange, bis die Schwäbin das Fenster öffnet und Hermann erkennt.

RENATE. Pssst! Ich schmeiß Ihnen den Schlüssel runter!

Renate hat den Schlüsselbund in einen alten Wollhandschuh gesteckt, damit er beim Aufschlagen auf dem Hofpflaster nicht so großen Lärm verursacht.

119 Zimmer Renate

Der Flur, durch den Renate Hermann zu ihrem Untermietzimmer führt, hat die schäbige Enge der fünfziger Jahre mit alten Aufputzleitungen, Strom- und Gaszähler, Schrubber und Putzeimer und nackter Neonröhre. Eine Münchner Kleinbürgerwohnung.
Renate trägt einen rosa Bademantel und Pantoffeln. Sie gibt sich große Mühe, kein Geräusch zu machen, das die Wirtin hören könnte. Hermann beeilt sich, in das Zimmer zu gelangen, wo er erst einmal in Sicherheit ist. Renate betrachtet nachdenklich ihren späten Gast.

RENATE. Wenn Sie noch aufs Klo müssen, dann tun Sie das besser jetzt gleich. Die Wirtin scheint nämlich noch am Fernseher zu hocken, da hört sie nix.

Hermann hat gerade seine Gitarre abgestellt. Er ist noch nicht dazu gekommen, sich zu orientieren.

HERMANN. Wo ist denn das Klo?

RENATE. Gleich links neben der Tür. Aber leise!

Hermann zieht seinen Mantel aus, während Renate eine Rolle Toilettenpapier aus dem Regal holt und Hermann in die Hand drückt.

HERMANN. Dat brauch ich gar net.

Bevor sie Hermann hinausläßt in den Flur, überzeugt sie sich, daß die Wirtin wirklich nichts bemerkt hat. Renate ist nun allein. Sie überlegt, wie sie die Nacht mit ihrem Gast regelt. Das Zimmer ist überfüllt mit den Möbeln der Wirtin und Renates Hausrat. Eine Waschecke, eine primitive Duschkabine, eine Kochecke, eine alte Spiegelkommode, ein schmales Bett, ein Tischchen mit Büchern, Schreibutensilien, eine wacklige Stehlampe, ein mit Kleidern vollgepacktes Sesselchen, ein Schrank, an dem man fast nicht vorbeikommt. Auf dem Fußboden ist kaum noch Platz für die Luftmatratze, die Renate nun ausrollt und, nach kurzem Überlegen, direkt neben ihrem Bett plaziert.
Hermann sieht sich während des Pinkelns die enge Toilette an. Über ihm kommen die Rohrleitungen aus dem Stockwerk darüber aus der Wand, der alte Spülkasten rauscht, die fremden Handtücher müffeln neben ihm an der Stange.

HERMANN. *Es rauschte und gluckerte aus den Toilettenabflüssen über mir. Hinter den Wänden und auch durch den Fußboden spürte ich die Nähe der fremden Menschen, der rotzenden, hustenden, schimpfenden, schnarchenden Existenzen. Das war also auch die Großstadt, von der ich geträumt hatte.*

Renate hat die Luftmatratze mit dem Mund aufgeblasen und für Hermann zurechtgerückt. Als Hermann nun das Zimmer wieder betritt, eilt sie ihm aufgeregt entgegen.

RENATE. Habet Sie auch die Klobrille wieder runtergeklappt?

Renate läßt Hermann erst gar nicht wieder das sichere Zimmer verlassen. Sie geht schnell selbst nachsehen. Nun ist Hermann allein in Renates Zimmer. Er sieht sich alles genau an, entdeckt auch die Luftmatratze neben Renates aufgedecktem Bett. Er geht unruhig umher, weiß nicht, was er nun tun soll.

HERMANN. *Ich war allein mit einer fremden Frau. Eigentlich fand ich sie häßlich, und ihren Dialekt mochte ich auch nicht. Dennoch ergriff mich eine abenteuerliche Unruhe. Ich spürte mit allen Sinnen, daß sie eine Frau war.*

Als er in seinem Matchsack kramt, um seinen Schlafanzug herauszuholen, spürt Hermann etwas Fremdes in seinem Rücken. Er sieht sich um. Da ist er wieder: sein Rücken im Spiegelbild! Er starrt in Renates Spiegel, der ihn an sein Hunsrücker Gelübde erinnert.

Renate kommt zurück. Sie ist jetzt zufrieden.

RENATE. Da muß man höllisch aufpassen. Die merkt an allem, daß ein Mann im Haus gewesen ist. Natürlich haben Sie die Klobrille vergessen. So, jetzt ziehen Sie sich aus, das Bett ist gleich fertig.

Hermann beginnt, sich die Schuhe auszuziehen, während Renate das Bett auf der Luftmatratze zurechtmacht. Hermann ist nun doch ein wenig ängstlich. Er vermeidet es, Renate direkt anzusehen. Er wendet sich ab, als sie zu ihrer Spiegelkommode geht, um sich dort sorgfältig zu frisieren und mit Kölnisch Wasser zu besprühen.

HERMANN. *Vor meinem zwölften Lebensjahr hatte ich niemals außerhalb meines Elternhauses geschlafen. Lange noch war ich davon überzeugt, daß ich in einem fremden Bett nicht würde einschlafen können. Daran hatte mich meine Mutter vor der Abreise erinnert. Sie wollte mir unbedingt mein Plumeau und mein Kopfkissen mitgeben. Sie hatte schon begonnen, ein dickes Paket daraus zu schnüren. Aber ich hatte es abgelehnt, meine Schlafgewohnheiten aus der Kinderzeit mit mir herumzuschleppen. Auch alle anderen Hilfsangebote und guten Ratschläge meiner Familie hatte ich zurückgewiesen.*

Hermann hat gerade mal seine Jacke ausgezogen, als Renate sich vom Spiegel erhebt, auf ihn zugeht und ihn an ihrer Brust riechen läßt. Hermann schnuppert den Parfümduft.

HERMANN. Riecht gut!

Plötzlich pocht jemand gegen die Wand. Hermann erschrickt und versteckt sich schnell hinter Renates Schrank. Renate beruhigt ihn aber sofort.

RENATE. Ach Sie, das ist doch nichts! Das ist nur der Herr Ulbricht von nebenan, der macht das jeden Abend. Und jetzt mache ich die Lichter aus.

Renate versucht unbefangen zu sein. Sie steigt auf ihr Bett und läßt demonstrativ den rosa Bademantel fallen. Als sie unter ihre Decke schlüpft, trägt sie nur noch ihren Slip. Das macht Hermann Mut, Krawatte, Hemd und schließlich auch die Hose auszuziehen.

HERMANN. *Renates Luftmatratze erinnerte mich an die Jugendherberge während eines Klassenausfluges. Ich hatte damals die halbe Nacht wachgelegen und über meine innere Einsamkeit nachgedacht. Jetzt hatte ich Herzklopfen.*

RENATE. Könnet Sie das Licht da am Schreibtisch auch noch ausmachen?

HERMANN. Ja. Wie heißt das Stadtviertel hier?

RENATE. Da fraget Sie mich zuviel. Der Goetheplatz ist in der Nähe.

Hermann lenkt das Gespräch auf neutrale Themen, während er nun auch in sein Bodenbett schlüpft.

HERMANN. Ich muß doch lernen, mich in München auszukennen. Ich war heute schon im Hofgarten. Ist da nicht Schwabing in der Nähe?

RENATE. Nicht direkt. Ich bin schon eineinhalb Jahre hier.

HERMANN. Und? Gefällt es Ihnen hier?

RENATE. Jedenfalls besser als in Neu-Ulm.

HERMANN. Ach, Sie kommen aus Neu-Ulm. Ist das bei Ulm?

RENATE. Ja. Reicht Ihnen die Steppdecke? Kommet Sie, wir tauschen doch.

Während sie ihm helfen will, läßt Renate Hermann einen kurzen Blick auf ihren nackten Körper tun, aber Hermann reagiert nicht darauf.

HERMANN. Nä, is gut und viel besser, als auf einer Bank im Park zu schlafen. Ich hab heut im Hofgarten einen gesehen, völlig besoffen war der und hat geschnarcht mit angezogenen Beinen. Gibt es da viele, die so im Park schlafen?

RENATE. Wisset Sie, als Frau kommt man ja nicht an so einsame Plätze. Ich verschließe oft die Augen vor der Großstadt. Und einen Freund habe ich auch keinen.

HERMANN. Ist das so schwer? Ich meine, Sie sind doch an der Uni, wo viele Studenten sind.

RENATE. Ich bin halt net die Hübscheste. Und wenn ich mich aufreg, dann schwitze ich so leicht.

Hermann sieht, wie Renate sich nun vor ihm zu schämen beginnt. Sie starrt die Decke an. Hermann schaut sich im Zimmer um.

HERMANN. Ist das Ihre Examensarbeit da auf dem Tisch?

RENATE. Nein, das ist ein Referat.

Renate schaltet das Nachttischlämpchen aus, dann beugt sie sich zu Hermann hinab.

RENATE. Jetzt müssen wir aber noch leiser sein.

HERMANN. Ich muß dauernd an die Aufnahmeprüfung denken. Morgen früh um neun Uhr geht es los mit Gehörprüfung.

RENATE. Gehörprüfung? Was krieget Sie denn da zu hören?

HERMANN. Akkorde. Da muß man dann die einzelnen Töne raten.

RENATE. Aha. Das stelle ich mir sehr schwer vor.

HERMANN. Dat is et auch. Vor allem, wenn man net das absolute Gehör hat.

RENATE. Haben Sie's oder haben Sie's net?

HERMANN. Natürlich nicht. Dat wäre eine Strafe. Alle großen Musiker und Komponisten hatten net das absolute Gehör. Die wären verrückt geworden und hätten nie frei werden können in ihrer Musik.

RENATE. Man kann also auch zu viele Talente mitbekommen haben. Das beruhigt mich.

HERMANN. Warum?

RENATE. Ich fühle mich oft so dumm.

Hermann hat jetzt seine Überlegenheit wiedergefunden. Er hat sich ein wenig aufgerichtet, um Renate besser sehen zu können.

HERMANN. Ich glaub, das Schlimmste an der Dummheit ist, daß man es selber net merkt. Ich hab mich immer für recht klug gehalten. Wenn ich mir ansehe, was die großen Philosophen und Dichter schreiben, die haben sich auch alle für sehr klug gehalten. Plato, Descartes. Die können tausendmal schreiben: Ich weiß, daß ich nichts weiß. Die wußten alle sehr genau, daß sie zu was Besonderem geboren sind.

RENATE. Sehen Sie sich eigentlich auch so an?

HERMANN. Ich weiß nicht. Wenn ich etwas schreibe oder komponiere, da kommt manchmal etwas dabei heraus, was mich selber wundert. Da fange ich an, mich zu fragen, was das zu bedeuten hat.

RENATE. Ich weiß auch oft net, was ich von mir halten soll. Ich hab immer Schauspielerin werden wollen. Da war sogar mein Vater dagegen, obwohl er mir sonst jeden Wunsch erfüllt hat.

Renate erhebt sich, steigt über Hermann hinweg, balanciert über ihm mit einem Fuß auf dem Nachtkästchen, um so den Vorhang vor dem Fenster besser zuziehen zu können. Hermann könnte ihr so zwischen die Beine sehen, aber er hält sich wohlerzogen die Augen zu vor so viel Frauenkörper. Nur einen ganz kurzen Blick riskiert er zwischen seinen Fingern hindurch. Renate kehrt in ihr Bett zurück.

RENATE. Wenn der liebe Gott mich doch nur ein bißchen schöner gemacht hätt!

HERMANN. Müssen wir net leise sein?

Renate läßt ihr ausgestrecktes Bein wie zufällig über ihr Bett hinaus in Hermanns Griffnähe ragen. Hermann denkt nach, was nun zu tun sei. Er ringt mit sich und seinen Vorsätzen. Vorsichtig fängt er an, Renates Fuß zu streicheln.

RENATE. Weisch d', Schauspieler, das sind doch Leute, die sich's aussuche könnet. Mal sind sie Königinne, mal Hure, mal Bettler. Und sie könnet tausend Todesarten sterben und viele, viele Male leben. Am liebsten würde ich natürlich Liebesfilme spielen!

Jetzt hat sie Hermann ein Stichwort geliefert, das er aufgreifen kann.

HERMANN. Für mich kommt die Liebe net mehr in Frage. Das weiß ich, seit ich sechzehn bin.

RENATE. Du Aff!

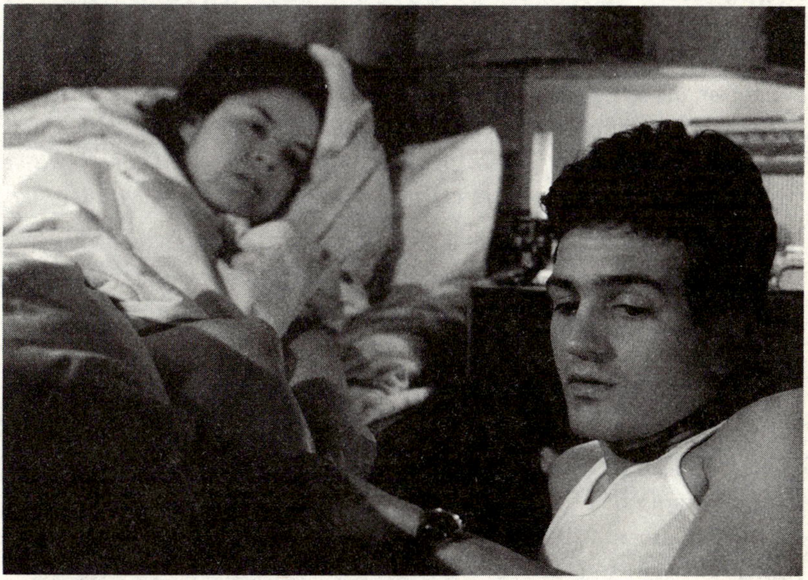

Renate hat Hermanns Gedankenakrobatik nicht verstanden. Sie bricht das Spiel abrupt ab. Sie löscht das Leselämpchen. Es wird ganz dunkel im Zimmer.

RENATE. Morgen früh, wenn du weggehst, dann denk an den Klodeckel. Und die Tür einfach zuziehen. Die Wirtin ist ab sieben Uhr weg. Mach bitte trotzdem keinen Krach. Ich will lange ausschlafen.

120 Straße vor der Musikhochschule

Hermann nähert sich dem Bau aus der Nazizeit, in dem die Hochschule für Musik untergebracht ist. Er kommt vom Königsplatz her, mit anderen Musikstudenten, die ihre Geigenkästen, ihre Celli oder Blasinstrumente zur Prüfung schleppen. Im marmornen Treppenhaus wimmelt es vor Betriebsamkeit: An einem langen Tisch werden die Personalien aufgenommen, Formulare ausgehändigt und Gruppen aufgeteilt. Hermann sieht einer riesigen Konzertharfe nach, die von einem Diener und dem Hausmeister einem zierlichen Mädchen hereingetragen wird. Verständnislos und nachdenklich geht er die bombastische Marmortreppe hinauf. Das Gebäude erdrückt Hermann fast mit seinen gewaltigen Dimensionen.

HERMANN. *Die anderen Studenten, die zur Prüfung gekommen waren, bewegten sich selbstsicher, lachten, unterhielten sich lautstark und schienen alles schon zu wissen. Ein Mädchen wurde sogar von ihrer Mutter begleitet, und ein livrierter Chauffeur trug ihr eine riesige Konzertharfe hinterher. Offenbar steinreiche Leute. Im Hunsrück hatten sie mich für genial gehalten. Einige meiner Lehrer hatten geweint, als ich fortging. Jetzt, als ich dieses Gebäude betrat, war ich plötzlich ein Niemand.*

121 Musikhochschule

Wie die anderen Studenten macht auch Hermann sich daran, seine Formulare auf der Marmorbalustrade des Prüfungsstockwerks auszufüllen. Dabei fällt ihm ein dunkelhaariger Student auf, der auf einer südamerikanischen Quena-Flöte spielt. Als die Flötentöne verstummen, sieht Hermann auf. Juan spricht ihn an.

JUAN. Wie ist mein Deutsch?

HERMANN. Ihr Deutsch?

JUAN. Wie finden Sie mein Deutsch? Spreche ich mit falschem Akzent?

HERMANN. Nä. Woher sind Sie denn?

JUAN. Ich bin Autodidakt. Verstehen Sie mich? Wenn ich spreche, meine ich. Bin ich korrekt?

HERMANN. Ja.

JUAN. Sie verstehen mich. Ich bin außerordentlich erstaunt. Deutsch ist meine elfte Sprache. Ich habe sie sechs Monate lang, bis zu meiner Abreise aus Chile, studiert. Aus Langenscheidts Phonetischem Lexikon. War die Deklination so korrekt?

HERMANN. Ja. Elf Sprachen?

JUAN. Eigentlich die zehnte. Die Musik ist die elfte. Ich zähle sie auch mit.

Hermann sieht, wie nun auch die kleine reiche Harfenistin neben ihm beginnt, ihre Formulare auszufüllen.

HERMANN. Waren Sie schon dran?

Juan versteht nicht, was Hermann meint.

JUAN. Dran?

HERMANN. Ja.

JUAN. Dran? Das verstehe ich nicht.

HERMANN. Ich meine die Prüfung.

JUAN. Nein. Noch nicht. Ich präpariere mich.

Juan hat wieder mit seinem Flötenspiel begonnen. Nun begreift Hermann erst, was Juan eben gesagt hat.

HERMANN. Elf Sprachen. Kaum zu glauben.

JUAN. Castilliano, English, Français, Italiano, Russki, Suomi, Nederlands, Esperanto, Hanú ...

HERMANN. Was?

JUAN ... Chinesisch und Deutsch. Haben Sie mitgezählt?

HERMANN *(beeindruckt)*. Und alle perfekt?

JUAN. Not at all. Naturallement prefero las linguas latinas.

HERMANN *(bewundernd)*. Dann sind Sie ja überall daheim! In der ganzen Welt!

JUAN. Nein. Als Ausländer muß man sehr zurückhaltend sein. Man wird beobachtet. Man lebt in Angst. Ich muß meinen Akzent verlieren. Darf ich mit Ihnen sprechen?

HERMANN. Ja.

Mit dieser Wendung hätte Hermann nicht gerechnet. Aus Juans Augen spricht nun tatsächlich eine gewisse Angst.

Ein Saaldiener öffnet eins der Prüfungszimmer und ruft die Nummer 47 aus. Keiner der vor den Türen wartenden Studenten antwortet. Der Saaldiener wiederholt die Wartenummer. Da erst merkt Hermann, daß ja er diese Nummer hat. In seinem Schreck antwortet er in reinem Hunsrücker Platt.

HERMANN. Eisch! Dat sin eisch!

Die Studenten lachen über den Provinzler Hermann, der auch noch fast seine Partiturrolle fallen läßt, als er zum Prüfungszimmer rennt. Nur Juan lacht nicht. Er versucht Hermanns Worte nachzusprechen.

JUAN. Dat ... sin ... eisch!

122 Musikhochschule, Prüfungszimmer

SAALDIENER. Ihre Sachen können Sie dort ablegen.

Die Situation, die Hermann in diesem Zimmer antrifft, ist nicht viel anders als die seiner Abiturprüfung im Hunsrück. Auch hier sitzen die Professoren hinter einem langen Tisch, auch hier ist der Prüfling ihnen ausgeliefert wie ein Angeklagter vor Gericht. Einer der Professoren erhebt sich. Er geht auf Hermann zu und führt ihn zu den beiden Flügeln, die sich mitten im Raum gegenüberstehen.

PROFESSOR. So, Sie sind Herr Hermann Simon. Kommen Sie bitte vor. Wenn Sie bitte neben den Flügel treten wollen? Wenden Sie sich bitte um.

Hermann begreift nicht sofort. Der Professor wiederholt seine Aufforderung. Hermann dreht dem Professor seinen Rücken zu.

PROFESSOR. Herr Simon, nennen Sie bitte die Intervalle, die ich Ihnen anschlage.

Der Professor schlägt auf dem Flügel zwei Töne an. Hermann erkennt sofort das Intervall.

HERMANN. Eine Quint.

Auch die Sekund, die der Professor nun anschlägt, erkennt Hermann sofort.

PROFESSOR. Was für eine Sekund?

HERMANN. Eine kleine.

Der Professor schlägt nun ein »C« und ein »Fis« an. Er wartet auf Hermanns Antwort.

HERMANN. Das ist eine verminderte Quint.

PROFESSOR. Ja, wie nennen wir es noch?

HERMANN. Übermäßige Quart.
PROFESSOR. Ja ...
HERMANN. Oder Tritonus.
PROFESSOR. Tritonus, diabolus in musica.

Der Professor atmet befriedigt auf. Der Prüfling scheint in seiner Achtung etwas gestiegen zu sein.

PROFESSOR. Jetzt gebe ich Ihnen in »C« einen Akkord, und Sie sollen nur sagen »Moll« oder »Dur«.

Der Professor schlägt einen Dur-Akkord an, den Hermann sofort erkennt. Dann folgen der Moll-Akkord, noch ein Moll-Akkord und schließlich ein weiterer Dur-Akkord. Bis dahin ist das alles für Hermann kein Problem. Der Professor steigert nun den Schwierigkeitsgrad.

PROFESSOR. Und jetzt schlage ich unterschiedlich an, oben oder unten Moll oder Dur! Hören Sie mal genau herein.

Der Akkord, den der Professor jetzt anschlägt, besteht aus zwei Dreiklängen, die auf dem Klavier weit auseinanderliegen. Hermann quält verzweifelt sein Gehör, weiß aber keine Antwort. Da kommt ihm seine Beobachtungsgabe zu Hilfe: In den polierten Flächen des zweiten Flügels, auf den Hermann grübelnd blickt, spiegeln sich die Hände des Professors. Hermann beugt sich leicht vor und kann erkennen, was für Töne der Professor spielt.

HERMANN. Der Dur-Akkord ist unten und Moll oben.
Der Professor ist erstaunt. Der Prüfling verfügt offenbar über besondere Gehörqualitäten.
PROFESSOR. Ja. Können Sie mir auch die Töne nennen? Ich schlage Ihnen die Akkorde noch einmal an.
Hermann tut jetzt nur noch so, als ob er genau hinhöre. Statt dessen vertieft er sich erneut in das Spiegelbild der Spielhände und fängt an, die Töne zu raten.
HERMANN. Unten, das ist ein es-g-b und oben d-f-a.
PROFESSOR. Alle Achtung! Hören Sie absolut?
Hermann ist erlöst. Er schaut sich triumphierend um.
HERMANN. Nein, relativ.
PROFESSOR. Sind Sie da sicher?
HERMANN. Ja, relativ sicher.
Der Professor ist beeindruckt von diesem neuen Studenten.

123 Musikhochschule, Flure, Konzertsaal

Als Hermann aufatmend das Prüfungszimmer verläßt, blickt er in ein Dutzend neugieriger Studentengesichter. Offenbar haben die anderen Kandidaten draußen an der Tür gelauscht und wollen nun von Hermann wissen, wie die Prüfung gewesen ist.
Hermann strahlt. Er kann es noch gar nicht fassen, daß er so brillant abgeschnitten hat.
HERMANN. *Auch in den anderen Teilen der Aufnahmeprüfung hatte ich Glück. Mein »Canto Triumphale«, das Stück über das Rilke-Gedicht, gefiel dem Kompositionslehrer so gut, daß er mitsang und mir hinterher die Hand schüttelte.*
Ganz in seine Gedanken versunken läßt Hermann sich durch die unbekannten Flure treiben. An einer der Flügeltüren, die zum großen Konzertsaal führen, hat sich ein Studentengrüppchen eingefunden, das fasziniert einer Musik zuhört, die aus dem Saal dringt. Hermann erkennt den chilenischen Studenten, der die vielen Sprachen spricht: Juan. Er spielt auf Schlaginstrumenten, die er unterhalb der Bühne aufgebaut hat, ein selbstkomponiertes Stück, das vor allem Juans virtuose Schlagtechnik zeigt. Das Stück ist kompliziert in den Rhythmen, aber eher gefällig in den Harmonien, die auf der Marimba erklingen.

Hermann ist bei einer Treppe angekommen, die von den oberen Sitzreihen ins Parkett hinabführt. Hier bleibt er mit seiner Gitarre und seiner Partiturrolle stehen und beobachtet Juan und sein Spiel. Wie aus der Ferne vernimmt Hermann die Stimme einer Frau, die neben ihm von der Balustrade herunter auf ihre Tochter einspricht, die neben Hermann auf den Treppenstufen sitzt.

FRAU HÜNERBEIN. Herrlich, Angelika, das wird lange dauern, bis du so spielen kannst. Aber du wirst es schaffen. Ich glaube daran. Ich habe mit Professor Leuschner gesprochen: Wir schaffen es.

Jetzt hat Hermann die reiche Dame erkannt. Hermanns Blick ist so unverhohlen, daß die kleine Harfenistin ihn anspricht.

ANGELIKA. Darf ich vorstellen: meine Mutter.

FRAU HÜNERBEIN. Grüß Gott!

HERMANN. Guten Tag.

ANGELIKA. Sie hat mir mit der Harfe geholfen.

HERMANN. Das habe ich gesehen.

Juans Spiel erreicht jetzt seinen Höhepunkt. Immer schneller wirbeln die Schlegel auf die Trommelfelle, die Marimbaplatten und einen großen Gong, der in anschwellenden Schwebungen erklingt. Die Harfenistin ist ebenso begeistert wie Hermann und die anderen Studenten, die hereingekommen sind.

ANGELIKA. Herrlich, nicht? Ich hätte nie gedacht, daß man auf einem Xylophon so spielen kann.

HERMANN. Dat ist kein Xylophon, dat ist ein Marimbaphon. Ja, ich find's auch schön.

Am Ende des Stückes lächelt Juan zu Hermann herauf. Niemand weiß, für wen und zu welchem Zweck Juan hier gespielt hat. Etwas Rätselhaftes ist in seinen dunklen Augen.

124 Vor der Musikhochschule

Direkt neben dem pseudoklassischen Portal und im ummauerten Vorgarten der Hochschule hat sich ein Filmteam eingefunden, das den ehemaligen Nazibau als Kulisse für eine Filmszene benutzt. Darstellerin ist ein etwa zehnjähriges Mädchen, das mit einem Ball spielt. Die Dreharbeiten haben eine Reihe von Zuhörern angelockt. Die meisten sind Studenten der Hochschule, die mit ihren Instrumenten stehengeblieben sind. Aber auch Passanten verschiedenen Alters aus der Stadt sind dabei. Sie verfolgen fasziniert die jungen Filmleute Stefan, Reinhard und Rob und deren eitles Gehabe.

STEFAN. Gehen wir noch einen halben Meter zurück auf Anfang...

REINHARD. Von mir aus können wir...

STEFAN. Achtung... Halt... Geht aus dem Bild, Mensch, los hier...

Hermann kommt in Begleitung der kleinen Harfenistin gerade durch das Portal. Stefan, der wohl das große Wort führt, packt Hermann und seine Begleiterin und schubst sie hinter einen Mauervorsprung, wo sie in Deckung gehen sollen. Hermann versteht überhaupt nichts. Die Filmleute brüllen ihn an.

REINHARD und ANSGAR. Köpfe runter!

Endlich haben Hermann und seine Begleiterin begriffen. Sie ducken sich unter der Mauer, so daß sie von der Kamera aus nicht mehr sichtbar sind. Nun kann das Zeremoniell der Filmaufnahmen von vorne beginnen.

STEFAN. Klappe ist drin?

ROB. Kamera läuft.

REINHARD. Und bitte!

Die kindliche Darstellerin läuft mit ihrem Ball spielend über die Mauer, die den Vorgarten vom Trottoir abgrenzt. Die Kamera der Jungfilmer begleitet das Kind mit einer »Schienenfahrt«. Ein Scheinwerfer wird mitgefahren. Das macht die Szene noch professioneller. Spannung bei den Filmleuten. Das Kind spielt schön und bewegt sich vollkommen richtig.

Da drängt sich Herr Edel, der Mann mit dem Blumenkohl, aus der Zuschauermenge heraus vor die Filmkamera und wendet sich gestikulierend und belehrend an die Jungfilmer.

EDEL. Das war das Braune Haus...

Reinhard läßt die Kamera abschalten. Die Filmleute sind sprachlos. Edel doziert weiter.

EDEL. Das ist das Braune Haus gewesen. Ich nehme an, daß irgendeiner unter Ihnen noch an diesem Ereignis teilgenommen hat. Hitler, Göring, Heß zogen von Schwabing her die Arcisstraße herunter. Die Arcisstraße war voller Menschen. Alles schrie: Wir wollen unsern Führer sehn, wir wollen unsern Führer sehn! Ein Volk, ein Reich, ein Führer!

Während Edels Vortrag haben sich die Zaungäste um ihn versammelt. Auch das Filmteam wartet ab, bis Edel zu Ende gekommen ist. Er hat sich in seinen Erinnerungen an die Nazizeit ganz verausgabt.

Reinhard tritt vor und spricht Edel höflich an.

REINHARD. Sie stehen im Bild.

EDEL. Was, ich stehe im Bild?

Edel begreift nicht, was er falsch gemacht haben soll.

REINHARD. Würden Sie bitte – bitte – irgendwohin...

EDEL. Darf ich meinen Blumenkohl mitnehmen?

Reinhard wendet sich nun an die übrigen Zuschauer. Er ist völlig entnervt. Es wird deutlich, daß die drei Jungfilmer blutige Anfänger sind, die sich mit Gerät und Szene noch nicht sehr gut auskennen.

REINHARD. Bitte. Die anderen Herrschaften bitte auch... Danke.

Während die Filmleute sich nun daranmachen, ihre Szene noch mal zu drehen, können Hermann und die Harfenistin aus ihrem Versteck entkommen. Die Kleine verabschiedet sich von Hermann, nachdem sie sich ihm vorgestellt hat.

ANGELIKA. Vielleicht sehen wir uns mal wieder.

HERMANN. Gerne.

Hermann sieht hinter der Studentin her. Sie gefällt ihm gut mit ihrer Barettmütze und dem langen blonden Haar.

125 Königsplatz

Auf den Steinstufen der Glyptothek sitzen Studenten und Spaziergänger. Sie lassen sich die Herbstsonne ins Gesicht scheinen. Hermann durchquert eine kleine Baustelle. Vom Rande des Königsplatzes her nähert er sich den Flötentönen, die ihm von der Treppe der Glyptothek entgegenwehen. Juan sitzt auf den Stufen und spielt wieder auf seiner Quena-Flöte. Hermann setzt sich zu ihm und hört ein Weilchen zu.

JUAN. Wissen Sie schon, wo Sie in München wohnen?

HERMANN. Na ja, mehr oder weniger.

JUAN. Ich wohne in einer Pension »Victoria«. Mein Geld reicht noch für zwanzig Tage und eine Nacht. Eine Ewigkeit.

Juan lacht ein bißchen bitter. Er sieht die Passanten an, Spaziergänger, sonnenhungrige Münchner Bürger. Hermann holt ein Heft mit Notenpapier heraus und beginnt eine Melodie daraufzukritzeln, die ihm in diesem Moment eingefallen ist.

JUAN. Ein reiches Land, Deutschland. Ich sehe überall diesen Reichtum in den Gesichtern. Und ein sauberes Land. Ihr seid alle so sauber! Wie ist Ihre ökonomische Situation? Ist sie gesichert?

Hermann unterbricht seine Kompositionsarbeit. Erstaunt sieht er Juan an.

HERMANN. Nä, überhaupt net. Und von meiner Mutter tät ich auch nichts annehmen!

JUAN. Ist sie reich?

HERMANN. Meine Mutter? Wie kommen Sie denn jetzt auf so wat?

Juan lenkt ab. Er deutet auf das Notenblatt in Hermanns Händen.

JUAN. Spielen wir Ihr Stück?

HERMANN. Gern, aber das ist noch net fertig.

Hermann überreicht Juan das Notenblatt, und dieser beginnt sofort, mit seiner Quena-Flöte einige Takte vom Blatt zu spielen. Hermann ist begeistert, daß Juan so schnell begreift. Er packt rasch seine Gitarre aus, um Juan zu begleiten.

Währenddessen sind Rob, der Jungfilmkameramann, und Ansgar, sein Tonmann, ebenfalls am Königsplatz erschienen. Rob schiebt ein Fahrrad mit Anhänger, auf dem er seine Kameraausrüstung transportiert. Ansgar trägt sein Tongerät. Die beiden sind noch immer mit den Pannen beschäftigt, mit denen sie heute beim Filmen fertig werden mußten.

ROB. Ich hätte ja nicht gedacht, daß wir die Einstellung noch reinkriegen. Mein Gott, und endlich schiebt der Bernd mal ruhig, ich gehe vor dem Mädchen runter auf den Ball, und dann diese Quasselstrippe im Bild!

Rob setzt sich in Hermanns Nähe auf die Stufen der Glyptothek und beginnt in einem »Dunkelsack« Filmkassetten auszulegen. Ansgar spult auf seinem Tonbandgerät Marke »Maihak« die Tonbandspule um, indem er eine verchromte Handkurbel dreht. Diese Vorgänge haben Hermanns Interesse geweckt. Er hört mit seinem Gitarrenspiel auf und steht auf, um besser zusehen zu können.

ANSGAR. Was ist denn, spielt doch weiter! Ist doch schön, stört doch nicht.

HERMANN. Ein tolles Gerät. Hat das Studioqualität?

ANSGAR. Es gibt bessere. In der Schweiz bauen sie eins, das geht bis zu 17000 Hertz. Musikqualität. Aber wir drehen sowieso nur Primärton.

HERMANN. Was ist dat denn, Primärton?

ROB. Kennen Sie die »Nouvelle Vague« in Frankreich? Die machen uns das vor. Raus aus den Studios – rein ins Leben! »Le cinéma de papa est mort.«

Jetzt zeigt auch Juan Interesse an den Filmleuten – wenn auch nicht an deren Geräten.

JUAN. Ah, Paris. Ich möchte gern nach Paris reisen. Eine Stadt, über die man viele Lieder singt.

ANSGAR. Was man von München nicht sagen kann. Hier riecht man noch den Fußschweiß der Nazis. Vor allem auf dem Platz hier.

HERMANN. Machen Sie Ihren Film darüber?

ROB. »Brutalität in Stein«. Davon handelt unser Film.

Hermann und Juan folgen Robs Blick, der diesen klassizistischen Marmor und vor allem die ehemaligen »Führerbauten« am Rande des Königsplatzes meint. Robs Auskunft war definitiv. Er und Ansgar widmen sich wieder still ihren Arbeiten an den Filmgeräten. Juan deutet auf Hermanns Notenblatt.

JUAN. Ist das eine Triole?

HERMANN. Ich finde München toll!!

JUAN. Im Anfang ist alles leicht. Wissen Sie, man findet die besten Freunde oft am ersten Tag.

HERMANN. Dat wär aber traurig! Ich bin nämlich fast schon zwei Tage da.

Hermann spielt die sehr virtuos geschriebene Gitarrensequenz, Juan fällt mit seiner Flöte ein. So entsteht ein merkwürdig sprödes Duett.

Ansgar und Rob haben die Kassette von ihrer »Arriflex« genommen und schicken sich an, den Schauplatz ihrer Dreharbeiten zu verlassen. Rob scheint traurig zu sein.

ROB. Aus der Traum, vorbei das Glück.

Ansgar zeigt die Kamera Hermann, ehe er sie einpackt.

ANSGAR. Wir haben die Kamera nur geliehen: Vierundzwanzig Stunden haben wir sie behalten dürfen. Letzte Nacht haben wir bei ihm auf der Bude gesessen und haben geübt, Kassetten einzulegen. Weißt du, wie das geht? Das ist wie beim Barras: Handgriffe kloppen, Waffe zerlegen, Waffe reinigen, Waffe wieder zusammensetzen. Muß alles ruck-zuck gehen, nicht wahr?

HERMANN. Ich war net bei der Bundeswehr. Ich bin bei der Musterung durchgefallen. Untauglich.

ANSGAR. Wegen deiner Musikerfinger?

HERMANN. Nä, dat Herz. Ich war einfach herzkrank, verstehen Sie?

ANSGAR. Dat ist das richtige Körperteil zum Verweigern. Ich hab's mit dem Arsch probiert. Befehlsverweigerung, 'ne Woche Bau. Wieder verweigert. Wieder sitzen. Da biste froh, daß du mit'm Arsch nicht denken kannst. Aber jetzt bin ich nach Berlin gezogen – jetzt hab ich meine Ruhe!

HERMANN. Und woher kommen Sie dann?

ANSGAR. Berliner Bayer, bayerischer Berliner.

HERMANN. Dat hört man!

Ansgar und Rob sind mit dem Kassetteneinlegen fertig und packen die Kamera ein. Ansgar hat sich zu Hermann und Juan gesetzt und beginnt, sich eine Zigarette zu drehen.

ANSGAR. Färbt ab, wa?

HERMANN. Und was machen Sie beim Film? Sind Sie sowas wie'n Toningenieur?

Statt einer Antwort dreht Ansgar sich so, daß Juan und Hermann lesen können, was auf dem Rückenteil seines weißen Arbeitskittels geschrieben steht. Hermann und Juan lesen die im Kreis angeordnete Schrift:

HERMANN UND JUAN. »Best boy Ansgar«.

Das verstehen die beiden Musiker noch weniger. Ansgar wird nun ganz freundlich und ruhig.

ANSGAR. Nein. Ich gehör gar nicht dazu! Ich hab bloß ausgeholfen, weil ich zufällig was von Tonbandgeräten verstehe. Wirklich nur zufällig. Ich studiere Medizin. Das hat wenigstens eine vertretbare moralische Grundlage.

Ansgar ist offenbar Zyniker. Kaum hat er etwas Ernstes gesagt, fügt er einen bissigen Satz hinzu. Hermann aber ist überwältigt von all den Erlebnissen seines zweiten Tages in München. Er erhebt sich, sieht in die Ferne und spricht zu sich selbst.

HERMANN. So han ich mir München immer vorgestellt: überall Filmteams auf der Straße.

JUAN. Ihr Stück gefällt mir. Spielen wir mal weiter.

Juan holt Hermann in die Gegenwart zurück. Er beginnt noch einmal, Hermanns Komposition auf der südamerikanischen Flöte zu spielen.

126 Münchner Trambahn

Hermann sitzt mit weitgeöffneten Augen in einem Waggon der Trambahn. Draußen ziehen die Häuserreihen der Großstadt vorbei. Alles, was Hermann sieht, ist neu für ihn. Einige Sitzreihen weiter hinten im Wagen räkelt sich ein großer Dicker in Hermanns Alter, der laut und hemmungslos auf zwei Studententypen einredet.

CLEMENS. Ich sin schon een ganz Jahr hie. Da kenn isch misch schon ziemlisch gut aus. Jo – ich sin als Jazzmusiker hinkomm – von Frankfurt aus. Aber Münschen is doch weitaus besser irgendwie. Isch spiele jetzt jeden Obend.

Hermann wendet sich um. Er sieht, wie sich einer der Studenten mit kleinem Umzugsgut, einem Stuhl und einer Kiste, zum Aussteigen anschickt.

HERMANN. *Was waren denn das für Töne, die ich aus der Tiefe des Straßenbahnwaggons vernahm? Diese Stimme erschien mir so vertraut und dennoch an diesem Ort so unbegreiflich fremd. Hinter mir war jemand, der sprach Hunsrücker Platt!*

Hermann erhebt sich. Jetzt hat er den ehemaligen Schulkameraden aus dem Hunsrück erkannt.

HERMANN. Das ist ja der Clemens aus Mengerschied!

Auch Clemens steht auf und geht auf Hermann zu, reicht ihm begeistert die Hand.

CLEMENS. Der Hermann von Schabbach! Hermann, wat mischst dau dann loo in Münsche?

HERMANN. Dat ich dich hier treff! Ich bin gerade auf dem Weg auf die studentische Zimmervermittlung.

CLEMENS. Ich muß am nächste Halt raus! Kommste mit? Dann könne ma noch en bißchen schwätze.

HERMANN. Nä, Clemens! Isch han gar net gewußt, dats dau aach hie in Münsche bist.
CLEMENS. Suchste e Zimmer, Hermann? Ich zeig dir mal mei Bud beim Kohlejosef. Nä, so en Zufall, Menschenskinder.
Die beiden Hunsrücker können es nicht fassen, daß sie sich ausgerechnet in der Münchner Straßenbahn getroffen haben.

127 Kohlenhandlung, Hof

Clemens führt Hermann, der immer noch Gitarre, Partiturrolle und Aktentasche mit sich herumschleppt, auf ein bizarres Hofgelände. In der engen Einfahrt türmen sich Kohlensäcke, alte Werkzeuge, verrostete Maschinenteile, Blechkanister, Öltanks. All das fügt sich in Mauerreste von einem Wohngebäude, das im Krieg zerstört worden ist.
CLEMENS. Wir gucke mal, ob der Kohlejosef da ist. Der muß irgendwo sein, ich weiß net, wo er ist. Ah, da ist er!
Hinter einem klapprigen Dreirad-Lieferwagen und einer Kohlenwaage wird der Blick auf eine Art Baracke frei. Ein Schild weist darauf hin, daß sich hier das Büro befindet. Ein etwa fünfzigjähriger, stoppelbärtiger Mann in abgewetzten Kleidern, schwarz vom Kohlenstaub, kommt auf die beiden Studenten zu.
KOHLEN-JOSEF. Ah, der Clemens. Das ist gescheit, daß du jemand dabeihast, gelt? Du, der springt mir wieder net an, hilfst mir, den oschiabn? Seid's so liab.
Während Josef sich hinter das Steuerrad seines Klapperautos setzt, müssen Hermann und Clemens ihn anschieben.
KOHLEN-JOSEF. Also, Buabn, abgeht's, pack mer's.
Kurz vor der Ausfahrt springt der alte Zweitaktermotor an. Der Josef hält an, um den Jungen ein Dankeschön zuzurufen. Aber Clemens gibt Josef ein Zeichen, noch ein wenig zu warten. Er geht auf ihn zu, um ihm Hermann vorzustellen.
CLEMENS. Dat is der Hermann. Der kommt auch aus dem Hunsrück. Ich hab'n durch Zufall auf der Trambahn getroffe.
KOHLEN-JOSEF. Ah, bist auch so a Jazzmusiker, der frühstückt, wenn die anderen schon Feierabend machen?
CLEMENS. Nä, der Hermann is Student. Und ich wollt mal fragen, wenn Sie nichts dagegen haben, wenn ich nachts Musik mache, ob er dann in meiner Bud schlafen kann.

KOHLEN-JOSEF. Ja, hinten im Schuppen liegt noch a Matratz'n, die ist noch recht gut, da hab i selber oft drauf geschlafen. Die könnt's nehm'n. Was studiert er denn?

HERMANN. Musik.

KOHLEN-JOSEF. In der Nacht?

HERMANN. Nä, in der Musikhochschule!

Hermann versteht gar nicht, was hier verhandelt wird. Sollte es wirklich wahr sein, daß er so schnell ein Zimmer gefunden hat, in dem er wohnen kann, bis die Bude bei Frau Moretti frei ist? Abwechselnd sieht er Clemens und Josef an.

KOHLEN-JOSEF. Also, wenn du tagsüber üben willst, und der Clemens will schlafen, dann kommst zu mir, dann kriagst den Schlüssel vom Vorderschuppen, gell? Also, ich dank euch noch mal, ich muß jetzt weiter. Servus!

Hermann dankt und folgt Clemens in den hinteren Teil des Hofes, von wo man über einen dunklen Aufgang in Clemens' Zimmer gelangen kann.

128 Bude von Clemens

Das Zimmer, in das Hermann geführt wird, ist ein Ebenbild der ganzen Kohlenhandlung: Die chaotische Einrichtung scheint aus Sperrmüllbeständen zusammengetragen worden zu sein. Hermann erkennt ein Bett, eine Art Schrank, ein Waschbecken an der Wand, einen Fetzen von Teppich an der anderen Wand und über dem Fenster ein Blechschild mit dem Text »Rauchen verboten«, eine Inschrift, die noch aus den Beständen der Hitlerwehrmacht zu stammen scheint.

CLEMENS. Komm rein, Hermann. So, dat da is et. Aber ganz umsonst kriegste's net, Hermann: Fuffzisch Mark mußt du mir schon gebe.

HERMANN. Wat, fuffzisch Mark? Bist du narrisch?

Hermann ist von der untergehenden Sonne geblendet, die zum Fenster hereinleuchtet.

CLEMENS. Ei gut, weil dau et bist, sagen mer dann vierzisch!

Hermann hält sich die Hand vor die Augen, um besser sehen zu können, in welchem Verlies er ab jetzt schlafen wird.

HERMANN. *Schon nach so kurzer Zeit hatte ich den einzigen Hunsrücker kennengelernt, der außer mir noch in München herumlief. Ich hatte ein Zimmer für die nächsten Wochen – ein anderes, sogar mit Klavier, in Aussicht! Ich hatte die Aufnahmeprüfung bestanden und Leute vom Film kennengelernt. Ich kannte nach zwei Tagen schon meine Wege zwischen den neuen Stationen. Und ich kannte Renate – für Notfälle!*

129 Vor Haus Renate

Durch die stockfinstere Tordurchfahrt gelangt Hermann zu dem Hinterhaus, in dem Renate wohnt. Er sucht Renates Fenster. Nur ein kleiner Lichtschein erhellt das Fenster im ersten Stock. Hermann ist guter Laune. Er sucht einen Stein. In der Nähe der Mülltonne findet er einen, der ein bißchen zu groß ist. Dennoch wirft er damit und trifft genau auf Renates Fensterscheibe, die sofort zerspringt. Hermann erschrickt. Renate erscheint am Fenster.

RENATE. Was haben Sie denn jetzt angerichtet! Die Scheibe ist vollkommen kaputtgegange. Mensch, Sie müsset leise sein! Wo waret Sie denn die ganze Zeit?

HERMANN. Ich bin angenommen!

RENATE. Auf der Musikhochschule?

HERMANN. Ja. Sogar in der Kompositionsklasse als einer von mindestens dreißig Bewerbern. Deswegen hat es auch so lang gedauert.

RENATE. Moment, ich schmeiß Ihnen gleich den Schlüssel runter.

HERMANN. Nein, ich wollte mein Gepäck abholen. Ich han en Schulkamerad getroffe, Clemens heißt der, bei dem kann ich schlafen.

RENATE. Jetzt freuen Sie sich, gelt, man sieht's. Moment, ich komm gleich runter – wir dürfen bloß nicht so laut sein.

Renate scheint das Malheur mit der Fensterscheibe schnell vergessen zu wollen. Ihre Freude, Hermann wiederzusehen, ist groß. So beeilt sie sich, zu ihm in den dunklen Hof herunterzukommen. Hermann erwartet sie mit seinem Matchsack ungeduldig.

RENATE. Hatte Sie ein Glück, daß mei Wirtin net daheim ist, des hätt a Malheur gegebe!

HERMANN. Ich wohne ganz in der Nähe der Musikhochschule. Dat is schon in Schwabing. Die Linie 7 fährt da durch.

RENATE. Wunderbar.

Hermann hat den Mantel angezogen, den Renate ihm heruntergebracht hat. Er wirft sich seinen Matchsack über die Schulter. Er strahlt vor Begeisterung.

HERMANN. Ich hab schon angefangen, ein Stück zu komponieren.

RENATE. Ich tät mich freue, wenn wir uns mal wiedersehen könnet.

HERMANN. Ei allemol. Ich meine: o. k.

Eine Sekunde steht er Renate gegenüber, von ihrem Körper nur durch den Gitarrenkasten getrennt, dann reißt er sich los und läßt die Sehnsüchtige allein.

130 Alter Peter

Hermann und Clemens steigen im Innern des Kirchturms eine endlose Holztreppe hinauf. Clemens, der sich auch hier auszukennen scheint, geht so schnell voran, daß Hermann ganz außer Atem gerät. Er darf nicht ausruhen wie all die Touristen, die unterwegs auf den Treppenabsätzen verschnaufen.

HERMANN. Clemens, kennst du dich schon gut aus in München?

CLEMENS. Seit sie mir mein Fahrrad geklaut haben, muß ich immer zu Fuß gehen. Weißt du, da gehst du den kürzesten Weg. Von meiner Bud' zum Jazzkeller, wo ich immer spiele, sind es sechs Kilometer.

Dat sin Entfernunge hie in Münsche! Auf dem Hunsrück bist du da schru zwei Bahnstationen weiter.

HERMANN. Meinst du, ich soll mir von daheim mein Fahrrad schicken lassen?

CLEMENS. Auf alle Fälle. Die müsse dat in Simmern uff dem Güterbahnhof aufgebe, dann kannste es am nächste Tag in Pasing abhole. Gefällt's dir hier?

HERMANN. Ja, sicher. Aber ich bin ja erst seit zwei Tagen da.

Hermann ist oben auf der Plattform des Alten-Peter-Turms angekommen. Er hat den Stadtplan, den er von seinem Hunsrücker Musiklehrer geschenkt bekam, auf dem Boden ausgebreitet. Er ist dabei, sich zu orientieren. Touristen, die mit ihm den Turm bestiegen haben, versuchen über den Neu-Münchner hinwegzusteigen.

HERMANN. So, jetzt gucken wir mal: Da im Osten ... da ist die Isar und dahinter dat Deutsche Museum. Dann vor mir Marienplatz, Odeonsplatz, Feldherrnhalle. Dann im Westen: der Hauptbahnhof, na ja, dat kann man jetzt von hier net sehe. Im Westen der Hauptbahnhof, Theresienwiese, Laim, Pasing ... na ja, da werde ich so bald net hinkomme ... Gut, noch mal: da im Norden Schwabing, Siegestor, Ludwigstraße, Feldherrnhalle ...

Hermann lernt München auswendig.

Von hier oben hat Hermann einen herrlichen Blick über die Stadt. Es ist auch ein besonders klarer Herbsttag. Vom Rathausturm ertönt das berühmte Glockenspiel, und ganz München scheint Hermann begrüßen zu wollen.

131 Musikhochschule, Portiersloge, Gänge

Hermann ist nun schon mehrere Tage in München. Er hat sein Studium an der Musikhochschule aufgenommen. Als er an diesem Tag den Vorraum in der Pförtnerloge betritt, sieht er sich einer langen Schlange von Studenten gegenüber, die darauf warten, Schlüssel zu den Übungsräumen zu bekommen. Der Hausmeister residiert in seinem Glaskasten und scheint der mächtigste Mann der Hochschule zu sein. Die Studenten sind unzufrieden und murren. Einer von ihnen wagt es, den Hausmeister anzuschreien. Aufruhr entsteht.

KOMMILITONE. Sie spielen sich hier auf, als wären Sie der liebe Gott! Wir sind jetzt schon zum fünften Mal hier, und ich hab immer noch keinen Schlüssel zum Klavierzimmer. Wir wollen auch mal proben. Wie sollen wir denn unter den Bedingungen studieren?

HAUSMEISTER. Ja, ich kann Ihnen kein Zimmer geben, wenn ich alles ausgebucht hab.

STUDENT. Also, wenn das keine Schiebung ist!

HAUSMEISTER. Wir haben elf Klavierzimmer. Natürlich muß ich die höheren Semester bevorzugen. Anordnung von oben – beschweren Sie sich ruhig.

STUDENTIN. Immer das gleiche!

STUDENT. Schiebung! Für mich ist das alles Schiebung.

Hermann, der noch ganz neu ist und deswegen ein wenig schüchtern, hört sich das alles an, sagt aber nichts. Sein Blick geht in die Treppenhalle, wo eine Studentin die Stufen herunterkommt, die einen Cellokasten trägt. Hermann kann seinen Blick kaum von dieser Erscheinung losreißen. Er gelangt an die Portiersloge, ohne recht zu bemerken, wie. Der Hausmeister steckt ihm einen der begehrten Schlüssel zu.

HAUSMEISTER. Die Ruhigen und Friedlichen, die lob ich mir, die bekommen einen Schlüssel.

HERMANN. Danke schön. Ich dachte, Sie hätten nichts mehr. Ich wollte mich eigentlich für morgen eintragen lassen.

HAUSMEISTER. Behalten Sie den. Aber passen Sie gut auf.

HERMANN. Danke.

Als Hermann jetzt durch die Glastür in das geräumige Treppenhaus tritt, steht die schöne Cellistin unterhalb des mächtigen Treppengeländers an einen Marmorsockel gelehnt. Sie hält ihr Instrument zärtlich gegen den Körper gepreßt. Hermann geht langsam auf die Treppe zu. Um ihn herum scheint die Welt zu versinken. Er sieht die Cellostudentin nur eine Sekunde lang an. Er erreicht schließlich die breiten Treppenstufen. Die Cellistin (Clarissa) ist eine Frau mit langen, dunklen Haaren und braunen Augen. Sie dreht sich einen Moment um: Die braunen Augen erwidern Hermanns ersten Blick.

Hermann rennt. Er scheint vor Clarissa weglaufen zu wollen. Er eilt durch einen der Gänge, ist auf der Suche nach dem Zimmer, zu dem er den Schlüssel hat. Hinter jeder Tür, die er nervös oder ängstlich öffnet, ist ein anderer junger Musiker in seine Instrumentalübungen vertieft. Schließlich erreicht Hermann den Raum seines Kompositionsprofessors. Er klopft höflich an und tritt ein.

Der Professor ist nicht da. Einsam steht der Flügel im Raum, daneben ein kleiner Tisch, die Morgensonne durchdringt die stehende Luft.

HERMANN. *Die Musikhochschule war auch im Innern eine abweisende Fassade. Wie sollte ich hier studieren? Der berühmte Kompositionsprofessor war immer auf Reisen. Die Übungszimmer waren ausgebucht. Und hinter allen Türen, die ich öffnete, wurde ich abgewiesen. Es verbarg sich etwas in diesem Gebäude, das ich nicht verstand.*

Hermann hat einen Anschlag gefunden, der an einem kleinen schwarzen Brett hängt: *»Professor Mamangakis ist auf Konzertreise in den USA. Das Kompositionsseminar findet deshalb zur Zeit nicht statt.«*

Er geht in das von Musikfetzen aller Art erfüllte Marmortreppenhaus zurück. Ihn umfängt eine merkwürdige Raumakustik, die alle Musiken der Welt in einem Atemzug zu vereinen scheint.

132 Musikhochschule, Kammermusikraum

Wieder läuft Hermann durch die langen Gänge und das Marmortreppenhaus. Er hält den Schlüssel, den der Hausmeister ihm gegeben hat, in der Hand. Wo ist die dazu passende Tür unter all den verschlossenen Türen?

Endlich findet er den Raum 144, den sogenannten Kammermusikraum. Schon an der Tür hört er, daß er besetzt ist. Sein Schlüssel paßt zwar, aber aus dem Zimmer dröhnt ihm laute Avantgarde-Musik entgegen. Hermann öffnet zaghaft. Fünf Studenten höheren Semesters proben hier ein modernes Stück für zwei Klaviere und zwei Schlagzeuggruppen. Als eine Sequenz des Stückes beendet ist, vertiefen sich die Musiker in die Partitur. Einer von ihnen (Jean-Marie), offenbar der Dirigent oder Komponist, bemerkt Hermann, der immer noch in der offenen Tür steht.

JEAN-MARIE. Suchen Sie jemand?

HERMANN. Dat is doch hier Raum 144 – ich wollte jetzt eigentlich Klavier üben.

JEAN-MARIE. Aber wir proben hier! Woher haben Sie den Schlüssel?

HERMANN. Vom Pförtner. Für heute und morgen.

JEAN-MARIE. C'est toujours la même chose – der alte Konflikt mit der Hochschule! Das ist schon fast Boykott. Kaum proben wir hier Neue Musik, schon gibt der Pförtner die Zweitschlüssel heraus.

VOLKER. Das ist außerdem der Kammermusikraum, wir proben hier immer.

JEAN-MARIE. Der steht uns zur Verfügung.

HERMANN. Ja gut, aber wo soll ich jetzt üben?

JEAN-MARIE. Ce n'est pas mon problème.

Jean-Marie geht zu seinen Musikern zurück, die von dem Gespräch mit Hermann kaum Notiz genommen haben. Die Proben gehen weiter. Jean-Marie gibt das Einsatzzeichen. Das Spiel ist so innig und klingt in Hermanns Ohren so fremdartig, daß er, der immer noch den Schlüssel in Händen hält, ganz andächtig wird und sich, von den Musikern unbemerkt, auf ein kleines Podium setzt und bescheiden zuhört.

HERMANN. *Wie beneidete ich die älteren Semester! Sie waren die Herren über alle Möglichkeiten. Hochmütig, untereinander verschworen und in Opposition zur ganzen Welt. Sie verstanden sich als die Propheten der Neuen Musik. Alles war gut, was die Generation der Professoren erschütterte. Diese Avantgarde-Musik, sie faszinierte mich so, wie mich die fremde Stadt faszinierte.*

Die Sätze dieser Avantgarde-Komposition sind sehr kurz. Schon bereiten sich die jungen Musiker auf ihren dritten Satz vor. Hermann ist gespannt.

JEAN-MARIE. On continue! Troisième mouvement.

VOLKER. O.k., dazu möchte ich noch sagen, das ist eine Synthese aus dieser bewegten Statik des ersten Satzes und der flächigen Liegeharmonik des zweiten Satzes. Alles an einer Sechzehntel Baßkette aufgereiht, o. k.? Wenn ihr ganz statisch und ausdrucksstark die melodischen Phrasen durchzieht!

Volker beginnt nun ein rhythmisches Vorspiel auf dem Flügel. Der andere Pianist und die Schlagzeugspieler setzen ein. So entwickelt sich ein Klanggebilde, das auch die Spieler selbst begeistert. Hermann hat sich unbemerkt aus dem Raum gestohlen. Erst als der letzte Ton verklungen ist, bemerken die Musiker, daß sie wieder unter sich sind.

JEAN-MARIE. Jetzt ist er weg.

133 Musikhochschule, Treppenhaus

Hermann will das Hochschulgebäude verlassen. Nachdenklich geht er durch die gläserne Schwingtür. Hier spricht ihn jemand an. Es ist Juan, der traurig an der Außenseite der Tür gewartet hat.

JUAN. Hallo!

HERMANN. Ah, guten Tag. Sie habe ich vermißt.

JUAN. Ich bin nicht angenommen worden. Vielleicht muß ich jetzt München verlassen.

HERMANN. Das verstehe ich net. Sie haben doch am schönsten gespielt von uns allen!

JUAN. Aber die Professoren sagen, es sei Folklore. Es ist aber keine Folklore. Es ist einfach ... einfach Kunst.

Juan steht ganz geknickt vor Hermann. Auch Hermann hat heute keinen guten Tag. Die beiden sehen sich an.

HERMANN. Wollen wir zusammen in die Mensa gehen?

JUAN. O. k., gehen wir.

134 Mensa der Universität

Hermann fühlt sich beim Betreten des Mensaraums genauso fremd und unsicher wie Juan. Beide suchen sie einen freien Tisch. Schließlich setzen sie sich in eine Ecke, in der auch andere Musikstudenten sich niedergelassen haben.

An einem der Musikertische wird ein »Löffelkonzert« improvisiert: Die jungen Musiker trommeln mit allen Gegenständen, die sie finden können, einen wilden Rhythmus, der sich steigert. Immer neue Ideen werden gefunden, Geräusche und Töne zu erzeugen: Klatschen auf die

Wangen, Trampeln, Stöhnen, in Teekannen brüllen, den Heizkörper mit Löffeln bearbeiten, gegen die Fensterscheiben trommeln, Pfeifen. Juan beteiligt sich an dem Konzert und findet so seinen Mut wieder. Als Hermann von der Essensausgabe zurückkommt, ist ein Hexenkessel von rhythmischem Lärm entstanden, den die anderen Studenten durch Protestschreie zu beenden versuchen. Hermann nimmt neben Juan Platz und fängt an zu essen.

HERMANN. Und, was machen Sie jetzt in Deutschland?

JUAN. Warten. Warten ist überhaupt kein Problem für mich.

HERMANN. Ich kann nicht warten. Warten macht dumm. Und die, die uns warten lassen, die halten uns auch für dumm. Ich tät weggehen oder fliehen. Sagen wir du zueinander?

Die beiden schweigen, essen und sehen in die überfüllte Mensa.

JUAN. Gut.

HERMANN. Ich heiße Hermann W. Simon.

JUAN. Ich bin Juan Ramon Fernandez Subercasseaux.

Hermann und Juan schütteln sich die Hände. So besiegeln sie die soeben geschlossene Freundschaft.

HERMANN. Subercasseaux, klingt irgendwie französisch.

JUAN. Subercasseaux, Name meiner Mutter, sehr chilenisch.

HERMANN. Guten Appetit, Juan.

JUAN. Manmanchi.

HERMANN. Was heißt dat denn?

JUAN. Das ist chinesisch. Wörtlich: langsam essen. Aber es bedeutet: Guten Appetit.

HERMANN. Langsam essen ...

Als Hermann der Bedeutung dieses chinesischen Wortes hinterhersinnt, sieht er Clarissa, die Cellistin, die in Begleitung von Volker, einem der Avantgarde-Musiker, von der Essensausgabe her den Mensaraum betritt. Juan bemerkt, daß Hermanns Gedanken abschweifen. Er sieht den neuen Freund fragend an. Hermann schrickt unvermittelt aus seinen Träumen auf.

HERMANN. Ich hab nur gemeint, ich hätte eine Bekannte gesehen.

JUAN. Ist sie es nicht? Schade.

HERMANN. Ich kenne sie überhaupt nicht.

JUAN. Hast du Angst vor Frauen?

HERMANN. Ich glaube net.

Clarissa und Volker haben irgendwo in der Tiefe des Mensaraums Platz genommen. Beide bemerken sie die Blicke von Hermann und Juan.

Sie vertiefen sich in ihr Gespräch und das Essen. Juan versucht, Hermann in die Gegenwart zurückzubringen.

JUAN. Sehnsucht, das ist ein sehr schönes deutsches Wort: »Sehnsucht« – »Nostalgia«, nein, »Ansiedad«.

HERMANN. Ich habe geschworen, mich nie mehr zu verlieben. Glaubst du mir das?

JUAN. Nein, ich glaube das nicht.

HERMANN. Das müssen Sie mir aber glauben ... dat mußt dau mir aber glauben!

JUAN. Dau?

HERMANN. Du!

JUAN. Du hast einen komischen Akzent. Wo bist du her?

Hermann fängt an, Juan seine Herkunftsgeschichte zu erzählen. Die Mensa leert sich, die Mittagszeit geht zu Ende.

135 Vorortstraße, Schauspielschule

Inzwischen hat Hermann ein Fahrrad. Er fährt durch die kleine Vorortstraße auf der Suche nach dem ehemaligen Einfamilienhaus, in dem die private Schauspielschule sein soll.

HERMANN. *Ich hatte am Schwarzen Brett der Hochschule eine Anzeige gelesen: »Sprecherziehung – Kurse zur korrekten Aussprache des Hochdeutschen«. Die private Schauspielschule, in der es diese Kurse gab, lag außerhalb der Stadt. Aber ich hatte ja mein Fahrrad, das mir aus dem Hunsrück geschickt worden war. – Ich wollte* auch *so sprechen wie diese Kinder aus den guten Familien, die aus den Städten kamen. Ohne diesen Misthaufengeruch meines Bauerndialekts. Ich wollte sprechen, wie es geschrieben stand. Die Sprache der Dichter und Denker.*

136 Schauspielschule

Wieder betritt Hermann ein Milieu, das ihm gänzlich fremd ist. Er hat aber schon mehr Mut als in den Anfangswochen. Nachdem zwei Schauspielschülerinnen ihm den Weg gewiesen haben, gelangt er in eine Art Wohnzimmer. Dort steht ein Spiegel, aus dem Hermann sich plötzlich wieder beobachtet fühlt. Er wendet sich um und starrt in das verängstigte Selbstbildnis.

Das Haus ist voll von rezitierenden, tanzenden, fechtenden, schauspielernden oder singenden Leuten. Die Übungsstunde bei Herrn Rossié bringt Hermann fast in die Rolle eines Dorftrottels, dem man erst das Sprechen beibringen muß.

LEHRER. Und jetzt bitte locker! Ich hatte ja selbst das Problem. Hört man mir noch an, daß ich aus Bad Godesberg komme?

HERMANN. Nein, das merkt man überhaupt nicht!

LEHRER. Ich han emol so jesproche...

HERMANN. Es ist fürchterlisch, daß isch so spreche. Aber bei Hochdeutsch komme ich mir vor, als ob ich lüge.

LEHRER. Ihre Lippen werden sich schon daran gewöhnen. Also, noch mal ganz ruhig. Lockerer Unterkiefer, das Gaumensegel leicht wölben, die Zungenränder an den Gaumen und dann: Chchchi.

Hermann stellt sich ungeschickt an. Sein Gesicht spricht Bände.

HERMANN. Chchchi...

LEHRER. Ja, aber nicht die Lippen vorstülpen... Chchch...

HERMANN. Chchchi.

LEHRER. Gut so. Wir werden den Hunsrück schon besiegen! Sie sind doch Musiker. Sie wissen doch, was Disziplin ist. Also, sprechen Sie mir nach: Ich möchte.

HERMANN. Ich möchte.
LEHRER. Ich rechne.
HERMANN. Ich rechne.
LEHRER. Mädchen.

Dieses Wort bekommt zusätzliche Bedeutung für Hermann, weil gerade eines der Mädchen aus der Schauspielschule durch das Glasfenster hereinschaut. Hermann reißt sich zusammen.

HERMANN. Mädchen.
LEHRER. Milch.
HERMANN. Milch.
LEHRER. Eichel.
HERMANN. Eichel.

Schon wieder so ein verfängliches Wort! Inzwischen haben sich andere neugierige Augen an der Scheibe eingefunden.

LEHRER. Wo gucken Sie denn da hin? Es ist Unterricht! Schauen Sie lieber auf meine Lippen. Ich dichte, spricht der Dichter, und verbricht fürchterliche Gedichte.

Der Sprecherzieher scheint einen Unfall erlitten zu haben, denn er stützt sich auf eine Krücke, während er Hermann den »Ch«-Laut beibringt. Hermann irritiert auch dies.

HERMANN. Ich dichte, spricht der Dichter, und verbricht fürchterliche Gedischte.

LEHRER. Ja, mit ein bißchen mehr Ausdruck, da tun Sie sich leichter: Ich dichte, spricht der Dichter, und verbricht fürchterliche Gedichte.

HERMANN. Ich dichte, spricht der Dichter, und verbricht fürschterliche Gedichte.

Jetzt haben sich die affektierten Schauspielschüler zu einer kleinen Prozession aufgereiht und kommen in das Unterrichtszimmer, indem sie die verschiedenen Übungstexte der Sprecherziehung rezitieren und damit ein surreales Stimmengewirr erzeugen. Die Texte sind so absurd, daß Hermann ratlos in dem Kreis steht, den die Studenten um ihn und den Lehrer bilden.

137 Vorortstraße

Hermanns Rückweg in die Stadt ist auch ein Weg durch den Dschungel dieser Wörter und Übungstexte. Auf seinem Fahrrad versucht er es rhythmisch. Er koordiniert die Übungstexte mit dem Takt des Pedaltretens. Hermann versucht, seinen Mund an das Hochdeutsche zu gewöhnen.

HERMANN ... durch Morcheln... Scheißhunsrück! ...Der Dichter verbricht lächerliches nichtig... Geschwätz... wichtige Mistviecher, recht berechtigte Rechtsansprüsche... -ansprüche... echt chemische Brechmittel...

138 Musikhochschule, Kompositionsklasse

Das Unterrichtszimmer von Professor Mamangakis ist wie üblich leer. Die beiden Flügel stehen aufgeklappt im Gegenlicht. Hermann, der gleich beim Eintreten merkt, daß der Professor offenbar wieder mal nicht da ist, schlendert durch den Raum, klimpert im Vorbeigehen ein paar Töne auf einem der Flügel und will gerade wieder weggehen, als sich eine Nebentür öffnet und der Professor hereintritt. Hermann erschrickt. Er grüßt hastig und nimmt Haltung an.

PROFESSOR MAMANGAKIS. Sie wünschen? Ah, ja, Herr Simon, kommen Sie mal rein. Was haben wir Neues?

HERMANN. Ich habe ein kleines Stück dabei.

PROFESSOR MAMANGAKIS. Was für eine Besetzung?

HERMANN. Das ist für eine Singstimme. Die Begleitung ist Querflöte und Cello.

PROFESSOR MAMANGAKIS. Aha, ganz selten ist diese Besetzung.

Der genialisch auftretende Kompositionsprofessor mit Künstlermähne und südländischem Akzent hat Hermann zu einem der Flügel geführt und ohne Umstände sein Notenblatt auf das Notenpult gestellt. Hermann hat noch gar nicht begriffen, daß er den Starprofessor wirklich getroffen hat – und schon muß er zeigen, was er komponiert hat.

HERMANN *(sichtlich verlegen)*. Das ist der Anfang. Aber es ist ja nur ein ganz kurzes Stück.

PROFESSOR MAMANGAKIS. Ich sehe. Ich glaube, das ist wohl ein bißchen dodekaphonisch. Können Sie mir die Singstimme singen, mit Ihrer Stimme? Bitte!

HERMANN. Für mich ist das ein Entwurf. Nur diese Stimme?

PROFESSOR MAMANGAKIS. Ja, ja, nur diese Singstimme, ohne die Begleitung! Wenn Sie die Singstimme spielen, aber spielen Sie nebenbei. Ich möchte es hören. Spielen Sie diese Melodie.

Hermann kann wirklich nicht singen. Obwohl er die Töne mitspielt, trifft er selten den gemeinten Ton. Da hilft auch nicht, daß Hermann die Stirn in Falten legt und die Schultern hochzieht. Es klingt ziemlich jämmerlich, was er da zu seinem eigenen Text komponiert hat: »Oh ferne Wogen ...« Auch der weitere Text bleibt unverständlich.

Der Professor bleibt bei alldem aber freundlich. Er spürt wohl, daß sein Schüler unter der neuen fremden Umgebung leidet und ohne menschliche Nähe lebt. Er führt Hermann ans Fenster, schaut mit ihm auf die herbstliche Stadt hinunter und gibt ihm in seinem schlechten Deutsch Ratschläge fürs Leben und fürs Komponieren.

PROFESSOR MAMANGAKIS. Es ist festgestellt, daß manche Kollegen ... große Kollegen, die für jemand komponiert haben, sagen wir für eine Frau. Es ist viel besser, wenn man verliebt ist, wirklich! Man spürt viel besser, man komponiert viel besser. Nur was man liebt, existiert, bleibt und funktioniert.

Unten im Hof der Hochschule nähert sich die junge Cellistin mit ihrem Instrument. Hermann reckt den Kopf, kann aber den weiteren Weg von Clarissa nicht mehr verfolgen. Die Worte des Professors klingen wie von fern.

139 Musikhochschule, Celloklasse

Clarissa in der Cellostunde bei Professor P. Auch hier ein Starprofessor, der seine Schülerin mit den Allüren einer Diva behandelt. Aufgeregt und mit großen Gesten bewegt sich der Professor im Raum, singt mit Clarissas Cellospiel mit, lobt sie, erleidet Schmerzen bei einigen Tönen und unterbricht begeistert, als sie eine Sequenz aus der Cellosonate e-Moll, Opus 38 von Johannes Brahms beendet hat.

PROFESSOR P. Fein. Und jetzt schreibt er »dolce« vor. Also etwas total anderes als »espressivo«.

Clarissa vertieft sich wieder in ihr Cello. Aber ehe sie noch den Bogen ansetzen kann, unterbricht der Professor sie aufs neue.

PROFESSOR P. Mir fällt gerade ein: Fühlen Sie sich immer noch so einsam und verlassen hier in München?

CLARISSA. Ich hab ja mein Cello.

PROFESSOR P. Na klar, das ist eine gute Antwort, aber sie ist mir ein bißchen zu brav, nicht? Also, ich weiß, daß Sie fleißig sind. Und das höre ich ja auch, aber ab und zu, es ist schwierig, nur mit dem Cello, da kriegen Sie ja nicht neue Freunde.

Clarissa blickt auf. Sie spürt, daß der Professor im Begriff ist, ihr den Hof zu machen. Sie blockt ab.

CLARISSA. Warum?

PROFESSOR P. Also, manchmal, da kommen Sie mir doch sehr ehrgeizig vor. Aber Sie sollten sich auch ab und zu ein bißchen mehr Freude gönnen. Freude als Frau, meine ich.

Clarissa spielt statt einer Antwort die »Espressivo-Sequenz« aus der Brahms-Sonate. Sie spielt so trotzig und aufbegehrend, daß der Professor gleich versteht, wie die Antwort gemeint ist.

CLARISSA. Ich weiß selbst, was ich brauche!

Professor P. gibt sich einen Ruck. Er wechselt ganz bewußt das Thema, ist jetzt wieder ganz offiziell.

PROFESSOR P. Gut, dann gehen wir zu Webern, dann machen wir einen großen Sprung und schauen uns mal an, was hier an Problemen auf uns zukommt.

Professor P. hat Clarissa kurzerhand das Cello weggenommen und setzt sich damit an ihre Seite. Er beginnt, ihr vorzuspielen, was er mit Worten nicht sagen kann.

PROFESSOR P. Die drei berühmten Stücke. Zuerst setze ich mal den Dämpfer auf. So! Und das dritte dieser Stücke ist für mich ein bißchen wie unser Brahms von eben: der Anfang mit einem sehr aggressiven – ich würde fast sagen: männlichen – Beginn und dann eine sehr feminine und zarte Antwort. Also, da ist schon eine Parallele, paß auf! Also, der Anfang ist ganz am Steg zu spielen, mit einer großen klanglichen Aggression. Keine Angst davor.

Clarissa hat sehr genau aufgepaßt und zugesehen, wie der Professor den Beginn des dritten Stückes aus den »Drei kleinen Stücken für Violoncello und Klavier«, Opus 11 von Anton Webern spielt. Professor P. unterbricht sich, wendet sich wieder an die Schülerin.

PROFESSOR P. Und der nächste Einsatz des Cellos – es kommen drei Takte für Klavier alleine –, der nächste Einsatz ist ein berühmtes, langes hohes F. Ganz leise mit einem anschwellenden Crescendo, und wir gehen wieder zurück. Das ist wirklich sehr schwierig. Ich hoffe, daß es mir jetzt beim ersten Mal gelingt, wenn ich es dir vorspiele, und dann arbeiten wir daran, wie man das erzeugt, letzten Endes.

Clarissa sieht zu, wie Professor P. seinen sensiblen Mittelfinger auf die A-Saite setzt und den Ton formt. Während das »berühmte F« ins Vibrato übergehend anschwillt, fliegen Clarissas Gedanken weit weg in Traumwelten.

140 Musikhochschule, Gänge

Hermann kommt noch ganz in Gedanken aus seiner Kompositionsstunde. Er sieht auch nicht, wohin er geht, blättert in seinem Notenheft, während er durch den Hochschulgang eilt.

Clarissa nähert sich aus der Gegenrichtung. Im Türdurchgang zum Seminartrakt prallt sie mit voller Wucht mit Hermann zusammen. Beide sind sie ganz benommen, starren sich an und bringen keine Worte heraus. Clarissa hat beim Aufprall ihr Notenheft fallen gelassen. Hermann hebt es ihr auf.

CLARISSA. Danke!

Clarissa geht weiter, noch ehe sie richtig begriffen hat, was passiert ist. Hermann starrt hinter ihr her. Er ist wieder dieser ungeschickte Junge vom Land, der sich in ungewohnten Situationen nicht zu helfen weiß. Clarissa scheint es nicht anders zu ergehen. Nun dringen fremdartige Töne an Hermanns Ohr. Er weiß nicht, was sie bedeuten. Auch scheint es, daß Hermann die Richtung nicht erkennen kann, aus der diese Töne kommen. Er macht sich auf die Suche.

141 Musikhochschule, Übungszimmer

Die Tür zu einem der Übungszimmer steht weit offen. Hermann erkennt sofort Volker, den Avantgarde-Musiker, der mit Clarissa befreundet ist. Ein Grund für Hermann, ein paar Worte mit dem Kommilitonen zu wechseln.

HERMANN. Was machen Sie denn da?

Volker betätigt sich an einem der Flügel. Er sieht dabei mehr wie ein Mechaniker aus als ein Musiker. Er zerlegt den Flügel regelrecht, befestigt allerlei Gegenstände aus Metall, Holz oder Kunststoff im Innern des Instruments, schlägt dabei Töne an, korrigiert sich und verändert so den Klang des Flügels vollkommen.

VOLKER. Ich präpariere den Flügel für mein neues Klavierstück.

HERMANN. Klingt toll! Sicherheitsnadeln, Radiergummi, Schwämme, ein Schlüssel, Papprolle und Schere. Und wie notieren Sie so was?

VOLKER. Da ist nichts Besonderes dabei, das ist ganz normal. Reichen Sie mir bitte den Stimmschlüssel da hinten?

Während Hermann näher kommt, verkriecht sich Volker noch tiefer in das Klavier. Er deutet auf eins der Werkzeuge. Hermann holt den Stimmschlüssel, reicht ihn Volker in die Hand. Volker beginnt, einen Ton nachzustimmen.

HERMANN. Darf ich Ihnen denn mal was von mir zeigen?

Volker richtet sich auf, sieht Hermann genauer an.

VOLKER. Ich kenn Sie doch von irgendwoher. Sind Sie denn nicht einer von den Neuen? Habe ich Sie nicht in der Kompositionsklasse gesehen?

HERMANN. Ja, bei Professor Heinrich.

VOLKER. Ein alter Nazi.

Volker wendet sich wortlos von Hermann ab und setzt seine Arbeit am Flügel fort.

142 Musikhochschule, Treppenhaus

Im großen Marmortreppenhaus herrscht reges Leben. Studenten und Lehrkräfte eilen geschäftig die breiten Steinstufen hinauf und herunter. Eine Studentin verteilt Handzettel: »Konzerte junger Komponisten im Amerikahaus mit Werken von Volker Schimmelpfennig und Jean-Marie Wéber«. Als Solistin wird Clarissa Lichtblau erwähnt. So erfährt Hermann Clarissas vollen Namen.

Auch Clarissa ist auf den Treppenstufen erschienen. Überraschenderweise befindet sie sich in Begleitung von Juan. Wenige Augenblicke später regnet es diese Handzettel, die über dem Text Clarissas Portrait zeigen, zu Hunderten von den oberen Stockwerken in die Treppenhalle herab. Die Studenten versuchen die Zettel noch aufzufangen, aber es sind zu viele. Wie ein Schwarm weißer Vögel flattern sie unter der Lichtkuppel hinunter auf die Menschen.
Volker wird oben auf der höchsten Galerie sichtbar, offenbar ist er es, der den Zettelregen ausgelöst hat. Er ruft in die Halle hinein: »Die Musik ist tot, es lebe die Musik!« Clarissa hat den Freund erkannt. Sie ruft Volkers Namen, lacht und sieht sich plötzlich umgeben von Hermann, Juan und von anderen Studenten, die fleißig ihre Einladungszettel und ihr Portrait einsammeln.

143 Musikhochschule

Der Herbst hat den Sommer besiegt. Vor den Gebäuden der Hochschule weht der Wind das Laub auf und läßt es auf die regennasse Straße fallen. Der Eingang und die Fensterreihen im Obergeschoß des Gebäudes zeigen Festbeleuchtung. Es findet ein Abendkonzert statt, zu dem Rob und Reinhard, verspätete Gäste, noch eilen.

144 Musikhochschule, Treppenhaus

Rob und Reinhard sind die beiden Jungfilmer. Sie haben es eilig, noch rechtzeitig zu dem Konzert zu kommen. Sie hetzen die Treppen empor, lassen sich aber nicht abhalten, im Gehen ihre Kommentare über den pompösen Führerbau abzugeben.

ROB. Harter deutscher Marmor!

REINHARD. Blödsinn, polierter Gips ist das. Deswegen ist er im Krieg auch stehengeblieben.

ROB. Komm jetzt!

REINHARD. Dahinten hat Hitler die Münchner Verträge unterzeichnet. Weißt du das?

ROB. Das können wir aber nicht filmen!

REINHARD. Genau das wollen wir aber!

Die beiden sind im ersten Obergeschoß angekommen und eilen an dem

Zimmer vorbei, in dem Chamberlain, Mussolini, Daladier und Hitler im September 1938 die »Münchner Verträge« unterzeichnet haben.

145 Musikhochschule, Konzertsaal

Rob und Reinhard erreichen einen Vorraum, der das Treppenhaus mit den Eingängen zum großen Konzertsaal verbindet. Hier haben ihre Freunde Stefan und Ansgar ein kleines Tonstudio improvisiert: Das Federwerk-betriebene Tonaufnahmegerät, das Ansgar schon bei den Dreharbeiten am Königsplatz bediente, läuft auf »Aufnahme«. Ansgar ist ganz Profi mit seinem weißen Kittel und dem Kopfhörer.
Aus dem Saal nebenan ertönt Frédéric Chopins »Polonaise Brillante« C-Dur, Opus 3, für Klavier und Cello. Volker Schimmelpfennig und Clarissa Lichtblau spielen das effektvolle Stück vor einem gut gefüllten Saal mit Studenten und Professoren. Volker erweist sich als hervorragender Pianist, der die vielen Läufe virtuos vorträgt und an den romantischen Stellen liebevoll auf Clarissa eingeht. Dies ist gewiß kein Avantgarde-Vortrag, aber er zeigt große Beherrschung der Instrumente.
Hermann sitzt neben Juan in der zweiten Reihe. Beide haben sie nur Augen für Clarissa, die in ihrem blauen Konzertkleid und mit den frischen Locken besonders anziehend wirkt. Juan beugt sich zu Hermann.
JUAN. Hast du das gesehen?
HERMANN. Was?
JUAN. Sehnsucht – überall. Und in allen Gesichtern sieht man Sehnsucht!
Hermann versucht zu überprüfen, was Juan da sagt. Er dreht sich um. Aber er spürt nur seine eigene Sehnsucht.
HERMANN. Ah, wenn ich nur halb so gut spielen könnte wie der Volker Schimmelpfennig.
JUAN. Man muß vorsichtig sein mit seinen Wünschen.
HERMANN. Mit seinen Wünschen? Warum?
JUAN. Weil sie in Erfüllung gehen könnten!
Volker und Clarissa steigern sich in das brillante Frühwerk Chopins. Sie lassen deutlich ihre Ironie spüren, die sie gegenüber dieser Art von Musik heute empfinden.
Stefan, der eine Zeitlang im Saal gestanden hat, um das Konzert aus der Nähe zu erleben, begibt sich zu den Freunden in den Vorraum zurück. Es ist ihm etwas eingefallen, was er zur Sprache bringen möchte.

STEFAN. Wer opfert sich und macht einen Monat lang ein Praktikum in der Kamerafabrik von Arri?

ANSGAR. Wird das gut bezahlt?

STEFAN. Nein, überhaupt nicht. Das ist die Bedingung dafür, daß wir kostenlos eine Filmkamera bekommen für drei bis vier Wochen.

REINHARD. Und das ist alles?

STEFAN. Na ja, auf jeden Fall also: »Die Kamera, Buabn, die kriegst erst, wenn ihr wißt, wie ihr's zerlegt, Schraube für Schraube, und wieder zusammensetzen könnt's, gell?« hat er gesagt.

REINHARD. Das hat er gesagt?

STEFAN. Wörtlich.

ANSGAR. Wer?

STEFAN. Herr Arnold, der Besitzer der Kamerafabrik.

Als Stefan von Ansgar und Reinhard keine Antwort erhält, geht er auf Zehenspitzen zu Rob, der in einer der Parkettreihen Platz genommen hat. Rob ist in die Musik vertieft, als Stefan ihn anspricht.

STEFAN. Also, ich bin für so was untalentiert.

ROB. Weißt du was? Ich mache das Praktikum beim alten Arri.

Rob hat eine Studentin erkannt, die sich nach ihm umsieht und verführerisch lächelt. Stefan beobachtet Robs Erfolg bei den Frauen. Er scheint als Organisator der Filmemachergruppe gar keinen Sinn dafür zu haben.

Volker und Clarissa sind am Ende des Chopin-Stückes angekommen. Sie fetzen die Coda genußvoll herunter und ernten einen großen Applaus für ihren Vortrag. Im Vorraum ist Aufbruchstimmung. Ansgar ist mit seiner Musikaufnahme fertig. Er kurbelt das Tonband zurück. Reinhard sieht ihm zu.

STEFAN. Mal Klavierstunden gehabt?

REINHARD. Nein.

ANSGAR. Mich haben sie fünf Jahre mit sowas gequält. Die ganze verlogene Familienkacke. Beethoven, Bach, heilig, heilig!

Auch Reinhard interessiert sich nicht für klassische Musik.

REINHARD. Kennst du Chuck Berry?

Ansgar lacht. Er scheint Reinhards Musikgeschmack zu teilen. Stefan kommt herein.

STEFAN. Reinhard, bleibst du noch hier?

REINHARD. Nee.

Stefan trinkt aus seiner Milchflasche und wartet, bis die Freunde alles abgebaut und eingepackt haben.

Die Bühne des Konzertsaals ist in zwei Hälften geteilt worden, die dem Programm des Abends entsprechend verschieden dekoriert sind: Für das Salonstück von Chopin gab es auf der rechten Seite einen klassischen Hintergrund mit Vorhängen, Salonbeleuchtung, Flügel, Lüster. Auf der linken Bühnenhälfte, zu der Jean-Marie, der Veranstalter des Abends, jetzt hinübergeht, sind futuristisch wirkende Aluminiumrohre aufgebaut, ein sehr technisch wirkendes Bühnenbild, das die beiden Schlagwerkgruppen von Christos und Mac einrahmt. Das Ganze ist in eisiges blau-grünes und pinkfarbenes Licht getaucht. Jean-Marie absolviert seine Conference betont lässig. Er hat die Ärmel seines Rollkragenpullis hochgekrempelt und liest aus einem mitgebrachten Spickzettel.

JEAN-MARIE. »Persona« ist ein Werk, das die knapp gewordene Zeit unserer Welt zum Thema hat. Es dauert exakt eine Minute. Es strukturiert diese Minute. Es ist der Versuch, Ihnen Zeit unmittelbar ins Bewußtsein zu rücken. Sie erleben eine Minute Lebenszeit, umgeformt in musikalische Zeit. Zu diesem Zweck haben wir diese Stoppuhr über Ihren Köpfen angebracht, damit Sie den Zeitablauf, ebenso wie die Musiker, verfolgen können.

Die Köpfe der Zuhörer wenden sich in die von Jean-Marie angedeutete Richtung. Ein riesiges Ziffernblatt wird wie mit Geisterhand von der Saaldecke herabgesenkt. Der Sekundenzeiger dreht sich schon und kündigt das Zeitmaß des nächsten Musikstücks an. Die Zuschauer staunen. Auf der Bühne folgt sogleich der nächste Auftritt der jungen Experimentalmusiker, allen voran Clarissa mit ihrem Cello. Sie trägt jetzt einen schwarzen Herrensmoking mit weißer Fliege. Die beiden Schlagzeugspieler treten in Badehosen auf, was sofortiges Pfeifen und Johlen im Saal auslöst.

JEAN-MARIE. Es spielen: Clarissa Lichtblau, Violoncello; Mac Lindinger und Christos Jochimedes, Schlagwerk.

Jean-Marie beginnt nun mit dem Countdown. Er beobachtet dabei den großen Sekundenzeiger, der sich über den Köpfen des Publikums auf die volle Minute zubewegt. So gibt Jean-Marie den jungen Kollegen den Einsatz für ihre Darbietung. Die Cellistin und die beiden Schlagzeugspieler zu ihren beiden Seiten spielen exakt nach den Noten, die sie vor sich aufgebaut haben, aber sie erzeugen dabei keine Töne. Die Spielvorschrift besagt, daß sie alle Schläge, alle Griffe und Bogenstriche genau nach Partitur auszuführen haben, aber mit der Lautstärke Null. Es ist ein »unhörbares Pianissimo«.

Was dabei bewußt gemacht und vorgeführt wird, sind die Bewegungen, die ungewollte Pantomime, die Absurdität des Musikergestus bei gewissen Spielabläufen. Musik wird zum Theater. Gleichzeitig wird gegen alle Konventionen des Konzertlebens verstoßen. Das Publikum reagiert verärgert, empört, amüsiert, begeistert: Es polarisiert sich innerhalb einer halben Minute.
In der dreißigsten Sekunde spielen nun die Musiker hörbar und »normal« – nach fünf Sekunden aber kehren sie zum stummen Spiel zurück. Das ist ein zusätzlicher Anlaß für Zwischenrufe. Exakt nach einer Minute beenden die Interpreten auf der Bühne ihr Spiel, sinnen noch einen Augenblick hinter ihrem Werk her, dann erheben sie sich, lassen die Spannung abfallen und verbeugen sich.
Der Saal wird zum brodelnden Protest. Einzelne Zuhörer, darunter Hermann und Juan, versuchen tapfer, eine Applaus-Insel zu bilden. Jean-Marie tritt wieder auf und stellt den Komponisten vor, der nun eilig die Bühne betritt.
JEAN-MARIE. Der Komponist: Volker Schimmelpfennig!

146 Vor der Musikhochschule

Herbstlicher Nieselregen empfängt die Konzertbesucher, als sie das Gebäude verlassen. Hermann und Juan fühlen sich immer noch als Außenseiter. Sie stehen abseits, als Clarissa am Ausgang noch einmal beklatscht wird. Ein älterer Herr mit weißen Haaren hat die junge Cellistin am Fuße der Treppe erwartet und ihr einen prächtigen Blumenstrauß überreicht. Ein Student schützt sie mit seinem Regenschirm, bis sie den Gehsteig erreicht, wo ein eleganter Mercedes auf sie wartet.
Hermann hat sein Fahrrad auf der anderen Straßenseite abgestellt. Juan folgt ihm. Er ist von Clarissas Auftritt befremdet. Er hat begonnen, Hermann eine Geschichte zu erzählen.
JUAN. Kennst du das Märchen von der künstlichen Nachtigall – die Geschichte aus China?
HERMANN. Nein.
JUAN. Der Kaiser ließ sich von einem Uhrmacher einen künstlichen Vogel bauen, unendlich fein. Er konnte sich richtig bewegen. Und die kleine Maschine konnte sogar fliegen, setzte sich auf die Zweige vor den Fenstern des Palastes.
HERMANN. Wie der Vogel wohl gesungen hat?

JUAN. Schöner als alle lebenden Nachtigallen der Welt.

HERMANN. Also, ich glaub, mir ist die künstliche Nachtigall tausendmal lieber als die natürliche. Und dir?

JUAN. Der Kaiser verliebte sich.

HERMANN. In den Vogel?

JUAN. Ja. Es war schlimm. Der Vogel hatte keine Seele.

HERMANN. War der Teufel.

JUAN. Es war nur ein Uhrwerk.

HERMANN. Oder Magie.

JUAN. Sehnsucht!

Hermann hat während dieser Unterhaltung seinen Fahrradsattel abgewischt, die Kette aufgesperrt und sich zum Wegfahren vorbereitet. Jetzt hat Juan ihn in ganz fremde Gedankenwelten gelockt. Die beiden Freunde stehen im Regen und merken es nicht.

HERMANN. *Ich erlebte, wie Juan sich die deutsche Sprache aneignete. Er entdeckte die Wörter, als wären sie fremde Landschaften. Sehnsucht! Er berauschte sich an diesem Wort.*

Nur mit seiner Schwärmerei für die Liebe wollte ich nichts zu tun haben. Ich dachte an mein Gelübde aus dem Hunsrück! Nie mehr die Liebe! Ich wehrte mich gegen sie mit aller Kraft.

Der Mercedes mit dem weißhaarigen Herrn und Clarissa fährt geräuschlos an den beiden Freunden vorbei. Ganz deutlich können sie den Blumenstrauß auf Clarissas Schoß erkennen.

147 Bude von Clemens

Hermann hat schon feste Gewohnheiten angenommen. Er betritt sein Notquartier abends erst um die Zeit, zu der Clemens sich zum Ausgehen fertig macht. Auch seine Bewegungen sind zur Routine geworden: den Fahrradschlüssel an einen Nagel neben der Tür hängen, die Aktentasche auf den Boden knallen, die Schuhe neben der Kochstelle ausziehen, im Kochtopf nachsehen, ob Clemens etwas zum Essen übriggelassen hat, in irgendeine Richtung »n' Abend« sagen. Er hat eine Milchflasche mitgebracht. Clemens steht am Wandspiegel und rasiert sich.

CLEMENS. Hermann, da war jemand da für deisch.

HERMANN. Wer?

CLEMENS. Eine Frau. Zwo Stunden war sie da, um halb sechs ist sie wieder gange.

In Hermanns Kopf beginnt sich alles zu drehen.

HERMANN. Eine Frau? Wie hat sie denn geheißen?

Hermann geht auf Clemens zu. Eine freudige Erwartung blüht in ihm auf.

CLEMENS. Ihren Namen hat sie net gesagt. Außerdem hat sie net viel geschwätzt. Hätt mich auch net interessiert.

HERMANN. Was hat sie denn gesagt?

Clemens rasiert sich in aller Gemütsruhe weiter. Hermanns Aufregung interessiert ihn in keiner Weise.

CLEMENS. Ei, was man so schwätzt. Ob ich auch aus dem Hunsrück komme, und ob ich in Simmern Abitur gemacht han. Aber ich hab net soviel mitgekriegt, hab noch gedöst. Weißt du, Hermann, das geht net so weiter. Ich hab die ganze Nacht durchgezockt, ich brauch meinen Schlaf. Morgens, mittags, immer dasselbe.

Hermann überlegt. Seine Augen durchsuchen das ganze Zimmer, als könnten sie die mysteriöse Besucherin noch als Schatten an der Wand oder als Luftbild entdecken. In Hermanns Bett ist eine Delle zu erkennen. Die Stelle, an der seine Besucherin gesessen hat. Unwillkürlich streckt Hermann seine Hand aus, um zu fühlen, ob das Bett noch warm ist.

HERMANN. Wie hat sie denn ausgesehen?

Clemens überlegt ein bißchen, dann rasiert er sich weiter.

CLEMENS. Groß war sie net, klein auch net. Einen Rock hat sie an, eine Blus, ich glaub, sie hat Locken. Aber mein Geschmack war sie absolut net.

HERMANN *(ärgerlich)*. Laß emol deinen Geschmack fort! Hat sie dunkle Haare, dunkle oder helle Augen? Du mußt sie doch wenigstens angeguckt haben!

CLEMENS. Hermann, ich hab dahinten gelege und gedöst. Sie hat da gehockt, sie hat Zigarette geraucht, zwo Stück, hat in deinen Büchern rumgeblättert. Die Kippen hat sie in die Streichholzschachtel getan und mitgeholt.

Hermann kann nicht fassen, daß Clemens so uninteressiert ist. Er durchsucht noch einmal die Umgebung seines Bettes nach irgendeiner Nachricht oder einem geheimen Zeichen.

HERMANN. Und nix hinterlassen? Das gibt's doch überhaupt net!

CLEMENS. Ich konnte ihr ja net sagen, wann du heimkommst. Einmal kommst du morgens um sechs, andermal abends um acht, einmal die ganze Nacht net, Hermann, das geht net so weiter, ich brauch die Bud hier. Ich mache Musik nachts. Das war so vereinbart.

Hermann versucht es im guten. Er geht auf Clemens zu, schlägt einen versöhnenden Ton an und mimt Freundschaft.

HERMANN. Ach komm, Clemens, jetzt sei doch net so! Jetzt hilf mir doch rauszufinden, wer dat gewesen ist. War sie hier von München?

Clemens strengt seinen dicken Kopf an.

CLEMENS. München? Ich glaube net.

HERMANN. Warum net?

CLEMENS. So'n Gefühl. Außerdem sagte sie was von »Durchreise«. Aber Hermann, wenn die ebbes von dir will, dann kommt die noch mal.

Hermann fleht jetzt regelrecht. Er hält Clemens für verstockt.

HERMANN. Wenigstens die Augenfarbe könntest du mir doch sagen!

CLEMENS. Hell. *Hell.*

HERMANN. Hell?

Hermann wiederholt Clemens' Worte und geht nachdenklich im Zimmer umher. Es scheint, daß Clemens ihn auf eine Fährte gebracht hat. Da wendet der sich mit zweifelndem Gesicht vom Rasieren um.

CLEMENS. Oder, dunkel. Dunkel, Hermann. Doch, eher dunkel war's.

Jetzt verliert Hermann vollends die Fassung. Er hält immer noch seine Milchflasche in den Händen. Jetzt entledigt er sich des lästigen Gegenstands und knallt ihn auf den Nachttisch.

HERMANN. Du bist vielleicht ein Arschloch! Sitzt da zwei Stunden mit einer fremden Frau im Zimmer und guckst sie net an! Kommst du dir net selber blöd vor? Du sitzt auf deinen Augen und guckst mit dem Arsch! Du bist so'n richtiger blöder dicker Hunsrücker Arsch, beschränkt und bekloppt. Was machst du überhaupt hier in München? Dein blöd Getrommel, dat kannst du auch in Saarbrücken machen, oder in Mainz, wo man die Misthaufen vom Hunsrück noch riechen kann. Dat wär doch heimatlicher für deisch. Ich könnt aus der Haut fahren, wenn ich mir vorstelle, wie du durch die Gegend pennst. Wie ein blindes Hinkel, beschränkt und bekloppt.

Jetzt hat Clemens die Nase voll. Mit herunterhängender Hose und im Unterhemd watschelt er in seine Zimmerecke, um sich anzuziehen. Er ist beleidigt.

CLEMENS. Aha, so ist dat. Der empfindsame Student von der Musikhochschule! Kommt selbst wie en blind Hinkel hie nach Münsche, weeß sich vorne und hinte net zu helfe, ich geb ihm billig ein Zimmer, und dann? Dat ist der Dank dafür! Macht er auch noch Frechheiten dabei.

HERMANN. Ja, penn du nur ruhig weiter. Ich bezahle dei Zimmer ja genauso wie dau. Und außerdem hast du doch jemand gesucht, der bei dir einzieht, für die lumpigen vierzig Mark.

CLEMENS. Wenn du drauß bist, hab ich wieder sofort jemand hier für vierzig Mark. Dat ist in Münsche kein Problem!

HERMANN. Darauf freu ich mich schon, dat ich hier ausziehe kann, schon allein deswege, dat ich dein blöd Getrommele net mehr anhöre muß! Net emol Noten kannst du lesen!

CLEMENS. Louis Armstrong kann auch kei Note lesen.

Clemens hat den Pullover übergestreift und setzt sich an seine Trommeln, die er in der Ecke aufgebaut hat. Hermann schnappt sich seine Gitarre, seinen Notenständer und schickt sich an, das Zimmer zu verlassen.

HERMANN. Da gibt es aber noch gewaltige Unterschiede. Ganz gewaltige Unterschiede!

CLEMENS. Hermann, du bist heut so windsch, du bist heut überhaupt net zu gebrauche!

Clemens fängt an, nervös zu trommeln.

HERMANN. Du brauchst mich auch net zu gebrauche!

Hermann verläßt das Zimmer.

148 Hof des Kohlen-Josef

Im Bürohäuschen des Kohlen-Josef brennt noch Licht. Hermann läßt Notenständer und Gitarre draußen stehen, als er höflich an die Tür klopft, um den Josef um den Schlüssel zum Vorderschuppen zu bitten. Im Innern des Häuschens ist es sehr eng. In der Kammer neben dem kleinen Büro liegt Josef auf einer Pritsche, den Hut hat er noch auf dem rußgeschwärzten Kopf. Als Hermann leise die Tür öffnet, wacht Josef sofort auf.

KOHLEN-JOSEF. Ja, der Hermann – wegen dem Schlüssel!

HERMANN. Ja, genau.

KOHLEN-JOSEF. Hängt hinter dir.

Hermann nimmt den Schlüssel und bedankt sich.

149 Vorderschuppen

Vor dem verstaubten Schuppenfenster weht der Nachtsturm. Es hat wieder angefangen zu regnen. Hermann spielt auf seiner Gitarre Melodien aus seinen Schülerjahren im Hunsrück. Auch hier gibt es wieder einen Spiegel, in dem Hermann sein Bild entdeckt.

Da kommt der Kohlen-Josef herein. Er streckt dem traurigen Musiker einen langen Eisenschlüssel entgegen.

KOHLEN-JOSEF. Paß mal auf, i war heut beim Schweißer Schorschi in der Heßstraße. Der hat mir den Ring da auf den Schlüssel naufgeschweißt. Der ist für di. Damit, wenn i net da bin – da kannst aa rein, wenn'st üben willst.

Hermann nimmt den Schlüssel mit einem höflichen Dankeschön an.

HERMANN. Und das stört Sie wirklich nicht, wenn ich hier übe?

KOHLEN-JOSEF. Ach woher! I will dir mal was sagen: Vor dem Krieg, da haben hier im Haus zwei Kunstmaler gewohnt. Im Vorderhaus auf der Nordseiten. Die mögen nämlich kein Licht, was zum Fenster reingeht. Da hab i auch oft zuschauen dürfen. Der eine hat sogar amal meine Mutter portraitiert. Öl auf Holz, mei Liaber! I hab eam beim Grundieren geholfen. I war ja noch ein kleiner Bua. Aber die Künstler, die hab i immer schon mögen. Für mi san das die Fleißigsten.

Josef hat sich zu Hermann herübergebeugt und ihn mit seinem blinden und seinem sehenden Auge angelächelt. Hermann fühlt sich getröstet.

HERMANN. Sind Sie denn hier in dem Haus geboren?

Josef sucht sich eine Arbeit und läßt sich bei Hermann nieder.

KOHLEN-JOSEF. Net direkt. Drüben am Josefsplatz Nr. 4. I hab ja die Kohlenhandlung schon in der dritten Generation, also, der Grund gehört ja net mir, der gehört ja einem Anwalt, gegenüber vom Maxmonument wohnt der. Und der hat ja noch vier oder fünf andere Häuser im Lehel. Aber wie ich 47 aus der russischen Kriegsgefangenschaft gekommen bin, da waren die ganzen Häuser in Trümmern. Bloß das Hinterhaus und der Keller da san noch gestanden.

Die erzählende Stimme von Josef und die kuschelige Wärme in diesem Schuppen geben Hermann ein fast vergessenes heimatliches Gefühl.

HERMANN. Soll ich das Stück von dem Bartok noch mal spielen?

KOHLEN-JOSEF. Paß auf, das brasilianische Stück vom Villa Lobos ...

HERMANN. Ja?

KOHLEN-JOSEF ... das hat mir narrisch gut gefallen. Das spielst!

Hermann ist erstaunt über den Musikgeschmack seines Vermieters.

HERMANN. Ah! Das hat Ihnen besser gefallen als das moderne?

KOHLEN-JOSEF. Heut, bei dem Sturm und bei dem Regen, da ist mir mehr nach dem Brasilianer zumute.

Jetzt sehen die beiden zum Fenster hinaus. Draußen zaust der Wind an einem alten Kohlensack.

HERMANN. Ich hätte da noch ein anderes Stück. Das paßt auch sehr gut zu dem Regen und zum Alleinsein.

KOHLEN-JOSEF. Das hast auch selber komponiert?

HERMANN. Ja – aber das ist schon ein bißchen länger her.

Hermann nimmt seine Gitarre zur Hand. Er setzt die Finger auf das Griffbrett, zögert einen Moment. Dann spielt er die Klärchen-Melodie, eine sehr gefühlvolle Komposition aus der Zeit seiner ersten Liebe.

HERMANN. *Ganz unerwartet hatte ich das Gefühl, angekommen zu sein, als wäre ich in all diesen Wochen noch auf der Reise gewesen. Als hätten die Räder der Eisenbahn noch in meinen Ohren gedröhnt. Jetzt wurde mein Gehör auf einmal weit.*

Mein Musiklehrer Schiller sollte als erster im Hunsrück ein Lebenszeichen von mir erhalten. Vielleicht wollte ich, daß er mich beneidete. »Manchmal fühle ich mich wie der Zauberlehrling bei Goethe, der nur darauf wartet, die Geister rufen zu können. Es gibt hier in München alles, wovon man träumen kann, und die Musik ist mein ›Sesam-öffne-dich‹. Ich habe auch schon Freunde gefunden, die genauso denken wie ich. Ich wohne vorübergehend bei Clemens

Bongard aus Simmern, der tatsächlich ein Jazzmusiker geworden ist. Sie sehen, daß der Hunsrück mich verfolgt, aber ich hoffe auch, daß er nicht ewig an mir kleben bleibt. – Es lebe die Freiheit.

Ihr Hermann Simon«

150 Postamt

Im Nachtregen kommt Hermann mit seinem Fahrrad an, steigt ab, eilt zu den Briefmarkenautomaten, kurbelt, klebt eine Marke auf eine Postkarte und wirft sie in den Briefkasten. Dann steht er an der Brüstung des Postamteingangs und sieht in den Regen hinaus.

151 Straße in Simmern

Der Kleinstadtbriefträger quält sich auf seinem gelben Fahrrad eine Bergstraße hinauf. Hinter ihm die Silhouette der Kreisstadt.

152 Gymnasium Simmern

Der Briefträger hat das Schulgebäude betreten. Er steigt die Steintreppe zu den Lehrerzimmern empor. In einer Fensternische des Obergeschosses steht der Musiklehrer Schiller mit vier Schülerinnen in eine Unterhaltung vertieft. Der Briefträger überreicht Schiller die Postkarte von Hermann aus München. Als Schiller die Karte gelesen hat, wendet er sich an die vier Schülerinnen, hält ihnen die Ansichtskarte hin.

MUSIKLEHRER. Kennt ihr das?

SCHÜLERINNEN. München!

MUSIKLEHRER. »München leuchtet« ...

Wißt ihr, wer das gesagt hat? Thomas Mann. Die Karte ist von unserem ehemaligen Schüler Simon. So etwas macht einen Lehrer stolz.

Die Postkarte zeigt die Türme Münchens im Sonnenlicht.

153 Hof des Kohlen-Josef

In dem Hof der Kohlenhandlung stehen die Kohlensäcke für die Kunden bereit. Josef ist schon auf den Beinen. Er hat das Gefühl, daß sich jemand seinem Revier nähert. Er schaut durch das trübe Bürofenster und wartet.
Richtig, es ist der Briefträger, der mit einem gelben Postrad auf den Hof fährt und knarrend bremst. Josef geht nach draußen, um seine Post in Empfang zu nehmen. Der Brief ist für Hermann.

154 Bude von Clemens

Sehr behutsam öffnet Josef die Tür. Er weiß, daß Hermann ein Langschläfer ist. Vorsichtig legt er den Brief neben Hermanns Wange auf das Kopfkissen. Dann geht er weg, ohne daß Hermann ihn gehört hat. Josef überquert unten seinen Hof. Für ihn ist das ein Tag wie jeder andere.

HERMANN. *»Lieber Hermann – mehr als vier Jahre ist es jetzt her, daß wir uns nicht mehr gesehen haben. Aber ich bin heute auf der Durchreise in München gewesen und habe wenigstens Dein Zimmer gesehen, Deine Bücher und Deinen Kameraden Clemens. Sehr gerne hätte ich auch Dich gesehen, um Dir nach der langen Zeit unendlich viel zu erzählen. Ich habe vier Stunden in Deinem Zimmer gewartet. Aber ich habe mich Clemens nicht zu erkennen geben wollen. In diesen Stunden bin ich langsam zu der Erkenntnis gekommen, daß Du inzwischen ein ganz anderes Leben führst als ich. Vielleicht sind wir uns auch deswegen nicht begegnet, obwohl ich auf Deinem Bett gesessen habe.*
Lieber Hermann, ich verabschiede mich nun mit diesem Brief für immer von Dir. Ich habe es mündlich tun wollen, aber vielleicht ist es so besser. Ich bin verheiratet und lebe in einer glücklichen Ehe. Warum war es mir so wichtig, von Dir zu hören, was Du heute denkst über das, was wir gemeinsam erlebt haben? Ob es Dir dasselbe bedeutet wie mir?
Hermann, es tut immer noch weh. Vielleicht gibt uns das Leben irgendwann einmal Gelegenheit, adieu zu sagen.
Dein Klärchen«

Hermanns Blick erhebt sich langsam von Klärchens Brief und sammelt alle Eindrücke ein, die er in dieser Minute von diesem Bett an diesem

Morgen haben kann: das ganze Zimmer im Morgenlicht mit all den Gegenständen, die ihm nicht gehören, die Bettdecke, die Matratzengruft, die Trommeln, Becken, Bongos von Clemens, der Plattenspieler, das Regal, der Nachttisch, der Teller, ein halber Apfel, Klärchens Brief.
Alles ist nur ein Bild des Augenblicks.
Die Augen können nichts auf Dauer behalten.

Zweites Buch

ZWEI FREMDE AUGEN

Juan, 1960/61

201 Bahnstation

Juan schließt sich den Fahrgästen an, die an dem einsamen Vorortbahnhof ausgestiegen sind. Wenn er den Einheimischen folgt, wird er schon den richtigen Weg nehmen. Sein Gepäck, zwei Koffer und eine Ledertasche, wären auch ziemlich hinderlich, wenn er damit im unbekannten Vorort Münchens umherirren müßte. Juan hat sich ein gepflegtes Äußeres verschafft, mit seinem hellen Trenchcoat und der braven Baskenmütze auf dem Kopf. An einer Unterführung gabelt sich der Weg. Hier spricht Juan zwei junge Männer an und läßt sich den Weg erklären.

JUAN. *Ich war in das Land von Johann Sebastian Bach gekommen, um Musik zu studieren. Zu Hause in Santiago hatte ich oft Bach auf Marimba gespielt. An der Musikhochschule bin ich aber nicht angenommen worden. Sie sagten, mein Marimbastück sei Folklore. Das war gelogen. Aber es gab noch andere Gründe für meine Reise: Sehnsucht – so sagt man auf deutsch.*

202 Villenstraße

Juan läuft an Gartenmauern entlang, hinter denen die kleinen Villen der Vorortbürger stehen. Ein VW-Bus ist so auf dem Trottoir geparkt, daß Juan auf die Straße ausweichen muß. Er kann die Aufschrift auf dem Auto lesen: »Staatlich genehmigte Schauspielschule von Zett«. Juan ist am Ziel.

JUAN. *Der Winter soll sehr kalt sein in Nordeuropa. Ich fürchtete mich. Meine Mutter hatte mich gewarnt. Wie sollte ich diese Monate ohne Hilfe aus Chile überleben? Die Schauspielschule von Zett suchte einen Gymnastiklehrer. Das hatte ich von Hermann erfahren – also bin ich zu diesem Vorort hinausgefahren, um mich vorzustellen und zu bewerben.*

Die Schauspielschule befindet sich in einem ehemaligen Einfamilienhaus aus den dreißiger Jahren. Juan öffnet das Gartentor, das nur angelehnt ist, und geht auf die Haustür zu. Er klingelt. Die junge Frau, die ihm öffnet, nimmt kaum Notiz von ihm, deutet kurz auf irgendeine Tür und setzt ihre Putzarbeit vor der Haustür fort. Juan wird ohne alle Umstände in diesem Haus aufgenommen.

203 Schauspielschule

Die Chefin, Frau von Zett, ist eine knochige Blondine in mittleren Jahren. Es ist etwas Lauerndes in ihrem Blick und in ihrem Gang, als sie sich Juan nähert. Juan versucht, »ordentlich« dazustehen. Er lächelt, so gut er kann.

FRAU VON Z. Wenn Sie lächeln, sehen Sie chinesisch aus. Sie sind ein komischer Junge. Welches Sternbild sind Sie?

Frau von Zett fragt dies, während sie zu ihrem Schreibtisch zurückkehrt und Juan den Rücken zuwendet. Juan sucht nach dem deutschen Wort. Er findet es nicht.

JUAN. Sagitario.

Die Rückfrage ist ganz unangemessen streng. Fast ein wenig strafend.

FRAU VON Z. Was ist denn das?

Juan sucht noch immer nach einer Umschreibung.

JUAN. Auf deutsch weiß ich nicht. »Der mit dem Bogen schießt.«

Es scheint, daß Frau von Zett damit zufrieden ist. Sie notiert etwas in ihre Personalakte. Ihre weiteren Fragen kommen ganz beiläufig aus ihrem Mund.

FRAU VON Z. Können Sie denn Klavier spielen?

JUAN. Ja, auch Klavier.

Es scheint, daß die Chefin dieser Privatschule das Herrschen gewöhnt ist. Sie verfügt nun über Juan so, wie sie es gewöhnt ist, über ihre Schüler zu verfügen.

FRAU VON Z. Also, Sie können das Chauffeurszimmer haben. Sind denn da noch Kulissen drin? Werner? – Werner!

Wenn die geschulte Chefinnenstimme laut durch das Haus tönt, weiß jeder, was er zu tun hat. Der Schauspielschüler Werner kommt die Treppe heraufgerannt, um die Befehle entgegenzunehmen. Juan ist erschrocken.

FRAU VON Z. Bitte, zeig doch unserem neuen Gymnastiklehrer das Chauffeurszimmer.

WERNER. Aber …

Auch den Anflug von Widerspruch erstickt Frau von Zett.

FRAU VON Z. Du bist doch so lieb ...
WERNER. Aber ich hab doch jetzt Rollenstunde.
FRAU VON Z. Du sollst mir nicht widersprechen! Du widersprichst mir, seit ich dich kenne!

Juan sieht wirklich asiatisch aus, wenn er sich jetzt entschließt, die Situation gelassen hinzunehmen. Er lächelt und folgt Werner die Treppe hinunter ins Kellergeschoß, wo sich das sogenannte Chauffeurszimmer befindet.

204 Schauspielschule, Chauffeurszimmer

Das Haus ist offenbar viel zu klein für den Schulbetrieb. Die Gänge, durch die Werner Juan führt, sind niedrige Kellergänge, vollgestopft mit den persönlichen Gegenständen der Schüler: Kleider, Schuhe, Taschen.

WERNER. Das ist das Chauffeurszimmer. Wer da wohnt, muß auch den VW-Bus fahren und der Chefin beim Einkaufen helfen. Ich hab zwei Jahre hier gewohnt. Ich wollt es Ihnen bloß zeigen.

Der Ausdruck »Zimmer« ist eigentlich übertrieben. Es gibt da zwar ein Bett, eher eine Pritsche, auf der Juan schlafen kann, aber das Kämmerchen ist angefüllt mit Fechtwaffen, Schuhen, Koffern. Juan setzt sich erschöpft auf das schmale Bett.

JUAN. Aber ich kann überhaupt kein Auto fahren.

205 Chauffeurszimmer

Es ist tiefe Nacht. Juan fährt aus dem Schlaf hoch. Schweißgebadet richtet er sich in der Dunkelheit auf. Sein flacher Atem geht schnell und erregt.

JUAN. *Ich habe niemals soviel geträumt wie in Deutschland. In der Nacht wachte ich auf mit starkem Herzklopfen. Ich hatte Angst, daß meiner Mutter in Chile etwas passiert war, denn sie schickte mir kein Geld mehr und keinen Brief.*

206 Schauspielschule, Garten

Mit den Schauspielschülern hält Juan seine erste Gymnastikstunde ab. Die Chefin beobachtet ihn von ihrer kleinen Terrasse im Obergeschoß aus. Juan inszeniert mit den jungen Schauspielern eine kleine Akrobatik-Nummer. Dabei läßt er einen der Jungen auf seinen Schultern stehen, eines der Mädchen wird hochgezogen und in Juans Schulterhöhe zum Schweben gebracht. Die Schüler finden Spaß an der Übung. Da unterbricht Frau von Zett von der Terrasse aus mit schriller Stimme Juans Übung.

FRAU VON Z. Werner, wie kannst du nur so was mitmachen? Monika, Kindchen, hörst du mich?

MONIKA. Aber gnädige Frau, das ist doch gar nicht gefährlich!

FRAU VON Z. Kommen Sie mal rauf!

JUAN. Kann ich nicht.

JUAN. *Immer wieder ging ich zu der Pension »Victoria«, wo ich vorher gewohnt hatte, und fragte, ob eine Nachricht angekommen war oder Geld.*

207 Straßen in Schwabing

Nun ist es doch Werner, der den VW-Bus der Schauspielschule steuert. Die Fahrt geht durch verschiedene Schwabinger Straßen. Werner ist auf der Suche nach einem Parkplatz, den er natürlich nicht findet. Juan sitzt neben ihm und schweigt.

WERNER. Sind Sie wirklich so sicher, daß da ein Brief für Sie liegt?

JUAN. Ja!

WERNER. Ich find nämlich keinen Parkplatz hier.

Werner hat mitten auf der Straße angehalten, um Juan aussteigen zu lassen.

JUAN. Ich bin ganz sicher.

WERNER. Ich dreh noch eine Runde um den Block, ja?

JUAN. Gut!

WERNER. Bis gleich.

Schon muß Werner weiterfahren, weil er den nachfolgenden Verkehr aufhält. Juan überquert den Gehsteig.

Die Pension »Victoria« befindet sich in einem Schwabinger Mietshaus. Auch hier scheint Juan recht bescheiden gewohnt zu haben, bevor er den

Job in der Schauspielschule gefunden hat. Werner kurvt mit dem sperrigen Kleinbus um eine Kirche und versucht die Zeit zu überbrükken, bis Juan wieder auf die Straße zurückkehrt.

Wie es der Zufall will, kommt Hermann mit seinem Fahrrad des Weges, gerade als Juan dabei ist, die Pension wieder zu verlassen. Oder hat Hermann Juan gesucht und gewußt, wo sich der Freund gerade befindet? Hermann begrüßt Juan von weitem, er beeilt sich, ihn zu erreichen, bevor Werner mit dem Kleinbus zurückkommt.

HERMANN. Wohnst du jetzt immer noch hier?

JUAN. Nein. Ich habe nur mein Gepäck vom Bahnhof abgeholt. Mit Werner von der Schauspielschule.

HERMANN. Das heißt, du hast den Job gekriegt und kannst da wohnen?

JUAN. Bis Ende Wintersemester.

Juans Blick geht immer wieder zu der Pension »Victoria« zurück. Es sieht aus, als könnte er irgend etwas nicht glauben. Juan ist noch ganz unruhig und geistesabwesend, während er mit Hermann spricht.

HERMANN. Aber irgendwie siehst du nicht glücklich aus. Was hast du?

JUAN. Ich war ganz sicher, daß hier ein Brief auf mich wartet. Ich habe heute nacht einen Traum gehabt. Der Brief war blau mit einer roten Briefmarke. Und mein Name stand darauf in Majuskulas.

HERMANN. Was?

JUAN. Also... große Buchstaben: JUAN RAMON FERNANDEZ SUBERCASSEAUX, PENSION VICTORIA, MÜNCHEN, ALEMANIA. Hermann, meinst du, ich werde jetzt verrückt?

Juan stellt diese Frage mit sehr besorgtem Gesicht. In seinen Augen flackert die Angst.

HERMANN. Nein, sicher net, Juan. Ich bin auch noch nicht richtig angekommen hier.

Hermann möchte Juan trösten und beruhigen. Aber woher soll er dafür die Kraft nehmen? Plötzlich stehen sich die beiden Freunde ganz hilflos gegenüber. Sie schweigen und blicken die fremde Straße an. Über München hängt an diesem Abend ein schäbiger Dunst, der die untergehende Sonnenscheibe verwischt. Eine fremde Stadt.

HERMANN. *Juan war der erste Freund, den ich in der fremden Großstadt gefunden hatte. Vor einem halben Jahr war er hier angekommen, um in München Musik zu studieren, wie ich. Sein Drama war sein Universaltalent. Er beherrschte zehn Sprachen, sogar Chinesisch und Esperanto. Außerdem Mathematik, Karate, Akrobatik, Klavier und*

Schlaginstrumente. Er konnte zaubern, jonglieren, tanzen. Juan hatte in seiner südamerikanischen Heimat ebenso jedes Schema gesprengt wie hier bei uns.

In seinen einsamen Stunden kann Juan sich völlig in sich zurückziehen. In der Nähe der Schauspielschule hat er an einer Weggabelung ein Rasenstück gefunden, wo er seine Tai-Chi-Übungen macht. Bei den langsamen Bewegungen seines ganzen Körpers verändert sich das Zeitgefühl vollkommen.

208 Vor der Musikhochschule

Zum ersten Mal seit Beginn seines Studiums erlaubt Hermann es sich, wütend auf den Routinebetrieb der Musikhochschule zu sein. Nachmittags, mitten im Vorlesungsbetrieb, reißt er sich los. Er packt seine Notentasche und rennt einfach weg. Draußen, unter dem klassizistischen Portal, hat Juan auf ihn gewartet. Er möchte wissen, was Hermann vorhat.

HERMANN. Nichts, ich mußte nur da raus!

Juan sieht, wie Hermann ärgerlich sein Fahrrad packt und weggehen will. Es scheint also mehr noch in ihm vorzugehen als der Ärger über den Schulbetrieb. Juan sieht den Freund genau an:

JUAN. Hermann, hör auf, an die schöne Clarissa zu denken.

HERMANN. An die hab ich jetzt gar nicht gedacht.

Offenbar hat Juan ins Schwarze getroffen. Hermann lenkt ab, versucht, seine Gefühle zu verharmlosen.

HERMANN. Ich glaube, *du* bist verknallt in sie.

JUAN. Mir gefällt nur der Name.

HERMANN. Mich irritiert er eher.

JUAN. Lichtblau?

HERMANN. Nein, Clarissa. Das kommt von Klara, Kläre, Klärchen. Das sind alles so Gespensternamen.

Hermann schiebt sein Fahrrad das Trottoir entlang. Juan folgt ihm. Er ist, ganz im Gegensatz zu seinem deutschen Freund, eher heiter und unternehmungslustig an diesem grauen Herbsttag.

JUAN. Ich habe etwas für uns: eine Okkasion, unsere ökonomische Situation fundamental zu sanieren.

HERMANN. Den Satz hast du aber aus dem Lateinischen übersetzt. Sag das doch mal auf deutsch.

JUAN. Ein Hauskonzert bei der Münchner Finanzbourgeoisie. Wir brauchen dich. Hast du einen dunklen Anzug?

Hermann bleibt stehen. Was hat Juan da gefragt? Hermanns Gedanken kehren erst jetzt langsam in die Gegenwart zurück. Die Frage nach seinem dunklen Anzug ruft all die ungelösten Probleme auf, die Hermanns Situation bezeichnen: die finanzielle Lage, das unerträgliche Untermiete-Verhältnis bei Clemens, das Warten auf die eigene Bude bei Frau Moretti.

HERMANN. Mein Koffer ist ja schon bei meiner neuen Wirtin. Wann soll denn das sein?

JUAN. Heute abend um achtzehn Uhr.

Hermann sieht auf die Uhr. Seine dunklen Gedanken über Clarissa haben sich aufgelöst. Er ist neugierig auf Juans Angebot.

HERMANN. Du, da müssen wir aber bald los!

JUAN. Ja, wir müssen mit der Linie 25 abreisen.

HERMANN. Abreisen? Wohin?

JUAN. Ja, zu einer Villa in Grünwald. Wir werden um neunzehn Uhr erwartet.

HERMANN. Komm! Und was spielen wir da?

JUAN. Oh, ein bißchen Beethoven, Mozart, Bach ...

Juan hat die richtige Initiative ergriffen. So läuft das Leben erst einmal in einer neuen Bahn!

209 Straßenbahn

HERMANN. *Juan schien zu schweben. Oft hatte ich den Eindruck, daß er ein künstliches Wesen von einem anderen Stern war, unverletzbar und fremd, beinahe roboterhaft in seinen präzisen Äußerungen und Bewegungen.*

Die Fahrt mit der Trambahn-Linie 25 führt durch ein bewaldetes Villenviertel. Außer Juan und Hermann sind nur wenige Fahrgäste im Wagen. Hermann, der diesen Teil Münchens zum ersten Mal zu sehen bekommt, bestaunt die prächtigen Häuser in ihren parkähnlichen Gärten. Das alles erinnert ihn an etwas.

HERMANN. Ich hab eine Tante im Hunsrück, Tante Lucie, die wohnt auch in einer Villa. Ich hab da als Kind nie hingehen wollen, weil alles verboten war.

Die Villa, die draußen vorbeigleitet, ist allerdings noch viel größer als Tante Lucies Haus im Hunsrück.

HERMANN. Man hat zum Beispiel nicht auf den Teppich treten dürfen, und auf den Fußboden auch nicht. Das mußt du dir mal vorstellen. Und das Essen hat auch immer angebrannt geschmeckt.

JUAN. Wenn es so ist, dann war sie nicht so reich, deine Tante.

Am Bavaria-Film-Platz steigen die wenigen Fahrgäste aus, die sich mit den beiden Freunden im Wagen befunden haben.

HERMANN. So, jetzt ist es leer. Jetzt können wir uns umziehen.

Hermann und Juan verlassen eilig ihre Plätze und öffnen auf der vorderen Plattform einen Koffer, den Juan mitgebracht hast. Hastig beginnen sie sich für das bevorstehende Hauskonzert feinzumachen.

HERMANN. Was sollen wir eigentlich spielen?

JUAN. Weiß ich nicht.

HERMANN. Ich könnte die Ungarische Rhapsodie spielen. Da habe ich mal einen Preis gewonnen bei »Jugend musiziert«.

JUAN. Ich kann mein Stück spielen – von der Aufnahmeprüfung.

HERMANN. Das ist gut. Ja.

JUAN. Oder vielleicht deins – ich meine, dein Flötenstück.

Die beiden stehen jetzt in ihren Unterhosen da. Hermann überlegt.

HERMANN. Ach so. Aber ich hab meine Gitarre ja nicht dabei.

JUAN. Ach, schade.

Juan scheint für alles gesorgt zu haben. Er verteilt die Kleidungsstücke wie ein Kostümverleiher.

HERMANN. Mensch, was ist denn da jetzt für mich?

JUAN. Hier habe ich ...

HERMANN ... die Hose!

Es ist wirklich wenig Zeit, sich zwischen zwei Haltestellen der Trambahn bis auf die Unterhosen auszuziehen und in völlig unbekannte Kleidungsstücke zu schlüpfen. Die beiden beeilen sich.

HERMANN. Daß ich schon wieder an meine Tante denken muß!

JUAN. Meine Großeltern haben auch eine Villa. In Bario Alto. Das ist »Grünwald von Santiago«.

Hermann kann es kaum glauben, daß ihm die Hose paßt, die Juan besorgt hat.

HERMANN. Die paßt ja richtig!

JUAN. Ja? Und da hab ich Akrobatik geübt. Ich war damals so zwölf Jahre alt.

Jetzt geht alles schneller. Hemden in die Hosen stopfen, Knöpfe zuknöpfen, in die Schuhe schlüpfen.

HERMANN. Sind deine Eltern reich?

JUAN. Nein. Sind sie nicht.
HERMANN. Und dein Vater?
JUAN. Er ist tot. Bei einem Erdbeben in den Anden in der Kupfermine abgestürzt.
Hermann weiß nicht, ob er seine Krawatte zu diesem schwarzen Anzug anbehalten soll.
HERMANN. Hast du noch was anderes für mich?
JUAN. Ja, hier so eine Fliege.
HERMANN. Das ist gut.
Juan hilft Hermann, die Fliege zu binden.
HERMANN. Ich hab meinen Vater nur einmal gesehen, das war, als ich vier Jahre alt war. Im Krieg.
Juan hält inne, sieht Hermann ernst an.
JUAN. Vergessen wir die Väter!
In ihren weißen Frackhemden stehen sich die beiden Genies nun gegenüber. Sie haben den Wettlauf mit der Zeit gewonnen! Sie haben sogar noch Zeit, sich ein wenig gegenseitig zu feiern.
HERMANN. Wir haben uns selber geboren. Wir bringen uns selber auf die Welt. Verstehst du, was ich meine?
JUAN. Also sind wir Götter.
HERMANN. Hältst du dich für genial?

JUAN. Ja. Du nicht?
Juan hat ausgesprochen, was Hermann schon lange von sich selbst denkt. Auch er hält sich für eine Art Gott. Das ist bis jetzt sein Geheimnis gewesen.
HERMANN. Manchmal schäme ich mich, so was zu denken.

210 Vor Villa Hünerbein

Die Grünwalder Villenstraße führt durch einen Wald von Edeltannen. Als die beiden Freunde in ihren Musikerfräcken die Straße herunterkommen, liegt das Viertel schon im Abendlicht.
HERMANN. *Wir hatten ein Angebot bekommen, in einer Grünwalder Villa Hausmusik zu machen. Die schwarzen Anzüge hatten wir aus einem Frackverleih besorgt. Eine Gelegenheit, die Münchner Großbourgeoisie aus der Nähe zu studieren.*
Die Villa ist von der Straße her kaum zu sehen. Durch das reichverzierte Eisentor sieht man das Dach des Hauses, eine von Säulen gestützte Terrasse im Obergeschoß. Aber vor der Hausmitte steht ein mächtiges Lebensbaum-Gebüsch, das den Blick behindert.
Hermann und Juan treffen am Villentor zwei weitere Studenten mit Geigenkästen. Man gibt sich die Hand und mustert gegenseitig die Kleidung. Auch die Kommilitonen sind in geliehenen Anzügen erschienen. Juan kennt den einen Geiger noch nicht.
ERSTER GEIGER. Heiner Fuchs.
JUAN. Juan Fernandez.
ZWEITER GEIGER. Wir waren ein paar Minuten zu früh, deswegen haben wir hier draußen gewartet.
Ohne weiter zu warten, zieht Juan an einem verzierten Eisengriff. Die Hausglocke ertönt.
Die jungen Männer warten und horchen. Hermann geht unruhig umher, betrachtet seine etwas zu langen Hosenbeine. Dann erscheint die kleine Harfenistin, die Hermann an seinem Prüfungstag kennengelernt hat, in der Haustür. Sie trägt ein züchtiges Seidenkleid und ist frisch frisiert. Hermann erkennt sie und wendet sich an Juan.
HERMANN. Mensch, das ist ja das »Hünerbeinchen«. Warum hast du mir das nicht gesagt?
JUAN. Kennst du sie auch?
Juan hat nicht damit gerechnet, daß Hermann dieselbe Bekanntschaft

gemacht hat wie er. Aber nun ist nicht die Zeit, Hermann seine Version der Geschichte zu erzählen.

Die junge Harfenistin ist hier ganz die höhere Tochter. Souverän begrüßt sie die vier Musiker.

ANGELIKA. Schön, daß ihr da seid! Ich hatte schon Angst, daß euch etwas dazwischen gekommen wäre.

JUAN. Hallo!

ANGELIKA. Kommt, mein Papi freut sich, euch kennenzulernen. Ihr seid doch mein Geburtstagsgeschenk. Er soll endlich verstehen, warum ich auf die Hochschule wollte. Wißt ihr, mein Vater ist ein Zahlenmensch, ein fürchterlicher Rationalist. Hallo, schön, daß Sie auch da sind.

Ganz zuletzt gibt die Harfenistin auch Hermann die Hand. Dies ist ein vielversprechender, fast intimer Augenblick. Danach führt »Hünerbeinchen« ihre Gäste zur Haustür, wo ein großer Butler wartet und höflich die Tür aufhält.

211 Villa Hünerbein

Punkt acht werden die Musiker in den Salon geführt. Das Haus ist edel im neureichen Stil der fünfziger Jahre eingerichtet. Überall teure Antiquitäten, Gemälde, Teppiche, Polstermöbel. Es sind schon mehrere Abendgäste erschienen, der Butler regelt schweigsam den Ablauf. Hünerbeinchen tut, als ob sie das alles nicht bemerkt. Durch ihr Verhalten versucht sie den Freunden zu suggerieren, daß sie sich an einem ganz beliebigen, gewöhnlichen Ort befänden.

ANGELIKA. Ihr könnt einfach alles dahinschmeißen.

Sie meint damit, daß die Jungen ihre Mäntel, Instrumentenkoffer und Noten einfach irgendwo auf dem Boden ablegen sollen, was natürlich ganz unsinnig ist, weil der Butler sofort zur Stelle ist, um die Kleidungsstücke einzusammeln und zur Garderobe zu bringen. Juan und Hermann grüßen höflich nach allen Seiten. Sie versuchen locker zu bleiben und sich erst einmal zu orientieren. Hünerbeinchen bemerkt jedoch ihre unsicheren Blicke.

ANGELIKA. Das sind nur irgendwelche Bekannte von meinen Eltern. Da sind dann die Notenständer. Ja, was spielen wir denn eigentlich?

HERMANN. Ich weiß nicht. Haben Sie was da?

ANGELIKA. Telemann, Vivaldi?

GEIGER. Vivaldi?

ANGELIKA. Ja, soll ich die Noten holen?

HERMANN. Für Harfe?

Die riesige, über und über vergoldete Konzertharfe steht neben einem schönen Steinway-Flügel. Während Hermann und Juan sich die teure Einrichtung ansehen, durchquert Angelika das ausgedehnte Wohnzimmer und sucht ihre Mutter unter all den plaudernden, trinkenden, aufgetakelten Gästen.

ANGELIKA. Mutti, schau mal, meine Freunde sind da!

FRAU HÜNERBEIN. Ja, ich habe sie gesehen.

ANGELIKA. Ich hole nur schnell die Noten.

FRAU HÜNERBEIN. Ja, ist gut.

Frau Hünerbein ist völlig desinteressiert. Sie zündet die Kerzen auf den silbernen Leuchtern an und lächelt in alle Richtungen. Draußen auf der Terrasse steht der Hausherr mit seinen Freunden. Alles in Smokings gekleidete ältere Herren, die unter sich bleiben wollen.

ANGELIKA. Hallo Papi – was hast du denn da? Ein Schiff!

Vater Hünerbein hält ein Modellschiffchen in Händen, ein Geburtstagsgeschenk seiner guten Freunde. Er ist begeistert und lächelt wie ein Kind, als er an die Fensterscheibe tritt, um seiner Tochter stolz zu zeigen, was er geschenkt bekommen hat. Er ist offenbar doch nicht nur ein »Zahlenmensch«, wie die Tochter gesagt hat.

Juan und Hermann unterhalten sich, während die beiden Geiger ihre Instrumente stimmen.

HERMANN. Sag mal, Juan, wo sind wir denn hier gelandet?

JUAN. Münchner Bourgeoisie.

Hermann möchte mehr erfahren. Da meldet sich Heiner, der erste Geiger.

ERSTER GEIGER. Wie lange das wohl dauert?

JUAN. Zwei Stunden vielleicht. Ich weiß es nicht.

Hermann greift das Thema wieder auf und wendet sich mit seiner Frage an den Geiger.

HERMANN. Ich möchte mal wissen, womit der sein Geld verdient.

ERSTER GEIGER. Ich glaube, mit Kunsthandel!

Hermann sieht sich im Raum um, betrachtet den geschmacklosen Reichtum.

HERMANN. Was – Kunst nennst du das?

ERSTER GEIGER. Ich weiß nicht.

Jetzt ist Angelika zurückgekehrt. Sie versucht das Konzert in Gang zu bringen, zumal die Gäste nun auch schon Platz nehmen, um zu hören, was die Tochter des Hauses zu bieten hat.

ANGELIKA. Hier sind die Noten. Ob's meinem Papa gefällt, ist die andere Frage.

HERMANN. Wir werden uns anstrengen.

Mit dem ersten Stück, auf das die Freunde sich geeinigt haben, zeigt Juan seine Künste auf der Blockflöte. Begleitet von Hermann am Klavier und dem Geiger, spielt er Vivaldis Konzert C-Dur, Opus 44/11.

Das Stück ist gesittet, ein wenig romantisch und harmonisch. Damit eigentlich als Geburtstagsständchen auch geeignet. Juan spielt sehr sauber und kühl. Aber der alte Hünerbein, der in der ersten Reihe im Ehrensessel sitzt, wird unruhig. Das Musikhören scheint wirklich nicht seine Sache zu sein. Nach wenigen Minuten erhebt er sich und schleicht sich nach draußen. Über die Gartenterrasse erreicht er ein glasüberdachtes Nebengebäude, in dem sich das private Schwimmbad der Familie befindet. Angelika hat traurig beobachtet, wie ihr Vater sich entfernt und kein Interesse für ihr musikalisches Geschenk zeigt.

Das Modellschiffchen ist die eigentliche Attraktion für das alte Geburtstagskind. Mit Hilfe eines für die Zeit hochmodernen Fernsteuergerätes läßt Vater Hünerbein sein Boot im Pool schwimmen. Er freut sich wie ein kleiner Junge, als das Schiffchen auf die Funksignale reagiert. Der alte Herr ist noch recht ungeschickt, und das Boot fährt absurde Kurven und stößt immer wieder am Rand des Schwimmbeckens an. Herr Hünerbein hört auch nicht mehr die Vivaldi-Musik, die aus dem Wohnzimmer herübertönt. Er summt vergnügt sein eigenes unmelodisches Liedchen.

Da erscheint Frau Hünerbein in der Badehalle. Sie entdeckt, was ihr Mann da treibt, und faßt ihn am Ärmel.

FRAU HÜNERBEIN. Bist du noch zu retten? Wir haben das Haus voller Gäste, und du spielst hier mit deinem Schiffchen!

Damit bugsiert sie ihren Mann ins Wohnzimmer zurück. Das Vivaldi-Stück ist zu Ende. Angelika kündigt jetzt den nächsten Programmpunkt an.

ANGELIKA. Wir spielen jetzt ein modernes Stück. Es ist für Harfe und Flöte.

Endlich soll also ihr eigener Auftritt kommen, ein Grund mehr, daß der Vater zuhört. Herr Hünerbein hat immer noch sein Fernsteuergerät um den Hals hängen, als er sich widerstrebend in seinem Ehrensessel zurücklehnt.

Das Zimmer ist voller antiker Uhren: eine riesige Standuhr, deren langes Pendel im Sekundentakt schlägt, eine Kaminuhr, die schneller tickt, eine Uhr auf dem Buffet. Weitere Uhren ticken in die erwartungsvolle Stille. »Hünerbeinchen« und Juan beginnen mit ihrer Darbietung und spielen die kleine Komposition des Harfenprofessors. Sie spielen tapfer gegen das Uhrenticken an. Ein aussichtsloses Unterfangen.

Angelika unterbricht ihr Harfenspiel. Die Gäste sind enttäuscht.

FRAU HÜNERBEIN. Was ist denn, Angelika?

ANGELIKA. Die Uhren bringen mich raus.

Endlich ist ein Problem im Raum, für dessen Lösung sich der alte Hünerbein zuständig fühlt.

HERR HÜNERBEIN. Das werden wir gleich haben.

Assistiert von seinem baumlangen Butler, öffnet der Hausherr nun den Kasten der Standuhr und hält das Pendel an. Dann begibt er sich zu der barocken Kaminuhr, und während die weißbehandschuhten Hände des Butlers die Glasglocke anheben, bringt er auch das kleinere Pendel zum Stehen. Es wird jetzt still im Zimmer.

Herr Hünerbein erhält Applaus, während er sich mit seinem Fernsteuergerät genüßlich in den Sessel zurückfallen läßt. Die beiden Musiker beginnen ihr Stück für Flöte und Harfe von vorne.

HERMANN. *Fast vier Stunden lang haben wir in der Villa mit Angelika Musik gemacht. Wir spielten klassische Stücke, Volksmusik, Lieder zum Mitsingen, Opernauszüge, auch Modernes und sogar eine eigene Komposition von Juan.*

212 Am Isarufer

In der Vollmondnacht klettern die vier Musikanten den Steilhang herunter, schleppen Koffer und Instrumente über Kiesbänke und erreichen die Isar, die hier schnell vorüberfließt. Dunkel spannt sich die Silhouette der Großhesseloher Brücke über das Tal. Hermann und die beiden Geiger stehen am Flußufer und starren auf das verzerrte Mondbild im Wasser. Juan trägt den Kleiderkoffer über die Kiesbänke und versucht, mit zwei Kieselsteinen zu jonglieren.

HERMANN. *Wir hatten die reiche Familie bis zur Erschöpfung unterhalten. Aber statt einer großzügigen Bezahlung, die wir eigentlich erwartet hatten, erhielten wir warme Händedrücke, gute Wünsche und eine Flasche Rotwein von der edelsten Sorte.*

JUAN. Das ist das Tal des Todes. Ich spüre die Geister der Melancholiker, die unter dieser Brücke gestorben sind. Die Stadt spuckt ihre Desperados hier aus, wirft sie von da oben auf diese Steinhaufen herab. Weißt du, daß die meisten Selbstmörder ihre Schuhe ausziehen?

Die beiden Geiger mustern die edle Rotweinflasche, den Lohn für ihre Nachtarbeit. Hermann geht auf Juan zu. Er ist verärgert und wieder so unleidig wie am Nachmittag, als er Juan vor der Hochschule angetroffen hat.

HERMANN. Du hast uns doch diesen Abend hier eingebrockt. Ohne dich wäre ich doch nie in diese Kapitalistenvilla gegangen. *(lacht)*

Juan spielt den Melancholiker. Er spricht mit finsterer Stimme.

JUAN. Ich stelle mir vor, daß wir alle vier heute nacht von dieser Brücke springen.

Juan hat sich auf die Kiesbank gelegt. Hermann bleibt im Mondlicht stehen und grübelt.

HERMANN. Ich verstehe das einfach nicht. Solche Leute, die müssen das doch gewohnt sein, für ihre Vergnügungen zu bezahlen. Warum haben die uns kein Geld gegeben?

JUAN. Die haben uns mit ihrer Tochter auf dieselbe Stufe gestellt.

HERMANN. Scheiße. Und was machen wir jetzt?

Juan zieht bedeutungsvoll seinen Schuh aus, zeigt ihn in die Runde, dann wirft er ihn in die Luft und fängt ihn geschickt wieder auf.

JUAN. Selbstmord.

HERMANN. Du bist vielleicht ein Idiot. Was machen wir jetzt?

Hermann sucht Unterstützung bei den beiden Geigern.

ERSTER GEIGER. Wir verkaufen die Weinflasche. Die ist vielleicht ein paar hundert Mark wert. Schau dir einmal das Etikett an. »Château Laffitte Rothschild. Extra Cuvée 1937«.

HERMANN. Ja, aber kennt ihr denn jemand, der so etwas kaufen würde?

ERSTER GEIGER. Keine Ahnung.

ZWEITER GEIGER. Wir können ja einen Anschlag machen. Schwarzes Brett oder so was.

HERMANN. Und das sieht dann das Hünerbeinchen. Und kauft ihn zurück. »Papi, Papi, unser guter Rothschild.«

Hermann verläßt die Beratungsrunde mit den Geigern und bringt Juan die Flasche. Juan liegt immer noch auf der Kiesbank. Die Jahreszahl auf dem Weinetikett weckt seltsame Erinnerungen in ihm: 1937 ist das Jahr, in dem er in Chile geboren wurde.

JUAN *(lacht)*. Mill-novecientos-treinta-y-ciete – 1937. Eine Schicksalsflasche. Una bouteilla del destino.

Juan ist langsam aufgestanden und vor die Kollegen getreten. Er hält die Flasche in die Höhe, als wäre sie Teufelswerk. Es ist wie ein Zeremoniell, das Schutz vor bösen Geistern gewährt, als Juan jetzt die edle Rotweinflasche über seine rechte Schulter in die dunkle Steinlandschaft wirft. Dumpf schlägt sie am Flußufer auf.

Die Musiker richten die Blicke auf die Kiesbank: Dort steht die Flasche unbeschädigt und magisch beleuchtet im Mondschein. Durch den senkrechten Aufprall hat sich der Korken gelöst und ist aus dem Flaschenhals geflogen. Es ist, als wollte die Flasche sagen: »Trinkt mich aus.«

213 Vor Haus Clarissa

Bei Tageslicht sieht die Stadt wieder ganz alltäglich aus. Nichts erinnert an die Ängste und Träume der Nachtschwärmer, Musiker und Künstler, die hier leben. Vor allem im Stadtteil Schwabing, wo ja auch Clarissa ihr Untermietzimmer hat. Juan ist auf dem Weg zu diesem Schwabinger Jugendstilhaus. Er findet auch Clarissas schönen Namen auf dem Klingelschild.

JUAN. *Neuerdings träumte ich von Clarissa. Je mehr ich dachte, daß Hermann sie liebt, desto öfter erschien sie in meinen eigenen Träumen. Ich hatte sie lange nicht gesehen. Vielleicht existierte sie gar nicht wirklich. Oder sie sah ganz anders aus. Aber ich besaß doch ihre Adresse!*

214 Treppenhaus Wohnung Clarissa

Juan betritt das geräumige Treppenhaus. Schon auf den ersten Stufen kann er Clarissas Schritte hören, die auf ihn zukommen.

Sie hält eine Reisetasche in der Hand und hat wohl die Absicht, sich nicht aufhalten zu lassen durch den Besucher, der da gerade geklingelt hat. Als sie aber Juan erkennt, freut sie sich.

CLARISSA. Ah, Sie?

JUAN. Komme ich falsch?

Sie gibt Juan die Hand. Sie überlegt, was sie jetzt tun soll, denn sie würde mit Juan gern noch ein Weilchen zusammen sein.

CLARISSA. Ich bin grad im Weggehen. Ich fahre nach Wasserburg. Ich muß ein paar Sachen abholen.

JUAN. Ich wollte einfach sehen, ob Sie da sind.

CLARISSA. Das freut mich aber, daß Sie mich sehen wollen. Was machen wir denn jetzt?

Juan ist ganz direkt. Wenn er schon bis hierher gegangen ist, kann er auch noch weiter gehen!

JUAN. Vielleicht kann ich mitfahren. Nach …

CLARISSA. Nach Wasserburg.

JUAN. Ja.

CLARISSA. Da wohnt meine Mutter.

JUAN. Ist das in Bayern?

CLARISSA. Ja. Im tiefsten Bayern.

Clarissa ist die Stufen hinabgegangen und nach einigen Schritten unschlüssig stehengeblieben. Jetzt packt Juan seinen Charme aus.

JUAN. Dann können wir eine Bergreise machen. Ist das korrekt?

CLARISSA. Nein, das ist nicht in den Bergen. Das ist eher auf einer Insel. Das ist ja eine Überraschung. Da fahren wir zusammen nach Wasserburg?

JUAN. Gut!

Juan ist lieb wie ein Kind. Er steht einfach da und träumt Clarissa mit weit offenen dunklen Augen an.

CLARISSA. Wie kommen Sie eigentlich darauf, mich besuchen zu wollen?

JUAN. Ich habe von Sie geträumt.

215 Zugabteil

Der Zug fährt durch eine dunstige Voralpenlandschaft. Hinter den Wiesenhügeln taucht die Kirchturmspitze eines bayerischen Dorfes auf. Juan träumt in die Landschaft hinaus. Er spricht leise vor sich hin und übt die Aussprache schwieriger deutscher Wörter.

JUAN. Z-w-i-e-b-e-l-t-ü-r-m-c-h-e-n!

Clarissa, die Juan gegenübersitzt, unterbricht den Träumer. Sie wendet sich ganz ernst und sachlich an ihn.

CLARISSA. Juan, meine Mutter ist eine einfache Frau. Sie kommt aus dem Norden. Ich muß Ihnen das erklären.
Meine Mutter, sie ist in Pommern geboren. Dort sind die Leute sehr protestantisch.

Sie will ihren Reisebegleiter auf ihre Mutter vorbereiten, vor deren Urteil sie sich wohl ein wenig fürchtet. Juan nimmt das alles aber nicht so schwer.

JUAN. Mein Vater war auch ein Protestant. Aus Virginia.

CLARISSA. Mein Vater war Bayer. Kurz vor Kriegsende hat meine Mutter mich hierhergebracht. Ich habe ihn aber nie kennengelernt.

JUAN. Ist er im Krieg gestorben?

CLARISSA. Gefallen! Meine Mutter war nie mit ihm verheiratet. Deshalb lebt sie auch bis heute sehr zurückgezogen. Sie hat Angst um mich. Können Sie das verstehen?

JUAN. Ja. Sie hat Angst. Sie hat Angst, daß Sie schwanger werden.

Juans direkte Art ist ziemlich entwaffnend. Wenn er nicht dieser sprachenkundige, immer lächelnde Fremdling wäre, würde Clarissa seine Äußerungen vielleicht übelnehmen. Aber so kehrt sie zu ihrer Familienchronik zurück.

CLARISSA. Ja, ist ja klar. Jedesmal, wenn ich nach Hause komme, spricht sie mit mir darüber. Fünf Jahre lang hat sie versucht zu heiraten. Vom ersten Kriegstag an war das ihr ganzer Lebensinhalt, bis er tot war. Dreimal hatte er Fronturlaub, aber die Familie in Bayern hat alles dafür getan, die Hochzeit zu verhindern. Dann haben sie eine »Ferntrauung« versucht, alles, damit ich ein eheliches Kind werde. Ich kann mich noch ganz genau erinnern. Ich war damals schon fünf. Ich hab mir geschworen, niemals zu heiraten, niemals. Das können Sie mir glauben.

Das war wie eine Warnung an Juan. Clarissa, die ihn so nah an sich heranläßt, daß er sogar ihre Mutter kennenlernen soll, bemüht sich, gleichzeitig Distanz zu schaffen. Juan wird aber noch direkter.

JUAN. Haben Sie einen Freund?

Auf diese Frage gibt Clarissa keine Antwort.

CLARISSA. Es gibt Leute in Wasserburg, die werden staunen, wenn wir zusammen durch die Straßen gehen.

JUAN. Oder einen Liebhaber?

Ihre Gedanken eilen voraus. Sie läßt ahnen, daß auch sie ein Provinzkind ist, das nach tausend Verletzungen seinen Weg in die eigene Freiheit sucht.

CLARISSA. Wasserburg hat tausend Augen und sieht einen aus jedem Fenster an.

216 Straßen in Wasserburg

Die Fensterfassaden der kleinen Stadt sehen tatsächlich aus, als ob sie die Fremden auf der Straße aus tausend Augen ansähen. So lieblich die historischen Arkadengänge, Türmchen und Zinnen des alten Städtchens auch wirken mögen, in Clarissas Bewußtsein verkörpern sie die Enge, die moralische Bevormundung, den Neid und den Kleinbürgerhaß, denen sie gerade entkommen möchte.

CLARISSA. Es ist merkwürdig, immer wenn ich ankomme, habe ich das Gefühl, daß ich hier überhaupt nicht zu Hause bin. Dabei kenne ich hier jeden Stein. Ich kenne jede Arkade, weil wir uns als Kinder hier immer versteckt haben. Und ich weiß auch hinter jedem Fenster, wer da wohnt. Zum Beispiel da vorne, da wohnt die Luise. Die Luise ist eine Klassenkameradin von mir. Die spielt Geige. Aber schlecht. Aber trotzdem bin ich hier nicht zu Hause.

217 Wohnung Mutter Clarissa

Durch das Wohnzimmerfenster kann man eine kleine Kirche sehen, die zum Greifen nah neben dem Haus steht, in dem Clarissa aufgewachsen ist. Clarissas Mutter, eine mollige Frau mit weichen Lippen und hartem Blick, schaut hinaus auf den kleinen Platz vor der Kirche. Dort gibt es eine Steintreppe, die von der Oberstadt herunterführt. Die Gedanken der Mutter sind bei ihrer Tochter, die weggegangen ist und sie jetzt mit Juan allein gelassen hat.

MUTTER CLARISSA. Ich sage immer: Unser Name Lichtblau, der stammt von der Seefahrt. Lichtblau ist die Farbe des Meeres. Wissen Sie, mein Großvater war Kapitän auf der Ostseefähre von Stralsund nach Rügen. Damals, bevor es die Eisenbahn gab.

Die Mutter sieht ihren fremden Gast während ihrer Worte prüfend, aber auch zunehmend wohlwollend an. Sie hat sich Juan gegenüber an den Tisch gesetzt. Plötzlich hat sie wieder ein besorgtes Gesicht.

MUTTER CLARISSA. Also, jetzt könnte Clarissa allmählich nach Hause kommen. Es ist ja schon nach vier. Wo bleibt die bloß so lange? Ich finde das nicht sehr höflich von ihr, Sie hier so lange warten zu lassen.

Die Mutter hat sich unruhig wieder erhoben, und erneut ist sie zum Fenster gegangen und hat hinausgeschaut. Die Kirchturmuhr schlägt viermal. Schließlich setzt sie sich wieder an den Tisch. Es sieht aus, als wollte sie eine Hausarbeit beginnen und sich beruhigen. In ihrem Blick, den sie auf Juan richtet, liegt aber etwas Lauerndes.

MUTTER CLARISSA. Kennen Sie sie schon lange?

JUAN. Nein. Nur einen Monat.

In allen Äußerungen der Mutter liegt etwas Erzieherisches. Juan ist sehr ruhig. Er scheint die häusliche Strenge sogar zu genießen.

MUTTER CLARISSA. Ich freue mich, wenn Clarissa so gut erzogene Freunde hat. *(lacht)* Bleiben Sie über Nacht bei uns?

JUAN. Ja, aber ich habe keine Zahnbürste dabei.

Mit dieser wohlerzogenen Antwort bringt Juan das Herz der Mutter zum Schmelzen. Sie erhebt sich, geht zu einem Holzschränkchen, öffnet es und holt eine Plastikhülse heraus, die sie vor Juan hinhält.

MUTTER CLARISSA. Ich habe noch eine neue. Die gebe ich Ihnen. Hier, original verpackt!

Juan lächelt. Das ist auch das beste, was er in dieser Situation tun kann.

MUTTER CLARISSA. Die sollte für Clarissa sein. Jaja, vier Monate ist sie schon nicht mehr zu Hause gewesen. Da wird man sich schon ein bißchen fremd. Was sagt denn Ihre Mutter, wenn Sie so weit weg sind?

JUAN. Ich weiß es nicht. Ich glaube, sie hat Angst um mich.

MUTTER CLARISSA. Ist sie eine gute Musikerin?

Das Interesse der Mutter kreist immer wieder nur um das Leben ihrer Tochter. Juan kann gar nicht so schnell folgen, wie Frau Lichtblau das Thema wechselt.

JUAN. Wer? Clarissa?

MUTTER CLARISSA. Ja.

JUAN. Ja. Sie ist eine gute Musikerin.

MUTTER CLARISSA. Man hat sie hier als Wunderkind bestaunt. Obwohl sie erst mit elf Jahren angefangen hat mit dem Cello. Na ja, ich verstehe ja nicht viel davon, aber der Dr. Kirchmayer, das ist der Chef des hiesigen Kreiskrankenhauses, ein sehr kunstsinniger Mann, der hat von Anfang an an ihr großes Talent geglaubt. Und hat sie gefördert. Ja, er liebt sie mehr als seine eigene Tochter. Verstehen Sie so was?

Es gibt nichts, was die Mutter glücklicher macht als der Fortschritt ihrer Tochter auf der Karriereleiter. In ihrem Blick, mit dem sie Juan mal mustert, mal anhimmelt, mal fragt oder auf Distanz schickt, liegt ein Geheimnis. Das gleiche Geheimnis, das auch Clarissa manchmal umgibt.

MUTTER CLARISSA. Sie sind ein sehr feiner Mensch. Das muß ich Ihnen schon sagen, Herr Juan.

Die Mutter schweigt nun. Juan blättert verlegen in dem Familienalbum, das vor ihm auf dem Eßtisch liegt. Es zeigt Bilder aus Clarissas Kindheit: ihre frühen Celloerfolge, ihr Gesicht als kleine Künstlerin, umhegt und bewundert von der Kleinstadt. Nun lächelt Frau Lichtblau.

218 Villa Dr. Kirchmayer

Die Villa von Dr. Kirchmayer zeigt, welche gesellschaftliche Position ein Chefarzt in dieser ländlichen Gegend einnehmen kann. Allein schon die Haustreppe erhebt die Bewohner des Hauses über den Horizont der Kleinstädter. Wer Dr. Kirchmayer hier besuchen will, muß hinaufsteigen zu ihm.

Clarissa geht den umgekehrten Weg: Sie verläßt das Haus, steigt die Stufen zum Garten herunter und geht den Kiesweg entlang Richtung Einfahrt. Sie fühlt sich beobachtet. Auch die Fenster dieses Hauses scheinen Augen zu haben. Clarissa trägt ihre Notenmappe vor sich her und dreht sich nicht um. Als sie am Einfahrtstor angekommen ist, beginnt sie zu rennen.

219 Platz vor der Kirche

Clarissa kommt das Treppchen von der Oberstadt heruntergerannt. Von weitem schon suchen ihre Blicke die Fenster der mütterlichen Wohnung. Sie ist freudig bewegt.

220 Wohnung Mutter Clarissa

Als Clarissa die Wohnung betritt, ist alles still. Sie sucht ihre Mutter und findet sie mit Juan am Wohnzimmertisch, ganz in das Familienalbum vertieft.

Clarissa kann ihre Neuigkeiten nicht für sich behalten. Sie ist aufgekratzt und strahlt die beiden an.

CLARISSA. Ich krieg ein neues Cello!

MUTTER CLARISSA. Clarissa, Mariellchen, da bist du ja!

CLARISSA. Ein ganz altes, italienisches. Es sieht wunderschön aus und hat einen ganz tollen Klang. Ich hab sogar schon darauf gespielt. Eigentlich spielt es von selbst. Man muß überhaupt nichts tun, und es spielt trotzdem.

Clarissa berichtet mit lauter Stimme, während sie in der Wohnung umherläuft, ihre Jacke ablegt, die Noten verstaut und sich erst dann daran erinnert, daß sie ihren Gast hat warten lassen.

CLARISSA. Na, habt ihr euch gut unterhalten?

Die Mutter greift die Begeisterung der Tochter auf. Sie geht auf Clarissa zu.

MUTTER CLARISSA. Hast du Dr. Kirchmeyer gesehen? Wie geht es ihm denn?

CLARISSA. Ja, es geht ihm gut. Ich hab jetzt Hunger.

Die Mutter schickt noch einen höflichen Blick zu Juan, dann begibt sie sich in die Küche. Clarissa setzt sich zu Juan an den Tisch. Sie hat bemerkt, daß Juan sich die Sympathie der strengen Mutter erworben hat. Das erleichtert sie, denn sie war lange weg. Draußen wird es schon dunkel.

Sie beugt sich zu Juan hinüber.

CLARISSA. Ich glaub, meine Mutter will dich hierbehalten.

Statt einer Antwort zeigt Juan ihr die Zahnbürste, die die Mutter ihm gegeben hat.

JUAN. Original verpackt!

Clarissa schweigt. Juan sieht sich um.
Die Wohnung enthält noch viel Nachkriegsatmosphäre. Das Wohnzimmer ist recht düster eingerichtet und mit zusammengetragenen Möbeln verschiedener Herkunft gefüllt. Das Radio steht auf einem hoch angebrachten Wandbrett in der Ecke. Eingerahmte Fotos erinnern an die Herkunft der Mutter von der Ostseeküste. Bilder von der Zeit vor dem Krieg. Juan sitzt steif und höflich vor der Häkeldecke, lächelt Clarissa an und weiß nicht, ob er sich freuen darf, daß er mit ihr unterwegs ist auf einer »Bergreise«, wie er vor der Abfahrt gemeint hat.

221 Milchgeschäft

Hermann kauft seine tägliche Milch. Aus Milch und Brötchen besteht seine Hauptnahrung, weil sie billig sind und im Augenblick sättigen. Die Milchfrau füllt die mitgebrachte Halbliterflasche über der großen Aluminiumkanne. Routiniert verschließt sie Hermanns Flasche mit einem Pappdeckel.
MILCHFRAU. Darf's sonst noch was sein – bitte?
HERMANN. Ja, noch drei Brötchen.

Hermann, der wieder einmal mit den Gedanken auf Reisen ist, hat sein Hunsrücker »sch« in das Brötchen hineingebracht. Nun erschrickt er und will das »ch« schnell nachliefern.
HERMANN ... chen, S-e-m-m-e-l-n ...
Das bayerische Wort ist unverfänglicher. Er sollte es sich angewöhnen!

222 Vor Milchgeschäft

Sein Fahrrad lehnt draußen an der Wand. Hermann hat so großen Hunger, daß er sofort in eine der Semmeln beißt. Mit dem trockenen Brötchenteig im Mund versucht er es kauend noch einmal mit dem »ch«-Laut. Je nachdem, ob er gerade frisch abgebissen hat, oder ob er in die Höhe guckt oder nach unten, gelingen ihm die Übungslaute besser oder schlechter.
HERMANN. Milchgeschäft, Milchmädchenrechnung, Storchschnabel ... ch ... ch ...!

223 Münchner Straßen

Auch während des Radfahrens durch die Münchner Innenstadt setzt Hermann seine Sprechübungen fort. Er will seine Zeit bis zum äußersten nützen. Die Übungstexte sucht er sich selbst zusammen und macht sich mit der Wahl der Wörter, die sich hauptsächlich aus Buchstaben wie »ch« und »sch« zusammensetzen, über sich selbst lustig.
HERMANN. Sprechschwierigkeiten ... Echt, echt lächerlich ... Wichtig ... Wichtichtuerei!
Hermann erreicht den Lederwarenreparatur- und Laufmaschenaufnehme-Laden der Frau Moretti. Mit Semmeln und Milch gestärkt, stellt er sein Fahrrad vor dem kleinen Schaufenster ab und betritt hoffnungsvoll das Lädchen.
HERMANN. *Fünf Wochen waren seit meiner Ankunft vergangen. Endlich war der Tag gekommen, an dem ich das Zimmer bei Frau Moretti beziehen sollte.*

224 Laden Moretti

Hinter der Ladentheke hat heute Gabi Dienst, eines der Mädchen, die oben in der Laufmaschenwerkstatt arbeiten. Die kleine Lederschneiderin sitzt wie sonst auf ihrem Werktisch und täschnert. Hermann wischt sich den Schweiß von der Stirn und grüßt aufmunternd in die Runde.

HERMANN. *Endlich eine eigene Bude. Endlich ein Raum, den ich mit niemandem teilen mußte. Vor allem nicht mit Clemens und seinen Hunsrücker Scheißhausparolen. Und das eigene Klavier!*

Irgend etwas scheint vorgefallen zu sein, was die beiden Frauen Hermann nicht sagen wollen. Ihre Begrüßung ist viel zu freundlich. Ihre Worte klingen amüsiert-ironisch, als sie Hermann da stehen sehen.

TÄSCHNERIN. Sie kennen sich ja aus hier, gehen Sie ruhig hinauf. Aber bitte, lassen Sie Ihr Gepäck hier unten.

HERMANN. Das mach ich.

Hermann geht um die Ladentheke herum und erreicht die Tür, durch die man zur Treppe hinausgelangt. Gabi dreht sich nicht um, als sie ihm noch einen Rat mit auf den Weg gibt.

GABI. Und wenn S' oben sind, dann klingeln S', aber a bißl länger! Viel Glück!

225 Wohnung Moretti, Treppenhaus

Hermann klingelt lange und wundert sich, daß trotzdem niemand öffnet. Hat man nicht unten im Laden gesagt, Frau Moretti sei oben? Er versucht, durch die verglaste Wohnungstür einen Blick in Frau Morettis Flur zu tun. Tatsächlich erkennt er nach einiger Zeit einen Mann, der halbnackt durch die Wohnung rennt und im Bad verschwindet.

Jetzt erscheint auch die Moretti im dunklen Flur. Sie ist noch nicht damit fertig, ihren orientalischen Morgenmantel zu gürten und schimpft, noch bevor sie die Tür erreicht.

MORETTI. Ist denn nichts heilig in dieser Welt? Wer ist denn da? Ach, Sie sind es ... ischtenem ... An Sie habe ich gerade nicht denken wollen. Wo haben Sie denn gesteckt die ganzen Wochen – Wochen – Wochen. Warum hör ich nix von Ihnen? Ich such Sie iberall.

HERMANN. Ich hab studiert!

MORETTI. Studiert! Muß ich lachen silberhell!

Ihr »silberhelles« Lachen ist künstlich und schrill. Hermann steht verlegen vor der aufgebrachten Frau und will ihr die Hand geben. Was ist nur passiert? Sie versperrt Hermann mit ihrem zerzausten Körper den Eingang.

HERMANN. Ich hab meine Sachen unten im Laden stehen.

Frau Moretti läßt eine Kunstpause entstehen. Dann wechselt sie ihren Gesichtsausdruck in besorgten Ernst.

MORETTI. Junger Mann, muß ich reden mit Ihnen a ernstes Wörtl. Leider – tut mir unendlich leid – ist Zimmer nicht frei geworden.

Hermann hat nun auch den »Herrn Untermieter« näher gesehen. Denn er taucht im Hintergrund auf, um nachzusehen, wer sein Schäferstündchen mit der dicken Ungarin gestört hat. Er begreift, was es mit dem Untermieter, der seine Miete jetzt wieder pünktlich zu zahlen scheint, auf sich hat.

HERMANN. Und wo ist mein Koffer?

MORETTI. Ach ja, Koffer ...

Nichts ist echt an Frau Morettis Tönen. Sie spielt »Nachdenken«, dann geht sie los, um den Speicherschlüssel zu holen.

226 Dachboden Moretti

Die Moretti läßt den wütenden Hermann vorauseilen. Über die Holztreppe erreicht er den Oberspeicher, wo sich der Lattenverschlag befindet. Unterwegs holt er seinen eigenen Schlüssel hervor. Als er aber an Morettis Verschlag ankommt, bemerkt er, daß die Lattentür aufgerissen ist und sein Koffer fehlt. Die Moretti erregt sich viel zu schnell über diesen Anblick.

MORETTI. Ischtenem! Ist aufgebrochen! – Einbrecher – Ist aufgebrochen! Oh, ich arme Frau, nirgends ist man mehr sicher!

HERMANN. Und wo ist mein Koffer?

MORETTI. No, sehen S' nicht? Koffer ist gestohlen!

HERMANN. Wer?

MORETTI. No, wer, wer? No, fragen S' nicht mich. Bin ich sauber und rein wie Engel. Koffer ist futsch!

Es ist eine richtige Operettennummer, die Frau Moretti hier abzieht. Die Tränen über die böse Großstadt stehen ihr schon in den Augen, als sie Hermann treuherzig und unschuldig ansieht. Er aber läßt sich nicht täuschen und fängt an zu schreien.

HERMANN. Ich will meine fuffzig Mark wiederhaben!

MORETTI. No, hab ich jetzt nicht flüssig. Müssen Sie wiederkommen morgen. Aber ich schwöre bei allen Heiligen im Himmel, Sie werden Ihr Geld zurückbekommen. Ich schwöre es. Bin ich anständige Frau, nicht so Schwein, wo klauen armem Studenten Geld und Koffer!

So verzweifelt wie die Moretti könnte Hermann, der eigentliche Geschädigte, niemals sein. Dicke Tränen kullern ihr aus den Augen. Das vom Liebesakt noch zerzauste Haar paßt nun erst recht zu der Tragödie, die sie auf dem Dachboden gibt. Sie erhebt sogar ihre drei Schwurfinger, als sie bei allen Heiligen versichert, nichts von Hermanns Koffer zu wissen. Hermann durchsucht, immer noch verzweifelt, den Speicher. Er kann nicht glauben, daß man ihn wirklich bestohlen hat.

HERMANN. Da waren alle meine unersetzlichen Arbeiten drin, meine Bücher, Briefe – das kann doch keinen Menschen interessieren! Höchstens mein Fotoapparat, der war auch drin, und mein Fernrohr. Aber meine Gedichte, meine Noten!

MORETTI. Ich glaube Ihnen.

Hermann hat sich ihr verweintes Gesicht genau angesehen. Plötzlich schmeißt er der Dicken seinen Speicherschlüssel vor die Füße, dreht sich um und rennt entschlossen zum Ausgang.

HERMANN. Und ich glaube Ihnen kein Wort!

227 Laden Moretti, Straße

Gabi und die Täschnerin kommen nicht auf ihre Kosten mit Hermann. Sie haben sich wohl einen Spaß erwartet, aber jetzt sehen sie nur den beleidigten und empörten Hermann zurückkehren, der niedergeschlagen seinen Matchsack schnappt und den Laden verläßt. Draußen packt er sein Fahrrad und schiebt es schnell auf die andere Straßenseite, wo sich der Eingang zur Anwaltskanzlei von Dr. Bretschneider befindet.

228 Toreinfahrt, Treppenhaus Bretschneider

Bevor er jetzt den Anwalt aufsucht, muß Hermann erst einmal verschnaufen und seine Gedanken ordnen. Er stellt sein Fahrrad ab, packt sein kleines Gepäck und sucht Halt an der Wand der Durchfahrt.

Draußen kläfft ein Hund. Es ist dunkel geworden. Als das Treppenhauslicht angeht, gibt Hermann sich einen Ruck und geht entschlossen hinauf zur Anwaltskanzlei. Wieder öffnet Renate. Hermann läßt sie sofort an seinem Problem teilhaben.

HERMANN. Ich bin bestohlen worden!

RENATE. Bestohlen? Wirklich? Ja, dann kommen Sie nur mal mit rein – oder haben wir angefangen, »du« zu sagen?

Renate führt Hermann in die Diele, bleibt aber erst einmal mit ihm in der Tür stehen, damit Hermann ihr seine Geschichte etwas ausführlicher vortragen kann, bevor sie mit ihm zu Herrn Dr. Bretschneider geht.

229 Kanzlei Bretschneider

Im Büro des Anwalts bietet sich Hermann ein besonders jämmerlicher Anblick. Dr. Bretschneider ist an Grippe erkrankt und liegt auf einem Sofa, wo ihn seine Sekretärin, Frau Krause, verarztet. Als er Hermann erkennt, richtet sich Bretschneider kurz auf, wird aber von Frau Krause energisch auf sein Lager zurückgedrängt.

DR. BRETSCHNEIDER. Ah, unser Glückspilz! Schauen S' mich an!

Der Anwalt hustet erbärmlich, will aber trotz Frau Krauses Einspruch Hermann helfen. Renate steht immer noch neben Hermann, nun auch ganz empört.

RENATE. Der Herr Simon ist nämlich bestohlen worden. Das stimmt doch, oder?

HERMANN. Ja.

DR. BRETSCHNEIDER. Bestohlen! Ja, das ist eine Gemeinheit, so was!

Dr. Bretschneider möchte Hermann wohl helfen, wenn er wüßte, wie. Frau Krause läßt es aber dazu gar nicht kommen. Sie hält ihn auf der Couch fest und packt ihn in immer mehr Decken ein.

FRAU KRAUSE. Schön zudecken, schwitzen.

DR. BRETSCHNEIDER. Kommen S' her. Erzählen S' mir das der Reihe nach.

FRAU KRAUSE. Nicht reden, Herr Doktor! Ganz still sein.

DR. BRETSCHNEIDER. Na, tun S' doch nicht so!

Frau Krause hat Duftkerzen angezündet, um ätherische Dämpfe für den Patienten zu erzeugen.

DR. BRETSCHNEIDER. Blasen S' die Kerzen aus. Ich leb ja noch!

Frau Krause läßt sich nicht irritieren. Sie faucht Hermann, der immer noch dasteht und Hilfe erwartet, regelrecht an.

FRAU KRAUSE. Gehen Sie doch endlich!

Jetzt kümmert sie sich wieder um ihren Chef, der schließlich seinen Widerstand gänzlich aufgibt.

DR. BRETSCHNEIDER. Ach, Frau Krause – lassen S' doch! Ach, Frau Krause!

Renate hat Hermann ins Nebenzimmer geführt und die Tür geschlossen. Hermann sitzt zwischen all den Gerichtsakten und Anwaltspapieren und versucht, sich seine Lage klarzumachen.

HERMANN. Jetzt bin ich total pleite.

RENATE. Daß es so schlechte Menschen gibt, des isch ein Jammer! Weischt, Hermann, ich fürcht mich auch schon vor der Großstadt!

Die kleine Schwäbin versucht, Hermann in dieser Notlage nahe zu sein. Er wirkt aber so abweisend in seiner Verbitterung, daß sie sich ihm nur gegenübersetzen kann. Dann springt er auf und geht erregt umher.

HERMANN. Sentimentales Geschwätz! Da hör ich direkt meine Mutter: »Hermann, paß uff, die Großstadt ist voll von schlechten Menschen! Bleib ja nachts daheim, bäh, bäh, bäh!« Hört doch auf mit euerm Geschwätz! Fressen und gefressen werden, das ist das Gesetz der Wildnis.

Hermann ist einfach weggerannt. Renate findet keine Worte, weiß nun überhaupt nicht mehr, was mit ihm los ist.

Über Münchens Stadtsilhouette geht glutrot die Sonne unter. Manchmal kann es aussehen, als spiegle das Wetter die Seelenlage der Personen wider, was ja eigentlich gar nicht sein kann.

RENATE. Sag mal, ich hab dir doch gar nichts getan! Mensch, warum schaut er mich denn so bös an?

230 Zugabteil

Clarissa hat zwei große Koffer dabei, die Juan ihr in das Gepäcknetz wuchtet. Sie sieht ihn hinter der Trennwand in der benachbarten Sitzreihe stehen und atmet erleichtert auf.

CLARISSA. Das war also Wasserburg. Ein Glück, daß wir hier heute noch weggekommen sind. War's schlimm?

JUAN. Ihre Mutter hat mir ihr Leben erzählt. Ich werde eine Landkarte kaufen und mir die ganzen deutschen Orte ansehen. Im Norden und im Süden.

Der Zug hat sich in Bewegung gesetzt. Juan hat sich hingesetzt und blickt zum Fenster hinaus. Clarissa sieht, wie sein Blick dem ihren ausweicht.

CLARISSA. Du bist traurig!

JUAN. Nein, ich bin nicht traurig.

CLARISSA. Vielleicht sind wir aber auch beide traurig. Du hast mir sehr geholfen, Juan.

Clarissa setzt sich Juan gegenüber. Er weiß nicht, wieso er ihr geholfen haben soll. Er weiß offenbar auch nicht, warum sie nicht mit ihm im Hause der Mutter übernachten wollte. Jetzt verschließt er sich vor ihr.

JUAN. Ich möchte immer so fahren.

CLARISSA. Weit weg. Weg von allen Müttern und Familien und Kleinstädten. Und...

JUAN ... und?

Juan kehrt langsam in die Situation zurück. Er sieht sie erwartungsvoll an.

CLARISSA. ... und von der Liebe.

JUAN. Vergessen wir die Liebe!

Es scheint sich zu bestätigen, was Juan befürchtet hat. Wenn er sagt, daß er die Liebe vergessen will, ist das Resignation. Bei ihr ist das wütende Entschlossenheit. Sie will etwas abschütteln, was sie quält.

CLARISSA. Ja, wir vergessen sie einfach! Wir vergessen einfach die Liebe.

Clarissa erhebt sich, geht auf Juan zu. Sie setzt sich neben ihn und wirft sich in seine Arme. Juan, der zuerst ganz irritiert ist, begreift und begreift nicht. Die beiden küssen sich. Clarissa hat Tränen in den Augen. Das Küssen geht in Weinen über.

231 Hof des Kohlen-Josef

Für Josef, den Kohlenhändler, ist es eine absolute Selbstverständlichkeit, daß Hermann bei ihm wohnt und seinen »Vorderschuppen« als Übungsraum benutzt. Hermann, der auf keinen Fall Clemens begegnen möchte, kommt aus dem Hinterhaus und eilt mit seiner Gitarre an Josef vorbei. Der Kohlen-Josef unterbricht seine Arbeit kurz und sieht hinter ihm her.

KOHLEN-JOSEF. Heut pressiert's dir aber.

HERMANN. Ja, ja.

KOHLEN-JOSEF. Bist wieder fleißig?

HERMANN. Mal sehen!

Schon ist Hermann im Vorderschuppen verschwunden.

232 Kohlen-Josef, Vorderschuppen

In seinem Probenverlies ist alles noch so, wie Hermann es sich dort vor Wochen mit Josefs Hilfe eingerichtet hat. Er setzt sich unter die alte Leuchte und ordnet seine Noten. Dann beginnt er zu üben. Eigentlich aber stolpern seine Finger nur über die Töne. Lustlos schlägt er häßliche Akkorde an und unterbricht sich immer wieder.

Während dieser Übungsarbeit ist Josef hereingekommen. Er betritt den Schuppen leise, aber ohne besondere Rücksichtnahme auf Hermann.

Er setzt eine mechanische Holzhackmaschine in Gang und beginnt, Buchenholzscheite zu spalten. Hermann unterbricht sein Gitarrenspiel.

HERMANN. Ich schaff es nie!

KOHLEN-JOSEF. Was meinst?

HERMANN. Ich schaff es nie.

KOHLEN-JOSEF. Meinst?

HERMANN. Ich habe mir plötzlich vorgestellt, daß ich Jahr für Jahr so weitermache. Da komme ich mir lächerlich vor.

Josef sieht von seiner Arbeit zu Hermann herüber.

KOHLEN-JOSEF. Das geht mir genauso. Das kannst du mir aber ehrlich glauben!

HERMANN. Ich bin einer unter Tausenden ...

KOHLEN-JOSEF. Da kann ich dich beruhigen: Ich bin einer unter Millionen! Jetzt spiel halt weiter. Ich muß bloß noch den Rahmen Holz da fertigmachen.

Hermann grübelt. Josef zerkleinert Holz. So vergeht die Zeit.

HERMANN. Ich muß Geld verdienen – irgendwie.

KOHLEN-JOSEF. Es heißt doch immer, das Geld liegt auf der Straße. Aber im Ernst: I hab mich immer begnügt, der Zweitbeste zu sein. Nur so hab i überlebt. Die Erstbesten, die hat's im Krieg immer zuerst erwischt. So geht's denen immer.

HERMANN. Und ich bin noch nicht einmal der Drittbeste.

Josef lacht. Er macht seine Arbeit und läßt Hermann nicht merken, daß er sich ein wenig um ihn kümmern will. Hermann nimmt die Gitarre zur Hand. Das Stück, das er nun spielt, ist eine eigene Komposition, die seine verzweifelte Seelenlage widerspiegelt. Hermann kämpft mit seiner Einsamkeit, die er noch verstärkt, indem er sie musikalisch auslebt.

233 Münchner Innenstadt

Hermann schiebt sein Fahrrad. In der Straßenmündung steht eine Gruppe von neugierigen Passanten. Sie betrachten gespannt ein von Hermann aus unsichtbares Ereignis in der Ludwigstraße. Hermann zögert, weiterzugehen. Ein quergestellter Funkstreifenwagen versperrt die Straßenmündung. Hermann sieht sich nach der Zuschauergruppe um. Er erkennt die gespannt wartenden Gesichter.

HERMANN. *Ich hatte die Lautsprecherdurchsage schon drei Straßen vorher gehört. »Sie befinden sich in Lebensgefahr.« Dieser Satz machte mich eher neugierig, als daß er mich erschreckte.*

In der völlig menschenleeren Ludwigstraße erscheint nun ein merkwürdiger Fahrzeugkonvoi: ein Funkwagen mit Lautsprecher, ein Lkw mit Blaulicht, gefolgt von zwei weiteren Polizeiautos. Hermann sucht Halt an seinem Fahrrad. Auf dem Lkw wird eine Bombe transportiert, ein Blindgänger aus dem Zweiten Weltkrieg, den man bei Bauarbeiten in der Stadt gefunden hat.

HERMANN. *Fast zwanzig Jahre waren seit den Bombennächten im Krieg vergangen – und immer noch fand man diese Blindgänger. Ein Moment der Aufgeregtheit, der Irritation, der Erinnerung an Panik und Angst, dann ging die Stadt zur Tagesordnung über.*

Für Minuten war die Schreckensvision des Krieges in die Straßen zurückgekehrt. Die Menschen hinter den Häuserwänden haben angstvoll geschwiegen. Die Bombe, auf Sandsäcken und Strohballen gelagert, sieht eher harmlos aus. Im Nu ist der Konvoi außer Sichtweite.

234 Studentenschnelldienst

HERMANN. *Ich brauchte einen Job, denn Clemens ließ mich auch jetzt nicht umsonst bei sich wohnen. Von der Mutter im Hunsrück bekam ich sowieso keinen Pfennig.*

Im Warteraum des Studentenschnelldienstes sitzen etwa zwanzig Studenten, die auf Kurzzeitjobs hoffen. Es ist ein ständiges Kommen und Gehen. Die Reihenfolge der Jobvergabe wird durch eine abgestempelte Karte bestimmt, die Hermann beim Eintritt in Empfang nimmt.

Hinter einem Schalterfenster residiert der Jobvermittler des Arbeitsamtes, ein hagerer Beamter, der seine Studenten herumkommandiert und offenbar ganz genau weiß, was für wen der richtige Job ist. Gerade werden ein paar Arbeitsangebote bekanntgegeben.

JOBVERMITTLER. Zum Fensterputzen im Schwabinger Krankenhaus drei Personen, Damen oder Herren?

STUDENT. Was verdient man da?

JOBVERMITTLER. 2,70 die Stunde, für zwei Tage. Ein Mann Teppichklopfen in der Goethestraße, bei einer alten Dame.

Der Jobvermittler entdeckt einen Studenten, der im Hintergrund in der Warteschlange raucht.

JOBVERMITTLER. Sie, geraucht wird hier fei nicht! Eine Dame Adressenschreiben bei der Allianz?

Hermann merkt, daß dies alles für ihn nicht in Frage kommt. Er sieht sich um und entdeckt Ansgar, der auf der Wartebank sitzt und an einer Scheibe Brot kaut. Er setzt sich zu Ansgar, um ihm seine Erlebnisse zu schildern, die er auf dem Herweg hatte.

HERMANN. Sag mal, warst du schon einmal in Lebensgefahr?

ANSGAR. Wie?

HERMANN. Lebensgefahr!

ANSGAR. Du bist immer in Lebensgefahr.

HERMANN. Nein, das glaube ich nicht. Das ist nur ein Wort. Das ist vorüber, bevor man es begriffen hat.

ANSGAR. Was ist denn passiert?

HERMANN. Also – vorhin in der Ludwigstraße...

Gerade als Hermann beginnt, Ansgar von dem Bombentransport durch die abgeriegelte Innenstadt zu erzählen, kommt ein Jobauftrag herein, der ihn aufmerken läßt.

JOBVERMITTLER. Zwei Mann für Lagerarbeiten bei Arnold & Richter?

HERMANN. Was ist denn das für eine Arbeit?

JOBVERMITTLER. Filmdosen sortieren, Keller ausräumen.

STUDENT. Und wo ist das?

JOBVERMITTLER. In der Türkenstraße 91, in Schwabing.

HERMANN. Das nehmen wir!

Hermann hat für Ansgar mitentschieden. So ist er wenigstens in Gesellschaft eines Freundes bei der einsamen Arbeit, die ihn jetzt erwartet.

235 Arnold & Richter, Lager

Der Archivkeller ist angefüllt mit Tausenden von Blechdosen, die übereinandergetürmt und in primitiven Holzregalen gestapelt sind. Hermann geht umher und überlegt, womit er anfangen soll.

HERMANN. *So gelangte ich mit Ansgar in das Archiv der Münchner Filmfirma. Wir sollten die älteren Filme aussortieren, die noch auf dem feuergefährlichen Nitromaterial kopiert waren. Offenbar war es verboten, solche Filmrollen länger in diesen Kellern zu lagern.*

Was wir aussortierten, wurde vernichtet. Eine Aufgabe, die uns Studenten gefiel, weil sie Allmacht über diese Zeitdokumente bedeutete. Wir verstanden es aber, die Arbeit in die Länge zu ziehen, da uns der Job das ganze Semester ernähren sollte.

Hermann gibt sich einen Ruck und packt sich einen möglichst großen Stapel Filmdosen, um sie in den Fabrikhof hinauszutragen. Ansgar hat es sich aber im hintersten Eckchen des Archivkellers bequem gemacht. Er gibt Hermann ein Zeichen, zu warten.

ANSGAR. Bist du wahnsinnig?

HERMANN. Wieso?

ANSGAR. Wenn wir uns das gut einteilen, dann reicht's für zwei Tage.

Hermann stellt den Büchsenstapel wieder ab und öffnet einen Deckel. In der Dose liegen fein sortiert einige Dutzend kleiner Negativröllchen.

HERMANN. Sag mal, ist das wirklich so gefährlich, das Zeug hier?

ANSGAR. Das ist Nitromaterial, so was ähnliches wie Nitroglyzerin. Kennst du »Lohn der Angst«, den Film?

HERMANN. Nein.

Während dieser Worte hat sich Ansgar seelenruhig eine Zigarette gedreht und zündet sie an, ganz ungeachtet der Explosionsgefahr.

ANSGAR. Ein Funke, und das ganze Stadtviertel fliegt in die Luft. Eine riesige Bombe mitten in Schwabing.

Es ist Nacht geworden im Filmkeller. Hermann und Ansgar haben sich in die Filmausschnitte vertieft, die sie von Hand vor ihren Augen abrollen. Vor der trüben Kellerlampe werden die Filmbilder fast wieder lebendig.

ANSGAR. Phantastisch! Wie diese Bilder von Nazis mit ihren geilen Weibern da zwanzig Jahre unter so einem Blechdeckel warten und jederzeit wieder zum Leben erweckt werden könnten. Könnten! Die Teufel! Die warten nur drauf, daß irgend jemand mal den Korken aus der Flasche zieht. Aber wir vernichten sie.

Hermann hat sich Ansgar gegenübergesetzt. Auch er betrachtet die Bilder dieser womöglich längst verstorbenen Menschen.

HERMANN. Ich denke oft an den Tod. Wenn ich nachts durch die Straßen gehe, versuche ich mir vorzustellen, daß da grade jemand stirbt, hinter den Fenstern. Jemand, der mir unendlich fremd ist, ich weiß nichts von ihm, aber der Tod, das ist etwas, was ich auch in mir habe. Wenn jemand stirbt, dann ist er genauso wie ich. Wenn ich mir vorstelle, daß in den Häusern die Menschen sterben, dann fühle ich mich fast wie zu Hause.

Ansgar läßt die Filmstreifen fallen. Jetzt interessiert ihn die eigene Lage mehr.

ANSGAR. Wo kommst du her?

HERMANN. Aus einem Kuhdorf. Weißt du, wo der Hunsrück ist?

ANSGAR. Dann kennst du ja auch diesen Saustall. Familie!

HERMANN. Ich habe alle Brücken hinter mir abgebrochen.

ANSGAR. Und weißt du, wo du jetzt bist? Unter Perversen, Nutten, Verbrechern, Raubtieren und ihren Opfern. Und die leben alle!

Ansgar sieht Hermann an, als hätte er eben das Welträtsel gelöst.

236 Straßen vor einem Konzertsaal

Juan läuft durch die nächtliche Stadt. Er hat seinen dunklen Anzug an und ist auf dem Weg zum Amerikahaus, wo ein Konzert angekündigt ist, mit Werken von Volker Schimmelpfennig und Jean-Marie Wéber.

JUAN. *Clarissa hat mich geküßt. Dann war sie weggelaufen von mir. Immer wenn ich sie wiedersehen wollte, hatte sie etwas anderes zu tun. An den Frauen merkte ich erst richtig, daß ich in einem fremden Land lebte.*

Unter den Mitwirkenden werden auf dem Plakat andere Musikstudenten aufgezählt, die Juan kennt. Er beeilt sich, in das Gebäude zu kommen, denn das Konzert hat gerade angefangen.

237 Konzertsaal

Jean-Marie steht auf der Bühne und spricht einleitende Worte. Der Saal ist gefüllt mit jungen Intellektuellen, Studenten der verschiedenen Hochschulen, jungen Musikern. Nur wenige ältere Zuhörer sind zu sehen. Juan entdeckt einen freien Platz hinten in einer Reihe. Er bittet die Leute, ihn durchzulassen. Aber das erzeugt einen Moment Unruhe, so daß Jean-Marie auf der Bühne lauter sprechen muß.

JEAN-MARIE. »Wacht auf, denn eure Träume sind schlecht.« Nach diesem Gedicht von Günter Eich komponierte Volker Schimmelpfennig das Stück, das Sie nun hören werden, für Bariton und kleines Orchester. Zur gleichen Zeit zeigen wir Ihnen einen Film, den

Reinhard Dörr und Stefan Aufhäuser konzipiert und uns zur Verfügung gestellt haben. Es ist dies der Versuch, die Medien Film und Musik gleichzeitig, gleichberechtigt miteinander in Beziehung zu setzen. Es singt Dietrich Henschel unter der Leitung des Komponisten.

Juan ist neben Elisabeth Cerphal zu sitzen gekommen. Fräulein Cerphal, eine etwa fünfzigjährige Lady, trägt ein helles Jackenkleid und dazu ein Hütchen mit einer langen Feder darauf. Auf ihrer anderen Seite hat Stefan, der Filmemacher, Platz genommen, der nur darauf gewartet hat, daß Jean-Marie ihn in seiner Einleitungsrede erwähnt.

Jetzt erhebt er sich und gibt Ansgar ein Zeichen, der aber eine Reihe hinter ihm mit Olga, der Schauspielschülerin aus der Schauspielschule, knutscht. Stefan verläßt eilig den Saal in Richtung der Vorführkabine, wo die Filmprojektoren sind. Juan befindet sich unter lauter bekannten Gesichtern. Weiter vorn entdeckt er Hermann, der an Renates Seite sitzt. Juan wartet, bis Jean-Marie die Bühne verläßt. Während des Beifalls, der jetzt einsetzt, begrüßt Juan Hermann. Jean-Marie nimmt in der ersten Reihe neben Clarissa Platz. Clarissa sieht sich nach Hermann und Juan um.

Die Musiker betreten die Bühne. Sie alle sind theatralisch zurechtgemacht, ganz weiß geschminkt und in schwarzen Anzügen mit schwarzen Mützen makaber verkleidet. Der Bariton, der die Solostimme singt, trägt ein goldschimmerndes Clownskostüm mit gewaltig ausgepolsterten Schultern. Auch er ist geschminkt und singt mit einem großen theatralischen Gestus. Das Stück ist eine kleine Kammeroper, die den Text von Günter Eich dramatisiert und die moralischen Appelle darin noch vergrößert.

BARITON.

»Wacht auf, denn eure Träume sind schlecht!
Bleibt wach, weil das Entsetzliche näher kommt.

Auch zu dir kommt es, der weit entfernt wohnt von den Stätten,
wo Blut vergossen wird,
auch zu dir und deinem Nachmittagsschlaf,
worin du ungern gestört wirst.
Wenn es heute nicht kommt, kommt es morgen,
aber sei gewiß.«

Das Besondere an dieser Aufführung ist, daß hinter dem Orchester eine Filmprojektion abläuft. Auf einer die ganze Bühne übergreifenden

Cinemascope-Leinwand zeigen schwarz-weiße Filmbilder eine Sequenz von Geschwindigkeitseindrücken: Straßen, Hausfassaden, Hochspannungsleitungen, Autobahnen, Schnellzüge, ein rasendes Tempo von vorbeirauschenden Bildeindrücken, die keinen Augenblick des Verweilens anbieten. Die Bilder zergliedern unser Leben, die moderne Welt, in zahllose Kurzimpressionen, die den gesungenen Text merkwürdig kontrastieren.

Hermann, Juan, Jean-Marie, Clarissa und all die im Saal versammelten Freunde bestaunen diese Wirkungen, die durch das Zusammentreffen der konträren Medien entstehen. Oben in der Projektionskabine hat Stefan seine Freunde getroffen. Mit Reinhard und Rob schaut er durch das Projektionsloch und sieht nur das Filmische an der Veranstaltung.

STEFAN. Läuft's?

REINHARD. Und wie!

STEFAN. Von hier oben sieht's toll aus.

BARITON.

»Oh angenehmer Schlaf, auf dem Kissen mit roten Blumen –
einem Weihnachtsgeschenk von Anita, woran sie drei Wochen gestickt hat,
Osterlämmer, erwachende Natur, Eröffnung der Spielbank in Baden Baden ...«

Fräulein Cerphal, die nun, da Stefan weggegangen ist, keinen Gesprächspartner mehr hat, spricht Juan an.

FRÄULEIN CERPHAL. Gefällt Ihnen die Musik?

JUAN. Nein, eigentlich nicht.

FRÄULEIN CERPHAL. Schade. Und der Text?

JUAN. Der Text ist vielleicht schön.

FRÄULEIN CERPHAL. Der ist gut.

JUAN. Aber ich verstehe leider nicht alles.

FRÄULEIN CERPHAL. Wieso, warum nicht? Woher kommen Sie?

JUAN. Aus Chile. Santiago.

BARITON.

»... Cambridge siegte gegen Oxford mit zweieinhalb Längen.
Das genügt, das Gehirn zu beschäftigen.«

Fräulein Cerphal wendet sich wieder an Juan.

FRÄULEIN CERPHAL. Von den jungen Komponisten, da kann man sehr viel lernen. Da bewegt sich noch was. Sind Sie auch Musiker?

JUAN. Ja, ich bin auch Musiker.

BARITON.

»Ah, du schläfst schon? Wache gut auf, mein Freund!

Schon läuft der Strom in den Umzäunungen, und die Posten sind aufgestellt.«

Renate scheint an dem Konzert keinen Gefallen zu finden. Ihre Gedanken planen schon den weiteren Verlauf des Abends. Sie will schließlich wissen, wofür sie das alles auf sich nimmt!

RENATE. Du, Hermann, gehscht danach heim?

HERMANN. Ich weiß es jetzt noch nicht. Jetzt hör doch erst mal zu.

RENATE. Ja.

BARITON.

»Nein, schlaft nicht, während die Ordner der Welt geschäftig sind!

Seid mißtrauisch gegen ihre Macht, die sie vorgeben für euch erwerben zu müssen!

Wacht darüber, daß eure Herzen nicht leer sind, wenn mit der Leere eurer Herzen gerechnet wird.

Tut das Unnütze, singt die Lieder, die man aus eurem Mund nicht erwartet!

Seid unbequem, seid Sand, nicht das Öl im Getriebe der Welt!«

238 Straßen in Schwabing

Hermann hat sich einfach dem Pulk von Konzertbesuchern angeschlossen, die hinterher noch eine Jazzkneipe besuchen wollen. Renate ist halbentschlossen gefolgt und hört sich seine Meinung zu dem Konzert an. Auch Fräulein Cerphal läuft, untergehakt bei Stefan, mit den jungen Leuten mit. Sie möchte die Künstler kennenlernen.

FRÄULEIN CERPHAL. Also, Stefan, ist es denn jetzt noch weit?

STEFAN. Nein, dort drüben ist es doch schon. Die Bierhalle einfach quer rüber.

FRÄULEIN CERPHAL. Na, da bin ich aber mal gespannt.

239 Schwabinger Kneipe

Es ist die Jazzkneipe, in der Hermanns Landsmann Clemens spielt. Er trommelt zu der Musik eines Quintetts, eine schwarze Sängerin singt. Renate fühlt sich allein gelassen, weil Hermann sich an der Bar zu

Clarissa gesetzt hat. Soll sie sich gefallen lassen, daß Hermann sich nicht mehr für ihre Gesellschaft interessiert? Sie steht vor der Jazzband und ringt mit sich. Dann geht sie einfach zu Hermann und hört aus der Nähe zu, was dieser mit Clarissa zu besprechen hat.

CLARISSA. Aber die Frage ist doch: Wo hört die Musik auf, und wo fängt die Politik an?

HERMANN. Ich denke, daß unsere Musik vor der Nachwelt bestehen können muß. Wenn ich als Künstler nur an Alltagsprobleme denke oder an heute, das ist doch ein Unterschied. Aber wenn ich beim Komponieren an die Ewigkeit denke oder an den Tod, dann spürt man das.

CLARISSA. Ich würde gern einmal Ihre Arbeiten kennenlernen.

HERMANN. Ich habe sogar einmal ein Stück für Cello geschrieben. Es ist leider verlorengegangen.

CLARISSA. Ach, wie war das denn möglich?

HERMANN. Es war in einem Koffer, und der ist mir gestohlen worden.

Jetzt hat Renate eine Chance, einzugreifen, denn bei diesem Thema kann sie endlich mitreden.

RENATE. Ja, wisset Sie, dieser Fall ist zu uns in die Kanzlei gekommen, und wir fragen uns jetzt, ob wir den nicht aufklären sollen.

HERMANN. Ja, das war anders. Und außerdem geht es mir gar nicht um den Koffer. Es geht mir um einige Arbeiten, die verlorengegangen sind.

CLARISSA. Ach, das waren mehrere Arbeiten?

HERMANN. Ja. Unter anderem eben das Cellostück. Aber ich habe jetzt angefangen, ein anderes Stück zu komponieren. Das ist für Cello und Gesang.

Renate spürt jetzt, daß zwischen Hermann und Clarissa eine so starke gegenseitige Faszination herrscht, daß sie keine Chance mehr hat, sich bemerkbar zu machen. Sie bleibt noch und tut, als interessiere sie das Thema der beiden, dann entfernt sie sich beiläufig.

Juan hat am Tisch des Fräulein Cerphal begonnen zu zaubern und Kunststücke vorzuführen. Mit eleganten Handbewegungen läßt er eine Münze verschwinden und wieder auftauchen. Renate sieht sich an, wie Juan die ganze Tischrunde unterhält. Fräulein Cerphal, die schon während des Konzerts an Juan Gefallen gefunden hat, ist von seinen Zaubertricks begeistert.

FRÄULEIN CERPHAL. Wunderbar! Wo lernt man denn das?

JUAN. Auf der Straße.

FRÄULEIN CERPHAL. In Chile ...
Sie läßt sich ein Gummibällchen, das zwischen Juans Fingern tanzte, geben und versucht es auch damit. Sie stellt sich ungeschickt an. Am Musikerstammtisch, zu dem auch die Cerphal hin und wieder hinüberschielt, ist um Volker und Jean-Marie eine Diskussionsrunde entstanden.
Musikstudenten bedrängen die beiden mit Fragen. Zum Beispiel mit der Frage, ob es legitim sei, Geräusche in die Komposition einzubeziehen, und wie man so etwas notiere.
Volker entwirft eine Utopie für neuartige Notationsformen.
VOLKER. Die herkömmliche Notation reicht einfach nicht aus.
STUDENTIN. Aber das mit den Geräuschen, das ist doch total dem Zufall überlassen.
Jean-Marie hat nur auf diesen Augenblick gewartet. Bei dem Stichwort »Notation« greift er nach einer Tasche, die hinter ihm auf der Bank steht, und holt eine flache, silberglänzende Metallkassette hervor.
JEAN-MARIE. Zu diesem Thema möchte ich euch etwas zeigen. Nachdem herkömmliche Notenschrift längst nicht mehr ausreicht, um die neue Musik aufzuschreiben, habe ich unser letztes Stück in Gold prägen lassen.
Jean-Marie hat die Kassette geöffnet. Es wird plötzlich still am Tisch.

Alle betrachten die goldschimmernde Schallplatte, die in Samt gebettet darin liegt.

JEAN-MARIE. Voilà! Das oxidiert nicht, ist hitzebeständig bis 700 Grad und kann nicht entmagnetisiert werden. Erdgravitation, Chemikalien, alles ist unschädlich. Die hält 4000 Jahre. Wie der Schmuck der Etrusker. Die Kassette ist aus Edelstahl, spezialgehärtet, nichtrostend. Damit kann man sie zum Beispiel in einem Salzbergwerk aufbewahren.

Jean-Maries Vortrag hat den ganzen Freundeskreis an den Tisch gelockt: Ansgar mit skeptischem Blick, Olga frisch verliebt in ihn, Renate, die Hermann für einen Moment vergißt, Stefan, die Cerphal, die nun Juan stehenläßt und vom Nebentisch herüberkommt.

FRÄULEIN CERPHAL. Entschuldigung, darf ich auch mal anfassen?

JEAN-MARIE. Aber nicht obendrauf fassen.

FRÄULEIN CERPHAL. Das ist ja fabelhaft! Pures Gold! Das leuchtet mir sofort ein.

Olga hat sich von ihrem Stuhl erhoben, um die Platte in Fräulein Cerphals Hand besser sehen zu können.

OLGA. Darf ich auch mal?

FRÄULEIN CERPHAL. Aber nicht obendrauf fassen.

Die Cerphal reicht das gute Stück in die Hände von Olga, die sofort ihr goldenes Spiegelbild in der Plattenoberfläche entdeckt.

OLGA. Ach, wenn man Filme auch so in Gold aufbewahren könnte, dann könnten sich Schauspieler auch verewigen.

Renate hat sich vorgedrängt. Auch sie will berühren. Olga gibt die Platte an sie weiter, mit der Mahnung, nicht obendrauf zu fassen, was Renate beherzigt. Die Cerphal wendet sich zu Stefan, der bewußt kühl und scheinbar unbeteiligt im Hintergrund geblieben ist.

FRÄULEIN CERPHAL. Stefan, könnten wir sie nicht alle heute abend zu uns einladen?

STEFAN. Alle?

FRÄULEIN CERPHAL. Ja, die sind doch nett!

STEFAN. Also, die beiden Komponisten da, die kenne ich sehr gut.

FRÄULEIN CERPHAL. Die sind gut, nicht?

STEFAN. Ja, die sind gut.

FRÄULEIN CERPHAL. Prost.

Die Cerphal ist mit der Aussicht auf einen noch erfüllteren Abend sehr zufrieden. Der Schluck aus dem Weinglas stärkt ihren Unternehmungsgeist. Ansgar hat begonnen, sich über Olgas Eitelkeit lustig zu machen.

Er findet Freude daran, die verliebte Schauspielschülerin zu provozieren.

ANSGAR. »Dem Mimen flicht die Nachwelt keine Kränze,« Schiller. Das ist auch gut so, sonst wäre eure Eitelkeit überhaupt nicht mehr auszuhalten.

Die gekränkte Olga schlägt zurück. Sie gibt Ansgar eine Ohrfeige; seine selbstgedrehte Zigarette fliegt ihm aus dem Mundwinkel. Ansgar läßt sich nicht aus der zynischen Ruhe bringen.

ANSGAR. Komm, das ist auch nur Spiel. Ich leg dich nachher um, dann bist du wieder ehrlich.

Renate, die die goldene Schallplatte im Lokal herumgezeigt hat, kommt an den Tisch zu Jean-Marie zurück. Sie bewundert die Komponisten, deren Musik sie überhaupt nicht gemocht hat.

RENATE. So ebbes muß doch schrecklich teuer sein.

STUDENTIN. Soviel Geld nur für euer Prestige, das finde ich etwas lächerlich, muß ich sagen!

JEAN-MARIE. So etwas spielt doch keine Rolle.

RENATE. Haben Sie reiche Eltern?

JEAN-MARIE. Das ist doch nicht wichtig. Die Goldfolie ist hauchdünn. Man stellt so etwas in einem galvanischen Bad her. Das kann sich im Grunde jeder leisten, der es sich leisten kann, eine Aufführung zu bezahlen.

Juan hat sich aus allen Diskussionen herausgehalten. Er jongliert mit zwei silbernen Kugeln und lächelt wie ein Kind.

JUAN. Ich bin lieber vergänglich. Sagt man so?

Die schwarze Sängerin hat begonnen, einen Blues zu singen. Hermann sitzt noch immer mit Clarissa an der Bar. Das Gespräch zwischen den beiden kreist um die gleichen Themen.

CLARISSA. Sind Sie eifersüchtig?

HERMANN. Auf wen?

CLARISSA. Überhaupt.

HERMANN. Ich glaube, nicht. Also, wenn Sie das zwischen Frauen und Männern meinen, da finde ich Eifersucht ein Armutszeugnis.

CLARISSA. Und in der Kunst?

HERMANN. Der Cocteau hat einmal gesagt: »In der Kunst kann keiner den anderen überholen.«

CLARISSA. Und es passiert trotzdem.

HERMANN. Vielleicht, weil es keine Kunst ist.

CLARISSA. Sie gefallen mir.

Hermann ist sprachlos über diesen Satz. Er kann jetzt Clarissa nicht mehr ansehen. Verlegen betrachtet er seine beim Jobben abgebrochenen Fingernägel.

Renate nähert sich vorsichtig und nutzt den Augenblick des Schweigens, um Hermann anzusprechen.

RENATE. Du, Hermann, bleiben wir noch lange hier?

HERMANN. Was?

RENATE. Ich mein bloß so ...

Hermann wacht aus seinen Träumen auf. Er versucht, etwas zu Clarissa zu sagen, sieht aber, daß diese sich sofort zurückzieht.

HERMANN. Sag mal, was soll denn das heißen?

RENATE. Nix Besonderes.

HERMANN. Ich weiß es noch nicht.

Hermann läßt Renate einfach stehen. Er folgt Clarissa, die aber ein Gespräch mit Volker begonnen hat.

VOLKER. Gehen wir da rüber.

CLARISSA. O.k.

Clarissa ist nun für Hermann nicht mehr erreichbar. Der Traum ist aus. Hermann sieht Juan und geht seufzend auf ihn zu.

HERMANN. Ach, Juan ...

JUAN. Ich freue mich auf den Winter.

HERMANN. Wieso?

JUAN. Ich habe niemals Schnee gesehen. Gibt es nicht große Mengen Schnee in Bayern?

HERMANN. Das wird auch mein erster Winter in Bayern.

Volker und Clarissa haben sich in eine Ecke verzogen, wo sie in ein unergründbares Gespräch vertieft sind. Hermann spürt die Blicke von Renate, die mitten im Lokal steht und tut, als ob sie der Musik zuhöre. Die Cerphal hat Kontakt zu Jean-Marie gefunden. Sie sitzt neben ihm am Künstlertisch, flankiert von Stefan, der ein Glas Milch trinkt.

FRÄULEIN CERPHAL. Sie sind doch ein »jeune homme de bonne familie«. Habe ich recht?

JEAN-MARIE. Mes parents habitent à Strasbourg.

FRÄULEIN CERPHAL. Na, sehen Sie? Ich rieche doch den guten Stall! Darf ich Ihnen das einfach so sagen?

JEAN-MARIE. Waren Sie auch in dem Konzert?

FRÄULEIN CERPHAL. Ja natürlich, ich würde ja sonst nicht hier sitzen. Es war ein großes Erlebnis für mich.

JEAN-MARIE. Vielen Dank für das Kompliment!

Die Cerphal wendet sich nun an die ganze Tischrunde, mehr noch an das ganze Lokal. Sie klopft mit einem Löffel an ihr Glas, um sich Gehör zu verschaffen.

FRÄULEIN CERPHAL. Meine Herrschaften! Ich würde Sie gerne heute abend alle zu mir einladen. Ich habe ein schönes, großes, geräumiges Haus mit einem Flügel. Was halten Sie davon?

STUDENTIN. Wo ist denn das?

FRÄULEIN CERPHAL. Oh, das ist nicht weit von hier.

Stefan, dem das nun ein bißchen zuviel ist, versucht, die Personenauswahl etwas gezielter zu gestalten. Er erklärt, daß er bei Fräulein Cerphal wohne und man sich in seinem Zimmer treffe, falls sie nicht ihre Privaträume zur Verfügung stelle. Es gibt reichlich Durcheinander bei dem plötzlichen Aufbruch.

Hermann und Juan stehen am Ausgang. Sie warten wohl beide auf Clarissa. Als Stefan heraustritt, spricht er die beiden Freunde an.

STEFAN. Ihr kommt doch mit, oder?

HERMANN. Ja, gerne.

Jetzt kommt die Gastgeberin vorbei. Hermann und Juan hören, was sie mit Jean-Marie zu besprechen hat.

FRÄULEIN CERPHAL. Und welches Instrument spielen Sie?

JEAN-MARIE. Ich bin in der Dirigentenklasse.

FRÄULEIN CERPHAL. Ach, in der Meisterklasse?

JEAN-MARIE. Ja, in der Meisterklasse.

Nach Ansgar, Olga, all den Musikstudenten und Avantgarde-Künstlern verläßt schließlich auch Clarissa das Lokal. Sie geht mit Volker an den beiden Freunden vorbei.

CLARISSA. Ja, aber du warst doch schon mal in der Villa?

Endlich weiß Hermann, daß er sich der Einladung zu Fräulein Cerphal anschließen wird. Juan spürt, was in dem Freund vorgeht.

JUAN. Hermann, hüte dich vor den schönen Frauen!

HERMANN. Ist das auch wieder so ein chilenisches Sprichwort?

JUAN. Nein, aber wahr.

Schließlich taucht auch noch Renate auf, die als letzte das Lokal verläßt. Sie hat Hermann wohl überall gesucht.

RENATE. Ach, Hermann, da bisch ja!

Hermann hat keinen Einfluß mehr auf den Verlauf seines Abends.

240 Villa Cerphal

Die Villa liegt am Rande Schwabings in einem verwilderten Garten. Das Haus stammt aus der Jahrhundertwende, mit seinen Erkern, Zinnen und Türmchen. Von der Straße aus kann man die Villa kaum sehen, da sie von einer hohen Fichtenhecke umgeben ist und große Bäume und Buschwerk im Vorgarten aufragen. Das weiße Tor vor der Einfahrt steht weit offen. Alle Fenster des Hauses sind erleuchtet. Man hört die Stimmen der Gäste und Musik bis auf die Straße.

So war die Adresse auch für Clemens nicht schwer zu finden, der nach Beendigung seiner Arbeit in der Band nun auch noch in die Villa kommen möchte. Er ist in Begleitung von drei Mädchen, mit denen er sich durch die Dornenhecken unterhalb der Villenterrasse arbeitet. Clemens sucht den Hintereingang, den er schließlich auf der ausladenden Holzterrasse findet.

Aus dem Innern des Hauses ertönt Gesang. Clarissa, von Volker am Flügel musikalisch begleitet, singt ein Lied nach einem Text von Kurt Tucholsky.

CLARISSA.

»... da zeigt die Stadt
dir asphaltglatt
im Menschentrichter
Millionen Gesichter.

Zwei fremde Augen ein kurzer Blick,
Die Braue, Pupillen, die Lider –
was war das? Vielleicht dein Lebensglück ...
Vorbei, verweht, nie wieder.«

Stefan sitzt am Erkerfenster, trinkt seine Milch und sieht Clemens über die Terrasse kommen. Rob, der mit seiner *Arriflex*-Filmkamera spielt, filmt Stefan, der Milch trinkt und Clemens kommen sieht.

ROB. Hoch, die Milch!

Clemens betritt mit seinen drei Begleiterinnen das überfüllte Zimmer. Der Raum ist bis zur halben Wandhöhe mit Holz vertäfelt, ein ehemaliger Salon, das zur Gartenterrasse gelegene Gesellschaftszimmer der Villa. Es gibt einen Flügel, eine Biedermeierliege, einen runden Tisch, viele Stühle, Sessel, gemütliches Licht unter Stehlampen und offene Türen zu den anderen Räumen des Hauses. Clarissa und Volker setzen ihr Tucholsky-Lied fort.

CLARISSA.

»Du gehst dein Leben lang
auf tausend Straßen;
du siehst auf deinem Gang,
die dich vergaßen.
Ein Auge winkt,
die Seele klingt;
du hast's gefunden,
nur für Sekunden ...«

Clemens hat sich umgesehen und die Gastgeberin entdeckt, die ihn und die drei Studentinnen begrüßt.

FRÄULEIN CERPHAL. Guten Abend. Die Garderobe ist hier!

Clemens kommt an Hermann vorbei, der in der Tür zur Diele steht und Clarissa zuhört.

HERMANN. Hallo, wie war's noch?

FRÄULEIN CERPHAL. Hier ist die Garderobe.

Olga liegt malerisch in einem Sessel unterhalb der herrschaftlichen Haustreppe, die zum Obergeschoß führt. Ansgar reitet wie ein kleiner Junge auf dem Treppengeländer und hat sich mit Arbeitskittel und Baskenmütze als Arbeiter maskiert. Olga nimmt eine langstielige Rose aus einer Vase, klemmt sie zwischen ihre nackten Zehen und reicht sie mit dem Fuß zu Ansgar empor.

OLGA. Für dich, mon amour!

Ansgar nimmt die Rose an und ißt sie im Nu vor Olgas Augen auf. Clarissa singt im Salon den Refrain.

CLARISSA.

»Zwei fremde Augen, ein kurzer Blick,
die Braue, Pupillen und Lider –
Was war das? Kein Mensch dreht die Zeit zurück ...
Vorbei, verweht, nie wieder.«

Unter der Stehlampe sitzen zwei Avantgarde-Musiker, die den Studenten die Notation ihrer »Lautgedichte« erklären. Überall herrscht intensive Gesprächsatmosphäre, geht es um Musik, Kunst, Experimente.

Nach Clarissas Refrain »Vorbei, verweht, nie wieder« ist ein Augenblick Stille entstanden. Fräulein Cerphal sinniert noch hinter dem »nie wieder« her, da geht das Lied weiter.

CLARISSA.

»Du mußt auf deinem Gang
durch Städte wandern;

siehst einen Pulsschlag lang
den fremden Andern.

Es kann ein Feind sein,
es kann ein Freund sein,
es kann im Kampfe dein
Genosse sein.
Es sieht hinüber
und zieht vorüber ...

Zwei fremde Augen, ein kurzer Blick,
die Braue, Pupillen, die Lider –
Was war das?

Von der großen Menschheit ein Stück!
Vorbei, verweht, nie wieder.«

Clarissa bekommt herzlichen Applaus für ihr Lied.

FRÄULEIN CERPHAL. Sie sollen ja auch eine großartige Cellistin sein!

CLARISSA. Wenn man das behauptet, da habe ich aber nichts dagegen.

Renate hat sich an Hermanns Seite gearbeitet. Auch er ist in diesem Milieu ein wenig unsicher.

RENATE. Ich bin so aufgeregt! Ich krieg richtig Lampenfieber in derer Umgebung. Dein Freund, der Juan, der ist so ein lieber Kerl, der hat mir so schöne Komplimente gemacht.

HERMANN. So?

RENATE. Der weiß mit Frauen umzugehen! Es wird mir richtig schwindlig, wenn ich daran denke.

Hermann hat eine Idee, Renate für einen Augenblick loszuwerden. Er kennt doch Olga von der Schauspielschule.

HERMANN. Olga, das ist die Renate Leinweber. Sie möchte gern Schauspielerin werden. Vielleicht kannst du ihr ja erzählen, wie man das macht.

OLGA. Wenn man das richtig will, dann schafft man es auch.

Die beiden Avantgarde-Künstler haben im Erker Platz genommen. Es ist eine richtige kleine Bühne für die beiden arrangiert worden, so daß sie nebeneinander sitzend ihr Lautgedicht mit verteilten Rollen vortragen können. Es wird »zweistimmig« gelesen, so daß eine Art absurder Dialog entsteht. Zur Darbietung gehört auch, daß in die Hände geklatscht wird, daß man rückwärts atmet, faucht und stampft.

Hermann und Juan halten sich im Hintergrund, während Fräulein Cerphal und ihre jungen Gäste amüsiert oder fasziniert zuhören.

HERMANN. Gefällt es dir hier?

JUAN. Gut. Das gefällt mir.

HERMANN. Nein, ich meine das Haus.

JUAN. Ist auch schön!

HERMANN. Die Generation, der solche Häuser gehören, das waren alles Nazis.

JUAN. Das weiß ich nicht.

Das Unglaubliche an dem Lautgedicht ist, daß es nach einer sehr exakten Partitur vorgetragen wird. So entsteht ein absurdes Verhältnis zwischen der Unsinnigkeit der Texte und der Präzision der Form. Wieder wird geklatscht, gefaucht, gestampft und in sinnlosen Silbenfolgen gezischt, geraunt, gelockt.

Stefan, der neben der Germanistikstudentin Helga sitzt, möchte sich zurückziehen, gleichzeitig aber mit Helga ins Gespräch kommen.

STEFAN. Entschuldigung, können Sie den Platz in meinem Bett freihalten?

HELGA. Können Sie nicht nachher pinkeln gehen?

Helga ist offenbar eine ganz Radikale. Sie faucht Stefan an und gibt ihm keine Chance für seine Entschuldigung.

241 Villa Cerphal, Küche

Reinhard und Alex haben sich in die Küche zurückgezogen und kochen Gulasch. Reinhard, der Filmemacher, ist nebenbei ein leidenschaftlicher Koch. Genüßlich rührt er in seinem Topf. Alex, der ältliche Philosophiestudent, darf das Gericht vom Kochlöffel probieren.

REINHARD. Das ist doch besser als das experimentelle Gestammel da drüben.

ALEX. Unvergleichbar. Ich sage immer: lieber ein konkretes Gulasch für den Geist als konkrete Poesie für den Magen.

Stefan tritt ein. Für einen Moment tönt die experimentelle Lyrik von nebenan in die Küche herein. Er wird aufgefordert, die Tür sofort wieder zu schließen.

REINHARD. Ein gutes Gulasch macht der richtige Paprika. Das ist das Geheimnis. Du darfst nie den scharfen nehmen, immer nur den milden, der bringt die richtige Würze. Altes ungarisches Geheimnis.

ALEX. Das ist ja wie mit den Frauen.

Alex lacht anzüglich, dann macht er sich auf, um möglichst schnell an den Tisch zu gelangen. Alex ist ewig hungrig.

ALEX. Sag mal, kochst du auch für größere Runden?

REINHARD. Nein, prinzipiell klein, aber fein. Bring mal die Nudeln.

ALEX. Ist die Tür abgeschlossen?

STEFAN. Komm, jetzt spinn nicht, Alex.

Rob steckt den Kopf zur Tür herein. Auch er scheint nicht allzuviel von der Avantgarde-Lyrik zu halten. Ihn zieht es ebenfalls zu konkreten Genüssen.

ROB. Gulasch mit mildem Paprika.

STEFAN. Sag mal, wer war denn die Frau, die da neben mir gesessen ist?

ROB. So eine Lyrikerin. Sie liest in einem Kreis, der heißt »Spuren«.

Rob hat sich zu seinen Filmkollegen an den Küchentisch gesetzt. Reinhard hört auf zu essen. Er ist auf eine Idee gekommen.

REINHARD. »Spuren GmbH«. Das wäre doch ein Name für unsere Filmfirma.

ALEX. Mensch, lieber was Humanistisches.

REINHARD. Versuch's doch einmal!

Rob mag Reinhards Gulasch nicht. Er ist Vegetarier.

ROB. Nee. Ich nehme eine Gurke.

ALEX. Vielleicht »Alpha-und-Omega-Film«?

REINHARD. Was haben wir denn bis jetzt?

Stefan holt seine Brieftasche hervor und entnimmt ihr einen Notizzettel. Er liest vor. Stefan ist von den vieren der bürgerliche Typ, ordentlich, wohlerzogen, ein wenig kleinlich.

STEFAN. Also, paßt auf, wir haben: Metropolis, Extase, Weites Land.

REINHARD. »Weites Land GmbH & Co. KG«, das hört sich doch am besten an.

ALEX. Da kannst du doch gleich »Christ-und-Hund-Film Co. KG« sagen.

STEFAN. Wir können keine GmbH gründen. Das ist viel zu teuer. Und außerdem muß die ins Handelsregister eingetragen werden.

REINHARD. Aber das hört sich am besten an.

ROB. Nein, wir gründen einen Verein. Da brauchen wir zu uns drei dann noch vier dazu, das ist dann ein »e. V.«, und dann...

STEFAN. Wir brauchen weder einen Verein noch eine Kapital-Gesellschaft. Ein ganz einfacher Zusammenschluß genügt. Wie eine Tippgemeinschaft beim Toto.

Stefan ist Jurastudent. Er kennt sich aus. Reinhard ist großzügiger, stellt sich eine Wortschöpfung gleich genußvoll vor.

REINHARD. »Weites-Land-Tippgemeinschaft«.

ALEX. Regie: Reiner Zufall!

ROB. Oder »Weites Feld«. Und dann unsere drei Namen danach. Weites Feld – Rob, Reinhard, Stefan.

STEFAN. Namen spielen doch keine Rolle.

REINHARD. Doch, die Namen spielen eine Rolle. Für uns.

ALEX. Nomen est omen.

Reinhard versucht es mit einer ganz neuen Idee.

REINHARD. Rio-Bravo-GmbH.

STEFAN. Wir drehen doch keine Westernfilme.

REINHARD. Wieso nicht?

STEFAN. Weil das in Deutschland nicht geht. Willst du anfangen, Karl May zu verfilmen, oder was?

REINHARD. Ja, wieso geht das nicht?

ROB. Weil es in Deutschland nicht die richtigen Pferde gibt. Deswegen.

STEFAN. Genau!

REINHARD. Blödsinn.

Von draußen ist Applaus zu hören. Die Lautgedichte sind zu Ende gegangen. Die Küchentür öffnet sich, und Helga kommt herein. Sie geht bis zum Eßtisch, bleibt neben Stefan stehen und betrachtet in Seelenruhe das ausgebreitete Abendessen. Kurz entschlossen nimmt sie Stefans gefüllten Teller an sich und verläßt damit wieder die Küche.

HELGA. Sie haben ganz schön was versäumt.

Stefan braucht ein paar Schrecksekunden, bevor er fähig ist, aufzuspringen und hinter Helga herzurennen.

STEFAN. Moment!

Alex, Reinhard und Rob haben sofort begriffen, was sich zwischen Stefan und Helga anbahnt. Sie essen und fühlen sich wie in einem Film.

REINHARD. Louis, ich glaube, dies ist der Beginn einer wunderbaren Freundschaft.

242 Villa Cerphal, Diele

Die Gäste füllen jetzt auch die Diele mit ihrem Stimmengewirr und all den Diskussionen, die sich über die Lautgedichte führen lassen.

Renate scheint bei Olga nicht allzuviel Auskünfte über den Schauspielerberuf erhalten zu haben. Abgehalftert und einsam sucht sie wieder Hermanns Gesellschaft. Die Gäste haben nun auch das Gulasch gerochen und stürmen die Küche, so daß Alex seinen frischgefüllten Teller in Sicherheit bringen muß.

ALEX. Ich glaub, es hackt, hier an mein Gulasch ranzugehen! Das wäre ja noch schöner!

FRÄULEIN CERPHAL. Ja, wer hat denn hier gekocht? Alex, Alex!

ALEX. Fräulein Cerphal, küß die Hand!

Die Cerphal weiß offenbar gar nicht, wie viele Gäste sie beherbergt. Aber sie will es so haben. Sie hat sich bei Clarissa und Juan eingehakt und führt die beiden durch die Diele.

FRÄULEIN CERPHAL. Sagen Sie, Clarissa, wie lange spielen Sie schon Cello?

CLARISSA. Ich habe mit elf angefangen.

FRÄULEIN CERPHAL. Mit elf?

CLARISSA. Ja, aber das war noch nicht so.

FRÄULEIN CERPHAL. Juan, haben Sie Ihre Bälle dabei?

JUAN. Wie immer.

Schon hat sie ihre Stargäste die Treppe hinaufgeführt und nähert sich ihren Privatgemächern im Obergeschoß.

Mit Clarissa ist kein weiteres Gespräch mehr zustande gekommen. Hermann sieht, wie sie sich mit der Gastgeberin in deren Räume begibt. Zwar wirft Clarissa noch einen Blick zurück, aber sie entschwindet dennoch endgültig aus Hermanns Reichweite.

Die Filmemacher sind immer noch mit ihrer Firmengründung und der Namenssuche beschäftigt. Diskutierend gehen sie in der Diele hin und her.

ROB. Nein, da hat der Alex schon recht. Also, was Griechisches, das ist ja nicht schlecht, »Dionysos-Film« oder so.

REINHARD. Ich sagte doch, ich will nichts Griechisches.

ROB. Fräulein Cerphal! Haben Sie die »Odyssee« da? Ich frag mal.

REINHARD. Was ist denn mit »Texas-Film«?

ROB. Oder »Minotaurus«. »Minotaurus-Film«?

Der Personenkreis, der sich um Stefan und die Filmemacher gebildet hat, scheint seit Jahren miteinander verflochten zu sein. Man spricht schon eine eigene Sprache miteinander. Man versteht sich mit Kurzformeln und Signalen. Es haben sich auch Pärchen gebildet, wie Ansgar und Olga, die nur noch mit sich selbst beschäftigt sind, so daß Hermann, der Kontakt sucht, ganz einsam bleibt. Sogar Juan ist vor seinen Augen in die verborgene Innenwelt dieser Villa verschwunden.

Im Grunde geht es Hermann ähnlich wie Renate. Da hilft ihm das Gefühl der intellektuellen Überlegenheit nicht weiter. Und ebensowenig, daß er dauernd an die schöne Clarissa denkt. Renate steht plötzlich dicht neben ihm.

RENATE. Hermann, bleiben wir noch lange? Oder wollen wir nicht langsam gehen?

Als Hermann und Renate die Tür zum Garderobenraum öffnen, um an ihre Mäntel zu gelangen, finden sie Stefan und Helga, die sich in das dunkle Verlies zurückgezogen haben, um sich zu küssen. Hermann und Renate erschrecken beim Anblick dieses Paares, das tut, wonach sie sich beide sehnen.

243 Renates Zimmer

Hermann sitzt mit Renate im Bett, er am Kopfende, sie am Fußende. Sie sind beide traurig und trinken Rotwein. Renate hat die kleinen Lichter brennen, die Kerze ist angezündet. Hermann kommt sich hier auch nicht mehr fremd vor. Deswegen ist er auch viel entspannter als beim ersten Mal. Renate gießt sein Glas wieder voll.

RENATE. Ich glaub, daß ich für ein Leben als Akademikerin wenig geeignet bin.

HERMANN. Du meinst, als Anwältin oder so.

RENATE. Weischt, daß ich den Bauern helf, wenn sie sich mit ihren Nachbarn zanken oder ihnen die Verwandten an die Erbschaft wollen, das ist was anderes. Aber an so einem Tisch wie heute abend, da muß man anders gesonnen sein. Weisch, was i moin?

HERMANN. Vielleicht.

Hermann ist nicht zum Sprechen aufgelegt. Renate trinkt in vollen Zügen den Rotwein.

RENATE. Ah, war das ein Tag heut. Denkst du jetzt an die schöne Clarissa?

Wieder entsteht Stille. Hermann horcht auf die Geräusche im Haus.

HERMANN. Ich hab dir doch gesagt, die Liebe kommt für mich nicht mehr in Frage.

RENATE. Ich mein, der Juan könnt mir auch gefalle. Ein wirklich fescher Mensch. Macht dir das was aus, wenn ich das sag?

Hermann lächelt. Er beginnt, Renates Spiel mitzuspielen.

HERMANN. Meinst du, ich bin aus Stein?

Renates Fuß kommt, mit einem dunkelroten Wollsocken bekleidet, langsam unter der Decke hervor und bewegt sich wie eine kriechende Schnecke auf Hermann zu. Er bekommt Herzklopfen. Er stellt sein Weinglas auf das Nachtkästchen und greift vorsichtig nach ihm. Langsam gleitet seine Hand an Renates Bein empor. Die beiden sehen sich an. Renate kommt nun auf Hermann zu. In ihrem Blick ist Verlangen und gleichzeitig eine quälende Frage.

RENATE. Es muß ja nicht gleich Liebe sein, Hermann.

Hermann greift zu. Er nimmt Renate in die Arme und macht der lastenden Atmosphäre ein Ende. Die beiden küssen sich, und bald erfüllen ihr Stöhnen und ihre Lustgeräusche das enge Zimmer.

Die Kerze auf Renates Schreibtisch ist völlig heruntergebrannt und erloschen, als es endlich still wird in dem Untermietzimmerchen.

Renate liegt nackt und erschöpft auf Hermann.

RENATE. Ich bin von oben bis unten naßgeschwitzt.

Renate riecht an ihren Armen und unter den Achseln.

RENATE. Weißt du, Hermann, sonst, wenn ich so naßgeschwitzt bin, dann riecht es so, daß ich mich selber nicht riechen kann. Aber jetzt riech ich mich gern. Das ist ein Zeichen, daß ich dich wirklich gern hab. Auf so was kann ich mich verlassen. Heilig's Blechle, hast du mich geschafft. Komm noch einmal her!

Hermann ist in sich gekehrt. Er steht jetzt vor Renates Bett.

HERMANN. Ich bin saumüd.

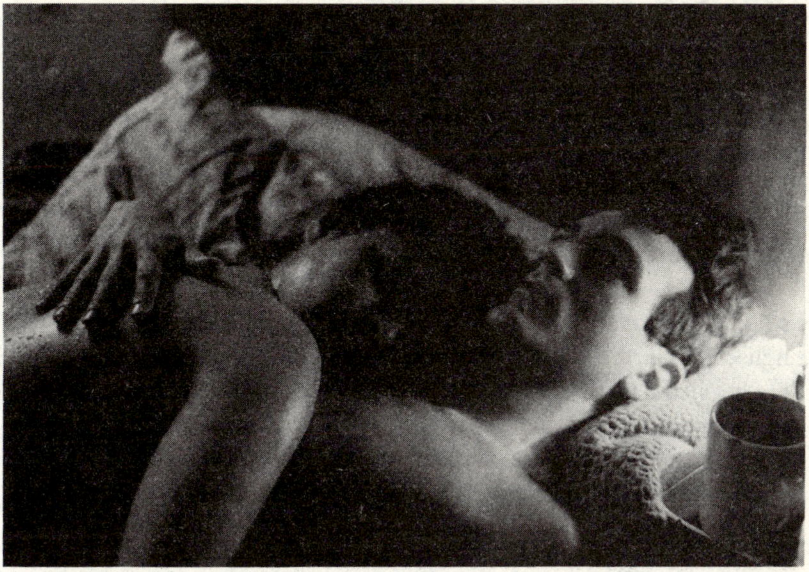

RENATE. Willst nicht noch ein bißchen hierbleiben? Du bist so lieb gewesen. Hast du nicht gemerkt, wie du völlig aus dem Häusle gewesen bist? Ich mein, das muß dir doch auch zu denken geben.

Hermann hat sich nach und nach angezogen. Er sieht traurig auf die nackte, schweißnasse Frau herab.

HERMANN. Ich möcht jetzt allein sein.

RENATE. Da will ich dir nicht im Weg stehen. Aber hoffentlich läufst du nicht vor dir selber weg. So was gibt's nämlich, Hermann.

HERMANN. Sei endlich ruhig.

Diesen Satz sagt Hermann mit lieber und müder Stimme. Er zieht seine Schuhe an. Er ist definitiv im Begriff, wegzugehen.

RENATE. Ich bin ja schon ruhig. Sei aber auch leise, wenn du rausgehst. Ich gehe jetzt nicht mit dir an die Tür, das verstehst du doch, oder? Ich bin hier so glücklich. Ich will mir das noch ein bißchen bewahren.

Bevor Hermann zur Tür schleicht, berührt er noch einmal Renates Hand zum Abschied.

244 Vor Haus Renate

Hermann kommt aus dem Haus. Er rennt. Bevor er in der finsteren Einfahrt verschwindet, wirft er noch einen letzten Blick zu Renates Fenster empor. Renate hat ihr Licht schon ausgemacht.

245 Englischer Garten

Es ist Winter. Hermann macht mit Juan einen Spaziergang durch den Englischen Garten. Er schiebt sein altes Fahrrad, Juan, der seine Blockflöte bei sich hat, folgt ihm in Richtung Monopteros. Es schneit. Große Schneeflocken rieseln auf die beiden Studenten herab. Juan ist fasziniert. Zuerst versucht er, einige Schneeflocken aufzufangen, läßt sie auf die Handflächen rieseln und sieht erstaunt zu, wie sie vor seinen Augen sofort dahinschmelzen.

HERMANN. Du hast noch nie Schnee gesehen, oder?

Juan hebt ein bißchen Schnee auf und leckt daran.

JUAN. Immer hat man mir gesagt, sie sind ohne Aroma, aber sie haben einen Geschmack.

HERMANN. Das bildest du dir ein.

JUAN. Nein, sie schmecken wie, wie frischgewaschene Mädchenblusen.

HERMANN. Was? Mädchenblusen?

JUAN. Wie die Mutter auf Bergreisen.

Hermann versucht, sich in Juans Erlebniswelt hineinzudenken.

HERMANN. Mutter auf Bergreisen. Schön!

JUAN. Es schneit, es schneit! Dreidimensional, stereomorph.

HERMANN. Was?

JUAN. Ein Delirium!

Juan ist in die schneebedeckte Wiese gelaufen, breitet die Arme aus und läßt sich fallen. Wie ein junges Tier wälzt er sich im Schnee und schlägt Purzelbäume. Am Chinesischen Turm bleibt er unter dem Vordach des Holzturms stehen und improvisiert auf seiner Flöte eine Melodie, die ihm zum ersten Schnee eingefallen ist.

Hermann umrundet den Freund auf seinem Fahrrad.

HERMANN. Schön, was du da spielst.

Am Schwabinger Eisbach scheuchen die Spaziergänger Schwärme von Möwen hoch. Ihr Kreischen erfüllt die kalte Luft. Hermann schiebt nun wieder sein Rad. Er folgt Juan, der an dem Bach entlangläuft.

JUAN. Meine Großvaterfamilie kommt aus Rußland. Ich sehe den Großvater vor mir, wie er durch die schneebedeckte Tundra geht. Eine Fellmütze auf dem riesigen Kopf, und die Großmutter läuft hinterher. Und in der Ferne das Dorf mit den Zwiebeltürmchen. Zwiebeltürmchen, die gibt es auch in Bayern, nicht wahr?

Hermann geht ein Stück und schweigt. Dann wagt er es, Juan in seine geheimen Gedanken einzuweihen.

HERMANN. Sag mal, Juan, was hast du denn da neulich gemeint, als du gesagt hast: »Hüte dich vor den schönen Frauen.«?

JUAN. Hast du die häßliche gevögelt?

HERMANN. Du merkst auf deutsch nicht, wie die Worte klingen.

JUAN. Hast du, oder hast du nicht?

HERMANN. Wenn du es so nennst...

JUAN. Du hast. Sie liebt dich.

HERMANN. Aber ich liebe nicht sie.

Juan spielt verlegen mit dem Neuschnee herum. Er greift immer wieder zum Boden und wirft ein paar Schneefetzen in die Luft.

JUAN. Es war gut. Ich bin sicher, es war sehr gut mit ihr.

HERMANN. Ich mag nicht, wie sie riecht.

JUAN. Wenn das so ist, ich glaube, sie hat Angst vor dir. Es gibt einen Geruch, den ich sehr gut kenne. Die Mischung aus Leidenschaft und Angst.

HERMANN. Woher willst du das wissen?

JUAN. Ich bin in einem sehr katholischen Land aufgewachsen. Da habe ich meine Erfahrungen gemacht.

HERMANN. Aber Renate ist gar nicht katholisch!

JUAN. Aber du bist katholisch.

HERMANN. Ach, hör doch auf damit, Juan. Das hab ich doch längst hinter mir!

JUAN. Wie hast du gesagt? »Das bildest du dir ein.« Die klebt an uns, diese katholische Mischung aus Angst und Leidenschaft.

HERMANN. Scheiße!

Hermann rennt plötzlich mit seinem Fahrrad los. Er rennt, als könnte er so alle seine Probleme hinter sich bringen. Juan läßt sich von seinen Analysen nicht abbringen.

JUAN. Und was noch schlimmer ist, wir übertragen sie auf andere.

Auf einer Parkbrücke holt Juan Hermann wieder ein. Von aufgebrachten Möwen umschwirrt, stehen die beiden in der Kälte.

JUAN. Clarissa ist wie du.

HERMANN. Wie kommst du darauf?

JUAN. Ich bin mit ihr auf ihrem Dorf gewesen. Ich habe ihre Mutter gesehen.

HERMANN. Hast du mit ihr ...

Hermann will sich nicht anmerken lassen, wie wichtig ihm die Antwort auf diese Frage ist. Er blickt deswegen über sein Fahrrad hinweg in den Eisbach unter sich und wartet auf Juans Antwort.

JUAN. Nein, sie hat mich nur heiß gemacht. Indochina-Politik, weißt du? Sie hat den Norden aufgegeben, um den Süden um so besser verteidigen zu können.

HERMANN. Also, du hast nicht?

Hermann denkt über das Bild von der »Indochina-Politik« nach. Weiß der Teufel, was Juan mit ihr erlebt hat.

JUAN. Ich glaube, da ist jemand im Hintergrund. Ein geheimnisvoller Mann.

HERMANN. Meinst du?

JUAN. Ich fange an, mich vor den Frauen in diesem Land zu fürchten.

Hermann hat sich aufatmend von Juan gelöst. Er geht auf die andere Seite der Brücke und sieht ins rasch fließende Wasser. Es schneit immer noch.

246 Hof des Kohlen-Josef

Auch der Hinterhof, in dem der Kohlenhändler arbeitet, ist mit Neuschnee bedeckt. Aber Schnee vermischt sich mit Kohlenstaub zu einer schäbigen Mischung. Josef ist dabei, Steinkohle abzuwiegen, als Hermann ankommt, bremst und sein Rad an der Schuppenwand abstellt. Josef grüßt sachlich und kommt auf Hermann zu, als er gerade in seinem Übungsschuppen verschwinden will.

HERMANN. Darf ich mal wieder?

KOHLEN-JOSEF. Sie haben Besuch, Herr Simon.

HERMANN. Besuch?

KOHLEN-JOSEF. Die Herrschaften warten in Ihrem Zimmer. Sie können gleich durchgehen. Sie kennen sich ja aus.

Hermann zögert, auf dem Kohlenhof weiterzugehen. Wer mag gekommen sein, um ihn zu besuchen? Ist es nicht eine Situation wie damals, bei Klärchens Besuch?

Hermann beschleunigt seine Schritte.

247 Bude Clemens

Als Hermann heftig atmend die Clemens-Bude betritt, steht er vor einem älteren Mann in Begleitung eines etwa siebzehn Jahre alten Mädchens. Beide haben ihre Mäntel noch an und erheben sich von ihren Plätzen, als die Tür aufgeht. Die junge Frau springt zur Seite, als wollte sie sich verstecken.

MUSIKLEHRER SCHILLER. Nicht in Ohnmacht fallen, Hermann. Wir sind hier so reingeschneit.

Hermann erkennt seinen Musiklehrer aus dem Hunsrück.

HERMANN. Tach, Herr Schiller!

MUSIKLEHRER SCHILLER. Tach, Hermann!

Schiller stellt seine Begleiterin vor.

MUSIKLEHRER SCHILLER. Marianne Elß!

MARIANNE. Tach.

HERMANN. Sind Sie schon lange da?

MUSIKLEHRER SCHILLER. Ja, seit einer halben Stunde etwa. Aber in München sind wir schon seit gestern. Ihr müßt euch eigentlich kennen, ihr zwei!

Hermann ist verdattert. Sein Blick geht ratlos von Schiller zu Marianne und zurück.

HERMANN. Ist denn der Clemens nicht da?

MUSIKLEHRER SCHILLER. Gott sei Dank nicht. Dem wären wir nämlich nicht so gern über den Weg gelaufen. Gell, Marianne?

Jetzt erst zieht Marianne ihren Mantel aus. Sie ist erleichtert.

MARIANNE. Nein, wirklich nicht.

MUSIKLEHRER SCHILLER. Die sind doch fast Nachbarskinder, die Marianne und der Clemens.

Hermann sieht sich im Zimmer um. Noch immer kommt ihm die Situation ganz unwirklich vor. Auf seinem Bett entdeckt er auch die Sitzkuhle von Marianne. All das löst Erinnerungsstürme in Hermann aus.

HERMANN. Ja, normalerweise ist er um sechs noch da, aber heute scheint er früher gegangen zu sein.

MARIANNE. Hoffentlich kommt er nicht gleich. Ich tät lieber gehen.

HERMANN. Marianne Elß? Ich kann mich grad nicht genau erinnern. Warst du nicht in der 11 b damals?

Hermann sieht Marianne und dann Schiller fragend an.

MARIANNE. Ja, aber ich kenne dich. Wir haben euch ja immer bewundert, euch Große. Und dann habe ich dich ja bei der Abiturfeier gesehen.

HERMANN. Stimmt, da hast du ja mitgesungen.

MARIANNE. Ja.

Schiller nimmt Marianne an der Schulter und rückt sie ins Licht.

MUSIKLEHRER SCHILLER. Marianne spielt auch Klavier und Geige. Sehr schön. Unser neues großes Talent.

Schiller küßt Marianne, die Hermann verlegen anlächelt, auf die Wange. Hermann begreift, was mit den beiden los ist. Schiller, dem das peinlich ist, geht an Hermann vorbei zum Fenster, blickt hinaus, damit er Hermann nicht ansehen muß, während er weiterspricht.

MUSIKLEHRER SCHILLER. Hermann, wir wollen dich nicht auf die Folter spannen. Du bist Künstler, und du wirst uns verstehen. Die Marianne und ich, weißt du, wir lieben uns.

Hermann hat sich auf sein Bett gesetzt. Sein Blick geht abwechselnd von dem Lehrer zu der Schülerin.

HERMANN. Das sieht man.

Jetzt ist Marianne völlig perplex. Sie setzt sich auf den wackligen Stuhl und schaut Schiller sorgenvoll an.

MARIANNE. Sieht man das tatsächlich? Mensch, Karli, das sieht man, hast du das gewußt?

MUSIKLEHRER SCHILLER. In Simmern ist das alles top-secret. Hermann, du versprichst uns doch, daß nichts durchsickert?

Schiller ist zu Marianne gegangen und legt ihr schützend den Arm um die Schulter. Hermann ist das alles zuviel. Er möchte seine Gäste, die ihm den endlich abgelegten Hunsrück wieder hereingebracht haben, wieder loswerden.

HERMANN. Mit dem Hunsrück habe ich nichts mehr zu tun. Und ich gehe da auch nicht mehr hin.

MARIANNE. Das ist aber schade, Hermann. Wir haben so einen schönen Herbst gehabt. Der Soonwald war ein Meer von Farben.

MUSIKLEHRER SCHILLER. Ja, das war ein wunderbarer Herbst. Hermann, wir wollten dich eigentlich zu einem München-Bummel einladen. Gehst du mit?

HERMANN. Ich bin ziemlich müde.

MUSIKLEHRER SCHILLER. Komm, du Feigling, du bist doch noch jung! Guck mal mich an. Ich nehme es glatt mit dir auf.

Schiller und Marianne stehen unternehmungslustig vor Hermann, der sich auf seinem Bett zurücklehnt und tatsächlich sehr müde und abgespannt aussieht. Vor der Haustür steht schneebedeckt Schillers Opel: ein Hunsrücker Auto mitten in München!

248 Stripteaselokal

Hermann hat seinen Lehrer und Marianne tatsächlich in ein Nachtlokal im Bahnhofsviertel begleitet. Das Lokal ist ziemlich leer. Aus den Lautsprechern dudelt ein Uralttango. Hermann sitzt neben Marianne in einer mit rotem Samt ausgeschlagenen Nische. Die beiden trinken Sekt und blicken zu einer kleinen Bühne, auf der eine Show abläuft. Eine »Schönheitstänzerin« räkelt sich zur Tangomusik, läßt die eine oder andere Glitzerhülle fallen.

MARIANNE. So was habe ich noch nie gesehen. Treten da auch Männer auf?

HERMANN. Ich weiß es nicht. Ich war auch noch nie hier.

Die Musik wechselt den Rhythmus. Jetzt ist Pariser »Cancan« angesagt, und die Tänzerin streift sich einen weiteren Rock über, unter dem sie ihre Strapse zeigt. Ein stilisierter Eiffelturm auf dem Bühnenhintergrund soll das frivole Flair der Show steigern.

Herr Schiller hat die beiden jungen Leute an ihrem Tisch allein gelassen, um hinten an der Bar seinen Studienfreund Dr. Bretschneider zu treffen. Bretschneider scheint hier bekannt zu sein, denn die Mädchen begrüßen ihn in vertautem Ton und schenken ohne Rückfrage Sekt ein. Schiller spricht mit dem Jugendfreund über seine junge Geliebte. Bretschneider winkt grinsend zu Hermann hinüber. Marianne fühlt sich beobachtet.

DR. BRETSCHNEIDER. Marianne heißt sie? Wie hast du denn das gemacht?

MUSIKLEHRER SCHILLER. Ich bin halt ein musischer Mensch.

DR. BRETSCHNEIDER. Du warst schon immer ein Spitzbub. Dein ganzes Leben lang.

MUSIKLEHRER SCHILLER. Alois, ich liebe sie.

Hermann leidet unter der schrillen Musik, die sich in seinem Kopf mit all den Erinnerungen und Bedrohungen vermischt, die ihm dieser Hunsrücker Besuch beschert hat. Er hält es auf seinem Platz kaum noch aus. Schweiß tritt ihm auf die Stirn. Da plötzlich beugt sich die dicke Kellnerin über ihn, läßt ihre nackten Brüste aus dem Mieder hängen und hält ihm die Sektflasche hin.

BARDAME. Schatzi, magst noch was trinken?

Hermann kann sich gar nicht so weit zurücklehnen, wie die barbusige Kellnerin sich vorbeugt, um ihm und Marianne die Sektgläser zu füllen. Auf der Bühne dreht sich noch immer die Stripteasetänzerin lustlos zu ihrem Tonband, zerdehnt ihre Show ins Unendliche.

MARIANNE. Warum hast du mich eben eigentlich so komisch angeguckt?

HERMANN. Weil ich mir überlegt hab, was du so denkst.

Dr. Bretschneider ist mit den Mädchen des Lokals ganz intim. Er stellt Schiller die Sunny und die Sylvia vor und läßt noch mehr Sekt anfahren. Dem Lehrer Schiller ist es vor Marianne peinlich, daß sich eins der halbnackten Animiermädchen an seine Seite setzt. Doch Marianne staunt nur über das neue Milieu, dem sie heute abend zum ersten Mal begegnet. Sie wendet sich wieder an Hermann.

MARIANNE. Findest du das eigentlich schlimm, mit mir und dem Karli?

HERMANN. Schlimm? Wieso schlimm?

MARIANNE. Na ja, er ist doch soviel älter!

HERMANN. Liebe muß schlimm sein, sonst ist es keine. Das ist meine Meinung.

Endlich hat die Tänzerin auf der Bühne ihren kleinen hübschen Busen entblößt. Die Show ist zu Ende. Wie in einem Alptraum machen sich die Animierfrauen nun über Hermann her, bedrängen ihn mit ihren Titten von allen Seiten. Der Schweiß steht ihm auf dem bleichen Gesicht.

249 Münchner Straßen, Haus Renate

Hermann irrt allein durch die verschneiten Straßen. Der Weg vom Bahnhofsviertel zu seiner Bude ist weit. Es ist auch schon spät. Am Karolinenplatz verpaßt er die letzte Straßenbahn, die vor seinen fiebrigen Augen um das Rondell biegt, bevor er die Haltestelle erreichen kann. Außer Hermann sind nur noch wenige Menschen auf der Straße. Es herrscht übles Wetter.

Hermanns Blick sucht immer wieder die erleuchteten Fenster in den verschiedenen Stockwerken. Einmal verlangsamt er seine Schritte, um die Schatten von fremden Menschen zu beobachten, die sich hinter geschlossenen Fenstervorhängen abzeichnen. Warmes, rötliches Licht in den Wohnungen, während Hermann in der blaugrauen Kälte geht. Sein Atem gefriert. Hermann findet sich in der Straße wieder, in der Renate wohnt. Die letzten Gäste verlassen eine Absturzkneipe, an der er vorbeikommt.

Wenn er doch wüßte, was die vielen Menschen hinter all diesen abweisenden Fassaden tun, denken, verbergen! Er fühlt sich ausgestoßen, abgewiesen. Solche Gedanken kann gewiß nur ein Kind vom Lande haben, das aus einer durch und durch überschaubaren und vertrauten Welt kommt.
»Renate für Notfälle« hatte er einmal übermütig gesagt. Nun ist die Trösterin aber nicht da, oder sie will nicht öffnen. Hermann wirft einen Schneeball an ihr Fenster. Es bleibt dunkel. Der Hinterhof hat eine ganz fremde Akustik bei dem Schneefall. Die bröckelnden Altbaufassaden stehen schattig und abweisend um Hermann herum, als wollten sie ihn einsperren. Hermann rennt weg.

250 Bude Clemens

Schon im Treppenhaus erkennt Hermann, daß es Tag wird. Als das automatische Treppenhauslicht erlöscht, steht er im grauen Dämmerlicht des Morgens. Aus der Bude kommt ihm leise Unterhaltung entgegen.
Hermann torkelt, als sei er betrunken. Er stößt die Tür auf und hält sich am Türstock fest. Hinten im dämmrigen Zimmer sitzt Clemens, der wohl gerade von seiner Jazzkneipe nach Hause gekommen ist, mit der schwarzen Sängerin. Als er Hermann in der Tür stehen sieht, richtet er sich auf seinem Bett auf.
CLEMENS. Hermann, was ist denn los mit dir? Du siehst so blaß aus. Hast du was?
HERMANN. Ich glaub, mir ist schlecht.
Hermann, der wirklich sehr bleich ist, sucht Halt in Clemens Blick. Dann dreht sich alles vor ihm und er kotzt. Er erreicht gerade noch das Waschbecken, das sich neben der Tür befindet. Clemens nimmt die Sache mit der Hunsrücker Ruhe. Für ihn ist der Fall klar.
CLEMENS. Hermann, hast du gesoffen?
HERMANN. Nä.
Die schwarze Sängerin ist irritiert. Clemens erklärt ihr die Zusammenhänge.
CLEMENS. This is Hermann. He lives here with me in my home. You understand?
JAZZSÄNGERIN. Ja, ich verstehe. Was glaubst du, was ihm fehlt?
CLEMENS. I don't know. I will go and look. Ich gehe mal gucken.

Clemens spricht »Hunsrücker Englisch«, obwohl die Sängerin offenbar vorzüglich deutsch spricht. Clemens ist zu Hermann gegangen, der sich bemüht, sein Erbrochenes wegzuspülen.

CLEMENS. Sauerei! Hermann, hast du wirklich nicht gesoffen?

HERMANN. Nein, mir ist nur einfach schlecht. Mir ist zum Sterben schlecht.

Hermann hat sich vorsichtig auf sein Bett gesetzt. Er atmet schwer. Clemens folgt ihm und legt ihm seine Hand auf die bleiche Stirn.

CLEMENS. I think, he has fever.

JAZZSÄNGERIN. Fever?

CLEMENS. Hermann, du hast Fieber. Ich hab ein Thermometer da. Komm, da müssen wir mal messen. Leg dich hin. Ich helfe dir. Zieh die Schuhe aus. Komm!

HERMANN. Nein, ich mach das schon selber.

Clemens bittet die Jazzkollegin, das Thermometer aus dem Regal zu holen. Sie findet es und nimmt besorgt Anteil an Hermanns Zustand.

JAZZSÄNGERIN. Sollen wir nicht einen Doktor holen?

CLEMENS. Ich weiß nicht, vielleicht hat er auch nur durchgesoffen.

Hermann richtet sich in einer Fieberhalluzination auf und starrt die Wand an, als gäbe es dort etwas Schreckliches zu sehen.

HERMANN. Eisch will hääm!

CLEMENS. Hermann, phantasierst dau? Da, nimm dat lo.

Clemens hat Hermann einfach das Thermometer in den angstgeöffneten Mund gesteckt. Während Hermann so daliegt und Todesängste aussteht, berät Clemens sich im Hintergrund mit der Jazzsängerin. Sie möchte den Arzt rufen. Clemens will noch abwarten. Als Clemens das Thermometer abliest, erschrickt er doch. Er beugt sich zu seiner Freundin und spricht leise.

CLEMENS. Thirtynine-four.

JAZZSÄNGERIN. Ist das viel?

CLEMENS. A lot of degrees.

JAZZSÄNGERIN. Aha. Was machen wir denn da?

CLEMENS. Wir müssen was unternehmen.

Clemens beugt sich jetzt über Hermann, der wie ein sterbender Krieger auf dem Rücken liegt und stöhnt.

CLEMENS. Hermann, wo warst du heute nacht?

HERMANN. Nirgends.

CLEMENS. Warst du draußen im Kalten?

HERMANN. Ich weiß es nicht.

Clemens ist jetzt entschlossen, zu helfen. Zuerst aber verabschiedet er die Freundin, die er zur Tür bringt. Er leiht ihr seine Strickjacke, damit es ihr in der Kälte draußen nicht so ergeht wie Hermann.

CLEMENS. Take this. – Snow – Es liegt Schnee. You go down and then right and then left. There is my neighbour.

Hermann phantasiert wieder. Er richtet sich auf und starrt die Wand an.

HERMANN. Mutter, ich will nicht.

Clemens stellt sich vor Hermann hin und nimmt eine strenge erzieherische Haltung ein. Er will dem Kranken seine Phantasien einfach verbieten.

CLEMENS. Hermann, da ist keine Mutter. Du bist in München.

Hermann gehorcht. Erschöpft läßt er sich in das Kissen sinken.

251 Hof vor Bude Clemens

Man kann die Bude von Clemens auf zwei Arten erreichen: einmal über den Hof der Kohlenhandlung, dann aber auch durch den Nebenhof über einen Notausgang. Lehrer Schiller und seine Freundin Marianne wählen am folgenden Nachmittag diesen Weg, weil sie Clemens nicht begegnen wollen. Sie erkennen den Eingang fast nicht wieder, weil über Nacht soviel Schnee gefallen ist.

252 Bude Clemens

Herr Schiller ist vorsichtig. Er klopft erst einmal ganz leise an. Marianne und er horchen gespannt, ob Hermann allein ist, oder ob Clemens noch schläft. Sie sind bereit, sich in diesem Fall sofort wieder zu verdrücken. Hermann liegt apathisch in seinem Bett. Er hat das leise Geräusch nicht gehört.

Nun klopft Schiller ein wenig entschlossener. In Hermanns fiebrigen Ohren ist es aber ein brutales Schlaggeräusch, das ihn an seinen Stiefbruder Anton erinnert, der damit drohte, seine Zimmertür einzuschlagen, als Hermann sich vor vielen Jahren wegen Klärchen eingeschlossen hatte.

HERMANN *(schreit)*. Nein!

Hermanns Schrei ist von der gleichen Panik erfüllt wie damals im Hunsrück. Er richtet sich kurz auf, läßt sich wieder ins Bett fallen und

zieht die Decke über die Ohren. Schiller öffnet die Tür. Er ist plötzlich in Sorge, will helfen. Er findet den Kranken und beugt sich über sein Bett.
MUSIKLEHRER SCHILLER. Hermann, wat is, bist du krank?
HERMANN. Wie kommt ihr denn hier rein?
MUSIKLEHRER SCHILLER. Wir haben angeklopft. Hast du nichts gehört?
Auch Marianne ist nun hereingekommen, versichert sich, daß Clemens nicht da ist, und schließt die Tür rasch wieder hinter sich. Schiller steht immer noch über Hermann gebeugt.
MUSIKLEHRER SCHILLER. Was hast du denn?
HERMANN. Angina.
Der Lehrer fühlt Hermanns Stirn.
MUSIKLEHRER SCHILLER. Er hat Fieber.
Für Marianne ist das gar kein Problem. Sie ist ganz mit ihren eigenen Ängsten beschäftigt. Sie kommt plappernd an Hermanns Bett.
MARIANNE. Mensch, Hermann, beinahe wären wir dem Clemens über den Weg gelaufen. Ich hab jetzt noch Herzklopfen. Ist das anstekkend?
HERMANN. Nä.
Hermann tut sich mit dem Sprechen schwer. Auch das Schlucken verursacht ihm Schmerzen.
MUSIKLEHRER SCHILLER. Du, Hermann, wir fahren heut wieder nach

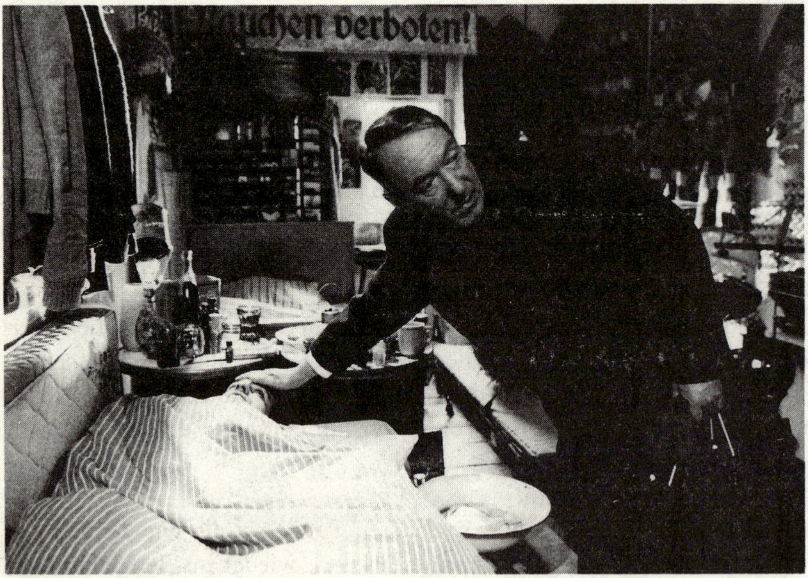

Garmisch. Ich hab da ein tolles Hotel gebucht. Die Marianne soll ja auch mal was von der Welt sehen. Und außerdem fühlen wir uns da sicherer.

HERMANN. Irgendwann kommt das sowieso raus.

MARIANNE. Mensch, Hermann, sag doch so was nicht! Ich träum da ja schon davon. Neulich nachts habe ich geträumt, daß der Karli einen Mord begangen hätt, und ich war drin verwickelt. Und ich wollt ihn verstecken. Aber überall hat man uns gefunden. So hab ich gezittert, als ich aufgewacht bin.

Marianne zeigt Hermann ihre zitternden Hände. Direkt vor seine Augen hält sie sie. Hermann ist in finstere Gedanken versunken.

HERMANN. Liebe ist Mord.

MUSIKLEHRER SCHILLER. Hermann, du bist deprimiert. Können wir dir helfen?

MARIANNE. Wir helfen dir nämlich gern.

HERMANN. Ein Provinzmusiker hilft dem anderen. So gehört sich das.

Das geht Schiller bei aller Hilfsbereitschaft doch zu weit!

MUSIKLEHRER SCHILLER. Jetzt wirst du aber unverschämt. Wenn du *mich* damit meinst – o. k. –, da haste vielleicht recht. Aber für das Marianne und für dich lasse ich das nicht gelten.

Hermann wendet sich nun an Marianne, die noch bei ihm auf der Bettkante sitzt. Er vertraut sich ihr an.

HERMANN. Heut nacht wär ich am liebsten heimgerannt zum Doktor Dörr, der mich als Kind immer behandelt hat, mit meinen Masern und Keuchhusten. Ah, mir ist schlecht!

MARIANNE. Hier in München gibt es doch viel bessere Ärzte als bei uns im Hunsrück, Hermann. Was schluckst du denn da?

HERMANN. Das weiß ich nicht. Das hat mir der Clemens gebracht.

Marianne mustert die Medikamente auf Hermanns Nachttisch. Clemens hat offenbar gut für ihn gesorgt.

MUSIKLEHRER SCHILLER. Hast du dich überanstrengt? Der Keller ist doch feucht, in den du da üben gehst.

HERMANN. Nein, der ist trocken.

MUSIKLEHRER SCHILLER. Oder sollen wir noch ein paar Tage in München bleiben, bis es dir bessergeht?

MARIANNE. Und dich bemuttern?

HERMANN. Und anschließend fahren wir dann alle gemeinsam in den Hunsrück zurück. Und ich geb Klavierstunden, in Ewigkeit Amen! Nein, haut ruhig ab nach Garmisch.

Marianne mag Hermann und möchte ihm gern etwas von ihrem Glück abgeben. Sie beugt sich so nah über ihn, als wollte sie ihn küssen.

MARIANNE. Hast du denn keine Freundin, Hermann?

HERMANN. Jede Menge.

MUSIKLEHRER SCHILLER. Dir geht die Zeit zu langsam, aber uns geht sie zu schnell! Wir kommen auf dem Rückweg noch mal vorbei.

Schiller steht schon an der Tür, sieht Marianne ungeduldig an.

MARIANNE. Ich schreib dir mal einen Brief.

Dann geht auch Marianne. Sie wird ihm natürlich niemals schreiben.

253 Hof vor Bude Clemens

Hermann ist aufgestanden und ans Fenster getreten. Er will sehen, wie Schiller und Marianne unten im Hof in ihr Simmerner Auto steigen. Marianne winkt dem Kranken noch einmal zu. Hermann nimmt das Thermometer aus dem Mund. Er sieht nach, wie es mit seinem Fieber steht.

HERMANN. *Als Schiller abreiste, zeigte das Thermometer noch 38,4. Ich bekam wieder Luft, wenn auch der Hals noch sehr schmerzte. Als ich vierzehn Jahre alt war, erkrankte ich alle paar Wochen an Angina. Es geschah, wenn ich ein Gedicht geschrieben hatte, wenn ich ein Musikstück komponierte oder wenn ich verliebt war. Ein Jahr später wäre ich beinahe gestorben, weil die Infektion der Mandeln auf mein Herz übergegriffen hatte. Jetzt hatte ich erfahren, wie das war, das Kranksein in einer fremden Stadt.*

254 Hof des Kohlen-Josef

Auch Josef wird an diesem Tag von seinen Erinnerungen heimgesucht. Nachdenklich sind seine Bewegungen, während er in dem kleinen Hinterhofbüro umhergeht, einen großen Bogen Wellpappe nimmt und ihn um ein Bild faltet, das auf seinem Tisch liegt. Er sieht sonntäglich aus in seiner Trachtenjacke mit dem bayerischen Filzhut. Josef trägt das Bild, von der Wellpappe geschützt, hinaus auf den Hof. Hier bleibt er stehen und atmet die ozonhaltige Luft des Föhntages ein. Es liegt immer noch Schnee. Josef geht nun mit seinem Bild in den Hinterschuppen, von wo man in Clemens Bude gelangt.

255 Bude Clemens

Die untergehende Wintersonne scheint flach durch das Fenster, und ein Strahl trifft Josef mitten in sein intaktes Auge, als er die Tür öffnet. Er kann Hermann nicht erkennen, nur hören, denn Hermann experimentiert auf seiner Gitarre herum.

KOHLEN-JOSEF. Grüß di, Hermann!

HERMANN. Grüß Gott!

KOHLEN-JOSEF. Tust komponieren?

Josef kommt näher, um sehen zu können, was Hermann da für Töne erzeugt.

HERMANN. Ja. Das wird ein sehr modernes Stück.

Hermann befestigt Münzen und Büroklammern unter den Saiten und schlägt Töne an, die er sofort auf einem Notenblatt einträgt.

KOHLEN-JOSEF. Ich mag ja das Moderne, wenn's nicht gerade zu modern ist. Neulich hab ich so einen Stuhl gesehen; das war so ein Dreieck aus Plexiglas; und die Lehne, das war, glaub ich, so eine Sprungfeder von einem Lkw, verchromt. Also, das war mir zu modern. In der Maximilianstraße, in so einem Geschäft hab ich das gesehen.

HERMANN. Das hier, das wird ein Stück für Cello und Sprechgesang.

KOHLEN-JOSEF. Sprech-Gesang?

Josef läßt das Wort Sprechgesang auf der Zunge zergehen. Etwas Neues für ihn, das viele Fragen aufwirft.

HERMANN. Wissen Sie, ich geh doch da in diese Schauspielschule und mach so Sprechkurse, weil ich in meinem Beruf ja reines Hochdeutsch sprechen muß.

KOHLEN-JOSEF. Wieso? Als Komponist mußt du das?

Das versteht Josef, der reines Bayerisch spricht, überhaupt nicht.

HERMANN. Nicht direkt. Aber ich will das so. Und da kriege ich so Übungstexte. Hören Sie mal zu: Stück für Stück gestand der Strohmann den lästigen Diebstahl. Stra, stri, stri stru, Strich. Strumpfband. Stillstand. Der Sträfling erstach den Staatsanwalt in der Strafanstalt.

Hermann hat zu diesem Sprechübungstext eine hochdramatische Gitarrenbegleitung improvisiert.

HERMANN. Wenn Sie sich vorstellen, daß die ganze Stadt voll ist mit Menschen, die solche Texte sprechen und sich damit quälen. Die kommen vom Land in die Stadt, um das Mitreden zu lernen. Das ist ein Chor von Leidenden. Das möchte ich hörbar machen.

Josef steht eigenartig stramm und höflich vor Hermann. Er ist überhaupt nicht der Vermieter oder der überlegene Ältere, sondern der kleine Mann von nebenan, der ein Anliegen vortragen will.

KOHLEN-JOSEF. Eigentlich bin ich raufgekommen, weil ich dir was zeigen wollte. Ich hab was mitgebracht.

Josef holt sich einen Stuhl, der weiter hinten im Zimmer steht, stellt sein Bild samt Wellpappe umständlich darauf und enthüllt es feierlich vor Hermanns Augen. Das Bild zeigt das Portrait einer Frau im Stil des Münchner Expressionismus: eine junge Frau, deren Augen weit geöffnet und ängstlich aus dem schmalen Gesicht blicken. Das Bild schafft eine eigenartige Atmosphäre der Entrücktheit.

KOHLEN-JOSEF. Das ist meine Mutter. Ich hab dir doch damals von dem Bild erzählt. Das Bild, was der junge Maler hier im Haus im Nordzimmer oben gemalt hat. Öl auf Holz. Schön, nicht wahr? Du wirst es ja nicht glauben, aber das Bild sieht meiner Mutter sehr ähnlich, und das war doch »entartete Kunst«, damals.

Josef hat bei der Betrachtung des Bildes ganz vergessen, daß Hermann zusieht. Er ist den Tränen nahe.

KOHLEN-JOSEF. So jung ist sie gewesen, das vergißt man so schnell. Und so lang ist sie schon tot, seit dem Bombenangriff 1944. So jung.

Josef will sich vor Hermann seine Rührung nicht anmerken lassen. Er fängt deswegen an, mehr über fachliche Dinge zu sprechen, so gut er davon etwas weiß.

KOHLEN-JOSEF. Ein Kunstwerk, nicht wahr? Ich mein, der Maler hat ja nicht wissen können, was wir heut wissen. Und trotzdem hat er irgend so eine Ahnung in ihren Augen festgehalten. Das sind für mich Künstler. Die nehmen den Augenblick narrisch ernst.

Hermann sieht das Bild an. Es ist wirklich ein Portrait mit besonderer Ausstrahlung: diese schmale Nase, die punktförmigen entrückten Augen, der kleine, verschlossene Mund.

Josef sitzt mit Hermann wie in der ersten Reihe eines Kinos. Josef wollte nicht allein sein, während er das Bild anschaute. Deshalb ist er zu Hermann gekommen.

KOHLEN-JOSEF. Weißt, wenn ich das Bild heut anschau, dann weiß ich genau, was damals für ein Wetter gewesen ist. So kurz vor dem Föhn, wenn's im Hof draußen schon nach Ozon riecht. Ich mein, Ozon, das riecht so nach Höhensonne, so eine Bestrahlungslampe, kennst die?

Hermann ist gerührt von Josefs Zutraulichkeit. Er möchte nun auch sein Herz öffnen.

HERMANN. Wenn Sie so erzählen, ich tät mich sehr freuen, wenn Sie in mein Stück kommen würden, wenn's mal aufgeführt wird.

KOHLEN-JOSEF. Das kann lang dauern.

HERMANN. Ich weiß schon, wer das Cello spielen wird. Eine sehr schöne Frau.

Josef ist aufgestanden, hat das Bild wieder in die Wellpappe eingepackt und ist zur Tür gegangen. Hier steht er und sieht den kranken Hermann an.

KOHLEN-JOSEF. Jetzt wirst du erst mal wieder gesund.

Hermann lächelt. Er sieht schon wieder viel besser aus als noch vor einer Stunde. Josefs Mutter-Bild hat ihn geheilt.

256 Jazzkneipe

An diesem Abend ist Juan zu den Jazzmusikern gestoßen. Er hat an Clemens' Stelle hinter dem Schlagzeug Platz genommen und trommelt den Salsa-Rhythmus. Die Band spielt mit ihm südamerikanische Musik. Clemens hat Hermann entdeckt, der irgendwo im Lokal Platz genommen hat. Auf dem Weg zu Hermann wird Clemens von Herrn Edel angesprochen.

EDEL. Darf ich stören? Kennen Sie Adornos Philosophie der modernen Musik? Den Zusammenhang zwischen Gesellschaftstheorie und Tonleiter?

CLEMENS. Ja ja, davon habe ich schon gehört.

EDEL. Disharmonisch in der Zwölftonmusik.

CLEMENS. Ja, ich bin auch Musiker.

EDEL. Sind Sie Musiker?

CLEMENS. Ich bin Schlagzeuger.

EDEL. Sehen Sie, ich bin kein Musiker, ich habe nicht einmal das entsprechende Gehör, aber rein philosophisch gesehen, ist Orff, hören Sie mir mal zu, ist Orff der Positivist, der nur scheinbar von Märchen und Mythen erzählt.

CLEMENS. Ja ja, da haben Sie genau recht.

EDEL. Wissen Sie, die großen Geheimnisse entstehen da – bleiben Sie mal da –, die großen Geheimnisse entstehen da, wo wir alles zu wissen glauben.

CLEMENS. Ja, ganz genau, aber ich muß jetzt weitergehen.

EDEL. Merken Sie, das ist Dialektik, substantielle Dialektik.

Es ist Clemens nicht gelungen, Edel abzuschütteln. In Clemens ist Edel auch dem Falschen begegnet, einem, der gar nicht fähig ist, zu diskutieren. Edel steuert nun auf Hermann zu, den er wiedererkennt und »Jesus« nennt.

Clemens fühlt sich als Kneipenwirt. Er kümmert sich um die Gäste des Lokals.

CLEMENS. Guten Abend, Hermann, wie geht's denn? Kannst du schon wieder schlucken?

HERMANN. Ja, das wird schon wieder.

CLEMENS. Iß doch noch was.

HERMANN. Macht ihr grade Pause?

Clemens entdeckt seine Freundin Gisela unter den Gästen. Schon lädt er sie an der Bar ein und läßt Bier einschenken.

GISELA. Mußt du heute abend nicht spielen?

CLEMENS. Juan spielt für mich. Er ist von Chile, und wir machen ein bißchen Salsa.

Der Schnorrer Edel hat sich auf der Suche nach einem Gratisschluck den Tisch von Jean-Marie und Volker ausgesucht. Ohne zu fragen, greift er nach der edlen Weinflasche, die vor Jean-Marie steht. Er gießt sich sein Glas voll.

EDEL. Darf ich mittrinken, schöne Kollegin? Aus Verpflichtung meinem

Namen gegenüber: Edel, trinke ich den edlen Tropfen nur aus einem edlen Glas. Prost. Auf die Musik, die schönste der Künste, die uns das Leben verzaubert.

Am Künstlertisch sitzt auch Clarissa. Sie hat Hermann schon entdeckt. Sie beobachtet, was Edel tut, und sieht, wie Hermann einsam dasitzt und seine Suppe schluckt.

Edel ist an die Theke zu Clemens zurückgegangen.

EDEL. Wissen Sie, ich bin Alkoholiker, aber ein kontrollierter Alkoholiker. Als humanistischer Katholik habe ich das nötige Schuldbewußtsein. »Die Freiheit ist der Zweck des Zwanges ...« Das mag ich nicht, das ist mir zu puritanisch, zu protestantisch. Der Zwang ist der Feind der Freiheit.

CLEMENS. Der Saufzwang.

Clemens lacht über den zitternden Säufer und flüstert mit Gisela.

Juan ist in seinem Element. Er trommelt ein Solo und begeistert seine Zuhörer und die anderen Musiker. Clarissa sieht, daß Edel sich nun schon wieder an Hermann heranmacht.

EDEL. Kennen Sie das Vaterunser der Säufer?

HERMANN. Nein.

EDEL. »Suche uns nicht in der Unterführung und verüble uns nicht die Erlösung.«

Clarissa hat sich entschlossen, Hermann zu Hilfe zu kommen. Sie setzt sich einfach an seine Seite und lächelt.

CLARISSA. Darf ich Sie erlösen?

Hermann muß über das Wortspiel lachen.

HERMANN. Scheiße, tut das weh.

CLARISSA. Halsschmerzen?

Edel steht nun allein und besoffen mitten im Lokal.

EDEL. Wir sind alle Ebenbilder Gottes.

Clarissa sieht Hermann genau an. Sie hat gehört, daß es ihm nicht gutgegangen ist.

CLARISSA. Sie sind krank, nicht wahr?

HERMANN. Das ist alles schon sehr viel besser.

Hermann ißt. Er bemüht sich, beim Schlucken den Schmerz zu unterdrücken. Clarissa sieht, daß er innehält.

CLARISSA. Essen Sie ruhig weiter. Kann ich hier sitzen bleiben?

HERMANN *(verlegen)*. Und Ihre Freunde?

Hermann vergewissert sich, daß Volker und Jean-Marie sie nicht vermissen. Die beiden sind wieder in Fachgespräche vertieft.

JEAN-MARIE. Wann setzen wir denn die Probe an morgen?
VOLKER. Am besten nicht zu früh.
Clarissas Blick kehrt zu Hermann zurück.
CLARISSA. Ich habe Sie schon lange nicht mehr gesehen.
HERMANN. Ich Sie auch nicht.
CLARISSA. Das war noch schön in der Villa. Bei der Dame. Wir haben noch bis fünf Uhr morgens Musik gemacht. Warum sind Sie eigentlich so früh gegangen?
HERMANN. Ach, das weiß ich eigentlich auch nicht mehr so recht.
Natürlich sieht er jetzt wieder diese ganze Nacht vor sich und das traurige Erlebnis mit Renate. Er schämt sich vor sich selbst. Clarissa hilft ihm mit einem süßen Lachen über diese Gedanken hinweg.
CLARISSA. Haben Sie eigentlich jemanden, der sich um Sie kümmert? Na, ich meine medizinisch. Jemand, der Ihnen hilft.
HERMANN. Krank zu sein? Das Fieber ist schon fast weg.
Clarissa faßt nun einfach seine Stirn an. Sie streichelt ihn eine Sekunde lang. Dann lächelt sie wieder.
CLARISSA. Das ist aber noch ganz schön heiß.
Jetzt hat Hermann keine Worte mehr. Auch Clarissa ist verstummt. Die beiden vergessen die Freunde, die Musik, das Lokal. Sie sind allein auf der Welt.

257 Straße vor Haus Clarissa

Hermann kommt mit Clarissa durch die Schwabinger Straße. Schnee taut schmutzig auf dem nächtlichen Trottoir. Hermann umkreist Clarissa mit wiegenden Schritten. Er versucht, sie mit seinen Worten zu beeindrucken. Sie ist ihm so wichtig, daß er schon fast nicht mehr er selbst sein kann, während er seine Sätze formuliert.
HERMANN. Man sagt immer, die Männer wären das starke Geschlecht. Meine Erfahrungen sind da andere. Ich glaube, daß *wir* die Empfindsamen sind und die Gefährdeten. Übrigens, kleine Jungen sterben auch leichter als kleine Mädchen.
CLARISSA. Ich weiß nicht viel über Männer. Sieht vielleicht so aus, aber woher soll ich das denn wissen? Ich sehe immer nur, wie sie sich vor mir aufspielen.
Clarissa ist stehengeblieben. Sie versucht, vor Hermann ehrlich zu bleiben. Er spielt weiterhin den Philosophen und Erfahrenen.

HERMANN. Es gibt drei Sorten von Männern. Es gibt die schwachen, die fliehen vor den starken Frauen. Dann gibt es die mittleren, die wollen dich zwar, aber sie planen gleichzeitig schon den Rückzug ein. Und dann gibt es die starken, die nehmen dich einfach und bedanken sich dann.

CLARISSA. Es gibt auch drei Sorten Frauen.

HERMANN. Ja? Welche?

Die beiden sind an der Hauseinfahrt angekommen. Clarissa holt ihren Schlüssel hervor und beginnt aufzusperren. Sie möchte von dieser stichelnd provozierenden Art der Unterhaltung wegkommen, ehe sie Hermann durch diese Tür gehen läßt.

CLARISSA. Wenn du jeden Tag acht Stunden übst, fühlst du dich saumäßig allein. Geht dir das auch so?

Hermann geht nicht auf ihre Gefühle ein. Es quält ihn eine ganz andere Frage.

HERMANN. Wie war das mit Juan?

CLARISSA. Ich denke, du bist nicht eifersüchtig!

HERMANN. Ich will das jetzt wissen.

CLARISSA. Bei ihm hab ich mich noch einsamer gefühlt.

HERMANN. Warum?

CLARISSA. Er hat mich behandelt, als wäre ich krank.

HERMANN. Eigentlich haßt du die Männer, stimmt's?

CLARISSA. Ich glaube immer, sie hassen mich. Ich denke, je mehr sie sagen, daß sie mich schön finden, desto mehr hassen sie mich. So war das auch mit Juan.

HERMANN. Ich glaube, du hast ihn beleidigt.

CLARISSA. Ja. Er ist Südamerikaner. Das habe ich nicht bedacht. Jetzt tut er mir leid.

Clarissa ist ein Stück weit in den geräumigen Hausgang gegangen und sieht sich nach Hermann um.

HERMANN. Und ich?

CLARISSA. Ich mag dich.

Sie hat begonnen, die Treppen hinaufzusteigen. Sie will nicht, daß Hermann ihr ins Gesicht sieht bei ihrem Bekenntnis. Hermann rennt hinter ihr her.

HERMANN. Aber du bist mißtrauisch.

CLARISSA. Ja.

HERMANN. Ich auch.

Die beiden stehen jetzt voreinander. Sie sehen sich in die Augen.

CLARISSA. Was machen wir jetzt?
HERMANN. Ich wünsche mir, daß du mein Cellostück spielst.
CLARISSA. Du lügst.
HERMANN. Ehrlich.
CLARISSA. Wenn wir jetzt so tun, als ginge es um Musik, dann lügen wir beide.
HERMANN. Du bist wie ein Igel. Voller Stacheln.
CLARISSA. Und du, du bist der Oberigel.
HERMANN. Unsere Stacheln sind nur innerlich.
CLARISSA. Ich hab noch nie jemandem gesagt, ich liebe dich.
HERMANN. Lieber hättest du dir die Zunge abgebissen!

Die beiden küssen sich, erst vorsichtig. Dann werden sie immer leidenschaftlicher. Dabei läßt Clarissa den Schlüsselbund fallen, was Hermann irritiert. Er bückt sich, um ihr beim Aufheben zu helfen. Sie löst sich von ihm und geht weiter die Treppen hinauf. Sie erwartet, daß er ihr folgt. Hermann ist unruhig geworden. Er bleibt unten stehen und zögert.

CLARISSA. Was hast du?

Hermann gibt sich einen Ruck. Er rennt weg.

258 Straßen in Schwabing

Der erste Kuß von Clarissa hat Hermann überfordert. Er war nicht fähig, in diesem Zustand noch länger bei ihr zu bleiben. Alles in ihm ist ins Rutschen gekommen. Hermann rennt, so schnell er kann, den Weg zurück, den er gerade mit Clarissa gekommen ist. Erst auf dem schneebedeckten nächtlichen Elisabethplatz kommt er zur Ruhe. Er hält sich an einem Laternenpfahl fest, um nicht zu stürzen. So wartet er, bis er wieder gehen kann.

259 Musikhochschule, Übungszimmer

Hermann gibt seinen Gefühlen in einer Komposition Ausdruck, die den Titel »Erster Kuß« trägt. Er arbeitet in einem Übungsraum der Musikhochschule, während draußen vor dem Fenster ein Schneesturm niedergeht. Seine Klavierkomposition enthält eine schmerzliche Melodie, die er mit finsteren Baßphrasen umspielt. Hermanns Seele ist aufgewühlt.

HERMANN. *Ich war geflohen. Niemals zu einer Frau sagen: »Ich liebe dich.« War der heimliche Eid überhaupt verbindlich? Clarissa war wie ich. Sie war vor Juan geflohen. Juan verhielt sich bei Clarissa wie Clarissa bei mir. Hat Clarissa gespürt, daß ich vor ihr fliehen würde? Hat Juan gespürt, daß sie vor ihm fliehen würde?*
Ich beneidete Juan. Er war um die halbe Welt gereist. Er konnte uns, uns alle mit der halben Welt vergleichen. Er hatte den Überblick, und er glaubte an die Liebe. Doch er blieb allein. Und sie hatte mich geküßt. Doch ich war geflohen.
Die Tür zu Hermanns Übungszimmer steht offen, so daß seine Klaviermusik in das Marmortreppenhaus hinausströmt. Die Töne entfalten sich hier und füllen all die Räume, in denen seine und Clarissas Geschichte vor einigen Monaten angefangen hat.

260 Bude Clemens

Als Hermann sich dem Zimmer nähert, hört er immer noch seine Musik. Er lächelt wie ein träumendes Kind, während er die Tür öffnet. Er steht vor Clemens, der mit einem Mädchen auf seinem Bett sitzt. Clemens grinst Hermann entgegen und kaut an einem Stück Kuchen. Auch das Mädchen ißt Kuchen. Dabei kuschelt es sich an die breite Brust des Jazzmusikers. Hermann sieht ein halbgeöffnetes Päckchen, das auf dem Stuhl neben dem Bett liegt. Er betritt das Zimmer, beginnt, seine Jacke auszuziehen, und ist guter Dinge.
CLEMENS. Hermann, guck mal! Ich hab mich verlobt. Da staunst du, was?
HERMANN. Sag mal, das Päckchen da, ist das nicht für mich?
CLEMENS. Die Post hat das so heut morgen gebracht. Das war schon aufgerissen. Der Kuchen hat da schon rausgehangen.
Hermann sieht nach. Das Päckchen hat einen Aufkleber mit der Adresse seiner Mutter als Absender.
HERMANN. Das ist ja von meiner Mutter.
Clemens hat sich ganz selbstverständlich an Hermanns Eigentum bedient. Er erklärt dem Mädchen, was es da ißt.
CLEMENS. Das ist original Hunsrücker Riebelekuchen.
GABI. Riebelekuchen? Pfundig!
Das Mädchen wendet sich nun an Hermann, der gerade die Karte von seiner Mutter liest.

GABI. Übrigens, wir kennen uns. Wissen S' das nicht mehr? Ich bin doch die Gabi, die wo bei der Frau Moretti im Laden arbeitet.

HERMANN. Ah, ja, tatsächlich. Und woher kennt ihr euch?

GABI. Vom Warten. Ich wollt nämlich hier auf Ihnen warten, und da ist der Clemens gekommen, und der hat mir geholfen.

HERMANN. Beim Warten?

GABI. Ja, beim Warten. Ich muß Ihnen nämlich ausrichten, daß Eana Koffer gefunden worden ist.

HERMANN. Wo?

GABI. Frau Moretti hat ihn wiedergekriegt. Und das soll ich Ihnen sagen.

261 Hof Moretti

Hermann hat sich sofort mit seinem Rad auf den Weg gemacht, um seinen Koffer abzuholen. Ganz aufgelöst und abgehetzt kommt er an der Toreinfahrt an, die gerade von einem Hausbewohner geöffnet wird. Er stellt sein Fahrrad so ab, daß er den Koffer nachher bequem aufladen kann. Jetzt rennt er in den ersten Stock hinauf, in die Wohnung der dicken Ungarin.

262 Salon Moretti

MORETTI. Na, fehlt was? Schau nach.

Die Moretti hat Hermanns Koffer offen auf dem falschen Perserteppich stehen. Sie geht mit stolzgeschwellter Brust in ihrem Salon auf und ab und sieht zu, wie Hermann den Inhalt des Koffers untersucht.

MORETTI. Du hast mich getröstet, mein Junge. Weißt du das? War schwere Zeit für mich, weil Liebe gestorben.

Jetzt nimmt sie ein Notenheft von ihrem Kaminsims. Es ist ein Heft, das sie aus Hermanns Koffer entwendet hat. Sie trägt es zum Flügel, schlägt es auf und beginnt ein Lied zu singen, das darin geschrieben steht.

MORETTI *(singt)*.

»Die Halme stehen rechts und links wie Wände,
begrenzen uns die schmalen Wege ...«

Hermann hat sein Lied erkannt. Er ist empört und nimmt der Operettentante seine Noten weg.

HERMANN. Das gehört mir.

MORETTI. Ein schönes Lied. Warst unglücklich damals?

Er will sich nicht auf Frau Morettis Anknüpfungsversuch einlassen. Er sieht die Dicke trotzig an.

HERMANN. Und meine fünfzig Mark? Ich möchte auch mein Geld endlich wiederhaben.

MORETTI. Liegt obenauf. Da, im Umschlag.

Tatsächlich findet Hermann auf dem Kaminsims einen Umschlag mit fünf Geldscheinen, die er sorgfältig nachzählt.

MORETTI. Auch Künstler brauchen Geld, das weiß ich. Aber alle Schlechtigkeit der Welt kommt vom Geld. Ist kein Schmäh, wenn ich dir sag: Bist ein Genie! Mußt daran glauben. Darfst nie Ideale verlieren. Mußt kämpfen und träumen. Ich kenn die Welt.

Er hat seinen Koffer zugeklappt und zur Tür getragen. Er nimmt nicht zur Kenntnis, daß sich die Moretti irgendwie gewandelt hat. Sie möchte ihn eigentlich um Vergebung bitten, kann es aber nicht.

HERMANN. Ich muß jetzt gehen.

Als die dicke Frau ans Fenster tritt, bleibt Hermann stehen. Er sieht, wie sie weint. Hermann zögert nun doch, einfach sein Eigentum zu nehmen und wegzugehen.

263 Kino in Schwabing

Mit seinem Fahrrad kommt Hermann am »Türkendolch« an, einem kleinen Studentenkino. In den Schaukästen werden die Filmkunstwerke angekündigt, die zu dieser Zeit auf dem Programm eines Münchner Filmkunstkinos stehen: »Die Brücke am Kwai«, »Das Kabinett des Dr. Caligari«, »Singin' In The Rain«, »Orphée«.

Hermann hat sich verspätet. Die Vorstellung, zu der er so eilig gefahren ist, hat längst begonnen. Jetzt kommen die Zuschauer schon aus dem Kino heraus. Es sind alles Freunde und Bekannte, die Hermann in den ersten Monaten seiner Münchner Studienzeit kennengelernt hat.

Reinhard, Bernd, Olga, Ansgar, Renate, Volker, Jean-Marie, Stefan und Rob sind unter ihnen. Hermann spricht Ansgar und Olga an.

HERMANN. Sag mal, ist der Film schon zu Ende?

OLGA. Ja. Wie lange hat der Film gedauert, Ansgar?

ANSGAR. 18 Minuten, 10 Sekunden. Guten Abend, Hermann.

HERMANN. Ich mußte noch einen Koffer transportieren. Wie war denn der Film?

OLGA. Modern.

Ansgar streitet sich mit Olga und geht weiter.

ANSGAR. Olga, komm! Du hast doch keine Ahnung. Onkel Ansgar wird dir das erklären.

OLGA. Red nicht so mit mir! Ich habe das verstanden. Mir hat der Film einfach nicht gefallen.

Die drei Filmemacher haben sich von den anderen separiert. Sie müssen noch viel besprechen, was das Publikum dieser Testvorführung nicht hören soll.

REINHARD. Stefan, ich sag dir, diese 47 Sekunden müssen raus.

STEFAN. Ach, jetzt hör doch auf. Wir müssen den Film jetzt erst mal einreichen bei der FBW, damit wir ein Prädikat kriegen, und dann...

ROB. Heute bitte keine Diskussionen! Wir feiern. Wir gehen in den »Fuchsbau«.

Hermann wartet am Ausgang. Er wartet auf Clarissa, die auch in diesem Kino gewesen sein soll. Da kommt sein Sprechlehrer von der Schauspielschule heraus und erkennt Hermann.

LEHRER. Na, verbrischt der Dischter immer noch fürschterlische Gedischte?

HERMANN. Guten Abend, Herr Rosiée!

Hermann entdeckt Clarissa, die in Begleitung Juans aus dem Kino kommt. Sie ist völlig vermummt. Sie trägt einen dicken Wollschal, der den Hals und beinah ihr ganzes Gesicht verdeckt. Als Hermann sie begrüßt, deutet sie wehmütig lächelnd auf ihren Hals.

JUAN. Sie kann nicht sprechen. Angina.

HERMANN. Verzeihung. Das tut mir leid. Wie war denn der Film?

Clarissa gibt Hermann wortlos die Hand. Bei diesem Wiedersehen sind Hermann und Clarissa sofort viel vertrauter als sonst. Wortlos läßt sie ihn ihre Freude spüren, ihn hier getroffen zu haben. Hermann ist auch nicht eifersüchtig auf Juan, der Clarissa am Arm führt.

JUAN. Sehr deutsch.

CLARISSA. Französisch.

Es stört Clarissa nicht, daß Renate sich wieder heranpirscht und Hermann begrüßen will.

RENATE. Hermann, schön, dich zu sehen. Man sieht, daß es dir gutgeht. Hast du deinen Koffer wiederbekommen?

HERMANN. Ja, der ist schon daheim.

RENATE. Schön. Kennst du die Gabi noch, aus der Goethestraße?

HERMANN. Ja, sicher.

Renate hat bei diesen Worten ihren Arm um Gabi gelegt, weil sie vor Hermann und Clarissa nicht so allein dastehen möchte.

RENATE. Sieht man dich mal wieder?

HERMANN. Ich weiß nicht.

Clarissa steht mit Juan etwas abseits. Beide warten sie darauf, daß Hermann mit Renate fertig wird. Renate fängt aber immer wieder neue Themen an.

RENATE. Du, Hermann, bleibschst Weihnachten in München, oder fährschst du hoim?

HERMANN. Weihnachten interessiert mich nicht.

Jetzt kommt Ansgar. Er spricht Hermann an und fragt, ob er nachher noch mitkommen möchte in die Cerphal-Villa.

HERMANN. Wohin?

ANSGAR. In den »Fuchsbau«.

HERMANN. Mal sehen.

ANSGAR. O. k.

RENATE. Schade.

HERMANN. Wieso schade?

RENATE. Ich mein, sonst hätt ich dich einladen können über die Feiertage.

HERMANN. Nach Neu-Ulm?

RENATE. Meine Eltern sind unheimlich nett, und die haben gern Besuch.

HERMANN. Ich muß arbeiten.

RENATE. Heija, wenn d' meinschst.

Clarissa hat sich bei Juan untergehakt. Offensichtlich hat sie sich mit ihm schon lange versöhnt. Juan spielt den Kavalier. Galant küßt er ihr die Hand, hält sich aber auf Distanz. Als Hermann von Renate zurückkommt, rückt Juan mit einem ganz neuen Vorschlag heraus.

JUAN. Was hieltet ihr davon, wenn ich Schauspieler würde?

HERMANN. Was? Wie kommst du denn jetzt auf so was?

JUAN. Ich brauche Resonanz. Ich will gebraucht werden. Oder ich mache ein Marimba-Orchester auf, oder ich gehe zu einem Zirkus.

So sind die drei an einem Eisengitter angelangt, an dem ein zusammengekauerter Mann sitzt. Er hält eine Schnapsflasche in der schlaffen Hand. Neben ihm ein Einkaufsnetz mit einem Blumenkohl. Hermann erkennt den Kauernden. Er geht näher heran.

HERMANN. Hallo, Herr Edel! Das ist gefährlich hier in der Kälte! Sie müssen aufstehen. Mensch, ihr kennt ihn doch auch, das ist doch der Herr Edel!

Hermann ist ratlos, weil Herr Edel überhaupt nicht reagiert. Er beginnt ihn zu schütteln, aber der Mann ist ganz starr. Hermann sieht Juan fragend an.

JUAN. Der Mann ist tot!

Clarissa stößt einen heiseren Schrei aus. Sie rennt zum Kino zurück. Dort findet sie eine Telefonzelle. Sie ruft um Hilfe, als ginge es um ihr eigenes Leben.

Die Kinogänger und Freunde aus dem »Fuchsbau« haben nun auch den Toten entdeckt. Schweigend stehen sie um ihn herum. Das Schneetreiben wird wieder stärker. Es schneit auf den toten Alkoholiker.

JUAN. Das Erfrieren soll ein schöner, ganz schmerzloser Tod sein.

HERMANN. »... und suche uns nicht in der Unterführung, sondern verüble uns nicht die Erlösung.«

Clarissa verläßt die Telefonzelle. Sie hat die Polizei verständigt. Alles hat sich an diesem Abend gewandelt. Hermann und Juan warten darauf, daß Clarissa zurückkommt.

HERMANN. Laßt uns Freunde sein.

JUAN. Sind wir doch schon!

Die Freunde lächeln jetzt Clarissa entgegen. Sie fängt an zu rennen. Sie kommt immer näher, um dann mit einem heftigen Aufatmen beide Männer gleichzeitig in die Arme zu nehmen. Die Arme der drei umgreifen sich so, daß ein stabiles Körpergebilde entsteht, das allen Gewalten zu trotzen scheint.

Drittes Buch

EIFERSUCHT UND STOLZ

Evelyne, 1961

301 Friedhof Neuburg an der Donau

Ein Sommertag. Der schön auf einer Anhöhe gelegene Friedhof ist mit Vogelstimmen erfüllt. Glitzerndes Sonnenlicht fällt auf die kleine Trauergemeinde, die unter den Bäumen langsam Richtung Ausgang geht.
Es sind Neuburger Bürger, Männer, Frauen und Kinder, alte Nachbarn, Angehörige oder Freunde der Hinterbliebenen: Edith Cerphal geb. Moser, 41 Jahre, ihre Söhne Jürgen, 19 Jahre, und der elfjährige Hartmut, der sich eng an die weinende Mutter klammert. Tante Elisabeth Cerphal (50) aus München läßt sich von einem Herrn im eleganten Lodenanzug am Arm führen. So gehen die Münchner Gäste, von den Trauernden mit Respekt beobachtet, allen voraus.
Jürgen läßt seine Mutter los. Er sieht sich um. Sein Blick sucht eine junge Frau, die hinter der Gruppe zurückbleibt. Es ist Evelyne, Jürgens zwanzigjährige Schwester. Sie bleibt nachdenklich mitten auf dem Friedhofsweg stehen.
Evelyne ist größer als ihr Bruder; sie hat einen stolzen, aufrechten Körper, und in ihren Bewegungen liegt trotzige Entschlossenheit.
Sie kehrt um. Zwischen den Gräberreihen läuft sie den Weg zurück, den die trauernde Gemeinde gerade genommen hat. Sie will noch einmal, allein, vor dem Grab stehen und ihren eigenen Abschied nehmen. Zwei Friedhofsarbeiter haben begonnen, das Grab zuzuschaufeln. Die Trauerkränze und Blumengebinde räumen sie zur Seite und ziehen die Gurte aus dem Grab, mit deren Hilfe man den Sarg hinabgelassen hatte.
Evelyne ist vor dem Holzkreuz stehengeblieben. Sie betrachtet die Kranzschleifen, die zu ihren Füßen liegen. Sie tragen die Namen ihrer Geschwister, des Münchner Verlagshauses Cerphal, und auch ihren eigenen Namen. Die Aufschrift auf dem Holzkreuz lautet:

ARNO CERPHAL 1919–1961

In ihrem Gesicht fällt besonders der schöne Mund auf: weiche, große, fast kindliche Lippen. Ihre Augen sind blau und rund. Zwischen kräftigen Brauen eine kurze Trotzfalte.

EVELYNE. *Im Juli 1961 ist mein Vater gestorben. Er war erst 42 Jahre alt. In der Nacht vor seinem Begräbnis hat sich mein Leben vollstän-*

dig verändert. Ich hatte meinen Vater sehr geliebt. Ich war immer seine Vertraute gewesen, schon als kleines Mädchen. Und dennoch hat er mir nie gesagt, daß ich nicht das Kind der Frau war, die ich immer für meine Mutter gehalten hatte. Und plötzlich waren meine Brüder nicht mehr meine Geschwister, wie ich von Kindheit an geglaubt hatte. Hatte mein Vater Angst, ich könnte zu schwach sein für diese Wahrheit? Ich habe ihn doch immer so gut verstanden! Ich war oft stärker als er.

Jetzt hört Evelyne das dumpfe Poltern der Erde, die auf den Sarg geschaufelt wird. Sie konfrontiert sich aber ganz bewußt mit dieser Realität und verfolgt die Arbeit der beiden Totengräber. Die Männer schaufeln rhythmisch, einander abwechselnd, den Erdhaufen in das Grab. Bald ändert sich das Geräusch. Die Erde klingt nun feucht und satt.

Einer der Arbeiter hat Evelyne entdeckt und lächelt ihr verlegen zu. Evelyne versucht zurückzulächeln, aber es wird nur ein bleiches Nicken daraus.

Die Trauergemeinde ist auf dem Platz vor der Aussegnungshalle angekommen. Hier werden der Witwe noch Beileidsbezeugungen gebracht. Man schüttelt ihr die Hände, während um sie herum auch schon das Alltagsgetratsche losgeht. Verwandte, die sich lange nicht gesehen haben, erkundigen sich nach Belanglosigkeiten und geben sich Versprechen, die sie doch nicht halten werden.

Die Witwe merkt nun, daß Evelyne fehlt, und macht sich plötzlich Sorgen. Sie schickt ihren Sohn Jürgen los, um Evelyne zu suchen. Den kleinen Hartmut, der den großen Bruder begleiten will, hält sie aber fest an ihrer Seite: Ihr Kleinster soll ihr ganzer Trost bleiben! Dieser Meinung ist auch Tante Cerphal aus München, die Hartmut anstelle der trauernden Mutter tätschelt.

Jürgen hat Evelyne gefunden. Er spürt, daß die Ereignisse dieser Tage auch seine Empfindungen und sein Verständnis tiefgreifend verändert haben. Schweigend bleibt er bei Evelyne stehen.

Direkt gegenüber der Aussegnungshalle steht der amerikanische Straßenkreuzer aus München geparkt. Für Elisabeth Cerphal ist der eigentliche Grund ihres Aufenthalts jetzt erledigt: Ihr Bruder Arno ist begraben. Also kann sie an die Heimfahrt denken. Sie gibt ihrem Begleiter, Herrn Gattinger, der abwartend neben dem Straßenkreuzer steht, ein unauffälliges Handzeichen. Gattinger steigt in den Wagen und steuert ihn auf die Trauerfamilie zu.

Die Cerphal wendet sich an die Schwägerin.

FRÄULEIN CERPHAL. Edith, wenn ihr mich mal suchen solltet oder meinen Rat braucht, ich würde mich jedenfalls sehr freuen, wenn wir uns mal wiedersehen würden, über alle Familienangelegenheiten hinweg. Ich lasse euch mal für alle Fälle meine Geheimnummer aus München da.

Gerold, haben wir noch so ...?

Sie macht sich nicht die Mühe, das Wort für »Visitenkarte« zu finden, sondern sie begnügt sich mit einem nervösen Gestammel und einem unbestimmten Handzeichen.

Herr Gattinger, der es gewöhnt ist, Befehle dieser Art zu empfangen, beginnt sofort seine Westentaschen zu durchsuchen.

GATTINGER. Keine Angst, wir haben noch, bitte!

Er überreicht der Cerphal ein persönliches Kärtchen, das sie an die Schwägerin vom Lande weiterreicht. Die trauernde Witwe weiß nicht, was sie damit im Moment anfangen soll. Sie nickt nur.

Jürgen steht noch immer neben Evelyne am Grab des Vaters. Die Friedhofsarbeiter schichten jetzt die Kränze auf den frischen Erdhügel. Einer der Arbeiter legt eine kleine Pause ein. Er stützt sich auf seine Schaufel und freut sich, daß endlich einmal jemand Interesse an seiner Arbeit zeigt.

FRIEDHOFSARBEITER. In Ingolstadt drüben, wo i früher gearbeitet hab, da is a Kiesboden. Das ist was anderes wie da. Da ist nix wie Kies. Da kannst graben ganz tief, allweil bloß Kies. Glauben S' mir, das ist mir lieber wie dieser schwere Erdboden hier.

Das san Donauablagerungen wie im Moos, das hat der Lech reinbracht vor Jahrmillionen. Da geht's scho, da brauchen S' so 15 Jahr sowas, bis da einer verwest ist. Aber da drüben, da haben wir Streifen, 25 Jahr oder mehr. Im Moor dauert's dann ewig.

Der Friedhofsarbeiter lacht. Er sieht die Sache vom allgemeinen Standpunkt seines Berufes aus. Jürgen findet das unerträglich. Er wendet sich ab und geht ein paar Schritte zum Ausgang zurück. Evelyne folgt ihm nicht, sie ist in ihre Gedanken versunken. Der Arbeiter kümmert sich nun wieder um die Trauerkränze.

FRIEDHOFSARBEITER. Soll'n mer den Kranz da noch reinlegen in die Mitte?

Da Evelyne nicht antwortet, dekoriert er hilflos an den Kranzschleifen herum.

Der Straßenkreuzer mit dem Münchner Kennzeichen führt die Autokolonne an, die aus dem Friedhofstor kommt. So fahren die Trauernden durch die kleine Stadt. Sie kommen in die Altstadt, am ehemaligen Thurn-und-Taxis-Palais vorbei, passieren Rathaus und Hofkirche.

Jürgen lenkt den Wagen, in dem seine Mutter, Evelyne und der kleine Hartmut sitzen.

EVELYNE. *Als wir vom Friedhof zurückkehrten, sah ich das Elternhaus, die Familie und Neuburg mit ganz fremden Augen an. Es war, als hätte man mich plötzlich in ein fremdes Land verschleppt. All die Selbstverständlichkeit, mit der ich bisher gelebt hatte, verwandelte sich in Lügen und Zufälle. Wer von diesen Trauergästen war überhaupt mit mir verwandt? Wer von diesen anteilnehmenden Heuchlern hat schon immer meine Geschichte gekannt und doch nie etwas gesagt?*

Die kleine Wagenkolonne kommt in einer Geschäftsstraße an und hält vor einer Musikalienhandlung. Jürgen und die Verwandten parken ein, während Herr Gattinger und Frau Cerphal aus dem Straßenkreuzer steigen, um den Musikalienladen CERPHAL in Augenschein zu nehmen: ein provinzielles, kleines Geschäft mit preiswerten Musikinstrumenten in der Auslage, einem Klavier, Notenständern, Violinsaiten, Noten, Schallplatten. An der Ladentür hängt ein Pappschild mit der Aufschrift: »Wegen Trauerfall geschlossen«.

Jürgen hat den Laden aufgeschlossen und läßt die schwarzgekleideten Gäste eintreten.

Die Cerphal und Herr Gattinger zögern, sich anzuschließen. Es ist doch so ein herrlicher Sommertag. Ob man den Tag nicht auch noch für einen Ausflug in die Gegend nutzen sollte? Tiefere Trauer scheint Elisabeth Cerphal über den Tod ihres Bruders jedenfalls nicht zu empfinden. Dennoch will sie den Laden kurz betreten.

FRÄULEIN CERPHAL. Einen Kilometer von hier soll es ein wunderschönes Schlößchen geben.

GATTINGER. Wenn du möchtest, fahren wir da nachher hin. Ich komme nicht mit.

FRÄULEIN CERPHAL. Wie du meinst.

GATTINGER. Beeil dich ein bißchen, ja?

Nun ist Gattinger allein auf der Straße vor dem Musikaliengeschäft. Er schlendert das Trottoir hinauf, betrachtet lässig diese pittoreske Alt-

stadtstraße, das Haus, vor dem die Autos der Beerdigungsgäste geparkt sind.
An eines der Autos gelehnt steht Evelyne, die ebenfalls draußen geblieben ist. Sie stützt ihren gedankenschweren Kopf in beide Hände und starrt das Haus an.
Als Gattinger sich ihr nähert, zieht Evelyne sich auf die andere Straßenseite zurück. Niemand darf sie heute ansprechen.
EVELYNE. *Während die schwarzgekleideten Menschen in das Haus meiner Kindheit gingen, nahm ich Abschied. Neuburg hatte aufgehört, meine Heimat zu sein.*

303 Musikalienhandlung

Im Laden herrscht betretene Stille. Die Witwe hat sich mit ihren Söhnen nach oben in die Wohnung zurückgezogen. Die Trauergäste wissen nun nicht, worauf sie noch warten sollen.
Elisabeth Cerphal klimpert im Stehen auf einem der Klaviere herum, die hier zum Verkauf stehen. Sie spielt mehr schlecht als recht ein paar Takte der »Mondscheinsonate«.
Einer der gelangweilten Trauergäste beugt sich zu ihr über den Flügel.
TRAUERGAST. Scheint in Ihrer Familie zu liegen, das Musikalische.
FRÄULEIN CERPHAL. Da muß mein Bruder eine Ausnahme gewesen sein. Obwohl mein Vater uns alle unterrichten ließ. Bei mir hat es nur bis zur Mondscheinsonate gereicht. Aber für unseren bürgerlichen Haushalt in München war es gut genug. Arno war unser Jüngster.
TRAUERGAST. Und hat als erster von uns gehen müssen. Ich kann's gar net glauben – mit 42. Ich bin auch erst 44, und grad da fängt doch das Leben erst richtig an. Stimmt's?
FRÄULEIN CERPHAL. Ja, das stimmt!
Die Cerphal kann durch das Schaufenster hinaus auf die Straße blicken. Sie sieht Herrn Gattinger, der wartend auf und ab geht; sie sieht Evelyne, die von draußen hereinschaut.

304 Wohnung Witwe Cerphal

Evelyne ist nun ganz um das Eckhaus herumgegangen und in dem kleinen Gäßchen angekommen, von wo aus ein Hintereingang zu der Wohnung ihrer Mutter hinaufführt. Sie bleibt in der Gasse stehen und erkennt Jürgen, der oben durch die Bleiverglasung Ausschau hält.
Jürgen weicht dem Blick der Schwester aus. Er sieht zu, wie sein kleiner Bruder Hartmut sich um die Mutter kümmert, die auf dem Sofa liegt, schwer atmet und sich jammernd hin und her wirft. Hartmut trägt eine Plastikschüssel mit Wasser herein und macht der Mutter kalte Umschläge auf die Stirn. Jürgen geht schweigend im Wohnzimmer hin und her.

EVELYNE. *Die Musikalienhandlung in der Altstadt gehörte früher der Familie meiner Stiefmutter, die ganz unmusikalisch war. Mein Vater hatte dann eingeheiratet. Vielleicht, weil er alle Instrumente spielen konnte und die Musik liebte.*
Ich wußte so wenig. Wie kam es, daß ich in München geboren bin? Mitten im Krieg? Und wie bin ich hierhergekommen? Wer war meine Mutter? 1944 soll sie umgekommen sein bei einem Bombenangriff auf München. Das war die Auskunft, die ich in der Nacht vorher zu hören bekommen hatte. Es gab keine Bilder, keine Dokumente, nichts, worauf ich mich verlassen konnte. Ich bin ganz sicher, daß mein Vater die Wahrheit über meine Herkunft nicht mit ins Grab nehmen wollte. Eines Tages hätte er mir alles erklärt. Er ist oft sehr traurig gewesen. Das kam mir jetzt in Erinnerung.

Auf dem Wohnzimmerbuffet steht ein Dampfmaschinenmodell, ein teures Spielzeug aus den zwanziger Jahren, offenbar ein Erinnerungsstück des toten Vaters. Gedankenvoll dreht Jürgen an dem Schwungrad, bringt für einen Moment das Spielzeug in Bewegung. Der kleine Bruder sitzt neben der leidenden Mutter und weint.

305 Zimmer Evelyne

Evelyne hat sich in ihr Zimmer zurückgezogen. Sie ordnet ihre Besitztümer, als ob es darum ginge, die Bilanz ihres Lebens zu ziehen. Auf dem Fußboden türmen sich ihre Bücher, Musiknoten, Schulhefte und Briefe. Zärtlich packt sie ihre beiden Lieblingspuppen in den Koffer und legt sie zu den Kleidern. Als es leise an die Tür klopft, blickt Evelyne kurz auf. Es ist Jürgen, der mit einer Cognacflasche und zwei Gläsern hereinkommt. Evelyne setzt ihre Aufbrucharbeit noch entschiedener fort. Sie nimmt Bilder, die sie und ihren Vater beim Musizieren zeigen, von der Wand und legt sie zu den Puppen in den Reisekoffer.

Jürgen verfolgt die Bewegungen stumm. Er versteht nicht, was seine Schwester vorhat.

EVELYNE. Ich gehe meine Mutter suchen.

Evelynes Stimme ist ein Phänomen. Nie würde man diese tiefe Resonanz in ihr vermuten. Stimmlage und Kraft dieser Altstimme scheinen ganz unabhängig von ihrer Physis zu sein. Ihre Worte erfüllen auf einmal das ganze Zimmer.

EVELYNE. Wir sind doch unser ganzes Leben lang betrogen worden. Stimmt das etwa nicht? Schau mich nicht so mitleidig an. Ich halte das nicht aus.

Jürgen hat sich vorgestellt, es genüge, Evelyne einen Schnaps anzubieten und ein paar hilfreiche Worte an sie zu wenden. Aber er hat sich verrechnet. Evelyne setzt ihre Arbeit fort.

EVELYNE. *Ich wollte nach München. Ich wollte in der Stadt leben, wo meine Mutter gelebt hatte, wo mein Vater geboren war und wo auch meine Wurzeln verborgen lagen. Erst dann wollte ich das tun, was zwischen meinem Vater und mir heimlich beschlossene Sache war: Ich wollte Musik studieren!*

Evelynes Zimmer ist eine gemütlich eingerichtete Mansarde mit einem Nebenraum, in dem ihr Kleiderschrank steht. Das Zimmer ist angefüllt mit den Gegenständen ihrer Kindheit. Das eingerahmte Foto zeigt sie als Zehnjährige beim Flötenspiel. Der Vater ist auf dem Bild noch ganz jung und sehr schlank. Man sieht ihm die Entbehrungen der Nachkriegszeit an. Aber er lacht gelöst und glücklich in die Kamera.

Evelyne bewegt sich energisch, aber ziellos durch den Raum. Sie will im Prinzip alles, was es hier gibt, zusammenpacken und mitnehmen. Die Unmöglichkeit dieses Vorhabens macht sie müde. Sie setzt sich auf einen kleinen Schemel und drückt ihre Stofftiere ans Herz.

EVELYNE. Wir waren glücklich als Kinder. Das will ich auch niemals vergessen. Aber ich glaube, wir fangen erst jetzt an zu begreifen, warum das so war. Du bleibst hier in Neuburg, da gehörst du hin, da, wo schon deine Mama geboren wurde, und auf dem Grund und Boden, den deine Großeltern erworben haben.

Ich habe damit nichts zu tun. Ich gehe den Weg zurück, den der Papa hierhergegangen ist. Komischerweise ist das auch nichts Neues für mich. Das habe ich schon gewollt, als er anfing, mir Klavierunterricht zu geben und von München zu erzählen.

Jürgen schweigt immer noch. Er weiß nicht, was er der Schwester antworten soll. Weggehen will er nicht. Er ist hilflos.

Evelyne ist zu Jürgen ans Fenster gekommen. Sie hat die Stofftiere zu den anderen Erinnerungen in den Koffer gesteckt. Jürgen trinkt nun selber einen Schluck aus dem Cognacglas. Dann geht er zu Evelynes Bett und setzt sich darauf. Er sieht niedergeschlagen aus.

EVELYNE. *Je mehr mein Stiefbruder Jürgen mich festhalten wollte, je mehr er mich warnte, desto fremder kam ich mir vor, desto sicherer wußte ich, daß ich nicht mehr nach Neuburg zurückkehren würde.*

Evelyne setzt sich neben Jürgen auf das Bett. Sie lächelt ihn triumphierend an. Sie faßt ihn an der Hand, als wollte sie ihm etwas von dieser Kraft dalassen, die sie jetzt in sich spürt.

EVELYNE. Ich gehe meine richtige Mutter suchen, das schwöre ich dir!

306 Stadtbilder München

Der Eilzug aus Neuburg fährt in Münchens Vorstadtlandschaft ein:
Es ist ein Hochsommertag, an dem die Münchner das Leben auf den Straßen und in den Parks genießen.

Das »Gänselieserl« schiebt einen klapprigen Kinderwagen, in dem eine veritable, lebende Hausgans sitzt, durch die Isarauen. Diese Frau ist ein Münchner Original. Auch sie genießt den schönen Tag.

Hinter den Frauentürmen, in Dunst verhüllt, die Alpenkette. In der Ferne, hinter den Dächern im Westen, erkennt man das Bavaria-Standbild mit der klassizistischen Ruhmeshalle.

307 Englischer Garten

Die Wiesen vor dem Monopteros sind bevölkert mit sonnenhungrigen Menschen, die umherliegen oder ihre schicken Klamotten spazierentragen.

Hermann ist mit seinem Fahrrad unterwegs. Er hat die Route durch den Park gewählt, um auf seinem Weg zur Vorlesung auch ein Stückchen von diesem schönen Tag genießen zu können.

HERMANN. *Jetzt war ich schon fast ein Jahr in München. Ich bewegte mich zwischen Konzerten, Theateraufführungen und künstlerischen Experimenten; ich eilte von Vorlesungen zu Freunden, von Diskussionen zu Übungen und Premieren. Es war, als hätte ich schon immer hier gelebt. Ich hatte Verbindungen zu Professoren, Komponisten, zu jungen Literaten, Schauspielschülern, Jungfilmern. Sogar die hochnäsigen älteren Semester wie Volker und Jean-Marie hatten mich akzeptiert. Ich komponierte fast jeden Tag ein Stück.*

Der Biergarten am Chinesischen Turm ist überfüllt mit Menschen. Hermanns Weg führt eigentlich nicht hier vorbei. Aber er macht den Schlenker, um seiner Begeisterung für dieses Münchner Leben noch mehr Nahrung zu verschaffen: Es ist ein »Rausch der Sinne«, wie einmal Herr Edel verkündet hat, als Hermann hier in München ankam.

308 Ein Münchner Taxi

Evelyne hat sich am Bahnhof ein Taxi genommen. Sie ist zum ersten Mal in München. Sie sitzt auf dem Rücksitz und kommt aus dem Staunen über die Großstadtbilder nicht mehr heraus. Sie hat sich über die rückwärtige Ablage gebeugt und sieht all die Gebäude und Stadtansichten, die sie bisher nur von Bildern oder von Schilderungen des Vaters kannte. Oder war sie schon einmal hier?

TAXIFAHRER. Also, das da rechts, gell, ist nicht das Hofbräuhaus, das ist die Feldherrnhalle, aber das lassen wir jetzt, das ist teils unerfreulich. Und des da, schaun S', des is das *Annast*. Und dahinter, da ist der Hofgarten. Da rechts, das, was Sie jetzt net seng, ja, das ist das *Haus der Kunst*. Sie, da kommen die ganzen Künstler her, von überall. Literaten und Maler und Poeten und vom Film. Das ganze G'schwerl halt! Sagn S', sind Sie vielleicht auch eine Künstlerin?

EVELYNE. Ich will Gesang und Oboe studieren.

TAXIFAHRER. Ah, geh! Singen tun S' und Oboe!

Die Fahrt ist vom Odeonsplatz durch die sehr belebte Ludwigstraße in Richtung Siegestor gegangen. Der Fahrer ist ein echter, leutseliger Münchner. Indiskret, wie viele Münchner nun einmal sind, will er gleich alles erfahren, was Evelyne vorhat.

Er fühlt sich der jungen Frau, die vom Lande kommt, sehr überlegen.

TAXIFAHRER. So, jetzt rechts, das ist die Staatsbibliothek. Und das ist die Ludwigskirch da. Sie, was glauben denn Sie, wieviel daß es Straßen gibt in München?

Im Verkehrsfluß hat es einen kleinen Knoten gegeben. Sofort ist der Fahrer außer sich. Er beugt sich aus dem Fenster und mischt sich in die Fahrweise seines Nachbarn ein.

TAXIFAHRER. Ja, fahr halt zua!

309 Villa Cerphal

Das Taxi kommt vor dem Haus von Fräulein Cerphal an und hält in der Garteneinfahrt. Der Fahrer lädt Evelynes Koffer aus.

Hier herrscht sommerliche Stille. Selbst die Vögel schweigen in der Nachmittagshitze.

Das zweistöckige Haus mit den Erkern, Zimmern, Vorbauten und Türmchen steht unter hohen Bäumen in einem verwilderten Garten. Zur Straße hin wird das Grundstück von einer Hecke abgeschlossen.

Evelyne ist wortlos ausgestiegen und auf das Haus zugegangen. Sie steht auf der kleinen Wiese vor der Haustür. Sie findet keine Klingel.

Ein Geräusch im Garten läßt sie aufhorchen. Es rührt von Stefans Fahrrad mit Anhänger, das auf dem Kiesweg angerollt kommt. Stefan kehrt von einer Besorgungsfahrt zurück, als er Evelyne im Reisemantel mit ihren Koffern im Garten stehen sieht.

Der Filmemacher steigt von seinem Rad und grüßt.

EVELYNE. *Mein Vater war in München aufgewachsen. Er war der Sohn eines bekannten Verlegers, der am Rande von Schwabing eine Villa besaß. Hier wohnte meine Tante, Elisabeth Cerphal. Ich fand, daß ich einen ererbten Anspruch darauf hatte, in dieser Großvatervilla zu wohnen, so lange, bis ich etwas eigenes gefunden hatte.*

EVELYNE. Ist meine Tante nicht da?

STEFAN. Fräulein Cerphal?

EVELYNE. Ja. Da ist zu.

STEFAN. Moment, das haben wir gleich ...

Stefan schiebt sein seltsames Gefährt umständlich um das Rasenstück herum. Auf seinem Fahrradanhänger transportiert er einen Gerätekoffer, den er auf die Rückseite des Hauses karrt, um ihn dort auszuladen.

Evelyne sieht zu einer Terrasse empor, die über der Haustür liegt. Dort ist ein Dackel erschienen, der sehen möchte, wer da ins Haus möchte.

Evelyne versucht, sich mit der neuen Umgebung anzufreunden.

Stefan hat die Haustür von innen geöffnet. Er steht oben auf der Haustreppe und sieht auf Evelyne herunter.

EVELYNE. *Die Tante würde sich wundern, aber ich hatte beschlossen, mich nicht abweisen zu lassen. Ich wollte auch herausbekommen, warum mein Vater sich immer so ferngehalten hatte von dieser reichen Münchner Verwandtschaft...*

STEFAN. So, die Tür ist auf. Ist das Ihr Gepäck?

Ehe Evelyne selbst zugreifen kann, hat Stefan sich höflich ihrer Koffer bemächtigt und trägt sie ins Haus.

310 Villa Cerphal, Diele

Evelyne hat die holzgetäfelte Diele betreten, wo sie mit ihren Koffern einfach stehengelassen worden ist.

Ihr gegenüber führt eine schön geschwungene Treppe aus dunklem Holz empor zu einer Art Galerie, von der es in die verschiedenen Zimmer des Obergeschosses weitergeht. Ein vielarmiger Kronleuchter hängt von der reichverzierten Holzdecke herunter. Es gibt so viele Türen hier, daß Evelyne nicht weiß, wohin sie sich wenden soll.

EVELYNE. *Ich hatte mein ganzes Gepäck mitgebracht, meine Bücher, meine Kleider für alle Jahreszeiten und meine Lieblingspuppen, die brauchte ich zum Einschlafen. Das Haus war mir auf eigenartige Weise vertraut. Es war, als hätte ich das alles schon einmal gesehen – oder geträumt. Auch der Geruch – von Kellermoder, altem Holz, Zimt –, das erinnerte mich an etwas, das ich vergessen hatte.*

Stefan hat ein geräumiges Zimmer betreten, das sich mit einer Fensternische und einer Glastür zum Garten hin öffnet. Der runde Tisch ist zur Seite gerückt, steht neben einer Biedermeierkommode, auf der verschiedene filmtechnische Geräte, Kamerateile und Kabel liegen.

Sonst gibt es hier noch ein Bett, einen Flügel, ein Bücherregal, Filmplakate an den Wänden und viele Stühle. Stefan und Rob, die Jungfilmer, sind damit beschäftigt, draußen auf der Gartenterrasse einen transportablen Kinoprojektor aufzubauen. Die Tür zur Diele ist offengeblieben, so daß Evelyne einen Blick in das Terrassenzimmer werfen kann.

Rob wuchtet gerade einen schweren Kofferlautsprecher auf die Kommode. Er sieht Evelyne, die nicht weiß, an welche Tür sie klopfen soll.

EVELYNE. *Da waren zwei junge Männer, die herumwerkelten und etwas Technisches installierten. Das Haus wirkte erwartungsvoll, als sollte sich hier bald etwas Wichtiges ereignen. Ich meine, daß man so was manchmal ahnt und einem Haus ansehen kann.*

ROB. Falls Sie Fräulein Cerphal suchen, die kommt erst heute abend wieder.
EVELYNE. Fräulein Cerphal ist meine Tante. Wohnen Sie hier?
ROB. Nein, der Stefan wohnt hier. Wir sind die Untermieter, das heißt, er ist der Untermieter.

Damit hat Rob sie in Kürze über die Verhältnisse aufgeklärt. Er tritt zu Evelyne in die Diele hinaus.

ROB. Sind Sie schon bei Frau Ries gewesen?
EVELYNE. Nein. Wer ist denn das?
ROB. Die Haushälterin. Sie wohnt im Keller unten. Frau Ries!

Rob führt Evelyne zur Kellertreppe. Er geht vor bis zu einer Tür, die ein verglastes Fenster im oberen Teil hat, durch das man in eine Wohnküche sehen kann. Rob klopft an.

311 Kellerwohnung Ries

Frau Ries sitzt in einem Polstersessel neben ihrem Küchentisch. Sie erhebt sich mühsam. Sie ist eine etwa 65jährige, rundliche Frau mit weißen Haaren und einem lieben, bleichen Gesicht. Sie erscheint mit einer ärmellosen Strickjacke, aus der ihre kräftigen Oberarme herausschauen. Sie sieht Rob und die Besucherin fragend an.

ROB. Frau Ries, Besuch für Fräulein Cerphal.
Ich muß jetzt wieder rauf zum Projektor.

Rob übergibt Evelyne der alten Haushälterin und eilt wieder nach oben. Evelyne geht freundlich lächelnd auf Frau Ries zu.

EVELYNE. Grüß Gott. Ich würde gern hier wohnen bis auf weiteres. Meine Tante kommt erst am Abend. Was kann ich denn da machen?

Frau Ries mustert ihre junge Besucherin von oben bis unten. Plötzlich geht ein Lächeln über ihr Gesicht.

FRAU RIES. Jetzt sagen S' bloß, Sie sind die Evelyne aus Neuburg! Ja, mei, ja, so hab ich Sie mir vorgestellt. Ich glaub, Sie wissen, was Sie wollen.
Aber hier hat sich ja viel verändert, seit Fräulein Cerphal die jungen Künstler im Haus hat. Ich weiß schon gar nicht mehr, wer alles ein und aus geht bei uns. Die kommen durch den Garten, durch die Garage, sogar durch die Waschküch. In der Nacht geht's zu wie in einem Taubenschlag. Kommen S' doch rein!

Frau Ries führt Evelyne in die Küche und setzt sich sofort wieder in ihren

Polstersessel, um Evelyne, die mitten in der Küche stehenbleibt, weiter zu bestaunen.

FRAU RIES. Aber Ihre Tante mag das so. Die meint, es wär schon damals so gewesen, als sie noch ein junges Mädchen war. Aber daran kann ich mich gut erinnern, wie die Dichter bei uns ein und aus gegangen sind. Das war schon anders damals, so 27/28. Der Brecht und der Herr Feuchtwanger, der hatte fei Niveau. Ja, ich bin froh, daß ich da herunten meine Ruh hab. Und daß Ihr Großvater nix davon weiß. Ich besuch ihn manchmal im Josefinum.

Evelyne bedankt sich, daß sie hier aufgenommen wird. Sie geht in der Küche umher.

FRAU RIES. Der geht fei auch schon auf die 82 zu. Ja, aber was machen wir denn mit Ihnen?

Evelyne betrachtet den Raum und seine Einrichtung. Sie ist fasziniert. Hier ist die Zeit stehengeblieben. Der alte Kohlenherd mit dem langen Ofenrohr, die Eckbank mit dem Küchentisch, das Spülbecken, das Küchenbuffet mit dem dreitürigen Aufbau. Evelyne kann es kaum glauben.

EVELYNE. Das kommt mir alles so bekannt vor. War ich mal in diesem Zimmer?

FRAU RIES. Ja, Sie haben recht! Ein einzig's Mal waren Sie da mit Ihrem Vater. Mit dem Arno. Aber da waren Sie noch ganz a kleines Butzerl. So zwei oder drei Jahr, lassen Sie mich einmal nachrechnen! Das war im Herbst 46.

EVELYNE. Da war ich vier.

Evelyne kniet vor dem Küchenbuffet und betrachtet die Dinge aus der Augenhöhe des vierjährigen Kindes. So kommt ihr alles noch bekannter vor. Frau Ries ist zu ihr gekommen, um mitzuerleben, wie Evelyne sich die Dinge ins Gedächtnis zurückruft.

EVELYNE. An den Schrank erinnere ich mich auch irgendwie. Und Sie, Sie hatten doch so einen langen Zopf, oder?

Evelyne hat einen Hocker gefunden, den sie unter dem Schrank hervorzieht. Sie setzt sich darauf, wie sie es als Kind getan hat. Frau Ries ist erstaunt, was Evelyne noch alles weiß.

FRAU RIES. Stimmt, den hab ich mir immer hochgesteckt. Da drüben am Spiegel bin ich gestanden und hab mich frisiert. Was so ein Kind sich alles merken tut!

Frau Ries steht an dem alten Frisierspiegel, der an der Wand hängt. Sie sieht im Spiegel, wie Evelyne sich erhebt und andere Dinge in der Küche betrachtet. Das Spiegelbild ist wie ein Blick in vergangene, bessere Zeiten.

Frau Ries folgt Evelyne zum Spülbecken. Sie füllt Wasser ab, um für ihre Besucherin Kaffee zu kochen.

FRAU RIES. Es hat mir sehr leid getan, daß Ihre Familien so haben streiten müssen. Ich hab Ihren Herrn Vater sehr gern gehabt, unseren Arno. Er war ja der Kleinste, das Nesthäkchen. Und ich bin immer noch da.

Mit diesen von einem Seufzer begleiteten Worten hat sich Frau Ries wieder hingesetzt.

EVELYNE. Gott sei Dank. Kann ich bei Ihnen hier warten?

Evelyne fühlt sich rundherum wohl. Sie zieht jetzt endlich den Mantel aus und setzt sich zu Frau Ries an den Tisch.

FRAU RIES. Ja, soll ich Sie denn nicht rauf in den Salon bringen? Da haben Sie's doch schöner als wie hier im Keller.

EVELYNE. Ich bleib noch ein bißchen hier.

Durch das Kellerfenster kann man direkt auf den Gartenweg hinausschauen. Dort erscheint der Dackel, den Evelyne schon auf der Terrasse gesehen hat. Dem Hund folgen Beine in Trachtenhosen.

FRAU RIES. Der Herr Gattinger.

Wohl schon seit einem Menschenleben kennt Frau Ries alle Leute aus der Froschperspektive ihres Kellerlochs.

Evelyne sitzt, lächelt, schweigt. Eine Schachtel Konfekt steht neben ihr auf dem kleinen Regal.

FRAU RIES. Mögen S' welche? Nehmen S'!

EVELYNE. Danke, Frau Ries.

Evelyne ißt »Katzenzungen«, eine Süßigkeit, die sie schon als Kind in diesem Zimmer genossen hat.

312 Villa Cerphal, Garten

Auf der sonnenbeschienenen Gartenterrasse haben Stefan und Rob begonnen, den Kinoprojektor aufzustellen. Sie rücken das schwere Gerät mit vereinten Kräften in die Nähe des Zimmerfensters und richten es so aus, daß sie durch die Scheiben hindurch ins Innere des Terrassenzimmers projizieren können.

HERMANN. *Der neue Mittelpunkt unseres Lebens war der »Fuchsbau«: eine Jahrhundertwende-Villa am Rande des Stadtteils Schwabing.*

Das Haus gehörte Fräulein Cerphal, einer älteren Verlagserbin, die junge Künstler sammelte wie andere Leute Briefmarken oder Gemälde. Sie wohnte im Obergeschoß mit Herrn Gattinger, einem braungebrannten Herrn im Lodenanzug.

Herr Gattinger hat sich mit seinem Dackel Wasti angenähert. Er tut, als wolle er nur den Hund ausführen. In Wirklichkeit langweilt sich Herr Gattinger und versucht jetzt, mit den Jungfilmern ins Gespräch zu kommen.

GATTINGER. Sie wissen, daß es sich um ein Wehrmachtsgerät handelt?

Stefan und Rob lassen sich bei ihrer Arbeit nicht unterbrechen und antworten nicht.

HERMANN. *Herr Gattinger regelte für die Hausherrin das Finanzielle. Wir hielten ihn für einen untergetauchten alten Nazi und versuchten, ihn zu ignorieren.*

Herr Gattinger steigt merkwürdig grinsend die Terrassenstufen herauf, um sehen zu können, was für ein Gerät die beiden Studenten da aufbauen. Er spielt den Fachmann, wackelt hier und da an einem der Bedienungshebel und öffnet mit einem Griff die seitliche Abdeckklappe. Gattinger weiß alles.

GATTINGER. Ich kenne diese Projektoren noch von der Kriegsmarine. Da gab es auch noch diese Aggregate fürs Frontkino. Wo haben Sie denn dieses Museumsstück aufgetrieben?

ROB. Aus dem Amerikahaus. Stand da einfach so auf dem Speicher rum.

STEFAN. Ja, neben einem uralten Schneidetisch und einer Reihe von Magnetophonen mit 76er Bandgeschwindigkeit.

GATTINGER. Wahrscheinlich ein Beutegerät. 1945 beschlagnahmt. Ich kenne einen Tonmeister aus Berlin, der hat sich mit solchen Heeresbeständen hier in München eine ganz schöne Filmfirma aufgemacht. Kameras, Licht-, Tonwagen, Scheinwerfer. Alles Dinge, die man bei Kriegsende hier in Bayern vergraben hat.

Rob findet es lästig, daß Gattinger alles anfaßt, ohne zu helfen.

ROB. Haben Sie etwas mit Film zu tun?

GATTINGER. In meinem früheren Leben war ich Beamter. Da kriegt man von allem etwas mit.

Die beiden Freunde haben Verdacht geschöpft. Sie sehen Gattinger als einen jener typischen Vertreter der Elterngeneration, die ihre Nazivergangenheit verschweigen.

Während Gattinger weitergeht, um seinen Dackel zu rufen, verständigen sich die Freunde, Herrn Gattinger auf den Zahn fühlen zu wollen.

ROB. Und heute?

GATTINGER. Student.

Warum soll sich Gattinger nicht als Student ausgeben, zumal doch auch Fräulein Cerphal, die in seinem Alter ist, selbst noch studiert? Er lacht und pfeift seinen Hund heran.

HERMANN. *Der »Fuchsbau« ersetzte uns die Stammkneipe, die Seminare oder die Ateliers und Salons früherer Zeiten. Es war ein Privileg, zum »Fuchsbau«-Kreis zu gehören. Und die Hausherrin, Fräulein Cerphal, war unsere Mäzenin, Ersatzmutter oder Schutzpatronin. Dabei lehnte sie es kategorisch ab, diese Bedeutung in unserem Leben zu bekommen.*

Jetzt kommen auch die anderen Freunde von Stefan an: Reinhard, Ansgar und die Lyrikerin Helga, die mit ihrem Motorroller bis in den Garten fährt und direkt neben der Terrasse hält.

Reinhard zeigt stolz einen flachen, schwarzen Karton vor, den er wie eine Geburtstagstorte die Stufen heraufträgt. Ansgar hat fürs leibliche Wohl gesorgt und so viele frische Brezen gekauft, daß er damit seine Mikrofonstange von unten bis oben bestücken konnte. Er trägt die Brezenstange wie eine Fahne. Helga wird begrüßt, dann die Freunde am Projektor.

Nun kommt der Moment, auf den die Jungfilmer gewartet haben: Reinhard öffnet die schwarze Schachtel und zeigt die ganz neue Filmko-

pie, eine in Zellophan verpackte Rolle, die in der Schachtel mattsamtig schimmert.
Die Freunde entfernen die Zellophanhülle. Sie heben die Filmrolle an ihre Nasen. Sie schnuppern den Duft des frischentwickelten Filmmaterials.
REINHARD. Sie ist noch nicht ganz trocken.
ROB. Wie Weihnachten!
Stefan ist immer noch in Helga verliebt. Er eilt ihr an der Terrassentreppe entgegen, lächelt sie süß an, begrüßt sie und hilft ihr galant aus ihrer Motorradjacke.
STEFAN. Magst du was trinken?
HELGA. Nee.
STEFAN. Tee?
HELGA. Nee, du! Hallo, Rob!
Helga geht auf Stefans Angebote überhaupt nicht ein. Sie mag seine Verliebtheit, genießt es aber auch, ihn abblitzen zu lassen. Stefan ist für so ein Spiel der geeignete Partner.
Helga interessiert sich nun auch für die funkelnagelneue Filmrolle. Rob zeigt stolz dieses Produkt seiner Arbeit vor.
ROB. Elf Minuten ... dreihundertundein Meter.
Rob meint die Spieldauer des Kurzfilms und die Meterlänge der Rolle. Helga ist beeindruckt.
ANSGAR. Ich mach mal so was wie einen Tee.
HELGA. Au ja! Für mich bitte auch einen!
Helga ist schon wieder dabei, Stefan zu quälen, indem sie nun doch Tee trinken will, was sie eine Minute vorher bei Stefan noch abgelehnt hat. Zwischen den beiden besteht ein merkwürdiges Verhältnis.
Helga begibt sich mit Ansgar ins Haus, gefolgt von Wasti, dem Dackel.

313 Kellerwohnung Ries

Evelyne hat Frau Ries ein Liedchen vorgesungen. Frau Ries sitzt ihr immer noch am Eßtisch gegenüber und kann sich nicht genug wundern über die junge Frau, die sie als Kind schon gekannt hat.
FRAU RIES. Sie haben fei eine schöne Stimme, Fräulein Evelyne. Erzählen S' mir was. Was haben S' denn vor?
EVELYNE. Ich möchte mich an der Musikhochschule bewerben. Ich will Gesang studieren.

Evelyne ist immer noch dabei, sich in der alten Wohnküche umzusehen. Erst nach und nach kann sie alles erfassen.

EVELYNE. An den Ofen da erinnere ich mich auch irgendwie, und an das Bild.

Das Bild, das über der Eckbank hängt, ist makaber: Es zeigt aus der Mentalität des wilhelminischen Kolonialismus Menschenköpfe, die die verschiedenen Rassen des ehemaligen Kolonialreichs symbolisieren: den Kuli, den Hottentotten, den Chinamann etc.

EVELYNE. *Frau Ries hatte schon meinen Vater als Baby im Arm gehalten. Sie trug noch alle Gefühle der Vorkriegszeit in sich. Sie war das Gedächtnis der Villa.*

314 Villa Cerphal, Bibliothek, Terrassenzimmer

Durch eine gläserne Schwingtür vom Terrassenzimmer getrennt, befindet sich im Erdgeschoß der Villa eine alte Bibliothek. Auch dieser Raum ist mit Holzvertäfelungen und Schrankeinbauten rundum edel ausgestattet. Es gibt eine gepflegte Schreibecke, einen in die Einbauten integrierten Ledersessel und eine Rokokoliege. Herr Gattinger fühlt sich hier als Hausherr. Er steht lässig-kultiviert vor den Bücherregalen und scheint vergeblich etwas zu suchen.

Er begibt sich zur Schwingtür, die sich aber nicht ohne weiteres öffnen läßt, weil Reinhard und Rob eine Leiter davorgestellt haben, um die Kinoleinwand aufzuhängen.

Gattinger verschafft sich zwischen den Beinen, der Leiter und allerlei Holzlatten Durchgang ins Terrassenzimmer. Dort entdeckt er Helga, die, auf die Biedermeierliege gekauert, in einem Buch liest. Gattinger bewegt sich auf Helga zu und versucht, ihr über die Schulter zu sehen.

GATTINGER. Genau das habe ich gesucht: André Schwarz-Barth, »Der Letzte der Gerechten«. Das ist mein Buch. Sie sollten aufhören, das zu lesen.

Er nimmt Helga das Buch einfach aus der Hand. Helga lehnt sich amüsiert zurück. Sie ist gespannt, was der braungebrannte Herr zu erzählen hat.

Die Freunde auf der Leiter geben ihr Zeichen, vorsichtig zu sein. Sie mißtrauen Herrn Gattinger jetzt noch mehr, seit er sich »Student« genannt hat.

GATTINGER. Sonst werden Sie heute abend noch sehr traurig werden.

Große Literatur, aber traurig, sehr traurig. Ich habe mit diesem Buch meinen traurigsten Sylturlaub verbracht. Man kann nämlich nicht aufhören zu lesen, wenn man einmal in dieses magisch-jüdische Schicksal eingestiegen ist.

Gattinger hat vor dem Wort »jüdisch« eine Kunstpause gemacht. Er konnte es nicht natürlich über seine Lippen bringen.

HERR GATTINGER. Glauben Sie auch, daß die Juden das auserwählte Volk sind?

HELGA. Sie sehen nicht aus, als ob Sie Jude wären.

Stefan, der das Gespräch eifersüchtig mit anhört, zieht das Leintuch unter Helgas Hinterteil heraus, stört ein bißchen, läßt die beiden dann aber wieder allein.

GATTINGER. Wie sehen Juden denn aus?

HELGA. *Sie* sehen eher wie ein Germane aus. Waren Sie bei der SS?

GATTINGER. Blond genug bin ich ja gewesen. Aber Sie? Sie sind aus dem Norden. Lassen Sie mich raten. Oldenburg?

HELGA. Nee.

GATTINGER. Celle?

HELGA. Nee, falsch.

GATTINGER. Weiter südlich oder weiter nördlich?

HELGA. Nee, weiter westlich.

Als Stefan bei den Freunden auf der Leiter ankommt, um eine Dachlatte hochzureichen, beugt Reinhard sich zu ihm herab. Die Anwesenheit Gattingers stört das Gruppengefühl der Jungfilmer empfindlich. Dieser Mann gehört nicht zu ihrer Generation. Das reicht, um ihn loswerden zu wollen.

REINHARD. Was ist denn das für einer?

STEFAN. Er gehört zum Haus. Der Herr, der das Finanzielle regelt.

ROB. Für mich ist das ein Erbschleicher.

REINHARD. Er hat auf jeden Fall sehr, sehr viel Zeit.

Die drei Filmemacher haben ihre Leinwand fertig. Ratlos sehen sie, wie Gattinger weiter mit Helga flirtet. Inzwischen hat er erraten, daß Helga aus dem westfälischen Städtchen Dülmen stammt. Gattingers Gelächter füllt den ganzen Raum.

HERMANN. *Stefan, Reinhard und Rob hatten einen Kurzfilm gedreht. Es war ein Film über Kriegsruinen und über die Münchner Oper, die im Krieg völlig ausgebrannt war. Kein Verleih wollte den Film ins Kino bringen, und die Filmbewertungsstelle hatte das Prädikat verweigert. Die Filmemacher veranstalteten ihre Premiere an diesem Abend im*

»Fuchsbau«. Sie wollten wenigstens bei uns, ihren Freunden, groß herauskommen.

Ansgar ist mit dem Teekochen fertig. Er hat einen zünftigen Brezenkorb hergerichtet und trägt beides in das Studentenzimmer.

ANSGAR. Wer will Tee, wer will 'ne Breze?

Gattinger hat es sich neben Helga auf der Liege gemütlich gemacht. Er liest ihr aus dem »Letzten der Gerechten« vor.

GATTINGER *(zitiert)*. »... waren wie zwei in die weiße Haut der Wangen gesteckte Kirschen. Bisse man leicht hinein, so dachte sie, dann würde jener feine rote Saft, das köstliche Blut der Kirschen austreten ...«

ANSGAR. Ach, hören Sie doch auf. Sie lügen.

Ansgar, der beim Teeausschenken bei Helga ankommt, hat nicht die geringste Scheu, den dreißig Jahre älteren Gattinger zu beleidigen. Stefan windet sich vor Peinlichkeit.

GATTINGER. Hören Sie mal! Das ist Schwarz-Barth! Das kennen Sie wohl nicht!

ANSGAR. Helga, hörst du nicht die falschen Töne? Du willst eine Künstlerin sein und merkst nicht, wie dieses Arschloch dich als Mülleimer benutzt!

Das war starker Tobak! Es entsteht Stille im Raum. Stefan und die Filmemacherfreunde sehen sich beklommen an.

GATTINGER. Interessant! Sagen Sie mal, sind Sie Schauspieler?

HELGA. Nee. Uns' Ansgar ist Mediziner, nicht?

ANSGAR. Sie sind hier fehl am Platz!

Gattinger gibt Helga das Buch zurück und erhebt sich.

GATTINGER. Sie können das zu Ende lesen.

ANSGAR. Sie erinnern mich an meinen Alten in Rosenheim. Der sieht auch so germanisch aus und besabbert einen mit seinen Predigten.

GATTINGER. Ich muß Sie enttäuschen, ich bin Atheist.

ANSGAR. So ein Buch sollte einer wie Sie gar nicht anfassen dürfen. An Ihren Fingern klebt Blut.

Nun hat auch Gattinger genug. Er will den Raum verlassen.

GATTINGER. Komm, Wasti!

HELGA. Was ist denn los hier? Der Herr hat dir doch überhaupt nicht den geringsten Anlaß gegeben!

ANSGAR. Dann bin *ich* jetzt eben mal Rassist! Wenn ich so einen sehe, aus der Generation, so gelackt und schleimig.

Helga hat Gattinger ermutigt, noch einen Augenblick zu bleiben. Er will sich auch nicht einfach vertreiben lassen.

Ansgar ist angeekelt. Er wendet Gattinger den Rücken zu, geht zu Helga an die Liege.

GATTINGER. Langsam, langsam ...

ANSGAR. Wirtschaftswunder in Person! Weißt du, was das Wirtschaftswunder ist? Das ist die Machtergreifung der Spießer, nur ohne Hitler.

GATTINGER. Von mir haben Sie keine Ahnung!

315 Villa Cerphal, Garten

Eine sommerliche Böe fährt durch die Wipfel der hohen Buchen im Villengarten.

Olga ist angekommen. Sie steht barfuß unter den Bäumen und weint. Ihre hochhackigen Schuhe trägt sie in den Händen.

Reinhard oben auf der Terrasse erkennt die Schauspielerin.

REINHARD. Olga? Mädel, was ist denn? Können wir dir helfen?

Olga nähert sich den Holzstufen, die zur Terrasse hinaufführen. Sie schreitet mit nackten Füßen langsam die fünf Stufen empor. Bei jeder Stufe wird sie trauriger. Als sie oben ankommt, muß Reinhard sie auffangen, weil sie ohnmächtig zu werden droht. Reinhard hält sie fest in seinen kräftigen Armen.

REINHARD. Olga, was ist denn, komm, sag doch was!

Olga lehnt ihren Kopf an Reinhards großen Bärenkörper. Ansgar kommt aus dem Villenzimmer. Er sieht Olga so traurig dastehen, hat sogleich den Verdacht, daß sie seinetwegen weint.

ANSGAR. Bin *ich* schuld?

OLGA. Ich weiß auch nicht, was mir fehlt. Seit Tagen ist mir zum Heulen. Kennt ihr das?

Reinhard streichelt die blonden Locken. Er ist warmherzig und fast väterlich zu Olga.

REINHARD. Ja. Das ist, als wären Vater und Mutter, die ganze Verwandtschaft, alle auf einmal gestorben. Das geht vorbei.

OLGA. Das hat schon im Garten angefangen. Eure zwei Silhouetten – wie hinter Glas oder unter Wasser.

Ansgar dreht sich eine Zigarette. Der Streit mit Herrn Gattinger und jetzt dieser Auftritt seiner Freundin, das überfordert ihn.

ANSGAR. Ich glaube dir kein Wort! So was kann man sich auch einbilden, vor allem, wenn man so eine große, hochtalentierte Schauspielerin ist wie du.

REINHARD. Du bist auch ein Schauspieler, Ansgar. Spielst hier den Zyniker.

ANSGAR. Ich mache mir nichts vor.

OLGA. Ist ja schon gut! Macht euch doch keine Gedanken über mich.

Olga beruhigt sich wieder. Die Freunde haben es nicht zugelassen, daß sie sich der Stimmung des Nachmittags hingibt. Sie setzt sich in den wackligen Korbsessel, stellt sich ihre Schuhe in den Schoß und wartet.

ANSGAR. Sag mal, was willst du hier überhaupt? Willst du hier Eindruck schinden mit deinem ätherischen Gewinsel? *(Imitiert Olga)* Bist du eigentlich wegen mir gekommen? Oder willst du hier jetzt einen neuen Freund suchen, oder was?

OLGA. Seit wir uns kennen, versuchst du mich nur zu beleidigen.

ANSGAR. Ach, Olga, seit wir uns kennen, gefällt dir das.

316 Villa Cerphal, Terrassenzimmer

Helga und Stefan streiten sich.

STEFAN. Das ist deine Erziehung als Lehrerstochter. Wenn einer über vierzig ist, dann geht Madame in die Knie.

HELGA. Du hättest ruhig mal zuhören können, das hätte nichts geschadet! Dieser Herr Gattinger hat mehr Bücher gelesen, als du jemals von außen gesehen hast.

STEFAN. Ja, Bücher, Bücher! Wenn auch sonst nichts läuft: Hauptsache Bücher.

HELGA. Ja, ja, sicher.

STEFAN. Lassen wir das. Das haben wir ja nun wirklich hinreichend besprochen, nicht?

HELGA. Du hast aber auch immer Schiß!

Als Stefan beleidigt in die Diele hinausgeht, kommt Olga herein, noch immer in merkwürdiger Verfassung. So, wie sie vorher grundlos geweint hat, so beginnt sie jetzt, beim Anblick von Ansgars Brezenkorb, der neben Stefans Aufklebezetteln steht, hemmungslos zu lachen.

HERMANN. *Stefan war der besondere Schützling der Hausherrin. Er durfte in der Villa wohnen und war damit Mittelpunktsfigur des Freundeskreises. Er war Jurastudent und auch in einer Villa aufgewachsen. Wir besuchten ihn meist mitten in der Nacht. In seinem Zimmer diskutierten wir und tranken und rauchten, rezitierten und musizierten, bis der Tag anbrach.*

317 Tor Villa Cerphal

Vor der Villa sind etwa ein Dutzend Gäste angekommen. Die meisten von ihnen junge Leute im Studentenalter, die sich beim Gartentor begrüßen und sich untereinander bekannt machen. Sie scheinen sich nicht sonderlich gut hier auszukennen, denn sie finden die Hausklingel nicht und wissen nicht, wie sie sich bemerkbar machen sollen.
Man berät sich. Zweifel kommen auf, ob man sich nicht in der Hausnummer geirrt hat.
Da erscheint Alex, der den versammelten Gästen sofort das Tor öffnet. Er benimmt sich, als wäre er der Abgesandte der Hausherrin oder zumindest der Sprecher der Filmemacher, von denen diese Einladung ausgeht.
Während Alex die Gruppe zum Haus führt, hält er mit lauter Stimme einen Vortrag.

ALEX. So, Freunde, heute sehen wir das Frühwerk der Spät-Avantgarde mit dem Prädikat »Besonders abgelehnt«. Haha, Memento mori! Das kann jedem mal passieren. Im Dritten Reich gab es das Prädikat »Völkisch wertvoll«. Das war wertvoller als das Prädikat »Besonders wertvoll«. Na ja, jetzt wollen wir mal sehen, was uns erwartet!

318 Eingang Villa Cerphal

Beim Betreten der Diele entsteht reichlich Konfusion. Alex ruft nach Stefan und übertönt all die anderen Gäste mit seinen aufwendigen Begrüßungssprüchen.

ALEX. Stefan, mein Oberstift. Kannst du mich bitte vorstellen?

STEFAN. Ja, schaun wir mal, wen du da mitgebracht hast! Die Filmvorführung ist da drin.

Stefan kennt die meisten Gäste auch noch nicht, so daß er die Leidenschaft von Alex, alle Leute beim Namen zu kennen, nicht befriedigen kann. Alex hat inzwischen Helga entdeckt. Er stürzt sich auf sie.

ALEX. Helga! Mein teutonischer Rotfuchs.

HELGA. Du mit deinen Tiernamen! Was bist denn *du* für ein Tier, sag mal?

ALEX. Jedenfalls kein Nagetier.

Zu allem Überfluß kommt auch noch Frau Ries mit Evelyne aus der Kellerwohnung herauf. Sie trägt das Bettzeug in den Armen, um Evelyne

ein Nachtlager damit zu bereiten. Mitten in der übervölkerten Diele stehen noch Evelynes Koffer, die erst einmal beiseite geschafft werden müssen, weil Reinhard und Rob Stühle vom Obergeschoß herunterbringen, damit alle im Terrassenzimmer sitzen können.
Stefan glaubt, sich vor dem strafenden Blick der alten Haushälterin entschuldigen zu müssen.

STEFAN. Frau Ries, das geht alles in Ordnung. Ich habe mit Frau Cerphal gesprochen.

Frau Ries ist aber an nichts mehr interessiert, als ihre Evelyne unbeschadet durch dieses Gewirr von Aktivitäten zu schleusen.

FRAU RIES. Ich bringe Sie in die Bibliothek, da finden wir schon ein Platzerl. Wenn S' Ihnen fei fürchten, Fräulein Evelyne, dann kommen S' einfach zu mir. Ich laß meine Tür für Sie offen.

EVELYNE. Machen Sie sich keine Gedanken, Frau Ries, ich werde mit hundert Studenten fertig. Die beißen nicht.

FRAU RIES. Ja, beißen tun s' nicht. Aber mit den Manieren beißt's aus.

Evelyne muß über ihr Wortspiel lachen. Sie hat ihre Koffer in die Bibliothek getragen und ist Frau Ries gefolgt. Endlich kann sie die Tür hinter sich schließen.

319 Villa Cerphal, Terrassenzimmer

Die Leinwand, die unter Robs Leitung aufgebaut worden ist, sieht ganz professionell aus. Sie verdeckt den Durchgang zur Bibliothek und verwandelt das Terrassenzimmer in ein schönes, kleines Kino.
Damit ist auch die Bibliothek, in der Evelyne schlafen soll, perfekt von dem Raum abgetrennt, in dem die Kurzfilmpremiere stattfinden soll.
Für Alex ist dies der Augenblick, allen noch einmal seine Version der Veranstaltung zu verkünden.

ALEX. Freunde, Buben, Flimmerstifte! Wißt ihr, was ein Flimmerstift ist? Flimmern kommt von Kino, ja, Stifte sind im Badischen die Lehrlinge. Die Wortprägung stammt von mir. »Papas Kino ist tot – es lebe Bubis Kino.« Wir können sagen – wir sind dabei gewesen. Ich habe die Gabe, uns historisch zu sehen – das liegt an meiner Fremdheit. In Baden-Baden war ich Berliner, in München bin ich Russe, in Moskau bin ich Deutscher. Unter uns bin ich der Papst und vertrete Christus in einem Haufen von Heiden ...

REINHARD. Nastrowje!

ALEX. Ihr glaubt mir wohl nicht?

ALLE. Doooch!

Alex hat keinerlei Hemmungen, sich derart in Szene zu setzen und sich selbst damit zum Gespött der Freunde zu machen. Er flirtet mit den Frauen, spricht alle an und fühlt sich als Stifter und Mittelpunkt eines großen Freundeskreises, den er permanent neu definiert, mit neuen Namen benennt und zum Kultobjekt macht.

Reinhard hat begonnen, die grünen Aufkleber zu verteilen. Es werden Stühle aufgestellt, der Projektor wird zur Vorführung fertig gemacht.

320 Villa Cerphal, Garten

Juan und Clarissa sind draußen im Garten geblieben. Die beiden sitzen auf den Stufen der Terrasse und genießen die hereinbrechende Sommernacht. Clarissa läßt sich neben Juan rücklings auf die Stufen gleiten, so daß sie Garten und Haus auf dem Kopf stehend sehen kann. So sieht sie auch Hermann, der jetzt mit seinem Fahrrad auf dem Kiesweg angefahren kommt, auf dem Kopf.

Hermann begrüßt die Freunde. Er spielt den Unbekümmerten, als wäre dies ein ganz alltägliches Treffen heute abend.

CLARISSA. Daß man dich mal wieder sieht!

HERMANN. Guten Abend, Clarissa. Ich konnte nicht früher kommen.

CLARISSA. Wir waren aber verabredet.

HERMANN. Was, hier?

CLARISSA. Nein, vor fünf Wochen. Fünf Wochen, vier Tage und zweieinhalb Stunden.

JUAN. Wir haben auf dich gewartet.

CLARISSA. Ja.

Hermann beugt sich zu Clarissa hinab. Sie genießt immer noch ihre verrenkte Kopflage auf der Treppe. Juan spielt verlegen mit einem Ball. Ein zweiter Ball liegt unter Clarissas Kopf.

HERMANN. Ihr habt auf mich gewartet! Das soll ich euch glauben!

JUAN. Das darfst du glauben.

HERMANN. Und ich habe euch gefehlt!

CLARISSA. Hermann, du bist immer auf der Flucht!

HERMANN. Meinst du? Ich?

CLARISSA. Sag mal, er wollte mir doch ein Cellokonzert schreiben, oder?

JUAN. Das hatte er gesagt!
HERMANN. Das hab ich auch getan.
Clarissa lacht. Sie sieht Hermann von unten an.
HERMANN. Ja, sag mal, können wir uns für morgen verabreden?
CLARISSA. Wann?
HERMANN. Wann? Um fünf am Sendlinger Tor.
CLARISSA. Um fünf am Sendlinger Tor. Und du kommst da wirklich hin?
HERMANN. Du weißt doch, daß du dich auf mich verlassen kannst.
CLARISSA *(lacht)*. Gut, abgemacht.
Das Gespräch hat zwischen Hermann und Clarissa sofort eine so konzentrierte Spannung, daß Juan sich ausgeschlossen fühlt. Clarissa spürt das und reicht zum Abschluß beiden Männern ihre Hände, damit sie ihr beim Aufstehen helfen.
Damit wird der Ball unter ihrem Kopf frei, rollt herunter und bleibt im Garten liegen.
Hermann starrt den Ball an. Er erinnert sich an einen Text von Karl Kraus, den er einmal vertont hat.
HERMANN. »Ich stehe wie das Glück auf einem Balle – doch werd' ich wacklig, wenn ich lange steh'.«
Clarissas Gesicht ist ganz nah vor ihm, als er aus seinem kleinen Traum aufwacht.
CLARISSA. Ich übe gerade für so einen Wettbewerb. Vielleicht könnte ich dein Stück...
Hermann sieht sie an. Er weiß nicht, was er sagen soll. Seine Gedanken suchen einen anderen Anknüpfungspunkt.
Stefan erscheint, um die drei daran zu erinnern, daß die Vorführung bald beginnt.

321 Villa Cerphal, Diele

Nun taucht auch Elisabeth Cerphal, die Hausherrin, auf. Sie kommt ein wenig gestreßt aus ihren oberen Räumen. Sie trägt ein hellrosa Jackenkleid und ist ganz aufgeregt über soviel Leben in ihrem Haus. Schon oben auf der Galerie gibt sie ihrer Freude Ausdruck und beeilt sich, zu den Gästen hinunterzugelangen.
FRÄULEIN CERPHAL. Wunderbar, Stefan! Ich freue mich schon so auf den Abend. Eine Filmpremiere hatten wir noch nie in diesem Haus. Sie sagen mir Bescheid, wenn's losgeht?

STEFAN. Wir wollen jetzt anfangen.
Die Cerphal ist noch gar nicht bereit, sich auf die Veranstaltung und auf die Gäste einzulassen, weil Herr Gattinger sie in der Diele aufhält. Er flüstert ihr etwas zu, was sie augenblicklich ablenkt.

322 Villa Cerphal, Bibliothek

Frau Ries versucht, Evelyne aus der Veranstaltung des Abends herauszuhalten. Sie hat es sich neben Evelyne, die auf ihrem Koffer sitzt, gemütlich gemacht. Die Bibliotheksdecke ist mit einer blau-goldenen Malerei ausgestaltet, die einen Sternenhimmel mit den Tierkreiszeichen und den Planetenbahnen darstellt. Frau Ries ist versucht, sich sternenkundig zu zeigen, was ein wenig schiefgeht.
FRAU RIES. Und Ihr Vater war Wassermann.
EVELYNE. Nein, der war Waage.
FRAU RIES. Waage? Und Sie sind – glaube ich – Skorpion.
EVELYNE. Nein, Löwe.
FRAU RIES. Löwe? Ah, der setzt sich auch durch.
Fräulein Cerphal hat Evelyne, von deren Ankunft sie draußen gehört hat, entdeckt. Aufgebracht öffnet sie die Bibliothekstür und beginnt unverzüglich, auf Evelyne einzureden.
FRÄULEIN CERPHAL. Evelyne, du schneist hier einfach so herein – ohne ein Wort. Du bist in München? Das habe ich ja gar nicht gewußt. Das mußt du doch ankündigen. Ist das dein Gepäck?
Frau Ries stellt einen der Koffer beiseite und beginnt, Evelynes Bett herzurichten. Sie nimmt gegenüber der Hausherrin sofort alle Verantwortung für Evelyne auf sich.
FRAU RIES. Sie dürfen Ihrer Nichte nicht bös sein, Fräulein Cerphal! Ich hab sie doch reingelassen!
EVELYNE. Tante, ich wollte hier wohnen – bis auf weiteres.
FRÄULEIN CERPHAL. Was?
EVELYNE. Frag mich bitte nicht. Ich konnte nicht anders.
FRÄULEIN CERPHAL. Aber Kindchen, wie stellst du dir das vor? Da oben wohnt mein Gattinger, hier unten die Studenten, und die Bibliothek, die ist dafür nicht geeignet. Das ist eine echte Rokokoliege, beispielsweise.
FRAU RIES. Ich kümmere mich schon um die Kleine. Lassen S' Eana nicht stören, Fräulein Cerphal!

Evelyne setzt sich auf die Rokokoliege. Sie geht nicht auf die Argumente ihrer Tante ein.

EVELYNE. Kann man die Tür da abschließen?

FRÄULEIN CERPHAL. Bei einer Schwingtür etwas schwierig. Nein, ich bin überfahren worden. Evelyne, du hast keine Kinderstube.

EVELYNE. Ich bleibe hier.

FRÄULEIN CERPHAL. Darüber reden wir noch.

Die Cerphal hat jetzt keine Zeit, sich auf einen längeren Disput mit Evelyne einzulassen. Außerdem ist Evelyne zu allem entschlossen und läßt sich nicht einschüchtern. Zwischen Evelyne und der Ries besteht zudem bestes Einvernehmen. So beschließt die Cerphal, die Sache erst mal auf sich beruhen zu lassen. Sie verläßt die Bibliothek wieder und ruft nach Herrn Gattinger, der offenbar in allen Lebenslagen ihr Ausweg zu sein hat.

323 Villa Cerphal, Diele

Es kommen verspätet immer noch Gäste an. Die Cerphal trifft auf Jean-Marie und Volker, die sie nervös begrüßt. Sie versucht es bei Jean-Marie, dem Halbfranzosen, in dessen Sprache.

FRÄULEIN CERPHAL. Ah, bon soir, mon chèr. Vous n'avez-pas des cigarettes pour moi?

JEAN-MARIE. Bon soir, Madame. Non, je m'excuse.

FRÄULEIN CERPHAL. Oh, domage, domage. Guten Abend.

VOLKER. Guten Abend, Fräulein Cerphal.

FRÄULEIN CERPHAL. Ach, ist das schön! Endlich mal wieder ein volles Haus. Wo darf ich mich denn hinsetzen?

324 Villa Cerphal, Terrassenzimmer

Die Cerphal betritt das Kinozimmer, in dem die Gäste bereits Platz genommen haben. Alle haben auf sie gewartet. Stefan ist nervös.

STEFAN. Hier, Fräulein Cerphal, den Platz haben wir für Sie freigehalten.

FRÄULEIN CERPHAL. Ah, auf den Königsstuhl?

In der vordersten Reihe hat man den schönsten Sessel für die Hausherrin freigehalten. Sie setzt sich aufwendig und grüßt nach allen Seiten.

FRÄULEIN CERPHAL. Bitte, bitte, lassen Sie sich nicht stören. Ich bin gar nicht da. Ah, Juan!

Sie begrüßt ihn besonders herzlich.

FRÄULEIN CERPHAL. Herr Simon! Wußten Sie, daß sich in diesem Zimmer Brecht und Feuchtwanger kennengelernt haben? 1927 – ich war sechzehn. Draußen im Garten wurden schon die Blätter gelb. Es war so September, Oktober. Mein Vater hielt ja nichts von diesen Autoren, aber sie kamen trotzdem in unser Haus. Da, auf dem Stuhl von der jungen Dame, da saß Brecht. Und hier, wo jetzt die Liege steht, da saß Feuchtwanger. Können Sie sich das vorstellen?

Stefan schenkt Rotwein ein. Er hat sich seinen Platz neben Helga gesichert.

STEFAN. Ja, wer weiß, Fräulein Cerphal, vielleicht wird das heute auch ein historischer Abend.

FRÄULEIN CERPHAL. Ja, das hoffe ich. Was glauben Sie, weswegen ich Ihnen mein Haus zur Verfügung stelle?

STEFAN. So, jetzt müssen wir aber wirklich anfangen.

Rob betätigt sich draußen auf der Terrasse als Vorführer. Reinhard, der ihm bei den letzten Handgriffen geholfen hat, kommt ins Zimmer.

Ansgar teilt sich mit Olga den großen Sessel. Er beugt sich vor. Er ist wieder voller Aggressionen.

ANSGAR. Und welche großen Nazis haben hier verkehrt? Sitze ich vielleicht auf dem Stuhl von Himmler oder Heß?

FRÄULEIN CERPHAL. Bitte, machen Sie keine Scherze!

REINHARD *(versucht abzulenken)*. Ein Likörchen?

FRÄULEIN CERPHAL. Wir sind froh, daß der Spuk an uns vorbeigegangen ist.

Herr Gattinger erscheint in der Dielentür. Er hat Fräulein Cerphals Zigarettenspitze und legt sie für sie auf dem Emailleofen ab.

GATTINGER. Keine Angst, ich bin bald wieder da.

FRÄULEIN CERPHAL. Danke!

GATTINGER *(entfernt sich in Hut und Mantel)*. Ciao!

Die Freunde schweigen. Sie sind froh, daß ihnen Herr Gattinger für den Abend erspart bleibt. Die Cerphal stellt ihren ständigen Begleiter nachträglich noch vor.

FRÄULEIN CERPHAL. Herr Gattinger ...

Stefans Nerven sind überreizt. Er sieht, daß ihm die Veranstaltung zu entgleiten droht, weil wieder Bewegung in die Gäste geraten ist und einige ihre Plätze tauschen. Andere kommen gerade erst an. Ungeduld breitet sich aus.

STEFAN. So, wir fangen jetzt an.

Also, wie gesagt, das ist die neue Fassung, die von der Filmbewertungsstelle abgelehnt worden ist. Können wir mal einen Moment Ruhe haben, ich möchte noch eine Kleinigkeit dazu sagen: Sie dürfen nicht zuviel erwarten. Wir feiern heute abend eine Art Anti-Premiere, gezwungenermaßen im Anti-Kino. Und so gesehen ist unser Film auch eine Art Anti-Film.

FRÄULEIN CERPHAL. Na, hoffentlich sind wir nicht das Anti-Publikum und lachen an der falschen Stelle.

STEFAN. Ich fürchte, Fräulein Cerphal, es gibt da leider überhaupt nichts zu lachen.

FRÄULEIN CERPHAL. Die Jugend ist immer ernst. Eine große Wunde. So war ich früher auch. Die Ideale stecken im Hals und schnüren das Lachen ab.

Alex hatte sich wieder einmal in die Küche verzogen, um dort etwas Eßbares zu erwischen. Kauend steht er nun neben Stefan, der den Lichtschalter betätigen will.

ALEX. Geht's schon los?

STEFAN. Ja, bitte, Alex!

FRÄULEIN CERPHAL. Stefan, fangen wir doch an.

STEFAN. Ja, Rob! Film ab!

Stefan gibt Rob, der draußen auf der Terrasse gewartet hat, das Zeichen. Auf der Leinwand erscheint das Bild der im Krieg zerstörten Münchner Oper. Hoch ragen die Grundmauern des Bühnenraums zum Himmel, ein pathetisches Ruinenbild, begleitet von Opernmusik. »Ein Film von Stefan Aufhäuser, Reinhard Dörr, Rob Stürmer« liest man auf der Leinwand. Schwere Gewitterwolken ziehen über dem zerstörten Theatergebäude auf, Mauerreste stürzen von den bröckelnden Wänden.

Olga, die depressive Schauspielerin, schläft in Ansgars Armen ein, während Ansgar sich aufrichtet, um den Film der Freunde besser sehen zu können.

325 Villa Cerphal, Bibliothek

Der Filmton dringt, kaum gedämpft, in die Bibliothek herüber. Durch die Glasscheiben der Schwingtür kann man auch Teile der Filmbilder sehen, die durch die Leinwand hindurchleuchten.

Frau Ries überlegt, wie Evelyne bei diesem Lärm schlafen können wird. Evelyne macht sich aber keine Sorgen. Sie hat sich in die Leseecke ihres Großvaters verkrochen und mustert die vielen Bücher, die fast alle aus dem Verlagshaus der Familie stammen.

EVELYNE. »Der Kampf um die Vorherrschaft in Deutschland«, auch Wilhelm Cerphal; Dostojewski, »Die Brüder Karamasow«, »Ludwig van Beethovens Leben, 1901«.

FRAU RIES. Ihr Großvater hat auch immer am liebsten in diesem Sessel gesessen und gelesen, wenn ihm das Leben im Haus zu bunt geworden ist.

EVELYNE. Sind das alles seine Bücher hier?

FRAU RIES. Da ist seit zwanzig Jahren nichts Neues dazugekommen. Das meiste ist ja noch vom ganz Alten, Ihrem Urgroßvater ...

EVELYNE. War der wirklich ein so harter Mann, wie mein Vater immer gesagt hat?

FRAU RIES. Ach wissen S', Fräulein Evelyne, ich möcht über meine Herrschaft nix Böses sagen. Die Welt war ja damals auch ganz anders als wie heut.

Frau Ries hat sich auf Evelynes Bett gesetzt. Die Erinnerungen an die gute alte Zeit überkommen sie.

FRAU RIES. Stellen S' Eana vor, Sie gehen durch München. Eine altehrwürdige Stadt. Alles hat seinen Sinn und seine alte Ordnung.
Es ist, als wollte die Großmutter der Enkelin ein Märchen erzählen. Evelyne beginnt, sich richtig »daheim« zu fühlen. Sie hört der alten Frau lächelnd zu.

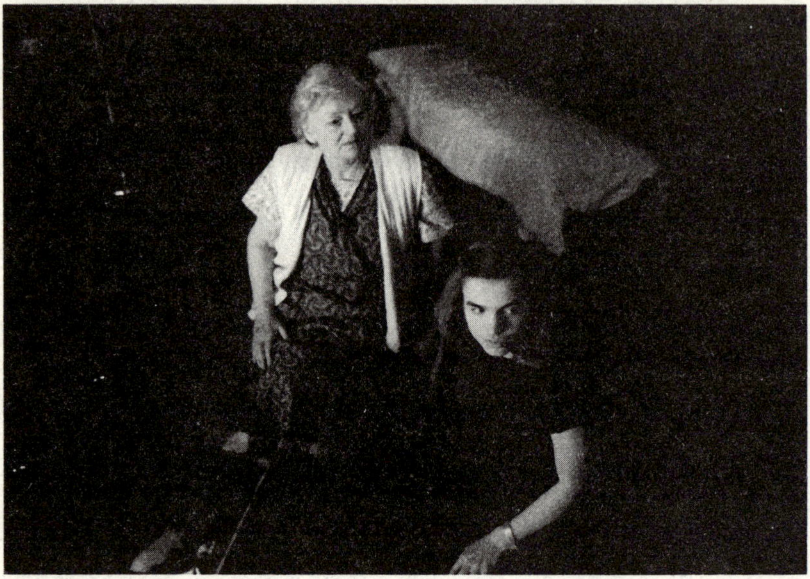

326 Villa Cerphal, Terrassenzimmer

Die Bilder des Kurzfilms beschreiben den Zustand einer Kriegsruine, achtzehn Jahre nach den Bombenangriffen: Idyllische Pflanzen wachsen aus den Mauervorsprüngen, unter der ehemaligen Bühne hat sich ein See gebildet, in dem sich der Gewitterhimmel spiegelt.
KOMMENTARSTIMME. Im folgenden Jahrhundert gelangte das Theater zu Weltruhm. Viele Werke von Wagner und Richard Strauss wurden hier uraufgeführt...
Hermann sitzt in Clarissas Nähe. Die beiden sehen sich an, genießen es, einander nahe zu sein.

327 Villa Cerphal, Bibliothek

Frau Ries erzählt Evelyne ihr ganzes Leben, ein Leben, das sie seit ihrer Jugend hier als Haushälterin der Familie verbracht hat. Deswegen sind auch die fremden Schicksale ihrer Herrschaftsfamilie ihr eigenes Schicksal geworden. Frau Ries hat ihr Leben von Anfang an ganz ihrer Herrschaft gewidmet. Daran findet sie nichts problematisch. Sie freut sich, Evelyne jetzt in die große Familiengeschichte einbeziehen zu können.

FRAU RIES. Man hat mich natürlich Probekochen lassen. Einen Châteaubriand hat man verlangt, einen Waldorfsalat und ein Fürst-Pückler-Eis. Das war natürlich an einem Tag, wo keine Gäste kommen sind. Frau Geheimrat war grad schwanger, mit dem kleinen Arno, Ihrem Vater. Wie die Zeit vergeht, Fräulein Evelyne! Sie sind mir sehr sympathisch.

Frau Ries erlaubt sich eine kurze, zärtliche Regung und berührt Evelynes Mädchenwange mit ihrem Handrücken. Dann gibt sie sich einen Ruck und trifft Anstalten, das Bibliothekszimmer gründlich aufzuräumen.

FRAU RIES. Unser Fräulein Cerphal wird sich schon beruhigen. Die hat ja viel zuviel zu tun, als daß Sie Ihnen Schwierigkeiten machen könnte.

Evelyne hält den Augenblick für gekommen, die brennende Frage nach ihrer Herkunft zu stellen. Sie läßt Frau Ries nicht ihre Arbeit aufnehmen.

EVELYNE. Wer war meine Mutter, Frau Ries? Haben Sie meine Mutter gekannt?

FRAU RIES. Hat Ihnen denn Ihr Vater nichts erzählt?

328 Villa Cerphal, Terrassenzimmer

Der Dokumentarfilm über das Nationaltheater geht seinem dramatischen Höhepunkt entgegen. In schwindelerregender Höhe schwingt sich eine riesige Feuerleiter über den Giebel des Bühnenhauses. Die Kamera wagt den Blick in die Tiefe.

329 Villa Cerphal, Bibliothek

Evelyne hat sich erhoben; sie steht jetzt Frau Ries mit ernstem Gesichtsausdruck gegenüber.

EVELYNE. Ich will wissen, wer meine Mutter war. Können Sie das verstehen?

FRAU RIES. Ja, das verstehe ich. Ich wär genauso. Man braucht das, grad, wenn man jung ist.

Evelyne setzt sich nah vor Frau Ries auf den Schreibtischstuhl. Fordernd blickt sie zu der alten Frau empor.

EVELYNE. Was wissen Sie?

FRAU RIES. Wenig. Es durft ja nicht drüber gesprochen werden.

330 Villa Cerphal, Terrassenzimmer

Die ausgebrannte Oper ist ein Stück gewaltige Architektur. Im Gegensatz zu den unzerstörten Gebäuden zeigt sie ihr Inneres, gibt sie ihr architektonisches Bauprinzip preis.

KOMMENTARSTELLE ZU FILM ... *1943 wurde das Opernhaus von Brandbomben getroffen. Das Feuer konnte nicht mehr gelöscht werden. Seitdem liegt die gewaltige Ruine einsam inmitten der wiederaufgebauten Stadt...*

Der Film beeindruckt die Freunde sehr.

331 Villa Cerphal, Bibliothek

Während wenige Meter entfernt das Kriegsschicksal eines Gebäudes beschrieben wird, versucht Frau Ries, ein Familienschicksal vorzuführen. Sie bemüht sich, Evelynes Mitgefühl für die Geschichte zu wecken.

FRAU RIES. Ihr Vater hätt den Verlag erben sollen. Wissen Sie das?

EVELYNE. Nein!

FRAU RIES. Wie 1941 der Rußlandfeldzug ausgebrochen ist, da ist Ihr Vater grad 22 geworden. Er war ein romantischer junger Mann. Wenn der gefallen wär, hätt ein jeder gesagt: Mei, der Träumer! So war er, und so war er auch in seiner Liebe zu Lieselotte. Romantisch und unbeirrbar.

EVELYNE. Lieselotte! Meine Mutter hieß Lieselotte?

Evelyne findet den Namen ihrer Mutter wunderschön. Sie beginnt von innen heraus zu leuchten, wenn sie den Namen wiederholt.

FRAU RIES. Ja, Lieselotte, das weiß ich genau, obwohl, persönlich habe ich sie ja nie kennengelernt.

EVELYNE. Warum waren alle in der Familie so gegen sie?

FRAU RIES. Sie war ein armes Ding. Das war wahrscheinlich alles. Freilich, wenn man damals schon gewußt hätt, daß ein Jahr später schon alles in Trümmern ist, dann hätt man's vielleicht auch anders gesehen, aber der Verlagserbe mußte doch eine Tochter aus bestem Hause heiraten. So war das damals, Fräulein Evelyne.

Wenn sie traurig wird, kann Frau Ries nichts anderes tun, als zu arbeiten. Sie räumt nun wieder Evelynes Koffer auf die Seite.

EVELYNE. Und der Papa hat sich durchgesetzt?

FRAU RIES. Er hat wieder an die Front müssen. Und jedesmal, wenn er einen Urlaub eingereicht hat, dann hat der Herr Geheimrat seine Beziehungen spielen lassen, so daß man seinem Sohn den Urlaub verweigert hat in Rußland.

EVELYNE. Sie war seine große Liebe!

FRAU RIES. Er hätt sie wollen heiraten, wenn er Urlaub gekriegt hätt.

EVELYNE ... Und ich war schon unterwegs! Stimmt's?

FRAU RIES. Ja. Und wie Sie dann auf der Welt waren, da hat man sich hier im Haus überlegt, ob man Sie adoptieren soll. Oder ein Heim finden, oder ob man die Braut abfinden sollt. Das waren so die Gespräche beim Mittagessen, bis dann das Bombeninferno kam. Im Juli 44, drei Tage lang. Es war die Hölle. Tausende sind in diesen Nächten umgekommen. Es war schrecklich. Man hat immer nur erfahren, wer noch alles umgekommen ist. Über sechstausend Menschen. Daß Ihre Mutter auch unter den Toten war, das war schon gar nicht mehr so einmalig, wissen S' ...

Nun ist Frau Ries nicht mehr fähig, weiterzusprechen. Von nebenan tönt Christoph Willibald Glucks »Furientanz« herein, eine Musik, die den Aufnahmen von der Oper unterlegt ist.

EVELYNE *(erhebt sich)*. War er ein großer Nazi, mein Großvater?

FRAU RIES. Nein, das bestimmt nicht. Dazu war er ein viel zu vornehmer Mensch. Der wurde geachtet, sogar von dene Hitlerleut.

EVELYNE. Die haben Menschen geachtet?

FRAU RIES. Die haben schon müssen! Die hätten sich doch gar nicht halten können ohne die einflußreichen Familien. Und wir waren ein einflußreiches Haus in München, Fräulein Evelyne!

Jetzt ist Frau Ries wieder das stolze Gewissen der Familie. Sie steht auf, um Evelyne mit ihren Gedanken in der Bibliothek allein zu lassen.

332 Villa Cerphal, Terrassenzimmer

Die Filmvorführung ist zu Ende. Applaus ertönt. Alex verschwindet wieder in der Küche. Stefan macht das Licht an. Sofort gehen die Diskussionen los, während die Gäste sich langsam von ihren Stühlen erheben.
Olga schläft immer noch auf Ansgars Knien. Ansgar rüttelt sie. Als sie wach wird, ist sie geblendet. Sie packt Ansgars Arm und hält sich damit die Augen und die Ohren zu. Sie versucht mit aller Gewalt, in ihrer Innenwelt zu bleiben.
ANSGAR. Du hast den Film wieder mal verpennt!
OLGA. Ich habe diese vielen Menschen atmen hören, hast du's gehört? Ich habe den Kopf voller Bilder, wahnsinniger Bilder und Geräusche.
ANSGAR. Du hast schon wieder von dem Zeug eingenommen. Ich hab's schon gesehen, als du gekommen bist.
OLGA. Ich hätte es heute nicht anders ausgehalten.
ANSGAR. Paß bloß auf, daß du nicht mal zuviel erwischst! Das ist nämlich saumäßig gefährlich. Ich sage dir das als Mediziner.
Ansgar ist sehr streng mit Olga. Er sieht ihr fest in die Augen und duldet nicht, daß sie ihm ausweicht.
OLGA. Du paßt auf mich auf, versprichst du mir das?
ANSGAR. Ich passe überhaupt nicht auf dich auf!

333 Villa Cerphal, Terrasse

Fräulein Cerphal steht plaudernd mit den jungen Schöpfern des Films auf der Terrasse und genießt die laue Sommernacht. Stefan und Reinhard schwelgen in ihrem Heimerfolg.
STEFAN. »Denn uns erzog die Schönheit der Ruinen.«
Ja, so heißt es in einem Gedicht von Pasternak. Das hat uns der Alex neulich aus dem Russischen übersetzt.
REINHARD. Das hat uns zwei Bier gekostet.
STEFAN. Ja, aber ich finde, das trifft genau das, was wir fühlen.
Die Cerphal entdeckt Rob, der auf der Terrasse erschienen ist, um den

Projektor abzubauen. Sie geht zu dem jungen Kameramann, um auch ihm zu gratulieren.

FRÄULEIN CERPHAL. Da ist er ja. Dankeschön, das war wunderbar.

ROB. Ja?

FRÄULEIN CERPHAL. Das hat mir großartig gefallen.

ROB. Ihnen hat's gefallen?

FRÄULEIN CERPHAL. Ja. Unsere alte, große Verlagsvilla in Bogenhausen, die ist ja leider auch zerstört worden. Aber der Garten war auch nicht so schön. Und die Ruine auch nicht. Sagen Sie, was ist das für ein vorsintflutlicher Kasten?

ROB. Ein alter Wehrmachtsprojektor.

Die Cerphal kann sich immer nur für wenige Minuten auf ein Thema konzentrieren. Schon geht ihr Blick in die Ferne.

FRÄULEIN CERPHAL. Was haben wir heute für einen schönen Mond!

Dieser leuchtet wie zum Greifen nah durch das Laub der Buchen.

334 Villa Cerphal, Terrassenzimmer

Juan und Clarissa singen zweistimmig ein südamerikanisches Volkslied und klatschen den Rhythmus dazu.

Die Cerphal schlendert rauchend an den Sängern vorbei und genießt das Lied. Sie geht in das Terrassenzimmer, wo Diskussionen über den Film und über Kunst im allgemeinen im Gange sind.

Herr Gattinger ist von seinem Spaziergang zurückgekehrt und hat sich unter die Gäste gemischt. Nun wird Hermann, den er mit seinen konservativen Meinungen über Kunst provoziert, sein Opfer.

GATTINGER. Menschen aus reicher Familie, also die Jungen aus reicher Familie, die hätten doch eigentlich, wenn sie im Künstlerischen tätig sind, die Aufgabe und auch die Möglichkeit, sich in ganz anderer Weise um diese Ideen zu kümmern.

FRÄULEIN CERPHAL *(unterbricht ihn)*. Ich glaube, ich muß mich ein bißchen um Sie kümmern, Herr Simon – oder habe ich euch gestört?

GATTINGER. Aber Elisabeth, du störst doch nie!

Hermann will höflich bleiben, vor allem jetzt, da die Hausherrin hinzugekommen ist.

HERMANN. Nein, es ging nur gerade darum, daß dieser Herr meinte, daß wir Kinder reicher Eltern wären, und ich wollte wissen, wie er auf so was kommt.

GATTINGER. Wissen Sie, das ist so ein Eindruck. Ich wollte Sie nicht kränken, aber es ist ja auch keine Schande, aus einer guten Familie zu sein – finden Sie nicht?

HERMANN. Wissen Sie, Ihre Haltung erinnert mich an was. Sie erinnert mich an meine Lehrer!

Die Cerphal versucht noch einmal zu schlichten.

GATTINGER. Elisabeth, keine Angst, wir streiten uns nicht!

Mit dieser Auskunft ist die Cerphal zufrieden. Sie läßt Hermann mit Gattinger allein.

HERMANN. Das erinnert mich an diese selbstgefällige Arroganz, wie sie Apothekerfamilien zum Beispiel gerne haben. Da sehe ich rot, bei so was. Das sind Leute, die glauben, sich alles leisten zu können. Vor allem leisten sie sich ihre Meinung über Kunst, was Kunst ist, und was keine Kunst ist.

Gattinger hört aufmerksam zu.

Hermanns eigentliches Interesse aber gilt dem Gesang, der von der Terrasse hereintönt. Die Stimme Clarissas bringt ihn aus dem Konzept. Er löst sich von Gattinger, um nachzusehen. Als er sieht, wie einträchtig Clarissa und Juan zusammen klatschen und singen, packt ihn Eifersucht, die er sich jedoch nicht anmerken lassen will. Statt dessen wird er gegenüber Herrn Gattinger immer heftiger.

HERMANN ... Das wird in Sekundenschnelle abgeurteilt.

GATTINGER. Das ist interessant, was Sie sagen. Und weiter?

HERMANN. Diese Leute brauchen Wohlklang, brauchen Schönheit, Reinheit, nicht wahr? Und das ist Machtausübung – und Angst. Das ist die Angst, in dieser satten Selbstgefälligkeit gestört zu werden. Und unsere Neue Musik, die richtet sich gegen diese alte Gesellschaftsordnung. So weit geht das für uns.

GATTINGER. Interessant, wo kann man das nachlesen?

HERMANN. Nachlesen? So was kann man nicht nachlesen. So was hat man in sich. Oder nicht.

GATTINGER. Ach so.

JUAN UND CLARISSA *(singen »Ojos Azules«).*

»Ojos azules no llores
nollores ni te en amores
llorarás cuando me vaya
cuando remedio ya no haya.«

Um Juan und Clarissa hat sich mittlerweile eine kleine Gruppe mitklatschender, mitsingender Freunde gebildet.

JUAN UND CLARISSA *(singen).*

»En una coba de vino
quisiera tomar veneno
veneno para matarme
veneno para olvidarte.«

Juan und Clarissa mimen »das Liebespaar«.

Als das Lied zu Ende ist, umarmen sich die beiden.

Wann haben sie sich getroffen, um das Lied zusammen einzustudieren? Wie oft und wo haben sich die beiden schon gesehen, ohne daß Hermann etwas davon ahnte? In seiner Seele wütet die Eifersucht gegen Juan. Aber sein Stolz ist so groß, daß er eine andere Frau anspricht, statt sich zu Clarissa und Juan hinzuzugesellen und zuzugeben, wie es um ihn steht.

Hermann sieht, daß Helga etwas in ihr Tagebuch schreibt.

HERMANN. Na, was schreibst du da?

HELGA. Worte. Worte, die mir einfallen.

HERMANN. Worte, die dir einfallen? Woher fallen sie dir ein?

HELGA. Weiß ich nicht. Ich höre zu.

HERMANN. Einfach zuhören?

Hermann setzt sich zu Helga auf die Liege. Sie läßt ihn in ihr Notizbuch sehen.

HELGA. Paß mal auf! Ist dir auch schon mal aufgefallen, du sitzt irgendwo und hörst zu. Plötzlich hörst du irgendwo ein bestimmtes Wort. Das Wort »Katze« zum Beispiel. Und kurz darauf hörst du genau dasselbe Wort in völlig anderem Zusammenhang. Merkwürdig, nicht?

HERMANN. Und so was schreibst du auf?

Hermann will das Experiment mitmachen. Er wirft das Wort »Katze« in den Raum und rückt näher zu Helga, um mit ihr zu horchen, ob und wann das Wort in den Gesprächen der Gäste wiederkehrt.

Im allgemeinen Lärmpegel ist jedes Wort, auf das man achtet, irgendwann einmal zu vernehmen. Einige der Gäste verabschieden sich, andere begeben sich zu Stefan, um seinen Film zu loben.

Plötzlich sagt eine junge Frau: »Magst du Katzenzungen?« Hermann und Helga stecken die Köpfe zusammen. Sie lachen.

HERMANN. Ich glaube, dort hat wirklich eben jemand gerade »Katze« gesagt.

HELGA. Die Leute merken das nicht. Aber das Wort springt. Da springt eine Wort-Katze durchs Zimmer.

HERMANN. Das ist ja wie Musik!

Stefan, Rob und Reinhard scheinen Probleme zu haben. Möglicherweise ist auch Stefan wieder eifersüchtig wegen Helga und ihres Tête-à-tête mit Hermann. Fräulein Cerphal muntert ihren mißgelaunten Untermieter auf.

FRÄULEIN CERPHAL. Was sind denn hier für lange Gesichter? *Katzenjammer?* Der Film war doch großartig.

Helga schreibt mit, was sie an Wortelementen aus dem Raum auffängt. Hermann beteiligt sich sogleich an dem Experimentalgedicht, das auf diese Weise entsteht.

HERMANN. Katze. Menschen, die »Katzen« sagen. Katzen...

HELGA. Katzenworte...

HERMANN. Katzenjammer!

Juan und Clarissa kommen von draußen herein. Clarissas Blick sucht Hermann. Er genießt es aber, nicht allein zu sein. Das gibt ihm das Gefühl der Überlegenheit. Schon wieder sein Stolz! Fräulein Cerphal macht sich an Juan heran, den sie ganz offensichtlich ins Herz geschlossen hat.

FRÄULEIN CERPHAL. Ach, Juan, war das schöne Lied spanisch oder südamerikanisch?

JUAN. Es war ein südamerikanisches Lied. Auf spanisch gesungen.

FRÄULEIN CERPHAL. Und worum geht es da?

JUAN. Wie immer um die Liebe.

FRÄULEIN CERPHAL. Katze sucht Kater.

JUAN. Nein, Frau verletzt Mann.

FRÄULEIN CERPHAL ... verläßt Mann!

Auch Clarissa hat ihren Stolz. Sie läßt Juan und Hermann stehen und schließt sich Volker an.

Hermann und Helga versuchen es jetzt mit anderen Worten.

HELGA. Schatten!

JUAN. Schatten. Katzenschatten.

Stefan beobachtet Helgas Flirt mit Hermann und findet ihn schlichtweg »zum Kotzen«.

HERMANN. Ein Katzenhaus.

HELGA. Einer, der »kotzen« sagt.

HERMANN. Kotzen. Katzenkotze.

335 Villa Cerphal, Terrasse

Einige Zeit später, als sich der Filmabend immer mehr in ein Sommernachtsfest verwandelt, finden sich Juan und Clarissa im Garten wieder. Clarissa balanciert auf Hermanns Fahrrad. Sie versucht, freihändig auf dem Sattel zu sitzen, mit den Füßen auf der Lenkstange. Dabei verliert sie das Gleichgewicht. Juan fängt sie auf.
Gerade in diesem Augenblick kommt Hermann vorbei.
HERMANN. Na, störe ich euch?
JUAN. Ja, du störst.
HERMANN. So. Dann kann ich ja wieder gehen.
JUAN. Ach, huevón!
HERMANN. Was?
CLARISSA. Nein, bleib doch.
HERMANN. Das verstehe ich nicht.
JUAN. Das macht nichts.
CLARISSA. Was habt ihr denn?
HERMANN. Nichts. Aber ich wollte euch wirklich nicht stören.
JUAN. Das hast du schon gemacht.
CLARISSA. Ach, ihr seid doch beide Idioten!
Es ist möglich, daß Juan die Eifersuchtsnummer mit Hermann einmal richtig ausspielen wollte. Vielleicht hat er sich auch wirklich in Clarissa verliebt und macht sich Hoffnungen. Aber das ganze Spiel der beiden Gockel findet ohne Clarissas Beteiligung statt. Sie hat vor allem Hermann nicht kränken wollen. Jetzt ist aber *sie* gekränkt und läuft weg.
Die beiden Hähne bleiben allein zurück.
JUAN. Du Arsch mit Ohren! So erobert man keine Frau!
HERMANN. Aber Nacht für Nacht spanische Gesangsnummern üben ... das ist die bessere Methode.
JUAN. Aber es hat funktioniert. Hah!
Juan hat Hermann getäuscht. Das tut seine Wirkung.
HERMANN. Aha!
JUAN. Eifersüchtig?
HERMANN. Ich bin doch nicht von vorgestern.
Hermann läßt Juan stehen. Er wendet sich wieder Helga zu, die ihn auf der Terrasse gesucht hat. Helga zeigt ihm das Gedicht, das sie inzwischen geschrieben hat.
HERMANN. Ah, das ist das von vorhin. Laß uns mal reingehen! Ich habe da eine Idee!

Hermann widmet sich jetzt vollends Helga und ihren Textexperimenten. Er setzt sich an den Flügel und beginnt, Helgas Texte zu vertonen. Juan bleibt einsam im Garten zurück.

336 Villa Cerphal, Bibliothek

Olga hat sich mit Ansgar in der dunklen Bibliothek verabredet. Dieser stille Raum dient den Freunden gelegentlich als »Liebeszimmer«.
Es wird kein Licht gemacht. Nur das Mondlicht, von dem Geäst der Laubbäume in Tausende hin und her tanzende Lichtflecken zerlegt, dringt durch die Fenster herein.
Als Ansgar die Tür hinter sich schließt, ist er erst einmal ohne Orientierung.
ANSGAR. Olga, wo bist du denn? Ich höre dich atmen.
OLGA. Das bin ich nicht. Leise, da schläft jemand.
ANSGAR. Komm her, faß da mal an. Spürst du, wie hart der ist?
OLGA. Ich will weg. Ich habe Angst hier drin.
ANSGAR. Das gefällt mir, wenn du Angst hast. Du hast mal wieder den ganzen Abend nicht begriffen, worum es geht. Stimmt's?
OLGA. Ich war so müde.
ANSGAR. Aber jetzt wirst du wach.
OLGA. Komm, Ansgar, ich habe wirklich Angst.
In diesem Moment richtet sich Evelyne, die während des Gerangels von Ansgar und Olga aufgewacht ist, in ihrem Bett auf. Olga flieht erschreckt aus der Bibliothek.
Für eine Sekunde fällt der Lichtschein von der offenen Tür auf Evelyne.
EVELYNE. Also, vor mir braucht ihr keine Angst zu haben. Wer seid ihr?
ANSGAR. Oh! Ist das eine Stimme!
Ansgar geht mit tastenden Schritten auf die tiefe Stimme zu. Dicht neben dem Bett stolpert er und fällt fast über Evelynes Beine. Er ertastet den fremden Körper, der sich aufrichtet. Er kann Evelyne nicht erkennen.
ANSGAR. Sie sind die besagte Nichte. Stimmt's?
EVELYNE. Machen Sie bitte Licht.
ANSGAR. Nein, sonst sagen Sie, ich soll wieder gehen, weil ich klein und häßlich bin.
EVELYNE. Häßlich bin ich selbst.
ANSGAR. Ist das nicht eine Chance? Ich sage Ihnen, wie *ich* aussehe, und Sie sagen mir, wie *Sie* aussehen.

Ansgar setzt sich am Fußende der Rokokoliege auf den Fußboden. Seine Augen suchen nach Orientierung an den Fenstern und den mondbeschienenen Bäumen draußen vor der Villa.

ANSGAR. Sie haben eine wahnsinnige Stimme!

EVELYNE. Das ist wie am Telefon. Ich höre Sie und stelle Sie mir vor.

ANSGAR. Keine Bilder. Bitte, keine Bilder! Sonst werden Sie enttäuscht sein. Ich will Sie nur hören.

Ansgar liegt nun auf dem Boden. Sein Gesicht verbirgt sich unter den Zierleisten der alten Liege. Evelyne beugt sich nach vorn. Sie möchte Ansgar erkennen.

EVELYNE. Ich habe gerade was geträumt.

ANSGAR. Was denn?

EVELYNE. Ich war ein Kind unter einem Waschbecken, das auf mich herunterbrechen wollte. Da war Sägemehl, ganz viel Sägemehl, das war aus meiner Lieblingspuppe ausgelaufen. Soviel Sägemehl konnte überhaupt nicht in der Puppe gewesen sein. Und da waren viele Menschen, die mich gesucht haben. Aber ich habe mich nicht gemeldet. Was kann das bedeuten?

ANSGAR. Das war vielleicht der Lärm von nebenan. Wo kommen Sie eigentlich her?

EVELYNE. Wenn ich das wüßte! Meine Familie ist mir ein Rätsel. Und Sie?

ANSGAR. Meine Familie? Ich bin dabei, sie zu vergessen.

EVELYNE. Lieben Sie die Frau, mit der Sie gerade hereingekommen sind?

Ansgar gibt sich einen Ruck. Er verschwindet fast unter Evelynes Bett. Er will sich vor ihr verbergen.

ANSGAR. Nein. Ich hasse sie. Ich fasse sie an, ich mache mich über ihren Körper her, aber ich hasse sie.

EVELYNE. Sie haben eine schöne Stimme. Ich glaube Ihnen alles, was Sie sagen.

ANSGAR. Ich lüge auch.

Evelyne lehnt sich zurück. Sie wird jetzt erst ganz wach. Sie erinnert sich an den Zweck ihrer Reise.

EVELYNE. Mit Lügen kenne ich mich aus. Erzählen Sie mir alles, ich möchte Ihnen zuhören.

ANSGAR. Die Wahrheit? Nichts als die Wahrheit?

EVELYNE. Ja.

ANSGAR. Ich möchte mich zu Ihnen legen.

EVELYNE. Tun Sie's doch.

ANSGAR. Dann werde ich aber schweigen.

EVELYNE. Einfach so?

ANSGAR. Ich mache Ihnen nichts vor. Ich habe auf einmal das Gefühl, daß wir hundert Jahre Zeit haben.

EVELYNE. Das ist schön. Ich bin auf der Suche nach etwas.

ANSGAR. Nach was?

ANSGAR *(richtet sich auf, ist plötzlich ganz nah bei Evelyne)*. Nach was?

337 Villa Cerphal, Garten

Aus dem Premierenabend ist ein melancholisches kleines Sommernachtsfest geworden. Überall im Garten haben sich Gesprächsgrüppchen gebildet oder Pärchen, die sich in die kuscheligen Mondschatten verziehen, um ineinanderzukriechen.

Fräulein Cerphal, ein wenig angetrunken, wankt im Garten umher. Sie leuchtet mit einem trüben Kerzenleuchter die Wege ab, die sie gegangen ist. In der Nähe eines Pärchens, das sich küßt, wird sie fündig.

FRÄULEIN CERPHAL. Ja, Gott sei Dank, da ist er ja, mein Ohrring. Pardon!

Olga liegt schlafend auf den Terrassenstufen, die sie zuvor so geängstigt haben.

Fräulein Cerphal beugt sich besorgt mit ihrem Kerzenlicht zu ihr hinab.

Reinhard, der ziemlich betrunken ist, will der Cerphal einen seiner grünen Aufkleber überreichen.

REINHARD. Papas Kino ist tot.

FRÄULEIN CERPHAL. Wer ist tot?

Die Cerphal kriegt die Dinge nicht mehr in die Reihe. Meint Reinhard die regungslos daliegende Olga? Sie tätschelt Olgas Wange.

FRÄULEIN CERPHAL. Fehlt Ihnen was, Kindchen?

Zum Glück bewegt Olga sich, wacht unter den Händen der Cerphal auf.

Reinhard will die Sache mit den Aufklebezetteln klarstellen.

REINHARD. Verteilen ... Schneeballsystem ...

Die Wege vom Innern der Villa zur Terrasse und umgekehrt sind seltsam geworden. Eine Freundin von Rob klettert durch eines der Fenster. Sie tritt dabei mit ihrem hohen Absatz in Robs Jackentasche.

ROB. Lissy! Oh, Lissy, dein Schuh!

Auf einem Balkon oberhalb des Fensters steht Dietrich, der Sänger aus

Volkers Eich-Konzert. Mit seiner schönen Baritonstimme improvisiert er kleine Kantilenen.

DIETRICH. Lissy, Lissy, gibt auf dein Schühlein acht. Seht, Renate glückt ein Balanceakt.

Tatsächlich ist auch Renate auf dem Fest aufgetaucht. Sie versucht, auf dem Terrassengeländer zu balancieren. Eine ihrer Freundinnen bewahrt sie vor dem Absturz.

Die Cerphal geistert immer noch mit ihrem Licht durch die Nacht. Sie bemüht sich, so gut ihr das noch gelingt, Ordnung in das Fest zu bekommen.

FRÄULEIN CERPHAL. Kindchen, mach doch keinen Unsinn. Juan, Juan!

Juan hat sich ganz in sich zurückgezogen. Wie ein Geist bewegt sich seine Silhouette unter den Bäumen. Er macht Tai-Chi-Übungen. Die Cerphal überlegt, ob sie ihn stören soll. Clarissa und Volker diskutieren über die Nöte der Neuen Musik.

DIETRICH *(singt)*. Olé! Olé! Papas Kino ist tot.

Fräulein Cerphal ist die gute Fee des Abends. Soll sie ihr Kerzenlämpchen ins Haus tragen? Sie zögert.

338 Villa Cerphal, Terrassenzimmer

Aus dem Terrassenzimmer tönt Klaviermusik. Hermann hat Helgas Texte vertont und versucht nun, das gerade entstandene Werk den »Fuchsbau«-Gästen vorzutragen.

Das Zimmer ist allerdings von lärmenden Gesprächsfetzen erfüllt.

Nur Alex hört intensiv zu. Er sitzt auf Stefans Bett und wiegt seinen Kopf konträr zu den Rhythmen, die Hermann spielt.

ALEX. Seid doch mal ruhig, Buben!

Aber Alex kann sich nicht durchsetzen. Die Cerphal, die sich nun auch für Hermanns Komposition interessiert, gibt ebenfalls Zeichen zur Ruhe.

Helga, die zum ersten Mal erlebt, daß einer ihrer Texte vertont wird, schwärmt.

HELGA. Das ist gut. Das ist die einzige Form, heute Gedichte vorzutragen. Das klingt!

Als Hermann die Cerphal vor sich stehen sieht, hält er inne. Jetzt endlich wird es ruhig im Zimmer.

FRÄULEIN CERPHAL. Laßt euch nicht stören. Ich bin gar nicht da.

Hermann, der jetzt spürt, daß alle ihn ansehen, beginnt von vorn. Nach einem kurzen Vorspiel auf dem Klavier singt er Helgas Wörtersammlung.

HERMANN *(singt)*. Ein Katzenhaus, ein Worthaus, ein Hauswort, eine Hauskatze, ein Wort, ein Haus, eine Katze, ein Schatten, eine Sage.

Da öffnet sich ganz vorsichtig die Schwingtür der Bibliothek. Direkt neben dem Flügel erscheint, in ein hellrosa Nachthemd gehüllt, Evelyne. Sie hat Hermanns Melodie schon im Ohr. Mitsingend bleibt sie neben ihm am Flügel stehen.

HERMANN. Mensch, Sie können ja richtig singen!

Evelyne lacht. Hinter ihr kommt nun auch Ansgar durch die Schwingtür. So begegnen sich die beiden zum ersten Mal bei Licht. Sie sehen sich in die Augen und verlieben sich ineinander.

ANSGAR. Das ist Evelyne.

EVELYNE. Guten Abend! Guten Abend!

HELGA. Guten Abend.

HERMANN. Guten Abend.

ALEX. Guten Abend.

Die Begrüßung Evelynes ist wie ein Einbruch in den Ablauf des Abends. Eine Wende für alle. Evelyne sieht in die Runde.

EVELYNE. Darf ich zuhören?

HERMANN. Es lohnt sich kaum.

HELGA. Probieren Sie doch mal mitzusingen! Hier ist der Text.

Auch Ansgar ist gespannt, was nun kommen mag. Hermann beginnt das Klaviervorspiel mit ganz neuem Tempo. Evelyne versucht, die Noten und Helgas Text gleichzeitig zu lesen.

EVELYNE *(singt)*.

»Einer, der Katze sagt,
zwei, die Katze sagen,
eine, die drei Katzen sagt,
einer, der Katze und Schatten sagt,
eine, die Katzenschatten sagt,
zwei, die Wort sagen,
Worte, die Schatten sagen,
einer, der Kotzen sagt,
zwei Worte, die Katzen sagen,

Schatten, die Worte kotzen,
Katzen, die Schatten sagen,

Schatten, die Katzenworte sagen,
Wortkatzen, die Sagen sagen,
Worte sind Katzensagen,
Ein Katzenhaus
Ein Worthaus,
Ein Hauswort,
Eine Wortkatze,
Eine Hauskatze,
Ein Wort,
Eine Katze,
Ein Haus,
Ein Schatten,
Eine Sage.

Ein Blinder,
der zwei Taube
Tasten lehrt.
Das Hirn
hat sieben Sinne.
Innen dunkel,
Fehlen vier.«

Evelynes schöne, volltönende Stimme hat alle Gäste herangelockt. Auch Clarissa ist erschienen und erlebt, wie Hermann in den Mittelpunkt der Ereignisse gerät. Helga hat sich inzwischen einen festen Platz an Hermanns Seite erkämpft.
Aus der Endstrophe hat Hermann einen Kanon gemacht, den die versammelten Freunde mitsingen. Unter der spontanen Führung von Dietrich, dem Bariton, gelingt das Ende so gut, daß es wilden Applaus gibt.
Vor allem Evelyne wird gefeiert, weil sie so schön gesungen hat mit ihrer tiefen Heldinnenstimme.

FRÄULEIN CERPHAL. Evelyne, du bist eine Künstlerin. Du kannst ja singen!

EVELYNE. Danke.

FRÄULEIN CERPHAL. Herr Simon, da ist uns ja ein richtiger Stern vom Himmel gefallen. Du brauchst die besten Lehrer.
Aber willst du dir nicht was anziehen, Kindchen?

Jetzt erst merkt Evelyne, daß sie im Nachthemd dasteht. Auch für sie hat sich alles geändert: Die Tante hat ihren Widerstand gegen sie aufgegeben, und sie ist von einer ganzen Runde zukünftiger Freunde umgeben.
Helga ist in Schöpferlaune. Sie möchte vor der versammelten Runde noch mehr Musik und Texte vortragen. Sie hofft, daß Evelyne weitere Lieder von Hermann und ihr singen wird.

HELGA. Spiel doch mal die Regenlieder!

HERMANN. Regenlieder?

Hermann spielt ein paar Takte. Alle hören ihm gespannt zu. Aber dann unterbricht er sich.

HERMANN. Die Regenlieder sind eigentlich für Gitarre! Fräulein Cerphal, haben Sie vielleicht eine Gitarre im Haus?

FRÄULEIN CERPHAL. Eine Gitarre ... eine Gitarre?

Aufgeregt läuft sie in die Diele und ruft nach Herrn Gattinger.

FRÄULEIN CERPHAL. Gerold! Gerold, haben wir eine Gitarre?

Endlich ist das Künstlerleben in ihrem Haus so, wie es sich die Cerphal immer gewünscht hat. Sie möchte diese jungen Leute am liebsten alle festhalten und sie nie mehr wieder weggehen lassen.
Sie klammert sich an Ansgars Arm. Der aber löst sich von ihr. Evelyne sieht ihren neuen Freund strahlend an.

339 Villa Cerphal, Garten

Auf der Mondseite des Gartens steht ein weißer Schaukelstuhl, Ansgars Lieblingsplatz.

Er findet Olga in seinem Stuhl. Olga weint. Ansgar bleibt vor ihr stehen.

OLGA. Ansgar, du bist frei.

ANSGAR. Was sagst du da? Du bist wohl wahnsinnig geworden! Natürlich bin ich frei! Willst du mir hier jetzt großzügig meine Freiheit schenken? Oder was? Bist wohl nicht ganz bei Trost!?

OLGA. Ich bin nur ein Schatten, ich existiere nicht mehr.

ANSGAR. Ach komm, Schauspielschülerin! Mach keinen Terror! Du willst regelmäßig aufs Kreuz gelegt werden. Das ist alles!

OLGA. Warum beleidigst du mich?

ANSGAR. Lügnerin!

OLGA. Ich liebe dich.

ANSGAR. Du lügst!

Im Hintergrund ertönen Gitarrenklänge. Hermann spielt sein Regenlied.

Ansgars Gedanken kehren zu Evelyne zurück. Olga erhebt sich. Sie sieht, daß ihre Geschichte mit Ansgar so nicht weitergehen kann, weil er sie mit seinem Zynismus zerstört.

Olga nähert sich der Terrasse, wo Alex sie mit seiner merkwürdigen Tiernamen-Manie anspricht.

ALEX. Das war heute wirklich eine äußerst luminöse Veranstaltung. Wißt ihr, was »luminös« bedeutet? Das kommt von den Lummen. Nicht wahr, Olga, mein brasilianisches Krallenäffchen?

Olga lebt in ihrer eigenen Welt. Die Tränen, die ihr über ihr Gesicht laufen, benetzen die Fensterscheibe, durch die sie in das Villenzimmer schaut. Hermanns Regenlied, das Evelyne mit kunstvoller Stimme vorträgt, ereignet sich hinter Olgas Tränenvorhang.

EVELYNE.

»Stirn und Augen tropfen wie von Blut.
Schlaf ist singende Narkose:
Regen rinnt seit Tagen durch die Rose,
Löscht am Dornengrunde Kuß und Glut.«

Clarissa weiß nicht, daß Hermann dieses Lied einmal für sie geschrieben hat. Er versucht ihr das mit einem sehnsüchtigen Blick mitzuteilen. Clarissa ist aber nur traurig über den Verlauf des Abends. Sie geht leise nach draußen mit dem Gefühl, Hermann verloren zu haben.

EVELYNE.

»Dünnes Rinnsal wie aus Wunden
spinnt sich lang zu müden Schnüren,
Wasserfäden, die zur Wurzel führen,
sind das Garn im Netz der Stunden.«

Die Cerphal spielt eine Partie Schach mit Juan. Sie hat die gleiche Zeit, die Hermann für das Regenlied gebraucht hat, benötigt, um Juan zu besiegen.

FRÄULEIN CERPHAL. Matt.

JUAN. Unglaublich ...!

340 Villa Cerphal, Garten

Ansgar hat seinen Schaukelstuhl nun wieder ganz für sich allein. Er schaukelt mit so großen Bewegungen, daß der Stuhl mit ihm nach hinten umkippt. So bleibt Ansgar, mit dem Kopf nach unten, liegen. Er spricht ein Gedicht, das er über diesen Schaukelstuhl geschrieben hat.

ANSGAR.

Mein Schaukelstuhl fällt hintenüber,
den Himmel reißt es mit
und Dächer,
Dächer rot und
Trunkenheit
und sauren Wein –
Die Füße über mir
und kleine Fliegen,
ein Tanz
mit Schwalbenzügen
über Meer.
Der Stuhl im Fall
nimmt Birkenäste
mit und Blau –
und Sehnsucht,

Wie durch ein Wunder hat Ansgar ein Rotweinglas auf seiner hochgestreckten Schuhsohle stehen. Er lacht. Er zitiert weiter.

Hände,
Liebe,
Tod

und Spiegel –
Spiegelblick,
Oh Fall, oh Fallen,
nein,
oh ende,
ende,
ende nicht!
jetzt ich –
und wieder,
wieder –
ich!

Der Sänger Dietrich hat sich ans Klavier gesetzt. Er spielt die Ballade Opus 23 g-Moll von Chopin.

Das Chopin-Stück gibt den Bewegungen der Personen einen ganz neuen Inhalt. Alles wird noch unwirklicher.

Die Cerphal hat sich neben Stefan gesetzt, ihren Untermieter, dem sie dieses ganze Künstlerleben zu verdanken hat. Aber er ist dem Hin und Her der Gefühle an diesem Abend nicht gewachsen.

FRÄULEIN CERPHAL. Nicht traurig sein, Stefan, in solcher Nacht wie dieser! Für eine junge Liebe muß man kämpfen.

Hinten im Garten hat Helga sich mit Hermann getroffen. Sie steht nah vor ihm und sieht ihm in die Augen.

HELGA. Versprichst mir was, Hermann?

HERMANN. Was?

HELGA. Nein. Schon gut.

HERMANN. Gut, ich verspreche es dir.

Helga wirft das Leberwurstbrot, das sie in der Hand hält, über ihre Schulter, weit in den dunklen Garten hinein. Dann schlingt sie ihre Arme um Hermann und küßt ihn leidenschaftlich.

Das Leberwurstbrot ist direkt neben Ansgar gelandet, der immer noch mit dem Kopf nach unten im umgekippten Schaukelstuhl hängt.

Oben auf der Terrasse bewegt sich Juan leise an den Menschen vorbei.

Clarissa beobachtet Hermann und Helga. Sie wendet den Blick ab von diesem Bild, das ihr weh tut. Langsam geht sie fort.

Die Cerphal ist ratlos, wie sie alles in Ordnung bringen soll. Sie hält Juan auf, der Clarissa nachlaufen will.

FRÄULEIN CERPHAL. Es ist schön heute, nicht? Juan, wohin des Wegs?

JUAN. Auf der Suche nach ...

FRÄULEIN CERPHAL. Nach dem Stein der Weisen?

JUAN. Nein, nach dem Schlüssel des Glücks.

FRÄULEIN CERPHAL. Oh, bleiben Sie, und setzen Sie sich hierher! Und erzählen Sie ihm, daß man um seine Liebe kämpfen muß.

Sie will Juan neben Stefan setzen. Juan aber geht weiter, bleibt dann am Terrassenende stehen und blickt zu Hermann hinüber.

JUAN. Aber das weiß er, oder?

FRÄULEIN CERPHAL. Ja, aber er glaubt es doch nicht.

Die Cerphal geht unsicher über die Stufen zur Wiese hinab.

Sie kommt bei Hermann und Helga an. Sie packt Hermann an den Schultern, um ihn von Helga zu trennen.

FRÄULEIN CERPHAL. Huppsala! Pardon, Herr Simon, man muß kämpfen um sein Glück, in solcher Nacht wie dieser.

Nun wendet sie sich an Helga. Sie nimmt ihre Hand und läßt sie nicht mehr los, schleppt sie so durch den Garten wie eine Puppe.

FRÄULEIN CERPHAL. Sag mal, Kindchen, hast du mal ne... Gerold?! Haben wir noch Zigaretten?

Hermann irrt auch durch den Garten. Er hat gemerkt, was er in dieser Sommernacht getan hat, in der alle Gefühle sich verwirrt haben. Er sieht, daß Clarissa verschwunden ist. Er beginnt sie zu suchen. Er rennt davon.

Evelyne ist bei Ansgars Schaukelstuhl angekommen. Sie sieht das Rotweinglas, das immer noch auf seiner Schuhsohle steht, und lacht. Sie befreit Ansgars Fuß. Ansgar kippt mit dem Stuhl nach vorne und ist bei ihr angekommen. Er sieht die Frau an, die er von nun an lieben wird.

341 Haus Clarissa

Hermann ist Clarissa gefolgt, aber er hat sie nicht einholen können. Jetzt sitzt er auf einer Trottoirkante.

Auf seinen Knien schreibt er – in aller Eile – einen Brief an sie.

HERMANN. *Liebe Clarissa, es muß endlich Schluß sein mit dem endlosen Zögern, Verstecken, Weglaufen. Du sollst es wissen! Auch wenn ich Dich dann für immer verlieren sollte. Ich liebe Dich, Clarissa. Seit ich zum ersten Mal in deine rätselhaften, abgründigen Augen geblickt habe, liebe ich Dich. Ein Lächeln? Aber es gilt nicht mir. Plötzlich ein Blick, und ich bin verwundet. Ich fühle mich mondweit fern von Dir, leer und tot. Clarissa, ich suche Dich und laufe doch ständig davon. Ich glaube, ich bin nicht mehr bei Sinnen.*

Hermann sieht die Zeitungsfrau, die die nächtliche Straße heraufkommt und das Eingangstor gegenüber aufsperrt. Hermann wartet, bis sie wieder herauskommt und nutzt die Gelegenheit, hinter ihr in das Haus zu schlüpfen.

342 Haus Clarissa, Treppenhaus

Mit seinem Liebesbrief, den er unterwegs zusammenfaltet, erreicht Hermann den ersten Stock. Hier liest er ihren schönen Namen: Clarissa Lichtblau, 3 x läuten.
Hermann horcht an der Tür. Es brennt kein Licht; er wagt nicht, zu läuten. Er hält den Brief in der Hand, weil es keinen Briefschlitz gibt. Was soll er tun? Den Brief einfach an die Tür heften?
Ungeschickt läßt er den Brief fallen. Da geht das automatische Treppenhauslicht aus. Hermann verwechselt im Dunkeln den Klingelknopf mit dem Lichtschalter. Er klingelt.
HERMANN. Verdammter Mist!
Jetzt geht das Licht von selbst wieder an. Hermann hebt seinen Brief auf und sieht sich um.
Von unten kommt ihm Clarissa entgegen. Hermann, immer noch seinen Brief in der Hand, stolpert, verliert den Brief noch einmal. Er segelt direkt vor Clarissas Füße.
Hermann und Clarissa stehen voreinander. Ein unendlicher Blick, bis das Treppenhauslicht wieder ausgeht.
Die beiden stürzen sich wortlos in die Arme. Heftige Küsse, Berührungen. Sie kriechen zueinander in ihre Mäntel. Dabei bemühen sie sich, leise zu bleiben. Ihre Bewegungen werden heftiger, aber auch ungeschickter. Hermann versucht, ihr den Slip auszuziehen. Er verhakt sich an den Strumpfbändern. Sie hilft ihm, streift das schwarze Seidenhöschen über die Schuhe.
Nun der Versuch, den Gürtel zu öffnen. Sie hilft ihm nicht dabei, läßt ihn statt dessen leidenschaftlicher werden.
Plötzlich geht das Treppenhauslicht wieder an. Die beiden stehen im grellen Licht, mit erhitzten, erschrockenen Gesichtern.
Oben, im vierten Stock, kommt ein Mann aus seiner Wohnung. Er sperrt zu und geht die Stufen herunter. Er ist zu dieser frühen Stunde schon auf dem Weg zur Arbeit.
Hermann hat sich von Clarissa gelöst.

CLARISSA. Ich muß weg.

Clarissa, die Angst vor einem Skandal im Haus der Wirtin hat, flieht die Stufen empor. Aufgeregt verschwindet sie in der Wohnung.

Hermann läuft ihr nach, will ihr wenigstens den Brief noch geben, kann aber die Tür nicht mehr erreichen, ehe der Hausbewohner bei ihm ankommt. Hermann kann verlegen gerade noch Clarissas Slip in die Tasche stecken. Der Mieter grüßt. Hermann grüßt zurück. Er sieht sehr unsicher aus. Der Hausbewohner schöpft plötzlich Verdacht und bleibt stehen.

MIETER. Was machen Sie da? Wohnen Sie da?

HERMANN. Nein, nicht direkt.

MIETER. Ja, dann kommen S' mit. Kommen S'.

Es nützt nichts, daß Clarissa nun wieder auf dem Treppenabsatz erscheint, um Hermann in die Wohnung zu schleusen. Der Mieter hat Hermann fest im Griff, lotst ihn zum Ausgang und wartet dort, bis das Tor sich hinter ihm geschlossen hat.

343 Vor Haus Clarissa

Auch draußen auf dem Trottoir behält der Mann Hermann unter Kontrolle, geht nicht weiter, bis Hermann es aufgibt und davonläuft. So endet dieser Liebesversuch.

344 Zimmer Clarissa

Clarissa hat sich an ihren kleinen Schreibtisch gesetzt und schreibt nun ebenfalls einen Brief.

CLARISSA. *Lieber Hermann, der Teufel hole Deine Eifersucht und meinen falschen Stolz! Warum spürst Du nicht, daß ich Dich meine und nur Dich mit allen meinen ... nein, was schreibe ich da ... schon wieder winde ich mich und beschreibe meine Angst. Ach, ich will es herausschreien, und wenn ich mich Dir damit tödlich ausliefere. Du sollst es jetzt erfahren. Ich schreibe schnell, damit ich den Brief gleich absenden kann. Ich renne gleich los, so schnell ich kann!*

All dies sind ihr zu viele Worte. Sie zerreißt den Brief wieder, nimmt einen schmalen Zettel und schreibt darauf nur: »*Ich liebe dich, Clarissa.*«

345 Schwabinger Straße

Clarissa läuft durch die Nacht. Sie erreicht einen Briefkasten, hier wirft sie ihr Liebesbekenntnis ein. Auf dem Umschlag steht nur: »An Hermann Simon, München.«

346 Villa Cerphal, Salon

Der Salon im Obergeschoß der Villa ist noch ganz im Stil der alten Herrschaftsvillen eingerichtet. Möbel, Ölgemälde, unzählige kleine Gegenstände und Nippes erzählen von der Familiengeschichte. Die Cerphal residiert auf einem Sofa und blättert in ledergebundenen Familienalben.

In einer Ecke steht Gattinger. Evelyne ist in einem Sessel eingeschlafen.

Die Cerphal hält Juan das Fotoalbum so hin, daß er die Bilder, die sie ihm zeigt, auch genau sehen kann.

Juan deutet auf das Bild eines jungen Mannes in Uniform.

JUAN. Und wer ist der stolze Soldat? Ein Offizier?

FRÄULEIN CERPHAL. Das ist mein älterer Bruder Peter.

GATTINGER. Oberleutnant des Heeres.

FRÄULEIN CERPHAL. Ja. Er ist als einer der ganz wenigen im Frankreichfeldzug gefallen. 1940. Das war ein tragischer Irrtum. An einem kleinen Waldsee im Elsaß. Eine verirrte französische Granate ist direkt vor seinem Zelt eingeschlagen. Wir haben es alle nicht fassen können.

Fräulein Cerphals in die Ferne gerichteter Blick erfaßt Evelyne, die zurückgesunken, mit der Teetasse auf dem Schoß, dort liegt und schläft.

FRÄULEIN CERPHAL. Evelyne schläft. Unsere Familie ist sehr frankophil, wissen Sie? Auch mein Bruder hatte schon vor dem Krieg viele gute Freunde in Frankreich. Frankreich gilt ja als Erbfeind, aber das ist natürlich alles Unsinn, Propaganda. Wir haben die Franzosen immer geliebt. Heute redet man von der deutsch-französischen Freundschaft, aber damals gab es sie wirklich. Hitler war ...

Das Thema interessiert auch Herrn Gattinger, der mit weiteren Familienalben hinzugekommen ist.

GATTINGER ... Ja, er war immer für die großen Lösungen. Er war Europäer.

FRÄULEIN CERPHAL. Haben Sie das gewußt?

GATTINGER. Das stimmt doch, Elisabeth!

JUAN. Tragisch, daß Ihr Bruder dort gestorben ist.

FRÄULEIN CERPHAL. Ja.

JUAN. Waren Sie Nationalsozialistin? Sagt man so? Ich meine, waren Sie Nazi?

Die Cerphal dreht sich fragend nach Gattinger um. Der aber hat sich neben den Ofen gesetzt und streichelt seinen Hund.

FRÄULEIN CERPHAL. Nein, wir waren nicht in der Partei. Mein Vater hatte einen sehr großen Verlag, wie Sie wissen, und natürlich sind sehr viele Leute, auch Nazigrößen, bei uns ein und aus gegangen. Das Geschäft mußte ja aufrechterhalten werden. Nicht?
Sie haben sicher in Santiago allerlei über Deutschland in der Schule gelernt. Aber Sie sollten uns eben aus der Nähe kennenlernen.
Würden Sie Herrn Gattinger als bösen Nazi bezeichnen?

JUAN *(wendet sich nun sehr höflich an Gattinger)*. Entschuldigen Sie bitte die Frage: Sind Sie ein Verwandter des Hauses?

GATTINGER. Nein. Ich gehöre sozusagen zum Inventar.

Die Cerphal versucht, Gattingers Antwort als Scherz umzumünzen.

FRÄULEIN CERPHAL *(lacht künstlich)*. Nein, nein. Herr Gattinger macht für mich das Finanzielle.

GATTINGER. Richtig, Elisabeth.

JUAN. Ich verstehe.

Juan geht leise zu Evelyne. Er nimmt der Schlaftrunkenen die Teetasse vom Schoß und stellt sie zu dem übrigen Porzellan. Dann geht er zur Cerphal zurück, die ihm ein uraltes Foto hinhält.

JUAN. Und das, sind Sie das auch?

Das Bild zeigt eine Frau im Jahrhundertwendekostüm mit einem prächtig gekleideten Kind auf dem Schoß. Die Cerphal lacht nun wieder ganz natürlich.

FRÄULEIN CERPHAL. Kaiserlich, nicht wahr? Wir waren ja ein sehr konservativer Haushalt. Mein Vater ist es bis heute geblieben. Auch als wir Kinder den alten Zopf schon lange abgeschnitten hatten, nach 33.

JUAN. Und das, sind das gläubige Juden?

Juan hat ein Foto von Männern in altjüdischer Tracht, mit Bärten, Käppis und Kaftanen, entdeckt.

FRÄULEIN CERPHAL. Ja, das ist Onkel Goldbaum, der Kompagnon meines Vaters, bis 1935. Wir haben ihn rechtzeitig in Sicherheit gebracht. Seine Tochter schreibt mir noch heute regelmäßig aus Haifa.

JUAN. Ist er nach dem Krieg zurückgekehrt?

FRÄULEIN CERPHAL. Nein, er ist kürzlich in Israel gestorben. Ich habe oft an ihn gedacht während der schlimmen Zeit. Ich denke noch heute oft an ihn, sehr oft. Wir haben ihm viel zu verdanken, sehr viel. Dieses Haus hat ihm ja einmal gehört.

Jetzt wird Herr Gattinger aufmerksam. Er legt die Alben, die er immer noch auf dem Schoß hält, beiseite und kommt näher.

GATTINGER. Ach, das hast du mir ja noch gar nicht erzählt, Elisabeth.

FRÄULEIN CERPHAL. Nein?

GATTINGER. Nein.

FRÄULEIN CERPHAL. Du hörst das auch zum ersten Mal heute, Gerold?

GATTINGER. Das höre ich zum ersten Mal.

FRÄULEIN CERPHAL. Wir haben ihm viel zu verdanken.

Juan versteht die vielen schuldbeladenen Gefühle dieser Deutschen nun gar nicht mehr. Er will das Gespräch auflockern.

JUAN. Meine Großmutter war auch jüdisch.

GATTINGER. Ja, ja.

JUAN. Aus Rußland.

FRÄULEIN CERPHAL. Juan, sind Sie ein Kalmücke? Nein, Sie sind ein Zigeuner! Ach was, Sie sind einfach ein Don Juan. Kommen Sie! Jetzt trinken wir noch eins.

Sie hat Juan wieder zu sich auf das Sofa gezogen. Sie lacht so laut, daß sie sich selber wegen der schlafenden Evelyne ermahnen muß.

347 Villa Cerphal, Terrasse

Gattinger ist auf den Balkon hinausgetreten, weil er auf der Gartenterrasse noch Stimmen vernimmt.
Renate will sich in Anwesenheit von Alex dem völlig betrunkenen Filmemacher Reinhard als Nachwuchsschauspielerin vorstellen. Sie zitiert aus »Romeo und Julia«.
RENATE. »Es war die Nachtigall und nicht die Lerche, die eben jetzt mein banges Ohr durchdrang. Sie singt des nachts auf dem Granatbaum dort, glaub' Lieber mir, es war die Nachtigall ...«
Gattinger, der den Text sofort erkannt hat, mischt sich von seinem Balkon aus ein. Er spielt sozusagen den Romeo in Renates Julia-Interpretation.
GATTINGER. »Die Lerche war's, die Tagverkünderin.«
Herr Gattinger weiß mal wieder was
GATTINGER. »Nun, noch tagt es nicht, Herz. Noch plaudern wir.«
Renate ist glücklich, daß sie einen Spielpartner gefunden hat. Sie steigert sich.
RENATE. »Es tagt, es tagt.«
ALEX. Das stimmt.
RENATE. »Auf, eile! Fort von hier. Es ist die Lerche, die so heiser singt.«
Tatsächlich sieht man das erste Tageslicht hinter den Bäumen. Die Cerphal läßt sich aus dem Salon vernehmen.
FRÄULEIN CERPHAL. Gerold ...
GATTINGER. Ja, keine Angst, Elisabeth. Ich komme schon!
RENATE. »Oh, stets hell und heller wird's. Wir müssen scheiden ...«
Gattinger winkt. Er verschafft sich einen stichwortgemäßen Abgang. Renate sieht ihm nach und weint. Sie ist immer noch Julia, die gerade die schwere Trennung von ihrem Geliebten ertragen muß.
Reinhard findet Renates Auftritt rührend. Er küßt sie, um zu ihrem Schauspiel nichts sagen zu müssen.
Renate steht da und kann nicht in die Realität zurückfinden.

348 Isarufer

Im Licht der aufgehenden Sonne rennt Hermann nach Hause wie ein Hund, den man geprügelt und davongejagt hat.
Er hat Clarissas Seidenslip in der Tasche. Die Schatten der Bäume und Büsche verdecken dem von der Liebe gehetzten jungen Komponisten noch das Tageslicht, aber es wird ihn unweigerlich einholen.

349 Kellerwohnung Ries

Frau Ries ist damit beschäftigt, das Frühstück zu bereiten. Sie gießt den Kaffee auf und ordnet Teller, Tassen, Brot, Butter und Milch.
Sie hat das Radio eingeschaltet, um die Nachrichten zu hören.
RADIOSPRECHER. Der Bayerische Rundfunk bringt Nachrichten. ... Beim Gongschlag ist es 8.00 Uhr ... 8.00 Uhr ... Berlin. Wie bereits mehrfach berichtet, haben die Behörden der Sowjetzone in der vergangenen Nacht mit Billigung und auf ausdrückliche Aufforderung der übrigen Staaten des Warschauer Paktes die Grenzen zwischen Westberlin und der Sowjetzone sowie die Sektorengrenze zwischen West- und Ostberlin abgeriegelt. Mit dieser Maßnahme will das Regime in Pankow den Flüchtlingsstrom stoppen. Gleichzeitig wurde es allen Bewohnern Ostberlins und der Sowjetzone verboten, weiterhin in Westberlin eine Beschäftigung auszuüben.

350 Villa Cerphal, Bibliothek

Vorsichtig öffnet Frau Ries die Tür zur Bibliothek. Als einzige ist sie in diesem Haus schon so früh auf den Beinen.
Auf Zehenspitzen nähert sich die Ries mit ihrem Frühstückstablett der Liege, auf der Evelyne schläft. Sie trägt ein zierliches Holztischchen zu Evelyne, um ihr das Frühstück recht gemütlich ans Bett zu servieren.
RADIOSPRECHER. Anstelle der bisher 80 Sektorenübergänge sind nur noch 13 geöffnet. An fast allen Straßenübergängen in West- und Ostberlin hat die Volkspolizei Stacheldrahtzäune errichtet und das Pflaster aufgerissen. Gleichzeitig wurden Teile einer Volksarmee-Division nach Ostberlin verlegt. An strategisch wichtigen Stellen sind Panzer aufgefahren. Die öffentlichen Gebäude stehen unter verstärk-

tem militärischen Schutz. Die Stimmung der Ostberliner Bevölkerung wird von Augenzeugenberichten übereinstimmend als äußerst erregt bezeichnet. ...Die kommunistischen Agitatoren, die die Sperrmaßnahmen verteidigen wollten, wurden niedergeschrien. In zwei Fällen gingen Volkspolizei und SED-Kampftruppen gegen die laut protestierende Menschenmenge vor. Ein Westberliner wurde durch einen Bajonettstich verletzt, als er mit einem Grenzpolizisten in Streit geriet. Im Süden der Stadt verprügelten Westberliner einen Volkspolizisten. Die Westberliner Polizei drängte daraufhin die empörte Menge von der Sektorengrenze zurück. Am Brandenburger Tor nimmt der Andrang von Stunde zu Stunde auf beiden Seiten zu. Bundesminister Ernst Lemmer forderte an Ort und Stelle die Bevölkerung von Ost- und Westberlin auf, Ruhe und Disziplin zu wahren. Er sagte, es sei eine unerhörte Blamage, daß sich ein Regime mit Stacheldraht schützen müsse...

Frau Ries nimmt die Nachrichten kaum zur Kenntnis. In ihrem Leben hat es so viele Schicksalsschläge gegeben, daß sie die Berliner Ereignisse gar nicht berühren. Es sind für sie Nachrichten wie an jedem Tag.

Evelyne ist langsam aufgewacht. Sie braucht eine Weile, bis sie wieder weiß, wo sie sich befindet. Die Morgensonne scheint direkt auf ihr Bett.

EVELYNE. Guten Morgen.

FRAU RIES. Guten Morgen. Sie haben aber einen leichten Schlaf! Ich habe Ihnen ein kleines Frühstück hingestellt.

EVELYNE. Wieviel Uhr ist es denn?

FRAU RIES. Schon acht Uhr durch.

EVELYNE. Es ist so still im Haus.

FRAU RIES. Die schlafen ja noch alle. Die machen den Tag zur Nacht. Um fünf Uhr nachmittag fängt hier im Haus erst das Leben an.

EVELYNE. Ich war noch nie so lange auf. Außer in der Nacht, wo mein Vater begraben wurde. Da habe ich überhaupt nicht geschlafen.

Frau Ries überreicht Evelyne einen Briefumschlag, den sie aus ihrer Schürzentasche zieht.

FRAU RIES. Ich habe Ihnen was mitgebracht. Kennen S' die Schrift?

EVELYNE. Der ist an Sie! Sieht aus wie Papas Handschrift.

FRAU RIES. Sie dürfen den Brief behalten. Er ist vom Herbst 55. Ihr Vater hat mich gebeten, ich möcht die Schwester von Ihrer Mutter suchen. Und ich hab sie gefunden, sie hat ein Milchgeschäft in der Häfnerstraß, und ich hab ihr auch die zweihundert Mark gegeben, die in dem Brief drin waren. Der Betrag wird im Brief erwähnt. Lesen S' ruhig!

Evelyne hat den Brief geöffnet. Frau Ries schaut ihr liebevoll dabei zu.

EVELYNE. Frau Emmi Schmidt, geborene Ziegler ... meine Mutter hieß Ziegler? Lieselotte Ziegler ... Lieselotte gefällt mir.

EVELYNE *(liest den Brief vor). »... Sie werden gewiß die geeigneten Worte finden, um meine Lage zu erklären, warum ich nicht selbst kommen kann. Ich möchte, daß Frau Schmidt das Grab meiner geliebten Lieselotte auf dem Ostfriedhof pflegen läßt ...«*

FRAU RIES. Ich habe mich auch daran gehalten und habe niemanden von der Familie in die Angelegenheit reingezogen.

EVELYNE. Wie sieht denn die Emmi, meine Tante, aus?

FRAU RIES. Ja, wollen S' denn net hingehen?

EVELYNE. Ich fürchte mich.

FRAU RIES. Sie ist eine einfache, aber gute Frau. Gehen S' ruhig hin. Aber zuerst tun S' frühstücken, sonst wird der Kaffee kalt.

Frau Ries läßt Evelyne allein. Immer wieder liest sie den Brief ihres toten Vaters. Sie beißt ab und kaut aufgeregt.

351 Café am Siegestor

Etwas ist an diesem weltgeschichtlichen Tag auch in München anders als sonst. Die Stadt scheint den Atem anzuhalten. Es ist merkwürdig still. Auch in der Nähe des Siegestores, wo Ansgar in einem menschenleeren Café sitzt. Er liest die neuesten Nachrichten in der *Süddeutschen Zeitung.*

Evelyne erkennt ihn schon von weitem. Sie nähert sich dem Tisch, an dem Ansgar sitzt, und wartet, bis er ihre Anwesenheit spürt und über den Zeitungsrand direkt in ihre Augen blickt.

EVELYNE. Hallo! So sehe ich bei Tageslicht aus.

ANSGAR. Hallo! Ich war gerade ganz weit weg in Gedanken ...

EVELYNE. Hast du überhaupt nicht geschlafen?

ANSGAR *(schüttelt den Kopf und sieht Evelyne blinzelnd an).* Es ist alles so hell hier. Kennst du das, wenn man eine Nacht durchgemacht hat, diese wahnsinnige Deutlichkeit, die auf einmal alles bekommt? Ich sehe dich wie eine Projektion ... Du bist der einzige Mensch in diesem Augenblick.

EVELYNE. Ich habe auch immer noch diese vielen neuen Gesichter von heute nacht im Kopf. Die ganzen Namen habe ich mir überhaupt nicht merken können.

EVELYNE *(setzt sich ihm gegenüber)*. Wie kommst du eigentlich in das Haus meiner Tante?

ANSGAR. Ich kenne Reinhard über Stefan. Hermann und Juan habe ich mal auf dem Königsplatz kennengelernt, über Juan kenne ich Clarissa, über Hermann Olga und – na ja, über Olga irgendwie dich. Aber wenn du die anderen fragst, dann hörst du lauter verschiedene Geschichten, klar?

EVELYNE. Bist du schon lange da?

ANSGAR. Bin ich schon lange da? Nein, ich war noch im Englischen Garten. Erzähl mir bißchen was von dir! Ich kann gut zuhören, wenn ich so müde bin, deine Stimme ist wie Meeresrauschen.

EVELYNE. Ansgar, hör bitte, ich möchte, daß du mich begleitest. Laß uns nebeneinander dahin gehen. Du kannst mir den Weg zeigen. Kennst du die Häfnerstraße?

ANSGAR. Häfnerstraße...

EVELYNE. Komm, ich erzähle dir unterwegs meine ganze lange Geschichte.

ANSGAR. Habe ich schon bezahlt?

Sie lächelt Ansgar aufmunternd an. Er erhebt sich träge und geht mit ihr fort.

352 Häfnerstraße

Ansgar und Evelyne haben das Milchgeschäft gefunden, das Frau Ries beschrieben hat. Auf dem Weg erklärt ihm Evelyne die ganze Geschichte: daß sie erst seit kurzem weiß, wer ihre richtige Mutter gewesen sei, daß die Mutter im Krieg umgekommen sei und daß ebendiese Schwester ihrer Mutter nun ihre Tante sei und ein Milchgeschäft hier besitze, wie schon die Großeltern.

Vor dem Schaufenster bleiben die beiden stehen. Sie bemühen sich, unauffällig zu bleiben, denn im Innern des Ladens ist eine etwa 45jährige, rundliche Frau damit beschäftigt, Eier zu sortieren.

Das muß die Tante sein. Evelyne wagt es nicht, durch die Schaufensterscheibe zu schauen. Ansgar tut es für sie. Er liest den Namen der Inhaberin, der klein in einer Ecke des Schaufensters geschrieben steht.

ANSGAR. Inhaber: Emmi Schmidt.

EVELYNE. Sprich doch du mit ihr! Ich möchte ihr zuhören, glaube ich. Ich weiß noch nicht, ob ich mich zu erkennen geben will.

Ansgar ist sofort entschlossen. Er geht voran und betritt den Laden.

353 Milchladen

Die Milchfrau unterbricht ihre Arbeit und begrüßt die beiden jungen Leute mit fragendem Blick. Ansgar spricht bayerisch mit ihr.

ANSGAR. Mir hätten bitte gern an hoiben Liter Muich, und geben S' uns zwoa Strohhalme no dazua, damit mer's glei trinka können.

EMMI SCHMIDT. I ko eana a an Becher geb'n ... woin S' die Muich warm oder koit?

EVELYNE. Warm.

ANSGAR *(fällt Evelyne ins Wort)*. Kalt. Geben S' es uns gleich so, wir trinken's dann lieber draußen.

EMMI SCHMIDT. Ist ja auch ein schöner Tag. So, macht 85 Pfennig ...

Als die Milchfrau etwas zu intensiv in Evelynes schöne Augen starrt, lenkt Ansgar rasch ab.

ANSGAR. Wissen Sie vielleicht zufällig, ob in der Gegend jemand Studentenzimmer vermietet?

EMMI SCHMIDT. Ah, Studenten san S', das hab i mir gleich denkt. Ja mei, was glauben S', wie oft ich das gefragt werd. Geben S' halt mal eine Anzeige auf, vielleicht hilft das was. Tut mir wirklich leid!

Die beiden verabschieden sich ziemlich schnell und verlassen mit ihrer Milchflasche den Laden.

354 Häfnerstraße

Die Milchfrau sieht noch fragend hinter ihnen her. Etwas hat sie unsicher gemacht, sie kann Evelyne aber nicht einordnen. Sie schüttelt den Kopf und kehrt in das Innere ihres Ladens zurück.

ANSGAR. Mensch, Evelyne, hast du das gemerkt, ihre Stimme, die klingt genau wie deine!

EVELYNE. Ach, ältere Leute haben oft tiefe Stimmen.

ANSGAR. Nein, das klingt, wie soll ich sagen: wie ein Ei dem anderen.

Evelyne muß über Ansgars Wortspiel lachen. Sie versucht, mit der Stimme der Tante zu sprechen. Ansgar ist begeistert. Er findet die Ähnlichkeit frappierend.

355 Nordfriedhof

Ansgar und Evelyne haben auf dem alten, aufgelassenen Friedhof eine schattige Bank gefunden, wo sie einträchtig ihre Milch trinken.

EVELYNE. Nicht reinpusten!

ANSGAR. Du trinkst schneller!

EVELYNE. Ist ja auch die Milch von meiner Tante.

Das Trinken mit Hilfe von zwei Strohhalmen aus einer Flasche bringt die beiden Gesichter einander sehr nah. Die Blicke sind verliebt und spielerisch. Ansgar versucht, ernst zu werden.

ANSGAR. Du, wollen wir mal rübergehen zur Musikhochschule? Du mußt dich ja schon mal dran gewöhnen. Das ist nicht so weit von hier. Fünf Minuten oder so.

EVELYNE. Mußt du nicht in deine Vorlesung?

ANSGAR. Müssen muß ich gar nichts. Und heute erst recht nicht.

EVELYNE. Ich bin froh, daß ich dich getroffen habe ...

ANSGAR. Ich auch.

Seine Augen nähern sich den Augen Evelynes.

ANSGAR. Ich werde dich jetzt küssen ...

Seine Lippen berühren vorsichtig Evelynes weichen Mund. Dann küßt er sie lange und zärtlich.

Das Gänselieserl, die alte Münchnerin, die an schönen Tagen ihre Hausgans im Kinderwagen spazierenfährt, ist auf diesem Friedhof unterwegs. Von weitem schon hört man ihren Gesang, ein altes Kinderlied, das sie ihrer weißen Gans vorsingt.

GÄNSELIESERL *(singt).*

»Hier ist grün, da ist grün, unter meinen Füßen,
hab' verloren meinen Schatz, werd' ihn suchen müssen.
Hier und da, hier und da, unter diesen allen,
wirds wohl einer sein, der mir wird gefallen.«

An einer Weggabelung will die Gans eine andere Richtung einschlagen als das Lieserl. Der Vogel flattert, will aus dem Kinderwagen hüpfen, aber sie packt ihn am langen Hals und stopft ihn einfach in den Kinderwagen zurück. Dort bleibt er nun brav sitzen.

GÄNSELIESERL *(singt wieder).*

»Dreh dich um, ich kenn' dich nicht,
bist du's oder bist du's nicht?
Nein, nein, du bist es nicht.
Scher' dich weg, ich mag dich nicht.

Dreh' dich um, ich kenn' dich nicht,
da bleibst! Bist du's oder bist du's nicht,
ja, ja, du bist es schon, der ein Tänzchen machen soll.

Heija auf den Bergen, simserimsimsim,
tanzen sieben Zwerge, simserimsimsim ...«

Irgendwo zwischen den Gräbern haben Ansgar und Evelyne ein sonniges Fleckchen im Gras gefunden und sich niedergelassen. Ansgar streckt sich vor Evelyne lang aus und genießt die Sonne.

ANSGAR. Ah, ist das schön warm. Komm her!

EVELYNE. Daß du Medizin studierst, das will mir nicht in den Kopf. Irgendwie paßt das nicht zu dir.

ANSGAR. Ja, ich weiß!

EVELYNE. Leben deine Eltern noch?

ANSGAR. Ja, aber sie sind schon ziemlich alt. Als ich geboren wurde, da war mein Vater schon 45. Meine Mutter 40 ... Jetzt kannst du's dir ja ausrechnen ... zähl 23 dazu.

EVELYNE. Macht es dir etwas aus, ihr Alter?

ANSGAR. Jedes zweite Wort, das sie sagen, ist »Liebe«. Mein Vater ist Zeuge Jehovas. Ein Frömmler und Lügner.

Über die Nazizeit sagt er kein Wort. Aber der hat was zu verbergen, das spür ich genau. Das weiß ich auch. Und ich bin auch noch das einzige Kind von den beiden. Am Anfang bin ich in München alle zwei Wochen umgezogen, damit sie mich nicht wiederfinden.

EVELYNE. Du magst deine Eltern nicht?

ANSGAR. Scheint so.

EVELYNE. Komisch!

Ansgar ist unruhig geworden, hat sich aufgerichtet. Dafür streckt sich jetzt Evelyne auf dem Rasen aus.

ANSGAR. Das verstehst du nicht, Evelyne. Bei dir ist einfach alles anders gelaufen. Weißt du, was ich an denen so hasse, das ist dieser ewige Verzicht. Die verzichten auf ihr eigenes Leben, und irgendwie wird so was zum Vorwurf gegen mich, da bin ich schuld, daß sie gar nichts eigenes haben. Ich schäme mich für sie.

Ansgar ist aufgesprungen. Jetzt steht er unruhig da, vor Evelyne in der Sonne. Er ist traurig.

EVELYNE. Schlaf doch ein bißchen, Ansgar. Du bist müde.

ANSGAR. Ja, ich bin müde.

356 Milchgeschäft

Evelyne kehrt zum Milchgeschäft ihrer Tante zurück. Als Vorwand hat sie die leere Milchflasche mitgenommen.

Der Laden ist leer. Die Milchfrau erscheint nach einiger Zeit im Hintergrund des Geschäftes in einer Tür, die zur Parterrewohnung führt.

357 Nordfriedhof

Auf dem alten Friedhof ist Mittagsruhe eingekehrt. Auch die Vogelstimmen schweigen. Ansgar liegt im Gras und schläft tief.

Das Gänselieserl läßt in der Nähe ihre weiße Gans weiden.

Es gibt hier ein abgeschiedenes Stück Natur. Seltene Vögel nisten in den hohen Friedhofsbäumen oder sitzen auf den sentimentalen Marmordenkmälern. Engel mit abgebrochenen Flügeln oder abgebrochenen Händen stehen auf den Gräbern.

Nagetiere kriechen durchs Gebüsch. Die Sonne strahlt hoch über den Baumkronen.

Ansgar wacht aus seinen Träumen auf. Er braucht lange, bis er sich orientiert hat. Er entdeckt ein Stöckchen, das vor ihm in den Boden gesteckt ist. Auf dem Stöckchen ist ein kleiner Zettel aufgespießt, der Nachricht von Evelyne für ihn enthält.
»Lieber Ansgar, ich wollte dich schlafen lassen, wenn du mich suchen solltest, dann geh' in den Milchladen zurück. Evelyne«

358 Milchladen

Ansgar betritt den Milchladen. Er muß einen Moment warten, bis Frau Schmidt kommt. Sie erkennt ihn sofort.
EMMI. Ach, Sie san S'! Kommen S' nur rein. Wir sitzen im Hinterstüberl. Da ham mir's gemütlich.
Emmi Schmidt öffnet die Verbindungstür und läßt Ansgar in einen engen Flur treten. Sie dirigiert ihn zu dem Hinterstübchen, in dem Evelyne wartet.
EMMI. Ja, so was, daß Sie nicht gleich was g'sagt haben. Ich zeig grad der Evelyne die alten Fotos. Kommen S' nur, mei, was man da alles findt! Das alte Zeug! Evelyne, der Herr!
EVELYNE *(scheint ein bißchen betrunken zu sein, denn ihre Stimme überschlägt sich fast)*. Ansgar! Schau mal, ich habe da einen Liebesbrief von meinem Vater gefunden, der war total verliebt! Ansgar, willst du mal ein Bild von mir sehen?
Evelyne steht auf und kniet sich auf das Sofa, um besser an die Wand zu gelangen. Dort hängt ein kleines, eingerahmtes Bild. Ansgar kommt näher heran.
Es sieht aus, als wäre es Evelyne, die auf dem Foto abgebildet ist. Sie trägt ein altmodisches Jackenkleid der vierziger Jahre.
ANSGAR. Bist du das?
EMMI. Ja, freilich, das ist die Evelyne ... sieht man das nicht gleich?
EVELYNE. Das ist meine Mutter ... Kannst du das fassen?
Ansgar schaut es sich noch einmal genau an: Es scheint tatsächlich Evelyne zu sein, die ihn da aus dem Rähmchen anguckt.
EMMI *(weint vor Rührung)*. Wie aus dem Gesicht geschnitten! Ist das a Freud, daß i di wiederseh! Daß i di kennenlern! Setzen S' Eana doch hin, i hab schon ein Schwipserl.
Ansgar und Evelyne setzen sich zu der Tante an den kleinen Tisch. Emmi fährt nun mit ihrer Erzählung fort.

EMMI *(schnieft)*. Also, unser Vater hat das Geschäft kurz nach dem Ersten Weltkrieg gekauft, noch vor der Inflation. Da sind wir aufgewachsen. Mei Mutter war im ganzen Viertel bloß die Zenzi. Kreszenzia hatt's geheißen, wie mer halt so sagt, in Bayern.

EVELYNE. Und wo ist da die Bombe eingeschlagen?

EMMI. Ein Volltreffer. Und noch ein paar Brandbomben dazu. Die Hölle muß das gewesen sein. Ich hab ja das Haus erst gesehen, wie's 45 nachher ausgeschaut hat. Da bin ich von der Tschechei zurückgekommen. Ruinen, nix wie Ruinen, ... da, schau!

Emmi hat einen Stapel alter Schwarzweißfotos in die Hand genommen. Sie blättert sie langsam durch, damit ihre Gäste auch alles sehen können. Die Bilder zeigen München, wie es 1945 ausgesehen hat. Immer wieder ist auch ein schwarzer amerikanischer Soldat darauf abgebildet. Es ist der Sergeant, mit dem Emmi in den Nachkriegsjahren befreundet war.

EMMI. Da bin ich jetzt net drauf natürlich, aber ich könnt' drauf sein, gelt? Das sind die Trümmerfrauen. Was ham'mer da? Mei o mei, das Isartor, die hat der Charly, der hat die aufgenommen. Das war ein amerikanischer Captain, für den hab ich ab 45 für zwei Jahre gearbeitet. Im Military Government. Die Buiderln hat er dann später geschickt, aus Michigan, ... das Nationaltheater?

Na, jetzt bau'n sie es ja wieder auf, gelt. Siehst es, überhaupt kein Dach mehr drauf! Ja, da schau her, da ist ja sogar noch ein Neger mit drauf, das ist das berühmte Ramadama vom Wimmer Thomas...

EVELYNE. Ramadama?

EMMI. Ramadama! Aufräumen damma, also, *tun wir*. Da ham d' Amis aber fest geholfen!

Evelyne sieht Ansgar tief in die Augen. Sie ist so glücklich wie ein Kind. Die Tante streichelt ihr herzlich die Wangen.

EMMI. Komm halt öfter mal her, Evelyne. Ja, Sie auch.

Evelyne vertieft sich wieder in das Fotoalbum, das vor ihr auf dem Tisch liegt. Jetzt hat sie Bilder entdeckt, die ihre Mutter in BDM-Uniform zeigen, ungefähr mit fünfzehn. Ein anderes Bild zeigt die Mutter und die Tante (oder ist das die Großmutter?) mit einem Baby. Das muß Evelyne selbst sein! Evelyne gerät völlig durcheinander mit den Zeiten.

EVELYNE. Ich denke immer, daß *ich* das bin. Ich bin meine eigene Mutter.

359 Englischer Garten, Maximilianstraße

Dieser Augusttag 1961 ist einer der wenigen südlichen Tage in Münchens Jahreszyklus. Der Englische Garten duftet vor Heimatlichkeit. Hermann nutzt jede Gelegenheit, seine Radwege durch den lebenshungrigen Park zu lenken. Auch das Gänselieserl ist jetzt täglich unterwegs in den Anlagen. Sie führt für ihren Liebling ein Kindertänzchen auf und singt dazu.

360 Sendlinger Tor

Clarissa wartet mit ihrem Cello an der verabredeten Stelle in der Nähe des Sendlinger Tors. Sie hat eigentlich nicht damit gerechnet, daß Hermann sich an die Verabredung erinnern wird. Zuviel ist seitdem passiert.

CLARISSA. Aha – also doch!

Clarissa versucht, mit ihrem Lachen über die Aufregungen der letzten Nacht hinwegzukommen. Hermann schiebt sein Fahrrad auf sie zu, ihre Schritte sind zögernd, fragend.

Unter dem Torbogen stehen sich die beiden Verliebten gegenüber. Sie möchten sich beide sofort, hier an dieser Stelle, in die Arme nehmen. Aber kann man sich des anderen auch sicher sein? Waren die beiden Begegnungen in Clarissas Treppenhaus nicht immer nur der Ausdruck nächtlicher Verwirrungen?

Jetzt, bei Tageslicht, ist alles ganz neu zu bedenken!

Hermann unterbricht den stummen Dialog.

HERMANN. Ich habe die Noten dabei.

CLARISSA. Ich freue mich darauf.

HERMANN. Ist ziemlich schwierig.

CLARISSA. Um so besser. Wo gehn wir denn spielen?

HERMANN. Meine Bude ist ziemlich klein, und außerdem ist da noch der Clemens.

CLARISSA. Zu mir können wir auch nicht gehen. Meine Wirtin ist ziemlich sauer. Hast du eigentlich heute nacht geklingelt?

HERMANN. Nein. Ich würde doch nicht mitten in der Nacht bei dir klingeln!

CLARISSA. Aber sie behauptet, du hast zweimal geklingelt.
Also, wo gehen wir denn hin?

HERMANN. Am hellichten Tag?

Die Frage: »Wohin gehen wir?« ist für die Verliebten eine Frage um Sein oder Nichtsein. Bei all ihren Ansprüchen auf künstlerische Vollendung und auf Unsterblichkeit befinden sie sich damit in einer erbärmlichen Situation.

361 Vor Villa Cerphal

Hermann und Clarissa haben sich entschlossen, dahin zu gehen, wo sie sich letzte Nacht so mißverstanden haben. Hermann schiebt sein Rad, Clarissa schleppt ihr Cello. Sie kennen den Weg.

Hermann weiß auch, wie das Tor zu öffnen ist.

HERMANN. Wenn der Stefan da ist, dann gehen wir einfach wieder.

CLARISSA. Merkwürdig, sich einfach so hier einzuschleichen.

HERMANN. Ach, Unsinn, das machen die anderen genauso...

Hermann schiebt die flache Hand zwischen den Zaunlatten hindurch, erreicht die Klinke auf der Innenseite und drückt sie abwärts. Das Tor springt auf.

Schweigend gehen die beiden auf die stille Herrschaftsvilla zu. Sie umkreisen das Haus, um die Terrasse auf der Gartenseite zu erreichen.

Sämtliche Schritte und Handgriffe sind Hermann geläufig. Es ist die Art, wie die Freunde zu allen Tages- und Nachtzeiten in dieses Haus gelangen. Das Haus ist ein echtes Paradies für all die jungen, unbehausten Künstler.

362 Villa Cerphal, Terrassenzimmer

Das Terrassenfenster ist nur angelehnt und auf der Innenseite mit ein paar leeren Filmdosen gesichert. Hermann drückt vorsichtig das Fenster auf. Er kann nicht verhindern, daß die Blechdosen zu Boden scheppern.

Hermann steigt als erster durch das schmale Fenster. Dann reicht Clarissa ihren Cellokasten nach und folgt selbst. So kommen sich die beiden wieder ganz nah.
Sind sie wirklich allein in diesem Zimmer?
HERMANN. Ich schau mal nach.
Hermann öffnet die Zimmertür, die zur Diele hinausführt. Er betritt den schönen, holzgetäfelten Vorraum. Clarissa folgt ihm ein paar Schritte.
CLARISSA. Und ... ist da jemand?

Hermann kommt zurück. Er schließt die Zimmertür wieder.

HERMANN. Wir sind allein.

Hermann sieht Clarissa in die Augen. Jetzt ist nur noch das Cello zwischen ihnen. Clarissas Finger öffnen langsam die Verschlüsse des Cellokastens. Hermann verfolgt jede ihrer Bewegungen. Soll er diese Verschlüsse symbolisch verstehen?

Hermann beschließt, seinen Weg zu Clarissa erst einmal über die Musik zu suchen.

HERMANN. Mein Cellostück! Ich glaub, mir ist da ein wirkliches Cellokonzert gelungen. Ein Stück, in dem das Cello die alleinige und absolute Hauptrolle spielt. Sieh mal, das hier ist die Partitur!

Hermann holt seine Partitur aus der Aktentasche. Er hebt sein Manuskript stolz in die Höhe.

HERMANN. Fünfundzwanzig Orchesterstimmen, und die dienen alle nur dazu, das Cello zur Geltung zu bringen, ihm Raum zu geben, sich in seinen ganzen virtuosen und solistischen Möglichkeiten zu entfalten. Das war mein Ziel. Die Begleitung ist ganz behutsam. Pianissimo. Harfe, zum Beispiel, ist eines der vorrangigen Begleitinstrumente.

Er hat sich an den Flügel gesetzt. Clarissa packt mit beiläufigen Bewegungen ihr Cello aus und rückt sich einen Stuhl zurecht, vor dem sie den Notenständer aufstellt.

Hermann gibt ihr das »A« an, damit sie ihr Instrument stimmen kann. Er spricht dabei ununterbrochen weiter.

HERMANN. Aber ganz dezent, rhythmisch, natürlich differenziert, und... na ja, mal sehen, wie das... ich bin überhaupt sehr gespannt, wie das klingen wird. Hier, das ist die Cellostimme...

Hermann stellt seine Notenblätter auf Clarissas Notenständer. Sie betrachtet zunächst das Manuskript und dann den Komponisten. Die beiden schweigen. Es beginnt eine Bewegung der Seelen, die nur Musiker kennen, die miteinander spielen.

HERMANN. Ja, also am Anfang sind zwei Takte Orchestervorspiel. Ich deute das mal so an. Streicher, Violinen, Violen, ganz behutsam, dann der erste Harfenakkord und dann wieder Streicher, so ganz irisierende Sachen und immer drunter noch die Violen und der Baß und dann zwei Quintolen, Tutti Orchester C... und das ist genau dein Einsatz...

Hermann hat versucht, das ganze Aroma des Orchestervorspiels zu suggerieren, indem er auf dem Klavier Auszüge aus seiner Partitur gespielt hat. Clarissa hat zugehört und in die Noten geschaut.

HERMANN. Zwei Quintolen. Machen wir das?

Hermann zählt vor, dann spielt er die beiden Quintolen. Clarissa setzt ein. Nach einigen Takten unterbricht sie sich aber.

CLARISSA. Du hast so zwei Striche über das Cis gemacht, soll ich da Tremolo machen oder soll ich trillern?

HERMANN. Trillern! Stell dir vor, ein Frühlingstag. Wasser, ein Gebirgsbach und Kiesel, die vorwärtsgerollt werden, unter dem Wasser. Die Sonne, und dann Wind.

Clarissa hat verstanden, was Hermann meint. Die beiden spielen nun ein längeres Stück des Cellokonzertes. Clarissa ist noch auf der Suche. Sie versucht einmal sehr zarte, romantische Töne, dann stürzt sie sich in dramatische Effekte bei den rhythmischen Stellen.

Als die Phrase zu Ende ist, hält Clarissa, der alles noch zu schnell geht, wieder inne.

HERMANN *(sieht ihr Lächeln)*. An was denkst du?

CLARISSA. Dein Stück gefällt mir!

HERMANN. Viele Noten.
Was machst du nachher?

CLARISSA. Ich weiß nicht.
Hast du was von Juan gehört?

Merkwürdig ist es schon, daß sie gerade in diesem Moment an Juan denkt. Hermann macht diese Frage traurig.

HERMANN. Ich habe ihn heute noch nicht gesehen. Vielleicht ist er noch hier im Haus. Geistert irgendwo umher, belauscht uns.

Clarissa sieht sich im Zimmer um. Hermann lauscht an der Schwingtür zur Bibliothek. Als er zum Flügel zurückkehrt, ist er erleichtert.

CLARISSA. Kaum zu glauben, daß hier so viele Menschen waren! Das Zimmer kam mir heute nacht viel größer vor.

HERMANN. Die Nacht verändert alles.

CLARISSA. Ja.

Clarissa nimmt das Cello zwischen die Beine, als wäre es ihr Geliebter. Hermann beobachtet das anzügliche Bild.

HERMANN. Spielen wir weiter? Gleich noch mal an derselben Stelle.

Die beiden wiederholen die rhythmische Stelle, die ihnen nicht so gut gelingt wie beim ersten Mal.

CLARISSA. Hast du das wirklich für mich geschrieben?

HERMANN. Ja, das Stück ist für dich. Ich habe mir vorgestellt, wie du das spielen würdest. Dein Gestus beim Spielen, das hat mir geholfen, Ideen zu finden.

CLARISSA. Ich überlege, ob ich das nicht beim Wettbewerb spielen soll!

HERMANN. Mein Stück?

CLARISSA. Es ist schön.

HERMANN. Aber ob es denen gefallen wird? Das ist ein Risiko. Besser, du spielst was Klassisches.

CLARISSA. Das Risiko will ich auf mich nehmen, wirklich, Hermann!

HERMANN. Laß uns doch mal eine andere Stelle probieren! Hier, fast gegen Ende, Takt 164 ... eine lyrische Stelle. Ich glaube, die ist mir ganz gut gelungen. Neues Tempo.

Hermann hat Clarissas Noten umgeblättert, zeigt ihr die betreffende Stelle. Er will, daß sie jetzt die musikalische Liebeserklärung hört, die er für sie geschrieben hat. Er zählt vor und begleitet sie in dieses lyrische Thema hinein.

Die Tür öffnet sich. Stefan tritt ein. Er ist geschäftsmäßig und sehr kühl, scheint von dem Besuch in seinem Zimmer nicht begeistert zu sein.

STEFAN. Ach, ihr seid es!

CLARISSA. Guten Tag, Stefan.

STEFAN. Probt ihr noch lange?

HERMANN. Nein, wir machen Schluß.

Nun stehen auch Reinhard und Helga an der Terrassentür. Stefan öffnet ihnen. Vorbei die Zweisamkeit! Keiner nimmt die Stimmung wahr, die sich zwischen Hermann und Clarissa bis zu diesem Augenblick entwikkelt hat.

Begrüßungen. Sofort entsteht eine Atmosphäre, die an die vergangene Nacht erinnert.

Helga ist sehr erfreut, Hermann wiederzusehen.

REINHARD. Wir haben gerade einen Film gesehen, den müßt ihr euch unbedingt anschauen: »La notte« von Antonioni.

Die Begrüßung zwischen Helga und Clarissa ist kühl. Clarissa beginnt sofort, ihr Cello einzupacken.

REINHARD. Da kommst du aus dem Kino und hast sofort Lust, dir eine Kugel durch den Kopf zu jagen. Ich sage nur: »Die letzten Tage der Menschheit ...«

Stefan holt aus der Ecke ein Gewehr, das er Reinhard hinüberwirft. Reinhard fängt die Waffe auf.

STEFAN. Hier, Reinhard, nimm die Winchester ...

HERMANN. Was, ist das eine echte Winchester, wie im Wilden Westen?

REINHARD. Ja, gebaut wie vor hundert Jahren.

HERMANN. Und, ist die geladen?

STEFAN. Die Munition habe ich zur Verwahrung.
CLARISSA. Wozu braucht ihr denn ein Gewehr?
Reinhard drückt Hermann das Gewehr in die Hand.
STEFAN. Das ist ein Requisit für eine Szene, die wir noch drehen wollen.
REINHARD. Die gehört meinem Vater. Damit fühlt er sich im Bergischen Land wie ein Großgrundbesitzer.
Reinhard sieht, daß Hermann die Winchester ungeschickt behandelt. Er nimmt sie ihm wieder weg.
REINHARD. Damit kannst du einen Elefanten wegpusten. Nur, in unserem Achthundert-Quadratmeter-Garten, da gibt es keine Elefanten. Da gibt es nur Mäuse und Maulwürfe. Deswegen pustet er Mäuse und Maulwürfe weg.
CLARISSA. Da hast du aber einen gefährlichen Vater.
REINHARD. Er war im Krieg Jagdflieger, »Legion Condor«, ein Erobertyp. Jetzt gibt es halt nichts mehr zu erobern, jetzt brennen ihm die Nerven durch. Bundeswehr, die ist ihm zu lahm, sagt er. Die hätten ihn gern wiedergehabt.
Helga verfolgt jede Handbewegung, die Reinhard mit dem Gewehr gemacht hat. Wie er die Waffe westernmäßig umherwirbeln läßt, wie er durchlädt und abdrückt.
HELGA. Schon faszinierend.

STEFAN. Also, wir müssen jetzt die Rechnungen durchgehen. Ja, ich, ich schäme mich nicht im geringsten, über Geld zu sprechen. Reinhard, du solltest wenigstens zur Kenntnis nehmen, was unser Film gekostet hat.

Stefan hat nun all die spielerischen Gespräche der Freunde satt. Sein Anliegen ist es, mit Reinhard die Buchhaltung der gemeinsamen Filmproduktion durchzuarbeiten. Er kommt mit den Rechnungspapieren, aber Reinhard versteckt sich unter seinem Hemd.

Helga nutzt die Gelegenheit, den ziemlich ratlos herumstehenden Hermann auf ihre Gedichte anzusprechen. Sie drückt ihm einige Blätter in die Hand.

HELGA. Lies das doch mal durch, das wäre gut zu vertonen.

HERMANN. Was ist das?

HELGA. Habe ich heute nacht noch geschrieben. Geht um die Stimmung im Garten draußen. Weißt du, ich habe gedacht, wenn man diesen zweiten Teil absetzen könnte zu diesem ersten ...

Helga verwickelt Hermann im Nu sehr intensiv in ihre poetischen Fachprobleme.

In Clarissas Augen sieht es aus, als wäre die Zusammenarbeit zwischen ihr und Hermann eine längst vereinbarte Sache.

Sie spielt eine Intimität vor, die Clarissa sofort an den Rand des Geschehens drängt. Hermann weiß nicht, wie er sich wehren soll. Er versucht, höflich zu bleiben, aber er hat schon die Kontrolle über die Situation verloren.

Clarissa hat ihr Cello eingepackt und ist grußlos weggelaufen.

HELGA. Ich fände es wirklich gut, wenn wir weiter zusammenarbeiten würden.

HERMANN. Ich melde mich bei dir ...

HELGA. Wir können gute Dinge zusammen machen. Das weiß ich!

HERMANN. Das glaube ich auch, wirklich! Aber ich muß jetzt fort.

HELGA. Lies das Gedicht!

HERMANN. Mache ich. Clarissa!

Hermann packt seine Sachen. Helga klammert sich regelrecht an ihn. Er verliert wertvolle Sekunden, wenn er Clarissa noch einholen und mit ihr reden will.

Stefan hat all das beobachtet. Eifersucht, wohin man sieht! Auch er ist eifersüchtig.

363 Straße in Schwabing

Hermann hat es geschafft. Er holt Clarissa in einer benachbarten Straße ein. Er überreicht ihr die Noten seines Cellokonzerts, die sie vergessen hatte.

HERMANN. Soll ich dein Cello auf mein Fahrrad nehmen?

CLARISSA. Nein, das ist zu gefährlich!

HERMANN. Dann laß es mich wenigstens tragen.

CLARISSA. Ich bin es doch gewohnt. Mir fehlt etwas, wenn ich mein Cello nicht selber trage.

Clarissa ist immer noch gekränkt. Sie geht stolz weiter, ohne sich nach Hermann umzusehen.

HERMANN. Sehen wir uns morgen?

CLARISSA. Ich weiß noch nicht.

Hermann holt sie ein. Er bleibt vor ihr stehen. Warum versteht sie nicht, was er ihr sagen will?

HERMANN. Ich würde mich freuen.

CLARISSA. Wart's ab...

HERMANN. Was soll ich abwarten?

CLARISSA. Was weiß ich – das Schicksal?

Sie spricht in Rätseln. Hermann verabschiedet sich rasch und schwingt sich auf sein Fahrrad. Er läßt sie auf dem Trottoir stehen.

HERMANN. *Plötzlich war ein Knoten entstanden. Ich fuhr weg und dachte, der muß sich doch lösen. Sie wird mein Stück spielen und die heimliche Botschaft verstehen, die darin versteckt ist. Ich solle warten, hatte sie gesagt, aber was meinte sie mit Schicksal? Ich fuhr also weg, um zu warten, aber ich hasse das Warten, schon als Kind hatte ich nichts mehr gehaßt als das Warten.*

364 Isarauen

Evelyne und Ansgar machen einen Spaziergang am Flaucher, einem beliebten Ausflugsziel in den Isarauen. Sie überqueren die Flaucherbrücke, um an das östliche Ufer der Isar zu gelangen.

EVELYNE. *Es war alles ungeheuer schnell gegangen. Tante Emmi hatte mir sogar den heimlichen Platz gezeigt, an dem Arno und Lieselotte ihr Stelldichein hatten. Ich stellte mir meine Eltern als Liebespaar vor. Wir gingen auf ihren Spuren durch die Isarauen. Ich rechnete nach:*

Anfang Oktober 1941 hat mein Vater den einzigen Fronturlaub gehabt. Und im Juni 1942 hat Lieselotte mich bekommen.

Ansgar arbeitet sich durch ein Gehölz in der Nähe des Flußufers. Evelyne folgt ihm bis zu einer alten Kastanie, die mit einer halbrunden Mauer umgeben ist.

EVELYNE. *Hier mußte es passiert sein. Man konnte nicht näher an seine Wurzeln gelangen als ich, an diesem ersten Tag. Und ich hatte Ansgar gefunden! Je mehr ich meine Mutter suchte, desto mehr fand ich mich, und je mehr ich mich suchte, desto mehr fand ich Ansgar. Wir kannten uns seit gestern abend, seit einer Ewigkeit! Wir konnten warten, denn wir hatten unendlich viel Zeit.*

Die Wipfel der Kastanie rauschen im Wind. Evelyne sieht empor.

Ansgar hält einen Wurm auf seinem Handrücken.

ANSGAR. Guck mal, Evelyne: ein riesiger, fetter, schleimiger Regenwurm!

Ansgar macht Anstalten, den Regenwurm aufzuessen. Evelyne protestiert. Daraufhin legt er das arme Tier auf die Mauer und beginnt, es mit seinem Stock zu zerteilen.

ANSGAR. Wenn ich ihn in der Mitte auseinanderschneide, dann können die beiden Hälften getrennte Wege kriechen, und wenn ich ihn zweimal durchschneide, dann kann er in vier verschiedene Richtun-

gen kriechen. Und wenn ich ihn dann noch ganz oft durchschneide, dann kann er irgendwann nicht mehr kriechen.

Evelyne hat vergeblich protestiert. Ansgar quält das Tier so, daß es auch ihn selbst quält. Evelyne sorgt sich um den Freund. Sie will ihm helfen.

EVELYNE. Schau mal, Ansgar, das muß die Kastanie sein, von der die Tante gesprochen hat. Mit der Mauer hier. Meine Mutter hat einmal ein ganzes Abendessen hergeschleppt, um seinen Geburtstag zu feiern. Mein Vater hatte am 8. August Geburtstag. Da sind die Nächte ganz warm.

ANSGAR. Weißt du, was ich mir gerade vorgestellt habe? Daß die alle beide tot sind. Deine Mutter ist schon längst verfault, von Würmern zerfressen und von Bakterien zersetzt, und dein Vater ist gerade mitten drin in diesem Verwesungsprozeß. Sag mal, mußt du mich eigentlich wirklich unbedingt hierherschleppen?

EVELYNE. Für mich leben sie aber immer noch. In mir sind sie fast lebendiger als du und ich. Weißt du, was ich schön finde? Daß ich in Liebe gezeugt worden bin. Ich kann mir gut vorstellen, daß ich hier irgendwo gemacht worden bin. Auch im Krieg hat die Sonne geschienen. Kannst du dir das vorstellen?

Ansgar geht nicht auf Evelynes Schwärmerei für die Vergangenheit ein. Sein Verhältnis zu den Eltern ist ganz anders als das ihre. Er haßt seine Eltern und die ganze Generation.

ANSGAR. Was hast du davon, dir so was vorzustellen? Du bist doch du. Du bist nicht gemacht. Also, ich bin einfach wie so ein Regenwurm hier. Ich existiere einfach. Ich liebe dich einfach so, ohne Grund und ohne Vorgeschichte.

EVELYNE. Wenn ich sage, »ich liebe«, dann ist es wie Erinnerung. Vielleicht an die ersten Monate, als ich noch eine Mutter hatte. Kann das sein?

ANSGAR. Nein. Liebe ist unsere Erfindung! Es hat sie noch nie gegeben und wird sie auch nie mehr wieder geben.

Die beiden sind weitergegangen. In der Nähe einer kleinen Wallfahrtskapelle gibt es einen aus Steinen gehauenen Kreuzweg, der auf eine Felsengrotte zuführt.

ANSGAR. Und eines Tages erstarren wir dann zu Stein. Wie diese ganzen Marterln hier. Und dann sehen wir uns an, eiskalt, zärtlich, ewig... tot.

Evelyne bekommt Angst um den Freund. Wie er so dasteht, an das steinerne Standbild gelehnt!

EVELYNE. Ich will mit dir leben, Ansgar!

ANSGAR ... oder sterben.

Ansgar ist wie ein spielender Hund losgerannt. Er zieht jetzt alles ins Lächerliche. Evelyne findet ihn in der Grotte, wo es einen feuchtkalten Stein gibt, auf dem man sitzen kann. Fröstelnd läßt Evelyne sich neben ihm nieder.

EVELYNE. Hier bin ich ganz bestimmt nicht entstanden. Hier war es meinen Eltern sicher zu kalt und zu naß.

ANSGAR. Ich habe alles verbrannt, was mich an meine Eltern erinnert hat. Den ganzen Koffer, den sie mir mitgegeben haben aus Rosenheim. Das hat vielleicht schön gequalmt und gestunken, wie damals, bei dem Flugzeugabsturz in der Bayerstraße, Cordsamthosen, Pullover. Leichen brennen besser als Kleider! Hast du das gewußt? Und Papier! Das ganze vollgeschriebene Papier!

Evelyne hat beschlossen, sich nicht auf Ansgars makabren Zynismus einzulassen. Sie ist viel zu glücklich, um an Tod, Verwesung und Zerstörung zu denken.

Sie entdeckt die kleine Wallfahrtskapelle, in der eine Marienfigur steht, umgeben von vielen brennenden Kerzen.

EVELYNE. Da oben könnt's gewesen sein.

Ansgar setzt sich mitten auf den Marienaltar. Er nimmt eine Kerze in die Hand und grinst über sein Sakrileg.

ANSGAR. Oder hier ...

EVELYNE ... oder hier!

Evelyne bietet eine andere Version an. In der Ecke gibt es eine Aufschüttung von altem Herbstlaub und Heu. Sie läßt sich in das weiche Lager fallen.

Ansgar hat abseits von ihr einen benutzten Pariser gefunden, den er zwischen zwei Fingern emporhält.

ANSGAR ... hier nicht!

Das ist also die Version des Zynikers Ansgar! Evelyne lacht.

365 Kino am Sendlinger Tor

Die Filmemacher Reinhard und Rob sind unterwegs, um ihre grünen Aufkleber in der Stadt zu verteilen.

Besonders wirkungsvolle Plätze für den Text »PAPAS KINO IST TOT« sind die Schaukästen der großen kommerziellen Kinos.

Die beiden Jungfilmer wagen sich sogar in den Kassenvorraum des Kinos hinein. Dort werden sie aber von dem Besitzer ertappt, der ihnen nachläuft und sie zur Rede stellen will.
KINOBESITZER. Was macht ihr da? Halt, hiergeblieben! Halt!
Reinhard und Rob können viel schneller laufen als der Kinobesitzer. Sie verschwinden durch das Tor, an dem sich Hermann und Clarissa an diesem Nachmittag getroffen haben.

366 Münchner Motive

Die Jungfilmer verteilen ihre Zettel an den bekanntesten Plätzen der Stadt. Die Zettelaktion wird fast zur touristischen Show.
Zettel erscheinen: auf der Stirn der mächtigen Bavaria-Statue, im Affenkäfig von Hellabrunn, auf den Maßkrügen in den Biergärten, auf den Rücken ahnungsloser Touristen in der Innenstadt, auf den Köpfen der bayerischen Löwen vor der Feldherrnhalle, über den Pißbecken in einem öffentlichen Pissoir am Nockherberg, schließlich über dem Stadtpanorama auf dem Turm des Alten Peter.
Ein italienischer Tourist will wissen, was diese Zettel zu bedeuten haben.
REINHARD. So, this is Munich!
TOURIST. Monaco?
ROB. Nice!
Über dem Münchner Stadtpanorama geht die Sonne unter. Das Ende dieses Sommertages.

Viertes Buch
ANSGARS TOD

Ansgar, 1961/62

401 Nymphenburger Park

Nichts kann der porzellanfarbenen Zerbrechlichkeit eines Oktobertages besser entsprechen als ein Spaziergang in den Anlagen des Nymphenburger Schlosses. Hier befindet sich Evelyne an einem archimedischen Punkt außerhalb der Welt: Dies ist nicht Bayern, auch nicht München, sondern die barocke Illusion einer heiter-festlichen Leichtigkeit, die man schon hundert Schritte abseits dieser graziösen Architektur nicht mehr ahnt. Evelyne genießt den zarten, durchsichtigen Tag. Sie ist auf einer der zierlichen Rokokobrücken stehengeblieben und verliert sich in dieser künstlichen Welt. Sind die Vögel, deren Stimmen sie vernimmt, real? Sind es die Bäume, die Wolken, deren Spiegelbilder sie hinter der Brücke erblickt? Existieren sie wirklich, oder sind auch sie von den Schloßbauern geschaffene Illusionen?

Ein Leierkastenmann ist auf der Brücke erschienen. Evelyne fühlt sich wie in einem Traum.

Als eine alte Münchnerin, ein Hutzelweibchen mit Kopftuch und Strickjacke, sich neben sie stellt, um die Wasservögel mit Brezenkrumen zu füttern, möchte Evelyne aus dem Traum aufwachen und sich der Wirklichkeit vergewissern.

EVELYNE. Entschuldigen, können Sie mir sagen, wie diese komischen Vögel da unten heißen?

ALTE MÜNCHNERIN. Das? Des san Bläßhühner. Bei uns in München sagt man Duckanterl.

Die alte Münchnerin sieht die Dinge ganz anders. Sie hat in Evelyne eine Fremde erkannt, eine von diesen »Zuag'roasten«, denen man erst einmal die einfachsten Dinge erklären muß.

ALTE MÜNCHNERIN ... und des do, schaun S' mal, des is a Schwan, also ein Schwan ist das!

Wer nicht weiß, was ein »Duckanterl« ist, der wird auch nicht wissen, was ein Schwan ist. Wer weiß, was man diesen Fremden sonst noch zutrauen kann?

Evelyne lacht über die kleine Frau. Sie dreht sich nach dem Leierkastenmann um. Diese Brücke ist wie eine Theaterbühne. Das Leben tritt hier nur auf, ist eigentlich an ganz anderen Orten zu Hause.

Auch Ansgar, der sich am Ufer des Schloßkanals nähert, bewegt sich wie eine Figur aus dem Rokokotheater: Er trägt eine schicke Trambahneruniform mit Schirmmütze, Zierknöpfen und Trillerpfeife an einer Zierkordel. Er dreht lustige Pirouetten, grüßt die Spaziergänger an einer Parkbank und kommt lachend näher.

HERMANN. *Wenn ich an Ansgar denke, sehe ich einen Freund vor mir, der früh sterben sollte. Es ist, als hätte man es ihm ansehen können. Seine vielen Bemerkungen über den Tod, sein gespielter Zynismus, sein ewiges Lachen. Wenn man das Ende kennt, kann es so aussehen, als hätte sich das ganze Leben darauf vorbereitet. Die Liebesgeschichte zwischen Ansgar und Evelyne dauerte sieben Monate und vier Tage. Die beiden trennten sich in dieser Zeit nicht einmal für Stunden. Evelyne besuchte mit ihm die Medizinvorlesungen, Ansgar folgte ihr in die Musikhochschule und in die Gesangsstunden.*

Ansgar ist bei Evelyne angekommen. Sie spürt mit geschlossenen Augen seine Anwesenheit. Als sie sich ihm zuwendet, zupft er galant seine Uniformjacke zurecht, setzt die Schirmmütze gerade auf den Kopf und steht vor ihr stramm.

ANSGAR. Morgen fange ich auf der Linie 6 an.

Er klemmt seine Trillerpfeife zwischen die Lippen und stößt einen schrillen Pfiff aus. Das Hutzelweibchen neben Evelyne erschrickt und beschwert sich, während Evelyne auf den uniformierten Freund zugeht, um ihn in die Arme zu nehmen.

HERMANN. *Die Liebe der beiden vermittelte uns Freunden das Gefühl der Ewigkeit.*

EVELYNE *(spürt die Kälte der metallenen Uniformknöpfe).* So muß sich das im Krieg angefühlt haben, wenn die Frauen ihre Männer umarmt haben.

ANSGAR. Im Krieg?

Ansgars Gedanken gehen in die Ferne. So ist es oft, wenn er seiner Freundin ganz nah ist, so nah, daß man sich nicht mehr sehen kann. Er sinnt hinter dem Wort »Krieg« her. Vielleicht braucht er auch die Vorstellung des Todes, um die Liebe und die Gegenwart überhaupt begreifen zu können.

HERMANN. *Etwas Festes war entstanden in unserer Welt der heimlichen Genialität, der Verliebtheiten und Ängste.*

Auf dem Nachhauseweg kommen Ansgar und Evelyne an einem Gebäude vorbei, an dem man noch die Zerstörungswirkung der Kriegsbomben erkennen kann. Zerborstene Fenster, vom Einschlag der Bombensplitter aufgerissene Wandflächen. Ansgar bleibt stehen und betrachtet diese von der Patina der Jahre überzogenen Zeugnisse des Krieges.

ANSGAR. Seitdem ich die Fotos gesehen habe bei deiner Tante, sehe ich die ganze Stadt mit anderen Augen. Sieh mal hier, die Fenster, und hier, die Wände: alles noch wie im Krieg. Und wenn wir hier vor zwanzig Jahren vorbeigegangen wären, dann wären wir zerfetzt worden.

EVELYNE. Aber jetzt fühle ich mich hier sicher, bei dir!

Es ist alles nur eine Frage des richtigen oder des falschen Augenblicks. Ansgar macht sich von seiner Liebsten los. Er spielt nun wieder vor ihren Augen die Rolle des heiteren Zynikers. Seine »Zivil«-Kleider, die er über dem Arm trägt, schleudert er mit weit ausholenden Kreisbewegungen über seinen Kopf.

ANSGAR. Paß auf, Evelyne, ich bin ein sinkendes Schiff, um mich herum entstehen Strudel.

EVELYNE. Ich kann aber ganz gut schwimmen!
Evelyne hat sich von den »Strudeln«, die Ansgar über seinem Kopf erzeugt hat, nicht abschrecken lassen. Sie nimmt einen mächtigen Anlauf und landet unversehrt in seinen Armen. Ansgar wird still.
ANSGAR. Glaubst du an Schicksal?
EVELYNE. Nein, niemals.
ANSGAR. Gleich ist es zu spät.
EVELYNE. Ich spür's.
Wieder ist es, als wollte die Zeit stehenbleiben. So kann es nicht bleiben. Das spüren die Liebenden in ihrer Umarmung auf dem Trottoir erst nach einer Weile. Sie reißen sich los und rennen. Sie rennen ohne Ziel – verliebt, verspielt, auf der Flucht vor ihrem Schicksal.
HERMANN. *Von der Welt, in der wir lebten, nahmen wir kaum Notiz: Der Russe Gagarin flog als erster Mensch in den Weltraum, die Amerikaner blamierten sich in der Schweinebucht von Kuba, Chruschtschow und Kennedy trafen sich in Wien; Hemingway beging Selbstmord, in Berlin hatten sie die Mauer gebaut, Ereignisse des Jahres 1961. Es war Herbst. Wir Freunde in München spürten vor allem die Herbstmelancholie. Eigentlich waren wir schon ganz nah an der Erfüllung unserer Wünsche. Aber dennoch, diese Traurigkeit in unseren Seelen. Wir hatten keine Erklärung dafür.*

403 Villa Cerphal, Garten

Die Wahrnehmung des Herbsttages ist nicht nur eine Sache der Augen. Auch die Erinnerungen spielen mit, vielleicht auch das Prinzip der ewigen Wiederkehr. Wie konnte man sonst das Bild einer Stadtsilhouette »herbstlich« nennen, oder die Bewegungen eines jungen Mannes, der im Garten umhergeht?
Reinhard bewegt sich durch den Villengarten wie ein Westernheld, der nach langer Abwesenheit in die Gefilde seiner Jugend zurückkehrt. Überall scheinen Gefahren zu lauern. Er hält die Winchester im Anschlag, ist jederzeit bereit, einen verborgenen Rächer im Gebüsch zu erledigen.
Reinhard ist in einem Film. Seine Schritte sind schwer, »schicksalhaft«. Er inszeniert sich selbst.
Auch Olga befindet sich in diesem Garten. Sie meditiert, indem sie auf Ansgars Schaukelstuhl eine Art Handstand macht. Sie balanciert, den

labilen Stuhl im Gleichgewicht haltend, mit ihren Füßen in der Luft. Reinhard nähert sich mit der Winchester.

OLGA. Würdest du auch auf Menschen schießen, Reinhard?

REINHARD. Das hängt von der Situation ab.

OLGA. Manchmal bewegst du dich wie John Wayne.

REINHARD *(lacht)*. Weißt du, im Western steckt für mich die ganze Philosophie des Kinos. Die Kamera immer auf Augenhöhe, das ist ganz wichtig. Und dann der Showdown, der Augenblick der Wahrheit. Diese Art von Kino liebe ich.

OLGA. Ja. Eine Art von Kino, wo keine Frauen drin vorkommen.

Es ist nicht auszuschließen, daß Reinhard sich nur vor Olgas Blicken so heldenartig in Szene setzen wollte. Er wollte als Mann bemerkt werden, was schwierig ist, wenn man sich so lange schon kennt.

Olga aber wartet nun auch schon seit Monaten darauf, daß einer der Jungfilmer sie entdeckt – aber nicht als Frau, wie sie sagt, sondern als Schauspielerin, die sie endlich werden möchte. So gehen auch hier die Worte und die Gedanken weit auseinander.

Olga verläßt den Schaukelstuhl. Sie geht vor Reinhards Blicken durch den Garten. Sie zeigt ihm ihren Gang, ihren sportlichen Körper, den hübschen Hintern in den engen Jeans.

Reinhard folgt ihr bis zu einer Schaukel, die im anderen Winkel des Gartens an einem Baum angebracht wurde.

OLGA. Warst du noch nie verliebt, Reinhard?

Mit dieser Frage bringt Olga den starken Mann aus der Fassung. Er geht sofort zum Gegenangriff über.

REINHARD. Deine Liebesgeschichte, die kennen wir ja. Kaum betritt Ansgar die Szene, brichst du in Tränen aus.

OLGA. Warum weichst du mir aus?

REINHARD. Ach was! Liebe, Schmerzen, Qualen – das ist doch Blödsinn!

Olga läßt ihn einfach stehen. Im Grunde hat Reinhard ja recht, denn ihre Liebesgeschichte mit Ansgar hat sich immer nur als Qual abgespielt. Olga setzt sich resigniert auf die Terrassenstufen.

REINHARD. Sag mal, was machst du hier eigentlich? Wartest du auf Ansgar?

Reinhard bemerkt, daß Olga ein Tablettenröhrchen aus der Tasche nestelt und mit nervösen Bewegungen eine Pille einnimmt. Er ist irritiert.

REINHARD. Was schluckst du da? Was ist denn das?

Reinhard geht auf Olga los, reißt ihr das Tablettenröhrchen aus der Hand. Sie wehrt sich vergeblich.

REINHARD. Ich will wissen, was du da schluckst! Das ist wahnsinnig gefährlich. Wo hast du das her?

OLGA. Noch von Ansgar.

REINHARD *(schleudert das Tablettenröhrchen in weitem Bogen in die Tiefe des Gartens)*. Liebe und Tod. Eine Sucht ist das!

OLGA. Du hast keine Ahnung von der Liebe.

REINHARD. Weißt du, was Liebe ist?

REINHARD *(macht ein obszönes Zeichen mit der Hand)*. Das ist Liebe! Der Rest ist Einbildung.

In ihrer Gekränktheit schlägt sie Reinhard ins Gesicht. Er geht, läßt sie stehen.

OLGA. So wirst du niemals schöne Filme machen.

Es befriedigt Olga nicht, den Freund in seinem empfindlichsten Punkt getroffen zu haben. Sie zieht sich hinter eine Mauerecke zurück. So kann sie hoffen, unbehelligt zu bleiben. Es ist wahr, daß sie auf Ansgar wartet. Reinhard lenkt ein. Er nähert sich ihr mit seinem Westerngewehr, versucht zu lächeln.

REINHARD. Willst du auch mal schießen?

Er legt ihr das Gewehr in die Hände und hebt es in Schußhöhe vor ihre Augen.

REINHARD. Kimme und Korn bilden eine Linie mit dem Ziel. Beim Abdrücken mußt du eiskalt sein.

Olga zielt auf das Gartentor. Über »Kimme und Korn« erkennt sie Ansgar, der endlich ankommt. Er ist in Begleitung Evelynes und noch immer in Trambahneruniform.

OLGA. Eiskalt?

REINHARD. Eiskalt! Drück ab!

Bis hierher war alles Spiel: Olga zielt auf Ansgars Herz, sieht »eiskalt« aus und tut, als wäre es beschlossene Sache, den Freund zu töten. Als Ansgar aber näherkommt und ihr in die Augen schaut, bekommt sie Herzklopfen. Reinhard merkt, was es für Olga bedeutet, Ansgar so gegenüberzutreten.

OLGA. Ich kann nicht!

Reinhard feuert sie an. Olga hat Zweifel, ob das Gewehr geladen ist.

REINHARD. Na los, mach schon!

OLGA. Nein.

REINHARD. Drück ab!

Ansgar hebt die Hände. Er bleibt vor Olga stehen und ergibt sich. Evelyne weiß noch nicht, was das alles bedeuten soll.

Da drückt Olga ab. Das Gewehr war nicht geladen – aber Ansgar läßt sich mit einem Aufschrei vor Olgas Füße fallen. Er zuckt und winselt in gespieltem Todeskampf.

ANSGAR. Du hast mich erwischt! Olga, wie konntest du so was nur tun?!

Evelyne ist erschrocken. Spontan hat sie sich zu ihrem röchelnden Freund hinabgebeugt, will ihm helfen und weiß nicht, was Ernst ist und was Spiel. Sie sieht Olga an, die in die Knie gegangen ist und sich an der Hausecke festklammert. Auch Olga ist erschrocken über die plötzliche Erkenntnis; darüber, daß sie fähig gewesen ist, Ansgar zu töten.

Reinhard lacht. Er ist in seinem Element: Alles ist Film.

EVELYNE. Jetzt hört doch auf! Ich finde das wirklich verrückt, was ihr da spielt!

REINHARD. Showdown!

Evelyne steht jetzt neben Olga. Soll sie sich um die zitternde Rivalin kümmern?

EVELYNE. Und warum weinst du?

OLGA. Ich weine doch nicht.

Reinhard hat Ansgar mit dem Gewehrkolben vom Boden emporgehoben. Jetzt drückt er auch ihm die Winchester in die Hand. Ansgar zielt auf Olga, die immer noch an der Hausecke kauert. Evelyne ist bei ihr, will sie verstehen.

REINHARD. Komm, Ansgar, schieß auch mal! Das reinigt die Landschaft!

EVELYNE. Du liebst den Ansgar, nicht wahr?

OLGA. Nein, es ist vorbei.

Die beiden Männer stehen abseits. Reinhard versucht, ein »Männergespräch« zu führen.

REINHARD. Soll ich mich um Olga kümmern? Ich finde, sie sieht nicht schlecht aus.

ANSGAR. Also, wenn du das machst...

Ansgar steckt sich den Gewehrlauf in den Mund. Er zeigt durch Übertreibung des Gegenteils, wie gleichgültig ihm Olga mittlerweile geworden ist.

REINHARD *(lacht)*. Schieß doch!

404 Villa Cerphal, Bibliothek

Ansgar verfügt über eine sehr sinnige Methode, die Schwingtür zu verriegeln, die das Zimmer Stephans mit der Bibliothek verbindet: Er steckt einen Besen mit seinem langen Stiel durch die beiden Messinggriffe und klemmt das Borstenende so zwischen Tür und Türrahmen, daß sich die beiden Flügel in keiner der beiden Richtungen mehr bewegen lassen. Jetzt muß er nur noch den roten Wollvorhang zuziehen, und schon hat er das Liebeszimmer in eine uneinnehmbare Burg verwandelt.

Ansgar hat nichts an außer der Trambahnerjacke; Evelyne erwartet ihn auf der Rokokoliege. Sie ist nackt, zieht sich aber die Bettdecke bis zum Hals empor. Das führt dazu, daß auch Ansgar sich schämt. Er nähert sich ihr und versucht mühsam, sein Geschlechtsteil mit dem kurzen Jackenende zu verbergen.

Das Ablegen der Scham ist ein Spiel, das die beiden Liebenden gerade mit großer Aufgeregtheit spielen.

Ansgar streckt seine Hand nach Evelyne aus.

ANSGAR. Evelyne, guck mal meine Hand an! Ich zittere. Ich habe noch nie so gezittert.

Die Villa ist ein wunderbares Versteck für die Liebe. Evelyne lebt seit ihrer Ankunft im Bibliothekszimmer, in dem Frau Ries sie untergebracht hat. Ansgar besucht seine Freunde in diesem Haus, das mehr und mehr zum festen Treffpunkt für den »Fuchsbau-Kreis« geworden ist. So ist es möglich, ein gemeinsames Leben als Liebespaar zu führen, ohne daß Entscheidungen getroffen werden müssen.

Die Liebenden sind bei ihren Umarmungen auf den Fußboden der Bibliothek geraten. Sie sind erschöpft. Sie ruhen sich in ihrem umhergestreuten Bettzeug aus.

EVELYNE. Ich habe Angst, daß die Tante bald kommt!

ANSGAR. Nein, die kommt hier nicht rein. Die respektiert die Bibliothek, das weiß ich.

Evelyne sieht das Zimmer an, als wäre es das erste Mal.

EVELYNE. Hast du hier schon viele Mädchen umarmt?

ANSGAR. Hör mal, Evelyne. Du darfst dich nie mit den anderen vergleichen. Versprichst du mir das?

Sie entdeckt Ansgars nackten Zeh, der unter der Bettdecke hervorschaut. Sie beugt sich vor und beginnt, diesen Zeh zu liebkosen.

EVELYNE. Ich liebe dich.

Plötzlich muß sie lachen. Merkwürdig, wie dieses heiße Gefühl der Liebe geweckt wird durch solch kleine Einzelheiten am Körper des anderen.

ANSGAR. Warum lachst du?

Es sind unzählige Gedanken, die in solchen Augenblicken durch die müden Köpfe der Liebenden eilen.

EVELYNE *(lacht)*. Ach, ich mußte gerade an die alte Münchnerin denken, die ich heute getroffen habe. »Sehn S', des is a Schwaan ...« Ich dachte immer, die Leute, die nicht aus ihrem Dorf rauskommen, die wohnen auf dem Land. Aber die gibt es auch in der Stadt, diese Leute. »Dös is a Schwaan« ...

ANSGAR *(lacht ebenfalls)*. Dös is a Schwaan ...

EVELYNE. Du denkst sicher, ich bin verrückt, daß ich daran denken muß, genau in dem Augenblick, wo ich sagen will, daß ich dich lieb habe. Mein armer Kopf.

ANSGAR. Ich habe vorhin, als wir uns umarmt haben, auch ein paarmal an was ganz anderes gedacht.

EVELYNE. An was denn?

ANSGAR. An die Jacke da zum Beispiel!

Jetzt sehen die beiden die Trambahnerjacke, die wie eine Vogelscheuche auf dem Kleiderständer hängt. Beide lachen.

Draußen fällt ein Schuß.

Ansgar hüllt sich rasch in das Leintuch, das er vom Bett reißt, öffnet den Besenriegel und stürzt in das benachbarte Studentenzimmer.

405 Villa Cerphal, Terrassenzimmer

ANSGAR. Was ist los? Wer hat denn da geschossen?

Reinhard kommt mit dem Gewehr von der Terrasse herein. Er legt die noch rauchende Flinte vor Ansgar auf den Flügel.

ANSGAR. Hast du geschossen?

REINHARD. Es mußte sein.

Ansgar ist sprachlos. Da kommt Helga herein. Sie ist ganz außer Atem vor Lachen.

HELGA *(lacht)*. Sag mal, spinnst du?

REINHARD. Ich habe die Buche gefällt!

Jetzt kommt auch Stefan von draußen herein. Er versucht, das Ereignis auf die lässige Art zu übergehen.

STEFAN. Du bist wirklich ein Kindskopf, Reinhard!

ANSGAR. Was war denn los?

STEFAN. Er wollte folgendes nicht zur Kenntnis nehmen: daß Rechnungen über 2400 Mark an das Kopierwerk zu zahlen sind, daß der Verleih unseren Film abgelehnt hat, und daß ich mit über 8000 Mark dastehe, die ich mir auf mein Erbteil von meinen Eltern ausgeliehen habe, um den Rest des Films zu zahlen. Ich möchte jetzt wirklich mal wissen, wie er sich vorstellt, wie das weitergehen soll!

HELGA. Wie, und deswegen hast du geschossen?

Reinhard hat nicht zugehört, sondern Ansgar gemustert, wie er dasteht, mit seinem Bettuch über den Schultern und dem Besen in der Hand.

REINHARD *(lacht)*. Du gefällst mir, Ansgar. Kommst gerade aus dem Bett, was?

Stefan dreht durch. Reinhards Westernruhe macht ihn fertig.

STEFAN. Antworte endlich!

REINHARD. Olé hombre! Dein Erbe ist angegriffen. Da wirst du eines Tages auf ein Zimmer in deiner Villa verzichten müssen. Oder ich werde dein Untermieter!

ANSGAR *(denkt immer noch über Stefans Sätze nach)*. 8000 Mark! So einen reichen Papa hat der!

STEFAN. Ich denke nicht daran, mich vor euch zu rechtfertigen!

Stefan hat die Winchester an sich genommen. Er will das Zimmer verlassen und öffnet die Tür zur Diele.

Da steht Frau Ries vor ihm. Sie hat an der Tür gelauscht und weicht jetzt ertappt zurück.

FRAU RIES. Ich habe doch da gerade einen Schuß gehört!

STEFAN. Ja.
Stefan legt die Winchester auf den Dielentisch und geht in die Küche. Evelyne, die auch wissen möchte, was vorgefallen ist, nähert sich dem Gewehr. Sie hat sich inzwischen die Uniformjacke angezogen. Sie betastet die Waffe.
FRAU RIES. Fräulein Evelyne, lassen Sie das doch, das ist gefährlich ...
Evelynes Augen suchen Ansgar. Was ist eigentlich geschehen? Ansgar lächelt rätselhaft zurück. Stefan kommt mit einem Glas Milch aus der Küche. Reinhard und Helga gehen in den Herbstgarten hinaus.

406 Villa Cerphal, Garten

Das Geschoß aus der Winchester hat den Stamm der Buche völlig durchbohrt. Es ist dieselbe Buche, unter der die Schaukel hängt. Hier hat Olga noch vor kurzem gesessen.
Helga nähert sich dem Baum, um den Durchschuß genauer zu betrachten. Man könne mit diesem Gewehr »einen Elefanten wegpusten«, hatte Reinhard kürzlich gesagt. Jetzt hatte er Stefans bürokratische Abrechnung damit weggepustet. Helga ist begeistert über die Möglichkeiten, die in einer Waffe verborgen liegen.
HELGA. Es lebe die Poesie! Reinhard, du bist toll!

407 Hof des Kohlen-Josef

HERMANN. *Ich wohnte immer noch mit Clemens zusammen und teilte mit ihm die enge Bude beim Kohlen-Josef. Noch immer übte ich Gitarre in meinem Vorderschuppen, noch immer verbrachte ich meine Nächte im »Fuchsbau«. Josef hatte seit Tagen über Architekturplänen gebrütet und mehrmals Besuch erhalten von feinen Herren mit Aktentaschen und Schlipsen. An diesem Tag hatte auch der Kohlen-Josef seinen feinen Anzug aus dem Schrank geholt.*
Der Stadtbriefträger, der täglich durch die Schwabinger Straßen fährt, um die Post auszutragen, hat vieles mit dem Landbriefträger im Hunsrück gemeinsam: Sein Fahrrad ist ebenso klapprig und gelb, sein Tempo ebenso träge und die Art, in der er die Briefe aushändigt, genauso bürokratisch, wie Hermann das seit seiner Kindheit vom Dorf her kennt. Das und auch die nähere Umgebung, der Kohlenhof, das Ruinen-

grundstück, der Übungsschuppen neben dem Eingang und Josefs tägliche Arbeit sind für Hermann inzwischen heimatliche Eindrücke und Gewohnheiten geworden. Er liebt es, hier zu wohnen – in einer kleinen Zwischenwelt zwischen dem Dorf, das er verlassen hat, und der Stadt, von der er noch nicht angenommen worden ist.
Der Briefträger hat außer dem großen Umschlag mit Architekturplänen für den Josef noch einen Brief für Hermann abgegeben.
Hermann will gerade zur Hochschule radeln, als Josef ihn aufhält und ihm den Brief überreicht. Josef sitzt auf einem Holzstoß und betrachtet die Baupläne, die er dem Umschlag entnommen hat.

KOHLEN-JOSEF. Jetzt geht's mir wie dem Maler, von dem ich dir mal erzählt hab, weißt du's noch? Der, wo in die Zukunft hat schauen können. So kann ich mir das vorstellen, wie da ein riesiger Bagger herkommt, weißt schon, so ein Trumm wie der, womit's grad am Hauptbahnhof das große Loch graben. Also, der kommt da rein, verstehst, in das enge Grundstück, und der walzt alles nieder wie ein Panzer. Da brauchst mich nicht so ungläubig anschauen. Ich weiß schon, was ich sag. Des hier, des wird alles eingeebnet, weggeputzt, verstehst? Ein Schandfleck ist meine Kohlenhandlung im Münchner Stadtbild. Hast des net gewußt? Da kommen Etagenwohnungen hin, wie sich's gehört für eine moderne Stadt. Mit rundum laufenden Balkonen, Aluverglasungen, Müllschlucker, fünfstöckig, mit Fußbodenheizung, damit die Mieten steigen.

Hermann ist überfordert. Er hält den ungeöffneten Brief in seiner Hand und sieht, wie der Briefträger das Grundstück verläßt. Er folgt Josefs Rundumblick zu all den Häusern, Nebenbauten, den Balkonen und Fenstern in der Nachbarschaft.

HERMANN. Das heißt, wir müssen alle ausziehen?

KOHLEN-JOSEF. Mei, Hermann, da gibt's keinen Platz mehr für Musikstudenten, Künstler, Kleinverdiener, verstehst?

HERMANN. Wo soll ich eine neue Wohnung finden? Und wann soll das losgehen?

KOHLEN-JOSEF. Mei, Hermann, alles hat einmal ein End im Leben. Im März soll hier alles abgerissen werden. Ich hab's ja auch gerad erfahren.

Hermann weiß nicht, wie er alle Konsequenzen dieser Nachricht auf einmal in seinen Kopf bringen soll. Er muß sich also nun doch nach einer eigenen Bude umsehen! Er ist nachdenklich zu seinem Fahrrad gegangen. Josef folgt ihm.

KOHLEN-JOSEF. Die neuen Eigentümer wollen sich aber erkenntlich zeigen: dafür, daß ich meine Existenz aufgeben soll, und dafür, daß wir jetzt seit drei Generationen hier in der Augustenstraß' die Kohlenhandlung gehabt haben. Ja mei, die bieten mir eine Abfindung an, zu der kann ich nicht nein sagen. Das ist so viel Geld, da brauch ich nie mehr wieder in meinem Leben arbeiten. Also heißt's: Habe die Ehre, alter Job! Und vorbei ist's mit den schwarzen Kopfkissen im Bett!

Josef geht weiter. Hermann erinnert sich, daß er immer noch den Brief in der Hand hält. Er öffnet ihn schnell.

HERMANN. *Ich hatte mir die ganze Zeit verboten, an Clarissa zu denken. Und jetzt dieser Brief... »Herrn Hermann Simon, München«, stand auf dem Umschlag, sonst nichts.*

Josef dreht sich am Tor noch einmal nach Hermann um.

KOHLEN-JOSEF. Heiraten hätt ich sollen! Damals, 1947, hätt ich in der Nähe von Landshut eine Bauerntochter heiraten können.

»Ich liebe Dich, Clarissa.«

Diese Worte auf dem Brief verschwimmen vor Hermanns Augen. Hermann sieht den Josef an, als wäre er ein Gespenst.

KOHLEN-JOSEF. Aber ich hab's halt nicht geliebt! Verstehst du so was?

Hermann liest Clarissas Zeilen noch mal und steckt sie in den merkwürdig adressierten Umschlag zurück.

Josef geht schwermütig davon.

HERMANN. *Clarissa hatte es dem Zufall überlassen, wie lange der Brief unterwegs ist, und ob er je bei mir ankommt! War es das, was sie damals mit »Schicksal« gemeint hatte?*

408 Vor Haus Clarissa

Hermann durcheilt jetzt alle Stationen seiner Begegnungen mit Clarissa: das lange Trottoir der Schwabinger Bürgerstraße, wo er ihr in der Winternacht zum ersten Mal gefolgt ist, die Toreinfahrt, wo ihn die Eifersucht auf Juan geplagt hat, die Klingel, die er in der Nacht nicht zu drücken wagte, als er den Liebesbrief an sie schrieb.

Er klingelt aufgeregt. Der elektrische Türöffner summt. Hermann stürmt ins Haus.

409 Wohnung Clarissa, Treppenhaus

Jetzt die anderen Stationen der Clarissa-Begegnungen: der Treppenabsatz, wo er sie das erste Mal geküßt hatte, die Stufen, auf denen er ihren Körper ertastet und ihren Slip erobert hatte, die Wohnungstür, in der sie entschwunden war, als der Hausbewohner sie störte.
An der Tür aber steht nicht Clarissa, sondern ihre Wirtin, die an ihrer Schürze nestelt. Sie erwartet Hermann mit der typisch aufdringlichen Neugier der Münchner Zimmervermieterinnen, die alles wissen wollen.
HERMANN. Ist Fräulein Lichtblau nicht da?
FRAU FOISNER. Sie san gewiß der Komponist.
HERMANN. Ja.
FRAU FOISNER. Nein, Fräulein Lichtblau ist leider nicht da.
HERMANN. Nicht da? Aber ich habe gerade einen Brief von ihr bekommen!
Frau Foisner hat ein unermüdliches Mundwerk. Sie sieht Hermann an, als ob sie ihn bis in die Seele verstünde, und hat doch kein Interesse an ihm.
FRAU FOISNER. Sie ist ja so ein nettes Mädchen! I mag's ja so gern. Und wie die fleißig ist! Die übt ja ununterbrochen. Am liebsten dat's in der Nacht auch noch üben, aber, wissen S', das geht natürlich in so einer Mietswohnung nicht. Mir macht's ja nichts aus, ich hab ja selber mal Klavier gespielt, mei, jetzt natürlich schon lang nicht mehr, und meine Kinder sind schon aus'm Haus, aber sie is so was von bienenfleißig, und jetzt hat's sogar des Cello mitgenommen! Stellen S' Eana des vor! Aber mei, wenn man halt was werden will, da muß man einfach üben. Das ist halt in dem Beruf aso...

410 Vor Haus Clarissa

Hermann ist den ganzen Weg durch das Haus langsam und nachdenklich zurückgegangen. Jetzt steht er vor der Einfahrt und weiß nicht, was er mit all seinen Gefühlen anfangen soll. Sein Herz ist zum Zerbersten voll; jede Pore seiner Haut verlangt nach Clarissa, die ihm das Liebesbekenntnis geschrieben hat – und nun für ihn unerreichbar ist.
HERMANN. *Ich las die drei Worte noch einmal und immer wieder, so lange, bis sie mir wie eine Fälschung vorkamen.*
Clarissa blieb verschwunden, es vergingen drei Wochen, vier Wochen, sechs Wochen.

Ich hörte nichts von ihr, und keiner der Freunde hatte sie zu Gesicht bekommen. Was mochte bloß das Geheimnis sein, das sie vor uns allen verbarg?

411 Wald über Wasserburg

Das Städtchen in der Innschleife liegt in zartem Herbstnebel, aus dem nur die alten Turmspitzen hervorschauen.
Clarissa gibt sich ihrer Einsamkeit hin. Sie sitzt auf einer Bank am nebligen Waldrand und sieht hinab in das Heimatstädtchen. Alle Einzelheiten ihrer Jugend liegen in diesem Nebel verhüllt: das Haus der Mutter, die Villa von Dr. Kirchmayer, die Straßen mit den tausend Augen.
Ihre Gedanken sind bei Hermann. Sie fragt sich, ob ihr Liebesbekenntnis ihn gefunden hat. Sie geht durch den Herbstwald und genießt es, unauffindbar zu sein für den Fall, daß er sie nicht liebt.
Heute ist der Tag, an dem Clarissa ihr neues Cello erhalten soll.

412 Wasserburg, Villa Dr. Kirchmayer

Beinahe hätte Clarissa sich verspätet. Plötzlich sind die Stunden schneller vergangen, als man dachte.
Clarissa muß sich beeilen, um zur Villa zu gelangen. Die Tür steht offen für sie.

413 Villa Dr. Kirchmayer

Dr. Kirchmayer ist ein weißhaariger Endfünfziger, dessen Haus mit stilvollem, aber auch unpersönlichem Inventar eingerichtet ist. Alles sieht hier nach dem anspruchsvollen Leben einer reichen Bürgerfamilie aus; alles ist sauber und penibel aufgeräumt. Durch die Fenster flutet weißes Herbstlicht herein.
Dr. Kirchmayer kommt aus dem hintersten Raum einer Zimmerflucht. Er trägt einen edlen Cellokasten aus Schlangenleder, der beinahe die ganze Türöffnung ausfüllt, als er stehenbleibt und Clarissa mit einem Lächeln anschaut.

DR. K. Ist dir kalt?

Clarissa schüttelt den Kopf. Sie spielt mit dem schwarzen Wollschal. Ihre Gedanken sind noch gar nicht hier. Sie versucht, dies alles als real zu erkennen, aber es will ihr nicht gelingen.

DR. K. Willst du nicht die Jacke ausziehen?

Sie greift nach dem Reißverschluß, vergißt aber die Jacke gleich wieder und behält sie an, während Dr. Kirchmayer auf sie zukommt und den Cellokasten mit behutsamen Bewegungen auf einen Klavierhocker vor dem Flügel legt. Feierlich öffnet er die Schlösser.

Clarissa bewegt sich auf das Instrument zu. Sie ist magisch angezogen von dem dunklen Holz und den schimmernden Samtabdeckungen, die der Mann für sie jetzt entfernt, um das edle Cello ganz zu entblößen. Sie tritt an seine Seite, um mit ihm durch die F-Löcher ins Innere des Instruments sehen zu können.

Da unten, tief im Halbdunkel des Instrumentenkörpers, geheimnisvoll von der Patina der Jahre überzogen, erkennt man das Zeichen des alten Geigenbauers.

DR. K. *(liest vor).* »Giovanni Franziscus Pressenda, Q. Raffael fecit Taurin, anno domini 1749«, über 200 Jahre alt. Es hat die ganze lange Zeit auf dich gewartet. Jetzt habt ihr euch gefunden, es gehört dir, Clarissa. Nimm!

Clarissa geht zu einem der Sessel und setzt sich hin. Hat sie sich wirklich dieses wunderbare Geschenk gewünscht? Ist es das, was ihr fehlt, um glücklich zu sein? Es ist auch wie ein Abschied, nur weiß sie nicht, wovon.

CLARISSA. Jetzt bin ich traurig. So geht mir das oft. Wenn ich ganz nah bin an dem, was ich mir wünsche, dann bin ich traurig. Ich weiß nicht, was das ist.

Dr. Kirchmayer hat das Cello in seinen edlen Kasten zurückgelegt und geht zum Fenster. Er wagt es nicht, Clarissa näher zu kommen.

DR. K. Ich möchte dir alles geben, dir alle Wünsche erfüllen.

Er weiß, daß er sie mit Geschenken nicht gewinnen kann. Er muß zu dem stehen, was er gesagt hat. Es kann nicht mehr sein und auch nicht weniger.

CLARISSA. Ich glaube, in mir ist eine Kraft, die alles zerstört, sobald ich es besitze. Was ist das nur?

Clarissa erhebt sich, eiskalt im Herzen. Sie ist nicht einmal dankbar.

DR. K. Du suchst, du probierst aus, du bist jung!

Sie ist zu dem Cello zurückgegangen. Spielerisch zupft sie an den Saiten.

Sie möchte plötzlich diese Ehrfurcht abschütteln und das Instrument einfach nehmen und darauf spielen. Sie will es mißhandeln, wenn es sein muß.
CLARISSA. Ich möchte jetzt das Cello nehmen und weglaufen!
DR. K. Dann tu es doch!
Sie beginnt, das Instrument einzupacken und den Kasten zu verschließen. Dr. Kirchmayer beobachtet sie vom Fenster aus. Nun ist *er* traurig.
DR. K. Weißt du, daß ich dich immer noch liebe?
Clarissa geht nicht auf seine Worte ein. Sie ist fertig zum Weggehen, hat aber plötzlich das Gefühl des Unrechts. Sie zögert.
CLARISSA. Ich gehe jetzt. Ist das o. k.?
DR. K. O. k.!
Ein erlaubter Diebstahl? Ein Cello, ein Instrument, auf dem sie üben muß, mit dem sie sich plagen muß, sonst nichts! Sie nimmt den Kasten am Griff und verläßt rasch das Zimmer. Sie wird auf diesem Instrument Hermanns Cellokonzert spielen.

414 Haus Dr. Kirchmayer

Clarissa trägt das Cello durch den Garten hinaus. Dr. Kirchmayer beobachtet sie vom Fenster aus. Ihm bleiben nur noch seine Erinnerungen an das erwachende Mädchen, das sie einmal war, als nur er sie erkannt und gefördert hatte; als nur er das Glück erleben durfte, ihr alles geben zu können.

415 Wohnung Mutter Clarissa

Im Licht des heraufziehenden Abends übt Clarissa auf ihrem neuen Cello. Sie hat ihr Notenpult so vor das Wohnzimmerfenster gestellt, daß ihr Blick sich zwischendurch auf dem Bild der nahen Kirchenfenster ausruhen kann. Sie übt geduldig eine Etüde von Jean-Louis Duport. Immer wieder spielt sie die einförmigen Arpeggien, ohne sich in Ausdruck und Technik zu verbessern.
Die Mutter kommt von ihrem Andenkenlädchen herauf, betritt die Wohnung mit einer Tiffany-Lampe, die sie an ihrem kleinen Werktisch reparieren will.
Clarissa spürt den Blick der Mutter in ihrem Rücken. Sie hält inne.

MUTTER CLARISSA. Du hast früher besser gespielt, Clarissa.

Clarissa widmet sich wieder dem Instrument. Sie spielt verbissen weiter. Sie weiß, was jetzt kommen wird.

MUTTER CLARISSA. Üben, üben, das ist das ganze Geheimnis! Mein Gott, Clarissa, wenn ich so jung wäre wie du, ich würde mit meinem Pfund wuchern! Du mußt die ganze Energie deiner Jugend einsetzen. Talent hast du genug.

CLARISSA. Mutter!

Jedes dieser Worte kennt sie, seit sie mit elf Jahren mit dem Cellospielen begonnen hat. Clarissa wehrt sich jetzt nur noch mit ihrer Art zu spielen: Die stupiden Tonfolgen der Etüde werden trotzig und scharf.

Die Mutter unterbricht ihre Lötarbeit.

MUTTER CLARISSA. Die richtigen Freunde mußt du haben. Clarissa, bist du auch vorsichtig bei der Wahl deiner Freunde?

CLARISSA. Mutter, jetzt hör aber auf!

MUTTER CLARISSA. Man kann nicht genug aufpassen. Weißt du, wie ich vor dem Krieg deinen Vater kennengelernt habe?

CLARISSA. Das hast du mir schon dreißigmal erzählt.

MUTTER CLARISSA. Das Leben gibt dir nur einmal die Hand, merk dir das.

Ein Ruck geht durch den Körper der Mutter. Sie legt die Arbeit entschlossen beiseite.

MUTTER CLARISSA. Wann ist dieser Wettbewerb?

CLARISSA. In fünf Wochen.

MUTTER CLARISSA. Dann kannst du es schaffen. Ich halte dir den Rücken frei.
Leichtes Essen, frische Luft und eine Mutter, die weiß, was dir guttut. Das sind Werte, die hat nicht jeder.

Clarissa läßt die Worte der Mutter ausklingen. Dann zwingt sie sich zur Konzentration. Sie verlangsamt das Tempo, spielt jetzt präziser.

MUTTER CLARISSA. Irgendwie klang dein altes Cello besser, kann das sein?

CLARISSA. Aber ich muß mich doch erst darauf einspielen.

Die Mutter erhebt sich. Sie tritt hinter ihre Tochter und spricht ihr über die Schulter.

MUTTER CLARISSA. Hör mal, Clarissa, wenn ich hinter dir stehe, dann wirst du gewinnen. So war es immer.

Clarissa spielt eine Passage aus Hermanns Cellokonzert. Es ist ein aggressiver, rhythmisierter Akkord.

CLARISSA. Wie findest du so was?
MUTTER CLARISSA. Scheußlich! Was ist das?
CLARISSA. Mir gefällt es jeden Tag besser.
Noch einmal spielt Clarissa die Sequenz von Hermann Simon. Endlich etwas, das nur ihr allein gehört! Die Mutter ist zufrieden. Sie will sich nun um das Abendessen kümmern.
MUTTER CLARISSA. Ist gut. Dann lasse ich dich jetzt wieder allein.
Clarissa verbeißt sich in Doppelgriffe, Akkorde und Saitenwechsel, bis es draußen vor der Kirche ganz dunkel geworden ist.

416 Münchner Trambahn

Ansgar tut Dienst auf der Linie 4. In der Maximilianstraße ist ein Kontrolleur zugestiegen, der die von Ansgar verkauften Fahrscheine bei den Fahrgästen kontrolliert.
KONTROLLEUR. Fahrkarten vorzeigen! Danke, nächste umsteigen!
Evelyne, die Ansgar auf allen seinen Wegen begleitet und auch bei seinen Dienstfahrten neben ihm sitzt, hat Glück gehabt: Ansgar konnte ihr noch einen gültigen Fahrschein zustecken, ehe sie kontrolliert wurde.
ANSGAR. Statistisch gesehen wirst du bloß alle 280 Fahrten kontrolliert. Jetzt hast du 279 Freifahrten.
EVELYNE. Ich möchte immer bei dir sein.
ANSGAR. Immer? Auch wenn ich sauer bin?
EVELYNE. Ja.
ANSGAR. Auch auf'm Klo?
EVELYNE *(lacht)*. Ja!
ANSGAR. Du bist pervers.
Eine Münchnerin, die das verliebte Paar beobachtet hat, erinnert Ansgar an seine Pflichten. Sie will endlich eine Fahrkarte kaufen.
FAHRGAST. Einmal Isartor, bitte.
ANSGAR. Nächste Maxmonument! Nächste dann umsteigen.
Ansgar ist jetzt wieder ganz »Schaffner«. Neben dem Trambahnwagen, der jetzt über die Ludwigsbrücke zum Maximilianeum hinauffährt, strengt sich ein Radfahrer an, die Straßenbahn zu überholen.
ANSGAR. He, da ist ja der Hermann! Hermann, hallo!
Auch Hermann hat Ansgar und Evelyne erkannt. Er beginnt daraufhin ein regelrechtes Wettrennen, das er beinahe gewinnt.

Die Freunde genießen in vollen Zügen das tolle Gefühl, in einer gemeinsamen Stadt zu leben.

417 Musikhochschule, Konzertsaal

Hermann hat auf der Bühne des großen Konzertsaals ein bizarres Sammelsurium von »Klangerzeugern« aufgebaut. Mit seinen Musikern versucht er, Orgelpfeifen verschiedener Größen zum Tönen zu bringen. Er benutzt dazu den Luftstrom alter Staubsauger. Es gibt eine Menge technischen Kuddelmuddel, so daß die Probenarbeit mehr nach Mechanikerarbeit aussieht als nach der Vorbereitung eines Konzertes.
Star des Unternehmens ist Frau Moretti, die in einem großgeblümten Kleid wie eine Operndiva trällernd umhergeht und ihre Stimme »warm singt«. Versuchsweise stößt sie einen Operettenjuchzer aus.

HERMANN. *Ich tat alles, um zu vergessen: Clarissas Brief, die angefangenen Freundschaften, mein Hunsrücker Gelübde, den ganzen Kloß von unerfüllten Wünschen! Ich hatte ein Stück für Frau Moretti komponiert. Ein szenisches Happening, mit großen Trommeln, elektronischen Klängen, Klavier, einer Windmaschine und acht Staubsaugern.*
Die Moretti verkörperte ein Stück Operettenwelt. Damit wollte ich die Freunde und die Hochschulprofessoren schockieren.

FRAU MORETTI *(lacht).* Muß ich lachen silberhell!

Hermann versucht, die übererregte Frau zu dämpfen, damit seine Musiker weiterarbieten können.

HERMANN. Gnädige Frau, Frau Moretti, können Sie sich noch einen Moment gedulden? Bitte sehr, wir müssen noch diese Motoren ausprobieren.

FRAU MORETTI. Bitte nicht umschauen. Nicht umschauen!

HERMANN. Warum?

FRAU MORETTI. Er ist gekommen.

HERMANN. Wer?

FRAU MORETTI. Meine neue Eroberung. Ein echter Baron. Tun S' mir den Gefallen und probieren S' den Anfang mit mir. Ich wäre ja so glücklich! Sie wissen doch, wie schwer ich es hab' in diesem fremden Land!

Hermann schaut unwillkürlich zum Eingang und erkennt den älteren Herrn, der dort mit einer Rose in der Hand steht. Es sieht aus, als ob der

Herr direkt zu Hermann herüberlächelt. Hermann lächelt verlegen zurück. Hermanns Blick fällt wieder auf die Moretti, die ihn immer noch flehend ansieht. Hermann will ihrem Wunsch nicht widerstehen. Er ruft seine Musiker zusammen, die immer noch mit den Staubsaugern und Kabeln herumspielen.

HERMANN. Können wir mal den Anfang probieren? Den Einsatz Frau Moretti, direkt, ohne Vorspiel. Und bitte, todernst bleiben. Ich möchte nicht, daß gelacht wird. Habt ihr eigentlich alle einen Frack?

Hermann setzt sich an den Flügel. Schnell arrangiert er die Aufstellung der Instrumentalisten: ein Saxophonist, zwei Schlagzeugspieler und ein Kontrabassist. Hermann gibt der Moretti ihren Einsatz.

HERMANN. *Ich hatte die dicke Ungarin in der letzten Zeit öfter besucht. Vielleicht, weil ich immer noch hoffte, das Zimmer bei ihr zu bekommen. Vielleicht aber auch, weil ich bei ihr das Genie verkörpern durfte, daß ich viel lieber in den Augen meiner Freunde gewesen wäre.*

Die Moretti hat sich mitten auf der Bühne so aufgestellt, daß sie mit ihrem ausladenden Körper und ihrem schillernden Kleid wirklich als Star wirkt. Ihr Blick geht beim Singen in eine vage Ferne.

FRAU MORETTI *(singt)*. »Ich stehe wie das Glück auf seinem Balle,
doch werd ich wacklig, wenn ich lange steh!«

In der Extase des Singens ist ihr entgangen, daß der »Herr Baron« sich entfernt hat. Sie erfaßt nur, daß er plötzlich weg ist. Ihre Stimme stockt mitten im Ton.

Hermann unterbricht.

HERMANN. Was ist los?

FRAU MORETTI. Er ist weg!

Nun bemerkt auch Hermann, daß sich Frau Morettis Verehrer aus dem Saal entfernt hat.

FRAU MORETTI. Hab ich was falsch gemacht? War es wieder der hohe Ton?

HERMANN. Vielleicht hat ihm auch das Kleid nicht gefallen...

FRAU MORETTI. Oder die Musik!

HERMANN. Das glaube ich nicht.

FRAU MORETTI. Junge, tun Sie mir den einzigen Gefallen und schauen Sie nach, wo er ist geblieben, bitteschön.

Hermann verläßt das Podium. Als er beim Ausgang ankommt, findet er dort, auf einer Brüstung, die Rose des Herrn liegen.

Hermann denkt nach. Nichts in der Welt ist komplizierter als die Liebe.

Als er sich im Vorraum umsieht, um festzustellen, wo Frau Morettis Verehrer geblieben sein könnte, steht er plötzlich vor Clarissa, die mit ihrem neuen Cello durch den Marmorgang gekommen ist.

CLARISSA. Ich wollte dir mein neues Cello zeigen!

Hermann vergißt augenblicklich, was er in diesem Vorraum tun wollte. Wie angewurzelt steht er vor der lachenden Freundin.

HERMANN. Du warst verschollen! Mehr als sechs Wochen. Weißt du eigentlich, daß die ganze Musikhochschule dich gesucht hat?

CLARISSA. Ich kann doch hingehen, wo ich will!

Clarissa stützt sich auf ihr Cello. Sie sieht bleich aus, ein wenig überarbeitet. Aber sie lächelt Hermann geheimnisvoll an.

HERMANN. Das bestreitet ja keiner. Aber vorher legst du überall Feuer, zündest alles an, bevor du wegrennst.

CLARISSA. Überall? Alles? Jetzt sprichst du aber in Rätseln.

Hermann spürt, daß ihn seine Musiker von der Bühne her fragend anstarren. Auch die Moretti wartet immer noch auf seine Rückkehr. Sie will schließlich wissen, wo ihr Baron geblieben ist. Das alles ist zuviel: Hermann schließt die Tür zum Konzertsaal. Wenigstens diese eine Minute will er mit Clarissa allein sein.

HERMANN. Ich habe einen Brief bekommen!

CLARISSA. Ach, das ist doch schon lange her! Gibst du ihn mir zurück?

HERMANN. Nein!

CLARISSA. Bitte ...!

HERMANN. Nein. Bist du deswegen gekommen?

CLARISSA. Nein.

Hermann geht auf Clarissa zu. Er steht jetzt dicht vor ihr.

CLARISSA. Ich spiele dein Stück in Neuburg an der Donau. Mamangakis dirigiert.

HERMANN. Ja, das Cellokonzert! Das habe ich ja völlig vergessen. Wie ist es denn?

CLARISSA. Schön. Es ist wirklich ein schönes Stück, Hermann. Ich habe sogar den Wettbewerb damit gewonnen.

HERMANN. Mein Gott, wo warst du denn so lange?

Clarissa tut, als wüßte sie nicht, was in ihm vorgeht. Sie kokettiert, schützt sich hinter professionellen Informationen und hält sich permanent an ihrem Instrumentenkasten fest.

Hermann läuft nervös umher.

HERMANN. Und was war mit dem Brief?

CLARISSA. Ich glaube, ich war verrückt.

HERMANN. Ich glaube, ich war auch verrückt. Das hätte ja gepaßt! Bei mir ist, glaube ich, viel mehr Zeit vergangen als bei dir. Da bin ich sicher.

Clarissa legt ihre Hand auf Hermanns Nacken und zieht ihn zu sich heran. Die beiden Gesichter berühren sich.

CLARISSA. Ach, Hermann, du bist wie ein Traum: Am nächsten Morgen kriegt man dich nicht mehr zusammen, da bleiben nur noch Fetzen übrig.

HERMANN. So geht es mir mit *dir*.

CLARISSA. Und mir mit *dir*.

Endlich ist diese Nähe entstanden, nach der sich beide so gesehnt haben. Sie schließen die Augen und drücken ihre Stirn fest aneinander. Plötzlich dringt der Lärm der probenden Musiker herein. Hermann und Clarissa nehmen wieder wahr, wo sie sind. Volker hat die Saaltür geöffnet und steht nun da, um Hermann zu begrüßen.

VOLKER. Ich habe mir deine Probe angehört, Hermann. Eine schöne Atmosphäre hast du da geschaffen. Man spürt, da entsteht etwas, was Kraft hat.

HERMANN. So? Das freut mich. Ich glaube, ich muß weitermachen.

CLARISSA. Nein, ich wollte dir doch noch mein Cello zeigen! Es ist ein echtes italienisches. Ich nenne es Giovanni – nach seinem Erbauer.

HERMANN. Ich muß zurück! Kommt ihr denn in mein Konzert? Es ist in zwei Wochen.

Volker steht neben Clarissa. Er weiß offenbar viel mehr über sie und ihre Arbeit als Hermann.

VOLKER. Bist du dann schon wieder da? Sie macht jetzt die Tournee mit den Wettbewerbsgewinnern. Das gibt übrigens Tantiemen für dich, Hermann. Kümmere dich mal darum.

Jetzt ist auch die Moretti im Vorraum erschienen. Sie hat die Rose gefunden und ist offenbar ganz zufrieden mit diesem Gruß, den ihr der fremde Herr hinterlassen hat.

FRAU MORETTI. Junge, unsere Probe! Wir warten auf dich.

Sie faßt den schmächtigen Hermann um die Schultern und drückt ihn stolz an ihre gewaltige Brust.

FRAU MORETTI. Mein Genie!

Volker und Clarissa lachen Hermann und seine Diva an.

418 Musikhochschule, Übungsraum

Evelyne erhält eine Gesangsstunde bei Professor Blaschke. Der Lehrer sitzt am Klavier, schlägt die Töne an, Evelyne kontrolliert sich beim Singen in einem Spiegel, der auf dem Flügel steht.

PROFESSOR BLASCHKE. Nicht so ein Hitchcock-Gesicht machen. Schauen Sie mich freundlich an. Noch mal.

Evelyne singt auf einem Ton die absurden Texte, die der Professor vorgibt.

EVELYNE. »Renne jeder, was er kann, was er will, was er soll ...«

Ansgar versucht, Evelyne auch beim Unterricht nahe zu bleiben. So, wie sie ihn auf seinem Trambahnerdienst begleitet, so bleibt er während des Studiums an ihrer Seite, so gut er kann.

Der Übungsraum ist zum Gang hin mit einer Doppeltür abgeschlossen. Ansgar versucht es sich in dem engen Zwischenraum zwischen den beiden Türen bequem zu machen.

Er raucht. Das verursacht allerdings eine kleine Katastrophe, weil der winzige Luftraum im Nu so verqualmt ist, daß er unter Hustenanfällen und mit tränenden Augen die Tür zum Flur aufreißen muß, um wieder atmen zu können.

Nach dem schönen Text »mamma mia, mamma mia ...« schwelgt Evelyne in den »Legato-Übungen« des Professors. Als es danach eine

Weile ganz still in dem Übungszimmer wird, öffnet Ansgar vorsichtig die Tür, um ein wenig besser sehen zu können, was der Professor mit Evelyne macht. Ansgar sieht, wie die Freundin dasteht und gegen die Hände des Professors atmet.

Der Professor hat Ansgar bemerkt. Er unterbricht die Atemübungen, um zu erfahren, was Ansgar will.

EVELYNE. Das ist mein Freund.

PROFESSOR BLASCHKE. Keine Angst. Gleich noch mal. Ausatmen bitte... einatmen, gegen meine Hände... bis in den Rücken hinein... anhalten... langsam ausströmen lassen.

Jetzt singt Evelyne, von Professor Blaschke am Klavier begleitet, eine Arie aus Wagners »Rheingold« – »Weiche, Wotan, weiche!«

Mit ihrer ungewöhnlich tiefen Altstimme ist sie schon eine richtige Heldin auf einer imaginären Opernbühne.

419 Königsplatz

Der klassizistische Platz gegenüber der Musikhochschule lädt an sonnigen Tagen selbst im Herbst zum Verweilen ein. Auf den Steinstufen der Glyptothek sitzen die Studenten gern, um ihren Gedanken freien Lauf zu lassen.

Evelyne schützt ihre Augen mit Ansgars Trambahnermütze vor der Sonne. Sie hat begonnen, einen Brief an ihre Familie in Neuburg zu schreiben. Jetzt denkt sie nach. Ansgar kommt mit ihrer Handtasche, die er ihr nachgetragen hat.

ANSGAR. Du sollst nicht meine Mütze aufsetzen! Ich mag nicht, wenn du die aufsetzt.

EVELYNE *(lacht)*. Und ich mag nicht, wenn *du* sie aufsetzt.

Ansgar beendet das Spiel mit der Mütze. Er setzt sich neben sie auf die Stufen. Er lehnt sich an Evelynes nackte Schulter und liebkost ihren Hals. Sie schreibt weiter an ihrem Brief.

EVELYNE. »*Lieber Jürgen, jetzt bin ich schon sechs Wochen fort von Euch, und es kommt mir vor wie eine Ewigkeit. Manchmal muß ich mich richtig anstrengen, um mir vorzustellen, wie es in Neuburg ausschaut. Eure Gesichter verschwimmen vor meinem inneren Auge, wenn ich ganz fest an Euch denken will. Ich habe endlich mein wahres Zuhause gefunden.*

Sei mir deswegen nicht böse. Du warst mir immer der Liebste, und das wird auch so bleiben. Ich bin hier an der Musikhochschule in den Fächern Gesang und Oboe angenommen worden, das ist erst einmal die Hauptsache.«

Ansgar sieht ihr über die Schulter. Er liest mit. Er lernt Evelynes Handschrift kennen, die ein wenig seltsam ist, weil sie als Linkshänderin anders schreibt, als Ansgar es gewohnt ist.

ANSGAR *(liest)*. »Am nächsten Freitag findet in Neuburg ein Konzert statt, da solltest Du hingehen, denn die Cellistin ist eine gute Bekannte von mir. Sie spielt ein Stück von einem Freund ...«

EVELYNE. »... *Wie Du siehst, habe ich hier Freunde gefunden. Einer davon bedeutet mir sehr viel. Übrigens, weißt Du, wie meine Mutter ausgesehen hat? Genau wie ich, ich schwöre Dir, daß das wahr ist. Grüß mir die Mama und den Hartmut. Deine Evelyne.*

PS: Ich werde trotz allem Deine Schwester bleiben!«

Evelyne hat den Brief in ein Kuvert gesteckt und begibt sich zu einem nahen Briefkasten. Ansgar folgt ihr.

ANSGAR. Und was machen wir jetzt?

Evelyne hat die Frage gut verstanden. Sie sieht den Freund verliebt an. Die beiden müssen lachen, weil sie schon so gut erraten können, was der andere denkt.

420 Kongregationssaal, Neuburg

HERMANN. *Mein Cellokonzert hatte ohne mein Wissen seine eigene Erfolgsgeschichte erlebt. Es gefiel sogar meinem eitlen Kompositionsprofessor, der bereit war, mein Stück zu dirigieren, als sich herausstellte, daß es vom Bayerischen Rundfunk live übertragen wird. Clarissa hatte den Cellowettbewerb gewonnen und spielte mein Konzert als Höhepunkt des Abschlußkonzertes vor all den Kritikern, Agenten und Hochschulprofessoren, die dafür nach Neuburg gereist waren.*

Evelynes Bruder Jürgen sitzt neben dem kleinen Bruder Hartmut, der eigentlich noch zu klein ist und vor allem zu nervös, um ein Konzert mit zeitgenössischer Musik zu hören. Der reichverzierte Barocksaal ist ausverkauft. Unter den Neuburger Bürgern ist auch Evelynes Stiefmutter zu erkennen und der eine oder andere Nachbar, die der Witwe bei der Beerdigung ihres Mannes zur Seite gestanden haben. Einer von ihnen

scheint inzwischen den toten Vater zu vertreten, denn er behält den kleinen Hartmut in erzieherischer Aufsicht, sieht ihn strafend an, wenn er mit einer Taschenlampe herumspielt und das Deckenfries mit den in Fresken dargestellten Schutzheiligen anleuchtet. Einer dieser Heiligen ist der »heilige Hermanus«. Unter herzlichem Applaus betritt Clarissa, der Star des Abends, die Bühne. Sie ist die Gewinnerin der Gesamtbewertung des Wettbewerbs junger Musiker. Sie hat nicht nur den »Ersten Platz in der Instrumentenbewertung« gewonnen, sondern auch den »Spezialpreis der Jury«, einen von einer bayerischen Bank gestifteten Vertrag über zwanzig Konzerte in zwanzig bayerischen und außerbayerischen Städten.
Clarissa trägt ein lindgrünes Seidenkleid, das ihre Arme und Schultern freiläßt. Ihr Haar ist festlich zu einer Hochfrisur geordnet, Lidstrich und bescheidener Schmuck erinnern daran, daß sie noch sehr jung und behütet ist.
Die Neuburger Musikfreunde blättern in ihren Programmen und warten gespannt auf Clarissas Darbietung.
Professor Mamangakis, Hermanns Kompositionslehrer, leitet das Orchester der Musikhochschule. Mit seiner graumelierten Künstlermähne und seinem mediterranen Gestus gibt auch er dieser Veranstaltung Glanz. Begrüßung des Konzertmeisters, Zeremonien der gegenseitigen Verehrung, die traditionellen Höflichkeitsbezeugungen gegenüber der Solistin – und alles hebt Clarissa aus dem Dunst der Normalität hinauf in die Würde des verdienten Erfolges, schon bevor sie zu spielen anfängt.
Das Podium ist mit den Mikrofonen des Bayerischen Rundfunks ausgestattet, der dieses Konzert heute abend live ausstrahlt.
Hermanns Cellokonzert ist reich an wirkungsvollen solistischen Stellen, aber auch farbenprächtig instrumentiert, so daß ein aufregender Dialog zwischen Cello und Orchester entsteht. Auffallend sind die immer wiederkehrende Zwiesprache mit der Harfe und die packenden Einsätze der Blechbläser. Clarissa schwelgt in den Passagen, die Hermann ihr damals im »Fuchsbau« erklärt hat.

421 Straßen in Neuburg

Durch die festlich beleuchteten Altstadtstraßen fährt ein Mercedes mit Wasserburger Kennzeichen. Es hält auf dem Platz an. Dr. Kirchmayer sitzt am Steuer. Er erkundigt sich bei einem Jungen nach dem Weg zu Clarissas Konzert.

Der Übertragungswagen des Bayerischen Rundfunks hätte ihm eigentlich Hinweis genug sein können, denn er steht, magisch von innen beleuchtet, direkt vor dem Eingang zum alten Schloß. Im Innern des Ü-Wagens sind die Toningenieure damit beschäftigt, Clarissas Konzert elektroakustisch zu verarbeiten und an den Rundfunksender weiterzuleiten, eine Unternehmung, die auch Dr. Kirchmayer sehr beeindruckt.

422 Kongregationssaal, Neuburg

Dr. Kirchmayer hat einen riesigen Blumenstrauß bei sich. Den Weg zum Konzertsaal findet er nun leicht, denn er braucht nur noch dem Kabelstrang des Rundfunks zu folgen. So gelangt er die Stufen hinauf zur Eingangstür des Konzertsaals. Er erreicht den Saal kurz vor Ende des Konzerts. Dr. Kirchmayer erlebt noch, wie Clarissa die lyrische Stelle spielt, die Hermann ihr einmal als seine besondere Widmung gezeigt hat.

Dann setzt das Orchester zum Finale an.

Der Applaus ist spontan und rauschend. Dr. Kirchmayer stürzt mit seinem Blumenstrauß zum Podium, um Clarissa als erster gratulieren zu können. Die Fotografen, die herbeigeeilt kommen, verlangen wieder und wieder die Straußübergabe, so daß Dr. Kirchmayer seine Huldigung im Blitzlichtgewitter so oft wiederholt, bis sie unecht wirkt.

Clarissa wird gefeiert.

423 Restaurant in Neuburg

Als Clarissa in Begleitung von Dr. Kirchmayer das beste Lokal am Ort betritt, so elegant gekleidet und so galant begleitet, recken die Kleinstadtbürger an den Tischen die Hälse. Die Honoratioren der Stadt, die mit den Wettbewerbsleitern und Hochschulprofessoren am Stammtisch Platz genommen haben, applaudieren erneut, als sie Clarissa sehen.

Dr. Kirchmayer zieht sich mit Clarissa vorerst an einen reservierten

Tisch im Nebenraum zurück. Eine Kellnerin nimmt Clarissa den Blumenstrauß ab. Clarissa weiß noch gar nicht, wie sie mit dem neuen Status, den ihr der Erfolg beschert hat, umgehen soll. Sie lächelt und rückt ihr Cello vor sich zurecht, damit sie sich an etwas Vertrautem festhalten kann.

DR. K. Weißt du, wer diese Zeitungsreporter waren? Hoffentlich kommt unser Bild, wie ich dir die Blumen überreiche, nicht gerade in die Wasserburger Zeitung. Es weiß natürlich niemand zu Hause, daß ich heute hier bin.

Clarissa streichelt ihren Cellokasten. Sie lehnt die Stirn gegen das Instrument, als wäre es ihr Geliebter.

CLARISSA. Das neue Cello ist ein Traum. Ich spiele darauf, als hätte ich nie ein anderes gehabt.

DR. K. Es ist deins. Für immer.

CLARISSA. Ein merkwürdiger Gedanke. Zweihundert Jahre lang geht ein Instrument von einer Hand in die andere, und dann landet es bei mir. Ich kann das gar nicht glauben, aber es ist mein Instrument. Es gehorcht mir, und es verzeiht mir alles, wenn ich nervös bin, wenn ich wütend bin, wenn ich verliebt bin ...

DR. K. Du bist immer noch verliebt?

CLARISSA. Wie hat dir sein Stück gefallen?

DR. K. Du spielst es wundervoll.

CLARISSA. Nein, du sollst über die Musik sprechen.

DR. K. Ich bin doch kein Musiker... Ich bin da ganz gefühlsmäßig. Es ist schwierig zu spielen.

CLARISSA. Es ist genial.

DR. K. Du liebst ihn. Bitte, Clarissa, gib mir heute abend auch eine kleine Chance. Sechs Wochen warst du in Wasserburg fast täglich in meinem Haus, wenn du geübt hast. Nicht ein einziges Mal konnten wir uns alleine sehen.

CLARISSA. Georg, laß es so, wie wir es verabredet haben. Hör auf mit deinen Träumen, du machst mir angst damit. Und versuche nicht, mich mit Reisen zu locken. Das Cello, das ist schon Geschenk genug. Du erdrückst mich.

Dr. Kirchmayer trinkt sein Weinglas in einem Zug aus. Clarissa schweigt dazu.

DR. K. Gut. Setzen wir uns bald zu den anderen. Ich möchte nicht allein mit dir sein.

Er erhebt sich gekränkt. Er führt Clarissa, deren Cello er ihr hinterherträgt, durch das Lokal zu der großen Tischrunde, wo man sie schon erwartet hat.

CLARISSA. Ach, jetzt sei mir doch nicht böse. Ich bin so froh, daß du hierhergekommen bist.

Wieder wird Clarissa mit Applaus empfangen. Dr. Kirchmayer wendet sich an die Runde der Honoratioren und Hochschulprofessoren.

DR. K. Wir haben es uns überlegt.

HOCHSCHULPROFESSOR. Wie schön. Wir haben auf Ihre Rückkehr gehofft. Bitte nehmen Sie doch Platz!

Und wieder stürzt sich ein Fotoreporter auf Clarissa. Das Blitzlicht bricht grell in ihre ungeschützten Augen, so daß sie für einen Augenblick nichts mehr sehen kann.

424 Villa Cerphal, Terrassenzimmer

Hermann und Juan haben sich am nächsten Nachmittag im »Fuchsbau« getroffen. Hermann hat einen Stoß Zeitungen mitgebracht, die alle Kritiken, Bilder und Berichte über Clarissas Erfolg enthalten.

Helga kauert – wie immer – auf Stefans Bett. Stefan demonstriert wieder einmal den ordentlichen, gewissenhaften Bürger. Er vervollkommnet mit Rechenmaschine und Aktenordnern die Nachkalkulation seines Kurzfilms.

Juan hat vor Hermanns Augen eine Seite der *Münchner Abendzeitung* aufgeschlagen. Ein großes Bild zeigt Clarissa, die am Ende des Konzerts den Blumenstrauß aus den Händen von Dr. Kirchmayer entgegennimmt.

Überschrift und Schlagzeile enthalten das höchste Lob für Clarissa. In Hermanns Stimme wird Eifersucht spürbar.

HERMANN. Da, sieh dir das an. Die Besprechungen über deine Clarissa.

JUAN. Meine Clarissa?

HERMANN. Ein Erfolg wie im Bilderbuch. Da, schau: »Neuer Stern am Cello-Himmel«. *(Er liest)* »Die Cellistin Clarissa Lichtblau ... die richtigen Zeitmaße, ... große thematische Klarheit ... und jenes ausdrücklich thematische Verhältnis, wonach das Forte nicht zu rauh und das Piano nicht zu flau erklang ..., verlieh dem avantgardistischen Stück die natürliche Anmut und Aussagekraft ...«

Helga hat in der *Süddeutschen Zeitung* geblättert. Sie unterbricht Hermann und liest vor.

HELGA. »Meisterhaftes Cellospiel. Clarissa Lichtblau im Kongregationssaal Neuburg/Donau. Mit Recht würdigte die Fachjury eine bislang völlig unbekannte Cellistin. Clarissa Lichtblau war der Star der Veranstaltung. Sie zeigte sich nicht nur allen Schwierigkeiten des Instruments gewachsen, sondern verzauberte auch ihr Publikum und die Fachwelt mit ihrem hinreißenden Vortrag. Ihr ganzes Können zeigte sie im Abschlußkonzert mit dem virtuosen Stück eines jungen Kompositionsschülers der Münchener Musikhochschule.«

HERMANN. Weiter, lies weiter!

Hermann ist voller Erwartung, um nun auch ein Urteil über seine Komposition zu hören, aber Helga grinst ihn nur an.

HELGA. »Peter W. König«. Fertig.

HERMANN. Was? Fertig? Das gibt es doch überhaupt nicht.

Nun nimmt Hermann Helga die Zeitung aus der Hand. Er will sich selbst davon überzeugen, daß er nicht erwähnt worden ist.

HERMANN. »... mit dem virtuosen Stück eines jungen Kompositionsschülers der Münchener Musikhochschule.« Fertig. Virtuos, aber namenlos!

Stefan unterbricht seine Kalkulationsarbeit.

STEFAN. Ja, Künstlerpech!

JUAN. Da ist ein Bild von ihr.

Juan hat in einer weiteren Zeitung nachgesehen und ein Foto entdeckt, das Clarissa und Dr. Kirchmayer zeigt. Hermann bemerkt, daß es wieder das gleiche Bild ist, mit derselben Person, die den Strauß überreicht.

HERMANN. Hast du dir das mal genau angesehen?

JUAN. Der Mann im Mercedes!

Nun ist Hermann vollkommen niedergeschlagen. So hoffnungsvoll und froh dieser Nachmittag begonnen hat, so enttäuscht ist er jetzt. Er sieht sich im Schatten Clarissas, anonym und beiseite gestellt. Bedrückt schlägt er ein paar traurige Töne auf dem Klavier an.

425 Vor der Musikhochschule

Das Hochschulgebäude sieht an diesem Herbstabend tröstlich aus, wenn im Innern die Lichter aufleuchten. In den verschiedenen Stockwerken schimmern die Fenster im Glanz eines Konzertabends.

Auf der gegenüberliegenden Straßenseite bleiben Passanten stehen. Sie studieren das Plakat zu Hermanns Uraufführung.

HERMANN. *Ich hatte mir vorgenommen, die Maßstäbe, die ich mir mit dem Cellokonzert gesetzt hatte, selbst wieder über den Haufen zu werfen. »Änigmarätsel«, so nannte ich das Stück, an dessen Aufführung ich Tag und Nacht gearbeitet hatte. Auch deswegen war ich nicht nach Neuburg gefahren. Ein altes Kinderrätsel, an das ich mich erinnerte, diente mir als Vorlage. Mit meinem Stück wollte ich vor allem Clarissa eine Frage stellen.*

426 Musikhochschule, Foyer

Ein Taxi fährt am Portal der Hochschule vor. Es ist Clarissa, die mit einem großen Blumenstrauß ankommt. Sie beeilt sich, in das Gebäude zu gelangen, ehe der Hausmeister die Türen verschließt.

CLARISSA. Guten Abend, Herr Reichenberger. Läuft das Konzert noch?

HAUSMEISTER. Das Konzert vom Herrn Simon? Das ist ja gleich zu Ende. Da müssen Sie sich beeilen, wenn Sie noch was hören wollen.

Clarissa bedankt sich hastig. Sie rennt, so schnell sie kann, mit Blumenstrauß und Cellokasten die Marmortreppe hinauf, die zum Konzertsaal führt.

HERMANN.

Er liebt sie sehr,
sie liebt ihn nicht.
Sie hätt' ihn gern
und kriegt ihn nicht,
und hat ihn doch.
Was ist das?

427 Konzertsaal

Es gelingt Clarissa, fast unbemerkt in den Saal zu gelangen. Sie setzt sich in eine der hintersten Reihen und entledigt sich des Cellokastens und des Blumenstraußes.
Auf der Bühne ist wieder einmal eine der musikalisch-szenischen Inszenierungen zu sehen, die bei den Neutönern so beliebt sind. Die Moretti trägt ein eigens angefertigtes Plastikgewand, das ihren üppigen Körper wie eine silberne Ballonhaut umhüllt. Unter ihren Füßen ist ein Ventilator installiert worden, so daß die Plastikhaut aufgeblasen werden kann. Der Körper der Sängerin sieht dann tatsächlich aus wie eine Kugel. Als der Luftstrom abgestellt wird, schrumpft aber diese Kugel vor den Augen der Zuschauer auf das gewaltige Normalmaß der Sängerin zusammen. Ein wirklich komischer Effekt, den sich Hermann zu einer ausgefallenen Klangwelt ausgedacht hat. Schlagzeugintermezzi werden mit den Klängen von Staubsaugern, Orgelpfeifen und stehenden Bläsertönen unterlegt. Die Gesangspassagen wiederum begleitet Hermann selbst auf dem Klavier. Es ertönen dazu Saxophon und Kontrabaß mit jazzartigen Harmonien.
Die beiden Schlagzeuger Mac und Christos treten in Fräcken und Zylindern auf. Sie tragen ihre großen Trommeln mitsamt dem Schlagwerkaufbau wie einen Bauchladen mit sich herum. Sie schlagen groteske Trommeleffekte.
Volker sitzt neben Clemens, der inzwischen eine Bundeswehruniform trägt. Er ist Mitglied einer Militärkapelle. Volker hat Clarissa erkannt. Er winkt sie zu sich heran.
CLARISSA. Ja. Wie läuft's denn?

VOLKER. Es ist schön, ganz witzig. Also, ich mache ja solche Sachen nicht mehr. Mit Szene und so weiter. Aber es kommt gut an.

Clarissa bemerkt, daß Volker schmerzhaft das Gesicht verzieht, wenn er sich hinsetzt.

CLARISSA. Was hast denn du?

VOLKER. Ach, ich kann mich wieder nicht setzen.

Das viele Klavierüben verursacht ihm oft Furunkel am Gesäß – eine häufig auftretende Musikerkrankheit.

Clarissa orientiert sich im Raum: Die meisten Freunde aus dem »Fuchsbau«-Kreis sind gekommen. Ansgar und Evelyne, Reinhard, Rob und der sächsische Aufnahmeleiter Bernd, Helga, Olga, Alex, Juan und die Villenbesitzerin, Fräulein Cerphal, wieder mit ihrem Federhütchen.

VOLKER. Und wie war's bei dir? Die Konzerte?

CLARISSA. Es war ein ganz großer Erfolg.

VOLKER. Freut mich!

Die Moretti singt mit wahrem Operettenschmelz. Den Text des Kinderrätsels versteht sie offenbar gar nicht, denn es geht ihr nur darum, »schöne Stimme« zu zeigen. Sie strebt mit diesem Konzert offenbar nach höherer Anerkennung.

Hermann karikiert in seiner Musik diese Kitschwelt, in der die Moretti lebt, indem er Operetteneffekte übertreibt und den Text damit noch rätselhafter werden läßt.

FRAU MORETTI *(singt)*.

»Ein Dichter ist es, der lügen kann,
wissentlich, willentlich –
und kann allein die Wahrheit reden.«

Während dieses Refrains wird aus ihrem aufgeblasenen Ballonkostüm wieder die Luft abgelassen. Gleichzeitig wird die Sängerin mittels eines Versenkmechanismus in den Bühnenboden versenkt. Es bleibt am Ende nur noch der singende Oberkörper übrig, der neben dem Flügel wie eine sterbende Dampfnudel aussieht.

Das Publikum ist begeistert. Unter den Trommelschlägen von Mac und Christos entwickelt sich zunehmender Beifall.

Der Starkritiker der *Süddeutschen Zeitung* nimmt sich unter dem Freundes-Publikum etwas deplaziert aus.

428 Musikhochschule, Backstage

Einen Erfolg kann Hermann diese Uraufführung nicht nennen. Das Konzert war schlecht besucht. Es hat auch Pfiffe gegeben. Frau Moretti ist deswegen gekränkt und weint.
Hermann hat Clarissa erkannt. Er weiß, daß er ihr jetzt begegnen wird. Er erinnert sich, daß er ja immer noch ihren schwarzen Slip besitzt, den er seit jener ersten Berührung im nächtlichen Treppenhaus mit sich herumträgt.
Wie in Trance treibt es ihn in die Garderobe zu jenem Zeugnis der begonnenen Liebe. Er zieht das zarte Stück Stoff aus seiner Aktentasche, hält es lange sehnsüchtig und von gleichzeitiger Bitternis erfüllt in den Händen.
Auf dem Schminktisch liegt ein großes braunes Kouvert, in das er den Slip gleiten läßt, als seine Kollegen den Umkleideraum betreten.

429 Musikhochschule, Foyer

Die Freunde haben allesamt auf der Marmortreppe gewartet, um Hermann auch noch persönlich gratulieren zu können. Hermann spürt aber, daß der Freundeskreis auch eine Lobgemeinschaft ist. So genial, wie man sich untereinander findet, ist man natürlich nicht, oder zumindest nicht immer. Hermann hat Zweifel an seinem Stück. Er mag deswegen die Lobhudelei der Freunde nicht hören.
Helga ist die erste, die ihn im Treppenhaus mit einer Blume und mit einem Kuß empfängt.

HELGA. War toll! Das ist für die Musik, und das ist für dich!

HERMANN. Danke.

Clemens war offensichtlich hauptsächlich deshalb gekommen, um seine schicke Militäruniform vorzuführen. Aber da hat er sich bei den Freunden verrechnet.

CLEMENS. Du, Hermann, wenn du mich fragst, die Musik hat mir gar nicht gefallen.

HERMANN. Aber ich frage dich doch jetzt gar nicht! Du hörst wohl jetzt nur noch Marschmusik!

Jetzt hat Hermann Clarissa entdeckt, die ganz unten auf der Treppe steht und auf ihn wartet. Hermann muß an allen Freunden und Freundeslügen vorbei, um zu ihr zu gelangen.

ANSGAR. Ganz, ganz toll!
HERMANN. Ach, jetzt sei doch nicht so affig.
FRÄULEIN CERPHAL. Hermann, wunderbar! Unglaublich komisch.
JUAN. Das war gut.
HERMANN. Ja? Wir reden später.
FRÄULEIN CERPHAL. Kommt mir nach, Kinder!
ALEX. Hermann, gratuliere! Ein schönes Frühwerk der Spätavantgarde.
OLGA. Hermann, wirklich, es hatte was.

Hermann hat Volker getroffen. Wenigstens er, der andere Komponist, wird ihm die Wahrheit sagen! Hermann sucht die ehrliche Auseinandersetzung.

HERMANN. Warst du einverstanden?
VOLKER. Doch ja, im Prinzip schon. Also, die Szenerie war mir ein bißchen zu plakativ, aber sonst...
HERMANN. Sag mal, war Jean-Marie eigentlich gar nicht da?
VOLKER. Jean-Maries Mutter hat heute ein Konzert in München.

Endlich ist er bei Clarissa angekommen. Wie gern würde er sie jetzt einfach in die Arme nehmen, sein mühsam zur Schau gestelltes Gesicht jetzt einfach unter ihren Haaren verbergen und alles vergessen, was ihn in diesen Wochen gequält hat! Aber es ist gerade diese Qual, die ihn aufrecht gehalten hat. Er bleibt starr, als sie ihm gratuliert und ihm die Hand um den Nacken legt, wie sie es beim Wiedersehen vor ihrem Konzert getan hatte.

CLARISSA. Was hast du?

HERMANN. Ich wollte dir das noch zurückgeben.

CLARISSA. Was ist das?

Hermann überreicht Clarissa den Umschlag mit dem Höschen. Ein paar Sekunden lang sieht er ihr in die Augen, als wollte er für immer Abschied nehmen. Dann rennt er die Marmortreppe hinauf, so schnell, daß die Cerphal meint, er liefe vor ihr davon.

FRÄULEIN CERPHAL. Hermann, Sie kommen aber noch?

HERMANN. Ja, ich komme nach!

Clarissa, die überhaupt nicht verstehen kann, was mit Hermann los ist, öffnet den Umschlag. Sie sieht das schwarze Höschen. Jetzt versteht sie Hermann noch weniger. Das Rätsel (Änigma) dieses Abends ist Hermann selbst.

430 Treppenhaus Moretti

Hermann hat die Moretti nach Hause begleitet. Nach den Pfiffen, die seine Protagonistin für ihre Operettenstimme geerntet hat, wollte er sie nicht in ihrer Gekränktheit allein lassen. Auf dem Weg von der Musikhochschule zu ihrer Wohnung hat es genug Gelegenheit gegeben, sich auszusprechen.

Die Moretti wollte ihn zu seinen Freunden schicken, aber Hermann, der nicht weiß, ob das wirklich seine Freunde sind, ist noch mit zu ihrer Wohnung gegangen. Bei ihr will er sich von dem Konzert ausruhen und sich ein wenig erholen.

FRAU MORETTI. Ihr habt Angst voreinander, ihr Revoluzzer.
Aber Moretti kennt diesen Teil des Lebens. Ich habe einmal einen Mann gekannt – Künstler –, der hat jeden Abend das Licht brennen lassen in seiner Wohnung aus Angst vor seinen Kollegen!

Die Moretti schließt ihre Wohnungstür auf. Müde und frustriert stapft sie vor Hermann durch den langen Gang in ihre überladenen Gemächer.

431 Wohnzimmer Moretti

Trotz größter Erschöpfung kann die Moretti nicht darauf verzichten, ihr Plüschwohnzimmer in die angemessene Beleuchtung zu tauchen. Sie zündet alle Kerzen an, die sie im Zimmer hat, und verwandelt es in eine Theaterdekoration.

FRAU MORETTI. Ich mußte viel über dich nachdenken. Du bist talentiert, vielleicht sogar zu talentiert. Kannst alles, was man verlangt von dir.

Hermann hat sich auf das Sofa gesetzt und starrt in die Ferne. Die Moretti kann nicht mehr gehen. Sie läßt ihren schweren Körper in den Sessel sacken und legt ihre Füße auf das türkische Sitzkissen.

FRAU MORETTI *(stöhnt)*. Oh – diese Füße! Sind ganz geschwollen, die Beine.
Bin auch nicht mehr die Jüngste. Diese Stöckelschuhe sind Marterinstrumente.

Noch einmal steht Hermann auf. Er hat die Cognacflasche entdeckt und schenkt sich einen Schnaps ein.

FRAU MORETTI. Ich möcht so gern ein bisserl reich sein, nur ein ganz kleines bisserl.

FRAU MORETTI *(hebt den Blick zum Himmel)*. Lieber Gott, warum machst du mich so arm in dieser Stadt?

HERMANN. Sie kriegen ja bald Ihre Gage. Es waren über zweihundert Leute im Saal.

FRAU MORETTI *(lacht)*. Kritiker und Studenten, die nichts bezahlen müssen.

Die beiden schweigen erschöpft. Hermann nimmt einen Schluck aus dem Cognacglas. Wieder sieht er ins Leere.

FRAU MORETTI. Jetzt sind wir beide traurig!

HERMANN. Nie mehr die Liebe! Wie recht ich doch hatte.

Nun setzt Hermann sich an den Flügel. Gedankenverloren spielt er eine kleine Phrase aus dem Änigma-Stück.

Auf dem Notenpult steht eine von Morettis Schnulzen aufgeschlagen. Hermann spielt, was er da geschrieben sieht, ohne eigentlich mitzudenken.

FRAU MORETTI. Und vor den Freunden so tun, als ob's dir gutgeht. Ist das ein Leben?

Er spielt die kleine Schnulze weiter. Die Moretti singt mit.

FRAU MORETTI *(singend)*.

»Martha, Martha, du entschwandest –
und mit dir mein Portenmonnaie ...«

Hermann erkennt, wie fatal das hier in die Situation paßt. Er spielt jetzt ausdrucksvoller. Die Moretti wird mitgerissen. Trotz ihrer geschwollenen Füße erhebt sie sich. Sie tritt hinter Hermann, um mit ihm in das Notenheft blicken zu können.

Jetzt singen sie beide im Duett.

HERMANN und MORETTI.

»Mag der Himmel euch vergeben,
Was er an der Armen tut.
Euer Spiel zerstört mein Leben,
brach mein Herz in Übermut.«

Das gemeinsame Lachen richtet die gekränkten Künstler wieder auf.

432 Villa Cerphal, Garten

Hermann hat nun wieder die Kraft gefunden, seine Freunde zu besuchen. Er kommt spät nachts an der Cerphal-Villa an, wo er schon von weitem die erleuchteten Fenster sieht und die Stimmen der diskussionswütigen Freunde vernimmt. Hermann öffnet das weiße Gartentor mit Hilfe des bekannten Freundestricks.

Der Garten ist dunkel. Nur mit geübtem Schritt kann man die Holzterrasse finden, ohne über Dornenhecken und Gestrüpp zu stolpern. Hermann bleibt stehen. Er hört ein Geräusch von Splitsteinen, die auf die Terrassenstufen geworfen werden.

Jetzt wird Clarissa sichtbar, die sich hinter der Umzäunung ins Mondlicht bewegt. Hermann kehrt auf den Terrassenstufen um. Er tritt zu Clarissa in den Baumschatten.

HERMANN. Clarissa, du hast mich erschreckt. Hast du hier gewartet?

CLARISSA. Ich muß mit dir sprechen.

HERMANN. Und warum bist du nicht ins Haus gegangen? Du weißt doch, wie die Terrassentür aufgeht.

CLARISSA. Ich wollte deiner Freundin nicht begegnen.

HERMANN. Meinst du Helga? Sie ist nicht meine Freundin. Ich wollte nur meine Freunde sehen.

CLARISSA. Warum hast du heute abend nichts zu mir gesagt? Und was soll das?

Sie zeigt Hermann den Umschlag mit ihrem Slip.

HERMANN. Das ist lange her – hast du gesagt. Clarissa, ich verstehe dich nicht. Du hast doch Erfolg. Du wirst bejubelt, bewundert, und da soll ich dir fehlen? Das glaube ich dir einfach nicht!

CLARISSA. Aber es ist doch *dein* Stück, mit dem ich Erfolg habe. Immer werde ich nach dir gefragt. Es dreht sich auch um dich.

HERMANN. So, meinst du?

CLARISSA. Es ist ein wunderbares Stück. Hermann, du kannst mich doch jetzt in der Situation nicht allein lassen. Interviews, Einladungen, Fragen, die die Komposition betreffen, ja, und dich, den Komponisten!

HERMANN. Clarissa, hör' mir mal zu! In der Kritik in der *Süddeutschen*, im *Merkur*, in der *Augsburger Allgemeinen*, im *Nürnberger Tageblatt*, ich habe sie alle gelesen. Und nirgends steht auch nur ein Wort über den Komponisten. Die haben ja auch völlig recht. Du spielst wie ein Engel. Du bist ein neuer »Stern am Cello-Himmel«! Weiß der Himmel, was das für ein Himmel sein mag, aber du bist ein Stern!

CLARISSA. Aber nicht um jeden Preis.

HERMANN. Ich schreibe dir andere Stücke.

CLARISSA. Hermann, ich möchte, daß wir Freunde sind!

Clarissa stellt sich nah vor Hermann hin, der nun aufhört, dauernd vor ihr hin- und herzulaufen.

CLARISSA. Weißt du noch, damals, in der Winternacht mit Juan, als wir zusammen den toten Herrn Edel gefunden haben? Du hast als erster von Freundschaft gesprochen.

HERMANN. Irrtum!

CLARISSA. Wieso?

HERMANN. Es war etwas anderes.

CLARISSA. Liebe?

HERMANN. Ja.

Sie schweigt. Hermann wendet sich von ihr ab. Er sucht Halt an der Terrassenbalustrade.

CLARISSA. Und jetzt, ist es ... aus?

HERMANN. Wir sind eben Igel.

Clarissa hält es nicht mehr aus, so mit Hermann zu sprechen. Sie weint.

CLARISSA. Du hast keine Ahnung.

Hermann ist ganz starr. Er steht im Mondlicht, traurig, gekränkt, unfähig, sich zu erklären.

Clarissa rennt weg.

433 Wohnung Jean-Marie

Clarissa betritt ein fremdes Treppenhaus. Sie ist unsicher, ob sie in ihrem Schmerz so spät noch einen Freund besuchen kann. Im obersten Stockwerk bleibt sie lange stehen. Sie geht mit sich zu Rate, sie kann sich nicht entscheiden.

Da sieht sie durch ein Fenster des Treppenhauses das Atelierfenster von Jean-Marie. Es brennt noch Licht. Auch Jean-Marie wird kurz darauf hinter seinem Fenster sichtbar. Er hat offenbar noch Besuch, denn er spricht mit jemandem, den man nicht erkennen kann.

Clarissa wagt es jetzt, an Jean-Maries Wohnungstür zu läuten.

Jean-Marie erscheint mit einem Eimer Wasser in der Tür. Er ist in einer merkwürdigen Verfassung.

JEAN-MARIE. Ach, du bist es, Clarissa. Entschuldige, ich bin ein bißchen nervös. Du mußt wissen, daß ich meine verehrte Stiefmutter zu Besuch habe. Habe ich dir eigentlich schon erzählt, daß sie die Pianistin Elisabeth Tacke-Wéber ist?

Aus dem Innern der Wohnung ertönt abstrakte Klaviermusik.

CLARISSA. Ach, ist sie es, die da spielt?

JEAN-MARIE. Nein, das ist Volker! Er experimentiert am Klavier. Warte, ich hole meinen Mantel, und dann gehn wir ins »Käuzchen«.

CLARISSA. Das hat doch schon zu. Weißt du nicht, wie spät es ist? Halb drei, oder? Ich brauche ein bißchen Gesellschaft. Ich möchte jetzt nicht allein sein, weißt du? Kannst du das verstehen?
Du bist mir böse?

JEAN-MARIE. Nein. Weißt du, diese Frau meines Vaters – eigentlich wohnt sie im Bayerischen Hof, aber dort wird sie angeblich von ihren Verehrern verfolgt. Seit zwei Tagen bricht sie nun über mich herein. Volker ist ihr auch schon ganz verfallen. Er komponiert gerade ein Stück für sie. Komm herein.

Den Wassereimer hat Jean-Marie gebraucht, um ein Meer von Schnittblumen zu versorgen, die von seiner Stiefmutter in die Wohnung gebracht worden sind.

Der Flügel, an dem Volker spielt, steht in einem ehemaligen Maleratelier. Überall sieht man, daß Jean-Marie ein reicher Bürgersohn ist. Der riesige Flügel ist ganz neu.

Clarissa nimmt auf einer Sitzgarnitur Platz, ohne daß sie ihren Mantel auszieht. Sie versinkt in ihrem Kummer.

Volker ist fasziniert von der blondierten Klavierdiva, die ihm zuhört und nicht zuläßt, daß Jean-Marie den Freund auf Clarissas Anwesenheit aufmerksam macht.

JEAN-MARIE. Clarissa, bist du müde? Du kannst schlafen, wenn du willst.

Die Klavierdiva nimmt von Clarissa keine Notiz. Sie wedelt spielerisch mit ein paar Blumen vor ihrem Ausschnitt und wendet sich an den Stiefsohn.

FRAU TACKE-WÉBER. Schön, was dein Freund da probiert!
Jean-Marie, was würdest du sagen, wenn *ich* modern spielen würde?

JEAN-MARIE. Ich glaube kaum, daß du bei meinem Vater damit viel Freude ernten würdest.

FRAU TACKE-WÉBER. Ach, hör auf, ihn zu hassen! Er hat dir diesen wundervollen Flügel geschenkt. Daß du auch nicht eine Vase im Haus hast. Wo soll ich denn hin mit all meinen Blumen?

Jean-Marie, der sich neben Clarissa gesetzt hat, erhebt sich wieder und stellt seiner Mama nun endlich Clarissa vor. Er nennt sie »eine gute Freundin«.

FRAU TACKE-WÉBER. Was spielen *Sie* für ein Instrument?

CLARISSA. Ich spiele ... kein Instrument.

JEAN-MARIE. So ein Blödsinn. Sie ist eine hervorragende Cellistin!

Volker, der diese Sätze gehört hat, unterbricht sein Spiel. Während Jean-Marie die Mama hinausführt, um sie über Clarissa näher aufzuklären, erhebt sich Volker und setzt sich zu der traurigen Freundin.

VOLKER. Bitte, was hast du da gesagt? Was ist mit dir los?

CLARISSA. Ich will nicht mehr. So ist das. Ganz einfach. Es ist aus zwischen mir und dem Cello. Wir haben uns getrennt.

VOLKER. Mach keine Witze!

CLARISSA. Nein, seit heute abend ist es aus.

Volker schweigt ratlos dazu.

434 Stadtbilder im Winter

Es ist Winter geworden. Hermann erlebt seinen zweiten Winter in München.

Tief verschneit liegt der Englische Garten unter dem wolkenlosen Frosthimmel. Nur die Dampfsäule von einem der neuen Heizkraftwerke steigt in die weiße Luft. Die Schauplätze von Hermanns erstem Jahr haben sich in pathetische Bühnenbilder verwandelt.

Die Stadt erstickt im Schnee.

HERMANN. *Kurz vor Weihnachen hat Ansgar mir einen Brief geschrieben, den ich erst viel später verstand:*

»Lieber Hermann, vielleicht erinnerst Du Dich an ein Gespräch im Arri-Keller, als wir die Archivbilder von den Nazis und den Naziweibern betrachteten. Wir sprachen über unsere Familien und was das für ein Saustall ist in unserem Leben. Ich will Dir gestehen, daß auch ich seit meinem 12. Lebensjahr geschrieben habe und viel gemalt.

Der Unterschied zu Dir ist, daß meine Eltern ein Genie aus mir machen wollten. Ich fand das ekelhaft. Plötzlich habe ich ihnen gesagt, ich hätte alle meine Gedichte und Bilder verbrannt. Teilweise stimmt das auch.

Ich schicke Dir hier ein paar Gedichte, die ich leider genial finde. Du kannst sie vertonen, wenn ich einmal tot bin. – Kannst Du schweigen? Wenn Du ein Freund bist, dann halt die Schnauze! ...

Dein Ansgar.«

435 Musikhochschule

Hermann, der sich bei seinen Wanderungen durch die Winterlandschaft verspätet hat, kommt vom Königsplatz hergerannt. Er erreicht die Musikhochschule und ist ganz außer Atem. Ansgars Brief hat ihn verwirrt.

436 Vor Wohnung Ansgar

Ansgar und Evelyne kehren aus der Stadt zurück. Er hat sich dazu entschlossen, Evelyne seine Untermietbude zu zeigen. Von der Straße her erreichen die beiden ein rostiges Eisentor, das früher einmal der prächtige Schutzwall eines der Bürgerhäuser dieser Gegend gewesen sein muß. Aber das dazugehörige Gebäude ist im Krieg zerstört worden. Jetzt ist das nur noch der Zugang zu einem schäbigen Hinterhaus.

Das Tor läßt sich schwer öffnen.

ANSGAR. Jetzt zeig ich's dir halt mal. Ich schwöre dir, ich habe noch keine drei Nächte in dem Loch da geschlafen.

EVELYNE. Ansgar, der »unbehauste Mensch«. Hast du wenigstens die Miete bezahlt?

ANSGAR. Nein.

Ansgar ist wieder einmal zu Spielen aufgelegt. Er zieht seinen Schal über Mund und Nase und tut, als wäre er in einem Kriminalfilm. Er schleicht sich an die Haustür und tritt sie plötzlich auf, als warte dort tatsächlich ein bewaffneter Gegner im Hausflur.

ANSGAR. Meinst du, die verhaften mich jetzt deswegen? Vielleicht wartet die Polizei da drin auf mich!

EVELYNE. Wieso kannst du eigentlich nie ernst sein, wenn es um wichtige Dinge geht?

ANSGAR. Was ist wichtig?

Evelyne will jetzt etwas sagen, aber Ansgar hält ihr den Mund zu. Er will nicht, daß man »wichtige« Dinge ausspricht.

ANSGAR. Sag nichts!

Evelyne schaut zu den oberen Stockwerken empor: So sieht das typische Armeleutehaus aus.

437 Wohnung Ansgar

Als Ansgar die Eingangstür der heruntergekommenen Altbauwohnung aufsperrt, steht die Vermieterin vor ihm. Sie ist eine verhärmte, junge Mutter, die eins von ihren drei Kindern auf dem Arm trägt, ein kleines schreit im Hintergrund, das dritte sitzt eingeschüchtert auf einem Schaukelpferd.

ZIMMERWIRTIN. Ach, der Herr Ansgar, sieht man Sie auch mal wieder!

ANSGAR. Grüß Gott!

ZIMMERWIRTIN. Sie haben Besuch.

ANSGAR. Wer denn?

ZIMMERWIRTIN. Ihre Eltern sind da.

Ansgar sieht Evelyne erschrocken an. Er hat den Impuls, die Wohnung sofort wieder zu verlassen, aber schon hat ihn seine Mutter entdeckt. Sie balanciert auf einer Stehleiter und ist dabei, in seinem Zimmer einen Adventskranz aufzuhängen. Die Mutter ist im Mantel. Sie begrüßt ihren Sohn mit süßem Lächeln.

MUTTER ANSGAR. A n s g a r l e i n !

Schon ist die Mutter von der Leiter heruntergekommen und eilt auf Ansgar zu. Vor dem baumlangen Ansgar wirkt die kleine, verhutzelte Mutter wie eine Zwergin.

MUTTER ANSGAR. Der Papa ist auch mitkommen. Schau. Sag ihm grüß Gott.

Die Mutter betastet Ansgars Kleidung. Sie ist erstaunt, daß er Sachen trägt, die sie nicht kennt.

MUTTER ANSGAR. Was hast du für einen Pullover an? Aber das kannst du mir später erzählen. Jetzt komm!

Sie führt Ansgar in das düstere Zimmer, ohne Evelyne auch nur eines Blickes zu würdigen. Der Vater ist ganz in Schwarz gekleidet. Schwarz steht er da mitten im Zimmer, in Hut und Mantel, und betet aus einem Gebetbuch. Er läßt sich durch keine Aktivität in seinem Umkreis irritieren. Starr steht der alte Mann im fahlen Licht des Zimmers und betet halblaut vor sich hin.

MUTTER ANSGAR. Jetzt wartest ein bisserl, bis der Vater fertig ist mit dem Beten.

Die Mutter reckt ihren kleinen Kopf, um näher an das Ohr des Sohnes zu gelangen. Sie hat jetzt Evelyne bemerkt, die sich im Hintergrund des Flurs hält und ernst herüberblickt.

MUTTER ANSGAR. Ansgarlein, wer ist denn das da draußen?

ANSGAR. Das ist Evelyne, meine Freundin.

MUTTER ANSGAR. Ach so. Und deshalb läßt du deine Eltern im Stich! Wir haben dich fünf Monate nicht gesehen, Bub, wir haben gar nicht gewußt, ob du überhaupt noch lebst. Ansgar, das darfst du uns doch nicht antun!

Jetzt ist der Vater fertig. Er klappt hörbar das Gebetbuch zu und nimmt seine Brille ab.

VATER ANSGAR. »Ich bin dein Schild und Lohn« ...

Ansgar betritt das Zimmer. Er stellt sich vor den Vater hin wie ein Angeklagter vor seinen Richter. Eine Sekunde sehen sich Vater und Sohn in die Augen, dann nimmt der Alte den Jungen »spontan« an seine Brust und drückt ihn mit biblischem Gestus an sich. Es ist das Bild der »Heimkehr des verlorenen Sohnes«.

Dann sieht der Vater prüfend in Ansgars Augen.

VATER ANSGAR. Was verbirgst du vor mir? Du weißt, ich erahne alles, was in dir vorgeht.

ANSGAR. Was wollt ihr von mir?

MUTTER ANSGAR. Deine Miete haben wir bezahlt. Ich verstehe überhaupt nicht, warum du die armen Leute so lange warten läßt aufs Geld. Ansgar, hast du denn die Überweisung nicht gekriegt? Schau, wir sind doch nur für dich da, Ansgarlein!

ANSGAR. Ich arbeite jetzt bei der Straßenbahn. Ich komme schon durch.

MUTTER ANSGAR. Ansgar, wieso denn? Schau, wir haben doch genug. Du bist unser einziges Kind, und Vater und ich, wir leben so bescheiden, da bleibt doch für dich noch genug übrig. Ansgar, manchmal kannst du so grausam sein mit uns.

VATER ANSGAR. Geh, laß nur, Mutter! Wenn er es sich schwermachen will, dann soll er! Das stärkt den Charakter.

Evelyne ist nun auch in das Zimmer hereingekommen. Sie sieht sich um: ein uraltes kantiges Bett aus Eichenholz, ein hoher Schrank, ein Tisch, zwei Stühle, alles Möbel aus Großmutters Zeiten. Neben dem Fenster hat Ansgar das lebensgroße Bild eines menschlichen Gerippes aufgehängt. Das ist das einzige persönliche Zeugnis von ihm. Das Zimmer sieht aus, als sei hier kürzlich jemand gestorben.

Die Mutter versucht, Evelyne in ein Gespräch einzubeziehen. Aber der Vater stellt sich direkt vor sie hin und sieht sie schweigend von oben bis unten an.

MUTTER ANSGAR. Sag mal, Ansgar, was machen denn eigentlich deine

Gedichte? Schreibst du noch viel? Du, wir haben alles abgesucht, aber nichts gefunden. Wo hast du denn deine Hefte aufgehoben?

ANSGAR. Verbrannt!

Ansgar sucht Evelynes Blick, während er antwortet. Er hat Angst, die Verbindung zu ihr zu verlieren. Er ist in Not, denn die Eltern bringen ihn augenblicklich in jenen Zustand der Machtlosigkeit und der Abhängigkeit, vor der er seit Jahren vergeblich zu fliehen versucht.

Die Mutter drängt sich zwischen Ansgar und Evelyne.

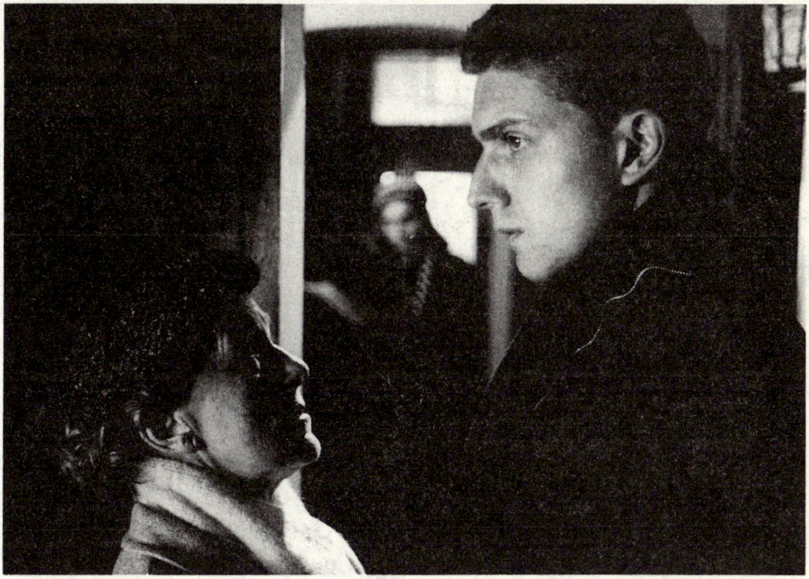

MUTTER ANSGAR. Geh, laß doch den dummen Spaß! Wissen S', er ist nämlich wirklich ein Genie, gelt, Papa? Schon in der Schule, da hat er die schönsten Gedichte geschrieben. Unsere Deutschlehrerin, die hat sie alle aufgehoben. Sie könnte heute noch weinen, hat sie gesagt, wenn sie eines liest.

Ansgar, wie ist das eine angegangen, weißt schon, das schöne »O Gott, gib jedem seinen eigenen Tod ...« Wie ist es weitergegangen, Ansgarlein? ... Mei, das war *so* schön. Sie müßten mal seine Bilder sehen! Haben Sie gewußt, daß er wunderschöne Aquarelle malt? Gell, Papa? Besonders das eine, weißt schon, das bei uns im Treppenhaus hängt. »Gewitter über Rosenheim«, das schwarz-gelbe.

Du weißt es doch. Mein Gott, das gefällt mir einfach am besten.

Ansgarlein, ich hätt's ja immer am liebsten gehabt, du wärst auf die Kunstakademie gegangen. Na ja, aber der Papa, der hat halt mehr von deiner dichterischen Begabung gehalten. Gell, Papa?

Der Vater hat sich die Rede seiner Frau mit strenger Güte angehört. Ansgar fühlt sich in die Enge getrieben. Eine Zeitlang weiß er nicht, ob er aus Scham vor Evelyne in den Boden versinken soll, oder ob er vor Peinlichkeit schreien wird.

Er ist ans Fenster gegangen und raucht nervös eine seiner selbstgedrehten Zigaretten.

Als die Mutter eine Pause entstehen läßt, gelingt es Ansgar, sich aus seiner Angsthaltung herauszureißen. Er stellt sich neben die geliebte Freundin, um ihre Unterstützung zu spüren, als er das Elternpaar höhnisch auslacht.

ANSGAR. Evelyne, schau dir die beiden an. Das sind meine Eltern. Das ist traurig.

VATER ANSGAR. Traurig? Was soll das heißen?

ANSGAR. Ich bin kein Dichter, und ich bin auch kein Künstler.
Ich möchte jetzt gehen. War noch irgendwas?

Ansgar führt Evelyne zum Ausgang. Evelyne folgt schweigend. Sie hält sich an Ansgars Seite. Sie weigert sich, in die Elternbeziehung eingebunden zu werden.

Die Mutter läuft nun hinter Ansgar her. Sie reckt sich zu dem ellenlangen Sohn empor, um ihn zu umarmen und festzuhalten. Ihre Stimme nimmt einen flehenden Ton an.

MUTTER ANSGAR. Ansgarlein! Mein Gott, kannst denn du nicht verstehen, Kind, daß wir uns Sorgen um dich machen? Schau, wir haben halt Angst gehabt, daß du untergehen könntest in der Großstadt. Ansgarlein...

ANSGAR. »Ansgarlein«, ich kann das nicht mehr hören! Ich will euer Geld nicht, und ich will eure Liebe nicht, und ich will auch keine Sorge von euch! Ihr klebt an einem wie Schleim mit euren widerlichen Gebeten. Seid endlich nicht mehr so widerlich christlich zu mir! Ich trete ab von eurer Bühne!

Ansgar schlägt das Kreuzzeichen über die beiden Alten. So verabschiedet er sich ironisch und definitiv.

Auch als Ansgar und Evelyne die Wohnung schon verlassen haben, stehen die Eltern immer noch fremd und hilflos in dem Untermietzimmer.

438 Villa Cerphal, Garten

Es schneit riesige Schneeflocken. Helga kommt mit ihrer Freundin Dorli, einem babyhaften Provinzmädel, durch den winterlichen Garten. Die beiden Frauen sind schwer beladen mit Taschen voller Getränke, Flaschen, Lebensmittel und Dekorationsteile für die bevorstehende Faschingsparty im »Fuchsbau«.
Dorli hat sich schon zurechtgemacht. Unter ihrer Pelzmütze sehen die Faschingsohrringe hervor, unter dem kurzen Mantel werden der selbstgeschneiderte Taftrock sichtbar und die verruchten Netzstrümpfe.
HELGA. Das ist also unser »Fuchsbau«.
DORLI. Mein Gott, das ist ja eine richtige Villa!
HELGA. Komm, wir gehen da gleich hintenrum, über die Terrasse.
Es ist matschig unterhalb der Treppenstufen, so daß Dorli mit ihren roten Pumps und der schweren Getränketasche nicht weiterkommt. Helga hat ihre Tasche abgestellt. Mit einem geschickten Sprung erreicht sie die Terrasse. So ist sie früher als Dorli am Ziel.
DORLI. Helga, dürfen wir das denn einfach?
HELGA. Na sicher, hier dürfen wir alles, fast alles.
DORLI. Helga, warte, meine Pumps!
Dorli weiß nicht, wie sie mit trockenen Füßen auf die andere Seite der Pfütze gelangen soll. Aus Versehen tritt sie mit ihrem zierlichen Schuh in die Schneebrühe. Dann reicht sie Helga die schweren Taschen empor und gibt ihr die Hand. So wagt auch sie den Sprung.

439 Villa Cerphal, Terrassenzimmer

Das Terrassenzimmer des Jungfilmers Stefan ist an diesem naßkalten Tag eine echte Insel – warm und trocken und voller Erwartung. Als Helga und Dorli eintreten, entsteht ein Luftzug, der für ein paar Sekunden deutlich macht, wie schön es ist, dieses Nest in der alten Villa zu haben.
Helga ist besonders heiter, weil sie ihre unkomplizierte Freundin zu den komplizierten Freunden mitbringen kann. Es soll doch ein gelungenes Fest werden! Wer könnte besser dazu beitragen als Dorli, die eigens aus dem westfälischen Kreisstädtchen angereist ist, um einmal »Schwabings Künstlerfeste« zu erleben.
ALEX. Tür zu!

HELGA. Ja, du weißrussischer Wiedehopf. Das ist Stefan, das ist Dorli.

Helga stellt ihre Freundin den Freunden vor. Es sind Stefan, Juan und Alex, der mitten im Zimmer auf einer Leiter steht und versucht, eine Lichterkette am Deckenaustritt der Stromleitung anzuklemmen.

Alex ist allerdings sehr ungeschickt in diesen Dingen. Es ist deswegen kein Zufall, daß er mit der einen Hand Kontakt zum elektrischen Strom hat, während er Dorli die Hand gibt. Dorli wiederum begrüßt mit der anderen Hand gerade Juan, der seinerseits Helga begrüßt. Es bildet sich so für eine Sekunde eine Menschenkette, die über Stefan und seine Schreibtischlampe den Stromkreis schließt. Es kommt zu einem elektrischen Schlag, der alle durchfährt, als Dorli Alex anfaßt. Die Freunde schreien entsetzt auf. Alex fällt von der Leiter. Mehr ist nicht passiert. Alex rappelt sich wieder hoch, und Dorli, die sofort begreift, was passiert ist, läßt ihren Mantel fallen, krempelt die Ärmel hoch, um die Sache kundig in die Hand zu nehmen.

STEFAN. Alex, Scheiße, du hast vergessen, die Sicherungen rauszudrehen!

DORLI. Juan, dreh mal die Sicherung raus!

HELGA. Dorli war schon immer unser Elektriker in Dülmen. Sie hat alles repariert.

DORLI. Alex, gib mir mal den Schraubenzieher! Das ist doch ganz einfach. Ist die Sicherung raus?

So kann Dorli sich sofort im Freundeskreis einführen. Sie schraubt geschickt die Drahtenden in die Lüsterklemme.

DORLI. Und der Herr sprach: »Es werde Licht – und es ward Licht...!« Sicherung!

Stefan dreht die Sicherung fest. Sofort beginnen die bunten Lichter zu leuchten. Jetzt erst sieht man, daß Zimmer und Diele schon mit schönen Girlanden und Luftschlangen dekoriert sind. Das Fest kann beginnen.

Fräulein Cerphal ist aus ihren oberen Räumen heruntergekommen, um zu sehen, was vielleicht noch fehlt. Sie ist begeistert, wie die Dekoration schon aussieht. Das Haus strahlt im Zauberlicht.

Juan kommt ihr mit seinen Jonglierkugeln entgegen. Er zählt die Runden, die seine Kugeln in den Händen vollführen, in chinesischer Sprache.

FRÄULEIN CERPHAL. Schön habt ihr das gemacht! Ach, Juan, übersetzen Sie mir doch mal das Sprichwort...

Die Cerphal hakt sich bei Juan unter. Sie führt ihn in einen Winkel der Diele, um sich seiner vielen Kenntnisse zu erfreuen. Sie hat ihre eigene Art, die Anwesenheit der jungen Künstler in ihrem Hause zu genießen.

Dieses unkontrollierbare Kommen und Gehen unter ihrem Dach ersetzt ihr das verlorengegangene Familienleben der vergangenen großbürgerlichen Glanzjahre. Ihr Leben ist auch jetzt noch voll von Menschen und kulturellen Anlässen. Sie hat sich die Studenten ins Haus geholt, aus Langeweile, aber auch aus bürgerlichem Besitzinstinkt.

440 Villa Cerphal, Bibliothek

Evelyne lebt nun fest im Bibliothekszimmer. Mit Ansgar hat sie hier eine allseits respektierte Zweisamkeit errichtet. Sie bügelt ihm seine Hemden, versorgt ihn mit Essen. Ein wenig ist es auch schon Alltagsleben geworden, das die beiden Liebenden schmerzhaft kennenlernen müssen. Sie wollen das nicht wahrhaben, denn sie haben alles, was sie suchen. Sie sind eigentlich glücklich.

Ansgar liegt mit nackten Beinen eigenartig verrenkt auf der Rokokoliege. Evelyne hält beim Bügeln inne.

EVELYNE. Ansgar, was ist mit dir?

ANSGAR. Ich bin ein Versager. Ich kotze mich selber an, Evelyne. Schmeiß mich raus!

EVELYNE. Ansgar, Lieber, ich bin doch so froh, daß du da bist. Tut dir was weh? Hast du was getrunken?

ANSGAR. Ich habe etwas geschluckt. Nicht heute, gestern. Du hast es gar nicht gemerkt. Ich brauche das, immer noch.

EVELYNE. Ich habe das gemerkt, Ansgar.

Evelyne setzt sich dicht neben den Freund. Er richtet sich auf und sieht ihr traurig in die Augen. Als er spürt, daß er gleich weinen wird, springt er auf. Er will nicht sentimental werden. Mit seinen nackten Beinen läuft er durch das Zimmer und setzt sich schließlich auf die kalte Holzstufe vor dem Ausgang zur Diele. Ein Häuflein Elend.

ANSGAR. Weißt du, Medizin paßt einfach nicht zu mir. Du hast schon recht gehabt. Ich bringe es einfach nicht mehr fertig, da hinzugehen.

EVELYNE. Stimmt. Wir waren seit Wochen nicht mehr in der Uni. Das ist schlimm, Ansgar.

ANSGAR. Du bist so stark, weißt immer, was du willst. Ich schäme mich vor dir. Ich bin der letzte Dreck!

Evelyne versucht, den Freund zu trösten. Sie setzt sich behutsam neben ihn. Als sie ihm aber den Kopf streicheln will, rennt er wieder vor ihr weg. Er wirft sich auf die Liege.

ANSGAR. Ich hasse Leute, die sich selber leid tun.
EVELYNE. Meinst du dich?
ANSGAR. Wen denn sonst? Ja, ich weiß schon, man muß kämpfen. Aber um was? Ich habe solche Angst. Ich habe fürchterliche Angst.
EVELYNE. Ich habe dich noch nie so verzweifelt gesehen. Kann es sein, daß wir zuviel zusammen sind? Liegt es daran?
ANSGAR. Vielleicht.
EVELYNE. Oder hast du vielleicht nur Hunger?
ANSGAR *(lacht)*. Nein.
EVELYNE. Dann komme ich zu dir. Ich wärme dich.

Sie zieht den Pullover aus. Mit ihrem nackten Oberkörper schmiegt sie sich an den verzweifelten Freund. Ganz nah will sie ihm jetzt sein. Aber Ansgar ist unendlich weit von ihr entfernt. Sie sucht nach Mitteln, ihn zu berühren.

EVELYNE. Soll ich dir eine Geschichte erzählen?
ANSGAR. Ich möchte bloß mal wissen, was die Freunde hier am Leben hält. Kunst, was ist das bloß für ein Wahn? Unnötiger, eitler Egoismus und Einbildung.

Evelyne geht nicht auf Ansgars Stimmung ein. Sie streichelt ruhig über seinen Arm. So wartet sie, bis er ihr zuhört.

EVELYNE. Ich singe dir was vor.

Evelyne beginnt, Ansgar mit leiser Stimme ein Lied von Johannes Brahms ins Ohr zu singen.

EVELYNE *(singt)*.
»Spricht das Mägdelein, Mägdelein spricht,
unsere Liebe, sie trennet sich nicht.
Eisen und Stahl, sie können zergehn,
unsere Liebe muß ewig, ewig bestehn...«

441 Villa Cerphal, Diele

Stefan schleppt zusammen mit Helga Weinflaschen herein. Jedesmal, wenn die Haustür aufgeht, dringt die Luft des naßkalten Winterabends herein. Helga, die ohnehin leicht friert, beginnt zu zittern.

HELGA. Schweinekalt ist es hier. Warum heizt ihr denn nicht? Habt ihr mal wieder keine Kohlen oder was?
STEFAN. Jetzt warte mal ab. Wenn hier zwanzig Leute drin sind, dann wird's schon warm. Ich wärme dich dann.

Die Gäste lassen auf sich warten. Es will keine rechte Stimmung aufkommen. Alex, Juan und Dorli sitzen herum. Sie tasten sich vorsichtig gegenseitig ab in ihren Gesprächen.

Die Cerphal beobachtet diese Entwicklung des Abends. Sie holt Juan zu sich heran.

FRÄULEIN CERPHAL. Kommen Sie mit auf den Speicher, Juan! Da gibt es noch viele schöne Dinge. Und bestimmt auch noch Faschingsdekorationen von vor dem Krieg. Wir müssen nur ein bißchen suchen. Ich gehe mal voraus. Hier muß irgendwo eine Taschenlampe sein.

442 Villa Cerphal, Speicher

Juan und die Cerphal haben das Obergeschoß erreicht. Von hier aus steigen sie die steile Speichertreppe hinauf. Der Dachboden ist vom Licht der Taschenlampe nur spärlich beleuchtet. Der von Balken durchzogene Raum ist angefüllt mit Bergen von verstaubten Gegenständen: alte Möbel, Kisten, Matratzen, Schachteln aller Größen und Gemälde, die einfach so zwischen dem Gerümpel herumstehen.

FRÄULEIN CERPHAL. Mein Vater hat alles aufgehoben. Allein über diesen Speicher könnte man eine Doktorarbeit schreiben.

Die Cerphal findet eine elektrische Handleuchte, die sie einschaltet.

FRÄULEIN CERPHAL. Juan, halten Sie mal bitte! Hier ist ein Stück Schwabinger Kunstgeschichte verborgen.

Sie beleuchtet das eine oder andere Ölgemälde, hebt es vor die Lampe und stellt es achtlos wieder weg. Die Bilder stammen von den berühmtesten Künstlern der Jahrhundertwende und sind unschätzbare Werte.

Jetzt entdeckt die Cerphal eine Kiste, derentwegen sie wohl hier heraufgegangen ist.

FRÄULEIN CERPHAL. Ach, gucken Sie, da haben wir's! Diese schönen Masken! Sehen Sie sich das an. Die nehmen wir natürlich alle mit. Das ist klar.

Während Juan noch die handgemachten Faschingsmasken aus den zwanziger Jahren bestaunt, ist die Cerphal in eine andere Ecke geeilt.

FRÄULEIN CERPHAL. Juan, sehen Sie mal hier, das Prunkstück. Das ist ein echter Marc.

Juan ist still geworden. Dieser Raum ist wie ein Theaterfundus oder wie das Magazin eines alten Museums. Jetzt sieht er zu, wie die Cerphal das Gemälde von Franz Marc wieder verpackt.

FRÄULEIN CERPHAL. Als das Haus hier eingerichtet wurde, das war am Ende des vorigen Jahrhunderts, da verkehrten hier die Sezessionisten und dann der Blaue Reiter, die Expressionisten, die Surrealisten und wie diese Leute alle heißen.

Es gibt auf dem Speicher eine steile Holztreppe, die noch eine Etage höher in den oberen Speicher hinaufführt. Fräulein Cerphal ist vorangegangen, weil sie etwas sucht, das nur dort oben stehen kann. Juan folgt ihr.

FRÄULEIN CERPHAL. Ach, wissen Sie, eigentlich mache ich mir gar nichts aus Bildern. Aber eins ist hier, das gefällt mir sehr gut. Das werde ich Ihnen mal zeigen, das ist noch von diesem berühmten Faschingsfest. 1932. Ich weiß jetzt gar nicht, ob das hier war oder in unserer anderen Villa in Bogenhausen. Ich war 21 Jahre alt.

Nun sind die beiden bei einem großen Bild angekommen, auf dem ein Faschingsfest mit fast lebensgroßen Figuren dargestellt ist. Merkwürdig bleich und entrückt sehen die Gesichter aus. Juan leuchtet die Gestalten der Reihe nach an.

FRÄULEIN CERPHAL. Das soll ein Beckmann sein. Das sind alles Portraits. Sehen Sie mal, das ist Feuchtwanger mit seiner Frau Martha, das hier ist Brecht, das ist Thomas Mann mit seiner Frau.

JUAN. Und der da? Er sieht ihrem Herrn Gattinger ähnlich.

FRÄULEIN CERPHAL. Sie erkennen ihn? Er war damals 25 Jahre alt. Mein Gott, wie die Zeit vergeht. Wir haben ihn alle sehr bewundert. Er war ein außerordentlich schöner Mann.

JUAN. Sie haben ihn geliebt?

Die Cerphal schweigt.

JUAN. Ich meine, Sie haben ihn geliebt, nicht wahr?

FRÄULEIN CERPHAL. Ach, ich – war seine Vertraute, bis zuletzt.

JUAN. Zuletzt? Wann war zuletzt?

FRÄULEIN CERPHAL. Das war April 1945. Da mußte er untertauchen.

JUAN. Aber – hat er was gemacht?

FRÄULEIN CERPHAL. Bitte? Nein, nein.

JUAN. Ich meine, im KZ?

FRÄULEIN CERPHAL. Nein, er war in der SS-Leibstandarte. Das ist eine Elitetruppe. Sie galt als das Feinste vom Feinen.

JUAN. Ich verstehe!

FRÄULEIN CERPHAL. Fassen Sie doch mal mit an. Wir nehmen das mit runter.

Die Cerphal unterdrückt ein schmerzliches Lächeln, das sich in ihrem

Gesicht ausbreiten will. Mit großer Energie geht sie nun zu Werke, um mit Juan gemeinsam dieses riesige Gemälde die schmale Treppe hinunterzuschaffen.

443 Villa Cerphal, Terrassenzimmer

Als die beiden das dekorative Bild in die Diele tragen, ist das Fest ein wenig in Gang gekommen. Hermann und Clemens machen Musik, Stefan und Helga haben sich kostümiert. Dorli hat die Diele in einen Wald von Luftschlangen verwandelt.

FRÄULEIN CERPHAL. Kinder, seht mal her! Wir haben die ganzen schönen alten Sachen wiedergefunden. Ist das nicht herrlich?

Das Bild von den Faschingsgästen der glorreichen zwanziger Jahre füllt fast das ganze Studentenzimmer. Sind das nun die geistigen Vorfahren der Freunde?

Ansgar hat heute Spätdienst auf der Straßenbahn der Linie 4. Evelyne hat ihn zur Haltestelle begleitet, sie will dabeisein, wenn der Freund, der heute so verzweifelt war, zur Arbeit geht. Sie will ihm auch zu verstehen geben, daß sie in jeder Lebenslage an seiner Seite stehen will. Ansgar sieht in der Straßenbahneruniform wieder so fremd aus wie am ersten Tag.

Es gibt einen kleinen Trinkwasserbrunnen in der Nähe der Haltestelle. Der dünne Wasserstrahl rinnt aus dem oberen Teil des gußeisernen Gebildes in eine verzierte Schüssel. Ansgar und Evelyne halten ihre ausgestreckten Finger so, daß sie sich gerade im kühlen Wasserstrahl treffen. Es ist wie ein magischer Akt, mit dem sie sich voneinander verabschieden wollen.

ANSGAR. Gehst du auf das Fest?

EVELYNE. Vielleicht später.

ANSGAR. Ich möchte dich gerne anmalen. Du sollst dich schön machen.

EVELYNE. Mit Schminke?

ANSGAR. Ich möchte zum Beispiel einen Löwen aus dir machen.

EVELYNE. Und du? Ich glaube, ich mache aus dir einen griechischen Jüngling mit Lorbeerkranz, einen Helden.

ANSGAR. Wieso denn das?

EVELYNE *(lacht)*. Das ist das Gegenteil von dieser Soldatenuniform, die du anhast.

ANSGAR. Wenn ich ein Tier wäre, dann wäre ich vielleicht ein Esel. Esel sind stur und intelligent.

EVELYNE ... und kuschelig. Und ich, ich glaube, ich wäre eine Nachteule.

ANSGAR. Die Eule und der Esel. Schön!

Die Straßenbahn nähert sich, bimmelt. Ansgar macht keine Anstalten, sich von Evelyne zu trennen.

ANSGAR. Ich komme um halb eins in den »Fuchsbau« ...

EVELYNE. Ja.

ANSGAR. Könnt ihr Schminke besorgen bis dahin?

EVELYNE. Ja, von Olga, sicher.

ANSGAR. Tu das, ich möchte so gerne Tiere aus uns machen.

Evelyne wird unruhig, weil Ansgar immer noch nicht zu seiner Bahn gegangen ist. Sie mahnt ihn zur Eile.

Ansgar sieht, daß die Straßenbahn wieder abfahren will. Er spurtet nun los, erreicht den Zug gerade, als sich die automatische Tür schließt. Es gelingt ihm aber noch, seinen Fuß zwischen die Schiebetür zu stecken. In dem Glauben, die Bahn so irgendwie aufhalten zu können, dreht sich Ansgar noch lachend zu Evelyne um. Er ruft ihr zu, daß sie um halb eins auf ihn warten solle. Er bemerkt zu spät, daß sein Fuß zwischen den hydraulischen Türen eingeklemmt ist. Die Bahn fährt an.

Evelyne kann genau erkennen, wie sich das Unglück anbahnt. Sie schreit aus Leibeskräften, um Ansgar zu warnen und um den Straßenbahnzug zum Anhalten zu bringen. Auch Ansgar schreit jetzt um Hilfe, während er noch hüpfend versucht, auf einem Fuß mit der schneller werdenden Bahn Schritt zu halten.

Evelyne rennt verzweifelt neben dem Zug her und schreit. Ansgar stürzt zu Boden. Sein Kopf schlägt grausam auf das Straßenpflaster. Er wird, mit seinem Fuß an die Tür gefesselt, mitgeschleift.

Evelyne versucht noch, sich über Ansgar zu werfen, ihn irgendwie zu befreien oder zu schützen. Aber das Unglück nimmt unerbittlich seinen Lauf.

445 Villa Cerphal

Das Faschingsfest ist jetzt voll in Gang. Hermann sitzt am Klavier und jazzt. Clemens, der Trommler, begleitet ihn mit improvisierten Schlaginstrumenten. Ein Freund aus der Musikhochschule spielt Saxophon dazu.

Die Stimmung ist vorzüglich, denn die meisten Gäste haben sich kostümiert und ihre Gesichter mit Phantasiemasken verändert.

Renate kommt mit Herrn Gattinger herein. Die beiden haben sich als Romeo und Julia verkleidet. Sie erinnern sich an das Shakespeare-Drama und zitieren Texte daraus. Renate küßt Hermann, den sie trotz seiner Vogelmaske sofort erkennt. Sie versucht ihn partout beim Klavierspielen zu stören. Helga und Dorli hänseln Alex, der so altmodisch-seriös wie immer dasitzt.

DORLI. Hast du denn gar keine Freundin, Alex?

ALEX. Ich liebe eine gewisse Ingrid aus Heidelberg.

HELGA. Die mysteriöse Ingrid aus Heidelberg. Die wollen wir aber endlich mal sehen, nicht?

ALEX. Sie hat sich noch nicht entschieden. Im Moment ist sie liiert mit einem Opportunisten namens Klein.

DORLI. Bist du noch Jungfrau?

ALEX. In gewissem Sinne, ja. Natürlich nur in spirituell-geistigem Sinne.

Es gibt noch mehr Tiermasken im Raum: Hühner, Bären, Lämmer, Pelikane. Reinhard hat sich in Donald Duck verwandelt. Rob tanzt mit einem Paradiesvogel namens Elfie, und Olga ist ein Stummfilmstar aus Hollywood.

Hermann und seine Freunde spielen einen Tango. Das gibt dem ambitionierten Stefan Gelegenheit, Helga zu zeigen, was er kann. Er fordert sie zum Tanz auf. Helga tanzt spontan, so wie ihr zumute ist.

STEFAN. Schau mal, Helga, ich habe dir doch gesagt, du sollst rechts anfangen. Tango ist der einzige Tanz, bei dem man rechts anfängt.

Schon ist der schönste Streit zwischen Helga und Stefan ausgebrochen.

In der Küche hat Juan begonnen, die Hausherrin zu schminken. Er sitzt vor ihr am Küchentisch, als Fabeltier verkleidet, und versucht aus ihrem Gesicht ein kubisches Gemälde zu machen, im Stil der Malerei, die er mit ihr auf dem Speicher gesehen hat.

FRÄULEIN CERPHAL. Juan, wollen Sie nicht lieber mit den jungen Damen tanzen? Ich unterhalte mich zwar sehr gerne mit Ihnen, aber Sie gehören doch zur Jugend!

JUAN. Ich glaube, ich bin uralt. Mit jeder Sprache, die ich gelernt habe, bin ich älter geworden, einmal gestorben.

FRÄULEIN CERPHAL ... geboren, meinen Sie! Ich bewundere Ihr Sprachgenie, und ich beneide Sie darum.

JUAN. Wir sind doch alle Gespenster.

FRÄULEIN CERPHAL. Gespenster, wieso?

JUAN. Denken Sie an das Bild, das wir vom Speicher gebracht haben. Denken Sie an die Vorfahren, sind wir ihnen nicht irgendwie ähnlich?

Der Tango inspiriert Dorli zu einem Solotanz, in dessen Verlauf sie beginnt, sich die Kleider vom Leib zu streifen.

Die Freunde hören auf zu tanzen. Sie klatschen im Rhythmus und animieren Dorli zu ihrem ernsthaft vorgetragenen Provinzstrip. Dorlis schwarze Reizwäsche bringt die Party in Hochstimmung. Es wird gepfiffen, es werden anzügliche Bemerkungen gemacht, die Paare fühlen sich enthemmter als bisher. Der Alkohol tut seine Wirkung ...

Da wird es plötzlich still im Raum. Die Musiker haben mitten im Takt innegehalten. Alle Blicke wenden sich zur Tür, wo Evelyne erschienen ist.

Evelyne sieht grau aus im Gesicht. In ihrem dunklen Mantel und mit ihren herabhängenden, nassen Haaren hat sie das Aussehen eines Todesengels.

EVELYNE. Ansgar ist tot...!

Die tonlos gesprochenen Worte stehen im Raum. Niemand von den Gästen weiß, wie er reagieren soll. Nur Olga, die Schauspielerin, findet sofort einen spontanen Ausdruck ihres Schmerzes. Sie geht dramatisch in die Knie.

446 Villa Cerphal, Bibliothek

Evelyne muß jetzt allein sein. Sie schließt die Schwingtür hinter sich. Jetzt erst kann sie weinen. Sie läßt ihr Gesicht auf die Knie sinken. Krämpfe erschüttern ihren ganzen Körper.

Im Bibliothekszimmer befindet sich außer Evelyne noch Dorli, die sich in ihrer Reizwäsche geschämt hat und meinte, sie könne sich hier vor den Augen der trauernden Freunde verbergen. Nun erkennt sie, daß sie gerade in diesem Zimmer besonders unpassend ist. Sie entschuldigt sich leise vor Evelyne, die allerdings von Dorli überhaupt keine Kenntnis nimmt.

Evelyne beginnt, das Zimmer aufzuräumen. Ansgars Lieblingspullover hängt sie sorgfältig auf einen Bügel. Seine selbstgedrehten Zigaretten räumt sie beiseite, und während Dorli sich schnell anzieht, versucht Evelyne, die blutigen Nylonfäden aus ihren Knien zu ziehen. Es sieht aus, als könnte sie nie mehr sprechen.

447 Villa Cerphal, Terrassenzimmer

Die Cerphal ist von allen die einzige, die Evelynes Auftritt nicht mitbekommen hat. Sie ist völlig unwissend, als sie jetzt, von Juan phantastisch geschminkt und kostümiert, das Zimmer betritt.

Sie sieht Hermann am Klavier stehen. Auch ihm sieht sie die entsetzliche Nachricht noch nicht an.

FRÄULEIN CERPHAL. Wissen Sie, daß der Stefan hier ausziehen will? Er hat zu mir gesagt, er will mal ausschlafen. Aber seine Eltern bedrängen ihn, daß er sein Staatsexamen macht, und das wird wahrscheinlich der wahre Grund sein. Und ich möchte, daß *Sie* hier sein Nachfolger werden. Ja. Ich habe mir gedacht, der Flügel hier, außerdem sind Sie mir sympathisch, und Sie machen schöne Musik. Und aus Ihnen wird mal ganz bestimmt noch was werden.

Zu jedem anderen Zeitpunkt wäre dieses Angebot eine Sensation in Hermanns Leben gewesen. Er hätte Freudensprünge aufgeführt. Aber jetzt gehen diese Worte wie fernes Rauschen an ihm vorbei.

HERMANN. Vielen Dank, Fräulein Cerphal.

FRÄULEIN CERPHAL. Was ist denn eigentlich hier los?

Hermann muß sich setzen. Seine Beine wollen ihn nicht mehr tragen. Jetzt endlich hat auch die Cerphal verstanden, daß etwas vorgefallen ist, das dem Abend eine jähe Wende gegeben hat. Das Bild, wie dieser Freundeskreis unter dem Dekorationsbild von 1932 steht und keiner weiß, was er sagen soll, gleicht einer Todesvision.

448 Vor Wohnung Ansgar

Bei Tageslicht hat Evelyne sich gefaßt. Ihre Bewegungen sind noch energischer als bei ihrem Aufbruch aus der Neuburger Heimat. Sie hat die Liebe kennengelernt und den Tod. Jetzt kann ihr nichts mehr passieren. Niemand kennt tieferen Schmerz, niemand wird länger trauern müssen als sie.

Alles, was sie heute zu tun hat, sind nur Äußerlichkeiten im Vergleich zu dem, was sich in ihr abspielt. Sie begibt sich zu Ansgars Wohnung. Sie öffnet das rostige Eisentor, sie betritt die schäbige Einfahrt und geht in das Haus, das Ansgar ihr erst kürzlich gezeigt hat. Evelyne hat einen kleinen Koffer bei sich mit Ansgars Hinterlassenschaften.

449 Wohnung Ansgar

Als Evelyne das Untermietzimmer betritt, sitzt Ansgars Mutter ganz in Schwarz und in sich gesunken auf Ansgars Bett. Das Zimmer ist völlig durchwühlt. Die Matratzen sind aus dem Bett gehoben, die Schränke stehen offen, ein leerer Koffer mit aufgeklapptem Deckel liegt auf dem Fußboden. Eine karge Kerze brennt auf dem Nachttisch.

Evelyne sieht sich um. Sie hätte die kleine Mutter fast übersehen.

EVELYNE. Grüß Gott!

Das Gesicht der Mutter sieht nun vollends aus wie eine Dörrpflaume. Sie schluchzt, dann deutet sie auf den Koffer in Evelynes Hand.

MUTTER ANSGAR. Ist das alles?

EVELYNE. Ja. Das ist alles, was ich von Ansgar habe.

Evelyne trägt das Köfferchen zum Tisch, stellt es darauf und beginnt, den Inhalt auszupacken.

EVELYNE. Ein Hemd, Unterwäsche, Strümpfe, eine Krawatte, eine Kappe, Rasierzeug, Zigaretten ...

MUTTER ANSGAR. Ich kann es einfach nicht glauben. Ansgar hat doch alles gehabt! Er ist mit einem großen Koffer nach München gekommen. Anzüge, Wäsche, Bilder, Fotos, Schallplatten, alles. Vor allem suche ich seine Hefte. Aber es gibt nichts. Ein leerer Koffer, ein paar alte Klamotten, ein paar alte Zeitungen. Das ist doch verdächtig. Wo sind denn die Sachen von Ansgar?

Die Mutter ist im Zimmer umhergegangen und hat noch einmal überall nachgesehen. Sie hat die Matratzen hochgehoben, hat unter dem Bett, in den verborgensten Winkeln des Schrankes geforscht, belanglose Dinge herausgezogen und achtlos umhergeworfen. Sie tritt jetzt mit tränenüberströmtem Gesicht vor Evelyne hin, die sie aber kalt und unbewegt ansieht.

MUTTER ANSGAR. Sie, Fräulein, ich muß das jetzt wissen. Ich bin imstande und gehe zur Polizei.

EVELYNE. Also ist es doch wahr!

MUTTER ANSGAR. Was ist wahr?

EVELYNE. Daß Ansgar alles verbrannt hat, was ihn an Sie erinnert hat.

MUTTER ANSGAR. Sie, was sagen Sie da? Mein Gott, werden Sie bloß nicht frech! Ich bin doch schließlich seine Mutter. Der arme Bub! Was ist denn das? Was soll denn das bedeuten?

Unter dem kleinen Gerümpel, das auf Ansgars Tisch liegt, entdeckt die Hand der Mutter eine alte Injektionsspritze. Sie stutzt. Sie hält die spitze Injektionsnadel drohend vor Evelyne hin.

EVELYNE. Ich weiß nicht. Er hat Medizin studiert.

MUTTER ANSGAR. War er süchtig?

Evelyne schweigt. Sie ist mit ihren Gedanken weit weg. Die Mutter sieht sie mißtrauisch an. Plötzlich erhebt sie sich. Sie will Evelynes Handgelenke kontrollieren.

MUTTER ANSGAR. Und Sie? Nehmen Sie auch so was? Mein Gott, ich flehe Sie an, bitte sagen Sie mir jetzt doch die Wahrheit! Man kann doch eine Mutter in der Stunde nicht anlügen. Hören Sie, hat er was genommen?

EVELYNE. Nein. Und wenn, dann ist das lange her.

Evelyne hat die aufdringliche Mutter abgewehrt. Sie erhebt sich, denn sie hat ihre Mission erfüllt. Warum soll sie diese Frau noch länger ertragen?

MUTTER ANSGAR. Fräulein, Sie lügen mich jetzt an.

EVELYNE. Ich kann Ihnen nicht helfen.

Die Mutter klammert sich an Evelyne so, wie sie sich früher an Ansgar geklammert hat. Auch vor der großen Evelyne wirkt sie wie eine Zwergin.

MUTTER ANSGAR. Das ist der Pullover von Ansgar. Tun S' ihn sofort runter.

Die Mutter hat entdeckt, daß Evelyne Ansgars blauen Lieblingspullover trägt. Jetzt erwacht die Eifersucht in ihr.

Evelyne wird heftig.

EVELYNE. Kommt gar nicht in Frage. Nehmen Sie Ihre Finger da weg!

MUTTER ANSGAR. Mein Gott, Sie lügen nicht nur, Sie stehlen auch noch.

Von einem neuen Weinanfall geschüttelt, sinkt die Mutter auf Ansgars Bett.

MUTTER ANSGAR. Ich will meinen Ansgar wiederhaben!

EVELYNE. Ich doch auch, Sie dumme Person.

Monate sind vergangen. Hermann und Juan machen einen Spaziergang über den ausgedehnten Großstadtfriedhof. Die Freunde betrachten die Gräberreihen auf beiden Seiten des Kiesweges.

HERMANN. Irgendwie ist es hier wie in den Straßen der Stadt. Da gibt es Reihenhäuser, Neubauten, Altbauten, Kasernen, Paläste, Villen... So ein Friedhof ist ein Spiegelbild der Großstadt.

Tatsächlich sind die Grabdenkmäler von sehr unterschiedlichem Charakter. Das Geld hat auch hier entschieden. Es gibt die Viertel der Reichen und die Viertel der Armen – im Tod wie im Leben.

Die Freunde gelangen an ein einfaches Holzkreuz, das zwischen zwei Steingräbern steht. »Ansgar Herzsprung« steht darauf, mit den Lebensdaten des toten Freundes: »1938–1962«. Hermann nimmt eine halbverwelkte Rose vom Nachbargrab und legt sie auf Ansgars Kreuz.

HERMANN. Jetzt haben wir unseren ersten Toten in München. Das ist ein Gefühl wie zu Hause auf dem Dorf. Du gehst auf den Friedhof, und da liegt einer, den du gekannt hast.

Juan sieht die Sache anders. Er geht ein paar Schritte. Nachdenken will er über den Tod jetzt eigentlich nicht.

JUAN. Ich möchte einmal sterben wie Hemingway. Ein Schuß, Ende, wenn *ich* will.

Hermann will auch Schluß machen, Schluß mit der andauernden Herbstmelancholie.

HERMANN. Wir vergeuden unsere Zeit. Schon seit Monaten vergeuden wir unsere Zeit. Wir reden und reden und reden ...

JUAN. Zuwenig!

Natürlich haben sie beide recht. Das ist eine Erkenntnis, zu der es nicht des Todes von Ansgar bedurft hätte!

Die Freunde verlassen den Friedhof. Das Leben dehnt sich vor ihnen in unermeßlicher Weite.

Fünftes Buch

DAS SPIEL MIT DER FREIHEIT

Helga, 1962

501 München, Fronleichnamsprozession

Es ist sicher übertrieben, das Tageslicht in einer Stadt katholisch zu nennen. Dennoch sind die Altstadtstraßen Münchens an diesem Morgen des Fronleichnamstages in ein frommes Licht getaucht: ein Licht, das durch die Menschen und die Häuser hindurch zu leuchten scheint. Alles wirkt zerbrechlicher, sterblicher als sonst. Vielleicht liegt es auch an den Birkenzweigen, mit denen Gehsteige, Fenstersimse und Häuserecken geschmückt sind. Der Wind gehört dazu. Er ist kühl, sanft, aber böig, als könnte jederzeit ein Sturm daraus werden.

Die Innenstadt ist für den Autoverkehr völlig gesperrt. Man kann an diesem Morgen unbekümmert mitten auf den Hauptstraßen stehenbleiben und die unbekannten Perspektiven genießen.

Helga ist allein auf den leeren Straßen und Plätzen. Ihr Blick verliert sich in den Turmfassaden des Doms, sie geht, von den Windböen getrieben, über Kreuzungen, sie beobachtet Nonnen, die vorbeihuschen, und horcht auf den monotonen Gesang der Gläubigen, die sich hinter mehreren Häuserblocks zu einer Prozession formiert haben.

HELGA. *Es gibt Tage, an die erinnert man sich so genau, als hätte man eine Kamera bei sich gehabt und alles festgehalten: das milde Licht morgens um halb zehn, das Spiel des Windhauchs in den Kirchenfahnen, die Gebete der Frauen in der Prozession. Der Fronleichnamstag 1962 in München war ein Tag, den ich nicht vergesse. Man spürte schon morgens, daß es ein Gewitter geben würde. Es herrschte seit Tagen ein Sommerklima wie in Italien. Ich konnte es kaum noch aushalten vor Sehnsucht. Meine Haut schmerzte vor Verlangen nach ...*

Ich versuchte, das in Gedichten und Sätzen auszudrücken. Innerlich schrieb ich alles auf. Ich beobachtete das Geschehen in der Stadt, dann mein Inneres. Ich empfand den Duft der Frömmigkeit und der Sünde, dieser Birkenzweige, die überall die Trottoirs einsäumten. Ich war selbst eine Birke und wartete auf den großen Sturm.

Helga läßt den Weihrauchduft der Prozession an sich vorbeiziehen: schwarzumhüllte alte Weiber, die Geistlichen in ihrem Ornat, uniformierte Männer mit weißen Haaren, ein barockes Silberkreuz, dicht vor ihr vorübergetragen, Münder, die sich beim Singen öffnen und schließen; Augen, gesenkt oder ängstlich geöffnet. Helga ist fasziniert und hält sich dennoch fern.

502 Wohnung Tommys Eltern

Der Sturm, von dem Helga sprach, entwickelt sich an vielen verschiedenen Stellen der Stadt ganz ungleichzeitig. Über der kleinen Dachterrasse, auf die Hermann hinaussehen kann, ist ein Kleinst-Unwetter entstanden. Eine Sturmböe zerrt an den Ziersträuchern, fegt altes Laub und Staub durch die Luft. Die Regentropfen klatschen auf den Estrichboden. Über der Stadtsilhouette im Hintergrund hängt ein fahler Himmel.

HERMANN. *Ich war ungeduldig an diesem Tag, vom frühen Morgen an gereizt. Als am späten Nachmittag das Gewitter niederging, gab ich gerade Klavierstunden. Tommy war der Sohn eines Designers und einer Schauspielerin, ein ekelhaft verwöhntes Kind. Ja, auch ich sehe diesen Tag deutlich vor mir.*

Die Wohnung liegt unter einem prächtigen Dach und bezieht das Innere eines Ziertürmchens mit ein, das dieses Bürgerhaus am Isarufer schmückt. Die Einrichtung verrät in allen Einzelheiten die Berufe ihrer Besitzer. Eine geschwungene Edelholztreppe führt aus dem Wohnzimmer in das Turmzimmer empor, eine Art Galerie, die als Spielzimmer für den verwöhnten Sohn eingerichtet wurde. Auch das Wohnzimmer besteht aus verschiedenen Ebenen: einer zum Musizieren, einer zum gemütlichen Sitzen, einer zum Essen. Alles ist offen, hell, transparent, modern und teuer. Auf der Musikebene steht ein weißer Flügel, an dem der Klavierunterricht stattfindet. Hermann ist viel zu gereizt, um neben seinem unbegabten Schüler sitzen zu können, er umkreist ihn, sieht immer aus, als wollte er weglaufen – wenn draußen nicht gerade dieses Unwetter wäre.

Tommy müht sich mit dem 3. Satz von Mozarts A-Dur-Sonate, dem berühmten »Rondo alla Turka«.

HERMANN. So, warte mal, fang noch mal von vorne an! Wir haben eine halbe Stunde letztes Mal darüber geredet. Das sind keine Viertel da am Anfang, das sind Achtel. Die Phrase auf das C hin spielen.

Tommys Mutter, die Schauspielerin, macht auf der Galerie über dem Flügel Gymnastikübungen. Sie ist mit einem schwarzen Trikot bekleidet und hat ihre Haarmähne mit einem modischen Tuch zusammengebunden. Bei ihren Turnübungen beugt sie sich immer wieder so weit über das Geländer, daß sie Hermann und ihren Sohn beobachten kann. Das Gewitter vor den Terrassenfenstern ist voll losgebrochen. Aus dem Regen wird nun ein Wolkenbruch.

Tommy hat Hermanns Anweisung wieder nicht befolgt und die Notenwerte eigenmächtig verfälscht. Hermann leidet.

HERMANN. Mal weiter, Tommy! Wir üben das jetzt fast ein Jahr, das Stück. Du kannst einen wirklich wahnsinnig machen. Wenn du dich konzentrierst, dann geht es einigermaßen, und beim nächsten Mal ist alles wieder weg. Sag mal, macht dir das Klavierspielen eigentlich Spaß? Interessiert dich das überhaupt?

TOMMY. Ich freue mich jedesmal, wenn Sie kommen. Bestimmt! Außerdem ist es bei Ihnen viel schöner als bei Dr. Bach. Der hat nämlich ein Gebiß gehabt, wissen Sie.

Die Mutter hört von der Galerie aus zu. Sie unterbricht ihre Gymnastik dabei nicht. Jetzt ermahnt sie ihren geschwätzigen Sohn mit gespielter Erzieherstimme.

TOMMYS MUTTER. Tommy!

TOMMY. Ja, Mama …

TOMMYS MUTTER. Sei ruhig und übe!

Zwischen Mutter und Kind ist alles tausendfach geübtes Spiel. Der Junge spricht mit leiserer Stimme weiter. Das ist alles, was er der Mutter an Erziehungserfolg zugesteht.

TOMMY. Ja. Der hat jedesmal beim Vorspielen sein Gebiß aus dem Mund genommen.

TOMMYS MUTTER. Immer mußt du ablenken und schwatzen!

TOMMY. Ja, und da aufs Klavier gelegt. Da habe ich mich immer so geekelt.

HERMANN. Tommy, das weiß ich doch alles!

TOMMY. Und die Geschichte mit Fräulein Burkhardt?

Auch diese Geschichte kennt Hermann schon. Er kann aber Tommys Mitteilungslust nicht eindämmen. Hermann tritt ans Fenster. Er betrachtet das Unwetter. So verschafft Tommy ihm und auch sich selbst eine Unterrichtspause.

TOMMY. Die war mal Opernsängerin, oder wollte es werden. Auf jeden Fall hat sie immer, wenn sie Klavier gespielt hat, mit ganz hoher Stimme mitgesungen.

Tommy imitiert mit hoher Tonlage die Opernstimme seiner ehemaligen Klavierlehrerin.

TOMMY. Die habe ich auch gehaßt. Auch deswegen, weil sie immer so gestunken hat, nach saurer Milch!

HERMANN. Tommy, das hast du mir alles schon erzählt. Und deine Mutter hat es mir auch schon mal erzählt. Ich möchte nichts weiter, als daß du regelmäßig übst.

Tommys O. k. ist so liebenswert, daß er Hermanns Zorn damit weglächelt. Hermann kommt zum Flügel zurück. Er will sich von Tommy nicht so manipulieren lassen, wie er dauernd seine Mutter manipuliert.

HERMANN. Wenn du das nicht tust, dann komme ich nicht mehr. Also los, noch mal von vorne!

Tommy gibt sich Mühe. Er spielt das »Alla Turka« von vorne, macht aber die gleichen Fehler wie vorher. Hermann versucht es nun mit Dulderblick.

HERMANN. Sag mal, Tommy, wovon haben wir eigentlich vor fünf Minuten gesprochen? Ich spiele dir das jetzt mal vor. Es ist wirklich kinderleicht! Ich hab das mit sieben Jahren schon gekonnt. Nimm mal dein Kissen.

Tommy macht Hermann den Platz auf dem Klavierhocker frei. Hermann spielt zunächst das Stück so, daß Tommy genau hinhören soll, worauf es ankommt. Nach wenigen Takten spürt er aber, wie aussichtslos all seine Pädagogik ist. Er spielt nur noch für sich selbst. Er gibt sich Mühe, die Phrasen schön zu gestalten, um sich durch die Musik wieder ein wenig aufzuheitern.

Vom Klavierspiel angelockt, kommt Tommys hübsche Mutter langsam die Treppenstufen herunter. Sie ist noch ganz erhitzt von ihrem Körpertraining.

TOMMYS MUTTER. Sie spielen wunderschön, Herr Simon. Ach, wenn ich das doch auch gelernt hätte!

Die Mama beugt sich über den Flügel, um Hermann besser anhimmeln zu können. Hermann ist irritiert, spielt aber tapfer weiter, ohne aus dem Takt zu geraten.

TOMMYS MUTTER. Ich könnte Ihnen stundenlang zuhören, wissen Sie das? Meinen Sie, daß Tommy das auch noch mal lernen wird?

Die Mutter hat ihren Sohn so in die Arme genommen, wie sie eigentlich Hermann jetzt umarmen möchte. Tommy, der die Gefühle seiner Mutter genau spürt, windet sich unter ihren Zärtlichkeiten.

HERMANN. Er konzentriert sich einfach zuwenig.

TOMMYS MUTTER. Wir haben solche Sorgen mit ihm in der Schule! Alles was dir fehlt, ist Konzentration. Der Schulpsychologe meint, Musik

sei das beste Heilmittel für ihn. Deswegen mußt du das lernen. Komm, ich sag dir was.

Hermann will gar nicht hören, was die Schauspielerin mit ihrem Sohn zu besprechen hat. Er setzt sein Klavierspiel da fort, wo er es unterbrochen hat. Die Mutter spricht auf Tommy ein.

TOMMYS MUTTER. Wenn du das Stück bis Weihnachten spielen kannst, dann bekommst du das, was du dir gewünscht hast.

TOMMY. Erpresserin!

TOMMYS MUTTER. Ein Pferd? Ist das nichts? Ein Pferd gegen dieses Musikstück?

Hermann beendet das Mozart-Stückchen mit Bravour. Die Mutter hat es sich auf ihrer Sofaebene gemütlich gemacht.

TOMMYS MUTTER. Vielleicht haben wir ihm einfach zu viele Spielsachen geschenkt. Darf ich ein bißchen hierbleiben? Bitte, setzen Sie sich!

Sie winkt Hermann zu sich heran. Sie läßt ihn bei sich auf der Sofakante sitzen, so kommt sie ihm recht nah.

TOMMYS MUTTER. Ich möchte gerne, daß Sie mir etwas über sich selbst erzählen.

HERMANN. Über mich? Was möchten Sie denn da wissen?

TOMMYS MUTTER. Alles!

HERMANN. Alles?

TOMMYS MUTTER. Wo kommen Sie her?

HERMANN. Aus dem Rheinland.

TOMMYS MUTTER. Aus dem Rheinland? Raten Sie mal, wo ich herkomme …

Tommy nimmt diese Gelegenheit wahr, um zu seinen Comicheften auf der Galerie zu flüchten. Endlich ist die Klavierstunde vorbei.

Draußen flaut das Gewitter mittlerweile ab. Es dämmert.

Münchens Straßen glitzern, als über der Nässe alle Lichter der Nacht angehen.

HERMANN. *In dieser Familie herrschte ein merkwürdiges Einverständnis. Manchmal dachte ich, daß sogar Tommy eingeweiht war. In was eigentlich? Das Gewitter hatte keine Abkühlung gebracht. Ich blieb zum Abendessen, obwohl mir dauernd zum Weglaufen war in dieser hermetisch verschlossenen Dachwohnung.*

503 Wohnung Tommys Eltern

Tommys Mutter hat Spaghetti gekocht. Tommys Vater, der Designer, ist ein gehemmter Mann mit Frühglatze. Er hat sich Hermann gegenüber an den runden Tisch gesetzt. So unwillig sich Tommy beim Klavierunterricht zeigte, so begierig ist er, wenn es ums Essen geht. Er ist für seine elf Jahre viel zu dick. Ein Produkt falsch verstandener Elternliebe.

Tommy hat sich seinen Teller wie einen Hut auf den Kopf gesetzt. So wartet er, mit den Beinen nervös umherzappelnd, darauf, daß die Mutter mit der Pastaschüssel erscheint.

TOMMYS MUTTER. Hätten Sie nicht Lust, nächste Woche mit uns nach Sylt zu fahren? Freunde meines Mannes, die dort leben, haben ein wunderschönes Haus in den Dünen. Wir verbringen da jedes Jahr unsere Ferien, fünf Wochen und mehr.

Die Mutter hat begonnen, die Nudeln auszuteilen. Nun bemerkt sie den Teller auf Tommys Kopf. Sie versucht, nicht auf die Provokation ihres Jungen einzugehen.

TOMMYS MUTTER. Tommy, dein Teller!

TOMMYS VATER. T-t-t-tommy …

Jetzt bemerkt Hermann, daß der Designer stottert. Je erregter er ist, desto unwilliger wollen die Worte seinen Mund verlassen. Tommy kümmert das überhaupt nicht.

TOMMYS MUTTER. Unsere Freunde sind dann in Italien. Es gibt also Platz in Hülle und Fülle.

TOMMY. Sieben Zimmer, plus Sauna.

Tommy winkt Hermann zu sich heran. Er flüstert ihm zu und will damit die Mutter erst recht aus der Fassung bringen.

TOMMY. In Sylt, da laufen wir immer nackt rum. Die Mama ist sogar schon mal nackt einkaufen gewesen.

TOMMYS MUTTER. Das war nur am Strand, Tommy!

Jetzt bewegt sich die Hausfrau auf ihren Mann zu. Sie flüstert mit ihm, und Hermann spürt, daß es wohl um ihn geht. Er versucht, den geschwätzigen Tommy abzuwehren, damit er besser herausbekommen kann, was hier gespielt wird. Der Hausherr schenkt Hermann Rotwein ein. Er will etwas sagen und versucht, Zeit zu gewinnen.

TOMMYS VATER. Was wir Ihnen anbieten wollen, ist f-f-folgendes: Sie geben Tommy r-r-regelmäßig Stunden, bea-a-aufsichtigen ihn beim Üben und erhalten dafür freien Aufenthalt in der guten Seeluft.

Der Designer sieht seine Frau hilfesuchend an.

TOMMYS MUTTER. Sprich zu Ende, Liebling...

TOMMYS VATER ... außerdem natürlich R-r-reisekosten und – pro Woche dreihundert Mark. Das macht tausendfünfhundert... für die Dauer der Ferien.

Alle sind erleichtert, daß der lange Satz zu Ende gekommen ist. Hermann hat mit dem stotternden Mann sehr mitgelitten. Er ist davon erschöpfter als der Stotterer selbst.

TOMMYS MUTTER. Vielleicht tut es Ihnen auch mal gut. Sie sehen sehr blaß aus.

TOMMY. Ich verspreche Ihnen, auch jeden Tag zu üben. Drei Stunden! Nix wie üben.

Tommy hat seinen Teller schon leer gegessen. Hermann quält sich noch mit den langen Spaghettifäden, die immer wieder von der Gabel gleiten. Tommy hat sein Comicheft auf seinem Teller liegen. Er liest versunken seine Cartoons. Jetzt erwacht in den Eltern wieder das pädagogische Gewissen.

TOMMYS MUTTER. Bitte, nimm ihm das Buch weg.

TOMMYS VATER. Tommy...

Der Vater schreit ganz unangemessen laut. Es ist, als wäre da noch etwas anderes, was er herausschreien muß. Er packt Tommys Buch und knallt es demonstrativ auf den Boden. Der gemaßregelte Junge holt nervös eine Mundharmonika aus der Lederhose und beginnt, darauf schreckliche

Töne zu blasen. Jetzt ist Hermann so strapaziert, daß auch er zu stottern beginnt.

HERMANN. Ja, also wissen Sie, ich bin darauf nicht vorbereitet. Ich wollte eigentlich in den Ferien in München arbeiten.

TOMMYS MUTTER. Komponieren?

HERMANN. Ja, auch.

TOMMYS MUTTER. Es gibt da einen sehr schönen Flügel in dem Sylter Haus. Tommy, wie heißt der Flügel?

TOMMY. Steinway. Mit Gold an der Seite.

Der Hausherr hat sich an seinen Spaghetti verschluckt. Er hustet und ringt nach Atem. Tommy grinst Hermann an. Er will ihm Zeichen geben, daß alles in Ordnung sei. Hermann weiß überhaupt nicht mehr, was er sagen soll.

TOMMYS VATER. Darf ich Ihnen noch mal nachschenken?

TOMMYS MUTTER. Ich gebe Ihnen auf jeden Fall unsere Sylter Adresse.

Die Mutter erhebt sich, um für Hermann die Adresse aufzuschreiben. Sie tut das am Flügel. Dabei fällt ihr Blick auf Hermanns Gitarrenkoffer.

TOMMYS MUTTER. Warum haben Sie eigentlich immer Ihre Gitarre dabei, wenn Sie zu uns kommen?

HERMANN. Montags und donnerstags bin ich immer bei meinem Gitarrenprofessor.

TOMMYS MUTTER *(drückt Hermann ein Kärtchen mit der Sylter Adresse in die Hand)*. Das ist in Kampen. Da kennt uns jeder.

TOMMYS VATER. Kampen ist sehr schön.

TOMMYS MUTTER. Es wird Ihnen bestimmt gefallen.

HERMANN. Und Sie reisen dahin jeden Sommer, jedes Jahr?

TOMMYS MUTTER. Ja, bisher. Wie lange sind wir schon in Kampen?

Während des höflichen Tischgesprächs hat es Tommy nicht ausgehalten. Zuerst spielt er mit dem weißen Hauskätzchen, und dann interessiert er sich für Hermanns Gitarre. Im Nu hat er den Koffer geöffnet, um die Gitarre herauszunehmen. Hermann springt auf.

HERMANN. Vorsicht!

TOMMY. Ist das eine Stradivari?

HERMANN. Du sollst das nicht anfassen, das ist sehr wertvoll!

TOMMYS MUTTER. Tommy, du bist fürchterlich, alles mußt du anfassen. Komm jetzt her! Wie lange lernen Sie schon Gitarrespielen?

HERMANN. Ungefähr zehn bis zwölf Jahre.

TOMMYS VATER. Und da nehmen Sie immer noch Stunden?

Der Vater sagt den Satz mit deutlicher Betonung für den Sohn. Er will ihm unbedingt zu verstehen geben, daß anschließlich »Übung den Meister« macht.

HERMANN. Gitarre ist eines meiner Fächer in der Musikhochschule.

TOMMYS MUTTER. Könnten Sie uns vielleicht etwas vorspielen?

Hermann sitzt in der Falle. Er würde viel dafür geben, wenn er jetzt einfach nein sagen könnte. Aber er setzt sich brav auf die Stufe, die zur Klavierebene heraufführt, und stimmt sein Instrument. Er spielt die »Kleine Phantasia« von Johann Sebastian Bach. Tommy, der sich langweilt, sobald Hermanns Gitarrenspiel sich nach Musik anhört, will sich leise vom Tisch wegstehlen. Der Vater wird zornig.

TOMMYS VATER. Bleib sitzen!

Kurze Sätze kann der Stotterer problemlos und mit beachtlicher Lautstärke hervorbringen. Tommy ist gefangen. So wie Hermann gefangen ist. Die Schauspielerin ist von Hermanns Spiel bezaubert. Sie strahlt ihn aus ihren dunklen Augen so verführerisch an, daß es Hermann angst und bange wird.

504 Straßencafé

Das Sommergewitter hat die Stadtluft gereinigt, aber keine wirkliche Abkühlung gebracht. Auf den Straßen glänzen die Regenwasserpfützen und erinnern an den Wolkenbruch vom Spätnachmittag. Die Menschen halten es nicht in ihren Wohnungen aus. Sie genießen die warme Luft auf den Trottoirs und in den Cafés.

HELGA. *Ich war den ganzen Tag in der Stadt umhergelaufen, ich suchte dich. Abends waren die Straßen voll von Menschen. An allen Ecken machte man Musik ...*

Helga nähert sich einem Schwabinger Eiscafé. »Singin' in the rain« singen zwei Straßenmusikanten zur Gitarrenbegleitung. Helga bleibt bei den Musikanten stehen. Sie spürt ihren sehnsuchtsvollen Körper. Noch immer trägt sie die ärmellose Seidenbluse über ihren Studenten-Jeans. Kleider, die mehrmals an diesem Tag durchnäßt und wieder getrocknet waren. Ihr Verlangen, an diesem Tag noch einen großen Sturm zu erleben, ist bisher nicht befriedigt worden. Helga ist allein geblieben. Sie vertraut im Stehen ihre Gedanken schriftlich ihrem Tagebuch an.

Kommilitonen haben sie von einem der überfüllten Tische aus entdeckt. Sie rufen und winken ihr zu. Helga grüßt zurück. Sie entschließt sich, bei den Freunden Platz zu nehmen. Die Kommilitonen haben gesehen, wie sie geschrieben hat.

MÄDCHEN. Was schreibst du?

HELGA. Einen Zyklus.

Helga merkt nicht, daß ihr Verhalten und auch ihre Antworten sie verrückt erscheinen lassen. Ein Funkwagen der Polizei fährt mit schrillen Sirenentönen vorbei. Alle Fragerei erstickt im Lärm. Es gibt einen Puppenspieler, der mit einer kniehohen Marionette durch die Boulevardcafés zieht.

Mit Bauchrednerstimme nimmt er zu den Tagesereignissen Stellung und läßt seine Puppe die Karikatur des Großstadtspießbürgers spielen.

PUPPENSPIELER ... und warum? Weil ich tagsüber gearbeitet habe! Wißt ihr überhaupt, was Arbeit ist? Was? Das deutsche Volk, das kennt das gar nicht mehr! Kleinholz sollte man machen aus euren Klampfen! Aber damit ist jetzt Schluß, mein Lieber!

Auf der Straße ist Tumult entstanden. Das Heulen der Polizeisirenen wird lauter. Passanten rennen die Trottoirs entlang, berittene Polizeibeamte galoppieren auf ihren Pferden vorbei. Die Musikanten unterbrechen ihren Gesang und schließen sich dem Gerenne auf der Straße an. Helga sieht fassungslos, wie sich das Straßencafé leert. Sie läuft hinter den Musikanten her.

HELGA. Wo sind die denn alle hin?

GITARRESPIELER. Zur Leopoldstraße, da muß irgendwas los sein.

505 Schwabinger Straßen

In den Nachbarbereichen des Schwabinger Boulevards werden flüchtende Jugendliche von Polizisten verfolgt. Ein Fernsehteam versucht, diese Szenen von Polizeigewalt mit einer Handlampe zu beleuchten. Ein hilfloses Unterfangen in Anbetracht der Großräumigkeit des Geschehens.

HELGA. *Als ich von dem Krawall auf der Leopoldstraße hörte, da dachte ich, endlich geht es los. Als hätte ich den ganzen Tag darauf gewartet.*

Das Geschrei von empörten Menschen, Lautsprecherdurchsagen der Polizei, das Heulen der Sirenen und das Getrampel von Tausenden von Schritten füllen die Nachtluft.

Auf der Leopoldstraße ist der Verkehr völlig zum Stillstand gekommen. Straßenbahnen und Autokolonnen stauen sich hinter Absperrgittern, die quer über die Hauptstraße gestellt sind. Das Hupkonzert ist ohrenbetäubend.

HERMANN. *Weißt du, wie das angefangen hat? Drei junge Leute hatten auf der Straße Musik gemacht und Rock'n'Roll-Lieder gesungen. Ein empörter Bürger aus dem Nachbarhaus hatte die Funkstreife gerufen. Als die Polizeibeamten da waren und die jungen Leute wegschleppen wollten, da empörten sich die Gäste des Straßencafés. Einer von ihnen hatte aus den Reifen des Polizeiautos die Luft abgelassen: Das wurde der Auslöser für die Straßenschlachten.*

Helga versucht, auf einem der Trottoirs näher ans Geschehen heranzukommen. Unter Einsatz aller ihrer Kräfte, aber schon ganz erschöpft, bemüht sie sich, gegen den Strom der drängelnden und flüchtenden Menschen anzukämpfen.

Hermann versucht es mit seinem Gitarrenkoffer auf der anderen Seite der Straße. Er will eigentlich nur dieses Hindernis überwinden, denn er ist auf dem Nachhauseweg nach dem Abendessen bei Tommys Eltern.

Helga gerät in eine Schlägerei.

HELGA. *Die Polizisten prügelten blindlings auf die Leute ein. Immer mehr Polizei kam angerückt und immer mehr Neugierige. Es war die halbe Stadt auf den Beinen an diesem schwülen Sommerabend.*

Helga sieht nur noch Füße, Schultern, Ellbogen. Sie wird geschubst und bedrängt. Sie rettet sich schließlich in einen Hausgang. Dort preßt sie sich gegen eine Wand. Sie vermeidet den Blick auf die Straße. Sie hört das Geschrei und die Lautsprecherstimme. »Hier spricht die Polizei. Jeder, der nicht sofort die Gehsteige räumt, macht sich strafbar.«

Hämisches Gejohle der Menschenmenge ist die Antwort auf diese anmaßende Polizeidurchsage. Helga ist mit den Nerven fertig.

Eine Frau, die sich in den Hauseingang rettet, ist völlig schmutzig. Sie wendet sich der verzweifelten Helga zu.

PASSANTIN. Wollen Sie mit rein? Ich wohne hier.

Die Frau sperrt das Tor auf und läßt Helga mit sich hindurchschlüpfen.

507 Hausflur

Helga ist der Frau gefolgt, ohne es zu wollen. Sie steht in dem halbdunklen Hausflur und sieht sich um. Die Frau rennt die Steinstufen empor, um den Schalter der Treppenhausbeleuchtung zu finden.
Draußen vor dem Tor ist jetzt eine brutale Schlägerei entstanden. Es wird gegen das Tor gepocht. Die geschlagenen Jugendlichen wollen auch hereinkommen. Wut- und Schmerzensschreie werden laut. Helga weiß nicht, was sie tun soll.
Die Frau steht oben auf dem Treppenabsatz und sieht auf die übererregte Helga herab.

PASSANTIN. Ich war auf dem Heimweg, da haben sie mich umgerannt! Sehen Sie bloß, wie ich ausschaue!

Helga bemerkt, daß die Beine der Hausbewohnerin aufgeschürft sind und ihr Kleid zerrissen ist.

HELGA. Sie bluten ja!

PASSANTIN. In eine Pfütze bin ich gefallen, die war noch vom Gewitter heute nachmittag. Man kann nicht vorsichtig genug sein.

Helga versucht der Frau zu helfen. Aber außer ihrem benutzten Taschentuch findet sie nichts, womit sie die Beinverletzungen säubern könnte.

508 Leopoldstraße

An den Einfahrten der Nebenstraßen sind Funkstreifenwagen quergestellt, um die Zu- und Ausgänge zum Boulevard zu versperren.
Die Polizei veranstaltet ein regelrechtes Kesseltreiben. Junge Leute versuchen mit Gejohle, eins der Polizeiautos umzukippen, was ihnen nicht gelingt.

HERMANN. *Ich höre noch dieses Geschrei und Gehupe, diese hysterischen Lautsprecherdurchsagen.*

509 Hausflur

Helgas Interesse ist von den akustischen Eindrücken mehr gefesselt als von den optischen. Die Frau betupft ihre Wunde und kann sich überhaupt nicht beruhigen.

PASSANTIN. Ich habe nur heimwollen. Ich habe nichts getan. Die Polizei muß mich verwechselt haben.

Helga springt auf. Jetzt ertönen draußen wieder Lautsprecherdurchsagen, die von Sprechchören beantwortet werden »Vopo, Vopo...«. Man vergleicht die Methoden der Münchner Polizei mit denen der DDR-Volkspolizei oder mit der Nazizeit.

510 Leopoldstraße

Die Besatzung eines Funkwagens hat sich im Innern des Autos verschanzt. Der Beamte fordert über Funk Verstärkung an. Die Studentengruppe, die das Polizeiauto belagert, beginnt ein Pfeifkonzert.

HELGA. *Es war das erste Mal, daß wir so etwas zu spüren bekamen: diesen Haß der Staatsmacht auf alles, was jung war, was nicht an ihre spießige Ordnung glaubte.*

HERMANN. *Ich begriff überhaupt nicht, was das mit Musik zu tun haben sollte.*

HELGA. *Ich wollte nur nach Hause.*

HERMANN. *Ja, ich auch. Wo ich ging, sprach man mich auf meine Gitarre an. Und man versuchte, mich zu warnen.*

Hermann ist von Fernsehreportern angesprochen worden. Hier, unter dem Schutz des Scheinwerfers und der Kamera, haben sich ein paar Dutzend junge Leute im Studentenalter versammelt, um ihre Erlebnisse zu schildern und ihrer Empörung Luft zu machen.

HERMANN. Ich komme auch erst dazu, ich weiß gar nicht, was los ist.

REPORTER. Sagen Sie, sind Sie noch nicht verprügelt worden?

HERMANN. Nein – was soll denn die Gitarre mit der Demonstration zu tun haben?

Die Studenten warnen Hermann eindringlich. Sie empfehlen ihm, möglichst schnell mit seiner Gitarre zu verschwinden. Hermann begreift nur langsam.

HERMANN. Ich habe damit überhaupt nichts zu tun!

Als sich ein Polizeiauto nähert und die Polizisten beginnen, die Versammlung um das Fernsehteam aufzulösen, beginnen wieder die Sprechchöre und das Pfeifkonzert.

PASSANTEN. Vopo, Vopo, Vopo!

Hermann hat sich aus der Interviewgruppe rechtzeitig entfernt. Er versucht jetzt, durch eine der Nebenstraßen nach Hause zu gelangen. Die Dillesstraße läuft ein Stück weit parallel zum Boulevard und ist offenbar menschenleer. Hermann muß an einem Funkstreifenwagen vorbei, um in die kleine Nebenstraße zu kommen. Er versucht das so unauffällig wie möglich zu tun und wählt eine Route, die hinter dem Polizeiauto hindurchführt. Damit macht er sich aber erst recht verdächtig. Als er ein Stück gegangen ist, springen die Polizisten aus ihrem Auto und fangen an, hinter ihm herzurennen. Sie rufen, er solle stehenbleiben, aber Hermann rennt instinktiv so schnell er kann.

Hat einer erst einmal angefangen wegzulaufen, kann er sein Verhalten nicht mehr korrigieren. Die Polizisten sind schneller als Hermann, den sein Gitarrenkoffer behindert. Nach etwa fünfzig Metern haben sie ihn eingekreist und schneiden ihm den Weg ab. Einer der Polizisten reißt ihm im Vorbeilaufen die Gitarre aus der Hand, während der andere ihm ans Genick springt, um ihn zu Boden zu werfen.

POLIZEI. Ist das deine Gitarre?

HERMANN *(schreit)*. Ja.

POLIZIST. Du Gauner, du elendiger!

Der Polizist hat den Koffer geöffnet und die Gitarre herausgerissen. Ohne zu zögern packt er das wertvolle Instrument am Griffbrett und zertrümmert den Korpus mit erbarmungslosen, gewaltigen Schlägen auf dem Pflaster.

POLIZIST. Das hat sich jetzt ausgespielt mit dera Gitarr!

Hermann schreit, protestiert, wehrt sich.

HERMANN. Sind Sie wahnsinnig?

In einem Ausbruch von Verzweiflung gelingt es ihm, einen der Polizisten umzustoßen. Er nützt die Sekunden, die der Beamte braucht, um sich wieder aufzurappeln, und flieht. Die Polizisten laufen noch ein Stück hinterher, geben aber bald auf. Wie ein zertretenes Tier liegen die Gedärme des Instruments auf dem Pflaster.

HERMANN. *Ich hatte mich durch die Seitenstraßen verdrücken wollen, aber gerade das hatte mich verdächtig gemacht. Sie wollten nicht mich, sondern nur meine Gitarre. Allein meine Gitarre hatte diesen Haß auf sich gezogen.*

512 Straße vor Villa Cerphal

Hermanns Fluchtweg führt ihn in die weniger dicht bewohnten Bereiche Schwabings, dorthin, wo die Villa der Verlagserbin Cerphal steht. Hier ist der Lärm der Krawalle nur noch von fern zu hören. Nur noch vereinzelte Studentengrüppchen rennen am Ende der Straße vorüber.

HELGA. *Da hat diese Stadt ihr Gesicht gezeigt! Die »Stadt der deutschen Kunst«.*

HERMANN. *Auch so eine Erfindung der Nazis ...*

Hermann hat das Gartentor erreicht. Das Haus bietet ein Bild des Friedens. Unter den Sommerbäumen ist es kaum zu erkennen. Hermann verschließt das Tor hastig von der Innenseite. Er ist gerettet.

513 Villa Cerphal, Terrassenzimmer

Hermann kann seine ohnmächtige Wut und seine Empörung nicht anders bewältigen als mit einem musikalischen Ausbruch am Klavier. Er stürzt sich auf die Tasten und traktiert sie, als wären sie all die Instanzen der Gerechtigkeit, bei denen er sich beklagen und Genugtuung fordern will. Seine Improvisation ist eine gewaltige »Tokkata« für Klavier. Ein rhythmisch und dynamisch aufrüttelndes Stück ohne Gnade. Hermann spielt so zitternd und tobend, daß der Flügel erbebt. Es sieht fast aus, als wollte er das Instrument in Stücke zerlegen.

Die Cerphal kommt aus den oberen Räumen herunter, um nachzusehen, was mit Hermann los ist.

FRÄULEIN CERPHAL. Geht es nicht etwas moderater?

Die Cerphal versucht den Lärm dadurch zu mildern, daß sie die Fenster verschließt. Sie spürt, daß sie Hermann jetzt nicht unterbrechen kann. Sie geht irritiert im Zimmer umher, bis sie sieht, daß diese Musik der Ausdruck eines Schmerzes ist. Sie setzt sich, um zuhören zu können.

514 Straße vor Villa Cerphal

Helga blutet an der Hand. Sie löst sich aus einer Gruppe fliehender Studenten, um den Weg zum »Fuchsbau« einzuschlagen.

Sie ist ebenso aufgelöst und erregt wie Hermann. Sie stößt das Gartentor auf und rennt auf die erleuchtete Villa zu.

515 Villa Cerphal, Terrassenzimmer

Über die Terrasse erreicht Helga das Zimmer, in dem Hermann das Klavier mißhandelt. Als sie ihn und Frau Cerphal erblickt, bekommt Helga einen hysterischen Anfall. Sie hüpft und taumelt durch das Zimmer, hält sich die blutende Hand vor die Augen und fängt an zu schreien.

HELGA. Ich gehe da nicht mehr hin! Ich gehe nicht mehr raus.

FRÄULEIN CERPHAL. Was ist passiert? Sie bluten, und Sie zittern! Hat man Sie denn auch angegriffen? Ja, will man denn die Studenten zu Freiwild erklären? So was hat es früher nicht gegeben!

HERMANN. Was, früher? Hören Sie auf, Fräulein Cerphal! Die Nazis waren auch nicht besser. Jetzt fangen Sie bloß nicht an, von den Nazis zu schwärmen!

FRÄULEIN CERPHAL. Mäßigen Sie sich bitte! Moment! Ich verstehe, daß Sie empört sind. Gehen Sie morgen aufs Polizeipräsidium und verlangen Sie Ihr Recht. Ich bestätige Ihnen gerne, daß Ihre Gitarre ein sehr gutes, wertvolles Instrument war.

Die Cerphal schaut sich Helgas Hand an. Sie versucht, Ruhe zu schaffen.

FRÄULEIN CERPHAL. Na also, da haben wir aber schon Schlimmeres gesehen.

HELGA. Wieso? Was ist mit deiner Gitarre?

HERMANN. Atomisiert!

FRÄULEIN CERPHAL. Ein Polizistenrüpel hat sie ihm zerstört. So, jetzt hole ich ein Pflaster, und dann wird alles wieder gut. Der Mob trägt wieder Uniform! Gerold, haben wir noch irgendwo ein Pflaster?

Die Hausfrau ruft nach ihrem Herrn Gattinger und entfernt sich in die oberen Gemächer. Hermann ist noch nicht fähig, die Situation zu erfassen. Seine Gedanken sind immer noch voll der musikalischen Umsetzung der Ereignisse. Er setzt sich ans Klavier und beginnt, seine Spontankomposition aufzuschreiben. Dabei spielt er Sequenzen daraus, unterbricht sich, um zu schreiben, und hämmert dann wieder auf die Tasten los.

Helga wirft irre Blicke umher. Sie leckt an ihrer Wunde. Sie genießt ihre Unruhe.

Die Cerphal kommt aus dem Treppenhaus zurück. Sie hat einen Stapel Bettzeug mitgebracht, den sie auf den Tisch in der Bibliothek legt.

FRÄULEIN CERPHAL. So, hier ist Bettzeug und ein Pflaster. Wir müssen

Herrn Simon heute ein bißchen schonen, es war ein schwerer Schlag für ihn. Er hat ja seine Gitarre schon als Junge gehabt. Er hat praktisch mit ihr gelebt, verstehen Sie?

Hermann, der beim Komponieren eine Denkpause gemacht hat, setzt seine Versuche auf dem Klavier fort. Die Cerphal überläßt Helga das Pflaster, damit sie sich ihre Wunde selbst verbinden kann. Es ist ihr jetzt wichtiger, Hermann zu mäßigen. Sie eilt zu dem wütenden Komponisten und baut sich vor ihm am Flügel auf.

FRÄULEIN CERPHAL. Herr Simon, etwas moderater bitte! Die Nachbarn werden sich beschweren, wenn Sie so weitermachen!

Helga monologisiert. Während sie ihre Wunde versorgt, spricht sie mit einem unsichtbaren Zeugen. Es ist, als wolle sie sich zum Gewissen einer ganzen Generation machen, so groß ist ihr Pathos.

HELGA. Heute ist der 22. Juni 1962. Wir sind Zeugen! Wir müssen uns diesen Tag merken.

Ganz unvermittelt stößt Helga eine rhythmische Folge von Schreien aus, die fast wie Orgasmusschreie klingen.

HELGA. Ich will endlich leben!

Hermann setzt sich über das Verbot der Hausherrin hinweg und traktiert das Klavier. Schließlich schreibt er die Töne hektisch auf ein Notenblatt. Dann setzt er sich auf einen Stuhl, starrt seine Komposition an, atmet auf und kehrt in die Gegenwart zurück.

HERMANN. Weißt du eigentlich noch, warum wir alle nach München gezogen sind? Weißt du das noch? Diese Stadt will uns doch überhaupt nicht. Wir werden hier verachtet und ausgekotzt.

Hermann kommt zu Helga in die Bibliothek. Er steht traurig da, ohne zu sehen, wie es Helga geht. Sie stützt sich in die Kissen und wirkt wie eine Kranke.

HELGA. Ich will weg hier, irgendwohin, all das hier vergessen. In den Süden! Die Italiener, die lieben die Kunst, ich weiß das.

HERMANN. Ich bin doch kein Hund, der winselt und den Schwanz einzieht. Nein, nein, so leicht werden die Münchner mich nicht wieder los. Ich brauche mein Recht, verstehst du das nicht? Sonst krepiere ich.

HELGA. Die Freunde sind jetzt alle weg, im Urlaub. Sitzen irgendwo in der Sommernacht, haben jemanden zum Lieben. Morgen lesen sie in der Zeitung, was hier passiert ist, und fühlen sich in Sicherheit. Verstehst du das denn nicht, wir sind machtlos in diesem Bayern!

HERMANN. Das dürfen wir nicht zulassen, unter gar keinen Umständen.

Fräulein Cerphal hat das Gespräch von der Tür aus mit angehört. Sie hat eine Flasche Cognac und Gläser geholt.

FRÄULEIN CERPHAL. Eines Tages werden Sie Erfolg haben, Sie werden sehen. Die Zukunft wird mir recht geben. Ein Schluck?

HERMANN. Nein.

FRÄULEIN CERPHAL. Nein?

HERMANN. Ich werde niemals etwas machen, was den Massen gefällt. Das schwöre ich mir. Die Masse ist krank und verroht wie dieser Staat. Es lebe das Individuum!

Hermann ist pathetisch geworden. Helga hört ihm nicht zu.

HELGA. Ich habe so eine Sehnsucht in mir, die macht mich krank.

Helga hat sich auf die Ottomane gelegt. Sie spürt nun wieder ihren sehnsuchtsvollen Körper, wie am Nachmittag während des Gewitters. Hermann kippt einen Cognac herunter. Die Hausherrin spürt, daß sich ihre beiden jungen Leute beruhigen und sie nun eher stört. Hüstelnd erhebt sie sich.

FRÄULEIN CERPHAL. Ich laß euch das da.

Sie verschließt die Cognacflasche und entfernt sich rasch. Hermann und Helga sind nun allein in der Bibliothek.

HERMANN. Ihr Frauen seid mir ein Rätsel!

Hermann gibt auch Helga einen Schnaps. Sie schnuppert den aromatischen Alkohol, trinkt aber nicht.

HELGA. Ich bin wie eine Birke, eine Dornenhecke und wie eine Meduse im Meer. So einfach ist das.

Hermann sieht ihr in die Augen und erkennt dieses Feuer der Sehnsucht. Er nimmt ihr das Cognacglas aus der Hand, dann umarmt er sie. Unter leidenschaftlichen Küssen wirft er Helga auf die Rokokoliege. Sie stöhnt und räkelt sich unter seinem Ansturm, bis das Schnapsglas klirrend vom Nachttisch fällt und zerspringt. Hermann läßt sich nicht abschrecken. Er fährt mit den Händen unter ihre Bluse und beginnt, ihren Körper zu erobern. Plötzlich fängt Helga an, sich zu wehren. Mit aller Kraft stemmt sie sich gegen seine Schultern. Sie versucht ihm in die Augen zu sehen, aber er will sich nur in ihr Fleisch wühlen. Endlich schafft Helga es, seinem Blick zu begegnen.

HELGA. Ich will allein sein.

HERMANN. Was? Was hast du?

HELGA. Du bist wie ein Tier.

Hermann ist verwirrt und läßt von ihr ab. Nur langsam kommt er zur Besinnung. Jetzt ist er beleidigt. Er rennt zur Tür, Helga folgt ihm.

HELGA. Geh nicht fort. Es war nicht so gemeint.
Hermann sitzt atemlos in einem Sessel. Er sieht Helga nicht an, als sie aus der Bibliothek zurückkommt.
Das Drama dieser Begegnung kommt zu allen anderen Dramen dieses Tages hinzu.
HERMANN. Jetzt will *ich* aber allein sein.

516 Straße in der Innenstadt

Am Tag sieht die Stadt aus, als könnten Straßenschlachten, wie sie sich in der Nacht abgespielt haben, nicht vorkommen. Friedlich und mit bayerischer Gemütlichkeit geht alles seinen gewohnten Gang. Die Sommerhitze hält an.
Hermann ist auf dem Weg zum Polizeipräsidium, um sich wegen der Zertrümmerung seiner Gitarre zu beschweren. Als er am Schaufenster eines Trödelladens vorbeikommt, bleibt sein eiliger Blick an einer Gitarre hängen, die dort im Schaufenster steht. Fast wäre Hermann vorbeigeeilt. Nun kehrt er um. Er will das Instrument genauer ansehen. Was da an einem antiken Messinghaken hängt, ist eine schöne spanische Gitarre, die sein Interesse weckt. Ein bißchen verwahrlost sieht das Instrument aus. Kurz entschlossen betritt Hermann das Geschäft.

517 Trödelladen

Der Inhaber des Ladens scheint Schreiner zu sein, denn er ist gerade dabei, weit hinten im Laden zwischen alten Möbeln und Schaukelpferden etwas zu polieren oder zu hobeln. Der Mann trägt eine grüne Arbeitsschürze. Er hält Hermann nicht für einen Kunden, der es lohnend erscheinen lassen würde, die Arbeit zu unterbrechen.
HERMANN. Dürfte ich mir mal die Gitarre im Schaufenster ansehen?
TRÖDLER. Scho, aber vorsichtig, des is a ganz a schöns Instrument, sehr empfindlich.
HERMANN. Ich paß schon auf.
TRÖDLER. Die können S' fei nicht zum Wandern hernehmen und schon gar nicht nach Schwabing, daß S' auf der Straß'n an Rabatz damit machen. Und überhaupts, unter zwohundert Mark geht mir die nicht raus.

Hermann hat begonnen, die Gitarre zu stimmen. Er betrachtet das Instrument von allen Seiten, auch von innen. Dann spielt er ein kleines Stück von Villa-Lobos, »Chorus Nr. 1«, ein Stück mit südamerikanischem Rhythmus. Der Mann in der Werkstatt horcht auf.

TRÖDLER. Haben S' das gelernt? Sie spuil'n ja ausgezeichnet!

HERMANN. Würden Sie mir das Instrument zurücklegen, wenn ich was anzahle?

Der Trödler hat Sympathie für Hermann gefaßt. Er kommt nun zu ihm in den Laden. So kann man sich in einem Kunden täuschen! Er macht Hermann ein sehr günstiges Angebot.

TRÖDLER. Hundertfuffzig Mark muß ich schon haben, dafür habe ich's selber in Zahlung genommen.

HERMANN. Mit hundertfuffzig bin ich einverstanden. Ich habe jetzt fünfundzwanzig, reicht das als Anzahlung?

Hermann leert sein ganzes Portemonnaie auf dem Ladentisch. Der Trödler nickt zustimmend.

518 Polizeipräsidium, Gänge

Im Hof und auf den Gängen des Polizeipräsidiums herrscht Großbetrieb. Die Krawalle der vergangenen Nacht werden hier »aufgearbeitet«. Ganze Gruppen von Jugendlichen und Studenten, die man in der Nacht festgenommen hat, werden vernommen, in Autos verladen oder im Hof »angeliefert«. Hier, in ihren eigenen Bereichen, geben sich die Polizeibeamten besonders selbstherrlich.

Hermann begegnet überall einem barschen Kommandoton und mißtrauischen Blicken. Er läßt sich aber von alldem nicht erschüttern. Mutig steigt er zum ersten Stockwerk empor und sucht das Dienstzimmer, in dem der Übergriff auf sein Eigentum bearbeitet werden soll. Auch hier herrscht auf den Gängen hektischer Betrieb: umhergeschubste Studenten, ein autoritärer Befehlston.

519 Polizeipräsidium, Wachzimmer

Hermann betritt das Dienstzimmer hinter einer Gruppe junger Leute. In dem Dienstzimmer herrscht eine bedrückende Atmosphäre. Es riecht nach Schweiß und Angst. Hinter einem langen Holztresen, der den

Eingangsbereich von den Arbeitsplätzen der Beamten trennt, werden an mehreren Schreibtischen die festgenommenen jungen Leute verhört. Alle Aussagen, aus denen sich Kritik am Wirken der Polizei heraushören ließe, werden brüsk unterdrückt und gar nicht erst zu Protokoll genommen. Hermann spürt, daß er sich hier im Zentrum der Staatsmacht befindet. Ein Ort, an dem jeder Außenstehende sich allein dadurch verdächtig macht, daß er kein Polizist ist. Hermann geht vorsichtig auf den Tresen zu. Vorerst will niemand etwas von ihm. An der Tür steht allerdings ein Polizist, der den Ausgang bewacht. Es scheint also, daß er auch nicht einfach wieder weggehen kann. Schreibmaschinen werden gehackt, neben Hermann wird ein junges Pärchen herumkommandiert. Das Mädchen zittert, der Junge ist völlig eingeschüchtert und schweigt. Jetzt wird die Eingangstür brutal aufgestoßen. Ein Schrank von einem Bullen führt einen Studenten herein, der seinen Arm in einer Schlinge trägt und blutet. Der Polizist hat ihn im Würgegriff. Er stößt ihn brutal mit dem Oberkörper über den Tresen. Der junge Mann wehrt sich.

JUNGER MANN. So stelle ich mir Nazideutschland vor.

Der Festgenommene hat ausgesprochen, was die meisten der hier festgehaltenen Studenten denken. Jetzt steht die bange Erwartung im Raum, daß es eine schreckliche Reaktion der Polizisten geben wird. Die Blicke gehen in Richtung einer Tür, aus der der diensthabende Polizeiobermeister tritt. Dieser tut ganz sachlich. Er legt seine dicke Akte vor dem Festgenommenen auf den Tresen und sieht ihn kalt an.

POLIZEIOBERMEISTER. So, da hab'n wir'n ja scho: Ulrich Hölscher, san Sie das?

Ohne eine Antwort abzuwarten, öffnet er eine Klappe und das Türchen, durch das man hinter den Tresen gelangt. Der Student Hölscher wird in den Dienstbereich geführt. Hier ist ihm die Flucht nicht mehr möglich. Er wird auf einen Stuhl gedrückt.

POLIZEIOBERMEISTER. Wer ist hier Nazi? Sagen S' das noch amol!

Hermann verfolgt das Geschehen mit Angst und Spannung. Sein Blick begegnet dem eines amerikanischen Studenten, der an einem der Schreibtische wartet.

HÖLSCHER. Sie alle miteinander. Schaut's einmal her, wie's mich zammgericht habt's. Schaut's mich mal an! Ja, was waren Sie denn damals in der Nazizeit?

POLIZIST. Geh, halt's Maul!

HÖLSCHER. Ja, aber wenn's wahr ist!

Dem amerikanischen Studenten ist es gelungen, unauffällig den Bereich hinter dem Tresen zu verlassen. Als er sich aber zum Ausgang begibt, verstellt ihm der Türwächter den Weg. Sofort stürzen sich zwei weitere Polizisten auf ihn, packen ihn am Kragen und stoßen ihn zum Tresen zurück. So gerät Hermann, der das alles nicht begreift, mitten ins Geschehen. Plötzlich sieht er sich genau dem Polizisten gegenüber, der ihm in der Nacht die Gitarre entrissen hat. Hermann starrt den Beamten an und ist vor Erregung unfähig, zu sprechen. Der Polizist, der gerade die Handgreiflichkeiten mit dem Amerikaner mit Bravour absolviert hat, ist in Stimmung, Hermann gleich mit zu verprügeln.

ZWEITER POLIZIST. Ja, Sie kenn ich doch. Haben Sie nicht behauptet, ich hätte Ihre Gitarre zerstört? Das waren doch Sie?

HERMANN. Ja. Um dreiundzwanzig Uhr fünfzehn, da haben Sie völlig ohne Grund meine Gitarre zerschlagen. Das waren Sie. Ich erkenne Sie wieder. Und ich fordere hier Schadenersatz!

Hermann weiß nicht, woher er den Mut nimmt, so zu sprechen. Er wagt es sogar, mit dem Finger auf den Polizisten zu deuten. Das ist eindeutig zuviel. Der Polizist packt ihn so am Kragen, daß Hermanns Jacke zerreißt.

ZWEITER POLIZIST. Sie dreckiger Grattler, Sie, sag'n 'S des noch mal, heh!

HERMANN. Das ist aber die Wahrheit.

Der Amerikaner hat bemerkt, daß sich die ganze Wut über seinen

Fluchtversuch nun an Hermann austobt. Er fühlt sich verantwortlich für ihn.

AMERIKANER. Hey, be careful, don't tell them anything! They are Nazis!

ZWEITER POLIZIST. Halt du dein Maul! Hier wird deutsch gered't!

HERMANN *(glaubt immer noch an die Gerechtigkeit)*. Ich will sofort mit Ihrem Chef sprechen.

ZWEITER POLIZIST. Erich, komm amoi her.

Erich ist der Polizeiobermeister, der gerade den Studenten Hölscher bearbeitet hat. Er kommt zu Hermann und grüßt höflich. Hermann will sachlich über seine Rechte sprechen.

HERMANN. Grüß Gott!

POLIZEIOBERMEISTER. Grüß Gott, wie heißen Sie?

Der Beamte hat aber ein so höhnisches Grinsen im Gesicht, daß Hermann kleinlaut wird.

HERMANN. Hermann Simon.

POLIZEIOBERMEISTER. Wo wohnen Sie?

HERMANN. Fuchsstraße 1, München 23.

POLIZEIOBERMEISTER. Und was haben wir Ihnen kaputtgemacht, hab'n S' gesagt?

HERMANN. Meine Gitarre.

ZWEITER POLIZIST. Ach, so an Schmarrn!

HERMANN. Ja, *er* war's!

POLIZEIOBERMEISTER. Ach, san Sie Musiker?

HERMANN. Ja.

POLIZEIOBERMEISTER. Sie spielen Gitarre?

HERMANN. Ja.

POLIZEIOBERMEISTER. Wo?

HERMANN. Das war in der Dillesstraße.

POLIZEIOBERMEISTER. Ach, auf der Straß' spielen Sie Gitarre?

HERMANN. Nein.

POLIZEIOBERMEISTER. Ja. Kommen S' einmal mit.

Jetzt erst läßt der Polizist Hermanns Kragen los. Hermann ist bereit, den Polizeibeamten in das Nebenzimmer zu folgen.

HERMANN. Also, das war so...

Nun gerät der amerikanische Student in Panik. Er sieht, daß Hermann den Polizisten in einen Raum folgen will, wo es keine Zeugen mehr geben wird für das, was geschieht. Der Amerikaner schreit auf, um Hermann zu warnen.

AMERIKANER. Hey, stop, don't go with them, it's a trap!

Hermann reagiert sofort. Er profitiert davon, daß die Polizisten kein Englisch verstehen. Mit einem tollkühnen Spurt folgt er dem Amerikaner und rennt, so schnell er kann, durch den Gang. Es gibt im langen Korridor noch eine wilde Verfolgungsjagd, aber der Polizist rutscht auf dem frisch gebohnerten Behördenestrich aus und stürzt, so daß die Handschellen, die er Hermann anlegen wollte, durch den ganzen Gang fliegen.
ZWEITER POLIZIST. Kruzifix, halt's 'n auf! Kruzifix!
Auf der Treppe wird Hermann noch von einem Polizisten verfolgt, der nicht begriffen hat, um was es sich eigentlich handelt. Mehrmals schlägt dieser Hermann den Gummiknüppel über Schulter und Rücken, er hält ihn aber nicht fest. Als Hermann entkommen ist, begegnet der ahnungslose Schlägerbeamte seinem Vorgesetzten, dem Obermeister, am Treppenabsatz. Er will wissen, was vorgefallen ist und wen er da geschlagen hat. Der Obermeister hat die Sache aber längst in seine Routine abgeschoben.
POLIZEIOBERMEISTER. Na ja, die Adreß hab'n mir ja.

520 Straße Nähe Präsidium

Es gelingt Hermann und seinem amerikanischen Retter, das Polizeigebäude zu verlassen. Auf der Straße rennen die beiden eine Weile, so schnell sie können. Da sie aber keine Sportler sind, verlassen beide bald ihre Kraftreserven. Sie halten sich an einem Verkehrsschild fest, um einige Sekunden zu verschnaufen. Die Schläge mit dem Gummiknüppel haben Hermann hart getroffen. Er windet sich jetzt vor Schmerzen.
HERMANN. Verdammt, das tut saumäßig weh.
AMERIKANER. We made it!

521 Autobahnauffahrt

Der amerikanische Student bringt Hermann in seinem VW-Käfer zu einer Autobahnauffahrt im Norden der Stadt. Da, wo die Tramper stehen, hält der Amerikaner an, um Hermann aussteigen zu lassen. Hermann hat die Zeit genützt, schnell noch seinen Matchsack mit den nötigsten Utensilien für die Reise zu holen. Jetzt bedankt er sich bei dem Leidensgenossen und verabschiedet sich von ihm.

HERMANN. *Ich habe immer wieder in meinem Leben mein Heil in der Flucht gesucht. Es gab Zeiten, da hatte ich mir eine eigene Flucht-Theorie zurechtgebastelt. Wer flieht, steht nochmals seinen Mann, was er erschlagen nicht mehr kann. Immerhin hatte ich diese Einladung von Tommys Eltern auf die Insel Sylt erhalten. Und ich brauchte eine neue Gitarre – und ich brauchte Geld!*

Schon spürt Hermann, daß das Leben wieder die Hand nach ihm ausstreckt: Es gibt zwei recht hübsche Mädchen, die wie er zum Trampen gekommen sind. Also – adieu Krawallstadt München, adieu Polizei und Stadteinsamkeit! Hermann kann wieder lächeln, obwohl der Rücken so weh tut.

522 Bahnfahrt

Der Schnellzug München – Dortmund rast durch die Sommerlandschaft. Helga ist mit der Bahn unterwegs.

HELGA. *Außerdem hatten die Semesterferien begonnen. Was sollte ich noch in München, wo keiner der Freunde geblieben war? Bei mir war es keine Flucht. Ich fühlte mich allein gelassen in dieser Krawallstadt.*

523 Zugabteil, Bahnhof Rolandseck

Helga sitzt an einem Fensterplatz. Sie macht wieder Notizen in ihr Tagebuch. Mit ihr im Abteil reisen andere Studenten in die Semesterferien. Die Wunde an Helgas Hand heilt schon. Der Zug hält in einem kleinen Bahnhof, um auf ein Signal zu warten. Ein Filmteam ist auf dem Nachbarbahnsteig bei der Arbeit. Ein Arri-Scheinwerfer brennt und strahlt einen Augenblick lang voll in das Abteilfenster. Er trifft die Studenten neben Helga.

STUDENT. Guck mal, da wird gefilmt!

Helga springt auf. Sie verläßt das Abteil, um durch das Gangfenster sehen zu können, was das für Filmleute sind. Sie erkennt ihre Münchner Freunde, die hier tätig sind: Reinhard, der Rob nach dem Vorbild der französischen »Nouvelle Vague« mit seiner Kamera in einem Rollstuhl fährt, und Stefan, der versucht, mit der Kamerafahrt Schritt zu halten. Helga rüttelt am Zugfenster, das sich verklemmt hat.

HELGA. Stefan, Stefan!
STUDENT. Ah, die Ober-Münchhausener.
Der Student aus dem Abteil hilft Helga, das Fenster zu öffnen. Sofort ruft sie nach Stefan, der aber nichts zu hören scheint.
STUDENT. Kennen Sie die Filmleute?
HELGA. Ja, das sind Freunde von mir. Stefan, Stefan! Rob!
Jetzt ist auch Olga zu erkennen, die in einer Liebesszene auf dem Bahnsteig ihren Partner, einen in Weiß gekleideten jungen Mann, leidenschaftlich küßt. Robs Kamera umkreist die Liebesszene, Bernd schwenkt den Scheinwerfer mit. Gerade als Stefan hört, daß jemand seinen Namen ruft, setzt sich Helgas Zug in Bewegung. Die Szene mit den Filmemachern gleitet davon. Helga sieht die Studenten in ihrem Abteil fragend an.
STUDENT. Kennen Sie die Jungfilmer gut?
HELGA. Ja, sicher. Sehr gut. Wissen Sie, was das für eine Station war?
STUDENT. Rolandseck.
HELGA. Rolandseck? Wie kommt man dahin? Was ist denn die nächste Station?
STUDENTIN. Bonn!
HELGA. Bonn?
STUDENTIN. Zurück müssen Sie den Bummelzug nach Koblenz nehmen.
In aller Eile hat Helga ihren Koffer aus dem Gepäcknetz geholt. Sie bereitet sich darauf vor, in Bonn auszusteigen.

524 Bahnhof Bonn

Als Helgas Zug ankommt, steht der Bummelzug nach Koblenz schon auf dem Gleis gegenüber. Sie muß nur den Bahnsteig überqueren, um zu ihren Freunden zurückfahren zu können.

525 Bahnhof Rolandseck

Der Bummelzug kommt in Rolandseck an. Das Bahnhofsgelände, ein wilhelminischer Bau mit Zinnen, Säulen und Türmchen, sieht aus wie verlassen. Helga ist der einzige Passagier, der hier aussteigt. Der Bahnsteig ist eine Art Niemandsland zwischen den Gleisen, auf denen jeden Augenblick neue Züge in beiden Richtungen vorbeidonnern und Luft-

wirbel erzeugen. Helga sieht sich um. Als sie die Namen der Freunde ruft, wird ihre Stimme vom Lärm eines Güterzuges verschluckt. Helga erkennt den Bahnsteig, auf dem die Freunde gefilmt haben. Durch eine Unterführung gelangt sie dorthin. Aber der Bahnsteig sieht genauso aus wie der, auf dem sie eben angekommen ist. Noch einmal ruft sie die Namen der Freunde Stefan, Rob und Reinhard. Die Filmemacher aber sind verschwunden. Oder doch nicht?
Helgas Blick fällt auf einen der eisernen Pfeiler, die das Bahnsteigdach tragen. Dort hängt ein Zettel mit dem rätselhaften Text: »Ist gestern morgen?« Helga löst den Lassobandstreifen, um den Zettel an sich nehmen zu können. Was hat das alles zu bedeuten? Sie sieht sich um und sieht noch mehr von diesen Zetteln. Spickzettel für die Filmschauspieler?
HELGA *(liest)*. »Nur noch der Duft ihrer Worte: Abschied.«
Helga läuft zu dem nächsten Zettel, der an einer Eisenstrebe klebt.
HELGA *(liest)*. »Eine Wiese, ein Pferd, ein Himmel, ich.«
Der vierte Zettel begeistert Helga. Sie hat ihren Koffer einfach auf dem Bahnsteig stehen lassen. Das ist eine wahre Welt der Poesie hier, in der sie sich sofort auszukennen scheint.
HELGA *(liest)*. »Jedem Anfang wohnt ein Zauber inne.«
Es ist nicht zu glauben: Ein Text ist rätselhafter und schöner als der andere!
HELGA *(liest)*. »Der Wind spielt drinnen mit den Herzen!«
Hinter diesem Text sinnt Helga eine Weile her. Dann wird sie von ihrer Begeisterung zum nächsten Zettel getrieben.
HELGA *(liest)*. »Hinter dem Horizont noch einer.«
Diesen Satz hat Helga wie eine Frage gelesen. Ist es wahr, was die Freunde da geschrieben haben? Helga möchte etwas hinzudichten. Sie hätte Lust, tausend weitere Texte dieser Art an den Orten zu verteilen, an denen die Freunde sie suchen. Aber suchen sie sie überhaupt? Helga findet einen Zettel, der klingt, als wäre er für sie ganz allein geschrieben worden: »Sie wußte mit dem Instinkt der Frau, daß das Schicksal sie in Rolandseck erwartet.« Auf dem Papier ist noch Platz für eine Antwort. Helga holt ihren Stift und schreibt.
HELGA. »Dort wartete aber nichts, ich fahre weiter nach Dülmen.«
Darunter schreibt sie ihren Namen und das genaue Datum: 23. Juni 1962, 14 Uhr 33.
Wichtige Dinge müssen genau datiert werden, damit die Nachwelt sie einordnen kann, denkt Helga. Sie hat die Freunde nicht gefunden.

526 Bahnhof Dülmen

Es ist schon gegen Abend, als der Zug aus Münster in Helgas Heimatstädtchen einfährt. Als sie mit ihrem Koffer durch den überdachten Quergang zum Bahnhofsgebäude geht, steht dort ihr Vater. Der glatzköpfige Mann ist froh, daß sie endlich ankommt. Er nimmt ihr den Koffer aus der Hand.

VATER HELGA. Mein Kind, ich dachte schon, du kommst nicht mehr. Es waren drei Züge. Wo hast du eigentlich gesteckt?

HELGA. Ich habe noch einen kleinen Umweg gemacht!

VATER HELGA. Und kriege ich kein Mülken?

Helga weiß sofort, was das plattdeutsche Wort sagen will. Sie küßt den Vater auf die Wange. Dann folgt sie ihm zum Parkplatz.

527 Dülmener Straßen

Helga fährt mit dem Vater in dessen klapprigem Opel durch das Heimatstädtchen, das sie nun schon länger nicht gesehen hat. Alles kommt ihr kleiner vor, als sie es in Erinnerung hat. Der Vater ist ein schlechter Autofahrer. Er fährt langsam auf die Kreuzung zu, und weil er der Herr Lehrer ist, grüßt auch er die Passanten.

HELGA. Du fährst ja wie ein Fußgänger, Vati!

VATER HELGA. Früher warst du stolz auf mich, mein Kind!

Der Vater schleicht im Schrittempo hinter drei Radfahrern her. So geht es durch das Lüdinghausener Tor nach Hause.

528 Vor Elternhaus Helga

Helgas Eltern besitzen ein Einfamilienhaus in der Siedlungsstraße einer Bausparkasse. Das anderthalbgeschossige Haus mit seinem roten Ziegeldach und dem weißen Rauhputz an den Wänden verrät in vielen Details seine Entstehung in den Aufbaujahren um 1950: Rundbögen über den Türen, Fensterläden und schmiedeeiserne Außenlampen. Der Vater hält vor der kleinen Garageneinfahrt. Helga steigt aus, um der Mutter ihre Ankunft zu signalisieren. Sie drückt den Klingelknopf.

HELGA. Die Klingel geht ja noch immer nicht! Mensch, Vati, fünf Monate! Was habt ihr nur für Zeitbegriffe?

Der Vater zeigt Helga, wie er mit dem Klingelproblem fertig wird. Er hupt zweimal und gibt durch ein Lächeln zu verstehen, daß zu Hause eben alles funktioniert, wenn auch auf eine besondere Art.
Schon erscheint die Mutter, eine knochige Endvierzigerin, mit Blümchenbluse und Schürze an der Haustür.

MUTTER HELGA. Wo hast du nur gesteckt? Ich sehe gerade München im Fernsehen.

Mit ausholenden Gesten der Begeisterung kommt die Mutter an das Gartentürchen, reißt es auf und preßt Helga an ihre kräftige Brust.

MUTTER HELGA. Schön, daß du da bist, Kindchen!

HELGA. Was denn, was siehst du denn über München?

Helga hat sich mühsam aus der Umarmung gelöst. Sie sieht die Mutter fragend an. Die aber wendet sich an den Vater, der Helgas Koffer auslädt und näher kommt.

MUTTER HELGA. Riesenkrawall in Schwabing!

Helga zögert keinen Augenblick. Sie ist schließlich Augenzeugin, und die Nachrichten aus München betreffen sie. Sie rennt nur so ins Haus.

529 Wohnzimmer Elternhaus Helga

Helga kommt in das dämmrige Wohnzimmer. Ihr Köfferchen mit dem Tagebuch und den Gedichten hat sie nicht aus der Hand gegeben. Sie kniet vor dem Fernsehgerät nieder und verfolgt erregt die Berichte der Tagesschau.
Münchner Bürger werden zu den Ereignissen der letzten Nacht befragt. Sie alle äußern sich voller Empörung über das brutale und wahllose Vorgehen der Polizei.
Ein Herr in Krawatte schildert soeben, wie er auf dem Nachhauseweg von einem Polizisten angefallen und verprügelt wurde.

HERR IN MITTLEREN JAHREN ... hat sich als Kriminalbeamter ausgewiesen, der auf mich eingeschlagen hat, obwohl ich ihm gesagt habe, ich wohne in der Wilhelmstraße 3, ich komme aus Landshut, und ich bin kriegsversehrt.

Hier, in der sicheren Umgebung des Elternhauses, erfährt Helga Einzelheiten über die Ereignisse, die sie miterlebt hat, ohne sie zu begreifen. Beim Betrachten der Fernsehberichte gerät sie wieder in die Stimmung des Abends in München. Helle Empörung mischt sich mit Angst und Zweifeln an allem, was die Staatsorgane äußern.

Soeben wird eine junge Frau interviewt. Das Fernsehteam hat sie in ihrer Wohnung besucht. Im Hintergrund des Fernsehbildes erkennt man die Bücherwand und die gepflegt-bürgerliche Umgebung, zu der die Interviewte gehört.

JUNGE FRAU. Wir gingen über diesen Platz ganz allein auf die Polizisten zu, und da packt mich gleich einer vorn und schubst mich zurück, und da sage ich: »Was fällt Ihnen ein, mich so anzufassen?« Die Antwort war gleich ein Gummiknüppel über den Kopf!

Die junge Frau berichtet weiter, daß ihr Mann die Polizeibeamten aufforderte, seine Frau loszulassen, da sie schwanger sei. Daraufhin sei auch er verprügelt worden. Helga kann sich bei diesen Nachrichten fast kaum noch zurückhalten. Sie weint fast vor Wut. Jetzt wird ein Kameramann der Fernsehanstalt befragt. Er steht mit seiner Filmkamera vor dem Gebäude des Rundfunks und berichtet seinen Kollegen, wie es ihm ergangen ist.

KAMERAMANN. Während der Dreharbeiten bei dem Krawall für das Fernsehen wurde ich von zwei Polizisten angegriffen, und trotz meines Ausrufes »Ich bin vom Fernsehen« und Vorweisen der Kamera schlugen sie auf mich ein.

Helga vergißt, wo sie ist. Ihr Blick ist starr auf den Fernseher gerichtet. Ein blondes Mädchen von sechzehn Jahren wird interviewt. Sie hat ein blau unterlaufenes Auge und eine große Platzwunde im Gesicht. Der Schock läßt ihre Stimme während des Interviews noch beben.

BLONDES MÄDCHEN. Ich habe gehört, daß Oberbürgermeister Dr. Vogel gesagt hätte, daß keine Mädchen geschlagen worden sind. Bitte, schauen Sie mich an!

Der Vater kommt mit Helgas Reisegepäck herein. Auch er will sehen, was das Fernsehen über München berichtet. Gerade spricht der Oberbürgermeister der Stadt und verteidigt sich ungeschickt.

ORIGINALTON DR. VOGEL ... Ich habe von Anfang an erklärt, daß einzelne Übergriffe, die vorgekommen sind, nicht gedeckt werden, und ich stehe nicht an, dieses Wort des Mitleids und des Bedauerns zu sprechen ...

Helga spürt die Anwesenheit des Vaters in ihrem Rücken. Sie macht sich Luft.

HELGA. Verdammte Scheißkerle!

VATER HELGA. Helga, solche Worte will ich in meinem Hause nicht hören!

Inzwischen ist auch die Mutter zurückgekommen. Sie lehnt sich an den ledernen Polstersessel, um mit Helga gemeinsam die Nachrichten zu sehen.

MUTTER HELGA. Gut, daß du da nicht dabei warst, Helga.

Helga geht auf ihre Eltern nicht ein. Sie verfolgt das Interview mit dem Oberbürgermeister, der weiter versucht, die Situation zu verharmlosen.

ORIGINALTON DR. VOGEL. ... da bin ich hingefahren und habe etwa eine Viertelstunde lang über den Lautsprecher versucht, mit begütigenden und zur Vernunft mahnenden Worten auf die Anwesenden, die ja schon wieder auf der Fahrbahn standen und schon wieder Autos anhielten, einzuwirken. Habe bei Vernünftigen Beifall gefunden, eine ganze Menge hat sich zerstreut, eine andere Menge hat in Anwesenheit des Oberbürgermeisters weiterhin den Verkehr aufgehalten.

Helgas Mutter hat sich ihre Meinung schon vor Helgas Ankunft gebildet. Sie ist ein Mensch, der am liebsten die Augen vor den Ereignissen verschließt. Sie versucht, zum gemütlichen Teil des Abends überzuleiten.

HELGAS MUTTER. Diese verzogene Großstadtjugend! Schalt das ab, ich will das gar nicht sehen!

HELGA. Aber ich will das sehen!

Helga packt die Hand der Mutter und hält sie fest.

HELGA *(erklärend)* ... da sind meine Freunde mit dabei.

Jetzt beginnt Helgas Vater zu begreifen, warum seine Tochter so fasziniert von den Fernsehberichten ist.

VATER HELGA. Wer? Diese Gammler sind deine Freunde?

Der Vater zieht seine Jacke aus. Hier ist er zu Hause, hier will er sich wohl fühlen und es genießen, daß seine Maßstäbe gelten. Helga wirft einen kurzen Blick auf den Vater, dann faucht sie zurück.

HELGA. Ich verbiete dir, so zu sprechen. Ihr habt überhaupt keine Ahnung, wovon ihr redet.

Schon ist der ganze Kleinstadthaushalt in Aufruhr. Helga spricht in der »Ihr«-Form. Damit wird sofort eine Grenze gezogen zwischen den Generationen und zwischen den verschiedenen Ebenen politischen Verständnisses. Helga weiß sofort, was sie bei ihrem Vater angerichtet hat. Der Vater kommt hemdsärmelig aus dem Nebenzimmer zurück.

VATER HELGA. So, du verbietest mir etwas. Kind, du bist in deinem Elternhaus, vergiß das nicht. Und hier wird dieses Unterweltgesindel nicht gedeckt.

Der Vater hat sich neben seine Frau gestellt. Die beiden Eltern bilden eine Ideologiefront gegen die ungezogene Tochter.

Helga, die sich machtlos fühlt, springt auf und knallt die Tür zu. Hilflos stehen der Lehrer und seine Frau da und sehen hinter der Tochter her. Noch immer rechtfertigt sich der Oberbürgermeister im Fernsehen.

ORIGINALTON DR. VOGEL. Ich bin von Stinkbomben bedroht worden, die Menge hat sich nicht zurückgezogen, und daraufhin hat die Polizei nach mehrfachen Ankündigungen – dafür bin ich nun allerdings wirklich Zeuge –, nach mehrfachen Ankündigungen, zum Teil zehn- und zwölfmal, und Bitten, die Straße zu räumen, sich langsam in Bewegung gesetzt...

530 Schwimmbad Dülmen

Das herrliche Sommerwetter erstreckt sich über ganz Europa. Die Hitze, die in München die Gemüter in Erregung versetzt, hat in der westfälischen Kleinstadt eher eine lähmende Wirkung. Träge und in ihre Träume versunken liegen die jungen Leute auf der Liegewiese des städtischen Schwimmbades. Helgas Freundin, Marianne Westphal, ist eine hübsche dreißigjährige Frau mit langen, dunklen Haaren, braunen Augen und einem geschmeidigen Körper. Sie schwimmt mit ihrem einteiligen Badeanzug im Kreis, genießt dann in Rückenlage treibend den blauen Himmel über sich und die Blicke eines Mannes, der sie vom Beckenrand her bewundert. Der Mann sieht ein bißchen wie John F. Kennedy aus.

Dorli, die Freundin, die München schon einmal im Fasching besucht hat, sitzt neben Helga auf dem Frotteehandtuch und cremt sich ein.

Marianne hat zwei blonde Kinder, Zwillinge, Mädchen im Alter von vier Jahren. Sie spielen in einer nahe gelegenen Sandkiste mit anderen Kindern. Sie scheinen ihre Mutter vergessen zu haben.

Helga liegt auf ihrem Bauch und schreibt etwas in ihr Heft.

DORLI. Schau mal, wie Marianne das macht! Schon hat der Kennedy-Typ sie angesprochen.

Helga wendet den Kopf in Richtung Schwimmbecken. Marianne klettert über die Eisenleiter aus dem Becken. Der Kennedy-Typ reicht ihr dabei die Hand und hilft ihr.

DORLI. Marianne kann das einfach. Sie weiß auch nicht, wie sie das hinkriegt, vermutlich denkt sie überhaupt nichts dabei. Ich denke immer zuviel, Helga. Wenn mir einer gefällt, denke ich zuviel.

HELGA. Was würdest du tun?

DORLI. Ich wäre auf der gegenüberliegenden Seite aus dem Wasser gegangen, dann wäre ich hin und her spaziert, damit sich der Typ an meine Größe gewöhnt. Die meisten Männer erschrecken nämlich, wenn sie merken, daß sie nicht größer sind als ich.

HELGA. Marianne ist ungefähr so groß wie ich.

DORLI. Sieh dir das an! Jetzt hat er ihr einen Handkuß gegeben. Alte Schule ist das. Ein wirklicher Herr vom Scheitel bis zur Sohle. Dazwischen natürlich auch nicht übel. Was schreibst du denn da dauernd?

Dorli hat bemerkt, daß Helga ihr nicht mehr zuhört.

HELGA. Ich muß das loswerden.

DORLI. Deine Erlebnisse in München? Oder was anderes?

HELGA. Das Wiedersehen mit meinen Eltern. Ich nehme Abschied.

DORLI. Dramatisch. Du hängst viel zu sehr an deinem Vater. In Wirklichkeit verehrst du ihn.

Helga klappt ihr Heft zu. Damit entzieht sie ihre Texte Dorlis neugierigen Blicken. Marianne kommt auf der Liegewiese zu den Freundinnen zurück. Sie ist ganz erhitzt und glühend. Ihre Augen strahlen die Freundinnen an.

DORLI *(spielt auf Mariannes Verehrer an)*. Hat er dich ins Weiße Haus eingeladen?

MARIANNE. Wenn i net so gut verheirat' wär', hätt' ich vielleicht schon schwach werden können. Aber der Westphal ist mir lieber. Es freut mich einfach, daß man noch als Frau angesehen wird, nach den Zwillingen. Versteht ihr das?

Helga ist in finsteres Brüten verfallen. Sie hört sich die Gedankenspiele ihrer Freundinnen nicht an.

Marianne entledigt sich des nassen Badeanzuges, den sie geschickt unter dem Bademantel abstreift.

Helga liegt auf dem Bauch. Sie betrachtet den sommerlichen Betrieb in der Badeanstalt und ist immer noch nicht fertig mit ihrem Vater.

HELGA. Ich hätte Lust, ganz Dülmen in die Luft zu jagen!

Marianne weiß nicht, was sie mit diesem Satz anfangen soll. Sind sie und Dorli auch von dieser Androhung betroffen? Sie mustert die Freundinnen. Dorli ist beleidigt.

MARIANNE. Aber Helga-Putzi, du bist ja ganz durcheinander. Macht dir die Hitze so zu schaffen, oder ist es wegen München? Oder bist du unglücklich verliebt? Mir kannst du dich doch anvertrauen. Das weißt' hoffentlich!

Marianne hat sich während dieser Worte zu Helga hinabgebeugt. Helga, die diese forschende Nähe plötzlich nicht erträgt, springt auf. Sie bleibt am Rand des Schwimmbeckens stehen. Ihren Freundinnen wendet sie demonstrativ den Rücken zu. Ihr Blick geht aufs Wasser hinaus.

HELGA. Rücksichten, Lügen und dann diese katastrophale Ruhe hier! Ihr kotzt mich an.

Dorli ist nun auch zum Streit aufgelegt. Über ihren Augen bildet sich eine grimmige Stirnfalte.

DORLI. Moralapostel!

Marianne ist viel zu erwachsen, um sich an dem dummen Prinzipienstreit über die Dülmener Moral zu beteiligen. Sie beobachtet ihre Kinder, die im Sandkasten umhertollen und glücklich sind.

MARIANNE. Schaut's euch das an. Die ganze Zeit woll'n sie nur mit den Buben spielen.

Tatsächlich haben Mariannes beide Töchter zwei gleichaltrige Jungen als Spielkameraden gewonnen. Die Jungen tun alles, was die kleinen Weibchen wollen.

Helga steht immer noch in ihrer Trotzhaltung am Beckenrand. Dorli ist noch grimmig. So halten es die Freundinnen eine Weile aus, bis Helga plötzlich in Lachen ausbricht. Es ist ja auch zu albern, daß sie sich den Tag verdirbt mit ihrem Haß auf die Kleinstadt.

Jetzt lacht auch Dorli wieder.

Der Kennedy-Typ nähert sich über ein Brückchen. Er hat eine Kamera bei sich, die er auf die drei Freundinnen richtet. Als Dorli ihn entdeckt, sagt er, »freundlich, freundlich«, und schießt sein erstes Foto.

Die drei Dülmener Frauen stellen sich am Beckenrand in Pose. Dorli, die ihre beiden Freundinnen um einen Kopf überragt, setzt sich noch zusätzlich einen großen Sonnenhut auf, um ihre Größe ad absurdum zu führen. Helga hat wenig Talent für Fotoposen, sie spielt aber mit, so gut sie kann. Schließlich stellen sich auch noch die Zwillinge zu ihrer Mutter. Der Kennedy-Typ fotografiert und resigniert vor soviel unerreichbarer Weiblichkeit.

531 Autobahn

Hermann ist von einem Mercedesfahrer mitgenommen worden. In schneller Fahrt geht es nach Norden.

Die Autobahn wickelt sich als Endlosband vor Hermanns Augen ab. Sie

läßt an ihrer eintönigen Trasse, den Böschungen und Brücken nicht erkennen, durch welche Gegend es geht. Glühende Hitze liegt über der Betonlandschaft. Durch das geöffnete Schiebedach weht der Fahrtwind herein und wirbelt Hermanns Haar ein bißchen durcheinander.
Der Mann am Steuer ist etwa fünfzig Jahre alt. Auf seinem haarlosen Schädel ist eine große Narbe sichtbar, die von einer Schläfe bis zum Scheitel führt. Der Mann sitzt eigenartig verkrampft hinter seinem Steuer. Er starrt den Mercedesstern vorne auf seinem Kühler an und zählt leise vor sich hin.

MERCEDESFAHRER *(zählt)* ... dreisechsundsiebzig, dreisiebenundsiebzig... Sie haben doch einen Führerschein?

HERMANN. Ja.

Der Fahrer beugt seinen Kopf zu Hermann, damit dieser sich die Narbe auf dem Schädel genau ansehen kann.

MERCEDESFAHRER. Sie sehen meine Kopfnarbe. Eine Kriegsverletzung. Hin und wieder hat mein Hirn so kleine Aussetzer. Ich verliere dann für Sekunden das Bewußtsein. Aber nur für Sekunden. Deshalb nehme ich immer einen Anhalter mit. Verstehen Sie? *(lacht)*. Damit ich unter Kontrolle bin! Alles klar?

Der Mann lacht selbstzufrieden über seinen makabren Witz. Hermann wird es jetzt unbehaglich. Bis zu diesem Augenblick konnte er die Fahrt genießen und seine Phantasie zu den möglichen Reisezielen dieses Tages vorauseilen lassen. Aber jetzt ist es vorbei mit seiner Ruhe. Er sieht sich den Mann am Steuer genauer an. Ist das nur ein böser Scherz, den der Fahrer sich mit ihm erlaubt? Hermanns Blick geht zum Tachometer.

HERMANN. Sie fahren hundertsechzig. Ist das nicht ein bißchen viel?

Nun ist der Mann am Steuer wieder ganz ernst. Fast nimmt sein Gesicht einen traurigen Ausdruck an, als er sich in das Lederpolster zurücklehnt und das Gaspedal ganz durchtritt.

MERCEDESFAHRER. Nicht bei dem Wagen. Der liegt bombig in der Hand. Na, fassen Sie mal an.

Der Mann will wirklich, daß er einmal das Steuer übernimmt. Wenn Hermann nun höflich das Steuerrad berührt, läßt der Fahrer es ganz los, so daß Hermann fest zugreifen muß und in kurz aufflammender Panik lenkt, so gut er kann.

MERCEDESFAHRER ... wie ein Brett. Spüren Sie?

HERMANN. Vorsicht!

Hermann schwitzt vor Angst. Der Mann übernimmt das Steuer wieder. Er nimmt von Hermanns Furcht keine Notiz.

MERCEDESFAHRER. So was baut uns niemand in der Welt nach. Für mich kommt überhaupt nur noch Mercedes in Frage. Am besten, wir unterhalten uns. Da spüren Sie gleich, ob meine grauen Zellen noch unter Strom stehen.

Hermann faßt sich an den Kopf. Er zweifelt an seinen Wahrnehmungen. Nichts von dem, was dieser Mann sagt, berührt wirklich die Sinne. Alles ist eine Frage des Vorstellungsvermögens, das an diesem heißen Tag allerdings nicht gehorchen will.

HERMANN. Wahnsinnshitze, heute.

MERCEDESFAHRER. Manchmal bin ich froh über diesen Dachschaden. Ich kann mich nämlich an den Krieg und an die Hitlerzeit überhaupt nicht mehr erinnern. Die Zeit ist völlig ausgelöscht bei mir. Ich muß mich da auch nicht so quälen wie die anderen, die das nicht vergessen können. Dafür bin ich aber voll auf Zukunft eingestellt. Wissen Sie: Problem erkennen, Problem lösen. Das ist meine Devise.

Was bleibt ihm anderes übrig, als sich auf die Situation einzulassen? Hermann versucht gewaltsam, sich zu entspannen. Die Fahrt geht mit unverminderter Geschwindigkeit weiter, ausschließlich auf der Überholspur. Hermann versucht, sich an die Worte zu erinnern, die der Mann vor wenigen Augenblicken gesagt hat. Auch sie erscheinen ihm jetzt unwirklich. Ein Gespräch? Hermann versucht es mit einer möglichst normalen Frage zu eröffnen.

HERMANN. Sind Sie Ingenieur oder so was?

MERCEDESFAHRER. Nein, Kaufmann, aber im technischen Bereich. Ich verstehe nichts von Technik, dafür aber von Technikern.

HERMANN. Und wie sind die Techniker?

Der Mann lacht, als hätte Hermann einen tollen Witz gerissen.

MERCEDESFAHRER. Idioten! Sie müssen sie mit ihrem ganzen Kram einsperren und erst wieder rauslassen, bis sie alles einmal durchgelötet haben. Aber dann sind sie glücklich und müssen mit ihren Frauen in Urlaub fahren.

Hermann sieht, wie das Lachen des Mannes verebbt. Er hat nun wieder diesen merkwürdig traurigen Ausdruck. Hermann spürt, daß ihm der Gesprächsstoff abermals ausgegangen ist. Er überlegt angestrengt, was er den Mann noch fragen kann, um das Gespräch wieder in Gang zu bringen. Die Zeit dehnt sich ins Unendliche. Der Mann schweigt. Was geht in ihm vor? Hermann überlegt, wie er die Situation beenden kann. Warum schweigt der Mann nun, nachdem er vorher noch so laut gelacht hat? Hermann sieht den Fahrer an. Der aber reagiert ganz normal.

MERCEDESFAHRER. Keine Sorge, ich bin in Ordnung!

Gott sei Dank. Hermann weiß nicht, worauf er sich eingelassen hat. Aber es scheint nicht gar so dramatisch zu sein. Hermann lehnt sich zurück, zuckt aber vor Schmerz zusammen, denn sein Rücken tut ihm weh. Er hat ganz vergessen, daß er ja auch verwundet ist: Der Schlag des Polizeiknüppels hat ihn so verletzt, daß er sich nun kaum ins Polster lehnen kann. Nun wendet sich der Fahrer an ihn.

MERCEDESFAHRER. Wo wollen Sie hin?

HERMANN. Auf die Insel Sylt. Ich habe dort einen Ferienjob.

MERCEDESFAHRER. Aber doch nicht als Bademeister! So sehen Sie mir nämlich nicht aus.

HERMANN. Nein. Ich gebe Klavierunterricht.

MERCEDESFAHRER. Musiker?

HERMANN. Ja.

MERCEDESFAHRER. Nun sieh mir den mal einer an, ein Musiker!

Das Wort Musiker scheint bei dem Mann gewisse Erinnerungen oder Gefühle auszulösen. Zuerst lacht er, als wäre es komisch, daß Hermann ein Musiker ist. Aber dann sinnt der Mann hinter dem Wort her. Hermann wartet darauf, daß er ihm erklärt, was er sich zum Thema Musik gedacht hat. Aber es kommt keine weitere Äußerung. Das Fahrgeräusch ist von einschläfernder Monotonie. Hermanns Rücken schmerzt wirklich sehr, und es ist ihm unbehaglich in seinem schweißnassen Hemd.

Der Mann am Steuer richtet sich plötzlich auf. Er starrt auf die Straße.

MERCEDESFAHRER. Was war eben los?

HERMANN. Nichts, wieso?

Der Mann sieht auf seine Armbanduhr. Sein Ausdruck ist besorgt.

MERCEDESFAHRER. Ich bin ohnmächtig gewesen. Haben Sie das nicht gemerkt?

HERMANN. Nein, nicht die Spur.

Jetzt wird der Mann wütend. Er betrachtet seine Fingerspitzen, die taub zu sein scheinen. Er pustet sie an und packt das Lenkrad fester.

MERCEDESFAHRER. Sie müssen besser aufpassen! Also, ich werde jetzt sprechen, dann können Sie mich besser beobachten. Ich bin Offizier der deutschen Luftwaffe gewesen. Einundzwanzig, zweiundzwanzig, dreiundzwanzig...

Hermann starrt nun wieder auf die Autobahn, die in der Sommerhitze flimmert. Die Fahrt geht auf der Überholspur an allen anderen Fahrzeugen vorbei, immer weiter nach Norden.

MERCEDESFAHRER. Der Aufbau der Bundesrepublik ist heute mein Hauptinteresse. Sie können die meisten Probleme auf drei einfache Lösungen bringen: Stillstand vermeiden, Störungen beseitigen und hinter der Vergangenheit nicht hertrauern ...

532 Kino in Dülmen

Es ist Abend geworden. Helga und Dorli treffen sich vor dem Eingang des Provinzkinos. Sie studieren die Ankündigungen im Schaukasten. Der Atlas-Filmverleih präsentiert mit Fotos, Zeitungsausschnitten und Plakaten den Film »Das Brot der frühen Jahre«, nach einem Roman von Heinrich Böll. Ein Zeitungsausschnitt berichtet über die Teilnahme des Films an den Filmfestspielen von Cannes und über die »Oberhausener Gruppe«, zu der der Regisseur H. Vesely gehört.
Dorli liest die Inhaltsangabe vor.

DORLI. »Die Liebenden dieser Beziehung wissen, daß sie füreinander bestimmt sind und handeln mit tiefem Ernst. Vera Tschechowa, Enkelin von Olga Tschechowa, wurde 1940 in Berlin geboren. Ehe sie zum Film kam, besuchte sie eine Modeschule.«
Hast du die Schauspieler in München mal kennengelernt? Hier steht: »Sie kennen sich alle aus Schwabinger Cafés.«

HELGA. So stellt man sich in Dülmen wohl München vor.

Helga sieht sich um. Sie wartet noch auf Marianne, die Dritte im Bunde der Freundinnen. Marianne scheint sich zu verspäten. Dorli hakt sich bei Helga unter und führt sie zum Rand des Trottoirs. Dorli ist aufgekratzt und genießt es, endlich einmal ihre studierte Freundin bei sich zu haben und ein wenig an ihrem Großstadtwissen nippen zu können.

DORLI. Ich freue mich auf den Film. Der Titel klingt ja ein bißchen traurig: »Wer nie sein Brot im Bette aß, der weiß nicht, wie die Krümel jucken.« Ich habe mir als Kind immer was zu essen mit ins Bett genommen, weil die Mutter sagte: »Wer weiß, ob es morgen noch was gibt.« Das war in der schlimmen Zeit!

HELGA. Ich habe auch noch Angewohnheiten aus diesen Jahren. Ich kann zum Beispiel kein Brot wegwerfen. »Hartes Brot ist nicht hart. Nur kein Brot ist hart.«

Ganz unten in der Kleinstadtstraße kommt eine junge Frau gerannt. Sie hat sich schön angezogen. Ihr hübscher Körper genießt die Abendluft.

DORLI. Schau mal, wer da kommt: Marianne!

HELGA. Na endlich, beeil dich!

DORLI. Komm!

Helga und Dorli winken und rufen Marianne zu, als wäre dies ein Zufallstreffen an einem ganz fernen Ort. Alles ist Spiel an diesem Abend.

HELGA. Guck mal, die sieht ja aus wie Carmen in Person!

DORLI. Eine richtige Dame!

Marianne ist angekommen. Es gibt so wenig Gelegenheiten, sich einmal richtig herauszuputzen in dem kleinen Städtchen. Marianne hat den Abend erkoren, ein Festabend zu sein, geschehe was da wolle. Aber was soll auch schon geschehen? Die Freundinnen lachen einfach, es gibt viel zu erzählen.

MARIANNE. Meine zwei Fratzen haben nicht geschlafen, und jetzt habe ich in meiner Not die Oma gerufen. O mein Gott, ich fühle mich, als wäre ich auf Abwegen. Wißt ihr, damals in Würzburg, wo ich den Westphal kennengelernt habe, da haben wir uns heimlich im Kino verkrochen, damit uns seine Frau nicht hat sehen können. Habt ihr schon Karten?

DORLI. Alle drei.

Helga, Dorli und Marianne sind die einzigen, die an diesem Abend das kleine Kino betreten, um sich ein Produkt des Neuen Deutschen Films anzusehen.

533 Straßen in Dülmen

Hermann kommt in Dülmen an. Ein VW-Fahrer aus der Gegend hat ihn tatsächlich bis hierher mitgenommen, und weil es Nacht geworden ist, läßt Hermann sich in dem Städtchen absetzen. Er ist zum ersten Mal hier. Da ist das alte Backsteintor, da sind erleuchtete Bürgerhäuser, ein paar Geschäfte. Hermann packt seinen Matchsack und geht vorsichtig ins Städtchen hinein.

HERMANN. *Es war das erste Mal, daß ich München verlassen hatte. Seit meiner Ankunft aus dem Hunsrück hatte ich keine offenen Landschaften mehr gesehen. Zwei Jahre lang hatten sich meine Augen an Straßenschluchten und künstlich beleuchtete Innenräume gewöhnt. Jetzt fühlte ich mich unsicher auf den Beinen, als ich dieses Provinznest betrat.*

Hermann hat nicht lange gebraucht, um das Haus zu finden, in dem Helgas Eltern wohnen. Er nähert sich auf demselben Weg, auf dem schon Helgas Vater mit dem Auto angekommen war. Nun liegt das Einfamilienhäuschen im Mondlicht.

HERMANN. *Ich gab mir große Mühe, Herr der Lage zu bleiben. Ich war Hermann W. Simon, der geniale Komponist, ohne Herkunft, ohne Heimat, wie Odysseus auf der Reise und soeben zufällig hier gestrandet.*

Hermann versucht, am Gartentor zu klingeln. Er lauscht. Jetzt merkt er, daß die Hausklingel kaputt ist. Er betritt den düsteren Vorgarten. Auch an der Haustür gibt es keine Klingel. Hermann klopft nach anfänglichem Zögern gegen die Tür. Innen im Hausflur erscheint Helgas Großmutter. Ohne die Tür zu öffnen, schaut sie durch das Türfensterchen heraus, um zu sehen, wer da draußen steht.

GROSSMUTTER HELGA. Wat fällt Ihnen ein, hier einfach zu kloppen!

HERMANN *(ruft durch die verschlossene Haustür)*. Ich suche ein Fräulein Helga Aufschrey. Ich bin ein Freund von ihr aus München.

GROSSMUTTER. Aus München auch noch, so sehen Sie aus, Sie Lümmel! Wissen Sie nicht, wie spät das es ist?

HERMANN. Ich glaube, Viertel nach neun.

Jetzt öffnet die streitsüchtige Oma die Tür und stellt sich breitbeinig vor Hermann hin. Ihr Gesicht ist ganz rot vor Zorn.

GROSSMUTTER HELGA. Schreien Sie doch nicht so, die Nachbarn werden ja wach! Um die Zeit gehört sich das nicht mehr.

Nach dieser erzieherischen Aussage zieht sich die Großmutter wieder ins Haus zurück. Sie läßt Hermann, der nicht mehr weiß, was er noch tun soll, einfach draußen stehen. Enttäuscht schickt er sich an, wegzugehen. Da kommt die Großmutter zurück und reißt die Tür auf. Hat sie es sich anders überlegt?

GROSSMUTTER HELGA. Außerdem ist unsere Helga nicht zu Hause.

HERMANN. Ich bin auf der Durchreise. Wo kann ich sie denn finden?

GROSSMUTTER HELGA. Dat weiß ich nicht. Und jetzt gehen Se!

Damit hat die Oma das Maß an Höflichkeit, das sie in dieser Situation für angebracht hält, erschöpft. In Dülmen herrschen strenge Gesetze. Hermann sieht auf die Uhr. Es wird Zeit, ein Nachtquartier zu finden. Die Oma hat die Haustür so definitiv zugeschlagen, daß Hermanns Hoffnung, bei Helga unterzukommen, zerfällt. Während er so dasteht, wird auch noch die Außenbeleuchtung abgeschaltet. Kleinstadtnacht umfängt ihn. Eine längst vergessene Erfahrung.

535 Vor dem Kino

Das Kino ist zu Ende. Statt der angekündigten Böll-Verfilmung haben Helga, Marianne und Dorli den Film »Pariserinnen« gesehen und Eis dazu gegessen. Als sie jetzt die Straße betreten, hat die Sommernacht gerade erst richtig begonnen. Nicht einmal im Kino haben sie richtig träumen dürfen. Jetzt umfängt sie die Realität.

DORLI. Ich hab einen Mordshunger!

Dorli hat ausgesprochen, was alle empfinden. Die drei Freundinnen schlendern zum Gehsteigrand, an dem sie sich vor Einbruch der Dunkelheit getroffen haben. Sie blicken in die stille Kleinstadtstraße.

DORLI. Aber in Dülmen schläft schon wieder alles den Schlaf der Gerechten.

HELGA. Erna's Brutzelhütte?

Helga spricht den Namen mit Galgenhumor aus. An der nächsten Straßenecke steht ein umgebauter Wohnwagen, der als Würstchenbude eingerichtet ist. Der Wagen ist mit Neonlicht beleuchtet. Die Aufschrift über der Verkaufsöffnung wiederholt, was Helga gesagt hat: »Erna's Brutzelhütte«.

Die drei Frauen nähern sich der Bratwurstbude. Erna, die Besitzerin, ist eine stämmige Frau mit Kittelschürze und fetten Oberarmen. Sie hat eine entwaffnende Art, ihre Kunden anzusprechen. Sie spricht unglaublich schnell und hat alle ihre Sätze jederzeit parat.

ERNA. Meine Damen, was darf's sein?

DORLI. Einmal Currywurst mit Brötchen.

HELGA. Ich hätte auch gern eine Wurst mit Senf.

ERNA. Nehmen wir 'ne Bratwurst?

MARIANNE. Ich möchte ein paar Frankfurter, ich meine, Wiener!

ERNA. Haben wir heute nicht, nehmen wir 'ne Bratwurst?

MARIANNE. Dann nehme ich auch eine Bratwurst.

HELGA. Da wird dir richtig schön schlecht werden nach dem vielen Eis.

ERNA. Da kann's Ihnen nicht von schlecht werden, das ist eine Spezialität von uns. Lassen Sie sich's schmecken, bitte sehr!

Der Bestellvorgang ist in Ernas Tempo vonstatten gegangen. Schon landen die Würstchen auf den Papptellern. Der Senf und die Brötchen werden dazugetan, und schon heißt es abbeißen, kauen, lachen, würgen, umhergehen, satt und traurig werden. Für die Sommernachtsträume gibt es hier kein Futter. Oder doch? Helga entdeckt Hermann, der mit seinem Matchsack einsam durch die Dülmener Nacht zieht. Zuerst kann sie es nicht glauben; sie meint, sie hätte sich getäuscht, aber dann springt sie auf.

HELGA. Mensch, ich sehe nicht recht, Hermann!

Helga rennt auf Hermann zu. Sie springt ihm in die Arme. Sie küßt und drückt ihn, als wäre er ihr endlich wiedergefundener Geliebter. Hermann ist perplex. Damit hat er heute nicht mehr gerechnet. Helga wendet sich an ihre Freundinnen, die fragend mit ihren Bratwürsten dastehen.

HELGA. Dorli, guck mal!

DORLI. Wie kommst du hierher?

Während Dorli nun Hermann erkennt und auch begrüßt, wirft sich Helga ihrer Freundin Marianne an den Hals. Sie ist außer sich vor Freude und will sofort alles aufklären. Hermann ist ihr Geschenk an dieses verschlafene Nest. Helga flüstert in Mariannes Ohr. Dann nimmt sie Marianne an der Hand und führt sie zu Hermann.

HELGA. Das isser nun, der Hermann aus München!

Marianne weiß nicht, wie sie mit der Bratwurst in der einen und dem Pappteller in der anderen Hand Hermann die Hand geben soll. Kurz entschlossen steckt sie Hermann ihr Wurstende in den vor Staunen geöffneten Mund. Hermann kaut und drückt Marianne die Hand. Die Mädchen lachen.

HELGA. Mensch, ich freue mich so, daß du hier bist.

Helga schlägt Hermann vor Begeisterung auf den schmerzenden Rükken. Hermann krümmt sich. Mit der Wurst im Mund kann er nicht schnell genug erklären, was mit ihm los ist.

HERMANN. Mein Rücken, das ist so ekelhaft.

HELGA. Wieso, was ist denn mit deinem Rücken los? Zeig mal.

Sie zieht Hermann das Hemd aus der Hose, um es nach oben streifen zu können. Als sie die Wunde sieht, stößt sie einen unterdrückten Schrei aus. Nun kommen auch die Freundinnen, um Hermanns Rückenwunde zu betrachten. Hermann genießt diese Zuwendung trotz des Schmerzes.

HELGA. Das sieht ja furchtbar aus. Wo hast du denn das her?

HERMANN. Da hat so ein Polizist losgeprügelt, als ich ihn zur Rede stellen wollte.

HELGA. Der dir deine Gitarre kaputtgemacht hat? Hat er dich wiedererkannt?

HERMANN. Ja, ich ihn. Leider. Jetzt suchen sie mich in ganz München. Sieht's schlimm aus?

Während sich die drei Frauen den Rücken genauer ansehen, gewinnt Hermann entscheidende Sekunden, um mit sich selbst zu Rate zu gehen. Er spürt, daß in diesem Nest die Dinge noch nicht so fest stehen, wie es den Anschein hatte. Er will jetzt lieber gar nichts wollen. Wer wird in dieser Pause das erste Wort sagen? Hermann wartet ab.

MARIANNE. Kommt, wir gehen zu mir, ich habe nämlich eine Salbe, die hilft bei so was. Also Helga, das sollten wir deinem Vati zeigen, damit er auch mal was begreifen tut, anstatt immer nur ins Fernsehen reinzuschauen.

Marianne ist die erwachsene Frau, die vor den jüngeren Freundinnen nun die Vorteile der Selbständigkeit und der Selbstverständlichkeit ausspielt. Sie setzt sich in Bewegung und unterbricht die romantische Sommernachtsstimmung durch praktisches Verhalten.

Hermanns Blick fällt auf die Würstchenbude.

DORLI. Haste Hunger? Soll ich dir auch eine Brutzelwurst spendieren?

HERMANN. Ich habe schon Magenkrämpfe.

Helga rennt hinter Dorli her. Sie will nicht, daß nun auch Hermann diese Notverpflegung bekommen soll. Seitdem er da ist, gelten wieder höhere Maßstäbe. Sie hält Hermann von der Bratwurstbude zurück.

HELGA. Das läßt du aber besser bleiben. Marianne brutzelt dir vielleicht ein Rührei, magst du das?

Sie hakt sich bei Hermann unter und führt ihn in die Dülmener Nacht.

536 Vor Haus Marianne

Hermann und die drei Frauen kommen in einer kleinen Straße an, die unter Bäumen am Rande eines Parks liegt. Hier stehen die Neubauten aus den fünfziger Jahren, mit denen kleine Orte, die im Krieg nicht zerstört worden waren, zeigen wollen, daß auch sie am Wiederaufbau teilnehmen. Das Haus, in dem Marianne wohnt, ist eines dieser uniformen Backsteingebäude: zweigeschossig, hellhörig, charakterlos wie der ganze Fortschritt dieser Zeit.

Die Schritte der Nachtschwärmer hallen unnatürlich laut durch die Siedlung.

HERMANN. So still ist das hier, das ist ja unglaublich. Das erinnert mich fast an Schabbach.

Dorli und Helga plappern ungeniert durcheinander. Für sie ist diese Stille kein Heiligtum. Sie haben nur das Problem, jetzt ein gemütliches Plätzchen für ihren Besuch zu finden.

HELGA. Hoffentlich schlafen die beiden Kleinen.

Marianne bemerkt, daß in ihrer Wohnung im ersten Stock noch Licht brennt. Sie gibt den Freundinnen ein Zeichen, leise zu sein. Sie sieht erschrocken aus. Helga wird ebenfalls unsicher.

HELGA. Ist dein Mann schon zurück?

MARIANNE. Nein, das ist ganz ausgeschlossen. Der ist doch in Basel auf dem Gynäkologenkongreß. Wartet hier, ich schaue mal nach, ob die Luft rein ist.

Marianne hat sich aus der Gruppe gelöst. Sie ist zum Hauseingang gegangen, um sich zu vergewissern, daß sie nicht gesehen oder gehört wird. Dann verschwindet sie im Haus.

Helga und Dorli haben die Heimlichkeiten mit angehaltenem Atem verfolgt. Jetzt, da Marianne im Haus verschwunden ist, löst sich die Spannung. Beide Freundinnen haben großes Vertrauen in ihre Lebenserfahrung und Entscheidungskraft.

HELGA. Sieht sie nicht toll aus?

DORLI. Stimmt. Ich bin auch total verknallt in sie.

HELGA. So richtig südländisch ...

DORLI. Manchmal, wenn ich sie sehe, also, wenn ich ein Mann wäre, dann ... *(sie lacht)*. Groß genug bin ich ja.

Die Schwärmerei für Marianne wird vor Hermanns Augen regelrecht in Szene gesetzt. Man will ihm die Trümpfe vorführen. Oder will man nur testen, wie er auf die Reize der Frauen im allgemeinen reagiert?

HELGA. Na, sag doch mal, wie findest du sie denn?

HERMANN. Ich kenne sie doch noch gar nicht.

HELGA. Ja sicher, aber dein erster Eindruck?

HERMANN. Ja, ich glaube, ich weiß, was du meinst.

DORLI. Seht euch das an! Der feine Herr aus München, er äußert sich sehr vorsichtig.

HELGA. Marianne ist nämlich meine liebste Freundin hier. Außer dir natürlich, Dorli!

Helga kuschelt sich an Dorlis Brust. So stehen die Frauen Hermann gegenüber. Sie können ihn nun besser ausfragen. Sie fühlen sich sicherer, wenn sie sich aneinander festhalten.

DORLI. Was tauchst du denn hier so plötzlich auf? Hast du irgendwas Bestimmtes vor?

HERMANN. Es ist reiner Zufall. Ich war auf der Autobahn, unterwegs nach Norden. Und da habe ich plötzlich das Schild gelesen: Dülmen. Und schon bin ich da. Ich bin nämlich schon zehn Stunden unterwegs. Sagt mal, kann ich eigentlich hier irgendwo übernachten?

HELGA. Bei mir geht's nicht gut. Die Oma schläft doch schon! Und bei dir?

Zwischen allen Worten lauern die Nebenbedeutungen und die ungesagten Worte. Es gelingt aber auch Hermann kaum, den Frauen einen einfachen Satz zu sagen. Die Phantasien überwuchern den Tonfall und die Pausen!

Marianne kommt aus dem Haus zurück. Sie hat drei Flaschen bei sich und eilt mit hastigen Schritten an den Freunden vorbei. Diese finden kaum Zeit, sich ihr anzuschließen. Es geht zurück in Richtung Straße.

MARIANNE. Ich habe mich vielleicht aufgeregt. Also, ich muß mich jetzt bewegen, sonst zerspringe ich. Die Oma hat sich nämlich häuslich bei mir eingerichtet. Sitzt am Fernseher und hat die Herrschaft im Haushalt übernommen. Also, da können wir jetzt nicht anrücken, bevor sie schläft. Dorli, komm, wir gehen am besten zu dir, in deine Speicherbude. Ich habe alles dabei: Martini rosso, einen fast echten Cognac vom Westphal seiner Oberschwester und eine Flasche Château Neuf du Pape.

Marianne hakt sich bei Hermann unter. Seitdem sie sich von ihrem Haus entfernt hat, fühlt sie sich freier und kann wieder lachen.

MARIANNE. Ich darf doch Hermann zu Ihnen sagen?

HERMANN. Aber selbstverständlich!

MARIANNE. Ich heiße Marianne.

Helga und Dorli folgen den beiden in kleinem Abstand. So können sie Hermann und Marianne ungeniert angaffen. Sie machen ausgelassene Scherze, sie singen lachend den Hochzeitsmarsch.

HELGA. Guck mal.

DORLI. Schönes Pärchen. Vor allem von hinten.

MARIANNE. Ach, Mensch, Dorli, Kindskopf! Ich möchte mir noch ein paar Zigaretten ziehen. Haben Sie vielleicht eine Mark?

Hermann bleibt stehen. Er sucht in seiner Tasche und findet ein Markstück, das er Marianne überreicht.

Während Marianne nun über ein städtisches Rosenbeet läuft, um an den Zigarettenautomaten zu gelangen, sucht Hermann einen Moment der Zweisamkeit mit Helga. Ihre Stimme ändert sich, ist nun gar nicht mehr so albern.

HELGA. War irgendwie nichts, in der Bibliothek. Bist du noch sauer?
HERMANN. Ach, Quatsch! Ich glaube, ich war genauso blöd.
Marianne kommt zurück. Geschickt hat sie wieder Hermanns Arm ergriffen und führt ihn auf die andere Straßenseite.
MARIANNE. Kommt! Dorlis Bude ist auch nicht zu verachten. Da haben wir schon manche tolle Nacht verbracht.
DORLI *(lacht)*. Klassenächte!
Der Weg zu Dorlis Haus wird über Abkürzungswege genommen.

537 Café Hintsch

Dorli ist die Tochter eines Konditoreimeisters. Das Café, im Stil der fünfziger Jahre eingerichtet, befindet sich in bester Geschäftslage, an einer der Ausfallstraßen der Kleinstadt.
Dorli ist stolz, ihren Freunden das Elternhaus zeigen und mit ihrem Schlüssel mitten in der Nacht den Caféeingang aufsperren zu können.
Als Hermann an die Vitrine mit den vielen Torten kommt, spürt er wieder seinen bohrenden Hunger. Er geht auf eine der schönen Cremetorten zu, um wenigstens einmal daran zu schnuppern. Als er den Finger ausstreckt, um sich ein kleines Sahnebällchen zu angeln, hört er Dorlis Lachen im Hintergrund.
HERMANN. Das kann ja wohl nicht wahr sein!
DORLI. Die Torten sind leider alle aus Gips. Nachtdekoration.
Hermann nimmt Dorli beim Wort. Er ballt seine Faust und haut damit auf die Torte, so fest er kann. Dorli hat die Wahrheit gesagt, sie ist tatsächlich hart wie Stein.

538 Dorlis Speicherbude

Den Aufgang zu Dorlis Speicherbude erreichen die Freundinnen mit Hermann über verwinkelte Gänge, die im Innern der Konditorei zu einem Nebengebäude führen, unter dem wohl Lagerräume oder die Backstube liegen. Jedenfalls ist dieser Teil des Hauses so abgelegen, daß Dorli laut daherplappern kann und keine Angst haben muß, ihre Eltern zu wecken oder die Nachtruhe zu stören. Hermann spürt diese Geborgenheit und taut in Gesellschaft der drei Frauen langsam auf. Sein Gesicht entspannt sich. Endlich ist er heute an einem ersten Etappenziel seiner Reise angekommen. Der Rücken schmerzt zwar noch, aber die Aussicht auf Mariannes Wundgel und die Fürsorge der Freundinnen läßt ein Gefühl der Dankbarkeit aufkommen. Das Schicksal meint es heute gut mit ihm.

Dorli ist auf einer schmaler werdenden Treppe bis zum Dachstübchen vorausgegangen.

DORLI. Und da oben, Hermann, da zeig ich dir jetzt, wo du schlafen kannst. Hier kannst du dich niederlassen.

Hermann sieht sich das Zimmer an. Es ist eine der alten Stuben für Dienstboten, die mit einfachsten Dingen zufrieden sein mußten: schmales Bett, Kommode mit Waschschüssel, Stuhl, Kleiderhaken.

DORLI. Hier oben hat früher unser Konditormeister gewohnt. Der war Junggeselle und hat nachts immer Klavier gespielt. Soll ich dir zeigen, wo? Komm, hier gleich um die Ecke.

Helga und Marianne, die sich im Haus gut auskennen, sind vorausgegangen. Sie haben eine Eisentür geöffnet, die direkt neben dem Dienstbotenzimmer auf den Speicher führt.

Dorli bringt nun auch Hermann in diesen Dachraum, der von Balken durchzogen ist. Marianne und Helga haben schon Licht gemacht und begonnen, ein wenig aufzuräumen. Es gibt hier eine Art Sofa aus alten Matratzen, ein improvisiertes Tischchen, niedrige Hocker, Sitzkissen und alte Teppiche, mit denen der rohe Speicherboden abgedeckt wurde. An den Wänden hängen Plakate, Bilder von Kinostars und Dekorationsstoffe, die den Raum wohnlicher machen sollen. An den Balken hängen noch die Girlanden und Lampions der letzten Party. Eine Treppenleiter führt in den oberen Speicher hinauf. Dorli ist voller Unternehmungsgeist diese Leiter hinaufgestiegen, um die nackte Glühbirne zu erreichen, die von dort oben herunterhängt.

DORLI. Der Vorteil ist, hier hört uns keiner. Helga, Marianne, reicht mir mal den Schirm rauf!

MARIANNE. Unseren Schirm?

DORLI. Jetzt machen wir mal ein bißchen Tangobeleuchtung, sonst sehen wir alle wie käsige Leichen aus.

Marianne hat einen bunten Gartenschirm aufgespannt und reicht ihn mit dem Stiel nach oben zu Dorli. Dorli ist der Praktiker unter den Freundinnen. Alles, was mit Handwerk und Elektrizität zusammenhängt, ist ihr Ressort. Sie befestigt den Sonnenschirm so unter der Glühbirne, daß ein lustiger Lampenschirm daraus wird, der das Licht zart im Raum verteilt. Sofort ändern sich auch die Gefühle. Hermanns

Gesicht wird in roten Halbschatten getaucht, Helga und Marianne atmen auf.

DORLI. Helga, schau mal da nach den Kerzen, die liegen irgendwo beim Radio.

Die alte Anrichte, auf der Helga und Marianne nun die Kerzen anzünden, ist schon dick überzogen vom Wachs all der vielen Kerzen, die hier bei früheren Partys gebrannt haben. Das Anzünden der Kerzen ist fast ein heiliger Akt. Alle schweigen abwartend und mit bangem Herzen.

Dorli kommt die Leiter herunter, ihre Stufen knarren unter ihrem schweren Körper. Sie nähert sich Hermann, der immer noch so dasteht, wie er hereingekommen ist. Dorli zeigt ihm das Klavier. Fast hätte Hermann es nicht gefunden, so ist es mit Speichergerümpel, leeren Getränkekisten und alten Stoffen zugedeckt.

Hermann weiß sofort, was er den Frauen jetzt schuldig ist. Er gibt Dorli seine Jacke, sucht sich eine Kiste, auf die er sich setzen kann, und klappt den Klavierdeckel auf. Er schlägt ein paar Töne an.

HERMANN. Klingt gar nicht mal so schlecht.

DORLI. Klasse, Hermann!

Hermann improvisiert ein wenig, zeigt ein paar virtuose Läufe aus der klassischen Literatur und versucht, seinen Hörerinnen zu imponieren.

Dorli setzt währenddessen ihre Lichtinstallation fort: Überall findet sie Lampenfassungen und verborgene Schalter, mit deren Hilfe sie kleine Lichtquellen zaubert. Marianne und Helga unterbrechen ihre Arbeit am Kerzenaltar. Sie horchen. Hermanns Improvisationen sind in eine Beethoven-Sonate übergegangen. Es ist die d-Moll-Sonate, Opus 31 Nr. 2, die er glanzvoll beherrscht.

Marianne verteilt den Cognac. Das Kerzenlicht breitet sich in allen Gesichtern aus. Hermann spielt eine leise, romantische Stelle, aus der es in leidenschaftlichen Wallungen ins Stakkato übergeht.

Marianne hat ihre Salbe ausgepackt. Auf ihrem Weg zu Hermann nimmt sie das Cognacglas mit. Sie geht zu dem genialen Klavierspieler, fällt neben ihm auf die Knie und bleibt lange in dieser Pose. Sie will ihn in seiner musikalischen Ekstase nicht stören. Helga und Dorli beobachten die Freundin, die aussieht, als bete sie Hermann an. Helga beginnt, ihre Gedanken aufzuschreiben. Ihr Tagebuch hat sie auch in dieser Nacht bei sich. Schon wieder verwandeln sich die Ereignisse vor ihren Augen in Poesie.

Dorli bleibt nüchtern. Sie trinkt ihren Cognac und lauscht der Musik. So hat das alte Klavier auf ihrem Speicher noch nie geklungen! Die Sonate

dauert länger, als Marianne angenommen hat. Bei einer der langsamen Stellen erhebt sie sich, stellt sich hinter Hermann und knöpft ihm, während er so gut es geht weiterspielt, das Hemd auf. Sie zieht es behutsam aus der Hose, um an die Rückenwunde zu kommen. Verträumt spielt Hermann die Arpeggien in den Largopassagen. Dorli hält es vor Spannung nicht mehr aus. Sie steigt mit ihren langen Beinen über Tisch und Kisten, bis auch sie bei Hermann am Klavier ankommt.
Marianne ist es gelungen, Hermanns Hemd über einen Arm, dann über den anderen zu streifen, ohne daß er sein Klavierspiel unterbrechen mußte. Alles geht sehr gleitend und äußerst zärtlich vonstatten. Niemals ist ein Mann musikalischer entkleidet worden, denn gerade, als der linke Ärmel abgestreift wird, beginnt eine neue leidenschaftliche Sequenz in der Sonate. Es sieht aus, als wäre das Stück eigens für diese Szene komponiert worden.
Auch Helga ist dazugekommen. Fast hätte man es nicht bemerkt, wie sie sich durch den Speicherraum bewegt. Leise wie ein Schatten hat sie sich Hermanns Rücken genähert. Mariannes Salbe wird dreihändig oder sechshändig aufgetragen. Das durchsichtige Gel bildet auf Hermanns Rücken eine Schleimschicht, in der die Finger der drei Frauen zärtlich rühren, bis die blau unterlaufene Wunde ganz bedeckt ist. In Hermanns Klavierspiel ist Schmerz mit Lust vermischt. Zärtlichste Erwartung

wacht unter den Tönen auf und steigert sich zu begehrlichem Pochen. Die drei Frauen beginnen, das Gel trockenzublasen. Mit langen gleichmäßigen Atemzügen lassen sie die Luft aus ihren zugespitzten Lippen auf den gesalbten Rücken strömen. Hermann verliert fast den Verstand. Er wendet vorsichtig den Blick, um auch mit den Augen genießen zu können. Der musikalische Faden zerreißt unter seinen Händen. Die Töne vergehen.

HELGA. Wunderschön, wie du spielst! Siehst du, wir knien vor dir und bewundern dich.

MARIANNE. Ich könnte stundenlang so zuhören.

HELGA. Weißt du, daß ich nie gehört habe, wenn du was Klassisches spielst?

Helga, die eine brennende Kerze in der Hand hält, erhebt sich, um näher an Hermanns Ohr zu gelangen.

HELGA. Fast hätte ich gedacht, du kannst das gar nicht.

Hermann hat den musikalischen Faden wiedergefunden. Er setzt neu an, um das Hauptthema des Sonatensatzes zu entwickeln. Dorli kann so intensive, romantische Spannungen aber nicht ertragen. Sie wird plötzlich ganz kribbelig und springt auf. Sie steigt über die knienden Freundinnen hinweg. Sie nimmt nun keine Rücksicht mehr auf das Klavierspiel, sondern wird ganz prosaisch und schrill.

DORLI. Ist das komisch, jetzt habe ich schon wieder Hunger.

MARIANNE. Dorli!

DORLI. Hermann, du mußt ja wohl umfallen vor Hunger!

HELGA. Du mußt aber auch immer ans Essen denken.

HERMANN. Hast du denn was da? Ich hätte, ehrlich gesagt, nichts dagegen.

DORLI. Na klar hab ich was da!

Dorli ist glücklich, daß der Künstler sie gleich verstanden hat und daß er nicht so heilig empfindet wie ihre schwärmerischen Freundinnen. Sie schickt sich an, die Bude zu verlassen.

DORLI. Siehst du, Helga, sage ich doch: Künstler sind auch Menschen.

539 Konditorei

In der Kühlvitrine des elterlichen Cafés gibt es die herrlichsten Torten, die im Neonlicht aufleuchten, als Dorli den Laden betritt. Sie füllt einen großen Teller mit Tortenstücken von all ihren Lieblingssorten. Schließlich schaltet sie den Sahnebläser ein, um noch einen großen Berg Schlagsahne auf die Kuchenladung zu häufen. Sie kann es vor Gier nicht aushalten und fährt mit dem Finger einmal tief in die Köstlichkeiten, um sie sich in den Mund zu stopfen. Nun erst tritt Dorli den Rückweg zur Speicherbude an. Auf der Treppe kommt ihr neue Klaviermusik entgegen. Hermann spielt jetzt das »Fantasie Impromptu op. 66« von Frédéric Chopin. Damit ist auch musikalisch der gemütlichere Teil des Abends angebrochen.

540 Dorlis Speicherbude

Als Dorli mit ihrem Kuchenteller hereinkommt, sitzt Helga zu Hermanns Füßen und schreibt ein Gedicht. Marianne raucht, über Hermanns Oberkörper gebeugt, eine von ihren Zigaretten.
Helga steckt den Zeigefinger ihrer Schreibhand tief in Dorlis Schlagsahne. So schiebt sie Hermann die erste Sahneportion in den Mund. Hermann lutscht den Finger ab und spült mit Chopin genüßlich nach. Die Musik bringt wieder einmal die Herzen zum Schmelzen.
Marianne kommt näher. Verführerisch flüstert sie in Hermanns Ohr.
MARIANNE. Wir sollten auf »du und du« miteinander trinken, Hermann.
Hermanns Hände gleiten über die Tasten, lassen die Melodie verwehen und finden das Cognacglas auf dem Rand der Klaviatur. Langsam verschränken sich seine und Mariannes Arme, langsam führen beide ihre Gläser zu den Mündern und sehen sich in die Augen. Hermann und Marianne trinken und schlucken gleichzeitig. Dann spricht er ihren Namen aus, fragend, suchend, verlangend, bevor er den Kuß von ihren Lippen trinkt. Beide schließen beim Küssen die Augen. Sie wollen gar nicht mehr aufhören. Helga und Dorli sehen den Kuß aus der Kinderperspektive von ihrem Fußbodenplatz aus an. Ihre Augen leuchten. So aufgeregt sind sie. Dorli erlebt den Kuß so intensiv mit, daß sie sich die Lippen leckt.
DORLI. Wenn du ausgeküßt hast, darf ich dann auch mal?
Hermann ist zu allem bereit. Er öffnet gar nicht erst die Augen, als Marianne seinen Mund freigibt. Er empfängt Dorlis feuchtsüßen Kuß und sucht mit den Händen Kontakt zu Helga, die ihr Gesicht an seinen Bauch lehnt. Sie ist glücklich in diesem eng geschlossenen Kreis.
Marianne hat Lust, Hermann noch inniger zu küssen. Geduldig wartet

sie, bis Dorli mal Luft holt, um sich Hermanns Mund noch einmal zu erobern. So wiegt sich Hermann in den Armen der Frauen, bis Dorli ihr Glas verschüttet und die erotische Magie in ihrem Aufschrei zerfällt. Nun wird Dorli wieder praktisch. Sie füttert Hermann mit ihren Torten.

DORLI. Die Cremetorte ist das Berühmteste von ganz Dülmen. Noch berühmter als die Dülmener Wildpferde.

Mit ihrem Kuchenteller lockt Dorli Hermann in die Sitzecke. Dort animiert sie ihn zu einem Wettessen mit den bloßen Händen, denn an einen Löffel hat sie nicht gedacht, als sie unten im Laden war.

Helga und Marianne sehen sich die Kuchenschlacht vom Klavier aus an. Sie lachen und träumen und trinken.

HERMANN. Ich habe schon ewig keine Cremetorte mehr gegessen, du mußt ja die halbe Konditorei geplündert haben.

DORLI. Da ist noch viel mehr.

HERMANN. Paß mal auf, Dorli, das essen wir beide jetzt ganz alleine.

Die Schlagsahne fließt schon über Hermanns nackten Oberkörper. Seine Arme, sein Gesicht werden klebrig von dem süßen Zeug.

Marianne, die spürt, daß die Szene ins Kindische abgleitet, kommt mit ihrem Cognacglas näher. Sie möchte Hermann aus Dorlis Spiel behutsam herausholen.

MARIANNE. Paßt nur auf, es wird euch gleich schlecht werden.

DORLI. Ach was, willst du auch mal probieren?

MARIANNE. Nein danke, ich mag nicht.

DORLI. Wieso denn? Das ist doch genau das Richtige nach der Brutzelwurst. Lecker!

Marianne setzt sich neben Hermann. Er reagiert sofort auf die Gegenwart dieser erwachsenen Frau. Sein Blick wird ruhiger, seine Bewegungen werden wieder männlicher.

MARIANNE. Was macht der Rücken?

HERMANN. Schon viel besser.

Schon finden sich Mariannes und Hermanns Lippen wieder. Die Küsse am Klavier haben die Barrieren weggerissen. Jetzt verlieren die beiden alle Hemmungen. Dorli stellt den Kuchenteller beiseite. Sie will nicht als Kind behandelt werden. Sie leckt die Schlagsahne von Hermanns Körper und erobert seinen Mund, als er nachsieht, was da mit ihm geschieht. Helga betrachtet die Szene von ihrem Fußbodenplatz aus. Ihre Augen sind weit geöffnet. Ihre Lippen spielen mit dem Cognacglas, sie schwebt in anderen Sphären.

Hermann, der von zwei Seiten ganz eng von Frauenkörpern bedrängt wird, spürt, daß die Szene sich nicht gut entwickeln kann, wenn Helga abseits bleibt. Er fordert sie auf, auch auf das Sofa zu kommen.
Helga trinkt das Glas mit einem Zug aus. Sie braucht all ihren Mut, denn sie ist schon ganz blaß um die Lippen, so erregt sie diese Situation. Auf allen vieren kriecht sie zu dem Liebesknäuel auf dem Sofa. Sie fühlt sich wie ein Tier. In ihrem Kopf überstürzen sich die Gedanken. Sie ringt nach Ausdruck. Zwischen den verschlungenen Beinen von Hermann, Dorli und Marianne findet Helga Platz für ihren zierlichen Körper. Viele Hände suchen, streicheln und begehren sich. Helga läßt sich in die Wollustbewegungen fallen und behält dennoch ihren Kopf oben. Sie will beides vereinen, die Poesie und die Lust.
HELGA *(zitiert mit bebender Stimme ein Nietzsche-Gedicht)*.
»Oh Mensch, gibt acht,
es spricht die tiefe Mitternacht.
Ich schlief, ich schlief,
aus tiefem Traum bin ich erwacht!
Die Welt ist tief
und tiefer als der Tag gedacht –
Tief ist ihr Weh, Lust,
tiefer noch als Herzeleid,
Weh' spricht vergeh'.
Doch alle Lust will Ewigkeit!
Will tiefe, tiefe Ewigkeit!«
Das Gedicht ist überlagert von heftigem Atmen, den Handbewegungen, den Berührungen und Umschlingungen der vier Körper. Helgas Atemzüge werden immer aufgeregter und schneller. Etwas steigt in ihr auf, das sie nicht mehr beherrschen kann, das zu groß und zu wild wird. Was soll sie nur tun? Sie bekommt Angst, die sich schnell zu Panik steigert. Der Tod? So oft hat sie den Tod besungen in Gedichten. Helga erhebt sich. Sie ist trunken.
Sie geht ein paar ziellose Schritte, dann verliert sie den Boden unter den Füßen. Es ist eine sanfte Gewalt, die ihren ganzen Geist überschüttet und sie umwirft.
Helga stürzt zu Boden. Mitten im Raum fällt sie wie ein Sack um und rührt sich nicht mehr.
Hermann und Marianne begreifen nur langsam, was passiert ist. Dorli ist am schnellsten wieder bei Sinnen. Sie springt auf und wirft sich über die ohnmächtige Freundin.

DORLI. Helga, Helgalein, was ist los? O Gott, Helga, hörst du mich.
Marianne besinnt sich darauf, daß sie früher Krankenschwester war. Rasch entnimmt sie ihrer Handtasche ein Parfümfläschchen, benetzt damit ihr Taschentuch und verscheucht Dorli von der bewußtlosen Freundin.
MARIANNE. Komm, Dorli, laß mich mal ran.
Das Parfum tut seine Wirkung. Mit einigen Klapsen auf Wangen und Brust wird Helgas Kreislauf wieder aktiv, so daß sie allmählich die Augen wieder öffnet.
HELGA. Was ist denn los?
MARIANNE. Ganz ruhig!
DORLI. Du warst bewußtlos.
MARIANNE. Sie muß jetzt liegen bleiben.
DORLI. Sie muß sich jetzt doch aufrichten! Vorsicht, wie fühlst du dich? Sag was!
HELGA. Ein bißchen flau im Kopf...
Dorli widerspricht Marianne und will alles anders machen. Sie ist nun auch in Panik. Dorli fordert Hermann, der völlig hilflos ist, auf, ihr zu helfen. Mit vereinten Kräften wird Helga auf das Sofa gehievt.
Hermann hat plötzlich ein schlechtes Gewissen. War Helga eifersüchtig? Hat er sie völlig mißverstanden, als sie ihm von ihrer Freundin vorschwärmte? Hat sie diese Wende inszeniert, oder war sie einfach nur überfordert? Er ist beinahe dankbar. Helgas Ohnmacht kam in einem Moment, als alle noch den Rückweg finden konnten.
Hermanns Blick sucht Marianne. Er möchte von ihr Antwort auf seine vielen Fragen.
DORLI. Die Beine hoch... so, jetzt legst du dich ganz entspannt hin und atmest tief ein. Ganz ruhig!
HELGA. Ich will nach Hause!
MARIANNE. Ich glaube auch, daß das alles ein bißchen viel war. Ich finde, die Helga hat recht. Wir sollten alle schleunigst heimgehen und schlafen. Geht es dir besser?
HELGA. Ja.
MARIANNE. Ich bringe dich nach Hause, Helga. Es ist aber auch viel zu heiß hier oben.
DORLI. Ja, das stimmt. Ich mach jetzt mal Luft.
Dorli geht los und reißt das Dachfenster auf. Hermann sieht sich im Spiegel. Er sieht, daß er halb nackt ist. Er spürt das Bedürfnis, sich zu bekleiden. Langsam zieht er sein Hemd an.

MARIANNE. Glaubst du, daß du auf eigenen Beinen gehen kannst? Setz dich mal einen Moment hier hin. Gut, wir wollen uns verabschieden!

DORLI. Ja, gut.

Marianne reicht Hermann die Hand. Sie sieht ihm ernst in die Augen.

MARIANNE. Wir gehen jetzt. Es war sehr schön! Gute Nacht!

HERMANN. Gute Nacht.

Mariannes Worte sind betont sachlich und ruhig. Sie will vor allem Helga beruhigen. Hermann glaubt, in Mariannes Blick ein geheimes Zeichen erkannt zu haben, das er noch nicht deuten kann.

Dorli hält Helgas Gesicht an ihre Brust gepreßt und streichelt ihr über die Wange. Helga wendet sich müde mit schwacher Stimme an Hermann.

HELGA. Du bleibst doch noch bis morgen? Bitte!

HERMANN. Ja, sicher!

DORLI. Keine Angst, ich behalte ihn hier. Ich sperre ihn hier ein.

Dorli hat nur einen Scherz gemacht, denn sie läßt die eiserne Speichertür weit offenstehen, als sie mit Helga und Marianne weggeht.

Hermann ist nun allein an diesem Schauplatz der abgebrochenen Träume.

HERMANN. *Eine ganz kurze Zeitlang hatte ich die Ahnung, alles könnte möglich sein. Ich zitterte. War das der Anfang von etwas ganz Neuem? Freiheit. Jetzt bekam ich Angst.*

Hermann ist ans Dachfenster getreten. Unter ihm liegt das verschlafene Städtchen, in dem nur noch wenige Lichter brennen.

541 Vor Elternhaus Helga

Marianne führt Helga durch das nächtliche Städtchen. Sie hat Dorli ins Bett geschickt, um die mütterliche Fürsorge für Helga allein zu übernehmen. Die beiden gehen untergehakt auf Helgas Elternhaus zu. Helga hört sich Mariannes Ratschläge an. Ihre Gedanken sind aber ganz woanders.

HELGA. *Ich wollte allein sein! Und gleichzeitig wäre ich am liebsten in eine riesige Menschenmenge eingetaucht, wäre nur eine Stimme von tausend Stimmen gewesen, hätte mein Bewußtsein dort verloren als Teil eines großen, allgemeinen Aufschreis. So fühlte ich mich.*

Helga ist vorangegangen. Sie öffnet das Gartentor und dann die Haustür. Nach kurzem Zögern folgt die Freundin ihr ins Haus.

542 Helgas Zimmer

Auf der engen Treppe, die in dem Einfamilienhaus zum Kniestock hinaufführt, müssen die Freundinnen leise sein, damit sie die Eltern und die Großmutter nicht aufwecken. Helga hatte eigentlich nicht vor, Marianne noch zu sich mit hinaufzunehmen. Da Marianne sich aber dafür verantwortlich fühlt, daß Helga wohlbehalten in ihr Bett gelangt, macht sie eine Ausnahme.
MARIANNE. Jetzt sehe ich endlich mal dein Zimmer, Helga.
Marianne sieht sich in dem Mansardenzimmerchen um: Das Himmelbett, auf das Helga sich setzt, ist noch das Kinderbett, das die Eltern ihrer einzigen Tochter gekauft hatten, noch bevor sie zur Schule kam. In diesem Bett hat sie bis zum Antritt ihres Studiums geschlafen, geträumt und ihre frühen Gedichte geschrieben. Hier hat sie sehnsüchtig gelegen, wenn sie der Welt der Erwachsenen entfliehen wollte.
Das Zimmer ist das einer studierenden Jungfrau. Da sitzen die Puppen, Teddybären und Stofftierchen mitten unter den Büchern, Spielsachen, Briefschaften und abgelegten Kleidern. An den Wänden hängen Helgas Malereien aus der Volksschule, die Bilder ihrer Stars der Pubertät, die Fotos ihrer literarischen Vorbilder. Mariannes Blick kehrt zu Helga zurück, die abwartend auf dem Bett sitzt.
MARIANNE. Ist das nicht, als ob die Zeit stillsteht?
Helga läßt sich auf das seidene Kopfkissen gleiten. Sie zieht sich vollständig in ihre Kindheitsumgebung zurück.
HELGA. Du kannst jetzt gehen.
Helgas Stimme ist eigenartig hart. Sie hört einfach auf, Marianne wahrzunehmen. Die Freundin spürt, daß Helga sie längst verabschiedet hat.

543 Vor Haus Helga

Dorli hat es sich anders überlegt. An Schlafen ist nun doch nicht zu denken. Barfuß rennt sie durch die stillen Straßen. Sie hat ihre Schuhe ausgezogen, um Lärm zu vermeiden. An Helgas Haus kommt sie gerade noch rechtzeitig an, um Marianne einzuholen, die nachdenklich aus der Haustür kommt.
DORLI. Marianne, zum Glück bist du da!
Marianne gibt Dorli ein Zeichen, leise zu sprechen.

DORLI. Was ist denn nun mit Helga?
MARIANNE. Sie schläft.
DORLI. Geht es ihr besser?
MARIANNE. Ja.
DORLI. Die Aufregung ist mir richtig in die Knie gefahren. Sieh mal, wie ich in den Händen zittere. Ich muß mich bei dir festhalten, o. k.?

Dorli ist auf ganz andere Weise kindlich als Helga. Sie spricht mit hoher Stimme, sieht Marianne hilfesuchend an und läßt sich an den Händen fassen. Marianne hat abermals die Aufgabe, sich als Mutter zu beweisen, obwohl ihr heute abend mehr noch als den unerfahrenen Freundinnen danach war, endlich einmal gründlich den Verstand zu verlieren.

MARIANNE. Darfst mit mir kommen.
DORLI. Ja?
MARIANNE. Die Oma ist sicher schon weggegangen. Weißt, die kann nämlich auf meinem Sofa nicht schlafen, wegen ihrem schlimmen Knie. Das ist mein Glück.

544 Vor Haus Marianne

Dorli und Marianne nähern sich von weitem dem Haus. Sie benutzen den romantischeren Weg durch einen kleinen Park, der jetzt bei wolkenlosem Sommerhimmel mondbeschienen ist. Die beiden Freundinnen gehen langsam. Sie haben begonnen, sich richtig auszusprechen.

MARIANNE. Manchmal muß ich über mich selber staunen, wie ich alles so vergessen kann. Die Kinder vergesse ich, den Haushalt und den Westphal, den ich doch so gern habe. Glaub mir das, Dorli, ich habe meinen Mann wirklich lieb! Aber trotzdem bin ich dauernd beim Ausreißen.

Dorli entdeckt eine Parkbank. Sie eilt voraus, um sich auf die Banklehne zu setzen. Sie will noch länger die Nachtluft genießen.

DORLI. Dein Mann? *(lacht)*. Das ist genau mein Typ!
MARIANNE. Ich habe ihn aus Liebe geheiratet, wie man so sagt. Du kannst dir nicht vorstellen, was wir damals getrieben haben in Würzburg. Wir haben uns zusammen in der Röntgenabteilung eingesperrt, sogar auf dem Klo.
DORLI *(lacht)*. Nein!
MARIANNE. Sieben Minuten später sind wir rausgekommen, als wäre nichts gewesen.

DORLI. Was, sieben Minuten?

Marianne ist ins Erzählen gekommen. Sie setzt sich auf eine Bank, die Dorli gegenübersteht. In der Nacht kann man sich auf zehn Meter Entfernung leise unterhalten, und man versteht jedes geflüsterte Wort und jedes leise Glucksen in der Stimme.

MARIANNE *(lacht)*. Weißt du, ich war damals Vollschwester in Würzburg, und der Westphal war verheiratet. Die Zwillinge waren schon unterwegs. Deswegen hat er ja die Stelle in Münster angenommen, weil seine Mutter hier wohnt.

DORLI. Hat er eigentlich auch einen Vornamen, dein Mann?

MARIANNE. Walter heißt er.

DORLI. Walter ...

MARIANNE. Aber, weißt du, ich habe mir das so angewöhnt, ihn offiziell nicht zu duzen. Ich möcht heute noch am liebsten »Sie« zu ihm sagen. Daß immer wieder das Verbotene so schön ist! Woran liegt das nur, Dorli?

Marianne erhebt sich. Sie weiß, daß Dorli ihr keine Antwort auf die seufzend gestellte Frage geben kann. Was ihr übrigbleibt, ist die Rückkehr in die Gegenwart. Dorli begleitet Marianne zum Haus.

545 Wohnung Marianne

Die Zwillinge, Mariannes Töchter, sind in dieser Nacht genauso unruhig wie die Mutter und die großen Frauen. Sie sind, sobald die Oma das Haus verlassen hatte, aufgestanden und haben die Wohnung erobert. Überall liegen die Spielsachen verstreut. Stühle sind an Schränke gerückt, gerade sind die Mädchen dabei, auf eine Kommode zu klettern, um die antike Wanduhr zu besichtigen. Im Nu haben sie herausgefunden, wie man die Uhr zum Schlagen bringt. Sie drehen die Zeiger und freuen sich am Ton des Glöckchens.

Marianne und Dorli staunen, als sie hereinkommen und die Kinder mit ihren Nachthemdchen so auf dem Schrank stehen sehen.

MARIANNE. Ja, ich habe gedacht, ihr schlaft schon längst und träumt was Schönes! Ist die Oma denn schon weggegangen? Ich bringe euch jetzt ins Kinderzimmer und bleibe auch bei euch.

Marianne packt sich die beiden Mädchen mit liebevollem Schwung und bringt sie zu ihren Betten. Dorli, die nun weiß, daß es lange dauern kann, bis Marianne wieder für sie Zeit haben wird, geht in der Wohnung umher. Sie gelangt in Mariannes Eheschlafzimmer. Vor dem Doppelbett bleibt sie stehen. Ist ein solches Bett eigentlich die Mitte des Glücks, wie es immer heißt? Dorli möchte sich am liebsten in dieses Ehebett hineinlegen und die Kuschelwärme der »Liebesehe« genießen. Aber darf sie das denn? Ist nicht eine Ehe etwas Heiliges? Dorli muß lachen.

546 Dülmener Straßen

Auch Helga hat in dem Bett unter dem Baldachin keinen Schlaf finden können.
Unruhig wälzt sie sich hin und her. Sie sieht sich im Zimmer um. Puppen, die Requisiten ihrer Kindheit, sehen sie mit großen, verträumten Augen an. Die Stofftiere scheinen zu grinsen.
Mit einem Ruck entschließt sie sich, wieder aufzustehen. Immer schneller werden ihre Bewegungen, als sie in ihre Kleider schlüpft. Sie verläßt das Zimmer und das Haus so schnell und so leise sie kann. Immer wieder beobachtet Helga beim Schließen der Haustür und beim Durchschreiten des Vorgartens die Fenster. Als sie die Straße erreicht, beginnt sie zu laufen. Sie wickelt sich einen Schal um Hals und Kopf; ihr Poesieköfferchen mit dem Tagebuch hat sie mitgenommen. So vermummt, verschwindet sie im Dunklen.
Im Zentrum von Dülmen ist Helga um diese Stunde der einzige Mensch auf der Straße.
Als sie an Mariannes Haus ankommt, sieht sie, daß in der Wohnung oben noch Licht brennt. Sie drückt den Klingelknopf, wartet fröstelnd. Mariannes Stimme tönt aus dem kleinen Lautsprecher der Türschließanlage.
STIMME MARIANNE. Helga?
HELGA. Ja, ich bin's.
STIMME MARIANNE. Habe ich mir's doch fast gedacht!
Der Türöffner summt, das Gartentor springt auf, der Weg ist frei. Auch Helga kommt so spät noch zu der Freundin ins Haus.

547 Wohnung Marianne

Als Helga die Wohnung betritt, ist Dorli in Mariannes Ehebett eingeschlafen. Auch die Kinder schlafen, und Marianne ist dabei, das Spielzeug einzusammeln, das sie überall in der Wohnung verstreut haben. Es ist schon nach drei Uhr, aber die Pflichtmechanismen der Hausfrau funktionieren auch noch um diese Stunde. Helga setzt sich mit ihrem Tagebuchköfferchen zu Marianne auf den Fußboden.

HELGA. Ich habe so ein schlechtes Gewissen. Ich kann überhaupt nicht schlafen. Ich habe euch doch mehr oder weniger den ganzen Abend verdorben.

MARIANNE. Jetzt setze dich erst einmal richtig hin.

Marianne spürt die Not in Helgas Seele. Was soll sie anderes tun, als sich ihre Jungfrauenprobleme auch noch anzuhören?

Sie kocht für sich und Helga einen Kamillentee, den sie für eine wahre Wunderdroge hält, denn bei ihren Kindern hat sie ihn erfolgreich ausprobiert, und mit ihrem Westphal hat sie ihn literweise in den schwersten Zeiten getrunken. Sie mußten davon zwar dauernd pinkeln, aber sie und ihr Mann fühlten sich hinterher davon völlig entgiftet. Marianne hält die Unruhe in Helgas Seele für eins dieser Gifte, die man mit dem Kräutertee austreiben kann. Helga, die voll wirrer Gedanken ist, verwickelt Marianne in immer neue Problemansätze. Die Eltern, die mit Helga nicht mitgewachsen sind, der Ohnmachtsanfall in Hermanns Gegenwart, der wie das reine »Nichts« über sie hereingebrochen sei, ihre Angst, wahnsinnig zu werden, die Spekulation, ob Hermann überhaupt lieben kann, weil er doch Künstler ist und genial, die Frage, ob Hermann ein Irrfahrer wie Odysseus sei ...

Helga findet immer nur literarische Vergleiche und Gedankenknoten.

Marianne setzt sich mit ihrem Kamillentee zu Helga auf die Couch. Auch ihr schwirren die Worte und Ereignisse durchs Hirn wie ein Haufen Ameisen. Helga sinnt hinter einem ganz neuen Gedanken her.

HELGA. Marianne, ich muß dich einmal etwas fragen. Du hast doch schon soviel erlebt. Was ist besser, wenn man es das erste Mal mit einem macht, den man richtig liebt, oder mit einem, der einfach nur gut aussieht. Nun sag mal.

Marianne lacht auf, dann schüttelt sie den Kopf. Also hat sie doch richtig vermutet, was Helgas Problem ist. Sie ist noch Jungfrau!

MARIANNE. Kennst du einen, der einfach nur gut aussieht? Helga, du stellst Fragen, die gibt es gar nicht! Ich verstehe dich aber irgendwie.

Du bist ja lieb. Aber jetzt muß endlich Schluß sein mit dieser verrückten Nacht.

Marianne erhebt sich. Kurz entschlossen holt sie Kissen und eine Decke, damit Helga sich zudecken kann. Marianne will, daß sie jetzt endlich schläft. Sie weiß, daß sie ihre eigenen Gedanken heute mit niemandem teilen kann. Das ist der Preis der Selbständigkeit und des Erwachsenseins.

Helga ist immer noch nicht fertig mit ihrem Philosophieren über die Liebe.

HELGA. Ich merke ganz genau, daß er mich gar nicht als Frau ansieht. Dabei bin ich heute dreiundzwanzig geworden.

MARIANNE. Ach ja, du hast ja Geburtstag. Alles Gute, Helga. Herzlichen Glückwunsch.

Marianne reißt sich aus ihrer kurzen Traurigkeit. Sie geht zu Helga, lacht freundlich und stößt mit dem Kamillentee auf den Geburtstag an.

548 Café Hintsch

Hermann hat in Dorlis Dachkammer lange und tief geschlafen. Es ist schon gegen Mittag, als er aufwacht. Mariannes Salbe hat Wunder gewirkt. Hermanns Rücken ist schon fast wieder heil und tut nicht mehr weh. Hermann erinnert sich an einen Traum. Er hat Notenlinien geträumt, die sich beim Gitarrespielen unter seinen Händen in Spaghetti verwandeln. Er hätte gemeint, daß man nach solcher Nacht tiefsinniger träumt. Er schüttelt sich und versucht, sich zu orientieren. Als Hermann das Café betritt, sieht er Helga an einem der Tische sitzen. Das Café ist voller Leute. Er geht auf Helga zu, um ihr die Hand zu geben, aber Helga springt ihm regelrecht in die Arme. Sie umklammert ihn mit den Beinen und küßt ihn auf den Mund. Hemmungslos schmiegt sie sich mit ihrem ganzen Körper an ihn, so daß die Bürger im Café konsterniert aufblikken. Hermann muß Helgas ganzes Gewicht tragen. Er gerät ins Schwanken. Er will sie von sich abwehren, aber Helga klammert sich um so fester an seinen Hals. Schließlich läßt sie von ihm ab. Sie sieht ihn verliebt an. Hermann versucht zu lächeln.

HERMANN. Herzlichen Glückwunsch!

Helga bedankt sich dafür, daß Hermann an ihren Geburtstag gedacht hat. Sie nimmt ihn bei der Hand und führt ihn an ihren Tisch.

HELGA. Die Leute fressen dich gleich auf.

HERMANN. Geht es dir wieder besser?

HELGA. Die gucken jetzt schon wie die Raubtiere. Schau mal, die Frau dort drüben im Pelz.

Hermann sieht sich im Café um.

HELGA. Kuchenfressende Pelztiere!

Dies ist eins von Helgas Wortexperimenten. Vielleicht hat sie auch gerade ein Gedicht über diese Tierart im Café geschrieben, und Hermann muß jetzt die Interpretation davon erfahren. Helga sieht in der Welt nichts anderes als den Widerschein ihrer Lyrik. Nun wendet sie sich Hermann zu. Sie setzt sich so, daß er ihr frontal in die Augen schauen muß.

HELGA. Wieso bist du eigentlich gekommen?

HERMANN. Ich weiß nicht. Instinkt!

HELGA. »Er wußte mit dem Instinkt des Mannes, daß das Schicksal ihn in Dülmen erwartet.«

Hermann begreift schon wieder nicht recht, worauf Helga anspielt. Dabei ist ihr Lachen so natürlich, daß er nicht weiß, was an ihr so schwierig sein soll.

Dorli kommt herein: Sie trägt eine Art Dirndl auf ihrem üppigen Körper. Sie strahlt wie das blühende Leben.

DORLI. Guten Mittag!

549 Wiesen und Waldrand

Der Spaziergang ins Wildpferdgehege findet unter Aufsicht der Eltern statt. Die Sonne verhüllt sich heute hinter Wolken, die rasch über den Himmel ziehen. Während die drei jungen Leute wie Fohlen auf der Wiese umhertollen, sich fangen, einander auf den Rücken nehmen und sich austoben, gehen Helgas Eltern zusammen mit Marianne einen Feldweg am Waldrand entlang. Marianne hat die Zwillinge bei sich und kann deswegen an dem Spiel auf der Wiese nicht teilnehmen. Helgas Vater hat eine Blockhütte ausfindig gemacht, wo er und Marianne rasten können. Dorli hat gerade Hermann auf dem Rücken. Sie spielt das Wildpferd für ihn und rennt so ungezügelt los, daß er sich nur retten kann, indem er den Ast einer Tanne ergreift und sich daran hängt. Helga fängt Hermann auf, sie küßt ihn dabei auf den Mund. Ihr Vater soll das ruhig sehen. Der aber ist in seinen Feldstecher vertieft. Er sucht das Gelände nach den echten Wildpferden ab.

Helga fühlt sich dennoch beobachtet. Helgas Spiele unter den Augen der Eltern werden Hermann peinlich. Er will aufhören. Er begibt sich zur Blockhütte, wo es ein Geländer gibt, an das Marianne gelehnt steht. Sie sieht Hermann kommen und richtet es unauffällig so ein, daß sie nah neben ihm zu stehen kommt.

MARIANNE. Die Frauen lieben dich, Hermann.

Helga und Dorli kümmern sich um die Zwillinge, die besonders süß aussehen, wenn auch ein wenig müde nach der letzten Nacht. Hermann sieht sich um.

HERMANN. So? Ich liebe ja auch die Frauen.

Tatsächlich nähern sich nun auch die Wildpferde, nach denen Helgas Vater so lange Ausschau gehalten hat. Eine große Herde mit vielen Fohlen kommt gemächlich vorbei. Die Tiere begeben sich in die geschützteren Gegenden dieses Parkgeländes, denn sie spüren den Wetterwechsel. Kaum daß die Herde vorbeigezogen ist, beginnt es auch schon zu tröpfeln. Helgas Vater spürt es als erster, weil ein Regentropfen direkt auf seine Glatze fällt.

VATER HELGA. Tatsächlich, es regnet. Sehen Sie wohl? Das ist der englische Tiefausläufer, den sie uns seit drei Tagen versprochen haben.

550 Vor Haus Helga

Am Abend regnet es in Strömen. Hermann und Dorli haben große Mühe, die eigens für Helga gebackene Geburtstagstorte von der Konditorei heil bis zu Helgas Elternhaus zu bringen. Die Torte ist in Gestalt der Zahl »23« gebacken worden. Sie ist mit Marzipan überzogen und mit Rumkirschen verziert. Hermann hat sich eine Krawatte umgebunden. Er trägt das Backblech, und Dorli hält schützend ihren Schirm darüber. So laufen sie, so schnell es der Kuchen erlaubt. Dennoch plappern die beiden, als gelte es, keine Minute zu verlieren, die man noch ohne Aufsicht der Eltern beisammen ist.

DORLI. Mensch Hermann, die Torte wird ja ganz naß!

HERMANN. Sag mal, was hast du heute morgen eigentlich damit gemeint, dein Spruch über die Männer, daß die morgens alle gleich sind? Da war ich ja ganz schön baff.

DORLI. Jede Frau hat da ihr Geheimnis, ich meins auch.

An der Haustür regnet es noch mehr als unterwegs. Dorli ist verzweifelt, weil die Torte nun doch gelitten hat. Hermann klopft gegen die Tür, weil die Klingel nicht funktioniert.

DORLI. Helga, wir sind da, Geburtstagskind!

551 Haus Helga, Hausflur, Gästezimmer, Wohnzimmer

Helgas Großmutter öffnet den beiden Ankömmlingen die Tür. So begegnet Hermann der resoluten Alten zum zweiten Mal. Dorli stellt ihr Hermann vor.

DORLI. Das ist der Herr Simon. Aus München, das ist die Frau Aufschrey.

GROSSMUTTER HELGA. Na, diesmal sind Sie ja angemeldet, junger Mann. Kommen Sie, ich zeige Ihnen Ihr Zimmer.

Noch ehe Helga, die mit ihrer Toilette noch nicht fertig war, vom Obergeschoß runterkommt, hat die Oma Hermanns Blumenstrauß für Helga an sich genommen und sich bedankt. Sofort übernimmt die Alte nun die Regie. Helga versucht, die Dinge nach ihrer Vorstellung zu dirigieren; damit gerät sie in offene Konkurrenz zu der Oma. Zuerst umarmt sie Hermann. Mit ihren frisch geschminkten Lippen küßt Helga ihn auf den Mund. Sie will vor ihrer Familie Zeichen setzen. Hermann spürt sofort, daß es nicht um ihn geht, sondern ums Prinzip.

Die Großmutter ist oben auf der Treppe stehengeblieben. Sie wartet darauf, daß Hermann sie bemerkt.

GROSSMUTTER HELGA. Waschen Sie sich die Hände. Das Essen ist gleich fertig.

HELGA. Laß nur, Oma, ich mache das schon. Hermann ist ja schließlich mein Gast.

Helga nimmt Hermann an der Hand. Sie führt ihn an der Oma vorbei die Treppen hinauf in das Gästezimmer.

HELGA. Laß uns mal besser hierbleiben, bis die Tagesschau vorbei ist. Vati sieht sich wieder die Münchner Krawalle an. Es ist schon der vierte Tag. Wenn wir jetzt runtergehen, gibt es sowieso nur Krach.

Hermann bleibt in der Tür stehen. Dies ist ein gemütliches kleines Zimmer mit einem Bett, das in einer Nische unter der Dachschräge eingebaut ist. Helga setzt sich lächelnd und abwartend auf dieses Bett. Sie baumelt mit den Beinen. Hermann sieht in den Regen hinaus, der draußen über die Fensterscheiben rinnt und unruhiges Licht im Zimmer erzeugt. Hermann hat seinen Matchsack bei sich, den er irgendwo abstellt. Er überlegt, ob er sich darauf einlassen kann, in diesem Zimmer zu wohnen. Zu sehr riecht dieses Haus nach dem ewigen Konflikt zwischen Helga und ihren Eltern. Hermann versucht, Zeit zu gewinnen. Er betrachtet die ausgestopften Tiere, die auf einer Anrichte stehen: Vögel, ein Hase.

HERMANN. Wir sind geflohen. Das bedrückt mich manchmal.

Helga lächelt vieldeutig. Sie hat etwas mit ihm vor, das er nicht versteht.

HELGA. Komm doch mal her.

HERMANN. Wieso?

Er geht zu dem Bett, setzt sich zu Helga ans Kopfende. Sie erhebt sich immer noch vieldeutig lächelnd und wischt ihm den Lippenstift vom Mund. Sie benutzt dazu die Innenseite ihres Rocksaumes. Dazu muß sie den Rock so hoch heben, daß es Hermann die Augen verdreht.

Der Fernseher ist im Wohnzimmer so laut aufgedreht, daß Hermann die Nachrichten verfolgen kann. Er sieht Helga in die Augen und hört die Tagesschau. Ein großer Kontrast der Wahrnehmung.

Die ganze Familie ist nun um den Fernseher versammelt und kommentiert die Meldungen.

ORIGINALTON FERNSEHEN. In München halten die Krawalle im Stadtteil Schwabing weiter an. Sie waren in der Nacht zum Donnerstag ausgebrochen, als eine Streifenwagenbesatzung drei musizierende Jugendliche festnahm. Seit nunmehr vier Nächten kommt es zu heftigen Auseinandersetzungen zwischen meist jugendlichen Randalierern und der Polizei, die auch gestern nacht mit Schlagstöcken gegen die Jugendlichen vorging.

GROSSMUTTER HELGA. Diese Rabauken!

VATER HELGA. Unerhört!

GROSSMUTTER HELGA. Alles Halbstarke.

ORIGINALTON FERNSEHEN ... Oberbürgermeister Vogel rief die Bevölkerung auf, in den Abendstunden den Bereich der Schwabinger Leopoldstraße zu meiden.

Die Dokumentarbilder zeigen Polizisten zu Pferde, die mit Schlagstöken prügeln und mitten in die Menge hineinreiten. Man sieht fliehende Jugendliche und Beamte, die andere Demonstranten abführen.

GROSSMUTTER HELGA. Guck mal, da sind Mädchen dabei, alle einsperren!

ORIGINALTON FERNSEHEN ... Weiterhin wurde Kritik am Vorgehen der Polizei laut, der übertriebene Härte und wahllose Festnahmen vorgeworfen werden.

Als Helgas Mutter die Suppenschüssel hereinbringt, wird das Fernsehen mit allseitigem Einverständnis ausgeschaltet.

Das Geburtstagsessen im Kreise der Lehrerfamilie gestaltet sich für Hermann zu einer Inszenierung, die ihn auf widersprüchliche Weise in den Mittelpunkt rückt. An dem ovalen Ausziehtisch, der mit dem guten Porzellan gedeckt wurde, erhält er den Platz an einem der Kopfenden gegenüber von Helgas Vater. Die Sitzordnung ist offenbar vorgeplant. Helgas Mutter dirigiert die Gäste auf ihre Plätze, während sie anfängt, die Suppe auszuteilen. Helga kommt an Hermanns rechte Seite, die Großmutter hat ihren Platz auf der Seite neben ihrem Sohn, auf dessen anderer Seite Helgas Mutter sitzt. Zwischen Marianne und Hermann wurde ein Platz freigelassen für Mariannes Mann, falls er doch noch kommen sollte. Wenn nicht, soll er wenigstens in Gedanken anwesend sein. Marianne nimmt diese Anordnung lächelnd entgegen. Wie sollte sie auch widersprechen. Im Hinsetzen wirft sie Hermann einen Blick zu.

Dorli ist fröhlich. Sie fühlt sich wohl zwischen Helga und der Oma.

Es gibt eine Gemüsesuppe mit ganzen Karotten und Rindfleischeinlage.

Die Mutter füllt die Teller bis oben hin.

MUTTER HELGA. Wann haben Sie denn Ihren Geburtstag, Hermann?

HERMANN. Am 29. Mai. Am selben Tage wie John F. Kennedy übrigens.

VATER HELGA. Ein großes Vorbild haben Sie da. Das Bild der ewigen Jugend.

HELGA. Und katholisch ist er auch noch.

Dorli bestätigt, was Helga sagt, und zieht es ins Lächerliche. Wie soll Hermann verstehen, daß die Menschen im Münsterland besonders katholisch sind und katholische Schwiegersöhne suchen?

Helga bekommt als letzte ihren Suppenteller. Zufrieden setzt sich die Mutter auf ihren Platz. Sie hat fürs erste ihren Teil der Inszenierung hinter sich gebracht.

MUTTER HELGA. So, Vati, jetzt darfst du sprechen. Aber nicht so lang, daß die Suppe kalt wird!

Der Hausherr erhebt sich mit seinem Weinglas, gegen das er mit seinem Löffel klopft, um sich Gehör zu verschaffen, obwohl doch alle Blicke schon gespannt auf ihn gerichtet sind.

VATER HELGA. Liebes Geburtstagskind, ich freue mich, daß du uns heute einen so großartigen Besuch ins Haus bringst. Das beweist wiederum deinen Charakter und deine Persönlichkeit, die wir, deine Eltern, immer respektiert haben. Vielleicht ist es für Herrn Simon nicht uninteressant, etwas vom Charakter dieses Landes, auch sprachlich, kennenzulernen.

Während dieser Einleitungsworte hat sich Marianne mit der Mohrrübe beschäftigt, die in ihrer Suppe schwimmt. Unauffällig schiebt sie das penisförmige Gemüse so über den Tellerrand, daß es wie eine langsam entstehende Erektion aussieht. Außer Hermann bemerkt niemand am Tisch diese Anzüglichkeit.

Helgas Vater wechselt nun in seine plattdeutsche Mundart. Er ist als Lehrer Mitglied eines plattdeutschen Heimatvereins, der sich die Pflege der Mundart zur Aufgabe gemacht hat. Hermann muß für die Anwendung dieser Pflegedienste herhalten. Mutter, Tochter und Großmutter nehmen einen geduldig leidenden Gesichtsausdruck an, als der Vater auf plattdeutsch weiterspricht.

VATER HELGA. Wann ick so'n fermosten Musikus wäör äs he, dann dai ick et jä nu waogen un dai di up't Klaveer en Ständken brengen; aower dat sall dien Frönd dann hernocher wull för mi naohaalen. Här Simon, Ji müett't wietten, Ji sind hier in 'ne Familge, wao van Anfank an de Musik en grauten Namen un 'n haugen Plaß innuohmen hät; un vlicht is et auk dat, Här Simon, wat use Helga Ju bei 'en kann.

An dieser Stelle mischt sich die Großmutter ein. Sie kennt ihren Sohn und weiß, daß er gern lange Reden hält.

GROSSMUTTER HELGA. Die Suppe wird kalt, Willi, das kannst du doch alles nachher persönlich besprechen.

Herr Aufschrey läßt sich nicht aus dem Konzept bringen. Er wollte nun ohnehin zum Toast ausholen und tut es, indem er fortfährt mit seiner plattdeutschen Ansprache.

VATER HELGA. Is gued. Also, dann laot't us nu anstauten up dat Wuohl van use Geburtsdaggskind un up den Besöök un de schöne Stadt van de düütske Kunst. Prost.

Während der Ansprache hat sich unter der Tischplatte ein Spiel der Beine ereignet, das selbst die Großmutter nicht ausläßt: Hermann streckt eins seiner Beine nach Marianne aus, die ihm mit ihrem Fuß antwortet. Helga spürt dieses Spiel. Sie mischt sich ein. Während sie eins ihrer Beine um Hermanns Wade schlingt, gerät auch Dorli in diese Berührungen und will sich beteiligen. Ihr Fuß sucht unter dem Tisch und verwechselt Hermanns Bein, das sich zu Marianne ausstreckt, mit dem Fuß der Großmutter, die ihre schmerzenden Füße heimlich aus den Schuhen schlüpfen läßt, um sich zu entspannen. Obwohl die meisten Gäste kein Plattdeutsch verstehen, werden die Gesichter verklärt und spiegeln das Fußspiel wider, was wiederum Herr Aufschrey für die Wirkung seiner Rede hält.

Jetzt wird angestoßen. Die Kristallgläser berühren sich über der Tischmitte.

Sieben Gläser klingen hell auf. Sieben Münder trinken den ersten Schluck Wein. Die Großmutter vertauscht rasch ihr Weinglas mit dem Schnapsglas, gießt sich einen großen Steinhäger ein und kippt ihn hinunter.

GROSSMUTTER HELGA. Ahhh, dat zischt!

Hermann hat alles getan, um an diesem Tisch nicht unangenehm aufzufallen. Genau wie die anderen fängt er an, seine Suppe zu löffeln. Er hat wenig Appetit. Helga, Dorli und Marianne geht es genauso. Trotzdem essen sie alle schweigend weiter. Es entsteht eine löffelklappernde Pause.

Heimlich prostet Helga ihrem Gast aus München ganz speziell zu. Hermann flüstert noch einmal seinen Glückwunsch zu ihrem Geburtstag. Dann wird es wieder still um die Suppengeräusche.

Dorli überlegt, wie sie die Situation auflockern kann. Sie lächelt vieldeutig, ehe sie die Stille unterbricht.

DORLI. Helga, bei uns im Café, da sitzt der Kurt Wild mit einer Pistole. Der wartet auf dich.

HELGA. Rede doch keinen Quatsch, Dorli.

DORLI. Tatsache! Ich habe ihn auch angesprochen und gefragt, warum er da so finster rumsitzt. Da hat er mit Grabesstimme geantwortet, daß er entweder dich oder sich oder den Hermann erschießen will.

Vater Aufschrey mischt sich ein. Er wendet sich an Hermann, um ihn über Dorlis Schauergeschichte aufzuklären.

VATER HELGA. Kurt Wild, das ist der Sohn aus dem hiesigen Sägewerk. Dreimal beim Abitur durchgefallen, sehr ungewöhnlich.

MUTTER HELGA. Helgas Verehrer, seit sie sechzehn war.

HELGA. Ja, wir wissen es alle!

Hermann kann über Dorlis Geschichte nicht lachen. Wer weiß, was in einem von Ängsten und Rücksichten beherrschten Provinznest alles wahr oder nicht wahr sein kann?

Dorli fährt unbeirrt fort.

DORLI. Er hat dich heute im Café beobachtet, als du den Hermann geküßt hast.

HELGA. Ist gut, Dorli!

GROSSMUTTER HELGA. Geküßt?

HELGA. Wo soll der denn bloß eine Pistole herhaben?

DORLI. Weiß ich doch nicht!

Dorli sieht Hermann grinsend an. Sie hat es erreicht, daß sogar Helga anfängt, ihre Geschichte zu glauben.

HELGA. Hast du jetzt Angst, Hermann?

Hermann spürt, daß die Blicke der ganzen Tischrunde auf ihn gerichtet sind. Was für ein Spiel wird hier gespielt? Selbst Mariannes Blick ist schwer deutbar: eine Mischung von Vergnügen, Scham, Angst, Wut. Niemand weiß, was gemeint ist. Hermann denkt über Dorlis Geschichte nach. Was will sie in dieser Runde damit sagen?

552 Café Hintsch

Das Café ist sonst menschenleer. Kurt Wild, ein »wild« dreinblickender junger Mann im Gangsteranzug mit Borsalino, sitzt einsam an einem der Marmortische. Vor ihm steht ein leeres Schnapsglas. Mit seinem Revolver zielt er auf eine imaginäre Person. Das Bild von Kurt Wild vervielfältigt sich in den Spiegelwänden des Cafés.

553 Haus Helga, Wohnzimmer, WC

Erst Dorlis lachendes Gesicht ruft Hermann in die Gegenwart zurück. Frau Aufschrey bringt jetzt die Kartoffelklöße herein. Es ist eine große Porzellanschüssel, gehäuft voll von mit Griebenspeck übergossenen Knödeln.

MUTTER HELGA. Hermann, was kocht Ihnen denn Ihre Mutter am liebsten? Was ist denn so ihre Lieblingsspeise?

HERMANN. Ja, im Hunsrück, wir machen da auch Kartoffelklöß. Aber das sind viel größere, die sind gefüllt mit Hackfleisch. »Kartoffelklöß' Rheinische Art« sagt man dazu, aber wir sagen »Krumbeereklöß'« wenn Ihnen dat wat sagt. Isch han schon lang net mehr so ebbes geß'.

Hermanns Gedankenfaden ist gerissen. Er hat für Sekunden vergessen, wo er sich befindet. Was hat er gesagt? Hat er ausgesprochen, was ihm durch den Kopf ging? Oder sehen ihn alle so fragend an, weil sie seinen Dialekt nicht verstanden haben?

HERMANN. Wie bin ich jetzt eigentlich auf Kartoffelklöße gekommen?

HELGA. Mutti hat dich danach gefragt.

HERMANN *(hochdeutsch)*. Ah ja, also, wir essen so was manchmal auch im Hunsrück.

Helga scheint zu erraten, was in Hermann vorgeht. Schließlich hat ja auch sie ihre Not, sich von ihrem Elternhaus und dem Provinznest loszulösen. Das Essen geht weiter. Wieder klappern die Bestecke, und wieder stirbt die Unterhaltung.

HELGA. Nun spiel doch mal was auf dem Klavier, Hermann. Ich würde mich sehr freuen.

Helgas Eltern greifen den Vorschlag sofort begierig auf. Sogar die Großmutter gibt laut ihre Begeisterung von sich, und der Gänsebraten schmeckt ihr gleich noch besser. Hermann erhebt sich zögernd von seinem Stuhl. Um an das Klavier zu gelangen, muß er in der engen Eßecke über die nackten Beine von Marianne steigen. Die Mutter öffnet Hermann zuvorkommend den Klavierdeckel. Hermann setzt sich davor. Im Wohnzimmer ist es nun ganz still geworden. Alle warten darauf, daß Hermann anfängt. Er legt die Hände auf die Tasten. Er denkt nach. Es vergeht viel zuviel Zeit. Schließlich wendet Hermann sich an die Tischrunde.

HERMANN. Was soll ich eigentlich spielen?

VATER HELGA. Ja, was wollen Sie denn spielen?

GROSSMUTTER HELGA. Wat Schönes!

HERMANN. Haben Sie vielleicht Noten?

VATER HELGA. Helga, geh doch mal auf mein Zimmer. Oben rechts auf dem Regal, ganz rechts, da liegen die Chopin-Stücke.

Ehe Helga das Zimmer verläßt, wirft sie dem ratlosen Hermann noch einen durchtriebenen Blick zu. Die Mutter, die immer ans Praktische denkt, nützt die Zeit, um die abgegessenen Teller einzusammeln.

MUTTER HELGA. So, dann können wir inzwischen schon mal schnell abräumen. Dorli, gib doch mal deinen Teller rüber. Oma.

GROSSMUTTER HELGA. Nein, ich hab noch soviel, ich eß das noch auf.

Die Oma macht sich über ihren Teller her. Marianne, deren Stuhl neben dem Klavier steht, tastet nach ihrer Handtasche, der sie einen geheimnisvollen kleinen Gegenstand entnimmt.

MARIANNE *(flüstert Hermann zu)*. Dir fällt nichts ein, gelt?

Helga kommt zurück. Sie ist außer Atem.

HELGA. Vati, da sind keine Noten.

VATER HELGA. Dummerchen. Dann gehe ich mit dir und zeige sie dir!

Die Mutter und Dorli tragen das Geschirr hinaus. Hermann bleibt mit Marianne allein zurück. Nur die Oma sitzt noch am Tisch und kippt einen großen Steinhäger hinterher. Sie schüttelt sich und hat einen ganz roten Kopf vom gierigen Essen.

GROSSMUTTER HELGA. Glauben Sie man, junger Mann, wir haben Noten jede Menge!

Wieder ist peinliche Stille eingetreten. Dorli und die Mutter werkeln in der Küche. Die Oma ißt noch an einer Gänsekeule. Marianne versucht, vor den Blicken der Großmutter neutral zu wirken.

MARIANNE *(flüstert)*. Traurig? Ich muß dir noch was geben. Da drin ist die Mark, die du mir gestern abend geliehen hast. Mit Dank zurück!

Schon hält Hermann den geheimnisvollen Gegenstand zwischen seinen Fingern. Es scheint tatsächlich eine Münze zu sein, aber sie ist in einen Zettel gewickelt, den Hermann sofort als Geheimnachricht versteht.

Vater Aufschrey und Helga kommen mit den Noten an. Hermann läßt Mariannes Papierchen schnell in der Hosentasche verschwinden.

VATER HELGA. Was Dorli eben über den Kurt Wild gesagt hat, das dürfen Sie nicht so ernst nehmen, das war nur ein Scherz.

Der Vater stellt Hermann die Chopin-Noten aufs Klavier. Helga hat noch ein anderes Notenheft bei sich, in dem sie blättert.

HELGA. Guck mal, das konnte ich früher alles mal spielen.

Hermann sieht mit Helga in die Noten.

HERMANN. Vierhändig. Wollen wir nicht das mal probieren?

HELGA. Ja, wenn du meinst?

HERMANN. »Schöne Minka«, russisches Volkslied. Das ist doch gut. Nicht zu schnell.

Hermann zählt vor. Dann fangen die vier Hände an, die Tasten zu drücken. Es entsteht eine bemerkenswerte Laienmusik, die aber den gleichen Erfolg hat, wie ihn ein bravourös vorgetragener Chopin-Walzer gehabt hätte.

Die Mutter kommt mit Dorli aus der Küche gerannt, hört begeistert zu und beginnt nach der ersten Phrase schon zu klatschen.

HERMANN. Moment, das geht noch ein Stück weiter.

Hermann und Helga spielen das kleine Stück zu Ende. Helga, die sich in Hermanns Schlepptau befindet, hält wacker durch.

Daraufhin gibt es heftigen Applaus im Wohnzimmer. Vater Aufschrey kann nun nicht genug kriegen.

VATER HELGA. Da war doch dies andere vierhändige Stück, das war doch viel schöner. Findest du das noch, Helga?

Der Vater blättert im Notenheft. Hermann, der Platz gemacht hat, kommt Marianne näher. Er begegnet ihrem Blick. Seine Neugier, den Zettel zu lesen, wird immer größer.

HERMANN. Du, Helga, darf ich mal schnell eure Toilette benutzen?

HELGA. Ja, sicher.

Hermann arbeitet sich aus dem engen Raum zwischen Klavier und Tisch hervor. Er geht zur Tür. Die Mutter weist ihm den weiteren Weg.

Hermann schließt sich im Bad ein. Er greift in die Hosentasche. Das zerknüllte Papierchen enthält tatsächlich ein Markstück und eine Nachricht: *»Komm heut' nacht zu mir«.*

Diese Worte verschwimmen vor seinen Augen. Schnell zerreißt er den Zettel und spült ihn im Klo hinunter.

Als Hermann ins Wohnzimmer zurückkommt, hat Helgas Vater eben begonnen, vorsichtig die Geburtstagstorte anzuschneiden. Die Zahl »23« aus Marzipan wird so zerteilt, daß möglichst viel von der Verzierung der Torte unbeschadet bleibt. Die Oma scherzt. Helga und Dorli machen Witze, die Hermann, der in der Türe stehenbleibt, nicht versteht.

GROSSMUTTER HELGA. Junger Mann, wissen Sie eigentlich, daß in Dülmen nur einer Hintsch heißen kann?

Hermann versteht immer noch nicht. Er sucht Mariannes Blick, die aber lächelnd an ihm vorbeisieht.

VATER HELGA. Falsch, Oma, daß in Dülmen keiner mehr Hintsch heißen kann, muß das heißen.

GROSSMUTTER HELGA ... weil Dorlis Eltern nämlich schon Hintsch heißen.

DORLI. Wo kämen wir denn hin, wenn hier jeder Hintsch heißen täte.

MUTTER HELGA. Es genügt ja, wenn einer Hintsch heißt!

GROSSMUTTER HELGA. Ja, das habe ich doch gesagt. Nur einer kann in Dülmen Hintsch heißen.

Die Großmutter biegt sich vor Lachen über ihren Witz mit Dorlis Familiennamen. Auch die Eltern halten sich bei dieser Art von Witzen nicht zurück. Helga ist wütend geworden.

HELGA. Jetzt ist es aber genug. Ich finde es geschmacklos, so blöde Scherze auf Kosten anderer zu machen. Das ist mit unserem Namen doch genauso möglich, nicht, Herr Aufschrey?

Helga beugt sich über den Tisch, um ihrem Vater diese Worte ins Gesicht zu schreien. Dann wendet sie sich zum Gehen. In der Tür bleibt sie stehen, um sich der Wirkung ihrer Worte zu vergewissern. Hermann hat sich noch nicht wieder gesetzt. Dorli, die sich anfangs gegen die Witzeleien über ihren Namen verteidigt hat, sitzt nun mit gekränktem Gesicht da.

Helga kehrt um und packt Hermann an der Hand.

HELGA. Hermann besucht *mich* hier, und nicht die Stadt Dülmen, das beschissene Provinznest mit seinen blöden Spießerwitzen.

VATER HELGA. Jetzt schlägt's aber dreizehn! Was hast du dir für einen Ton angewöhnt? Ist das der Ton in Münchner Studentenkreisen? Das sehen wir jeden Tag im Fernsehen, was dabei herauskommt.

HELGA. Kerl, das ist ja nicht auszuhalten, wie verlogen das hier alles zugeht.

DORLI. Ach laß doch, Helga. Ich mache mir doch nichts daraus.

HELGA. Dorli, daß du dir so was gefallen läßt, das verstehe ich nicht.

Dorli steht kurzentschlossen auf. Sie packt ihre Handtasche und ihr Jäckchen, um wegzugehen.

DORLI. Helga, ich bin saumüde. Ich habe seit Tagen schon nicht mehr geschlafen. Das verstehst du doch, oder? Sei nicht böse, wenn ich mich jetzt verabschiede.

HELGA. Nein, überhaupt nicht.

DORLI. Auf Wiedersehen, Frau Aufschrey.

GROSSMUTTER HELGA. Auf Wiedersehen.

HELGA. Ich an eurer Stelle würde auch gehen.

DORLI. Wiedersehen, Oma Aufschrey, war sehr nett!

GROSSMUTTER HELGA. Vielen Dank für die Torte.

MUTTER HELGA. Vielen Dank für die Torte.

HELGA. Ich nehme es keinem übel, der jetzt geht.

Dorli gibt artig allen die Hand. Zuletzt will sie sich von Marianne verabschieden, die sich aber auch erhoben hat.

MARIANNE. Warte, ich gehe gleich mit. Ich mache mir nämlich plötzlich so Sorgen um die Zwillinge.

Hermann hat sich während des Streites so weit wie möglich aus dem Zentrum der Familie verzogen. Er steht jetzt neben der Tür. Marianne kommt auf ihn zu, reicht ihm die Hand. Sie blickt ihm ganz kurz tief in die Augen, während sie sich von ihm verabschiedet.

HELGAS MUTTER. Und einen ganz herzlichen Gruß an deinen Mann.

VATER HELGA. Er ist ja nun doch nicht gekommen.

MARIANNE. Ja, er ist in Basel. Auf Wiedersehen.

Helga, die sieht, was sie mit ihrem Familienstreit angerichtet hat, will immer noch keinen Frieden machen.

HELGA. Das ist ein Geburtstag. Von Gottes Gnaden.

Der provozierte Vater springt auf, mäßigt sich aber, als seine Frau »Willi« hinter ihm herruft. Nach der Verabschiedung der Gäste versucht der Vater einzulenken.

VATER HELGA. Helga, wir haben dir doch noch gar nicht deine Geschenke gegeben.

HELGA. Nein, Vati, ich will jetzt auch lieber mit Hermann allein sein.
Helga geht mit Hermann an der Hand die Treppe hinauf.

554 Haus Helga, Gästezimmer, oberer Flur

Sobald Helga ihren Freund in das Gästezimmerchen gebracht hat, schließt sie sich dort mit ihm ein. So will sie zwischen sich und der Familie einen Trennungsstrich ziehen. Sie ist jetzt zu allem entschlossen. Sie beobachtet Hermann, der in der engen Mansarde wie ein Gefangener umhergeht. Sie wartet, bis er sich auf den einzigen Stuhl gesetzt hat und zu ihr herüberblickt. Dann sieht sie ihm in die Augen.
HELGA. Ich liebe dich.
In Hermanns Kopf überschlagen sich die Gedanken. Seine Augen rollen. Er weiß nicht, was geschehen soll.
HELGA. Nimm mich.
Hermann blickt auf.
HELGA. Bitte.
Hermann steht auf. Er geht, als wäre er an allem schuld.
HERMANN. Ich liebe dich ja auch. Aber meinst du nicht, daß deine Eltern jetzt sauer sind?
HELGA. Vergiß sie. Wir müssen sie sofort vergessen!
HERMANN. Na gut. Ich will's probieren.
Hermann geht auf Helga zu. Was hat er da gesagt?
Was will er probieren? Er setzt sich wieder auf den Stuhl. Soll er sich jetzt ausziehen? Soll er über sie herfallen? Er ist wie gelähmt. Helga lächelt mit ihrem schönsten Verführungslächeln. Dann kniet sie vor Hermann nieder und beginnt ganz langsam, ihn auszuziehen.
Unten im Wohnzimmer sitzt die Oma noch immer am Tisch. Sie ißt die Geburtstagstorte und trinkt Schnaps dazu. Die Eltern sind schlafen gegangen.
Hermann wird allmählich ruhiger. Er löst seine Krawatte und sieht zu, wie Helga vor ihm ihren Gürtel löst. Zuerst läßt sie den Rock fallen, ihre nackten Beine kommen zu Vorschein. Hermann beeilt sich, er knöpft das Hemd auf und zieht es gemeinsam mit seinem Sakko aus. Er erregt sich an Helgas Körper, der immer weiter entkleidet wird.
Schließlich steht sie in schwarzer Spitzenwäsche vor ihm. Hermann ist erstaunt. Helga in Reizwäsche, das hatte er nie erwartet.
HERMANN. Wo hast du denn das her?

HELGA. Gefällt es dir?
Hermann lächelt. Er hat Feuer gefangen. Die Familie und das fremde Haus stören ihn nun nicht mehr.
Helga beobachtet jede seiner Bewegungen. Während er sich nun weiter entkleidet, legt sie sich entschlossen auf das Bett. Sie legt sich auf den Rücken, öffnet ein wenig die Beine, beugt den Kopf weit nach hinten und versucht, sich Hermann hinzugeben.
Als Hermann sich über sie beugt und immer näher kommt, schließt sie fest die Augen. Es sieht aus, als erwarte sie nun eine Operation mit Schmerzen, die sie tapfer ertragen will.
Hermann muß lachen. Ist das ein Spiel? Wird er es mitspielen?
Die Oma, die sich inzwischen die Bettschwere angetrunken hat, kommt ächzend die Treppe rauf. Sie entdeckt den Lichtspalt in der Tür des Gästezimmers. Sie schleicht sich an, um zu hören, was in dem Zimmer vor sich geht.
Hermann hat sich über Helgas Körper hergemacht. Er küßt und packt sie so ähnlich, wie er an dem Krawallabend Helga in der Bibliothek gepackt hat. Helga ist unkonzentriert. Sie hat die Schritte der Großmutter gehört. Da klopft es schon heftig an die Türe. Die Stimme der Großmutter kreischt von draußen.
GROSSMUTTER HELGA. Helga, mach auf, komm da raus!

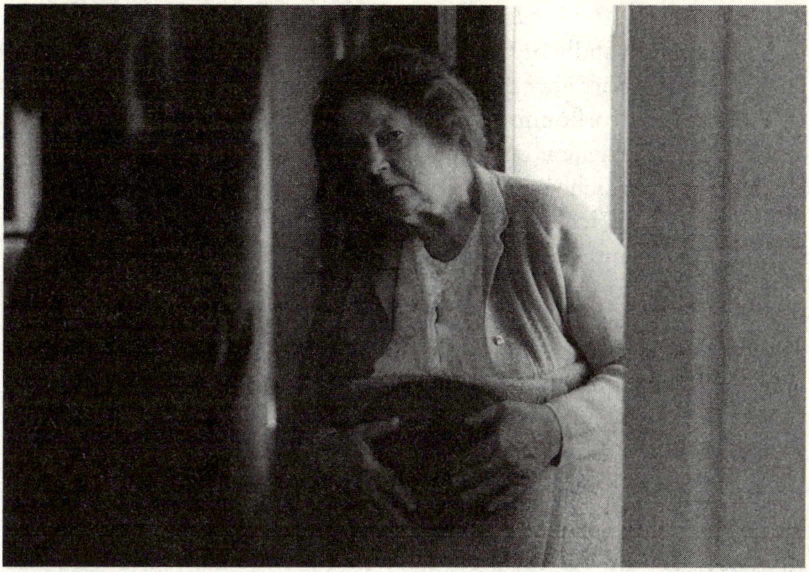

HELGA. Nein, nein.
GROSSMUTTER HELGA. Du sollst sofort da rauskommen!
HELGA. Ich denke nicht dran!
Hermann ist zu Tode erschrocken. Helga hat sich in Hermanns Armen aufgerichtet. Die Großmutter schüttelt empört den Kopf. Sie überlegt, was sie tun kann.
Hermann versucht hysterisch, seine halb ausgezogene Hose wieder anzuziehen.
Die Großmutter hat sich im benachbarten Badezimmer auf das Klo gesetzt. Sie hat ihren »Flachmann« bei sich, weil sie nicht weiß, wie lange sie hier ausharren muß.
GROSSMUTTER HELGA. Ich bleib hier sitzen, bis dat du rauskommst!
HELGA. Da kannst du lange sitzen. Ich komme nämlich nicht!
Helga zieht sich jetzt das schwarze Mieder aus. Mit ihren hübschen Brüsten geht sie direkt auf Hermann zu.
HERMANN. Mensch Helga, die steht doch noch da draußen, das höre ich doch ganz deutlich.
HELGA. Das ist doch egal.
HERMANN. Mir aber nicht! Fühl mal, was für ein Herzklopfen ich habe!
Hermann führt Helgas Hand an sein Herz. Die Großmutter sitzt eisern auf dem Klo.

GROSSMUTTER HELGA *(jetzt weinerlich)*. Helga, tu mir dat nicht an!

HELGA. Jetzt geh endlich! Du bist ja blau, Oma!

Die Oma ist empört über diese Äußerung. Das soll Helga büßen. Helga will der Oma zuvorkommen. Übereifrig beginnt sie, Hermann die Hosen wieder auszuziehen. Dabei überschüttet sie ihn mit geilen Küssen.

Hermann befreit sich von ihr. Er wälzt sich verzweifelt auf dem Bett.

HERMANN. Helga, ich kann nicht. Ich schwöre dir, das geht so nicht!

HELGA. Verdammte Spießerfamilie! Könnt ihr mich denn nicht einmal in Ruhe lassen? Ich werde hier noch wahnsinnig!

Helga macht einen Kopfstand vor Wut. Die Oma sitzt weiter auf dem Klo. Sie faßt sich in Geduld.

Hermann versucht, Helga zu trösten.

HERMANN. Helga, ich finde du solltest jetzt rausgehen; das wird doch so nichts.

HELGA. Scheiße!

Helga packt ihre Kleider. Sie zieht sich verzweifelt wieder an.

HELGA. Mach die Tür nicht zu. Ich komme heute nacht wieder, wenn alle schlafen. Tust du das?

Sie umarmt Hermann und gibt ihm einen Kuß. Hermann atmet auf.

Als Helga das Zimmer verläßt, steht die Großmutter vor ihr.

GROSSMUTTER HELGA. Helga, ich kenne dich nicht mehr wieder. Noch nicht mal, wenn du verlobt wärst, dürfte ich das erlauben!

HELGA. Was denn erlauben? Sprich's doch aus. Bring wenigstens das Wort über die Lippen! Spießerin!

GROSSMUTTER HELGA. So'n Wort, das würd ich nie in'n Mund nehmen. Ne Schande is dat!

Hermann hört sich diesen Dialog durch die Zimmertür an. So leise er kann, dreht er den Schlüssel um und sperrt sich ein. Jetzt ist er erst einmal in Sicherheit. Er hört die Schritte Helgas, die sich entfernen. Auch die Tür zu Großmutters Zimmer fällt ins Schloß.

Hermann sieht sich im Zimmer um. Helgas Strümpfe liegen noch auf dem Boden. Als er die Hand in die Hosentasche steckt, findet er Mariannes Markstück. Sofort fällt ihm ihre Nachricht wieder ein: »Komm heut nacht zu mir.« Soll er? Soll er nicht? Er wirft die Münze. Er soll. Hermann öffnet das Fenster. Draußen regnet es immer noch in Strömen. Vor dem Zimmerfenster gibt es einen Balkon. Er zieht sich eilig an.

Seinen Matchsack wirft er einfach in den Garten hinab. Dann schwingt er sich über das Balkongeländer.

Der Regen übertönt jedes Geräusch seiner Flucht.

555 Dülmener Straßen

Als Hermann im Regen steht, muß er sich erst einmal orientieren. Er schaut sich um. Hauptsache, er ist wieder frei. Er kann jetzt tun, was er will.
Seine Schritte führen ihn zu Mariannes Haus. Nur einmal war er hier, am Abend der Ankunft. So leicht hat er den Weg gefunden.

556 Wohnung Marianne

Es ist ganz dunkel in Mariannes Treppenhaus. Als Hermann auf dem Absatz ankommt, öffnet sich eine Wohnungstür.
Marianne erwartet ihn in einem weiten, gold-blauen Seidenumhang. Mit ihren offenen Haaren sieht sie sehr anziehend aus.
Hermann sagt kein Wort, als er ihr gegenübersteht. Ihre Blicke bohren sich ineinander. Ein Windzug, der durch das Treppenhaus heraufweht und hinter Hermanns Rücken vorbei auf Marianne zuströmt, bringt die Muschelplättchen einer Phantasielampe über Hermann zum Erklingen.
Marianne öffnet das Negligé. Sie umarmt Hermann mitsamt der goldblauen Seide, so daß er in ihrer warmen Hülle untertauchen kann. Die Körper umschlingen sich. So gehen die beiden zu Boden und lieben sich an Ort und Stelle zwischen Diele und Wohnzimmer.
Über Dülmens Straßen regnet es, als wollten die Wolken sich endlos ausschütten und alles unter sich ertränken.
Marianne hat den erschöpften Hermann in ihr Schlafzimmer gebracht. Dort liegen nun beide befriedigt und träumend auf dem Bett. Jetzt erst hat Hermann Zeit, sich Mariannes Körper anzusehen. Er dreht sie auf den Rücken und versucht, ihr in die Augen zu blicken.

MARIANNE. Weißt du, gestern, als ich dich gesehen habe, da habe ich zu mir gesagt, Marianne, paß auf, tu ihm nicht weh.

HERMANN. Tu ihm nicht weh?

MARIANNE. Du schaust aus wie einer, der verletzt worden ist. Ich meine, schon vor langer Zeit. Deine Augen, die schauen einen so fragend an. Ganz scheu hast du mich begrüßt, geheimnisvoll. Erzähl mir was von dir.

HERMANN. Ich bin zweiundzwanzig. Mein Vater ist im Krieg gestorben. Ich studiere Komposition, habe keine Freundin. Was willst du wissen?

MARIANNE. Du bist so zärtlich. Das ist schön. Und ganz anders als...

HERMANN. Als?

MARIANNE. Du hast die ganze Zeit die Augen zugehabt. Wo warst du mit deinen Gedanken?

HERMANN. Ich hab es vergessen.

Die beiden küssen sich. Sie versuchen noch einmal, alles um sich herum zu vergessen.

HERMANN. Du riechst gut. Das erinnert mich an...

Hermanns umherwandernder Blick fällt auf den großen Schlafzimmerspiegel, der das ganze Zimmer mit den beiden nackten Menschen abbildet.

HERMANN. Ich habe es vergessen.

Als Hermann sich an das Kopfende des Ehebettes lehnt, sieht Marianne ihn aus einer neuen Perspektive: Dort sitzt ihr Mann, der »Westphal«, den sie so sehr liebt.

MARIANNE. Ich bin elf Jahre älter als du.

HERMANN. Elf Jahre älter?

Hermann sieht sie erschrocken an. Marianne lacht.

MARIANNE. Ist das so schlimm?

HERMANN. Nein, überhaupt nicht.

MARIANNE. Du siehst so erschrocken aus.

HERMANN. Kennst du das auch, daß du manchmal das Gefühl hast, das, genau das habe ich schon mal erlebt? Manchmal, wenn ich einen Klang höre oder ein Bild sehe, bin ich ganz sicher, das kenne ich, das habe ich schon einmal erlebt. Vielleicht war ich schon mal auf der Welt. Als Tier vielleicht, oder in einem anderen Land oder in einem anderen Jahrhundert...

Hermann legt sich auf den Bauch. Er weiß genau, woran ihn das alles erinnert hat. Marianne will ihn nicht beunruhigen. Sie untersucht seinen verletzten Rücken.

MARIANNE. Dein Rücken ist schon wieder fast gut.

HERMANN. Manchmal fühle ich mich beobachtet. Da war einmal ein Zimmer, mit einem großen Spiegel. Als ich sechzehn war. Das war meine große Liebe.

MARIANNE. Es tut immer noch weh, gell?

HERMANN. Ja.

Marianne bedeckt Hermanns Körper mit dem ihrigen, sein Gesicht mit ihren langen dunklen Locken.

MARIANNE. Hast du auch Hunger? Bestimmt! Ich mache uns was zu essen.

Sie steht auf und zieht einen Morgenrock an. Im Hinausgehen lacht sie wie der helle Morgen.

MARIANNE. Ich habe gespürt, daß du etwas verbirgst. Ich verstehe dich.

Schon ist sie in der Küche verschwunden.

Die beiden Steaks waren vorbereitet. Bald brutzeln sie in der Pfanne. Das Bratgeräusch klingt beinahe so wie der Platzregen, der draußen auf das Pflaster vor dem Haus prasselt.

557 Haus Helga, oberer Flur

Helga macht phantastische Verrenkungen, um über die knarrenden Dielen hinwegzusteigen. Da der Boden nur an den äußersten Rändern nicht knarrt, versucht sie, an den Fußleisten entlangzuturnen. Dabei hält sie sich an der gegenüberliegenden Wand fest.

Auf diese Weise gelangt Helga unter unendlichen Mühen endlich langsam zur Tür des Gästezimmers. Im Zimmer der Großmutter brennt noch Licht. Helga überwindet erfolgreich und geräuschlos die Zone des Flurs, die vom Schlüsselloch der Großmutter aus einsehbar ist.

Hermann hat bei seiner Flucht das Licht brennen lassen, so daß Helga nun annehmen muß, daß er noch wach ist. Sie versucht, die Tür zu öffnen. Diese ist aber noch verschlossen. Ganz leise ruft Helga nun Hermanns Namen. Niemand antwortet ihr. Da erscheint die Großmutter auf dem Flur. Sie hält sich eine Wärmflasche vor den Bauch und ist hellwach. Sie sieht Helga durchdringend an.
GROSSMUTTER HELGA. Helga, ich habe einen sehr leichten Schlaf.
Helga sieht, daß alles verloren ist. Sie trommelt gegen die Zimmertür. Jetzt ist ohnehin alles egal.
HELGA. Hermann, Hermann, mach auf!
Die Erkenntnis kommt spät. Helga erstarrt.
HELGA. Der ist weg.
GROSSMUTTER HELGA. Das ist auch besser so.
Helga braucht ihre ganze Phantasie und ihren ganzen Mut, um sich zusammenzureimen, wo Hermann stecken könnte.

558 Haus Marianne, Schlafzimmer

Hermann und Marianne sind immer noch in ihr Freiheitsspiel versunken. Marianne überläßt sich und ihren Körper ganz Hermanns Phantasie. Er wickelt sie in das Leintuch, umhüllt damit ihren Kopf, so daß sie unter seinen Händen hilflos wirkt. Sie kann ihn nicht sehen. Lange betrachtet er ihren Bauch, ihre Scham, ihre Beine. Er entblößt ihre Brüste und küßt sie.
Mariannes Bauch ist von Tausenden kleiner Falten überzogen, eine Folge der Zwillingsschwangerschaft. Hermanns Blick vertieft sich in diese Hautlandschaft. Er sieht die Strukturen der Haut aus nächster Nähe wie durch ein Mikroskop. Er beginnt, Mariannes Bauch zu streicheln. Marianne ist von dieser unerwarteten Intimität, die größer ist als die des Beischlafs, überwältigt.
Hermann hört ein leises Schluchzen unter dem Tuch. Er befreit Mariannes Gesicht. Sie weint. Hermann spricht fragend ihren Namen aus, will wissen, was ihr fehlt. Sie aber verbirgt ihre Tränen vor ihm und dreht sich auf die Seite.
Ein Geräusch schreckt die beiden auf. Ein Stein wurde von draußen durch das Fenster geworfen.
Hermann springt auf. Er biegt die Lamellen der Aluminiumjalousie auseinander, um hinauszuschauen.

Draußen laufen zwei Gestalten über die Straße und verstecken sich hinter dem Gebüsch. Ein Zeitungsjunge geht vorbei. Hermann kann die Gestalten nicht erkennen.

MARIANNE. Komm unter die Decke. Weiß jemand, daß du da bist?

Hermann verkriecht sich zu Marianne unter das große Plumeau.

HERMANN. Wie soll jemand wissen, wo ich hingegangen bin? Wenn Helga inzwischen herausgefunden hat, daß ich nicht mehr in dem Zimmer bin, aber wie soll sie dann wissen, daß ich hier bin?

MARIANNE. Wir müssen das jetzt einfach vergessen.

Marianne zieht das Federbett so hoch, daß sie mit Hermann völlig darunter verschwindet.

MARIANNE. Du bist ein Traum.

HERMANN. Ich bin aber ganz real.

MARIANNE. Aber gerade deswegen bist du ein Traum.

Jetzt klingelt es an der Tür. Das Läuten ist rhythmisch und fordernd. Marianne kommt unter der Decke hervor, Hermann folgt.

HERMANN. Dein Mann ...?

MARIANNE. Unmöglich, ganz unmöglich. Der ist doch auf dem Gynäkologen-Kongreß in Basel.

Als sie sich Hermann wieder zuwenden will, läutet es wieder. Jetzt wird Marianne wütend. Sie springt aus dem Bett.

MARIANNE. Die Kinder werden doch wach!

Als sie die Wohnungstür öffnet, steht da der Zeitungsjunge und hält ihr einen Brief entgegen.

ZEITUNGSJUNGE. Den hier soll ich abgeben. Und ich bekäme eine Mark dafür.

MARIANNE. Wer hat das gesagt?

ZEITUNGSJUNGE. Das darf ich nicht sagen.

MARIANNE. Dann gibt's auch keine Mark. Verschwinde jetzt!

Marianne schließt die Tür und läßt den Jungen einfach draußen stehen. Der Brief ist adressiert mit den Worten *»Für Dich«*.

Marianne öffnet ihn. Auf einem Zettelchen stehen die Worte: *»Wir wissen, wo Du bist. Helga und Dorli.«*

Hermann kommt aus dem Schlafzimmer. Er hat seine Hose angezogen. Marianne überreicht ihm den Brief.

HERMANN. Für mich?

MARIANNE. Du wirst verfolgt. Helga liebt dich.

Hermann geht zum Fenster. Er zieht den Vorhang einen Spalt zur Seite. Er kann nichts erkennen. Marianne kommt zu ihm.

HERMANN. Meinst du, sie sind noch da draußen?
MARIANNE. Sie kann überall versteckt sein.
HERMANN. Meinst du, sie macht Skandal?
MARIANNE. Ich glaube, nicht. Und wenn schon.
Marianne lehnt ihren Kopf an Hermanns nackte Schulter. Ihre Augen sind noch ganz verweint.
HERMANN. So was nennt man hier Liebe.
Marianne hat plötzlich Angst, daß alle Gefühle dieser Nacht durch den Einbruch der Eifersucht und von Hermanns Bitternis entwertet werden.
MARIANNE. Du meinst doch nicht mich?
HERMANN. Nein.
MARIANNE. Sei froh, daß du in einer Großstadt lebst, Hermann. Da nimmt keiner vom anderen Notiz. Darum beneide ich dich.
Draußen geht der Tag auf über der Kleinstadt. Es hat aufgehört zu regnen. Große, dunkelgraue Wolken ziehen über das Land in südliche Richtung.

559 Autobahnauffahrt

An der Autobahnauffahrt liegt das Städtchen schon weit zurück. Es sind nur wenige Kilometer, die Marianne mit ihrem Karman-Ghia bis hierher zurücklegen mußte. Dies ist betoniertes Niemandsland, in dem Hermann abgesetzt wird, damit er seine Reise fortsetzen kann. Marianne hält an. Hermann, der wie sie die ganze Nacht nicht geschlafen hat, ist langsamer in seinen Bewegungen als sonst. Es dauert eine Weile, bis er realisiert, wo er ist, und den Entschluß faßt, auszusteigen.
Sie beugt sich plötzlich zu ihm hinüber und küßt ihn. Einen ganz kurzen Moment lang wacht die Leidenschaft wieder auf, dann aber stößt sie ihn zurück.
MARIANNE. Komm nie wieder im Leben nach Dülmen. Geh jetzt.
Hermann begreift, daß er nur eine Episode im Leben dieser Frau war, die sich vehement entschließt, allein weiterzukommen. Er steigt aus dem Auto aus, murmelt ein paar Abschiedsfloskeln, schnappt seinen Matchsack und trottet zur Autobahneinfahrt.
Marianne wendet ihren Wagen. Ihr Gesicht ist nun sehr ernst und verschlossen. Sie kehrt in ihre Kleinstadt zurück.
Hermann steht am Straßenrand. Eines der vielen Autos, die hier in der frühen Morgenstunde einbiegen, wird ihn mitnehmen.

Ein Wind kommt auf, der in den Bäumen und dem Buschwerk zerrt, das die Betonstraße säumt.

560 Café Hintsch

Um diese Zeit ist die Bedienung gerade dabei, das Café zu öffnen. Dorli und Helga sitzen an dem Tisch, an dem Helga mit Hermann an ihrem Geburtstagsmorgen gefrühstückt hat. Jetzt läßt sie die frischen Brötchen und Dorlis Familienkaffee stehen. Sie raucht. Diese Nacht mit allen ihren Strapazen und Überforderungen ihres Gefühlslebens steht den beiden Freundinnen ins Gesicht geschrieben. Dorli betrachtet Helga mit besorgtem Ausdruck.

HELGA. Ab sofort rauche ich.

DORLI. Das macht dir doch überhaupt keinen Spaß! Ich sehe es dir ja an, du wirst ja ganz blaß um die Nase.

HELGA. Das ist doch meine Sache, oder?

Dorli erhebt sich, um für Helga einen Aschenbecher zu holen. Die Bedienung öffnet die Tür zur Straße und läßt die frische Morgenluft herein. Hausfrauen, die draußen zum Frühstückseinkauf eilen, grüßen herüber. Es ist ein grauer, etwas windiger Tag.

Helga zwingt sich, weiterzurauchen. Sie zieht so oft hintereinander an ihrer Zigarette, daß es aussieht, als wollte sie sich vergiften.

HELGA. Du machst, was du willst, und ich mache, was ich will, klar?

DORLI. Ich bin deine Freundin, das ist alles.

Dorli hat ihr Gesicht auf Helgas Schulter gelegt. Sie will die Freundin trösten.

HELGA. Ich fahre nach München zurück.

561 Insel Sylt

Hermann ist auf der Nordseeinsel angekommen. Auf der Suche nach der Tommy-Familie wandert er mit seinem Matchsack durch die Dünen. Die Insel ist an dieser Stelle im Norden des Ortes Kampen sehr schmal. Über dem offenen Meer neigt sich schon die Sonne dem Abend entgegen. Hermanns Blick wird immerzu vom Meer angezogen. Ein bleiernes Bild der Unendlichkeit auf seiner rechten Seite: das Wattenmeer, dessen Horizontlinie im Dunst verschwindet.

HERMANN. *Es war das erste Mal in meinem Leben, daß ich das Meer sah. Ich stellte mir vor, daß hinter der Horizontlinie England lag. Und dort, wo die Sonne unterging, irgendwo, weit hinter der Erdkrümmung, Amerika. Hier auf der Insel war der Gedanke, unterwegs zu sein, auf der Suche nach etwas, das ich nicht benennen konnte, so mächtig in mir wie noch nie. Auf einmal verstand ich, warum die Menschen von Fernweh überwältigt werden und ihre Heimat verlassen. Ich war aus München geflohen, ich war aus der Enge des Hunsrückdorfs geflohen, ich war aus Dülmen geflohen, aber ich hatte ein Ziel. Es war verborgen in mir.*

Hermann hat das Haus mit dem riesigen Reetdach erreicht. Über ein Holzbrückchen erreicht er den Eingang des prächtigen Friesenhauses. Die Haustür steht offen.

562 Landhaus auf Sylt

Als Hermann das Haus betritt, empfängt ihn leblose Stille. Das im altfriesischen Stil gebaute Haus macht einen geduckten Eindruck mit seinen schattigen Fenstern und dem niedrigen Dach. Im Innern aber ist es großzügig und weiträumig. Die in den Wohnraum einbezogene Dachbalkenkonstruktion erinnert ein wenig an die komfortable Dachwohnung der Designerfamilie in München.

Hermann geht durch die stillen Räume. Niemand scheint zu Hause zu sein. Da bewegt sich etwas im Hintergrund des großen Wohnraums. Hermann erkennt die Beine eines Jungen, die hinter der ledernen Couchgarnitur hervorschauen.

Hermann geht weiter in den Raum hinein. Tommy liegt da, bäuchlings auf dem Teppichboden. Der Junge betrachtet Fotos von nackten Frauen, Bilder aus verschiedenen FKK-Zeitschriften, die Tommy genüßlich durchblättert, ohne sich von Hermann im geringsten stören zu lassen. Hermann läßt seinen Matchsack zu Boden gleiten.

HERMANN. Bist du allein?

Statt einer Antwort hält Tommy ihm eins der Frauenbilder entgegen. Es zeigt eine nackte Blondine mit riesigen Brüsten.

TOMMY. Die gefällt mir am besten, dir auch?

Hermann ist am Ziel seiner Reise angekommen. Aufatmend tritt er ans Fenster, um zu sehen, wo er denn hier gelandet ist.

HERMANN. Und was macht das Klavierüben?

Tommy macht eine vage Bewegung mit dem Kopf. Dann schiebt er seine Pornofotos unter die Couch und erhebt sich. Er führt Hermann über eine Wendeltreppe in ein Gartenzimmer. Dort steht ein großer Steinway-Flügel mit goldener Beschriftung an der Seite.

TOMMY. Sehen Sie, mit echtem Gold.

Hermann schlägt ein paar Töne an. Neben dem Flügel gibt es einen Ausgang zum Garten. Auch hier stehen die Türen offen. Auch hier diese Nachmittagsstille, diese stillstehende Luft.

HERMANN. Hmhm. Wollen wir's mal probieren?

TOMMY. Ja, meinetwegen.

HERMANN. Komm, setz dich mal hin.

Tommy setzt sich auf die Klavierbank. Hermann und der Junge betrachten nun die lange Reihe der schwarzen und weißen Tasten.

HERMANN. Paß mal auf, Tommy. Stell dir vor, alle Töne sind Frauen. Junge und alte, blonde und schwarze.

Hermann schlägt bei jedem seiner Beispiele einer der Tasten an und läßt den Ton verklingen. Tommy lauscht, bis nichts mehr von den Tönen zu hören ist. Dann schlägt auch er einen Ton an. Jetzt lauschen sie beide, bis er wieder ganz verklungen ist. Tommy grinst, als hätte er Hermann verstanden.

Draußen im Garten werden Stimmen laut. Es sind Tommys Eltern, die aus der Haussauna kommen und nackt umherlaufen. Die erhitzten Körper dampfen in der kühlen Gartenluft. Mit ihren Handtüchern schlagen sich die beiden gegenseitig auf die Rücken- und Beinpartien. Dabei kichern sie und genießen ihre Nacktheit.

Hermann, der mit offenem Mund zugesehen hat, möchte nicht so entdeckt werden, so entgeistert und eingeschüchtert, wie er sich fühlt. Er schiebt Tommy beiseite, um sich ans Klavier zu setzen. Er spielt eine kleine eigene Komposition. In der Musik schwingt Hermanns Erschöpfung nach dem Dülmen-Erlebnis mit. Es enthält aber auch erlösende Töne, die zum Träumen einladen. Tommys Eltern haben ihn entdeckt. Sie wickeln sich in ihre Handtücher und kommen her. Zwischen Hermann und Tommys Mutter entsteht sofort wieder diese Atmosphäre der Verführung, der er sich schon in München kaum entziehen konnte.

Es ist Abend geworden. Im Fernsehen werden wieder Bilder von den Münchner Krawallen gebracht. Polizeiaufmärsche, Prügeleien auf der Straße.

Tommys Eltern liegen am Kamin, um die Nachrichten zu sehen. Hermann bleibt im Klavierzimmer, er vervollkommnet seine Komposition.

ORIGINALTON FERNSEHEN. In München ist nach fünf Krawallnächten wieder Ruhe im Stadtteil Schwabing eingekehrt. Starke Polizeikräfte waren auch gestern nacht entlang der Schwabinger Leopoldstraße postiert. Sie mußten jedoch nicht eingreifen. Im Verlauf der bisherigen Auseinandersetzungen war es zu mehr als zweihundert Festnahmen gekommen. Mittlerweile herrscht auf der Münchner Flanierstraße wieder das gewohnte Treiben. Über das Vorgehen der Polizei in den Krawallnächten kam es heute zu heftigen Debatten im Münchner Stadtrat. Eine Untersuchung über den Polizeieinsatz wurde angekündigt …

563 Elternhaus Helga

Die Sendung der Tagesschau strukturiert überall in Deutschland den Feierabend der Menschen. Auch Helgas Vater sitzt in seinem Dülmener Haus vor dem Fernsehgerät. Soeben wird der Wetterbericht gesendet.

ORIGINALTON FERNSEHEN. Aus Frankfurt nun die Wettervorhersage für morgen, Donnerstag, den 26. Juni 1962 …

HERMANN. *Mit dem Tiefausläufer, der von den Britischen Inseln über die Nordsee, Westfalen, den Hunsrück und die deutschen Mittelgebirge ins Alpenvorland gezogen war, hatte es eine allgemeine Abkühlung gegeben. Der Regen, der gestern noch die Kreisstadt Dülmen gestreift hatte, ergoß sich heute über die Straßen von München. Die Polizei hatte wieder auf die randalierende Großstadtjugend gewartet, die aber war ausgeblieben. Am fünften Abend fielen die Schwabinger Krawalle ins Wasser. So einfach war das Ende.*

564 Münchner Straßen

Hermann ist wieder in München. Es ist immer noch Sommer. Er ist auf dem Weg zu dem Trödler, bei dem er die Gitarre anbezahlt hatte.

HERMANN. *Ich blieb fünf Wochen auf Sylt und verdiente bei Tommys Eltern genug Geld, um mir die neue Gitarre zu kaufen.*

565 Trödelladen

Hermann betritt den Laden. Es scheint niemand da zu sein. Denn auch nach mehrmaligem Rufen kommt kein Verkäufer, und der freundliche Mann, der Hermann die Gitarre verkauft hat, ist auch in seiner Werkstatt nicht aufzufinden.
Hermann entdeckt seine Gitarre. Er ist erleichtert, daß wenigstens das Instrument noch an seinem Platz steht. Er nimmt es an sich, um noch einmal zu prüfen, ob er sich da nicht etwa in Klang und Qualität getäuscht hat. Er beginnt, die Gitarre zu stimmen. Da kommt eine Frau herein, die Hermann mustert und mit bösem Gesicht auf ihn zugeht.

LADENBESITZERIN. Sind Sie schon lange hier?

HERMANN. Scheint niemand da zu sein ...

LADENBESITZERIN. Geben Sie mir das Instrument, das ist wertvoll.

HERMANN. Ich weiß. Gehören Sie zum Geschäft?

LADENBESITZERIN. Ich bin die Chefin.

HERMANN. Ah so. Ich wollte das Instrument abholen. Hier ist der Rest von dem Geld. Hunderfünfundzwanzig Mark.

Hermann muß nun von Anfang an erklären, wie er diese Gitarre vor Wochen angezahlt hat und daß der Mann, der damals im Laden war, sie ihm tatsächlich so billig verkauft hat. Es kostet Mühe, die Frau von dem Geschäft zu überzeugen, bei dem er solches Glück im Unglück hatte.

566 Villa Cerphal

Hermann erreicht mit seiner Gitarre den »Fuchsbau«. Er ist wieder zu Hause. Er trägt sein neues Instrument liebevoll hinein.

567 Villa Cerphal, Terrassenzimmer

Als Hermann mit seiner Gitarre das Zimmer betritt, findet er dort den Kreis seiner Freunde versammelt: Alex, Reinhard, Stefan, Rob, den Aufnahmeleiter, Bernd, Juan und Olga.
Alle sitzen sie im Kreis um den runden Tisch und haben begonnen, einen Kuchen zu verzehren, den Alex mitten auf den Tisch gestellt hat. Hermann begrüßt seine Freunde der Reihe nach. Er weiß nicht, was hier geschieht und warum die Freunde beim Essen so kichern und blöde Bemerkungen machen.

ALEX. Hermann, du brauchst dich nicht ausgeschlossen zu fühlen. Ich nehme an, der Kuchen war für dich bestimmt. Wir haben uns erlaubt, das Päckchen hier schon mal aufzumachen. Es roch einfach viel zu gut.

HERMANN. Zeigt doch mal her, von wem ist denn der Kuchen?

Alex überreicht ihm die leere Verpackung.

ALEX. Hier, Absender: Dülmen/Westfalen, Helga, Dorli und Marianne.

Hermann sieht die kauenden und genießenden Freunde an. Nur langsam kann er die Anwesenheit aller dieser Gesichter realisieren. Seine Augen sind nach der Reise ein wenig fremd geworden.

ALEX. Da ist auch noch ein charmanter Brief dabei. Den haben wir natürlich nicht geöffnet. Wir wissen ja, was sich gehört.

Alex überreicht Hermann einen Briefumschlag. Hermann setzt sich auf sein Bett. In dem Umschlag findet sich eine selbstgebastelte Postkarte mit dem Bild des Lüdinghausener Tors, dem Wahrzeichen der Stadt Dülmen. Die beiden Stadttorflügel lassen sich auf der Karte aufklappen. Dahinter kommt ein Bildchen von Helga, Dorli und Marianne zum Vorschein. Es ist das Foto, das der Kennedy-Typ im städtischen Schwimmbad von den drei Provinzgrazien geschossen hat, ehe Hermann dort eintraf.

Auf der Rückseite der Karte steht: *»Deine drei Dülmener Frauen schicken Dir eine süße Erinnerung an Deine Tage in Westfalen. Ich muß noch oft an Dich denken, Marianne«.*

Hermann muß lachen. Ist das alles Wirklichkeit? Die Stimmen und das Gelächter der Freunde sind ebenso fern wie die Bilder der Reise in seinem Kopf.

Als Hermann den Blick hebt, sieht er Clarissa, die draußen auf der Terrasse erschienen ist.

568 Villa Cerphal, Gartenterrasse

Hermann geht mit seiner neuen Gitarre zu Clarissa hinaus. Sie steht dort, ein wenig unwirklich, wie alles an diesem Tag, an das Terrassengeländer gelehnt. Sie lächelt ihm entgegen.

CLARISSA. Nun?

HERMANN. Eine echte Ramires.

Hermann zeigt Clarissa seine neue Gitarre. Als sie die Hand hebt, um das Instrument zu berühren, bemerkt Hermann, daß sie beide Handgelenke bandagiert hat. Sie hat Schmerzen bei allen Bewegungen ihrer Hände.

HERMANN. Hast du Tag und Nacht geübt?

Mit einer zärtlichen Geste gibt er ihr die Hand. Ihre Blicke begegnen sich.

CLARISSA. Und, was macht die Arbeit?

HERMANN. Irrtümer, Umwege...

Hermann und Clarissa blicken in den Garten hinaus. War es das erste Herbstlaub, das sich von einem der Bäume gelöst hat?

Die Terrasse wirkt plötzlich herbstlich.

Sechstes Buch

KENNEDYS KINDER

Alex, 1963

601 München, Englischer Garten

Sobald die Herbststürme das ganze Laub von den Parkbäumen geweht haben, werden die hohen Baumkronen zum Nachtquartier der Stadtkrähen. In gewaltigen Schwärmen lassen sie sich bei Sonnenuntergang in bestimmten Bezirken des Englischen Gartens nieder, um sich im Morgengrauen wieder zu erheben. Wie Rauchwolken verdunkeln sie dann die Parklandschaft und die angrenzenden Stadtviertel. Es scheint, daß die Städte mit ihrem Müll und ihrem Wohlstandsschmutz ein gutes Winterrevier für die gefräßigen Tiere sind.

Im ersten Licht des Novembertags umkreisen die schwarzen Vögel ihre Schlafbäume, als wollten sie sich ihr Nachtlager noch einmal einprägen, bevor sie sich auf ihre Raubzüge ins Innere der Menschensiedlung begeben.

Nietzsche hatte zu seiner Zeit gewiß noch ein ganz anderes Bild von »Stadt« vor Augen, als er sein Herbstgedicht schrieb:

»Die Krähen schrein
und ziehen schwirren Flugs zur Stadt:
Bald wird es schnein –
Wohl dem, der jetzt noch Heimat hat!

Nun stehst du starr,
schaust rückwärts, ach! wie lange schon!
Was bist du Narr
vor Winters in die Welt entflohn?

Die Welt – ein Tor
zu tausend Wüsten stumm und kalt!
Wer das verlor,
Was du verlorst, macht nirgends halt ...«

Diesen Text hat Hermann einmal vertont, als er noch fremd war in München und in seinem tiefsten Innern über den Verlust der Heimat klagte.

Eine der Stadtkrähen hat sich auf einem kahlen Ast direkt vor Alex' Fenster niedergelassen. Es scheint so, als wolle sie in das Zimmer hereinschauen, in dem der ewige Philosophiestudent schläft.
Das Zimmer ist voll mit Büchern, die sich auf der Fensterbank, dem Tisch und einem primitiven Regal türmen, das die beiden Fenster umrahmt und sich an der Wand über dem Bett fortsetzt, in dem Alex liegt und schnarcht. Das Zimmer sieht fast wie eine Gefängniszelle aus, so eng ist es, und so erbärmlich wirkt die Matratze, auf der Alex liegt inmitten all seiner Bücher, in denen er gefangen zu sein scheint.
Er ist offenbar bei der Lektüre eines seiner Wälzer eingeschlafen, denn sein Kopf liegt direkt neben den aufgeschlagenen Seiten. Sogar seine Brille hat er noch auf. So röchelt er in seine Armbeuge hinein. Der Wecker zeigt auf sieben Uhr.

HERMANN. *»Am frühen Morgen passieren die schrecklichsten Dinge«, pflegte Alex zu sagen: »Kriegsausbrüche, Verhaftungen, Eisenbahnunglücke, Hinrichtungen – und die Ausbeutung der Arbeiterklasse.« Zu diesem bösen Teil der Welt wollte Alex nicht gehören. Deswegen schlief er, bis die Gefahr vorbei war. Das war meist erst gegen Mittag der Fall.*

Der Rabe vor dem Fenster schnarrt und schielt herein. Das Schnarchen von Alex klingt auch nicht lieblicher als die Stimme des Vogels draußen. Alex öffnet im Traum ein Auge. Er krümmt sich und zieht den frierenden Fuß mit der durchlöcherten Socke unter die Decke.

HERMANN. *Alex war älter als wir anderen Freunde, aber er war immer noch Student. Keiner von uns hatte so viele Bücher gelesen wie er, nicht einmal seine Philosophieprofessoren an der Universität.*

Alex wacht für einen Augenblick auf. Er hebt den Kopf und blickt in seine Bücherzeile. Eigentlich will er sich nur vergewissern, daß nichts ihn daran hindert, weiterzuschlafen.

HERMANN. *Einer von seinen vielen Sprüchen hieß: »Was nützt all unser Wissen, wenn der Mensch pleite ist!« Mit diesem Spruch konnte er sogar Maria, die Kellnerin aus dem »Werneckhof«, verblüffen. Sie schenkte ihm öfters eine warme Suppe dafür und ließ sich mit philosophischen Gedanken belohnen. Außer Alex hätte das keiner vermocht.*

»De mortuis nihil nisi bene« steht in Handschrift unter dem Foto seines Vaters, das Alex über seinem Bett im Regal stehen hat.

Etwas beunruhigt jetzt den Schnarcher. Er wälzt sich hin und her. Seine Träume quälen ihn. Mit einem Zucken, das durch den ganzen Körper fährt, bäumt er sich auf, starrt das Portrait des Vaters an, um dann in sein Kissen zurückzusinken.

HERMANN. *Der Vater von Alex hatte sich vor ein paar Jahren auf einem Heidelberger Dachboden erhängt. Es hieß, daß er sich mit einem Grillrestaurant verschuldet hatte.*

Alex träumt immer noch seinen Alptraum. In seinem Gesicht spielt sich eine makabre Mimik ab, während er im Schlaf stöhnt und spricht.

ALEX. Du dummer Mensch ...

HERMANN. *Von seinem Vater stammte angeblich noch einer von Alex' weisen Sprüchen: »Was ist ein Freund? Ein Freund, das ist einer, der dir Geld borgt.«*

Ist es Traum oder Wirklichkeit? Der Vater auf dem Bild hat tatsächlich den Mund bewegt und diesen Leitspruch gesagt. Alex lächelt im Schlaf und hat die Augen offen, ohne wach zu werden.

ALEX. *Ich habe die Gabe, uns historisch zu sehen. Ich weiß zum Beispiel genau, was ich am 23. November 1963 um halb zehn getan habe: Ich habe beschlossen, an diesem Tage meine Freunde auf die Probe zu stellen.*

Der Wecker zeigt auf halb zehn. Alex ist aufgestanden. Mit dem Rasierpinsel in der Hand verläßt er seine Bude und betritt den Flur. Dies ist eine schäbige Vorstadtwohnung mit Gaszähler und Topfpflanze im Flur und abbröckelnder Farbe an Wänden und Türen. Alex seift sein Gesicht ein, ohne hinzusehen. Dabei schleicht er durch die Diele und bleibt vor der Küchentür stehen.

ALEX. *Ich weiß noch genau, wie es in der Wohnung meiner Wirtin gerochen hat. Sie hatte die ersten Weihnachtsplätzchen gebacken, und dann war sie ausgegangen. Komisch – sonst ließ sie die Küchentür immer offen, aber an diesem Tage traute sie mir wohl nicht. Ich fragte mich, ob ich mit meinem ungefrühstückten Magen und mit meinem leeren Geldbeutel an diesem Tage überall solchen Schrecken verbreiten würde.*

Alex probiert es noch an einer anderen Tür, die aber auch verschlossen ist. Er bleibt nachdenklich vor seiner Zimmertür stehen.

ALEX. *Es war der Tag, an dem John F. Kennedy in Dallas ermordet wurde. Das Ereignis, das erst abends eintrat, hat unser Kurzzeitgedächtnis dieses Tages verlängert und in historische Dimensionen gehoben.*

603 Haustür, Hauseingang

Alex ist nun angezogen. Er steckt in einem viel zu engen, aber pelzgefütterten Mantel. Über den Ohren trägt er schwarze Ohrenschützer, und die Hände verbirgt er in alten Strickhandschuhen. Nachdem er ein paar Briefe aus dem verbeulten Blechbriefkasten geangelt hat, begibt er sich mutig ins Freie.

ALEX. *Alles, was ich an diesem Tage tat, trat in Verbindung mit dem Präsidentenmord, der noch gar nicht geschehen war, den niemand ahnen konnte, ja, den man vormittags vielleicht noch hätte verhindern können, wenn ich es mir recht überlege …*

Er überquert die Hinterhöfe einer alten Siedlungsanlage und verschwindet in einer niedrigen Durchfahrt.

ALEX. *Es regnete den ganzen Tag. Genaugenommen regnete es in München den ganzen Tag, denn in Dallas schien ja die Sonne. Wäre ich Texaner, so wäre Kennedys Todestag für mich ein sonniger Tag. Aber so war es ein grauer Novembertag, wie er von den meisten deutschen Dichtern in Herbstgedichten beschrieben wird. »Die Krähen schrein – und ziehen schwirren Flugs zur Stadt …«. Nietzsche.*

Alex ist am »Fuchsbau« angekommen. Er läuft dicht an den Hecken entlang, weil er hofft, auf diese Weise weniger naß zu werden.

Das Tor zur Cerphal-Villa steht offen. So kann er den vor Nässe triefenden Garten betreten. Der Weg zu den Freunden? Ist ein Freund wirklich einer, der sich anpumpen läßt?

604 Villa Cerphal, Terrasse

Als Alex die Terrassenseite der Villa erreicht, sieht er zwei Arbeiter, die damit begonnen haben, einen Kirschbaum zu fällen, der direkt hinter der Holzterrasse steht. Die Cerphal schützt sich mit einem Regenschirm und sieht zu, wie die Männer den Baumstamm absägen.

ALEX. *Fräulein Cerphal hatte wohl auch so eine Ahnung, daß dies ein Unglückstag werden sollte …*

Alex flüchtet sich zu der Cerphal unter den Schirm. Der Regen bietet einen guten Vorwand zur Vertraulichkeit.

ALEX. Ah, Fräulein Cerphal, guten Tag.

FRÄULEIN CERPHAL. Vorgestern bei dem Sturm habe ich die ganze Nacht gedacht, der Baum fällt mir aufs Dach!

Die Arbeiter haben zu sägen aufgehört. Jetzt werden die Seile gelockert, mit denen man den Baum am Umstürzen gehindert hatte.

ARBEITER. Gehn S' z'ruck, jetzt wird's hier gefährlich!

FRÄULEIN CERPHAL. Stellen Sie sich vor, so was passiert gerade in dem Moment, wenn einer meiner Studenten hier über die Terrasse geht! Das ist doch nicht auszudenken! Die gehen doch hauptsächlich nachts hier ein und aus. Ein junges Menschenleben unter solcher Gefahr! Das konnte ich nicht aushalten. Ein Damoklesschwert ist so was – oder ein Damoklesbaum. Sagen Sie dem Mann da oben, er soll bloß vorsichtig sein!

Einer der Arbeiter klettert in die Krone einer benachbarten Eiche. Er versucht, das Seil zu erreichen, mit dem der Fall des Kirschbaums kontrolliert werden soll.

ALEX *(schreit)*. Seien Sie bloß vorsichtig da oben!

FRÄULEIN CERPHAL. Jetzt sieht man erst mal, wie hoch das ist, das sind ja mindestens dreißig Meter. Der Mann sieht ja ganz klein aus!

ARBEITER. Na, na, da brauchen S' Eana keine Sorgen machen. Das sind höchstens zehn Meter.

Die Cerphal hat sich mit Alex in den hinteren Bereich der Terrasse zurückgezogen. Von hier aus will sie die aufregenden Arbeiten im Garten weiter verfolgen.

FRÄULEIN CERPHAL. Bäume sind auch Lebewesen. Die können manchmal wie Raubtiere sein.

ALEX. Raubtiere? Ist das nicht etwas übertrieben?

FRÄULEIN CERPHAL. Meine Großmutter mütterlicherseits ist 1911 im November von einem umstürzenden Baum erschlagen worden. Diese Geschichte wird oft in meiner Familie erzählt. Sie war eine sehr schöne junge Frau, blutjung, als sie meine Mutter – die damals erst zwei Jahre alt war – auf dem Arm trug. Sie wollte den Großvater besuchen, der kam nämlich gerade aus der Stadt mit der Kutsche zurück, und sie lief auf den Großvater zu. Ach, das war auch ein wunderbarer Mann, mit einem herrlichen Schnurrbart. Ich habe da noch ein Foto. Und gerade in diesem Augenblick fegte ein Windstoß über den Gutshof und warf den morschen alten Apfelbaum um. Und dieser riesige Baum stürzte, vor den Augen des Großvaters, auf die junge Frau und tötete sie. Ein Ästchen streifte meine Mutter noch auf der Wange, und die hat davon so eine süße kleine Narbe behalten. Und in die hat sich dann zwanzig Jahre später mein Vater verliebt. Sonst gäbe es mich nämlich gar nicht. Mit dem Apfelbaum hat alles angefangen. Und jetzt ist wieder November. Ich habe eine schreckliche Angst vor dieser Kirsche oder was das sein soll. Gibt es so was?

ALEX. So was gibt's.

FRÄULEIN CERPHAL. Mir scheint, die Baumunfälle, die liegen bei uns in der Familie.

Alex hat seinen Blick bedeutungsvoll in die Ferne gerichtet. Er ergreift die Gelegenheit, mit der Cerphal zu philosophieren. Ist das nicht seine Rolle, die er im Leben der Freunde spielt? Und leitet sich nicht von da auch sein Anspruch her, ernährt und wirtschaftlich über Wasser gehalten zu werden?

ALEX. Die Bäume sehen die Dinge gewiß anders als wir. Nehmen wir zum Beispiel an, dieser Baum hat Napoleon gesehen ... oder Ihren Urgroßvater als Kind. Es wird an den Bäumen gesündigt!

Die Säge arbeitet sich nun wieder durch den Stamm des Kirschbaums. Der Regen wäscht die Sägespäne fort, sobald sie aus der Schnittfuge rieseln. Der sterbende Baum ächzt, als spüre er die tödlichen Sägezähne in seinem Körper. Plötzlich beginnt er zu fallen. Ganz langsam lösen sich die oberen Äste aus der Umklammerung der Nachbarbäume, zersplittern und verlieren den Halt, wie der ganze, triefend nasse Baumkörper.

Die Cerphal schreit auf. Sie stürzt zur Terrassentür und erreicht mit Alex das Studentenzimmer gerade in dem Augenblick, da der Kirschbaum mit dumpfem Gepolter auf das Terrassengeländer schlägt und es zertrümmert.

Hermann fährt aus dem Schlaf. Die Spitze des Baumes hat das Fenster seines Zimmers zerschlagen. Glasscherben springen umher. Ein Windzug fährt herein, alles gerät in Bewegung: die Vorhänge, die Lampe und die vielen Plakate, die im Zimmer wie Wäsche zum Trocknen aufgehängt sind.

Die Cerphal begreift nicht, daß sie um Haaresbreite einem jener »Baumunfälle« entgangen ist, die angeblich ihre Familie bedrohen. Sie sieht die Äste, die überraschenderweise bis nah an Hermanns Bett hereingedrungen sind.

FRÄULEIN CERPHAL. Das war aber jetzt nicht beabsichtigt! Guten Morgen übrigens. Was ist denn hier eigentlich los? Das riecht ja hier wie in einer Druckerei. Haben Sie denn in diesen Ausdünstungen geschlafen? Das sind doch gefährliche Gase! Herr Simon, haben Sie Kopfschmerzen? Also, das ist ja jetzt ein Glück, daß wir Sie geweckt haben!

Fräulein Cerphal hat die Gabe, alles irgendwie zu ordnen und mit halben gedanklichen Lösungen zufrieden zu sein: Daß der Kirschbaum die Balustrade und ein Fenster zerstört hat, ist ein Glücksfall an diesem Morgen, denn nun weht frische Luft ins Zimmer und treibt die giftigen Dämpfe hinaus. Verdächtig, wie lange der junge Künstler in den Vormittag hinein geschlafen hat!

Hermann kann vor Schreck nicht sprechen. Nur langsam realisiert er die fragenden Blicke, die auf ihn gerichtet sind. Er nimmt eins der blauen Plakate vom Boden auf und befreit es von den Glasscherben.

HERMANN. Das sind die Plakate für mein Konzert im Dezember.

FRÄULEIN CERPHAL. Ach! *(liest)* »Spurengruppe. Neue Musik von Hermann W. Simon. Streichquartett für abwesendes Cello«. Also, das ist witzig.

ALEX. Sehr witzig!

Auch Alex interessiert sich für die Plakate. Er versucht, eins davon in die Hand zu nehmen.

HERMANN. Vorsicht, die sind vielleicht noch feucht! Die haben wir nämlich erst gestern nacht heimlich gedruckt.

FRÄULEIN CERPHAL. Heimlich?

HERMANN. Na ja, in der Akademie. Der Leiter der Siebdruckwerkstatt durfte davon nichts wissen. Deswegen mußten wir sie zum Trocknen mit nach Hause nehmen.

FRÄULEIN CERPHAL. Sind aber sehr schön geworden. Und die Spuren ... also, die locken irgendwie, das spricht mich an.

ALEX. Mich auch.

HERMANN. Na, Sie können ja eins behalten, wenn Sie wollen.

Hermann schlüpft in seine Hausschuhe, um die nackten Füße nicht an den Glassplittern zu verletzen. Er steht auf.

FRÄULEIN CERPHAL. Dankeschön – zur Erinnerung. Was machen wir denn jetzt bloß mit diesem Schaden? – Gerold!

Der Vorarbeiter ist draußen am Fenster erschienen, um den Schaden zu begutachten.

ARBEITER. Soll ich einen Glaser rufen?

FRÄULEIN CERPHAL. Mindestens! Aber auf Ihre Kosten!

ARBEITER. Also, das sehen wir nachher schon. Einen Sprung hat's ja eh schon gehabt, das Fenster.

FRÄULEIN CERPHAL ... Von wegen! Die Fenster waren tadellos ...

Alex hat währenddessen beobachtet, wie Hermann sich anschickt, das Zimmer in Richtung Bad zu verlassen. In der Tür holt er ihn ein.

ALEX. Hermann?

HERMANN. Ja?

ALEX. Guten Morgen.

HERMANN. Guten Morgen!

ALEX. Ich habe eine Frage an dich. Könntest du mir für vierzehn Tage siebzig Mark borgen? Oder für zehn Tage fünfzig Mark? Ja, oder für fünf Tage dreißig?

Die Cerphal hat sich inzwischen mit dem Arbeiter geeinigt. Sie wendet sich an Hermann, ohne auf dessen Gespräch mit Alex Rücksicht zu nehmen.

FRÄULEIN CERPHAL. Herr Simon, wenn Sie an Brennholz interessiert sind, der Winter steht vor der Tür, bedienen Sie sich, vorausgesetzt, Sie arbeiten mit und machen sich das Holz selber klein.

ARBEITER. Werkzeug ist vorhanden! Haben Sie schon mal eine Axt in der Hand gehabt?

HERMANN. Ich bin Musiker, wenn Ihnen das was sagt.

FRÄULEIN CERPHAL. Ja, da hat er recht. Er schuldet mir noch drei Monate Miete, der junge Herr Künstler.

Diese Auskunft der Cerphal dürfte auch einem dickfelligeren Menschen als Alex als Antwort auf seine Frage genügen.

606 Königsplatz

Hermann rennt im strömenden Regen umher und sucht geeignete Wandflächen, an denen er seine Plakate aufhängen kann. Unter dem Säulenportikus der Glyptothek trifft er auf Helga, die ihm bei der Plakataktion hilft.

HERMANN. *Ich habe an diesem Novembertag den ganzen Tag meine »Spuren«-Plakate angeklebt. Die Klebestreifen wollten bei der Nässe nicht halten. Das Papier weichte auf. Wir haben am 23. November die ganze Stadt mit diesen blau-weißen Plakaten dekoriert. Gegen Mittag hat Helga mir geholfen. Sie war schweigsam und ließ sich absichtlich naßregnen. Ich glaube, ich ahnte, daß sie etwas »Dramatisches« inszenieren wollte.*

607 Musikhochschule, Eingangshalle

Hermann und Helga betreten die Marmorhalle und befestigen schweigend eines ihrer »Spuren«-Plakate an einer Säule.

HERMANN ... *Ich versuchte, über ihre Stimmung hinwegzugehen, ich kannte das ja von ihr. Meist lösten sich ihre Spannungen, wenn sie alles in ihr Lyrikheft geschrieben und wenn sie ihre Sehnsüchte in ein Gedicht verwandelt hatte. In der Kantine habe ich erfahren, was ihr eigentlicher Schmerz war. Es stand alles in ihrem Tagebuch.*

608 Musikhochschule, Kantine

Während er auch in der Kantine ein Plakat aufhängt, hat Hermann Reißnägel und Klebestreifen auf einem der Stühle abgelegt. Helga setzt sich langsam und in der Absicht, sich vor Hermanns Augen selbst zu quälen, auf diesen Stuhl. Langsam dringen die spitzen Nägel durch ihre Hose in ihr Sitzfleisch. Helga verzieht keine Miene. Hermann soll sehen, daß ihre eigentliche Pein von anderer Art ist als dieser banale Körperschmerz. Sie liest ihm eine Passage aus ihrem Tagebuch vor.

HELGA. Sobald du merktest, daß ich nur noch dich sehe und Tag und Nacht nur noch an dich denke, bist du geflohen. Du wolltest alles mögliche von mir, aber meine Liebe, die hat dich angeekelt, und vor der hast du dich gefürchtet.

HERMANN. Ich glaube, ich bin für die Liebe nicht geeignet. Das hast du doch gemerkt. Ich will frei sein. Liebe, das ist etwas, was einen schuldig macht. Man fühlt sich immer so schuldig.

Hermann, der nicht weiter auf Helgas Probleme eingehen will, nimmt eines der Plakate, um es an der Holzvertäfelung aufzuhängen. Jetzt erst vermißt er die Reißnägel, auf denen Helga sitzt. Sein Blick begegnet ihren fanatischen Augen. Helga steht langsam auf. Nun muß Hermann die Reißnägel einzeln aus ihrem Gesäß ziehen, bevor er sie weiterverwenden kann.

609 Musikhochschule, Übungszimmer

Hermann und seine Musikerfreunde haben eine Kollektion von zwei Dutzend Metronomen zusammengetragen, um damit rhythmische Experimente zu machen. Jedes der Metronome wird auf einen anderen Zeittakt eingestellt und dann in Gang gesetzt. So entsteht ein immer komplexer werdendes Geflecht von Schlägen. Die Freunde begeistern sich am bloßen Spiel mit den musikalischen Mitteln.

HERMANN. *Im November 1963 hatte ich mein siebtes Semester begonnen. Seit über drei Jahren war ich in München. Ich gehörte nun selbst zu den älteren Semestern, die ich früher so beneidet hatte. Ich komponierte Avantgarde-Stücke und experimentierte mit Zufallswirkungen. »Aleatorische Musik« nannten wir das: von Alea – der Würfel. Dies bedeutete mir soviel wie Schicksal, in einer Welt ohne Gott.*

Die vier Musikerfreunde gehören zu einem Streichquartett, mit dem Hermann zur Zeit probt. In diesem neuen Stück soll der komponierte Zufall gleichfalls eine Rolle spielen. Zwei Metronome werden vor die Spieler plaziert, die mit dem Rücken zueinander sitzen. Auch hier werden die Metronome auf ganz verschiedene Zeittakte eingestellt.

Hermann ist zufrieden mit dem Experiment. Er wartet bis die beiden Metronome einen Schlag lang zusammen sind, um dann das Zeichen zum Einsatz zu geben.

HERMANN. Übrigens, bei diesem Auftritt müßt ihr sehr ernst bleiben.

Das ist ja ein Streit unter diesen beiden Gruppen. Sonst hätte das mit den beiden Metronomen ja keinen Sinn.

Hermann gibt das Einsatzzeichen. Die Musik klingt kompliziert. Hermann gerät ins Nachdenken. Er läßt den Taktstock sinken.

HERMANN ... *Mitten in meinen Gedanken hatte ich plötzlich das Gefühl, daß mir jemand zuhörte. Ich hatte gar nicht bemerkt, wie sie hereingekommen war.*

Hermann entdeckt Clarissa, die, in ihren Wintermantel gehüllt, ganz in sich versunken in einer der Stuhlreihen sitzt. Hermann geht auf sie zu.

HERMANN. Clarissa!

CLARISSA. Klingt spannend.

HERMANN. Wir haben das Cello jetzt weggelassen – notgedrungen.

CLARISSA. Kann ich kurz mit dir sprechen?

610 Musikhochschule, Foyer

Clarissa ist sehr ernst. Sie geht nicht auf Hermanns Vorwürfe wegen der Proben ein. Hermann ist unfähig, ihre Sorgen zu empfinden. Während sie spricht, bedrängt er sie mit Gesten des Vorwurfs und der Ungeduld.

CLARISSA. Ich brauche Geld. Jetzt frage mich bitte nicht, warum, aber es ist dringend. Kannst du mir was leihen?

HERMANN. Wieviel?

CLARISSA. Ich muß heute noch achthundert Mark auftreiben.

HERMANN. Achthundert Mark? Das ist ja Wahnsinn! Ich habe vielleicht noch siebzig oder achtzig. Und ich habe seit drei Monaten meine Miete nicht bezahlt.

CLARISSA. Ich habe gedacht, du hättest vielleicht heimliche Reserven. Ich weiß auch nicht, warum ...

HERMANN. Sag mal, Clarissa, wo warst du eigentlich die ganze Zeit? Seit zwei Wochen bist du wie in Luft aufgelöst. Wir sind sauer auf dich, das kannst du dir wohl vorstellen! Ist dir eigentlich klar, in was für eine Lage du uns gebracht hast? ... Einfach zu verschwinden, mitten in den Proben und kurz bevor die Plakate gedruckt werden! Jetzt müssen wir das ohne dich machen. Das war vielleicht eine Schufterei, das ganze Stück umzuschreiben! Aber ich habe einfach die Augen zugedrückt und mir dich weggedacht. Das ist ein geistiger Trapezakt für mich gewesen. Aber nur mit dieser wahnsinnigen Wut im Bauch habe ich das geschafft.

Er hat sich vor Clarissa ausgetobt. Er umkreist sie, gestikuliert und sieht nicht, wie sie zu weinen beginnt.

CLARISSA. Ich habe all die Jahre nie überlegt, ob ich Freunde habe hier in München …

HERMANN. Und jetzt überlegst du dir das? Das wird aber auch Zeit!

CLARISSA. Hermann, mir geht's beschissen. Ich habe eine Odyssee hinter mir, die würde ich nicht mal meinem ärgsten Feind wünschen.

HERMANN. Ich tät dich wirklich gern verstehen!

CLARISSA. Später. Später erzähle ich dir alles. Aber frage mich jetzt nicht. Und sei doch nicht böse, daß ich ausgestiegen bin. Manchmal geht es eben nicht anders.

Clarissa hat sich in dem weiträumigen Treppenhaus von Hermann entfernt, damit er ihre Tränen nicht sieht. Er kann sich immer noch nicht vorstellen, daß es irgendein Problem auf der Welt gibt, das wichtiger wäre als seine Musik. Zumal dann nicht, wenn die Probleme mit Geld zu tun haben. Er will Clarissa auch nicht verstehen.

HERMANN. Warum fragst du nicht Volker oder besser noch Jean-Marie? Jean-Marie hat reiche Eltern, das weiß ich. Die haben eine Villa in Straßburg. Clarissa, achthundert Mark, das ist verdammt viel Geld!

CLARISSA. Ich wünsche dir viel Glück für dein Stück! Ich denke an dich

und drücke dir auch die Daumen. Du kannst ja jemand anderen nehmen aus der Celloklasse. Wir haben gute Leute. Die tun das bestimmt gern.

Sie geht nun einfach weg. Hermann sieht hinter ihr her. Jetzt begreift er, daß sie wirklich in Not ist. Aber was ist es, das sie ihm so fremd werden läßt?

HERMANN. Nein, ich habe das Stück doch für dich geschrieben, nur für dich!

CLARISSA. Mir scheint, du bist der einzige Freund, den ich habe.

Clarissa bleibt auf der Treppe noch einmal stehen. Sie dreht sich nach Hermann um, der oben auf den Marmorstufen steht und vor ihren Augen demonstrativ die Hosentaschen umstülpt, um ihr zu beweisen, daß sie leer sind.

HERMANN. Ich hätte dir wirklich gern das Geld gegeben – ehrlich!

611 Villa Cerphal, Küche und Diele

Alex, der noch immer in der Cerphal-Villa ist, hat sich in die Küche geschlichen. Hier ist er allein und unbeobachtet.

Draußen im Garten zersägen die Arbeiter den gefällten Baum. Niemand stört Alex, der die Küche nach etwas Eßbarem durchstöbert. Er sieht in alle Schränke, Schubladen und Dosen, findet aber nichts, womit er das fehlende Frühstück ersetzen könnte.

ALEX. *In der Küche von Fräulein Cerphal hatte es immer etwas zu essen gegeben. Ein Stückchen Wurst, oder Quark, oder die guten eingelegten Gurken von Frau Ries. An diesem 23. November gab es aber nur uraltes Vollkornbrot und verschimmelte Marmelade, die ich besser nicht angerührt hätte.*

Draußen auf der Straße hat ein großer Reisebus angehalten, der bis auf den letzten Platz mit Touristen angefüllt ist. Alex beobachtet durch das Küchenfenster, wie eine kleine Frau im Stewardessenkostüm aussteigt und zur Gartenhecke herüberkommt. Sie hält sich eine Prospektmappe über das blaue Hütchen, um nicht naß zu werden. Auf Zehenspitzen versucht sie, über die Hecke zu blicken. Jetzt hat sie wohl Alex entdeckt und ruft ihm winkend etwas zu.

SCHNÜSSCHEN. Hallo, Sie, wohnt hier im Haus der Hermann Simon?

Alex, der bei seinem Mundraub in der Küche nicht entdeckt werden will, zieht sich vom Fenster zurück.

ALEX. *So sahen wir die Waltraud zum ersten Mal. Ja, an diesem Tag im November ist sie zum ersten Mal bei uns aufgetaucht. Auch so etwas gibt es: Jemand kommt zur Tür herein, und du weißt, die werden wir nun öfters zu sehen bekommen. Ich glaube, daß ich derartige Folgen voraussagen kann. Es gibt eine instinktive Intelligenz in uns, die so etwas ausrechnet und uns blitzschnell als Ahnung ins Bewußtsein rückt. Es gab eine ganze Kaskade von derartigen Blitzen, als ich die kleine Reisestewardeß durch die Diele gehen sah.*

Waltraud steht vor dem runden Tisch in Hermanns Zimmer. Sie schreibt einen Brief: »*Lieber Hermann, eigentlich hätte es eine tolle Überraschung werden sollen. Schade, daß Du nicht da warst*...«

Waltraud hat kein Geheimnis, denn sie erklärt der Cerphal und Alex, die in der Diele warten, mit exakt denselben Worten, die sie da auf das Papier schreibt, was sie will und warum sie gekommen ist. Nachdem sie mit ihrem Brief fertig ist, geht sie mit wackelndem Hintern auf die Cerphal zu und gibt ihr die Hand.

SCHNÜSSCHEN. Eigentlich hätte das eine richtig tolle Überraschung werden sollen, schade, daß er nicht da ist. Grüßen Sie den Hermann von mir.

FRÄULEIN CERPHAL. Ich habe schon befürchtet, Sie schleppen mir die ganze Busladung hier ins Haus.

SCHNÜSSCHEN. Nein, wo denken Sie denn hin, das sind Amerikaner aus Idaho, eine richtig nette Reisegesellschaft! Die haben eine Engelsgeduld mit mir, weil ich doch Anfängerin bin. Die lassen sich alles gefallen. Ich danke Ihnen schön. Auf Wiedersehen.

FRÄULEIN CERPHAL. Wiedersehen!

Alex platzt vor Neugier. Er will Schnüßchen nicht gehen lassen, bevor sie ihm gewisse Auskünfte gegeben hat.

ALEX. Woher kennen Sie denn den Hermann?

SCHNÜSSCHEN. Wir sind zusammen aufs Gymnasium gegangen, leider nur bis zur Untersekunda. Jetzt muß ich aber wirklich gehen. Byebye!

612 Sightseeing-Bus

Schnüßchen ist Fremdenführerin bei der »Münchner Stadtrundfahrt«. Sie steht in ihrem adretten Kostüm ganz vorn neben dem Busfahrer und erklärt den amerikanischen Touristen die Münchner Sehenswürdigkeiten, an denen man vorbeifährt. Sie ist mit ihren auswendig gelernten Texten nicht so recht synchron zu der Fahrt, die durch die regnerische Innenstadt führt. Dennoch spricht die kleine Hunsrückerin tapfer ins Bordmikrophon und bemüht sich, ihren Dorfakzent zu überspielen.

SCHNÜSSCHEN. ... Did Kronprinz Ludwig get the seven-years-itch? I don't know. But after seven years of marriage he took a trip to Italy. There he was so fascinated by the spirit of the antiquity that he declared: I will not rest until Munich looks like Athens! How serious he was that can be seen at the Königsplatz surrounded by the Glyptothek, the Propyläen and the Collection of Antiquities ...

613 Villa Cerphal, Terrassenzimmer

Alex sitzt an Hermanns Tisch. Er liest den Brief, den Schnüßchen für den Freund hinterlassen hat. Dabei kichert er amüsiert in sich hinein.

ALEX. Sie hat mit fünfzehn Hermann das Küssen beigebracht. An der Mosel! Seine Mutter hat ihr seine Adresse gegeben. »Ich habe dich nie vergessen können – Waltraud« ... Komischer Tag heute, finden Sie nicht auch?

Alex wendet sich an die Cerphal, die immer noch damit beschäftigt ist, die Schäden zu beheben, die der umstürzende Baum erzeugt hat. Gerade ist der Glaser ins Zimmer gekommen. Er repariert das Fenster.

FRÄULEIN CERPHAL. Legen Sie das wieder hin, Alex, so was tut man nicht!

ALEX. Hermann hat nie eine Waltraud erwähnt.

FRÄULEIN CERPHAL. Mir scheint, Sie wissen alle sehr wenig voneinander, Sie und Ihre Freunde.

ALEX. Wenn Sie das Persönliche meinen, da mögen Sie recht haben. Aber so was wie Familie, Herkunft, Geschwister und so weiter, das ist doch reiner Zufall. Mich interessiert in erster Linie, was einer denkt. Die Familie ist doch meist ein trauriges Kapitel.

FRÄULEIN CERPHAL. Das war früher anders, vor dem Krieg.

ALEX. Ja ja, da mögen Sie recht haben, aber überlegen Sie doch mal, welches Genie kommt schon aus gutem Hause? Zitat: »Die Geschichte ist der Triumph des Dahergelaufenen«. Zitatende. – Ein schöner Satz, nicht wahr?

Als ein »Dahergelaufener« kann Alex ohne weiteres auch sich definieren. Ob er aber irgendwann einmal Geschichte machen wird, wie er suggerieren möchte, ist fraglich. Die Cerphal geht lieber nicht auf seine Selbsteinschätzung ein.

FRÄULEIN CERPHAL. Trifft aber auf Hitler auch zu ...

ALEX. Der hat ja auch Geschichte gemacht. Wenn wir das leugnen, werden wir niemals mit ihm fertig!

FRÄULEIN CERPHAL. Ich werde darüber nachdenken.

Auch die Cerphal ist bedrückt an diesem Tag. Mit Alex zu philosophieren, das könnte ihr Spaß machen, wenn es nicht das einzige Gespräch wäre, das sie an diesem Tag führen kann. So wie Alex pleite ist, so ist sie einsam und gibt es nicht zu.

FRÄULEIN CERPHAL. Wir hatten früher so ein anregendes Leben hier im Haus, noch bis vor kurzem. Was ist denn mit Ihrem schönen Freundeskreis passiert? Hermann sagt, er sei gruppenmüde – was immer das heißen soll.

ALEX. Ja ja, das ist der Individualismus, die größte Krankheit unseres Jahrhunderts.

FRÄULEIN CERPHAL. Machen Sie nicht so große Worte, Alex. Ich habe mir kürzlich mal überlegt, ob ich das Haus hier eigentlich halten oder nicht besser verkaufen soll. Man hat mir einen sehr guten Preis dafür geboten. Lassen Sie uns doch bald mal beraten, was ich mit dem Haus tun soll! Fragen Sie doch mal Ihre Freunde. Ich bin da wirklich etwas ratlos. Wissen sie, daß jeder Quadratmeter hier im Garten sehr, sehr viel Geld wert ist?

Alex ist neben die Hausherrin getreten. Er sieht mit ihr gemeinsam durch das reparierte Fenster hinaus in den Garten. Der wertvolle Boden, von dem sie gesprochen hat, ist von moderndem Laub bedeckt. Sein Wert ist ebenso abstrakt wie dieses Gespräch.

Ein Schwarm hungriger Krähen hat sich eingefunden und kreist über dem Grundstück.

614 Villa Cerphal, Bibliothek und Terrassenzimmer

In Hermanns Zimmer haben sich zwei weitere Freunde eingefunden, die an diesem naßkalten Novembertag nicht wissen, was sie tun sollen. Es ist so kalt im Terrassenzimmer, daß Renate gar nicht erst ihren Mantel ausgezogen hat. Sie läuft unruhig im Zimmer hin und her und hört zu, wie Juan auf dem Flügel klimpert.

JUAN. Spielen Sie auch Klavier?

RENATE. Nein, ich gehe doch jetzt auf die Schauspielschule. Hat Ihnen der Hermann davon erzählt?

Die beiden merken nicht, daß Alex ganz in der Nähe ist und zuhört. Er hat sich in der benachbarten Bibliothek installiert und belauscht die beiden.

ALEX ... *Der Gedanke, daß Fräulein Cerphal die Villa verkaufen wollte, empörte mich! Die Lady wollte einfach nicht begreifen, daß ihr Haus ein historischer Ort war, historisch deshalb, weil wir darin ein und aus gingen! Wir waren Kennedys Kinder, intelligent und frei und jung ... dies war ein Tag für grundsätzliche Fragen. Und – was mich betrifft – mit leerem Magen bekommt man ein gesteigertes Sendungsbewußtsein.*

Alex schmökert in den Büchern, die er in der Bibliothek vorfindet. Draußen geht die Unterhaltung zwischen Juan und Renate weiter.

RENATE. Wissen Sie, wir kennen uns seit dem ersten Tag. Seitdem er Münchner Boden betreten hat. Da hab ich ihn vor dem Schlimmsten bewahrt.

JUAN. Vor dem Schlimmsten?

RENATE. Der hat doch keine Unterkunft gefunden. Und geregnet hat es an dem Tag, als ob die Welt untergehen wollte. Wie die Sintflut. Und da ist er mitten in der Nacht zu mir gekommen, und ich habe ihn beherbergen können. Wissen Sie, meine Wirtin, die Frau Kritschneder, hat ja von allem nichts wissen dürfen. Jedesmal, wenn er von der Wohnungstür in mein Zimmer rein wollte, da habe ich die Klospülung ziehen müssen. Aber der Hermann war ja so leise.

Alex hat im Regal Wittgensteins berühmten »Tractatus« gefunden. Alles, was er in dem Buch liest, amüsiert ihn heute.

ALEX *(liest)*. »Alles, was man weiß und nicht bloß rauschen und brausen gehört hat, läßt sich in drei Worten sagen.«

Alex blättert und schlägt das erste Kapitel auf. Er macht es sich in der Leseecke des alten Cerphal gemütlich, um sich ganz der geistigen Nahrungsaufnahme zu widmen.

ALEX. »Die Welt ist alles, was der Fall ist.«

Juan klimpert seine traurige Melodie, während Renate vor sich hinplappert. Die Lesestimme von Alex mischt diese traurigen Gesprächsfetzen mit philosophischen Gedankenfetzen.

RENATE. Wo bleibt er denn nur so lange?

JUAN. Ich weiß es nicht!

ALEX. »Die Tatsachen im logischen Raum sind die Welt ...«

RENATE. Ja, sind Sie denn nicht mit ihm verabredet?

JUAN. Nein.

ALEX. »Die Welt zerfällt in Tatsachen.«

RENATE. Ja, dann wohnen Sie auch mit hier in dem Zimmer?

ALEX. »Die Substanz ist das, was unabhängig von dem, was der Fall ist, besteht.«

JUAN. Ich bin hier nur, um Klavier zu üben, das ist alles.

RENATE. Also, so einen Freund hätte ich auch gern, der jederzeit bei mir rein und raus geht und Klavier spielt!

Alex hat seinen Geist mit Wittgenstein überfordert. Er schließt die Augen, um in sich hineinzuhorchen. In seinem Innern ist große Müdigkeit.

Renate beginnt sich für Juan näher zu interessieren. Sie beugt sich über den Flügel und versucht ihm in die Augen zu blicken.

RENATE. Sie, in Neu-Ulm, da hatte ich mal eine Freundin, aber weil sie auch Renate geheißen hat, sind wir wieder auseinandergegangen. Das verstehen Sie doch, oder?

JUAN. Ja, das verstehe ich.

Juan hat sein Klavierspiel unterbrochen. Renate kommt nun noch näher zu ihm.

RENATE. Sie, darf ich Ihnen mal was anvertrauen?

JUAN. Ja...

RENATE. Der Hermann und ich, wir sind uns einmal sehr nah gekommen. Wisset Se, wie i des moin?

JUAN. Sie haben mit ihm gevögelt!

Jetzt ist auch Alex, der alles mithört, wieder hellwach. Er grinst in seiner Leseecke. Renate geht um den Flügel herum. Sie setzt sich lachend auf die Fensterbank.

RENATE. Also, das Wort hab i vermeide wolle. Aber Sie habe mi schon verstande. Aber jetzt haben wir uns schon lang net mehr gesehe. Wisset Se, i hab nämlich einen Freund gehabt, der isch ein bissel älter gwese. Und da bin i in ganz andere Kreise geraten...

Juan hat wieder begonnen, Klavier zu spielen. Alex sinnt über einen Satz Wittgensteins nach, der ihm Rätsel aufgibt.

ALEX. »Das Bild ist so mit der Wirklichkeit verknüpft, es reicht bis zu ihr.«

Renate sitzt nun neben dem Flügel auf Hermanns Bettkante. Sie himmelt Juan an.

RENATE ... Schön schpielet Se, wirklich schön. Mei Mutter kann auch Klavier spiele. Weihnachtslieder und die Träumerei von Schumann. I bin, glaub i, unbegabt.

Schon wieder hält es Renate im Sitzen nicht aus. Sie kommt näher an Juan heran.

JUAN. Aber Sie haben doch mal Jura studiert.

RENATE. Dann hat der Hermann also doch über mi gesproche, und er hat mi net vergesse! – Oh, das ist schön, da wird mir gleich ganz warm. Da muß i gleich mal den Mantel ausziehe!

Sie zieht tatsächlich ihren Mantel aus. Eine wildgemusterte Bluse kommt zum Vorschein, unter der sich der große Busen wölbt. Renate sieht Juan lächelnd an.

RENATE. Bleibet Sie über Nacht hier?

JUAN. Wahrscheinlich nicht.

RENATE. Ah, des, des wisset Sie noch net?

JUAN. In welche Schauspielschule gehen Sie?

RENATE. Privat. Ich hab Privatlehrer.

Jetzt ist sie so nah an Juan herangekommen, daß sie fast flüsternd weiterspricht.

Alex ist in der Bibliothek eingeschlafen. Er sitzt so krumm und außerhalb jeglicher Balance, daß er im Schlaf das Gleichgewicht verliert.

Renate hat im Nebenzimmer begonnen, Juan etwas vorzusingen. Es ist das Lied von der verlorenen Nadel aus Mozarts »Cosi fan tutte«. Juan begleitet den schrillen Gesang auf dem Klavier.
Alex kippt. Er wacht zu spät auf, um sich noch halten zu können. Mitsamt seinem Wittgenstein-Buch fällt er aus seinem Lesesessel auf den Teppich. Sofort wird ihm auch der Gesang bewußt, der von nebenan hereindringt.
ALEX. Die Welt ist alles, was der Fall ist...
Auf allen vieren nähert sich Alex der verglasten Schwingtür, die die Bibliothek von dem Studentenzimmer trennt. Durch die in Facetten geschliffenen Glaskanten kann Alex das Bild von Juan und der singenden Renate verzerrt sehen. Je nachdem, wie er seine Augen vor dem Glas hin und her bewegt, vervielfältigen sich Renate oder Juan. Er kann Renate bis zu viermal in identischen Kopien vor seine Augen zaubern. Eine optische Täuschung, die Wittgensteins Text zu bestätigen scheint. Schließlich liegt Renate auf dem Bett Hermanns und lächelt Juan nur noch an.
RENATE. Gucket Sie mich net so an. Ich bin halt net schöner...

615 Alter Nordfriedhof

Es ist nicht sicher, daß Alex immer weiß, wo er sich befindet. Er ist fähig, mit einem Buch in der Hand das Haus zu verlassen und – in die Lektüre vertieft – durch die Stadt zu laufen. Er hat einen Schutzengel wie die Betrunkenen oder die Verrückten, der verhindert, daß er dabei überfahren wird. Alex hat auch keine ausgeprägten Empfindungen für die Jahreszeiten oder die Tages- und Nachtzeiten. Er lebt in seiner eigenen Welt, immer auf der Suche nach den Bedeutsamkeiten. Er entscheidet allein, was groß ist, klein, wichtig oder unwichtig. Seine Freunde teilt er in Genies und Kamele auf.
Es gibt im Norden der Stadt einen kleinen, aufgelassenen Friedhof, auf dem die Mütter ihre Kleinkinder spielen lassen. Alex liebt diese Oase von alten Bäumen, Grabdenkmälern und Kieswegen, denn hier kann er lesen, seine Runden drehen ohne aufzufallen. Er ist immer noch in die Abstraktionen Wittgensteins vertieft.
Als er nachdenklich aufblickt, sieht er Clarissa, die mit ihrem Regenschirm traurig durch den Hintergrund des Friedhofs geht. Auch sie ist in Gedanken vertieft.

ALEX. Clarissa! Clarissa, warte! Momentchen bitte! So ein Zufall. Was machst du denn hier? Apropos Zufall, weißt du, was Wittgenstein dazu sagt? Hör mal: »Die Welt ist alles, was der Fall ist. Die Welt ist die Gesamtheit der Tatsachen und nicht der Dinge. Die Welt ist durch die Tatsachen bestimmt, und dadurch, daß es alle Tatsachen sind« – ist das nicht gut –, »denn die Gesamtheit der Tatsachen bestimmt, was der Fall ist und was nicht der Fall ist. Die Welt zerfällt in Tatsachen. Eines kann der Fall sein oder nicht der Fall sein, und alles übrige bleibt sich gleich...« Schön, nicht? »Die Tatsachen im logischen Raum sind die Welt.« Apropos, Tatsachen im logischen Raum... könntest du mir für sieben Tage eventuell zwanzig Mark borgen?

CLARISSA. Ach, Alex, wenn du wüßtest...

ALEX ... Ich gebe sie dir auch bestimmt wieder, nach acht Tagen!

CLARISSA. Tut mir leid.

Clarissa ist stehengeblieben. Die vielen Worte, die ihr aus Alex' Mund entgegengepurzelt sind, verwirren sie nur. Sie geht denselben Weg wie Alex. Auch sie ist in Gedanken vertieft und bemerkt den Herbsttag nicht und nicht die Rabenvögel, die auf den Bäumen krächzen. Ihre Sorgen sind aber völlig andere als die des philosophierenden Sprüchemachers und Schnorrers.

ALEX *(resigniert)*. Na gut, Tschüß.

Wieder vertieft er sich in Wittgensteins Sätze.

ALEX ... »die Welt ist alles, was der Fall ist. Die Welt ist die Gesamtheit der Tatsachen und nicht der Dinge. Die Gesamtheit der Tatsachen bestimmt, was der Fall ist und was nicht der Fall ist. Eines kann der Fall sein oder nicht der Fall sein, alles übrige bleibt sich gleich...«

616 Ein Blumenladen, Straße

Jean-Marie, der Nachwuchsdirigent und Avantgarde-Musiker, ist an diesem Regentag elegant ganz in Schwarz gekleidet: schwarze Flanellhose, schwarzer Trenchcoat, schwarze Schuhe, schwarzer Regenschirm. Lässig schüttelt er den nassen Schirm aus, ehe er das kleine Blumengeschäft betritt, um einen Strauß roter Rosen zu kaufen.

Sorgfältig trägt er den in Papier verpackten Blumenstrauß so vor sich her, damit er trocken bleibt. So erreicht er das Schwabinger Mietshaus, in dem Clarissa wohnt. Er klingelt. Der elektrische Türöffner schnarrt.

617 Haus Clarissa, Treppenhaus

Jean-Marie betritt die hochgewölbte Einfahrt, von der aus er ins Jugendstiltreppenhaus geht. Er bleibt stehen. Ein Geräusch hat ihn auf eine Person aufmerksam gemacht, die weiter oben die Stiegen hinaufgeht. Er erkennt den Freund, der kurz vor ihm hier angekommen sein mag.

JEAN-MARIE. Volker!

VOLKER. Jean-Marie?

Volker ist ebenso erstaunt wie Jean-Marie, den Freund hier anzutreffen. Auch er trägt einen Blumenstrauß in der Hand. Beide Freunde setzen nun den Weg nach oben gemeinsam fort.

618 Zimmer Clarissa

Clarissa erwartet die Freunde an der Wohnungstür. Sie läßt sie hereinkommen und eilt voraus in ihr Untermietzimmer.

Volker und Jean-Marie treten ein. Auch Volker trägt einen schwarzen Trenchcoat und einen Schirm, der genauso aussieht wie der des Freundes. Unwillkürlich werden nun auch die Bewegungen der beiden Freunde gleich. Das Hochheben der Blumensträuße, die Blicke nach

Clarissa, das Türeschließen. Clarissa hat sich hinter einen Wandschirm zurückgezogen. Sie steht vor ihrem Waschbecken und betrachtet ihr Gesicht im Spiegel. Sie sieht erschöpft und zugleich entschlossen aus.

JEAN-MARIE. Wo finden wir zwei Vasen?

VOLKER. Für die Blumen, meine ich.

Beim Auspacken der Sträuße erkennen die beiden Freunde, daß sie für Clarissa die gleichen langstieligen roten Rosen gekauft haben, womöglich auch in demselben Geschäft. Sie müssen lachen und halten nun ihre Sträuße bewußt mit den gleichen Gesten vor Clarissa hin, während sie hinter dem Wandschirm hervorkommt.

Clarissa versteht zwar die Gesten, ist aber jetzt nicht in Stimmung, auf Witze einzugehen. Ihr Lächeln wirkt gequält.

CLARISSA. Ich lege sie vorläufig ins Waschbecken, getrennt! Einverstanden?

Gemeinsam zerknüllen Jean-Marie und Volker die Packpapiere, lehnen ihre Schirme nebeneinander an die Wand neben der Tür, lassen die Papierballen neben die Schirmspitzen fallen, damit sie das Tropfwasser auffangen, und hängen ihre Trenchcoats an die Haken an der Tür. Clarissa hat währenddessen die beiden Blumensträuße über Kreuz ins gußeiserne Waschbecken gelegt. Sie dreht den Wasserhahn auf.

Während das Wasser fließt und das Becken füllt, kommt Clarissa ins

Zimmer zurück. Sie sieht die Freunde, die ein wenig betreten und abwartend dastehen, ernst an.

CLARISSA. Ich bin schwanger!

Dieser Satz braucht seine Zeit, bis er auf das Verhalten der beiden Männer einwirkt. Sie fühlen sich beide betroffen, fangen jedoch sofort an, sich gegenseitig zu taxieren und zu überlegen, ob nicht der jeweils andere der Sünder sei, der hier zur Rechenschaft gezogen wird.

Clarissa bleibt ernst. Sie geht zu dem Stuhl, auf dem sie sonst Cello übt.

CLARISSA. Ich hätte mit jedem von euch beiden getrennt sprechen können, aber da wäre ich nicht glaubwürdig gewesen. Ich habe mir das sehr genau überlegt. Ich kann nun einmal nicht feststellen, bei wem von euch beiden es passiert ist.

Volker erhebt sich von seinem Stuhl. Er kommt erregt auf Clarissa zu.

VOLKER. Aber später kann man doch so was feststellen.

Ihr Blick fällt auf den Linoleumboden. Dort kommt ihr Wasser entgegengeflossen. Sie springt auf. Sie eilt zum Waschbecken, sieht, daß es überläuft: Weil sie vergaß, das Blumenwasser abzudrehen, hat sie jetzt eine kleine Überschwemmung in ihrer Waschecke.

Schnell dreht sie den Wasserhahn zu, ergreift den Eimer und einen Putzlappen und beginnt sofort, den Boden aufzuwischen.

Volker geht in die Knie, um mit Clarissa auf gleicher Ebene sprechen zu können.

VOLKER. Ich meine ja nur, daß man im Prinzip feststellen kann, wer der Vater ist. Du könntest dich also später noch entscheiden zwischen uns.

JEAN-MARIE. Eine komische Situation: Ich bin ein Fifty-fifty-Vater. Daß es das überhaupt gibt!

Sie kann ihrer Erregung nun besser Luft machen, als wenn sie den Freunden bei ihren Worten in die Augen blicken müßte. Sie putzt das Wasser vom Boden, als wollte sie damit alles wegwischen, was geschehen ist.

CLARISSA. Du glaubst doch nicht etwa, daß ich mir ein Kind andrehen lasse! Ich habe den Vertrag für die Tournee durch Frankreich nächstes Frühjahr unterschrieben.

VOLKER. Du willst es wirklich wegmachen lassen?

Jetzt ist auch Jean-Marie in die Knie gegangen. Er spricht unter dem Wandschirm hindurch.

JEAN-MARIE. Hast du denn da eine zuverlässige Adresse?

VOLKER. Weißt du, daß man sich mit so was strafbar macht?

JEAN-MARIE. Ich hoffe, du hast dir das wirklich gut überlegt!

VOLKER. Wieviel kostet denn so was überhaupt?

CLARISSA. Ich brauche noch achthundert Mark. Den Rest habe ich selber.

VOLKER. Du meinst also, wir sollten uns das teilen? Für jeden vierhundert Mark.

CLARISSA ... zum Beispiel. Aber es muß noch heute sein!

Clarissa rennt wieder im Zimmer umher. Sie wringt den Putzlappen aus, hängt ihn auf den Heizkörper zum Trocknen.

JEAN-MARIE. Ich könnte dir einen Scheck ausstellen.

CLARISSA. Nein, das geht nur mit Bargeld. Bitte, tut etwas. Ich habe vierzehn Tage lang gesucht, um diese Möglichkeit herauszufinden. Ich muß heute noch zu einem Arzt nach Rosenheim.

Volker nimmt die Sache nicht so leicht wie sein Freund, der sofort das Scheckheft gezückt hat, um sich freizukaufen.

VOLKER. Hast du keine Angst, daß du uns als Freunde verlieren könntest?

CLARISSA. Moment mal, wie meinst du das? Ich gebe euch das Geld auf Heller und Pfennig zurück.

JEAN-MARIE. Ich bin in fünfzehn Minuten zurück. Ich gehe schnell zur Bank.

Jean-Marie schlüpft in seinen Mantel und verläßt das Zimmer, so schnell er kann.

VOLKER. Das ist sehr traurig, daß sich alles in Geld auflöst.

Jean-Marie stellt draußen fest, daß er in der Eile die Regenschirme verwechselt hat. Schnell kommt er noch einmal herein und tauscht den schwarzen Schirm Volkers gegen seinen aus, der kein bißchen anders aussieht.

VOLKER. Das ist das Ende jeglicher Romantik.

CLARISSA. Volker, ich kann dir das erklären: Ich liebe euch nämlich beide nicht.

Es fällt Clarissa schwer, diesen Satz zu Volker allein zu sagen. Volker wendet sich von ihr ab. Er sieht aus, als ob er weint.

VOLKER. An solchen Tagen sollte man sterben ...

619 Vor der Bank

Auf dem nassen Trottoir vor der Bank wird Jean-Marie von Alex eingeholt, der klatschnaß hinter ihm herrennt und sich offensichtlich freut, endlich jemanden gefunden zu haben, den er glaubt, anpumpen zu können.

ALEX. Hallo, Jean-Marie! Salut!

JEAN-MARIE. Hallo, Alex.

ALEX. Pourquoi tu es tellement pressé?

JEAN-MARIE. Je dois aller à la banque. Excuse-moi! Die machen gleich zu.

ALEX. Aha, gut, quel hasard!

Alex folgt Jean-Marie einfach in das Bankgebäude hinein.

620 Foyer der Bank

In der Drehtür gerät Alex mit seinen Beinen und der gleichzeitigen Konversation in Unordnung. Er dreht die Runde gleich zweimal, so daß Jean-Marie einen Vorsprung vor ihm gewinnt.

ALEX. J'ai fait la connaissance de ta mère, imagine-toi. Pas physiquement, mais j'ai lu le livre qu'elle a publié l'année dernière. Elle est une femme exorbitante, ta mère, philosophiquement et bien sur musicalement. Je l'adore vraiment. Je serais absolutement heureux si j'avais une mère comme la tienne!

Jean-Marie ist im Schalterraum verschwunden. Alex steht vor der gläsernen Trennwand und beobachtet, wie der Freund zu einem der Schalter geht, dort einen Scheck einlöst, um dann an der Kasse das Geld in Empfang zu nehmen.

Zum zweiten Mal blickt Alex an diesem Tag durch eine Glastür mit Facettenschliff. Schon wieder verdoppelt sich das Bild vor seinen Augen, und das Geld, das Jean-Marie abhebt, wird immer mehr. Alex versucht mitzuzählen und verschluckt sich fast.

Als Jean-Marie aus dem Schalterraum zurückkehrt, nimmt Alex seine verbale Verfolgung erneut auf.

ALEX. Jean-Marie, bitte warte, ich muß etwas ganz Dringendes mit dir besprechen!

JEAN-MARIE. Ich werde erwartet. Kann das nicht ein anderes Mal sein?

ALEX. Ich bin ein Opfer des Individualismus! Eine Seuche unter uns, die ich – wie du weißt – ständig bekämpfe. Aber zur Zeit ist ja jeder von euch mit seinem privaten Süppchen beschäftigt. Und ich stehe alleine da. Jean-Marie, ich schreibe gerade eine Arbeit über Heidegger. Ich stehe kurz vor dem Abschluß. Nächste Woche bekomme ich das Honorar vom *Merkur*. Ich brauche einhundertfünfzig Mark zur Überbrückung. Jean-Marie, je sais que tu es pressé, mais ...

JEAN-MARIE. Alex, wenn du auf diese achthundert Mark anspielst, die habe ich soeben für einen Freund abgehoben.

ALEX. Für Volker?

JEAN-MARIE. Du siehst, ich lasse Freunde nicht im Stich. Aber ich kann sie doch nicht alle ernähren! C'est trop!

Zu einem anderen Zeitpunkt hätte Alex den Freund moralisch in die Enge treiben können. Aber an diesem Tag helfen keine Argumente. Jean-Marie läßt Alex einfach auf der Treppe stehen. Da hilft es auch nicht, daß er mit dem Halbfranzosen schlechtes Französisch gesprochen hat.

ALEX. Mais tu es riche!

JEAN-MARIE. Pas moi, ce sont mes parents. Ne sois-pas naïf!

ALEX. Mais j'ai faim!

JEAN-MARIE. Alex, ich habe Wichtigeres zu tun. Salut!

ALEX. Merde!

Alex trottet weiter. Er läßt sich absichtlich naßregnen.

621 Straße, Schaufenster

Alex kommt an einer Metzgerei vorbei. Die herrlichsten Würste und Schinken hängen im Schaufenster, nur durch eine Glasscheibe von dem Philosophen getrennt. Alex bleibt stehen. Er wendet Wittgenstein auf seine Situation an.

ALEX. Tja, man muß den Tatsachen ins Auge blicken!

Alex ist nicht in der Lage der Winterkrähen, die in der Großstadt von dem leben, was ihnen übriggelassen wird. Vor den Augen von Alex ist immer eine Glasscheibe, die ihn von den Tatsachen trennt.

622 Straße

Auf seinem weiteren Weg durch den Regen gelangt Alex zu einem modernen Glasbetongebäude, vor dem Scheinwerfer, Filmgeräte und ein Lkw stehen, der die Aufschrift einer Filmfirma trägt.
Alex beschleunigt seine Schritte. In dem offenen Lkw sitzt ein Mann aus dem Beleuchterteam. Alex spricht ihn an.

ALEX. Sagen Sie mal, wird hier ein Film gedreht?

BELEUCHTER. Ja, da drinnen.

ALEX. Ist das zufällig der Stefan Aufhäuser?

BELEUCHTER. Ja, den Namen habe ich gehört. Gehen Sie mal rein, da immer dem Kabel nach, dann finden Sie ihn schon.

623 Versicherungsgebäude, Treppenhaus

Alex folgt dem Starkstromkabel, das auf dem Boden verläuft. Das Kabel führt ihn durch lange Gänge zu einer Glastür, die sich zu einem Innenhof öffnet. Schon wieder muß er in den Regen hinaus.

ALEX. »Der Regen fällt immer nach unten«, Bert Brecht.

Alex hat für jede Lebenslage ein Zitat parat.

624 Versicherungsgebäude, Foyer und Treppenhaus

Ein dicker, kleiner Hausmeister mit Wichtigtuermiene hat Alex in Empfang genommen. Eine Gruppe neugieriger Betriebsangehöriger verfolgt den Weg, den der Hausmeister Alex führt.

HAUSMEISTER. Na, wissen S', ich kann hier net jeden reinlassen. Wir haben über sechshundert Leute im Betrieb. Das wäre ja die reinste Völkerwanderung! Jetzt schauen S' her: Des ist die Kamera.

ALEX. Ach...

HAUSMEISTER. Und der daneben, das ist der Herr Aufhäuser.

Auch hier sieht Alex wieder alle seine Wunschziele hinter Glasscheiben. Außerdem beschlagen sich seine runden Brillengläser, so daß alles vor seinen Augen irreal und entrückt wirkt.
In diesem modernistischen Gebäude haben Stefan, Reinhard und Rob sich etabliert, um eine Filmszene im Stil der Antonioni-Filme zu drehen. Sie treiben einen imponierenden professionellen Aufwand. Es wimmelt

von Menschen, die an der Szene beteiligt sind oder zuschauen; unterhalb einer geschwungenen Freitreppe spielt der Jazzmusiker Clemens mit einer Band. Die große Studiokamera wird auf einem Dolly umhergefahren. Rob ist umgeben von technischen Assistenten, Beleuchtern, Bühnenarbeitern. Überall, wo Alex seinen Blick hinwendet, brennen Scheinwerfer, sind die gläsernen Trennwände mit farbigen Folien bespannt, so daß sich ein ganz künstliches Licht ausbreitet.

Soeben wird die Klappe geschlagen. Die Kommandos »Ruhe, Ton, Ton läuft, Kamera ab, läuft«, die Ansage der Klappennummer und Stefans Regiekommando, das sind magische Formeln, die alle in diesem Raum versammelten Menschen bannen. Der kleine Aufnahmeleiter Bernd schreit noch einmal »Ruhe«, aber das wäre schon nicht mehr nötig gewesen, denn alles hält den Atem an und verfolgt die Szene, die soeben begonnen hat. Auf der Betontreppe entwickelt sich mondänes Leben: Frauen und Männer in eleganter Abendgarderobe kommen und gehen, lassen sich von den Kellnern bedienen, trinken Champagner, gehen gelangweilt umher und betrachten die Darbietung eines schwarzen Stripteasetänzer-Paares. Alex nutzt die Gelegenheit und bedient sich unbemerkt vom Brotzeitbuffet des Filmteams. In aller Eile kaut und verschlingt er eine Käsesemmel.

Die Kamera mit Rob und seinen Assistenten vollführt eine sehr komplizierte Bewegung im Raum. Sie erfaßt die Jazzband, die unter Clemens' Leitung ein Thema aus Antonionis »La Notte« spielt, sie gleitet über die Instrumente, das Schlagzeug, das Klavier, das Saxophon, um dann dem Kellner zu folgen, der auf den Treppenstufen verstreut liegende Zifferblätter von Uhren einsammelt, symbolhafte Gegenstände, die Alex nicht begreifen kann.

Reinhard und Stefan folgen den Kamerafahrten, machen äußerst gespannte Gesichter und scheinen alles im Griff zu haben.

Die Stripteasetänzerin hat auf der Treppe begonnen, ein Rotweinglas auf ihrer Stirn zu balancieren. Ohne den Wein zu verschütten, geht sie zu Boden und beginnt verschiedene Verrenkungen und gymnastische Übungen, bei denen sie das Weinglas weiterhin balanciert.

Alex hat nach und nach den ganzen Raum erfaßt. Die Käsesemmel hat er verdrückt, ohne den Akt des Essens als solchen noch wahrzunehmen. Er ist quasi außer sich vor Erstaunen.

ALEX ... *Wenn ich diesen Regentag betrachte, sehe ich auch mich selbst, wie ich darin stehe. Ich sehe, wie ich mich von Situation zu Situation verändere. Hier war ich sozusagen geschrumpft. Die Nässe war durch meinen Mantel, das Pelzfutter, meine Jacke, das Hemd, meine Haut in die inneren Organe gedrungen, hatte das Sonnengeflecht aufgeweicht und schließlich die moralische Ebene erreicht. Noch nie war ich so naß! – Was Wittgenstein nicht bedacht hat, waren die Voraussetzungen, die Tatsachen zu betrachten. So naß und hungrig, wie ich war, verwandelte die Szene sich in einen Traum. Reinhard, Stefan und Rob, die Freunde, traten in einem Film über Film über Film auf.*

Sie waren entrückt, Götter über einen Betrieb von Exoten, Schauspielern, die Schauspieler spielen, Kostümen, Technik, ein Apparat, der die reale Welt völlig ersetzte.

Der schwarzen Tänzerin ist es inzwischen gelungen, das Weinglas zwischen ihren Knien zu halten, dabei einen Purzelbaum rückwärts zu machen, das Glas mit den Beinen wieder auf ihrer Stirn zu plazieren, sich vom Boden zu erheben, und schließlich wieder aufrecht zu stehen, ohne daß ein Tropfen Wein verschüttet worden wäre. Die inszenierten Partygäste nehmen aber keine Notiz von dieser Jonglierdarbietung, sondern bewegen sich mit traurigen Gesichtern im Rhythmus der Bluesmusik und spielen eine Schickeriawelt am Rande des Weltuntergangs. Die Szene ist voll von Anspielungen auf Filme dieser Zeit Anfang der sechziger Jahre, die Stefan und Reinhard anbeten.

Am Ende der endlos langen Kamerafahrt wird ein Tablett gezeigt, auf dem Uhren ohne Zeiger liegen: »Das Ende der Zeit«.

Reinhard unterbricht die künstliche Szene und ruft »Schnitt!« Stefan setzt ein eifriges »Danke« darauf, und Rob erhebt sich selbstzufrieden vom Sucher der Kamera.

ROB. Für mich war die gut!

Alex erkennt seine Freunde nicht mehr wieder. Kaum ist die Szene abgedreht, entwickelt sich im Raum eine nervöse Betriebsamkeit.

ALEX. *Ich war ein hilfloser Frosch geworden. Ich war ganz unten, war ein nasser Bittsteller im Vorzimmer des Paradieses.*

Während die Statisten ziellos umherlaufen, der Tonmeister seine Aufnahmemaschinen kontrolliert und die Beleuchter Kabel und Lampen umherrücken, kommt der kleine Aufnahmeleiter auf Alex zu.

BERND. Na, Sie haben wohl auch kein Geld, um mit der Straßenbahn zu fahren! Hab ich Sie herbestellt?

ALEX. Nicht daß ich wüßte. Ich suche den Stefan Aufhäuser, Ihren Regisseur.

BERND. Den können Sie jetzt wirklich nicht stören. Sie sehen doch, der ist beim Nachdenken. Eine ganz schwierige Szene ist das, die hier gedreht wird. Sehen Sie, die Schauspieler und Partygäste, alle sind sie ganz erschöpft. Was soll ich Ihnen sagen, wovon? Von der geistigen Konzentration. Das ist das allerschwerste. Da müssen Sie Rücksicht nehmen. Na, soll ich Ihnen ein Handtuch bringen lassen?

Eine Ecke des Raumes ist für die Maskenbildnerin eingerichtet worden. Dort sitzen die Schauspieler vor Schminkspiegeln, und eifrige Hände sind dabei, die Frisuren historisch herzurichten oder Perücken zu knüpfen. Alex steht in einer Wasserpfütze, die sich unter seinem vom Regen völlig durchnäßten Mantel gebildet hat.

BERND. Sabine! Trocknet doch mal den jungen Mann da drüben ab. Kommen Sie ruhig mal rüber ...

Bernd ist ganz in seinem Element. Überall gibt es noch was zu organisieren. Da müssen Komparsen entlassen werden, da muß er darauf achten, daß die Kostüme ordnungsgemäß wieder abgegeben werden, schließlich muß er den Hausmeister besänftigen, der sich schon wieder aufspielt.

HAUSMEISTER. Sie, ich muß Sie daran erinnern, daß Sie um siebzehn Uhr fertig sein müssen. Wenn nämlich der Feierabendverkehr losgeht, also, der ist bei uns unberechenbar. Über sechshundert Menschen arbeiten in dem Gebäude, und die müssen dann alle bei mir da unten vorbei. Also, siebzehn Uhr ist mein letztes Wort!

BERND. Lassen Sie's gut sein, Herr Streckfuß, es soll auch nicht Ihr Schaden sein! Ich glaub, Sie verstehen mich schon, Sie sind doch ein intelligenter Mensch. Sehen Sie, die Szene, eine ganz diffizile Sache ist das ...

HAUSMEISTER. Also, für mich ist das ein Schmarrn!

Bernd steckt dem Hausmeister einen Geldschein in die Tasche. Damit beruhigt er ihn. Die kleinen Statisten schnauzt er aber nur an, wie es sich für einen Aufnahmeleiter gehört.

Alex wird von drei jungen Damen bearbeitet, die ihm seine nassen Klamotten vom Leib zerren und ihm den Kopf frottieren, als gehöre es zu ihrem Job, Alex wieder trocken zu machen.

ALEX. *Ich hätte gleich an Flucht denken sollen, aber da waren diese hilfreichen Frisösen, die mich sofort auszogen und abwischten, umkleideten und fertig machten für einen Auftritt in diesem Film. Überall sah ich das verwandelte Geld. Man sagt, manchmal liegt es fest, mal hat man es flüssig, mal stinkt es, dann arbeitet es, mal klingelt es oder sitzt locker. Hier war es »zweckgebunden«. Ich fing an zu begreifen, was das für mich bedeutete.*

Oben auf der Treppe ist die Tänzerin erschienen. Sie ist ganz unbefangen, bis sie Alex' Blick spürt, der auf ihren nackten Körper gerichtet ist. Sie ergreift ihre Kleider und eilt davon.

Stefan, Reinhard und Rob sitzen auf dem Kamerawagen. Sie philosophieren. Für sie ist der Einsatz der Filmtechnik noch nicht der selbständige Umgang mit dem Handwerkszeug, das zu ihrem Beruf gehört, sondern eine Auseinandersetzung mit den großen Vorbildern.

STEFAN. Denke doch einmal an Buñuels »Viridiana«. Was ist da Traum, und was ist da Wirklichkeit?

ROB. Ich denke an »Zazie« von Louis Malle.

REINHARD. Jetzt reicht's aber! Ich muß drauf bestehen, daß ich als erster die Idee zu diesem Film hatte. Und zwar genau in der Nacht nach dem letzten Antonioni-Film. Da habe ich diese Szene geträumt, und zwar ohne Schnitte – und euch erzählt. So war es doch, oder?

STEFAN. O. k., dann werde ich eben darauf bestehen, daß ich meine eigenen Bilder sehe!

Im Nu ist unter den Jungfilmern der schönste Streit entstanden. Sosehr sie sich in ihren Schwärmereien einig sind, so uneins sind sie bei der Arbeit selbst. Der Ehrgeiz, der immer so perfekt unter ihrem Kunstanspruch verborgen blieb, verschafft sich nun Raum.

REINHARD. Unter meinem Namen ist das Drehbuch eingereicht und gefördert worden. Da ist doch ein gewisser Zusammenhang, den ich für mich in Anspruch nehmen kann! Das ist meine Idee und das Geld, und das kommt zusammen. Also habe ich hier auch was zu sagen.

STEFAN. Und ich zeichne für die Regie verantwortlich. Darüber waren wir uns immer einig. Und diese Aufgabe ist unteilbar. Glaubst du, Visconti oder Fellini lassen sich von ihrem Drehbuchautor reinreden?

REINHARD. Oder Stefan Aufhäuser!

STEFAN. Arschloch!

ROB. So? ... Jetzt ist Schluß! Ihr vergeßt gerade euren Produzenten. Während ihr hier eure Regiebesprechung habt, stehen nämlich sechs Schauspieler, 25 Komparsen und ein ganzes Team in der Gegend herum. Ihr müßt so was abends in der Kneipe diskutieren, da ist es billiger. Herbert, wir bauen ab!

Rob hat sich hinter dem Praktikerstandpunkt verschanzt. Als Kameramann hat er das technische Team unter sich und kann agieren, während die Freunde sich in sinnlose Worte verstricken lassen. Aber kaum beginnen die Beleuchter Robs Anordnungen auszuführen, setzt sich wieder eine andere Routine des technischen Ablaufs in Gang. Die Regieassistentin Ulla fährt dazwischen und fordert das Recht ihres Jobs.

ULLA. Moment, Moment, wir müssen noch eine Raumatmo machen. Raumatmo! Raumatmo!

Es ist gar nicht so einfach, in dem Ameisenhaufen von führungslosen Filmschaffenden Ruhe zu organisieren und das zarte Eigengeräusch dieses Drehorts auf Band einzufangen. Alle sind sich zwar einig, daß die »Raumatmosphäre« aufgenommen werden muß, damit die Cutterin später die Tonpausen mit dem authentischen Geräusch füllen kann. Aber selbst der sonst so eifrige Aufnahmeleiter Bernd kann seine kleine Ansprache nicht unterbrechen, mit der er dem Hausmeister und den Versicherungsangestellten imponiert. Er läßt die Neugierigen durch Farbfolien blicken, mit denen Rob das Licht einfärbt.

BERND. Sehen Sie, wie eigenartig sich der Raum verfärbt? So machen wir das beim Film. Einfach, werden Sie sagen, aber da schätzen Sie die Colortechnik falsch ein. Ein ganz komplizierter Vorgang ist das. Und soll ich Ihnen mal sagen, ...

ULLA. Ruhe jetzt!

BERND ... was Sie dann nachher im Kino sehen?

ULLA. Ruhe jetzt!

BERND ... Ein komplettes Bild des Zerfalls! Und nun denken Sie mal an den Atomkrieg.

ULLA. Ruhe bitte jetzt! Raumatmo! Keine Bewegung!

Endlich hat Ulla, die wild gestikulierend im Raum umhergelaufen ist, sich durchgesetzt. Es wird still am Drehort. Bernd hält in seinem Vortrag inne, der Saxophonist unterbricht seine Übungen auf dem Instrument, und die Komparsen bleiben mitten in ihren Bewegungen stehen. Der Tonmeister schaltet sein Gerät auf Aufnahme und macht seine Ansage.

TONMEISTER. Atmo ...

Während einer »Atmo«-Aufnahme ergeben sich bei Filmteams die komischsten Situationen. Jeder erstarrt in seiner Arbeit, als hätte man einen Film angehalten: Der Saxophonist wagt nicht mehr, sein Instrument vom Mund abzusetzen, sobald die Aufnahme läuft. Die drei Filmemacher können ihren Streit nun nur noch stumm und mit bösen Blicken austragen. Der Standfotograf hält die Kamera auf sein Objekt, fertig zum Abdrücken, wohlwissend, daß der Ausdruck im Gesicht seines Modells dahin sein wird, wenn die »Atmo«-Aufnahme beendet ist. Alex, der den ganzen Tag im Regen umhergelaufen ist, bekommt ausgerechnet in diesem teuren Augenblick einen Niesanfall, den er mit allen Mitteln zu unterdrücken versucht. Jetzt hat Stefan auch den Freund erkannt. Er versucht, so leise auf ihn zuzugehen, daß es kein vom Mikrofon wahrnehmbares Geräusch macht. Alex winkt besserwissend und steht seit der »Atmo«-Ansage auf einem Fuß. Er wagt es nicht mehr, den anderen Fuß auf den Boden zu setzen. Eine Minute kann endlos lang sein. Die schwarze Tänzerin ist in einer Tanzpose erstarrt. Langsam hilft ihr Kollege, ihr das Bein auf einem Praktikabeltisch abzustützen. Die Garderobenfrau hält mitten beim Annähen des Knopfes inne, während eine Mädchengruppe in der Nähe des Tonmeisters mühsam versucht, das Kichern zu unterdrücken. Eine Schweigeminute ist eine Qual, wenn es Leute gibt, die nicht ernst bleiben können. Das Filmteam bekommt Ähnlichkeiten mit einer Kindergartenklasse. Plötzlich ist die Situation nicht mehr zu beherrschen: Die Kicherer kichern los, die Huster müssen husten und die Clowns ihre Witze loswerden. So entsteht eine »Raumatmo«. Sie ist immer zu kurz.

Der Tonmeister bedankt sich, Bernd bedankt sich, und Stefan kann endlich Alex begrüßen.

ALEX. Endlich, ich bin ein Opfer eures ewigen Individualismus.

STEFAN. Ja, Alex, ich auch!

Stefan macht sich sofort von Alex los, als er Reinhard auf sich zukommen sieht.

REINHARD. Stefan, Moment mal, Stefan...

ALEX. Reinhard, grüß dich. Weißt du was, ich bin pleite!

REINHARD. Alex, das ist ein sehr schlechter Augenblick. Stefan! Plötzlich spielt das Geld keine Rolle oder was...

Reinhard läßt Alex einfach stehen. Rob, der den Streit immer noch schlichten will, folgt ihm. Alex versucht, ihn festzuhalten.

ALEX. Rob, du bist meine letzte Chance!

ROB. Alex, wenn zwei Regie führen, das ist die Hölle.

Schon rennt auch Rob hinter den Freunden her, so daß Alex allein unter den verwirrten Filmschaffenden stehenbleibt.

Bernd versucht zwar, die Ordnung wiederherzustellen, aber die zerstrittenen Jungfilmer haben den Raum verlassen.

Alex entschließt sich, ihnen zu folgen. In den ulkigen Klamotten, die man ihm angezogen hat, in ausgelatschten Filzpantoffeln und mit einem Handtuch um die Hüften rennt Alex nach draußen auf die Straße.

625 Vor Versicherungsgebäude

Außerhalb des Gebäudes herrscht immer noch der 23. November: Regen, Kälte, Zugluft, Dämmerung. Rob hat Reinhard eingeholt, der einen Moment zögert, Stefan in den Regen zu folgen.

STEFAN. Du hast von Geld keine Ahnung!

REINHARD. Ich habe von Geld keine Ahnung? Was ist denn das, jetzt nach dem zweiten Tag?

ROB. Reinhard, ihr könnt jetzt nicht einfach das Motiv verlassen. Herrgottnochmal, Stefan, Reinhard, so was Unprofessionelles! Das einzige, was ich machen will, ist ein Film, und nicht mit euch intellektuellen Schwachköpfen hier rumdiskutieren. Das ist einfach unglaublich! Es ist zum Kotzen...

Der Streit hat sich vom Eingangsbereich über die Straße fortgesetzt bis zu den einander gegenüberstehenden Autos von Stefan und Reinhard. Die beiden setzen sich in ihre Wagen, während Rob gestikulierend von einem zum anderen läuft.

Schließlich gibt er es auf. Er spürt auch, daß er immer noch nasser wird. Er rennt über die Straße zurück und trifft dort auf den armen Alex, der ihn ja nur anpumpen wollte.

ALEX. Rob ...
ROB. Erzähle mir nicht, daß du nicht auch noch Regie führen willst!
ALEX. Ich wollte euch doch nur was fragen ...
Rob läßt Alex einfach im Regen stehen und verschwindet im Haus.
In diesem Augenblick kommt der Sightseeing-Bus vorbei, den Alex schon am Morgen gesehen hat, mit Hermanns Jugendfreundin Waltraud und einer neuen Ladung von amerikanischen Touristen, die München besichtigen wollen.

626 Sightseeing-Bus

Waltraud, genannt Schnüßchen, ist sehr geschickt, wenn es darum geht, ihren Vortrag für die Touristen mit dem in Einklang zu bringen, was sie durch die verregneten Scheiben draußen zu sehen bekommt. Der Fahrer verlangsamt die Fahrt, als die Touristen dem schon wieder durchnäßten Alex in seinen Pantoffeln zuwinken.
Schnüßchen kommentiert durch das Bordmikrofon.
SCHNÜSSCHEN ... as you see, Munich is also a capital of the film-industry. At every corner you can see German »Jungfilmers« ... Oh, I know him! Look, say »Hello« to him! Hello!
ALEX. Das ist ja das Fräulein Waltraud ...
SCHNÜSSCHEN ... He is an actor or a student. Look at the funny clothes he wears.
Schnüßchen und die Touristen sehen, wie draußen die Garderobenfrauen erscheinen, um Alex seine Kleider wieder anzuziehen. Es ist wirklich ein Stück Filmwelt, die sich hier auf dem Trottoir abspielt. Der Sightseeing-Bus fährt langsam weiter.
Die Besichtigungsfahrt geht nun zum Odeonsplatz und über den klassizistischen Königsplatz zurück zum Hauptbahnhof. Schnüßchen kommentiert alles, was zu sehen ist.
SCHNÜSSCHEN. The Feldherrnhalle ist constructed by the famous architect von Gärtner in 1844. As you all know, Hitler tried here at this place to come into power in 1923. Ladies and gentlemen, I hope you enjoyed your trip to what is Munich. Mr. Ludwig and I we thank you very much for your interest, and we say: »have a good day.«

627 Hauptbahnhof

Die Touristen applaudieren und verabschieden sich von der kleinen Fremdenführerin. Der Hauptbahnhof ist der Ausgangspunkt und der Endpunkt der Stadtrundfahrt.

Im Aussteigen bemerkt Schnüßchen einen jungen Mann, der diese »Spuren«-Plakate aufhängt, die sie schon am Morgen in Hermanns Zimmer gesehen hat. Es ist Juan, der hier offenbar Hermann hilft. Schnüßchen spürt, daß eine Begegnung auf sie wartet. Sie überläßt die Touristen dem Busfahrer Ludwig und eilt die Treppen zum Bahnhof hinauf.

SCHNÜSSCHEN ... *Also, ich han alles vergesse, was am 23. November 1963 passiert ist, aber eines weiß ich noch ganz genau: dat ich dich endlich getroffe hab, Hermann. Im Münchner Hauptbahnhof. Wo sollen sich zwei Hunsrücker auch sonst treffen? Der liebe Gott hat dich in den Bahnhof geschickt, da bin ich ganz sicher. Genau um zwanzig vor vier hat dich der liebe Gott in den Bahnhof geschickt!*

Unter den vielen Reisenden, die hier umherlaufen, und in all der Betriebsamkeit des Großstadtbahnhofs findet Schnüßchen schnell, was sie sucht. Es ist Hermann, der gerade die Verkäuferin der Bahnhofsbuchhandlung dazu überredet, eins seiner Plakate in ihr Schaufenster zu hängen.

Schnüßchen bleibt einfach vor der Buchhandlung stehen. Sie fixiert Hermann, bis er unruhig wird und ihr fragend in die Augen sieht.

SCHNÜSSCHEN. Du guckst und guckst. Ei, Hermann, kennst du mich denn nicht mehr? Jetzt denke mal nach, Hermann. Fünf, sechs Jahre mußt du schon zurückgehen: Da war Kirmes unten an der Mosel. Wir sind aus dem Tanzzelt zusammen rausgegangen, weißt du noch? Und dann haben wir uns ans Ufer gesetzt, und dann hab ich dir was erklärt...

HERMANN. Wie der Zungenkuß geht! Mensch, Schnüßchen, du bist dat! Sag mal, was hast du denn für ein komisches Kostüm an?

SCHNÜSSCHEN. Ei, ich bin doch bei der Münchner Stadtrundfahrt. Das ist mein erster Arbeitstag, und schon laufe ich weg und schwänze die letzten fünf Minuten. Nä, Hermann, bist du dat wirklich?

Schnüßchens Begrüßung ist so laut und so betont fröhlich, daß ihre Stimme in der ganzen Bahnhofshalle widerhallt. Nichts ist ihr so intim, daß sie es nicht hemmungslos hinausposaunen könnte. Hermann gerät aus der Fassung. Jetzt fängt auch er unwillkürlich an, lauter zu reden als sonst und den Heimatdialekt wieder anzunehmen.

HERMANN. Sage mal, Schnüßchen, wie kommst du denn nach München?

SCHNÜSSCHEN. Jaaa...

HERMANN. Ich hab ganz vergessen, wie du ausguckst. Ei, schön siehst du aus!

SCHNÜSSCHEN. Älter und reifer. Und du? Bist Komponist geworden. Das hast du dir doch immer gewünscht.

Hermann fällt jetzt die Lautstärke der Begrüßung auf. Die Verkäuferin von der Buchhandlung hält beim Dekorieren ihres Schaufensters inne. Sie starrt die beiden Hunsrücker an. Das wird Hermann peinlich.

HERMANN. Laß uns hier weggehen. Ich glaube, wir stehen im Weg. Gehn wir raus. Nä, dat Schnüßchen!

SCHNÜSSCHEN. Hermann, sei so gut und nenne mich hier in München bei meinem richtigen Namen. Sag Waltraud zu mir. Sonst werd ich den Hunsrück zu Leben-Lebtag net mehr los.

Er bemerkt, daß Juan im Hintergrund der Bahnhofshalle Schwierigkeiten mit einem Bahnpolizisten hat, der die illegal angeklebten Spuren-Plakate requiriert. Deswegen führt Hermann Schnüßchen zu dem Freund. Hilfe ist aber nicht mehr nötig, weil Juan das Problem mit seinem asiatischen Lächeln gelöst hat. Er läßt den Polizisten einfach die Plakate mitnehmen.

HERMANN. Darf ich vorstellen? Das ist Juan, mein Freund, das ist Waltraud, eine Jugendfreundin.

SCHNÜSSCHEN *(lacht)*. Das klingt komisch: Jugendfreundin! Als wären wir schon uralt. Nä, Hermann, is dat schön, daß ich dich wiedersehe! Komm, ich muß dir mal richtig um den Hals fallen. Keine Angst, du kriegst net gleich noch mal einen Zungenkuß.

Schnüßchen hat ihre Handtasche zu Boden fallen lassen, um Hermann besser drücken zu können. Als sie sieht, daß Juan die Szene ein wenig verlegen beobachtet, läßt sie Hermann los und nimmt einfach Juan in die Arme. Sie drückt auch ihn.

SCHNÜSSCHEN. Und Sie sollen auch was davon abkriegen. Ich komme nämlich aus der Gegend, wo der Hermann auch herkommt.

Als Hermann noch einmal zur Bahnhofsbuchhandlung hinübersieht, erkennt er Clarissa, die da – völlig in sich versunken und in ihren Wintermantel gehüllt – vorüberhuscht. Hermann wendet sich schnell an Juan und Schnüßchen.

HERMANN. Wartet mal einen Moment, ich komme gleich wieder.

Hermann rennt los. Er ruft Clarissas Namen. Schnüßchen sieht hinter ihm her. Sie ist glücklich, ihn endlich getroffen zu haben.

SCHNÜSSCHEN. Gut sieht er aus, der Hermann. Er war ja schon daheim immer ein schöner Kerl. Aber daß er hier in München auch noch von allen anderen absticht, alle Achtung.

Hermann verfolgt Clarissa bis zu den Bahnsteigen. Zuerst verliert er sie aus den Augen, dann findet er sie wieder, als sie gerade in den Zug nach Rosenheim einsteigt. Sie ist so spät gekommen, daß der Zug sich in Bewegung setzt, sobald sie die Tür hinter sich geschlossen hat.

Hermann kann ihr nur noch nachwinken. Er sieht, wie sie das Fenster öffnet, um sich zu vergewissern, ob er es wirklich ist.

Der Zug rollt aus dem Bahnhofsgebäude hinaus. Hermann kehrt um.

628 Straße vor Haus Olga

Helgas Seelenzustand hat sich seit diesem Morgen auf bedenkliche Weise verschlimmert. Sie irrt im Regen umher und hat sich von einem wildfremden Menschen in einem Volkswagen mitnehmen lassen. Jetzt erkennt sie Alex, der durch den Regen läuft. Sie ruft nach ihm und verläßt – sobald der Autofahrer anhält – den VW, um bei dem überraschten Freund Hilfe zu suchen.

ALEX. Helga, was machst du denn hier?
HELGA. Alex, halt mich, halt mich fest!
ALEX. Aber ja!
HELGA. Ich werde verrückt!
ALEX. Was ist denn?
HELGA. Ich glaube, ich werde verrückt!
ALEX. Was ist denn?
Die Begegnung mit Alex ereignet sich vor einem Geschäft für Schaufensterpuppen. Die vielen künstlichen Menschenkörper hinter den Glasscheiben, der strömende Regen über der Szene, die Sprüche von Alex lassen die Situation tatsächlich wie das Wahnbild eines Irren erscheinen. Helga atmet heftig, schreit angsterfüllt auf und versucht, sich an Alex zu klammern.
ALEX. Denke an Hölderlin. Seine Gedichte wurden immer besser.
HELGA. Mir tut das so weh hier drin!
ALEX. Weißt du, was Spinoza dazu sagt? »Schmerz ist ein lokalisierter Kummer.« Ist es das Herz, ist es die Liebe. Aber Liebe, das ist doch nur Prestige. Schau mich an! Nimm dir ein Beispiel an mir, an uns Philosophen. Ich bin frei davon.
Alex hat Helga um die Hausecke geführt. Vor einer Eingangstür bleibt er stehen.
ALEX. So, und jetzt mußt du mir helfen.
HELGA. Wieso denn? Wobei denn?
ALEX. Ich muß Olga anpumpen. Sie ist meine letzte Hoffnung. Ich habe ihr schon dreimal geholfen, einmal im Mai 61, das zweite Mal im Februar 62 und das dritte Mal im gleichen Jahr, als sie im August in Urlaub fahren wollte. Da hatte sie gerade ihr Beischläfer verlassen.
Er hat einen Namen gefunden, der auf dem Klingelbrett steht. Er grinst.
ALEX. Ah, hier! Diplomingenieur Viereck. Sehr sinnig!

629 Wohnung Olga

Olga öffnet ihre Wohnungstür. Sie bekommt in der Zugluft sofort einen gewaltigen Niesanfall. Ihr Gesicht ist verquollen, von einer scheußlichen Grippe gezeichnet. Alex drückt sich an der kranken Schauspielerin vorbei, um die Wohnung inspizieren zu können.
ALEX. Stecke uns nicht an. Ich gehe auch gleich wieder.
HELGA. Wo lebst du denn hier?

OLGA. Ihr seid ja völlig verrückt! Was macht ihr denn hier? Ihr seid ja pitschnaß. Ihr macht mir hier alles dreckig! Alex, komm, geh da aufs Bett! Zieh die Schuhe aus und halt die Klappe!

Helga, die diese Wohnung noch nie betreten hat, läuft in dem geräumigen Schwabinger Atelierzimmer umher. Es gibt hier ein nach Norden gerichtetes Atelierfenster, wie man sie früher gebaut hat, als die Maler noch zum Kolorit dieses Stadtviertels gezählt wurden. Heute ist diese Wohnung das Domizil von Olgas »Beischläfer«, wie Alex sagt, des Ingenieurs Viereck. Der ist aber nicht anwesend.

Das einzige, was von ihm Zeugnis gibt, sind Arbeitstische und ein hohes Zeichengerät, das dekorativ in der Mitte des Zimmers steht. An den offenliegenden Dachbalken entlang führt eine Wendeltreppe zu einer Empore hinauf. Dort oben scheint es den Schlafraum zu geben.

Olga hat sich mit Packpapier einen Fotohintergrund gebastelt. Die Zimmerpalme soll eine gewisse Strandatmosphäre zaubern, die durch zwei kleine Scheinwerfer verstärkt wird. Die Besucher haben Olga bei ihren Versuchen gestört, sich selbst zu fotografieren. Olga geht ruppig mit ihren Besuchern um, vor allem mit Alex, den sie hemmungslos herumkommandiert. Sie bekommt einen Niesanfall nach dem anderen.

Olga stellt ihre Fotokamera auf ein Stativ.

OLGA. Komm mal her, Helga! Also, paß auf, hier ist der Auslöser, und so transportiert man den Film. Da mußt du einfach nur draufdrücken, wenn ich in Positur stehe, klar?

HELGA. Wie am Strand von Waikiki...

OLGA. Drück jetzt endlich ab!

Olga hat sich eine blonde Langhaarperücke über den Kopf gestülpt und das Badetuch, in das sie gewickelt war, abgelegt. Ein hübscher Bikini kommt zum Vorschein. Aber genau in dem Augenblick, in dem Helga den Auslöser drückt, muß Olga wieder niesen. Der Rotz läuft ihr aus der Nase. Alles ist verdorben.

OLGA. Scheiße!

Sie träufelt sich den Saft einer Zitrone in den Mund, um die Halsschmerzen zu bekämpfen. Alex hat sich auf ihr Bett gelegt und nimmt eine Art Yogahaltung »gegen Hunger« ein.

OLGA. Schlaf mir da nicht ein! Ich bekomme nämlich noch Besuch, und da mußt du hier weg.

ALEX. Ah, dein junger, dynamischer Positivist.

OLGA. Halt den Mund! Nein, es ist der Fahrer von dem Regieassistenten von dem Regisseur von dem Film, bei dem ich mich bewerbe. Die

Bilder müssen noch heute nach Rom. Die werden dort nämlich entwickelt.

ALEX. In Rom? Bekommst du denn eine Filmrolle in Rom?

Olga begibt sich auf die Galerie, um sich dort umzuziehen.

OLGA. Ja, die haben Fotos von mir verlangt. Aber ich habe keine, jedenfalls keine, die zu denen passen würden.

HELGA. Film? Was denn für ein Film?

OLGA. »Volles Herz und leerer Beutel« oder so ähnlich. Aber immerhin soll ich neben Heidi Brühl an der Via Veneto spielen.

Als Olga in ihrem eleganten Kleid die Wendeltreppe herunterkommt, ist Alex ganz betont höflich zu ihr. Er behandelt sie, als wäre sie bereits der Filmstar, der sie mit Hilfe dieser lächerlichen Fotos werden möchte. Er hilft ihr in die hochhackigen Schuhe. Olga hat es eilig, um das Bild nicht wieder durch Niesanfälle zu gefährden. Nun hilft Alex, das Foto zu machen. Sobald sie in Positur steht, sieht er durch den Kamerasucher, bevor der den Auslöser betätigt.

ALEX. Apropos, ich hätte da eine Frage ... »leerer Beutel«!

OLGA. Warum seid ihr überhaupt hier? Ihr kommt doch sonst nie. Ich ahne es schon: weil du mich anpumpen willst, Alex, stimmt's oder habe ich recht?

ALEX. Da hast du nicht unrecht, Genossin!

OLGA. Hör mit deiner Genossin auf. Dieses blöde Gruppengetue. Ich gehöre nicht zu euch.

Olga setzt sich eine Fellmütze auf den Kopf. Sie begibt sich zu einem Wandspiegel, um sich zurechtzumachen. Plötzlich wird sie ganz verzagt. Sie betrachtet ihr Spiegelbild und fängt an, leise zu weinen.

OLGA. Ich bin Schauspielerin. Wißt ihr überhaupt, was das ist? Eine leicht verderbliche Ware. Zum alsbaldigen Verzehr bestimmt. Was habe ich schon zu verkaufen? Meine Jugend ... Habe ich eine Wahl? Als Schauspielerin bist du auf die Initiative der anderen angewiesen. Die Schriftsteller, die Regisseure, die Produzenten, die bestimmen, was aus dir wird. Und wenn die bekloppt sind, dann wirst du auch bekloppt. Und wenn die dich nicht kennen, dann gehst du ein.

Helga ist immer unruhiger geworden. Sie zieht sich ihre nassen Schuhe wieder an. Auch Alex hat keine Lust mehr, sich zu seinem Elend auch noch das Elend von Olgas Karriere anzuhören.

HELGA. Ich kann das nicht mehr aushalten, dieses primitive Lamento!

ALEX. Warte, ich komme mit!

OLGA. Helga, du hast dich immer überlegen gefühlt. Und warum? Weil

du nämlich nichts riskierst. Das ist es, da steht man fein da. Und du, Alex? Du riskierst schon ein bißchen mehr, weil du nämlich häßlich bist und nichts kannst außer lesen und klug sein.

ALEX. Danke! Jedem seine Tragik, jedem seine Verachtung.

HELGA. Alex, komm wir gehen.

Alex und Helga haben sich die Schuhe angezogen. Helga steht schon im Mantel da. Sie will die Wohnungstür öffnen. In diesem Augenblick setzt Olga zum Gegenangriff an. Sie rennt wütend umher und fängt an, die Freunde mit schriller Stimme zu beschimpfen.

OLGA ... Jetzt sage ich euch mal was: Keiner von uns dreien kann den anderen leiden. Wir kennen uns über sogenannte Freunde. Und warum treffen wir uns dann so »rein zufällig« an diesem ekelhaften Novembertag? Weil wir nämlich am Ende sind! Alle drei am Ende!

HELGA. Das ist wahr ...

Helga ist getroffen. Sie sinkt wie ein wundes Tier auf den Boden. All ihr Schmerz vom Vormittag kommt wieder zum Vorschein. Olga hat ihr die Wahrheit gesagt.

OLGA. Du liebst den Hermann, kriegst ihn aber nicht. Hah, du wirst ihn nämlich nie kriegen! Ja, er schläft manchmal mit dir, aber seine Seele ist weit. Er ist auch eines dieser arroganten Genies wie Jean-Marie und Volker und Stefan und Reinhard und all die anderen. Sie basteln an ihrer Unsterblichkeit herum. Dafür brauchen sie uns nicht. Wir sind keine Genies, aber auch nicht untertänig. Helga, wenn du so ein Heimchen am Herd wärest, eine, die ihm die Füße leckt und ihn anhimmelt, ja, dann hättest du eine Chance bei ihm.

ALEX. Schön, Olga, daß du wenigstens sein Genie erkennst! Das ehrt dich, das nenne ich sogar Freundschaft.

OLGA. Alex, du bist kein Künstler. Was dich so rührend macht, ist, daß du nicht neidisch bist. Irgendwie bist du großzügig. Komm, Alex, ich brate uns ein paar Spiegeleier, willst du?

Alex ist bei der Abrechnung ziemlich ungeschoren geblieben. Die Aussicht, nun endlich etwas zu essen zu bekommen, ändert die Situation für ihn vollkommen.

ALEX. Oh, da bin ich nicht abgeneigt.

OLGA. Helga, gib dir einen Ruck, zieh den Mantel aus!

Helga denkt nach. So ohne weiteres kann sie doch nicht zugeben, daß Olga ihr Drama mit Hermann richtig erkannt hat.

HELGA. Olga?

OLGA. Ja?

HELGA. Du hast vorhin vergessen, daß ich Gedichte schreibe.

OLGA. Ja, schöne Liedertexte für Hermann, aber du gibst dem Leben den Vorzug vor der Kunst. Das unterscheidet sie übrigens auch von mir.

ALEX. Ah ja.

In Helgas Seele hat sich etwas angestaut, das nicht mit guten Worten und nicht mit Spiegeleiern zu beruhigen ist. Sie springt auf. Sie zertrampelt Olgas Packpapier-Horizont und gerät außer sich.

HELGA. Soll ich euch mal was sagen? Ich werde diese Stadt verlassen! Und wißt ihr auch, warum? Weil München eine Illusion ist, eine Chimäre: vorn Löwe, in der Mitte Schlange und hinten Schweineschinken!

Das Brutzeln der drei Spiegeleier in Olgas Pfanne klingt so ähnlich wie das Prasseln des Regens, der den ganzen Tag schon auf die Stadt niedergeht.

630 Hausflur, Wohnung Schnüßchen

Mit einer Chiantiflasche in der Hand kommt Hermann aus dem Aufzug, der im oberen Stockwerk eines Mietshauses aus den fünfziger Jahren angehalten hat. Er wischt sich das Regenwasser aus Gesicht und

Haaren und eilt zu einer Wohnungstür, die offensteht. Er ist gut gelaunt und in schwunghafter Bewegung.

HERMANN. *Um die Flasche Chianti zu kaufen, habe ich in der Kneipe all die leeren Pfandflaschen eingelöst, die ich an diesem Abend auftreiben konnte.*

Er betritt das Appartement, in dem Schnüßchen schon am Tisch sitzt, um Salat zu putzen. Über ihrem adretten Pulli und dem hellen Faltenrock trägt sie eine Hausfrauenschürze. Als Hermann sich das Küchenhandtuch schnappt, um sich damit das regennasse Gesicht abzuwischen, schreitet sie ein. Für den Kopf hat sie ein anderes, ein eigens dafür bestimmtes Frotteetuch.

HERMANN. *Nach dem langen Tag in Kälte und Regen wollten wir es uns bei Waltraud gemütlich machen. Sie verfügte über das Appartement einer Kollegin, die nach Amerika gereist war. Es gab dort eine Zentralheizung und eine komplette Kücheneinrichtung, so daß Juan endlich Gelegenheit hatte, uns seine Kochkünste vorzuführen.*

Die Küche ist eher eine große Kochnische. Sie ist aber mit allem ausgestattet, was Juan braucht, um sein südamerikanisches Gericht zuzubereiten. Auch Juan trägt eine Schürze, die Schnüßchen ihm umgebunden hat. Aus einer Zeitung hat er sich kunstvoll eine Art Kochmütze gefaltet, die er auf dem Kopf trägt.

SCHNÜSSCHEN. Weißt du, was der Juan da kochen tut? Dat sind Empanadas. Woher kommen die, Juan? Aus Chile oder aus Bolivien?

JUAN. Ich glaube, aus Peru. Aber eigentlich sind sie das Nationalgericht von Chile. Hermann, mach bitte die Flasche auf, ich brauche ein paar Tropfen Wein, für den Pino.

Schnüßchen überreicht Hermann den Korkenzieher. Sie ist stolz, daß sie mit allem dienen kann, was gebraucht wird. Während Hermann sich mit dem Korkenzieher abmüht, stellt sie sich so an den Tisch, daß er ihre aufreizende Körperhaltung betrachten kann. Sie spürt und genießt die lüsternen Blicke ihres Landsmanns.

Feierlich öffnet Juan das Backrohr. Er zeigt die fertiggebackenen Empanadas, eine Reihe goldbraun aussehender Teigtaschen, die mit allerlei raffinierten Mischungen gefüllt sind. Hermann kommt, vom Duft des Gebäcks angezogen, an die Küchentür. Er überreicht Juan die Weinflasche.

HERMANN. Das erinnert mich an Weihnachten, an Weihnachtsplätzchen, die habe ich immer so gern gegessen, oder Zimtwäffelchen.

Kennst du die, Schnüßchen? Oh, Verzeihung, Waltraud! Komm, laß mich Schnüßchen sagen, sonst komme ich noch ganz durcheinander.

Auch Waltraud wird von Erinnerungen an den Hunsrück überfallen. Sie wartet, bis Hermann nah genug bei ihr ist, dann greift sie seine Rekapitulation der Hunsrücker Küche auf.

SCHNÜSSCHEN. Weißt du, was mein Lieblingsessen war, daheim? So Krummbeere-Auflauf oder »Stampes«. Kennst du dat?

HERMANN. Ei, allemol! Wie hat denn dei Mutter dat gemacht? Mit »Brätlauch« oder mit »Moaten«? Mir han immer »Äppelbrei« hinnerher geß.

SCHNÜSSCHEN ... oder »Schweinebrüh« und »Gequellte«. Und dann »Arme Ritter«. Kennst du die?

HERMANN. Oder »Krummbeereklöß« oder »Schwenkbraten«, oder »Dippelabbes«. Kennst du »Dippelabbes«?

Hermann muß lachen, weil ihm die Dialektbezeichnungen der Speisen so fremd und doch so vertraut vorkommen. Er wundert sich, daß er solche Namen in Erinnerung hat, und daß er so was überhaupt in seinem Hirn herumträgt. Schnüßchen ist da ganz anders, sie verleugnet ihren Dialekt nicht.

JUAN. Was ist das: »Krummbeere«?

SCHNÜSSCHEN. Ei, die habt ihr doch erfunden, in Südamerika. Von euch, da kommen die doch her, Kartoffeln meine ich.

JUAN. Ah, Papas! Guck, die erste Runde ist fertig.

Juan hält das Backblech mit den fertigen Empanadas in die Höhe, damit man seine Arbeit auch bewundern kann. Hermann gießt die Rotweingläser voll. Schnüßchen wird ganz feierlich. Sie zieht die Schürze aus und zündet die Kerzen an, die auf dem Tisch stehen.

HERMANN. Ich habe jetzt richtig Hunger!

SCHNÜSSCHEN. Die riechen wirklich wie Weihnachten!

JUAN. Ich glaube, das ist das Piment. Ihr müßt Geduld haben, sie sind noch sehr heiß.

SCHNÜSSCHEN. Trinken wir!

HERMANN. Auf den Koch!

Die drei Weingläser treffen sich über dem schön gedeckten Tisch. Sie klingen und werden zu den drei Mündern geführt. Die Augen leuchten.

SCHNÜSSCHEN. Darauf, daß wir uns heut gefunden haben.

631 Straße in Rosenheim

Clarissa ist in der bayerischen Kleinstadt angekommen. Hier liegt Herbstnebel über Straßen und Gärten. Sie sucht den Weg. Sie liest Straßenschilder. Dann geht sie entschlossen in eine Gartenstraße, die rechts und links mit Einfamilienhäusern bebaut ist.

CLARISSA. *Ich habe von diesem Tag lauter Gerüche in Erinnerung. Der Rosenheimer Arzt wohnte in der Nähe eines Fichtenwaldes. In der nebligen Luft roch es nach Benzin und Harz und faulendem Laub. Vier Jungen versuchten, ein Fahrzeug anzuschieben. Die Auspuffgase vermischten sich mit dem Geruch der klatschnassen Pflastersteine vor dem Haus des Arztes. Beim Gartentor gab es eine Lampe, die nach verschmorten Elektroleitungen roch, und eine Mülltonne stand da, deren vergorener Inhalt säuerliche Luft ausströmte. Ich kam an der Autogarage des Arztes vorbei: Altölgeruch vermischte sich mit dem Efeu und den verwelkten Rosen neben der Hausmauer. Selbst das Eisengitter verströmte einen Geruch. Es roch nach Rost und Nässe.*

Mehrmals ist der Arzt im Hintergrund des Grundstücks sichtbar geworden. Zuerst hat er sich vor der Garage zu schaffen gemacht. Dann ist er im Haus verschwunden. Leise schnarrt der elektrische Türöffner, sobald Clarissa am Gartentürchen ankommt. Sie wird heimlich erwartet.

632 Arzthaus

Mit zögernden Schritten nähert sich Clarissa der Haustür, die offensteht. Der Blick in eine muffige kleine Diele wird frei. Eine Zwischentür versperrt den Zugang zum Wohnbereich. Für eine Sekunde wird der Glatzkopf des Arztes sichtbar, der an einer Kellertreppe verschwindet. Ein Luftzug bewegt ein Blatt Schreibpapier, das an die Wandvertäfelung geheftet ist. Ein primitiv daraufgemalter Pfeil weist stumm in die Richtung, die Clarissa nehmen soll.

CLARISSA. *Als ich das Haus betrat, umfing mich die stickige Luft eines Kellers. Es roch nach feuchtem Gips, nach Urin und Chloroform. Mein eigener Mantel begann, modrig zu riechen. Alle meine Wahrnehmungen reduzierten sich auf das Einatmen von Gerüchen …*

633 Behandlungszimmer

Sie hat die Kellerräume erreicht, in denen der Abtreibungsarzt sein Handwerk ausübt. Durch eine Art Abstellraum, in dem ausgestopfte Tiere und alte Möbel stehen, gelangt sie zu einem Vorhang, hinter dem allerlei medizinisches Gerät zu sehen ist: Metallmöbel, eine Vitrine mit Medikamenten, ein fahrbares Tischchen mit chirurgischen Werkzeugen und das alte Modell eines gynäkologischen Stuhls. Der Arzt hustet mit den verschleimten Bronchien des chronischen Rauchers. Er wühlt in seinen Werkzeugen herum und vermeidet es, Clarissa anzusehen. Noch begrüßt er sie nicht.

ARZT. Machen Sie sich frei. Das Geld können Sie dahin legen.

Clarissa zieht ihre verkrampfte Hand aus der Manteltasche. Sie hat die achthundert Mark während des ganzen Weges unbewußt in der Faust gehalten. Jetzt sind die Geldscheine feucht von ihrem Angstschweiß. Sie läßt die Scheine auf das Gerätetischchen gleiten. Da liegen sie zwischen Spritzen und Kanülen.

CLARISSA. *So deutlich und so scharf abgegrenzt riechen vielleicht die Hunde, wenn ihnen Gefahr droht.*

Langsam zieht sie nun ihren Mantel aus. Es gibt hier nicht einmal einen Haken, an dem sie ihn aufhängen könnte. Schließlich legt sie ihn über den Wandschirm, von dem er abzurutschen droht. Der Arzt hustet wieder. Clarissa kommt näher. Sie betrachtet den Marterstuhl, auf den sie sich setzen soll.

ARZT. Na, machen Sie mal!

Sie findet einen Schemel, an dem sie sich abstützen kann, als sie ihre Unterhose herunterstreift. Dann setzt sie sich auf den Untersuchungsstuhl. Sie muß ihre Beine auseinanderspreizen, um die Unterschenkel auf die dafür vorgesehenen Stützen legen zu können.

Der Arzt bekommt wieder einen Hustenanfall. Er nähert sich mit zwei gynäkologischen Folterinstrumenten.

ARZT. So, jetzt entspannen Sie sich mal.

Clarissas Blick sucht Halt an den Gegenständen im Raum. Über ihrem Kopf hängt ein Stich mit dem Hasen von Dürer. Sie starrt dieses Bild an, als wäre es ihre letzte Verbindung zum Leben. Der Arzt macht sich zwischen ihren Beinen zu schaffen. Er tut ihr weh. Ihr ganzer Körper verkrampft sich. Sie wendet den Kopf. Sie will sich aufrichten, aber sie ist gefangen in diesem Stuhl in dieser unwürdigen Haltung.

An der Wand gegenüber hängen Glaskästen, in denen tote Käfer und

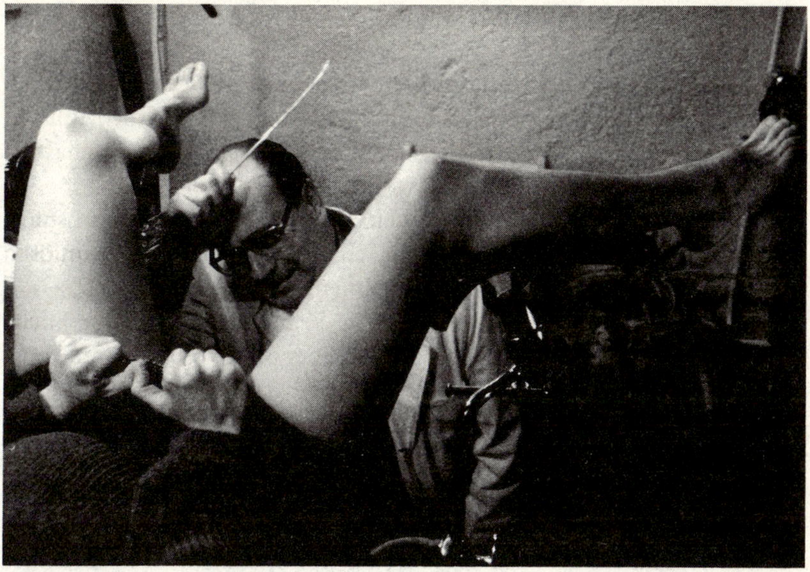

Riesenspinnen aufgespießt sind. Der Arzt scheint dergleichen zu sammeln.
Die Tortur wird erst beginnen. Der Arzt richtet sich auf und wühlt wieder in seinem Gerätesortiment. Dann taucht er wieder zwischen Clarissas Beinen unter. Ein Angstschrei ringt sich aus ihrer Brust.

634 Arzthaus. Stadtpanorama

Die frühe Dämmerung des Novembertages verschlingt das Arzthaus. Nur noch das Neonlicht dringt aus dem Kellerraum in den Garten. Der Nieselregen legt einen feinen Schleier über Clarissas Not.
Über München neigt sich der naßkalte Tag mit einem roten Schimmer, der den ganzen Horizont umsäumt. Es ist erst 17 Uhr. In den Büros wird gerade Feierabend gemacht, und die Straßen ersticken an den Auspuffgasen der Rush-hour. Es ist die Stunde, in der die Krähen zu ihren Nachtquartieren im Englischen Garten zurückkehren.

635 Hinterhöfe, Vorstadt

Es ist auch die Stunde, in der die Ratten, die in den feuchten Altbaukellern am Isarrand leben, sich aus ihren Löchern wagen, um die Mülltonnen zu durchstöbern. Der frische Abfall der Wohlstandsgesellschaft ist ein üppiges Angebot am Ende eines solchen Tages.
Auch Alex bewegt sich in dieser Welt zwischen Müll und Großstadtlärm. Er durchsucht die Mülltonnen nach Pfandflaschen, die er einlösen kann, um zu ein paar Groschen zu kommen.
Mit Bierflaschen und einer Milchflasche begibt er sich auf die Suche nach Geschäften, in denen er um das Flaschenpfand bitten kann. Er ist zu dieser Tageszeit fast schon ein Clochard geworden.

636 Straßenbahn

Schnüßchen fährt mit Hermann und Juan in der Straßenbahn. Auch hier kann sie nicht aufhören, sich als Fremdenführerin zu betätigen. Hermann sitzt neben Juan. Nach dem guten Essen sind die jungen Männer zufrieden. Sie hören sich lächelnd Waltrauds Reden an.

SCHNÜSSCHEN. Jetzt könnte ich euch einen Vortrag halten über München, aber das wollt ihr wahrscheinlich gar nicht. Aber ich könnt's. Ich kenne zum Beispiel die Kirche da drüben. Das ist zum Beispiel die Matthäuskirche, »Martin Luthers Achterbahn« »or Martin Luthers rollercoaster«. Ach, Hermann, bist auch so froh, aus dem Hunsrück weg zu sein? Irgendwie wehrst du dich gegen mich. Habe ich recht?

HERMANN. Ich will jetzt »Cleopatra« sehen...

Die Straßenbahn fährt durch das Rondell am Sendlinger Tor.

637 Kino

Die Premiere des »Cleopatra«-Films ist über dem Kinoeingang auf einem riesigen Transparent angezeigt. Die Stars Taylor, Burton und Harrison sind in übermenschlichen Dimensionen abgebildet, so daß die Menschen, die unter dem Reklameschild die Kinoeingänge betreten, ganz winzig erscheinen.
Schnüßchen und ihre Begleiter stellen sich gar nicht erst in der Schlange an, die vor der Kasse steht, sondern begeben sich zur Extrakasse, wo die

clevere Waltraud alles regelt. Hermann und Juan sehen hinter ihr her und staunen, wie selbstbewußt sie auftritt und wie sie das Großstadtleben meistert.

JUAN. Hast du gesehen, wie sie sich bewegt? Ist das nicht entzückend? Und dieser Hüftschwung!

HERMANN. Und das, obwohl sie aus dem Hunsrück stammt.

JUAN. Aber dafür schreibt sie keine Gedichte, singt sie auch nicht und spielt kein Cello.

HERMANN. Ach, Juan, wenn ich ehrlich bin, wenn ich dir meine geheimsten Wünsche verraten soll, dann ...

Schnüßchen kommt mit drei Eintrittskarten zurück. Sie strahlt und verteilt sie an die neuen Freunde.

SCHNÜSSCHEN. So, das ist die Karte von meinem Chef, das ist seine Frau, und ich bin die Tochter!

638 Versicherungsgebäude

Renate, die Möchtegern-Schauspielerin, ist an diesem früh hereingebrochenen Abend noch in Sachen Karriere unterwegs. Sie betritt das menschenleere Versicherungsgebäude, ohne daß sie jemand bemerkt hat. Auch sie folgt dem Starkstromkabel durch Flur und Innenhof, bis sie in die Räume gelangt, in denen Stefan, Reinhard und Rob sich am Nachmittag bei den Filmarbeiten zerstritten haben. Alles ist noch so, wie es das Filmteam verlassen hat. An den gläsernen Trennwänden hängen noch die gelben und pinkfarbenen Filterfolien. Der Fußboden ist von einem Gewirr von Stromkabeln bedeckt, und die Scheinwerfer stehen ausgeschaltet herum, wie in einem nächtlichen Filmstudio. Renate ist fasziniert von dieser Atmosphäre.

Ihren Regenschirm, den sie vor einigen Minuten auf der Straße vielleicht noch gebraucht hat, um ihre hübsch zurechtgemachte Frisur zu schützen, trägt sie selbstvergessen auch in diesen Innenräumen noch aufgespannt über dem Kopf. Mehrmals verzögert sie ihre Schritte, um sich umzuschauen. Wo sind denn nur die Filmemacher? Wo ist denn die Kamera? Renate gelangt an den Schminkspiegel, der noch voll beleuchtet ist. Hier entdeckt sie sich selbst und sieht im Spiegelbild, daß sie noch den Schirm über sich hält. Ein Geräusch im Hintergrund läßt sie aufmerken. Wieder gerät sie an eine gläserne Trennwand, die mit Farbfolien bespannt ist, und das Bild vor ihren Augen ist eingefärbt.

Dort, hoch oben auf der Freitreppe, die zum Zwischenstockwerk führt, erscheint der sächsische Aufnahmeleiter Bernd, der ihr munter zuwinkt.

BERND. Kommen Se ruhig hoch, Fräulein, hamm Se nur Mut!

Renate hat eine gläserne Schwingtür gefunden. Dahinter stehen nun auch endlich die Kamera und das ganze professionelle Gerät, das ihr solche Ehrfurcht einflößt, daß sie sich beinahe verirrt zwischen den Stativen und Kabeln. Auf der Freitreppe begegnet sie zwei elegant gekleideten Komparsinnen, die gerade den Drehort verlassen wollen. Renate weiß immer noch nicht, was sie mit ihrem aufgespannten Schirm machen soll.

Da kommt ihr Bernd mit einem Suppenteller entgegen.

BERND. Die gute Suppe, essen Sie ruhig davon, die bleibt uns heut nämlich übrig, weil die Dreharbeiten abgebrochen worden sind.

RENATE. Abgebrochen?

BERND. Es is een richtsches Elend, Fräulein. Sollten Sie ooch noch mitspielen?

Bernd spricht reinstes Sächsisch, was Renate sehr beruhigt.

RENATE. Noi, wisset Sie net, wo der Stefan und der Reinhard hingegange sind?

BERND. Jedenfalls werden Sie die nicht an eenem gleichen Ort wiederfinden, nach dem Streit, den's heute hier gegeben hat!

RENATE. Was ist denn vorgefalle? Da machet Sie mich aber neugierig...

Bernd drückt nun auch Renate einen Teller in die Hand und einen Löffel. Er führt sie zu einem Kessel, in dem eine riesige Suppenkelle steckt. Er hebt die Kelle empor, um Renate dieses köstliche Essen zu zeigen.

BERND. Suppe! Für siebenundfuffzig Personen! Es ist doch schade drum!

Er schöpft Renate eine ordentliche Portion von dem Linseneintopf auf den Teller. Renate läuft schon das Wasser im Mund zusammen.

RENATE. Sieht aber lecker aus.

BERND. Ja, is noch'n bissel heeß, Achtung! Haben Sie die gelbe Folie unten gesehen? Haben Sie mal durchgeguckt? Ist das nicht ein Bild wie der Atomkriech?

RENATE. Atomkrieg?

Sie beugt sich über das Metallgeländer, um noch einmal einen Blick in die Halle zu werfen, durch die sie eben heraufgekommen ist. Sie versteht nicht, was Bernd ihr da erzählen will.

BERND. Und da müssen Sie erst mal den Hausmeister sehen! Streckfuß heeßt er, also, der reinste Faschist! Und nun sag ich Ihnen was: Der wäre bereit, vor der Kamera auszupacken! Aber unsere beeden Genies merken das nicht.

Renate geht zu dem Suppentopf zurück. Sie hat wunderbare Würste gesehen, die in der Suppe schwimmen. Mit spitzen Fingern greift sie in die Linsensuppe hinein und fischt sich eine ganze Kette von diesen Würstchen heraus. Gierig beißt sie hinein, so daß ihr der Saft an den Wangen herunterläuft.

Bernd ist so begeistert von seiner Geschichte, daß er selbst dabei das Essen vergessen hat.

BERND. Ich hab'n gefragt. Also, Fräulein, der erzählt Ihnen heute, nach achtzehn Jahren, noch glatt von der Leber weg, wie er andere Leute ans Messer geliefert hat vor 45. Ich bin bei ihm in der Wohnung gewesen! Wie's da riecht, so nach Bohnerwachs und Essig. Een Film, sag ich Ihnen! Da brauchen Sie keine gelben Scheiben, da wird Ihnen angst und bange. Und Streckfuß heeßt er auch noch.

RENATE. Streckfuß?

BERND. Das kann ich Ihnen beschwören. Und wie heißen Sie?

RENATE. Ich bin doch die Renate. Und wie goht das jetzt mit der Filmerei weiter? Ich hab mich nämlich bewerbe wolle, weil ich auch mitmache will.

BERND. Sehen Se? Schon wieder so een Fall: Schweifen in die Ferne, und das Gute, Sie sind eben zu nah, Fräulein Renate. Stimmt's oder nicht? Das Leben ist immer da, wo die Filmleute nicht sind!

RENATE. Ah, das ist'n Jammer.

BERND. Das ist zum Flöhekrieschen. Ich könnt' Ihnen Geschichten auftun, ein wahrer Abgrund! Sehen Se, und ich komm überall rein! Ob das daran liegt, daß ich Aufnahmeleiter bin? Ich weeß es nicht. Jedenfalls, ich spreche eenen an, und schon zeigt er mir sein Schlafzimmer oder seinen Familienschmuck.

Renate beginnt, an Bernd Gefallen zu finden. Sie funkelt ihn mit ihren dunklen Augen an, so daß Bernd ganz verlegen wird.

BERND. Ach, Sie glooben mir nicht?

RENATE. Also, das kann ich wirklich net glaube.

BERND. Also, jetzt erzähl ich Ihnen mal folgende Geschichte: Da wird doch heute die Staatsoper wiedereröffnet. Und wissen Sie, was der Großvater von ebendiesem unserem Hausmeister Streckfuß in Friedenszeiten gemacht hat? Er hatte die Heizung der Staatsoper unter sich. Damals war das alles noch auf Dampfbasis. Wie tät sich doch unser kleener Faschist freuen, wenn wir mit ihm dahin gehen könnten, wo er als Kind gespielt hat. Freilich, alles modernisiert, verändert, aber es ist der gleiche Ort.

Bernd, der sich vor Renate als Repräsentant der ganzen Filmfirma fühlt, führt sie auf die Treppe, damit sie einmal für ihn vorspielen kann. Sie soll es so machen wie für den Regisseur, den sie ja sehen wollte. Er begibt sich zu der großen Studiokamera, die er natürlich nicht bedienen kann. Aber er tut so, indem er das Augenlicht über dem Kompendium einschaltet und die Kamera ein wenig hin- und herschwenkt.

BERND. Nun zeigen Sie ruhig mal Ihr Talent, Fräulein Renate!

Renate hat sich nicht zweimal auffordern lassen. Sie nimmt ihren zusammengefalteten Schirm als Ersatz für das Zepter und rezitiert aus Schillers »Jungfrau von Orleans«. Bernd schwenkt mit der Kamera hin und her und tut, als ob er sie filme.

RENATE. »Frommer Stab, oh hätt' ich nimmer mit dem Schwerte dich vertauscht, hätt' es nie in deinen Zweigen, heil'ge Eiche, mir gerauscht, wärst du nimmer mir erschienen, hohe Himmelskönigin: Nimm, ich kann sie nicht verdienen, deine Krone, nimm sie hin! Ach, ich sah den Himmel offen und der Sel'gen Angesicht, doch auf Erden ist mein Hoffen – und im Himmel ist es nicht!«

Möglicherweise kommt Renates schwäbische Aussprache Schillers Original näher als die mancher Bühnenschauspielerinnen. Aber gerade deswegen klingt ihr Vortrag sehr komisch. Bernd scheint aber ihren Dialekt gar nicht zu bemerken. Er hat sich in der kurzen Zeit, die er nun mit ihr zusammen ist, in sie verguckt. Er applaudiert ihr herzlich und ist ganz begeistert.

BERND. Sie dappen nicht mehr lang im dunkeln, Fräulein Renate, da bin ich mir sicher!

RENATE. Ach, hören Sie doch auf.

Renate weiß genau, wie ihre Chancen in Wirklichkeit stehen. Was hilft es ihr, diesen kleinen Aufnahmeleiter zu verführen? Sie setzt sich auf die Treppe und holt einen Flachmann aus ihrer Handtasche. Sie öffnet den Korken und nimmt einen verzweifelten Schluck. Als sie Bernd nun unten neben der Kamera stehen sieht, so nett und verlegen lächelnd, streckt sie ihm die Flasche entgegen. Sie bietet ihm einen Schluck an.

BERND ... aber Fräulein Renate!

Bernd nimmt dicht neben ihr Platz. Er trinkt. Renate sieht ihn an.

RENATE. Da sind Sie also auch so einer, dem der Herrgott die Gaben umsonst gegeben hat, hab ich net recht?

BERND. Leider!

Traurig sitzen jetzt die beiden auf den Stufen der Filmtreppe inmitten all der Geräte. Sie trinken schweigend den Schnaps aus. Das »Augenlicht« auf der Filmkamera brennt immer noch. Es beleuchtet die beiden. Sie heben den Blick und erkennen, daß sie sich in der Frontscheibe der Kamera spiegeln: ein Bild, das melancholisch stimmt. Irgendwie passen die beiden gut zueinander, so häßlich, zu klein geraten, wie sie sind, und mit all ihren unerfüllten Träumen.

639 Straßen bei Nacht, Telefonzelle

Alex, der erfolglose Schnorrer, zieht durch die Nacht. Er nähert sich einer Telefonzelle in der Nähe des Volksbades.

ALEX. *So gegen zwanzig Uhr beschloß ich, meine Freunde telefonisch auf die Probe zu stellen. Mit dem Flaschenpfand von einer Milchflasche und drei Bierflaschen konnte ich sechs Gespräche führen. Vielleicht fand sich jemand, er an mich glaubte und bereit war, etwas Geld in meine Zukunft zu investieren. Vielleicht war auch eine Einladung zu einem Abendessen zu erreichen ...*

Leider ist die Telefonzelle besetzt. Ein alter Mann mit Hut steht darin. Er führt ein umständliches Gespräch. Alex geht auf und ab. Schließlich wartet er auf einem Treppchen, das zum Isarufer hinunterführt. Endlich kommt der alte Mann grüßend an Alex vorbei.

ALTER MANN. So, jetzt können S' nei, jetzt ist frei.

In der Telefonzelle findet Alex eine Geldbörse, die der alte Mann zwischen den Seiten des Telefonbuchs vergessen hat.

Alex ist wie gelähmt: Einerseits spürt er die Pflicht, schnell hinter dem alten Mann herzulaufen, andererseits packt ihn die Gier, nachzusehen, was in der Börse ist. Sein Ruf nach dem Mann gerät recht leise, und als er die Zelle verläßt, um zu sehen, wo der Mann geblieben ist, sieht er zuerst in die falsche Richtung und verpaßt so den Moment, den der Mann braucht, um unterhalb der Treppe ganz zu verschwinden. Alex ist fast erleichtert bei der Feststellung, daß der Mann weg ist. Nun öffnet er die Börse.

ALEX. *In der Geldbörse befanden sich ein Hundertmarkschein, zwei Zwanzigmarkscheine und ein Zehnmarkschein, außerdem ein paar Münzen. Das Portemonnaie enthielt keinen Hinweis, wie der alte Mann hieß und wo er wohnte. Ich wurde irgendwie das Gefühl nicht* *los, daß er die Börse mit voller Absicht liegengelassen hatte. Wie hätte er sonst so spurlos verschwinden können?*

640 Kneipe in Schwabing

Alex hat sich aus dem Viertel mit der Telefonzelle rasch verdrückt. Jetzt ist er in seinem geliebten Schwabing angekommen und steuert direkt auf eine der alten Stammkneipen los.

Als er erhobenen Hauptes, denn er ist ja jetzt reich, die Gaststube betritt, ist es kurz nach acht Uhr. Das Lokal ist voll von Menschen – Münchner Bürger, Studenten, Künstler, Stammtischbrüder. Der Tabakrauch vernebelt die Sicht, so daß Alex sich nur nach und nach orientiert. Er übersieht Stefan, der einsam inmitten einer Tischrunde fremder Menschen sitzt und eine Gulaschsuppe löffelt.

STEFAN. Alex!

ALEX. Stefan, grüß dich. Wo hast du denn dein Filmteam gelassen?

STEFAN. Die haben Krisenurlaub heute. Ganz schön voll hier, nicht?

GAST. Rutschen wir halt ein bissel zusammen ...

Die Gäste am Tisch machen Alex Platz, damit er sich an Stefans Seite setzen kann.

ALEX. Sag mal, Stefan, ich schulde dir doch noch vierzig Mark. Stimmt das?

STEFAN. Alex, da brauchen wir doch jetzt nicht drüber reden, komm, ich spendiere dir so eine Suppe.

ALEX. Hier, vierzig Mark! Mit bestem Dank zurück.

Mit großartiger Geste läßt Alex die beiden Zwanzigmarkscheine auf Stefans Teller herunterfallen. Stefan fängt das Geld hastig auf, reinigt es von den Gulaschflecken.

STEFAN. Alex, was ist denn mit dir passiert? Hast du deine Großmutter erschlagen oder was?

Alex hält das unrechtmäßig erworbene Geld stolz in die Höhe. Er braucht jetzt die Genugtuung, vor allen Freunden unabhängig zu erscheinen. Was wäre das gefundene Geld wert, wenn er es nur ausgeben würde? Er braucht jetzt seine eigene Erfolgsgeschichte.

ALEX. Hier, hundertfünfzig Mark! Das habe ich heute von einem wildfremden Menschen bekommen. Also, es müssen nicht unbedingt Freunde sein, die einem helfen. Hundertfünfzig Mark für eine Stegreifübersetzung von Puschkin aus dem Russischen. Eine wunderschöne Verszeile. Ein alter Mann in einer Telefonzelle hat dieses Gedicht in der russischen Gefangenschaft von einer Russin gelernt, ohne je wirklich zu wissen, was es bedeutet. Heute hat er von mir zum ersten Mal die richtige Übersetzung erfahren.

STEFAN. Und die lautet?

ALEX. Doppelpunkt: »Ein Freund ist einer, der einem Geld borgt.« Puschkin. Siehst du, Stefan, es gibt eben doch noch Menschen, die mich erkennen und die an mich glauben.

641 Im Kino

Hermann, Schnüßchen und Juan sehen »Cleopatra«. Auf der gewaltigen Leinwand spielt sich ein noch gewaltigeres Hollywoodspektakel ab: Cleopatra hält ihren triumphalen Einzug ins antike Rom. Mit ihrem kleinen Sohn Cäsarion steht sie, in Gold und Edelsteine gehüllt, hoch oben auf einem Triumphwagen, der von Tausenden von nubischen Sklaven durch das dekorative Stadttor gezogen wird. Die Menge des römischen Volkes jubelt. Überall sieht man die Menschen, die, in altrömische Gewänder gehüllt, demonstrieren, was Geld und Studiotechnik vermögen. Fanfarenbläser stehen auf allen Palästen und Dachzinnen. Ihre Musik mischt sich mit dem Jubel der Menge. Liz Taylor ist wirklich eine Göttin. Schnüßchens Augen sind weit geöffnet, als sie verfolgt, wie dieser Star gefeiert wird. Um die Szene auf der Breitwand zu erfassen, müssen die Freunde in der Parkettreihe permanent ihre Köpfe hin- und herwenden.
Da fällt ein Lichtschein, der vom Kinoeingang herkommt, auf die Leinwand und stört das Bild. Die Zuschauer wenden die Köpfe, um nachzusehen, was es gibt. Es sind zwei Herren, der Kinobesitzer und ein Begleiter im Kamelhaarmantel, die an den Reihen entlanggehen, um schließlich die Bühne zu betreten. Ein Verfolgungsscheinwerfer leuchtet den Herren den Weg. Schließlich bleiben sie unter der Leinwand stehen. Der Kinobesitzer gibt ein Handzeichen, woraufhin der Filmton abgedreht wird.

KINOBESITZER. Sehr verehrte Damen und Herren! Wir müssen Sie um Verständnis für diese Unterbrechung bitten. Ich gebe nun das Wort an Mr. Hilton von der Centfox.

Der Film läuft weiter. Cleopatra steigt immer noch mit königlicher Würde die vielen Stufen von ihrem sphinxförmigen Triumphwagen herunter. Mr. Hilton von der Centfox braucht einen Moment, bis er seiner Stimme mächtig ist.

MR. HILTON. Die Theaterleitung und ich als Chef von der deutschen Centfox haben diesen Augenblick eine traurige Mitteilung zu machen. Wir müssen Ihnen mitteilen, daß der amerikanische Präsident John F. Kennedy heute, vor einer Stunde, in Dallas/Texas ermordet wurde ... Thank you ...

Im Filmtheater ist es totenstill. Schnüßchen, Hermann und Juan sitzen erstarrt unter den erschrockenen Menschen. Oben auf der Galerie beginnen einige Zuschauer, sich zu erheben. Diesem Beispiel folgen bald alle, um den toten Präsidenten stehend zu ehren.

642 Straßen in München

Am Odeonsplatz werden die ersten Zeitungen verkauft, die Berichte über den Mord von Dallas bringen. Die Münchner *Abendzeitung* hat ein kleines Wunder an journalistischer Reaktionsfähigkeit und technischer Schnelligkeit vollbracht. Schon so kurz nach Eintreffen der Nachricht ist die Extraausgabe erschienen, die den Zeitungsverkäufern aus den Händen gerissen wird. Die Leute können nicht fassen, was da geschehen ist. Sie stehen erschüttert auf der Straße, lesen, weinen oder sprechen mit ihren Nachbarn. Nie ist ein politischer Mord mit so viel Anteilnahme von den Menschen in der Öffentlichkeit erlebt worden.

Alex und Stefan, die die Nachricht in der Kneipe erfahren haben, kommen über die Straße gerannt. »Kennedy ermordet!« – »Extraausgabe!«, so ertönen die Rufe der Zeitungsverkäufer durch die Nacht. Vergessen sind alle Probleme des Tages. Stefans Streit mit den Freunden, Alex' Sorge um das nötige Kleingeld.

ALEX. Warum rennst du denn so schnell, wo willst du denn hin?

STEFAN. Ich weiß auch nicht.

ALEX. Komm, wir kaufen uns eine Zeitung!

Am Schaufenster eines Radiogeschäfts hat sich eine Traube von Menschen gebildet. Auf den Fernsehgeräten im Schaufenster werden die ersten Berichte über Dallas gezeigt. Gebannt verfolgen die Menschen vor dem Schaufenster die Kommentare, die über einen Außenlautsprecher übertragen werden.

FERNSEHKOMMENTAR ... Kaum jemand hat es für möglich gehalten, daß Kennedy, einer der drei bestbewachten Männer der Erde, ermordet werden könnte. Nicht nur seine Leibwächter, sondern seine Offensive gegen den Haß, sein Mut und seine Arglosigkeit schienen ihn gefeit zu haben gegen Heimtücke und Hinterhalt. Doch die Ereignisse in Dallas belehrten uns eines anderen. Es geschah wenige Sekunden nach diesen Aufnahmen, die das Präsidentenpaar umjubelt und scheinbar gut bewacht zeigten.

Alex und Stefan hören eine Weile zu. Dann lösen sie sich aus der Menge. An einer Telefonzelle bleiben sie stehen.

ALEX. Und wohin gehen wir jetzt?

STEFAN. Ich weiß auch nicht.

ALEX. Da drüben wohnt Helga. Wir müssen es ihr sagen.

STEFAN. Ja, geh du mal vor. Ich gehe noch telefonieren. Ich rufe meine Eltern an. Ich komme dann nach.

Vor einer Telefonzelle weht der Nachtwind und zerfetzt eines von Hermanns »Spuren«-Plakaten. Aus einem der Hausfenster schaut eine alte Dame. Sie hat zum Gedenken an den toten Präsidenten eine Kerze angezündet.

In den Kneipen sind die Radios und Fernsehgeräte eingeschaltet. Auf den Bildschirmen gibt es die ersten Rückblicke und Würdigungen von Kennedys Karriere. Die anteilnehmenden Menschen erleben noch einmal die berühmte Szene vor dem Schöneberger Rathaus, wo Kennedy sagt: »Ich bin ein Beeliner.«

643 Untermietzimmer Helga

Als Alex die Tür zu Helgas Bude öffnet, bietet sich seinen Augen ein unwirkliches Bild. Geschminkt und wie eine Tote in ihrem Bett aufgebahrt, liegt Helga da. Um sie herum brennen Dutzende von Kerzen. Sie werfen flackerndes Licht auf ihr bleiches Gesicht. Ihre Kummerfalten auf der Stirn und in den Mundwinkeln hat sie mit einem schwarzen Stift nachgezeichnet. Helga liegt starr.

ALEX. Helga, ich bin es, Alex. Verzeih, daß ich dich wecke. Helga, hörst du mich denn nicht? Helga, Genossin!

Das Kerzenwachs rinnt in breiten Bahnen über Helgas Nachttisch und bildet lange Zapfen bis zum Boden hinunter. Alex ist ratlos. Als er ein Geräusch hört, sieht er Stefan, der nun auch die Wohnung betritt.

STEFAN. Alle Telefonleitungen sind belegt. Du kommst nirgends mehr durch. Was ist denn mit Helga los?

ALEX. Sie ist irgendwie ohnmächtig. Sie hört mich nicht. Ich weiß nicht, was wir machen sollen.

Stefan beugt sich zu der wie aufgebahrt daliegenden Helga. Er spricht sie an, er schüttelt sie, er klatscht ihr mit der Hand auf die Wangen, aber Helga rührt sich nicht. Jetzt untersucht Stefan ihren Nachtkasten. Er entdeckt ein Tablettenröhrchen.

STEFAN. Sie hat Schlaftabletten gefressen. Komm, wir müssen sie zum Kotzen bringen, schnell, hilf mir!

Stefan packt Helga an den Schultern. Er dreht sie um und steckt ihr den Finger in den Hals. Alex kommt hinzugeeilt. Weil er nichts anderes findet, hält er ihr den Papierkorb unter. Helga ist immer noch leblos. Es will Stefan nicht gelingen, sie zum Erbrechen zu bringen. Er zieht sie vollends aus dem Bett.

STEFAN. Komm, wir schaffen sie ins Bad...

ALEX. Soll ich die Wirtin rufen oder einen Arzt?

Mit vereinten Kräften wird Helga nun durch den Flur geschleppt. Ins Bad folgt Alex nicht, weil er fürchtet, selber kotzen zu müssen. Er hört, wie Stefan Helga traktiert, bis sie wieder Lebenszeichen von sich gibt und die Schlaftabletten aus sich herauswürgt.

644 Straße vor Wohnung Clarissa

Der regnerische Tag endet mit Herbstnebel und Nieselregen. Die Straßen sind wie ausgestorben. Nach den Meldungen aus Dallas bleiben die Münchner in ihren Häusern.

Volker und Jean-Marie warten mit ihren schwarzen Regenschirmen auf Clarissas Rückkehr aus Rosenheim. Auf dem Trottoir vor ihrem Haus gehen sie auf und ab.

VOLKER. Das ist doch Clarissa! Ist sie das nicht?

Sie taucht ganz plötzlich zwischen den parkenden Autos auf. Die beiden Freunde stellen sich ihr in den Weg.

VOLKER. Clarissa, wir haben auf dich gewartet. Ich muß unbedingt noch mal mit dir reden.

JEAN-MARIE. Hör zu, Clarissa, du mußt uns eine Chance geben.

CLARISSA. Eine Chance, wozu?

Clarissa geht weiter. Ihre Schritte sind schleppend. Sie wirkt müde und erschöpft.

VOLKER. Weißt du, was passiert ist?

CLARISSA. Ich muß jetzt allein sein. Verzeiht mir.
VOLKER. Wie geht es dir überhaupt?
CLARISSA. O. k., aber ich will jetzt nicht drüber sprechen.
JEAN-MARIE. Gut, wir respektieren das. Du weißt ja, wo ich wohne.
VOLKER. Komm, ich helfe dir.

Sie ist an der Haustür angekommen. Volker hilft ihr, das Tor zu öffnen. Dann verschwindet er mit ihr in der Einfahrt. Jean-Marie bleibt draußen und wartet. Er fröstelt unter seinem Schirm. Volker kommt zurück.

JEAN-MARIE. Und? In jedem Fall hat sie die Sache hinter sich gebracht.
VOLKER. Woher willst du das wissen?
JEAN-MARIE. Sonst hätte sie anders reagiert.
VOLKER. Ich hätte ihr gern geholfen. Sie ist ein elender Dickschädel, sie ist in der Lage zu krepieren, ohne sich helfen zu lassen, ich kenne das. Mein Vater war genauso. Während er starb, hat meine Mutter auf todkrank gemacht und hat alle terrorisiert. Bei ihm hat nicht mal der Arzt gemerkt, wie schlimm es um ihn stand. Ich mache mir Vorwürfe.
JEAN-MARIE. Wegen deines Vaters?
VOLKER. Daß wir nicht besser aufgepaßt haben.
JEAN-MARIE. Du meinst doch mich, mich allein, stimmt's?

Volker und Jean-Marie überqueren die Straße. Sie gelangen an einen Zaun, vor dem sie stehenbleiben. Im Hintergrund ist das Fenster zu sehen, hinter dem das Licht angeht. Sonst bleibt alles ruhig in der Straße.

VOLKER. Das Problem ist, daß du sie nicht liebst.
JEAN-MARIE. Volker, sei froh, daß die Sache nicht noch schlimmer ist.
VOLKER. Hat sie bei dir auch damals von Hermann gesprochen?
JEAN-MARIE. Damals?
VOLKER. In Donaueschingen.
JEAN-MARIE. Ja, er hatte sie irgendwie beleidigt. Ich habe es vergessen.
VOLKER. Sie wollte ihn provozieren.
JEAN-MARIE. Du meinst, daß sie deshalb so überdreht war, als wir vom Schloß in die Pizzeria gingen?
VOLKER. Sie hat mit uns gespielt. Dabei ging Hermann dauernd hinter uns, mit dieser italienischen Sängerin. Weißt du noch? Er! Sie hat alles seinetwegen inszeniert.
JEAN-MARIE. Du meinst, aus Eifersucht? Das glaube ich nicht. Du neigst zu Depressionen, Volker. Sie war ganz einfach übermütig. Sie hat sich überschätzt damals auf dem Festival. Erinnere dich, alle haben ihr zugejubelt auf dem Konzert. Wer war nicht in sie verliebt? Sie hätte die halben Musiktage haben können.

VOLKER. Und als Ersatz dafür hat sie uns genommen.

Es gibt eine stille Seitenstraße, die hinter einem Zaun beginnt. Die Freunde sind stehengeblieben. Sie haben eigentlich kein Ziel, aber trennen wollen sie sich auch nicht.

VOLKER. Wann warst *du* eigentlich der Glückliche?

JEAN-MARIE. Das mußt du jetzt wirklich nicht erfahren!

VOLKER. Das kann doch nur auf dem Rückweg gewesen sein, in dem Hotel!

JEAN-MARIE. Volker, ich will, daß wir Freunde bleiben. Hör auf zu grübeln. Sie hat das alles ganz alleine zu verantworten, glaube es mir.

VOLKER. Das Problem ist, daß du sie nicht liebst.

645 Villa Cerphal, Garten

Es ist schon spät in der Nacht, als Alex wieder beim »Fuchsbau« ankommt, wo er seine Runden durch den Tag begonnen hat. Er ißt im Gehen eine Tüte Pommes. Im Grunde hat er an diesem Tag, an dem er glaubte, verhungern zu müssen, mehr gegessen als an anderen Tagen.

Er begegnet Stefan, der Helga im Kreise führt. Stefan verlangt von ihr, daß sie sich ununterbrochen bewegt und gut durchatmet. Alex ist gar nicht erstaunt darüber, daß Helga offensichtlich wieder unter den Lebenden weilt. Er ist völlig damit beschäftigt, die Ereignisse dieses Tages in die Reihe zu kriegen. Er versucht, seinen Erlebnissen Ausdruck zu geben.

ALEX. Das ist ja vielleicht ein komischer Tag heute! Als erstes ...

HELGA ... Mir ist so kalt.

WEITER ALEX ... einen Toast Hawaii bei Edith im Nest, als zweites eine Linsensuppe gegenüber im Picnic ...

HELGA. Komm, laß uns reingehen!

WEITER ALEX ... als drittes einen Kaiserschmarrn von Maria im Werneckhof, einfach so durchs Fenster, einfach so! Und das Ganze umsonst, ohne einen Pfennig zu bezahlen.

HELGA. Komm, wir gehen jetzt rein.

ALEX ... obwohl ich die Taschen heute voller Geld habe, seltsam!

Volker und Jean-Marie haben offenbar auch keine andere Wahl, als an diesem Abend die Freunde im »Fuchsbau« zu treffen. Viel einträchtiger, als sie sich fühlen, kommen sie des Weges und gesellen sich zu den Freunden vor dem großen Gartentor.

ALEX. Ah, Jean-Marie, Volker, hallo! Habt ihr's schon gehört?
HELGA. Meine Knie zittern so!
STEFAN. Ist doch klar, das ist immer noch das Tablettengift.
HELGA. Mir ist schweinekalt.
STEFAN. Das wird schon gut. Das wird schon ...
Volker und Jean-Marie begrüßen Helga.
VOLKER. Servus, Helga.
HELGA. Ich bin heute leider ein bißchen invalide. Ich habe mich nämlich vergiftet.
VOLKER. Vergiftet?
HELGA. Ja. Ich war schon halb überm Jordan. Da wäre ich auch beinahe dem hübschen amerikanischen Präsidenten begegnet. Die wollten mich aber leider nicht behalten da drüben.
STEFAN. Hör doch auf mit dem makabren Geschwätz! Ich kann dich auch dir selbst überlassen. Warum kümmere ich mich überhaupt um dich? Kannst du mir das mal erklären?
HELGA. Damit du nachher sagen kannst, du hättest deine Pflicht getan. Dann kannst du nämlich behaupten, du liebtest mich!
Helga, die sich von Stefan gelöst hat, läuft in den Garten. Noch einmal dreht sie sich nach ihm um. Was hat sie gegen ihn? Sie verschwindet in der Villa.

JEAN-MARIE. Ist Hermann zu Hause?

STEFAN. Was? Ich weiß nicht. Schauen wir halt mal nach. Mir ist auch kalt.

646 Villa Cerphal, Terrassenzimmer

Als Alex das Terrassenzimmer betritt, sitzen die Freunde ziemlich trübsinnig herum. Stefan gießt eine Tasse Tee ein, die er zu Helga bringt. Juan sitzt am Flügel. Er spielt das Mozart-Lied von der »verlorenen Nadel«. Helga hat sich auf dem Bett in die Ecke verkrochen, in der sie am liebsten gesessen hat, wenn es in diesem Zimmer Feste gab oder lange Abende mit Diskussionen. Stefan nötigt sie, viel zu trinken.

STEFAN. Helga, das ist wichtig, viel Flüssigkeit. Vorsicht, Schluck für Schluck!

HERMANN. Was hat sie denn?

STEFAN. Helga hat eine große Dummheit gemacht.

Auf Hermanns Schoß liegt Schnüßchen. Sie ist eingeschlafen. Alex, der im Zimmer umhergeht, entdeckt Olga, die ihre Augen hinter einer dunklen Sonnenbrille verbirgt. Alex will ihr etwas aus seiner Pommestüte anbieten. Olga reagiert nicht. Sie spielt mit einem Apfel, den sie mit einem Messer kunstvoll zerschneidet. Sie langweilt sich.

Die Zimmertür geht behutsam auf. Rob erscheint mit einer Suppenkelle voll Suppe.

ROB. Stefan, probierst du mal? Ja, Reinhard bereitet gerade wieder sein Gulasch mit mildem Paprika zu. Komm!

Stefan hat das Versöhnungsangebot von Rob verstanden. Er folgt ihm ein wenig mürrisch.

647 Villa Cerphal, Küche

Stefan und Rob kommen in die Küche, wo Reinhard begonnen hat, seine berühmte Gulaschsuppe zu kochen.

STEFAN. Mild?

ROB. Mild.

STEFAN. Reinhard.

648 Villa Cerphal, Terrassenzimmer

Alex braucht seine Zeit, bis er die Situation richtig erfaßt. Von Olga, die er hier nicht erwartet hat, wechselt er zu Juan hinüber. Er hört einen Moment lang seinem Klavierspiel zu. Dann erkennt er Schnüßchen, die auf Hermanns Schoß schlummert.

ALEX. Aber, das ist ja das Fräulein Waltraud!

HERMANN. Sag mal, Alex, woher kennst du denn ...?

Schnüßchen stöhnt ein wenig im Schlaf. Hermann sieht Alex fragend an. Der aber geht, immer noch seine Pommes knabbernd, zu Jean-Marie. Alex hüllt sich in nachdenkliches Schweigen. Hermann sieht die fragenden Blicke der Freunde.

HERMANN. Ich wollte sie euch eigentlich vorstellen. Aber das geht jetzt natürlich nicht. Sie heißt Waltraud, Waltraud Schneider. Sie kommt aus demselben Dorf wie ich. Sie arbeitet bei der Münchner Stadtrundfahrt. Deswegen muß sie morgens immer sehr früh aufstehen.

Schnüßchen hat gespürt, daß von ihr die Rede ist. Aber gerade deswegen tut sie, als wenn sie ganz tief schliefe. Sie dreht sich um und kuschelt sich noch fester an Hermanns Körper. Die Blicke der Freunde sind skeptisch. Alex entdeckt ein Foto von John F. Kennedy, das hier schon lange an der Wand hängt: ein Zeitungsbild. Hat nicht Hermann am selben Tag Geburtstag wie der jugendliche Präsident?

ALEX. Komisch, so ein Bild verbirgt mehr, als es zeigt. In Wahrheit hat Kennedy gerade einen akuten Schmerzanfall mit seiner Bandscheibe. Er lächelt gegen die höllischen Schmerzen an. Merkst du das?

Jean-Marie vertieft sich in das Kennedy-Portrait. Tatsächlich sieht man es anders, wenn man wie Alex dazu spricht.

649 Villa Cerphal, Küche

Die drei Filmemacher versöhnen sich stumm. Das geschieht in der Weise, daß Stefan, der gekränkte Regisseur, von Reinhard, dem gekränkten Autor, den Löffel annimmt, um mit ihm und Rob gemeinsam aus dem Gulaschtopf zu essen.

Juan beendet das Mozart-Stückchen. Er erhebt sich vom Flügel, um nach dem Feuer zu sehen. Er legt ein Scheit Holz in den Ofen. Das Holz ist naß, es knistert.

Die Tür öffnet sich. Bernd und Renate kommen, leise grüßend, herein.

Renate erkennt Juan. Wie sich das Blatt an einem Tag doch wenden kann! Sie kniet neben Juan nieder und zeigt ihm mit seligem Lächeln an, daß sie nun mit Bernd glücklich ist.

RENATE. Guten Abend, hallo ...

JUAN. Es brennt nicht – es ist naß.

RENATE. Aber es ist trotzdem schön warm.

JUAN. Ja, das stimmt.

Bernd kann die Stille im Zimmer nicht aushalten. Er bleibt mitten im Raum stehen.

BERND. So ein Abend zeigt einem mal richtig, was wichtig ist, und was unwichtig ist im Leben. Der Herr Ministerpräsident hat heute abend sein Bankett vorzeitig verlassen. Nun tut er Wichtigeres. Was, das wissen wir nicht. Aber wenn ich mir die Stadt so angucke: Die Kneipen sind leer, aber schlafen tun die Leute auch nicht. Rücken sie näher zusammen? Das wissen wir nicht. Vielleicht fühlt sich der Herr Maier ja besonders einsam heute abend ohne die Frau Maier. Wenn ein großer Mann von uns geht, das sortiert die Gefühle. Habe ich recht?

Olga quittiert Bernds Rede mit einem heftigen Niesanfall. Die Erschütterung ihres Körpers ist so heftig, daß ihr die dunkle Brille aus dem Gesicht fällt.

BERND. Gesundheit! Wollten Sie auch zu Herrn Aufhäuser?

OLGA. Nein.

Alex hat etwas auf einen Zettel geschrieben. Mit diesem Zettel geht er bedeutungsvoll zu Hermann. Schnüßchen ist auf Hermanns Knien im Begriff, aufzuwachen.

ALEX. Hermann, kannst du mir diesen Text vertonen? Tu es einem Freunde zuliebe, der in Not ist.

HERMANN *(liest)*. »Groß ist die Wohltat eines zinslosen Darlehens. Eine größere gibt es nicht.«

ALEX. Ein altes jüdisches Sprichwort. 13. Jahrhundert!

HERMANN. Vertonen?

ALEX. Ja.

Reinhard, Rob und Stefan bringen den Topf mit der Gulaschsuppe herein. Auch Teller und Bestecke bringen sie mit, so daß dies der Auftakt zu einem richtigen Gemeinschaftsessen wird.

REINHARD. So, bitte...

ROB. Mit mildem Paprika!

REINHARD. Olga, räum mal weg da!

Im Nu ist der Tisch gedeckt. Die Freunde versammeln sich um die Tafel. Am barocken Spiegel, der über der Kommode hängt, klebt ein weiteres Zeitungsbild, das einer der Freunde aus der Extraausgabe der *Abendzeitung* ausgeschnitten hat. Es zeigt Kennedy und Chruschtschow während ihrer Wiener Gipfelkonferenz von 1961. Juan bleibt vor diesem Zeitungsbild stehen.

JUAN. Schau dir den Chruschtschow an!

ALEX. Etwas Fragendes ist in seinen Augen.

JUAN. Verliebt?

ALEX. Richtig verknallt ist der kleine Dicke in den schönen Kennedy.

JUAN. Ja.

ALEX. Erstaunlich, trotz Kuba. So habe ich das nie betrachtet.

Die Freundesrunde folgt den Blicken von Alex und Juan. Das Zeitungsbild von Kennedy und Chruschtschow am Spiegel gibt allen im Terrassenzimmer Anwesenden das Gefühl, in diesem Augenblick an einem historischen Ereignis teilzuhaben. Die Freunde spüren wieder, daß sie zusammengehören.

ALEX. *Drei Dinge hat Kennedys Tod bei uns bewirkt: Wir haben Helga rechtzeitig gefunden und sie vor dem Selbstmord bewahrt. Ich hatte wieder Geld in der Tasche, und die Freunde kamen nach über einem Jahr endlich wieder zusammen, wie früher.*

Wie sagt Wittgenstein? »Die Welt ist die Summe aller Tatsachen.«

Siebtes Buch

WEIHNACHTSWÖLFE

Clarissa, 1963

701 Straße vor Musikhochschule

Man vergißt immer, daß der Dezember im Sinne des Kalenders noch ein Herbstmonat ist. Es ist vielleicht eine unerfüllte Kindheitserwartung, daß der Weihnachtsmonat in Deutschland ein weißer Monat mit Tannenduft und leisem Schneegeriesel sei. Aber ebenso wie die Vorstellung, daß die bayerische Hauptstadt in Gebirgsnähe liege, ist die Erwartung, daß sich die Stadt in weihnachtliche Stimmungen hüllen könne, eine der romantischen Fehleinschätzungen – typisch für die Provinzkinder, die hierhergekommen sind, um sich Träume zu erfüllen.
Clarissa kämpft mit dem Herbststurm, der die Arcisstraße hinauffegt. Sie ist es gewohnt, ihr Cello auf eine bestimmte Weise zu tragen. Das gelingt ihr aber heute kaum, denn die Sturmböen finden an dem Cellokasten eine besonders große Angriffsfläche und reißen ihr das Instrument von der Schulter. Im Vorwärtsstreben muß sie ihr wertvolles Cello immer wieder vor dem Wegfliegen bewahren. Schließlich trägt sie es, mit den Armen umschlungen, so vor sich her, wie eine Mutter in dieser Situation ihr Kind getragen hätte. So erreicht sie die Treppe, die zum schützenden Säulenportikus der Hochschule hinaufführt.

CLARISSA. *Drei Jahre und drei Monate waren vergangen, seit ich die bayerische Kreisstadt verlassen hatte, um in München Musik zu studieren. Ich hatte mich weit entfernt von dem Ort, an dem meine Mutter zu Hause war und meine aufgeregte Kindheit mit den frühen Celloerfolgen, dem Ort, an dem mein großer Förderer Dr. Kirchmayer lebte, und alle guten Wünsche, die mich begleiten sollten auf meinem »Weg zum Ruhm«.*

702 Musikhochschule, Foyer und Damentoilette

Clarissas Bewegungen sind träge, fast mechanisch, als sie die Marmorhalle betritt, jenen Ort, der schon so bekannt ist und gar nicht mehr beeindrucken kann mit der Größenwahn-Architektur der Hitlerära. Kurz vor der Freitreppe hält Clarissa inne. Sie kehrt um. Sie trägt ihr Cello in den Vorraum der Damentoilette.

CLARISSA. *Es war Dezember – kurz vor Weihnachten. Meine Sehnenscheidenentzündung hatte sich wieder gemeldet, eine weitverbreitete Musikerkrankheit.*

Clarissa hält ihre Unterarme unter das fließende Kaltwasser. Sie versucht, die schmerzenden Handgelenke ein wenig zu massieren und im Waschbecken abzukühlen. Hände und Unterarme sind gerötet.

CLARISSA. *Was ist das nur für ein maßloses Verlangen, das einen durch Tausende von Übungsstunden treibt? Was sucht man hinter diesen Einsamkeiten mit seinem Instrument?*

Eine Studentin, die aus einer der Toilettenkabinen kommt, beobachtet sie. Während Clarissa Arm und Handgelenke mit einer elastischen Binde umwickelt, gibt die Studentin ihr Ratschläge.

STUDENTIN. Ich habe damals bei meiner Sehnenscheidenentzündung Salzwasser genommen. Ich habe dreimal täglich mit heißem Salzwasser gebadet, und ich hab's weggekriegt. Na, ich meine ja bloß, aber es wird dir sowieso jeder einen anderen Rat geben.

Clarissa geht auf den Rat der Kommilitonin nicht ein. Sie konzentriert sich völlig auf das richtige Anlegen der Binde. Sie bemerkt nicht einmal ihr eigenes Spiegelbild und das von tiefen Stirnfalten zerteilte Gesicht. Sie ist nicht in sich und nicht außer sich. Sie versucht nur noch, die Zeit durchzustehen.

CLARISSA. *Es gab Zeiten, da habe ich mit meinem Cello gekämpft wie mit einem Feind. Das Cello war für mich immer männlich – mit seiner tiefen Stimme, mit der ich zu sprechen versuchte ...*

703 Weg zur Pinakothek

Sie kann sich von ihrem Cello niemals trennen. Selbst wenn sie nicht vorhat, mit dem Instrument zu arbeiten, muß sie es überall mit sich herumtragen. Wo sollte sie es auch lassen, wo wäre es wirklich sicher aufbewahrt? Dieser menschengroße Kasten muß immer mitgenommen werden. Es ist ihr schon zur zweiten Natur geworden, diesen ewigen Begleiter mit der männlichen Stimme bei sich zu haben, auch wenn sie nichts anderes tut, außer ihn zu tragen.
Der Herbststurm wütet immer noch auf der Straße, als sie den Weg, den sie gekommen ist, wieder zurückeilt. Das Gebäude der Alten Pinakothek ist von hier aus nicht weit.
CLARISSA. *Mein alter Celloprofessor sagte, an den traurigen und verzweifelten Tagen solle ich die Pinakothek aufsuchen. Im Anblick der alten Meister könne ich mich aufrichten. Ich probierte es zum ersten Mal aus.*

704 Pinakothek

Trotz aller Einlaßkontrollen ist es Clarissa gelungen, auch in den Ausstellungssälen ihr Cello bei sich zu behalten. Sie ist nicht auf die Idee gekommen, es an der Garderobe abzugeben. Ihre Art, das Instrument zu tragen, ist so mit ihrer Erscheinung verschmolzen, daß niemand auf die Idee käme, sie auf das »Gepäckstück« in ihren Händen anzusprechen.
CLARISSA. *Aber mein Blick ging immer nur in mein Inneres. In meinem Bauch schien ein eiskalter Stein zu liegen. Ich hatte Angst.*
All die berühmten Ölgemälde von Dürer, Grünewald, Tizian oder Rubens, die an ihrem Blick vorbeiziehen, lassen sie unbewegt. Jetzt entdeckt sie die Gambenspielerin des Holländers Anthonis van Dyck. Sie setzt sich auf eine Lederbank, rückt ein wenig von ihrem Cellokasten ab und betrachtet das Gemälde. Ist diese Frau mit der Gambe ihr Ebenbild? Eine Musikerin wie sie?
CLARISSA. *Vor elf Tagen war ich in Rosenheim – bei diesem Arzt, den*

Evelyne mir empfohlen hatte: ein Engelmacher, der in einem modrigen Keller herumpfuscht. Ich müsse es nun einfach abwarten, hatte er nach dem Eingriff gesagt. Seit elf Tagen passierte nichts.

Clarissa sieht sich um: Überall sieht sie die Bilder von Müttern mit ihren Kindern, idealisierte Darstellungen der Maria mit dem Jesuskind, das Mutterglück, der Mutterstolz, die Heiligkeit der Mutterschaft, das heilige Kind. Sie greift nach ihrem Cello, als wollte sie sich versichern, in diesem Moment nicht allein zu sein.

Zwei junge Nonnen gehen vorbei. Als eine der Gottesbräute sich umdreht, meint Clarissa, sich selbst zu erkennen. War das ihr eigenes Gesicht, das sie da, vom schwarzen Nonnenschleier umrahmt, angestarrt hat?

Clarissa steht auf. Sie folgt den Nonnen, die Hand in Hand vor ihr durch die Galerie schreiten. Sie kann die beiden überholen, aber ihr Gesicht begegnet ihr nicht noch einmal.

Clarissa bleibt vor anderen Gemälden stehen. Es ist eine fremde, von ihrem Leben unendlich weit entfernte Welt, die sie da – in Gestalt von Gemälden – anschaut. Aber auch hier sind wieder überall die Bilder der heiligen Mutterschaft. Sie wiederholen sich so oft, wohin Clarissa auch den Blick wendet, daß es sie moralisch erdrückt. Können die Bilder aus einem fernen Jahrhundert heute in Clarissas Leben einwirken, und können sie ihre Stimme erheben zu dem Umstand, daß sie es ablehnt, Mutter zu werden?

CLARISSA. *Ich wollte nicht dieses Frauenleben! Ich wollte selbst etwas bewegen und nicht immer nur bewegt werden! Ich wollte – ich wollte –, ich war ganz voll vor lauter Wollen!*

705 Zimmer Clarissa

Sie zittert am ganzen Körper, als sie ihr Untermietzimmer erreicht und ihr Cello endlich in die Ecke stellen kann. Sie ist bleich. Ihre Lippen haben den blauroten Ton von Menschen, deren Kreislauf versagt. Sie ist schwach. Selbst das Aufknöpfen des Mantels überfordert sie beinahe. Beim Ausziehen der Schuhe verliert sie das Gleichgewicht. Sie friert von innen heraus. Sie läßt sich auf das Bett fallen und zieht die Decke eng an sich. Es ist düster im Zimmer, so daß sie ihr Bild in dem kleinen Spiegel über dem Bett nicht mehr erkennen kann. Sie schaltet die Leselampe ein. Das Licht bricht schmerzend hell in ihre Augen. Sie versucht, sich zu schützen. Es gibt keinen Schutz. Clarissa ist allein. Der Widerstand, den ihr Körper bis zu diesem Moment noch gegen sie und ihren Willen aufrechterhalten konnte, bricht zusammen.

Neben dem Bett hängen all die Vorbilder für ihre Karriere. Bilder der berühmten Cellisten, denen sie nacheifert, Bilder ihrer Lehrer, die ihren Willen, als Künstlerin voranzukommen, gestärkt haben. Dort hängen auch die Einladungen und Plakate zu ihren Konzerten und Erfolgen und das Plakat von Hermanns »Spuren«-Konzert.

HERMANN. *Wochenlang hatte ich mich um Clarissa bemüht. Sie, nur sie allein sollte den Cellopart in meinem »Spuren«-Konzert spielen. Ich hatte davon geträumt, mit ihr gemeinsam auf der Bühne zu stehen. Gemeinsam mit ihr wollte ich Erfolg haben und alles wiedergutmachen, was uns bei meinem ersten Cellokonzert so verwundet hatte.*

706 Vor dem Konzertgebäude

Schnüßchen, das Mädchen aus dem Hunsrück, gehört zu den ersten Konzertbesuchern, die an diesem Abend vor dem Goethesaal eintreffen. Sie hat es eilig. Schnell sieht sie in dem Schaukasten nach: Hat sie sich geirrt? Auch hier hängen die »Spuren«-Plakate – also nichts wie rein in das Gebäude!

Schnüßchen geht auf den Künstlereingang los. Sie läßt sich nicht zurückhalten durch den Hinweis »Eintritt verboten«. Sie findet sofort den Weg auf die Bühne, auf der Hermann und seine Freunde die letzten Vorbereitungen zum Konzert treffen.

HERMANN. *Es war das erste Mal, daß ich außerhalb der Musikhochschule auftrat. Alle Stücke des Abends waren von mir, und zum ersten Mal setzte ich mich der Kritik der Freunde, der Presse und der Fachwelt aus, ohne von den Lehrern beschützt zu werden. Ich war sehr nervös.*

707 Konzertsaal, Bühne

Am Aufgang zur Bühne ist Schnüßchen erst einmal geblendet, weil ein Scheinwerfer sie direkt anleuchtet. Aber schnell gewöhnt sie sich an das helle Licht. Sie erkennt Hermann, der zwischen den Notenpulten und Mikrofonen umherrennt.

HERMANN. Jetzt seid doch bitte mal still! Was ist das, Herr Wischer? Ist das vielleicht ein Wechselstrombrummen?

TONTECHNIKER. Ich höre nur das Knarren dieser Dielen.

Hermann geht umher wie ein gereizter Löwe im Käfig. Seine Musiker und der Tontechniker, die mit dem Aufbau der Instrumente und Verstärkeranlagen beschäftigt sind, wagen es kaum noch, sich zu bewegen. Hermann terrorisiert sie.

HERMANN. Wer bewegt sich denn da dauernd?

Diese Frage war gebrüllt. Alle schrecken sie zusammen, nur Schnüßchen nicht. Sie hebt ihre Hand wie in der Schule, um sich zu melden.

SCHNÜSSCHEN. Ich, ich glaube, ich habe mich bewegt.

HERMANN. Wie kommst du denn hier rein?

SCHNÜSSCHEN. Überraschung!

Schnüßchen hebt eine Einkaufstüte hoch, die sie mitgebracht hat.

HERMANN. Sage jetzt lieber nichts! Bleib stehen, und bewege dich nicht!

TONTECHNIKER. Wenn Sie mich fragen ...

HERMANN. Ja?

TONTECHNIKER ... das kommt von der Heizung!

HERMANN. Ach so, und wo ist hier bitte sehr die Heizung?

Die Musiker sind es nicht gewöhnt, mit solchen Fragen bedrängt zu werden. Sie bemühen sich, kooperativ zu wirken, geben Hermann aber auch zu verstehen, daß er sein Problem allein lösen muß.

GEIGER. Ja, überall! Da sind so Lüftungsschlitze und da hinten, glaube ich, auch.

HERMANN. Gut, dann müssen wir die abhören, jede für sich. Notfalls müssen wir die Heizung eben abschalten.

Jetzt entsteht eine merkwürdige Aktivität, die besonders komisch wirkt, weil die Musiker bereits ihre Konzertfräcke tragen. Sie knien auf der Rampe nieder, legen ihre Ohren auf die Lüftungsschächte, die in den Boden eingelassen sind, oder laufen in den Saal, in dem jederzeit die ersten Konzertbesucher eintreffen können. Auch die Heizkörper werden »abgehört«.

ERSTER MUSIKER. Schauen wir mal.

ZWEITER MUSIKER. Da drin, da gluckert's ein bißchen.

HERMANN. Ja, hier gluckert es auch. Aber das meine ich nicht. Ich finde nicht, daß es gluckert, sondern ich finde, daß es brummt!

TONTECHNIKER. Vielleicht ist es die Lüftung. Gibt es hier einen Ventilator?

ERSTER MUSIKER. Das weiß ich auch nicht.

TONTECHNIKER. Weiß einer, wo man hier den Hausmeister findet?

Der Tontechniker zeigt mit jeder Bewegung, daß er Hermann für einen Spinner hält. Seinen Ruf nach dem Hausmeister richtet er in den menschenleeren Saal. Er erwartet keine Antwort.

HERMANN. Ich möchte endlich einmal absolute Stille hören! Wenn ich in meiner Partitur eine Pause schreibe, dann meine ich Stille und nicht Brummen.

TONTECHNIKER. Herr Simon, absolute Stille, so was gibt es nicht. Nicht einmal physikalisch ist das denkbar!

HERMANN. Dann nennen Sie es eben, wie Sie wollen. Nennen Sie es von mir aus relative Stille. Hören Sie eigentlich nicht, wovon ich spreche? Sie sind irgendwie unkooperativ.

TONTECHNIKER. Es liegt jedenfalls unter der Hörschwelle, was Sie da hören, Herr Simon.

Der Tontechniker und Hermann treiben sich gegenseitig in immer höhere Erregungszustände.

HERMANN. Wessen Hörschwelle? Ihre oder vielleicht meine? Oder die Hörschwelle von menschlichen Wesen? Die Neue Musik ist ohne anständige Stille nicht denkbar!

Hermann spürt, daß sein Fuß auf einem Kabel steht. Er stolpert ein bißchen, dann nimmt er das Kabel in die Hand. Er versucht herauszufinden, wohin es führt.

HERMANN. Was ist denn das, was ist denn das für ein Kabel? Wohin führt das denn? Vielleicht ist es das.

TONTECHNIKER. Das ist doch nur das Netzkabel zum Verstärker.

HERMANN. Aha! Da hätten wir's ja vielleicht...

TONTECHNIKER. Lassen Sie es bitte liegen.

Das Kabel endet neben Schnüßchen in einer der Wandsteckdosen.

SCHNÜSSCHEN. Guck emal dei Hand an, Hermann. Die ist ja ganz schwarz. So kannst du doch gar nicht dirigieren.

Hermann sieht, daß er sich an dem schwarzen Kabel die Hände schmutzig gemacht hat. Aber das ist ihm jetzt egal. Er reißt den Stecker aus der Dose. Es wird still auf der Bühne.

HERMANN. Ahhh – Stille! Ruhe, das nenne ich Stille, Herr Wischer. Sehen Sie, es lag alles nur an Ihrem Scheißverstärker, der brummt so.

TONTECHNIKER. Dann machen Sie Ihre Ansage eben ohne »Scheißverstärker«. Auch für die Sängerin haben wir dann kein Mikrofon.

Schnüßchen ist Hermann gefolgt. Während er sich mit Herrn Wischer streitet, tippt sie ihm immer wieder auf die Schulter.

HERMANN. Was ist denn, du machst mich nervös! Was stehst du denn hier so rum? Wo ist überhaupt die Evelyne? Evelyne!

SCHNÜSSCHEN. Hermann, jetzt kommst du mal mit! Drei Minuten Zeit mußt du schon haben.

HERMANN. Da sind schon eine Menge Leute draußen.

SCHNÜSSCHEN. Ja, die drängeln sich schon richtig.

Schnüßchen führt Hermann zum Ausgang. Er versucht sich zu wehren, aber ihr Verhalten ist so bestimmend, und seine Gereiztheit lenkt ihn so ab, daß er sich von ihr führen läßt. Der Tontechniker ruft hinter Hermann her.

TONTECHNIKER. Also, was ist jetzt? Mit oder ohne Verstärker?

HERMANN. Ohne Brummen!

708 Konzertsaal, Toilette

Schnüßchen führt Hermann eine Treppe hinab, die zu den Toiletten geht. Im Eingang zur Damentoilette bleibt sie stehen.

SCHNÜSSCHEN. Jetzt hab doch mal einen Moment Geduld!

HERMANN. Es ist schon halb neun. Wir müssen uns beeilen.

SCHNÜSSCHEN. Ich habe eine Überraschung für dich.

HERMANN. Ich warte hier draußen.

SCHNÜSSCHEN. Nein, du mußt mitkommen!

HERMANN. Was, aufs Damenklo?

Ehe Hermann sich überhaupt sträuben kann, hat sie ihn schon in die Damentoilette hineingezerrt.

SCHNÜSSCHEN. Ei, da is keiner. Schnell, jetzt wasch dir erst einmal die Finger. Schnell, zieh die Krawatte aus und auch das Hemd!

HERMANN. Was?

Schnüßchen öffnet die Einkaufstüte, die sie mitgebracht hat. Sie bringt einen schwarzen Rollkragenpulli hervor, den sie Hermann an die Brust hält.

SCHNÜSSCHEN. Weißt du, den habe ich noch kurz vor Geschäftsschluß gekauft für dich, und ich bin absolut sicher, daß er dir wunderbar steht!

HERMANN. Sag mal, was hast du denn vor mit mir?

SCHNÜSSCHEN. Jetzt zieh ihn mal an, los!

HERMANN. Wenn da jemand reinkommt...

Schon hat sie ihn zu den Kabinen geführt. Sie fordert ihn auf, das Hemd auszuziehen. Sie verspricht ihm, aufzupassen, daß niemand kommt. Er sperrt sich in eine der Kabinen ein. Schnüßchen wartet am Eingang. Ihr Gesicht strahlt vor Freude und Erregung.

SCHNÜSSCHEN. Hast du mal die Bilder vom Leonard Bernstein im *Stern* gesehen? Der hat auf all seinen Konzertreisen so einen Pulli an. Genau so einen. Sogar in den größten Opernhäusern, und auch, wenn er Klavier spielen tut.

HERMANN. Aber ich bin doch gar kein Pianist!

Hermann kommt aus der Kabine. Er trägt den Rollkragenpulli mit Unbehagen.

SCHNÜSSCHEN. Laß dich einmal angucken. Schön siehst du aus, Hermann! Den behältst du heute abend an – und keine Widerrede! Der ist doch auch von mir, ich will dich bewundern, wenn du auf dem Pult stehst und dirigierst. Wirklich wunderbar, Hermann!

Er hält Schnüßchen sein weißes Hemd und die abgelegte Krawatte hin.

SCHNÜSSCHEN. Das nehme ich mit und passe drauf auf bis nach dem Konzert. Und jetzt: viel Glück.

Sie umarmt ihn. Dreimal spuckt sie ihm über die linke Schulter. Sie weiß, was unter Künstlern üblich ist.

709 Konzertsaal, Foyer

Unter den Konzertbesuchern, die sich vor dem Einlaß drängen, sind die meisten von Hermanns Freunden aus den »Fuchsbau«-Jahren: Alex, Juan, Renate, Olga, Stefan und Helga. Auch Volker und Jean-Marie kommen gerade an. Olga, die einen großen Strauß für den Künstler mitgebracht hat, amüsiert sich über Stefan und Helga, die sich im Hintergrund halten und vor den Augen der Freunde miteinander knutschen.

OLGA. Habt ihr Helga und Stefan gesehen? Das ist unser neues Paar. Und habt ihr gemerkt: Stefan ist völlig blockiert.

Schnüßchen, die sich unter die Wartenden mischt, nimmt Stefan und Helga in Schutz.

SCHNÜSSCHEN. Laß sie doch, wenn sie sich lieben…

OLGA. Stefan soll lieber Filme machen!

ALEX. Mit dir vielleicht, Genossin?

OLGA. Ach, hör doch auf mit deiner blöden Genossin!

Alex hat sich so weit nach vorn gedrängt, daß er an der Kontrolle vorbeigedrückt wird, als das Publikum in den Saal strömt.

Während die Leute die Plätze einnehmen, ist Hermann noch auf der Bühne. Mit letzten Handgriffen korrigiert er den Verlauf eines Kabels und zieht den schwarzen Molton gerade, mit dem der Bühnenboden abgedeckt ist. Das Bühnenbild ist völlig schwarz, ebenso das kleine Podium in der Mitte, so daß ein Spiegel im Zentrum der Bühne kaum sichtbar wird. Alex hat sich in die erste Reihe gesetzt. Er winkt Hermann zu.

ALEX. Toi-toi-toi! Es war keine Karte da. Ich hoffe, ich sitze hier richtig.

Helga, die sich von Stefan löst, kommt ebenfalls ganz nach vorn, um Hermann zu begrüßen. Sie stellt sich direkt vor die Rampe und sieht ihm mit rätselhaftem Lächeln in die Augen.

HELGA. Na, auch ganz in Schwarz, Hermann?

Hermann versteht Helga nicht. Er sieht sich im Saal um: Es scheint, daß die Reihen voll werden. Ein Erfolg. Helga ist ganz in Schwarz gekleidet. Um das zu betonen, legt sie sich nun auch noch ein schwarzes Häkeltuch, das sie vorher über die Schultern getragen hat, über den Kopf. So sieht sie fast wie eine Nonne aus. Stefan kommt hinzu. Er küßt sie vor Hermanns Augen. Helga lehnt sich an Stefan, bevor sie Hermann erneut anspricht.

HELGA. Ich bin deine Witwe!

HERMANN. Aber ich lebe noch! Grüß dich, Stefan.

STEFAN. Hermann, nervös?

HERMANN. Das kannst du wohl glauben!

Helga ist offenbar immer noch tief gekränkt, weil Hermann ihre Liebe verschmäht hat. Ihr Spiel mit Stefan ist ein wenig zu offensichtlich.

Volker, der sich im Eingang mit Jean-Marie unterhalten hat, kommt nun herein. Er geht suchend die Reihen durch. Da er nicht gefunden hat, wonach er Ausschau hält, wendet er sich an Alex.

VOLKER. Hast du Clarissa gesehen?

ALEX. Nein.

Jean-Marie nimmt seinen Sitzplatz ein. Volker kommt aber zu Hermann an die Rampe. Er unterbricht ihn, als er gerade seine Ansage durch das Mikrofon machen will.

VOLKER. Hermann, Hermann, warte mal ganz kurz... Ich kann leider nicht dableiben. Also, es tut mir wahnsinnig leid. Es ist auch kein Neid und auch kein Konkurrenzkampf. Aber ich kann nicht bleiben. Mir ist was dazwischengekommen. Ich erkläre dir das alles nächste Woche. Ich melde mich bei dir. Aber jetzt kann ich nicht bleiben.

Volker, der sich Sorgen um Clarissa macht, will nicht erkennen lassen, was er eigentlich meint. Er verläßt schnell den Saal. Hermann nimmt das Mikrofon in die Hand.

HERMANN. Das Stück, das Sie heute abend zuerst hören werden, trägt den Titel »sine nobilitate«.

Herr Wischer hat das Mikrofon natürlich nicht eingeschaltet.

ZUSCHAUER. Lauter!

HERMANN. »Sine nobilitate«. Es ist einem abwesenden Cello gewidmet. Das wollte ich nur sagen, um eventuellen Mißverständnissen vorzubeugen. Und jetzt: viel Glück.

Jetzt funktioniert das Mikrofon wieder. Der Tonmeister übt sich in Rache.

Die Vorstellung, die jetzt beginnt, ist eine von Hermanns szenisch-musikalischen Inszenierungen. Neben dem Spiegel hängt ein weißes Tuch, das eine Person verhüllt, die noch verborgen bleiben soll. Vier Musiker, Hermanns Streichquartett, kommen herein. Jeder von ihnen trägt ein Metronom in der Hand, das auf ein Zeitmaß eingestellt ist, das anders ist als das der drei Kollegen. Jeder Spieler richtet das Tempo seiner Schritte nach seinem eigenen Metronom. So wird dem Publikum in theatralischer Weise vorgeführt, daß dieses Stück auf der Basis voneinander abweichender Zeitmaße komponiert wurde.

HERMANN. *Warum hatte Clarissa mich mitten in den Proben allein gelassen? Warum hatte sie nichts gesagt, als sie verschwand? Warum hatte sie die Verbindung zu mir abgebrochen, gerade als wir anfingen, uns auf das Konzert zu freuen?*

Die Bewegungen der Musiker sind übertrieben ernst. Als sie an ihren Plätzen angekommen sind, befestigen sie ihre Metronome an Haken, die an unsichtbaren Fäden vom Schnürboden herunterhängen. Hermann erscheint mit seinem Taktstock. Er gibt den Spielern das Zeichen zum Setzen.

HERMANN. *Ich war gekränkt. Aus Verzweiflung hatte ich meine Musiker terrorisiert und mich geweigert, das Stück umzuschreiben oder Clarissa durch eine andere Cellistin zu ersetzen. Ich wollte ihr ein Zeichen hinterlassen, eine Geste der Enttäuschung und des Stolzes.*

Auf ein weiteres Zeichen von Hermann werden die Metronome emporgezogen und verschwinden im Dunkel der Oberbühne. Dann wird das weiße Tuch gelüftet. Was darunter zum Vorschein kommt, ist eine nackte Frau, die mit dem Rücken zum Publikum inmitten der Musikergruppe sitzt. Auf den Rücken der Nackten sind die F-Löcher eines Cellos gemalt. Die Inszenierung zitiert eine berühmte Fotomontage von Man Ray.

HERMANN. *So blieb das »Streichquartett für ein abwesendes Cello« bewußt unfertig und bösartig im Klang.*

Hermann gibt nun den Musikern den Einsatz. Die Freunde im Saal lachen über Hermanns Einfall mit der nackten Frau. Sie meinen zu wissen, was da gemeint ist. Die Musik klingt tatsächlich wirr und häßlich.

711 Wohnung Clarissa

Volker besucht Clarissa in ihrer trostlosen Bude. Als er die Zimmertür öffnet, liegt sie noch genauso da, wie sie sich nach dem Heimkommen hingelegt hat. Ihr Gesicht ist bleich. Schweißperlen stehen auf ihrer Stirn. Sie zittert. Volker hat mit einem Blick erfaßt, daß es ihr sehr schlecht geht.

VOLKER. Clarissa, was fehlt dir? Sag doch was, bist du krank? Hast du Fieber? Du hast hohes Fieber. Hast du Schmerzen? Clarissa!

Clarissa wimmert vor sich hin. Sie spürt, daß jemand im Zimmer ist. Sie kann keine Antwort geben. Frau Foisner, die Wirtin, beobachtet die

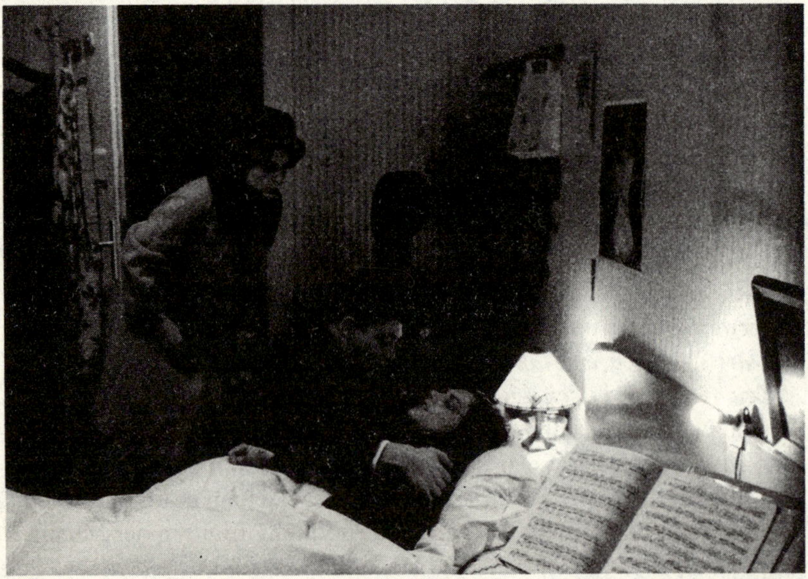

Szene von der offenstehenden Tür aus. Sie sieht, wie Volker Clarissa umdrehen will.

FRAU FOISNER. Um Gottes willen, bloß net bewegen, bloß net bewegen!

VOLKER. Clarissa, hast du so große Schmerzen?

FRAU FOISNER. Da ist eine Luft herinnen! Da kann man ja gar net schnaufen.

VOLKER. Clarissa!

FRAU FOISNER. Ich mache schnell das Fenster auf...

Volker versucht währenddessen weiterhin, von Clarissa zu erfahren, was ihr fehlt. Er versteht, daß sie nicht sprechen kann. Sie wird immer schwächer.

VOLKER. Clarissa, hörst du mich? Bitte, sag mir, was ich tun soll!

FRAU FOISNER. Ich hole einen Arzt!

712 Krankenwagen

Volker begleitet Clarissa auf dem Weg ins Krankenhaus. Er sitzt neben dem Sanitäter im Krankenwagen und bemüht sich, zu helfen.

VOLKER. Ich kann Ihnen vielleicht Hinweise geben, die für die Diagnose wichtig wären.

713 Krankenhaus, Foyer

Der Krankenwagen kommt vor der Klinik an. Clarissa wird auf einer Tragbahre im Laufschritt in das Haus getragen. Sie erhält eine Infusion. Volker läuft scheu hinter den Sanitätern her. Hilflos sieht er zu, wie Clarissa von den Ärzten versorgt wird.

Volker weiß nicht, wohin er gehen soll. Der Krankenhauspförtner öffnet sein Schalterfensterchen und spricht ihn an.

PFÖRTNER. Hallo, Sie... bleiben Sie hier. Ich brauche noch einige Angaben und Ihre Personalien.

Volker füllt den Anmeldeschein für Clarissa aus. Wenigstens so kann er ihr ein wenig helfen.

Evelyne ist im langen Konzertkleid auf die Bühne gekommen. Das Vorspiel zu dem Lied, das sie jetzt singen soll, besteht aus langen Klangflächen, zu denen die Gitarre, die Hermann selbst spielt, fremdartige Akkorde beiträgt.

HERMANN. *Seit Evelyne in unseren Freundeskreis gekommen war, hatte ich eine Reihe von Liedern für sie komponiert. Eins davon war Ansgar gewidmet, dem toten Freund. Ansgar hatte mir eines Tages eine Reihe seiner Gedichte geschickt. Darunter war dieser Text, der von einem Schaukelstuhl erzählt, in dem Ansgar gern saß, wenn er uns im Garten des »Fuchsbaus« besuchte. Einmal, als er sich mit seinem Rotweinglas in den Stuhl setzte, fühlte er sich wie Kennedy und sagte: John Fitzgerald hat recht – so denkt sich's menschlicher ... Nun lebte auch der Präsident im Schaukelstuhl nicht mehr.*

Evelynes Vortrag ist von der Trauer erfüllt, die sie immer noch für den toten Freund empfindet.

EVELYNE *(singt).*

»Mein Schaukelstuhl fällt hintenüber
den Himmel reißt es mit
und Dächer,

Dächer rot und
Trunkenheit
und sauren Wein –
Die Füße über mir
und kleinen Fliegen
ein Tanz
mit Schwalbenzügen
übers Meer.
Der Stuhl im Fall
nimmt Birkenäste
mit und Blau
und Sehnsucht,
Hände,
Liebe
Tod
und Spiegel –
Spiegelblick,
Oh Fall, oh Fallen,
nein,
oh ende,
ende,
ende nicht!
Jetzt ich –
und wieder,
wieder –
ich!«

715 Vor dem Krankenhaus, im Auto

Volker hat Jean-Marie aus dem Konzertsaal geholt. Jetzt fährt er mit dem Freund in dessen VW-Cabrio zu der Klinik zurück.
Jean-Marie erlebt die Ereignisse ganz anders als Volker, der Clarissa liebt und deswegen den Kopf verliert. Jean-Marie bezieht die Sache auf sich. Er fürchtet, in dramatische Ereignisse hineingezogen zu werden und in eine Lage zu geraten, die er nicht beherrscht.
Das Auto mit den ratlosen Freunden bleibt auf dem Parkplatz vor dem Krankenhaus stehen.
JEAN-MARIE. Scheiße ... ich habe Angst um sie.

Volker ist es gelungen, den jungen Stationsarzt anzusprechen. Mitten im Krankenhausbetrieb, der immer hektisch wirkt und die besorgten Angehörigen der Kranken grundsätzlich ignoriert, hat Volker den Arzt dazu gebracht, sich über Clarissas Zustand zu äußern. Der Arzt hat die Patientenkartei geholt und sieht nach.

ARZT. Also, es handelt sich um eine Sepsis. Im Volksmund heißt so etwas Blutvergiftung. Das ist eine Allgemeininfektion mit pathogenen Keimen. Die Symptome sind: hohes Fieber mit Schüttelfrösten, beschleunigter Puls und Atembeschwerden. Bei der Patientin liegt – wie ich hier sehe – eine hochgradige Anämie vor. Die Ursache: ein septischer Abortus criminalis.

VOLKER. Haben Sie die Patientin eigentlich gesehen, Herr Doktor?

Jean-Marie ist hinzugekommen. Er hat die Erklärung des Arztes mit angehört. Jetzt mischt er sich mit der schärferen Tonlage des Bürgersohnes ein. Er will sich nicht einschüchtern und abwimmeln lassen wie sein Freund Volker.

JEAN-MARIE. Wir wollen wissen, wie es ihr geht!

ARZT. Ich bin zwar die ganze Nacht im Hause, aber die Patientin kenne ich noch nicht persönlich. Sie müssen mich auch jetzt entschuldigen, ich muß in die Notaufnahme.

Der offenbar noch unerfahrene Doktor entzieht sich weiteren Fragen. Er geht so rasch in den Seiteneingang, der zur Notaufnahme führt, daß es wie eine Flucht aussieht.

Die Freunde begeben sich jetzt eine Etage höher. Sie finden die internistische Intensivstation.

Es ist gerade »Chefvisite«. Die Freunde, die Clarissa sehen wollen, können das Zimmer nicht betreten. Sie stehen im neonbeleuchteten Gang und warten.

JEAN-MARIE. Ich frage mich immer noch, wie ich da mit hineingeraten konnte. Clarissa kam direkt von dir, als sie mich damals besuchte. Kannst du mir das erklären?

VOLKER. Sie läuft vor der Liebe davon. Irgendwie ist das so ihre Art. Warum? Weißt du, warum eine Frau so was macht?

JEAN-MARIE. Ich glaube, es ist dieses verdammte Cello.

VOLKER. Die Liebe oder das Cello, was?

JEAN-MARIE. Sie hat uns beide nicht gemeint. Komischerweise reizt mich diese Art von Frauen.

Plötzlich füllt sich der Flur mit Weißkitteln. Der Chefarzt und sein Anhang haben eins der Krankenzimmer verlassen. Sie stehen diskutierend auf dem Flur, bevor sie ein weiteres Zimmer aufsuchen. Volker und Jean-Marie entdecken die Stationsschwester in der Gruppe. Sie fangen sie ab, bevor sie mit der Chefvisite weiterzieht.

VOLKER. Entschuldigung, ist das das Zimmer von Clarissa Lichtblau?

SCHWESTER. Ja, das ist das Zimmer von Fräulein Lichtblau.

JEAN-MARIE. Können wir sie sehen?

SCHWESTER. Nein, das geht jetzt nimmer. Es ist zu spät. Sie schläft, und eben war Visite.

VOLKER. Wie geht's ihr denn? Kann man nicht...

SCHWESTER. Es geht ihr ganz gut.

VOLKER. Kann man mal kurz hineinschauen?

SCHWESTER. Einen ganz kleinen Spalt, ganz kurz.

Die Schwester öffnet die Zimmertür ein wenig. Sie läßt Volker und Jean-Marie ihre Köpfe durch den Spalt stecken. Was die Freunde sehen, ist eine an Geräte, Kabel und Schläuche angeschlossene Frau, die auf einer Bahre liegt und sich nicht rührt.

Clarissas Oberlippe ist mit einem Pflaster verklebt, unter dem ein Schlauch verläuft, der in ihrer Nase endet.

Ein Überwachungsgerät mit Oszilloskop zeigt ihre Atem- und Herzfrequenz an. Bei jedem der Herzschläge entsteht ein Knackgeräusch in einem kleinen Lautsprecher. Clarissa ist eigentlich nicht anwesend in diesem Raum. Es sieht aus, als hätte ihre Seele diesen technisch kontrollierten Körper verlassen.

Volker bemüht sich, seine Empfindungen noch in dieses leblose Bild hineinzusehen. Aber wie sehr er auch die Augen aufreißt und mitleidig blickt – er steht ebenso beziehungslos vor der Kranken wie Jean-Marie, der sich vorgenommen hat, einen kühlen Kopf zu bewahren.

Das einzige, was wichtig zu sein scheint, ist das Funktionieren der Tropfinfusionen, an die sie angeschlossen ist, und ihr Atem, der künstlich gesteuert wird.

Die Schwester beschließt, die Patientin weiteren Betrachtungen zu entziehen.

SCHWESTER. Also, ich muß jetzt zur Visite.

Sie zieht die Tür, die sie die ganze Zeit nicht losgelassen hat, einfach zu. So bleibt Clarissas Körper allein.

Hermanns Konzert ist zu Ende. Die Freunde warten im Foyer, bis er mit seinen Musikern die Bühne geräumt hat und nach draußen kommt. Schnüßchen hat Elisabeth, ihre Kollegin von der Stadtrundfahrt, getroffen. Immer noch trägt sie Hermanns Hemd, die Krawatte und seine Jacke mit sich herum. Sobald sie Hermann kommen sieht, sucht sie den Platz an seiner Seite, als wäre sie seine Ehefrau, die ihre Rechte wahrnimmt. Sie stellt sich den anwesenden Freunden in den Weg, als wolle sie Hermann vor ihnen schützen.

HERMANN. *Am Ende des Konzerts hatte es langen Applaus gegeben, aus dem ich vor allem die Freunde heraushörte mit ihren Bravorufen. Die Stimmen von Alex, Helga, Stefan, Frau Moretti, Juan und Renate hatte ich erkannt. Clarissas Stimme aber fehlte. Ich fragte mich, ob die Freunde mich nur trösten wollten mit ihrem Beifall. Der Abend endete unbefriedigend, und ich wurde unsicher, als ich den Freunden nun gegenüberstand.*

Schnüßchen wartet geduldig, bis Hermann die Freunde begrüßt hat und Zeit findet, sie anzuschauen.

SCHNÜSSCHEN. Hermann, darf ich dir mal meine Kollegin vorstellen? Die Elisabeth, die tät dich so gern einmal kennenlernen.

Hermann hat nur mit halbem Ohr zugehört. Er sieht, wie seine Freunde sich überall zum Weggehen anschicken. Er ist ganz hilflos.

HERMANN. Ihr kommt doch alle nachher noch in den »Fuchsbau«? Ich habe ein paar Flaschen Wein zu Hause.

SCHNÜSSCHEN. Von der Mosel, Heimatwein sozusagen.

FRAU MORETTI. Ja, gerne.

SCHNÜSSCHEN. Komm, zieh mal die Jacke an. Du hast dich angestrengt.

Schnüßchen ist guter Laune, und es sieht aus, als wäre sie es, die hier alles arrangiert und inszeniert hatte. Jetzt entdeckt Hermann ihre Freundin Elisabeth, die im Hintergrund wartet.

HERMANN. Bitte, tu mir einen Gefallen, erspare mir deine Kollegin. Ich kann sie ja später mal kennenlernen.

SCHNÜSSCHEN. Elisabeth verehrt dich. Sie hat extra solange gewartet.

Das Foyer hat sich geleert. Außer den Freunden haben auch die letzten Gäste das Theatergebäude verlassen. Es ist nicht festzustellen, ob Hermanns Musik den Freunden wirklich gefallen hat.

HERMANN. *Schnüßchen hatte mir nicht nur diesen Rollkragenpulli geschenkt, sie hatte auch angefangen, mich als Star aufzubauen, bei ihren Kollegen vom Reisebüro. Sie war lieb. Sie spürte, daß ich traurig war, und fing an, mich mit allen Mitteln zu trösten.*

718 Krankenhaus, Foyer

Volker und Jean-Marie sind noch immer in der Klinik. Sie gehen durch die nächtlichen Gänge und versuchen sich über die Situation klarzuwerden.

VOLKER. Sie trägt verdammt das höhere Risiko. Ich möchte keine Frau sein.

JEAN-MARIE. Ich werde meinen Vater fragen, ob er den Chefarzt hier kennt. Man soll so was immer von oben nach unten regeln.

VOLKER. Großbürger!

JEAN-MARIE. Soll ich jetzt sagen, Kleinbürger? Volker, du bist mein Freund. Du hast etwas zu sagen, musikalisch meine ich.

Mit dieser Bemerkung fühlt Volker sich angegriffen. Er gibt Jean-Marie einen Schubs, um ihm klarzumachen, daß er sich nicht beleidigen lassen will. Jean-Marie lenkt ein.

JEAN-MARIE. Komm, laß uns nicht die Nerven verlieren.

Die beiden Freunde beschließen, von hier wegzugehen. Wohin, das wissen sie noch nicht.

Auf dem Weg zum Ausgang wird Volkers Stimme weinerlich.

VOLKER. Eine Frau wie Clarissa – das ist ein Traum für mich, Jean-Marie. Ich hänge wahnsinnig an ihr. Ich wollte ihr sogar ein Cellostück schreiben.

JEAN-MARIE. Aha, in Hermanns Fußstapfen!

VOLKER. Wie war sein Konzert eigentlich?

JEAN-MARIE. Ist gut angekommen bei den Leuten.

VOLKER. Und was sagst du?

JEAN-MARIE. Er ist ein Zauberlehrling, epigonal, aber talentiert. Ein Spätromantiker.

Jean-Marie hat es wenigstens versucht, Hermann aus Volkers Angstwelt zu vertreiben. Die beiden treten in die kalte Dezembernacht hinaus.

719 Bar

Helga und Stefan sind die einzigen Gäste in dieser Kneipe. Sie sitzen in der Bordellbeleuchtung, sehen aneinander vorbei und warten, bis eine der beiden Bardamen unwillig herankommt.

BARFRAU. Was darf's sein?

STEFAN. Zwei Daiquiri. An dich ist unheimlich schwer ranzukommen. Du lebst hinter tausend Glasscheiben.

HELGA. Ich bin eine Frau ...

STEFAN. Das ist das einzige, was sicher ist.

Helgas Blick geht geradeaus in die glitzernden Spiegel, mit denen der Barhintergrund ausgestattet ist. Dort ist sie mehrfach abgebildet, wie sie neben dem traurigen Stefan sitzt und auf das Getränk wartet. Ihr Gesicht nimmt einen hochmütigen Ausdruck an.

HELGA. Hältst du dich auch manchmal für genial?

STEFAN. Nein.

HELGA. Schade.

Die Bardame serviert die beiden Daiquiris.

STEFAN. Das Hemingway-Getränk.

HELGA. Das da sind wir.

Helga deutet auf die Spiegelfläche. Stefan und sie sind in diesem Spiegelbild »aufgehoben«, entmaterialisiert. Anstelle ihrer Gesichter erscheinen weiße, unstrukturierte Flächen, durch die der Barhintergrund hindurchscheint.

STEFAN. Ohne Gesichter?

HELGA. Tot.

STEFAN. Ungeboren.

HELGA. Ich will mich betrinken.

STEFAN. Prosit. Bonjour tristesse!

720 Zimmer Renate

Juan ist an diesem Abend bei Renate zu Gast. In Unterhose und mit einem Handtuch über der Schulter kommt er von der Toilette zurück. Wie einstmals Hermann muß er leise sein und darf den Weg zwischen Zimmer und Bad nur auf Zehenspitzen zurücklegen, damit es die Wirtin nicht hört. Juan ist froh, die Tür hinter sich schließen zu können und wieder in Renates Obhut zu sein.

RENATE. Der Klodeckel...
JUAN. Der Klodeckel?
RENATE. Ja, hast du ihn runtergeklappt?
JUAN. Ja, natürlich!

Er kommt lächelnd auf Renate zu, hockt sich auf das Bett. Sie sitzt mit ihrem rosa Bademantel da und versucht, seine Jonglierkugeln in der Hand kreisen zu lassen, so, wie Juan es immer vorführt. Renate ist aber zu ungeschickt. Sie gibt die Kugeln an Juan zurück.

RENATE *(lacht)*. Jetzt haben wir den Hermann schmählich sitzenlassen. Möchtest du hier schlafen?
JUAN. Das weiß ich noch nicht.

Sie kuschelt ihren Kopf in seinen Schoß.

RENATE. Ich überlege mir immer noch, ob des richtig war, daß ich die Geschichte mit dir angefangen habe. Ich mache immer Sachen, die wo ich nachher bereue. Gib's zu, Juan, ich bin doch auch für dich die reine Verlegenheitslösung.
JUAN. Ich gehe bald wieder weg. Ich bin nur ein Gast aus einem fremden Land.

Einen Moment lang träumt Renate hinter Juans Worten her. Dann aber springt sie auf. Sie läuft unruhig im Zimmer umher. Sie sucht etwas.

RENATE. Habe ich die jetzt genommen oder nicht?

Auf ihrer Frisierkommode findet sie die Pillenschachtel. Sie kontrolliert das Datum, dann nimmt sie eine der Pillen, die sie vor Juans Augen mit einem Schluck Wein hinunterspült.

RENATE. Ich hab mir doch neulich von unserem Hausarzt in Neu-Ulm die Pille verordnen lassen.
JUAN. Das ist gut.
RENATE. Du brauchst dir also keine Sorgen zu machen bei mir, verstehst du, was ich meine?
JUAN. Ja, das verstehe ich.
RENATE. Auf euch Männer kann man sich nämlich nicht verlassen.

Juan antwortet wie ein Roboter, leidenschaftslos und präzise.

JUAN. Nein, auf uns kann man sich nicht verlassen.

Unter Renates Bademantel kommt ein dicklicher Körper zum Vorschein mit der spießigen Wäsche, die sie für Reizwäsche hält. Unten, wo das Baumwollhemd aufhört, sehen ein paar weiße Strapsbänder hervor, mit denen sie ihre Nylonstrümpfe befestigt hat.

RENATE. Du bist doch ein schrecklicher Kerl, Juan. Du bringst es auch zu nix im Leben. Da bist du genauso wie ich.

An der Wand hängt ein Filmplakat, auf dem eine Tingeltangel-Tänzerin abgebildet ist, die sich Renate als Traumvorbild erwählt hat. Vor Juans Augen nimmt sie nun die Pose der abgebildeten Tänzerin ein.

RENATE. Meinst du, ich werde mal eine brauchbare Schauspielerin werden?

JUAN. Nein.

RENATE. Du glaubst also nicht an mein Talent? Aber an meine Energie glaubst du doch? Und an meine Wut, die wo ich im Bauch habe. Jetzt trau dich nur net wieder nein zu sagen, sonst wirst du nämlich in kleine, handliche Stückle zerlegt und aus dem Fenster geschmissen ...

Renate hat ihren Bademantel wieder angezogen. Juan bietet ihr keine Chance, ein bißchen glücklich zu werden an diesem Abend. Nicht einmal täuschen darf sie sich.

JUAN. Was soll ich sagen?

RENATE. Ach, du sollst überhaupt nichts mehr sagen. Du sollst mich jetzt allein lassen. Du machst mich traurig. Mit deiner ganzen Art machst du mich traurig.

Renate packt Juans Kleider und wirft sie neben ihn auf das Bett. Jetzt ist Juan beleidigt. Sie setzt sich neben seine Kleider und starrt die Wand an.

RENATE. Ist das eine Nacht heut nacht!

721 Villa Cerphal, Terrassenzimmer

Das Zimmer im »Fuchsbau« ist für eine größere Party vorbereitet worden. In Diele und Studentenzimmer sind Getränke, Imbißplatten, Weihnachtsgebäck und belegte Brötchen auf Tischen und Buffet dekoriert. Weihnachtlich brennen ein paar Kerzen. Es gibt sogar einen Adventskranz. Es ist die Zeit des Nikolausfestes. Hermann wollte das Konzert mit den Freunden stimmungsvoll feiern. Schnüßchens Rollkragenpulli hat er anbehalten.

Schnüßchen sitzt in ihrem geblümten Konzertkleid auf dem Fußboden. Sie sieht zu, wie Hermann immer ungeduldiger und schließlich ärgerlich wird.

HERMANN. Ich verstehe das nicht! Es ist gleich halb drei, wo bleiben die nur? Es ist ja wie eine Verschwörung heute abend. Normalerweise lassen sie einen Nacht für Nacht nicht schlafen, und heute kein Mensch!

SCHNÜSSCHEN. Mir gefällt das, so allein mit dir. Mensch, Hermann, der Pulli, der steht dir narrisch gut. Ich sehe dich immer noch so auf der Bühne, richtig genial, du glaubst es nicht!

Hermann setzt sich ans Klavier. Die Themen seines Konzerts beschäftigen immer noch seine Phantasie. Er spielt Teile aus dem »Lied für Ansgar«.

HERMANN. Die müssen das doch gehört haben, hier, der Schluß: Guck mal, wenn ich das so komponiert hätte, beispielsweise der Schluß: Das ist eine Kadenz, das ist klar, aber trotzdem, das ist banal, das ist Kitsch! Aber so, wie ich das gemacht habe, das ist doch eine völlig neue Welt!

Er wiederholt den Schluß des Liedes, mit den Harmonien, wie er es für Evelyne komponiert hat. Selbstgefälliger, als er es sonst zu sein wagen würde, spielt er vor Schnüßchen den genialischen Komponisten, den zu seiner Zeit keiner versteht.

HERMANN. Hast du so was schon mal gehört? Ich nicht! Verdammt, die können doch nicht einfach darüber wegsehen.

Schnüßchen genießt es, daß Hermann ihr allein sein Werk vorspielt. Sie versteht nichts von Musik, aber von diesem Musiker glaubt sie viel zu verstehen.

SCHNÜSSCHEN. Brauchst du unbedingt die Meinung von den anderen? Ich tät mir wünschen, daß du von so etwas unabhängig bist.

HERMANN. Man macht Musik nicht für sich alleine.

SCHNÜSSCHEN. Aber deine Kunst, die ist doch ganz allein in dir und von dir ...

Als Hermann sich jetzt unverstanden und leidend in seinen Sessel fallen läßt, fühlt Schnüßchen, daß ihre Stunde gekommen ist. Sie erhebt sich, füllt ein Glas mit der Bowle, die für die untreuen Freunde bereitsteht, und nähert sich Hermann.

SCHNÜSSCHEN. Ich möchte dich so gerne in die Arme nehmen und dich spüren lassen, daß du es richtig gemacht hast. Weißt du, was mir gefallen tät? Daß du dich überhaupt nicht um die Meinung der anderen Leute kümmern tätst. Ich tät dafür sorgen, daß du schaffen kannst, daß keiner dich stört. Und um dich herum, Hermann, da wär so eine Bannmeile, die täte ich bewachen und hüten wie ein Zerberus. Kannst du dir das vorstellen? Nur du allein und deine Musik ...

HERMANN. Und du! Schnüßchen, du bist lieb.

Schnüßchen spürt, daß sie für Hermanns Geschmack die Dinge ein bißchen zu schnell einfädelt. Sie wendet sich von ihm ab und wartet, was er sagen wird.

HERMANN. Ich weiß auch nicht, warum ich das brauche, daß sie mich ansprechen. Vielleicht will ich einfach nur gelobt werden.

SCHNÜSSCHEN. Wie in der Schule, nicht?

HERMANN. Unsinn, mehr in dem Sinne, daß sie mich anerkennen.

SCHNÜSSCHEN. Ja, das tun die doch auch. Und sie bewundern und beneiden dich auch.

Hermann braucht nun mehr Raum für seine Schritte. Er läuft zwischen Zimmer und Diele hin und her.

HERMANN. Sie haben alle versprochen, heute noch vorbeizukommen, und jetzt geht's schon auf drei Uhr zu.

Es gibt da ein Gebäck, das Hermann seit seiner Kindheit kennt. Es ist üblich, dieses am Nikolaustag zu backen. Einen von diesen in Menschengestalt gebacken »Weckmännern« greift sich Hermann und reißt ihm den Kopf ab. Er beginnt demonstrativ, den kleinen Mann aufzuessen. Dann versinkt er in Erinnerungen.

SCHNÜSSCHEN. Fühlst du dich einsam?

HERMANN. Vielleicht ...

SCHNÜSSCHEN. Das macht mich richtig traurig. Komm, gib mir mal einen Kuß.

Schnüßchen geht durch das Zimmer, bis sie dicht vor Hermann steht. Sie schmiegt sich mit ihrem ganzen Körper an den traurigen Komponisten. Er zögert. Dann spürt er den Frauenkörper und küßt sie.

Schnüßchen ist zufrieden. Sie löst sich von ihm, um eine Flasche Wein vom Buffet zu holen. Sie beginnt, sie zu entkorken.

SCHNÜSSCHEN. Den probieren wir jetzt, der ist aus der Kreuznacher Gegend. Kennst du Waldalgesheim? Da sind wir immer mit der Frau vom Kurt hingefahren, weißt du, das ist meine Lieblingsschwägerin.

Sie stellt sich ein bißchen ungeschickter an als nötig, so daß Hermann ihr die Flasche aus der Hand nimmt und den Korken herauszieht. Ist so etwas nicht Männersache? Er füllt die Gläser, die Schnüßchen ihm hinhält.

SCHNÜSSCHEN. Schon allein die Farbe, guck mal, Hermann, wie Gold schimmert der. Eine Scheurebe. Ach, ich freue mich so auf den Wein. Ein Stückelchen Heimat ist das.

Zum Trinken setzt sie sich auf Hermanns Schoß. So ist es gemütlicher. Sie stößt mit ihm an.

SCHNÜSSCHEN. Der ist viel zu schade für deine arroganten Freunde, genau wie deine Musik.

HERMANN. Schnüßchen, davon verstehst du nichts!

Hermann läßt sich ausgiebig küssen. Die vom Wein gesäuerten Zungen wühlen sich ineinander. Schnüßchen öffnet nach einer Weile die Augen, um sich zu vergewissern, daß Hermann sich auch ganz auf sie einläßt.

SCHNÜSSCHEN. Sei mir nicht böse, Hermann, ich weiß, daß ich da nicht kompetent bin. Aber du wirst schon dahinterkommen, wer die wahren Freunde sind.

Hermann steht jetzt auf. Er hält die kleine Hunsrückerin mitsamt ihrem Weinglas im Arm. So dreht er eine kleine Pirouette mit ihr, bevor er sie zum Bett trägt.

722 Vor dem Krankenhaus, im Auto

Jean-Marie und Volker übernachten im Auto auf dem Parkplatz. Erschöpft hat Volker seinen Kopf auf die Rückenlehne sinken lassen. So liegt er und atmet unruhig. An der Autoscheibe haben sich Eisblumen gebildet. Jean-Marie hält das Steuer in der Hand, als wolle er fahren. Volker wacht auf.

VOLKER. Ahh, ist das kalt hier!

Jean-Marie hat tief geschlafen. Er antwortet sofort.

JEAN-MARIE. Wollen wir nicht lieber nach Straßburg fahren? Bei uns zu Hause sind wir in Sicherheit. Es wird dir gefallen.

VOLKER. Ich bleibe, bis sie außer Gefahr ist.

JEAN-MARIE. Es war ja nur ein Angebot. Du kannst es dir ja überlegen.

Jean-Marie hat viele Gedanken in sich angesammelt, während Volker schlief.

JEAN-MARIE. Wir sollten wieder arbeiten, Volker. Ist dir aufgefallen, wie lange wir schon nichts Neues mehr gemacht haben?

VOLKER. Wir Propheten der Neuen Musik! Da sitzen wir nun. Wenigstens musikalisch haben wir keine Kompromisse gemacht.

JEAN-MARIE. Musik ist Musik, Schnaps ist Schnaps, Liebe ...

723 Treppenhaus Stefan

Stefan wohnt in einem großen Schwabinger Jugendstilhaus. Das reichverzierte Geländer windet sich durch die Stockwerke. Das Nachtlicht läßt gespenstische Schatten durch das Treppenhaus fallen. Der rote Reflex einer Leuchtreklame füllt die Stockwerke mit rhythmischen Farbspielen.

Helga hat sich im zweiten Stock weit über das Treppengeländer gelehnt. Sie läßt ihren Schuh in den Schacht fallen, um zu sehen, wie tief er ist.

STEFAN. Helga, jetzt hör doch auf mit dem Quatsch. Komm, warum bist du überhaupt bis hierhin mitgekommen? Zehn Stufen, und du bist im Warmen.

HELGA. Zehn entscheidende Stufen, Stefan.

Sie setzt sich auf die Holzstufen und lehnt sich gegen die kalte Wand. Stefan ist verzweifelt. Er setzt sich neben sie.

HELGA. Das sind doch Milchmädchenrechnungen.

STEFAN. Hier werden wir höchstens krank.

HELGA. Ja, krank, krank, krank ... Wir sind krank in der Seele!

STEFAN. Da gebe ich dir sogar recht. Wenn wir weiter hier sitzen bleiben, dann sind wir krank, geisteskrank!

Er kramt seinen Wohnungsschlüssel aus der Manteltasche. Damit geht er die zehn Stufen empor zum Eingang. Er sperrt auf. Helga sieht zu, wie er das macht.

HELGA. Ich war noch nie so nah an deinem Bett, stimmt's?

Stefan, der sich Hoffnungen macht, kommt nun selig lächelnd wieder die Treppe herunter.

STEFAN. Stimmt.

HELGA. »Herr K. besuchte eine Freundin. Im zweiten Stock kehrte er um. Weiter hatte er heute nicht gehen wollen.«

Sie hat diesen Satz zitiert, ohne darüber lachen zu wollen. Sie küßt Stefan, bleibt aber so sitzen wie zuvor.

STEFAN. Du mußt mich hassen.

HELGA. Ich bin doch bei dir ...

724 Villa Cerphal, Terrassenzimmer

Hermann und Schnüßchen haben sich geliebt. Nackt und erschöpft liegt Hermann zwischen ihren Beinen. Ausgebreitet und ganz offen nimmt sie seine Zärtlichkeiten entgegen. Sie genießt es, daß er zufrieden ist. Er küßt ihren Bauch.

HERMANN. Jetzt habe ich alles vergessen, den ganzen Abend und diesen Mist. Schön ist es mit dir, Schnüßchen.

SCHNÜSSCHEN. Komm, du erkältest dich.

So gut es geht, deckt sie ihn mit einem Kopfkissen zu. Er sucht unter dem Kissen eine Öffnung, um atmen zu können. Dann bleibt er so liegen. Er ruht sich auf ihrem Schamhügel aus.

HERMANN. Du ahnst gar nicht, was diese intellektuellen Frauen mit einem anrichten. Ich hasse sie alle, die ganzen Weiber in der Hochschule, die Künstlerinnen und Dichterinnen, die verkrampften Karrieretanten. Ich hasse sie. Ich fühle mich richtig verwundet.

SCHNÜSSCHEN. Ich spüre das, Hermann, komm, ruhe dich einfach aus.

Sie richtet sich auf, damit Hermann eine bequemere Lage einnehmen kann. Sie läßt sich von ihm verwöhnen. Sie legt sich auf den Rücken und deckt sich mit seinem Körper zu.

SCHNÜSSCHEN. Weißt du, ich mag das, wenn du einfach nur so auf mir liegst. Weißt du, ich habe das gern, wenn du dich ganz schwer auf mir machst. Weißt du, Hermann, wir zwei, wir haben was zusammen, das kann keiner verstehen. Daß wir dieselben Hecken kennen und dieselben Bäume und Bäche. Weißt du, was ich meine? Wir zwei waren an denselben Stellen Kind. Das verbindet.

HERMANN. Vielleicht sollten wir heiraten!

SCHNÜSSCHEN. Sag doch nicht so etwas, Hermann, wir kennen uns doch erst seit...

HERMANN. Seit einer Ewigkeit! Ich habe das Gefühl, daß ich dich schon immer kenne, seit ich denken kann.

SCHNÜSSCHEN. Ich tät dich auch gern heiraten. Aber mein Verstand sagt mir, daß man so etwas nicht übereilen sollte.

HERMANN. Jedenfalls kommen diese akademischen Zicken für mich nicht in Frage.

SCHNÜSSCHEN. Ist gut, Hermann, wir schwätzen noch mal darüber.

Jetzt windet sie sich unter Hermanns Körper wieder heraus.

SCHNÜSSCHEN. Komm, so wirst du mir doch ein bißchen zu schwer. Lege dich neben mich.

Er weigert sich, ihr zu gehorchen. Er bekommt wieder Lust auf sie. So entsteht ein scherzhaftes Ringen und Gelächter, bis Hermanns Blick auf den Spiegel fällt, der über der Kommode hängt. Er sieht sich und Schnüßchen in diesem magischen Bild. Er hat sich ertappt.

725 Straße vor Kosmetiksalon Moretti

Am nächsten Tag macht Schnüßchen einen Einkaufsbummel mit Olga. Sie spielt vor der erfolglosen Schauspielerin das arme Häschen vom Lande, das sich in der Großstadt nicht zu helfen weiß. Olga hat Gelegenheit, einer anderen Frau einmal richtig überlegen zu sein. Sie führt Schnüßchen in der Stadt umher und berät sie in praktischen Lebensfragen.

SCHNÜSSCHEN. Weißt du, und wenn ich dann all die schönen Frauen sehe und wenn ich dann auch noch dich sehe, dann komme ich mir immer so klein und häßlich vor.

OLGA. Ach, Schnüßchen, du machst zuwenig aus dir. Du könntest viel hübscher sein, weißt du?

SCHNÜSSCHEN. Ja, findest du?

OLGA. Ich weiß was. Komm, das werden wir jetzt gleich ändern.

SCHNÜSSCHEN. Wo willst du denn hin?

Olga führt Schnüßchen zu einem Kosmetiksalon. Er gehört Frau Moretti, der ehemaligen Sängerin. Vor dem Ladeneingang bleiben die beiden Frauen stehen.

SCHNÜSSCHEN. Kosmetiksalon Moretti...

OLGA. Ja, Gesichtspflege, Handpflege, Massagen, Fußpflege und Bestrahlungen. Komm, gehen wir rein.

HERMANN. *Schnüßchen hatte die Gabe, sich in jeder Situation zurechtzufinden. Für sie war die Großstadt keine Welt von Rätseln und Wundern wie für mich, sondern nur eine Reihe von praktischen Herausforderungen. Nach wenigen Tagen hatte sie sich mit meinen Freunden angefreundet. Sie wußte bald, was verlangt wird, um dazuzugehören.*

726 Kosmetiksalon

Als die Frauen den Kosmetiksalon betreten, empfängt sie leise Weihnachtsmusik. Alles ist hier elegant und geschmackvoll. Olga deutet auf ein Foto von der Moretti aus ihren Tagen als Operettendiva.

OLGA. Guck, das ist die Chefin!

SCHNÜSSCHEN. Schön...

Gabi, das Mädchen aus dem ehemaligen Laufmaschengeschäft der Moretti, erscheint in einer eleganten Arbeitsschürze.

OLGA. Ach, grüß dich, Gabi. Es geht diesmal nicht um mich. Ich habe euch eine neue Kundin mitgebracht. Das ist Fräulein Schneider.

Schnüßchen gibt Gabi artig die Hand.

OLGA. Ob sich Frau Moretti mal mit ihr unterhalten könnte?

SCHNÜSSCHEN. Vielleicht erst mal nur eine Beratung!

GABI. Frau Moretti, machen wir auch Beratungen?

Der Blick in die Behandlungsräume zeigt die dicke Ungarin, wie sie dabei ist, einer Kundin die Zehennägel zu schneiden.

FRAU MORETTI. Was gibt's denn, Zwutschgerl? Entschuldigen Sie bitte ein Momenterl!

Die Ex-Ungarin erhebt sich schwerfällig, um sich Schnüßchen genauer ansehen zu können.

MORETTI. Ja, Fräuleinchen, tun S' denn gar nichts für Ihre Schönheit?

SCHNÜSSCHEN. Ich wasche mich mit Seife und kaltem Wasser.

FRAU MORETTI. Ja, was a Wunder! Und dann wollen Sie einen Rat von mir? Erblicken Sie überall auf Straßen schöne Frauen, in Zeitschrift und im Theater. Ich weiß, wie das ist, und dann kommen Sie sich zu Hause vor wie kleines, graues Mauserl. Habe ich recht?

SCHNÜSSCHEN. Stimmt.

Die Moretti tut, als ob sie Olga erst jetzt entdeckte. Sie begrüßt sie überschwenglich und führt sie in ihren Behandlungsraum.

MORETTI *(lacht)*. Ja, Fräulein Olga?

OLGA. Grüß Gott.

MORETTI. Ja, ich habe Sie ja wirklich nicht erkannt. Mir scheint, die Moretti wird langsam a bisserl alt. Na, wie blaß schauen Sie heute wieder aus. Nehmen Sie Platz. Und haben wieder diese Stirnfalten, immer diese Dackelfalten! Was geht denn vor in Ihnen? Was macht denn die Liebe?

Schnüßchen hört fasziniert zu, wie Olga von der Moretti hofiert wird. Sie hat eine Welt betreten, die sie noch nicht kannte.

MORETTI. Ich mach euch schön wie die Engerln, und die Männer sind es nicht wert. Ist Ihnen eigentlich schon aufgefallen, daß die berühmtesten Männer und Genies Frauen haben, so häßliche, kleine Schlampen und graue Mäuse...

Jetzt trifft der Blick der Moretti auf Schnüßchen. War das eine heimliche Warnung oder ein Angriff? Schnüßchen sieht ängstlich aus.

MORETTI. Oh, entschuldigen Sie, nix für ungut, Fräulein...

SCHNÜSSCHEN ... Schneider.

MORETTI. Und jetzt mache ich eine Schönheit aus Ihnen, ja?

SCHNÜSSCHEN. Ja.

Schnüßchen in Morettis Behandlung: Sie liegt auf einer Art Operationstisch, Haare und Körper sind mit Frottiertüchern abgedeckt, das Gesicht ist dick mit einer weißen Masse eingestrichen, so daß nur noch Augen und Mund herausschauen. Die Moretti legt in dünne Scheiben geschnittene Salatgurken auf die weiße Gesichtsmaske.

MORETTI. So, mein kleines Schatzerl. Und jetzt werden Sie aber so schön werden, daß alle Männer hinter Ihnen herrennen. Sie werden staunen, glauben Sie mir. Natürlich müssen Sie Vertrauen haben zu Moretti. Hat große Erfahrung in solchen Sachen. Und noch eins aufs Naserl, und oben auch. Aber jetzt kommt Spezialität, das ist nämlich Spezialität Moretti, gegen Dackelfalten: Wurscht aus Szegedin!

Eine Scheibe ungarische Salami, auf Schnüßchens Stirn aufgebracht, bildet den Abschluß der fragwürdigen Behandlung.

727 Konzertsaal, Foyer

Hermann hat sich im Vorraum des Konzertsaals mit seinen Musikern verabredet, um die Abendeinnahmen mit ihnen abzurechnen. Der Bratschist hat eine *Abendzeitung* mitgebracht, in der er mit den anderen die Kritiken sucht. Hermann hat es eilig. Er stellt nur fest, daß Evelyne als einzige für die Abrechnung fehlt, dann begibt er sich in die Räume der Verwaltung, um das Geld abzuholen.

HERMANN. *Es war Mitte Dezember. Die Vorweihnachtszeit mit ihrer Adventsstimmung erinnerte mich immer noch an den Hunsrück und Kindheit und Familienterror. Ich versuchte, dem zu entgehen, und vermied aus auch, Schnüßchen wiederzusehen.*

Einer der Musiker hat eine Besprechung des Konzerts gefunden, eine Notiz, die er überfliegt, bevor er die Zeitung seinem Kollegen überläßt.

MUSIKER. Was Positives?

ZWEITER MUSIKER. Durchwachsen.

Hermann kommt zurück. In einer Geldkassette bringt er die Abendeinnahmen mit.

HERMANN. *Als ich hörte, was mit Clarissa geschehen war, wollte ich überhaupt niemanden mehr treffen. Ich sorgte dafür, daß meine Musiker ihr Geld bekamen, und zog mich zurück. Das bevorstehende Jahresende war wie ein dunkler Tunnel, durch den wir alle hindurch sollten, ohne zu wissen, was am anderen Ende auf uns wartete.*

Der Bratschist liest aus der Zeitung vor.

BRATSCHIST. »Fünf Werke sehr verschiedenen Charakters, die naturgemäß widersprechende Empfindungen auslösen und ebenso viele grundsätzliche Fragen anschneiden. Bericht morgen.«

VIERTER MUSIKER. Typischer Zeitungsschleim.

Hermann stellt die Kassette auf einen Tresen am Eingang. Er beginnt, das Geld zu gleichen Teilen unter den Musikern zu verteilen.

HERMANN. Das meiste waren Studentenkarten. Die Saalmiete haben sie schon abgezogen. Fünfzig Mark für unsere Nackte, da bleiben für uns neunhundertfünfundvierzig Mark. Geteilt durch sechs, macht hundertsiebenundfünfzig Mark fünfzig ... Habt ihr mitgerechnet?

ERSTER MUSIKER ... für vier Wochen Arbeit?

HERMANN. Und das Geld für Evelyne, was machen wir damit?

ERSTER MUSIKER. Hast du eigentlich die *Abendzeitung* schon gelesen?

HERMANN. Ja.

Während des Geldausteilens erkennt er im Spiegelbild der Glastür Volker, der suchend hereinschaut.

HERMANN. Könnt ihr das hier bitte weitermachen? Und bringt anschließend die Kassette zurück.

Hermann eilt nach draußen. Er begrüßt Volker, der vor dem Eingang stehengeblieben ist und sehr ernst dreinschaut.

VOLKER. Servus, Hermann. Clarissa geht's schlecht.

HERMANN. Ich weiß, was passiert ist.

VOLKER. Von ihrer Wirtin?

HERMANN. Ja, sie ist zu ihr ins Krankenhaus gefahren.

VOLKER. Dann weißt du ja alles.

728 Krankenhaus, Flur und Zimmer Clarissa

Die Tage sind zu dieser Jahreszeit kurz. Die Neonlichter brennen die ganze Zeit. Ihr blau-grünes Licht dringt in alle Ritzen und nimmt dem ehemaligen Klostergebäude jegliche Stimmung oder Geborgenheit.

Frau Foisner, die Clarissa besuchen will, muß auf den hellbeleuchteten Gängen warten. Sie vertreibt sich die Zeit, indem sie die Hinweisschilder studiert. Als sie danach auf einem Stuhl in der Warteecke Platz nehmen will, vernimmt sie einen lauten Schrei. War das Clarissas Stimme? Der Schrei wiederholt sich nun schwächer und ängstlicher. Frau Foisner springt auf. Sie rennt durch den Flur zu dem Zimmer, aus dem der Schrei gekommen ist. Als sie die Tür öffnet, sieht sie Clarissa, die vor Panik außer sich ist und aufrecht in ihrem Krankenbett sitzt. Sie bemüht sich, ein umgefallenes Stativ, das zu der Tropfinfusion gehört, festzuhalten. Die verchromte Stange liegt direkt auf ihrer Brust. Alle Schläuche, an die sie angeschlossen ist, sind in Unordnung geraten.

CLARISSA. Ich kann das nicht halten! Da muß mal jemand helfen kommen.

Frau Foisner entdeckt nun auch eine ältere Frau, die direkt neben Clarissas Bett ausgestreckt auf dem Fußboden liegt und sich nicht mehr bewegt.

FRAU FOISNER. Um Gottes willen, Fräulein Clarissa, ist das Ihre Mutter? Ach du lieber Gott, was mache ich denn bloß? Ich weiß doch gar nicht, was ich tun soll! Was soll ich bloß machen? Und die Schwester ist auch nicht da. Ja, was tue ich denn da?

Clarissas Wirtin ist in die Knie gegangen. Sie schüttelt die Mutter, die aber kein Lebenszeichen von sich gibt. Clarissa sieht, daß sie von der Foisnerin keine Hilfe bekommen kann. Mit ihren letzten Kräften erreicht sie den Klingelknopf.

Die Schwester kommt sofort. An der Tür hat sich schon eine Gruppe von neugierigen Patienten aus den Nachbarzimmern eingefunden. Die Schwester muß erst einmal diese Gruppe verscheuchen, ehe sie sich um die ohnmächtige Mutter kümmern kann.

SCHWESTER. Jetzt gehen S', gehen S' auf Ihr Zimmer!

FRAU FOISNER. Gott sei Dank, daß S' da sind. Das ist ihre Mutter.

CLARISSA. Die ist hier umgefallen.

FRAU FOISNER. Ah, jetzt ist alles gut, gelt? Die Schwester ist schon da.

Erst einmal beginnt die Schwester, die Infusionsleitungen von Clarissa in Ordnung zu bringen, bevor sie sich um die ohnmächtige Mutter kümmern kann.

SCHWESTER. Jetzt gehen S' schnell zu Doktor Achthaler.

Frau Foisner sucht nach ihrer Handtasche, die sie in ihrer Panik verloren hat. Dann rennt sie die Gänge entlang, um den Arzt zu finden. Der Doktor ist aber sowieso schon unterwegs und betritt das Krankenzimmer. Clarissa sinkt erschöpft in ihr Kissen.

CLARISSA. Was hat denn meine Mutter?

Der Stationsarzt hat zwei Pfleger mitgebracht, die Clarissas Mutter auf eine Bahre legen und hinaustragen. Arzt und Schwester beobachten den Abtransport. Sie können nicht verhindern, daß Frau Foisner mitten in dem Trubel noch einmal hereindrängelt und sich über Clarissa beugt.

FRAU FOISNER. Ich habe Ihnen Ihre Wäsche mitgebracht, Fräulein Clarissa, und den Waschbeutel auch, war das recht so?

CLARISSA. Danke.

Der Arzt wendet sich an die Schwester.

DR. ACHTHALER. Rufen Sie Dr. Hessel, er soll sich noch mal die Patientin ansehen.

Die verwirrte Foisnerin kann eigentlich immer nur im Weg stehen oder durch übertriebene Hilfsbereitschaft stören.

Sie folgt nun der Bahre mit Frau Lichtblau. Sie versucht, in das Behandlungszimmer zu gelangen, in dem die Mutter versorgt wird. Aber auch dort ist sie nicht erwünscht.
Volker kommt in diesem Augenblick durch den Flur. Er hat einen Blumenstrauß mitgebracht. Es gelingt der Foisner, einen Blick in das Behandlungszimmer zu tun. Frau Lichtblau ist schon wieder bei Bewußtsein. Sie sitzt auf einem Stuhl, und der Doktor will ihr gerade eine Spritze geben. Es scheint also alles nicht so schlimm zu sein.
Volker, der von dem Ohnmachtsanfall der Mutter nichts mitbekommen hat, begibt sich zu Clarissas Zimmer und klopft leise an. Da geht die Tür auf, und Volker steht vor dem jungen Doktor, der ihm in der Nacht zuvor die unbefriedigende Auskunft gegeben hat.

DR. HESSEL. Aha, der Beinahe-Vater! Machen Sie sich keine Sorgen. Diese Krisen gehören zum typischen Verlauf. Wir haben den Infekt im Griff, sie ist fieberfrei.

VOLKER. Darf ich sie sehen?

DR. HESSEL. Ja. Aber nur ganz kurz.

Volker blickt durch den Türspalt, den der Doktor ihm offengelassen hat. Er sieht Clarissa, die sich erfreut aufrichtet.

VOLKER. Servus!

CLARISSA. Volker! Was ist mit meiner Mutter jetzt?

Auch jetzt drängt sich wieder die eifrige Frau Foisner vor.

FRAU FOISNER. Die hat sich schon wieder derfangt.

VOLKER. Und du, Clarissa?

CLARISSA. Müde.

DR. HESSEL. Ich habe ihr ein Beruhigungsmittel gegeben. Verabschieden Sie sich jetzt, sie wird nämlich schlafen.

FRAU FOISNER. Und's Waschzeug?

Volker verabschiedet sich kurz. Seinen Blumenstrauß ist er nicht losgeworden. Der junge Doktor schließt behutsam die Tür. Sein Lächeln verbreitet Hoffnung. Volker und Frau Foisner können aufatmen.
Da kommt Frau Lichtblau, von der Schwester geführt, den Gang herunter. Ihr Gesicht und ihre Gangart sind entschlossen, fast verbissen. Sie wirkt bedrohlich, wie sie da auf die beiden zukommt. Der Schwester gelingt es nicht, die Mutter zurückzuhalten.

FRAU FOISNER. Frau Lichtblau, Sie dürfen jetzt nicht zu Ihrer Tochter rein. Sie braucht jetzt absolute Ruhe. Das hat der Herr Doktor grad gesagt.

SCHWESTER. Jetzt lassen S' doch die Frau in Ruhe!

Volker meint, daß er am besten helfen kann. Er läßt seine Blumen in der Besucherecke und holt Frau Lichtblau ein.

VOLKER. Ich könnte Sie nach Wasserburg zurückfahren. Ich habe ein Auto da. Dorthin wollen Sie doch, oder?

Langsam dreht sich die Mutter zu Volker um. Sie hat ihn erkannt. Sie sieht ihm ins Gesicht. Ihre Augen bohren sich in seinen Blick.

MUTTER CLARISSA. Du Sittenstrolch! Wenn meine Tochter sterben muß, dann will ich bei ihr sein.

Frau Foisner hat sich so vor die Tür gestellt, daß es der Mutter nicht gelingen kann, zu Clarissa vorzudringen. Es entsteht ein kleines Gerangel vor dem Krankenzimmer, das sich aber auflöst, als die Mutter heftig zu weinen beginnt.

SCHWESTER. Ihre Tochter stirbt nicht, Frau Lichtblau. Das ist doch ein Wahnsinn, was Sie da denken. Sie stirbt nicht, glauben Sie's mir. Kommen S', und jetzt bringe ich Sie an die frische Luft, das ist das beste für Sie. Ich erkläre Ihnen dann alles.

Die Schwester führt die Mutter den Gang hinab zum Ausgang. Volker sieht hinterher. Er steht neben der Wirtin, als wären er und die Foisner Clarissas Engel, die sie beschützen müssen.

729 Straßburg, Villa von Jean-Maries Eltern

In den Vorweihnachtstagen des Jahres 1963 ist Volker mit seinem Freund Jean-Marie nach Straßburg gefahren. Es ist eine große, traditionsreiche Villa, in der die Eltern des Freundes leben. In der mit Holzvertäfelungen und Gemälden reich ausgestatteten Diele steht schon vor dem Fest ein üppig geschmückter Christbaum.

Hélène, eines der Dienstmädchen, kommt die Haustreppe herunter. Sie bringt ein paar Kleidungsstücke und Schuhe, die sie neben Jean-Marie hinstellt. Das sehr junge Mädchen ist voller Bewunderung für den Sohn des Hauses, der ihr auf gönnerhafte Weise den Hof macht.

ZIMMERMÄDCHEN. C'est tout ce que j'ai trouvé, Monsieur Wéber.

JEAN-MARIE. Ce sont les chaussures de mon père?

ZIMMERMÄDCHEN. Oui, et j'ai trouvé ces lunettes.

JEAN-MARIE. Vous pensez à tout, Hélène, comme toujours. Volker est dans la salle à manger. Je pense que ça ira.

ZIMMERMÄDCHEN. Essayons …

Die Kleidungsstücke sind für Volker bestimmt, der sich vor der Abreise nicht auf Winterwanderungen vorbereiten konnte wie Jean-Marie, der hier zu Hause ist und sportlich gekleidet, in Pullover und Wanderschuhen, erscheint.

JEAN-MARIE. Volker, wir haben ein paar Sachen gefunden. Probiere sie mal. Das steht dir sicher gut. Komm, ich zeige dir unseren Blick auf Straßburg.

730 Straßburg, Terrasse der Villa

Noch ehe Volker die Sportkleidung anziehen kann, führt Jean-Marie ihn durch den angrenzenden Wintergarten auf eine riesige Terrasse hinaus, die sich zum Rheintal hin öffnet. Unterhalb der Terrasse dehnt sich der parkartige Garten bis zur Sichtgrenze. Von der Stadt kann man von hier aus nichts erkennen.

Aus den Räumen im Obergeschoß wird Klavierspiel vernehmbar. Jemand spielt Beethovens Sonate Nummer 3, C-Dur.

VOLKER. Eine großartige Pianistin, deine Mutter. Kaum zu fassen.

JEAN-MARIE. Meine schöne Stiefmutter! Sie ist nur zwölf Jahre älter als ich, wußtest du das? An meine richtige Mutter kann ich mich kaum noch erinnern. Sie starb 1944, da war ich fünf. Wir wohnten damals in Narbonne, in Südfrankreich. Vor ein paar Jahren hat mein Vater die schöne Klavierspielerin aus Starnberg bei München geheiratet. Er konnte sie sich leisten. Dann wurde es kosmopolitisch, das Haus. Im Krieg hat er mit den Nazis kollaboriert. So geht das!

VOLKER. Du magst deinen Vater nicht?

JEAN-MARIE. Ich frage mich, von wem ich meine Neigung zur Musik habe. Vielleicht von meinen Lehrern in den vielen Internaten in Frankreich, in der Schweiz. Er ist mir egal, der Herr Staatssekretär. Genügt dir die Antwort?

Jean-Marie hat Volker die Treppen hinuntergeführt, über die man eine untere Terrasse erreicht. Von hier aus hat Volker die Villa mit ihrer eindrucksvollen Gartenfassade über sich und den Blick ins Tal vor sich.

JEAN-MARIE. Da drüben liegt Seesenheim, der Ort, in dem die Pfarrerstochter Friederike gelebt hat, die Geliebte von Goethe, als er in Straßburg studierte, weißt du noch?

VOLKER. Wenn ich hier aufgewachsen wäre, würde ich die Dinge anders sehen.

JEAN-MARIE. Anders als ich?

VOLKER. Ja. – Ich war als Junge weit und breit der einzige, den sie aufs Gymnasium geschickt haben. Du warst drinnen, ich war draußen.

JEAN-MARIE. Du meinst, dein Elternhaus.

VOLKER. Es gab kein »Elternhaus«; meinen Vater, zum Beispiel, habe ich kaum gekannt. Den gibt es eigentlich gar nicht. Und Goethe... Goethe ist unheimlich weit weg, eine Legende.

Jean-Marie geht ein wenig gelangweilt umher. Sein Verhältnis zum Elternhaus ist ironisch. Volkers Bericht hingegen entbehrt dieser Ironie. Auch hierin drückt sich der Klassenunterschied aus.

JEAN-MARIE. Was suchst du bei Clarissa?

VOLKER. Clarissa ist wie ich, mit ihrer starren Mutter, von früh auf dran gewöhnt, sich mit gewissen Dingen einfach abzufinden. Ich verstehe sie und weiß, daß auch sie meine geheimsten Gedanken verstehen würde.

JEAN-MARIE. Sei vorsichtig! Die Liebe ist aus tausend Gefühlen zusammengesetzt. Die meisten davon sind erklärbar, sie sind gar nicht so geheimnisvoll, und es ist ziemlich beschämend, wenn man sie bei Licht betrachtet.

VOLKER. Wir sind gleichnamige Pole, das ist das Problem.

Jean-Marie schaut zu dem Dienstmädchen empor, das auf die obere Terrasse gefolgt ist und immer noch die Winterkleidung für Volker bereithält. Das Mädchen sieht ein wenig traurig aus. Ihr Blick ist sehnsüchtig. Jean-Marie genießt diesen untertänigen Blick. Er lächelt verführerisch zu dem Mädchen empor.

Volker schaut ins Tal. Er weiß, daß er hier fremd bleiben wird. Aber soll er nach München zurückkehren? Zu Clarissa, die er liebt, und die seine Liebe nicht erwidert? Er weiß, daß Jean-Marie mit seiner zynischen Betrachtung der Liebe nicht ganz unrecht hat.
VOLKER. Darf ich über Weihnachten bei euch bleiben?
JEAN-MARIE. Mais bien sûr!

731 In den Bergen

Das schneebedeckte Gebirgspanorama zeigt eine gewaltige Natur, in der die Menschen nur noch winzig erscheinen.
Stefan hat Helga in diese Landschaft mitgenommen, um mit ihr die Feiertage auf einer Gebirgshütte zu verbringen. Die beiden stapfen, mit ihren schweren Rucksäcken und in zünftige Kleidung gehüllt, ein Schneefeld hinauf. Sie kommen nur langsam voran, weil der Schnee so tief ist, daß sie bei jedem Schritt bis zu den Knien einsinken.

STEFAN. So, noch zehn Minuten, dann haben wir es geschafft. Soll ich dir den Rucksack abnehmen?

HELGA. Ich habe mein Gepäck bis hierhin alleine getragen, jetzt werde ich auch den Rest ohne deine Hilfe schaffen. Es ist nämlich einzig eine Frage der Gesinnung, ob eine Frau schwach ist, und nicht ihrer Natur. Niemals werde ich mich von einem Mann versorgen lassen, wie das sonst so bei Frauen üblich ist. Da kannst du dich drauf verlassen!

Helga stürmt Stefan davon. Er kann ihr nicht mehr folgen. Sie verausgabt sich, aber das macht ihr nichts aus.

STEFAN. Wie meinst du denn das? Politisch oder sexuell?

HELGA. Sexuell!

Helga ist an einem Fleck mit vertrocknetem Gras angekommen. Dort wirft sie sich nieder. Sie ist außer Atem. Stefan holt sie ein. Schnaufend bleibt er vor ihr stehen. Sie liegt auf dem Rücken und spreizt ihre Beine.

HELGA. Liebe mich! Jetzt sofort, hier, an dieser Stelle!

STEFAN. Helga, du freust dich an meiner Schwäche.

HELGA. Liebe mich doch!

STEFAN. Also, ich tue es grundsätzlich nur in der Kirche. Oder, noch besser, im Kino, so wie bei Ingmar Bergmann, im »Schweigen«.

HELGA. Ja, dann aber nicht ganz hinten, sondern in der allerersten Reihe, wo es die Zuschauer auch sehen können. Würdest du das wagen, Stefan?

STEFAN. Das ist ein merkwürdiges Thema für zwei Menschen, die es überhaupt noch nicht miteinander getan haben.

Stefan fühlt sich diesem Spiel nicht gewachsen. Er schultert seinen Rucksack und setzt den Aufstieg zur Hütte fort. Helga bleibt sitzen. Sie will das provokante Spiel nicht aufgeben.

HELGA. Ich täte es am liebsten in einem Turm, mit weitem Blick über die ganze Stadt.

STEFAN. Solche Türme, die gab es aber nur im Mittelalter. Und das waren Gefängnisse. Aber ich bin leider kein Kerkermeister und auch kein Folterknecht. Und jetzt stehe endlich auf, du erkältest dich. Und außerdem ist es der falsche Weg. Wir hätten nämlich viel weiter rechts gehen müssen, wo der Schnee nicht so tief ist.

Schließlich kommen die beiden bei einer Berghütte an. Hier gibt es hohe Schneewehen. Die zwei Wanderer erreichen die Hütte erst, als sie sich entschließen, auf dem Hintern die Schneewehe herunterzurutschen. Vom Hütteneingang aus hat man einen herrlichen Blick über Berge und Täler.

Helga bleibt stehen. Sie atmet durch.

HELGA. Ob wir hier der deutschen Weihnacht entkommen, das ist noch zweifelhaft.

732 Berghütte

Stefan hat die Hüttentür aufgesperrt. Im Innern ist zwar alles sehr eng, dafür fehlt aber nichts, was man für einen längeren Aufenthalt braucht.

STEFAN. Und? Ist doch schön hier! Schlafkoje, Herd. Ich gehe mal in die Stube, Feuer machen.

Unschlüssig steht Helga im Vorraum. Sie betrachtet die Einrichtung Stück für Stück. Sie sieht zu, wie Stefan seinen Rucksack ablegt. Er entledigt sich seiner Handschuhe, der Mütze. Er untersucht den Ofen. Es macht ihn verlegen, mit ihr allein in dieser Einsamkeit zu sein.

HELGA. Mir ist schon ganz weihnachtlich zumute.

Jetzt geht Helga entschlossen in die Stube und setzt sich auf die Heizbank neben Stefans Rucksack.

HELGA. Am liebsten würde ich schreien. Das riecht auch so fatal aus deinem Rucksack.

Während Stefan den Ofen ausräumt, untersucht Helga seinen Rucksack. Sie findet ein in Weihnachtspapier eingewickeltes Päckchen. Sie faßt es an der goldenen Schnur, mit der es zugebunden ist, und zieht es aus dem Rucksack heraus.

HELGA. Nicht einmal hier sind wir dem christlichen Konsumterror entkommen.

STEFAN. Später ...

Stefan nimmt Helga Rucksack und Geschenk einfach weg.

HELGA. Ich habe seit Wochen immer so ein Gefühl. Es ist zum Verrücktwerden. Ich komme nicht dahinter, was es ist.

Er fängt nun an, alles was er in seinem Rucksack hat, auf der Tischplatte auszubreiten: Brot, Konserven, Dauerwurst, Weihnachtsgebäck – er hat an alles gedacht.

STEFAN. Da sind wir versorgt. Das hat meine Mutter gemacht. Eine Kerze für Heiligabend ...

Immer neue Dinge kommen aus dem Rucksack: Äpfel, Wein, Käse ...

HELGA. Das ist weder politisch noch sexuell, sondern etwas ganz anderes. Aber was? Mensch, Stefan, ich muß das rausfinden!

Stefan nimmt Helga, die sich eine Zigarette angezündet hat, das Feuerzeug aus der Hand. Damit geht er zum Ofen. Er zündet das Feuer an. Bald hört man ein wohliges Knistern. Helga setzt sich mit dem Rücken an den Kachelofen. Sie sieht zum Fenster hinaus.

HELGA. Ich habe über Nähe und Ferne nachgedacht. Diese Hütte, zum Beispiel, ist mir aus der Ferne ganz nah vorgekommen, aber jetzt, wo wir hier sind, jetzt ist sie mir ganz fern.

Stefan, der bis jetzt zu Helgas Äußerungen geschwiegen hat, verliert die Nerven. Er rennt in der Stube umher und ringt nach Worten.

STEFAN. Helga, das da, das ist ein Feuer. Das hier ist eine Hütte, das da ist ein Tisch. Das, das ist ein Stuhl, und ich bin ein Mann, und du bist eine Frau. So einfach können die Dinge sein!

Helga beantwortet Stefans Gefühlsausbruch mit einem undefinierbaren Mona-Lisa-Lächeln.

733 Kirche in München

Heiligabend. Evelyne singt Bachs »Weihnachtsoratorium«. Der Organist bemüht sich um den festlichen Ton, der Evelynes Stimme emporhebt.

EVELYNE *(singt)*.

»Deine Wangen
müssen heut'
viel schöner prangen,
Eile,
den Bräutigam selig zu lieben!«

Probt Evelyne für ein Konzert? Die Kirche ist menschenleer. Nur ein einziger Zuhörer sitzt unter der Orgelempore, auf der Evelyne singt. Während des Liedes ist sie näher an die Brüstung gegangen, damit ihr Zuhörer sie besser sehen kann. Es ist ein Afrikaner in der festlichen Tracht seiner Heimat. Auf seinem Kopf trägt er eine reich mit Perlen bestickte rote Mütze, die wie eine Krone aussieht. So ähnlich sieht man einen der Heiligen Drei Könige oft dargestellt: ein Märchenprinz.

Evelyne singt allein für ihn.

Unter dem Hochgebirgsmassiv, wo Stefans Berghütte steht, senken sich die blauen Schatten der Nacht herab. Ein Bild, das ein gewisses Pathos ausstrahlt mit all den schneebedeckten Gipfeln und der einsamen Hütte, in der das einsame Lichtlein brennt.

Weihnachten auch hier. Stefan und Helga tanzen, eng aneinandergeschmiegt, nach einer unhörbaren Musik. Kerzen brennen in der Stube. Stefan tanzt in seinen wollenen Bergsocken, Helgas Füße sind nackt. Sie trägt nur ihren schwarzen Slip und eine Strickjacke. Stefan hat sein warmes Molton-Unterhemd an. Er küßt sie. Sie beantwortet den Kuß mit offenem Mund. Plötzlich reißt sie sich los. Sie wirft sich auf den Boden und ergreift eine Weinflasche.

HELGA. Es lebe die Trunkenheit!

Stefan sieht zu, wie Helga aus der Flasche trinkt. Mit auffordernd gespreizten Beinen läßt sie sich trinkend nach hinten sinken.

Stefan kniet zwischen ihren Beinen nieder. Er küßt das Stückchen nackte Haut, das über ihrem Slip sichtbar wird. Er legt die Wange auf ihren Bauch. Er kriecht mit den Händen an ihrem Körper empor. Dabei versucht er, die Knöpfe ihrer Strickjacke zu erreichen, um sie zu öffnen. Bauch und Brüste werden entblößt. Er erhebt sich, um sich ebenfalls auszuziehen. Er streift die Hosenträger herunter.

HELGA. Ich bin ganz nüchtern, so nüchtern wie noch nie.

Stefan zieht das Unterhemd aus. Jetzt steht er mit nacktem Oberkörper da.

HELGA. Ich schaue dir zu: Deine Bewegungen sind hastig, deine Blicke flackern.

Er zieht auch seine Schuhe aus. Dabei gerät er kurz aus dem Gleichgewicht, aber er fängt sich wieder.

HELGA. Du hast rote Flecken auf der Brust.

Stefan sieht nach, ob Helga recht hat. Er wird nervös. Seine Lust ebbt ab.

HELGA. Na, jetzt weißt du nicht, was du machen sollst. Du überlegst, ob du mich vergewaltigen sollst …

Helga richtet sich auf. Sie bekommt einen harten Gesichtsausdruck. Sie fängt an, Stefan zu erniedrigen.

HELGA … du denkst, sie soll den Mund halten. Dein Blick wird gehässig, gleich ziehst du die Hosen wieder an. Du denkst, so geht das nicht …

STEFAN. Sei ruhig!

Helga steht auf. Sie geht zum Kachelofen und lehnt sich gegen die warmen Kacheln. Sie verhüllt ihre Nacktheit nur wenig. Die Strickjacke hebt sie ein wenig hoch, so daß ihr Bauch sichtbar wird.

HELGA. Du mußt mich haben, aber ich bin absolut nüchtern.

STEFAN. Halt deinen Mund!

Stefan ist nun fast nackt. Die Unterhose hat er noch an. Er setzt sich auf die Stuhlkante und starrt Helga mit rotunterlaufenen Augen an. Er verliert die Kontrolle über sich.

Sie beugt sich jetzt zu der Weinflasche hinab. Dabei streckt sie Stefan ihr Hinterteil auffordernd entgegen. Sie bleibt abgewendet stehen, so daß er ihren Körper wie eine Beute vor sich hat.

HELGA. Nimm mich doch! Ich werde schreien.

STEFAN. Du bist jetzt ruhig, du bist jetzt ruhig!

Helga hat es geschafft: Stefan wirft sich wie ein wildes Tier über sie. Er reißt sie zu Boden und versucht, ihr den ganzen Wein in den schreienden Mund zu schütten. Er will ihr wehtun. Helga verschluckt sich. Sie hustet und schreit dann wieder. Stefan läßt sie aber nicht los.

Das Geschrei tönt über das ganze Gebirgstal. Es ist Nacht geworden. Niemand hört es.

735 Krankenhaus, Zimmer Clarissa

Die Glocken von der nahen Klosterkirche läuten zur Christmette. Der Hof des Krankenhauses ist von mildem Licht erfüllt, das aus dem Kirchenfenster fällt. Blick aus dem Fenster des Krankenzimmers.

CLARISSA. *Weihnachten im Krankenhaus, eine absurde Inszenierung der Nachtschwester. Ein Christbaum, ein Plattenspieler im Gang, plötzliche Stille in dem lauten Haus. Bei mir im Zimmer: eine Wöchnerin. – Ich sollte das Glück sehen, Mutter zu sein! Noch in den Fiebertagen beginne ich mit Musils »Mann ohne Eigenschaften«. Ich male mir das Leben einer anderen Clarissa aus. Eine sehr fremde Frau, die so heißt wie ich. Die Langsamkeit des Romans ist so langsam wie die Langsamkeit der Genesung.*

Während die Wöchnerin neben ihr das Neugeborene mit verklärtem Lächeln säugt, versucht Clarissa, sich in den Roman zu versenken. Sie wendet sich ab von der Zimmergenossin und versucht, zwischen Kopfkissen, hochgezogener Schulter und Buch eine Zelle der Abgeschiedenheit zu bilden, in der die Gedanken und die leise Wahrnehmung des Zimmers, der Glocken und des Krankenhauses eine Einheit bilden, in der sie wieder beginnen kann, ihr verwundetes Ich einzufangen, das in den vergangenen Wochen den Körper mehrmals verlassen wollte. Dieses fremde Gefühl, das sie zu sich selbst empfunden hatte, das war also die Todesnähe, von der die Schwester und die Freunde gesprochen hatten.

CLARISSA *(liest leise).* »Augen: Sie sieht so viele Augen. Sie hat so viele menschliche Erlebnisse. Sie erkennt: die Seele der Menschen spricht aus ihren Augen.«

Als sie sich ein wenig aufrichtet, um ihr ganzes Gesichtsfeld mit dem Text ausfüllen zu können, fallen ihre Haare ins Bild. Sie liest die gedruckten Worte, die zwischen den Haarsträhnen so zart wirken wie ihre Haare, die langsam wieder ihre eigenen werden in Clarissas Wahrnehmung.

CLARISSA *(liest weiter).* »Blau – Treue – Weiblichkeit. Braun – Untreue – Männlichkeit.«

Clarissas Aufmerksamkeit wird durch Gesang abgelenkt, der sich nähert. Es sind die älteren Kinder der Wöchnerin, die mit ihrem Vater brennende Kerzen hereintragen und »Ihr Kinderlein kommet« singen.

Clarissa will, daß dies alles an ihr vorübergehe, daß sie gar nicht wahrgenommen werde von den Menschen, die heute »Familienglück«

demonstrieren, ein Glück, das es nach ihrer Meinung nicht gibt. Sie tarnt sich hinter den Haarsträhnen, die sie nicht aus dem Gesicht streicht, wenn sie den Kopf ein wenig hebt.

CLARISSA *(liest wieder)*. »Grün – Falschheit – Schlange. Schwarz – Teufel und Engel – Liebe. Grau – Kälte, Berechnung. Am interessantesten ist der Charakter von Mischaugen.«

Am Bett nebenan beginnt eine kleine Weihnachtsfeier. Der Ehemann nimmt das Kind in den Arm, um feierlich seine Vaterschaft zu demonstrieren. Clarissa schirmt sich noch mehr ab. Kopf, Buch, Haare und Kissen sollen sich noch enger um sie schließen, damit sie wieder dieses einsame Erwachen der Kraft spüren kann, das in ihr begonnen hat.

CLARISSA *(liest)*. »Blaugrün – feminine Schlauheit. Braungrün – maskuline Schlauheit. Schwarzbraun – teuflische Untreue ...«

Das Baby nebenan beginnt zu plärren. Die besorgten Stimmen der Geschwister und des Vaters können es nicht beruhigen. Das Kind schreit häßlich, schnarrend. Der Ton ist fast wie das Schnarren der großen Zikaden im dürren Gras der südlichen Länder.

CLARISSA *(lesend)*. »Clarissens Gedanken im Wahnsinn 5. Jede reine Farbe hat ihr eigenes Symbol. Rot – das Teuflische. Schwarz – der Teufel selbst. Wenn sie sich für besessen halten, erschrecken sie als vor ihrem eigenen Angesicht ... als vor ihrem eigenen Angesicht.«

Der Ehemann nebenan küßt seine Frau. Der Säugling schnarrt immer noch. Clarissas Gesicht besteht nun nur noch aus Haaren. Sie wiederholt den letzten Satz, den sie immer noch nicht verstanden hat.

CLARISSA *(liest weiter)*. »... Erwartung der Erlösung. Weiß erscheint schmutzig, existiert nicht, oder bedeutet Erhebung ins Himmelreich. An Blau glaubt sie nicht.«

Der Ehemann hat eine Sektflasche geöffnet. Der Säugling hat aufgehört zu schnarren. Er gluckert nur noch. Clarissa wiederholt den Satz: »An Blau glaubt sie nicht.« Ihr Name fällt ihr ein. Glaubt sie wirklich nicht an Blau?

CLARISSA. ... *Lichtblau* ...

Das größere Kind, von seinen Eltern angestiftet, tippt ihr auf die Schulter. Es macht darauf aufmerksam, daß auch für Clarissa ein Glas Sekt bereitgehalten wird.

KIND. Fröhliche Weihnachten!

DER VATER. Frohe Weihnachten.

ALLE. Frohe Weihnachten.

Da helfen kein Musil und kein Zelt aus Haaren: Clarissa soll jetzt mitfeiern. Sie verläßt ihre Höhle mit dem Roman und den stillen Gedanken. Sie setzt sich auf die Bettkante. Sie trinkt. Hinter ihr geht es weiter mit Geschenkeüberreichen und freudigen Umarmungen. Behutsam verläßt Clarissa das Zimmer. Draußen auf dem Flur zieht sie die Tür hinter sich zu. Erst einmal ist sie jetzt ungestört. Sie geht ein paar Schritte durch den neonbeleuchteten Gang, in dem keine Menschenseele zu sehen ist.

Das dauernde Glockengeläute kommt nicht von der Kirche, sondern von einem Plattenspieler in der Besucherecke. Die Langspielplatte spielt gerade »Oh du Fröhliche«. Clarissa starrt in den leeren Krankenhausflur. An den Wandelementen, zwischen den Türen, hängen Tannenzweige. Es sieht aus, als würden alle Patienten schlafen oder als wären sie mit Beruhigungsspritzen in Weihnachtsschlaf versetzt worden.

Jetzt öffnet sich eine dieser Türen. Die Nachtschwester kommt heraus. Sie trägt über den Rücken geschnallte Engelsflügel. Sie versucht, engelhafte Bewegungen zu machen, während sie in einem gegenüberliegenden Zimmer verschwindet.

Clarissa betritt die Besucherecke. Hier ist alles in Goldfarbe getaucht. Sie geht zur Balkontür. Draußen steht die barocke Klosterkirche. Aber sie sieht auch ihr eigenes Gesicht in der Spiegelung. Sie sieht, daß ihre Haare während der Krankheit ein langes Stück gewachsen sind. Ihre Ponyhaare hängen ihr bis über die Augen und behindern ihren Blick. Sie streift sich das seitliche Haar hoch. Es ist strähnig, es engt das Gesicht ein. Sie versucht, die Haare aus dem Gesicht zu streichen. Jetzt wird das Gesicht hell, alles scheint heller zu werden um sie herum.

Clarissa kehrt rasch in das Krankenzimmer zurück, um ihre Tasche und ihren Waschbeutel zu holen. Die Kinder versuchen ihr noch ihre Weihnachtsgeschenke zu zeigen.

KIND. Schau mal, was ich bekommen habe.

CLARISSA. Oh, das ist ja schön.

KIND. Und die Teller auch noch!

CLARISSA. Toll, ja.

Clarissa hat es jetzt sehr eilig. Sie haßt diesen Tag. Sie eilt den Gang entlang, bis sie den Toilettenraum erreicht hat, in dem sie sich einsperrt. Vor dem Spiegel beginnt sie sich die Haare abzuschneiden.

736 Krankenhaus, Pförtnerloge

Unten, bei der Pförtnerloge, ist Clarissas Mutter angekommen. Mit ihrem schwarzen Mantel und der großen Handtasche sieht die Frau aus wie eine Bäuerin. Sie geht direkt auf die Loge zu, in der der Pförtner und ein Kollege begonnen haben, auf ihre Art zu feiern. Sie trinken Schnaps.

MUTTER CLARISSA. Hallo! Sagen Sie mir bitte die Zimmernummer meiner Tochter?

PFÖRTNER. Wie heißt sie denn?

MUTTER CLARISSA. Clarissa Lichtblau.

PFÖRTNER. Lichtblau? Zimmer Nummer 93, auf dem zweiten Stock!

MUTTER CLARISSA ... 93, zweiter Stock.

PFÖRTNER. Zweiter Stock, ja.

737 Krankenhaus, Toilette

Das Abschneiden der Haare ist für Clarissa ein symbolischer Akt. Diese Haarbüschel, die da in das Waschbecken fallen, sind in ihrer unglücklichsten Zeit gewachsen. Sie sollen alle im Krankenhaus bleiben! Die Schere arbeitet sich immer weiter in ihre Vergangenheit vor ...

Die Mutter schert sich überhaupt nicht um die glückliche Weihnachtsfamilie in Clarissas Zimmer. Sie sitzt wie Strafgericht und rächender Engel in einer Person neben dem Bett ihrer Tochter, hält die Hände gefaltet und betet.

MUTTER CLARISSA. Die Opfer, die Gott gefallen, sind ein geängstigter Geist, ein geängstigtes, zerschlagenes Herz...

Der Familienvater hält der betenden Mutter seinen Säugling hin. Der fängt sofort wieder an, zu schnarren. Um den Fuß des Eisenbettes kreist – ebenfalls schnarrend – ein kleines Motorrad aus Blech. Der Kindsvater versucht, Frau Lichtblau aufzumuntern.

VATER. Ist das nicht ein süßes Kerlchen...

Die Mutter Clarissas wendet sich vom Anblick des Säuglings ab. Sie weint. Der Vater zieht sich verlegen zurück. Das Spielzeugmotorrad bleibt jetzt stehen. Es wird ruhig. Clarissa kommt herein.

Clarissa hat sich sehr verändert. Ihre Haare bedecken kaum noch Nacken und Ohren. Es ist eine eher sportliche Mädchenfrisur, die sie sich gemacht hat. Sie paßt gut zu ihrem roten Pulli, den sie angezogen hat. Clarissa freut sich, ihre Mutter dasitzen zu sehen.

CLARISSA. Mutter, das ist aber eine Überraschung!

Sie küßt die starre Mutter. Dann setzt sie sich ihr gegenüber auf die Bettkante, um ihre neue Frisur besser zeigen zu können. Aber die Mutter sieht nichts außer ihren düsteren Gedanken. Sie schaut die Tochter strafend an.

MUTTER CLARISSA. Du Mörderin!

Diese Worte fahren wie ein Donnerschlag in das Zimmer. Die Wöchnerin und ihre Familie erstarren. Clarissa springt auf.

CLARISSA. Mir reicht's jetzt! Das ist ja überhaupt nicht mehr auszuhalten.

In aller Eile packt sie alles zusammen, was sie greifen kann. Kleider, ihren Musil, den Waschbeutel, Zahnbürste. Alles stopft sie in ihre Tasche. Im Weggehen knallt sie die Tür zu. Sie läßt die gnadenlose Mutter einfach im Weihnachtszimmer zurück.

739 Haus von Jean-Marie in München

Clarissa kommt an einem prächtigen Jugendstilhaus in Schwabing an. Hier hat Jean-Maries Familie ihr Münchner Domizil. Clarissa entdeckt auch den Namen auf dem Türschild. Zuerst geht sie weiter, dann entschließt sie sich zu klingeln.
Das Eisentor öffnet sich automatisch. Hinter Clarissa schließt es sich wie von Geisterhand. Sie kommt in ein prächtiges Treppenhaus. Marmortreppen, geschmiedete Lampen. Es ist ein Haus wie ein Schloß. Im Obergeschoß muß sie erneut klingeln. Der Wohnungseingang ist beleuchtet. Ein junger Mann kommt, um nachzusehen. Er spricht französisch.

ANGESTELLTER. Bonsoir!

CLARISSA. Entschuldigung, daß ich heute abend störe. Ist Jean-Marie Wéber da?

ANGESTELLTER. Je regrette! Monsieur Wéber est n'est pas là. Il passe les fêtes chez ses parents à Strasbourg.

CLARISSA. Ah so, merci, Wiedersehen. Fröhliche Weihnachten!

740 Vor dem Postamt

Clarissa steht in einer Telefonzelle. Sie hat begonnen zu telefonieren. Schon die dritte Nummer, die sie wählt, gibt keine Antwort. Als sich auch bei Volker niemand meldet, gibt sie auf.
Traurig verläßt sie die Telefonzelle. In den Häusern gegenüber sind alle Fenster mit Kerzen beleuchtet. Überall ist Heiligabend, das Fest, das den Familien gehört und das alle ausschließt, die draußen stehen.

741 Villa Cerphal, Terrassenzimmer

Hermann zu besuchen, das war der letzte Gedanke, den sie sich an diesem Abend erlaubt hätte. Aber das Schicksal hat es so gewollt, daß sie ihr Weg hierhergeführt hat. Sie durchschreitet den Garten. Sie läßt ihre Handtasche stehen. Spärlicher Winter. Ein wenig Restschnee, Frostblumen auf den Fenstern, Eis auf den Stufen zur Terrasse. Es brennt Licht im Haus. Sie kommt an Hermanns Fenster an. Sie sieht ihn. Er ist zu Hause. Allein geht er um den runden Tisch. Er spielt Schach gegen sich selbst. Sie schaut ihm zu. Er bemerkt sie nicht. Plötzlich begegnen sich ihre Blicke in dem Spiegel, der über Hermanns Kommode hängt. Eigentlich sieht er als Spiegelbild nur ein anderes Spiegelbild von ihr, weil sie sich im Fenster spiegelt. Er weiß nicht, ob sie nur ein Gedankenbild von ihm, eine Halluzination, oder ob sie Wahrheit ist. Sie spürt plötzlich, daß ihr zum Weinen ist. Sie gibt nur ein ganz kleines Zeichen, daß sie ihn gesehen hat. Daraufhin geht er zur Balkontür, öffnet für sie. Jetzt stehen sie sich in Realität gegenüber.

HERMANN. Clarissa! Ich habe keine Kohlen mehr. Es ist ziemlich kalt bei mir.

CLARISSA. Bist du allein?

HERMANN. Ja, ich war in Gedanken!

CLARISSA. Irgendwie habe ich gedacht, daß die anderen auch alle hier sind: Juan, Reinhard, Stefan und Helga. Vielleicht auch deine Freundin, wie heißt sie noch?

Sie hatte ganz anders sprechen wollen. Warum konnte sie das nicht? Sie lehnt sich an die Wand, um Halt zu finden, denn sie ist jetzt wieder sehr schwach.

HERMANN. Wenn du Volker suchen solltest, der ist mit Jean-Marie nach Straßburg gefahren, weißt du das nicht? Zu der stinkreichen Familie. Mensch, Clarissa, bist du wieder gesund?

CLARISSA. Ich habe es im Krankenhaus nicht mehr ausgehalten.

Sie setzt sich auf einen Stuhl, der an Hermanns Tisch steht.

HERMANN. Es ist das erste Mal, daß du mich hier besuchst. Ich meine alleine, ohne die Freunde.

CLARISSA. Feierst du nicht Weihnachten?

HERMANN. Ich bin seit drei Jahren nicht mehr zu Hause gewesen. Da hat man das hinter sich.

CLARISSA. Das gefällt mir, alle Achtung.

Clarissa wärmt sich die Hände an Hermanns Tischlampe. Er sieht ihr lange zu. Er bemerkt, wie das Licht durch ihre von der Krankheit noch bleichen Hände dringt.

HERMANN. Ich glaube, ich sollte hier doch irgendwie Feuer machen. Bleibst du ein bißchen hier?

CLARISSA. Wenn du willst ...

HERMANN. Ja, ich habe eine Idee. Warte, ich bin gleich zurück!

Hermann nimmt die Tagesdecke von seinem Bett und legt sie Clarissa über die Schultern. Dann eilt er zur Terrassentür.

HERMANN. Wenn du willst, kannst du dich aufs Bett setzen.

Während Hermann draußen Brennholz zusammensucht, sieht sich Clarissa sein Schachspiel an. Sie studiert die Position der weißen Figuren. Sie erkennt, daß ein Schachzug genügen würde, um das Spiel zu entscheiden. Sie macht diesen Zug und schlägt den schwarzen Springer. In diesem Augenblick ertönt ein Schrei. Clarissa springt auf, um zu sehen, ob Hermann etwas zugestoßen ist.

742 Villa Cerphal, Terrasse

Draußen im Garten hat Hermann versucht, Teile des morschen Gartenzauns zu zerkleinern. Dabei hat er sich verletzt. Aber er hört mit seiner Arbeit nicht auf. Clarissa sieht von der Terrasse aus, wie er immer mehr Zaunlatten zerbricht.

CLARISSA. Hermann, ist was passiert?

HERMANN. Ach, ich will doch nur, daß es warm wird in der Bude! Verdammt, ich glaube, ich habe mir weh getan.

Er bringt die Lattenteile zu Clarissa herauf. Etwas schmerzt ihn an der Hand. Er läßt das Holz einfach fallen.

HERMANN. Da sind ja lauter rostige Nägel drin!

CLARISSA. Du blutest ja! Zeig mal her. Hast du Verbandszeug da?

743 Villa Cerphal, Terrassenzimmer

Hermanns Hand blutet sehr. Dicke Bluttropfen fallen auf das Schachbrett und die Weihnachtsausgabe der *Süddeutschen Zeitung*.

HERMANN. Verdammt, das tropft alles auf den Teppich. Was mache ich nur?

CLARISSA. Warte, ich hab eine Idee.

Durch die Diele eilt sie nach draußen, um die Tasche zu holen, die sie beim Ankommen im Garten hat stehenlassen. Hermann läßt das Blut auf die Zeitung tropfen, bis Clarissa zurückkommt. Sie holt eine hygienische Frauenbinde aus ihrer Tasche.

CLARISSA. Hier, ich binde dir was drum. Laß los! Hast du ein Taschentuch?

HERMANN. Ja, da drüben, in der oberen Schublade ...

Die Wunde ist schnell versorgt. Während Clarissa die Hand verbindet, hat Hermann sogar noch Zeit, den neuen Stand des Schachspiels zu

erkennen. Er sieht, daß Schwarz mit einem Zug matt ist. Er wirft seinen König um. Dieses Spiel ist also zu Ende.

CLARISSA. Komm, jetzt machen wir Feuer.

Die beiden setzen sich vor den Ofen und zünden das Feuer gemeinsam an. Bald lodern die Flammen um die zerbrochenen Zaunlatten. Clarissa kontrolliert noch einmal Hermanns Hand.

CLARISSA. Zeig mal, bewege mal die Finger.

HERMANN. Das tut nicht weh.

CLARISSA. Spürst du das?

HERMANN. Ja, ich spüre dich!

CLARISSA. Das scheint noch mal gutgegangen zu sein. Nachher mache ich den Verband neu, dann sehe ich es mir mal genau an.

Sie setzt sich dicht neben ihn. Er legt das Tuch, unter dem sie sich vorher gewärmt hat, auch über seine Schultern. So sitzen sie einträchtig vor dem Ofen und sehen ins Feuer.

HERMANN. Ich habe oft an dich gedacht.

CLARISSA. Beinahe wäre ich tot gewesen, Hermann.

HERMANN. Du warst unheimlich weit weg, schon sehr lange.

CLARISSA. Ich war gar nicht mehr ich selbst. Du weißt doch, wie sehr ich meine Freiheit liebe. Verstehst du mich ein bißchen? Als Mann erlebt man ja so was nicht.

HERMANN. Ich weiß wahrscheinlich mehr davon, als du ahnst, Clarissa.

CLARISSA. Ich glaube, ich habe jetzt noch mehr Angst vor der Liebe als vorher.

HERMANN. Aber trotzdem lieben dich alle. Das hört natürlich jetzt nicht auf.

CLARISSA. Volker will mich immer noch heiraten.

HERMANN. Was würdest du sagen, wenn ich auch heirate?

CLARISSA. Was?

HERMANN. Ja.

CLARISSA. Ist das dein Ernst?

HERMANN. Ich und Schnüßchen. Vielleicht im Frühjahr.

Clarissa verläßt die Höhle unter dem Tuch. Sie geht im Zimmer umher.

CLARISSA. Na ja, dann ist ja jetzt doch noch Weihnachten ausgebrochen. Hast du mal eine Zigarette?

HERMANN. Nein.

Hermann steht auf. Er erreicht Clarissa an der Terrassentür. Dort ist wieder ihr Spiegelbild zu sehen. Das Spiegelbild schaut ihn an.

CLARISSA. Du wirst mich heute nicht so schnell los.

HERMANN. Ich will dich auch gar nicht loswerden.

CLARISSA. Meine Mutter hat sich in meiner Bude eingenistet. Wie das Jüngste Gericht sitzt sie da. Sie hat mich in Grund und Boden verdammt. Ich traue mich da jetzt nicht mehr hin. Weißt du, daß ich heute regelrecht ausgestoßen worden bin? Ich bin entsetzlich müde.

HERMANN. Du kannst hier schlafen, wenn du willst.

CLARISSA. Wo schläfst du?

HERMANN. Du kannst dich in die Bibliothek legen.

CLARISSA. Dein Liebesnest...

Schon wieder hat Clarissa die Linie überschritten, die es zwischen ihr und Hermann gibt. Er verschließt sich vor ihr. Er öffnet die Schwingtür der Bibliothek.

744 Villa Cerphal, Bibliothek

Schweigend holt er das Bettzeug aus dem Schrank. Er legt alles, was Clarissa für die Übernachtung braucht, auf die Liege. Währenddessen steht sie im Dunkeln. Er kehrt zu der Schwingtür zurück.

HERMANN. Soll ich dich jetzt allein lassen?

CLARISSA. Ach, Hermann, was ist nur mit uns beiden passiert? Immer sind wir gegen alles, und dann tun wir's trotzdem. Liebst du sie?

HERMANN. Schnüßchen? Ich glaube, ja. Mir ist, als wäre es immer so gewesen.

Sie gibt sich einen Ruck. Sie beugt sich nieder, um das Bett zu machen. Hermann steht immer noch unschlüssig an der Schwingtür.

CLARISSA. Ich komme schon zurecht. Gute Nacht!

HERMANN. Scheiß-Weihnachten!

CLARISSA. Sag du das nicht!

Er verläßt die Bibliothek. Clarissa macht weiter ihr Bett.

745 Villa Cerphal, Terrassenzimmer

In seinem Zimmer läuft Hermann unruhig hin und her. Hermann ist in Not, denn alle seine Vorsätze, die er mit großer Überzeugung Schnüßchen gegenüber geäußert hat, sind nicht wahr.

Er sieht Clarissas Mantel. Das Feuer knistert; es wird warm im Zimmer. Der Mantel liegt auf dem Stuhl, auf dem er gerade noch mit ihr gesessen hat. Diese Sehnsucht! Er kniet nieder, denn das sieht sie ja nicht. Er taucht das Gesicht in ihren Mantel. Er küßt den Stoff, der nach ihr riecht. Er spürt die Wunde in seiner Hand. Er umarmt seine Sehnsucht. Das ist es. Und er ist allein, obwohl sie so nah ist.

Er zieht seine Schuhe aus, um nun auch ins Bett zu gehen. Ohne seine Kleider abzulegen, kriecht er bis zu den Ohren unter die Bettdecke.

Clarissa kommt aus der Bibliothek. Sie nähert sich so behutsam wie nur möglich. Sie hat das große Federbett mitgebracht. Als sie bei der Tischlampe vorbeikommt, schaltet sie das Licht aus. Dann legt sie sich neben Hermann. Er hat sie mit zurückgeschlagener Bettdecke erwartet. Die beiden kuscheln sich eng aneinander. So eng, wie es nur geht.

CLARISSA. Sag, warum muß man sich immer so anstrengen?

HERMANN. Jetzt sind wir beide krank.

CLARISSA. Wir waren immer krank, wenn wir uns geliebt haben.

HERMANN. Ich werde dich immer lieben.

CLARISSA. Ich bin auf der Flucht vor dir, immer bin ich auf der Flucht vor dir. Hermann, was ist das nur?

HERMANN. Und ich vor dir.

CLARISSA. Was ist das denn?

HERMANN. Der Wahnsinn!

Hermann und Clarissa weinen zusammen.

CLARISSA. Jetzt müssen wir wie Bruder und Schwester sein, so verwundet wie wir sind.

HERMANN. Ich bin dein Wolf, und du bist mein Wolf...
CLARISSA. Gib mir deine wehe Hand.
HERMANN. Ich muß immer an mein Blut denken, das in deine Binde fließt. Bei uns ist alles umgekehrt, alles ist umgekehrt wie sonst auf der Welt.
CLARISSA. Ich bin wie du.
HERMANN. Ich bin auch wie du.
Die beiden streicheln sich und stecken die Köpfe nah zusammen.
HERMANN. Bist du eifersüchtig?
CLARISSA. Ja.
HERMANN. Würdest du mich heiraten?
CLARISSA. Niemals, niemals!
HERMANN. Wir sind noch nie zusammen eingeschlafen.
CLARISSA. Doch, in Gedanken schon oft.
HERMANN. Ja.
Das war der Weihnachtsabend von Hermann und Clarissa. Die beiden schlafen wie Bruder und Schwester nebeneinander ein.

746 Villa Cerphal, Terrasse, Wintertag

Hermann hat ein Lied für Clarissa geschrieben, das »Wölfelied« nach einem Text von Said. Es ist ein trauriges Lied, das er auf der Gitarre begleitet. Draußen ist ein neuer Tag. Ein Tag mit Eis und Schnee.
CLARISSA *(singt)*.

»Der eine Wolf
lag neben dem anderen
und sie nagten sich
nicht
und sie wühlten
nicht ineinander
und sie liebten sich
nicht
und sie hatten sich
nicht
und sie waren zärtlich zueinander,
die Wölfe.«

Achtes Buch

DIE HOCHZEIT

Schnüßchen, 1964

801 Im Hunsrück. Das Haus von Schnüßchens Eltern

Das Abbrennen von Feuerwerkskörpern ist in den Bauerndörfern eigentlich verboten. Die gefüllten Scheunen, die alten Holzgebäude und die Heuböden würden in Sekunden Opfer der Flammen, wenn auch nur eine Silvesterrakete in sie hineinführe. Das weiß man. Trotzdem will man es den Kindern in der Neujahrsnacht nicht ganz verbieten, ein wenig Lichterzauber ins Dorf zu bringen. Überall lassen sie ihre Kracher krachen und ihre Kaufhausraketen steigen. Neben dem Hunsrücker Misthaufen brennen sie ihre »Goldregen« und ihre »Zaubersonnen« ab.
Aus den Häusern dringt das fröhliche Geschrei der Erwachsenen, die saufen, singen und endlos schwatzen.
Schnüßchens Bruder ist vor einigen Tagen Vater geworden. An diesem Abend ist er nach Kreuznach gefahren, um seine Frau Hilde und das Baby aus dem Krankenhaus zu holen. Kurz vor Mitternacht erst kommt das Auto ins Dorf zurück.
Alle haben sich auf diese Heimkehr der Wöchnerin gefreut. Schnüßchens ganze Familie winkt aus den Fenstern oder stürzt zur Haustür, um den kleinen Erdenbürger zu begrüßen. Auch Schnüßchen erscheint auf der Haustreppe. Sie ist im Kreis ihrer großen Familie ganz verändert: Sie ist nicht mehr die tapfere kleine Frau von der Stadtrundfahrt in München, sondern eine Bauerntochter wie viele andere. Sie taucht im Bild dieser Familie völlig unter.
Schnüßchens Mutter hat sich Sorgen gemacht, weil es so lange gedauert hat, bis ihr Sohn Kurt aus der Kreisstadt zurückkehrt.

802 Elternhaus Schnüßchen

Hausflur, »gute Stube« und Küche sind voll von lärmenden, biertrinkenden und liedersingenden Menschen, so daß Hilde sich mit ihrem Kind und dem Windelpaket kaum den Weg bahnen kann zu dem Schlafzimmer, in dem die Oma ein Bettchen bereitet hat. Schnüßchens Vater ist schon blau. Er singt am lautesten. Er übertönt seine sechs

Söhne, von denen einer Akkordeon spielt. Der Vater zeigt, daß er es wenigstens beim Saufen an Kraft noch immer mit den Jüngeren aufnehmen kann. Das Baby wird in diesem Durcheinander des Familienfestes versorgt, gehätschelt und geliebt.

Es gibt viele andere Kinder, die zwischen den Beinen der Erwachsenen umherwuseln oder von ihren Müttern auf den Armen hereingeschleppt werden.

Was die Brüder zur »Quetschkommode« singen, ist ein Potpourri von Saufliedern, wie es sie im Hunsrück überall gibt. Darunter sind die Lieder vom »Wutzschlachten«, vom »Feinsliebchen« oder vom »Prosit der Gemütlichkeit«.

MUTTER SCHNÜSSCHEN. Gott sei Dank, da seid ihr ja!

SCHWÄGERIN HILDE. Kann man schon »Prost Neujahr« sagen?

MUTTER. Nein, mein Mad. Es ist erst fünf vor! Ich hatte mir schon so Angst gemacht gehabt, ich konnt noch keinen Tropfen trinken.

BRUDER KURT. Komm, jetzt übertreibst du aber ...

MUTTER. Kommt herein, kommt!

SCHNÜSSCHEN. *Eisch hätt mir net vorstelle könne, Weihnachten und Neujahr irgendwoanners als daheim zu verbringen. So geht es uns alle in unsrer Familie. Also han eisch rechtzeitig vor den Feiertagen der*

Großstadt Münsche adieu gesagt und bin in den Hunsrück gefahren. Meine sechs Brüder, die sin zwar all' schon verheirat, aber die lasse es sich auch net nehme, Heiligabend im Elternhaus zu feiere. Die bringe ihre Frauen und die viele Kinder einfach mit, damit dat Haus richtig voll wird. Dat sin dann mit den Tante, Onkels, Schwägerinne, Cousins und Brüder immerhin – sechsundzwanzig Erwachsene und siebzehn Kinder.

Schnüßchen hat die Runde durch die Zimmer gemacht. Sie genießt den Abend, geht völlig in der Silvesterstimmung auf. Auch wenn sie nicht mit jedem der Brüder noch einmal anstößt, ist auch sie schon ein bißchen beschwipst. Sie bleibt aber wach genug, um die Uhr im Auge zu behalten, denn schließlich sollen die Säufer ja nicht den wichtigsten Moment dieses Abends verpassen: die Sekunde, in der das neue Jahr anfängt!

SCHNÜSSCHEN. Vater, es ist gleich zwölf – guck emal. Ich mach mal dat Radio an.

ZWEITER BRUDER. Jo, jo, jo.

In der Küche haben die Mutter und die Schwägerinnen einen »Weibertisch« aufgemacht. Mitten zwischen den Bowlegläsern und Kartoffelsalatschüsseln werden die Sektflaschen geöffnet. Schnüßchen dreht das Radio auf, so laut es geht.

SCHNÜSSCHEN. Es ist gleich zwölf.

Aus dem Radio ertönt jetzt das Zeitzeichen. Im Chor zählen die Frauen und größeren Kinder den Countdown zur Jahreswende. Schnüßchen dirigiert den Rhythmus.

SCHNÜSSCHEN. Achtung: ... neun, acht, sieben, sechs, fünf, vier, drei, zwei, eins ...

RADIOSPRECHER. Neunzehnhundertvierundsechzig!

Der Mutter ist es gelungen, einen Sektkorken genau zu dem Moment knallen zu lassen, an dem das neue Jahr beginnt. Der Schaumwein ergießt sich über ihre abgearbeiteten Hände.

Ein allgemeines Prosten, Ex-Saufen und Küssen fängt an. Jeder muß jeden einmal an die Brust drücken. Schnüßchen steht in der Türöffnung. Sie ist dem Weinen nahe. Das Glück des Geborgenseins erfaßt sie, und sie spürt, daß sie als einzige dieses Glück eines Tages verlieren wird.

SCHNÜSSCHEN. *Dat Kleenste, dat Boppelsche von meiner Schwägerin Hilde, ist erst vier Tage alt, aber da wird keiner vergesse, wenn die Geschenke verteilt werde und wenn über die Familie geratscht wird. Alles erfährt man: Wat neu angeschafft wurde, wat für Ratenzahlun-*

gen die Brüder aufbringe müsse, wat für Krankheite es im Laufe des Jahres gegebe hat, oder wie die Kinner heranwachse.

ZWEITER BRUDER. Heut lasse mer die Sau raus!

Jetzt wird auch Schnüßchen umarmt und an die knochigen Männerbrüste gedrückt. Sie muß mit jedem der Brüder eine Runde tanzen, während die anderen klatschen und wieder das Walzerlied von der Wutz singen.

»Tief im Hunsrückland
steht ein Bauernhaus
so hübsch und fein.
Da wird die Wutz geschlacht'
und wird zu Wurst gemacht...«

Der Christbaum ist angezündet, die Frauen stoßen ihr kreischendes Gelächter aus, und das Neugeborene schreit, daß es rot und blau anläuft.

SCHNÜSSCHEN. *Bei meiner Familie, da kann ich für dat ganze Jahr Kraft tanke...*

803 Vor Elternhaus Schnüßchen

Mit zweien ihrer Brüder steht Schnüßchen nun oben auf der Haustreppe und schaut ins Dorf hinaus, wo die älteren Buben schon wieder ihre Knallfrösche loslassen. Der Vater ist mit seinem feinen Anzug in den Stall gegangen, weil das Vieh angefangen hat zu schreien.

SCHNÜSSCHEN. Ich geh mal nach dem Papa gucken.

Der Hof ist vollgeparkt mit den Autos der Verwandtschaft. Schnüßchen bleibt an der Stalltür stehen. Diese zweiteiligen Türen laden zum Schwätzen ein.

SCHNÜSSCHEN. Was macht denn dein Rheuma, Vater?

VATER SCHNÜSSCHEN. Ach, man gewöhnt sich dran, aber du bist doch mein bestes Stück, wo ich hab.

SCHNÜSSCHEN. Ausgerechnet ich bin von allen am weitesten weggegangen...

VATER SCHNÜSSCHEN. Du bleibst noch ein paar Tage hier, und dann können wir über alles schwätzen.

SCHNÜSSCHEN. Nein, Vater, ich will nichts verpassen in München. Das verstehst du doch!

Schnüßchens Vater hat seine schwarze Anzugjacke an die Stallwand gehängt. In Hemdsärmeln ergreift er eine Mistgabel, um die Scheiße unter den Hinterbeinen der Milchkühe wegzuräumen. Dies ist eine selbstverständliche Arbeit, denn ein Bauer hat niemals Freizeit, auch nicht in der Silvesternacht.

SCHNÜSSCHEN. *Ich war von den Geschwistern die einzige, die noch nicht verheiratet war. Deswegen nahm auch die Fragerei in der Familie kein Ende: Ob ich denn nicht verliebt wäre, ob ich heimlich einen Schatz hätt in München, wann ich denn endlich ein Kind bekäme, und warum ich mich so in Schweigen hüllen würde. Ich wollte sofort nach den Feiertagen nach München zurückfahren. Das hatte natürlich den Verdacht geschürt, daß es in meinem Leben einen Mann geben könnte. Vielleicht hatte man mir auch angesehen, daß ich verliebt war. Ich hatte viel Zeit, über mich nachzudenken.*

Schon wieder hat einer der Buben einen »Goldregen« entzündet. Die feurigen Eruptionen des Magnesiumlichts ergießen sich über die steinerne Einfassung des Misthaufens.

804 Münchner Innenstadt

Auch München ist ein Ort, über dem ein Kirchturm thront wie über Schabbach. Aber es sind zwei gewaltige Türme, und welch ein Unterschied ist dieser Blick in das Herz der Großstadt! Schnüßchen liebt es, durch das Zentrum der Altstadt zu laufen und einfach nur zu schauen. Sie will einmal richtig genießen, daß sie sich selbstbewußt und zielstrebig im Menschengewimmel der Metropole bewegen kann. Sie will den Hunsrück auf ihre Weise abschütteln.

SCHNÜSSCHEN. *München, das war inzwischen meine Schicksalsstadt geworden. Ich hatte mir gesagt: Im Mai, also im schönen Monat Mai, da muß sich dat Schicksal irgendwie erfülle ...*

805 München, Englischer Garten

Wenn die Kastanien blühen, ist es in München am schönsten. Der Englische Garten verwandelt sich in den Schauplatz eines wochenlangen Familienfestes. Man läßt sich in den Wiesen nieder oder wandert ziellos umher, trifft seine Freunde, liest, lernt, spielt, turnt, übt seine Hobbys aus oder versucht sich als Jongleur: wie Juan, der sich mit einem seiner Freunde getroffen hat, um sein Trickrepertoire zu erweitern.

Schnüßchen sitzt auf einer Bank. Sie genießt die freien Stunden am Nachmittag und sieht zu, wie Juan seine Bälle in den Frühlingshimmel wirft.

SCHNÜSSCHEN. Willst du mir nicht erzählen, was dich so bedrückt, Juan?

JUAN. Dieses Land ist ohne Mitleid und ohne Freude.

SCHNÜSSCHEN. Wo kommst du denn gerade her?

JUAN. Aus Oberstdorf. Ich bin seit drei Wochen unterwegs. Zuerst in Neu-Ulm, bei der Familie von Renate, dann unterwegs, immer von Hotel zu Hotel.

SCHNÜSSCHEN. Du bist immer schon so ein Eigenbrötler gewesen. Irgendwas hast du in dir, was ich nicht begreife.

JUAN. Ich bin anders als ihr.

Juan ist freundlich und verschlossen wie immer. Er wird sich auch von Schnüßchen nicht in die Karten schauen lassen, obwohl sie zu ahnen scheint, daß es ihm nicht gutgeht. Juan lenkt ab. Er erhebt sich, geht mit einem chinesischen Lächeln an der Bank vorbei, auf der Schnüßchen sitzt, und streichelt ihr kurz über die Wange. Er wendet sich an den jonglierenden Freund. Die beiden werfen sich die Bälle zu und beginnen eine zirkusreife Artistiknummer.

806 Biergarten am Chinesischen Turm

Schnüßchen ist losgegangen, um zwei Maß Bier zu holen. Juan, der den Sitzplatz in der Sonne freihält, wartet, bis sie auf ihn zukommt. Sie ist guter Laune. Sie bewegt sich unter den Kastanienblüten wie der Frühling in Person.

SCHNÜSSCHEN. Juan, ich finde, du mußt dich entscheiden. Du machst lauter Sachen, die dich nicht voranbringen! Warum lernst du Chinesisch? Willst du nach China oder nicht? Warum gehst du mit Renate? Willst du mit ihr leben oder nicht? Du hast so viele Talente, ich beneide dich drum. Aber du nützt sie nicht!

JUAN. Der Mensch braucht jemanden, der für ihn bürgt. Ich meine, jemanden, der Auskunft geben kann, der kompetent über einen spricht. Ihr habt das alle. Du hast deine Familie, Hermann hat seine Konzerte, seine Kritiken, die Professoren. Stefan, Reinhard, Rob, sie haben ihre Filmfirma.

SCHNÜSSCHEN. Die sind doch immer pleite!

JUAN. Das macht nichts. Man spricht über sie, man weiß, wer sie sind.

SCHNÜSSCHEN. Aber du bist viel besser als sie. Du hast ebbes von der Welt gesehen. Ein ganz seltenes Exemplar bist du. Glaub es mir!

JUAN. Ach, ich bin ein Niemand. Ich bin ein Wein ohne Etikett. Keiner merkt, wenn ich verschwinde.

SCHNÜSSCHEN. Juan, ich hab so viel Kraft in mir, ich könnt euch allen etwas davon abgeben. Du kannst immer zu mir kommen, bestimmt.

Schnüßchen ist noch nicht halb solange in München wie Juan, und sie genießt bei den Freunden auch nicht halb soviel Ansehen. Trotzdem sitzt sie doppelt so fest im Sattel wie Juan.

807 Münchner Straßen

Im Bahnhofsviertel trifft Schnüßchen ihre neue Freundin. Elisabeth ist eine dunkelhaarige Schönheit von stolzer Körperhaltung und mit dem Gesicht einer verwöhnten Bürgerstochter. Schnüßchen hat wieder einmal die Wohnungsangebote in der *Süddeutschen Zeitung* durchgesehen und ruft die Inserenten jetzt der Reihe nach an. Als Elisabeth sie durch die Glasscheiben der Telefonzelle entdeckt, entschließt Schnüßchen sich, das hoffnungslose Telefonieren aufzugeben.

SCHNÜSSCHEN. *Ich hatte im Reisebüro Merkel eine sehr sympathische Kollegin kennengelernt. Sie hieß Elisabeth und hat mir bei allen meinen Problemen im Großstadtleben geholfen. Sie war in München aufgewachsen und kannte sich natürlich in jeder Hinsicht aus – vor allem bei der Wohnungssuche. Ich war gezwungen, umgehend eine kleine Wohnung zu finden, weil ich aus dem Appartement, das mir eine Kollegin anfänglich überlassen hatte, ausziehen mußte.*

Auf dem Weg durch die Stadt kaufen die Freundinnen sich Eistüten. Sie finden ein Plätzchen im Schatten des Alten Peter. Dort lassen sie sich nieder und beraten sich.

SCHNÜSSCHEN. *Ich wollte selbständig bleiben und war bereit, dafür auch einen hohen Preis zu zahlen. Aber die Mietpreise in München, die machten mich oft schon ganz mutlos; Elisabeth jedoch hat mich beraten und mir jeden Tag neue Tips gegeben.*

Elisabeth weiß, wo eine billige Wohnung besichtigt werden kann. Als sie mit Schnüßchen in dem Schwabinger Neubau ankommt, sind da aber schon Dutzende von Bewerbern, meist junge Paare, die im Treppenhaus drei Stockwerke hinauf Schlange stehen.

SCHNÜSSCHEN. Weißt du, was mir vorschwebt? So was wie deine Wohnung. Die ist himmlisch. Wie habt ihr die eigentlich gefunden?

ELISABETH. Ach, das war reiner Zufall. Mein Vater hat dem Besitzer ein paar Kredite verschafft. Er arbeitet bei einer Bank, weißt du, ein richtiger Zahlenmensch. Aber wenn ich den nicht hätte, wäre ich aufgeschmissen bei Rolf. Rolf verdient nichts.

SCHNÜSSCHEN. Dein Mann? Ich denke, der will Arzt werden.

ELISABETH. Ich liebe ihn ja wirklich, er ist meine große Liebe, aber er ist so unpraktisch und so sensibel. Nur mit den Kindern ist er wunderbar.

SCHNÜSSCHEN. Hast du deshalb bei der Stadtrundfahrt gejobbt?

ELISABETH. Nein, mir ist die Decke auf den Kopf gefallen. Ich meine, es interessiert mich natürlich. Ich fotografiere ja auch sehr viel.

SCHNÜSSCHEN. Ja, das habe ich gemerkt. Du bist eine tolle Frau, Elisabeth. Soll ich dir mal was sagen?

ELISABETH. Was?

SCHNÜSSCHEN. Ich bewundere dich. Ich bin stolz, daß du meine Freundin bist.

ELISABETH. Aber ich bin sehr selbstsüchtig. Das sagt mein Vater auch immer.

Während dieses Gesprächs sind Schnüßchen und Elisabeth mit der Warteschlange langsam ein halbes Stockwerk hinaufgekommen. Unten haben sich schon wieder andere Interessenten angeschlossen. Es sieht sehr aussichtslos aus.

SCHNÜSSCHEN. Weißt du was? Bis wir da oben sind, ist die Wohnung garantiert vergeben. Wir geh'n einen Kaffee trinken.

Elisabeth ist einverstanden. Die beiden verlassen den hoffnungslosen Ort, so schnell sie können.

809 Kinderkarussell

Das alte Karussell im Englischen Garten ist eine Oase des Kinderglücks. Es liegt ein wenig abseits vom lauten Betrieb des Biergartens, aber immer noch nah genug, daß diese idyllische Kinderwelt sich behaupten muß gegen die alkoholisierte Aggression und den Lärm des Volksparkes. Schnüßchen fährt Karussell mit Elisabeths Kindern, einem Mädchen von sieben und einem Jungen von fünf Jahren. Zu den Klängen der Walzenorgel drehen sich die hölzernen Schwäne, Störche, Pferdchen und Giraffen, auf denen die Kinder mit ernsten Gesichtern reiten. Schnüßchen versucht gegen die Drehrichtung zu laufen, was ihr bei dem gemächlichen Tempo des Karussells auch gelingt.

Rolf und Elisabeth, die Eltern, sehen lächelnd zu und winken. Am Ende der Fahrt sind die Kinder kaum zu bändigen.

ELISABETH. Die Kinder lieben dich!

SCHNÜSSCHEN. Die sind aber auch goldig.

ELISABETH. Sagt mal, soll die Waltraud mal bei euch schlafen?

KINDER. Jaaa.

ELISABETH. Und darf sie auch ihren Freund mitbringen?

RAOUL. Ist er nett?

ELISABETH. Ja, der ist nett. Und das ist ein richtiger Künstler!

SCHNÜSSCHEN. Elisabeth, das ist den Kindern doch egal.

ELISABETH. Ja, aber mir nicht.

ROLF. Also, mit anderen Worten: Wir wollen am Freitag auf ein Sommerfest. Und da wollten wir dich fragen ...

SCHNÜSSCHEN. Ich verstehe schon!

Eigentlich ist die Sache schon zwischen den Freundinnen verabredet, nur Rolf muß noch in den Plan einbezogen werden. Schnüßchen spürt, daß es das beste ist, wenn sie sich jetzt erst recht um die Kleinen kümmert. Sie wendet sich an die Kinder.

SCHNÜSSCHEN. Wollen wir noch mal Karussell fahren?

KINDER. Au ja! Toll!

Kinder sind leicht zu verführen. Schon wieder dürfen sie in der goldenen Kutsche fahren oder auf den kleinen Schimmeln reiten. Es wird Abend. Auf einmal gehen alle bunten Lichter an.

SCHNÜSSCHEN. *Ich glaube, der Hermann hat lang net geahnt, wie ich mein Leben schon auf ihn eingestellt hatte. Seine Freunde waren längst auch meine Freunde geworden. Auch die Frauen, die mich anfänglich weniger mochten, weil sie sich nämlich der Reihe nach alle auch in den Hermann verliebt hatten. Aber ich hatte die besseren Karten! Das hat mir der Hermann ganz am Anfang bestätigt. Wir kommen eben alle zwei aus'm Hunsrück.*

810 Vor Haus Elisabeth

Um diese Abendstunde ist die Schwabinger Straße noch recht belebt. Die Leute sind gerade dabei auszugehen oder kommen von ihren Abendspaziergängen zurück. Schnüßchen hat sich bei Hermann untergehakt. So kann sie das Gefühl genießen, mit ihm ein Paar zu sein in dieser Frühlingsnacht.

HERMANN. Ich bin jetzt seit fast vier Jahren nicht mehr daheim gewesen. Und da bin ich konsequent, das verspreche ich dir.

SCHNÜSSCHEN. Also, ich verstehe dich net, Hermann. Deine Mutter ist sehr traurig darüber, weißt du dat überhaupt? Warum bist du denn nur so ein Dickkopf! In dem Punkt, da bist du so ein richtiger sturer Hunsrücker Bauer gebliebe.

Die beiden sind vor Elisabeths Haustür angekommen. Schnüßchen bleibt stehen. Sie sieht Hermann in die Augen.

HERMANN. Ich muß meinen eigenen Weg gehen. So was wie Hunsrück, Mutter, Elternhaus, das sind doch alles nur Zufälle. Oder kannst du mir erklären, woher ich das haben soll, Musik zu machen? Weißt du, was ich mir oft denke? Man muß sich selbst noch einmal auf die Welt bringen, ganz aus sich selbst heraus.

SCHNÜSSCHEN. Fühlst du dich da nicht ganz fürchterlich einsam?

HERMANN. Ja.

Sie geht jetzt auf ihn zu. Sie spürt seine Unruhe.

SCHNÜSSCHEN. Hermann, und wem erzählst du dann, ob's dir gutgeht, oder ob's dir schlecht geht? Ob du stolz bist, oder ob du ebbes zustande gebracht hast? Also, ich find das schön, wenn ich daheim erzählen kann, wie ich es gemacht hab. Vor allem, wenn es gutgegangen ist.

Vor dem Jahrhundertwendehaus gibt es einen mit einem Eisenzaun eingefriedeten kleinen Vorgarten. Schnüßchen öffnet das Eisentor und findet unter einem Stein den Hausschlüssel, den Elisabeth hier für sie versteckt hat. Hermann beobachtet, wie hübsch sie sich bewegt.

HERMANN. Hast du denn von mir auch schon was erzählt daheim?

SCHNÜSSCHEN. Bis jetzt nur andeutungsweise.

HERMANN. Ich kann manchmal für Monate vergessen, daß ich mal ein Kind auf dem Hunsbuckel gewese bin ...

SCHNÜSSCHEN. Bei mir denkst du wieder dran.

Sie sperrt die Haustür auf, bleibt aber mit der angelehnten Tür in der Hand noch stehen.

HERMANN. Also, weißt du, Schnüßchen, du mit deinem Hunsrücker Platt. Wenn ich verliebt bin, da kann ich dat überhaupt net leiden. Dat kühlt misch dann rischtisch ab.

SCHNÜSSCHEN. Also gut, dann wollen wir jetzt hochdeutsch miteinander sprechen.

HERMANN. Spre...chen!

SCHNÜSSCHEN. Spre...chen.

HERMANN. Ich liebe dich.

Hermann nimmt die kleine Hunsrückerin in die Arme. Er drückt ihr einen Kuß auf die Lippen.

SCHNÜSSCHEN. Ich liebe dich ...

HERMANN. Noch mal *(er lacht)*. Also: »Eisch liebe deisch« – das klingt nun wirklich auch nicht besser.

SCHNÜSSCHEN. Dat sagt man auch net auf Platt!

Jetzt hat sie genug von der Eckensteherei. Sie drückt die schwere Haustür entschlossen auf und verschwindet im Hausflur.

HERMANN. Ach, Schnüßchen, irgendwie wirfst du mich um Jahre zurück.

811 Treppenhaus

Hermann und Schnüßchen betreten das geräumige Treppenhaus. Hermann fühlt sich ein wenig unbehaglich dabei, in diese bürgerliche Welt einzudringen. Er bleibt hinter Schnüßchen zurück, während sie die Stufen hinaufeilt.

HERMANN. Ganz geheuer ist mir das ja nicht, in einer fremden Wohnung, bei fremden Leuten.

SCHNÜSSCHEN. Ach, Hermann, du wirst sehen, die Kinder von der Elisabeth, die sind unheimlich lieb.

HERMANN. Ach ja, die Kinder! Und wann kommen die Eltern zurück?

SCHNÜSSCHEN. Bestimmt nicht vor Mitternacht.

Als die beiden die Wohnung betreten, bleiben sie unmittelbar hinter der Eingangstür stehen. Hermann versucht erst einmal, die Atmosphäre der fremden Wohnung zu schnuppern. Er lauscht in die düstere Diele hinein.

HERMANN. Wie still das hier drinnen ist!

SCHNÜSSCHEN. Die Kinder schlafen schon längst. Komm, ich zeig sie dir mal.

Schnüßchen geht vor. Die Diele ist geräumig und wird als zusätzlicher Wohnraum genutzt. Im Hintergrund brennt ein Licht, das den beiden zeigen soll, daß sie erwartet werden. Schnüßchen öffnet behutsam die Tür zum Kinderzimmer. Mit Falten auf der Stirn beobachtet er, wie sie zu den beiden Bettchen schleicht, um die schlafenden Kinder aus der Nähe zu betrachten. Sie zupft ein wenig an den Bettdecken, als könnte sie ihnen im Schlaf das Gefühl des Versorgtseins vermitteln. Dann schleicht sie auf Zehenspitzen zu Hermann zurück.

SCHNÜSSCHEN. Guck mal, Hermann, sind sie nicht süß? Guck mal die Gesichter an.

Hermann hat es eilig, die Tür wieder zu schließen.

HERMANN. Ja, aber wir müssen aufpassen, daß sie nicht aufwachen. Dann ist es nämlich vorbei mit der Gemütlichkeit. Kinder sind so unberechenbar. Die können stundenlang Terror machen, das kannst du mir glauben. Die kleinen Engelscher sind schlimmer als hundert Erwachsene. Du warst doch sicher auch so.

SCHNÜSSCHEN. Komm, jetzt zeig ich dir mal die Küch.

Schnüßchen geht vor, denn sie kennt sich hier aus. In der Küche gibt es eine Eckbank mit einem rustikalen Tisch, auf dem ein Briefchen liegt.

SCHNÜSSCHEN *(liest)*. *»Hallo, Ihr beiden! Die Party geht mindestens bis zwei Uhr. Im Kühlschrank findet Ihr genug zum Essen und zum Trinken. Tee könnt Ihr im Samowar bereiten. Macht die Musik nicht zu laut! Die Kinder wissen Bescheid. Macht es Euch schön. Elisabeth und Rolf.«*

Während sie ihren Mantel auszieht, sieht Hermann sich um.

HERMANN. Ist das hier der Samowar?

SCHNÜSSCHEN. Vielleicht kannst du den mal in Betrieb nehmen! Weißt du, wie so ebbes geht?

HERMANN. Nä.

SCHNÜSSCHEN. Das ist nämlich so gemütlich zu hören, wie's Wasser brodelt, und dabei dann etwas Heißes aus den Tassen zu schlürfen.

HERMANN. Also, ich glaub, ich wäre eher für einen Rotwein und ein Käsebrot zu begeistern.

Er hat eine angebrochene Rotweinflasche gefunden, die er öffnet, um einen Schluck aus der Flasche zu nehmen. Schnüßchen beginnt inzwischen, ein kleines Abendbrot herzurichten. Sie findet Käse, Brot und Aufschnitt. Alles das dekoriert sie auf den schwarzen Keramiktellern, die sie in der Küche gefunden hat.

Hermann fängt an, mit den Wurststückchen herumzuspielen. Er legt eins davon auf Schnüßchens nackte Schulter. Er leckt daran und küßt dabei ihre Haut. Schnüßchen wehrt ihn ab.

SCHNÜSSCHEN. Laß! Ich dekoriere das schön. Laß uns mal kultiviert essen.

HERMANN. Kultiviert?

SCHNÜSSCHEN. Ja.

Schnüßchen arrangiert Geschirr, Gläser und Bestecke auf einem schwarzen Lacktablett und drückt es Hermann in die Hand. Er begreift nicht sofort, worum es geht, aber er folgt ihr in die Diele.

HERMANN. Sag mal, Schnüßchen, was ist denn das hier?

Ein kopfhoher Blechschrank steht neben der Badezimmertür. Es scheint sich um ein Gerät zu handeln, denn an der Vorderseite gibt es allerlei Anzeigeinstrumente, Schalter und Knöpfe.

SCHNÜSSCHEN. Elisabeth hat doch ein Fotolabor.

Schnüßchen gewährt Hermann einen Blick in das Badezimmer. Eine Hälfte davon ist als Fotolabor eingerichtet: mit Entwicklerschalen und Vergrößerungsgerät. Es liegen noch Fotos auf der Arbeitsplatte, die Elisabeth zum Trocknen hinterlassen hat. Schnüßchen ist inzwischen zum Eingang des Wohnzimmers gegangen. Dort wartet sie auf ihn.

SCHNÜSSCHEN. Hermann, das Wohn-Schlafzimmer. Die Elisabeth schwärmt nämlich für japanische Wohnkultur.

Hermann staunt. Er kommt mit Schnüßchens Inszenierung kaum noch mit.

SCHNÜSSCHEN. Schön. Komm, wir ziehen die Schuhe aus. Das machen die Japaner nämlich auch so.

HERMANN. Wenn du meinst.

Sie macht ihm das Ritual vor. Hermann stellt seine Schuhe akkurat neben die von Schnüßchen. Dann folgt er ihr in das Jugendstilzimmer, das mit allerlei Dekorationsmaterialien »japanisiert« wurde. Ein Baldachin überspannt den halben Raum, der neben der großen Matratze einen Lacktisch, einen Paravent und mehrere japanische Andenken enthält. Hermann nimmt auf der Bettkante Platz. Er zieht die Jacke aus und schenkt für Schnüßchen Rotwein ein.

HERMANN. War sie denn schon mal in Japan?

SCHNÜSSCHEN. Nä. Aber man kann unheimlich viel von denen lernen. Ist das nicht gemütlich?

HERMANN. Japanisch!

SCHNÜSSCHEN. Tagsüber benutzen sie das Bett zum Beispiel als Couch. Aber abends, das hat mir die Elisabeth erzählt, da sitzen sie manchmal bis zu zwanzig Personen drauf, wenn sie eine Party hat. Prost, Hermann!

Sie trinkt. Sie kommt immer mehr ins Schwärmen. Sie kniet auf japanische Weise am Kopfende des Lacktischchens nieder und schaut sich um.

SCHNÜSSCHEN. Ist das nicht ein ganz perfekter Haushalt? Du brauchst nur an irgend ebbes zu denken, und schon findest du's, Hermann *(sie lacht)*. Guck, Hermann, die vielen Platten und der Plattenspieler! Da kannst du dir die Musik nach jeder Stimmung aussuchen. Also, wenn's deine Stücke auf Platten gäb, Hermann, hier tätst du sie bestimmt finden. Also, wenn du mal eine Platte machen willst, dann wüßt die Elisabeth einen Grafiker, der tät dir den Umschlag gestalte, das soll isch dir sage.

Die Schallplatten finden sofort Hermanns Interesse. Er studiert die Titel und sieht Schnüßchen skeptisch an.

HERMANN. Ist aber auch ne ganze Menge Schund dabei.

SCHNÜSSCHEN. Die Beatles, dat is schön. Die leg mal auf. Oder hast du ebbes dagegen?

Sie wartet ab, bis er es fertiggebracht hat, den Plattenspieler in Gang zu setzen. Sie wiegt ihren Körper aufreizend zu den ersten Takten der Musik. So schafft sie es leicht, ihn zu sich an den Tisch zu locken.

SCHNÜSSCHEN. Hermann, komm, knie dich zu mir. Essen wir gemeinsam.

Hermann ist in Laune, alle ihre Spiele mitzuspielen. Als sie den ersten Schluck Rotwein in den Mund genommen hat, küßt er sie schnell, um ihr den Wein aus dem Mund zu trinken. Daraus entwickelt sich ein leidenschaftlicher Kuß.

SCHNÜSSCHEN. Deine Zung is ganz sauer und rauh von dem Wein.

HERMANN. Komm, den probieren wir gleich noch einmal!

Jetzt nehmen beide den Mund voll Wein, ehe sie die Lippen aufeinanderpressen. Das geht allerdings schief. Der überflüssige Wein fließt auf Hermanns weißes Hemd.

SCHNÜSSCHEN. O je, das müssen wir gleich auswaschen! Komm schnell!

In aller Eile versucht sie, ihm das Hemd auszuziehen. Und weil sie die Knöpfe nicht gleich aufbringt, zerrt sie ihn am Hemdzipfel in den Flur hinaus.

Er sieht, wie sie ihm den Hintern entgegenstreckt. Das reizt ihn, nach ihr zu grapschen. Sie wehrt ihn scherzend ab.

SCHNÜSSCHEN. Jetzt wart mal 'n Moment, sonst geht das net mehr raus!

Hermann kehrt ins Japanzimmer zurück. Er trinkt noch einmal aus dem bauchigen Rotweinglas. Während des Trinkens sieht er Schnüßchen hereinkommen. Er sieht sie durch das Glas hindurch, das vor seinen Augen mit seinem gewölbten Kelch eine Art Weitwinkellinse bildet. In dieser Durchsicht ist Schnüßchens Bild »verzaubert«. Sie trägt einen blau-grauen, gemusterten Kimono, die Haare hat sie sich mit zwei Stäbchen hochgesteckt, so daß eine Art Japanfrisur daraus entstanden ist. Nun öffnet sie den Kimono. Ein schwarzes Negligé aus durchsichtiger Spitze kommt zum Vorschein, das ihre Nacktheit kaum verhüllt.

HERMANN. Wo hast du das denn her? Das gehört doch sicher dieser Frau!

Kokett greift sie nach dem japanischen Fächer und wedelt damit an ihrem Körper herum, daß Hermann die Augen übergehen. Als er aber aufsteht, um nach diesem verführerischen, exotischen Bild zu greifen, entzieht sie sich und rennt weg. Sie sperrt sich im Badezimmer ein.

HERMANN. Komm, zeig dich mal, Schnüßchen!

Er klopft an die Tür. Er drängt, sie solle aufmachen. Endlich geht die Tür einen Spaltbreit auf. Sie weiß, wie sie Hermann auf Touren bringt. Sie steht am Spiegel und parfumiert sich mit Elisabeths Parfum.

SCHNÜSSCHEN. Guck emal, Hermann, ist dat net wunderbar?

HERMANN. Ja, wunderbar!

Er küßt sie auf Schulter, Nacken und Hals. Seine Hände erobern ihren Körper. Da ertönt lautes Geschrei von draußen. Es ist wie eine kalte Dusche für Hermann.

SCHNÜSSCHEN. Oh, jetzt haben wir die Kinder wachgemacht.

Sie läßt ihn allein im Bad. Sie will den Kindern jetzt nicht den fremden Gast zeigen.

Hermann ist neugierig geworden, was Elisabeths Bad noch an Geheimnissen enthält. Er öffnet eine reichverzierte Glasschale. Darin findet er ein Sortiment von Spezialpräservativen, über die er lachen muß. Ein besonders kleines Exemplar steckt er sich heimlich ein.

Schnüßchen widmet sich derweil den Kindern. Sie kniet bei den Kleinen am Bett und erzählt mit kindlicher Stimme ein erfundenes Märchen.

SCHNÜSSCHEN. Es war einmal ein Mädchen, das war gelähmt. Das war das arme, gelähmte Mädchen. Das saß zu Hause in seiner Wohnung und konnte nie rausgehen ...

Hermann kehrt ins Wohnzimmer zurück. Er nutzt die Gelegenheit, um auch sich auszuziehen. Er schlüpft aus der Hose und legt eine neue Platte auf. Das kleine Präservativ setzt er einer Nippesfigur, die neben dem Plattenspieler steht, als Hütchen auf den Kopf.

Leise Tangomusik erklingt. Hermann trinkt. Schnüßchen kommt von den Kindern zurück.

SCHNÜSSCHEN. Das Kind ist sofort wieder eingeschlafen, wie es das Parfum von seiner Mutter gerochen hat. Es hat noch das Negligé befühlt, und weg war es. Das ist eine ganz tolle Entdeckung, das müßte man jedem Babysitter weitersagen. Der Kleine hat so schön an mir gerochen, da hab ich gleich eine Gänsehaut gekriegt. Guck emal, Hermann, jetzt hab ich wieder eine. Meinst du, daß das Parfum zu meinem Hautgeruch paßt?

Sie kriecht zu Hermann unter das Leintuch.

HERMANN. Hier riecht es ganz nach dir allein.

SCHNÜSSCHEN. Jetzt hab ich wieder eine Gänsehaut.

HERMANN. Das fühlt sich ja an wie ein Reibeisen.

SCHNÜSSCHEN. Das ist aber kein schöner Vergleich. *(Beide lachen)*

Hermann richtet sich plötzlich erschrocken auf. Er befreit seinen Kopf von dem Tuch, um besser hören zu können.

HERMANN. Sind wir hier auch wirklich ungestört? Ich meine, die Leute können doch jeden Moment zurückkommen! Also, wenn jetzt hier jemand reinkommt ...

SCHNÜSSCHEN. Du kannst ganz unbesorgt sein.

HERMANN. Ich weiß nicht ...

Schnüßchen lenkt seinen Blick auf ihren Körper.

SCHNÜSSCHEN. Hermann, guck emal, ist das nicht schön?

Es ist ihr gelungen, seine Angst vor den fremden Gastgebern zu zerstreuen. Er vergräbt sein Gesicht zwischen ihren Brüsten und wird von den Wellen der Begierde überrollt. Schnüßchen läßt das Leintuch über sich und ihn fallen, so daß sie mit Hermann ganz in der Dunkelheit des Bettes verschwindet.

HERMANN. Das riecht hier aber stark nach der fremden Frau!

SCHNÜSSCHEN. Magst du das, oder magst du das net?

Mit dem fremden Parfum auf der Haut bietet sich ihm eine Illusion, sie und Elisabeth auf einmal zu umarmen. Er wühlt sich in die Duftwolke. Plötzlich schlägt sie die Bettdecke wieder zurück und atmet tief durch.
SCHNÜSSCHEN. Jetzt hätt ich beinahe keine Luft mehr gekriegt.
Hermann sieht sie fragend an. Sie weint fast vor Glück.
SCHNÜSSCHEN. Hermann, komm!
HERMANN. Liebst du mich?
SCHNÜSSCHEN. Ja, Hermann.
HERMANN. Willst du noch einen Schluck Wein?
Statt des Weinglases findet Hermanns tastende Hand die Nippesfigur, auf deren Kopf das schwarze Hütchen aus Gummi sitzt. Er hält die Figur vor Schnüßchens Augen.
SCHNÜSSCHEN. Was ist das denn?

HERMANN. Das ist eine Zipfelmütze *(beide lachen)*. Sollen wir das mal ausprobieren?
SCHNÜSSCHEN. Wenn du willst... *(beide lachen)*
Hermann hat sich die »Zipfelmütze« mit seinen Lippen von der Figur gepflückt. Schnüßchen verfolgt seine Bewegungen mit wachsender Neugier. Er stellt die Figur wieder neben den Plattenspieler: Sie stellt eine exotische Schönheit dar, die in einem Schiffchen sitzt und wie Eva einen

rotbackigen kleinen Apfel in der Hand hält. Die Tangoplatte dreht sich, die Musik schwillt an.

SCHNÜSSCHEN. Spürst du was davon?

HERMANN. Nein, und du?

SCHNÜSSCHEN. Nur dich.

HERMANN. Die Musik macht mich wahnsinnig!

SCHNÜSSCHEN. Bleib mal so, ich mach sie aus.

Jetzt kommt Schnüßchens Fuß unter der Bettdecke heraus. Tastend finden ihre Zehen den Netzstecker. Sie ziehen daran, bis er aus der Steckdose springt. Gleichzeitig mit der Musik geht das Licht im Zimmer aus.

813 Kleinhesseloher See

Ein kunstvolles Feuerwerk steigt mit seinen Sternen, Goldrosetten und bunten Kaskaden in den Nachthimmel über dem Englischen Garten. Elisabeth und Rolf lassen sich in einem Ruderboot über den See treiben. Ihre barocken Phantasiekostüme, die Reflexe des Feuerwerks im Wasser, die rhythmischen Explosionen des Raketenzaubers, das alles stürzt auch Elisabeth in einen Rausch der Sinne.

ROLF. Hoffentlich werden die Kinder nicht wach – bei dem Krach!

ELISABETH. Ach was!

814 Wohnung Elisabeth

Rolfs Befürchtungen waren nicht unbegründet, denn sein Sohn, der vierjährige Raoul, ist aufgewacht. Ganz ruhig steht das Kind auf, durchschreitet die Diele und öffnet die Wohnzimmertür.

Hermann und Schnüßchen schrecken auf. Raoul fühlt sich sehr »erwachsen«, als er jetzt auf das Bett mit seinen beiden Babysittern zugeht, um sie genauer betrachten zu können. Der kleine Junge ist hellwach. Schnüßchen, die kennt er. Aber wer ist dieser Mann?

RAOUL. Wer bist du?

SCHNÜSSCHEN. Das ist der Hermann.

HERMANN. Und du?

RAOUL. Ich bin der Raoul.

SCHNÜSSCHEN. Raoul, geh jetzt in dein Bett, es ist spät.

Raoul gehorcht sofort. So vernünftig, wie er hergekommen ist, so einsichtig »schreitet« er nun in sein Kinderzimmer zurück. Hermann und Schnüßchen können aufatmen.

HERMANN. Die »Zipfelmütze« ist weg!

SCHNÜSSCHEN. Ach Gott, wo ist sie denn?

HERMANN. Das weiß ich doch auch nicht.

SCHNÜSSCHEN. Laß mich mal raus hier. Verdammt gefährlich, deine »Zipfelmütze«!

Schnell verläßt sie das Liebesbett, um ins Bad zu eilen. Draußen sind die beiden Kinderstimmen zu hören. Die Kinder meinen offenbar, Schnüßchen wäre gekommen, um mit ihnen zu spielen. Sie schickt sie aber energisch in ihre Betten. Hermann sitzt da wie ein Pascha. Er sieht sich das Zimmer noch einmal in Ruhe an.

Schnüßchens Hand erscheint im Türspalt. Zwischen ihren Fingern der benutzte Pariser.

SCHNÜSSCHEN. Die Suche war von Erfolg gekrönt!

Diesem Satz folgt Schnüßchens lachendes Gesicht. Hermann steht jetzt mitten im Bett. Mit seinem Weinglas, der japanischen Decke, die er um die Hüfte geschlungen hat und dem befriedigten Feixen in seinem Gesicht sieht er im Spiegelbild einer Schranktür wie ein moderner Satyr aus. Ihm ist danach zumute, sein Spiegelbild zu verhöhnen.

HERMANN. Nie mehr die Liebe!

Schnüßchen versucht die aufgekratzten Kinder zu beruhigen. Dabei wird sie von einer großen Welle der Kinderliebe ergriffen. Wären die beiden Kleinen ihre eigenen Kinder, könnte sie nicht mütterlicher, nicht zärtlicher zu ihnen sein.

SCHNÜSSCHEN. Jetzt erzähle ich euch noch eine Geschichte, und wir riechen noch ein bißchen am Parfum von der Mama. Macht die Augen zu.

Hermann vergnügt sich am Rotwein. Er feiert diesen erfolgreichen Abend. Sein Gesicht zeigt beim Trinken ein unverschämtes Grinsen.

Schnüßchen kommt zurück. Sie hat einen silbernen Leuchter mit vier brennenden Kerzen mitgebracht. So steigert sie die Inszenierung dieses Abends.

SCHNÜSSCHEN. Das hat ewig gedauert mit den Kindern.

HERMANN. Eine wunderschöne Wohnung ist das hier!

SCHNÜSSCHEN. Ja, Hermann, wenn du müd bist, kannst du ruhig ein bißchen schlafen.

Sie stellt den Leuchter neben das Bett, damit alles in rosenfarbenes Licht getaucht wird. Dann legt sie sich behutsam neben Hermann, der wohlig grunzt und sich an sie schmiegt.

815 Wohnung Elisabeth, Flur

Rolf und Elisabeth kehren von ihrem Fest am See zurück. Sie sehen die Schuhe von Hermann und Schnüßchen, die immer noch einträchtig nebeneinander im Flur stehen. Elisabeth und Rolf kauern auf dem Dielenboden nieder. Sie sind müde und wissen nicht, ob sie sich in ihrer eigenen Wohnung frei bewegen können.

ELISABETH. Ob wir unser Babysitter-Pärchen noch stören sollen?

ROLF. Es ist halb drei.

ELISABETH. Die schlafen!

ROLF. Bist du müde?

ELISABETH. Ja.

Bei der Neckerei, die zwischen den beiden losgeht, öffnet sich die Tür zum »Japanzimmer« von selbst. Elisabeth erhebt sich. Rolf folgt ihr. So erreichen sie das Ehebett, in dem das fremde Pärchen selig schlummert. Elisabeth berührt Schnüßchens Wange. Davon wacht sie auf.

SCHNÜSSCHEN. Hallo!

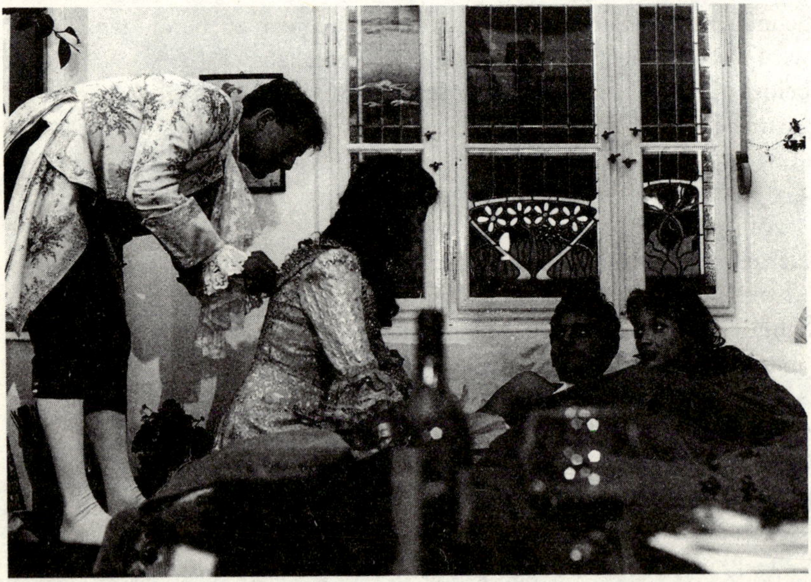

ROLF. Es war ein bezauberndes Fest.

SCHNÜSSCHEN. Ja.

Hermann spürt den Kuß, den Schnüßchen ihm auf die Wange drückt. Langsam begreift er, daß er nicht mehr mit ihr allein ist. Als er Elisabeth erkennt, richtet er sich ein wenig auf, um sich förmlich vorzustellen.

HERMANN. Guten Abend – Simon!

ELISABETH. Angenehm.

HERMANN. Hermann Simon.

Er gibt auch Rolf die Hand.

ROLF. Wenn ihr wollt, könnt ihr bei uns bleiben.

ELISABETH. Haben die Kinder euch in Ruhe gelassen?

HERMANN. Ja, fast!

ELISABETH. Dann war es bestimmt Raoul. Der ist wie du, Rolf: neugierig, selbst im Schlaf. Wissen Sie, daß ich Sie bewundere? Sie sind ein wahrer Künstler. Sie müssen mir darauf jetzt keine Antwort geben.

ROLF. Komm, wir schlafen drüben bei den Kindern!

ELISABETH. Ja. – Gut Nacht!

SCHNÜSSCHEN. Gut Nacht!

ROLF. Gut Nacht, Waltraud. Und danke für alles!

Durch das Ornamentglas am oberen Ende der verschlossenen Zimmertür kann man noch sehen, wie Rolf und Elisabeth sich küssen. In ihren Rokoko-Kostümen sind sie in Schnüßchens Augen ein Traumpaar. Hermann ist nun auch hellwach – wie vorher die Kinder.

HERMANN. Ich hab Herzklopfen.

SCHNÜSSCHEN. Schlaf weiter, Hermann. Ist es nicht wunderschön hier? Ich will, daß es immer so bleibt.

HERMANN. Ich bin daheim, ohne heimzugehen.

SCHNÜSSCHEN. Siehste!

HERMANN. Wie ein Kind.

SCHNÜSSCHEN. Komm bei misch, Löffelsches!

»Löffelsches« liegen, das heißt, daß Schnüßchen ihm ihren Po in den Schoß kuschelt. Sie liegen wie die Löffel in der Schublade.

SCHNÜSSCHEN. Schläfst du, Hermann?

HERMANN. Ja.

SCHNÜSSCHEN. Gut Nacht!

816 Orientexpreß

Der Orientexpreß rast durch die Nacht. Ein kleiner Ausschnitt aus der Fahrt von Bukarest-Nord nach Paris-Ost. Clarissa liegt im Mittelbett des Liegewagenabteils und hält im Schlaf ihren Cellokasten umklammert. Sie schläft unruhig.

817 Wohnung Elisabeth

In ihrem Traum – oder ist es Hermanns Traum? – liegt Clarissa »Löffelsches« mit Hermann. Sie wacht auf. Sie erhebt sich und hat Schnüßchens schwarzes Negligé an. So steht sie in Hermanns Bett. Er ist nun auch aufgewacht. Ganz deutlich sieht er sie im dunklen »Japanzimmer« stehen. Nun geht sie zu dem Spiegelschrank, in dem er sich vorher als Satyr gesehen hat. Sie dreht sich noch einmal zu ihm um und hält den Finger vor ihre Lippen. Sie gebietet ihm zu schweigen. Daraufhin geht sie in den Spiegel hinein. Sie tauscht sich gegen ihr Spiegelbild aus. Auf diese Weise verschwindet sie aus Hermanns Traum. Als er sich in die Kissen zurückfallen läßt, ist da wieder nur Schnüßchen. Er schläft sofort ein.

818 Villa Cerphal, Terrassenzimmer

In seinem nächsten Traum ist es Winter. Auf der »Fuchsbau«-Terrasse liegt hoher Schnee. Er sitzt an seinem Schreibtisch und komponiert. Auf Notenpapier schreibt er einen Text, der so schnell entsteht wie seine Gedanken.

HERMANN. »Liebe Clarissa, ich habe gerade von dir geträumt...«

Da steht Clarissa plötzlich hinter ihm. Sie trägt den roten Pullover vom Weihnachtsabend. Auch ihre Haare sind noch so kurz wie damals.

CLARISSA *(im Traum)*. Dreh dich um!

HERMANN *(im Traum)*. Hast du mir die ganze Zeit über die Schulter geguckt?

CLARISSA *(im Traum)*. Ich habe geträumt, daß ich dich besuche.

Er fragt sich, ob er nicht doch wach ist. Er öffnet die Augen: Ja, da liegt Schnüßchen neben ihm. Sie lebt, atmet, ist real. Er betastet ihre Schulter. Dann schläft er wieder ein.

819 Musikhochschule

In der marmornen Treppenhalle der Musikhochschule schneit es. Große Schneeflocken rieseln auf Clarissa herab, die mit ihrem Cello am Fuß der Freitreppe steht und auf Hermann wartet. Sie ruft seinen Namen. Aber kein hörbarer Laut kommt aus ihrer Kehle. Noch einmal ruft sie: unhörbar. Da erhebt er sich hinter ihr. Im Schneetreiben sieht er sie an. Er öffnet den Mund: Er spricht zu ihr.

HERMANN *(im Traum)*. Ich habe gerade von dir geträumt. Jetzt freue ich mich, deine Stimme zu hören...

820 »Japanzimmer« / Orientexpreß

Hermann schläft in Schnüßchens Umklammerung. Clarissa schläft im Zug und umklammert ihr Cello.

821 Rosenheim, Arztpraxis

Clarissa betritt im Traum noch einmal die Kellerpraxis des Rosenheimer Abtreibungsarztes. Sie ist in großer Not. Sie zeigt dem Arzt die F-Löcher, die sie wie ein Stigma auf ihrer Rückenhaut trägt. Sie möchte, daß der Art diese Zeichen zunäht.

Der makabre Doktor lacht und hustet.

CLARISSA *(im Traum)*. Herr Doktor, bitte...

ARZT *(im Traum)*. So, entspannen Sie sich.

Mit einer primitiven Schusternadel und einem groben Faden näht der Arzt nun die F-Löcher zu. Die Operation ist so scheußlich wie die Fratze des Arztes. Am Ende hält er wie ein Friseur einen Spiegel hin, damit Clarissa sein Werk begutachten kann.

ARZT *(im Traum)*. Gut so?

822 Paris, Gare de l'Est

Der Orientexpreß fährt in Paris ein. Clarissa wacht auf. Der helle Tag empfängt ihre verstörten Augen. Sie orientiert sich: Da steht ein Mann, der im Liegewagen mitgereist ist und sie nun angrinst.

REISENDER. Bonjour!
CLARISSA. Bonjour!
REISENDER. Avez-vous bien dormis?
CLARISSA. Oui, mais j'ai trop revé.
REISENDER. Oh, was man in der ersten Nacht träumt, das geht immer in Erfüllung!

823 Paris, Straßen

Clarissa ist angekommen. Sie überquert den Platz vor dem Pariser Ostbahnhof, der zu dieser frühen Morgenstunde noch menschenleer ist. Sie findet den Eingang zur Metro. Mit müden Bewegungen trägt sie ihren Cellokasten die Stufen hinunter.
Sie kommt zu einem prächtigen Mietshaus, in dem es eine Atelierwohnung gibt, die Evelyne und ihrem afrikanischen Freund gehört.

824 Atelierwohnung, Paris

Evelyne und ihr Freund sind verreist. Clarissa hat sich bis aufs Hemd ausgezogen. So sitzt sie zwischen all den afrikanischen Andenken: Statuen, Tierfelle, großgemusterte Decken und urwaldartige Zimmerpflanzen. Sie improvisiert auf ihrem Cello. Elemente des »Wölfelieds«, das Hermann für sie komponiert hat, tauchen in ihrer Improvisation auf. Ihre Stimme geht in schmerzliches Schluchzen und Heulen über.
CLARISSA *(singt)*.
»... und sie hatten sich nicht.
Und sie waren zärtlich zueinander
die Wölfe, die Wölfe.«

825 München, Straße vor Villa Cerphal

Der Sightseeing-Bus ist wieder einmal mit einer Gruppe amerikanischer Touristen gefüllt, und Schnüßchen tut in ihrem blauen Stewardessenkostüm Dienst. Der Bus fährt durch die engen Straßen des Villenviertels. Vor dem »Fuchsbau« kommt er zum Stehen. Schnüßchen nimmt das Mikrofon in die Hand.

SCHNÜSSCHEN. Schwabing is a center of young artists in Munich, composers and so on. Here you see one of those typical houses. Schwabing ist not a district but a condition – »Schwabing ist kein Stadtteil, sondern ein Zustand«, as we say in Bavarian German. Schnüßchen spürt, daß sie ihre Touristen im Griff hat. Sie hat inzwischen Routine in ihrem Job bekommen. Sie wendet sich an den Busfahrer, der wissen will, warum hier angehalten worden ist.

SCHNÜSSCHEN. Herr Staller, ich muß da mal kurz rein...

HERR STALLER. Und was machet mer, wenn die Leut alle aussteige wollet?

SCHNÜSSCHEN. Da lasse mer sie eben aussteige.

826 Villa Cerphal

Frau Ries hat den Bus vor dem Haus ankommen sehen, während sie auf der Galerie ihre Blumen gießt. Sie sieht nach Schnüßchen, die aus dem Bus steigt und auf das Grundstück gelaufen kommt. Frau Ries kennt diese unerwarteten Besuche im Haus.

HERMANN. *Seit fast drei Jahren wohnte ich in Fräulein Cerphals Villa. Ich war damit zum Mittelpunkt des Freundeskreises geworden, oder besser gesagt: Ich lebte im Mittelpunkt und verwaltete den »Fuchsbau«. Ich hatte mich auch längst an diesen Lebensrhythmus gewöhnt. Nachts das Kommen und Gehen der Freunde, die Diskussionen über Kunst, Politik, Musik, Umsturz der Gesellschaftsordnung und tags diese müde Ruhe, diese Atmosphäre von Nachmittagsschlaf, den ich regelmäßig störte durch meine Kompositionsarbeit und meine Experimente am Klavier. Ich war gefangen in diesem Tagesablauf und fand dennoch keinen Grund zu fliehen. Immer war ich geflohen, aber diesmal – vielleicht gefiel es mir sogar, gefangen zu sein...*

Schnüßchen hat beim Betreten des Hauses sein Klavierspiel gehört und gemerkt, daß Hermann bei der Arbeit ist. Sie öffnet leise die Tür zu seinem Zimmer, um vom Eingang her eine Weile genießen zu können, wie ihr Freund sich in die Tasten wirft, wilde Tonfolgen und Akkorde ausprobiert, die er dann sofort auf ein Notenblatt schreibt. Er ist völlig vertieft. Schnüßchen wartet, bis eine Pause in seiner Musik eintritt, und hält ihm dann mit ihren Händen beide Augen zu. Er erschrickt.

HERMANN. Wer ist das?

SCHNÜSSCHEN. Rat einmal...

HERMANN. Schnüßchen! Was machst du denn hier?

SCHNÜSSCHEN. Trick siebzehn: Ich hab mir einen ganz besonderen Gag einfallen lassen. Draußen steht mein Bus. Hermann, ich muß unbedingt was mit dir besprechen.

Die amerikanischen Touristen sind nicht im Bus sitzen geblieben, sondern um die Villa herumgegangen und dringen jetzt durch die Hintertür in Hermanns Zimmer ein. Im Nu füllt sich der Raum mit Menschen, die alles betasten, begaffen und dann wild durcheinanderplappern. Schnüßchen versucht die Reisegruppe wieder einzufangen.

SCHNÜSSCHEN. This house ist called the fox-earth. If a hunter wants to hunt a fox, he must set his dogs at all entrances at the same time. Otherwise the game will escape. This is the philosophy of foxhunting. Do you understand, what I mean? Come with me outside and I show you...

Frau Ries versteht nicht, was diese Leute hier wollen und warum die schöpferische Nachmittagsruhe so jäh unterbrochen worden ist.

FRAU RIES. Sind das alles Freunde von Ihnen, Herr Simon?

HERMANN. Freunde, ja, alles Verwandte!

FRAU RIES. Verwandte?

HERMANN. Ach Gott, wenn ich das nur wüßte.

Schnüßchen führt die Touristen durch die geräumige Diele.

SCHNÜSSCHEN ... well, even artists have to work and so we better leave now...

Da taucht Fräulein Cerphal oben auf der Galerie auf. Der Lärm hat auch sie aus der Ruhe geschreckt. Schnüßchen ist ein wenig erschrocken, als sie die Cerphal kommen sieht. Sie versucht sich zu entschuldigen.

SCHNÜSSCHEN. Ah, hallo, das sind Amerikaner aus Wyoming...

Fräulein Cerphal mischt sich in Schnüßchens Fremdenführung ein und übernimmt die Instruktion der Besucher auf ihre Art.

FRÄULEIN CERPHAL. Nice to see you, yes, you know, ladies and gentlemen, this house is a historical house. So, you know Schwabing, Schwabing is a Dorf, nicht wahr, a country, exactly like Greenwich-Village. Damals, Schwabing was finished at the Siegestor, you know. And this quarter was the quarter for intellectuals and writers and painters and artists and, you know, Feuchtwanger was here, yes, yes, and please, Brecht. Brecht, you know him also in America.

Einer möchte wissen, ob Hitler ebenfalls in diesem Haus gewesen sei.

FRÄULEIN CERPHAL. No, no, Hitler was not here. He was here, but not here. Come on, please...

Die Cerphal führt ihre vielen Gäste hinaus in den Garten. Dort erzählt sie weiter vom alten Schwabing, von den Dichtern und Denkern, die hier ein und aus gegangen sein sollen. Die Amerikaner sind begeistert. Schnüßchen findet einen ruhigen Moment, um mit Hermann zu sprechen.

HERMANN. Ja, aber ich muß arbeiten. Du weißt, daß man hier nachts nie in Ruhe gelassen wird. Ich muß tagsüber arbeiten. So eine Störung, das kostet mich einen ganzen halben Tag Arbeit.

SCHNÜSSCHEN. Deswegen habe ich doch auch nach der Zweizimmerwohnung gesucht. Hermann, stell dir mal vor, du bist aus dem Trubel hier raus! Das wär doch ein ganz anderes Leben, und du könntest endlich emal richtisch schaffe!

HERMANN. Gut.

SCHNÜSSCHEN. Frau Ries, das ist eine Ausnahme, das soll nicht mehr vorkommen. Aber ich mußte dem Herrn Simon noch was ganz Wichtiges sagen.

FRAU RIES. Ja, dann is ja gut.

Noch einmal gelingt es Schnüßchen, Hermann von der Arbeit fernzuhalten. Sie lockt ihn zur Haustür.

HERMANN. Was ist denn noch?

SCHNÜSSCHEN. Hermann, komm, sei so gut und geh heut abend mit mir zu der Hausverwaltung. Ich habe uns für fünf Uhr angemeldet. Das ist nicht weit vom Bahnhof. Du mußt mit mir kommen, denn die wollen nämlich nur ein Ehepaar als Mieter haben.

HERMANN. Aber wir sind doch gar nicht verheiratet.

SCHNÜSSCHEN. Ach, das mußt du nicht so wörtlich nehmen. Wir sagen einfach, daß wir – ich meine, die sehen uns doch nicht an, daß wir nur Verliebte sind.

HERMANN. Was hast du mir da erzählt? Hundertachtzig Mark, das ist ja fast geschenkt! Ich zahle ja hier schon hundert.

SCHNÜSSCHEN. Hermann, ich bin so glücklich! Ich kann mich gar nicht mehr konzentrieren bei der Arbeit. Geht dir das auch so? Weil ich immer an dich denken muß.

Frau Ries, die so tut, als ob sie hinter den Touristen und Fräulein Cerphal hersähe, hat den Dialog gehört. Ein wissendes Lächeln huscht über ihr Gesicht.

FRAU RIES. Verliebt, verlobt, verheiratet.

Die Cerphal kommt jetzt zurück. Sie schüttelt den Kopf. Dieser Besuch hat bei ihr Träume geweckt.

FRÄULEIN CERPHAL. Na, das war ja eine merkwürdige Invasion. Ach, waren Sie schon einmal in Amerika?

HERMANN. Nein.

FRÄULEIN CERPHAL. Schade. Gerold! Haben wir schon Pläne?

Schon wieder ruft sie nach ihrem immer dienstbereiten Herrn Gattinger, der sich aber nicht blicken läßt.

827 Straße Nähe Bahnhof

Um fünf Uhr wartet Hermann an der verabredeten Stelle gegenüber dem Justizpalast. Schnüßchen scheint sich zu verspäten. Straßenbahnen kommen an, fahren weg, ohne daß sie aussteigt. Da entdeckt Hermann die Freundin, die sich ein bescheidenes Röckchen mit Bluse und Strickjäckchen angezogen hat. Er eilt ihr entgegen.

828 Büro des Immobilienmaklers

Das Büro des Häusermaklers ist ganz mit Edelholz vertäfelt. Das Gebäude scheint zwar ein Neubau zu sein, aber mit der Inneneinrich-

tung wird Tradition vorgetäuscht. Hermann und Schnüßchen sitzen wie zwei Schüler da, die zum Schuldirektor gerufen worden sind. Sie sitzen auf dem Plüschsofa und wagen es kaum, sich zu rühren.
Statt des Seniorchefs betritt ein großer Dalmatiner das Büro. Er läuft zu einem Schreibtisch, wo der Juniorchef Briefe unterschreibt. Der Hund erhält einen Hundekeks, der auf der Schreibtischplatte serviert wird. Hermann und Schnüßchen unterdrücken ihr Lachen. Da kommt der Senior herein. Er liest in einer Vertragsakte, die er seinem Sohn bringt, ohne das junge Paar auf seiner Wartecouch zu beachten. Schnüßchens freundliche Miene zerfällt wieder, weil sie nicht bemerkt wird.
Der Seniorchef geht schweigend auf und ab. Der Vertrag in seiner Unterschriftsmappe scheint ihn zu überfordern. Jetzt erst würdigt der Junior Hermann eines Blickes.
JUNIOR. Und Sie sind also der Ehemann, Herr...
SCHNÜSSCHEN ... der zukünftige Ehemann.
JUNIOR. Aha.
HERMANN. Simon, Hermann Simon.
JUNIOR. Darf ich nach Ihrem Beruf fragen, nach Ihrem Einkommen?
HERMANN. Ich bin Musiker!
Wieder scheint das Interesse an dem Paar erloschen zu sein, denn der

Senior legt dem Junior nun den Vertrag zur Unterschrift vor. Schnüßchen fürchtet, daß sich Teile dieser zerstückelten Konversation in der Meinung des Juniors falsch zusammenreimen und daß er sie deswegen als Mieter ablehnen wird.

SCHNÜSSCHEN. Also, das ist zu allgemein! Mein Bräutigam ist Komponist. Das heißt, er hat zwar alle Instrumente studiert, weil das nämlich so vorgeschrieben ist, aber er spielt sie nicht selbst. Er ist sozusagen kein ausführender Musiker, wie man vielleicht denken könnte. Er entwickelt die Musik in seinem Kopf. Komponieren, das ist ein Beruf, der keinen Lärm macht. Verstehen Sie? Sie haben vielleicht mal gehört, was das absolute Gehör ist.

SENIOR. Ja, das ist, wenn man alles gleich mitsingen kann, stimmt's?

Hermann sind die Äußerungen seiner unmusikalischen Freundin peinlich. Er kann sich nicht vorstellen, daß ein Wohnungsgeschäft auf so unseriöse Weise zustande kommt.

HERMANN. Ja, nein. Mit Singen hat das eigentlich weniger zu tun. Aber ich könnte Ihnen das erklären.

SENIOR. Also, auf dem Gebiet bin ich Laie. Wissen Sie, mein Sohn und ich, unsere ganze Familie ist eigentlich unmusikalisch. Und singen können wir erst recht nicht *(er lacht)*. Wir krächzen wie die Raben.

Schnüßchen hat sich das Krächzen und die Raben so deutlich vorgestellt, daß sie herzlich lachen muß. Der Senior kommt auf die beiden zu und setzt sich ihnen gegenüber.

SENIOR. Stammen Sie aus einer Musikerfamilie?

HERMANN. Nein. Das sind eher die Solisten, die Interpreten, die Geiger, die Pianisten, das sind oft Musikerkinder. Die leben von Kindesbeinen an in der musikalischen Tradition. Bei uns Komponisten ist das oft anders. Wir sind gerade oft keine Musikerkinder und können deswegen auch viel leichter mit den musikalischen Traditionen brechen.

SCHNÜSSCHEN. Haben Sie vielleicht etwas über das Konzert gelesen, das mein Mann, ich meine, mein Bräutigam, im letzten Winter im Goethesaal gegeben hat? Lesen Sie vielleicht den *Münchener Merkur*?

Schnüßchen hat instinktiv die Tonlage gefunden, auf die der Makler reagiert. Er sieht sie zunehmend freundlich an und geht schließlich zu seinem immer noch unwilligen Sohn, um ihn in geflüstertem Ton etwas zu fragen.

SENIOR. Sag mal, wir kriegen doch im Juli was frei.

JUNIOR. Hat denn dieser Beruf auch Zukunft?

HERMANN. Ja.

SCHNÜSSCHEN. Also, um unsere Zukunft mache ich mir überhaupt keine Sorgen. Ich muß zwar im Moment noch etwas hinzuverdienen, aber wir sind ja noch jung.

JUNIOR. Als was arbeiten Sie denn?

SCHNÜSSCHEN. Ich, ich bin Reiseleiterin.

JUNIOR. Aber da sind Sie doch oft monatelang auf Reisen, stimmt's?

SCHNÜSSCHEN. Also, das werde ich schon zu verhindern wissen, weil ich meinen Mann doch sehr liebe.

Diese Äußerung scheint den Senior an sein eigenes Familienleben zu erinnern.

SENIOR. Lieben Sie Kinder?

Die Antwort erfordert Geistesgegenwart. Schnüßchen hat keine Zeit, sich ihre Antwort zu überlegen. Deswegen verheddert sie sich bei dem Wort »Liebe«.

SCHNÜSSCHEN. Ja, die Kinder anderer Leute, die li-li-liebe ich sehr.

JUNIOR. Herr Simon, wir würden doch gerne wissen, ob Sie mit einem festen Einkommen rechnen können. Das ist für uns nämlich wichtig. Wir wünschen uns solvente Dauermieter und wollen einen langfristigen Mietvertrag abschließen.

HERMANN. Feste Anstellungen sind für uns Komponisten selten, aber das lieben wir auch gar nicht, wir arbeiten lieber frei. Aber es gibt sehr potente Auftraggeber. Die Rundfunkanstalten kommen da in Frage. Sie kennen doch sicher den Südwestfunk. Der ist im Bereich der Neuen Musik sehr aktiv, auch der WDR, der Sender Freies Berlin, der Bayerische Rundfunk hin und wieder, nicht so oft. Aber es gibt dann auch die Opernhäuser, die Städtischen Orchester. Es gibt auch freie Orchester. Man darf auch natürlich den ganzen Bereich der Schallplattenindustrie nicht vergessen, die Film- und Fernsehbranche, der Werbebereich, wenn man das will.

SENIOR. Das klingt ja großartig! Hast du das gewußt, Georg?

Der Junior sieht fast beleidigt aus. Er spürt, daß sich sein Vater gegen ihn entscheidet.

SENIOR. Aber sind Sie nicht für all das noch ein bißchen zu jung?

HERMANN. Ich bin vierundzwanzig. Mozart und Schubert waren in meinem Alter schon Genies.

SENIOR. Ja, aber arm und nicht in der Lage, ihre Miete zu bezahlen. Aber das ist ja heute alles ganz anders, im Zeitalter der Vollbeschäftigung. Wann soll denn die Hochzeit sein? Haben Sie das Aufgebot schon bestellt?

Der freundliche Herr hat, ohne es zu wollen, die zweite Fangfrage gestellt. Schnüßchen gibt sich schüchtern und naiv.

SCHNÜSSCHEN. Seit heute ...

JUNIOR. Bringen Sie uns den Nachweis der Eheschließung. Es genügt eine Kopie des Aufgebots vom Standesamt.

SENIOR. Wir werden uns dann positiv entscheiden.

JUNIOR. Und, Frau Schneider, darum muß ich Sie natürlich auch noch bitten, Ihren letzten Gehaltsstreifen.

SCHNÜSSCHEN. Ja.

Der Junior geht zu einer Tür, die durch die Holzvertäfelung zum Vorzimmer führt. Die Sekretärin, eine Blondine mit Brille, nimmt die Vertragsmappe von ihm in Empfang.

JUNIOR. Machen Sie das fertig? Die Kaution beträgt fünfzehnhundert Mark. Bringen Sie denn so viel auf?

SCHNÜSSCHEN. Ja. Und wann können wir einziehen?

JUNIOR. Am 1. Juli, vorher geht es nicht.

SENIOR. Tja, dann wünsche ich Ihnen noch viel Glück für Ihre junge Ehe!

SCHNÜSSCHEN. Danke.

SENIOR. Ich beneide Sie, Tatsache!

Hermann und Schnüßchen werden mit Handschlag verabschiedet und zur Tür geführt. Der Junior vergräbt sich in seinen Papieren. Er will seine Niederlage nicht eingestehen. Der Papa aber ist von Schnüßchen begeistert.

Nur der Dalmatiner scheint dem Junior völlig ergeben zu sein. Auf den Hinterläufen balancierend, bettelt er um den nächsten Hundekeks.

829 Treppenhaus des Immobilienmaklers

Auf dem Weg zum Aufzug sind Hermann und Schnüßchen außer sich vor Freude über den gelungenen Coup. Schnüßchens Vermutung, daß nur ein junges Ehepaar die Wohnung erhalten wird, hat sich bestätigt.

SCHNÜSSCHEN. Darf ich Sie zum Essen einladen, »Herr Bräutigam«?

HERMANN. Sind Sie wahnsinnig, »Frau Reiseleiterin«?

SCHNÜSSCHEN. Warum denn net? Ich bin doch Großverdienerin.

HERMANN. Dann muß ich aber erst »den letzten Gehaltsstreifen sehen.«

Da es den fröhlichen Siegern zu lange dauert, bis der Aufzug kommt, kehren sie um und laufen die Treppe des Bürohauses zu Fuß hinunter.

830 Schlemmerlokal

Schnüßchen hat es gewagt, mit Hermann in eins der nobelsten Restaurants der Stadt zu gehen. Zur Feier des Tages haben die beiden sich feingemacht. Sie sitzen zwischen den illustren Gästen und wagen es kaum, sich umzuschauen in diesem Raum, der reich dekoriert ist mit Blumengestecken, Wandschmuck und Kerzenleuchtern. Soeben wird der Nachtisch serviert. Er besteht aus einer winzigen Farbkomposition mit einer Erdbeere, ein wenig Speiseeis, Fruchtsoße und einem halben Ananasring. Die Portion füllt kaum einen Löffel.

HERMANN. Sage mal, bist du satt geworden?

SCHNÜSSCHEN. Hermann, so ein feines Essen, das ist nicht nur, um satt zu werden!

HERMANN. Also, ich habe jetzt richtig Hunger. Na ja, die Portionen sind aber auch wirklich klein. Die müssen sich ja hier dumm und dämlich verdienen, wenn die einem nix auf den Teller geben.

SCHNÜSSCHEN. Also, satt bin ich auch nicht gerade. Aber es ist doch so schön hier. Komm, wir trinken noch.

Eine reiche Dame kommt mit einem Hund herein, der noch vornehmer ist als die übrigen Gäste. Der Kellner gießt Hermann demonstrativ den letzten Tropfen Wein ein.

SCHNÜSSCHEN. Ich möchte zahlen, bitte.

HERMANN. Wollen wir denn schon gehen?

SCHNÜSSCHEN. Hermann, wenn du so einen Hunger hast, dann gehen wir jetzt.

831 Villa Cerphal, Terrassenzimmer

Zu Hause im »Fuchsbau« haben Hermann und Schnüßchen sich noch ein paar ordentliche Quarkbrote geschmiert, um nicht hungrig einschlafen zu müssen. Hermann ißt, als hätte er seit Tagen nichts bekommen.

HERMANN. Endlich was Richtiges zwischen den Zähnen.

SCHNÜSSCHEN. Hermann, ich mache mir Sorgen!

HERMANN. Ausgerechnet jetzt!

Hermann macht Faxen. Er knabbert an Schnüßchens nackten Füßen herum, er schmust mit ihren Brüsten und wälzt sich auf dem Bett.

SCHNÜSSCHEN. Hermann, in dir is ebbes, was ich nur ahn, aber net begreife. Du bist bei mir ganz anders als bei deinen Freunden.

HERMANN. Wie bin ich denn?

SCHNÜSSCHEN. Du bist bei mir ganz unkompliziert! Du lachst und schwätzt und beißt mir in die Füß.

HERMANN. Es geht mir eben gut bei dir.

Hermann, der von allen unbeantworteten Fragen ablenken will, die dieser Tag aufgeworfen hat, wälzt sich nun vor Schnüßchens Füßen auf dem Teppich umher, kriecht unter das Bett, um dann wieder aufzuspringen, auf den Stuhl zu steigen und vor ihren Augen den schwierigen Künstler zu mimen.

SCHNÜSSCHEN. Nä, Hermann, in dir is ebbes, dat willst du mir net zeigen. Oder eisch han kei Antenn. Vielleicht bin ich auch zu dumm für disch.

HERMANN. Ach, Schnüßchen! Gut, dann erkläre ich dir eben, wie ich bin: Ich quäle mich gern selber. Aber ich will mich jetzt gar nicht quälen. Ich stehe gern als der Schwierige da und liebe es, wenn die Leute mich als das Orakel von Delphi ansehen. Traurig, wirklich traurig! Ich leide, und keiner versteht mich. Aber dir kann ich eben nichts vormachen.

SCHNÜSSCHEN. Ach Hermann, du bist schon ein komischer Kerl. Aber ich hab dich sehr, sehr lieb!

Er setzt sich ans Klavier. Das Stück, das er improvisiert, ist eine Mischung aus unterhaltsamen Harmonien und melancholisch-zerdehnten Themenanfängen. Alles ist unausgeführt – kaum begonnen, schon beendet. Schnüßchen ist dem Weinen nahe.

SCHNÜSSCHEN. Weißt du, was ich mir wünsche? Daß du mir mal ebbes auf'm Klavier vorspielst, ganz allein für mich. Das han ich mir schon immer gewünscht.

Sein Klavierstück ist wirklich nicht für sie bestimmt. Es ist der Ausdruck seiner inneren Quälereien. Plötzlich unterbricht er sich.

HERMANN. Und wenn wir das wirklich machen?

SCHNÜSSCHEN. Was machen?

HERMANN. Heiraten.

SCHNÜSSCHEN. Hermann, Lieber, was sagst du da?

Schnüßchen richtet sich auf. Sie ist wieder hellwach. Seine Stirn zeigt zwei tiefe, senkrechte Falten. Die Szene hält den Atem an.

HERMANN. *Ich habe oft darüber nachgedacht, was es bedeutet, einen Gedanken auszusprechen. Ein ganz und gar unfaßbares, unwirkliches Gebilde: ein Gedanke! Ausgesprochen aber verwandelt er sich in Realität.*

832 Autobahn

Es ist der 22. Juli 1964. Auf der Autobahn, mitten im dichten Verkehr, nähert sich ein weißer Karman-Ghia, ein Auto mit einer Simmerner Nummer. Oben, auf dem Dachgepäckträger türmt sich ein Aufbau wie bei den jugoslawischen Industriearbeitern, wenn sie in den Sommerferien ihre Familien zu Hause besuchen: ein Kühlschrank, Koffer und Kisten, so daß dieses kleine Auto nur langsam vorankommt. Es wird gerade von einem riesigen Lkw überholt.

Im Innern des Autos sitzen Tante Pauline, die Uhrmacherwitwe aus Simmern, Marie-Goot, Hermanns Verwandte aus Schabbach und Jacquelinchen, Paulines dreizehnjährige Enkelin. Pauline lenkt den Wagen. Sie ist verärgert.

PAULINE. Jedesmal fällt mir das Herz in den Schuh, wenn so ein hausgroß Monstrum vorbeiwill.

Der Lkw fährt durch eine Pfütze, wodurch eine Ladung Schmutzwasser aufgewirbelt wird und Paulines Windschutzscheibe verdunkelt.

PAULINE. Ach nä, jetzt spritzt er uns auch noch an! Nä, so ebbes! Da sollte man sich richtig die Nummer aufschreiben.

MARIE-GOOT. Do haste recht!

PAULINE. Uns Robertschen hat ja neulich so einen angezeigt.

MARIE-GOOT. Ja?

PAULINE. Ja. Direkt hinter der Autobahn is er ans Telefon gegange und hat die Nummer durchgegebe.

MARIE-GOOT. Dat war richtisch.

PAULINE. Marie-Goot, weißt du, wat die bei der Polizei gesagt han?

MARIE-GOOT. Nä?

PAULINE. Es wär ihm doch kei Schade entstande!

MARIE-GOOT. So ebbes!

PAULINE. Als ob die Nerve kei Schade wäre.

MARIE-GOOT. Do haste recht.

PAULINE. Dat kost einen doch sämtlische Nerve mit dene Raudies. Aber die stecke ja all unner einer Deck! So, und jetzt ham'mers bald geschafft.

MARIE-GOOT. Wie lang sin wir denn jetzt eigentlisch unnerwegs? Jacquelinsche, rechne du emal nach! Um Viertel vor vier sin mer fortgefahre heut morge. Um siebe ham'mer getankt, dat war aber schon hinner Frankfurt, im Spessart. Weeßte, da war mer noch im Wald...

JACQUELINCHEN. Ei, eisch muß noch mal.

PAULINE. Ruhig, das hältste jetzt aus, bis wir in München sind. Das wär ja gelacht, wenn wir jetzt noch anhalten täten. Ei, isch muß auch schon noch emal, aber bis Münsche halte wir dat jetzt aus, das ist ja net mehr weit. Ei, Marie-Goot, was biste denn so still?

JACQUELINCHEN. Oma, ich glaub, die Marie-Goot muß kotzen!

Pauline lenkt den Wagen auf einen Parkplatz.

833 Autobahn, Parkplatz

Marie-Goot und Jacquelinchen haben sich in die Büsche geschlagen. Hier, zwischen Dornenhecken und den Ausscheidungen der anderen Autofahrer, entleeren sie ihre Blasen. Marie-Goot geht es schon wieder besser, was sich darin ausdrückt, daß ihre ganze Hunsrücker Geschwätzigkeit wiederkehrt.

MARIE-GOOT. Nä, nä, so weit war isch noch nie fort von daheim. Sag mal, Jacquelinsche, wie weit sin mer denn jetzt eigentlisch gefahre? Sechs Stunde? Also, ich sin müd für zehn Stunde. Und dann noch die ganz Hochzeit. Und um elf solln mer auf dem Standesamt sein. Und umziehe müsse wir uns noch. Pauline, was mach isch denn nur, wenn isch net durchhalte?

PAULINE. Ach, Marie-Goot, da halte mer durch, da wird einfach durchgehalte! Du kannst doch den Hermann net blamiere, vor all seine Freunde. Wat muß der Hermann auch grad an so 'nem Tag heiraten, wo et so warm is! Hätt er net warte könne bis September? Da hätte mer gleisch am nächste Tag weiterfahre könne bis an de Gardasee. Dat ist jetzt gar net mehr weit, Marie-Goot, nur noch grad über die Alpe!

MARIE-GOOT. Da vertu disch mal net, Pauline! Da liegt noch Österreich dazwische und Tirol und der ganze Brennerpaß.

PAULINE. Marie-Goot, hast du denn überhaupt an unsere Seidenblusen gedacht?

MARIE-GOOT. Ei, allemal han isch die engepackt, Pauline. Die sin hier in dem Koffer drin.

PAULINE. Ohne die wäre wir ja aufgeschmiß, und Münsche ist groß!

JACQUELINCHEN. Noch größer wie Kirchberg und Simmern zusammen?

MARIE-GOOT. Ei, allemal, Jacquelinsche, viel größer! Mindestens ein dutzendmal so groß.

PAULINE. Ob mer überhaupt die Straß finde, wo der Hermann wohnt?

Die Fahrt im überladenen Auto geht weiter. Jacquelinchen ißt dabei den

Erdbeerkorb leer, den Marie-Goot eigentlich als Hochzeitsgeschenk für Hermann und seine Braut vorgesehen hatte.

834 Standesamt

Im Warteraum des Schwabinger Standesamts hat sich ein kleiner Kreis von Freunden versammelt. Alex und Olga als Trauzeugen, Fräulein Cerphal und Herr Gattinger als Ersatz für die fehlenden Eltern, Schnüßchens Freundin Elisabeth als Fotografin, die alle Ereignisse der Reihe nach dokumentiert, Elisabeths Kinder und ihr Mann Rolf.
Die Standesbeamtin öffnet die Flügeltüren zum eigentlichen Trauungszimmer. Man hört noch die Harmoniumklänge von der vorausgegangenen Trauung.

ANGESTELLTE. Das Brautpaar Simon-Schneider bitte!

SCHNÜSSCHEN. Das sind wir!

HERMANN. Ach, jawohl, da sind wir!

ANGESTELLTE. Das Brautpaar in die erste Reihe bitte, die Zeugen rechts und links.

Der Hausorganist klappt den Harmoniumdeckel zu und erhebt sich. Die Standesbeamtin beobachtet, wie die Hochzeitsgesellschaft in den Stuhlreihen Platz nimmt. Der Standesbeamte scheint noch nicht im Dienst zu sein. Er liest Zeitung. Nach einem Blickwechsel mit dem Organisten wendet sich die Zeremonienbeamtin an Hermann.

ANGESTELLTE. Ist es richtig, daß Sie keine Musik bestellt haben?

HERMANN. Ja, das ist richtig!

ANGESTELLTE. Dann kann ich den Harmoniumspieler jetzt wegschikken?

HERMANN. Ja.

ANGESTELLTE. Er kostet aber nur zwanzig Mark, dann wird er natürlich dableiben.

HERMANN. Das ist mir bekannt!

ANGESTELLTE. Dann wird er jetzt also gehen.

HERMANN. Ja.

Schnüßchen ist nach dieser Unterhaltung traurig geworden. Sie sieht sich nach den Freunden um, die ebenfalls erstaunt sind über Hermanns Härte in der Musikfrage.

SCHNÜSSCHEN. Ach, Hermann, wollen wir nicht lieber doch mit Musik heiraten?

HERMANN. Aber wir haben das doch so besprochen!
ANGESTELLTE. Was denn nun, mit Musik oder ohne?
HERMANN. Ohne.
ALEX. Das wird dir aber als Banausentum ausgelegt werden.
HERMANN. Ich bin doch nur gegen diese Geschäftsmethoden.
FRÄULEIN CERPHAL *(mischt sich ein)*. Hermann, warum sind Sie denn so hart? Der Mann hatte vielleicht auch einmal Träume – als Musikus!
HERMANN. Was soll ich denn machen?
FRÄULEIN CERPHAL. Ich möchte Sie gern einladen, darf ich?
SCHNÜSSCHEN. Dankeschön, Fräulein Cerphal!
Die Cerphal winkt die Beamtin heran.
FRÄULEIN CERPHAL. Doch Musik!
ANGESTELLTE. Das hätten Sie sich aber wirklich früher überlegen können.
Herr Gattinger, wie immer fürs Finanzielle zuständig, und die Cerphal versammeln sich in der Ecke mit dem Organisten. Es beginnt eine leise Verhandlung über die Musikbegleitung.
ORGANIST. Was wollen Sie denn hören?
FRÄULEIN CERPHAL. Den Hochzeitsmarsch oder so was ähnliches?

ORGANIST. Gut, also, der Wagner kostet achtzehnfünfzig und der Mendelssohn zweiundvierzigfünfzig.

GATTINGER. Warum ist denn der Mendelssohn so teuer?

ORGANIST. Ja, der ist dauernd im Fortissimo, verstehen Sie, da muß man andauernd pumpen.

FRÄULEIN CERPHAL. Und was haben Sie noch?

ORGANIST. Das Largo von Händel, sehr günstig...

GATTINGER. Nein, also, das spielt man bei jeder Beerdigung.

ORGANIST. Das kann ich – ehrlich gesagt – auch nicht empfehlen.

FRÄULEIN CERPHAL. Und dieses Stück hier: »Mit Musik in den Ehestand«? Das ist doch schön!

ORGANIST. Das kann ich auch nicht empfehlen.

FRÄULEIN CERPHAL. Und was ist das für dreißig Mark?

ORGANIST. Der »Liebestraum« von Liszt. Aber da brauche ich schon ein Publikum mit Verständnis.

FRÄULEIN CERPHAL. Und was ist das Teuerste?

ORGANIST. Das Beste, was ich Ihnen bieten kann, das wäre mein universeller »Hochzeits-Kompaktmarsch«. Nach Wagner, mit Mendelssohn-Einlage, und »Tristan«-Vorspiel.

Der Organist zelebriert seinen »universellen Hochzeits-Kompaktmarsch«, als wäre es eine Symphonie. Hermann windet sich, die Freunde sind in gespannter Erwartung.

Die Trauung von Hermann Simon und Waltraud Schneider aus dem Hunsrück hat begonnen.

835 Villa Cerphal, Garten und Haustür

Marie-Goot, Pauline und Jacquelinchen haben die Villa von Fräulein Cerphal tatsächlich gefunden. Sie sind aus ihrem engen Auto geklettert und nähern sich nun – neugierige und ängstliche Blicke umherwerfend – dem Haus. Marie-Goot, die mit ihren schlechten Augen gewohnt ist, erst einmal blindlings in fremdes Gelände zu tappen, geht voran.

MARIE-GOOT. Der Hermann hat ja mal heimgeschrieb, daß er in so einer Villa wohnt. Aber das hat ihm ja in Schabbach kein Mensch geglaubt.

Mit ihrem erhobenen Blick hat Marie-Goot das Blumenarrangement nicht bemerkt, mit dem der Kiesweg ausgelegt ist: Die Strecke vom Garten bis zur Haustreppe besteht aus einem kunstvoll zusammengefügten Blütenteppich, in dessen Mitte ein Violinschlüssel aus weißen

Nelken dargestellt wurde, ein Symbol zur Begrüßung des Musiker-Bräutigams.

PAULINE. Achtung, Marie-Goot, paß uff!

MARIE-GOOT. Ach, ist das schön!

PAULINE. Guck emol, en Notenschlüssel! Jacquelinsche, hast du schon mal so ebbes gesehen?

MARIE-GOOT. Jacquelinsche, geh doch emol gucke, wo die Schell is!

PAULINE. Is dat schön! Da han se sich aber richtisch Müh geb. Herrlisch! Der schöne rote Teppisch.

Das Hunsrücker Kind steht oben auf dem roten Teppich, der die Haustreppe ziert. Es ist hilflos, da die Tür offensteht und die Klingel nicht funktioniert.

MARIE-GOOT. Jacquelinsche, geht se net? Was mache wir denn da?

PAULINE. Die Haustür steht aber uff!

MARIE-GOOT. Wir könne aber net einfach so ringehe.

PAULINE. Hallo, ist da jemand? Hallo!

Frau Ries, die heute ein Geschwader von Hauspersonal befehligt, horcht auf. Sie kommt zur Haustür, um nachzusehen, wer da so schreit.

FRAU RIES. Grüß Gott!

MARIE-GOOT. Guten Tag! Ich bin die Großtante, und das da, das ist die Tante, die Frau Gröber aus Simmern.

PAULINE. Ja, aber wissen Sie, ich bin nicht die richtige Tante. Genaugenommen bin ich ja bloß – die Schwester vom Stiefvater vom Hermann.

MARIE-GOOT. Und dat da ist dat Enkelsche von der Frau Gröber. Jacquelinsche, gib emol e Hand und mach en Knixsche! Also isch, ich bin ja jetzt die Schwester vom Hermännsche seiner Großmutter. Dem Hermann sei Mutter, die ja eigentlisch ingelade war...

PAULINE. Wisse Se, die Mutter vom Hermann, die hätt ja so gerne mitkommen wollen, aber die verträgt dat Autofahre so schlescht! Wisse Se, und da war dat unmöglisch heut morge, und deswege han wir gesagt, da fahren wir zwei. Und die Mutter is daheim gebliebe in Schabbach.

MARIE-GOOT. Und dann bin ich dann mitgekommen, wenn's Ihnen recht ist. Sie sind doch die Besitzerin?

Pauline und Marie-Goot haben Frau Ries keine Gelegenheit gegeben, Fragen zu stellen. Sie überrollen die alte Haushälterin mit ihrer selbstverständlichen Dreistigkeit. Frau Ries lächelt mühsam.

FRAU RIES. Nein, ich bin nur die rechte Hand von der Besitzerin. Ich bin Frau Ries. Das Brautpaar ist aber noch auf dem Standesamt.

PAULINE. Ah, da sind wir also doch zu spät gekommen! Können wir da noch hinfahren?

FRAU RIES. Ja, mit dem Auto könnten Sie's schaffen. Aber bei diesen vielen Einbahnstraßen, bis ich Ihnen das erklärt habe, derweil sind die da. Kommen S' lieber rein.

836 Villa Cerphal, Diele, Terrassenzimmer

Frau Ries ist endlich wieder die Haushälterin, die sie in den guten alten Zeiten der Cerphal-Familie einmal war. Sie genießt das Kommando über ihre Serviermädchen, die sie immer wieder losschickt, um Stühle aus Fräulein Cerphals Privaträumen herunterzuholen. Auch eine Köchin wurde engagiert, die aus der heruntergekommenen Studentenküche für diesen Tag wieder eine richtige Herrschaftsküche gemacht hat. Frau Ries hat die drei Hunsrückerinnen gleich wieder vergessen.

PAULINE. Jacquelinsche, komm, wir gehe jetzt emal zum Auto und hole die Koffer raus.

Marie-Goot wird in der herrschaftlichen Diele allein gelassen. Sie geht umher wie ein fremdes Haustier, das neugierig schnuppert und herausfinden will, ob es hier geduldet wird oder nicht. Frau Ries holt sich zwei von ihren Hausgehilfinnen heran, um mit ihnen den großen Ausziehtisch zu decken.

FRAU RIES. Also, zieht, zieht, aber Vorsicht! Keinen Kratzer! Das ist echt Palisander! Ja, nur weiter, weiter. Der ist sieben Meter lang, für dreißig Personen!

Marie-Goot starrt auf den Tisch, der immer länger wird. So etwas hat sie noch nie im Leben gesehen.

837 Vor dem Standesamt

Elisabeth hat die ganze Hochzeitsgesellschaft für ein Foto aufgestellt. Der klassizistische Eingang mit den Rundsäulen und der hübschen Marmortreppe eignet sich besonders gut für das offizielle Hochzeitsfoto: das Brautpaar in der Mitte, die Trauzeugen rechts und links, allerlei Faxen und gewollte Scherze. Ein Bild, wie es hier täglich gestellt wird. Es muß sein!

ELISABETH. So, alles zu mir schauen! So, jetzt mal lachen ...

Der große Sightseeing-Bus, in dem Schnüßchen sonst Dienst tut, fährt vor. Das ist eine Überraschung, die sich Herr Merkel, Schnüßchens Chef, ausgedacht hat.

ALEX. Ein Hochzeitsbus, das ist ja großartig!

SCHNÜSSCHEN. Ladies and gentlemen! Come in and fasten your seatbelts!

Beim Einsteigen in den Bus entsteht schon die Partystimmung, die heute gewünscht wird. Alex klopft seine Sprüche, Fräulein Cerphal spielt die Mutter der Kompanie.

838 Villa Cerphal, Straße und Garten

Der Sightseeing-Bus nähert sich mit lautem Hupen der Villa. Frau Ries und ihre Dienstmädchen kommen in den Garten gerannt, um die Ankunft des Brautpaares nicht zu versäumen.

Auf dem Trottoir vor der Villa haben sich auch die anderen Freunde eingefunden. Stefan, Reinhard und Rob warten ebenso wie Helga, Frau Moretti, Volker, Jean-Marie und der Aufnahmeleiter Bernd. Juan ist in Begleitung einer blonden Schönheit erschienen, die niemand kennt.

Renate steigt aus einem roten Porsche-Cabrio, an dessen Steuer Dr. Bretschneider sitzt, der Anwalt, bei dem Hermann sie einst kennengelernt hat. Der rote Porsche zieht erst einmal die Aufmerksamkeit mehr auf sich als seine Insassen. Hermann überquert die Straße, um Renate zu begrüßen.

HERMANN. Ach, Renate, das freut mich!

RENATE. Ich bin ja so glücklich, daß du mich nicht vergessen hast.

HERMANN. Grüß Gott, Herr Bretschneider!

HERR BRETSCHNEIDER. Servus!

RENATE. Den Herrn Bretschneider habe ich heut mitgebracht, weil ich doch jetzt bei ihm wohne.

HERMANN. Was, als Kompagnon, oder wie nennt man das?

RENATE. Ich bin net verheiratet. In der Kanzlei nennen sie mich jetzt »die Konkubine«. Hast du Latein gelernt, Hermann?

Hermann sieht Frau Moretti, die auf den Porschebesitzer losgeht, um ihm die Hand quer über den Kühler des Wagens hinweg entgegenzustrecken.

HERMANN. Sie kennen sich? Frau Moretti, Herr Dr. Bretschneider.

FRAU MORETTI. Ja, grüß Sie Gott! Ja, servus!

DR. BRETSCHNEIDER. Wie geht's Ihnen denn?

FRAU MORETTI. Ja, wunderbar!

HERMANN *(zu Renate)*. Da gratulier ich dir!

RENATE. Nein, ich muß dir doch gratulieren, dir und deiner süßen Braut!

Renate hakt sich vertraulich bei Hermann unter, während sie mit ihm zur Braut geht.

HERMANN. Das ist Renate – Schnüßchen.

SCHNÜSSCHEN. Waltraud!

RENATE. Du traust dich was, Hermann!

HERMANN. Wieso? Ich bin schließlich nicht der erste Künstler, der heiratet.

RENATE. Aber der untreueste! Darf ich das sagen?

Schnüßchen begrüßt andere Gäste, so daß sie diese vertraulichen Anspielungen Renates nicht hören muß. Renate entdeckt Juan, der an der Seite seiner blonden Begleiterin unglücklich lächelt.

RENATE. Juan! So sehen wir uns wieder. Isch des dei Freundin?

JUAN. Darf ich vorstellen, das ist Anikki, meine Freundin aus Finnland. Sie ist Deutschlehrerin.

Renate küßt Juan einfach auf den Mund. Sie tut das nicht, weil sie provozieren will, sondern weil sie in einem Porsche gekommen ist und sich zu den Siegern zählt. Anikki antwortet etwas auf finnisch. Sie ist verlegen, weil sie die Verhältnisse hier nicht durchblickt.

RENATE. Lernst du jetzt auch Finnisch?

JUAN. Ja, natürlich, das habe ich schon vorher gekonnt.

RENATE. Ah ...

JUAN. Und, willst du keine Schauspielerin mehr werden?

RENATE. Doch, doch, der Dr. Bretschneider hat mich jetzt unter seine Fittiche genommen. Grad in dem Beruf brauchst du doch Protektion. Net wahr, Alois?

DR. BRETSCHNEIDER. Ja, was ist denn, Haserl?

Dr. Bretschneider nähert sich mit Frau Moretti, die sich mit ihrer ganzen körperlichen Wucht an ihn drängt. Renate stutzt.

RENATE. Ach, nix! Komm, gib mir's Geschenk!

Renate nimmt Bretschneider das Paket mit dem Hochzeitsgeschenk aus der Hand und zieht sich gekränkt zurück.

FRAU MORETTI. Ein wirklich schönes Auto, muß ich sagen, haben Sie da!

DR. BRETSCHNEIDER. Es ist auch nicht das billigste!

FRAU MORETTI. Sehr schön!

Auch Olga hat es jetzt der rote Porsche angetan. Sie posiert für die drei Filmemacher vor dem Sportwagen: ein Traumfoto.

Im Garten haben sich die Freunde auf beiden Seiten des Kiesweges aufgestellt, um für das Brautpaar »Pergola« zu spielen. Mit erhobenen Händen, die sie mit den Händen ihres Gegenübers verschränken, bilden sie eine Art Tunnel oder »Laubengang«, durch den Hermann und Schnüßchen hindurchgehen müssen. Da die hinteren Personen, an denen das Brautpaar schon vorübergegangen ist, immer wieder nach vorn rennen, kann so der Eindruck einer unendlich langen »Menschenpergola« erzeugt werden. Es ist ein lauter Spaß, der auch durch das Gerenne entsteht, an dem jeder mehrmals teilnehmen muß. Erst vor dem Blumenteppich mit dem Violinschlüssel kommt das Spiel zum Stillstand.

HERMANN. Seht euch das mal an!

SCHNÜSSCHEN. Ach, ist das schön!

ALEX. Der Reis, der Reis!

HERMANN. Reis? Was ist denn jetzt los?

Alle reden nun auf einmal. An der Treppe entsteht wieder ein wildes Durcheinander, denn jeder der Freunde will sich an dem Reiswerfen beteiligen, mit dem eine alte Tradition vollzogen werden soll.

ALEX. Einen Moment, Hermann, du mußt jetzt die Braut über die Schwelle tragen, damit das endlich mal vorangeht!

Nun ist auch noch Clemens in Bundeswehruniform mit einer riesigen Trommel erschienen. Er schlägt den Auftakt für den Einzug der Braut ins Hochzeitshaus. Hermann folgt den Anweisungen der Freunde. Er trägt Schnüßchen, die aufkreischt, über den Blumenteppich zur Haustreppe hin. Der Reisregen ergießt sich unter lautem Geschrei und Gejohle auf Braut und Bräutigam. So kommt Hermann oben an der Türschwelle an, wo er Schnüßchen direkt vor Marie-Goot und Pauline zu Boden gleiten läßt.

ALEX. Ja, Hermann, alles ist sinnlos, aber nichts ist Zufall.

PAULINE. Hermann, ich muß dir schnell was erklären ...

HERMANN. Ja, wo ist denn die Mutter?

PAULINE. Ja, dei Mutter ...

HERMANN. Ja.

PAULINE. Du kennst doch dei Mutter. Die wollt unbedingt mitkomme. Aber du kennst se doch! Die hat so viel Angst vor so viele fremde Mensche. Und die lang Fahrt. Und gestern abend ...

SCHNÜSSCHEN. Ach, das ist aber schad!

PAULINE ... um zehn, gell Marie-Goot, da hatten wir sie soweit!

MARIE-GOOT. Die hat die ganz Nacht vor Aufregung net geschlafe.

PAULINE. Ja, und heut morge, da wollt se net mehr.

HERMANN. Ach, das freut mich aber, daß ihr da seid!

MARIE-GOOT. Ja, und ich konnt ja die Pauline net allein fahre lasse.

HERMANN. Ja.

PAULINE. Mer sollen dich aber ganz herzlich grüßen. Und deine Frau auch!

HERMANN. Das ist also die Waltraud, Waltraud Simon!

MARIE-GOOT. Tach, Waltraud!

PAULINE. Da haste dir aber ein lieb Mädsche ausgesucht, Hermann!

SCHNÜSSCHEN. Grüß Gott!

PAULINE. Und die Mutter schreibt auch noch.

839 Villa Cerphal, Diele und Bibliothek

Die Diele ist voller Menschen. Stimmengewirr läßt die Luft im Haus beben. Den Servierfräulein werden die Champagnergläser regelrecht von den Tabletts gerissen. Die »Fuchsbau«-Freunde feiern sich heute selbst: ihre Anwesenheit, ihre Anrechte auf dieses Haus, ihre Freundschaft, die immer in Gefahr war, zu zerfallen. Stefan, noch immer hoffnungslos in Helga verliebt, trinkt zwei Gläser ex.

Tante Pauline schnappt sich das Brautpaar. Sie hat in der Bibliothek, wo die Hunsrücker Koffer stehen, eine Überraschung bereitgehalten.

PAULINE. Das hab ich mir doch gedacht, dat ihr kei Trauring habt! So, jetzt bleibt emal stehe, guckt emal, isch han euch a Paar aus unserem Geschäft mitgebracht, aber dat sind net die schmale, billige, die wo die Bauere immer kaufe, dat sind die breite, die ganz massive. Guckt emal. Dat is vierzehn Karat Gold, weil achtzehn Karat, das wär zu weisch, dat hält sisch net. Aber die hier, die halte ewisch. Da habt ihr wat fürs Lebe. Wie hätte mir uns dat gewünscht, dei Onkel Robert selisch und isch, dat wir damals solsche Trauring gehabt hätte.

Pauline sorgt mit lauter Stimme dafür, daß sie für ihre Zeremonie genügend Zuhörer findet. In der Bibliothek, wo die vielen Hochzeitsgeschenke aufgebaut sind, haben sich auch Alex, Fräulein Cerphal und Marie-Goot eingefunden. Die Freunde in der Diele werden ruhiger, um mitzuerleben, was Pauline nun inszeniert.

PAULINE. Wisse Sie, Fräulein Cerphal, dat ware schwere Zeite für uns damals! 1934, in der »Aufbauzeit«. Wir waren so arm damals, wir konnten nischt mal aus unserem eigenen Geschäft die Ringe nehmen, aber mein Sohn, gucken Se mal, dat Robertschen, der jetzt dat Geschäft übernomme hat, der hat auch die breiten, die ganz massiven Ringe. So, Hermann, und jetzt steck mal deiner Frau einen an. Isch bin so gespannt! Dat is für die Waltraud. Isch bin so gespannt, ob sie überhaupt passe!

Hermann nimmt den Trauring aus Paulines Hand entgegen. Er steckt ihn Schnüßchen, die vor Glück von einem Fuß auf den andern tritt, an den Finger.

PAULINE. Ja, er paßt! So, jetzt du, Waltraud, der andere.

Hermann streckt Schnüßchen zuerst seine linke Hand hin.

SCHNÜSSCHEN. Hermann, die andere Hand.

PAULINE. Jetzt bin ich gespannt! Ja, der paßt auch! So Hermann, jetzt mußt du aber auch deiner Frau einen Kuß gebe, los!

HERMANN. Na komm, Waltraud!

Hermann küßt Schnüßchen lange und fest auf den Mund. Pauline unterbricht, indem sie die beringten Hände des Brautpaares hochhebt, wie man die Hände von Siegern in einem Boxring vorzeigt.

PAULINE. Na, nun langt et, nun langt et. Kommt emal all gucke!

Der Beifall im versnobten Freundeskreis ist nicht so herzlich, wie Pauline ihn erwartet hat.

Schnüßchen wirft – um nun auch einem alten Brauch zu genügen – ihren Brautstrauß in die Menge.

Olga hat ihn aufgefangen und springt begeistert auf Reinhards Schulter. Reinhards Proteste helfen nichts – Olga nimmt das Zeichen, die nächste Braut im Kreis zu werden, jubelnd an. Jacquelinchen, die völlig vergessen worden ist, erscheint traurig in der Tür.

JACQUELINCHEN. Eisch will hääm, Marie-Goot, bitte.

840 Villa Cerphal, Terrassenzimmer

Frau Ries und ihre Gehilfinnen haben eine herrliche Hochzeitstafel gedeckt. Das gute Familienporzellan, die Kristallgläser und das Silberbesteck schaffen auf dem blumengeschmückten Damasttischtuch eine feierliche Atmosphäre. Alex hat mit Fräulein Cerphal begonnen, die Tischkärtchen zu verteilen. Er fühlt sich für die Tischordnung zuständig und plaziert die Karten ganz nach seinen Vorstellungen.

ALEX. Clemens, der Mann mit der Pauke, Bernd, dann haben wir da Volker, Jean-Marie, Clarissa – die Heilige Dreifaltigkeit …

FRÄULEIN CERPHAL ... Jules et Jim.

ALEX ... Renate, Dr. Bretschneider, die Sexualordung im Büro, Herr Schneider, Scholle und Acker, dann hier Braut und Bräutigam ...

Stefan, der die Verteilung der Tischnachbarschaften von weitem beobachtet, schleicht heran, um die Karten anders zu mischen: Juan setzt er zu Rob und sich selbst an die Seite von Helga.

841 Villa Cerphal, Garten und Straße

Noch bevor das Festessen beginnt, haben sich einige von den Gästen aus dem Hause entfernt: Elisabeths Sohn Raoul, der mit Herrn Gattinger den Dackel »Wasti« spazierenführt, Schnüßchens Chef, Herr Merkel, der den Reisebus wieder zum Einsatz fährt, und Frau Moretti, die es vorzieht, mit Herrn Dr. Bretschneider eine Spritztour in dem roten Porsche zu unternehmen. So entsteht Stille rund um das Hochzeitshaus.

842 Villa Cerphal, Garten, Terrassenzimmer

Hermann und seine Gäste haben Glück, denn auch das Münchner Wetter zeigt sich von seiner schönsten Seite. Der »Fuchsbau« ist für Sommerfeste wie geschaffen. Die Terrasse wurde für den Anlaß mit einer ausladenden Markise überdacht, so daß sich das Zimmer bis weit in den Garten hinaus erweitert. Für die zappeligen Kinder bietet der Garten zudem genügend Auslauf. Sie können dort Ball spielen und müssen nicht auf die Erwachsenen Rücksicht nehmen, die still am vornehm gedeckten Tisch sitzen müssen und der kultivierten Harfenmusik zuhören. Eine eigens von Hermann bestellte Harfenistin greift virtuos in die Saiten.

Gerade noch rechtzeitig zur Suppe trifft Evelyne ein. Mit ihrem Lebensgefährten, einem bildschönen, großen Afrikaner, kommt sie von ihrer Englandreise zurück. Ihr Köfferchen lassen die beiden einfach im Garten stehen. So kann Evelyne ihren Freund, der in der Feiertagstracht seines Landes erschienen ist, auf bekannten Pfaden durch den Garten über die Terrasse in das Hochzeitszimmer führen. Sie überreicht Hermann ihr Geschenk. Dann macht sie die Runde um die große Tafel, um die Freunde zu begrüßen, von denen sie etliche seit Ansgars Tod nicht mehr gesehen hat.

Pauline beugt sich über Marie-Goot hinweg zu Hermann hinüber.

PAULINE. Hermann, wer is denn dat?

HERMANN. Das ist Evelyne, die Nichte von Frau Cerphal. Sie studiert Gesang.

Evelyne ist auf der anderen Tischseite angekommen. Sie begrüßt ihre Tante Cerphal. Sie stellt ihr auch ihren afrikanischen Freund vor.

FRÄULEIN CERPHAL. Welche Überraschung!

EVELYNE. Das ist Bony.

BONY. Grüß Gott!

Bony überrascht die Freunde mit seinem bayerisch ausgesprochenen Gruß. Marie-Goot, die neben Hermann sitzt, beschäftigt sich eingehend mit der Schildkrötensuppe, die ihr in einer kleinen Schale gereicht wird.

MARIE-GOOT. Also Hermännsche, dat ihr die Supp aus Tasse eßt und dann auch noch Schildkrötensupp, die arm Tierscher, die dun mir leid. Isch war emol mit Mäthes-Pat in Frankfurt im Zoo, da han mer auch Schildkröte gesehe. Die ware ganz hart. Sag emol, bist du sischer, dat dat Fleisch da von der Schildkröte ist?

SCHNÜSSCHEN. Schmeckt dir die Supp net?

Jetzt mischt sich Tante Pauline wieder ein. Sie packt Hermann indiskret an der Schulter.

PAULINE. Hermann, wer is denn der schwarz Mann dahinne?

HERMANN. Das ist der Freund von der Evelyne.

PAULINE. Der hat aber feine Manieren!

HERMANN. Ja, der kommt aus Afrika!

PAULINE. Aber warum kommt er denn im Nachthemd?

HERMANN. Das ist doch kein Nachthemd, die tragen das da so.

PAULINE. Ach so.

SCHNÜSSCHEN. Geh, laß sie, Hermann!

Bony und Evelyne finden zwischen Olga und Elisabeth Platz. Die Harfenistin spielt eine Phantasie von Louis Spohr, einem komponierenden Harfenisten des 19. Jahrhunderts. Die virtuose Musik bildet einen gewissen Kontrast zu den banalen Tischgesprächen.

PAULINE. Was für Teile sind das eigentlich, vom Hals oder vom Bauch?

ALEX. Das weiß ich auch nicht so genau.

PAULINE. Wissen Sie, wir auf dem Lande, also, unsere Geschäfte, die führen ja so was gar nischt. Wir sind ja von der Welt abgeschnitt, wenn Sie verstehe, wie ich das meine. Unser Robertschen, der sagt das auch immer. Das ist alles eine Frage von Angebot und Nachfrage. Ja, in unserer Brangsche doch genauso: Uhren, Goldwaren, Juwelen und so weiter. Ja meinen Sie, die Bauern verstehe ebbes davon? Da stehe Sie als Geschäftsmann manschmal ganz allein in Ihrem Laden.

ALEX. Und dann bleiben Sie also auf Ihren Juwelen sitzen.

PAULINE. Ach, verstehe Sie ebbes davon?

ALEX. Ja, allerdings: negativ, sozusagen. Ich weiß, wie es ist, wenn man keine Juwelen hat.

PAULINE. Ach so, ja.

Paulines Hunsrücker Stimme ist so laut, daß sie die ganze übrige Konversation übertönt. Die Freunde amüsieren sich. Hermann ist aber diese Verwandtschaft peinlich. Frau Ries kündigt den nächsten Gang des Hochzeitsmenüs an.

FRAU RIES. Als nächstes: Waldorfsalat in Nußkörbchen.

Die beiden Servierfräulein bringen die gebackenen Körbchen auf Silbertabletts herein. Beim Austeilen der zerbrechlichen Vorspeise passieren kleine Ungeschicklichkeiten. Jean-Marie nimmt dies zum Anlaß, mit einem der Dienstmädchen zu flirten.

JEAN-MARIE. Von Ihnen hätte ich lieber keinen Korb bekommen!

ANGESTELLTE. Es ist doch nur ein Körbchen.

JEAN-MARIE. Tant-mieux! A tout ailleurs.

Marie-Goot hat schon wieder Schwierigkeiten, alles zu begreifen. Sie wendet sich mit ihrer lauten Stimme an den Bräutigam.

MARIE-GOOT. Hör mal, Hermann! Mußt du dat alles allein bezahle?

HERMANN. Pscht, Marie-Goot, sei doch bitte still! Hör doch mal zu, was die anderen Leut sagen. Das ist doch interessant!

MARIE-GOOT. Du kannst mir doch sage, wat dat kostet. Dat dauert doch net lang!

HERMANN. Also gut! Das kostet so fünf- bis sechshundert Mark. Aber da han mer eusch net dafür gebraucht. Das hat Schnüßchen von ihrem Vater bekommen.

MARIE-GOOT. Guck emol, Hermann, dat is alles für disch. Isch sollt's dir ja erst heut abend gebe, aber du sollst wissen, von daheem kommt aach noch ebbes.

Marie-Goot öffnet ihre Handtasche auf ihrem Schoß. Es kommt ein kleines Bündel von Hundertern zum Vorschein. Hermann spürt, daß jetzt die Augen aller seiner Freunde auf das Geld gerichtet sind.

HERMANN. Bitte, laß das doch stecken!

Schnüßchen versucht das Thema am Tisch auf etwas anderes zu lenken. Sie wendet sich mit lauter Stimme – denn auch sie ist eine Hunsrückerin – an Juan, der auf der anderen Seite der Tafel sitzt und schweigt.

SCHNÜSSCHEN. Juan, du hast doch Inkablut in den Adern! Ei, isch tät so gerne mal in die Anden fahren. Das wär doch mal ebbes anderes als das öde Land hier, meinst du net, Anikki? In Finnland soll's doch soviel Steschmücke gebe, stimmt dat?

Anikki antwortet etwas auf finnisch, was keiner versteht.

SCHNÜSSCHEN. Wat?

ROB. Stechmücken? Gefährliche Tierchen!

Da taucht Jacquelinchen wieder auf. Sie kommt aus dem Garten zurück und verkündet ihrer Oma, was sie schon seit ihrer Ankunft will:

JACQUELINCHEN. Eisch will hääm!

PAULINE. Jacquelinsche, jetzt komm doch erst emal gucke, wat et all gibt. Setz disch da emal hin.

MARIE-GOOT. Du »Festekel«, wenn isch gewußt hätt, wie du disch anstellst, dann wärst du aber dahääm gebliebe!

Die Menüinszenierung von Frau Ries funktioniert wie in guten alten Zeiten. Schon wieder rollt ein neuer Gang heran.

FRAU RIES. Canard à l'orange – Ente in Orangensoße!

MARIE-GOOT. Hermann, ich bin schon satt.

HERMANN. Ach nein.

MARIE-GOOT. Zuerst Fisch und dann Salat und dann Supp und dann Nuß!

HERMANN. Komm, wir gehen mal raus.

MARIE-GOOT. Und alles verkehrt herum. Dat war einfach zuviel. Ich muß emol an die Luft!

HERMANN. Die Ente ist eigentlich das Schönste, was wir haben.

Während sich die Cerphal darum kümmert, daß die Enten fachgerecht tranchiert werden, führt Hermann Marie-Goot in die Diele hinaus.

MARIE-GOOT. Hermann, wo ist denn hier dat Klo?

HERMANN. Hier, komm, ich zeig's dir.

MARIE-GOOT. Nä, wart emol, isch muß ja gar net! Isch wollt's nur wisse, für alle Fälle. Du, Hermann, dei Freunde da drin, die sin doch bestimmt aus den besten Familien. Kannst du disch auf die auch so richtig verlasse?

HERMANN. Teilweise.

MARIE-GOOT. Teilweise, aber die gucke disch manschmal so komisch an. Mir vergeht der Appetit, wenn ich dat sehe. Ach, Hermann, warum bist du net emol heimgekomme in all der langen Zeit! Dei Mutter, die hätt sisch so gefreut! Du bist schon en komischer Kerl.

HERMANN. Marie-Goot, müssen wir jetzt über das Thema schwätzen?

MARIE-GOOT. Ja.

HERMANN. Ausgerechnet heut!

MARIE-GOOT. Irgend jemand muß dir dat ja emol sage.

HERMANN. Nä.

MARIE-GOOT. Et is ja auch für uns net einfach.

HERMANN. Das ist meine Sach.

MARIE-GOOT. Dat sagst du so.

Jemand pocht draußen an die Eingangstür. Hermann unterbricht sein Gespräch mit Marie-Goot, um nachzusehen. Ein knochiger Mann mit Schnauzbart und Glatze tritt auf. Auf der Schulter trägt er eine hölzerne Weinkiste. Er schüttelt Hermanns Hand so fest, daß dieser in die Knie geht.

VATER SCHNÜSSCHEN. Eisch sin dei Schwiegervater!

HERMANN. Ja.

VATER SCHNÜSSCHEN. Da sin eisch nun mal! Mein lieber Mann, schön is et da, da muß Geld sin. Waltraud!

Schnüßchen hat die Stimme ihres Vaters schon von weitem erkannt. Sie kommt – außer sich vor Freude – gerannt und fällt ihrem Vater um den Hals.

SCHNÜSSCHEN. Nää, Vatter, dat Ihr noch kommt!

MARIE-GOOT. Schnüßchens Karl von Schnappebach!

SCHNÜSSCHEN. Ei, isch kann et ja gar net glaube. Wie geht's denn der Mutter und der Hilde und dem kläne Bobbelsche?

VATER SCHNÜSSCHEN. Denen geht es alle gare gut!

SCHNÜSSCHEN. Ach, schön ist dat. Komm mit rein.

VATER SCHNÜSSCHEN. Ja. Da, Hermann, halt emal...

Jetzt erst entledigt sich der Hunsrücker der Weinkiste, indem er sie Hermann einfach in die Arme drückt. Hermann kann die schwere Kiste kaum halten. Es scheint, daß die alte Heimat ihn jetzt doch noch eingeholt hat. Schnüßchen führt ihren Vater auf Hermanns Platz.

SCHNÜSSCHEN. Ach, ist dat schön! Dat ist mein Vatter. Dat sin alles Freunde vom Hermann.

VATER SCHNÜSSCHEN. Schneider...

SCHNÜSSCHEN. Mein Vater – das ist Fräulein Cerphal, die Hausherrin.

FRÄULEIN CERPHAL. Freut mich, nehmen Sie Platz!

Hermann wird jetzt an der Tafel nicht mehr vermißt. Die Hunsrücker geben den Ton an. Hermann steht an der Tür, als wäre er nicht eingeladen.

PAULINE. Ja, so ebbes, Schnüßchens Karl ist ebe gekomme. Wat für eine Überraschung! Und wat für eine Sorte von Musik machen Sie, Herr Wéber? Auch moderne?

JEAN-MARIE. Die Neue Musik muß man immer und immer wieder hören. Erst dann gefällt sie einem. Wissen Sie, da ist jedes Stück einmalig, es erinnert eben an nichts.

PAULINE. Was, an gar nix? Nicht einmal an Musik?

VOLKER. Es kommt drauf an, was Sie unter Musik verstehen.

PAULINE. Ach, es gibt ja so viel Musik, man weiß gar net, was dat Schönste ist: Lieder und Schlager und Blasmusik und Marschmusik und Opern. Wissen Sie, in die Oper, da tät ich ja für mein Leben gern mal gehen. Ich hab ja im Fernsehen die Wiedereröffnung von der Münchner Staatsoper gesehe. Nää, so ebbes! Allein schon der gewaltige Kronleuchter, der ist doch sischer größer wie dat ganze Zimmer hier!

SCHNÜSSCHEN. Schmeckt dat dir denn, Vater?

VATER SCHNÜSSCHEN. Ach ja, weißt de, die Ent mit dem Apfelsinensaft, das schmeckt mir net!

SCHNÜSSCHEN. Aber Vater, das ist doch eine ganz feine Küch. Und die Krokettschen, dat ist lecker!

Paulines Blick mißt die Dimensionen des Zimmers ab. Sie betrachtet den kleinen Kristalleuchter, der über der Tafel hängt. Sie sucht immer noch nach Vergleichen. Ist der Kronleuchter der Oper wirklich so groß wie dieses Zimmer?

PAULINE. Vor allem höher! Komponieren Sie denn auch Opern?

VOLKER. Bisher nicht, aber im Prinzip ja.

Marie-Goot kommt zu der Tafel zurück. Pauline redet auf sie ein.

PAULINE. Ach, Marie-Goot, wolle wir net wenigstens ämol in die Oper gehe, wenn wir schon mal hier sind?

MARIE-GOOT. Ja.

PAULINE. Net wahr?

MARIE-GOOT. Ja, mer gehen!

PAULINE. Ach, Marie-Goot, dat könnte mer doch mal mache!

MARIE-GOOT. Ja.

PAULINE. Meinste net, wenn wir schon mal da sind?

MARIE-GOOT. Ja.

PAULINE. Weißt du wat, die jungen Herren könnte uns doch vielleicht behilflisch sein?

MARIE-GOOT. Bei wat?

PAULINE. Ei, Karte besorge.

MARIE-GOOT. Für wat?

PAULINE. Ei, Marie-Goot, für die Oper!

MARIE-GOOT. Ja.

PAULINE. Wir wollte doch in die Oper gehen. Wat kost denn so ebbes, ist dat teuer?

JEAN-MARIE. Das kann teuer sein.

VOLKER. Das ist vielleicht das Schwierigste an der Oper. Aber es muß ja auch Dinge geben, die man sich nicht alle Tage leisten kann. Die Hochzeit zum Beispiel ist doch so etwas.

Jetzt setzt Pauline ihre Unterhaltung mit Marie-Goot flüsternd fort, weil Jacquelinchen an ihrer Schulter eingeschlafen ist.

PAULINE. Stell dir vor, Marie-Goot, fünf Musiker han mir hier am Tisch. Und da is der Hermann noch gar net mitgezählt. Und die annere all, die sind sogar vom Film! Und zwei Schauspielerinne!

MARIE-GOOT. Ja, wo hocken die denn all?

PAULINE. Ja, der äne Herr vom Film, der hockt da, und die annern, die sitze da, und die zwei Schauspielerinne, die hocke dahinne!

MARIE-GOOT. Pauline, woher weißt du denn dat alles?

PAULINE. Ei, das hat mir alles der Herr mit dem Inkablut erzählt.

Frau Ries tritt mit einem Tablett voller Schnäpse auf. Sie stellt sich vor, daß es nach der Ente einer Verdauungshilfe bedarf.

FRAU RIES. Einen »Verteiler«!
Pauline entdeckt Hermann, der immer noch in der Tür steht.
PAULINE. Ei, Hermann, komm, dat ist doch dei Hochzeit!
Jetzt erst bemerken die Gäste, daß Hermann nicht mehr am Tisch sitzt. Sie prosten ihm zu, aber Hermann ist mit seinen Gedanken weit weg.

843 Paris, Straßen

Clarissa in Paris. Sie trägt ihren Cellokasten und ihr Reiseköfferchen am Seineufer entlang. Im Hintergrund der Eiffelturm. Ein Bild wie eine Postkarte. Vielleicht ist es das Bild, das Hermann sich in diesem Augenblick vorstellt.

844 Atelier des Celloprofessors

Das Gebäude erinnert an die Eisenarchitektur des Eiffelturms, den man auch hinter der Gewächshausverglasung ahnen kann. Clarissa spielt die Sonate für Klavier und Cello, A-Dur, von César Franck. Der Celloprofessor schlendert mit dem Bewußtsein, berühmt zu sein, genüßlich

durch den Raum. Er schäkert ein wenig mit seinen Assistenten, die auf ihn warten, und küßt im Vorübergehen den Scheitel seiner Pianistin. Clarissa spielt ausdrucksvoll, vielleicht ein wenig zu traurig. Sie will gefallen, will anerkannt werden und das Stipendium in den USA gewinnen. Aber sie weiß ihren Ausdruck nicht anders zu steigern als in diese Traurigkeit. Der Celloprofessor setzt sich, um das Ende ihres Spiels abzuwarten. Das Zusammenspiel mit der Pianistin ist gut. Ganz am Ende verpatzt Clarissa noch einen einzigen vorletzten Ton – ein verzeihlicher Fehler angesichts der Spannung.
Der Professor setzt sich Clarissa gegenüber an die Seite der Pianistin.

PIANISTIN. How do you like it, honey?

PROFESSOR. Fine, it was o. k. Tell me, do you know the Golden Gate?

CLARISSA. Yes.

PROFESSOR. We get a ticket for you, for the Golden Gate. That's for sure! Can I ask you something? You know, César Franck is a French composer, not a German one. There is always some hope and lightness. Just like your name, Clarissa light...

CLARISSA. Lichtblau.

PROFESSOR. Clarissa Lichtblau.

CLARISSA. That's »Lightblue«.

PROFESSOR. Well, that's nice.

845 Villa Cerphal, Garten

Volker hat für Hermann ein Hochzeitsständchen komponiert. Zur improvisierten Uraufführung haben sich im Garten ein paar von Volkers Musikerfreunden versammelt. Clemens trommelt auf einer großen Trommel mit. Posaune, Tuba und Klarinette begleiten einen Trompeter, der sich mühsam durch die Töne kämpft. Volker dirigiert und versucht, die auseinanderstrebenden Töne zusammenzuhalten.
Die Hochzeitsgäste, die nach dem Essen dringend Bewegung brauchen, kommen träge auf die Terrasse hinaus, um zuzuhören. Helga ist von dem Trompeter fasziniert. Sie starrt diesen Musiker so gierig an, daß er noch mehr Mühe hat, der Musik Farbe zu geben.
Hermann nimmt Schnüßchen in den Arm. Er freut sich, daß die Feier endlich auch einmal seinen Freunden gefällt. Es beginnen sich schon Pärchen zu bilden: Renate mit Bernd, Rob mit Anikki, Jean-Marie und das Servierfräulein Helga...

Es kommt ein Wind im Garten auf, der in die Notenblätter fährt. Alle Versuche der Musiker, die Noten festzuhalten, scheitern. Schließlich wehen die von Volker komponierten Stimmen von den Pulten, so daß die Musik kläglich im Naturereignis untergeht. Doch dieses Ende macht das Musikstück zum Erfolg bei den Gästen.
Unter allgemeinem Applaus überreicht Volker nun dem Bräutigam seine Partitur.

HERMANN. Danke, Volker, das ist für mich?

VOLKER. Für dich!

HERMANN. Ihr kommt doch auch mit rein, es ist noch genug zu trinken da.

Mit Trara und Paukenschlägen folgen die Musiker Hermann und den Gästen ins Haus. Helga bleibt auf der Wiese. Sie sieht dem Trompeter so hemmungslos ins Gesicht, daß dieser es vorzieht, stehenzubleiben, bis er weiß, wie weit diese fremde Frau mit ihm gehen will.

HELGA. Wie heißt du?

TROMPETER. Wladimir.

HELGA. Bist du aus Rußland?

TROMPETER. Nä ... aus'm Rheinland!

Wladimir ist die Art von Mann, die Helga jetzt braucht. Er faßt sie an der Hand und zerrt sie in eine schattige Ecke neben dem Hausschuppen. Sie fiebert danach, diesen Mann sofort, an Ort und Stelle, zu umarmen. Sie rennt in den Schuppen hinein, setzt sich mit gespreizten Beinen auf einen Holzstoß. Sie wartet. Wladimir kommt mit der Trompete zu ihr. Er sieht sie lange an. Endlich geht er langsam auf sie zu, packt sie entschlossen an ihrem Gürtel und reißt sie empor, zu sich heran, dann sinkt er mit ihr zu Boden.

846 Villa Cerphal, Terrassenzimmer

Die Tafel ist aufgehoben worden. Während Frau Ries mit ihren Mädels wieder Ordnung schafft, verteilen sich die Gäste in die übrigen Räume der Villa. Juan ist einsam. Er hört zwei künstlichen Nachtigallen zu, die, von einem Uhrwerk angetrieben, in einem goldenen Käfig singen: eine von Fräulein Cerphals alten Spieluhren. Das Hochzeitsgeschenk, das die Cerphal Hermann und Schnüßchen überreicht, ist ebenfalls eine Spieluhr. Sie befindet sich in einer Holzschatulle.

FRÄULEIN CERPHAL. Das stammt aus der Schweiz, aus der Mitte des

vorigen Jahrhunderts. Ich habe mir die Schuhe abgelaufen, um sie aufzutreiben! Sehen Sie mal diese entzückende Intarsienarbeit! Mein Großvater mütterlicherseits, der hatte eine Taschenuhr mit Musik, und ich hatte als junges Mädchen einen Brummkreisel, und den halte ich in Ehren. Hat es nicht fast den Charme eines Goya-Bildes? Simsalabim!

Die Cerphal öffnet die Musikschatulle. Das Werk setzt sich automatisch in Gang und spielt zu Schnüßchens Freude ein Lied, das auch sie kennt: »Hoch soll er leben ...«. Die Melodie lockt die Freunde an. Elisabeth hört nicht auf, alles mit ihrer Leica zu dokumentieren. Nur Juan bleibt traurig.

847 Villa Cerphal, Schuppen

Helga und Wladimir lieben sich rückhaltlos auf dem Schuppenboden. Ihr Stöhnen hat Stefan angelockt. Er sieht durch das Fensterchen herein, und als er Helga erkennt, rennt er ins Haus, um sich zu besaufen.

Volker und Jean-Marie unterhalten die Gäste mit Liedern. Volker spielt mit so viel Humor, daß sich bald die ganze Sippe um den Flügel versammelt. Jean-Marie hat sich ein keckes Schnurrbärtchen auf die Oberlippe gemalt und spielt den dekadenten Schnulzensänger einer vergangenen Epoche.

JEAN-MARIE *(singt)*.

»Marinella!
Ah... reste encore dans mes bras.
Avec toi je veux jusqu'au jour,
Danser cette rumba d'amour
Son rythme doux
Nous emporte bien loin de tout,
Vers un pays mystérieux,
Le beau pays des rêves bleus

Blottie contre mon épaule,
Tandis que nos mains se frôlent
Je vois tes yeux qui m'enjôlent.
D'un regard plein de douceur
Et quand nos cœurs se confondent
Je ne connais rien au monde de meilleur,
Marinella!

Quand je te tiens là sur mon cœur,
Pour moi c'est un bonheur
Qu'aucun mot ne peut exprimer.
Tout mon être est transformé
Et je voudrais que ce moment
Qui me trouble éperdument
Se prolonge éternellement... Marinella...«

Jean-Marie bringt das Chanson bravourös zu Ende. Die Rose, die er beim Singen in den Händen hielt, wirft er zum Schluß seiner hübschen Serviererin zu. In diesem Moment ertönt ein greller Schrei. Es ist Anikki, der Rob im dunklen Garderobenkämmerchen ein mysteriöses Kästchen gezeigt hat. Niemand begreift diese Anspielung.

849 Villa Cerphal, Garten

Das Fest verlagert sich nach draußen auf die Terrasse. Die Blasmusik hat sich inzwischen um ein Akkordeon verstärkt und spielt zum Tanz auf. Jetzt ist Renates Stunde gekommen. Auch sie will ihr Gesangstalent vorführen.

RENATE *(singt).*

»Der letzte Abend, die letzten schönen Stunden,
Der letzte Tango für uns zwei.
Nimm mich in deine Arme,
Laß mich vergessen, wie weh der Abschied tut.
Sag mir, wir sehn uns wieder,
Halt mich ganz fest, sonst verlier ich den Mut.

Komm, tanz mit mir unsern Tango d'amor,
Ich bin verliebt wie noch niemals zuvor.
Schön war für mich jede Stunde mit dir –
Komm, tanz noch einmal mit mir.«

Renate animiert ihre Zuhörer, vor allem natürlich Bernd, indem sie während des Singens den Rock hebt, ihre Strumpfbänder zeigt, sinnliche Spiele mit ihrer Zunge andeutet.
Hermann und Schnüßchen verdrücken sich in den Garten. Unterhalb der Terrasse, wo sie niemand sieht, lassen sie sich ins Gras sinken.

RENATE *(singt weiter).*

»Mit diesem Tango hat alles angefangen,
Und nun hört alles damit auf.
Aber ich will nicht weinen,
Denn wenn das Schicksal es ehrlich mit uns meint,
Weiß ich, bald kommt die Stunde,
Wo dieses Lied uns für immer vereint.«

SCHNÜSSCHEN. Hermann!
HERMANN. Ja ...
SCHNÜSSCHEN. Soll ich dir mal zeigen, wie ein Zungenkuß geht?
HERMANN *(lacht).* Dafür sind wir doch viel zu alt!
SCHNÜSSCHEN. Mach die Augen zu, Mund auf, Zunge raus, Hermann!

850 Flughafen München

Die Lufthansa-Maschine aus Paris schwebt über der Landebahn ein. Beim Aufsetzen der Räder wirbelt Staub auf.
Clarissa kommt aus Paris zurück.

851 Villa Cerphal, Terrasse

Renate plärrt noch immer ihren Tango. Stefan ist besoffen, trinkt aber weiter. Bernd klettert auf die Balustrade, um Renate besser anlächeln zu können.

852 Münchner Straßen

Clarissa fährt mit der Straßenbahn durch die Innenstadt. Sie ist lange weggewesen. Alles, was ihre Augen jetzt sehen, wirkt weniger vertraut als früher. Sie hält sich an ihrem Cello fest.

853 Villa Cerphal, Terrasse und Diele

Renates Tangoeinlage geht zu Ende. Die Tanzpaare klatschen. Stefan kann sich nicht mehr auf den Beinen halten. Er torkelt und fällt hin. Niemand kümmert sich um ihn. Alle sind fröhlich. In der Diele ist Alex dabei, die Hochzeitsgeschenke zu besichtigen. Vor allem die Widmungen interessieren ihn. Die fünfte Pfeffermühle, die dem Brautpaar geschenkt worden ist, hat eine besonders originelle.

ALEX.

»Schärfer wird bei Euch die Liebe,
habt Ihr Pfeffer im Getriebe.«

Auch die Cerphal ist neugierig auf die Geschenke. Da kommen Hermann und Schnüßchen aus dem Garten zurück. Auf Hochzeitsanzug und Haaren hängen noch Grashalme.

Marie-Goot und Pauline machen sich nützlich. Sie spülen ab. Es ist wie zu Hause. Die Männer, Clemens und Schnüßchens Vater, singen eines der Hunsrücker Sauflieder-Potpourris, das aus allerlei Liedanfängen zusammengereimt ist. Der Gesang fällt hauptsächlich laut aus.

»Amalie, Amalie,
ja was hast du für ne
schli-schlank Talie.

Ich fahr mit meiner Clara
in die Sahara
zu den wilden Tieren.
Ich möchte meine Clara
in der Sahara
gern einmal verführen.
Kommt ein wilder Löwe, o Schreck,
frißt mir meine Clara weg –
Da fahr' ich ohne Clärchen
aus dem Sahärchen
in die Heimat zurück ...«

Das Ende dieses Liedes klingt wie eine Anspielung auf Hermanns Jugendliebe. Er verbirgt seine Gedanken und singt, so gut es geht, mit.
Im Garten draußen wird es Nacht. Juan ist immer noch allein. Er stellt die Spieluhr mit den künstlichen Nachtigallen auf einen Holzblock, setzt sich ihr gegenüber und versinkt in Melancholie.
Raoul, Elisabeths kleiner Sohn, hat Wladimirs Trompete erobert. Er bläst jämmerlich darauf.
So plötzlich, wie es nur im Sommer passieren kann, wenn die Luft sich tagsüber aufgeladen hat und sich nun in einem Wärmegewitter entladen muß, beginnt es zu regnen.

855 Villa Cerphal, Diele und Bibliothek

Volker hat sich mit Jean-Marie zurückgezogen. Er spielt ganz für sich und den Freund ein Stück von Beethoven. Der zweite Satz der Sonate Opus 109 in E-Dur beginnt seine Variationsreihe mit einer so schönen Melodie, daß alle Gäste des Hauses still werden.
Wladimir hat den silbernen Davidstern entdeckt, den Helga an einem silbernen Halskettchen trägt.
WLADIMIR. Und was war das Schöne am Kibbuz?
HELGA. Das Zusammenarbeiten, das Kollektiv. Wir waren über fünfzig Kibbuzniki aus der ganzen Welt, nur fünf davon aus Deutschland.
WLADIMIR. Und wo war das?
HELGA. Am Generet.
WLADIMIR. Was?
HELGA. Na, am See Genezareth, da, wo Jesus zu Fuß drübergelaufen ist.
WLADIMIR. Und du, bist du auch drübergelaufen?
HELGA. Ja, jeden Abend, barfuß.
STEFAN. Ja ja, barfuß!
Der eifersüchtige Stefan mischt sich in Helgas Gespräch mit Wladimir ein.
HELGA. Komm, Stefan, laß uns in Ruhe!
STEFAN. Wieso denn in Ruhe? Seit wann magst du denn Ruhe? Das sind ja ganz neue Seiten an dir!
HELGA. Stefan, du störst.
STEFAN. Wieso denn?
HELGA. Komm, hau ab!
STEFAN. Ihr seid doch ein schönes Paar.

HELGA. Ja.
STEFAN. Wirklich ein schönes Paar!
WLADIMIR. Es reicht!
Wladimir, der viel stärker ist, gibt Stefan einen Fausthieb auf die Brust, von dem er quer durch die Diele fliegt. Reinhard fängt den Filmemacher zwar noch auf, aber sein Weinglas ergießt sich über Reinhards Anzug.
REINHARD. Stefan, das ist Scheiße! Der Frack, der ist geliehen.
STEFAN. Das ist mir doch egal, Mensch! Unser neues Paar, hier ...
REINHARD. Der Frack ist geliehen!
STEFAN. Das ist doch mir egal!
REINHARD. Du spinnst wohl!
Da Stefan nun auf Helga und ihren neuen Freund losgehen will, packt Reinhard ihn am Kragen und wirft ihn zu Boden.
STEFAN. Reinhard, was is denn los?
REINHARD. Stefan, jetzt komm mit, jetzt kriegst du ein Glas Milch.
Er schleppt Stefan in die Küche, um ihn zu beruhigen. Die Stunde der Kräche hat begonnen. Elisabeth und ihr Mann Rolf geraten in eine Ehekrise. Rolf, der sich den ganzen Tag um die Kinder gekümmert hat, kann nicht mehr länger freundlich sein.
ROLF. Ich sehe dir genau an, was du jetzt denkst.
ELISABETH. Wieso, was denke ich denn? Wie kommst du darauf, ich könnte denken, was du denkst, das ich denke! Willst du wissen, was ich denke?
ROLF. Ich soll gehen, stimmt's?
ELISABETH. Nein, wir gehen nach Hause und bringen die Kinder ins Bett!
ROLF. Und dann kann ich mir wieder ansehen, wie du dahockst und grübelst, nur weil du verzichten mußtest. Nein, ich gehe mit den Kindern nach Hause, bleib du schön hier!
ELISABETH. Und dann bin ich wieder die Rabenmutter und kann mir wochenlang deine Vorwürfe anhören.
ROLF. Wenn ich schon sehe, wie du diese Musiker anhimmelst, die Augen fallen dir schon raus!
ELISABETH. Ah so, eifersüchtig bist du!
ROLF. Ach, rutsch mir doch den Buckel runter!
ELISABETH. Was bist du für ein Ekel, für ein widerlicher Spießer bist du heute, bäh!
Rolf packt seine beiden Kinder, die auch todmüde sind nach dem langen Tag und dem vielen Essen. Er schleppt sie zur Tür. Elisabeth folgt. Sie ist

böse auf ihren Mann, der ihr mit seinen Tiraden den Abend verdorben hat.

ROLF. Nur heute? Sag's doch, du verachtest mich, weil ich »die Mutter deiner Kinder« bin.

ELISABETH. Was, *meiner* Kinder? Das höre ich heute zum x-ten Mal! Das sind ja wohl unsere Kinder ...

ROLF. Na, wer weiß!

ELISABETH. Jetzt reicht's mir aber endgültig!

Der Ehekrach hat sich immer weiter in den Vorgarten hinaus verlagert. So verschwindet das »vorbildliche Ehepaar« in die Nacht hinaus.

Clarissa erscheint im Garten. Sie trägt eine weiße Hose und einen Pulli mit merkwürdigen Ausschnitten an den Schultern. Sie hat ein Geschenk mitgebracht. So wagt sie es, wenn auch viel zu spät, zu Hermanns Hochzeit zu kommen. In der Diele sieht sie sich um. Marie-Goot und Pauline packen ihre Koffer zusammen. Volkers »gesangvolles, mit tiefster Empfindung« vorgetragenes Klavierspiel bleibt ein ruhiger Kontrast zu allem, was sich vor Clarissas Augen abspielt.

PAULINE. Komm, Marie-Goot, wir müssen fort, es ist ja schon so spät!

MARIE-GOOT. Jo, jo, isch komm schon!

PAULINE. Ich möscht wisse, wie dat geht mit der Spieluhr.

MARIE-GOOT. Komm auch, beeil disch ein bißchen.

Jean-Marie bemerkt Clarissa als erster.

JEAN-MARIE. Kalifornien o. k.?

CLARISSA. Ja.

Volker unterbricht seine Beethoven-Sonate. Er kommt mit leuchtenden Augen zu der Freundin.

JEAN-MARIE. Herzlichen Glückwunsch!

CLARISSA. Wo ist denn der Hermann!

VOLKER. Im Hunsrücker Himmel!

Clarissa schenkt Schnüßchen und Hermann einen Kasten mit zwölf Suppenlöffeln. Als Widmung hat sie einen Zettel in den Kasten gelegt, auf dem steht:

»VIEL GLÜCK BEIM AUSLÖFFELN DER SUPPE«.

Schnüßchen liest Hermann diesen Text vor. Hermann sieht Clarissa an und schweigt.

CLARISSA. Es lebe die Musik!

Das Haus, in dem das junge Ehepaar die Wohnung bekommen hat, ist ein Bau aus den fünfziger Jahren, fünfgeschossig, mit Erkerfenstern. Hermanns Schwiegervater und seine Tanten schleppen den ganzen Hausrat durchs Treppenhaus, den sie vom Hunsrück mitgebracht haben.

PAULINE. Paß auf, die Spieluhr!

VATER SCHNÜSSCHEN. Ich bin ja ein richtiger Hunsrücker Lastesel!

Das schwerste Stück ist der alte Kühlschrank. Der Hunsrücker Vater genießt diese Anstrengung, weil sie den Alkohol aus dem Hirn treibt. Schnüßchen erwartet die Trägertruppe am Eingang zu der Mansarde. Sie leuchtet mit einer Baulampe den Weg.

SCHNÜSSCHEN. Licht han wir noch keins!

HERMANN. Sei net so laut!

Als der Kühlschrank abgestellt ist und auch die Koffer, Blumen und Geschenkkartons unter den Dachschrägen der Mansarde verstaut sind, unterbricht Schnüßchen das laute Stimmengewirr. Sie leuchtet ihren Gästen mit der Handlampe in die verschwitzten Gesichter.

SCHNÜSSCHEN. Also, ich wünsch mir jetzt, daß ihr all wieder zurückgeht und noch weiterfeiert, es gibt ja noch genug zu essen und zu trinken! Stell das mal hin, ich möchte nämlich jetzt mit dem Hermann allein sein.

HERMANN. Die Waltraud ist müd.

SCHNÜSSCHEN. Das versteht ihr doch?

PAULINE. Aber Hermann, wir finde doch die Pension net, wo mer schlafe solle.

HERMANN. Das ist ganz einfach. Da geht ihr jetzt raus, unten rechts und dann die zweite wieder links, und dann kommt eine Ampel. Da ist es dann auch gleich an der Ecke.

SCHNÜSSCHEN. Also, ihr seid doch erwachsen, ihr werdet das schon finden!

PAULINE. Ich weeß net, an der Eck, dat is so eine große Stadt, dat München.

SCHNÜSSCHEN. Pauline, ihr wißt euch sicher schon zu helfen!

Schnüßchen ist energisch. Sie drängt die Verwandtschaft zum Ausgang und erreicht es, daß sogar Marie-Goot kleinlaut wird.

SCHNÜSSCHEN. Gute Nacht, schlaft gut, der Vater hilft euch!

ALLE. Gut Nacht!

VATER SCHNÜSSCHEN. Und Hermann, mach's gut!

Der Vater kann es nicht lassen, Hermann noch ein obszönes Handzeichen zu geben, mit dem er ihn an die eheliche Pflicht erinnert, die nun auf ihn wartet.

857 Villa Cerphal, Bibliothek und Terrassenzimmer

Der Auflösungszustand, in dem sich die Hochzeitsfeier seit Stunden befindet, ist zu einem Dauerzustand geworden, in dem sich die übriggebliebenen Gäste eingerichtet haben. Sie genießen es, so müde und leergebrannt zu verweilen, zwischen »Tür und Angel« ein völlig anderes Zeitgefühl zu erfahren als vorher.
Clarissa, die ja erst vor einigen Stunden aus Paris zurückgekommen ist und den ganzen Tag noch nichts gegessen hat, sitzt mit dem Rücken zur verwüsteten Hochzeitstafel gewendet und ißt eine Salatschüssel leer. Nachdenklich trinkt sie Wein aus einer Kaffeetasse. Sie kauert auf einem der zerstreut umherstehenden Stühle und lauscht in sich hinein. Volker spielt wieder auf dem Flügel. Das »Gaspard de la Nuit« betitelte Stück von Ravel beschreibt genau dieses impressionistische Gefühl, daß alles provisorisch ist, nur vom Augenblick zusammengehalten. Er läßt seine nervösen Finger durch die vielen perlenden Triller und Läufe flackern, ist ganz der Musik hingegeben und gleichzeitig mit seinen Gedanken vollkommen in der Gegenwart. Er bringt eine erstaunliche Konzentration auf, indem er seine Hände genauestens kontrolliert und zugleich mit Clarissa über seine geheimsten Gedanken spricht.
VOLKER. Ich zähle die Tage. Weißt du, daß es genau noch vierunddreißig Tage sind bis zu deiner Abreise?
CLARISSA. Noch über einen Monat.
VOLKER. Ich bin traurig. Du wirst sehr weit weg sein.
CLARISSA. Volker, ich muß weg, ich will auch weg.
VOLKER. Wie war Paris?
CLARISSA. Es hat geregnet.
VOLKER. Il »pleure« sur Paris ...
CLARISSA ... Und blöde Idioten in der Metro, die einem an den Hintern fassen.
VOLKER. Ich würde gern mit dir wegfahren, zwei Tage nur: einen Tag mit dir reden und den anderen schweigen.
Clarissa erhebt sich. Sie geht auf Volkers Frage nicht ein. Sie betrachtet den langen Tisch, an dem über dreißig Gäste gespeist, gesoffen, gefeiert

und gestritten haben. Jetzt ist dieser Tisch gefüllt mit leeren Flaschen, Gläsern und schmutzigem Geschirr.

CLARISSA. Das war also Hermanns Hochzeit. Jetzt ist auch das schon wieder Vergangenheit. Findest du nicht auch, daß jeden Tag etwas zu Ende geht? Manchmal fühle ich mich wie auf einem Karussell, es geht alles so schnell!

Jetzt schweigt Volker. Seine Hände flattern wieder über die Tasten, kreuzen sich wie Schmetterlingsflügel, lassen die Farben der Töne schimmern. Clarissa ißt vom Rote-Bete-Salat. Sie ist in sich versunken.

VOLKER. Sag, wie wär's? Nur zwei Tage.

CLARISSA. Vielleicht, ich weiß noch nicht.

VOLKER. Du denkst an Hermann.

Volker wollte diesen Satz eigentlich beiläufig sagen, so neben der Musik, wie seine anderen Sätze. Aber nun bleiben seine Klavierhände einfach stehen. Er erschrickt über die Stille, die er erzeugt hat. Clarissa schüttelt ihre Nachtgedanken ab. Sie versucht, frisch zu wirken, als sie aufsteht und mit ihrer Salatschüssel vor Volker hintritt.

CLARISSA. Nein, überhaupt nicht! Gut, ich fahre mit dir. Wo fahren wir denn hin?

Volkers Hände nehmen die musikalische Perlenkette wieder auf. Ein Lächeln fliegt über sein Gesicht.

VOLKER. In die Lammer-Öfen?

CLARISSA. Was für Öfen?

VOLKER. Die heißen so. Das ist eine Schlucht an der Lammer in Österreich.

Clarissa denkt nach. Sie kehrt in das Hochzeitszimmer zurück. Wieder steht sie vor der abgegessenen Tafel. Ein Ruck geht durch ihren Körper. Dann schleudert sie die Salatschüssel in die Luft, daß der rote Saft umherspritzt und die Scherben klirren. Ein irres Lachen entringt sich ihrer Kehle.

CLARISSA. Gut, dann fahren wir eben in diese Öfen!

Ihr Lachen geht in Weinen über. Clarissas Gesicht ist voller Blutspritzer. (Es sind die Spuren des Salatsaftes.) Volker spielt und flüchtet in die schwierigen Läufe des Klavierstücks.

Die Freunde, die sich noch im Haus aufhalten, nehmen von Clarissas Ausbruch und Volkers Musik kaum Notiz. Jean-Marie hat endlich sein Dienstmädchen erobert. Er turtelt mit ihr, an die Holzvertäfelung gelehnt, und läßt sich von ihr den geschminkten Schnurrbart wegwischen, bevor er sie noch einmal küßt.

JEAN-MARIE. Vous pensez à tout!
ANGESTELLTE. Bien sûr, Monsieur!
Reinhard und Olga spielen mit der Winchester, dem schönen Westerngewehr, das immer noch in der Villa herumliegt seit den Zeiten, da Stefan hier wohnte. Olga hält Reinhard den Lauf vor die Brust.
OLGA. Du brauchst keine Angst zu haben.
REINHARD. Aha, glaubst du, ich habe Angst?
Reinhard hält Olga die Brust hin.
OLGA. So meine ich das doch nicht!
Reinhard versteht sie. Er zögert. Dann küßt er sie. Das Gewehr steht jetzt in den Fensterrahmen gelehnt, als Symbol verbraucht, als Waffe aber eine Realität.

858 Wohnung Hermann und Schnüßchen

Das Brautpaar ist noch wach. In einem der leeren Zimmer haben Schnüßchen und Hermann sich ein Matratzenbett gebaut. Sie versucht die Atmosphäre mit Kerzenlicht zu verbessern. In ihrem kurzen Nachthemd sieht sie sexy aus, und sie weiß das auch. Er liegt auf dem Rücken. Er sieht, wie sie auf ihn zukommt, sich rittlings auf seinen Schoß setzt und ihn anfunkelt. Er versucht sich ein wenig zu wehren, aber da reibt sie ihren Schoß so raffiniert auf seinem Bauch, daß es schnell um ihn geschehen ist.
HERMANN. Sollen wir das ausgerechnet jetzt tun, in unserer Hochzeitsnacht?
Schnüßchen lächelt nur.

859 Villa Cerphal, Terrasse und Garten

Die Hochzeitsparty ist wieder in Gang gekommen. Zu den Rhythmen einer Beatles-Platte wird auf der Terrasse getanzt. Die Freunde brennen Wunderkerzen ab und amüsieren sich über die Cerphal, die in Ermangelung eines geeigneten Tänzers mit einer ausgestopften Puppe tanzt. Auch die Filmemacher sind nun wieder munter, und Clarissa tanzt mit Volker.
Ein Schuß zerreißt die Nachtluft über dem Garten.
Stefan ist der erste, der aufschreckt. Er sieht Juan, der sich auf der Wiese

wälzt. Reinhard ringt mit Juan, entwindet ihm die Winchester, schreit den Freund an.

REINHARD. Du spinnst wohl!

JUAN. Mierda, dejen-me solo!

Der Aufschrei Juans reißt die betrunkenen Tänzer aus ihrer Selbstvergessenheit. Was ist geschehen? Sie stehen erstarrt auf den Terrassenstufen. Reinhards Schatten löst sich von dem weinenden, sich krümmenden Juan. Mit der Flinte in der Hand kommt Reinhard näher. Er bringt fast keine Worte hervor.

REINHARD. Juan, Juan hat sich, er wollte es...

Stefan meint, daß er handeln muß. Er stürzt auf Reinhard los, um ihm das Gewehr zu entreißen.

STEFAN. Du mit deinem Scheißgewehr! Seit zwei Jahren liegt es rum, jetzt ist endlich was passiert! Bist du jetzt zufrieden?

JUAN. Dejen-me solo!

Clarissa rennt los, um zu sehen, was mit Juan passiert ist. Sie kniet bei dem weinenden Freund nieder. Sie untersucht ihn, sie rüttelt ihn, sie ruft seinen Namen.

CLARISSA. Kann mal jemand Verbandszeug holen? Juan, das ist nur aufgeschürft, das ist nur die Haut, glaube ich. Komm, dreh dich mal

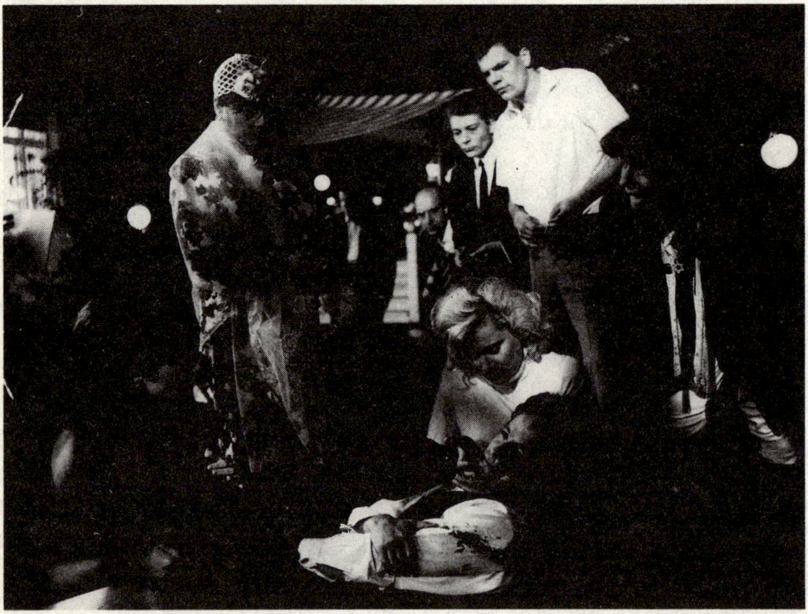

um. Tut dir das weh, spürst du das, wenn ich dich anfasse? Juan, sag doch irgendwas, bitte, Juan! Warst du die ganze Zeit hier? Ich wußte überhaupt nicht, daß du da bist! Warst du hier im Garten?

Juan will sich nicht helfen lassen. Er wälzt sich von Clarissa weg und verweigert ihr den Blick in sein Gesicht.

CLARISSA. Juan, du sollst dich nicht immer verstecken! Juan, wo warst du denn die letzten Monate, man hat überhaupt nichts mehr von dir gehört. Juan, ich bin's doch, jetzt guck mich doch mal an! Willst du denn nicht, daß ich dir helfe? Wir waren doch immer Freunde!

Zwischen Stefan und Reinhard ist der Streit schärfer geworden.

STEFAN. Meinst du, ich gehe wegen dir, wegen deinem scheißblöden Westerngetue, ins Gefängnis?

REINHARD. Jetzt halt doch mal die Klappe, du blödes Bürgersöhnchen, du!

STEFAN. Du weißt es genau, das verstößt gegen das Waffengesetz, mein Freund! Aber ich krieg dich dran, das sage ich dir, du bist kriminell!

REINHARD. So, mein Freund, das war schon lange mal fällig!

Reinhard verpaßt Stefan eine mächtige Ohrfeige. Der beleidigte Stefan geht wie ein Berserker auf den dicken Reinhard los, so daß im Nu eine Schlägerei entsteht. Alex versucht noch einzuschreiten und gemahnt die »Genossen« zur Ruhe. Aber er bewirkt nur, daß noch böser losgeprügelt wird.

Die Cerphal fährt dazwischen und wendet sich an Juan.

FRÄULEIN CERPHAL. Hören Sie auf! Nicht auf meinem Grund und Boden! Sie sind hier alle meine Gäste gewesen, aber das geht mir zu weit. Juan, Sie enttäuschen mich! Ich habe gerade Sie für einen disziplinierten Menschen gehalten. Gerade Sie, mit Ihrem Fleiß und mit Ihren Talenten!

Die Cerphal erreicht es, daß die Streithähne voneinander ablassen. Der Vorfall hat alle, die sich im Garten aufhalten, in hysterische Zustände versetzt. Helga fängt an zu schreien; Wladimir, ihr neuer Freund, schüttelt sie. Volker und Clarissa sehen sich entsetzt an, und Anikki löst sich von Rob. Sie fühlt sich schuldig vor Juan und rennt weg.

ROB. Sag mal, Juan, ich hole einen Arzt, ja?

JUAN. Nein.

Juan, der am linken Oberarm blutet, geht beschämt ins Haus. Rob versucht, sich wegen Anikki zu entschuldigen, es hilft aber nichts.

ROB. Das ist doch alles nicht ernst!

FRÄULEIN CERPHAL. Ich will wissen, wie das passieren konnte!

Die Cerphal stellt Reinhard, der noch ganz benommen ist, zur Rede.

REINHARD. Juan wollte sich ins Herz schießen. Ich konnte es gerade noch verhindern.

Stefan sieht sich um. Hinter ihm steht Helga, an Wladimirs Brust geschmiegt. Sie atmet heftig.

Volker starrt Clarissa an.

VOLKER. Ich liebe dich, Clarissa.

CLARISSA. Volker, bitte nie mehr diese Worte, das ist meine einzige Bedingung!

860 Villa Cerphal, Küche

Juan sitzt auf der Küchenbank. Geistesabwesend verbindet er sich seine Wunde mit einem Küchenhandtuch. Olga ist hereingekommen. Sie beobachtet Juan vom Tisch aus.

OLGA. Du bist ein Träumer, Juan!

Alex stürzt herein. Er ist so aufgebracht, daß er zunächst keine Worte hervorbringt. Olga wird heftiger. Sie bezieht Alex mit ein, als sie nun ihre Vorwürfe aus sich herausschreit.

OLGA. Warum redet ihr über alles, bloß nicht über euch selbst, ihr blöden Kerle!

ALEX. Was?

OLGA. Philosophie, ja, aber du, wo bleibst du?

Alex baut sich vor Juan auf. Noch nie war er so empört. Er schreit, als ob er ihn für alles Unglück verantwortlich machen wollte, das ihm je im Leben widerfahren ist.

ALEX *(ringt nach Worten)*. Ich sage dir, das ist unmöglich! Das ist ein Angriff auf meine Person! Was fällt dir eigentlich ein? So was macht man nicht, das ist undenkbar. Wir sind doch denkende Menschen! Das ist unmoralisch! So etwas geht nicht, eine Schweinerei!

861 Villa Cerphal, Garten

Stefan, der es nicht erträgt, daß Helga und Wladimir sich in diesem Augenblick küssen, lädt die Winchester durch. Er legt auf die beiden an. Frau Cerphal sieht das und reißt Stefan das Gewehr aus der Hand. Jetzt ist auch ihre Fähigkeit, die Situation länger zu ertragen, erschöpft.

FRÄULEIN CERPHAL. Also, jetzt reicht es aber, Schluß jetzt!

HELGA. Spinnst du?

FRÄULEIN CERPHAL. Ich möchte, daß Sie jetzt alle mein Haus verlassen und meinen Garten, und zwar endgültig und für immer!

STEFAN. Das war doch nur Spaß, Fräulein Cerphal.

FRÄULEIN CERPHAL. Das ist kein Spaß! Ich mache von meinem Hausrecht Gebrauch! Jetzt ist Schluß! Ich will Sie alle nie mehr wiedersehen! Sie haben mich alle enttäuscht, alle.

Auch Alex, der aus der Küche zurückkommt, hat sein Fett abbekommen. Er versteht überhaupt nichts mehr, warum die Cerphal nun auch ihn anbrüllt.

FRÄULEIN CERPHAL. Und jetzt kommen Sie mir noch und sagen Sie mir, Sie wollen hier in meinem Hause wohnen! Auch Sie werden mein Haus verlassen, und zwar auf der Stelle! Schluß jetzt!

Fräulein Cerphal trägt das Gewehr ins Haus. Sie legt es mitten zwischen das abgegessene Geschirr, auf den großen Ausziehtisch. Die Freunde sind schlagartig nüchtern geworden. Ist dies wirklich das Ende ihrer schönen Jahre im »Fuchsbau«? Sie gehen betreten umher. Dann setzen sie sich auf die Terrassenstufen oder in das Gras des Gartens. Der Morgen dämmert bereits.

Da sitzen sie nun und schweigen: Reinhard, Stefan, Rob, Alex, Volker, Clarissa, Olga und Juan, Wladimir und Helga.

Neuntes Buch

DIE EWIGE TOCHTER

Fräulein Cerphal, 1965

901 Villa Cerphal, Garten

Man könnte sagen, ein Haus ist ein Haus, ist ein bestimmtes Gebäude, definiert durch Grundriß, Baustil, Größe, Alter, Zustand: jene Faktoren also, die seinen Wert als Immobilie ausmachen. Die Cerphal-Villa war aber der Ort der Träume, der heimatlosen Nächte des Freundeskreises um Hermann. Der Anblick des Hauses weckte Hoffnungen, ließ das Herz höher schlagen, wenn nachts das Licht im Terrassenzimmer brannte und die Stimmen der Diskutierenden in den Garten drangen, wenn man langsam näher kam und es nach tausend schwarzen Zigaretten roch und den leeren Flaschen unter der Balkonbrüstung.
Jetzt erscheint das Haus vollkommen verändert, denn es brennt nachts kein heimliches Licht, und am Tag bleibt das Eingangstor zugesperrt.
Der Blick über den Zaun bietet aus der Sicht des fremden Nachbarn eine gänzlich unbekannte Ansicht der Jahrhundertwendevilla: Das rissige Dach mit all seinen komplizierten Nebendächern, das Türmchen über dem Treppenhaus, die weitläufige Terrasse, der Schuppen, der Küchenanbau, der Balkon vor den Gemächern der Hausherrin, das sind Bauelemente, die auf der Straßenseite völlig hinter der üppigen Vegetation des Gartens verschwinden.
Das Haus wirkt fremd und verlassen.
Auch Juan sieht fremd aus, als er im Trikothemd mit einem eigenartigen, aus einer Zeitung gefalteten Sonnenhut auf dem Kopf im Garten arbeitet. Er ist dabei, den Weg zwischen Laubengang und Terrassentreppe zu pflastern. Seine Bewegungen widersetzen sich dem Zeitablauf. Sie verlaufen in zeitlupenartiger Verlangsamung in einem Rhythmus, der wie der Puls der Jahreszeiten oder des Pflanzenwachstums ist. Wenn Juan einen Pflasterstein von dem großen Haufen nimmt, dann ist das der einzige Stein, den es in diesem Augenblick auf der Welt gibt, und dieser eine Stein sucht nun seinen Platz in einem Mosaikbild. Dieses Bild, das nach und nach die Konturen einer indianischen Kultfigur annimmt, entsteht nicht aus einer Menge von Steinen und dem Muster ihrer Anordnung, sondern aus den Nachmittagsstunden und Juans Melancholie. Juan meditiert mit zehntausend kleinen Pflastersteinen.
HERMANN. *Fräulein Cerphal hatte ihr Hausverbot seit meinem Hoch-*

zeitstag aufrechterhalten. Die »Fuchsbau«-Jahre waren zu Ende. Für den ganzen Freundeskreis unerwartet, aber um so gründlicher hatte sich seitdem unser Leben verändert. Jeder werkelte nun in seinem eigenen, von allen alten Freunden isolierten Revier, schwieg über seine Projekte, zweifelte an seinem Talent und ließ sich nicht in die Karten gucken. Nur Juan hatte das Privileg behalten, im »Fuchsbau« zu wohnen. Seit seinem Selbstmordversuch mit Reinhards Gewehr hatte Fräulein Cerphal ihn in ihrer Obhut behalten. Er war aber so unzugänglich geworden wie die ganze Villa und der Garten und all die Orte, an denen wir während einiger Jahre glücklich gewesen sind.

Die Cerphal tritt auf den Balkon hinaus. Die Sonne trifft sie in die alten Kinderaugen: Sie hat Schwierigkeiten, Juans Arbeit zu beobachten in diesem blendenden Frühlingslicht, in das der Garten unter den kahlen Bäumen getaucht ist. Sie wendet sich an Herrn Gattinger, der aber im Zimmer hinter ihr nicht zu sehen ist.

FRÄULEIN CERPHAL. So nach und nach bin ich mir immer sicherer, daß es richtig war, diese Studenten und jungen Künstler rauszuschmeißen. Ich bin wohl einer »idée fixe« hinterhergerannt all die Jahre. Als ob es möglich wäre, das alte Schwabing wiederaufleben zu lassen! Das war doch wohl eine ganz andere Zeit als die, in der wir heute leben. Ich hätte im 18. Jahrhundert geboren sein sollen, dann wäre ich in meiner Zeit gewesen, hätte einen literarischen Salon gegründet. Die besten Geister wären bei mir ein und aus gegangen. Damals war man auch noch nicht so auf die Jugend festgelegt. Ein Mensch war ein Mensch, ob er mit fünfzehn genial war oder mit fünfzig!

Jetzt betritt Gattinger das Zimmer. Er liest in einem Buch, hört kaum zu, nickt aber, als folge er allen Gedanken seiner Herrin.

FRÄULEIN CERPHAL. Die Künstler sind auch nicht mehr das, was sie einmal waren. Mit Juan ist das etwas anderes. Er ist einfach ein besonderer Mensch. Wie schön er das Pflaster da unten gestaltet!

Gattinger blättert um, entfernt sich wieder. Juan blickt einmal zur Cerphal herauf, als spüre er, daß von ihm gesprochen wird.

Fräulein Cerphal bemerkt, daß sie die ganze Zeit ins Leere gesprochen hat. Sie ist empört.

FRÄULEIN CERPHAL. Ein Kunstwerk! Dabei ist er gar kein Künstler. Er ist universell und dabei so traurig. Ich konnte ihn doch nicht auf die Straße werfen, ihn als einzigen nicht! Aber er soll es auch nicht so leicht haben. Nicht daß er mir wieder Selbstmord begehen will. Er braucht festumrissene Aufgaben, die ich ihm geben muß! Er ist ein blendender Unterhalter, aber ich muß ihn arbeiten lassen. Gerold!

902 In einem Taxi

Frau Ries, die alte Haushälterin der Cerphal, fährt im Taxi durch die Stadt. Daß sie sich solche Fahrten in ihrem Leben nicht oft geleistet hat, ist daran zu erkennen, daß sie brav wie ein Kind auf dem Rücksitz hockt, aus dem Wagenfenster schaut und über alles erstaunt ist, was vor ihren Augen vorüberzieht. Die Fahrt geht an einer Gruppe von Kastanienbäumen vorbei, die über und über in Blüte stehen. Beim Anblick dieser Frühlingspracht beginnt die alte Frau zu weinen.

903 Straße vor Villa Cerphal und Garten

Das Taxi hält vor der Villa. Frau Ries steigt aus. Juan, der jedes Geräusch wahrnimmt wie ein empfindsames Tier, blickt auf, ist äußerst wach und gespannt, um dann wieder zu seiner Pflasterarbeit zurückzukehren wie ein Eingeborener.

Erschöpft erreicht Frau Ries die Diele. Ohne den Mantel zu öffnen oder ihren Hut abzusetzen, läßt sie sich in einen der Sessel fallen. Die Taschen, die sie mitgebracht hat, gleiten auf beiden Seiten ihrer müden Füße auf den Teppich. So sitzt sie eine Weile, bis sie merkt, daß die Cerphal oben auf der Galerie erschienen ist und sie fragend anblickt.

FRAU RIES. Ich glaub, jetzt wird er's nimmer lang machen, Ihr Herr Vater. Ich habe gesehen, wie meine Mutter gestorben ist und Ihr Herr Großvater – und alle im Frühjahr. Das Frühjahr ist gegen die alten Leut, Fräulein Cerphal, das können Sie mir glauben! Verzeihen Sie, daß ich meine Mutter zum Vergleich herangezogen hab.

Fräulein Cerphal kommt die Stufen herab, um Frau Ries besser sehen zu können.

FRÄULEIN CERPHAL. Geht es ihm denn schlechter?

FRAU RIES. Wenn Sie ihn noch einmal sehen wollen, Ihren Herrn Vater, sollten Sie zu ihm fahren. Heute nacht ist Vollmond. Man kann nie wissen ...

FRÄULEIN CERPHAL. Also, ich fühl mich bei Vollmond immer ziemlich kräftig.

Sie versucht, den Gedanken an den Tod ihres Vaters abzuschütteln. Sie geht entschlossen weiter, öffnet eine Tür. Ist es nicht immer so gewesen im Leben, daß die Dinge sich gebessert haben, wenn man nicht an sie dachte?

Plötzlich hat sie Zweifel. Sie kehrt um, setzt sich der Ries gegenüber.

FRÄULEIN CERPHAL. Was hat er denn gesagt?

FRAU RIES. Der Herr Geheimrat meinte, ich bräuchte die Wäsche da nicht mehr zu waschen.

In den Taschen neben ihren Füßen befindet sich die Wäsche des alten Cerphal, die Frau Ries mitgebracht hat.

FRÄULEIN CERPHAL. Er hat öfter mal Depressionen.

Die Cerphal erhebt sich. Sie geht zur Garderobe, um den Mantel zu holen.

FRÄULEIN CERPHAL. Was Sie da alles zusammenreimen, Frau Ries!

FRAU RIES. Fräulein Cerphal, Ihr Vater ist vierundachtzig. Sie sind ein rechtes Kind geblieben!

Diese Äußerung mag so dahingesagt sein von der alten Frau, paßt aber zu dem Anblick, den Elisabeth Cerphal in diesem Augenblick bietet: mit ihrem naiven Blick und der Baskenmütze, die sie sich aufsetzt.

905 Altenheim, Anfahrt

Schon der Anfahrtsweg durch einen parkartigen Privatwald zeigt die Exklusivität des Altenheims, in dem der alte Cerphal seit Jahren lebt. Über dem Eingang steht in Antiqua-Schrift: »ST. JORDAN HAMBURGISCH-MÜNCHNER SENIOREN-STIFTUNG«.
Die Cerphal steigt aus dem Taxi mit den gedankenabwesenden, fahrigen Bewegungen der höheren Tochter, die hinterher nicht sagen könnte, wie sie dahin gekommen ist, obwohl sie doch die Fahrt bezahlt hat und sich beim Aussteigen vom Chauffeur hat helfen lassen.
Sie entdeckt die gepflegten Blumenrabatten neben der Hauswand. Ohne einen Moment zu zögern, reißt sie sich aus dem Beet die schönsten Blumen heraus und versucht mit nervösen Bewegungen daraus einen Blumenstrauß zu improvisieren, was ihr mißlingt. Sie geht schnell ins Haus.

906 Altenheim, Zimmer des alten Cerphal

Das Zimmer, das der alte Cerphal bewohnt, hat wenig Ähnlichkeit mit einem Krankenzimmer. Schon der Vorraum mit seinen edlen Einbaumöbeln und dem Messingschild neben der Tür erinnert an eine Suite in einem Luxushotel. Das Zimmer bietet einen herrlichen Blick auf den kleinen See und die angrenzende Waldlandschaft. Kostbare antike Möbel, Lieblingsstücke aus seinem Privatbesitz, geben dem alten Mann das Gefühl, mitten in seiner großbürgerlichen Welt geblieben zu sein. Die Frage, ob diese Welt untergegangen sei, braucht ihn hier nicht zu beunruhigen.
Das Bett, in dem Fräulein Cerphals Vater liegt, ist ein seltenes Einzelstück aus einer längst ausgestorbenen Handwerkskunst. Aus Eichenholz geschnitzt, gedrechselt und verziert, hat es Dimensionen, die den ganzen Raum beherrschen. So betritt jeder, der hereinkommt, den Herrschaftsbereich dieses alten Mannes. Er regiert vom Bett aus, selbst wenn er – wie jetzt – mit geschlossenen Augen daliegt und mit seinem schmalen, zugepreßten Mund und dem hervorstehenden Schädelknochen einer Mumie ähnelt.
Eine Krankenschwester sitzt neben dem Bett und liest dem reglosen Mann etwas vor. Die Cerphal kommt herein, unterbricht die Vorleserin, sucht nach einer Vase für ihre Blumen und ergreift, da keine frei ist,

einen der dekorativen Blumensträuße, die im Zimmer herumstehen. Sie reißt ihn aus seiner Vase, drückt ihn der verblüfften Schwester in die Hand und stellt ihren zerzausten neuen Strauß in die Vase.

FRÄULEIN CERPHAL. Wie geht's ihm denn?

SCHWESTER. Es geht gut.

FRÄULEIN CERPHAL. Lassen Sie uns allein!

Die Art der Cerphal, mit Personal umzugehen, ist von umwerfender Sachlichkeit. Es wird sofort klar, daß in diesem Raum der alte hochherrschaftliche Stil gilt, der einst in der Villa geherrscht haben muß.

Fräulein Cerphal ist nun allein mit ihrem Vater. Sie nimmt ihren Blumenstrauß mitsamt Kristallvase und trägt ihn zum Bett. Dabei betrachtet sie den reglosen Mann genau. Sie setzt sich ans Kopfende und lauscht auf seinen Atem. Plötzlich hält sie ihm die Blumen vor die Nase.

FRÄULEIN CERPHAL. Vati, guck mal, was ich dir geklaut habe! Wie findest du das?

Der Alte öffnet seine Augen nicht. Sein Gesicht bleibt ebenso leichenhaft und starr wie vorher. Beim Sprechen bewegen sich die blutleeren Lippen kaum.

VATER CERPHAL. Hole etwas zum Schreiben, Papier und Stift, und dann komm endlich zur Ruhe! Ich habe den Kopf voller Dinge, die getan werden müssen.

Die Tochter gehorcht sofort. Sie sucht einen Platz für die Blumen und versucht, sich im Raum zu orientieren.

VATER CERPHAL. Öffne die rechte Schublade, da findest du alles! Kind, warum bist du immer noch so unordentlich? Du bist jetzt bald erwachsen.

FRÄULEIN CERPHAL. Kritisiere mich nicht!

Ihr Einwand hört sich fast kindlich an. Fahrig öffnet sie die verschiedenen Schubladen eines Barockschreibtischs. Der Vater liegt ausgestreckt und verschlossen da. Sein Gesichtsausdruck ist beliebig interpretierbar: ärgerlich, nachdenklich, krank, streng oder ängstlich.

VATER CERPHAL. Ich sortiere gerade mein Leben. Da gibt es eine Reihe von unerledigten Dingen. In meiner Situation muß man reinen Tisch machen.

FRÄULEIN CERPHAL. Wie geht es dir, Vati? Soll ich dir nicht erst mal was erzählen? Zum Beispiel von einem wunderschönen Gespräch mit Dr. Zehetmeier gestern abend. Er läßt dich grüßen und will auch mal vorbeikommen.

Dieser Ablenkungsversuch der Tochter entlockt dem alten Gesicht bestenfalls eine Grimasse. Er wartet nur darauf, daß die Tochter wieder an seinem Bett ist.

FRÄULEIN CERPHAL. Evelyne ist übrigens eine wahre Künstlerin geworden, sie wird bald an der Pariser Oper singen.

VATER CERPHAL. Hör zu, mein Kind, das Wichtigste. Du gehst jetzt in den Verlag...

FRÄULEIN CERPHAL. Ja.

VATER CERPHAL ... im dritten Stock gehst du in mein Büro. Die Schlüssel dazu habe ich dir rausgelegt, da liegen sie, nimm sie an dich. Hast du sie?

FRÄULEIN CERPHAL. Ja.

Um die Schlüssel zu erreichen, muß die Cerphal sich weit über den kranken Vater beugen. Fast legt sie sich dabei quer über seine Brust. Dennoch öffnet der Alte seine Augen nicht.

VATER CERPHAL. Höre zu, du mußt auf folgendes achten: Der kurze Schlüssel ist der Generalschlüssel, damit öffnen sich alle Türen im Haus; der lange Schlüssel gehört zu meinem Büro. Und da gibt es noch die Schreibtischschlüssel. Jetzt notiere die Tresornummer. Bist du bereit?

FRÄULEIN CERPHAL. Ja.

VATER CERPHAL. Drei links, fünf rechts, vier rechts, vier links, fünf links, eins rechts, hast du's?

FRÄULEIN CERPHAL. Ja.

VATER CERPHAL. Leicht zu merken: fünfunddreißig habe ich das Verlagsgebäude aufgebaut, vierundvierzig wurde es ausgebombt, und einundfünfzig haben wir aufgebaut. Wo war ich stehengeblieben?

FRÄULEIN CERPHAL. Der Tresor!

VATER CERPHAL. Ah ja, richtig. Du findest darin oben links einen braunen Umschlag. Den bringst du mir, ungeöffnet!

FRÄULEIN CERPHAL. Ja.

VATER CERPHAL. Beeile dich!

FRÄULEIN CERPHAL. Jetzt gleich? Da ist doch jetzt zu, Vati. Die machen doch Feierabend, die Angestellten!

VATER CERPHAL. Geh doch durch die Eisentür am Parkplatz. Sowieso besser, wenn man dich nicht sieht. Das geht das Personal gar nichts an.

FRÄULEIN CERPHAL. Da paßt der Schlüssel auch?

VATER CERPHAL. Das ist ein Generalschlüssel! Weißt du nicht, was das ist?

Erst bei diesem Satz macht der Alte die Augen auf, um seine Tochter strafend anzusehen.

FRÄULEIN CERPHAL. Der paßt überall...

VATER CERPHAL. Außer zu meinem Büro, da paßt nur der lange. Ist das jetzt klar?

FRÄULEIN CERPHAL. Vati, endlich machst du die Augen auf! Ich habe gedacht, du willst mich nicht sehen. Frau Ries hat mich heute erschreckt. Seit vierzig Jahren drückt sie sich unklar aus!

Die Cerphal drückt ihrem Vater einen zärtlichen Kuß auf die Wange. Sie ist plötzlich gerührt.

FRÄULEIN CERPHAL. Ich habe gedacht, du stirbst.

VATER CERPHAL. Elisabeth, zieh das ruhig in Betracht. Ich kann die rechte Hand nicht mehr bewegen. Ich habe ein ungutes Gefühl.

FRÄULEIN CERPHAL. Meinst du?

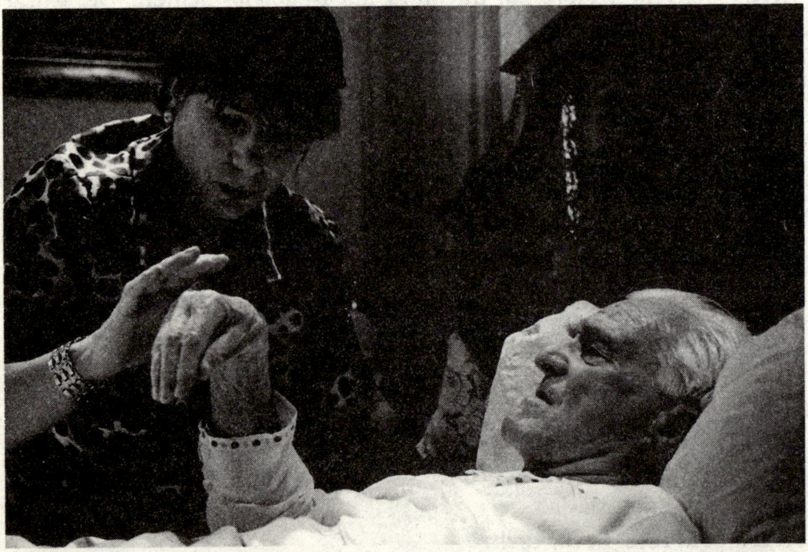

VATER CERPHAL. Tue jetzt, was ich dir gesagt habe. Sei ein liebes Kind. Und bringe mir das Bild von deiner Großmutter mit, dann werfen wir diese Landschaft hier hinaus.

Dem Bett gegenüber hängt ein Gemälde, das im Malstil des »Blauen Reiters« eine halb ins Abstrakte aufgelöste Landschaft zeigt. Ein Bild, das auf die kulturelle Aufgeschlossenheit hinweist, die im Hause Cerphal vor einem halben Jahrhundert geherrscht haben mag.

VATER CERPHAL. Ich habe mich sattgesehen!
Als die Tochter das Zimmer verlassen hat, fällt ein Strahl der Nachmittagssonne auf das Gemälde. Der zufällig beleuchtete Teil des Bildes, ein Hügel mit Bäumen, sieht im Lichtstrahl wie ein Totenschädel aus. Deutlich erkennt man die Augenhöhlen, das Nasenloch und sogar die Spiegelung dieses Schädels in einem darunter gemalten See.
Der einsame alte Mann richtet sich auf, von Todesangst geschüttelt, starrt das Bild an und läßt sich dann erschöpft auf sein Bett zurückfallen. Er verbirgt seine Augen unter dem Leintuch.

907 Am Maxmonument

Auf dem Weg zum Verlagsgebäude hastet die Cerphal an Hermann vorbei, der zufällig mit seinem Fahrrad ihren Weg kreuzt. Sie hat ihn nicht beachtet. Er überlegt, ob er hinter ihr hereilen soll, verzichtet dann aber darauf. Es wird Abend.

908 Vor Cerphal-Verlag

Als Fräulein Cerphal das Verlagsgebäude erreicht, ist es schon dunkel geworden. Sie muß eine Eisenbrücke über die Isar überqueren, um die verwinkelten Druckereigebäude und den Bürotrakt des Cerphal-Verlags zu erreichen.
Der Nachtpförtner sieht die späte Besucherin nicht, weil er gerade einen Lkw aus der Einfahrt herauswinkt. So gelangt die Cerphal zur Eisentür, die der Vater ihr beschrieben hat, unbemerkt. Der Schlüssel, den sie in der Hand hält, paßt tatsächlich. Sie dringt in das nächtliche Gebäude ein.

909 Cerphal-Verlag, Gänge

Durch einen muffigen Archivraum gelangt die Cerphal in die Garderobe, wo die Angestelltenspinde stehen. Dort gibt es wieder eine verschlossene Tür, aber auch hier paßt der Generalschlüssel. Nun geht es eine steile Holztreppe empor in die bessere Etage. Überall hängen Ölgemälde, die von den Wänden herunterschimmern. Sie betritt eins der alten Verlagszimmer. Hier steht eine Standuhr, die ganz in die Holzvertäfelung eingearbeitet ist. Auf dem verspiegelten Gewicht des Perpendikels fängt sich der Reflex einer Lichtquelle.

Die Cerphal untersucht das geheimnisvolle Lichtphänomen, hört auf das Ticken der alten Uhr und geht weiter. Ihre Neugier ist geweckt. Die leeren Büros strahlen Würde und den Geist der vielen Bücher aus, die hier verlegt worden sind. Die Portraits berühmter Autoren hängen an den Wänden. In einer Vitrine sind die letzten Exemplare alter Editionen ausgestellt. Die Cerphal findet den Lichtschalter, mit dem sie eine Innenbeleuchtung in der Vitrine einschalten kann. Nun will sie auch den Glasdeckel hochheben, um eins dieser Bücher herauszunehmen. Mit der Bewegung des Deckels löst sie aber die Alarmautomatik aus. Sie braucht eine Weile, bis sie begreift, daß dieses ohrenbetäubende Schnarren und Tuten, das jetzt alle Räume durchfährt, von ihr verursacht worden ist.

Der alarmierte Pförtner rennt durch den Hof. Die Männer des Werksschutzes stellen die »Einbrecherin« in einem Flur des Bürotrakts.

FRÄULEIN CERPHAL. Keine Aufregung, meine Herren, Sie irren sich! Es scheint, als ob jemand Alarm ausgelöst hätte. Sehen Sie nach, und leuchten Sie mich bitte nicht so an!

WACHMANN. Wie sind Sie hier hereingekommen? Und was haben Sie da in der Hand? Schlüssel? Geben Sie mir mal die Schlüssel her!

Die Cerphal wird jetzt böse. Was nehmen sich diese Angestellten heraus? Sie verteidigt ihren Generalschlüssel. Der Werkschutzmann aber ist stärker als sie und entwindet ihn ihrer Hand.

FRÄULEIN CERPHAL. Das sind meine Schlüssel! Tun Sie doch nicht so, als ob Sie sich hier in einem Regierungsgebäude befänden! Ich finde das richtig, daß Sie Ihre Pflicht tun, aber jetzt übertreiben Sie! Bitte, geben Sie mir meine Schlüssel zurück, und gehen Sie an die Arbeit.

WACHMANN. Jetzt gehen wir mal miteinander nach unten.

Der Werkschutzmann hat die Cerphal im Polizeigriff. So führt er sie die Treppe hinunter.

FRÄULEIN CERPHAL. Fassen Sie mich nicht an, ich bin eine Cerphal, damit Sie Bescheid wissen! Das Büro gehört meinem Vater, und da haben Sie keine Rechte.

WACHMANN. Wir werden ja sehen ...

FRÄULEIN CERPHAL. Ja, das werden Sie auch sehen! Sie werden gleich sehen, was Sie hier anrichten.

WACHMANN. Jetzt kommen Sie einmal mit hier runter, dann gehen wir miteinander ins Büro, dann nehmen wir mal Ihre Personalien auf, und dann werden wir die Sache schon klären.

FRÄULEIN CERPHAL. Stupsen Sie mich nicht, das stört mich!

910 Cerphal-Verlag, Hof

Auf dem Weg zur Pförtnerloge werden die Werkschützer und ihre Gefangene von einem Funkstreifenwagen erwartet. Der Polizeibeamte stellt sich der Cerphal in den Weg.

POLIZIST. Grüß Gott, Polizei.

FRÄULEIN CERPHAL. Grüß Gott!

POLIZIST. Können Sie sich ausweisen?

FRÄULEIN CERPHAL. Da haben Sie aber wirklich Glück! Es wird sich alles aufklären. Hier bitte sehr, leuchten Sie. Das ist mein Ausweis. Achten Sie auf meinen Namen, er steht auf der zweiten Seite.

POLIZIST. Frau Cerfall...

Der Beamte hat den Namen falsch ausgesprochen, betont ihn auf der zweiten Silbe. Die Cerphal korrigiert ihn und erwartet, daß er sich vor ihr entschuldigt. Aber der Beamte denkt nicht, sondern tut seine Pflicht.

POLIZIST. Wie gelangten Sie denn in das Gebäude, und was wollten Sie dort?

Der Pförtner kommt neugierig hinzu. Er will sehen, wie die von ihm gerufene Polizei handelt. Die Cerphal hat eine Idee: Sie nimmt dem verblüfften Werkschützer die Taschenlampe aus der Hand und leuchtet damit auf die Firmenplakette, die der Pförtner auf seiner Uniformjacke trägt.

FRÄULEIN CERPHAL. Herr Wachtmeister, können Sie lesen?

POLIZIST. Antworten Sie doch bitte zur Sache.

FRÄULEIN CERPHAL. Also, ich muß doch sehr staunen, wie lange das bei Ihnen dauert. Cerphal-Verlag! Und das ist auch mein Name. Fällt Ihnen nichts auf?

POLIZIST. Kennen Sie die Dame?

PFÖRTNER. Nein, noch nie gesehen. Wie heißen Sie denn?

FRÄULEIN CERPHAL. Elisabeth Cerphal. Ich bin die Tochter.

WACHMANN. Ja, mei, soviel ich weiß, sind wir eine GmbH. Und da gibt's mehrere.

POLIZIST. Ich muß Sie bitten, mit aufs Revier zu kommen! Bitte, steigen Sie ein.

Sie ist nun einmal als Einbrecherin festgenommen worden, und da kann sie die Dinge nicht mit Argumenten ändern. Sie wird von den Beamten in den Streifenwagen bugsiert, obwohl sie heftig protestiert.

FRÄULEIN CERPHAL. Mein Schlüssel! Der Mann da hat noch meinen Schlüssel!

911 Villa Cerphal, Garten und Eingang

Alex macht in dieser Nacht den Versuch, in den »Fuchsbau« einzudringen, wie er das jahrelang gewohnt war. Er ist entschlossen, mit dem von Fräulein Cerphal ausgesprochenen Hausverbot endlich Schluß zu machen. Er rüttelt an dem verschlossenen Gartentor.

ALEX. Nanu, was ist denn das?

Er ist empört. Das Tor war niemals zuvor verschlossen. Er entschließt sich, über den Zaun zu steigen. Da erscheint der Dackel von Herrn Gattinger im Garten. Er kommt angerannt und bellt wie verrückt.

ALEX. Ist ja gut, Wasti!

Beim Herunterspringen zerreißt Alex sich an einer Zaunlatte das Hosenbein. Dennoch läßt er sich nicht abhalten. An der Haustür hält Frau Ries ihn auf.

FRAU RIES. Alex?

ALEX. Guten Abend, Frau Ries. Der Hund scheint mich zu verwechseln.

FRAU RIES. Wie kommen Sie denn da herein? Sind Sie über'n Zaun gestiegen?

ALEX. Ja, aber da ist doch keine Klingel dran.

FRAU RIES. Aber deswegen können Sie doch nicht einfach einbrechen! Gut, daß Fräulein Cerphal nicht zu Hause ist!

ALEX. Sie kennen mich doch, Frau Ries.

FRAU RIES. Ich war immer dagegen, daß hier jeder kommen und gehen durfte. Früher war das anders. Es muß doch eine Ordnung haben. Alle halten sich daran, nur Sie nicht. Sie haben keine Kinderstube, Herr Alex.

Wenn Alex schon keine Kinderstube hat, dann kann er auch noch weitergehen. Er schlüpft unter den abwehrenden Armen der Haushälterin hindurch ins Haus.

912 Villa Cerphal, Terrassenzimmer

Alex besucht Juan. Als er die Türen zu dem vertrauten Zimmer öffnet, sieht er den Freund in seiner komfortablen Einsamkeit an einem Tisch sitzen. Die polierte Edelholzplatte ist angefüllt mit zahllosen Papierfiguren: Reptilien, Elefanten, Vögel und geometrische Körper sind dabei, Pyramiden, Kästchen, Sterne und Blumen. Juan hat all diese Figuren nach alten japanischen Vorlagen gefaltet. Er bemerkt kaum, wie Alex hereinkommt und sich zu ihm setzt.

ALEX. Grüß dich, Juan. Was machst du denn hier?

Juan hält eine Figur, die er gerade fertig gefaltet hat, vor Alex' Augen. Sie stellt ein Urwelttier dar, das fast so aussieht wie in den Trickfilmen: mit grüner Oberfläche, einem riesigen gewundenen Schwanz, zwei Vogelbeinen und einem hochgereckten Hals, auf dem der kleine Kopf sitzt.

JUAN. Ein Brontosaurus aus einem Stück Papier. All diese Tiere hier sind aus einem Stück Papier gemacht. Das nennt man Origami, die Kunst des Papierfaltens. Mehr als fünfhundert Jahre Tradition!

Alex betrachtet die Kollektion von Tieren auf Juans Tisch. Sie bilden einen ganzen Mini-Zoo aus Papier. Ein erschütterndes Zeugnis von Juans Einsamkeit in diesem Haus.

Jetzt hat er einen fußballgroßen Körper in die Hand genommen. Er besteht aus ineinanderverschränkten kleinen Pyramiden.

JUAN. Schau dir das hier an. So was gibt es nicht in der Natur. Ein »Ikosaedro«, ein regelmäßiger Körper. Es gibt nur fünf davon. Zwanzig gleiche Dreiecke. So was finde ich faszinierend. Du nicht?

ALEX. Rein philosophisch betrachtet, bist du im Begriff, wahnsinnig zu werden, Juan.

913 Kellerkneipe »Renates U-Boot«

Alex hat Juan dazu gebracht, einmal sein einsames »Fuchsbau«-Zimmer zu verlassen. Renate, die stets nach größeren Aufgaben suchende Schwäbin, hat zusammen mit dem sächsischen Aufnahmeleiter Bernd eine Kneipe aufgemacht. »Renates U-Boot«, so nennt sie das Kellerlokal, das in einer sehr untypischen Gegend Münchens liegt, in einer ehemaligen Schnapsfabrik. Die Kneipe geht gut. Die Gäste, meist junge Leute im Studentenalter, strömen herein. Alex ist schon Stammgast. Er kann Juan führen, als sei er selbst der stolze Kneipenbesitzer.

914 »Renates U-Boot«, Schänke und Bühne

Über einer ehemaligen Rollbahn für Schnapsfässer gelangt man unter Tonnengewölben zu einem Garderobenraum, in dem sich Renate, hinter einem Vorhang verborgen, für einen Auftritt auf der kleinen Hausbühne zurechtmacht. Alex zieht den Vorhang beiseite, um Juan Gelegenheit zu bieten, Renate zu begrüßen. Die aber ist vor ihrem Schminkspiegel völlig darauf konzentriert, ihr Gesicht in das schimmernde Antlitz einer Meerjungfrau zu verwandeln.

Bernd, als »U-Boot«-Wirt in Matrosenanzug und Kapitänsmütze, nimmt sich der Freunde an.

BERND. Hat es Sie auch hierher verschlagen, Herr Juan? Der Alex gehört schon zu unseren Stammgästen, stimmt's? Er bekommt schon speziellen Hausrabatt.

Alex zeigt scherzhaft einen Schlüsselbund, den er aus seiner großen Tasche gezogen hat.

ALEX. Mein Hausschlüssel!

BERND. Kommen Sie, ich zeige Ihnen die Räumlichkeiten. Gehen wir runter. Vorsicht, Köppe einziehen! Sie kommen gerade rechtzeitig, in fünf Minuten fängt die Vorstellung an.

Das eigentliche Lokal liegt noch ein Stockwerk tiefer und kann über eine steile Holztreppe erreicht werden. Der Weg dorthin führt unter einem niedrigen Kellergewölbe hindurch. Dort, wo die Treppe beginnt, liest Juan einen Spruch, der auf die Wand geschrieben steht: »BIS HIERHER – UND NOCH WEITER«.

ALEX. Die Losung des Tages.

BERND. Unser Herr Aufhäuser sitzt da hinten in der Ecke. Den kennen Sie ja ooch.

ALEX. Ja ja.

BERND. Der hat seine Cutterin mitgebracht, Fräulein Dagmar heeßt se.

ALEX. Fräulein Dagmar heeßt se ...

BERND. Wen kennen Sie noch? Gucken Sie sich ruhig 'n bissel um. Wir sind für alle offen, nicht zu offen, denn wenn wir heute zu offen sind, sin mer morgen zu! Sie verstehen, was ich meene ...

Der völlig veränderte Gastraum ist mit Hilfe bemalter Kulissenwände als das Innere eines Unterseeboots dargestellt worden. Dekorativ stehen allerlei Requisiten aus der Schiffahrt umher; von der Decke hängen Gegenstände wie ausgestopfte Fische, Rettungsring, Schiffslaternen. Die Dekorateure versuchten, den Raum als Schiffsinneres zu gestalten. Da er keine Fenster hatte, sind die eisernen Gestelle und Installationen der ehemaligen Schnapsfabrik in die Kneipenausstattung einbezogen worden.

Juan entdeckt gleich am Eingang ein Plakat. Es kündigt ein Konzert mit Ravels berühmtem Klavierkonzert für die linke Hand an. Juan erkennt den Solisten, der auf dem Plakat abgebildet ist.

JUAN. Volker!

Alex, der das Lokal durchstreift, hat auf seiner Suche nach Saufgenossen den Filmemacher Stefan getroffen. Stefan ist in Begleitung einer hübschen Blondine.

STEFAN. Ja, das ist Fräulein Dagmar, meine Cutterin, und das ist Alex, mein Hausphilosoph.

BERND. Na, Alex, was wollen Sie trinken?

ALEX. Vielleicht ein schönes Frischbier?

Schon ist es Alex gelungen, eingeladen zu werden. Juan hat inzwischen Helga entdeckt, die an einer Wand neben den Toiletten eine Inschrift anbringt.

JUAN. »Das Kapital ist scharf auf ...«

HELGA. »Nullen!«

Diesen Satz schreibt Helga so, daß die Doppelnull, die den Weg zur

Toilette markiert, in ihre Grafik einbezogen wird. Juan denkt über ihren Spruch nach. Er lächelt.
Renate tritt auf ihrer Kleinkunstbühne auf. Oberhalb der Theke und nur von einem Teil der Kneipe aus einsehbar, erhebt sich die Bühne bis dicht unter die Deckenwölbung. Renate hat ein Phantasiekostüm an, das sie als Meerjungfrau ausweist. Sie schleppt einen gewaltigen, mit Goldpailletten bestickten Fischschweif hinter sich her. Auch ihr üppiger Körper ist in diese goldglitzernde Fischhaut gezwängt. In den Haaren trägt sie eine Art Algengeflecht. Eine endlose Kette aus unechten Perlen, goldene Schuhe und künstliche Goldhaare machen den »unterseeischen« Auftritt zur perfekten Parodie seiner selbst.
Begleitet von den Blasmusikern, die sie auf Hermanns Hochzeit kennengelernt hat, singt Renate nun auch den Tango von damals.

RENATE *(singt)*.

»Komm, tanz mit mir unsern Tango d'amor,
Ich bin verliebt wie noch niemals zuvor.
Schön war für mich jede Stunde mit dir –
Komm, tanz noch einmal mit mir.«

Helga, die nun ebenfalls Stefan entdeckt hat, rennt freudestrahlend durch das Lokal. Schon von weitem ruft sie Stefan eine freudige Nachricht zu:

HELGA. Stefan, ich bekomme ein Kind!

Zuerst sitzt Helga nur Stefan gegenüber und sieht ihm in die Augen. Plötzlich küßt sie ihn auf den Mund. Stefan ist verwirrt, läßt sich aber auf den Kuß ein. Renate plärrt ihren Tango, Juan tanzt mit Olga, die er inzwischen getroffen hat; die Gäste bestaunen die glitzernde Meerjungfrau auf der Bühne, und Stefan denkt verzweifelt über Helgas Satz nach.

STEFAN. Helga, ich bin mir nicht bewußt, dir ein Kind gemacht zu haben.

HELGA. Es ist ja auch nicht von dir!

ALEX. Ich würde es ja Stefa-nie nennen.

HELGA. Nie!

Helga hat eine unglaubliche Art, Stefan zu quälen. Sie steht auf und läßt ihn einfach sitzen.

Renate singt um ihr Leben. Die Töne wollen einfach nicht gehorchen und geraten immer haarscharf daneben. Um so überzeugender sind Renates Bewegungen und ihr unzähmbares Verlangen, als »Star« entdeckt zu werden.

915 Wohnung Hermann und Schnüßchen

Hermann und Schnüßchen haben sich die kleine Mansardenwohnung inzwischen mit wenig Geld, aber mit all den Dingen ausgestattet, die sie für ihr neues Familienleben brauchen. Ein Jahr ist seit der Hochzeit vergangen, und die Tochter Lulu-Simone ist geboren. Die Kleine ist jetzt vier Monate alt, ein Alter, in dem sie täglich Mengen von schmutziger Wäsche produziert. Schnüßchen wäscht und bügelt. Sie ist eine richtige Hausfrau geworden, die sich darum bemüht, auch ihrem Mann die Atmosphäre des Behütetseins zu schaffen.

Lulus Windeln und Strampelhosen sind im Flur der kleinen Wohnung zum Trocknen aufgehängt. Hermann sitzt am Küchentisch und versucht zu komponieren. Aber Schnüßchen stört ihn mit dem »Tango d'amor«, den sie noch falscher als Renate vor sich hinsingt. Hermann unterbricht seine Arbeit.

HERMANN. Schnüßchen!

SCHNÜSSCHEN. Tut mir leid!

HERMANN. *In den »Fuchsbau«-Jahren hatten Schnüßchen und ich oft darunter gelitten, daß die Freunde uns fast jede Nacht besuchten. Zu den unmöglichsten Zeiten! Wenn der Verkehr auf den Straßen ruhte und die letzte Kneipe der Stadt geschlossen war, sind sie über uns hergefallen wie ein Vogelschwarm. Sie überrollten uns mit ihren Diskussionsthemen, fraßen den Kühlschrank leer und hatten unendlich viele Fragen; Fragen, die keine Selbstverständlichkeit duldeten; Fragen, die den verschlafenen Geist wieder wachrüttelten; Fragen, die Unruhe und Protestgeist weckten und das Verlangen nach einer wahnsinnigen Freiheit. Das war nun vorbei. Jetzt hatten wir unsere Ruhe in der Nacht. Schnüßchen und ich – und unser Kind.*

Die Kleine wacht auf und weint. Schnüßchen, die das Kind nicht mehr stillt, um wieder arbeiten zu können, bereitet aus abgekochtem Wasser und Milchpulver ein Fläschchen für das Baby.

SCHNÜSSCHEN. Ja, isch komm ja schon. Ach, Simonschen, mein kleines Hässchen. Na, komm mal her, jetzt gibt's was zu futtern.

Sie bevorzugt es, die Tochter mit ihrem zweiten Namen zu nennen, der Hermanns Nachnamen nachempfunden ist, während Hermann das Kind lieber Lulu nennt. Dieser Name erinnert ihn an ein Traumbild, das ihn früher begleitet hat. Dieses Traumbild ist natürlich in Gestalt eines Kindes weit in die Zukunft verbannt.

SCHNÜSSCHEN. Hermann!

HERMANN. Ja?

SCHNÜSSCHEN. Ich mach mir Sorgen.

HERMANN. Warum?

SCHNÜSSCHEN. Dat wir disch hemme.

Hermann unterbricht seine Arbeit, die jetzt ohnehin keine Chancen mehr hätte. Er setzt sich neben Schnüßchen in das Ehebett und sieht zu, wie die Kleine gefüttert wird.

SCHNÜSSCHEN. Hemmen wir dich, die Simone und isch? Wir müssen doch ein furchtbarer Klotz an deinem Bein sein. Manchmal weiß isch gar net mehr, wie wir uns noch kleiner mache solle.

Von nebenan ertönt das Tackern einer Schreibmaschine. Es ist der Untermieter der beiden, der das größere der zwei Mansardenzimmer bewohnt. Herr Roos raucht und tippt.

SCHNÜSSCHEN. Ich hab schon mal gedacht, wir sollten dem Herrn Roos kündigen, aber der findet ja auch net so schnell was Billiges! Sag, Hermann, hemme wir disch?

HERMANN. Ach, Schnüßchen, mach dir keine Gedanken. Ich hab dich doch lieb!

SCHNÜSSCHEN. Guck mal, wie schön sie getrunke hat. Mein Herzchen...

Hermann nimmt das Baby auf, um es sein »Bäuerchen« machen zu lassen. Er klopft ihm auf den Rücken und trägt es im Zimmer herum.

HERMANN. Manchmal habe ich das Gefühl, sie ist nur zu Besuch bei uns. Na, Lulu? Guck mich doch mal an *(lacht)*. Ich freue mich schon drauf, wenn sie was sagen kann! Neulich habe ich das mal geträumt. Da ist sie zu mir ans Bett gekommen und hat das Köpfchen auf meine Schulter gestreckt und hat mit mir gesprochen, ganz wie eine Große, ganz lang, und hat mich ins Vertrauen gezogen und hat gesagt: »Das verraten wir jetzt aber keinem, daß ich sprechen kann.« Und sie hat erzählt und erzählt, ich weiß gar nicht mehr, was.

SCHNÜSSCHEN. Hermann, isch will dem Herrn Roos kündigen. Machen wir dat? Dann haste auch Platz für'n Klavier.

Während Hermann die Kleine ins Bettchen legt und die Spieluhr, Fräulein Cerphals Hochzeitsgeschenk, in Gang setzt, macht sich Schnüßchen wieder an die Hausarbeit. Bei dem Liederpotpourri aus der Spieluhr schläft das Kind schnell ein.

HERMANN. Wenn ich mir überlege, wieviel Menschen früher immer um uns waren, im »Fuchsbau«, da ist doch keine Nacht vergangen, ohne daß nicht wenigstens zwei, drei Freunde gekommen sind. Das fehlt mir manchmal. Jetzt hat uns schon seit Monaten keiner mehr besucht. Von den meisten weiß ich nicht einmal mehr, was sie überhaupt machen.

SCHNÜSSCHEN. Hermann, gibst du mir dein Unterhemd?

HERMANN. Das ist doch völlig verschwitzt!

SCHNÜSSCHEN. Komm, gib et her! Ich hab das so gern an mir, das mußt du mir schon glauben.

Hermann muß sein Unterhemd ausziehen, damit Schnüßchen es als Nachthemd-Ersatz tragen kann. Sie deckt das Baby zu, dämpft das Licht, indem sie ein Tuch über die Nachttischlampe breitet, und legt sich unter ihr Federbett. Hermann, der sie bei ihren Wegen durchs Zimmer beobachtet hat, spürt das Verlangen nach Zärtlichkeit in sich aufsteigen. Er erhebt sich, schließt die Verbindungstür zur Küche hinter sich und schlüpft zu Schnüßchen unter die Decke.

SCHNÜSSCHEN. Du hast mir immer noch net gesagt, ob wir disch hemmen.

HERMANN. Ach, Unsinn, Schnüßchen. Was denkt du, wie der Mozart komponiert hat, mit dem Stall voll Kinder!

SCHNÜSSCHEN. Ach, der ist aber auch dauernd fremdgegange.

HERMANN. Das ist eben der kleine Unterschied zwischen dem Mozart und mir *(beide lachen)*. Wenn's jetzt klingeln tät, und die Freunde stünden draußen, um uns zu besuchen, dann täten wir einfach nicht aufmachen!

SCHNÜSSCHEN. Wir täten sie draußen in der Kälte stehenlassen, bis sie blau anlaufen.

HERMANN. Ich tät einen Zettel runterschmeißen und draufschreiben: »Kommt wieder, wenn wir euch *nicht* brauchen.«

SCHNÜSSCHEN. Hermann, laß dir net in die Karten gucken! Du mußt vorsichtiger werden. So ebbes nützen die Leut' aus.

Schnüßchen ist schläfrig geworden. Hermanns Nähe macht sie nicht etwa liebesgierig, wie er gehofft hat, sondern entspannt sie, so daß sie gleich wegtaucht in den Schlaf.

HERMANN. Meinst du? Ich steh noch mal auf. Mir ist grad noch was eingefallen. Das möchte ich noch eben aufschreiben.

SCHNÜSSCHEN. Ist gut, Hermann, dann frag ich disch morgen noch mal, ob wir disch hemme.

Als Hermann die Küche betritt, begegnet er dem Untermieter, der sich eine Kanne Tee aufbrüht. Hermann grüßt kurz, sagt aber nichts weiter. Herr Roos stellt den Wasserkessel zur Seite, nimmt die Teekanne und verläßt die Küche.

HERR ROOS. Gute Nacht. Die Tür mache ich zu, ja?

HERMANN. Ja ja. Gute Nacht.

Hermann sieht zum Fenster hinaus. Unten fährt ein Funkstreifenwagen mit Blaulicht vorbei. Sonst ist die Welt da draußen friedlich und fremd.

916 Villa Cerphal, Zufahrt und Eingang

Juan kommt von Renates Kneipe zurück. Er ist ein bißchen betrunken, seine Bewegungen sind nicht mehr so kontrolliert wie sonst. Deswegen hat er auch Schwierigkeiten mit seinem Hausschlüssel, der ihm aus der Hand gleitet, während er versucht, das Tor aufzusperren. Der Schlüssel landet in einer Pfütze. Und weil er ihn in der trüben Brühe nicht mehr finden kann, ist Juan verzweifelt.

Blendendes Scheinwerferlicht trifft Juan, während er neben der Pfütze kniet. Das Licht kommt von den Scheinwerfern eines Polizeiautos, das in die Einfahrt rollt und direkt vor Juan zum Stehen kommt. Fräulein Cerphal, von den beiden Streifenbeamten, die sie im Verlagshaus festgenommen haben, begleitet, entsteigt dem Funkwagen. Sie ist auch ein bißchen »betütert«. Es scheint also auf dem Revier nicht allzu schlimm gewesen zu sein.

FRÄULEIN CERPHAL. Meine Herren, wenn Sie jetzt nicht im Dienst wären, dann würde ich Sie ja gerne noch zu einem Schluck in mein Haus einladen. Aber leider sind Sie ja im Dienst. Sie sind doch im Dienst?

POLIZIST. Allerdings. Vergessen S' doch nicht den Generalschlüssel, gnädige Frau.

Sie wird »gnädige Frau« genannt. Das genügt ihr. Sie nimmt den Schlüssel in Empfang und steuert auf Juan zu, den sie am Boden knien sieht.

FRÄULEIN CERPHAL. Sind Sie verletzt, Juan? Was machen Sie denn da unten?

JUAN. Mein Schlüssel...

FRÄULEIN CERPHAL. Das scheint ja der Tag der verlorenen Schlüssel zu sein, heute. Da, nehmen Sie den Generalschlüssel.

Es ist alles nicht sehr logisch an diesem Abend. Juan hat seinen Schlüssel wiedergefunden und will gerade das Tor aufsperren, während der Generalschlüssel, den er in Händen hält, hier überhaupt nicht paßt. Die Cerphal wankt zu den Polizisten zurück.

FRÄULEIN CERPHAL. Also, meine Herren, nochmals vielen Dank für Ihre freundliche Behandlung und daß Sie mich hierhergebracht haben. Grüßen Sie Ihren Inspektor. Wiedersehen Leopold, auf Wiedersehen Karl. Oder, nee, Sie waren der Leopold, umgekehrt! Auf Wiedersehen!

Während der Streifenwagen nun wieder wegfährt, folgt die Cerphal Juan auf ihr Grundstück.

FRÄULEIN CERPHAL. Juan, ich mache mir Sorgen, ich verwechsle alles. Dieser Generalschlüssel überfordert mich. Wissen Sie, daß mein Vater sehr krank ist? Leben Ihre Eltern noch?

JUAN. Nur meine Mutter.

FRÄULEIN CERPHAL. Alles, was ich bin und was ich habe, das verdanke ich meinem Vater: dieses Haus, die Vergangenheit und vielleicht auch die Zukunft. Aber ich habe nie überlegt, daß ich das alles auch mal verlieren könnte. Man hat mich heute für eine Kriminelle gehalten. Können Sie sich das vorstellen?

JUAN. Ja.

FRÄULEIN CERPHAL. Ja? Also, das müssen Sie mir aber jetzt erklären. Sie machen mir ja angst. Juan, kommen Sie mit ins Haus, und wir trinken noch etwas zusammen.

JUAN. Nein, danke, ich habe schon genug getrunken.

FRÄULEIN CERPHAL. Ach, da machen Sie sich einen kräftigen Tee! Wissen Sie, ich habe noch nie in meinem Leben einen Toten gesehen. Können Sie sich das vorstellen? Auch nicht im Krieg. Während der Bombenangriffe auf München bin ich hier in diesem Haus gewesen, und ich habe nachts die Flammen der brennenden Stadt gesehen. Wie sich das in den Wolken widerspiegelte! Alles, was mit Ekel und Blut zusammenhängt, das ist bisher an mir vorübergegangen.

Die beiden kommen an der Haustür an. Juan sperrt auf. Die Cerphal bleibt draußen.

JUAN. Vielleicht werden Sie bald einen Toten sehen.

FRÄULEIN CERPHAL. Ich bin völlig ratlos, Juan. Ich bin ratlos.

Sie setzt sich einfach auf die obere Stufe der Haustreppe. Juan dreht sich noch einmal nach ihr um, dann geht er hinein, um Tee zu kochen.

917 Villa Cerphal, Küche, Räume der Cerphal

Es ist still geworden im nächtlichen »Fuchsbau«. Juan hat seinen Körper wieder ganz unter Kontrolle. Er gießt mit exakten Bewegungen den Tee auf und reinigt seine von der Pfütze verschmutzte Anzughose. Dann bereitet er ein Tablett mit Teekanne, Tasse, Zuckerdose, Zitronenhälften und Löffelchen, alles perfekt hergerichtet. Er trägt es vorsichtig die Treppen hinauf. Oben durchquert er den Salon und findet Fräulein Cerphal, die im Kleid, mit Schuhen und dem Hut auf ihrem Kopf, in ihrem weißen Schleiflackbett eingeschlafen ist. Ohne ein Geräusch zu machen, trägt Juan das Tablett zu ihr, stellt es auf dem Nachttisch ab, dann schaltet er das Licht aus. Er läßt die Cerphal schlafen.

918 Fuchsstraße, Villa Cerphal

Am folgenden Tag scheint die Sonne. Die Cerphal-Villa wirkt gegen Mittag noch wie ausgestorben. Hermann kommt näher. Er schiebt einen Kinderwagen mit seinem Kind Lulu vorbei. Am Gartentor hält er an. Er probiert aus, ob sich das Tor noch so wie früher öffnen läßt. Dazu führt er einfach die flache Hand zwischen den Latten hindurch und drückt die Klinke nach unten. Das Schloß springt aber nicht mehr auf. Es hat sich alles geändert. Ein Hund bellt, aber es ist nicht Gattingers Wasti. Die Villa, halbversteckt hinter leicht bewegtem Astwerk, ist nur noch eine Erinnerung. Hermann nimmt sein Baby in den Arm, weil es von einem Flugzeuggeräusch aufgewacht ist. Der landende Jet fliegt ganz tief über München.

919 Flughafen, Landebahn

Der Jet schwebt über der Landebahn von München-Riem ein und setzt seine Räder auf die Betonpiste. Staub wirbelt auf.

920 Flughafen München

Die Ankunftshalle füllt sich mit den Passagieren, die aus Amerika eingetroffen sind: Touristen, Geschäftsleute, Familien. Clarissas Mutter und Dr. Kirchmayer, die aus Wasserburg gekommen sind, recken die Hälse, können aber die junge Musikerin nicht entdecken. Clarissa hat sich in den Monaten ihrer Abwesenheit sehr verändert. Ihre Haare bilden einen Turm über dem geschminkten Gesicht, das hinter einer riesigen Sonnenbrille fast verschwindet. Auch das Jackenkleid ist neu. Es hat einen amerikanischen Schnitt, wie er hier noch nicht üblich ist. Sie erkennt die Mutter in der Menge.

DR. K. Ich freue mich!

CLARISSA. Ich habe überhaupt nicht mit euch gerechnet!

MUTTER CLARISSA. Clarissa, mein Kind, ich habe so gebetet, daß du heil runterkommst.

Dr. Kirchmayer, der mit einem Blumenstrauß noch im Hintergrund geblieben ist, entdeckt auf Clarissas Cellokasten eine eingedrückte Stelle, gerade da, wo sich der Steg befinden muß. Er beugt sich zu dem Kasten, um die Delle zu untersuchen.

DR. K. Clarissa, was ist mit dem Cello passiert? Ist es hingefallen?

Clarissa löst sich aus den Armen der Mutter. Jetzt erkennt auch sie den Schaden. Sie kniet nieder, um den Kasten zu öffnen. Der Anblick ist erschütternd. Das wertvolle Instrument ist an mehreren Stellen zersplittert. Saiten und Steg hängen traurig über der aufgerissenen Decke. Die F-Löcher sind ausgefranst, zersplittertes Holz liegt umher. Clarissa rennt weinend durch die Halle. Verzweifelt trampelt sie gegen die Flughafenwand, zwischen Tränen und Wutausbrüchen.

MUTTER CLARISSA. Wie kann denn so was vorkommen? Clarissa, sag, was passiert ist, was ist denn vorgefallen?

CLARISSA. Ich hab's geahnt, den ganzen Flug über hab ich's geahnt! Dieser blöde Idiot, der mir das eingeredet hat, ich könnte das Cello ruhig als Reisegepäck mitnehmen, er würde sich persönlich darum kümmern. Ich hab's ja nicht glauben wollen, aber ich wollte das Geld sparen, weil sie für das Cello... Sie verlangen dafür mehr als für eine Person, wenn man es mit in die Kabine nehmen will. Dabei ißt ein Cello nichts und trinkt ein Cello nichts und sagt noch nicht mal einen Mucks. Oh, Scheiße, ich hab's gewußt!

Sie kehrt zu ihrem Cello zurück, das Dr. Kirchmayer inzwischen schweigend gehütet hat. Sie betrachtet das zerstörte Instrument.

MUTTER CLARISSA. Hauptsache, dir ist nichts passiert!

CLARISSA. Ach, Muter, das kann ich jetzt überhaupt nicht hören! Siehst du denn nicht, was passiert ist? Ist es denn nicht genug? Zweihundert Jahre hat es auf mich gewartet.

921 Im Auto von Dr. Kirchmayer

Während der Fahrt nach Wasserburg hält Clarissa auf dem Rücksitz ihr krankes Cello zärtlich in den Armen. Sie ist in Gedanken versunken. Immer noch fließen die Tränen, und sie hat keinen Blick für die schöne bayerische Landschaft, die sie so lange nicht mehr gesehen hat. Die Mutter versucht, sie auf andere Gedanken zu bringen. Sie wendet sich nach der Tochter und kramt einen Zeitungsartikel aus ihrer Handtasche.

MUTTER CLARISSA. Clarissa, stell dir mal vor: Der »Sittenstrolch« ist ein großer Pianist geworden. Ich habe hier einen Zeitungsartikel, den wollte ich dir zeigen. Hier, willst du ihn lesen?

Clarissa erkennt Volkers Bild, das in der Zeitung abgedruckt ist. Der Artikel beschreibt ihn als großes Talent auf dem Klavier. Clarissa wischt sich die Tränen ab.

CLARISSA. Volker ...

MUTTER CLARISSA. Ja, überall bekommt er Lob und, wie man hört, die besten Kritiken. Er scheint wirklich etwas zu können, der junge Mann. Das ändert die Gefühle, die man für jemanden hat, verstehst du das?

DR. K. Ich schlage vor, wir fahren erst einmal zu mir, ja?

Kirchmayer lenkt den Wagen auf kleinen Landstraßen durch die reizvolle Umgebung. Clarissa vertieft sich in den Artikel über Volkers Klaviererfolge.

MUTTER CLARISSA. Clarissa hat zwei Wettbewerbe gewonnen in Amerika. Und in einem Studio hat sie gespielt, bei einer Plattenfirma. Clarissa, willst du denn gar nichts erzählen? Dr. Kirchmayer ist doch schon neugierig.

CLARISSA. Ich habe dir doch alles geschrieben.

MUTTER CLARISSA. Die Debussy-Sonate hat sie gespielt.

DR. K. Kann man die Platte auch hier kaufen?

CLARISSA. Nein, vielleicht nächstes Jahr.

MUTTER CLARISSA. Ja – und die Einladungen zu den Konzerten in New York und Kalifornien?

CLARISSA. Boston und San Francisco, Mutter.

MUTTER CLARISSA. Clarissa, bist du denn nicht stolz?

CLARISSA. Ich bin traurig.

Das Auto überquert die Innbrücke. Clarissa ist in der Stadt ihrer Kindheit angekommen.

922 Villa Dr. Kirchmayer

Das Auto fährt unter den mächtigen Buchen hindurch, bis das erwartungsvolle Haus in seiner Pracht zu sehen ist, dann wird angehalten. Maria, das Dienstmädchen, wartet schon an der Haustreppe.

MUTTER CLARISSA. So, da sind wir ja.

DR. K. Maria, kommen Sie doch bitte!

Während die Mutter aussteigt und das Mädchen sich um ihr Gepäck kümmert, bleibt Clarissa auf dem Rücksitz und hält ihren Cellokasten auf dem Schoß.

DR. K. Es wird wieder heil werden. Wer weiß, wie viele Risse es in den zweihundert Jahren schon abbekommen hat! Aber gewissenhafte und tüchtige Geigenbauer haben es immer wieder geheilt. Vielleicht wird sein Klang immer schöner davon, es könnte doch sein!

Clarissa steigt aus. Kirchmayer nimmt ihr das Cello ab.

CLARISSA. Georg, du bist ein Optimist.

DR. K. Du bist noch viel schöner geworden in Amerika. Habe ich dir das schon gesagt?

CLARISSA. Georg, was du als allererstes in Amerika lernst, das ist, dir keine Illusionen zu machen.

Kirchmayer denkt über diese Worte nach. Er bemerkt, daß er mit Clarissa allein ist, denn die Mutter und das Mädchen sind schon ins Haus gegangen.

DR. K. Morgen fahren wir zu einem Geigenbauer.

Mit diesen Worten drückt er Clarissa ein kleines Etui in die Hand. Dann geht er mit dem Cello langsam in Richtung Haus.

CLARISSA. Nein, das mache ich doch ... alleine.

Sie findet ein Paar sehr schön gearbeitete Ohrringe in dem Kästchen. Sie ist sprachlos.

923 Musikhochschule

Die Eingangshalle der Musikhochschule ist wie immer angefüllt mit leisen Echos von allerlei Musikinstrumenten und fernen Gesangsstimmen. Der Unterricht, der in den langen Gängen hinter verschlossenen Eichentüren stattfindet, hat seinen eigenen Klang, so wie die frischgeputzten Marmorböden und Treppenstufen ihren eigenen Geruch haben.

HERMANN. *Auch die Studentenjahre waren zu Ende gegangen. Ich betrat noch einmal die alte Hochschule, stieg noch einmal die faschistische Marmortreppe hinauf und erinnerte mich an alles und nichts. Jeder Schritt war bekannt. Neun Semester standen neben mir wie ein abgegessener Tisch.*

Hermann wirft im Vorübergehen einen Blick auf das Postament am Fuß der Treppenbalustrade, an dem er Clarissa zum ersten Mal vor fünf Jahren gesehen hat.

Professor Rüdiger, der einmal sein Gehör geprüft hat, erwartet Hermann in dem Prüfungszimmer von damals. Wieder steht der Professor vor einem der beiden Flügel und empfängt ihn mit den gleichen Worten.

PROFESSOR. Herr Simon, würden Sie sich bitte umdrehen?

Hermann dreht sich um. Auf dem Notenständer des zweiten Flügels, in dessen polierten Flächen er einst die Hände des Professors beobachten konnte, steht eine Diplomurkunde.

Professor Rüdiger reicht ihm die Hand.

PROFESSOR. Also, Herr Simon, da bleibt mir nur noch, Ihnen für das weitere …

Als Hermann das Gebäude verläßt und in seinem feinen Anzug auf die Straße tritt, regnet es in Strömen. Er bleibt stehen.

HERMANN. *Jetzt war ich »Staatlich Geprüfter Akademischer Diplom-Komponist« … Wenigstens besaß ich in der Urkunde einen nützlichen Regenschirmersatz.*

Kurz entschlossen entfaltet er die Diplomurkunde, bildet damit ein Spitzdach über seinem Kopf und rennt in den Regen hinaus.

924 Cerphal-Verlag

Als Fräulein Cerphal an diesem Mittag an die Isarbrücke gelangt, um das zweite Mal zum Verlagsgebäude zu gehen, regnet es schon weniger. Der Schirm, den sie sich über den Kopf hält, ist ein besonders ungeeignetes Instrument, um sich vor Nässe zu schützen, denn der schwarze Stoff hängt in Fetzen an einer Seite herab, und einige Schirmstangen stehen leer in die nasse Luft hinaus. Weiß der Teufel, wo sie dieses schäbige Exemplar gefunden hat! Am Ende der Brücke hängt sie es jedenfalls einfach ans Geländer und geht weiter, als hätte sie mit diesem Schirm nichts zu tun. Nun, am hellichten Tag, kann sie die Verlagsräume betreten, ohne den Generalschlüssel benutzen zu müssen. Sie findet eine Empfangsdame, die am Ende des Ganges sitzt.

FRÄULEIN CERPHAL. Guten Tag! Ich bin um dreizehn Uhr mit Herrn von Beck verabredet.

EMPFANGSDAME. Die Herren sind noch zu Tisch. Bitte nehmen Sie doch einen Moment Platz!

FRÄULEIN CERPHAL. Ja, danke.

Beim Auf- und Abgehen entdeckt sie wieder die Standuhr mit dem spiegelnden Pendel, die sie in der Nacht schon so fasziniert hat. Am Tag fehlt der Lichtstrahl, der sich bei den Pendelausschlägen im Zimmer bewegte. Dafür ist aber ihr eigenes Gesicht in dem Pendelgewicht zu sehen. Sie geht darauf zu, um ihr Make-up zu prüfen. Sie bückt sich, muß aber nun mit dem ganzen Oberkörper den Ausschlägen des Pendels folgen, um ihr Spiegelbild nicht aus dem Blick zu verlieren.

So steht sie und bietet einen merkwürdigen Anblick, als die Herrschaften, mit denen sie verabredet ist, ankommen.

HERR V. BECK *(off)*. Fräulein Cerphal?

EMPFANGSDAME *(off)*. Die Dame wartet schon.

Herr von Beck hat einen Blumenstrauß mitgebracht, den er Fräulein Cerphal überreicht.

HERR V. BECK. Von Beck!

Es folgen zwei leitende Angestellte des Verlags, die mit verlegen lächelnden Gesichtern hereinkommen, um der Cerphal ebenfalls ihre Hände hinzustrecken.

HERR V. BECK. Darf ich vorstellen: Frau Dr. Leierseder, unsere Cheflektorin.

FRAU DR. LEIERSEDER. Herzlich willkommen!

HERR V. BECK. Dr. Riebe, unser Hausjurist.

DR. RIEBE. Guten Tag.

FRÄULEIN CERPHAL. Angenehm. Ich habe wohl die ganze Firma verwirrt letzte Nacht. Das tut mir sehr leid. Aber ich war auf den Schrecken genausowenig vorbereitet wie Sie. Aber heute haben Sie ja sogar Rechtsbeistand, wie ich sehe.

Die Anspielung hat wohl ins Schwarze getroffen, denn sie wird mit einem unnatürlich lauten Scherzlachen quittiert. Der Hausjurist führt die Besucherin zur Besuchercouch, auf der auch er und Herr von Beck Platz nehmen.

DR. RIEBE. So ist das nicht gemeint, Fräulein Cerphal. Aber da ich nebenbei noch der Prokurist der Firma bin, bitte, setzen Sie sich, Sie müssen wissen, für uns ist das ein großes Ereignis, eine echte Cerphal zu begrüßen. Eine Repräsentantin der ehemaligen Besitzerfamilie...

HERR V. BECK ... und Gründerfamilie, das wollen wir nicht vergessen! Gründer eines Verlagsimperiums. Die Traditionen, die Ihr Herr Großvater und danach auch Ihr Herr Vater geschaffen haben, leben bei uns weiter, das kann ich Ihnen versichern. Ich möchte Ihnen hier einige Exemplare der Edition Cerphall überreichen ...

FRÄULEIN CERPHAL. Cerphal!

HERR V. BECK. Sehen Sie, Wiederauflagen von Titeln, die schon der alte Wilhelm Cerphal herausgebracht hat. Haben Sie das gewußt?

FRÄULEIN CERPHAL. Nein.

HERR V. BECK. Eine erlesene Ausgabe. Erstklassiges Papier!

DR. RIEBE. Wir haben hier einen Vertrag gefunden, der Ihrem Herrn Vater den Zugang zu seinem Büro auf Lebenszeit gewährt. Wir waren alle ganz überrascht. Das muß damals gemacht worden sein. Und hier im Paragraph sieben wird dieses Recht auch seinen Familienangehörigen gewährt. Allerdings, wie ich meine, nur zur Bürozeit! *(Alle lachen)* Wir sind sehr glücklich, daß in unserem Verlag so viel Sinn für das Menschliche dokumentiert wurde, damals.

DR. LEIERSEDER. Ich könnte mir vorstellen, daß die Geschichte Ihrer Familie ein ganz phantastisches Zeitdokument wäre.

FRÄULEIN CERPHAL. Ach ...

DR. LEIERSEDER. Wollen Sie nicht ein Buch darüber schreiben?

FRÄULEIN CERPHAL. Ich, nein. Also ...

DR. LEIERSEDER. Doch!

FRÄULEIN CERPHAL. Nein.

DR. LEIERSEDER. Wir suchen im Augenblick einen geeigneten Text für unsere Hausgeschichte.

HERR V. BECK ... eine Hausgeschichte, die gewiß im Büro Ihres verehrten Herrn Vaters sozusagen verborgen liegt.

Die Lektorin hakt sich bei der Cerphal unter und führt sie durch ein kleines Büro zu dem Gang, über den man das Büro des alten Cerphal erreicht. Die Herren sind ganz aufgeregt. Herr von Beck tänzelt auf verdächtige Weise um die Cerphal herum.

DR. RIEBE. Dieses Büro ist uns immer heilig gewesen.

DR. LEIERSEDER. Falls Ihnen das Formulieren schwerfallen sollte, wir haben da ganz ausgezeichnete Autoren an der Hand. Was denen allerdings fehlt, das ist das Authentische, das Persönliche. Ja, und genau das haben Sie!

FRÄULEIN CERPHAL. Da haben Sie recht.

DR. LEIERSEDER. Ich könnte Ihnen Mut machen, Ihnen helfen!

HERR V. BECK. Ich darf mal vorgehen ...

Die Cerphal überreicht Herrn von Beck den Schlüsselbund, den ihr der kranke Vater mitgegeben hat.

DR. RIEBE. Außer Ihrem Herrn Vater hat meines Wissens nie jemand einen Schlüssel dafür gehabt.

Das Öffnen der Bürotür gestaltet sich zum Zeremoniell. Es handelt sich um eine Flügeltür, an deren Türknöpfen die Herren ziehen müssen, um den Zutritt zum Büro zu gewähren. Hinter der Flügeltür gibt es aber noch eine mit edlen Holzschnitzereien umrahmte Glastür, die nicht verschlossen ist. Die Cerphal kann eintreten. Das Büro, auf allen Seiten mit reichverzierten Bücherwänden ausgestattet, liegt im Halbdunkel, da sämtliche Fenster mit schweren Plüschvorhängen verschlossen sind.

DR. LEIERSEDER. Hier ist die Zeit stehengeblieben, wie die Luft.

HERR V. BECK. Das ist die Luft von 1910.

FRÄULEIN CERPHAL. Noch lebt mein Vater. Ich habe hier einiges zu erledigen.

Die Cerphal zieht einen Vorhang auf. Jetzt wird die ganze Schönheit des Raumes sichtbar. Ein riesiger Rokokoschreibtisch steht in der Mitte, der angefüllt ist mit alten Büchern, Andenken der Familie, Kristallkaraffen und dem Schreibzeug des Verlagsgründers. Herr von Beck und seine Begleitung stehen wortlos da. Sie sind beeindruckt und zugleich neugierig. Sie wollen erfahren, was ihnen da an Schätzen im Haus verborgen geblieben ist. Die Cerphal aber läßt nun ganz plötzlich wieder erkennen, daß sie zur Klasse der Besitzer gehört. Sie ändert ihren Tonfall.

FRÄULEIN CERPHAL. Ich danke Ihnen für Ihren freundlichen Empfang. Ich versichere Ihnen, ich werde Ihr Hausrecht nicht mehr verletzen. Über alles Weitere müssen wir ein anderes Mal reden. Ist das mein Vertrag da?

DR. RIEBE. Eine Kopie.

Sie nimmt dem Hausjuristen das Papier aus der Hand, mit dem sie ihre Rechte begründen kann. Dann läßt sie sich auch den Schlüsselbund zurückgeben und komplimentiert die Herrschaften hinaus.

FRÄULEIN CERPHAL. Ich brauche vielleicht eine Stunde. Den Ausgang finde ich allein.

Fräulein Cerphal braucht, als sie endlich allein ist, eine Weile, bis sie sich in der verwirrenden Fülle von alten Dingen orientieren kann. Zumindest das Jugendbild von ihrer Großmutter, das ihr Vater mitgebracht haben wollte, entdeckt sie sofort. Schließlich findet sie den Tresor, der hinter einer Tür in der Wandvertäfelung steht.

FRÄULEIN CERPHAL. Wo fange ich an? Fünfunddreißig, vierundvierzig, einundfünfzig.

Der Tresor läßt sich tatsächlich mit den Daten der Hausgeschichte öffnen. Sie findet den braunen Umschlag, aber noch viel mehr. Sie holt einen Berg von alten Dokumenten und Familienbildern aus dem Safe und trägt sie zum Schreibtisch. Sie setzt sich auf die Platte und beginnt in den alten Papieren zu wühlen. Fotografien aus der Kaiserzeit sind dabei und Bilder, die den jungen Herrn Gattinger in SS-Uniform zeigen. Sie wagt es nicht, sich in den ledernen Ohrenbackensessel zu setzen, der ihres Vaters Platz gewesen ist. Sie spricht mit dem Sessel, als wäre es der Vater selbst.

FRÄULEIN CERPHAL. Was habe ich immer zu dir gesagt, Vati? »Fang mir ein Kind, daß ich mit ihm spielen kann.« Weißt du, daß ich mir eingebildet habe, du hättest Onkel Goldbaum als Kompagnon in deine Firma genommen, weil er auch eine Tochter in meinem Alter hatte? Edith war dreizehn. Das muß 1924 gewesen sein. Und dann hast du immer zu mir gesagt: »Kind, du mußt dir keine Sorgen machen.« Ich habe mir nie Sorgen gemacht: nicht um den Verlag, als unser Peter fiel; nicht um Mutter, als sie Krebs bekam; nicht um die Familie, als unser Haus in Bogenhausen ausbrannte; nicht um Edith, als sie 1943 abgeholt wurde; nicht um ihr kleines Töchterchen, als man es mitten im Krieg in die Schweiz geschafft hat.

Es klopft an die Tür. Die Lektorin ist wieder da. Sie steckt ihren Kopf herein. Mit ihrem gewinnendsten Lächeln bringt sie die von Herrn von Beck angekündigten Bücher herein.

DR. LEIERSEDER. Oh, nicht böse sein, aber Ihre Bücher ...

Die Bücher waren nur ein Vorwand. Draußen steht ein Glatzkopf und wartet.

DR. LEIERSEDER. Darf ich Sie noch was fragen? Nur eine Kleinigkeit: Dürfte unser Hausfotograf Sie so fotografieren, genau so, wie Sie jetzt da sitzen?

FRÄULEIN CERPHAL. Macht das Krach?

DR. LEIERSEDER. Aber nein, wir sind wie die Mäuschen!

FRÄULEIN CERPHAL. Meinetwegen.

DR. LEIERSEDER. Danke! Entzückend.

Die Cerphal, immer noch in die Familiendokumente vertieft, ist jetzt wieder das Kind der reichen Bürgerfamilie, das in Vaters Sachen schnüffelt. Der Fotograf blitzt seine dummen Schnappschüsse, die Lektorin führt den Hausfotografen zu immer neuen Motiven.

DR. LEIERSEDER. Ist das nicht zu privat?

FOTOGRAF. Mm.

DR. LEIERSEDER. Toll! Noch mal! Ja, danke schön ...

Die beiden Angestellten entfernen sich und schließen die Glastür. Die Cerphal ist wieder allein. Nun setzt sie sich doch in den Ledersessel. Sie spricht mit der Kopflehne.

FRÄULEIN CERPHAL. Jetzt ist unser Arno tot, Tante Hedwig ist in Haifa gestorben, und du bist krank. Ich weiß so entsetzlich wenig. Vati, du darfst mich nicht so unwissend lassen! Ich muß dich bitten, ändere das. Wahrscheinlich hältst du alles für Unsinn, was ich weiß. Zum Beispiel weiß ich noch, wie dein Geburtstagskuchen schmeckte, mitten im Krieg, als du sechzig wurdest. Ich erinnere mich auch, daß Edith nach Schweiß gerochen hat in der letzten Zeit, bevor man sie nach Dachau brachte. Edith war zwanzig Jahre lang meine beste Freundin, und Dachau liegt nur zwanzig Kilometer entfernt ...

Sie erhebt sich, um dem Sessel gegenübertreten zu können.

FRÄULEIN CERPHAL. Du mußt doch zugeben, daß ich lauter Unsinn in meinem Kopf mit mir herumtrage ... Willst du mir nicht helfen, Vati? Sag mir was, sag was!

Der alte Ledersessel schweigt.

925 Straße und Boutique

Die Cerphal hat das Ölgemälde von ihrer Großmutter in einen kleinen Teppich eingepackt. So trägt sie es durch die Stadt. Auf dem Trottoir vor einer Boutique sieht sie eine junge Frau, die aus dem Geschäft kommt und ein großkariertes Komplet trägt. Die Cerphal betrachtet das modische Kleidungsstück, das sich da vor ihren Augen auf dem schlanken Körper im Stadtgetriebe entfernt. Kurz entschlossen geht sie nun in den Laden. Sie wendet sich an die Verkäuferin und zerrt sie an das Schaufenster.

FRÄULEIN CERPHAL. Darf ich Ihnen mal ganz schnell mal etwas zeigen? Das Komplet, das da eben rausgegangen ist, sehen Sie ...?

VERKÄUFERIN. Ja.

FRÄULEIN CERPHAL ... das hätte ich auch gern. Haben Sie das noch mal in meiner Größe?

Schon hat die Cerphal ein Kleid gekauft, das ihr überhaupt nicht steht. Auf ihrem weiteren Weg nach Hause hat sie nun auch noch das alte Kleid in einer Tüte und den Mantel und neben dem Gemälde noch den braunen Umschlag zu schleppen. Sie ist mittlerweile ganz kopflos. Beinahe wäre sie zu allem Überfluß auch noch gegen ein Verkehrsschild gerannt.

926 Villa Cerphal, Diele

Als sie in ihrem Haus ankommt, hat sich die Nervosität noch gesteigert. Sie läßt ihr Gepäck einfach zu Boden gleiten und fängt an, in der Küche nach etwas Eßbarem zu suchen. Sie weiß sich in ihrem Hunger nicht zu helfen. Sie schreit abwechselnd nach Gerold Gattinger und nach Frau Ries, die aber beide nicht antworten. Auf der Treppe ruft sie wieder nach Gerold. Erst jetzt fällt ihr ein, warum sie von ihrem »Finanzberater« keine Antwort erhält.

FRÄULEIN CERPHAL. Ach so, der ist ja in Spanien.

Sie kehrt um, holt das Portrait ihrer Großmutter und trägt es in ihr Wohngeschoß empor.

927 Villa Cerphal, Schlafzimmer und Salon

In ihrem Schlafzimmer öffnet sie alle Schubladen und Schränke. Sie kämpft gegen einen akuten Hungeranfall.

FRÄULEIN CERPHAL. Wo ist meine Vollmilchschokolade? Bitter mag ich nicht!

Es gibt in diesem Zimmer Dutzende von Schubladen, in denen eine haarsträubende Unordnung herrscht. Hinter einer hohen Schranktür findet sie endlich eine Blechschachtel mit Schweizer Pralinen.

FRÄULEIN CERPHAL. Alle Vollmilch ist weg!

Mit ihrer Beute setzt sie sich wie ein Kind auf den Fußboden neben das Bild der Großmutter, das sie hier abgestellt hat. Sie steckt sich eine um die andere Praline in den Mund. Kauend wühlt sie in einer Kiste, findet ein Tagebüchlein, in dem sie blättert.

Juan läßt sich an der Tür sehen. Er ist so leise gekommen, daß man glauben könnte, er hätte sich aus der Luft materialisiert.

FRÄULEIN CERPHAL. Kommen Sie rein, Juan. Sehe ich meiner Großmutter ähnlich?

JUAN. Nein, ich glaube nicht.

Die Cerphal beugt sich zu dem Großmutterbild hinüber. Sie kaut schon wieder eine Praline.

FRÄULEIN CERPHAL. Warum habe ich nicht geheiratet? Warum habe ich nichts gelernt? Für den Verlag war ich nicht vorgesehen. Warum kann ich mich in der Stadt nicht orientieren? Sehen Sie mal, Juan, das ist hier mein Tagebuch. Es beginnt 1927, aber ich komme darin nicht vor. Ich verstecke es hier in meiner Kiste. Wenn mein Vater hier wäre, der könnte Ihnen alles erklären. Mir fehlen zwanzig Jahre, die sind mir irgendwo abhanden gekommen.

Juan schweigt. Er betrachtet die Bilder an der Wand. Die Cerphal ißt Pralinen und versucht zu lächeln.

928 Altenheim

Das Taxi fährt vor dem idyllischen Landhaus vor, in dem sich das Altenstift befindet. Es ist gegen Abend. Der Chauffeur hilft Fräulein Cerphal, das Bild zum Haus zu tragen.

FRÄULEIN CERPHAL. Kommen Sie, wir packen das Bild schon hier unten aus.

Die abgebildete Großmutter ist ganz in Weiß gekleidet. Sie trägt auch einen weißen Sonnenhut, der mit Rosen geschmückt ist. Über dem benachbarten See geht die Sonne unter.

929 Altenheim, Zimmer des alten Cerphal

Die Pflegeschwester hilft, das abstrakte Landschaftsgemälde von der Wand zu holen und das neue Bild aufzuhängen. Die Cerphal gibt Anweisungen.

FRÄULEIN CERPHAL. Nicht mit den Fingern aufs Öl! Ja, so ist's gut! Und schön grade hängen.

SCHWESTER. So, und was sollen wir jetzt mit dem schönen Bild machen?

Die Schwester deutet auf die abstrakte Landschaft, die sie nun mit der Cerphal zusammen in den Händen hält.

FRÄULEIN CERPHAL. Was wir mit dem schönen Bild machen? Vati, was machen wir jetzt mit dem schönen Bild?

Der Alte sitzt aufrecht, mit dicken Kissen abgestützt, in seinem Prachtbett. Er liest die Papiere durch, die seine Tochter ihm aus dem Büro geholt hat.

VATER CERPHAL. Lassen Sie uns allein!

FRÄULEIN CERPHAL. Lassen Sie uns allein, und nehmen Sie das Bild mit. Halt! Nein, lassen Sie es doch lieber hier, und stellen Sie es da an die Wand! Und machen Sie die Tür zu!

Die Cerphal kann sich in kleinen Dingen ebensowenig entscheiden wie in großen. Sie atmet auf, als die Schwester das Zimmer verlassen hat. Der Vater überreicht ihr das Dokument.

VATER CERPHAL. Elisabeth, komm, das mußt du jetzt zerreißen!

FRÄULEIN CERPHAL. Du meinst, ich soll, ich soll das jetzt vor deinen Augen zerreißen?

VATER CERPHAL. Ja, mach schon.

Gehorsam zerreißt sie das mehrseitige Manuskript. Dann versucht sie zu erkennen, um was es sich da gehandelt und was sie zerrissen hat.

FRÄULEIN CERPHAL. Was ist denn das?

VATER CERPHAL. Ein Scheinvertrag. Der ist ungültig. Weiter, zerreiß ihn ganz!

FRÄULEIN CERPHAL. Aber das ist doch deine Handschrift! Wann hast du denn das geschrieben?

VATER CERPHAL. Das muß vernichtet werden. Höre, wenn jemand kommen sollte und behauptet, er hätte Ansprüche auf dein Haus, jage ihn zum Teufel!

FRÄULEIN CERPHAL. Wen meinst du?

VATER CERPHAL. Zum Beispiel die Goldbaum-Verwandtschaft. Dein Haus gehört dir, dir ganz allein.

FRÄULEIN CERPHAL. Aber das Haus, das hat doch mal Onkel Goldbaum gehört, nicht wahr?

VATER CERPHAL. Ach, das ist Vergangenheit. Er ist tot. Die Sache hat sich jetzt erledigt. Schaff das weg!

Jetzt zerreißt die Tochter den Vertrag in ganz kleine Stücke, ohne hinzusehen.

VATER CERPHAL. Na, willst du das nicht verbrennen?

FRÄULEIN CERPHAL. Vati, ich kann doch hier kein Feuer machen. Wie stellst du dir denn das vor, das kommt in den Müll!

Sie läßt die Papierstückchen in den Papierkorb rieseln. Der Vater ist einverstanden und sich seiner Hilflosigkeit bewußt.

VATER CERPHAL. Was ist das nur mit dieser Hand? Es ist zum Wahnsinnigwerden!

FRÄULEIN CERPHAL. Warum willst du mir nicht sagen, was das für Papiere waren? Was ist mit unserem Haus? Muß ich mir Sorgen machen?

VATER CERPHAL. Du mußt dir keine Sorgen machen. Aber jetzt tu etwas für mich!

FRÄULEIN CERPHAL. Was soll ich für dich tun, Vati?

VATER CERPHAL. Ich will, daß du endlich dein Studium beendest.

Elisabeth Cerphal geht nachdenklich im Zimmer umher. Schließlich setzt sie sich wie ein gescholtenes Kind an Vaters Schreibtisch. Es fehlt nur noch, daß sie mit den Beinen baumelt.

VATER CERPHAL. Ich sage dir das im vollen Ernst. Habe ich dir nicht immer gesagt, du sollst deinen Doktor machen? Seit zwanzig Jahren studierst du herum: Kunstgeschichte, Psychologie, Völkerkunde, Medizin, Ägyptologie, Theater. Gibt es etwas, das du nicht studiert hast?

FRÄULEIN CERPHAL. Unendlich viel, Vati. Ich bin nämlich wie du. Mich interessieren die Dinge immer nur bis zu einem gewissen Punkt. Und du hast gesagt, der Rest ist Bürokratie.

VATER CERPHAL. Ach, Kind, du verstehst mich nicht. Ich will, daß du erwirbst, was du besitzt. Ich habe das auch tun müssen. Es genügt nicht, wenn man etwas nur ererbt. Ach, ich habe keine Fragen mehr. Komm, gib mir den Stift!

Die Tochter bringt dem Vater seinen Füller. Sie rückt ihm sein Schreibzeug zurecht und setzt ihm seine Brille auf. Auf einem Briefbogen des alten Verlagshauses beginnt er nun, sein Testament zu schreiben.

Die Cerphal steht an die Wand gelehnt und weiß nicht, was von ihr verlangt wird.

»MEIN LETZTER WILLE« schreibt der Alte in Kraxelschrift auf das Papier. Wegen seiner Lähmung der rechten Hand geht es nicht besser.

Noch einmal wirft er einen Blick auf das Bild der schönen jungen Mutter, dann macht sich die ungeschickte Linke an die Details der Testamentsverfügung.

930 Konzertsaal

Volker spielt Ravels Klavierkonzert d-Dur für die linke Hand. Während der gewaltigen Anfangskadenz hängt seine Rechte leblos am Körper herab. Er ist wirklich in der Konzentration des Spiels und in der Identifikation mit dem Werk ein »einarmiger Pianist«, der mit den dramatisch aufbegehrenden Tonfolgen des Werks gegen diese Beschränkung anspielt.

Jean-Marie dirigiert das Orchester.

Clarissa ist zusammen mit ihrer Mutter gekommen. Sie sitzt neben ihr in der ersten Reihe und hört erstaunt zu, wie virtuos und leidenschaftlich der sonst so schüchterne Freund dieses Konzert spielt. Volker ist an diesem Abend auch in Clarissas Empfindung völlig verändert.
Die Kadenz endet mit einem riesigen Glissando, aus dem heraus Jean-Marie den Orchestereinsatz entstehen läßt.

931 Straße in Schwabing

Juan ist einsam in der Nacht unterwegs. Er weiß nicht, wo er hingehen soll. Als er an dem Haus vorüberkommt, in dem Hermann und Schnüßchen wohnen, entschließt er sich hineinzugehen, da die Haustür offensteht.

932 Wohnung Hermann und Schnüßchen

Im Treppenhaus bekommt Juan Zweifel, ob er Hermann so spät noch besuchen kann. Er bleibt vor der Wohnungstür stehen. War das nicht das Baby? Er zögert und klingelt nicht.
Hermanns Badezimmer hat ein vergittertes Fensterchen zum Treppenhaus, an dem Juan kurz erscheint und lauscht. Tatsächlich sind Hermann und Schnüßchen mit ihrem Kind beschäftigt. Die Kleine wird gebadet.

SCHNÜSSCHEN. Laß mal die Windel los. So, mein kleiner Schatz. Da ist ja gar nichts drin! Simonsche, jetzt geht's ins Wasser. Das ist doch viel zu kalt, das Wasser!

HERMANN. Ach was!

Während Schnüßchen mit dem Kind turtelt, hat Hermann plötzlich das Gefühl, daß ihm jemand zusieht. Er geht zu dem Fensterchen und sieht hinaus ins Treppenhaus. Juan hat sich aber wieder entfernt. Hermann kann gerade noch seinen Schatten erkennen, der unten durch das Treppenhaus huscht.

933 Konzertsaal

Juan erscheint im Foyer des Konzerthauses. Er hört das Ravel-Konzert, das sich seinem Ende nähert. Schon ist Juan wieder im falschen Moment gekommen. Der Applaus rauscht mächtig auf. Volker und auch Jean-Marie werden gefeiert. Es war ein überwältigendes Konzert. Als Volker einen Strauß Rosen überreicht bekommt, springt er von der Bühne, um sie an Clarissa weiterzugeben. Er umarmt sie und läßt sich auch von der Mutter gratulieren. Der einsame Juan verläßt das Konzerthaus unbemerkt.

934 Café Annast

Nach dem Konzert gehen Volker und Jean-Marie in Begleitung von Clarissa und ihrer Mutter in das bekannte Café, um den großen Erfolg zu feiern. Eine Flasche Champagner wird bestellt.

JEAN-MARIE. Das Klavierkonzert für die linke Hand wird zum Symbol für dich. Du mußt weitermachen als Pianist.

CLARISSA. Das ist wahr, Volker!

JEAN-MARIE. Du siehst doch, daß es dir Glück bringt.

VOLKER. Ich bin Komponist!

JEAN-MARIE. Sein Talent erkennt man an dem, was einem leichtfällt! A la tienne, Volker, Prost!

Der Champagner perlt in den Gläsern. Die Freunde stoßen miteinander an. Clarissa, die neben Volker sitzt, genießt den Abend in hoffnungsvoller Stimmung.

VOLKER. Weißt du noch, Clarissa, wie du gesagt hast, es wäre aus mit dir und dem Cello?

CLARISSA. Das ist lange her, Volker.

VOLKER. Ja, aber du warst ganz schön nahe dran.

Der Blick der Mutter geht in den dunklen Hofgarten hinaus. Plötzlich taucht dort Juan auf. Durchsichtig wie ein Spiegelbild kommt er näher und scheint um eine Ecke des Gebäudes zu biegen.

MUTTER CLARISSA. Clarissa, ich glaube, da war eben Herr Juan ...

Clarissa beugt sich zum Fenster. Sie kann aber den Freund nicht mehr sehen. Auf dem weiten Odeonsplatz sitzen nur ein paar Gäste des Cafés. Ein Kellner geht umher. Juan ist so plötzlich, wie er aufgetaucht ist, wieder verschwunden.

935 Universität, Gänge und Foyer

Fräulein Cerphal studiert eine geologische Mineraliensammlung, die in einem Seitentrakt der Universität ausgestellt ist. Sie läßt sich von den glitzernden Kristallen, von Farben und Lichteffekten bezaubern. Ein wissenschaftliches Interesse vermag sie für diese schönen Objekte nicht aufzubringen. In einem der Gänge trifft sie ihren Geologieprofessor, den sie in ein Gespräch verwickelt.

FRÄULEIN CERPHAL. Machen Sie keine Scherze, Herr Professor, ich bin nicht mehr so jung, wie es vielleicht den Anschein hat. Ich muß allmählich zu einem Abschluß kommen. Eine Promotion ist doch sehr aufwendig. Gibt es nicht ein anderes Examen, eine Schuhnummer kleiner, ein Diplom? Ich möchte es meinem Vater zuliebe tun, er ist vierundachtzig.

PROFESSOR. Welche beruflichen Vorstellungen haben Sie denn?

FRÄULEIN CERPHAL. Sehen Sie, das ist die andere Frage. Was kann man denn mit Geologie so alles anfangen? Die Küsten und Gebirge sind alle erforscht. Gesteinskunde, das würde mich interessieren. Ich habe Ihre phantastische Sammlung gesehen, da sind ja wahre Kunstwerke der Natur entstanden.

PROFESSOR. Es gibt die Petrographie, sie bedient sich der Paläontologie. Die Geotektonik untersucht die Vorgänge, die zur Verformung der Gesteine führen. Die Geochemie untersucht ihre Zusammensetzung; die Stratigraphie befaßt sich mit der Aufeinanderfolge der Gesteinsschichten und ihrer fossilen Inhalte, da wird es praktischer. Die Lagerstättenkunde handelt von Vorkommen von Erzen, Kohle, Salzen, Erdöl, ja, oder die Baugeologie: Die prüft die Eignung des Untergrundes für Hochhäuser, Staudämme, Brücken, Straßen. Sie sehen, es gibt ganz nützliche und auch zukunftsträchtige Anwendungsbereiche.

FRÄULEIN CERPHAL. Also, so Hochhäuser und Staudämme, Herr Professor, ich weiß nicht so recht. Ich hätte da doch mehr an etwas gedacht, was vielleicht ein bißchen stärker mit Reisen verbunden wäre.

PROFESSOR. Sie reisen gern?

FRÄULEIN CERPHAL. Ja. Das ist ein alter Traum von mir. Seit meiner Jugend!

PROFESSOR. Wir planen eine Exkursion ins Donauried.

FRÄULEIN CERPHAL. Ich dachte an Australien oder die Galapagosinseln, die Anden. Peru soll ja ein sehr aufregendes Land sein. Ich brauche eine Aufgabe, ich komme mir sonst nutzlos vor, zumal mein Vater schwer krank ist. Ich nehme die Sache sehr ernst. Sagen Sie mir ehrlich, Herr Professor, glauben Sie nicht, daß ich für all diese Sachen schon ein bißchen zu alt bin?

PROFESSOR. Nein. Aber die Konkurrenz ist hart! Das spüre selbst ich an jedem Tag aufs neue.

FRÄULEIN CERPHAL. Sie machen mir Mut, ja?

PROFESSOR. Eigentlich nicht.

FRÄULEIN CERPHAL. Nein?

PROFESSOR. Eigentlich ja, das heißt: nein.

Während dieser Unterhaltung haben der Professor, ein recht jugendlich wirkender, kleiner Mann, und die Cerphal die klassizistischen Gänge durchschritten und sind schließlich oberhalb des berühmten Lichthofs der Münchner Universität stehengeblieben. Der Professor verabschiedet sich ganz abrupt. Er läßt die Cerphal auf der Empore stehen und entfernt sich. Unten, in der Mitte des Lichthofs, grüßt er noch einmal, als hätte er nachträglich Gewissensbisse wegen seiner Unhöflichkeit gegenüber einer Studentin, die immerhin gut fünfzehn Jahre älter ist als er.

Elisabeth Cerphal läßt sich von Juan die Karten legen. Es ist eins von Juans Zauberkunststücken, die Karten beim Mischen zwischen seinen Händen umherspringen zu lassen, als wären sie elektrisch. Juan genießt den Gestus des Magiers. Die Cerphal steht dabei und raucht mit ihrer silbernen Zigarettenspitze.

JUAN. Zweimal abheben, mit der linken Hand!

FRÄULEIN CERPHAL. Zum Herzen.

Juan verteilt die Karten auf dem Tisch. Seine Bewegungen wirken routiniert.

FRÄULEIN CERPHAL. Juan, Sie wissen alles!

JUAN. Sie sind die ewige Tochter.

FRÄULEIN CERPHAL. Karo-Dame?

Die Cerphal beugt sich vor, um ihre Schicksalskarte besser betrachten zu können. Juan zählt nun acht Karten ab und legt sie in eine Reihe. Die folgenden Karten interpretiert er.

JUAN. Ihr Vater entscheidet: Geld – Liebe – Beruf – Reisen – Gesundheit – Haus.

FRÄULEIN CERPHAL. Das steht alles in den Karten?

Jetzt legt er das Pik-As auf den Tisch. Er sieht erschrocken aus. Die Cerphal setzt sich hin.

JUAN. Ein großer, dunkler Punkt in Ihrer Familie: Ihr Vater hat das Haus von Goldbaum bekommen, damit er es nach dem Krieg zurückgibt. Er hat sein ganzes Vermögen genommen, er hat nichts zurückgegeben. Ein großes Unrecht!

FRÄULEIN CERPHAL. Woher wollen Sie das alles wissen, Juan?

JUAN. Ich habe es »rekonstruiert«. Sagt man so? Ich habe Sie gefragt, ich habe Herrn Gattinger gefragt. Ich habe beobachtet. Das ist alles.

FRÄULEIN CERPHAL. Ich weiß nichts von meinem Vater, weil er immer nur mit meinen Brüdern sprach. Peter war der wichtigste. Dann kam Arno, den liebte er, und ich bin die »unbetonte Note«. So nannte er mich einmal.

JUAN. Sie sind tot, Ihre Brüder.

Sie möchte Juan zu dem Spiel zurückführen, obwohl sie weiß, daß es ein Spiel mit der bitteren Wahrheit werden kann.

FRÄULEIN CERPHAL. Was steht noch in den Karten?

JUAN. Was wollen Sie wissen?

FRÄULEIN CERPHAL. Reisen? Liebe?

JUAN. Sie leben in der falschen Generation. Vor zwanzig Jahren ist Ihre Zeit stehengeblieben. Sie haben alles gewußt: die Geschichte von Ihrer Freundin im KZ, die Geschichte von Herrn Gattinger mit ihr und ihrem Kind – Sie haben gewußt, daß Herr Gattinger Edith verraten wird. Sie haben gewußt, daß sie sterben wird. Sie wissen, wem Ihr Haus gehört.

FRÄULEIN CERPHAL. Jetzt gehen Sie zu weit, Juan. Das ist alles falsch! Ich weiß nichts, und ich glaube Ihnen kein Wort von dem, was Sie mir da eben alles gesagt haben.

Sie spielt die Empörte. Sie rennt durchs Zimmer, um sich abzuregen.

JUAN. Sie haben Herrn Gattinger geliebt.

FRÄULEIN CERPHAL. Also, jetzt hören Sie auf! Bringen Sie uns lieber was zu trinken.

Sie ist froh, daß Juan endlich einmal nicht die Wahrheit ausspricht. Sie hat jetzt wieder Boden unter den Füßen und setzt sich gemütlich an den runden Tisch. Juan läßt aber nicht locker. Er kommt mit bleichem Gesicht auf sie zu. Er sieht ihr in die Augen.

JUAN. Ich denke, daß Sie vielleicht auch mich lieben . . .

Elisabeth Cerphal ist erhaben über etwas so Lächerliches wie die Liebe. Sie kann es nicht zulassen, daß Juan sie so klein macht. Sie beendet das Spiel und verläßt das Zimmer, ehe sie zusammenbricht und damit herauskommt, daß Juan sie tatsächlich durchschaut hat.

937 Schlafzimmer Fräulein Cerphal

Erst in der Abgeschlossenheit ihres Schlafzimmers läßt Elisabeth Cerphal sich gehen. Sie sitzt auf ihrem Bett, spürt einen gewaltigen Schmerz, der ihre Brust einschnürt. Die Tränen schießen ihr in die Augen.

FRÄULEIN CERPHAL *(weint)*. Vati, du sollst nicht sterben! Du sollst mich nicht allein lassen!

Sie läßt sich in die Kissen fallen. Ein unbeherrschbares Schluchzen zerreißt ihren Atem. Sie mag sich noch so oft in ein Handtuch schneuzen und das Gesicht abwischen, der Fluß der Tränen läßt sich nicht zum Stillstand bringen.

Juan sitzt immer noch am runden Tisch und brütet über seinen Karten.

938 Geschäft eines Geigenbauers

Clarissa ist in Begleitung von Volker, als sie den Laden eines bekannten Geigenbauers in der Innenstadt betritt. Zahllose Geigen, Bratschen und Celli aller Größen sind in Vitrinen und Regalen ausgestellt. Der Geigenbauer selbst ist nirgends zu sehen.
CLARISSA. Es riecht immer so gut, wenn man hier reinkommt.
Clarissa ruft vergeblich den Namen des Geigenbauers.
VOLKER. Vielleicht ist er hinten in der Werkstatt.
Tatsächlich finden sie den Handwerker in seiner Werkstatt, die vom Laden aus über einen schmalen Gang erreichbar ist. Der Geigenbauer arbeitet an Clarissas Cello, dessen Körper, in seine Einzelteile zerlegt, auf dem Werktisch liegt. Die Decke des Instruments ist schon wieder so weit zusammengefügt, daß man die Risse und Absplitterungen kaum noch bemerkt. Die Arbeitsvorgänge sind liebevoll und präzise.
VOLKER. Denken Sie, daß Sie das Instrument wieder hinkriegen?
HERR MICHAEL. Ich denke, doch.
Der Mann ist nicht sehr gesprächig. Er nimmt von seinen Kunden kaum Notiz, da die doch sehen, was er gerade macht und daß es seine Zeit braucht, bis das Instrument wieder seine Stimme erheben kann. Clarissa betrachtet die schön geformte Cellodecke mit den F-Löchern.

CLARISSA. Das erinnert mich ...
VOLKER. Die F-Löcher?
CLARISSA ... Ein Traum.
VOLKER. Erzählst du ihn mir mal?
CLARISSA. Ich glaube, ich habe ihn vergessen. Es ist nur noch ein Gefühl.
VOLKER. Da hing ein Bild in deinem Zimmer, ein Foto, nicht wahr? Damals, in deinem Zimmer ...

939 Straße vor Geigengeschäft

Als die beiden aus dem Geigenladen kommen, erzählt Volker Clarissa von einem Stück, das er für sie komponiert. Ein Stück, bei dem sie nur Pizzicato zu spielen habe und das von Klavier und Schlaginstrumenten begleitet werde. Er sei noch mit der Komposition beschäftigt. Clarissa freut sich darauf. So überqueren sie die Straße, um sich an der Ecke zu verabschieden.
CLARISSA. Und schick mir die Noten, ja?
VOLKER. Ich bringe sie dir vorbei.
Als Clarissa sich nun zum Weitergehen wendet, rempelt sie mit einem Kinderwagen zusammen, den eine junge Frau über das Trottoir schiebt.
CLARISSA. Schnüßchen!
SCHNÜSSCHEN. Tag, Clarissa! Dat is unsere Simone.
CLARISSA. Das ist Hermanns Kind?
SCHNÜSSCHEN. Und meins!
CLARISSA. Wie alt ist das denn?
SCHNÜSSCHEN. Vier Monate und fünf Tage. Du, ich hab's furchtbar eilig. Komm doch mal vorbei!
CLARISSA. Was, so lange war ich weg?
Schnüßchen verabschiedet sich. Clarissa sieht hinter ihr her, wie sie das Kind über die Kreuzung schiebt und auf der anderen Straßenseite verschwindet.

940 Wasserburg, Villa Dr. Kirchmayer

Die Wasserburger Villa ist an diesem Abend festlich beleuchtet. Aus allen Fenstern dringen Kerzenlicht und Musik. Die vornehmen Autos der Gäste stehen unter den Bäumen. Clarissa und Volker spielen das dritte

der Phantasiestücke Opus 73 von Robert Schumann. Im Salon von Kirchmayer sind einige Dutzend Honoratioren, ihre Gattinnen und Mitglieder der Stadtprominenz versammelt, um die junge Künstlerin zu hören, die in letzter Zeit solche Erfolge erlebt haben soll.
Der Applaus ist herzlich. Es wird Champagner gereicht. Dr. Kirchmayer nimmt seinen Freund, Herrn Kempe, einen bekannten Konzertagenten, zur Seite.

DR. K. Verstehst du jetzt, daß ich an ihrer Entwicklung schon immer sehr interessiert gewesen bin? Für mich spielt sie einfach wunderbar. Du hast doch in deiner Agentur nur Prominente, aber könntest du Clarissa nicht unter deine Fittiche nehmen? Ich halte sie für sehr begabt.

941 Villa Cerphal, Garten/Eingang

Der Vollmond steht am wolkenlosen Nachthimmel über München. Die Grillen zirpen im Villengarten wie in den südlichen Ländern. Juan zelebriert einsam einen magischen Akt mit seiner indianischen Figur, die er in seinem Pflastermosaik im Garten nachbildet. Beim Feuerschein einer Pechfackel macht er einen Handstand auf dem Kopf dieser Pflasterfigur. Er meditiert im doppelten Sinne auf dem Kopf stehend. Als er ein Geräusch hört, läßt er sich langsam auf die Füße sinken. Er hebt den Oberkörper, atmet aus und horcht. Am verschlossenen Gartentor sind Alex und Dirk, ein SDS-Führer, angekommen. Sie bleiben im Mondschein vor der Einfahrt stehen. Sie betrachten das Tor und wissen nicht, wie sie in die Villa hineingelangen sollen.

DIRK. Wir stehen hier vor der Gewaltfrage.

ALEX. Gewalt gegen Personen lehnen wir grundsätzlich ab. Hingegen Gewalt gegen Dinge ist – unter gewissen Umständen – moralisch durchaus vertretbar.

DIRK. Das Tor gewaltsam zu öffnen, wäre Sachbeschädigung.

ALEX. Hingegen gewaltsam über das Tor hinübersteigen, wäre ... da ist ein Hund!

DIRK. Ein großer?

Alex zeigt Dirk mit den Händen, wie groß der Dackel Wasti ungefähr ist. Er nimmt es mit dem Maß sehr genau. Eine Gruppe junger Leute nähert sich, angeführt von Helga, der noch nichts von der Schwangerschaft anzusehen ist.

HELGA. Da ist zu! Da steigen wir drüber!

Ohne sich aufhalten zu lassen, klettert Helga über das Tor, öffnet von innen den großen Eisenriegel und läßt die Genossen eintreten.

STUDENTIN. Wo müssen wir jetzt hin?

HELGA. Wir gucken mal, ob da auf ist, sonst gehen wir einfach hintendurch.

Die Studentengruppe entfernt sich mit Stimmengewirr in Richtung Villa. Jetzt stehen Alex und Dirk vor einem offenen Tor. Sind ihre Skrupel damit beseitigt? Und ist der Weg in die Cerphal-Villa damit endlich wieder frei?

942 Cerphal-Verlag

Elisabeth Cerphal hat sich trotz der nächtlichen Stunde noch einmal in das Büro ihres Vaters begeben. Das Verlagsgebäude ist um diese Zeit eine Insel der Ruhe. Sie hat in der Schublade ihres Vaters eine Pistole gefunden. Zuerst wagt sie es kaum, die Waffe anzurühren. Sie betrachtet lange das Tuch, in das sie gewickelt ist. Schließlich aber überwiegt die Neugier. Sie zieht die Pistole zu sich heran und nimmt sie in die Hand. Sie betrachtet sie von allen Seiten. Ob sie wohl geladen ist? Sicher nicht.

Sie lädt durch, zielt auf den Ledersessel und probiert mal, was passiert, wenn sie abdrückt.
Ein Schuß peitscht durch das nächtliche Gebäude. Die Werkschützer auf ihrem Kontrollgang hören ihn und eilen sofort zu dem Büro, aus dem der Knall gekommen ist. Sie reißen die Tür zu Cerphals Büro auf. Der Schein ihrer Taschenlampen trifft Elisabeth Cerphal, die immer noch am Schreibtisch sitzt und die Waffe in Händen hält.

WERKSCHUTZMANN. Alles in Ordnung?

FRÄULEIN CERPHAL. Alles in Ordnung. Ich sollte so ein Ding nicht anfassen. Es ist irgendwie losgegangen. Sehen Sie mal, da ist ein Loch im Sessel!

Das Geschoß hat sich in die Rückenlehne des väterlichen Sessels gebohrt. Das Einschußloch ist scharf begrenzt, nur ein wenig angesengt an den Rändern. Es hat den Sessel genau da getroffen, wo Vaters Herz wäre, wenn er darin säße.

FRÄULEIN CERPHAL. Wie spät ist es?

WERKSCHUTZMANN. Kurz vor halb eins.

FRÄULEIN CERPHAL. Dann komme ich mit Ihnen. Dann brauche ich mich in den dunklen Gängen nicht zu fürchten.

Die Werkschützer, die jetzt wissen, daß Fräulein Cerphal sich legal im Haus aufhalten darf, helfen ihr in den Mantel. Die Pistole bleibt so, wie sie ist, auf dem Schreibtisch liegen.

943 Villa Cerphal, Eingang

Als Elisabeth Cerphal nach Hause kommt, hört sie schon von der Straße her laute Rockmusik. Beim Näherkommen werden außerdem die Stimmen von vielen jungen Menschen vernehmbar, die sich in die Musik mischen. Licht dringt aus allen Fenstern. Die Cerphal beschleunigt ihre Schritte. Kurz vor dem Haus trifft sie auf Juan, der im dunklen Garten das Einradfahren übt.

FRÄULEIN CERPHAL. Juan, was ist denn hier eigentlich los?

JUAN. Bitte, helfen Sie mir!

Sie muß ihm die Hand reichen. So kann er besser aufsteigen und fährt jetzt vor ihren staunenden Augen ein ganzes Stück auf dem Einrad, ohne hinzufallen. Sie holt ihn bei der Haustür ein.

FRÄULEIN CERPHAL. Was ist los?

JUAN. Ich glaube, es ist eine Versammlung!

FRÄULEIN CERPHAL. Eine Versammlung in meinem Haus?
JUAN. Ja, seit zehn Uhr.

944 Villa Cerphal, Diele

Als die Cerphal mit Juan die Diele betritt, empfangen sie dichter Zigarettenqualm und ein brodelnder Lärm von Argumentengeschrei, Plattenmusik und dem Gerenne all dieser fremden Studenten, die sich in Gruppen und Grüppchen die Seelen aus den Leibern diskutieren.

FRÄULEIN CERPHAL. Guten Abend. Fräulein Helga, was ist denn hier los? Was passiert hier in meinem Haus? Ich verstehe das nicht!

ALEX. Die Verpflegung haben wir uns selber mitgebracht. Es ist alles in Ordnung.

FRÄULEIN CERPHAL. Also, ich muß doch sehr bitten! Sie können doch nicht einfach meinen Kühlschrank hier leerfressen. Was ist eigentlich passiert?

Die Cerphal versucht, sich einen Weg durch die Menge zu bahnen, was ihr kaum gelingt, denn die Besucher nehmen von ihr wenig Notiz. Dirk hat sich auf der Treppe aufgebaut. Er nimmt die Haltung eines Volkstribuns ein.

DIRK. Hört mir doch mal zu! Hört mir doch bitte einmal zu! Ein kleines bißchen Ruhe! Ich meine, wir stehen doch hier vor folgender Frage: Ist die Befreiung der Überflußgesellschaft identisch mit dem Übergang vom Kapitalismus zum Sozialismus oder nicht? Mehr möchte ich ja gar nicht in den Raum stellen als Frage. Als Antwort habe ich euch vorzuschlagen: Sie ist nicht damit identisch ...

Wenigstens so viel Ruhe hat Dirk in die Versammlung gebracht, daß die Cerphal ihren Weg zur Treppe findet und sich auch endlich bemerkbar machen kann.

FRÄULEIN CERPHAL. Meine Herrschaften, wenn Sie hier die Revolution ausrufen sollen, machen Sie weiter, ich bin gar nicht da!

DIRK. Sind Sie die Hausbesitzerin?

FRÄULEIN CERPHAL. Ganz recht.

DIRK. Als Vertreterin der Bourgeoisie verkörpern Sie unter uns den Klassenfeind. Ich meine, das ist nicht persönlich gemeint! Sie sind sicher sehr nett, aber Ihre Absichten können immer nur die des Besitzbürgertums sein.

FRÄULEIN CERPHAL. Was mich stört, ist, daß Sie mich nicht gefragt haben, ehe Sie diese Versammlung hier einberufen haben. Und das hätte nichts mit Politik zu tun gehabt, sondern mit Anstand. Wer hat Sie eigentlich hier hereingebracht?

ALEX. Fräulein Cerphal, das ist doch jetzt völlige Nebensache! Schließlich geht es hier um das Aufbrechen von Herrschaftsstrukturen.

Alex ballt seine Faust zum kommunistischen Gruß.

FRÄULEIN CERPHAL. Drohen Sie mir nicht!

DIRK. Das ist doch hier der »Fuchsbau«?

FRÄULEIN CERPHAL. Wieso? Ich möchte, daß die Versammlung jetzt aufgehoben wird. Es ist spät!

HELGA. Fräulein Cerphal, jetzt regen Sie sich nicht auf! Wir haben uns doch hier getroffen wegen der Notstandsgesetze, die wir unbedingt verhindern müssen.

DIRK. Das ist eine historische Pflicht unserer Generation.

FRÄULEIN CERPHAL. Sie sind doch nicht die Regierung! Also, ich verstehe überhaupt nichts mehr.

HELGA. Nein, ganz im Gegenteil!

FRÄULEIN CERPHAL. Fräulein Helga! Sie wissen doch ganz genau, daß ich dieses Haus der offenen Tür geschlossen habe!

HELGA. Ja, aber das ist eine Ausnahmesituation!

FRÄULEIN CERPHAL. Bitte, Juan, helfen Sie mir! Ich möchte, daß diese Herrschaften hier verschwinden. Ich kann ja nicht die Polizei rufen.

DIRK. Lassen Sie uns den Fall doch ausdiskutieren! Also, Sie sind gekränkt, weil man Sie nicht gefragt hat. Wir hingegen sind in Verlegenheit um einen abhörsicheren Versammlungsraum, wo die Herren Höcherl und Strauß noch nicht ihre Wanzen installiert haben.

FRÄULEIN CERPHAL. Ach, diese Leute haben doch keine Wanzen! Jetzt hören Sie doch auf mit dem Stuß.

Alle lachen über die politische Naivität der Cerphal. Nur Helga, die einzige, die sie aus den guten »Fuchsbau«-Jahren noch ernst nimmt, versucht nun, mit der Hausbesitzerin zu argumentieren. In Helgas Gesicht spiegelt sich eine wirklich intellektuelle Not.

HELGA. Fräulein Cerphal, verstehen Sie doch, wir sind unwahrscheinlich unter Zeitdruck, weil diese Ermächtigungsgesetze durchgepeitscht werden sollen.

DIRK. Ja, genau.

HELGA. Jetzt denken Sie doch mal daran, wie Hitler an die Macht gekommen ist. Das ist doch Wahnsinn!

FRÄULEIN CERPHAL. Ach so ...
Fräulein Cerphal setzt sich zu Helga auf die Treppenstufen. Sie ist ganz kleinlaut geworden.

945 Wasserburg, Villa Dr. Kirchmayer

Das Hauskonzert in der Villa des Wasserburger Arztes hat den experimentellen Teil erreicht: Volkers Pizzicato-Stück wird uraufgeführt. Die Gäste sind mit dieser Art von Musik deutlich überfordert. Was Volker als Unterhaltung empfindet, ist für das bürgerliche Publikum eine Strapaze. Dennoch regt sich kein Protest, denn man ist schließlich eingeladen und weiß, wie man sich zu benehmen hat.
Volker hat den Flügel im Sinne von Cage präpariert. Mit Sandsäckchen und Tüchern sind die Saiten gedämpft. Mit breitköpfigen Nägeln, Beilagscheiben und Schrauben hat er die Klangfarben verändert, so daß der Flügel eher ein Schlaginstrument ist, wie das Becken und die Quijada, ein sogenanntes »Eselsgebiß«, das schnarrende Geräusche abgibt.
Volkers Komposition steht in eigenartigem Kontrast zur Einrichtung und auch zur Kleidung der Musiker. Clarissa trägt ein prinzessinnenhaftes rosa Konzertkleid, dazu die Ohrringe, die Kirchmayer ihr geschenkt hat. Volker ist in einem weißen Seidenpulli ein wenig legerer, aber dennoch edel gekleidet. Die Pizzicatotöne werden auf dem Cello ebenso rhythmisch durch die verschiedenen Klangfarben moduliert wie die Klaviertöne. Die Schlaginstrumente, zu denen noch Agogo-Glocken und Autohupen gehören, werden von beiden Spielern abwechselnd geschlagen. Fingerschnippen, Klatschen, Ausrufe von sinnlosen Wörtern und Kußgeräusch gehören ebenfalls zur Komposition, so daß eventuelle Zwischenrufe oder Proteste der Zuhörer die Aufführung eher belebt als gestört hätten. Aber die Zuhörer bleiben starr bis zum Ende.

946 Wohnung Mutter Clarissa

Clarissas Mutter, die Volker wegen seines Klavierspiels gewiß mehr schätzt als wegen seiner Kompositionen, hat ihn mit in ihre Wohnung genommen. Er kann hier mit ihr zusammen auf Clarissa warten, die noch in der Villa geblieben ist, um den Konzertagenten kennenzulernen.

Volker sitzt ein wenig verlegen in diesem Zimmer, in dem Clarissa einmal als Kind lebte. Die Mutter tut alles, um ihm zu zeigen, daß auch er hier willkommen ist.

MUTTER CLARISSA. Sie können hier übernachten! Ich gebe Ihnen eine Zahnbürste. Hier, original verpackt! Ich habe immer zu Clarissa gesagt, das Leben gibt dir nur einmal die Hand. Nun scheint es diesmal anders zu sein. Das ist eine Ausnahme, verstehen Sie, wie ich das meine, Herr Schimmelpfennig? Das Leben gibt Ihnen zum zweiten Mal die Hand!

VOLKER. Aber ich habe eigentlich immer ...

MUTTER CLARISSA. Schweigen Sie!

Volker gehorcht. Er fühlt sich immer noch schuldig.

947 Straße vor Wohnung Mutter Clarissa

Kirchmayer bringt Clarissa im Auto nach Hause. Es regnet. Der verliebte Arzt beeilt sich, seinen Schirm über Clarissa zu halten, als sie aussteigt. Ihren Cellokasten hat sie die ganze Fahrt über auf dem Schoß gehalten.

DR. K. Der Klang ist tatsächlich noch schöner geworden nach der Reparatur, findest du nicht auch?

CLARISSA. Ich danke dir für alles, Georg.

DR. K. Wirst sehen, diese Konzertagentur wird sich melden. Ich kenne Herrn Kempe seit dem Studium. Er wollte auch mal Mediziner werden.

Dr. Kirchmayer folgt Clarissas Blick. Oben in der Wohnung der Mutter brennt Licht. Sie wird erwartet.

948 Straße vor Villa Cerphal

Frau Ries kommt so spät in der Nacht noch zu Fuß nach Hause. Ihre Schritte sind schleppend, ihr Ausdruck ist elend und geistesabwesend. Es scheint so, als hätte sie den Weg bis hierher gerade noch geschafft. Sie zögert ein wenig, als sie bemerkt, daß das Gartentor offensteht. Dann geht sie weiter.

Die Diskussionen in Diele, Küche und Terrassenzimmer sind gesitteter geworden. Die Musik wurde abgestellt. Die Cerphal sitzt immer noch auf den Treppenstufen, um sich von den jungen Leuten das politische Problem erklären zu lassen.

DIRK. Das Hauptproblem, das ich im Augenblick sehe, ist, daß wir überhaupt nicht genau wissen, was passiert, wenn diese Gesetze in Kraft treten. Und *das* werfen die uns vor!

HELGA. Es ist nicht festgelegt, was überhaupt Notstand heißt!

DIRK. Und die werfen uns vor, wir würden demonstrieren gegen etwas, was wir nicht kennen.

Frau Ries hat sich zwischen die Diskutanten gesetzt. In Mantel und Hut, die Arme an beiden Seiten des Körpers hängend, sitzt sie wortlos da, bis die Cerphal sie bemerkt.

FRÄULEIN CERPHAL. Frau Ries?

FRAU RIES. Jetzt ist er tot, Ihr Herr Vater. Und für mich gibt es bald keine Aufgabe mehr. Sehen Sie, Fräulein Cerphal, so endet das für uns, für Sie und für mich.

FRÄULEIN CERPHAL. Waren Sie im Sankt Jordan? Es ist doch schon spät, zwei Uhr?

FRAU RIES. Um fünf vor halb eins ist er gestorben. Der Herr Doktor war bei ihm, die Schwester und ich. Gesagt hat er nichts mehr.

Es ist still geworden im Haus. Die jungen Leute begreifen, daß etwas Ernstes geschehen ist. Sie schweigen, ohne zu wissen, warum. Frau Ries weint still vor sich hin.

FRÄULEIN CERPHAL. Was sagen Sie? Um halb eins?

Die Cerphal geht ein paar Schritte. Vor ihren Augen erstarrt die Szene. Sie sieht die Rauchschwaden und die Blicke der Studenten, die sie fragend anstarren. Nach einigen Sekunden des Schmerzes setzt sie sich wieder in Bewegung. Sie rennt die Treppe hinauf, als wollte sie sich schnell vor den Blicken der vielen Gäste verbergen. Als sie oben auf der Galerie ankommt, bleibt sie stehen und wendet sich an die ungebetenen Besucher.

FRÄULEIN CERPHAL. Ich möchte jetzt, daß Sie alle verschwinden! In fünf Minuten ist die Polizei hier und wird Sie alle festnehmen, wenn Sie mir nicht sofort Folge leisten! Raus! Haben Sie denn gar keinen Anstand?

Die letzten Worte ersticken fast in Tränen. Der Ausbruch der Cerphal

läßt einen heiligen Zorn spüren, so daß die Gäste das Haus sofort verlassen, ohne auch nur Fragen zu stellen. Elisabeth Cerphal ist niemals zuvor so ernst und erwachsen gewesen.
Es ist eine Vollmondnacht, wie Frau Ries sie angekündigt hat.

950 Altenheim, Zimmer des alten Cerphal

Park und See sind an diesem Tag so friedlich und von der Sonne verwöhnt, daß man weinen möchte bei dem Gedanken, daß einer tot daliegt und ein solches Panorama nicht genießen kann.
Die Cerphal ist ganz in Schwarz gekleidet. In Schwarz auch Frau Ries, die sich jetzt wieder beherrscht und dafür sorgt, daß in Gegenwart des Toten alles würdig zugeht.
Elisabeth Cerphal betrachtet den Vater, der mit gefalteten Händen in einem weißen Hemd in weißen Bettüchern liegt, den Kopf nach oben gereckt, wie zu Lebzeiten, wenn ihm etwas nicht paßte.
Die Schwester ordnet mit sinnlosen Aktivitäten das ohnehin bereits ordentliche Sterbezimmer.
FRÄULEIN CERPHAL. Vati!
Fräulein Cerphal wendet sich aufgeregt an Frau Ries.

FRÄULEIN CERPHAL. Mir war eben so, als hätte er sich bewegt!

FRAU RIES. Man täuscht sich leicht, Fräulein Cerphal. Schauen S', den Brief sollt ich Ihnen überreichen. Den sollen Sie lesen. Der Herr Geheimrat hat das so gewollt. Kommen S', Schwester, wir lassen sie allein.

Frau Ries führt die Schwester hinaus und schließt die Zimmertür. Jetzt ist die Cerphal allein mit ihrem toten Vater. Sie setzt sich zu seinen Füßen auf den Parkettboden. Wieder ist sie ganz Kind. Sie liest den Brief, den der Tote ihr hinterlassen hat.

FRÄULEIN CERPHAL *(liest). »Liebe Tochter Elisabeth, vergiß nicht, das Haus gehört Dir ganz allein. Wenn Du zu unserer Bank gehst, findest Du dort alles Notwendige im Tresor. Wende dich an Dr. Finck, er weiß über alles Bescheid. Er wird Dir auch erklären, wie ich das gemeint habe, daß Du Dein übriges Erbe erst antreten darfst, wenn Du Dein Examen in der Tasche hast. Ich werde auf dem Nordfriedhof liegen, da bist Du ja in meiner Nähe. Dein Vati.«*

951 Straße vor »Renates U-Boot«

Die frühe Sperrstunde ist für Münchner Kneipen mehr als eine behördliche Vorschrift. Sie ist ein Schicksalsschlag für die Nachtschwärmer und Leute, die in ihren Stammkneipen das einzige Heimatgefühl erleben. Jenes, das die vom Existenzkampf geprägte Großstadt denjenigen zu bieten hat, die keine Zuflucht in Familien oder Liebesnestern finden. Einer der unbehausten Freunde, ein Trompeter, hat sich hoch oben auf ein Dach gestellt, um einen traurigen »Zapfenstreich« zu blasen. Unter den Gästen, die um eins auf die zugige Straße gesetzt werden, sind Olga, Alex, Stefan, Juan. Sie wissen nicht, was sie nun tun sollen.

OLGA. Ach, ich will noch nicht nach Hause gehen! Diese Wohnung, so schön sie ist, ich fürchte mich nachts vor dem Alleinsein. Neulich, da bin ich um fünf Uhr früh aufgewacht, und ich dachte, es wäre jemand in meinem Zimmer. Ich hörte ganz deutlich das Atmen von irgendeinem Wesen in der Dunkelheit. Ich sagte mir, das kann doch gar nicht sein, die Tür ist verriegelt, das Fenster ist zu, ich wohne im fünften Stock, wie soll denn das möglich sein, da kann doch niemand im Zimmer sein! Aber je mehr ich mir das sagte, desto wacher wurde ich. Dann habe ich einfach das Licht angemacht, um mir selber zu bestätigen, daß ich spinne. Da wurde es aber überhaupt erst schlimm.

Stefan sieht, wie Helga eine Zigarette nach der anderen raucht.

STEFAN. Helga, nicht in deinem Zustand!

Helga wirft Stefan einen spöttischen Blick zu und raucht weiter. Oben auf der Dachzinne bläst immer noch der Trompeter. Olga kann nicht aufhören mit ihrer Einsamkeitsgeschichte.

OLGA. Ich sah niemanden, aber es wehte mich etwas Fremdes an. Ein fremdes Wesen schien da zu sein, aber ich konnte es nicht sehen. Kennst du so was? Habt ihr so was schon mal erlebt? Ach, ihr seid ja Männer, ihr würdet so was sowieso nie zugeben. Ich schlief erst bei Helligkeit ein, da war die Gefahr vorbei. Aber ich mußte ja um zehn Uhr zur Probe gehen. Da kam wieder die Panik auf, daß ich die Probe verpenne. Ach, es war eine schreckliche Nacht!

Volker und Clarissa, die aus einem Konzert kommen, wollen noch ein Glas trinken und Freunde sehen. Auch sie scheitern an der Sperrstunde. Sie sehen das Grüppchen der verzweifelten Freunde.

VOLKER. Hallo!

OLGA. Guten Abend!

CLARISSA. Und – wo gehen wir denn hin?

STEFAN. Das ist eine interessante Frage, nachts um eins in München!

Diese Frage hat sich früher, in den schönen »Fuchsbau«-Jahren, nicht gestellt. Das Freundesgrüppchen steht verloren im Dunkeln.

952 Villa Cerphal, Garten

Juan arbeitet auch an diesem schönen Sommertag wieder an seinem Pflastermosaik. Stein um Stein setzt er in wohlgeordneter Reihe zu den anderen. Da nähert sich ein weißer Sportwagen. Es ist Herr Gattinger, der neben der Villa anhält und einen Herrn mit Aktentasche aussteigen läßt. Der Hund Wasti begrüßt sein Herrchen.

953 Villa Cerphal, Diele

Der Herr mit Aktentasche beherrscht die Kunst, Vogelstimmen zu imitieren. Er steht in der Diele und pfeift wie Amsel, Drossel, Fink und Star. Dazu benutzt er die Plättchenpfeife des berühmten »Vogeljakob«. Von den Vogelstimmen angelockt, erscheint die Cerphal oben auf ihrer Galerie.

FRÄULEIN CERPHAL. Was pfeift denn hier? Toi-toi-toi!

Sie klopft gegen Holz. Der Gerichtsvollzieher wird es ja wohl nicht sein! Sie kommt die Treppe herunter, um den fremden Herrn zu begrüßen. Gattinger stellt ihn ihr vor.

GATTINGER. Das ist der Herr Notar Böhringer – Fräulein Cerphal.

BÖHRINGER. Böhringer.

FRÄULEIN CERPHAL. Ich bin das Huhn, das keine Eier legt.

GATTINGER. Aber, Elisabeth, bitte!

Gattinger bietet dem Notar einen Platz zum Schreiben an. Die Cerphal bekommt einen Lachanfall, der bald in Schluchzen übergeht.

GATTINGER. Elisabeth!

FRÄULEIN CERPHAL. Ist doch wahr, Gerold, was der Krieg nicht zerstört hat, das zerstören wir jetzt mit diesem Vertrag. Herr Notar, können Sie den Käufer wenigstens verpflichten, auf diesem Grund und Boden irgend etwas zu errichten, was etwas mit Kultur zu tun hat?

BÖHRINGER. Nein, das geht nicht. Die Münchner Baugrund AG will hier einen Wohnungskomplex mit hundertfünfzig Einheiten bauen. Die Stadt fördert dieses Unternehmen.

FRÄULEIN CERPHAL. Hundertfünfzig Wohnungen? Gerold, verkaufen wir das Haus nicht zu billig?

GATTINGER. Das ist ein sehr guter Preis, Elisabeth!

BÖHRINGER. Damit können Sie Weltreisen machen, solange Sie leben.

GATTINGER. Vor allem – solche Einkünfte sind steuerfrei!

FRÄULEIN CERPHAL. Ach! Also, irgendwann muß ja auch mal Schluß sein mit all dieser Vergangenheit. Wann packen wir die Koffer?

GATTINGER. Na, wenn du willst, heute noch!

FRÄULEIN CERPHAL. Mein Vater wird sich im Grabe umdrehen.

GATTINGER. Seine Zeit war abgelaufen, Elisabeth.

FRÄULEIN CERPHAL. Mein Vater war ein Tycoon. Wissen Sie, was das ist?

BÖHRINGER. Ja.

Elisabeth geht in den Räumen umher, um in Gedanken von ihnen Abschied zu nehmen. Die Sonne sendet noch einmal die schönsten Strahlen ins Terrassenzimmer.

BÖHRINGER. Was sollen wir als Ihren Beruf eintragen, Fräulein Cerphal?

FRÄULEIN CERPHAL. Studentin.

Der Notar hat seinen Dienst getan. Vogelstimmen imitierend geht er mit seiner Aktentasche durch den Garten davon. Die Vögel in den Bäumen antworten auf seine Pfeiftöne. Wasti bellt. Die Cerphal kommt auf die Terrasse hinaus. Sie sieht zu, wie Juan sein Mosaik gestaltet.

FRÄULEIN CERPHAL. Juan, das ist doch alles umsonst. Wollen Sie nicht lieber aufhören?

Juan erhebt sich ganz langsam. Die Schritte, mit denen er auf die Cerphal zugeht, sind gemessen und ernsthaft. Er bleibt vor ihr stehen.

JUAN. Aber ich bin doch noch nicht fertig.

FRÄULEIN CERPHAL *(überlegt)*. Na gut, dann machen Sie weiter.

Juan setzt seinen Papierhut auf und kehrt zu seiner Arbeit zurück. Die indianische Figur, die das Mosaik darstellt, ist ein Gott.

Zehntes Buch

DAS ENDE DER ZUKUNFT

Reinhard, 1966

1001 Müllberg Nord

Diese Landschaft könnte sich überall auf der Welt befinden: ein kahles Hügelgelände, zu dem eine staubige Schotterstraße hinaufführt, der weite Blick in eine zersiedelte Ebene, verrottetes Industrie- und Vorstadtgelände, Dunst, fernes Brodeln von Großstadtlärm, ein verbeulter Ami-Schlitten, der in einer Staubwolke herangebraust kommt. Das staubbedeckte Auto hält auf dem Hügelkamm. Ein Mann steigt aus. Mit den Bewegungen eines amerikanischen Gangsterdarstellers geht er lässig ein paar Schritte und schaut über das weite Land. Reinhard blickt, in einem offenen Hemd, mit herunterhängender Krawatte und Schweißtropfen auf der Stirn, auf diese staubige Stadt hinunter. Man sollte nicht glauben, daß auch das München ist: eine ausgedorrte, von Möwenschwärmen überlagerte Steinwüste. Reinhard erinnert sich an die Bilder seiner Reise.

1002 Mexiko-Bilder

Eine Straßenschlucht von Mexiko-Stadt, dem steingewordenen Alptraum: Banken, Geschäftshäuser und Tausende von Autos, die aussehen wie Reinhards Ami-Schlitten.
Eine kleine Steinruine in Yucatan, mitten im Busch, Reinhard sitzt in der leeren Fensteröffnung und horcht auf exotische Vogelstimmen. Die Pyramide von Chichén Itzá, ein präkolumbianischer Säulenwald, Reinhard inmitten indianischer Ruinen, mit seiner Filmkamera auf tropischen Abenteuerpfaden.

1003 Abbruch Villa Cerphal

HERMANN. *Seit seiner Rückkehr aus Amerika war Reinhard krank. »Montezumas Rache« nannte der Tropenarzt die Amöben, die sich in seinem Darm festgesetzt hatten. Seit elf Stunden war er wieder in München. Ein Jahr lang hatten seine Filmemacheraugen die Welt gesehen: Brasilien, Peru, El Salvador, Mexiko, Länder, in denen die Baumwollkulturen wachsen, von denen sein Dokumentarfilm handelte. Alles, was ihm der Auftrag des deutschen Chemiekonzerns vorgab, hatte Reinhard mit Robs Hilfe in Filmbilder umsetzen können: Geschichte, Ökonomie, Technik, Klima, Kultur – eine begreifbare Welt, trotz ihrer Exotik. Aber Reinhard spürte, wieviel in seinem Film ungesagt blieb. Wenn er jetzt die Freunde wiedersehen könnte! Wochenlang würde er ihnen von Geheimnissen erzählen, auf die er gestoßen war. Seine Seele war voll von der Größe der Welt, und er wußte nicht, wohin mit dieser Fracht!*

Mit sechs Eistüten, je drei in einer Hand, betritt Reinhard eine Baustelle. Zur Straße hin ist das Gelände durch einen hohen Bretterzaun abgeschirmt. Reinhards Schritte verlangsamen sich. Seine Augen können sich nicht orientieren; seine Sinneswahrnehmungen sind nicht mehr mit seinen Erinnerungen zu koordinieren.

Ist er am richtigen Ort? Kann es sein, daß sich dieser vertraute Ort so verändert hat?

Die Cerphal-Villa ist verschwunden, der Garten, die Zugangswege, die alten Bäume, das Tor, der Zaun, alles wurde niedergewalzt und verwüstet. Nur die Kellermauern stehen noch und markieren den Grundriß der ehemaligen Herrschaftsvilla. Ein riesiger Bulldozer auf Panzerketten steht neben dem Bauloch, als wollte er sich von seiner Zerstörungsarbeit ausruhen. In der Mittagshitze ist die kalkig-weiße Abbruchstelle menschenleer und verlassen.

Reinhard wird sich der Eistüten bewußt, die er den Freunden mitbringen wollte und die er deswegen noch zwischen den Fingern hält. Eine klebrige Schmelzbrühe tropft über seine Hände. Von Ekel geschüttelt läßt er die Waffeltüten einfach in den Bauschotter fallen. Cremiger Brei verläuft zwischen Kies und Zement.

Reinhard geht weiter. Er versucht, sich wenigstens einigermaßen zu orientieren. Wo stand der Schuppen? Wo war die Terrasse? Wo verlief die hintere Hauswand? Dort, wo die abgeknickte Fernsehantenne liegt? Oder da, wo der Hügel mit Humus aufgeschüttet wurde? Reinhard findet Reste von Juans Pflastermosaik. Ganz deutlich kann man noch die Umrisse der indianischen Gottheit erkennen.

Reinhard ist völlig verwirrt, denn er war in der Zeit, in der Juan diese Pflasterfigur geschaffen hat, längst nicht mehr in Deutschland. Jetzt ist es, als würde er von seinen südamerikanischen Eindrücken eingeholt. Er geht umher wie ein Betrunkener.

Plötzlich rennt Reinhard los. Er muß sofort mit einem Menschen sprechen, sonst wird er überschnappen.

1004 Hollandstraße, Telefonzelle

Wenigstens in der benachbarten Straße hat sich nichts verändert. Die Telefonzelle steht an gewohnter Stelle neben dem kleinen Café. Reinhard zählt im Laufen sein Kleingeld ab. Er wählt Robs Nummer.

REINHARD. Rob, ich bin's. Sag mal, der »Fuchsbau« ist weg, spurlos verschwunden! Nein, in der Telefonzelle in der Hollandstraße... Sag mal, hast du die Kamera noch? Gut, dann muß irgendwo noch ein Rest Material sein. Rob, bitte komm damit sofort hierher! Ich will der Sache mit der Kamera nachgehen. Warum mit der Kamera? Weil ich verstehen will, was passiert ist, verdammt noch mal! Ich warte vorm Haus. Ist wirklich weg, glaub's mir doch!

Beim Verlassen der Telefonzelle spürt er einen heftigen Krampf im Unterbauch. Er bleibt mitten auf der Seitenstraße stehen und krümmt sich vor Schmerzen.

1005 Abbruch Villa Cerphal

Als Reinhard zum Abbruchgrundstück zurückkommt, hat der Schmerz ein wenig nachgelassen. Er zündet sich eine Zigarette an, dann betrachtet er noch einmal die Verwüstung. Oben auf dem Bulldozer steht einer der kleinen Steinlöwen, die einst den Villeneingang zierten. Reinhard klettert auf die eisernen Greiferarme, um die Figur von der Baggerschaufel herunterzuholen. Aber die kleine Statue scheint auf dem Eisen festgewachsen zu sein.

Eine Bewegung in der Tiefe des Geländes weckt seine Aufmerksamkeit. Reinhard erkennt einen Mann, der auf dem Nachbargrundstück Gartenarbeiten verrichtet. Er steigt von dem Bulldozer herunter, um den Mann über den Holzzaun hinweg anzusprechen.

REINHARD. Hallo, wohnen Sie hier?

NACHBAR. Ja, wie Sie sehen.

REINHARD. Können Sie mir eine Auskunft geben?

NACHBAR. Also, wenn Sie das Haus mit der Nummer 21 suchen, das gibt's nimmer, das ist weg.

REINHARD. Seit wann denn?

NACHBAR. Vorigen Donnerstag haben sie's abgerissen. In vier Stunden war alles dem Erdboden gleichgemacht. Den letzten Schutt hams gestern weggefahren. Nicht einmal im Krieg ist so was so schnell gegangen. Aber heut mit den modernen Maschinen, gell?

REINHARD. Da haben nämlich Freunde von mir gewohnt.

NACHBAR. Also, wir gehn da nicht raus. Wir weigern uns, aus unserem Haus auszuziehen. Und das mit Erfolg übrigens. Sehen Sie den Bulldozer da drüben am Zaun? Steht der nicht da wie ein Panzer vor dem Angriff? Sie wollen das Haus hier nämlich auch wegplanieren. Meine Frau ist da geboren, und wir pflanzen nächsten Monat eine neue Hecke an der Grenze, das schwör ich Ihnen.

Der Mann kehrt zu seiner Arbeit zurück, macht sich an einem Wassertümpel zu schaffen.

REINHARD. Gehört Ihnen das Haus?

NACHBAR. Leider nicht. Die Häuser sind doch alle zwei an die Münchner Baugrund AG verkauft worden, wissen Sie das nicht? Ham S' das Schild an der Ecke vorne nicht gesehen? Schaun S' sich's Ihnen an, gehn S' nur vor, da ist doch die Büro-Pyramide drauf abgebildet, die sie hier über uns hinwegbauen wollen!

Jetzt weiß Reinhard Bescheid. Erklären kann er sich die Zusammenhänge um so weniger. Er denkt nach. Die Schmerzen in seinem Darm kehren wieder.

REINHARD. Wir wollen hier gleich ein paar Filmaufnahmen machen. Darf ich Sie da um ein Statement bitten?

NACHBAR. Fürs Fernsehen?

REINHARD. Ich mache Dokumentarfilme.

NACHBAR. Wissen S', ich hab mich schon g'nug in die Brennesseln gesetzt. Bittschön, halten S' mich da raus!

REINHARD. Wissen Sie etwas über die Besitzerin, die Frau Cerphal, wo die jetzt wohnt?

NACHBAR. G'hört das jetzt schon zum Interview, oder wie soll ich das verstehen? Also, ich weiß nur, daß die Frau ihr Haus zu Geld g'macht hat. Den Quadratmeter zu fünfhundert Demark. Da staunen S', was? Wir haben hier schon die zweite Räumungsklage überstanden. Eine Gier ist das, das können S' Eana gar nicht vorstellen. Aber, wir pflanzen die Hecken, und damit basta.

1006 Straße vor Abbruchvilla

Außerhalb des Bauzauns herrscht wieder die friedliche Atmosphäre. Alles Böse ist den Blicken der Nachbarn entzogen, und eine Bautafel beschreibt mit vielen seriösen Firmennamen ein freundlich-modernes Bauvorhaben, von dem es sogar ein buntes Bildchen auf der Tafel gibt: ein Pyramidenbau, der ein wenig an die indianischen Pyramiden erinnert, die Reinhard in Mexiko gesehen hat.
Rob kommt mit seinem Lieferwagen an, in dem er die Kameraausrüstung transportiert. Auch er sieht nun zum ersten Mal die Veränderung in der Straße. Er bleibt vor dem Bauschild stehen. Reinhard kommt hinzu und deutet auf das Grundstück, dann auf die Bautafel.
REINHARD. Hier: Gegenwart – Zukunft. Ich denke mir, wir machen uns auf die Suche nach Bildern, die uns an das Haus erinnern.
Rob holt die Geräte aus dem Auto: das Stativ, den Kamerakoffer, Reinhard trägt die Klappe.

1007 Abbruch Villa Cerphal

Jetzt erkennt auch Rob das ganze Ausmaß der Zerstörung. Er beginnt sofort, sein Stativ am Rand der Baugrube aufzustellen.
REINHARD. Da, schau dir das an! Das ist doch unglaublich!
ROB. Ja, was willst du denn machen, Reinhard?
REINHARD. Hier!
Reinhard deutet in alle Richtungen.
ROB. Willst du eine Totale drehen oder einen informativen Schwenk, oder was?
REINHARD. Da, das Tor!
Reinhard findet immer mehr Dinge, die ihn an die verlorene Zeit im »Fuchsbau« erinnern. Er rennt auf dem plötzlich so großräumig gewordenen Grundstück umher, als wäre er auf einem Fußballplatz, den er mit riesigen Schritten zu durchmessen versucht.
Rob hat die Kamera auf das Stativ gesetzt. Er beschäftigt seine Augen, indem er seine Erkundungen des Abbruchgeländes durch das Okular der Kamera vornimmt. Er schwenkt und beobachtet das Gelände. Da sieht er im Sucher auch Reinhard, der rastlos umherläuft, einen Schutthaufen untersucht, den Bulldozer umkreist und schließlich zu Rob zurückkehrt.

ROB. Was erzählt uns dieser Schwenk? Reinhard, ich sage dir jetzt, was ich sehe. Also, ich sehe einen umgestürzten Baum, drei Öltanks, eine Fernsehantenne, liegend, eine Kellermauer – und jetzt steht mir jemand im Bild!

Reinhard ist direkt vor dem Kameraobjektiv stehengeblieben.

REINHARD. Rob, Spekulation, Verwüstung, aufgescheuchte, verjagte Ortsgeister! Die Menschen der Antike, die glaubten an so etwas. Jeder Ort hatte seine Gottheit, und wenn die beleidigt wurde, dann konnte die sich aber ganz bitter rächen!

ROB. Und das willst du dann als Kommentar drüberlegen?

REINHARD. Das will ich festhalten! Stell dir vor, das Haus, das ist einfach weg, als ob man es gestohlen hätte! Sogar der Luftraum, in dem es einmal stand, ist weg.

ROB. Den Luftraum, den siehst du nicht im Bild! Komm, schau selbst mal durch!

Rob widersetzt sich Reinhards Interpretationen. Er bemüht sich, unbestechlicher Realist zu bleiben. Wenn sein Blick dem Blick Reinhards in den »Luftraum« folgt, sieht er tatsächlich das, was Reinhard meint: eine nackte Sonne über einem nackten Grundstück.

Dennoch will Rob seinen Freund zur Objektivität der Kamera erziehen.

ROB. Blende 5,6, Reinhard!

REINHARD. Warum kann dieses verdammte Glasauge immer nur glotzen! Ohne Hoffnung und ohne Mitleid. Es gibt doch nichts Idiotischeres als so eine Kamera.

Reinhard bekommt wieder Darmkrämpfe. Er läßt die Kamera los, um sich auf einen Haufen von Sperrmüll zu setzen. Er fühlt sich der Situation nicht mehr gewachsen. Rob begreift allmählich, was den Freund so traurig macht.

ROB. Tatsächlich, fast nichts, was an unseren »Fuchsbau« erinnert! Reinhard, die Villa war doch viel größer als dieses Loch. Die hat hier überhaupt nicht Platz gehabt!

Rob beginnt, den Grundriß der Villa entlang den Kellermauern abzuschreiten. Er zählt die Schritte. Es sind zehn Meter in der einen und dreizehn in der anderen Richtung.

ROB. Sag mal, das ist ja unmöglich! Waren das nur hundertdreißig Quadratmeter? Reinhard, das ist ja gar nichts, das war eine Hütte, Reinhard, unsere Villa war eine Hütte! Reinhard?

Reinhard hat das Villengrundstück verlassen. Rob wird unruhig. Er eilt zum Bauzaun, um nach dem Freund Ausschau zu halten.

1008 Straße vor Abbruchvilla

Rob findet Reinhard, der hinten auf der Ladefläche eines Lieferwagens sitzt und sich vor Schmerzen krümmt.

REINHARD. Ich habe wieder diese verdammten Darmkrämpfe.

ROB. Was hat denn der Arzt gesagt?

REINHARD. »Montezumas Rache«!

ROB. Komm, lege dich mal hin!

Während Rob dem Freund auf der Ladefläche eine notdürftige Liege bereiten will, bekommt Reinhard eine heftige Durchfall-Attacke. Rob kann kaum folgen, so schnell rennt der Freund auf das große Tor der Baustelle zu. Er versucht im Laufen, seine Hose herunterzulassen, und schafft es gerade noch bis an den Rand der Baugrube, ehe sich sein Darm entleert.

Rob verschließt mitleidig das Holztor vor dem Anblick des kranken Freundes.

Als er nachdenklich die Straße entlanggeht, erkennt er Hermann, der sich mit einem Kinderwagen nähert.

HERMANN. Rob, du bist das? Ihr seid zurück?

ROB. Ja.

HERMANN. Und der Reinhard? Ist der auch da?

ROB. Ja ja, der kommt gleich!

Rob kann gerade noch verhindern, daß Hermann das Holztor öffnet und Reinhard bei seiner Notdurft stört.

ROB. Reinhard, der Hermann ist da!

Rob entdeckt Hermanns kleine Tochter, die unter einem Sonnenschirmchen im Wagen sitzt und lächelt.

ROB. Ist das dein Kind?

HERMANN. Ja sicher, das ist die Lulu.

ROB. Die Lulu.

HERMANN. Das ist doch nicht zu fassen.

ROB. Hast du gewußt, daß die Villa weg ist?

HERMANN. Schon seit Monaten waren die Türen zugenagelt und keine Vorhänge mehr an den Fenstern. Ich wollte rauskriegen, wo der Flügel abgeblieben ist, aber ich bin nicht mehr ins Haus gekommen.

Mit bleichem Gesicht kommt Reinhard durch das Holztor, gibt aber Hermann nicht die Hand. Er hat immer noch Bauchschmerzen.

REINHARD. Grüß dich! Das zieht ja saumäßig da drin.

HERMANN. Daß ich euch hier treffe!

REINHARD. Sag mal, kannst du uns sagen, was da passiert ist?

HERMANN. Ja, die Cerphal hat das Haus verkauft. Es heißt, sie ist jetzt auf Weltreise und verjubelt ihr Geld mit Herrn Gattinger.

Hermann folgt Reinhard, der sich auf die Ladefläche des Lieferwagens gesetzt hat, um sich auszuruhen.

REINHARD. Mensch, Hermann, in der Villa sind wir mal glücklich gewesen. Ich habe immer gemeint, daß ich nicht so ganz dazugehöre zum Freundeskreis, aber jetzt... Sag mal, was ist aus den anderen geworden? Trifft man sich noch?

HERMANN. Du warst lange weg.

REINHARD. Hast nicht du mal die Geschichte von Helga erzählt, wie sie nach einem Jahr nach Hause kommt, und die Klingel war noch immer nicht repariert?

HERMANN. Ja.

REINHARD. Also, du bewegst dich, siehst die ganze Welt, erfährst, daß du an einem Tag wahnsinnig viel erledigen kannst, und dann kommst du nach Hause und mußt feststellen, die Zeit ist stehengeblieben. Nicht mal die Klingel haben sie repariert! Dann weißt du, daß du daheim bist.

Rob beschäftigt sich mit Lulu. Hermann öffnet inzwischen das Tor zur Baustelle. Reinhard folgt ihm. Die beiden bleiben im Tor stehen.

HERMANN. Ich habe das immer gehaßt, diese Heimatgefühle.

REINHARD. Du warst aber immer der Mittelpunkt.

HERMANN. In der Villa? Das war doch Zufall!

ROB. Ein halbes Jahr Südamerika, du kommst heim, und München ist ein Dorf, die Hauptstadt von Bayern.

1009 Abbruch Villa Cerphal

Hermann geht voran. Auch er ist fassungslos über das verwüstete Gelände. Die Baugrube hat eine starke Anziehungskraft. Immer wieder bleiben die Freunde am Rand des Lochs stehen, blicken hinein und spüren ihre Ohnmacht. Hermann wagt es, in die Grube hinabzusteigen. Reinhard umrundet den Keller.

REINHARD. Zwischen meinem vierten und sechzehnten Lebensjahr, da sind wir sechsmal umgezogen. Wir sind nirgendwo länger als zwei Jahre geblieben. Ich habe fünfmal die Schule gewechselt und fünfmal neue Lehrer hassen gelernt.

HERMANN. Wenn ich nur wüßte, wo dieser Flügel abgeblieben ist! Das war nämlich gar kein schlechtes Instrument. Der Klang war eigenartig: kühl, aber trotzdem weich. Man mußte ihn allerdings mögen, sonst hat er sich gewehrt.

REINHARD. Wie kannst du nur an dieses blöde Klavier denken, Hermann! Daß die Villa weg ist, das ist dir Wurst! Nichts ist mehr so wie früher.

Jetzt kommt Hermann wieder aus dem Loch heraus. Wie Reinhard wirft er Steine in die Grube oder schaut durch Robs Filmkamera, die immer noch aufgebaut ist.

HERMANN. Ich muß gehen. Die Kleine kriegt Hunger.

REINHARD. Sobald einer verheiratet ist, wird er zum Materialisten!

ROB. Soll ich dich mitnehmen? Ich kann euch nach Hause fahren.

HERMANN. Müßt ihr nicht noch Aufnahmen machen?

Die Idee, das Verschwinden der Villa mit der Filmkamera zu dokumentieren, hat Reinhard jetzt aufgegeben. Er nimmt die Kamera vom Stativ und packt sie in ihren Koffer. Beides trägt er auf die Straße hinaus.

REINHARD. Sag mal, Hermann, bist du eigentlich glücklich, mit Frau und Kind und Küche und dem Wecker auf dem Nachtkasten?

1010 Straße vor Abbruchvilla

Hermann schaut hinter Reinhard her. Er spürt die Verbitterung und versucht sich zu verteidigen, als wäre er schuld an dem Verlust dieser Ersatzheimat.

HERMANN. Es ist eben alles ein bißchen anders als früher.

REINHARD. Siehst du, das habe ich vorhin auch gesagt.

HERMANN. Du magst keine Kinder, stimmt's?

REINHARD. Nein.

ROB. Reinhard, du bist heute neben der Spur. Geh nach Hause!

Reinhard beschließt, seinen Abschied vom »Fuchsbau« ganz allein zu begehen. Er nimmt seine Fotokamera mit auf die Baustelle, wo er das Objektiv erst mal in alle Richtungen wendet, um sich zu vergewissern, was hier überhaupt Realität ist.

Inzwischen nimmt Rob Hermann und sein Kind mit in die Stadt.

1011 »Renates U-Boot«

Bei Einbruch der Dunkelheit fährt Reinhard in München umher, als wäre er in Mexiko. Sein Straßenkreuzer bahnt sich seinen Weg zwischen Motorrollern und Fußgängern; vor einem Kneipeneingang bleibt er schließlich stehen. Gerade wenn er müde und traurig ist, wirkt Reinhards schwerer Körper wie der eines Westernhelden. Er betritt die Kellerkneipe, aus der ihm laute Stimmen, Zigarettenrauch und Kellermoder entgegenströmen. Das Gebäude ist ganz in blaues Licht getaucht. Reinhard war noch niemals hier.

Bernd kommt ihm entgegen, sein ehemaliger Aufnahmeleiter, in Matrosenjacke und Kapitänsmütze. Reinhard wird mit der immer gleichbleibenden Munterkeit der Gastwirte begrüßt, die alle dunklen Gedanken verbannen wollen, damit der Gast ein fröhlicher Zecher wird.

BERND. Herr Dörr, guten Abend! Schön, daß wir Sie auch mal zu sehen bekommen! Schauen Sie sich ruhig ein bißchen um. Gestern waren wir zu, heute sind wir offen. Wenn wir aber heute zu offen sind, sind wir morgen wieder zu, wenn Sie wissen, was ich meene. Der Alex sitzt da drüben.

Schon ist alles geregelt und in gewohnte Bahnen gelenkt. Das fühlt sich gut an, auch wenn man das erste Mal hier ist. Da sitzen die Jungintellektuellen Münchens und gefallen sich in ihren »Analysen« und

»Projekten«. Da sind die Paare, die sich aneinanderklammern, als wollten sie sich ausgerechnet hier dem Untergang der Welt entziehen, und da ist Renate, die geschäftig umhereilt, Getränke serviert und ihre Cocktails anpreist.

RENATE. So, hier noch etwas Neues aus unserer Lecker-Schmecker-Küche: »Tränen von Olga«, frisch gepreßt!

Reinhard hat Alex entdeckt, der über das Gipsbein einer schönen Frau gebeugt ist, um etwas Tiefsinniges auf den Verband der gebräunten Schönheit zu schreiben. Vor ihm haben sich schon andere Verehrer auf dem Streckverband verewigt. Alex jedoch wagt einen Ausflug in die Geschichte der Philosophie.

Reinhard beugt sich über seine Schulter.

REINHARD. Was schreibst du denn da?

Alex' Finger folgt beim Vorlesen den Worten bis unter den Rocksaum der verletzten Frau.

ALEX. »Jedes endliche Ding ist durch andere endliche Dinge bestimmt. Keines davon hat Gott zur unmittelbaren Ursache.«

Alex ist so in seine Philosophie vertieft, daß er kaum noch wahrnimmt, wie ungewöhnlich seine Situation ist. Vor ihm das gebrochene Bein einer fremden Frau, die schweigt und ihn gewähren läßt, und hinter ihm der Freund, den er seit vielen Monaten nicht gesehen hat.

ALEX. »Die Frage ist, welches Zwischenglied besteht zwischen den unendlich vielen Substanzen und der Unendlichkeit Gottes.«

REINHARD. Grüß dich, Alex!

ALEX. Ja, grüß dich!

REINHARD. Weißt du, daß sie den »Fuchsbau« abgerissen haben?

ALEX. Ja. Auch das ließe sich mit Spinoza erklären: Jedes Haus definiert sich durch die umgebenden Häuser, jeder Abbruch durch die umgebenden Abbrüche.

Renate ist ungeduldig geworden. Sie löst sich aus der Gruppe, die den philosophierenden Alex umgibt, und sucht Bernd, ihren Kompagnon, der lächelnd an der Theke steht.

RENATE. Kannst du dich jetzt um die Gäste kümmern? Ich muß hoch!

Jetzt, wo Reinhard es nicht mehr erwartet hätte, kommt eine freundliche Zuwendung zustande. Alex sieht ihm unerwartet in die Augen und lächelt.

ALEX. Na, Weltreisender, laß dich ansehen! Deine Augen haben sich verändert.

REINHARD. Ich habe heute zum ersten Mal bemerkt, daß ich auf dreiunddreißig Jahre zurückblicke. Kannst du dir das vorstellen? Dreiunddreißig! Ein Wahnsinn, was?

ALEX. Du kommst ins Christus-Alter, Zeit, etwas für deine Unsterblichkeit zu tun!

REINHARD. In Mexiko wäre ich fast gestorben.

Alex nimmt einen großen Schluck, dann nickt er Reinhard zu, als wüßte er alles, was Reinhard auf seiner Reise erlebt hat.

Renate erscheint auf ihrer kleinen Hausbühne, auf der als besonderes Dekorationsstück ein gläsernes Aquarium aufgestellt wurde, das mit einem magischen Unterwasserlicht beleuchtet ist. Renate ist völlig nackt und trägt nur eine lange Perlenkette. So steigt sie ins grünliche Wasser und läßt sich die Goldfische um die Beine streichen. Sie genießt die Blicke der Gäste, die sich unterhalb der Bühne versammeln.

RENATE. Meine Herrschaften, Sie sehen jetzt zu Ehren des Meergottes Poseidon das Gedicht »Nachtgesang der Fische«.

Renate atmet tief ein, dann läßt sie ihren ganzen Körper ins Aquariumwasser gleiten. Die Perlen fluten um ihre Brüste, als wären sie Haarsträhnen einer Meerjungfrau. Mit weitgeöffneten Augen versucht sie, durch die gläserne Wand nach draußen zu blicken in die reale Welt, in der ihre Kneipengäste sich befinden.

Reinhard steht fasziniert unter den Zuschauern, die nicht begreifen können, was da vor ihren Augen dargeboten wird. Renate, umschwebt von Goldfischen, Reflexen und Perlen, sieht plötzlich wunderschön aus. Sie ist in »ihrer« Welt, einer Welt aus Wasser.

Die Stille, die im Lokal entstanden ist, auch Renates Lächeln und die Luftblasen, die aus ihrem Mund steigen, die Schwerelosigkeit ihres üppigen Körpers – das alles verzaubert Reinhard. Er kann nicht verstehen, warum die Gäste dieser Kneipe so melancholisch sind, warum Alex sich so in seine alkoholisierte Gedankenwelt zurückzieht. Im Hintergrund ertönt das Beatles-Lied »Yesterday«. Reinhard ist von einer Weltreise zurückgekommen, und jetzt findet er seine Freunde, eine ganze Jugend vor, die sich von einem »Gestern« verabschiedet, das sie alle einmal verbunden hat.

REINHARD. Wie hältst du das eigentlich aus, Alex? Jeder in seinem Winkel verkrochen!

ALEX. Es gibt keine Mitte in dieser Welt von »Monaden«. Wir sind nach außen abgeschlossen, ohne Fenster, wie Leibniz sagt.

REINHARD. Du siehst ungesund aus und unglücklich!

ALEX. »Schmerz ist ein lokalisierter Kummer«, wie Spinoza sagt.

REINHARD. Ach, hör doch mit deinem Spinoza auf! Ich will wissen, was uns fehlt.

ALEX. Uns fehlt das, was allen fehlt. Wir sind Spiegelbilder des Ganzen.

Endlich ist es Alex gelungen, einen Draht zu entfernen, der von der niedrigen Decke über der Bar gehangen und ihn dauernd an der Glatze gekitzelt hat.

Er sieht Reinhard triumphierend an, denn er hat einen Gedanken formuliert, mit dem er das Problem erledigen konnte, so wie man einem lästigen Insekt mit der Fliegenpatsche den Garaus macht.

REINHARD. Du machst mich wahnsinnig. Ich spiele dieses Spiel nicht mit, dieses Einsamkeitsspiel. Ich will dazugehören, gebraucht werden, verstehst du?

Alex trinkt. Auch Reinhard weiß sich keinen anderen Rat, als ein Glas nach dem anderen herunterzukippen. Die beiden schweigenden Freunde sind bald die letzten Gäste, nachdem auch die schöne Frau mit dem Gipsbein weggegangen ist. Sie zerschmeißen ihre Gläser auf dem steinernen Boden. Die Wirtsleute Renate und Bernd sitzen stumpfsinnig an die Wand gelehnt und schlafen.

Immer mehr Gläser gehen auf dem Steinboden zu Bruch.

Reinhard wacht am späten Vormittag mit einem bösen Kater auf. Als er das Bettuch hebt, um seinen Kopf zu befreien, martert eine brutale Helligkeit seine Augen. Er kann sich nicht aufrichten. Auf allen vieren und mit geschlossenen Augen kriecht er durch das Zimmer, um seine Sonnenbrille zu holen, die auf dem mit Reiseandenken überladenen Tisch liegt. Erst jetzt vermag er vorsichtig die Augen zu öffnen. In der Küche trinkt er ein großes Glas Wasser, dann macht er sich ans Kaffeekochen. Zwischen den exotischen Mitbringseln findet er eine Schallplatte, die er auf den Plattenteller legt. Mit der Kaffeetasse in der Hand ruft er von seiner Küche aus, beim Gedudel mexikanischer Folklore, seine Cutterin an.

REINHARD. Ja, hier ist Reinhard Dörr. Geben Sie mir bitte den Schneideraum. Dagmar, ja, ich bin's. Nein, das ist eine mexikanische Schallplatte. Ich wollte dir nur Bescheid sagen, daß ich später komme.

Als Reinhard sich auf seine Bettkante setzt, um eine Kopfwehtablette einzunehmen, klingelt es an der Haustür. Ein etwa fünfzehnjähriges Mädchen mit langen blonden Locken steht vor Reinhards Wohnungstür und nimmt eine »aufreizende« Haltung ein. Sie ist damenhaft geschminkt, trägt hochhackige Schuhe und eine Bluse mit Tigermuster, die zwei riesige Brüste verbirgt.

Sie steht da, ans Treppengeländer gelehnt, und wartet darauf, daß Reinhard die Tür öffnet.

REINHARD. Trixi, was willst du denn hier?

TRIXI. Darf ich reinkommen?

REINHARD. Ja, sicher. Hast du die Schule geschwänzt? Warst du schon bei deiner Schwester im Schneideraum? Weiß sie, daß du hier bist?

TRIXI. Nee.

Er hat Trixi hereingelassen. Sie reckt sich ein bißchen, sie will größer erscheinen, als sie jetzt umhergeht und sich lässig umschaut.

REINHARD. Woher hast du denn meine Adresse?

TRIXI. Ich weiß alles!

REINHARD. Ah ja.

Reinhard läßt Trixi einfach im Flur stehen. Er schließt sich im Bad ein, um zu duschen. Trixi mustert inzwischen die Wohnung mit ihren kahlen weißen Wänden, den hohen Fenstern, den improvisierten Möbeln, dem Bett, das aus riesigen Schaumstoffblöcken besteht, dem Tisch mit den mexikanischen Reiseandenken.

Trixi findet Reinhards schwarze Zigaretten. Sie zündet sich verstohlen eine davon an. So steht sie rauchend vor dem Fenster, als Reinhard vom Bad zurückkommt.

REINHARD. So, jetzt sag schon, was du willst!

Trixi antwortet nicht. Sie sieht Reinhard geheimnisvoll an und raucht weiter. Er begreift nur langsam, daß sie ihr Anliegen noch vor ihm verbergen will.

Er nimmt die Sonnenbrille ab, um sie besser sehen zu können. Trixi atmet tief ein, bevor sie spricht.

TRIXI. Ich will zum Film.

Reinhard verkneift sich das Lachen. Er gibt sich den Anschein von lässiger Ernsthaftigkeit und fährt fort, sich anzuziehen.

REINHARD. Und deswegen schwänzt du die Schule?

TRIXI. Es stimmt doch, daß Sie ein Drehbuch schreiben, oder?

REINHARD. Stimmt. Das habe ich vor, aber was hat das mit dir zu tun?

TRIXI. Ganz einfach! Ich meine, daß ich die Hauptrolle spiele, und dazu müssen wir uns jetzt ein bißchen besser kennenlernen, sonst können Sie ja die Rolle nicht richtig schreiben für mich. Also: Ich bin einssiebenundsechzig groß, ich tanze gern, ich trage gerne schöne Kleider, und ich kann gut küssen. Ich stelle mir vor, daß ich die Tochter eines Diplomaten spiele, oder die elegante Dame von Hollywood. Kennen Sie Brigitte Bardot?

Trixi hat sich bei der Schilderung ihrer Träume immer wieder ein wenig auf die Zehenspitzen gestellt, um größer zu wirken. Das gibt ihr eine tänzelnde Haltung, die verlegen und zugleich überdreht wirkt. Reinhard ist amüsiert.

TRIXI. Ich komme natürlich um die ganze Welt, und die Männer tragen mich auf Händen, im Kino, meine ich.

REINHARD. Hast du eine Ahnung!

Trixi setzt sich nun neben Reinhard. Sie funkelt ihn mit ihren schönen großen Augen an und wartet die Wirkung ihrer Worte ab. Nun ist Reinhard verlegen. Er wühlt in seinen Kleidern, aus denen ihn noch der Dunst der trostlosen Kneipe von gestern anweht.

TRIXI. Bitte, lassen Sie mich mitmachen im Film!

REINHARD. Warum sagst du eigentlich »Sie« zu mir?

TRIXI. Na ja, Sie sind doch mindestens zehn Jahre älter als ich – und ein Regisseur ...

REINHARD ... beim Jungen Deutschen Film.

Er hält sich den verkaterten Kopf, als er lachen muß.

REINHARD. Scheiße, ich kann nicht lachen. Willst du einen Kaffee? Jetzt hör mir mal zu, Trixi: Ich habe gerade erst angefangen, das Drehbuch zu schreiben. Ich weiß noch gar nicht, wie die Geschichte ausgehen wird und ob sie mir hinterher noch gefällt. Vorerst bin ich einfach traurig. Und weil ich traurig bin, schreibe ich, und ich suche mir Bilder, die mich traurig machen.

Reinhard ist zum Fenster gegangen. Er sieht hinaus in diesen hellgrauen Tag.

TRIXI. Ich bin auch sehr oft traurig.

REINHARD. Vor 37 Tagen war ich noch in Tampico. Kannst du dir das vorstellen? An der mexikanischen Küste! Es gibt einen berühmten Western, der da spielt. Mein Gott, daß ich jetzt wieder hier bin!

Trixi erhebt sich. Sie kommt näher zu Reinhard, sie schöpft wieder Hoffnung.

TRIXI. Wird dein Film ein Western-Film?

REINHARD. Nein, es wird die Geschichte von einem, der durch die Wildnis zieht. Eines Tages, da packt ihn das Heimweh, und er will dahin zurück, wo seine Freunde sind. Aber als er an das Haus kommt, da ist das Haus weg. Kannst du dir das vorstellen?

Es ist vielleicht das erste Mal, daß Reinhard diese Ideen für seinen Film ausspricht. Trixi spürt, daß etwas im Entstehen ist, und versucht, die Handlung des Films auf ihre Weise weiterzuspinnen.

TRIXI. Niedergebrannt von den Apachen!

REINHARD. Ja, wenn es ein Western wäre. Aber es ist eine moderne Geschichte. Die Wildnis, das sind die modernen Städte. Pferde gibt es keine mehr, nur noch Autos. Keine Killer und Brandstifter. Das sind heute feine Leute, Geschäftsleute, Bauunternehmer …

TRIXI. Schade!

REINHARD. Warum schade?

TRIXI. Na ja, die Pferde und die Indianer, die Wildnis und die Prärie, das ist doch alles viel schöner!

REINHARD. Na ja, wie gesagt, ich weiß selber noch nicht, was aus dieser Geschichte wird. Ich weiß auch nicht, wie sie ausgehen wird.

Reinhard bemüht sich, die Situation wieder in den Griff zu bekommen. Er will sich nicht auf Trixis Schwärmerei für ein Kino von gestern einlassen.

REINHARD. Sag mal, hast du den Lippenstift von deiner Schwester geklaut?

TRIXI. Haha, sehr witzig!

REINHARD. Du mußt wissen, ich habe keine Ahnung, woher ich das Geld nehmen soll, um den Film zu machen. Ich werde das Buch zwar zur Förderung einreichen, aber ob man da was kriegt... Also, alles nur Ideen!

Auf dem Weg nach draußen ergreift Trixi plötzlich Reinhards Hand. Als sie ihn jetzt ansieht, ist sie wieder ganz Kind.

TRIXI. Nimm mich mit!

REINHARD. Ja, wohin?

TRIXI. Überall hin! Ich helfe dir beim Schreiben. Wir gehen zusammen ins Kino, wir denken uns aus, was uns gefällt, und ich bin mit dir zusammen traurig. Bitte, ich bin wirklich kein Kind mehr. Glaub mir!

REINHARD. Manchmal fühle ich mich uralt, dabei bin ich erst dreiunddreißig. Ich dachte immer, je älter man wird, desto trauriger wird man.

TRIXI *(will Reinhard vor der Tür aufhalten)*. Warum?

REINHARD. Gemessen an meiner Traurigkeit, müßte ich tausend Jahre alt sein. Also, Trixi...

Im Treppenhaus versucht Reinhard, Trixi zu überholen, um schneller nach draußen zu gelangen.

TRIXI. Du bist einsam, das sehe ich dir an.

1013 Isarfilm, Studio

Das Studio der Isarfilm ist in einem ehemaligen Vorortkino untergebracht. Das langgestreckte Gebäude liegt an einer Kreuzung zwischen Wohnblöcken aus den fünfziger Jahren. Reinhard hat Trixi neben sich sitzen, als er in seiner Blechkarosse vor dem Studioeingang ankommt. Er nimmt wohl an, daß die Kleine ihm ins Haus folgen wird, wo ja auch Dagmar, ihre große Schwester, arbeitet. Aber Trixi bleibt mit ihrer Schultasche draußen vor der Tür stehen.

TRIXI. Ich haue ab, Reinhard.

REINHARD. Schlechtes Gewissen?

Sie stellt den Schulranzen auf den Boden und lächelt Reinhard geheimnisvoll an.

TRIXI. Weißt du, was Dagmar immer sagt?

REINHARD. Nein, was denn?

TRIXI. »Wenn ich mal tot bin, Trixi, wird mein Finger aus meinem Grab rauswachsen und dir drohen!«

Mit ausgestrecktem Finger demonstriert sie an der Hausecke, wie der bleiche Leichenfinger ihrer Schwester aus dem Grabhügel wachsen wird.

REINHARD. Das ist ja schauerlich!

TRIXI. Meine Schwester glaubt an so was.

REINHARD. Ich sage ihr nichts, versprochen!

Trixi verdrückt sich, so schnell sie kann.

Reinhard winkt zwei Komparsinnen, die vor der Tür spanische Tänze üben, aufmunternd zu und betritt das Haus.

1014 Isarfilm, Schneideraum

Der Schneideraum, in dem Trixis große Schwester als Cutterin arbeitet, gleicht allen Schneideräumen der Filmwelt. Er ist in einem schäbigen Souterrainraum untergebracht, schlecht belüftet und klein.

Dagmar sitzt neben Rob, der ihr bei der Arbeit zusieht.

REINHARD. Guten Morgen!

Während er Rob die Hand gibt, merkt er, daß Dagmar sauer auf ihn ist. Ihr Gruß gerät zu einer regelrechten Drohung. Deswegen verdrückt sich Reinhard erst einmal schnell in den Nebenraum, um von dort einen Stuhl zu holen.

REINHARD. Darf ich die Szene auch von Anfang an sehen?

Er hatte gehofft, einfach zur Tagesordnung übergehen zu können, aber Dagmar, die strenge Cutterin, läßt nicht locker.

DAGMAR. Das war doch meine kleine Schwester da draußen auf der Straße, ich habe ihre Stimme gehört. Warum ist sie denn nicht mit reingekommen?

REINHARD. Ihre Schwester?

DAGMAR. Seien Sie doch nicht so scheinheilig! Ich weiß genau, daß sie hinter Ihnen her ist! Da müssen Sie sich in acht nehmen, das ist ein kleines Luder, die Trixi. Das liegt in der Familie.

Sie setzt den Schneidetisch in Gang. Auf dem Arbeitsbildschirm wird ein mexikanisches Baumwollfeld sichtbar, das von einem kleinen Flugzeug in niedriger Höhe überflogen wird.

Rob beugt sich weiter nach vorn, um die Filmszene besser anschauen zu können.

REINHARD. Da, erinnerst du dich? Das war doch der Morgen, als wir uns verfahren haben.

ROB. Klar. Da kamen wir von Tampico mit so einem ganz alten Landrover runter.

ROB. Ein Wehrmachtsmodell mit Einschußlöchern.

Das Filmbild zeigt eine trübe Sonne, die über der staubigen Landschaft aufgeht. Ein Reiter, der aus einem Westernfilm stammen könnte, taucht aus der Staubwolke am Feldrand auf. Er nähert sich einem primitiven Flugplatz, auf dem abenteuerliche Doppeldecker-Flugzeuge aufgetankt werden. Die Männer, die mit den giftigen Insektiziden arbeiten, tragen Gummihandschuhe und Atemmasken.

REINHARD. Und die Nacht davor, da hat Rob diesen Don Gustavo kennengelernt, der ihn unbedingt mit einer Mexikanerin verkuppeln wollte.

ROB. Ah, wenn ich diese Bilder sehe, da kommt mir diese ganze Stimmung wieder in den Sinn!

Eine neue Einstellung zeigt die Männer vom Chemiekonzern, die in ihren Jeeps ankommen, um die Landarbeiter zu beraten. Eine Szene, die ganz offensichtlich gestellt ist, um Vertrauen in die chemische Industrie zu wecken.

REINHARD. Das ist schon merkwürdig in den subtropischen Gebieten, wenn die Sonne aufgeht, und es ist noch heiß vom Vortag. Und feucht ist das, daß man denkt, man hätte die Schwindsucht. Die ganze Nacht schwitzt man. Der Tau kühlt nicht, er klebt.

ROB. Und Don Gustavo sagt: »Eh du das Land verläßt, mußt du eine Mexikanerin umarmen, dann kommst du immer wieder, mit Sicherheit.«

Dagmar macht sich am Regal zu schaffen. Sie hat für die Schwärmerei der beiden Weltreisenden nur ein mildes Lächeln übrig.

REINHARD ... und, kommst du wieder?

ROB. Klar.

Rob hält den Schneidetisch an. Das Bild auf dem Schirm friert ein. Es zeigt einen Mexikaner im Sonnenhut, eine Flagge in der Hand, mit der er die Spritzflugzeuge über den Baumwollfeldern einweisen soll.

ROB. Dagmar, schauen Sie mal! Wissen Sie, wer das war, der Mann mit der roten Flagge?

Dagmar nimmt die Pose einer ungeduldigen Lehrerin ein. Sie kommt auf ihre beiden romantischen Filmemacher zu und sieht sie streng an.

DAGMAR. Also, jetzt hört mir mal zu! So kann man keinen Film schneiden. Seit drei Wochen höre ich nichts als nette, bunte Erlebnisgeschichten zu diesen Bildern. Soll ich euch mal was sagen, eure Geschichten könnt ihr vergessen!

ROB. Sie meinen wohl, daß Ihnen das ganze Filmmaterial nicht gefällt.

Rob blickt beleidigt. Reinhard fühlt sich wegen Trixi bestraft und versucht zu lächeln.

DAGMAR. Das habe ich nicht gesagt. Da sind ein paar sehr schöne Bilder dabei, und ich versuche auch, einen ordentlichen Film daraus zu machen. Und das Thema Baumwolle habt ihr wirklich gut drin, aber nichts von euren Stimmungen, von den Gedanken, den persönlichen, die ihr dauernd zitiert.

Reinhard erhebt sich. Er erkennt, wie wenig alle seine Erinnerungen sich in dem Filmmaterial wiedergefunden haben.

REINHARD. Wir müssen uns davon trennen, Dagmar hat recht!

ROB. Was heißt das, wir müssen uns davon trennen? So ein Unsinn! Ich trenne mich überhaupt nicht davon. Was soll denn das? Das war die größte Zeit in meinem Leben, diese Reise. Jeder Tag war ein Juwel!

REINHARD. Ja, aber wir haben nicht ein Juwel mit nach Hause gebracht.

ROB. Aber ich habe mich nach Hause gebracht. Was heißt denn da: nichts im Filmmaterial? Ich hab's hier im Kopf, jedes Bild ist mir eingebrannt, für immer und ewig! Lassen Sie die Szene mal ganz laufen.

Dagmar gehorcht. Sie schaltet den Schneidetisch wieder ein. Die Filmszene setzt sich auf dem kleinen Schirm fort. Man sieht, wie der Mann

mit der Flagge sich duckt, damit das Spritzflugzeug nicht seinen Kopf abrasiert, denn es fliegt so tief, daß es ihn in eine dichte Wolke von Insektengift einhüllt.
Dagmars Gesicht spiegelt sich in der Mattscheibe. Sie ist nachdenklich. Sie sucht nach filmischen Lösungen für die Gefühle ihrer Filmemacher.

1015 Abbruch Villa Cerphal

Das Abbruchgelände der »Fuchsbau«-Villa liegt im harten Mittagslicht. Hermann ist wieder mit seiner Tochter auf der einsamen Baustelle erschienen. Er fühlt sich unbeobachtet und läßt das Kind mit Juans Mosaiksteinen spielen.
Der alte Strandkorb, der damals zur Möblierung der Gartenterrasse gehört hat, steht unter den Bäumen an der Grundstücksgrenze. Clarissa sitzt darin. Bis jetzt hat sie gelesen. Da erkennt sie den Freund, dem vielleicht gerade ihre Gedanken galten. Sie zögert. Sie überlegt, ob sie das Gedankenbild stören soll, dann entscheidet sie sich für die Realität. Sie erhebt sich. Clarissa ist hochschwanger. Ihre Bewegungen sind verlangsamt, sie scheint größer zu sein als früher. Sie ruft Hermanns Namen.
Hermann hebt den Blick. Auch für ihn ist die plötzliche Anwesenheit der ewig fernen Geliebten wie ein Traumbild. Langsam geht er auf sie zu. Sein Kind läßt er einfach auf den Pflastersteinen sitzen.
HERMANN. Du hast es also auch erfahren.
CLARISSA. Jean-Marie hat es mir erzählt. Ich habe es mir überhaupt nicht vorstellen können. Deswegen bin ich hier vorbeigekommen.
HERMANN. Es sieht so leer aus! Man kann sich überhaupt nicht vorstellen, daß hier das Haus gestanden hat. Außerdem ist alles irgendwie geschrumpft, findest du nicht auch?
Die beiden können ihre Augen nicht ewig in die Baugrube richten, irgendwann müssen sie sich ansehen.
CLARISSA. Wie geht es dir?
HERMANN. Es sind fast zwei Jahre vergangen. Das ist die Lulu. Man hat mir gesagt, daß du ... du kriegst ein Kind?
CLARISSA. Ja, eigentlich müßte es schon da sein. Eine Zeit des Abwartens.
HERMANN. Und, freust du dich?
CLARISSA. Vielleicht. Man sagt, die Freude sei hormonell bedingt.
Clarissa geht auf Hermanns Kind zu, das sein Spiel unterbricht und mit großen Augen beobachtet, was sein Vater da für eine Frau getroffen hat.

CLARISSA. Ein schönes Kind. Hat sie deine Augen?

HERMANN. Ich weiß es nicht, aber ich wünsche es mir.

CLARISSA. Lulu. Nach der Oper von Berg.

HERMANN. Schnüßchen mag den Namen nicht.

CLARISSA. Und du? Lulu war ein schlimmes Weib, ist dir das klar?

HERMANN. Sie wird einmal die Männer quälen.

Clarissa spürt, daß sie und Hermann nur aneinander vorbeireden. Sie geht weiter, um ihn nicht mehr ansehen zu müssen.

Hermanns Tochter ist ganz still, vielleicht begreift nur sie, was hier geschieht.

CLARISSA. Komisch, daß wir uns hier treffen! Ich habe überhaupt nicht mit dir gerechnet.

HERMANN. Und die Musik?

CLARISSA. Sie ruht.

HERMANN. Kann sie das?

CLARISSA. Ich bin eine Frau.

Nun haben die beiden doch noch ihre Wunden berührt. Clarissa unterdrückt die Tränen. Sie sucht Halt in diesem Gelände ohne Halt. Sie setzt sich auf die bröckelnde Kellermauer.

HERMANN. Mein Gott, Clarissa!

Hermann kehrt zu Lulu zurück. Er weiß nicht mehr, was er tun soll. Auch mit der Kleinen benimmt er sich jetzt hilflos. Er hält ihr ein Steinchen hin, das sie verschmäht. Clarissa spürt, daß sie etwas erklären muß.

CLARISSA. Ich werde Volker heiraten.

HERMANN. Ich hab's gehört.

Sie nimmt sich zusammen. Sie steht auf und begibt sich zu dem Bulldozer, auf dessen Kettenrädern sie ihre Tasche hat stehenlassen. Hermann folgt ihr.

CLARISSA. Und sonst?

HERMANN. Ich schreibe ein Requiem: »Abschied vom Fuchsbau«.

CLARISSA. Ach so. Deswegen bist du hierhergekommen.

Hermann starrt nun wieder in die Baugrube. Die kleine Lulu spielt verloren mit ihren Steinen.

Clarissa packt ihre Tasche.

CLARISSA. Ich gehe jetzt.

HERMANN. Ich gehe auch.

Sie reicht ihm die Hand. Es ist ein bewußt neutraler Händedruck, ehe sie fortgeht.

CLARISSA. Wiedersehen.
HERMANN. Ja.
Hermann läuft zu seinem Kind zurück.

1016 Wohnung Reinhard

Trixi, erneut aufreizend gekleidet, steht schon wieder in Reinhards Treppenhaus und nimmt eine damenhafte Haltung an, bis der Filmemacher ihr die Tür öffnet.
TRIXI. Reinhard, ich muß dir was erzählen!
REINHARD. Trixi, das ist mir nicht recht, daß du jeden Tag die Schule schwänzt und zu mir kommst. Was willst du denn?
TRIXI. Reinhard, ich habe eine tolle Idee. Ich bin so aufgeregt, deswegen habe ich's in der Schule nicht aushalten können. Darf ich es dir sagen?
Reinhard trägt Boxhandschuhe. Trixi hat ihn beim Training mit einem Punchingball gestört. Jetzt setzt er seine Übung einfach fort.
REINHARD. Na, leg los.
TRIXI. Also, du brauchst doch Geld, um deinen Spielfilm drehen zu können, stimmt's?
REINHARD. Ziemlich viel Geld sogar, stimmt.

TRIXI. Und du hast gesagt, du kennst niemand, der so viel hat?

REINHARD. Ich habe auch gesagt, ich müßte eine reiche Witwe heiraten, dann wäre ...

TRIXI. Reinhard, ich bin so aufgeregt, ich muß dir das jetzt sagen! Hast du eine Zigarette?

Trixi, die keinen Moment ruhig stehen kann, rennt ins Nebenzimmer. Sie findet die Zigaretten und zündet sich genüßlich eine an.

REINHARD. Was ist denn los? Willst du einen Bankraub mit mir aushekken? Du bist ja völlig außer dir!

TRIXI. Du hast doch erzählt, was diese Frau verdient hat, die Frau, der das abgerissene Haus gehört hat.

Jetzt kehrt sie zurück. Sie fängt Reinhards Punchingball auf, so daß seine Boxschläge ins Leere gehen.

TRIXI. Verstehst du denn nicht, diese Frau, die kennst du, und die ist reich, wahnsinnig reich! Du mußt doch nur zu ihr hingehen. Du erzählst ihr deinen Film, sie gibt dir das Geld, oder sie leiht es dir, und dann kannst du ihn drehen, und ich spiele die Hauptrolle!

REINHARD. Aha!

TRIXI. Machst du das? Es klappt bestimmt! Weil du nämlich so schön erzählen kannst. Wenn du ihr das so erzählst, wie du es mir im Auto erzählt hast, dann hört sie dir bestimmt zu. Und die hat Millionen! Vielleicht sitzt sie jetzt irgendwo und langweilt sich gerade. Und wenn du dann kommen würdest, du mußt dich beeilen, Reinhard, vielleicht sind schon andere hinter ihr her!

REINHARD. Trixi, du bist ja wirklich lieb.

Reinhard ist hin- und hergerissen. Halb lacht er Trixi aus wegen ihrer Naivität, halb beginnt er ihren Worten zu glauben und tatsächlich eine Chance für sich zu ahnen. Er setzt sich neben sie, läßt sich von ihr die Boxhandschuhe öffnen.

REINHARD. Glaubst du denn wirklich, daß reiche Leute so sind, wie du sie beschreibst?

TRIXI. Nicht alle, vielleicht die wenigsten, aber vielleicht eine. Es reicht doch eine?

REINHARD. Wie kommst du denn auf so was?

TRIXI. In der Deutschstunde, da bin ich drauf gekommen. Bei Maria Stuart, da habe ich plötzlich denken müssen, so eine edle Frau! Und vielleicht ist heutzutage eine edle Frau anders und finanziert dir deinen Film.

REINHARD. Merkwürdige Wege gehen deine Gedanken.

TRIXI. Bist du enttäuscht von mir?

REINHARD. Trixi, ich weiß doch nicht einmal, wo Fräulein Cerphal im Augenblick wohnt.

Sie erkennt, daß sie gewonnen hat. Sie sieht, wie Reinhard dasitzt und sich den Schweiß von der Stirn wischt. Sie kippt ihn mitsamt seinem modernistischen Stuhl um, damit er sich aufraffen muß.

TRIXI. Dann gehen wir sie eben suchen!

1017 Verlagsgebäude

Reinhards Straßenkreuzer nähert sich den Gebäuden des Cerphal-Verlags. Auf dem Firmenparkplatz steigen er und Trixi aus.

1018 Cerphal-Verlag, Zimmer Frau Ries

Frau Ries, die nach dem Tod des alten Cerphal und dem Abbruch der Villa eine hinfällige Greisin geworden ist, haust in einer ehemaligen Hausmeisterwohnung des Verlags. Kittelschürze und Wollmütze, die sie trägt, machen deutlich, daß sie in dieser Umgebung alle ihre ehemaligen Herrschaftsmanieren abgelegt hat. Sie wirkt müde und sieht Reinhard kaum an, als sie ihm Auskünfte erteilt.

FRAU RIES. Ich wüßt schon, wer noch Anspruch hätte auf das Haus.

REINHARD. Ja, die Evelyne.

FRAU RIES. Vielleicht, aber es gäb noch jemand...

REINHARD. Was?

FRAU RIES. Wenn ich Ihnen das sag, dann müßten Sie aber bis nach Venedig fahren.

REINHARD ... nach Venedig?

Reinhard setzt sich zu Frau Ries an den kleinen Tisch. Er spürt, daß er auf völlig neue Spuren gelangt, die ihn vielleicht zu den Wurzeln seiner Geschichte führen werden. Er will diese Geschichte ergründen, die Geschichte des Hauses Cerphal.

Trixi hört zu. Sie beginnt, von all den Reisezielen, die hier erwähnt werden, zu träumen.

Hermann hat an diesem Tag einen grotesken musikalischen Aufzug inszeniert. Er marschiert, ganz in Schwarz gekleidet, mit Zylinderhut und einer riesigen Trommel, die er sich vor den Bauch geschnallt hat, voran. Er trommelt den Takt und führt ein Musikergrüppchen an, das ihm in die Villenstraße bis zur Abbruchvilla hinterherzieht: eine Geigerin, ebenfalls in Schwarz wie Hermann, Juan, der die Quena-Flöte spielt, und eine Studentin, die ein Leiterwägelchen zieht, auf dem ein Kontrabassist mitfährt. Es folgen noch ein Klarinettist, ein Akkordeonspieler und einer der Schlagzeuger, die Hermann schon seit Anfang seines Studiums kennt.

Das Musikstück ist in der Art eines Trauermarschs komponiert, aber mit seinen zarten Klängen für eine Aufführung im Freien wenig geeignet, weil die Töne sich in der Mittagsluft völlig verlieren. Es ist wieder einmal eine theatralische Idee, die Hermanns Kompositionen auszeichnet. Die Gesichter der Musiker sind kalkweiß geschminkt, und der pathetische Gestus, mit dem die Gruppe hinter Hermann herzieht, wirkt eher peinlich auf die Anwohner der Straße, als daß er etwas von Abschiedsschmerz zum Ausdruck brächte.

Am Wegesrand warten Freunde: Es sind Olga, Stefan, Volker, Clarissa

und Jean-Marie, die sich dem Zug anschließen, sobald die Musiker an ihnen vorübergezogen sind. Rob ist mit seiner Filmkamera erschienen, um das Ereignis zu dokumentieren. Er hat sein Stativ oben auf seinem Kombi-Auto plaziert und läßt sich von den Assistenten auf der Straße parallel zum Trauerzug mitschieben. So filmt er die Annäherung an das »Fuchsbau«-Gelände.

Hermanns Komposition geht in den Dreivierteltakt über. Er und seine Musiker halten an und tanzen im Walzerrhythmus. Die Freunde tanzen mit.

HERMANN. *Ich hatte mein »Requiem« auf den »Fuchsbau« in wenigen Tagen dahingeschrieben, unkonzentriert und in gereizter Stimmung. Lulu litt an einer Mittelohrentzündung und ließ uns nachts nicht schlafen, Schnüßchen wollte ihren Job im Reisebüro aufgeben und drängte mich, mit meiner Musik endlich Geld zu verdienen; Reinhard brauchte jemanden, der ihm seinen Baumwollfilm vertonte, und die Freunde hatten die Einladung, zu dieser Abschiedsparade zu kommen, nur unschlüssig angenommen. Wir gingen die Straße hinab, maskiert, entschlossen und doch ziemlich unvorbereitet. Mit jedem Schritt spürte ich mehr, wie jämmerlich unsere Musik klang. Ich schämte mich und führte dennoch meine Inszenierung zu Ende.*

Der Trauerzug hat inzwischen das Abbruchgelände erreicht. Während Rob seine Kamera abbaut, um noch eine Reihe von Nahaufnahmen »aus der Hand« zu schießen, versammelt Hermann seine Gäste zu einem improvisierten Chor rund um die Baugrube. Das »Requiem« endet mit einem schauerlich mißlungenen »Halleluja, Amen«.

Begleitet von einem auf- und abschwellenden Trommelwirbel, sammelt Hermann nun sämtliche Noten seines neuen Werkes ein. Er zerreißt sie in kleinste Fetzen. Die Freunde und Gäste schließen sich seinem Beispiel an. Es werden auch andere Papiere, mitgebrachte Erinnerungsstücke und Zettel mit letzten Wünschen eingesammelt und auf ein Kommando von Hermann in die Baugrube geworfen. Es entsteht eine Art Konfettiregen. Die ganze Luft ist für ein paar Sekunden mit Papierschnipseln gefüllt, die allmählich in die Grube schweben.

Ein letzter Trommelwirbel – das war Hermanns Abschiedsvorstellung für den alten »Fuchsbau«.

ROB. Und jetzt, Leichenschmaus? Bei Renate ein Gläschen Wein?

Juan hat sich in den alten Strandkorb gesetzt. Mit seiner Quena-Flöte spielt er eine südamerikanische Melodie und nimmt so Abschied von seinem Pflastermosaik, auf das er hinabblickt.

Volker, der seine schwangere Clarissa um die Schulter faßt, nähert sich der Flötenmelodie Juans.

JUAN. Spürt ihr die Geister? Die Hausgeister scheinen hier noch umherzuspuken. Ich bin voll Gänsehaut. Ich bin sicher, der kleine Mann in deinem Bauch hat das gespürt. Hat er Signale gegeben?

Clarissa tastet ihren Bauch ab. Das Kind scheint ruhig zu sein. Sie sieht Juan ernst an.

CLARISSA. Er mag keine Musik. Wenn er Musik hört, dann wird er ganz ruhig. Ich glaub, er wird unmusikalisch. Gott sei Dank! Er soll sich mal mit was anderem quälen.

Sie nähert sich dem Strandkorb. Juan legt seine Hand beschwörend auf Clarissas Babybauch.

VOLKER. Es kann auch genau das Gegenteil bedeuten! Außerdem halte ich »ihn« für eine Tochter. Stimmt das, Juan, daß du zurück willst nach Südamerika?

JUAN. Ja. Euer Land hat mir kein Glück gebracht.

CLARISSA. Du bist der einzige von uns, der noch allein lebt. Man könnte dich beneiden. Volker vergleicht uns immer mit Schiffen auf hoher See. Die müssen ja auch unter irgendeiner Flagge segeln, da kommt es sehr darauf an: Segelst du unter der Flagge »Olga« oder »Helga« oder »Schnüßchen«.

Volker geht bei Clarissas Worten verlegen umher. Er hat akzeptiert, daß Clarissa ihn nicht liebt. Hermann steht abseits mit Olga. Er spürt Clarissas Blick im Rücken, vermeidet es aber, sich umzudrehen.

Alex erlöst die Freunde von ihren Unsäglichkeiten, indem er sich lautstark zu Wort meldet. Er fühlt sich immer noch verantwortlich für das Funktionieren der Freundschaften und ist immer noch ausgeschlossen von allen Gefühlen, die Freundschaft wirklich bedeuten.

ALEX. Na, Genossin, wird der Kleine denn ein »Lichtblau« oder ein »Schimmelpfennig«? Mit anderen Worten: Wann findet denn die Hochzeit statt?

VOLKER. Sie widersetzt sich noch. Aber ich muß zugeben, Lichtblau ist der schönere Name.

ALEX. Es wird viel zu selten geheiratet!

Alex, der diesen Satz laut über das Gelände ruft, wartet auf eine Resonanz. Aber die überall zerstreut und beziehungslos umherstehenden Freunde reagieren nicht. Die Zeiten der gemeinsamen Feste sind vergangen. Das begreift Alex nur langsam.

Juan spricht mehr zu sich selbst als zu Alex und Volker, die ihn abwesend anlächeln. Eher schon wendet er sich an Clarissa, die hinter dem Strandkorb verlegen mit dem Laub der Büsche spielt.

JUAN. Im Mai nehme ich das Schiff von Genua. Ein schönes, weißes, italienisches Schiff. Auf der Herfahrt habe ich auf diesem Schiff eine unendliche Liebe erlebt. Es dauerte elf Tage und Nächte, so lange wie die Überfahrt.

CLARISSA. So was kommt nicht wieder.

Hermann, der immer noch bei Olga steht, hat Juans Worte mitgehört. Jetzt läßt er Olga stehen, um zu Juan zu gehen.

HERMANN. Im Mai reist du ab?

Juan antwortet nicht. Clarissa erscheint auf der anderen Seite des Strandkorbs. So steht sie Hermann gegenüber. Nur Juan sitzt zwischen den beiden und spürt die Schwingungen, die zwischen dem unglücklichen Paar entstehen und mitten durch ihn hindurchzugehen scheinen.

JUAN. Ich liebe euch!

HERMANN. Ich würde dich gerne zu mir nach Hause einladen. Schnüßchen würde sich bestimmt freuen.

CLARISSA. Dein »Requiem« hat mir gefallen. Das kleine Motiv aus dem »Wölfe-Lied« habe ich erkannt. Danke!

Der gewaltige Motor des Bulldozers brüllt auf. Helga hat das Gerät in Gang gesetzt und bedient jetzt alle Hebel. Sie bringt es zustande, daß sich die Baggerschaufel hebt und die gefährlichen Greiferzähne sich zum Himmel recken. Stefan begreift als erster von den verwirrten Freunden, daß Helga sich diesen spektakulären Auftritt verschafft hat. Er stürzt zum Bulldozer, um sie aus der Führerkabine zu zerren.

STEFAN. Helga, bist du wahnsinnig? Die ganze Zeit bist du verschwunden, und jetzt so was! Mach dieses Scheißding aus!

HELGA. Laß das!

STEFAN. Los, raus jetzt, das ist doch zu gefährlich! Raus!

HELGA. Ich walz euch alle platt! Ihr mit eurer sentimentalen Kacke!

Helga klettert aus der Baumaschine und bringt eine Basttasche zum Vorschein, in der ihr Kind, der kleine Karli, sitzt. Das Kind grinst die Freunde an. Rob und Juan starren auf den kleinen Jungen. Es ist das erste Mal, daß sie Helgas Sohn zu sehen bekommen.

Im Hintergrund fängt nun auch Olga an, sich bitter zu beklagen.

OLGA. Mir geht es wie dir, Juan. Seit drei Monaten spiele ich im Künstlerhaus, und keiner der lieben Freunde zeigt sich.

Rob sieht, wie verlegen Stefan neben Helgas Baby steht, und kann es sich nicht verkneifen, den Filmemacherfreund mit Ironie zu überschütten.

ROB. Ah, junges Familienglück!
STEFAN. Ich habe noch eine Verabredung. Ich muß gehen, tschüß!
Schon hat sich Stefan verdrückt. Das Baby ist nun Nebensache.
Alex versucht immer noch, die Stimmung zu retten.
ALEX. Freunde, streitet euch nicht. Ich schlage vor, wir gehen jetzt alle zu Olga ins Theater!
HERMANN. Lauter idiotische Gekränktheiten hier! Ich habe dieses Treffen arrangiert, ich habe das Stück komponiert, ich habe das für euch getan, nur für euch! Aus Freundschaft, jawohl, und um ein Zeichen zu setzen.
HELGA. Vorbei ist vorbei!
Hermann springt in die Baugrube. Es ist eine tiefliegende Bühne, auf der er nun steht und seine Zuschauer anspricht, die auf ihn herabschauen. Er geht gestikulierend in der Grube umher und spricht eine Art beleidigtes Hochdeutsch, das aus seinem Mund ganz fremd klingt.
HERMANN. Das weiß ich auch. Der »Fuchsbau«, das ist nur ein Ort, ein zufälliger Treffpunkt aus den Studentenjahren. Aber wir haben doch noch alle Möglichkeiten, verdammt noch mal! Warum tut ihr denn so, als ob alles verloren wäre? Es ist überhaupt nichts verloren. Wenn ihr nur die Augen und Ohren aufmachen würdet! Und warum sagt mir eigentlich kein Mensch, wie ihm das »Requiem« gefallen hat?
Juan erscheint am Rand der Grube.
JUAN. Ich habe dir bei der Probe schon gesagt, daß ich viel davon halte.
ALEX. Ich verstehe nicht viel von Musik, aber es war ein ergreifendes Erlebnis, hier auf dem Grundstück. Olga, warte, ich komme!
Rob und Jean-Marie haben sich während Hermanns Anklage schon verzogen. Nun schließt sich auch Alex an.
HERMANN. Also, ich kann mir das nicht mehr länger mit anhören. Es tut mir leid, das ist einfach Scheiße! Ich gehe jetzt mit meinen Musikern ein Bier trinken, kommt!
Hermanns Musiker, die nicht zum alten Freundeskreis gehören, haben geduldig auf den Ausgang der Debatten gewartet. Jetzt sind sie froh, daß sie endlich von diesem bösen Ort weggehen können.
Auf dem Weg durch das Tor kommt Hermann nahe an Olga vorbei. Auch sie braucht noch jemanden, dem sie ihre Enttäuschung ins Gesicht schleudern kann.
OLGA. Hat dir deine Frau Ausgang gegeben?
Hermann tut, als habe er nichts gehört.
ALEX. Olga, ich begleite dich ins Theater.

OLGA. Ach nein, Alex, das brauchst du doch nicht.
ALEX. Doch, ich bestehe aber darauf.
OLGA. Wirklich?
ALEX. Ja, laß mich heute dein einziger Verehrer sein.
Alex, der sich endlich einmal als galanter Freier betätigen kann, bietet Olga seinen Arm. So führt er sie die Straße hinab.

1020 Hauptbahnhof und Zugabteil

Ein schwarzes Geflecht aus Signalen, Oberleitungen und Brückenkonstruktionen überzieht den westlichen Himmel Münchens. Der Sonnenuntergang über dem Gleissystem des Hauptbahnhofs läßt alle Träume von Ferne und schlafenden Abenteuern erwachen.
Reinhard hat an Hermanns Abschiedsveranstaltung nicht teilgenommen. Er versucht auf seine Weise, diesen Untergang seiner Jugend zu begreifen.
Trixi hat ihn zum Nachtzug nach Venedig begleitet. Sie hilft ihm, sein Gepäck, eine Ledertasche und eine Reiseschreibmaschine, zu verstauen. Sie beobachtet, wie er sich auf den Sitz fallen läßt und sein Gesicht zwischen den Händen verhüllt.
TRIXI. Reinhard, fehlt dir was?
REINHARD. Ich habe wahnsinnige Kopfschmerzen!
TRIXI. Hast du das oft?
REINHARD. In letzter Zeit. Es ist gleich besser. Ich werde wahnsinnig.
TRIXI. Du bist einfach nur genial, das ist alles.
Sie hat es sich auf dem Sitz gegenüber bequem gemacht. Sie betrachtet Reinhard mit fürsorglichem Blick und macht keine Anstalten, das Abteil zu verlassen.
REINHARD. So, Trixi, jetzt mußt du aussteigen. Der Zug fährt gleich ab.
Sie kauert sich auf den Sitz. Sie sieht Reinhard, der entschlossen vor ihr steht, mit treuen Augen an. Aber er ist unerbittlich. Er öffnet die Abteiltür und wartet, bis sie draußen auf dem Gang erscheint.
REINHARD. Trixi, du kannst wirklich nicht mitkommen!
TRIXI. Warum denn nicht? Ich verstehe das überhaupt nicht.
REINHARD. Weil deine Mutter nichts weiß, weil deine Schwester nichts weiß, weil du erst fünfzehn bist, weil ich nicht weiß, was auf mich zukommt.
Er geht ungeduldig zwischen Trixi und dem Gang hin und her.

REINHARD. Trixi, verdammt noch mal, versuch's nicht immer wieder!
TRIXI. Aber ich bin doch deine Freundin.
REINHARD. Ja, ich weiß! Komm.
Er nimmt Trixi an der Hand, zieht sie den Gang entlang bis zur Wagentür. Als er sie um die Taille nimmt, um sie auf den Bahnsteig hinabzuheben, klammert sie sich fest um seinen Hals und küßt ihn auf den Mund. Reinhard wehrt ab, so gut er kann.
REINHARD. Ich komme doch wieder, Trixi!
Es gelingt ihm gerade noch einzusteigen, als der Zug sich in Bewegung setzt. Trixi steht auf dem Bahnsteig wie eine verlassene Geliebte. Reinhard entgleitet ihrem Blick.

1021 Abbruch Villa Cerphal

Juan ist als einziger aus dem Freundeskreis nach Hermanns »Requiem« auf dem »Fuchsbau«-Gelände geblieben. Es ist Nacht geworden. Niemand kann wissen, daß Juan, der in der Baugrube steht und wehmütige südamerikanische Melodien auf der Quena spielt, auf seine Art endgültig Abschied von seinen Münchner Jahren nimmt.
Es beginnt zu regnen.

1022 Wasserburg, Wohnung Mutter Clarissa

Auch in Wasserburg, Clarissas Wohnort, geht ein hochsommerlicher Gewitterregen mit gewaltigen Wassermassen nieder. Die Reflexe der Wasserströme fluten in das Wohnzimmer, und es sieht aus, als flösse das Regenwasser über Wände und Decke. Clarissa ist aufgewacht. Sie fühlt sich, als wäre sie im Traum auf den Grund eines Sees geraten. Da bemerkt sie, daß sie tatsächlich in einem durchnäßten Bett liegt. Sie schlägt die Bettdecke zur Seite, um sich zu vergewissern. Sie wird immer wacher. Sie wankt aus dem Bett und sucht im dunklen Zimmer die Orientierung. Sie findet die Tür und läuft über den Gang zum Schlafzimmer ihrer Mutter. Sie schaltet das Licht an. Die Mutter wacht auf. Clarissa läuft unruhig vor dem Bett der Mutter umher. Die Mutter verfolgt sie mit den Blicken. Dann setzt sich Clarissa zu ihr ans Bett.
CLARISSA. Mutter, ich bin ganz naß. Mein Bett ist naß, irgendwie laufe ich aus. Gibt es das?

MUTTER CLARISSA. Hast du Wehen?

CLARISSA. Ich glaube, nicht. Manchmal zieht es so. Ich bin mit einem Schmerz aufgewacht.

MUTTER CLARISSA. Soll ich Doktor Kirchmayer rufen?

CLARISSA. Mutter, du mußt das doch kennen! Geht das jetzt los? Ist das die Fruchtblase, die geplatzt ist?

MUTTER CLARISSA. Bei mir war das anders.

Die Mutter beugt sich zu ihrem Nachttisch, auf dem der Wecker steht.

MUTTER CLARISSA. Drei Uhr. Das war zuviel für dich heute in München. Ich wollte nicht, daß du mitfährst.

Jetzt beginnt die Mutter sich anzukleiden. Das geschieht ziemlich umständlich, indem sie zuerst den Morgenrock überstreift, um dann darunter in Rock und Strümpfe zu schlüpfen, damit die Tochter sie nicht nackt sehen kann.

Clarissa ist immer noch unruhig. Sie versucht, sich über ihre Situation klarzuwerden.

CLARISSA. Ich habe überhaupt keine Beziehung zu diesem Kind. Ich schäme mich, daß ich keine Muttergefühle habe.

MUTTER CLARISSA. Das ändert sich, wenn du es siehst. Wenn es dich liebt und braucht, wirst du es auch lieben.

CLARISSA. Es ist fremd. Es will alles von mir und ist vollkommen fremd.

MUTTER CLARISSA. Ihr müßt euch kennenlernen.

CLARISSA. War ich dir auch so fremd?

MUTTER CLARISSA. Später, als du erwachsen warst, da bist du mir oft sehr fremd gewesen. Weißt du, man vergißt schnell, wie das mit den Kindern war.

Eine Wehe kommt. Sie krümmt sich auf dem Bett. Es dauert nur eine Minute, dann läßt der Schmerz wieder nach, dieser Schmerz, der Clarissa so neu ist. Sie versucht, die Mutter anzulächeln.

CLARISSA. Und Volker, ich liebe ihn nicht wirklich. Ich strenge mich an, weil er zärtlich ist und intelligent und geduldig. Ich will es ihm gleichtun. Er ist ein guter Musiker, manchmal fast genial – fast.

MUTTER CLARISSA. Ich mag ihn. Ich mache mir oft Sorgen um ihn. Er sieht schlecht aus, ist er krank?

CLARISSA. Er hat immer so ausgesehen.

Mit einem Frotteetuch, das sie aus dem Schrank geholt hat, beginnt die Mutter, Clarissas feuchte Beine abzutrocknen. Clarissa genießt es, so versorgt zu werden.

MUTTER CLARISSA. Es ist alles Bestimmung. Du kannst dir nicht aussuchen, mit wem du durchs Leben gehen wirst, die Kinder nicht, den Mann nicht, auch der Erfolg wird dir gegeben oder nicht.

CLARISSA. Aber warum arbeiten wir, warum verliebt man sich?

Die Mutter entzieht sich den Fragen, indem sie die eifrig Beschäftigte spielt.

MUTTER CLARISSA. Ich weiß es nicht, Clarissa.

CLARISSA. Das klingt alles so hoffnungslos.

MUTTER CLARISSA. Ich freue mich auf dein Kind. Ich helfe dir, es großzuziehen.

Das Gesicht der Mutter hat seinen liebevollsten Ausdruck angenommen. So kniet sie neben der Tochter nieder, sieht ihr aufmunternd in die Augen.

CLARISSA. Sag, Mutter, ich kann doch das Leben nicht einfach so hinnehmen!

MUTTER CLARISSA. Doch, das mußt du, und jetzt wirst du das Kind zur Welt bringen. Ich rufe ein Auto, dann fahren wir in die Klinik. Hör auf mit diesen Nachtgedanken. Das sind nur Nachtgedanken, Clarissa.

Clarissa weint.

1023 Venedig, Kanäle

Reinhard ist in Venedig angekommen. In einem Taxiboot fährt er durch das labyrinthische Kanalsystem. Er steht neben dem Bootsführer. Die Stadt wirkt wie eine verlassene Filmkulisse. Die Menschen dieser Stadt sind nur für einige Sekunden sichtbar, wenn gerade jemand über eine der zahllosen Brücken geht und so den Kanal überquert, während das Motorboot unten hindurchfährt.

Reinhard war noch niemals hier. Er kann nichts anderes tun, als schauen und staunen über soviel Schönheit.

Nach einer endlos erscheinenden Fahrt kommt er an der Pension an, in der er wohnen wird. Vom Wasser aus gelangt er durch einen kleinen Garten zum Eingang.

1024 Venedig, Pensionszimmer

Das Zimmer ist dunkel, nur ein schmaler Lichtspalt, der durch die Fensterläden fällt, erhellt Teile des Raums. Licht und Dunkelheit sind in diesem Zimmer radikal getrennt.
Reinhard läßt sein Reisegepäck zu Boden gleiten, dann geht er zum Fenster und stößt die Läden auf. Das Tageslicht ist so stechend, daß es ihn blendet und er den kleinen Platz unterhalb des Hotels kaum erkennen kann. Die venezianische Geräuschkulisse dringt herein: ein Gemisch von Tausenden von Schritten auf den Steinwegen, Stimmen und Gezänk von Menschen, die man nicht zu sehen bekommt. Man weiß nicht, woher alle diese Stimmen kommen.
Reinhard läßt sich im Mantel auf das Bett fallen. Er schließt die Augen.

1025 Traumbild

Trixi als Filmstar. Wie eine junge Königin kommt sie in silbernen Schuhen und weißem Märchenkleid eine hohe Marmortreppe herunter. Rechts und links von ihr alle ihre Verehrer, junge Männer, die vor ihr niederknien und ihr rote Rosen überreichen. Ein Spotlight verfolgt sie. Trixi lächelt angestrengt.
Am unteren Ende der Treppe wartet das Filmteam. Eine riesige Studiokamera wird vor ihr umhergefahren, und der Regisseur, erkennbar an der Lederjacke, klatscht ihr Beifall.
Ein Traumbild, das sich sofort wieder auflöst.

1026 Venedig, Gassen

Reinhard verläßt seine Pension. Er hat einen Stadtplan bei sich, der ihm aber kaum hilft, denn schon nach einem kurzen Stück Weg verliert der Fußgänger in Venedigs Gassen die Orientierung. Reinhard gelangt auf seiner Suche in Teile der Stadt, die kein Tourist kennt und in denen ihm niemand begegnet, den er nach dem Weg fragen könnte. Zweimal findet er sich nach langem Laufen an derselben Stelle wieder, an der er schon einmal gewesen ist. Sein einziger Begleiter ist sein Schatten, den die venezianische Sonne auf das Pflaster wirft.
Endlich kann er seinen Standort wieder auf der Karte identifizieren. Er

ist angekommen, ohne zu wissen, wie. Am Eingang des Palazzos findet er ein Messingschild mit der Aufschrift

STUDIO FOTOGRAFICO
GOLDBAUM ESTHER

Unter dem Schild gibt es einen bronzenen Löwenkopf, der einen Metallring im Maul hält. Ein Türklopfer? Reinhard bemerkt, daß die Tür aber nur angelehnt ist.

1027 Palazzo Esther

Er betritt einen winzigen Hof mit Statuen, Säulen und verdorrten Eukalyptusbäumen. Eine lange Marmortreppe schlingt sich über das Höfchen zum Obergeschoß. Dort oben scheint auch der Eingang zum Haus zu sein.

Auf der Treppe liegen zwei tote Katzen, vor denen Reinhard sich ekelt. Er macht einen Bogen um die Kadaver und kommt zu einer Glasveranda, die er zögernd betritt.

REINHARD. Permesso …

Niemand antwortet. Es scheint auch niemand im Haus zu sein. Dieser ehemalige Herrschaftspalast macht einen eher verwahrlosten Eindruck. Die Räume stehen voller alter Möbel, die nicht zusammenpassen. Zahllose kleine Dinge liegen herum, und in der Diele, die Reinhard jetzt betritt, hängen auf kreuz und quer verspannten Leinen mehrere zu Riesenformaten vergrößerte Fotos zum Trocknen. Die Fotos zeigen kranke Tiere, meist Katzen, aufgenommen in Venedig. Es ist ein sonderbarer Kontrast zwischen der Schönheit der in der Patina der Jahrhunderte verwelkenden Stadt und diesen armen Tieren.

Reinhard vernimmt ein Geräusch. Es klingt wie das Auswringen eines nassen Putzlappens. Jemand rührt in einem Wassergefäß.

Reinhard entdeckt eine junge Frau, die in einer flachen Wanne ein weiteres dieser Großfotos fixiert. Im seidenen Overall, mit Baskenmütze und Gummihandschuhen, kniet sie auf dem Rand der Wanne, um das Bild mit einem Schwamm zu bearbeiten. Da die Frau ihn nicht beachtet, macht Reinhard sich räuspernd bemerkbar.

REINHARD. Permesso, scusi, scusi, dove e la signora Cerphal de Monaco di Bavaria? Do you understand me?

ESTHER. Sie können ruhig deutsch reden, nein, die können Sie hier nicht treffen. Gehen Sie mal aus dem Licht!

REINHARD. Man hat mir gesagt, daß ich hier die Frau Cerphal aus München finden könnte, oder daß Sie mir vielleicht weiterhelfen können. Sind Sie die Nichte?

ESTHER. Nichte? Wer hat Nichte gesagt?

REINHARD. Um Himmels willen, das habe ich mir so zusammengereimt! Aber sind Sie Esther Goldbaum?

ESTHER. Richtig. Jetzt brauche ich Platz!

Esther hebt das triefende Foto mit beiden Händen aus der Wanne heraus, läßt es kurz abtropfen, dann trägt sie es in ein benachbartes Badezimmer, wo sie das Bild an die gekachelte Wand klatscht, um es mit der Handdusche zu wässern.

Reinhard geht inzwischen in der Wohndiele umher. Er betrachtet noch einmal die Bilder, die hier auf der Wäscheleine hängen.

REINHARD. Sie sehen irgendwie medizinisch aus, Ihre Bilder. Medizinische Fallstudien über kranke Katzen.

ESTHER. In Venedig!

REINHARD. Alle in Venedig!

ESTHER. Schockiert?

Reinhard betritt das Bad, aus dem er Esthers Stimme vernommen hat. Er sieht ihr zu, wie sie ein neues Katzenfoto duscht.

ESTHER. Wie heißen Sie?

REINHARD. Ich heiße Reinhard Dörr, ich bin Filmautor aus München, das heißt, ich lebe in München. Ich schreibe ein Drehbuch über eine Münchner Geschichte, eine Verlegerfamilie, eine Erbin ...

Esther ist nun fertig mit dem Wässern des Bildes. Sie nimmt es von der Kachelwand wieder ab und trägt es zu den Wäscheleinen.

ESTHER. Halten Sie mal!

REINHARD ... mehrere Erben, eigentlich über ein Haus. Ich recherchiere noch.

Er muß ihr nun helfen, das Foto zum Trocknen aufzuhängen. Während er das tut, erzählt er ihr seine Geschichte.

ESTHER. Wer sagt, daß Tante Cerphal hier bei mir sein soll? Wollte sie hierherkommen?

REINHARD. Das frage ich Sie.

ESTHER. Keine Ahnung!

Als das Bild in seiner ganzen Größe nun dahängt, versinkt Esther in die Betrachtung ihres Werkes. Sie ist unzufrieden. Reinhard spürt, daß sie sich nun nicht mehr so für ihn interessiert wie vorher. Er holt seinen Mantel, um sich zu verabschieden.

REINHARD. Ich bin länger hier. Darf ich noch mal nachfragen?

Esther läßt ihn aber nicht ohne weiteres gehen.

ESTHER. Was für ein Film, ein Kinofilm?

REINHARD. Ja, hoffentlich. Und das wird eine Ausstellung? Venedig aus der Katzenperspektive ...

Sie geht voraus, um Reinhard eine Tür zu öffnen, die auf der Rückseite des Hauses direkt zur Straße hinabführt.

ESTHER. Ja ja, so ähnlich! Fragen Sie in ein paar Tagen wieder. Kommen Sie!

Nachdem Reinhard gegangen ist, bleibt sie nachdenklich hinter der verschlossenen Tür stehen.

1028 Venedig, Gassen, Hotelzimmer

Wieder steht Reinhard in dem verwirrenden Labyrinth von Gassen, Kanälen und Brücken. Als er endlich seine Pension wiedergefunden hat, ist er todmüde. Er legt sich aufs Bett, sein Kopf ist voller Bilder.

Seine Schreibmaschine hat er so auf den Nachttisch gestellt, daß er sich nur aufzurichten braucht, um seine Gedanken zu Papier zu bringen.

Reinhard raucht.

Die harten Anschläge seiner Schreibmaschine füllen das Zimmer, das Haus, die benachbarten Gassen.

Seine Gedanken rekonstruieren die Eindrücke des Tages. Er beschreibt die Bilder, die er gesehen hat, die Kanäle, die Irrfahrten, Esthers Haus.

In dem Drehbuch, das er nun zu schreiben beginnt, ist sein eigenes Leben die Geschichte. Er kann noch nicht wissen, wie die Geschichte ausgeht, er versucht, in seinem Leben mit dem Schreiben Schritt zu halten.

1029 Palazzo Esther und Gassen

Dieses Mal nähert sich Reinhard von der Rückseite dem Haus, in dem die Fotografin lebt. Als er die Stufen einer Brücke hinaufgeht, sieht er Esther oben auf dem Balkon stehen. Sie trägt einen merkwürdig flachen Hut, der zwar zu ihrem eleganten Kleid paßt, aber auf ihrem Kopf wie eine Verkleidung wirkt. Sie hält ein Champagnerglas in der Hand.

Reinhard winkt ihr zu.

ESTHER. Ciao! Kommen Sie rauf?

Reinhard betritt die Wohnetage über dieselbe Außentreppe, die er beim ersten Besuch benutzt hat. Esther empfängt ihn sehr herzlich.

ESTHER. Na, haben Sie Venedig gesehen?

REINHARD. Ja. Ich habe nachgedacht und geschrieben.

ESTHER. Ich hab was für Sie.

Im vorderen Salon, der zur Diele hin mit Glastüren abgetrennt ist, stehen zwei Herren, die über Esthers Bilder diskutieren. Esther gibt Reinhard zu verstehen, daß es sich um Galeristen handelt, deretwegen sie heute diese Verkleidung inszeniert. Sie führt ihn an den grüßenden Männern vorbei in ihr Privatgemach.

Sie überreicht Reinhard einen Brief.

ESTHER. Von Tante Cerphal. Sie können ihn lesen. Aus Peru, abgeschickt vor sechs Wochen. So lange war der unterwegs.

REINHARD. Peru? Da kann ich ja noch lange hier warten!

ESTHER. Lesen Sie sich das mal durch. Und hinterher wollte sie noch nach Biarritz oder so, und dann ...

Es scheint, daß die Herren draußen sich verabschieden wollen. Esther entschuldigt sich und läßt den Besucher aus München einstweilen mit dem Brief allein.

Das Zimmer, in dem Reinhard sich befindet, dient offensichtlich auch als Schlafraum, denn es gibt hier neben vielen anderen venezianischen Möbeln ein romantisches Bett mit einem verzierten Messinggestell. An den Wänden hängen einige von Esthers früheren Fotos: alles Bilder von eher abstraktem Inhalt, mit Schwarzweiß-Strukturen, Elementen von Landschaft und Natur. Reinhard setzt sich auf einen Hocker und vertieft sich in den Brief.

Da erscheint Esther in der Türöffnung. Sie beobachtet den mit der Lektüre beschäftigten Reinhard.

ESTHER. Wie geht's?

REINHARD. Nicht so gut. Ich muß aus meinem Zimmer ausziehen. Die stört meine Schreibmaschine. Außerdem, die sind ja wahnsinnig teuer hier. Die Venezianer haben irgendwie ihre eigene Inflation, hängen an alles noch eine Null dran.

Nun sind die Galeristen endgültig zum Aufbruch bereit. Esther läßt Reinhard wieder allein. Bald sieht er, wie sie ihre Besucher zur Hintertür führt und mit ihnen temperamentvoll über eine Ausstellung debattiert, die sie gern in Venedig mit ihren Bildern veranstalten möchte. Die

Galeristen wollen aber die Bilder lieber in Mailand zeigen. Esther ist froh, als sie die Tür hinter den beiden schließen kann.
Jetzt kann sie auch den albernen Modehut abnehmen. Sie ist nun wieder privat, als sie zu Reinhard zurückkehrt.
Er liest noch immer Cerphals Brief. Er spürt aber, daß Esther ihn ansieht. Noch einmal läßt sie ihn allein. Sie geht zu dem Zimmer, in dem sie die Galeristen vorher empfangen hat. In der Glastür bleibt sie stehen und denkt nach. Hin und wieder hält sie nach Reinhard Ausschau.
Reinhard schaut auf. Sie vermeidet, seinem Blick mit ihren Augen zu begegnen.
ESTHER. Kommen Sie mal?
Reinhard folgt der Aufforderung zögernd. Den Brief nimmt er mit. So betritt er mit Esther zusammen den kleinen Salon.
ESTHER. Hier können Sie schreiben.
REINHARD. Sie meinen, daß ich hier...
ESTHER ... kostet nichts, stört keinen. Das Haus ist zu groß für mich.
Reinhard kann das Angebot erst einmal nicht fassen. Er geht in dem taghellen Salon umher, betrachtet alles, den Tisch, die Stühle, die schmale Liege an der Wand, die hohen Fenster mit der kunstvollen Bleiverglasung.
REINHARD. Schönes Licht, Nachmittagssonne! Morgens fällt mir sowieso nichts ein.
ESTHER. Nehmen Sie es an. Holen Sie Ihr Gepäck, und machen Sie sich's, wie Sie's brauchen. Dann müssen Sie auch nicht immer nachfragen kommen.
REINHARD. Danke!
Er bemerkt, daß er immer noch den Brief in der Hand hält. Er gibt ihn Esther zurück.
REINHARD. Sie kommt also mit Herrn Gattinger her?
ESTHER. Mein Vater.
REINHARD. Gattinger, dieser alte...
ESTHER ... Nazi! Sagen Sie's ruhig.
REINHARD. Entschuldigen Sie, das wollte ich nicht! Ich habe das nicht gewußt. Geahnt, ja, aber...
ESTHER. Das können Sie in Ihrem Drehbuch verarbeiten.
Reinhard ist sprachlos. Er schaut zum Fenster hinaus. Ist das immer noch dasselbe Venedig?
Esther beugt sich über die Liege, auf der Reinhard nun schlafen soll. Ein kleines Foto hängt dort an die Wand gepinnt. Sie nimmt es an sich.

Sie kehrt in ihr Zimmer zurück. Sie legt das Foto auf einen Tisch und setzt sich davor. Es ist ein Bild von ihrer Mutter, das einzige, das sie besitzt.

1031 Isarfilm, Schneideraum

Trixi hilft ihrer Schwester Dagmar bei den Schneidearbeiten an Reinhards Mexiko-Film. Während Dagmar sich mit Hermann den Rohschnitt am Schneidetisch ansieht, um die Filmmusik vorzubereiten, muß Trixi »Muster numerieren«, eine stupide Arbeit, bei der sie mit weißer Tusche fortlaufende Zahlen in immer gleichen Abständen auf den Filmrand zu schreiben hat. Ihre Gedanken sind nicht bei dieser Arbeit. Trixi weint. Auf die Fragen Dagmars gibt sie keine Antwort, auch nicht, als die große Schwester mit mütterlicher Überlegenheit zu ihr kommt und sie zu trösten versucht.

DAGMAR. Komm, mir kannst du es doch sagen. Liebeskummer?

TRIXI. Laß mich in Ruhe!

DAGMAR. Ich durchblicke dich bis auf den Grund deiner schwarzen Seele. Was haben wir da: ah, die gescheiterte Hollywood-Karriere.

TRIXI. Blöde Kuh!

DAGMAR. Jetzt heulst du wenigstens nicht mehr.

TRIXI. Eines Tages wirst du so dasitzen, und dann wird dir deine Blödheit bewußt!

Hermann, dem die Szene peinlich ist, hat sich intensiv in den Film vertieft. Mit einer Stoppuhr bestimmt er seine Musiklängen und starrt auf den kleinen Bildschirm. Als Dagmar zu ihm zurückkommt, ist sein Konzept schon umrissen.

HERMANN. Also, das habe ich jetzt, 75 Sekunden »musique concrète«.

DAGMAR. Und wie klingt das?

Hermann kommt nicht dazu, Dagmar seine Musikideen zu erklären, denn Olga tritt ganz unerwartet ein. Sie hält den beiden eine Postkarte vor die Nase.

OLGA. Schaut mal, was ich hier habe!

DAGMAR. Das ist Venedig!

OLGA. »Ponte dei Sospiri ...«

HERMANN. »Seufzer«, das ist gut!

OLGA. Reinhard hat mir geschrieben.

DAGMAR. Er ist in Venedig!

OLGA *(liest die Postkarte vor). »Liebe Olga, ich verfolge hier den Schatten einer Kinofigur.«* Ich verstehe das nicht ganz. *»Ich erfahre immer mehr von ihr, indem ich schreibe. Was hast Du im nächsten Frühjahr vor? Ich habe eine schöne Rolle für Dich.«*

Diesen entscheidenden letzten Satz aus Reinhards Karte lesen Dagmar und Hermann mit Olga gemeinsam im Chor. Hermann gratuliert Olga spontan.

Trixi hält nebenan in ihrer Arbeit inne. Auch sie hat gehört, was Reinhard vorhat.

OLGA. *»Herzliche Grüße aus der Stadt der Träumer und der Räuber, Reinhard.«*

In diesem Augenblick bricht für Trixi eine ganze Welt voller Träume und Hoffnungen zusammen. Sie erhebt sich. Sie streift ihre Arbeitshandschuhe ab, ergreift das Glas mit der weißen Tusche und geht entschlossen auf ihre große Schwester los. Im Vorbeigehen schleudert sie die Tusche auf die Kleider von Olga und Dagmar. Dann knallt sie die Tür zu und ist verschwunden.

Dagmar, Olga und Hermann sind perplex.

Die Postkarte mit der Seufzerbrücke darauf liegt am Boden, mit weißer Tusche übergossen.

1032 Venedig, Gassen, Palazzo Esther

Das Nachmittagslicht ist fahler als in der ersten Zeit, die Reinhard in Venedig verbrachte. Über den Kanälen macht sich der nahende Herbst schon bemerkbar.
Der Palazzo, in dem Esther wohnt, wirkt verlassen, nur Reinhards Schreibmaschine ist bis auf die Gasse hinab zu hören.

1033 Palazzo Esther

Esther hat begonnen, Reinhard bei der Arbeit zu fotografieren. Sie will, daß er sich beim Schreiben nicht unterbrechen läßt, dennoch kommandiert sie ihn herum und verlangt von ihm, daß er die Positionen einnimmt, die ihr gefallen.
ESTHER *(off)*. Weiterschreiben! Schreiben Sie weiter! Können Sie mal aufstehen?
Reinhard ist wie ein gutwilliger Zirkusbär. Er steht bereitwillig auf, er wartet darauf, daß Esther ihm sagt, was er nun tun soll.
ESTHER. An die Wand da!
REINHARD. Ja.
ESTHER. Ziehen Sie mal Ihr Hemd aus!
Reinhard hat nur ein weißes Unterhemd an, das er nun hochstreifen muß. Seine breite Brust wird entblößt. Esther schießt ein paar Fotos, während er sich noch einmal unsicher umsieht und die kleine nervöse Frau verfolgt, die mit der Zigarette im Mundwinkel arbeitet.
ESTHER. Umdrehen.
REINHARD. Was wollen Sie denn sehen?
ESTHER. Alles! Ich fotografiere sonst keine Menschen. Das ist neu für mich. Und jetzt zum Fenster!
Esther läßt Reinhard mit weit nach oben gestreckten Armen ans Fenster treten. Sie spreizt ihm seine Finger, so daß es weh tut. Dann fotografiert sie ihn von hinten. Und noch einmal von vorn. Ihre Aufnahmen sind alle aus nächster Nähe geschossen, so daß sie eigentlich nur Details seines Körpers abbilden kann.
Sie steigert sich in die Macht, die sie allmählich über Reinhard gewinnt. Sie ist grob mit ihm, sie schubst ihn herum, sie läßt ihn wie ein Tier über den Boden kriechen.
ESTHER. Hatten Sie nicht mal die Amöbenruhr?

REINHARD. Ja, das waren saumäßige Schmerzen.

ESTHER. Wo tut das weh? Im Bauch?

Reinhard muß ihr zeigen, wo die Schmerzen gewesen sind. Sie verlangt, daß er seinen Bauch anfaßt, sie treibt ihn in die Erinnerung an die Schmerzen. Sie schreit ihn an, während sie die Kamera auslöst.

ESTHER. Als ob Ihnen die Eingeweide herausgerissen werden!

Immer wieder muß Reinhard den Schmerz vor ihr fühlen, muß auf allen vieren kriechen und sich an den nackten Bauch fassen. Schließlich drückt sie ihm die Knie in den Nacken, daß er aufschreit. Dann verlangt sie von ihm, daß er seine Hose auszieht.

REINHARD. Dafür werde ich mich aber rächen. Sie müssen mir alles von sich erzählen, alles, was Sie erlebt haben.

ESTHER. O. k.

REINHARD. Ich will Ihr ganzes Leben wissen.

ESTHER. Auf den Bauch!

Reinhard muß sich auf die Liege legen. Sie sieht, daß er seine Unterhose anbehalten hat. Sie reißt ihm dieses letzte Stück Schamhaftigkeit vom Leib. Dann fotografiert sie ihn von der Seite, von oben und von vorn.

REINHARD. Auf was habe ich mich da eingelassen! Wie viele noch?

ESTHER. Nicht mehr viele. Umdrehen!

Er liegt auf dem Rücken, sie kniet auf seiner Brust. Sie fotografiert sein

schmerzverzerrtes Gesicht. Sie vergißt, mit ihm zu sprechen, ehe sie ihn quält.

REINHARD. Das tut weh!

ESTHER. Und jetzt den Mund auf! So ist es gut.

Sie fotografiert seinen aufgerissenen Mund. Sie greift mit den Fingern zwischen seine Zähne, sie hat alle seine Intimschranken durchbrochen, er ist ihr Opfer. Sie schießt die letzten Fotos, dann läßt sie sich auf ihn fallen und küßt ihn bis zur Erschöpfung.

1034 Kanal in Venedig

Das Wasser im Kanal steht so ruhig, daß es ungewiß ist, ob es an der Oberfläche gefroren ist oder ob sich nur eine zähe Schicht von Schleim und Fäkalien darauf ausgebreitet hat. Von einer der Brücken fällt ein steter Wassertropfen, der in der Oberfläche verschwindet, ohne Wellen zu erzeugen.

Die Sonne spiegelt sich auf den Metallteilen der abgestellten Boote am Kanalrand. Über die Brücke gehen zwei Menschen, lautlos. Venedig ist Reinhards Schicksal geworden.

1035 Wasserburg, Aussichtspunkt

Am Wachstum der Kinder können wir das unbegreifliche Fortschreiten der Zeit am besten feststellen. Clarissas Kind ist schon über einen Monat alt. Die junge Mutter freut sich über ihre wiedergewonnene Beweglichkeit. Sie macht Purzelbäume vor Freude, genießt den schlanken Körper und läuft durch das Waldgelände.

Volker schiebt den Kinderwagen. Er ist stolz, Vater zu sein. An dem berühmten Aussichtspunkt, den Clarissa in ihren schweren Zeiten so gern aufgesucht hat, um Abstand zu sich und ihren Problemen zu suchen, finden sich die beiden Eltern wieder. Unter ihnen die Schleife des Inns mit der alten kleinen Stadt Wasserburg.

CLARISSA. Schläft er?

Volker murmelt eine unverständliche Antwort vor sich hin. Er ist immer wieder in Sorge um Clarissa. Ihre Stimmungen können plötzlich umschlagen und sich gegen ihn wenden. Das Kind schläft.

CLARISSA. Ich möchte verreisen. Am liebsten bis nach Australien.

VOLKER. Und unser Arnoldchen?

Volker tut das, was sonst meist die Frauen tun, um ihre Partner an sich zu binden: Er nimmt Clarissa in die moralische Pflicht wegen des Kindes.

Sie setzt sich zu ihm auf eine Bank. Das Baby öffnet die Augen und schaut seine beiden Eltern an.

CLARISSA. Er schaut mich immer so vorwurfsvoll an.

VOLKER. Das bildest du dir ein.

CLARISSA. Er hat immer Hunger. Ich bin ihm nicht genug. Ich denke, er ist nie satt!

VOLKER. Er hat aber zugenommen.

CLARISSA. Meinst du?

VOLKER. Ja. Er hat ganz runde Bäckchen bekommen. Schau ihn dir doch an!

Sie beugt sich über das Kind. Sie versucht, dem Kleinen in die Augen zu schauen und zwingt sich, ihn anzulächeln.

CLARISSA. Wir müssen uns noch kennenlernen, Arnold.

1036 Palazzo Esther, Esthers Zimmer

Der Halbmond steht am Nachthimmel.

Reinhard und Esther liegen zärtlich ineinanderverknotet auf dem romantischen Bett in Esthers Zimmer. Er spielt mit ihrem Fuß, während er seine Phantasie durch die Geschichte seines Drehbuchs bewegt.

REINHARD. Du warst neun, als sie deine schöne Mutter in Dachau umgebracht haben. Da hattest du nur noch dieses Foto, die schöne Jüdin auf dem einzigen Foto, das du hattest. Abends, wenn du im Bett lagst, da hing dieses Bild ganz dicht neben dir an der Wand. In diesem Zimmer, im Haus von der Tante im Tessin, in der Schweiz, wo du Heimweh hattest und nicht schlafen konntest. Morgens fragtest du die Tante, wann denn deine Mutter wiederkommt, um dich endlich abzuholen, aber jahrelang keine Antwort, die du glauben konntest, denn du warst ja viel zu klein, um zu verstehen, was Krieg ist, und daß sie deine Mutter verraten hatten und nach Dachau gebracht. Das konnte ja nicht mal die Schweizer Tante verstehen. Eines Tages hieß es dann, der Krieg sei jetzt vorbei, aber für dich hatte sich nichts verändert. Krieg, das war ein Wort. Deine Mutter wurde immer ferner für dich, war am Ende nur noch ein Foto, ein Stück Papier, an

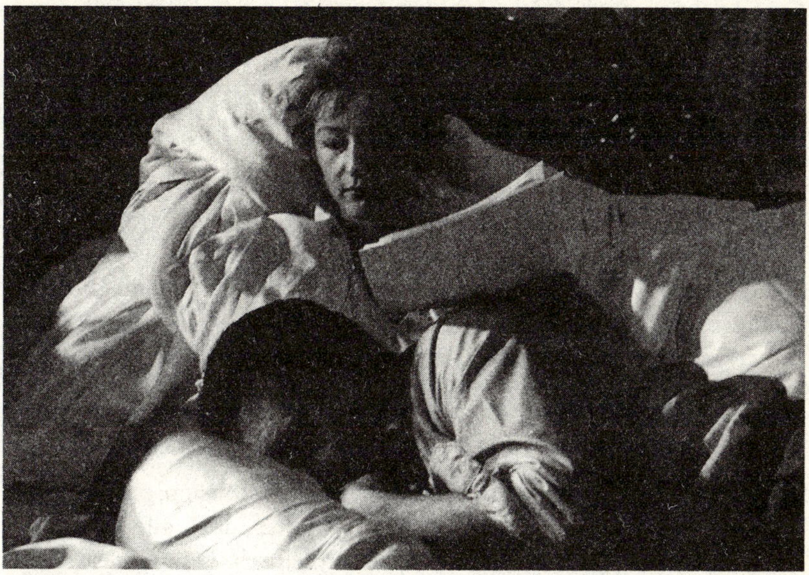

dem du gerochen hast, an dem du geleckt hast, um irgend etwas von deiner Mutter zu spüren. Aber sie blieb ein Stück Papier. Vielleicht hast du wegen dieses Fotos angefangen zu fotografieren.

Esther, die ein paar von Reinhards Manuskriptseiten in der Hand hält, hört aufmerksam zu. Je weiter seine Erzählung voranschreitet, desto ungeduldiger wird sie. Schließlich schlägt sie ihm scherzhaft die Drehbuchseiten auf die Wange.

ESTHER. Du hast schon angefangen, mich zu verfälschen.

REINHARD. Nein, ich erzähle dir deine Geschichte.

ESTHER. Viel zu romantisch, viel zu deutsch!

REINHARD. Aber sehr schön!

Esther macht aus den Manuskriptseiten ein Rohr, durch das sie leise in Reinhards Ohr zu sprechen beginnt.

ESTHER. Ich spüre es genau, seit du hier bist. Du bist so erschrocken, wenn eine Frau dir nahekommt.

Reinhard hört sich diese Worte mit wohligem Lächeln an. Er liegt in ihrem Schoß und hält sein Gesicht von ihr abgewendet. Er schweigt. Esther rollt das Manuskript wieder auseinander. Sie liest nach, was er dort als Antwort anbietet.

ESTHER *(liest)*. »Alexander gibt keine Antwort. Er sieht zum Fenster hinaus und betrachtet den Halbmond, der über Venedig steht.«

Es steht wirklich ein riesiger Halbmond über dem Kanal vor Esthers Fenster. Die leicht bewegten Wellen reflektieren das Mondlicht auf die umgebenden Fassaden.

ESTHER. Hast du eine Frau in München?

REINHARD. Nein.

ESTHER. Weißt du, du mußt keine Angst haben vor mir. Es ist nur so ein merkwürdiger Gedanke, daß ich dir mein Leben schenke, als Stoff für ein Drehbuch. Ich schenke dir doch mein Leben!

Esther und Reinhard haben sich geliebt. Verschwitzt und glücklich zündet er sich nun eine Zigarette an.

Esther vergewissert sich, daß der Mond noch immer zu sehen ist. Er schwimmt jetzt, so als wäre er vom Himmel abgestürzt, draußen im Kanalwasser.

Reinhard zieht sich den Mantel über den nackten Körper.

REINHARD. Weißt du, was mich beim Schreiben wahnsinnig macht? Das ist, daß kein Gefühl eindeutig ist. Du müßtest doch alle Deutschen hassen. Aber du denkst und du sprichst deutsch. Du müßtest Herrn Gattinger hassen, der dich gezeugt und der dann deine Mutter verraten hat, um seine Nazikarriere nicht zu gefährden. Aber du nennst ihn Vater.

ESTHER. Er hat mich auf die Akademie in Florenz gebracht.

REINHARD. Er hat dich um dein Vermögen gebracht, wie der ganze Cerphal-Clan. Aber du liebst ihn. Liebst du ihn?

Da Esther nicht antwortet, faßt Reinhard sie an der Schulter, um sie zu sich heranzuziehen. Sie fällt rücklings ins Bett und verschüttet dabei das Glas mit dem Wein, das sie in der Hand gehalten hat. Reinhard erschrickt, denn Esthers Gesicht ist tränenüberströmt.

ESTHER. Liebst du ihn, liebst du ihn, natürlich liebe ich ihn! Reinhard, was willst du aus mir machen? Ich bin kein Zwitterwesen, keine Nazijüdin! Schreibe so was nicht! Das ist Kitsch und Übertreibung! Ich bin ich, bin ich, bin ich! Los, leg dich noch mal hierher und höre ganz genau hin. Was hörst du? Was hörst du?

Sie packt Reinhards Kopf und preßt ihn fest auf ihren Bauch. Sie verlangt von ihm, daß er genau in sie hineinhört. Sie nimmt ihren Satz wörtlich. Er gerät in Not, er bekommt keine Luft mehr in ihrer Umklammerung. Schließlich gelingt es ihm, sich loszureißen. Er flieht auf einen Stuhl in der Ecke des Zimmers.

REINHARD. Da brauche ich aber noch Wochen, bis ich die Geschichte zusammenkriege!

ESTHER. Du kriegst das Zimmer ganz oben im Haus, von meinem Ex-Mann. Da bist du ganz allein. Keiner stört keinen, o. k.?

Mit dem vom Wein durchnäßten Nachthemd und dem vom Kampf mit Reinhard und den Tränen gezeichneten Gesicht sitzt Esther da wie eine Schicksalsgöttin. Reinhard sieht sie an. Er liebt sie.

Esther findet das angefeuchtete Manuskript, das immer noch auf ihrem Bett herumliegt. Sie liest da weiter, wo die Geschichte vor ihrer Liebesumarmung geendet hatte.

ESTHER *(liest)*. »Alexander dreht sich auf den Rücken, sieht wieder in Richtung Mondstrahl und sagt ...«

REINHARD.

»... Der Halbmond glänzet am Himmel
und es ist neblicht und kalt.
Gegrüßt seist du, Halber dort oben,
wie du bin ich einer der halb.«
Kennst du das Gedicht von Grillparzer?

ESTHER *(liest)*. »Esther schüttelt den Kopf.«

Sie tut das, was in Reinhards Drehbuch steht, und schüttelt den Kopf.

REINHARD.

»... Halb gut und halb übel geboren,
und dürftig in beider Gestalt.
Mein Gutes ohne Würde,
das Böse ohne Gewalt.«

Sie kennt das Grillparzer-Gedicht nicht und liest es gleichzeitig mit Reinhard im Buch mit. Dann läßt sie die Blätter sinken. Auch sie fühlt jetzt, wie sehr sie diesen Mann liebt.

Sie steht langsam auf und pirscht sich an Reinhard heran. Dabei tut sie, als ob auch das in seinem Drehbuch vorgeschrieben sei.

ESTHER. »Esther richtet sich auf und pirscht sich an Reinhard heran, setzt sich auf seinen Schoß und flüstert ihm tröstend ins Ohr: ›Der Mond nimmt zu!‹«

Reinhard trägt Esther wie ein Kind durchs Zimmer. Er steigt mit ihr mitten in das Bett, um besser aus dem Fenster schauen zu können.

REINHARD. Nimmt er wirklich zu?

ESTHER. Ja, wenn er die Rundung rechts hat, nimmt er zu.

REINHARD. Da haben wir aber Glück gehabt.

Jetzt steht der Halbmond wieder schön und klar über dem Kanal.

1037 Palazzo Esther, Reinhards Zimmer

Reinhard, von all diesen Erlebnissen inspiriert, stürzt sich wieder in seine Arbeit. Bald ist das Zimmer, das Esther ihm zur Verfügung gestellt hat, erfüllt von den Anschlaggeräuschen der Reiseschreibmaschine und dem Qualm der vielen Zigaretten, die Reinhard bei der Drehbucharbeit raucht. Die Manuskriptseiten häufen sich auf dem kleinen Arbeitstisch.

1038 Venedig, Kanäle und Gassen

Spät in der Nacht läuft Reinhard noch durch die menschenleere Stadt, um sich die Füße zu vertreten. Er ist noch ganz in seinen Gedanken, als ihn ein Blitzlicht, das in Kanal und Fassaden widerscheint, aufschreckt. Er hört Geräusche, die aus dem düsteren Bereich zwischen zwei Brükken, Hausecken und einer Kanalkreuzung kommen. Reinhard geht den Geräuschen nach. Da trifft ihn wieder einer dieser Lichtblitze.
Er entdeckt Esther, die mit ihrer Kamera in einem alten Holzboot herumklettert und den Ratten auflauert, die hier leben. Jedesmal, wenn einer ihrer Blitze erstrahlt, rennen die scheuen Tiere weg und verschwinden in den geheimnisvollen Hohlräumen unter Venedigs Fundament.
Reinhard sieht, daß die Freundin ein ebenso leidenschaftlicher Nachtarbeiter ist wie er.

1039 Palazzo Esther

Eines grauen, unwirtlichen Tages kommt eine Gondel den Kanal herunter, in der Elisabeth Cerphal mitsamt Herrn Gattinger sitzt. Die Cerphal ist ganz in weißen Loden gekleidet. Sie trägt einen riesigen südamerikanischen Strohhut und hat eine ganze Serie von Koffern bei sich. Plötzlich kennt sie sich aus, sie sieht zu dem Balkon des Palazzos hinauf, als ob man sie dort erwarten müßte, und fängt an, laut zu schreien. Sie wirft ihre spärlichen italienischen Vokabeln durch die Stille des Nachmittags.
FRÄULEIN CERPHAL. Ferma, signore, quiquiqui...
Der Gondoliere legt vor dem Palazzo an und kassiert bei Gattinger den Fahrpreis. Dann kauft Gattinger noch einen großen Blumenstrauß unterhalb der Brücke, ein Geschenk für seine Tochter.

Die größte Sorge, die Gattinger nach der Ankunft in Esthers Haus hat, ist die, daß irgendeins der zahlreichen Gepäckstücke abhanden gekommen sein könnte. Während die Cerphal sich erschöpft auf einen von Esthers Sesseln fallen läßt und sich die geschwollenen Füße massiert, sortiert Gattinger die Koffer auf dem Dielenboden.

GATTINGER. Sei ganz ruhig, Elisabeth, wir haben alles.

Jetzt bestaunt er Esthers Bilder, die an der Wand hängen. Er tut, als hätte er ihr fotografisches Schaffen verfolgt und könnte hier ihren künstlerischen Fortschritt erkennen. Esther nimmt von ihren Gästen so wenig Notiz wie möglich. Sie arbeitet seelenruhig in ihrem Fotolabor, das direkt an die Diele angrenzt. Da fällt Gattinger ein, daß er ja noch den Blumenstrauß da liegen hat. Er nimmt ihn vom Boden auf und überreicht ihn mit großartiger Geste seiner Tochter.

GATTINGER. Esther, das ist für dich!

ESTHER. Oh, grazie!

Esther läßt die Blumen einfach auf den Arbeitstisch fallen und setzt ihre Arbeit mit der Trockenpresse fort.

Gattinger beugt sich jetzt vertraulich über sie, um ihr Neuigkeiten über Fräulein Cerphal ins Ohr zu flüstern.

GATTINGER. Sie hat ihr ganzes Geld verloren. Jetzt ist sie bettelarm. Weißt du das schon, mein Kind? Ich habe versucht, sie vor der Beteiligung zu warnen. Ein völlig obskures Projekt, in das sie da geraten ist. Irgendwelche Franzosen, die in den Bergen ein Kulturinstitut errichten wollten! Die Sache war von vornherein zum Scheitern verurteilt. Aber sie hat zwei Millionen investiert!

FRÄULEIN CERPHAL. Demark!

Natürlich hat die Cerphal alles mitgehört. Sie will, daß man ihren Schaden auch würdigt. Gattinger spricht mit Heuchlermiene weiter.

GATTINGER. Jetzt sind sie weg!

Gattinger hat offensichtlich ein schlechtes Gewissen vor der Cerphal, denn er geht nun zu ihrem Sessel und tut, als wolle er sie trösten.

GATTINGER. Wie geht es dir, Elisabeth?

FRÄULEIN CERPHAL. Rede doch nicht so scheinheilig! Du hast mir das eingebrockt. Ich hätte nie auf dich hören sollen. Aber mein Vater hat mich ja schon vor dir gewarnt. Weißt du, was er gesagt hat? Dieser Gattinger, das ist ein ungedeckter Wechsel, wie das ganze Dritte Reich! Du hast nichts dazugelernt, Gerold!

Wie ein gemaßregelter Schuljunge kommt Gattinger nun zu Esther zurück. Bei ihr versucht er sich herauszureden.

GATTINGER. Das ist überhaupt nicht wahr! Ich habe sie davor gewarnt. Da kam so eine Art Künstler, und da war sie natürlich voll in ihrem Element.

Esther bemerkt, daß Reinhard die Wohnung betritt. Er kommt mit Einkäufen bepackt durch den Hintereingang, zu dem er den Schlüssel hat.

Esther eilt ihm entgegen.

ESTHER. Mein Vater ist da – mit der alten Cerphal. Komm rein.

Gattinger tritt nun Reinhard in den Weg, sieht ihn erstaunt an.

GATTINGER. Sagen Sie mal, wir kennen uns doch, aus München. Na so was! Ihr Name, wie war der noch mal?

REINHARD. Dörr.

GATTINGER. Ja, Elisabeth, schau doch, wen wir da haben!

Noch ehe sich die Cerphal mit Reinhard befassen kann, mischt Esther sich ein.

ESTHER. Reinhard wohnt bei mir, wir arbeiten zusammen!

Die Cerphal bekommt einen weinerlichen Anfall von Selbstmitleid. Sie steigert sich derart in ihre defensiven Argumente, daß sie am Ende tatsächlich als Häuflein Elend dasitzt.

FRÄULEIN CERPHAL. Also, ich habe genug getan, ein für allemal genug! Ihr Künstler seid Blutsauger, richtige Vampire!

GATTINGER. Elisabeth, bitte!

FRÄULEIN CERPHAL. Jahrelang haben die bei mir in München gehaust und mich geschröpft. Sind Sie auch hinter mir her?

REINHARD. Ich will ein Drehbuch schreiben, über Esther und Ihr Haus.

FRÄULEIN CERPHAL. Alle sind sie immer nur hinter meinem Geld her. Geld, Geld, das ist widerlich. Seht mich an: In einem Jahr bin ich um zwanzig Jahre gealtert. Das ist widerlich!

Weinend windet sich die Cerphal in ihrem Sessel. Esther gibt Reinhard, der immer noch seine Einkaufstüten in Händen hält, ein Zeichen, sich mit ihr in sein Arbeitszimmer zurückzuziehen.

Nachdem die beiden die Glastüren geschlossen haben, dreht Esther von innen den Schlüssel um. Sie hängt ihre Baskenmütze über die Türklinke, damit niemand durch das Schlüsselloch hereinsehen kann.

Dann verkriecht sie sich in der Couchecke, wo Reinhard ihr seine Einkäufe vorführt. Er zeigt einen von zwei Fischen, die er mitgebracht hat.

REINHARD. Der sollte eigentlich Gulasch werden. Aber er will nicht.

ESTHER. Vielleicht will der andere. Willst du?

Esther nimmt den zweiten Fisch in die Hand. Sie sieht ihm in das tote Maul. Der Fisch gibt keine Antwort. Sie ist ganz kleinlaut, seit ihr Münchner Vater hier aufgetaucht ist. Vor Reinhard versucht sie aber, Unbefangenheit zu spielen. Sie stellt sich eine Klopapierrolle, die Reinhard eingekauft hat, auf den Kopf, und lächelt verkrampft.

ESTHER. Das war also mein Vater!

REINHARD. Mein Vater war deutscher Jagdflieger. Er hat geholfen, Guernica zu bombardieren. Dafür hat er 1936 ein »Spiegelei« bekommen. Hat er hier unterm Herzen getragen. Das war eine Auszeichnung, sah wirklich aus wie ein Spiegelei.

ESTHER. Also auch ein Mörder?

REINHARD. Aber lieb. Er hat meine Mutter glücklich gemacht, wenigstens ein paar Jahre.

Esther läßt sich über Reinhard fallen. Er fängt sie in seinen Armen auf und läßt sie an seiner starken Brust ausruhen.

Eine Weile später beginnt Reinhard seine neuen Eindrücke aufzuschreiben. Esther bleibt bei ihm, während er die Schreibmaschine bearbeitet. Sie beobachtet ihn aus der Distanz der Zimmerecke.

ESTHER. Zuerst fand ich dich häßlich ...

1041 München, Englischer Garten

Kahl stehen die Parkbäume des Englischen Gartens im Herbstnebel, als die traurige Trixi, die nun seit Monaten nichts mehr von Reinhard gehört hat, ihr Fahrrad zum Monopteros hinaufschiebt.

Es ist nur ein kleiner Hügel, auf dem das Tempelchen steht. Von hier aus kann sie die Türme der Stadt im Abendlicht betrachten.

1042 Venedig, Kanäle

Der Herbstnebel ist in Venedig so dicht, daß Reinhard kaum seinen Weg findet. Plötzlich endet die Gasse direkt vor dem Wasser. Einen Schritt weiter, und er wäre in den stillen Kanal gefallen.

Reinhard bleibt im Nebel stehen. Er wartet, bis ein leichter Wind die Wand vor ihm auflöst, dann kehrt er um.

1043 Palazzo Esther, Dunkelkammer

Der Hintereingang, zu dem Reinhard den Schlüssel besitzt, führt in Esthers Arbeitsbereich. Als er das Haus betritt, empfängt ihn das Rotlicht ihrer Dunkelkammer. Sie ist damit beschäftigt, die Bilder zu vergrößern, die sie von ihm gemacht hat. Um das Riesenformat zuwege zu bringen, das sie für ihre Fotos bevorzugt, hat sie einen Diaprojektor aufgebaut, mit dessen Hilfe sie das Negativbild an eine der Wände werfen kann.

Reinhard findet Esther vor dieser Großprojektion. Sie ist auf einen Hocker geklettert, um die Formatgröße nachzumessen. Das Bild zeigt Reinhards Nacken und sein ängstliches Gesicht, das über die Schulter gedreht ist.

ESTHER. Das erste Foto ist immer das beste!

Esther steigt von dem Hocker herunter, um Reinhard, der neben dem Projektor stehengeblieben ist, zu begrüßen.

ESTHER. Guckst du mal, ob das Korn scharf ist?

Er folgt ihrer Aufforderung. Er tritt vor die Projektionsfläche und kontrolliert die exakte Schärfe, während Esther an ihrem Gerät das Objektiv einstellt.

Sie beobachtet den Freund, der jetzt im Lichtstrahl steht, beinahe in der gleichen Position, in der sie ihn fotografiert hat.

ESTHER. Weißt du, daß ich deinen Nacken liebe? Er ist so eine ungeschützte Stelle.

Reinhard tritt zurück, um das Foto besser betrachten zu können. Mit einem Lineal, das Esther zum Nachmessen gebraucht hat, erzeugt er einen messerscharfen Schatten über dem projizierten Nacken. Es sieht aus, als wolle er symbolisch sein eigenes Bild enthaupten.

REINHARD. Hast du dir schon einmal vorgestellt, wie das ist, enthauptet zu werden? Wenn das Fallbeil in deinen Nacken eindringt und vorne zur Kehle wieder rauskommt? Ich stelle mir oft den Weg zum Schafott vor, wie ich plötzlich Herzklopfen bekomme, panische Angst. Aber ich gehe dennoch einfach weiter. Das ist doch reiner Zufall, daß wir in einer Zeit leben, wo uns so etwas nicht passieren kann, wie deiner Mutter zum Beispiel, im Dritten Reich.

ESTHER. Meine Mutter ist aber vergast und nicht enthauptet worden. Wenn ich nur wüßte, warum ich dir meine Geschichte anvertraut habe! Als hätte ich darauf gewartet, sie loswerden zu können.

REINHARD. Deine Geschichte ist meine Geschichte geworden.

Reinhard hat das Labor verlassen. Esther, vom Projektionsstrahl geblendet, kann nicht sehen, wohin er gegangen ist.
ESTHER. Reinhard, dove sei?

1044 Palazzo Esther, Reinhards Zimmer

Reinhard hat immer noch seinen Mantel an. So sitzt er an seinem Schreibtisch. Er zählt die Seiten seines Drehbuchmanuskripts.
Esther erscheint in der Diele. Sie beobachtet die Szene durch den Sucher der Kamera. Die Glastür steht offen, es ist ein feierlicher Anblick, wie Reinhard dasitzt, sein fertiges Drehbuch durchblättert und es dann auf der hochgestellten Hand für Esther präsentiert.
REINHARD. Zweihundertsechsundneunzig Seiten! Willst du es nicht mal lesen?
Sie legt ihre Kamera auf einen Tisch. Dann kommt sie mit gemessenen Schritten zu der verglasten Flügeltür. Sie schließt zuerst den einen Flügel, verriegelt ihn mit dem alten Eisenriegel, dann schließt sie den zweiten Flügel.
Reinhard wiederholt seine Frage.
ESTHER. Später.
Sie dreht von außen den Schlüssel im Schloß um. Reinhard ist nun in seinem Zimmer eingesperrt.
Irritiert betrachtet er sein fertiges Werk. Er geht zu der Tür, um sich zu vergewissern, daß sie wirklich verschlossen ist.
REINHARD. Esther!
Esther holt draußen einen Stuhl. Sie stellt ihn in der Diele genau der Glastür gegenüber. Auf diesen Stuhl setzt sie sich. Sie beobachtet Reinhards Konturen, die durch das Ornamentglas hindurch zu ahnen sind.
ESTHER. Jetzt willst du mich verlassen.
REINHARD. Laß mich gehen, bitte!
ESTHER. Du warst mein Gefangener die ganze Zeit.
REINHARD. Ich muß doch in München nachsehen, was es wirklich gibt, oder was ich erfunden habe. Vielleicht gibt es die ganze Stadt überhaupt nicht.
Den Schlüssel hält sie in der Hand. Sie spürt die Sinnlosigkeit der Situation.
ESTHER. Niemand hat mir je so lange zugehört.

REINHARD. Esther, wenn ich hierbleibe, werde ich diesen Film niemals drehen!

Sie läßt Reinhard noch eine Weile in seinem gläsernen Gefängnis umherlaufen. Dann erhebt sie sich, um ihn freizulassen.

Sie sperrt die Tür auf, sie öffnet beide Flügeltüren, so weit es möglich ist. Jetzt ist Triumph in Reinhards Haltung zu spüren. Noch immer hält er ihr sein fertiges Manuskript entgegen. Sie umkreist ihn. Ganz plötzlich reißt sie ihm die Drehbuchseiten aus der Hand. Sie schlägt damit auf ihn ein und wirft dann das Paket von beschriebenen Blättern in die Luft, so daß ein Papierregen entsteht, unter dem sie mit Reinhard ringt.

Sie schafft es, ihn zu Boden zu werfen. Dabei schreit sie wie ein Tier und zerkratzt ihm mit den Fingernägeln das Gesicht.

ESTHER. Hast du mich jetzt? Ist deine Neugier jetzt befriedigt? Hast du mich endlich, sag!

REINHARD. Ich komme doch wieder!

1045 Markusplatz

Als Reinhard, bepackt mit seiner Reisetasche und der Reiseschreibmaschine, an San Marco ankommt, steht der ganze berühmte Platz unter Wasser. Es ist ein Bild des Untergangs, durch das Reinhard gehen muß, um die Stadt zu verlassen.

Je weiter er sich dem Campanile nähert, desto tiefer geht er in die Flut. Sie reicht ihm schon bis zum Knie.

1046 München, eine Buchdruckerei

In seiner Werkstatt hat der Buchdruckermeister alle Ecken und Zwischenräume zwischen Maschinen und Regalen mit selbstgebastelten Vogelkäfigen gefüllt, in denen zahllose Vögel umherhüpfen und ein lautes Gepiepse und Geschrei veranstalten. Die Geräusche der Buchbinderarbeit gehen völlig unter in diesem Vogelgezwitscher.

Reinhard hat Olga mit hierhergenommen, um ihr das frisch gedruckte und gebundene Drehbuch überreichen zu können. Während die Angestellten des Buchbinders noch letzte Arbeiten verrichten, sieht Olga sich die exotischen Vögelchen an.

REINHARD. Vor elf Tagen war ich noch in Venedig. Kannst du dir das vorstellen? Die ganze Stadt stand unter Wasser. Mein Gott, daß ich jetzt wieder hier bin!

Nun bringt der Buchbinder den Stapel von zwanzig Drehbüchern herein. Er beginnt, sie auf dem Packtisch für Reinhard einzupacken.

HÖSL. So, jetzt sind's fertig! Die sind aber noch feucht, Herr Dörr. Es ist besser, Sie schlagen's nicht auf, weil's nämlich sonst auseinanderbrechen.

REINHARD. Herr Hösl, ich sollte ein Exemplar haben für meine Hauptdarstellerin.

HÖSL. Na ja, das sehe ich ein.

Herr Hösl nimmt ein Exemplar aus dem Packen heraus und überreicht es Olga, die sich höflich bedankt.

HÖSL. Darf ich mich Ihnen vorstellen: Hösl. Ich bin ein ganz ein großer Kinonarr. Schon als Kind war ich mal mit einem Wanderkino unterwegs. Alle Schauspieler hab ich gekannt, damals. A klein's Momenterl, bittschön, würden S' mir hier ein Autogramm geben?

OLGA. Ich?

HÖSL. Ja freilich.

REINHARD. Ja, Olga, daran mußt du dich gewöhnen. Das geht jetzt los!

OLGA. Sie heißen?

HÖSL. Hösl.

OLGA. Mit »e«?

HÖSL. Nein, mit »sl«.

Olga signiert für den Drucker ein übriggebliebenes Deckblatt. Reinhard grinst dazu.

1047 Straße vor Druckerei

Als Reinhard seine Autotür öffnet, um Olga einsteigen zu lassen, kommt Trixi auf dem Fahrrad daher. Sie hat Reinhard hier aufgelauert und fährt ihm jetzt einfach gegen die offene Autotür.

Olga erschrickt, sie weiß nicht, was sie von dem Vorfall halten soll.

REINHARD. Mensch, Trixi, ich habe dich ja schon ewig nicht gesehen! Das Drehbuch ist fertig, schau mal, hier.

TRIXI. Verräter!

REINHARD. Ach, Trixi, jetzt sei doch nicht sauer!

TRIXI. Fünf Wochen, fünf Wochen habe ich auf dich gewartet. Nicht mal einen Gruß für mich hast du der Dagmar gesagt!

REINHARD. Worauf denn gewartet?
TRIXI. Ob das klappt mit dem Geld. Das war schließlich meine Idee.
REINHARD. Trixi, das ist alles ganz anders gekommen. Ich erzähle dir das, wenn wir mal Ruhe haben.
TRIXI. Spießer! Ich spreche nie mehr ein Wort mit dir!
Trixi steigt wütend auf ihr Rad und fährt grußlos weiter. Olga schaut hinter ihr her. Sie sieht, wie Trixi in der Aufgeregtheit beinahe in einen Lastwagen fährt.
OLGA. Ist sie verschossen in dich? Ich bin so glücklich, daß es endlich vorangeht. Ich habe so auf diesen Augenblick gewartet.
REINHARD. Setze dich mal kurz in den Wagen, ich komme gleich.
Reinhard läuft hinter Trixi her.
OLGA. Du wirst sehen, ich werde dich nicht enttäuschen!

1048 Ein Café

Er hat Trixi das Fahrrad wegnehmen können und schiebt es zu einem Café. Trixi muß ihm wohl oder übel folgen. Unwillig betritt sie mit ihm das Café. Sie setzt sich an einen der kleinen Tische und starrt gekränkt geradeaus.
Reinhard pendelt verlegen zwischen ihr und der Theke hin und her.
REINHARD. Trixi, was willst du trinken, Kaffee? Zwei Kaffee, bitte!
Endlich setzt er sich Trixi gegenüber.
REINHARD. Also, Trixi, in dem Drehbuch, da ist eine sehr schöne kleine Rolle für dich, ehrlich!
TRIXI ... und?
REINHARD. Die »Esther«, also, die Hauptrolle, die ist halt sehr viel älter als du. Die hat den Krieg erlebt, weißt du? Außerdem hat sie dunkle Haare.
TRIXI. Wie deine Olga, was?
REINHARD. Ja, die muß sie sich natürlich färben, ist klar.
TRIXI. Soll ich dir mal was sagen, Reinhard? Du bist ein ganz kleiner, lächerlicher Waschlappen. Du wirst nie einen guten Film machen. Mal Blond, mal Schwarz, mal München, mal Mexiko. Ach, und schöne Grüße aus Venedig. »Ich habe eine wunderbare Rolle für dich.«
Sie sieht, daß Reinhard keine Argumente mehr zu seiner Verteidigung findet. Sie erhebt sich. Sie will ihn jetzt richtig »fertigmachen«.

TRIXI. Weißt du, was du bist? Du bist ein Fähnchen im Wind – flatternd, schwankend, eiernd und torkelnd. So!

Mit diesen Worten, die sie durch einen torkelnden Gang illustriert hat, ist sie zum Ausgang gelangt. Sie macht in seine Richtung ein Kreuzzeichen, um ihm zu zeigen, daß er für sie gestorben ist.

TRIXI. Waschlappen! Laß dich beerdigen, Reinhard!

Trixi geht. Reinhard sitzt nachdenklich da.

1049 Forsthaus am Ammersee

Der Kameramann Rob ist der Sohn eines bayerischen Försters, der in einem schönen alten Forsthaus am Seeufer lebt. Reinhard ist mit dem Ruderboot der Familie auf den See hinausgefahren, einsam sitzt er im Boot, liest verloren in seinem Drehbuch und läßt sich mit den Wellen treiben. Rob, der nicht versteht, was der Freund so lange auf dem See draußen tut, kommt vom Forsthaus her ans Ufer, um nachzusehen. Reinhard ist so intensiv mit seiner Lektüre beschäftigt, daß er den fernen Rob nicht bemerkt.

1050 Landstraße Nähe Ammersee

Hermann und Schnüßchen fahren an diesem Tag mit Volker und Clarissa in dessen Volkswagen spazieren. Die Frauen haben die beiden Kinder bei sich auf dem Rücksitz. Im Auto entwickelt sich während der Fahrt ein unerträglicher Alltagsterror, weil keiner es dem anderen recht macht und die Frauen wegen ihrer Kinder die Nerven verlieren.
Die Gespräche lassen jeden Anspruch vermissen, den die jungen Künstler einmal an sich und das Leben hatten.
HERMANN. Ich mach mal ein bißchen das Fenster auf, was meint ihr?
SCHNÜSSCHEN. Nä, Hermann, dann zieht's uns hier hinten. Nä, mach's bitte zu.
HERMANN. Na gut, aber das beschlägt doch!
VOLKER. Du brauchst doch nur diesen Knopf rüberziehen.
SCHNÜSSCHEN. Nein, laß das Fenster jetzt zu.
HERMANN. Laß mich das mal ... ich mache das ... einen Moment kann ich das ... Ich muß den Knopf drücken und dann ...
SCHNÜSSCHEN. Also, ich finde, der hat Hunger!
CLARISSA. Nein, der hat keinen Hunger, der ist müde. Das merkt man doch! So redet meine Mutter auch immer.
SCHNÜSSCHEN. Also, unsere Simone, die schläft.
CLARISSA. Hermann, mach doch mal bitte das Fenster zu ... Wo sind wir denn jetzt?
VOLKER. Wir müssen doch bald da sein.
SCHNÜSSCHEN. Wenn wir jetzt bald mal aus dem Auto hier rauskommen, wär's schon besser.
HERMANN. Und am Ende ist der Rob gar nicht da.
VOLKER. Du hast doch gesagt, er ist immer da am Wochenende.
HERMANN. Ja, das stimmt. Also, schneller kannst du nicht fahren?

1051 Forsthaus am Ammersee

Als der Volkswagen mit den zwei Kleinfamilien vor dem Forsthaus ankommt, steht Rob auf dem Balkon des Hauses. Hermann winkt ihm zu.
ROB. Ihr seid ja ganz schön vollgeladen!
HERMANN. Ja, wir haben alles dabei. Wir parken da vorne. Bis gleich.
Das Abladen der Kinderwagen vom Dachständer, das Aussteigen aus

dem engen Auto, das Beruhigen der plärrenden Kinder und Schnüßchens Geschäftigkeit machen auch die Szene auf dem Parkplatz zu einer Alltagsgroteske.
Clarissa entdeckt eine Kapelle, in deren Turmfassade die Statue eines Heiligen eingelassen ist, der seinen abgeschlagenen Kopf in den eigenen Händen hält. Sie fühlt sich von der dargestellten Legende angezogen. Sie betritt das kleine Gotteshaus.

1052 Kapelle Sankt Alban

Das Barockkirchlein ist reich geschmückt mit vergoldeten Holzschnitzereien und Wandgemälden. Auch hier ist der Heilige wieder in verschiedenen Szenen seines Märtyrerlebens dargestellt.
Eine Nonne, die sich in der Kapelle zu schaffen macht, sieht Clarissas fragenden Blick.
CLARISSA. Warum wurde ihm denn der Kopf abgeschlagen?
NONNE. Der heilige Alban hat die christliche Botschaft verkündet, und dadurch hat er sich viele Feinde gemacht. Schließlich wurde er dafür dann enthauptet.
CLARISSA. Er sieht aus, als könnte er seinen Kopf wieder aufsetzen.
NONNE. Da haben Sie recht. Die christliche Botschaft sagt nämlich aus, wer an Jesus Christus glaubt, wird in Ewigkeit nicht sterben.
Mit dieser Auskunft kann Clarissa wenig anfangen, denn die hölzernen Skulpturen scheinen eine ganz andere Geschichte zu erzählen.

1053 Ammersee-Ufer

Schnüßchen hütet inzwischen beide Kinder. Sie läßt ihre Lulu Steinchen ins Wasser werfen. Hermann und Volker blicken gelangweilt auf den See hinaus.
VOLKER. Wo ist eigentlich Clarissa?
SCHNÜSSCHEN. Keine Ahnung. Ich glaube, in der Kirche.
Das Boot, in dem Reinhard gesessen hat, treibt in einiger Entfernung vorbei. Es ist leer. Hermann beobachtet das führerlose Boot.
HERMANN. Kannst du jemand in dem Boot erkennen?
VOLKER. Ich kann niemanden sehen. Scheint sich vom Ufer losgerissen zu haben.

Als Clarissa aus der Kapelle kommt, gibt es am Seeufer einen kleinen Menschenauflauf. Kinder eilen vorüber, Spaziergänger bleiben stehen, und auf einem Holzsteg haben sich Neugierige versammelt.
Nun entdeckt auch Clarissa das leere Boot im See. Sie eilt, die Freunde zu suchen. Schnüßchen hat an einem Bootshaus mit den Kindern auf sie gewartet.
CLARISSA. Was macht der Arnold?
SCHNÜSSCHEN. Dem geht's gut.
CLARISSA. So, Arnold, jetzt schaun wir mal, was der Papa macht.
Clarissa trägt das Kind zu den beiden Männern, die auf einem der Holzstege stehen und beobachten, was auf dem See geschieht: Dort ist ein Rettungsboot der Wasserwacht bei dem leeren Ruderboot angekommen.
HERMANN. Was ist denn das für ein Boot?
VOLKER. Das ist die Wasserwacht.
Nun verfolgt auch Clarissa die Vorgänge auf dem See. Die Männer von der Wasserwacht tragen Taucheranzüge. Einer der Taucher läßt sich ins Wasser fallen.
VOLKER. Da ist ein Unglück passiert.
Auf dem Weg zu den Bootshäusern werden die Freunde von Rob eingeholt, der völlig außer Atem ist.

ROB. Hermann, hat einer von euch Reinhard gesehen?
HERMANN. Reinhard? Nein, wieso denn?
ROB. Ich habe die Wasserwacht gerufen.
HERMANN. Die Wasserwacht? Warum denn? Was ist denn los?
Schon ist Rob vorangeeilt auf den großen Landungssteg, der den Wasserwachtbooten und der Polizei als Operationsbasis dient. Hier sind wieder mehrere Neugierige versammelt. Rob hastet zu einem der Rettungsboote, dessen Besatzung dabei ist, schweres Tauchgerät zu verladen. Einen aus der Rettungsmannschaft kennt Rob und spricht ihn an.
ROB. Toni, grüß dich. Sag mal, wißt ihr schon was?
TONI. Naa, wir wissen bisher noch nix.
Schnüßchen holt Rob ein.
SCHNÜSSCHEN. Was ist denn los?
ROB. Der Reinhard ist heut ganz in der Früh mit unserem Ruderboot auf den See raus. Er wollte über sein Drehbuch nachdenken.
Allmählich wird den Freunden klar, daß dieses Unglück auch sie betrifft. Während sie zusehen, wie die Taucher sich immer wieder in die Tiefe gleiten lassen und ebensooft erfolglos auftauchen, stehen sie wie gelähmt da und werden ganz kleinlaut.
Reinhard ist verschwunden.
ROB. Er hat immer so geschwankt, aber...
Ein Polizeibeamter wendet sich an Rob.
POLIZIST. Herr Stürmer, kommen S' doch bitte mit. Ist das ein Bekannter von Ihnen?
ROB. Ja, er hatte ein Drehbuch bei sich. Format DIN A4, gebunden. Titel »Esther«.
POLIZIST. Alter?
ROB. Dreiunddreißig.
POLIZIST. Wohnhaft in Dießen?
ROB. Nein, München, Wilhelmstraße 4.
POLIZIST. Können Sie sonst noch Angaben machen?
Rob und der Polizist kommen bei Clarissa vorbei. Sie steht am Ufer und hält ihr Kind fest an sich gepreßt.

1054 Venedig, Markusplatz

Die Bilder vom überfluteten Venedig sind Erinnerung und Zukunftsvision zugleich.
Verlassene Cafés, leere Gassen und Plätze, überall die Wassermassen, die das ganze bunte Leben aus der Stadt vertrieben haben. Es regnet auf die Wasseroberfläche.

REINHARD »... *Noch immer sehe ich Dein Gesicht vor mir, noch immer halte ich mein Herz in Schach. Manchmal überfordert mich das, und ich möchte den Film aufgeben und schnell zu Dir eilen. Aber wie könnte ich vor Dir bestehen, ohne die Geschichte von Esther erzählt zu haben? Es ist doch meine Art, Dich zu lieben, oder? Reinhard.*«

1055 Palazzo Esther, Esthers Zimmer

Esther hat Reinhards Postkarte erhalten. Sie zeigt auf der Vorderseite das Münchner Isartor. Den letzten Gruß von Reinhard, der auf dieser Karte steht, liest Esther immer wieder, dann begräbt sie die Karte mit ihren Haaren, indem sie sich darüberbeugt.

1056 Ammersee

Auch nach Einbruch der Dämmerung sind die Männer von der Wasserwacht immer noch auf der Suche nach dem Ertrunkenen im Ammersee. Ihr Boot kreist um die Stelle, an der das leere Ruderboot gelegen hat. Von Reinhard findet sich keine Spur.

Elftes Buch

DIE ZEIT DES SCHWEIGENS

Rob, 1967/68

1101 Ballsaal eines Dorfgasthauses

Der Faschingsball im oberbayerischen Dorf unterscheidet sich kaum von Veranstaltungen dieser Art, die Hermann aus seiner Hunsrücker Dorfjugend kennt. Der Gasthof, direkt an der Hauptstraße gelegen, ist zugleich Metzgerei, Bauernhof, Bushaltestelle, öffentliches Telefon und Feuerwehrzentrale. Einmal im Jahr wird der Saal mit Girlanden, Lampions und Konfettischlangen aus dem nahen Schreibwarengeschäft geschmückt. Die Männer setzen ihre Cowboyhüte auf, die Frauen ziehen ihre Carmen-Kostüme an. Dann wird getanzt, gesoffen und gesungen, geknutscht und vom Fremdgehen geredet, bis die Musik aufhört und der Wirt die Stühle auf die Tische stellen läßt.
Hermanns Landsmann Clemens gehört zu den Menschen, die sich überall auf der Welt wie zu Hause fühlen, denn ihre Art, die Dinge zu sehen, ist die allgemeinste mittlere Betrachtungsweise aller Menschen dieser Welt. Clemens hat auch die rot-weiß karierten Hemden und die Lederhosen besorgt, mit denen die kleine Band eingekleidet wurde, die hier zum Tanz aufspielt: ein Posaunist, ein Kontrabassist aus dem Hochschulorchester und Hermann am Klavier. Hermann nutzt die allgemeine Aufbruchstimmung im Saal, um ein Stückchen Beethoven in die Tanzmusik zu mischen. Clemens trommelt dazu, und es entsteht eine kleine Jazzimprovisation über das Klavierkonzert Nr. 5. So werden die letzten besoffenen Ballgäste vertrieben.

1102 Vor Dorfgasthaus

Als die Gelegenheitsband ihre Instrumente über den Hof zu dem VW-Bus von Clemens schafft, dämmert schon der Morgen über dem Scheunendach. Die Musiker frieren in ihren Lederbundhosen und in ihren Pseudo-Trachtenhemden.
Clemens setzt sich ans Steuer. Die Heimfahrt geht über kurvenreiche Landstraßen, auf denen schon der Frühverkehr der Pendler begonnen hat, die bei Sonnenaufgang, antizyklisch zu den jungen Nachtmusikern, zu ihren Arbeitsstellen in München fahren.

1103 Ammersee-Ufer

Um diese frühe Morgenstunde verlassen Rob und sein Vater beim ersten Tageslicht das Haus am Seeufer, um auf die Jagd zu gehen. Die beiden sprechen kein Wort. Rucksäcke, Flinte und Jägerstock werden in einem Ruderboot ordentlich verstaut, während die Mutter die Schlafzimmerfenster öffnet und auf den Balkon heraustritt. So steigen Rob und der Vater in den Kahn. Rob übernimmt ganz selbstverständlich das Ruder, und die Mutter kehrt ins Haus zurück, nachdem sie sich überzeugt hat, daß die Männer nichts vergessen haben.

Der Ruderkahn entfernt sich auf dem diesigen Ammersee.

ROB. *Seit unser Freund Reinhard an einem Sonntag im März im Ammersee verschwunden war, hatte sich in meinem Leben alles verändert. Er ist immer der Autor unter uns gewesen. Er hat für uns gedacht, geplant, Projekte ersonnen und Geschichten erzählt. Jetzt war er selbst eine Geschichte geworden. Legenden entstanden um sein Verschwinden. Und weil sein Leichnam niemals gefunden wurde, horchten wir auf, wenn da gemunkelt wurde, jemand hätte ihn in Renates Kneipe gesehen, oder er sei am Flughafen, oder wenn ihn jemand in Venedig erkannt haben wollte. Reinhard hatte einmal gesagt, alles Wesentliche im Leben ist unsichtbar und entzieht sich der Optik einer Kamera: die Liebe, das, was die Leute denken oder fühlen, der Tod. Jetzt war sein Tod ein Beweis für seine Theorie geworden. Scheinbar. Ich bin am Ufer dieses Sees in Bayern aufgewachsen. Mein Vater war Förster. In unserer Familie wurde niemals viel geredet. Wir wußten aber trotzdem immer ganz genau, was der andere dachte.*

Genau hinsehen, das habe ich von meinem Vater gelernt. Deswegen habe ich Reinhard niemals recht geben können. Ich bin Kameramann geworden, weil ich vom Reden nicht viel gehalten hab. Ganz anders als der tote Freund da unten im Wasser, der jetzt bei den Fischen umherschwimmt, die auch nichts sagen.

Das Boot kommt im Mündungsgebiet der alten Ammer an, einem moorigen Schilfgelände, das nur vom Wasser her zugänglich ist. Es gibt hier eine kleine Anlegestelle für das Boot, von der aus ein schmaler Pfad zu einem Hochsitz führt, der sich über dem wilden Gehölz erhebt.

Rob klettert als erster die Leiter empor. Oben auf der kleinen Plattform hat er einen freien Blick über das Moorgelände. Hinter dem Gebüsch folgt eine unberührte kleine Ebene mit seltenen Gräsern und Schilf.

Nun klettert auch der Vater auf den Hochsitz. Es gibt dort oben eine Bank aus Rundhölzern, auf die sich die beiden setzen.
Rob betrachtet das Gelände durch den Feldstecher. Nach einiger Zeit entdeckt er ein Reh, das die Ebene betritt. Vorsichtig überreicht er das Fernglas seinem Vater, der das Wild aber schon bemerkt hat. Noch einmal sieht Rob durch das Fernglas, der Vater bringt gleichzeitig sein Gewehr in Anschlag.
Der Schuß zerreißt die bisher so sorgsam gehütete Stille.

1104 Parkplatz, Ammersee-Ufer

Clemens macht mit seinem VW-Bus einen Umweg, der direkt am Seeufer entlang zu der Wallfahrtskapelle führt, die unweit von Robs Forsthaus steht. Am kleinen Parkplatz steigen die vier Musikanten aus. Mit Blick auf den See, in dem Reinhard ertrunken ist, reihen sich Clemens und seine Freunde neben Hermann auf, um von der Ufermauer hinab ins Wasser zu pinkeln. Hermanns Blick geht in die Ferne. Der Gedanke an den toten Reinhard ist sein Geheimnis. Clemens und seine Musikanten stehen mit ihren Bundhosen so albern da, als hätten sie nichts anderes in ihren Köpfen als die blöde Musik, die sie heute nacht gedudelt haben.
Clemens freut sich über seinen endlosen Wasserstrahl.
CLEMENS. Dat bayerische Bier is so wasserisch.
MUSIKER. Was ist wasserisch?
CLEMENS. Flüssig!
Hermann hat keine Lust, mitzulachen. Er wendet sich an Clemens.
HERMANN. Heh, Clemens, wann gibt's denn das Geld?
CLEMENS. Ganz einfach, jeder kriegt fuffzisch Mark.
HERMANN. Fünfzig Mark? Das ist ja genau das, was ich dir noch schuldig bin.
CLEMENS. Willst du sie mir zurückgeben?
HERMANN. Na ja, kannst sie behalten, dankeschön!
CLEMENS. Bitteschön!
In der Reihenfolge, in der sie mit dem Pinkeln fertig werden, kehren die Musikanten zum Auto zurück. Wortlos und frierend steigen sie ein, um so schnell wie möglich wieder weiterfahren zu können.
Das Tageslicht will sich an diesem Morgen nicht vermehren. Es bleibt den ganzen Vormittag dämmerig.

Rob hat eine Person entdeckt, die sich im Dickicht mit seinem Boot zu schaffen macht. So schnell er kann, klettert er von seinem Hochsitz hinab und rennt, während der Vater sich ganz gelassen mit dem totgeschossenen Reh beschäftigt, zu der Anlegestelle und zu seinem Boot.
Eine junge Frau in Gummistiefeln und Regenmantel ist gerade dabei, das Boot vom Ufer wegzurudern.

ROB. Sie, bleiben Sie da, das ist unser Boot!
Ohne Rücksicht auf seine Schuhe läuft Rob ins Wasser und kann das Boot gerade noch fassen, ehe es in tiefere Bereiche entkommt. Er zieht den Kahn ans Ufer zurück, so daß die Frau wieder aussteigen muß.

ESTHER. Entschuldigung, ich habe gedacht, das Boot steht hier so einfach in der Gegend rum. Ich wollte es nur ausleihen. Ich bin Berufsfotografin.

ROB. So was, wenn Sie wenigstens gefragt hätten!

ESTHER. Es ist gerade so eine bewegte Stimmung am See. Ein Freund ist in diesem See ertrunken.

Rob schweigt. Er starrt Esther an, als wäre sie eine Geistererscheinung.

Es ist ein wortloses Erkennen, das die beiden nun vereint. Sie sehen auf den See hinaus, der inzwischen unruhig geworden ist und auf seiner Oberfläche wirkt, als wollte er anfangen zu kochen. Die Wolken hängen tief, fast berühren sie die Wellen.

Unerwartet tritt Robs Vater auf. Er zieht das tote Reh hinter sich her, als wäre es ein dürrer Ast. Er nimmt von Esther keine Notiz und gibt seinem Sohn die zusammengebundenen Läufe des toten Tieres in die Hand. Umständlich löst er seinen Rucksack von der Schulter.

ROB. Mein Vater ...

VATER ROB. Grüß Gott!

ROB. Sie hat den Reinhard gekannt.

VATER ROB. Aha.

ROB. Berufsfotografin.

VATER ROB. Ah so.

Das Einladen des erlegten Wildes in den Kahn, das Verstauen der Rucksäcke und der Flinten, das Losbinden des Bootes vom Ufer, das Einsteigen und Ablegen sind Vorgänge, die wieder diese Selbstverständlichkeit zeigen, die Rob und sein Vater im Umgang mit der Natur und ihren Dingen zeigen.

Esther steht dabei, läßt ihre Kamera unbenutzt um den Hals hängen und macht keine Anstalten, von dieser unwegsamen Stelle fortzukommen.

ESTHER. Ich wollte Reinhards Grab fotografieren. Aber der See sieht irgendwie nur grau aus, harmlos und bayerisch.

VATER ROB. Dös deischt.

Rob hat das Boot in schiffbare Wassertiefe geschoben. Er zögert einen Augenblick, ehe er einsteigt. Er sieht zu Esther hinüber, die lächelnd dasteht.

ROB. Wenn Sie wollen, können Sie jetzt mitfahren. Schieben S' ein bissel an.

Sie folgt dem Boot so weit ins Wasser, wie es ihre Gummistiefel erlauben. Dann schwingt sie sich über die Bordwand. Sie setzt sich neben Robs Vater. Rob rudert, und bald erreicht das schwankende Schiffchen den offenen See, der immer noch aufgeregt brodelt.

ROB. *Jedenfalls war es jetzt aus mit der Legende, daß Reinhard nach Venedig abgehauen sein könnte. Und so sah also seine venezianische Geliebte aus. »Eine Unglücksperson«, meinte meine Mutter, als sie Esther an diesem Morgen kennenlernte.*

1106 Vor Haus Hermann und Schnüßchen

Der VW-Bus mit Clemens und den Musikern ist in München angekommen. Die Stadt geht schon längst wieder ihrer alltäglichen Geschäftigkeit nach, als die müden Musikanten daheim eintreffen. Clemens hält direkt vor Hermanns Haustür.

CLEMENS. Hermann, nächste Woche geht's weiter. Ich hab einen Job in Starnberg. Wenn de Lust hast, biste dabei.

HERMANN. Ja, emal gucke ...

CLEMENS. Fuffzisch Mark.

HERMANN. Ja, is gut. Tschöh!

Hermann verschwindet im Haus.

1107 Wohnung Hermann und Schnüßchen

Hermann gibt sich Mühe, beim Eintreten in seine Wohnung keinen Lärm zu machen, was ihm bei seiner Müdigkeit, die ihn ungeschickt macht, schwerfällt. Er schlüpft aus seinen Schuhen, der Jacke, der albernen Bundhose und dem verräucherten Trachtenhemd.

HERMANN. *Im Winter 67/68 ist es mir und meiner kleinen Familie ziemlich schlecht ergangen. Wir wußten oft wochenlang nicht, ob wir am Monatsende unsere Miete bezahlen konnten. Das Geld, das Schnüßchen in ihrem Reisebüro verdiente, reichte kaum fürs Essen und für unsere Lulu, die alle paar Monate aus ihren Kleidern gewachsen war. Clemens war da oft unsere letzte Rettung. Den konnte man gelegentlich anpumpen. Er beschaffte mir kleine Jobs bei Faschingsfesten auf dem Land, bei Hochzeiten oder Dorffesten. Seit Reinhard tot war, gab es auch keine Aufträge mehr für Filmmusiken. Von den anderen Freunden hörte ich sowieso nichts mehr. So vergingen die Tage oft entsetzlich langsam. Ich schlief bis mittags, zermarterte mein Gehirn, spielte mit Lulu und hatte keine, nicht die geringste Musik im Kopf.*

Er öffnet behutsam die Schlafzimmertür. Schnüßchen und Lulu liegen noch in ihren Betten. Hermann, in Unterhemd und Unterhose, schlüpft zu Schnüßchen unter die Decke. Das Kind nebenan dreht sich in seinen Kopfkissen um und ist schon fast beim Aufwachen.

Schnüßchen sieht, wie Hermann bei ihr Trost suchen will. Sie dreht sich auf den Rücken, um ihn in den Armen zu empfangen.

HERMANN. Ich hab euch wahnsinnig lieb, dich und die Lulu.

SCHNÜSSCHEN. Aber ganz verschieden, hoffentlich. Sei ganz leise, dann schläft sie vielleicht weiter.

Hermann reibt seinen Bauch auf Schnüßchens Körper. Seine Hände fangen an, Schnüßchens Brüste zu erobern, kneten sie durch den Stoff des Nachthemds hindurch. Er genießt ihre Bereitwilligkeit, sein Atem wird schneller, seine Augen beginnen zu rollen.

Da meldet sich das Kind im benachbarten Gitterbettchen.

LULU. Mami, ich bin wach!

SCHNÜSSCHEN. Spätzchen, guten Morgen!

HERMANN. Lulu, bist du schon wach?

SCHNÜSSCHEN. Na, mein kleiner Hase?

Hermann wälzt sich von Schnüßchens Körper. Wie alle Paare der Welt, die vor ihren Kindern kapituliert und sich angewöhnt haben, jede Laune ihrer kleinen Monster wichtiger zu nehmen als ihre eigenen Bedürfnisse, wechseln Hermann und Schnüßchen sofort aus der Rolle der Liebenden in die der besorgten Eltern über.

Das Kind ist nun ganz zufrieden. Halb verschlafen, aber mit offenen Augen kauert es in seinem Bettchen und schaut im Zimmer umher.

Schnüßchen sieht Hermann mit verändertem Blick an.

SCHNÜSSCHEN. Hermann, ich schäm mich so. Darf ich dir ebbes erzählen?

HERMANN. Ich hör zu!

SCHNÜSSCHEN. Ich hab Angst, daß du mir böse bist.

HERMANN. Ich bin dir doch net bös.

SCHNÜSSCHEN. Bestimmt net?

HERMANN. Erzähl schon!

SCHNÜSSCHEN. Also, wie ich gestern die Schellingstraße raufgehe, du kennst doch die tolle Boutique auf der rechten Seite ...

Hermann brummt, er spürt den Schlaf, der über ihn kommt.

SCHNÜSSCHEN ... da sehe ich im Schaufenster ein Kleid.

Hermann brummt.

SCHNÜSSCHEN. Du kannst dir gar net vorstellen, wie schön!

Hermann brummt und schließt die Augen.

SCHNÜSSCHEN. Also, ich bin da lang stehengebliebe mit der Lulu, und auf einmal seh ich hinten im Laden noch so'n Hütchen ...

Hermann brummt und atmet tief.

SCHNÜSSCHEN ... wie ich schon immer eins für sie kaufen wollt, gegen die Sonn, weißt du?

Hermann brummt.

SCHNÜSSCHEN. Na, ich bin reingegangen und hab das Kleid nur mal so anprobiert.

Hermann brummt.

SCHNÜSSCHEN. Und es paßte auf Anhieb.

HERMANN. Jaaa ...

SCHNÜSSCHEN. Und wie ich so nebenbei nach dem Preis frag ...

HERMANN. Hmhm?

SCHNÜSSCHEN ... da sagt die Verkäuferin, das wär ein Original ...

Hermann brummt.

SCHNÜSSCHEN ... von Pierre Cardin.

HERMANN. Aha ...

SCHNÜSSCHEN ... und es kostet sechshundert Mark! Stell dir das mal vor! Na ja, da bin ich schnell wieder aus dem Laden rausgerannt ...

Hermanns Brummen wird wieder schläfrig.

SCHNÜSSCHEN. Plötzlich ruft mich die Boutiquebesitzerin zurück und bietet mir das Kleid für dreihundert Mark an. Sie sagt, dat wär ein Einzelstück und Größe 36. Für die meisten Frauen ist dat zu eng. Ich hab es also noch mal anprobiert ...

HERMANN. Ja ...?

SCHNÜSSCHEN. Und es paßte wie angegossen, trotz Größe 36!

Hermann ist jetzt wieder hellwach. Er richtet sich auf.

HERMANN. Ja, und dann hast du's gekauft!

SCHNÜSSCHEN. Soll ich es mal anprobieren?

HERMANN. Ja.

Hermann ist überrollt. Er kann nur noch in sich hineinlachen. Schnüßchen krabbelt aus dem Bett und verschwindet draußen im Wohnzimmer.

Lulu ist jetzt ganz munter. Sie hüpft in ihrem Bettchen, als wäre es ein Trampolin.

HERMANN ... Ach, Lulu, du bist ja hellwach! Komm, jetzt packe ich dich ...

Hermann fängt die Kleine, die sich vor ihm verstecken will, auf und holt sie zu sich ins Bett.

HERMANN. Na, komm, aus euch Frauen soll mal einer schlau werden.

Die Tür springt auf, und Schnüßchen steht da wie auf einer Bühne. Das Modellkleid schimmert wie von Goldbrokat. Es macht aus Schnüßchen wirklich eine kleine Königin.

HERMANN. Nä, so ebbes!

SCHNÜSSCHEN. Na?

HERMANN. Ei wirklisch, wunnerbar. Guck emal, Lulu, dat ist dei Mama! Ist dat net schön?

Sie dreht eine Pirouette, macht Positionen wie die Fotomodelle in den Journalen. Sie funkelt Hermann an. Dann gleitet ihre Hand an ihrem Körper hinab bis zu dem buschigen Fuchsfell, in dem das Kleid unten endet. Sie geht jetzt auf Hermann zu, um ihn an dem Fell schnuppern zu lassen.

SCHNÜSSCHEN. »Veritable renard« – echt Fuchs!

HERMANN. Und ich hab heute dem Clemens seine Schulden zurückbezahlt.

SCHNÜSSCHEN. Das heißt, wir sind vollkommen pleite.

HERMANN. Es scheint so.

Schnüßchen baut sich mit Lulu vor Hermanns Bett auf. Sie setzt der Kleinen das Hütchen auf, das sie mit dem Kleid zusammen gekauft hat. So sind Mutter und Tochter Prinzessinnen, eine süße, aber unlösbare Aufgabe für Hermann.

SCHNÜSSCHEN. Und wie sollen wir jetzt den Monat überleben?

1108 KZ Dachau

Das ehemalige Konzentrationslager zeigt auf der Straßenseite noch die ganze Schrecklichkeit der von den Nazis errichteten Anlage. Gräben, Wachtürme, Elektrozäune und Stacheldraht. Esther hat ihren Vater, Herrn Gattinger, in dessen Mercedes-Sportwagen zu dieser Gedenkstätte gelotst, um ihn mit der Vergangenheit zu konfrontieren. Neben Reisebussen aus ganz Europa kommt der Wagen Gattingers zum Stehen.

Gattinger hat nicht die Absicht, hier auszusteigen. Demonstrativ öffnet er die Beifahrertür, um Esther abzusetzen. Blitzschnell hat Esther aber den Zündschlüssel aus dem Schloß gezogen und wirft ihn in hohem Bogen auf den Parkplatz hinaus.

ESTHER. Los, komm mit!

GATTINGER. Was ist das für eine alberne Idee?

ESTHER. Feigling!

Gattinger steigt halb aus, sieht sich verärgert um.

GATTINGER. Ich kenne das hier. Alles für den Tourismus hergerichtet. Rechtfertigungsdekoration für die Dachauer und den bayerischen

Staat. In Wirklichkeit steht nämlich niemand hier zu seiner Vergangenheit, das finde ich beschämend.

Sein plötzlicher Versuch, den Schlüssel auf dem Parkplatz aufzuheben, wird von Esther vereitelt, die dem Schlüsselbund schnell einen Tritt versetzt, so daß er weiter in das KZ-Gelände hineingeschleudert wird.

ESTHER. Ich will, daß du mit mir gehst. Ich will mich hier von meiner Mutter verabschieden.

Schnell bückt sich Esther und rennt mit dem Zündschlüssel weg. Gattinger hastet hinterher. Er bekommt sie kurz zu fassen, doch sie kann sich wieder befreien.

GATTINGER. Hör zu, Esther, hör mir doch zu! Dachau war ein reines Internierungslager für Gegner des Systems, Aufrührer, Kommunisten! Da gab es keine Frauen. Deine Mutter ist niemals hier nach Dachau gekommen. Das sind nur irgendwelche ignoranten Gerüchte. Glaube mir, es gab keine Frauen in Dachau! Du kannst ja hingehen. Frage nach, überzeuge dich, aber zwinge mich nicht, mitzugehen, um etwas zu erfahren, was ich schon weiß!

ESTHER. Wenn du von dieser Zeit sprichst, lügst du. Du lügst, wie alle, die da mitgemacht haben.

Esther geht rückwärts, nimmt Abstand von ihrem Vater und beginnt ihn zu fotografieren. Gattinger setzt sich dieser Abrechnung seiner Tochter aus, er fühlt sich aber vollkommen im Recht.

GATTINGER. Esther, ich stehe zu dem, was ich getan habe, ganz im Gegensatz zu vielen anderen, die sich im derzeitigen Staat Pöstchen beschafft haben. *Das* sind die Lügner, da gebe ich dir ganz recht.

Esther hört nicht auf, Gattinger zu fotografieren. Aus immer neuen Blickwinkeln bildet sie ihn in dieser Umgebung ab, dokumentiert seine Rechtfertigungstirade.

GATTINGER. Dickkopf! Was soll denn der Unsinn, Esther!

ESTHER. Schau dich mal um, schau, hier, hier.

Gattinger folgt Esther auf das weite Terrain des ehemaligen Appellplatzes. Sie deutet auf die Baracken des Verwaltungstrakts.

ESTHER. Und jetzt sage mir, wie das mit meiner Mutter war, damals.

GATTINGER. Sie haben sie zuerst nach Stadelheim gebracht, das ist ein bekanntes Gefängnis in München. Von da kam sie nach Ravensbrück in Mecklenburg. Wir haben sie dann auf Umwegen in Moringen unterbringen können. Da war sie erst mal sicher. Und da hätte sie auch überleben können. Da haben sie nämlich Seidenraupen gezüchtet, für Fallschirmseide.

ESTHER. Seidenraupen ...

Sie sieht, wie aussichtslos es ist, diesen Mann das fühlen zu lassen, was sie hier an diesem Ort der realen Verbrechen an Menschen wie ihrer Mutter empfindet. Sie gibt ihm die Autoschlüssel zurück.

GATTINGER. Im November 44 haben sie das Lager aufgelöst. Mehr weiß ich auch nicht.

Sie geht quer über den Appellplatz. Sie fühlt sich völlig verloren. Es ist ihr jetzt egal, ob Gattinger ihr folgt. Sie will den Ort allein und auf ihre Weise begreifen.

Gattinger sieht hinter ihr her.

GATTINGER. Ich erwarte dich in der Altstadt, in der Schloßwirtschaft. Du wirst Hunger haben ...

Er geht zu seinem Mercedes zurück.

Esther ist vor dem Haupteingang des Zentralgebäudes angekommen, wo es ein Ehrenmal zum Andenken an die Opfer gibt. Sie sieht sich hilflos um. Sie sieht die Touristengruppen, die in die Baracken geführt werden, sie versucht, die Geister der Ermordeten zu spüren. Mit ihren leise gesprochenen Worten wendet sie sich an ihre Kamera, als wäre es ein menschliches Wesen.

ESTHER. Ihre Spuren haben sich verloren, so wie die Spuren von all den Menschen, die hier gequält und ohne Erbarmen zu Tode gefoltert worden sind. Man sieht nichts mehr davon, man hört nichts, alles ist so sauber und aufgeräumt. Da liegt ein Kranz, den so ein Heuchler von Politiker hingelegt hat, um sein Gewissen zu reinigen. Alles ist hier tausendfach fotografiert worden. Ich spüre es genau, wie sie sich hier hingestellt haben und ihre Bildchen geknipst haben, und dann hat sich da einer hingestellt, und dann hat sich der andere da auch hingestellt, wie die Hunde, die ihr Bein heben, weil der andere da auch schon das Bein gehoben hat. Und genauso ist das mit der Fotografie. Ich geb's auf.

1109 In Dachau

Auf dem Weg durch die Kleinstadt Dachau gelangt Esther an einen Platz, der den Namen »Platz des Widerstandes« trägt. Esther lacht auf. Dieses Straßenschild erscheint ihr wie Hohn.

1110 Dachau, Schloßwirtschaft

Sie findet ihren Vater an einem gemütlichen Ecktisch der bayerischen Wirtschaft. Hier ist die Welt völlig in Ordnung. Auch die Art, in der Gattinger es sich bequem gemacht hat, läßt Esther fast verzweifeln. Sie setzt sich an den Tisch, überreicht Gattinger wortlos ein paar Bücher über das KZ, die sie gekauft hat, und ist den Tränen nahe.

GATTINGER. So, was nimmst du denn? Cordon bleue – oder vielleicht einen Ratsherrentopf?

ESTHER. Ich habe heute die schlechtesten Fotos meines Lebens gemacht.

Gattinger reicht ihr die Leberknödelsuppe herüber, die ihm gerade serviert worden ist. Er drückt ihr liebevoll den Löffel in die Hand und erwartet, daß sie jetzt etwas ißt. Esther führt auch den Löffel in die Suppenschale, nimmt den dicken Leberkloß auf, hebt ihn über die Suppe und weint.

1111 Straße vor Haus Volker und Clarissa

Es ist Schnee gefallen in München. Der kleine Platz um die Haidhauser Kirche ist ein Paradies für die Kinder, die bei der frühen Dunkelheit noch nicht ins Bett gehen müssen. Sie tollen umher wie Lulu, die ihren Eltern im Spiel davonlaufen will. Hermann fängt sie ein. Er läßt sie auf seinem Nacken reiten, während er und Schnüßchen zu dem Haus eilen, in dem Volker und Clarissa wohnen.

Bei »Schimmelpfennig« klingelt Hermann. Die Tür geht auf. Dann steigen er und Schnüßchen die Treppen hinauf zum ersten Stock.

1112 Wohnung Volker und Clarissa

Volker, der den Abendbesuch erwartet hat, öffnet die Wohnungstür. Es ist das erste Mal, daß die beiden Kleinfamilien sich über alle alten Wunden hinweg einladen. Die Begrüßung ist ein wenig forciert, aber es hilft, daß man mit den Kindern eine laute und ungehemmte Schmeichelsprache praktizieren kann, die zwar idiotisch ist, aber allgemein akzeptiert wird. Es gibt die vielen Alltäglichkeiten, wie Mäntel ausziehen, Breichen für den Kleinen machen, das schreiende Kind beruhigen, Lulus Mütze bewundern. Alles dies sind Tätigkeiten, die jedes Gefühl einebnen und sämtliche Ängste, die man voreinander haben könnte, über den Haufen rennen.

Als Schnüßchen ihren Mantel ablegt, kommt darunter das neue Modellkleid mit dem blauen Fuchsfell zum Vorschein. Volker ist sprachlos über ihre Eleganz.

VOLKER. Oh, siehst du toll aus!

SCHNÜSSCHEN. Damit hab ich uns ruiniert. Sonst habe ich ja nie Gelegenheit, so was anzuziehen. Schick, nicht?

Schnüßchen dreht vor Volker und Clarissa wieder ihre Pirouetten. Auch Clarissa kann ihre Bewunderung für diesen Chic nicht verbergen.

Schnüßchen versucht von ihrem viel zu feinen Kleid abzulenken. Sie überreicht Clarissa eine Tasche, in der sie allerlei Lebensmittel mitgebracht hat.

SCHNÜSSCHEN. Hier haben wir Öl, Margarine, eine halbe Packung Knäckebrot und ein bißchen Gemüse. Das können wir vielleicht zum Kochen verwenden.

Clarissa hat ihr schnell eine Schürze umgebunden, damit das Kleid in der Küche nicht leidet.

CLARISSA. Das Wichtigste ist der Fisch!

SCHNÜSSCHEN. Aha!

Schnüßchen folgt Clarissa in die Küche.

Volker, der schon die ganze Zeit vielversprechend gelächelt hat, führt Hermann in sein Wohnzimmer.

VOLKER. Ich habe einen neuen Flügel!

HERMANN. Gekauft?

VOLKER. Gemietet.

Hermann atmet auf. Wie hätte es auch sein können, daß es Volker so viel besser ginge als ihm, der sich nicht mal mehr das Abendessen leisten kann!

Volker läßt Hermann am Flügel Platz nehmen, und weil es ihm gerade in den Fingern liegt, spielt dieser eine Kadenz aus dem Beethoven-Konzert, das er mit Clemens verjazzt hatte.

Er ist begeistert von dem Klang. Volker mischt sich in das Spiel der Tasten ein und fügt eine Improvisation auf den Bässen hinzu. Die beiden Musiker sind begeistert.

VOLKER. Damit kann man arbeiten!

1113 Wohnung Volker und Clarissa, Küche

Clarissa wickelt einen Fisch, den sie gekauft hat, aus dem Zeitungspapier. Clarissa, die es nicht über sich bringt, das Tier zu enthaupten, hält Schnüßchen das Messer hin.

CLARISSA. Soll ich den Kopf abschneiden oder nicht?

SCHNÜSSCHEN. Ab!

CLARISSA. Traust du dich?

Schnüßchen schüttelt den Kopf. Auch sie fürchtet sich vor dem brutalen Akt.

Hermann hat die beiden Frauen von der Tür aus beobachtet.

HERMANN. Also, so geht das doch nicht. Laß mich das mal machen!

Entschlossen nimmt er Clarissa das Messer aus der Hand. Er packt den toten Fisch, legt ihn sich zurecht und schreitet entschlossen zur Tat. Jetzt, wo er den abgetrennten Kopf mit dem geronnenen Fischblut sieht, ekelt auch er sich.

HERMANN. Also, wenn das ein Fisch aus dem Ammersee wäre, da wäre ich unfähig, davon zu essen.

CLARISSA. Ich habe nicht danach gefragt, als ich ihn gekauft habe. Der Fisch hat mir einfach gefallen. Ich habe ihn mir einpacken lassen, ohne zu wissen, was es für ein Fisch ist.

SCHNÜSSCHEN. Also, so große Fische, die kommen aus dem Meer.

HERMANN. Das möchte ich genau wissen!

In Clarissas Eßecke hängen, eigentlich als Dekoration gedacht, zwei große Plakate, auf denen alle möglichen eßbaren Fische aus Gewässern und Meeren abgebildet sind. Auch Volker beteiligt sich an der Identifikation des Fisches, wobei allerlei Irrtümer möglich sind, weil viele Fischsorten sich gleichen.

Als Hermann den Fisch wieder auf die Zeitung legt, in der er eingepackt war, fällt sein Blick auf einen Artikel, der vom Fischblut durchtränkt ist.

HERMANN *(liest)*. »Deutsche Werbung gefragt. Auf dem diesjährigen Werbefilmfestival in Cannes konnte auch ein deutscher Beitrag Lorbeeren ernten. In der Kategorie ›Hervorragende Einzelleistungen‹ erhielt ein Werbefilm der Münchner Isarfilm GmbH den Preis für die beste Musik. Konsul Theobald Handschuh, Hauptgesellschafter, 85 Prozent des Stammkapitals, und Geschäftsführer der größten deutschen Werbe- und Auftrags-Filmproduktion, nahm den Preis im Namen des Komponisten H. Simon in Empfang ...«

SCHNÜSSCHEN. Steht das in der Zeitung?

HERMANN. Ja sicher, das ist die neueste Ausgabe, der Wirtschaftsteil!
Schnüßchen begreift viel später erst als alle anderen, was Hermann da vorgelesen hat.
SCHNÜSSCHEN. Ei, Hermann, H. Simon, das bist doch du!
Volker nimmt Hermann die Zeitung aus der Hand.
VOLKER. Das müßte man dir doch längst mitgeteilt haben! *(liest)* »Auch der preisgekrönte Baumwoll-Dokumentarfilm ist wegen seiner besonderen künstlerischen Note besonders positiv aufgefallen.« Das ist doch der Film, den du mit Reinhard gemacht hast!
HERMANN. Ja.
Hermanns Gedanken gehen den ganzen langen Weg zurück, von dieser Situation bis zu den Tagen, da Reinhard in Venedig war und er mit Dagmar die Musik im Schneideraum der Isarfilm konzipierte.

1114 Wohnung Hermann und Schnüßchen

Am nächsten Morgen ist Hermann um halb acht schon hellwach. Er sitzt in seinem Bett und wartet darauf, daß der Wecker endlich läutet. Als die Glocke schließlich losgeht, erschrickt er und weiß nicht, was er tun soll, damit das Kind nicht aufwacht. Er steckt den Wecker einfach unter die Bettdecke und bringt ihn dort zum Schweigen.
Schnüßchen ist wach geworden.
HERMANN. Ich habe die ganze Nacht nicht geschlafen. Wie machen wir das bloß? Hast du noch ein paar Zehnpfennigstücke, daß ich da wenigstens mal anrufen kann?
SCHNÜSSCHEN. Du kannst ja Rabattmarken einlösen.

1115 Straße in Schwabing

Im Milchgeschäft gegenüber tauscht Hermann ein vollgeklebtes Rabattmarkenbüchlein ein. Mit den Münzen, die die Milchfrau ihm in die Hand drückt, überquert er die Straße und eilt zu einer Telefonzelle.
HERMANN. *Ich hatte mir in der Nacht ausgemalt, welches Glück da auf mich warten würde! Ruhm, ein Preis, mit viel Geld verbunden, Aufträge, neue Menschen. Schon als Kind hatte ich solche Visionen gehabt, die mich quälten, weil ich sie für absolut wahr hielt und man so endlos lange auf die Erfüllung warten mußte. Ein ganzes Leben*

warten auf etwas, das sowieso kommen würde! Nur der Zeitpunkt, der war immer wieder unbekannt. Ich ging also zu Konsul Handschuh. Konsul von »Sauru«, einer Südseerepublik, nie davon gehört – und Chef der Isarfilm, bei der schon Stefan und später Reinhard gearbeitet hatten.

Hermann telefoniert mit der Isarfilm. Von der Telefonzelle aus begibt er sich direkt in die Innenstadt, wo das Büro der Isarfilm liegt. Das Büro dient gleichzeitig als Konsulat.

1116 Büro Konsul Handschuh

Der Konsul ist ein dicker Herr von etwa sechzig Jahren, dem das Werbelächeln im Laufe seiner Jahre als PR-Mann regelrecht im Gesicht festgewachsen ist. Er schenkt sich und Hermann das Nationalgetränk der Republik Sauru ein, eine milchige Flüssigkeit, die Ähnlichkeit mit Eierlikör hat. Der Konsul läßt Hermann auf seiner Besuchercouch Platz nehmen und stößt feierlich mit ihm an.

KONSUL HANDSCHUH. Lieber Herr Simon, ich stelle mir vor, daß Sie bei uns ein Studio für elektronische Klangerzeugung aufbauen. Was sagen Sie dazu? Sie sollten im freien Experiment, losgelöst von den Zwängen des kommerziellen Erfolges, die neuen Möglichkeiten der elektronischen Komposition erkunden. Erika!

Erika ist die junge Sekretärin der Firma. Über das ganze Gesicht lächelnd, kommt sie mit dem Stenoblock herein und setzt sich an den Schreibtisch, nachdem sie Hermann noch einen kurzen, aber heißen Blick zugeworfen hat. Hermann beginnt sich wie im Märchentraum zu fühlen bei den Angeboten, die da auf ihn zukommen. Das ist wie ein Goldregen.

Die folgenden Sätze diktiert der Konsul als Vertragsentwurf in Erikas Stenoblock.

KONSUL HANDSCHUH. Also, ich stelle mir vor, daß es ganz neue Klangbilder geben könnte, eine völlig unkonventionelle akustische Verarbeitung von Werbesendungen für Rundfunk, haben Sie Rundfunk? Rundfunk und Fernsehen.

Noch einmal funkelt Erika Hermann an. Der Konsul wird immer vertraulicher. Er beugt sich zu Hermann herüber, soweit das seine Leibesfülle zuläßt.

KONSUL HANDSCHUH. Herr Simon, Sie sollen frei sein, frei wie ein

Vogel. Sie werden nicht gezwungen, Bier oder Waschmittel zu vertonen. Erschrecken Sie bitte nicht, ich möchte mit Ihnen lediglich Neuland erobern. Wenn Sie es bitte für sich behalten, ich wollte früher auch mal Komponist werden, aber der Krieg! Haselchen, Liebling?

»Haselchen« ist die Ehefrau des Konsuls. Sie ist kaum schlanker als der Chef, arbeitet als seine rechte Hand und Bürochefin im Betrieb mit und führt offenbar ein strenges Regiment, was daran zu erkennen ist, daß Erika bei ihrem Eintritt ins Büro ehrfürchtig vom Stuhl aufspringt und aufhört zu lächeln.

»Haselchen« überreicht dem Konsul ein großes Faltblatt.

KONSUL HANDSCHUH. Sehen Sie, das ist die Urkunde, die wir für unseren Film bekommen haben. Und jetzt schauen Sie mal die letzte Zeile, Kategorie Musique: Hermann Double-W Simon. Das Diplom gehört Ihnen!

Hermann steht in der Mitte. Konsul, Konsulin und Erika umringen ihn mit Glückwünschen.

1117 Wohnung Hermann und Schnüßchen

Es läutet an der Wohnungstür. Schnüßchen glaubt, daß Hermann von der Isarfilm zurückgekehrt ist. Sie eilt durch den Flur, um ihrem Mann zu öffnen.

HELGA. Tag, Waltraud!

SCHNÜSSCHEN. Helga!

HELGA. Können wir reinkommen?

Schnüßchen würde die Tür am liebsten wieder zumachen und diese dreisten Gesichter aussperren. Aber Helga drängt an ihr vorbei, zieht ihre Genossen hinter sich her und läßt Schnüßchen spüren, daß sie nicht ihretwegen gekommen ist, sondern wegen Hermann.

SCHNÜSSCHEN. Der Hermann ist nicht da. Er ist in der Stadt, um was Wichtiges zu erledigen.

Ohne noch weitere Erklärungen abzugeben, machen es sich die drei Besucher im Wohnzimmer bequem. Helga und ihre Freundin Katrin fangen an, sich einen Joint zu fabrizieren, während Dirk, der blonde Agitator, Hermanns Bücherregal mustert. Schnüßchen sieht sich ihre Besucher von der Tür aus an, sie verfolgt jede ihrer Bewegungen. Sie ist dauernd bereit, einzuschreiten, falls ihre Rechte verletzt werden.

Helga hat den Joint fertig und zündet ihn an. Das Rauchzeremoniell beginnt. Nachdem sie einen tiefen Zug mit zurückgelegtem Kopf inhaliert hat, gibt sie den Joint an Katrin weiter, die den Rauch sehr langsam in ihre Bronchien läßt. Nun kommt Dirk an die Reihe, der rauchend zu Schnüßchen geht und ihr den Joint zwischen die Finger drückt.

DIRK. Und du, was studierst du?

SCHNÜSSCHEN. Ich studiere nicht. Ich kann Ihnen deswegen auch nicht helfen.

DIRK. Aber gerade als Werktätige könntest du uns helfen.

SCHNÜSSCHEN. Ich bin auch keine »Werktätige«, denn ich arbeite in einem Reisebüro.

Sie streckt den Joint weit von sich, während sie ihn zu Helga zurückträgt. Sie fürchtet sich vor der Droge wie vor einer ansteckenden Krankheit.

SCHNÜSSCHEN. Bitte.

HELGA. Danke.

DIRK. Dann könntest du ja vielleicht diese Unterschriftenliste in deinem Reisebüro auslegen.

SCHNÜSSCHEN. Also, ich weiß nicht, was mein Chef dazu sagen würde.

DIRK. Aber, du wirst doch deinen Chef nicht fragen wollen!
SCHNÜSSCHEN. Er mag so was nicht, da bin ich ziemlich sicher.
DIRK. Dann mußt du es eben illegal machen.
SCHNÜSSCHEN. Also, ich kenne meinen Chef ziemlich gut. Illegal, das käme für mich nicht in Frage.

Mitten im Satz erkennt Schnüßchen, daß Helga und Katrin sich vor ihren Augen küssen wie ein Liebespaar. Schnüßchen hat Mühe, ihre Fassung zu behalten. Sie wird nervös und tritt den Rückzug an.

SCHNÜSSCHEN. Also, ich habe nichts dagegen, wenn Sie hier auf den Hermann warten, aber Sie müssen ruhig sein und dürfen mir das Kind nicht wecken. Ich kann Ihnen auch leider nichts anbieten, nicht mal einen Tee, ich bin ... wissen Sie, wir sind pleite zur Zeit!

Den letzten Satz sagt sie, nachdem sie sich draußen im Flur noch einmal Mut zugesprochen hat. Sie öffnet erneut die Wohnungstür. Die drei Besucher lassen sich aber nicht abschrecken. Sie richten sich im Tabak- und Haschischqualm häuslich ein.

1118 Ammersee, Bootshaus

Das Auto des Konsuls nähert sich der Reihe von Bootshäusern, die in der Nähe von Robs Forsthaus am Ufer des Sees liegen. Auch hier draußen ist tiefer Winter. Schnee liegt auf den Dächern, Anlegestegen und Anfahrtswegen. Der See ist zugefroren, soweit man sehen kann.

ROB. *Früher hätte ich so etwas Reinhard überlassen. Aber jetzt war ich Autor geworden. Mehr noch, ich hatte eine Art filmisches »Perpetuum mobile« erfunden. – Eins dieser Bootshäuser am See gehörte meinen Eltern, oder besser gesagt: dem Forstamt, für das mein Vater arbeitete. Also, in diesem Bootshaus hatte ich seit letztem Herbst experimentiert, für Konsul Handschuh. Und er hatte alles bezahlt, das Baumaterial, die Arbeitsstunden der beiden Handwerker, Gerätemieten und alles, was ich im Dorf eingekauft hatte, um meine Versuche zu machen. Ich war nie zuvor so glücklich gewesen!*

Der Wagen des Konsuls, ein eleganter Rolls-Royce mit Chauffeur, hält vor einem Schild mit der Aufschrift »Eintritt verboten«. Das Firmenzeichen der Isarfilm schmückt den Eingang des Bootshauses.

KONSUL HANDSCHUH. Herr Stürmer, Herr Stürmer!

Rob hat den Ruf gehört. Er streckt den Kopf durch eine Holztür.

ROB. Grüß Gott, Herr Konsul!

KONSUL HANDSCHUH. Grüß Gott! Wie kommt man denn rein in unser Geheimlabor?

ROB. Kommen Sie nur, aber Vorsicht auf dem Steg, der ist glatt!

Rob eilt dem dicken Konsul entgegen. Erikas Lächeln perlt durch die Winterluft. Rob begrüßt seine Gäste und staunt, daß auch Hermann dabei ist.

Der Konsul, der diesen Ausflug eigens unternommen hat, um Hermann mit dem Geheimprojekt der Isarfilm vertraut zu machen, erklärt ihm die Lage.

KONSUL HANDSCHUH. Ja, durch mich lernen Sie Ihren Studienfreund erst richtig kennen! Er ist eine geniale Bildbegabung, das haben Sie bestimmt nicht erahnt. Er ist ein Augenmensch. Er ist hinter den Bildern her wie der Teufel hinter den armen Seelen.

ROB. Ja, wenn Sie mir jetzt folgen wollen...

Rob geht mit der Gruppe zu einer Treppe, die vom Holzsteg hinab auf die Eisfläche führt, die sich zwischen Ufer und Bootshaus gebildet hat. Vorsichtig steigt der schwergewichtige Konsul hinter Rob und Hermann auf das Eis.

Der Hausregisseur Zielke hat einen anderen Weg versucht. Er ist auf dem Ende eines Stegs angekommen, wo es kein Geländer gibt und wo es nicht weitergeht. Hilflos und ängstlich steht er da und blickt auf das Eis hinunter.

ROB. Eigentlich würden wir jetzt hier ins Boot steigen, aber der Ammersee ist ja seit zwei Wochen zu. – Also, darf ich Sie jetzt hier auf den Schlitten bitten, Herr Konsul?

Rob hat fünf Kinderschlitten aneinanderbinden lassen, so daß sie eine kleine Kolonne bilden wie die Wägelchen einer Geisterbahn. Der Konsul setzt sich bereitwillig auf den ersten Schlitten, der unter seiner Last ächzt. Hinter ihm nimmt Erika Platz. Hermann folgt als Dritter.

HERMANN. Da bin ich gespannt!

KONSUL HANDSCHUH. Also, springen Sie schon, Zielke!

Nun traut sich auch Herr Zielke aufs Eis. Er setzt sich vorsichtig auf den letzten Schlitten, so daß Rob, der natürlich auch mitfahren will, den vorletzten Schlitten nimmt.

ROB. Ich habe die Leinwände und die Projektoren im Maßstab eins zu sieben im Bootshaus aufgebaut. Damit wir also den Eindruck bekommen, als ob ein Zuschauer unter den Leinwänden durchgeht, fahren wir mit dem Schlitten unter dem Boden des Bootshauses durch. Stutzi, ziag o!

Man hört die Stimmen von zwei Männern, die im Innern des Bootshauses antworten. Das dicke Seil, das am vordersten Schlitten angebunden ist, strafft sich und zieht mit Macht an. Die Schlittenkolonne setzt sich in Bewegung und verschwindet zwischen den morschen Brettern, die den unteren Bereich des Bootshauses zum Wasser hin abschließen.
Alle Bedenken des Konsuls, das Eis könnte brechen oder die Schlitten könnten umkippen, werden von Rob, der einen hemmungslosen Enthusiasmus ausstrahlt, zerstreut. Zuerst ist es dunkel, und die Schlittenfahrer sehen nichts. Dann werden viele Leinwände sichtbar, die in vier Reihen über den Köpfen zu schweben scheinen. Das ganze Bootshaus ist erfüllt von geheimnisvollen Projektionen, die überall, wohin das Auge sich wendet, erscheinen und wieder vergehen.
Hermann versucht, in den Bildangeboten ein Thema zu erkennen. Erika ruft immer nur »schön«, und Herr Zielke ist neidisch, daß das Projekt ohne sein Dazutun schon so konkrete Gestalt angenommen hat. Der Konsul ist sprachlos vor Begeisterung.

KONSUL HANDSCHUH. Ein perfekter Eindruck. Man verliert die Größenmaßstäbe... Wie hoch ist das eigentlich?

ROB. Nur einen Meter, Herr Konsul. In Wirklichkeit sind die Leinwände sieben Meter hoch. Die verschiedenen Projektionen habe ich jetzt nur mit Dias angedeutet. Wir brauchen sechzehn Kinoprojektoren.

Unter den einzelnen Leinwänden sind Schrifttafeln angebracht, die Begriffe zur Interpretation des jeweiligen Bildes enthalten.

HERMANN *(liest)*. Gott, Weltall, Galaxie, Sonne, Erde, Meer, Kontinent, Land, Stadt, Dorf, Straße, Haus, Zimmer, Bett, Kopfkissen, ich.

KONSUL HANDSCHUH. Ja, ich. Ich!

Die Schlittenfahrt ist zum Stillstand gekommen. Rob ist von seinem Sitz aufgesprungen, um die Anlage besser erklären zu können. Hermann bestaunt die projizierten Bilder: Landschaften, Sterne, Erde und Mond, aber auch private Szenen wie Wohnzimmer, Bett und ein Gruppenbild der Freunde um Reinhard. Hermanns Hochzeit im »Fuchsbau« ist ebenfalls dabei.

ROB. Ich schlage vor, wir lassen die Zuschauer über eine Wasserfläche gehen ...

ZIELKE. Wie Jesus, was?

ROB ... indem wir auf dem schwarzlackierten Fußboden, den ich hier mit einer Folie angedeutet habe, einen Projektionsstrahl werfen. Dieser Lichtstrahl übrigens trifft auch die Zuschauer, und sie werden dadurch selbst zur Leinwand, liefern durch ihre Bewegung ständig neue Bilder. Und über den Köpfen behandeln wir die einzelnen Themen.

ZIELKE. Der Mensch und das Universum ...

ROB. Nein, die Geheimnisse, die auf dem Grund der Seen liegen.

Plötzlich zeigen alle Leinwände gleichzeitig das Bild einer dunkelroten Rose.

ZIELKE. So was liegt auf dem Grund der Seen.

ROB. Utopien, Träume, die letzten Ideen der Ertrunkenen.

HERMANN *(für sich)*. Reinhard!

ROB. Reinhard.

Jetzt wechseln die Projektionsbilder wieder. Wolken, Straßenschluchten, Nebel, Feuer, die Pyramiden von Giseh.

KONSUL HANDSCHUH. Herr Simon, Sie komponieren mir dazu die passende Sphärenmusik! »Die Sonne tönt nach alter Weise«, also diese Vision von Goethe, die müßte sich doch technisch umsetzen lassen! Ich meine, in unserem elektronischen Studio.

Die Schlittenfahrt geht weiter. Am Ende öffnet sich ein Vorhang, und vor den erstaunten Besuchern dehnt sich die Oberfläche des Sees aus: eine Eisfläche bis zu den Nebelgebilden, die das andere Ufer verhüllen. Dort auf dem Eis wird auch die Männergruppe sichtbar, die die Schlittenkolonne gezogen hat. Die Helfer lassen das Seil los und lachen.

Als Hermann nach diesen Erlebnissen nach Hause kommt, nimmt er drei Stufen auf einmal, so schnell will er zu Schnüßchen, um ihr alles zu erzählen. Vor allem davon, daß seine berufliche Zukunft plötzlich in einem rosigeren Licht erscheint.
Als er die Wohnungstür aufsperrt, steht ihm jemand im Wege, so daß die Tür nicht richtig aufgehen will. Mit Gewalt verschafft Hermann sich Einlaß. Dirk lehnt sich von innen an die Tür. Er ist dabei, auf Schnüßchen einzusprechen und sie politisch zu agitieren.
Hermann wird ärgerlich.

HERMANN. Ich möchte da rein.

SCHNÜSSCHEN. Hermann, ich muß dich warnen! Da ist Besuch, die warten schon seit Stunden auf dich. Du mußt mir aber unbedingt erzählen, wie es war.

Schnüßchen ist dem Weinen nahe. Hermann hält ihr die Urkunde von seinem Musikpreis hin, aber er versteht nicht, warum sie ausgerechnet jetzt so traurig ist.

HERMANN. Guck emal – von heute an wird sich in unserem Leben alles ändern!

SCHNÜSSCHEN. Ach, Hermann …

Dirk nimmt von Hermann einfach keine Notiz. Er folgt Schnüßchen ins Bad und redet auf sie ein.

Hermann, auf der Suche nach dem angekündigten Besuch, begibt sich ins Wohnzimmer.

DIRK. Also, um es noch mal zusammenzufassen: Die Grundursache liegt in dieser vollkommen durchseuchten Justiz! Das sieht man schon mal an den Notstandsgesetzen. Ich meine, diese Gesetze sind nicht nur überflüssig und schädlich, sie sind sogar gefährlich, weil sie es ermöglichen …

Dicker Zigarettenqualm weht Hermann entgegen, als er die Tür öffnet. Im Dunst kann er gerade noch Helga erkennen.

HELGA. Wir warten schon seit Stunden. Wir gehen auch gleich wieder. Du sollst hier nur was unterschreiben.

HERMANN. Was denn unterschreiben? Grüß dich, Helga.

Sie überreicht Hermann die Unterschriftenliste, die er durchblättert. Er liest die Einleitungsworte.

HERMANN. »Die imperialistische Aggression der Amerikaner in Vietnam« …

HELGA. Die Amerikaner haben begonnen, in Vietnam die Menschen mit Napalm zu verbrennen.

HERMANN. Aha.

HELGA. Der Tod ist kein Einzelschicksal mehr, Hermann.

HERMANN. Aha …

HELGA. Ja. Und außerdem wollten wir dich noch zu einem »Teach-in« einladen. Nächste Woche Mittwoch, acht Uhr. Hörsaal 702.

Er unterschreibt die Liste. Er kann sich auf Helgas Worte aber nicht konzentrieren, weil draußen immer noch die Stimme von Dirk zu hören ist, der auf das arme Schnüßchen einredet.

Schnüßchen beschäftigt sich mit Lulu, die sich vor dem fremden Mann fürchtet. Außerdem will das Kind auf die Toilette.

DIRK. Aber das zieht sich rauf bis in die Regierungsspitze. Bis zu unserem Bundeskanzler mit seiner Nazivergangenheit.

SCHNÜSSCHEN. Entschuldigung, wir müssen mal …

DIRK. Aber ich kann das beweisen!

Schnüßchen schlägt die Badezimmertür vor Dirks Nase zu. Daraufhin spricht er durch die verschlossene Tür weiter.

Hermann und Helga sind ins Schlafzimmer gegangen, wo Katrin im Bett liegt. Katrin schläft. Helga will sie jetzt nicht wecken. Sie deckt sie behutsam mit Schnüßchens Bettdecke zu und schaut Hermann an.

HERMANN. Weißt du eigentlich, daß Reinhard tot ist?
HELGA. Ich hab's gehört.
HERMANN. Und deine Gedichte? Ich wollte immer noch ein paar davon vertonen.
Helga schweigt. Sie kommt zu Hermann ans Fenster, sieht mit ihm hinaus auf die winterliche Stadt.
HERMANN. Du hast dich völlig verändert, Helga.
HELGA. Es gibt Zeiten, an denen es Wichtigeres zu tun gibt, als Gedichte zu schreiben. Wir Intellektuellen, wir haben die Verantwortung für die Demokratie im Land. Und genau in diesem Punkt haben 1933 die meisten deutschen Künstler versagt. Das darf sich nicht wiederholen.
Hermann und Helga sehen gemeinsam auf ihr Schwabing, auf den Stadtteil, in dem sie seit Beginn ihres Studiums leben. Ein Augenblick der Verbundenheit entsteht. Da nähern sich Schritte. Es ist Schnüßchen, die ganz aufgebracht ist und sich jetzt, da Hermann wieder da ist, auch stärker fühlt.
SCHNÜSSCHEN. Ich hab jetzt genug von euern stundenlangen Diskussionen. Der viele Rauch ist auch schädlich fürs Kind. Wißt ihr was, ich schmeiß euch jetzt raus. Außerdem möcht ich mit dem Hermann gern allein sein. Seid mir nicht bös, aber es wird mir sonst zuviel!
Schnüßchen reißt die Bettdecke von der schlafenden Katrin, die entsetzt aufwacht und nicht weiß, wo sie ist. Helga sieht wortlos zu, wie Schnüßchen ihre Hausrechte verteidigt. Sie lächelt von oben herab, als Hermanns Frau an ihr vorbeirauscht und das Zimmer verläßt.
HELGA. Katrin, komm!
HERMANN. Schnüßchen ...
Hermann fühlt sich bloßgestellt. Er tritt neben Katrin, die sich rasch ihre Bluejeans über die schönen langen Beine zieht. Er hatte gerade begonnen, seinen Besuch interessant zu finden.
Draußen hat Dirk Lulu auf den Arm genommen.
DIRK. Wenn du mal groß bist, kommst du auch zum SDS!
Schnüßchen nimmt Dirk das Kind weg. Sie verabschiedet ihn und öffnet die Wohnungstür. Dirk braucht lange, bis er den Rausschmiß begreift.
Jetzt kommen auch Helga und Katrin, um die Wohnung zu verlassen.
HELGA. Na dann, schönes Alleinsein!
Endlich ist Schnüßchen wieder Herrin in ihrem Reich. Hermann kommt ihr mit müden Schritten im Flur entgegen.
SCHNÜSSCHEN. Hermann? Die sind doch nur eifersüchtig auf uns. Hast du das nicht gemerkt? Bitte, du mußt mir sofort erzählen, wie es war.

HERMANN. Eine Urkunde, aber kein Geld! Ich soll ein Studio aufbauen. Ich habe dir das doch schon erzählt, oder nicht? Ich habe überhaupt keine Lust mehr, darüber zu reden.

1120 Verlagsgebäude am Isarufer

Esther ist mit ihrer Kamera unterwegs in der Stadt ihrer Herkunft. Sie fotografiert alles, was ihr merkwürdig erscheint. Sie klettert über ein Brückengeländer, um bessere Perspektiven zu finden. So nähert sie sich den Gebäuden, in denen sich der Verlag befindet, der so eng mit ihrer Familiengeschichte verbunden ist.
Sie fotografiert das Verwaltungsgebäude, die Druckerei und die riesige Leuchtschrift über dem Parkplatz, »Cerphal-Verlag«.

1121 Cerphal-Verlag

Esther geht durch das alte Haus. Sie nähert sich der Bibliothek, die einmal dem alten Cerphal als Arbeitszimmer gedient hatte. Die Tür steht offen, Schreibmaschinengeräusche dringen nach außen.
Leise betritt Esther den Raum, in dem zwei junge Männer in Bergen von Papier verschanzt sind und arbeiten. Sie grüßt wortlos, sie sieht sich um. Alle diese Gegenstände, Gemälde, Vitrinen, Möbel muß schon ihr Großvater gekannt, vielleicht sogar besessen haben. Sie geht weiter, um zu sehen, was für Dokumente auf dem Schreibtisch liegen, aus denen die beiden Geistesarbeiter hier schöpfen. Es sind alte Ausgaben vom »Völkischen Beobachter«, der amtlichen Propagandazeitung Hitlers. Es sind Briefschaften, Fotos, Bücher, Inserate und Fachzeitungen, es sind unzählige Beweise einer Vergangenheit, die ihr vorenthalten worden ist, die man ihr gestohlen hat. Sie empfindet keinen Groll. Sie geht weiter durch das Zimmer, liest hier ein Bruchstück, fotografiert dort eine Postkarte, bis sie Fräulein Cerphal entdeckt, die in der Ecke auf dem Sofa liegt und schläft. Esther fotografiert die Schlafende von weitem und dann noch einmal ganz aus der Nähe.
Davon wacht die Cerphal auf. Sie gebietet Esther, ruhig zu sein.
FRÄULEIN CERPHAL. Hier arbeiten Menschen. Wie schön, daß du da bist, Estherlein. Ich freue mich. Diese beiden Studenten, die bringen mir meine Doktorarbeit auf Vordermann. Ich habe wohl zuviel Phan-

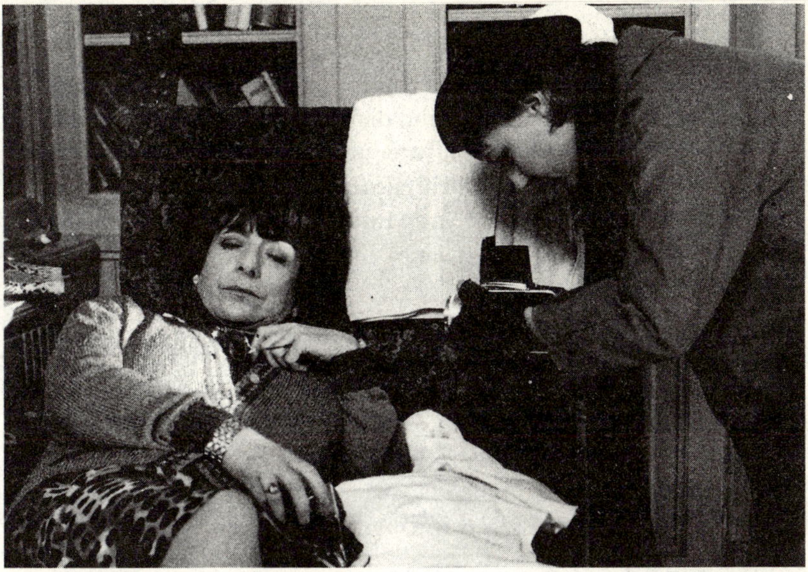

tasie, um eine wissenschaftliche Arbeit zuwege zu bringen. Aber hier, mein Buch über die Verlagsgeschichte, das gedeiht. Doktor Beck hat mir einen entzückenden Autor an die Hand gegeben.

Die Cerphal macht Esther mit einem der beiden Studenten bekannt, der ein Venezianer ist, wie sich bei den ersten italienischen Worten herausstellt, die Esther mit ihm wechselt. Aber die Cerphal läßt ihr keine Zeit, mit dem jungen Mann zu sprechen, sie führt sie ins Treppenhaus.

FRÄULEIN CERPHAL. So, mein Kind, jetzt können wir sprechen.

Die Cerphal setzt sich auf die oberste Treppenstufe und beobachtet Esther, die sich bewegt, als ginge sie über Glatteis.

ESTHER. Nichts paßt zusammen. Alles, was ich mir ansehe in diesem Land, verbirgt mir etwas, lockt mich auf falsche Spuren. Deutschland ist ein Buch mit herausgerissenen Seiten.

FRÄULEIN CERPHAL. Du mußt dich orientieren! Du bist das erste Mal in deinem Leben hier. Wie sollst du da alles verstehen oder gar fotografieren! Du weißt, daß ich dich schon vor Jahren eingeladen habe.

ESTHER. Als es unser Haus noch gab ...

FRÄULEIN CERPHAL. Mein Geburtshaus steht auch nicht mehr in Bogenhausen. Der Krieg hat vieles ausgelöscht, Esther. Aber ich freue mich, daß du endlich den Weg in deine ursprüngliche Heimat gefunden hast.

ESTHER. Ihr seid alle so nett, so positiv, so aufgeschlossen. Wenn ich mir dein Gesicht betrachte, Tante Cerphal, dann denke ich: was für eine nette, alte Schrulle. Aber wie siehst du wirklich aus? Was verbirgst du mir? Dieses ganze Haus. Wo sind die Spuren meiner Familie, die hier gelebt hat? Wo hat mein Großvater gearbeitet? Wo hat meine Mutter geschlafen? Wo haben sie gelebt, geliebt, gefeiert, geweint, wo haben sie Angst gehabt, wo war meine Mutter, als sie sie abgeholt haben?

FRÄULEIN CERPHAL. Oben ist eine Vitrine. Da wird auch das Goldbaum-Andenken gewahrt.

Esther hält es auf der Treppenstufe nicht mehr aus. Sie rennt durch das holzvertäfelte altdeutsche Treppenhaus und schreit ihre Gefühle heraus.

ESTHER. Schon wieder eine Gedenkstätte! Für alles habt ihr die passende Schublade, oder es liegt auf dem Grund eines tiefen Sees!

1122 Münchner Straßen, Limousine

Die Edellimousine des Konsuls fährt mit der Standarte von Sauru über den Königsplatz von München. Die weitere Fahrt geht durch die Ludwigstraße in die Innenstadt.

Der Konsul sitzt, eingerahmt von Hermann und Rob, auf dem Rücksitz. Erika fährt vorn beim Chauffeur mit und lächelt wie immer verführerisch.

HERMANN. *Der Konsul machte uns zu seinen Ratgebern. An einem Tag im Januar mußten wir ihn sogar zu seinen Geldgebern begleiten. Es war mir völlig neu, daß einer seine Kreditwürdigkeit verbessern kann, wenn ich dabei bin, oder Rob, oder wir mit unseren Experimenten und Ideen.*

Hermann nutzt die Gelegenheit, dem Konsul Einblick in seine musikalischen Ideen zu vermitteln. Er redet und redet.

HERMANN. Der moderne Mensch ist in der Lage, tausend Eindrücke gleichzeitig zu verarbeiten. Herr Konsul, sehen Sie doch mal den Chauffeur an! Auf wie viele Eindrücke muß der Mann gleichzeitig achten. Das ist genauso wie in der modernen Kunst. Unser Leben ist eine Simultandarstellung, nonstop.

KONSUL HANDSCHUH. Stimmt das, Herr Bittner?

CHAUFFEUR. Ja ja, so ungefähr, Herr Konsul!

KONSUL HANDSCHUH. Meine Herren, es geht natürlich nicht nur um ein audiovisuelles Gesamtkunstwerk, sondern um den Pavillon, der sich auf der Ausstellung mit dem modernen Massenverkehr befaßt. Und vergessen Sie nicht, Ihre Träume kosten Geld, meine Herren, viel Geld!

1123 Bank, Foyer und Flur

Der Konsul und seine jungen Begleiter durchschreiten die riesige Schalterhalle einer Bank. Sie werden zu einer Marmortreppe geführt, auf deren oberem Absatz Herr Zielke auf die Ankömmlinge wartet.

KONSUL HANDSCHUH. Herr Zielke, da sind Sie, wie schön.

Der Angestellte führt die Besucher durch eine Flügeltür in einen langen Gang, der mit edlen Teppichen ausgelegt ist.

Hermann und Rob verständigen sich während des Ganges über ihre Ideen, die sie für die bevorstehenden Finanzgespräche entwickelt haben.

ROB. Jedenfalls lösen wir die Guckkasten-Leinwand auf. Was hat Film mit Theater zu tun? Wir stellen einfach alles in Frage. Keine festen Anfangszeiten mehr, kein Ende, permanente Dauervorstellung. Film – Film – Film!

KONSUL HANDSCHUH. Bitte, merken Sie sich, Herr Zielke, wir verkaufen keine Ideen ...

ZIELKE ... Aber?

KONSUL HANDSCHUH. Nein, wir verkaufen keine Ideen – die Ideen hat der Kunde. Das gilt auch für Sie, meine Herren!

HERMANN. Ich versuche, mir das alles musikalisch vorzustellen ...

1124 Bank, ein Konferenzsaal

Der Konsul hat den prächtigen Konferenzsaal erreicht. Auch hier edle Holzvertäfelungen, ein gewaltiger Konferenztisch in der Mitte und ein fast lebensgroßes Gemälde, das den Bayernkönig Ludwig I. darstellt.

KONSUL HANDSCHUH. Keiner da, nur König Ludwig!

Herr Zielke klettert auf den Konferenztisch, um ein Architekturmodell besser betrachten zu können, das unter Plexiglas in der Mitte steht. Der Konsul maßregelt ihn wegen dieses Benehmens. Der Chef ist nun zum ersten Mal nervös, fahrig wie eine Diva vor ihrem Auftritt.

Als Rob, Hermann und Erika eingetreten sind, werden die Flügeltüren hinter ihnen geschlossen.

Der Einzug der Banker, eines Chefs und zweier Mitarbeiter, wirkt wie der Auftritt der Richter in einem Strafprozeß. Der Oberbanker kommt auf den Konsul zu, der plötzlich wie ein kleiner Hochstapler wirkt neben diesen hochkarätigen Herren mit ihren unauffälligen dunklen Anzügen.

V. SCHWEINITZ. Konsul Handschuh?

KONSUL HANDSCHUH. Ja?

V. SCHWEINITZ. Grüße Sie. Von Schweinitz.

KONSUL HANDSCHUH. Freut mich!

Der Banker gibt nur dem Konsul die Hand. Hermann, Rob und Erika läßt er sich auf englische Art ohne Handschlag vorstellen. Dann begibt er sich auf die andere Tischseite, wo seine Herren schon warten.

V. SCHWEINITZ. Nehmen Sie doch bitte Platz!

Der Konsul flüstert Erika zu, sie möge doch gleich die mitgebrachten Exposés verteilen. Auf der anderen Tischseite stellt Herr Zielke sich dem Hausherrn persönlich vor, was des Konsuls Unwillen hervorruft, den er in dieser Situation aber nicht zeigen darf.

Jetzt muß die Sitzordnung organisiert werden. Herr Handschuh setzt zu seiner linken Seite Rob, dann Hermann, an seiner rechten Seite muß Erika Platz nehmen, sobald sie die Exposés losgeworden ist. Zielke kommt ganz unten an den Tisch, zur Strafe.

KONSUL HANDSCHUH. Erika, komm bitte näher, komm bitte näher, so ist's gut.

Hermann studiert das Architekturmodell in der Tischmitte. Es besteht aus schematischen Darstellungen von modernen Hallen und Zweckgebäuden.

ROB. Das ist das Ausstellungsgelände.

Eine Dame verteilt Wassergläser und Mineralwasserflaschen auf dem Tisch. Die drei Herren auf der anderen Seite lesen schweigend in den Exposés.

Der Konsul und seine Begleiter warten ab. Die Nervosität steht in ihre Gesichter geschrieben: Sie stellen ein Team dar, das Träume realisieren will, das nicht auf plumpe Weise darauf sinnt, nur das Geld zu vermehren oder nur das zu leisten, was von ihnen erwartet wird. Der Konsul ergreift die Initiative. Er wendet sich an Erika, dann an die jungen Künstler an seiner linken Seite.

KONSUL HANDSCHUH. Ich beginne jetzt die Präsentation.

Er erhebt sich und umkreist den Konferenztisch. Am Kopfende baut er sich vor den Bankern auf.

KONSUL HANDSCHUH. Meine Dame, meine Herren, erwarten Sie bitte von uns keine konventionelle Werbeaussage, keine banale Information. Erwarten Sie ruhig einmal etwas völlig Unbekanntes. Ich weiß, daß Sie genauso unter Zeitdruck stehen wie wir, deswegen erbitten wir heute noch Ihr Jawort zu einem Ereignis, das in naher Zukunft ein Begriff werden wird ...

Der Konsul ist als alter Werbefachmann nun ganz in seinem Element. Er genießt es zu sehen, wie seine Rede zündet, wie die von ihm entworfenen Ideen anfangen sich zu verkaufen. Er geht zu einer kleinen Tafel und schreibt darauf den Begriff »VARIA-VISION«.

Herr Zielke springt auf. Er kennt dieses Wort ebensowenig wie die Herren von der Bank. Er fragt Hermann.

ZIELKE. Was ist Varia-Vision?

KONSUL HANDSCHUH. Varia-Vision! Ich danke Ihnen, meine Herren.

Der Konsul schreitet mit bedeutender Miene zu seinem Platz zurück. Er hat eigentlich nichts gesagt, dies aber auf eine Weise, die das ganze Projekt ins Rollen bringt.

Hermann, Rob, die Herren von der Bank und auch Herr Zielke sind perplex.

1125 Bundesbahngelände

Auf einem Abstellgleis mitten in den Einfahrtsbereichen des Hauptbahnhofs wurde ein Plateauwagen bereitgestellt, auf dem Rob mit dem Filmtechniker der Isarfilm seine Filmgeräte für eins seiner Experimente aufbaut. Mit Rohrgerüsten wird zunächst einmal eine Art Beleuchterbühne auf dem Eisenbahnwagen installiert, damit ein riesiger Filmscheinwerfer hoch über der Plattform in Position gebracht werden kann.

Das Unternehmen ist so einmalig, daß sogar der Konsul mit Rolls-Royce und Chauffeur auf dem Bahngelände erschienen ist. Er möchte dabei sein.

ROB. *Den Titel »Varia-Vision« hatten Hermann und ich beim Herumblödeln erfunden. Aber an diesem Tag, in dieser Stunde, wurde er wirklich geboren. Er wurde zum Begriff für uns alle und gab den vielen verschiedenen Aktivitäten, die nun folgten, einen gemeinsamen Namen. Sogar Herr Zielke, der eifersüchtige Hausregisseur der Isarfilm, fühlte sich als wichtiger Teil des Unternehmens und wollte mit uns »Neuland betreten«. Wir waren Pioniere der Filmkunst!*

Herr Zielke leitet die Aufbauarbeiten, ist aber offensichtlich eifersüchtig auf Rob, der die ganze Zeit neben dem Konsul stehen darf und das Wohlwollen des Chefs genießt.

KONSUL HANDSCHUH. Wissen Sie, daß ich Herrn Zielke seit 1944 kenne?

ROB. Ach so ...?

KONSUL HANDSCHUH. Ja ja, wir waren zusammen an der Ostfront, Wladiwostok. Er war Hauptmann in der Propagandakompagnie, und ich war Obergefreiter bei der Flak. Er hat den Rückzug immer als Vormarsch gedreht ...

ROB. Was hat er gemacht?

KONSUL HANDSCHUH. Ja, es gab da eine Vorschrift von Goebbels: Die Deutschen kamen immer von links nach rechts; von links nach rechts, das bedeutete »Sieg«. Also drehte er immer von links nach rechts.

Rob lacht. Die Techniker beginnen die Kameras auszupacken.

KONSUL HANDSCHUH. Sein Traum war immer der Spielfilm. Er war ja vor dem Krieg Regieassistent in Babelsberg.

ROB. Und nach dem Krieg?

KONSUL HANDSCHUH. Er war immer ein Ästhet, der Herr Zielke. Auch während des Krieges. Solche Leute brauchen wir in der Werbung, und da habe ich ihn geholt.

KONSUL HANDSCHUH. Nicht wahr, Herr Bittner?
CHAUFFEUR. Jawohl, Herr Konsul!
Der experimentelle Aufbau kommt in seine entscheidende Phase. Rob verabschiedet sich vom Chef, um die Arbeiten mit der Kamera selbst zu leiten. Es werden vier große Filmkameras auf eine gemeinsame Stativvorrichtung montiert und so ausgerichtet, daß sie ein fortlaufendes Panoramabild aufnehmen können. Dort wo das Filmbild der ersten Kamera am rechten Bildrand endet, soll das Bild beginnen, das die zweite Kamera aufnimmt. Da diese Bildsegmente in Höhe und optischer Wirkung alle gleich sein sollen, damit später die Vorführung eines vierteiligen Rundumbildes möglich wird, ist der Aufbau und das Justieren der Geräte eine besondere Präzisionsarbeit.
ROB. *Das Experimentieren war zu unserem neuen Lebenselixier geworden. Es schenkte uns ein vorher nie gekanntes Wir-Gefühl. Wir kannten keine Bürozeiten mehr, keinen Feierabend, keine Überstundenregeln. Es war ein Arbeitsrausch, an dem alle teilhatten: die Techniker, die Assistenten, die Studiomannschaft und auch unser dicker Chef, der uns Narrenfreiheit gewährte.*

1126 Vorgebirgslandschaft mit Schnee

Das Ergebnis aller filmtechnischen Vorbereitungen ist eine der merkwürdigsten Eisenbahnfahrten, die es je gegeben hat: Der Plateauwagen, auf dem Rob, seine Techniker und Zielke mitfahren, ist ein gewaltiger Kamerawagen geworden, der von einer Lokomotive durch die verschneite Landschaft geschoben wird. Da die kombinierten Kameras in Fahrtrichtung freie Sicht brauchen, wurde der Aufbau samt brennendem Scheinwerfer vor die Lok gespannt. Einer der Techniker hält den Kontakt zum Lokführer, gibt Robs Kommandos für die richtige Fahrtgeschwindigkeit weiter, während Rob Stromkabel verbindet und damit die vier Kameras gleichzeitig ein- und ausschaltet.
Herr Zielke sucht Schutz vor dem Fahrtwind. Zusammengekauert sitzt er mit hochgeschlagenem Mantelkragen auf dem Wagenboden. Nun setzt sich Rob neben ihn auf einen Kamerakoffer. Rob strahlt über das ganze Gesicht.
ZIELKE. Als wir aus dem Tunnel kamen, das war ein Motiv, das hätten Sie machen sollen!
ROB. Ja, das haben wir auch gemacht.

ZIELKE. Sie haben doch nicht durch die Kamera geschaut.

ROB. Durch welche, Herr Zielke?

ZIELKE. Man muß doch durchschauen, wenn man dreht...

ROB. Wie denn durchschauen? Ich hab doch keine vier Augen! Herr Zielke, wir haben vier einzelne Kameras, und die vier Kameras ergeben *ein* Panorama-Bild.

ZIELKE. Ja, läuft das jetzt?

ROB. Jetzt nicht, aber jetzt!

Rob zeigt Herrn Zielke, wie er die Geräte einschaltet, indem er das Batteriekabel in die Buchsen steckt. Herr Zielke tut sich schwer, zu verstehen, was hier produziert wird. Aber er will seine Rolle als Regisseur nicht aufs Spiel setzen, indem er zugibt, daß er längst den Anschluß verpaßt hat.

Die oberbayerische Winterlandschaft, die sich vor den Augen der Kameras aufrollt, ist von erhabener Schönheit.

1127 Isarfilm, Tonstudio

Hermann hat Volker eingeladen, um ihm das Studio zu zeigen, das er mit Hilfe der Isarfilm aufbauen kann. Die Arbeiten sind schon weit fortgeschritten, so daß sich vor Volkers Augen der Eindruck eines für die Zeit ultramodernen Tonstudios ergibt. Hermann ist stolz, fast ein wenig hochmütig.

HERMANN. Das ist mein Studio für elektronische Klangerzeugung. Na, was sagst du? Das hier ist das ganz neue Mischpult, aus England. Ich meine, das ist alles noch gar nicht richtig ausgepackt und aufgebaut! Ich weiß auch gar nicht, was es alles kann. Aber das hier, das wird unser neuer Vocoder, sechskanalig. Mit dem kann ich die Klanggeneratoren mit menschlicher Stimme ansteuern. Volker, verstehst du, was das heißt? Ich kann damit zum Beispiel den Sägezahn-Generator, der da im Entstehen ist, sprechen lassen. Ich könnte auch einen VW-Motor sprechen lassen, ich kann die menschliche Stimme zertrümmern und die einzelnen Elemente musikalisch verarbeiten. Ich kann sprachliche Strukturen zu Musik werden lassen – und umgekehrt. Und all das hat der kleine Herr Groß für mich gemacht.

GROSS. Federführend.

Herr Groß ist ein freundlicher kleiner Bayer, der einen weißen Arbeitsmantel trägt und Hermann und seine Projekte liebt.

GROSS. I hab da übrigens die Steuerelemente für den neuen Ringmodulator.

HERMANN. Wunderbar! Volker, komm! Es gibt da noch eine kleine Spielerei, ein Abfallprodukt für kommerzielle Zwecke.

Während Herr Groß die neuen »Steuerelemente« in sein Mischpult einbaut, führt Hermann den sprachlosen Volker in den Nebenraum, der durch ein Studiofenster vom Regieraum getrennt ist. Hermann zeigt ein elektronisches Tasteninstrument, auf dem Volker ein paar seltsame Akkorde spielt.

HERMANN. Falls so ein Musikus noch Tasten braucht!

VOLKER. Das bringt mich auf die Idee – ich habe dir doch schon einmal von dem Projekt erzählt, das ich vorhabe...

HERMANN. Ja.

VOLKER ... elektronische Klangerzeuger mit akustischen Instrumenten zu mischen.

HERMANN. Ich erinnere mich genau. Weißt du, Volker, wir schneiden auch gar nicht mehr, wir steuern nur noch.

Volker spürt, daß Hermann nicht mehr fähig ist, ihm zuzuhören.

1128 Verschneite Abendlandschaft

Robs Zug fährt immer noch durch die Voralpenlandschaft. Es wird dunkel. Der riesige Scheinwerfer sieht vor dem Abendhimmel aus, als wäre die Sonne vom Himmel herabgestiegen, um nun durch Oberbayern spazierenzufahren. Der ganze Zug mit Rob und seinen Technikern wirkt unwirklich. Er gleitet geräuschlos vorüber.

1129 Wohnung Volker und Clarissa

Clarissa hat ihr Arnoldchen zu Bett gebracht. Das Kind liegt in einer altmodischen Wiege, die Clarissa so neben den Flügel geschoben hat, daß sie mit der einen Hand das Kind wiegen kann, während sie sich mit der anderen Hand auf dem Flügel begleitet.

CLARISSA *(singt)*.

»Schlaf', mein Kind, schlaf' es ist spät,
Sieh', wie die Sonne zur Ruhe dort geht.
Hinter den Bergen stirbt sie im Rot,

Du, du weißt nichts von Sonne und Tod,
Wendest die Augen zum Licht und zum Schein.
Schlaf', es sind so viele Sonnen noch dein,
Schlaf', mein Kind, mein Kind, schlaf ein.

Schlaf', mein Kind, der Abendwind weht.
Weiß man, woher er kommt, wohin er geht?
Dunkel, verborgen die Wege hier sind,
Dir und auch mir und uns allen, mein Kind!
Blinde, so gehn wir und gehen allein,
Keiner kann keinem Gefährte hier sein!
Schlaf', mein Kind, mein Kind schlaf' ein.

Schlaf', mein Kind und hör' nicht auf mich,
Sinn hat's für mich nur und Schall ist's für dich!
Schall nur wie Windeswehn, Wasser-Gerinn,
Worte, vielleicht eines Lebens Gewinn.
Was ich gewonnen, gräbt mit mir man ein,
Keiner kann keinem ein Erbe hier sein.
Schlaf', mein Kind, mein Kind schlaf' ein.«

Während des Wiegenlieds für Arnoldchen kommt Volker nach Hause. Er schaut müde und enttäuscht aus. Als Clarissa aus dem Kinderzimmer kommt, sieht sie ihn im Flur sitzen. Er hat den Mantel noch an und brütet in sich hinein.

CLARISSA. Volker, fehlt dir was?

VOLKER. Ja.

CLARISSA. Willst du es mir sagen, Volker?

VOLKER. Nein.

CLARISSA. Auch gut. Hast du Hunger?

VOLKER. Vielleicht.

CLARISSA. Ich mache uns was warm.

Clarissa geht in die Küche. Sie beginnt, für Volker eine Suppe warmzumachen.

CLARISSA. Geh nicht mehr ins Kinderzimmer, Arnold schläft schon ...

Clarissa bemerkt, daß Volker den Flur verlassen hat. Sie findet ihn am Eßtisch wieder, wo er an einer elektronischen Komposition arbeitet. Er zeichnet eine neuartige Notation mit vielen Kurven, mathematischen Zeichen und Resten von herkömmlichen Noten.

VOLKER. Was hältst du eigentlich von diesem Isarfilm-Projekt?

CLARISSA. Kommt drauf an, was man daraus macht.

VOLKER. Es wird schiefgehen. Hermann durchblickt das nicht. Er läßt sich von den technischen Möglichkeiten faszinieren. Ein eigenes Studio, wer würde da nicht ja sagen. – Aber so was ist keine Aufgabe für einen einzelnen.

Clarissa setzt sich Volker gegenüber. Die Suppe rührt er nicht an.

CLARISSA. Habt ihr euch gestritten?

VOLKER. Ich bin vorher gegangen.

1130 Isarfilm, Studio

Es ist spät in der Nacht, als Rob und sein Team von den Dreharbeiten zurückkehren. Der Lkw mit den Scheinwerfern und der Kleinbus mit den Kameras fahren am Studioeingang der Isarfilm vor.

Herr Zielke, der in seinem eigenen Auto zurückkommt, hat es eilig, ins Haus zu kommen, denn er leidet unter der Kälte. Rob folgt ihm. Die Diskussion, die die beiden auf dem Plateauwagen begonnen haben, dauert noch an.

ROB. Sehen ist intensiver als Denken. Sehen heißt für mich »wahrnehmen«. Ich nehme Wahrheit in mich auf, wenn ich sehe.

ZIELKE. Ja, aber welche Wahrheit, Herr Stürmer! Es gibt auch die falsche Wahrheit, die sehr, sehr schlimme, falsche Wahrheit! Da bin ich Experte.

ROB. Ja ja, Rückmarsch als Vormarsch, Herr Zielke!

Zielkes Nazivergangenheit findet in Robs Augen keine Gnade. Er läßt den hilflosen Regisseur einfach am Halleneingang stehen.

1131 Isarfilm, Studio, Tonregie

Auch Hermann und sein Team haben bis jetzt gearbeitet. Die ersten elektronischen Klänge, die er und Herr Groß erzeugen, sind schrill und klingen eher wie das Dröhnen eines Blechwalzwerks. Rob bleibt im Studioeingang stehen und hört zu, bis Hermann ihn bemerkt.

HERMANN. Wie war's?

ROB. Kalt war's. Wir sind zwar völlig durchgefroren, aber wir haben's überlebt. Das Schlimmste war der Fahrtwind.

Erika bringt Rob eine heiße Tasse Kaffee, die er in beide Hände nimmt, um sich daran zu wärmen, ehe er trinkt.

ROB. Und ich sag ihm noch, er soll schneller fahren! Aber Bilder haben wir, im Gegensatz zu deinen Tönen hier. Klingt ja schauerlich, was du da machst.

ERIKA. I hab mi scho dran gwöhnt.

Erika strahlt Hermann verführerisch an. Aus dem Kommandolautsprecher meldet sich nun Ingenieur Groß vom anderen Studio.

GROSS. Das macht uns so leicht keiner nach, Herr Simon!

Hermann betätigt die Rücksprechanlage.

HERMANN. Herr Groß!

GROSS. Ja?

HERMANN. Können wir mal den neuen Vocoder ausprobieren?

GROSS. Was, heut noch? Ich verwechsle schon Plus und Minus.

Hermann hätte gern Rob noch andere Klänge vorgeführt, auf die er stolz ist. Nun, nach der zögernden Antwort des Tonmeisters, entschließt sich die begeisterte Erika, schnell einen Imbiß für alle zu machen. Sie serviert Kaffee und Käsekuchen mitten in der Nacht.

ERIKA. So, Herr Groß, da, schaun S' her. I bin ja so froh, daß endlich amoi ganz was Neues ofangt, bei uns in der Firma.

1132 Nächtliche Straßen

Erika nimmt Hermann in ihrem Auto mit in die Stadt. Eine Weile sitzen die beiden ganz ruhig nebeneinander und schauen in die schlafende Stadt hinaus.

HERMANN. Ich arbeite sehr gern mit Ihnen. Das wollte ich Ihnen immer schon mal sagen.

ERIKA. Mir macht das auch furchtbar viel Spaß.

Hermanns Lachen springt auf Erika über. Es ist, als hätten die beiden nun endlich ausgesprochen, was sie schon lange füreinander fühlen.

1133 Wohnung Erika

Im Treppenhaus bringen die beiden kein Wort mehr heraus. Hermann folgt Erika die Stufen hinauf bis in den zweiten Stock, wo sie eine winzige Wohnung hat. Vom Eingang her betreten die beiden eine Kochnische, durch die man hindurchgehen muß, um in den Wohnschlafraum zu gelangen. Hermann zögert. Es ist so eng hier, daß er nicht weiß, wo er seine Aktentasche ablegen soll. Erika zieht sich hinter einem Vorhang die Jacke aus, dann reicht sie Hermann zärtlich die Hand. So führt sie ihn zur Schlafcouch. Hermann findet gerade noch Zeit, seinen Mantel zu Boden gleiten zu lassen, dann nimmt Erika ihn in die Arme. Auf dem Bett schlingt sie auch ihre Beine um ihn. Es ist wirklich, als hätten sie beide seit Wochen auf diese Gelegenheit warten müssen.

ERIKA. Ein schönes Spiel!

HERMANN. Ja.

ERIKA. Ja, wirklich, ein sehr schönes Spiel!

1134 Wohnung Hermann und Schnüßchen

Bei Hermann zu Hause ist der Tag auch noch nicht zu Ende. Volker ist bei Schnüßchen zu Besuch. Er sitzt am Küchentisch, trinkt Rotwein, weil Schnüßchen mal eben nach dem schlafenden Kind sieht. Zwischen den beiden ist eine vertrauliche Stimmung entstanden, die der späten Stunde entspricht. Schnüßchen, die offenbar gerade ins Bett gehen wollte, als Volker hier auftauchte, ist schon im Nachthemd.

SCHNÜSSCHEN. Volker, ich kann mir überhaupt nicht vorstellen, wie du und die Clarissa, also, das ist mir jetzt richtig peinlich, ich meine, wie ihr miteinander im Bett seid *(beide lachen)*. Ich denke immer, daß ihr »Sie« zueinander sagt.

VOLKER *(lacht)*. Du wirst dich wundern, wir haben das tatsächlich mal als Spiel versucht. Weißt du, in Frankreich war das früher üblich.

SCHNÜSSCHEN. Wie bei feinen Leuten. »Ich küsse Ihre Hand, Madame ...« – »Monsieur, Sie sind aber auch ein Wüstling heute« *(beide lachen)*. Ich müßt sofort lachen, und dann wär's aus mit der Liebe. Aber jetzt mal ehrlich, das war bei euch zu Haus doch auch net so, oder? Wie war's denn bei deinen Eltern?

VOLKER. Meinen Vater habe ich kaum gekannt. Die Eltern haben sich getrennt, da war ich noch ein Baby. Mein Vater war Chef eines Marineorchesters. Nach dem Krieg aber war er gar nichts mehr. Er hat in Nachtlokalen Geige gespielt, bis meine Mutter ihn verlassen hat.

Schnüßchen entkorkt eine weitere Flasche Rotwein. Sie gießt sich und Volker noch einmal ein.

SCHNÜSSCHEN. Volker, du bist schon ein komischer Typ. Soll ich dir mal was sagen?

VOLKER. Tu das ...

SCHNÜSSCHEN. Du könntest ein ganz toller Mann sein. Ein ganz toller Künstler, wenn du ...

VOLKER ... wenn ich ...

SCHNÜSSCHEN ... wenn du nicht soviel Schiß hättest und zeigen würdest, wie dir's ums Herz ist.

Volker lehnt sich zurück. Er ist eher ein schüchterner Typ, der in dieser Situation nichts anderes als ein verlegenes Lächeln zustande bringt.

VOLKER. Es fällt mir schwer, dich »Schnüßchen« zu nennen. Ich finde das lächerlich. Wie heißt du noch mal richtig?

SCHNÜSSCHEN. Waltraud.

VOLKER. Das ist ja noch schlimmer!

Das Lachen macht die beiden wacher und nüchterner. Schnüßchen fällt wieder ein, warum Volker eigentlich gekommen ist.

SCHNÜSSCHEN. Der Hermann ist zur Zeit wahnsinnig weit weg. Zum ersten Mal weiß ich überhaupt nicht mehr, was er so macht und was er so denkt. Wir sehen uns auch nur noch wahnsinnig selten. Wenn ich morgens zur Arbeit gehe, dann schläft er meist noch. Und abends, wenn er spät nach Hause kommt, dann schlaf ich immer schon. Dann sitzt er hier am Tisch und schreibt Noten, schaut stundenlang zum Fenster hinaus in die Nacht. Diese Isarfilm, die ist mir unheimlich!

VOLKER. Ich beneide ihn ...

SCHNÜSSCHEN. Wolltest du ihn deshalb so spät noch sprechen heut?

VOLKER. Ja.

SCHNÜSSCHEN. Eure Freundschaft, das hab ich nie verstanden. Warum macht ihr nicht mal was zusammen, arbeitet was? Ein Konzert oder was Lustiges!

VOLKER. Ja, ich frage mich das auch. Ich will Hermann ein Angebot machen.

Sie hat Hunger. Sie steht auf und beginnt, Butterbrote zu schmieren. Als sie den Kühlschrank öffnet, um den Käse herauszunehmen, kommt sie Volker näher.

SCHNÜSSCHEN. Weißt du, daß ich Clarissa beneide?

VOLKER. Waltraud, da haben dir deine Eltern auch keinen großen Gefallen getan mit dem Namen!

Wieder retten sich die beiden in Lachen.

SCHNÜSSCHEN. Wir sind sieben Geschwister. Such dir mal sieben anständige Namen aus. Da kann auch mal was danebengehen. Haste auch Hunger?

Volker ist sehr erregt. Er steht langsam auf, sieht Schnüßchen an, die verlegen wirkt und die Augen niederschlägt. Sein Gesicht kommt ihrem Gesicht immer näher. Er streckt die Hand nach ihr aus, er berührt ihre Wange. Sie kämpft mit sich. Sie will nicht zu den Verlierern gehören wie Volker. Sie spürt, daß sie nun handeln muß. Sie ist ganz vernünftig. Sie sieht Volker ruhig in die Augen, reicht ihm das Käsebrot und fordert ihn auf zu essen.

Volker bittet sie um Verzeihung. Er setzt sich auf Lulus niedriges Stühlchen. Er wird klein wie ein Kind vor Schnüßchen, die nun ihrerseits die Hand nach ihm ausstreckt und ihm tröstend über die Haare streicht. Davon muß Volker weinen.

VOLKER. Sie haben mich einfach abgehalftert. Sie haben mich stillschweigend fallengelassen. Das ist, was mich so fertigmacht.

SCHNÜSSCHEN. Meinst du Hermann und die anderen?

VOLKER. Jahrelang haben wir gemeinsam versucht, ein Studio für elektronische Musik aufzumachen.

Schnüßchen ist nun sehr kühl. Sie fühlt sich so überlegen, daß die Situation für sie keinerlei Erotik mehr hat.

SCHNÜSSCHEN. Volker, ich kann dir sagen, was los ist. Der Hermann ist Komponist, und du bist Komponist. Das ist einer zuviel. Was müßt ihr auch alle Komponist sein! Alle wollt ihr unsterblich werden. Ich finde das lächerlich! Ich möchte, daß du jetzt gehst.

Volker weiß nicht, was er mit seinem Käsebrot machen soll. Er gibt es Schnüßchen zurück, ehe er geht. An der Wohnungstür küßt sie ihn kurz auf die Wange, ehe sie ihn ins kalte Treppenhaus entläßt.

SCHNÜSSCHEN. War schön, daß du da warst. Kannst gern mal wiederkommen, ehrlich Volker. Tschüß!

1135 Wohnung Erika

Das »schöne Spiel« von Hermann und Erika ist zu Ende. Hermann zieht sich vor Erikas amüsierten Blicken an. Als er die Armbanduhr aufs Handgelenk schnallt, erschrickt er.

ERIKA. Soll ich raten, wie spät's ist?

HERMANN. Das glaubt mir kein Mensch, daß ich so lange »gearbeitet« hab.

ERIKA. Drei?

HERMANN. Viertel nach.

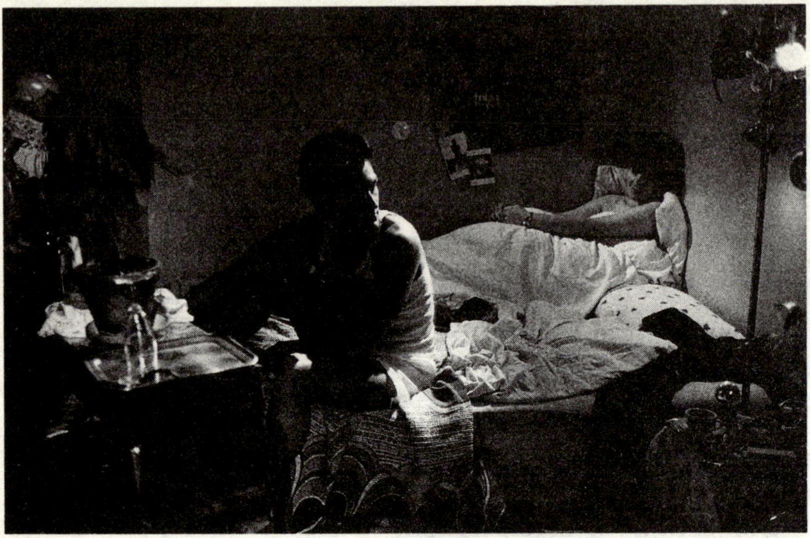

ERIKA. Ich finde, das gehört einfach dazu, wenn man sich mag. Wir verbringen doch soviel Zeit miteinander, den ganzen Tag. Weißt, was i moan?

HERMANN. Ich bin nervös.

ERIKA. Wegen deiner Frau.

HERMANN. Sie sagt, daß ich fürchterlich schlecht lügen kann. Wahrscheinlich hat sie recht.

ERIKA. Dann sag ihr die Wahrheit. I nehm ihr doch nix weg.

Hermann, der inzwischen auch Hose und Schuhe angezogen hat, kehrt zu Erikas Bett zurück, um sie noch einmal zum Abschied zu küssen.

ERIKA. Komm gut heim.

HERMANN. Ich geh zu Fuß durch die frische Luft.

ERIKA. Solln wir morgen wieder »Sie« zueinander sagen?

HERMANN. Ist das so üblich?

ERIKA. Unsere Firma ist a bissel zu klein.

HERMANN. Also gut, Fräulein Brandstätter.

ERIKA. Bei dir ist das anders, bei dir ist das gleich.

Das Schelmenlächeln weicht die ganze Zeit nicht aus Erikas Gesicht. Sie sitzt in ihrem Bett, behaglich an die Wand gelehnt, und läßt Hermann einfach gehen.

HERMANN. Es war schön, Erika.

ERIKA. Ja, Hermann, ein sehr schönes Spiel.

1136 Vor Haus Hermann und Schnüßchen

Hermann ist auf seiner Nachtwanderung endlich vor seinem Hauseingang angekommen. Als er den Schlüssel aus der Tasche zieht und aufsperren will, packt ihn der Verdacht, daß er nach Erikas Parfum riechen könnte. So unsicher will er sich nicht vor Schnüßchen sehen lassen.
Er läßt seine Tasche auf der Schwelle liegen und kehrt in den Hof zurück. Was kann er tun, um von seiner Fremdgeh-Affäre abzulenken.
Er sieht sich um. Dort steht ein Motorroller, an dessen Benzintank er vielleicht herankommt. Benzingeruch wäre eine plausible Tarnung. Er benetzt seine Hände mit Sprit. Dann sucht er nach glaubwürdigem Schmutz. An der Radnabe des Rollers findet er schwarzes Fett, mit dem er sich einreibt. Mit einer Wischbewegung macht er sich auch noch das Gesicht schwarz, viel zu schwarz. So eilt Hermann endlich ins Haus.

1137 Wohnung Hermann und Schnüßchen

Das Badezimmer befindet sich direkt neben der Eingangstür. Hermann hat das Bedürfnis, sich erst einmal gründlich zu waschen. Er macht beim Hereinkommen so viel Lärm, daß Schnüßchen aufwacht und nachschaut. Sie findet einen öligen Handabdruck, den er versehentlich am Türrahmen des Bades hinterlassen hat.
SCHNÜSSCHEN. Weißt du eigentlich, wie spät es ist?
HERMANN. Ich hatte eine Autopanne, mit Robs Auto.
SCHNÜSSCHEN. Eine Autopanne?
Ungläubig betrachtet sie Hermanns Gesicht, das von Altöl und Seifenschaum ganz entstellt ist.
SCHNÜSSCHEN. Wenigstens sieht man dich emal. Ich weiß ja schon gar net mehr, wie du aussiehst.

1138 Alter Nordfriedhof

Schnüßchen hat inzwischen ein Kindermädchen, das mit Lulu Spaziergänge macht und der Mutter ermöglicht, Freunde zu treffen. An diesem Tag trifft sie Clarissa, die ihren kleinen Sohn mitgebracht hat. Der Spaziergang geht über den alten Nordfriedhof, der ein Idyll von winterlicher Romantik ist mit den verschneiten Grabdenkmälern, den hohen Parkbäumen und den Wegen, auf denen die Kinder Schlitten fahren können.

Das Kindermädchen nimmt auch Arnoldchen in ihre Obhut. So können Clarissa und Schnüßchen Zeit finden, sich einmal richtig auszusprechen.

CLARISSA. Ihr habt Glück mit dem Kindermädchen. Sie ist wie eine große Schwester zu Lulu. Wir waren ja auch mal so jung, es ist gar nicht so lange her. Kommst du dir auch manchmal uralt vor?

SCHNÜSSCHEN. Manchmal, aber manchmal denke ich auch, das Leben hat noch gar nicht angefangen.

CLARISSA. Mir kommt's manchmal so vor, als wär's schon zu Ende.

SCHNÜSSCHEN. Wenn du willst, kannst du das Arnoldchen ja öfter mal vorbeibringen und mit der Lulu spielen lassen. Dann hast du Zeit für dich und dein Cello.

CLARISSA. Nein, mit dem Cello ist es aus. Weißt du, wenn man so lange unterbricht, das ist wie beim Sport, wenn man einmal draußen ist, kommt man nie wieder rein.

SCHNÜSSCHEN. Ich versteh ja nix davon.

CLARISSA. Außerdem hätt ich ein schlechtes Gewissen, wegen dem Kind und wegen Volker.

SCHNÜSSCHEN. Weißt du, was mir ein schlechtes Gewissen macht? Das ist, daß wir plötzlich soviel Geld haben. Vor zwei Monaten hab ich mir doch das tolle Modellkleid gekauft, weißt du noch?

CLARISSA. Ja.

SCHNÜSSCHEN. Und jetzt könnte ich mir ohne weiteres noch eins kaufen. Manchmal denke ich, das rächt sich. Eines Tages wird sich das rächen, und das dicke Ende wird kommen.

CLARISSA. Wo steht denn das geschrieben? Außerdem gibt es Leute, die sehr viel mehr Geld verdienen als ihr. Da passiert nichts. Wegen so was kommt kein dickes Ende.

Weil die einzige Bank, die am Ende des Wegs steht, voll Schnee ist, setzt Schnüßchen sich auf die Lehne. Sie sieht sich um. Clarissa steht vor ihr und ringt nach Worten.

CLARISSA. Weißt du, daß ich dich nie leiden mochte?

SCHNÜSSCHEN. Das weiß ich, und ich weiß auch, warum. Weil du Hermanns große Liebe warst.

Clarissa setzt sich neben Schnüßchen auf die Banklehne. Sie ist erstaunt, daß sie so ehrlich sprechen kann.

CLARISSA. Du bist plötzlich hier angekommen in einer Zeit, als es uns so gutging, und dann ging's los mit dem Heiraten. Die Freunde fingen überall an, sich zu verheiraten. Das war eine richtige Epidemie. Ich hab's ja dann schließlich auch getan. Dabei habe ich mir vorgenommen, nie im Leben zu heiraten.

SCHNÜSSCHEN. Ihr habt schrecklich gesponnen, die Clique damals im »Fuchsbau«. Ich glaub, das wär nicht mehr lang gutgegangen. Irgend jemand hätt sich aufgehängt, wäre verrückt geworden oder sonst was Schlimmes.

CLARISSA. Das war eben ein Traum …

SCHNÜSSCHEN. Für mich hat der Hermann übrigens nie ein Lied gemacht. Für dich – aber für mich nicht. Und dabei hätt ich mir's so sehr gewünscht. Aber meinst du, das hätt ich ihm sagen können? Nä, lieber hätt ich mir die Zung abgebissen, als ihm so was zu sagen. Clarissa, das ist mein Drama. Weißt du, was mein Drama ist? Ich sehn mich so sehr nach dieser anderen Liebe, mit Liedern und Gedichten und Träumen und so. Aber alle sehen in mir immer nur das Praktische. Ich wär imstande, einfach abzuhauen. Ich laß das Kind und den Scheißhaushalt und fahr in den Süden und schreib einen Liebesroman. Dann würdet ihr sehen, was mit mir los ist! Oder ich erleb was mit einem arabischen Scheich. Ich bin so unglücklich! Bei euch war immer alles so anders. Ich wär so gern wie ihr gewesen. Liegt es daran, daß ich nicht studiert hab? Woran liegt das? Ich spür, daß mich der Hermann innerlich längst verlassen hat. Er verachtet mich, weil ich nix von der Kunst verstehe. Meinst du, daß er mich deswegen verachtet? Aber ich bin doch eine Frau! Ich bin eine Frau wie du, mit all den Gefühlen wie ihr.

Schnüßchens Stimme ist immer weinerlicher geworden. Die Tränen fließen ihr übers Gesicht, aber Clarissa empfindet kein Mitleid. Sie legt zwar ihre Hände auf Schnüßchens Schulter, ihr Interesse an dieser Frau ist aber um so gründlicher erloschen, je ausführlicher sie von ihrem Unglück spricht.

CLARISSA. Beruhige dich, Schnüßchen, du bist o. k.

KINDERMÄDCHEN. Arnoldchen weint!

Das Kindermädchen löst die Situation auf. Clarissa eilt zu ihrem Sohn, der hinter einem der Grabsteine steht und nach seiner Mutter schreit. Schnüßchen sieht Lulu an, die in den Armen des Kindermädchens fragend in das verweinte Gesicht ihrer Mutter starrt. Sie nimmt ihre Tochter an sich, herzt und küßt sie.

SCHNÜSSCHEN. Ach, mein Spätzchen, ist die Mami ganz traurig? Komm mal her, wir gehen noch ein bißchen spazieren, du kleine, meine Süße!

1139 Wohnung Volker und Clarissa

Arnoldchen läßt sich nach der kurzen Trennung von seiner Mutter nicht mehr beruhigen. Clarissa kann das Geschrei kaum noch ertragen, als sie endlich in ihrer Wohnung ankommt. Sie schafft es gerade noch, Arnoldchens Schlitten in den Flur zu schleppen, dann verliert sie die Nerven. Volker übt im Wohnzimmer Klavier. In ihre Küche kann sie nicht gehen, weil dort ihre Mutter herumwerkelt. Auch das noch! Den Besuch hat Clarissa nicht erwartet. Sie bleibt mit dem schreienden Kind in den Armen im Flur stehen. Sie muß sich entscheiden, aber zu was? Sie gibt sich einen Ruck, dann trägt sie Arnoldchen zu Volker und setzt ihn ihm auf den Schoß, ohne auf dessen Klavierspiel Rücksicht zu nehmen. Wie auf Kommando ist das Kind still, sobald es den ausgeglicheneren Vater spürt. Volker läßt den Jungen auf dem Klavier klimpern und beobachtet, was Clarissa tut. Er ist bereit zu helfen, aber er weiß nicht, wie.

Clarissa kommt in die Küche, versteckt sich in der Ecke hinter dem Eßtisch. Sie versucht, die Augen zu schließen und durchzuatmen. Die Mutter kniet ächzend und vorwurfsvoll vor dem leergeräumten Kühlschrank, den sie innen auswäscht. Clarissa findet ein Stofftierchen von Arnoldchen. Sie knallt es gegen die Wand, daß es kracht. Die Mutter richtet sich auf.

MUTTER CLARISSA. Wo warst du eigentlich so lange?

Clarissa stöhnt gequält auf.

MUTTER CLARISSA. Dein Eisschrank stinkt ja schon. Ich habe schon überall ein bißchen saubergemacht, auf deinem Cello lag fingerdick der Staub. Clarissa, übst du eigentlich gar nicht mehr?

CLARISSA. Nein!

Dieses Nein ist der reine Protest. Clarissa springt auf, rennt aus der Küche.

In Volkers Armen schläft das Kind. Clarissa nimmt keine Notiz davon.

VOLKER. Deine Mutter ist extra deinetwegen gekommen. Vier Stunden hat sie gewartet.

Sie zerrt ihren Cellokasten unter dem Flügel hervor. Sie hatte ihre warme Jacke gar nicht erst ausgezogen, nun rennt sie an ihrer Mutter vorbei zur Wohnungstür.

CLARISSA. Ich muß noch mal weg.
MUTTER CLARISSA. Wo willst du denn hin, Clarissa?
Clarissa ist mit dem Cello verschwunden, ohne noch einmal zu antworten.

1140 Zugfahrt nach Wasserburg

Auf der eingleisigen Nebenstrecke der Bundesbahn verkehrt nur ein Schienenbus, ein altertümlicher Wagen, in dem man dem Fahrer bei seiner Arbeit zusehen kann. An jedem Feldweg tutet das Gefährt. Clarissa sitzt mit ihrem Cello finster da. In ihrem Innern gären die Gedanken.

1141 Villa Dr. Kirchmayer

Clarissa ist in ihrem Heimatstädtchen angekommen. Sofort begibt sie sich zur Villa ihres ehemaligen Gönners. Hier liegt noch höherer Schnee als in München. Clarissa geht direkt auf das Portal der Villa zu und läutet. Ein Dienstmädchen öffnet.

CLARISSA. Sie brauchen nur zu sagen, daß ich das Cello abgegeben habe. Sie kennen mich doch, oder?

DIENSTMÄDCHEN. Ja, aber der Herr Doktor hat nix g'sagt, wie er weggangen ist.

CLARISSA. Er wird schon Bescheid wissen, wenn er das Cello sieht. Ich gehe jetzt.

Clarissa sieht das Cello noch einmal an, dann wendet sie sich davon ab.

DIENSTMÄDCHEN. Aber der Herr Doktor kommt bald wieder. Wollen S' net lieber warten?

CLARISSA. Nein, nein, ich muß zum Zug. Sagen Sie ihm nur, daß... Mit bestem Dank zurück, weil ich es nicht mehr brauche! Es war nur leihweise.

Jetzt hat sie das Cello doch noch zum allerletzten Mal ansehen müssen. Sie kann die Tränen nicht zurückhalten. Sie rennt, ohne sich zu verabschieden, davon.

1142 Bahnhof Wasserburg

Der Bahnhof ist menschenleer, denn um diese Zeit fährt gar kein Zug. Clarissas Eile findet hier ein jähes Ende. Mit all ihrer Unruhe im Herzen muß sie nun warten. Sie überläßt sich ihrem Schmerz. Hier darf sie weinen, denn niemand sieht sie, und niemand fragt nach dem Grund.

1143 München, Fuchsstraße

Wo einst der »Fuchsbau« gestanden hat, sind zwei Betonklötze entstanden, die bereits ein Jahr nach der Fertigstellung schäbig aussehen: der architektonische Ausdruck der Wohnraumspekulation.

Esther, die zur Vorgeschichte dieses Grundstücks nur abstrakt-historische Beziehungen hat, versucht mit ihrer Kamera vergeblich, etwas von alldem einzufangen. Sie hat das Wissen im Kopf, aber es hilft ihr nicht. Verzweifelt läuft sie vor den Betonfassaden umher, schießt Bild um Bild. Aber alle Motive sind geometrisch, abstrakt, modernistisch. Ihre Fotos werden bestenfalls »ästhetisch« – im Sinne von »gut komponiert«.

Herr Gattinger wartet geduldig bei seinem Sportauto. Als Esther sich wieder in den Sucher vertieft, kommt er näher und beugt sich über ihre Schulter.

GATTINGER. Esther, ich will dir ein Geheimnis anvertrauen. Die beiden oberen Stockwerke gehören mir.

ESTHER. Ist das dein Geheimnis?

GATTINGER. Die Wohnungen sind zwar im Augenblick noch vermietet, aber in ein paar Jahren kann ich dir ein paar davon vermachen.

ESTHER. Als Wiedergutmachung?

Esther drückt Gattinger ihre Kamera in die Hand. Sie gibt damit das aussichtslose Bemühen auf, mit der Fotografie ins Innere der Dinge einzudringen.

GATTINGER. Tante Cerphal weiß nichts davon. Du mußt es ja nicht erwähnen. Ist doch schön, oder?

Esther geht resigniert einfach fort. Gattinger hebt die Kamera empor, er weiß nicht, was mit seiner Tochter in diesem Augenblick geschehen ist.

GATTINGER. Esther, was hast du denn, was ist denn los?

Sie geht und geht. Gattinger hat sie verloren.

1144 Isarfilm, Studio

Der Tag der Generalprobe ist gekommen. Rob, Hermann und das ganze Varia-Visions-Team erproben zum ersten Mal die Simultanwirkungen von Filmbildern, Texten und Musik. Zwei Kinoprojektoren sind im Studio aufgebaut worden, die Robs Bildkollagen auf zwei riesige Leinwände werfen. Ein Text, den Hermann einmal für sein Moretti-Konzert verwendet hat, das Rätsel, mit dem er Clarissa eine geheime Botschaft senden wollte, taucht jetzt auf der Leinwand wieder auf.

»Er liebt sie sehr,
Sie liebt ihn nicht.
Sie hätt ihn gern
Und kriegt ihn nicht.
Und hat ihn doch.«

Hermann ist begeistert über die Wirkung von Bild und Ton. Er ruft nach Rob, der aber gerade von Herrn Zielke aufgehalten wird.

ZIELKE. Wollen Sie mich als Banausen hinstellen? Seit Wochen werde ich bei diesem Projekt doch kaltgestellt.

ROB. Bald sind wir fertig. Dann bekommen Sie von den Ehren mehr ab, als Ihnen zusteht.

ZIELKE. Wer hier profitiert, das sind Sie doch und Herr Simon – dem ein ganzes Musikstudio in den Schoß gefallen ist.

ROB. Dafür sind Sie fest angestellt und brauchen sich um die Zukunft keine Sorgen zu machen.

ZIELKE. Sie konnten die wildesten Experimente machen. Sie haben auf Kosten der Auftraggeber Ihre Ausbildung finanziert. Mit dem Thema »Moderner Verkehr« hat das nun allerdings wirklich nichts mehr zu tun. Ich habe immer den Auftraggeber vertreten – als Regisseur.

ROB. Was uns unterscheidet, Herr Zielke, das ist, daß ich keine Angst habe.

Rob läßt Zielke stehen und geht zu Hermann in die Halle.

ZIELKE. Woher wollen Sie wissen, was Angst ist? Schnösel!

Rob kümmert sich um die Projektoren. Er schwenkt den Anamorphoten vor das Projektionsobjektiv und verwandelt so das Filmbild in ein imponierendes Breitwandformat. Hermann und die Techniker sind begeistert. Sogar Erika ist mit im Studio, um die ersten Wirkungen mitzuerleben.

Im Boden wird ein Lautsprecher montiert und unter einer Art Kanaldekkel verborgen. Es soll versucht werden, das Publikum auch mit Signalen aus der Erde zu beeindrucken.

Hermann gibt Herrn Groß, der die Szene vom Regieraum aus mitverfolgt hat, Zeichen. Kommandos gehen hin und her, dann ertönt elektronische Musik, gemischt mit einer elektronisch verfremdeten Stimme.

ROB. Ah, der Geist aus dem Gulli!

HERMANN. *Wir hatten ein Spielzeug bekommen. Was wir früher immer nur in Worten bewegten, das setzten wir nun in Taten um. Film, Architektur, Bilder, Musik oder Texte, das alles sollte zu einer Art Gesamtkunstwerk verschmelzen. Alles griff ineinander wie ein Räderwerk. Wir entwarfen die kühnsten Utopien und mischten sie mit unseren Kindheitserinnerungen ...*

Die Freunde versammeln sich um den Fußbodenlautsprecher. Sie sind fasziniert von der Fremdartigkeit der Töne, die sie von unten anwehen. Man berät, wie man es vermeiden kann, daß Schmutz in die Lautsprecher fällt, aber alle praktischen Fragen werden in der Begeisterung auf später vertagt.

1145 Isarfilm, Schneideraum

HERMANN. *Helga wollte anfangs nicht mitmachen, weil sie unser Projekt ideologisch ablehnte. Dann aber ließ sie sich von den experimentellen Möglichkeiten faszinieren, wie wir anderen auch.*

So wie im Studio die Gleichzeitigkeit von mehreren Filmbildern und Tönen erprobt wird, so versuchen die Freunde, solche Simultanwirkungen auch beim Schnitt der Filme zu realisieren. Im Schneideraum wurden zwei Schneidetische aufgebaut, um gleichzeitig mehrere Bildbänder verarbeiten zu können.

Helga ist erschienen, um ihre Texte für Sprachaufnahmen zu überarbeiten. Auf ihr Kommando hin werden die Tische gleichzeitig gestartet. Bilder von Eisenbahnfahrten und großer Geschwindigkeit werden auf den Schirmen sichtbar.

HELGA. »Das ging an Telegrafenmasten vorbei, vorbei an Schweinekoppeln ... Rinder rechts, dürftige Wiesen. Sie wußte mit dem Instinkt der Frau, daß das Schicksal sie in Dülmen erwartet, dort wartete aber nichts.«

Hermann, Rob und Dagmar starren immer abwechselnd auf den einen, dann auf den anderen Bildschirm, um so den geplanten Synchronismus zu simulieren.

HERMANN. *Helgas Texte waren Kollagen aus Kinderversen, deutschen Ortsnamen, Gedichtfragmenten, Rätseln und Liebesgeschichten. Alles, was wir in den Jahren zuvor versucht hatten, schien realisierbar zu werden und fand einen neuen Sinn.*

HELGA. »Verlieben, verwandeln, zerdehnen, anfassen, nicht bekommen, haben wollen ...«

1146 Isarfilm, Tonregie

Herr Zielke hält sich in der Nähe des Tonmeisters Groß auf. Auch der Techniker, den er nun schon lange als Angehörigen der Isarfilm kennt, läßt ihn links liegen. Zielke sinnt auf Rache.

ZIELKE. Bagage! Denen wünsche ich eine Riesenernüchterung. Der Chef muß verrückt geworden sein, daß er sich von denen so ausnehmen läßt.

Mit dem Kopfhörer auf den Ohren versucht Hermann, ein besseres Bild seiner Tonmischung zu erhalten. Er starrt auf den Schneidetisch, horcht in die Kopfhörer und bemerkt auf diese Weise nicht, daß Helgas Freundin Katrin hinter ihm steht. Sie ist ebenfalls mit in den Schneideraum gekommen. Als er ihr ungewollt ganz nahe kommt, greift sie einfach an seinen Kopfhörer, hebt ihn an und spricht in Hermanns Ohr.

KATRIN. Das bin ich!

Die provokative Art Katrins reizt Hermann.

KATRIN. Merkst du nicht, was das für eine Scheiße ist?

HERMANN. Das mußt du mir aber mal erklären.

KATRIN. Ich erklär's dir. Gut?

HERMANN. Es ist nämlich folgendes: Was wir hier machen ...

KATRIN. Du mußt mir gar nichts erklären. Das ist doch ein reines, privates Gewichse, mehr ist das nicht.

HERMANN. Was heißt privat?

KATRIN. Das heißt: mit Sehnsucht, mit Liebe und so, und dann fährst du durch diese ganzen Kuhdörfer, von Bruchsal angefangen bis ...

HERMANN. Aha, das gefällt dir also nicht. Das sind doch keine Argumente ...

KATRIN. Natürlich sind das Argumente ...
HELGA. Reiner Formalismus.
Rob und Dagmar halten sich aus der Diskussion heraus, können aber nicht verhindern, daß ein offener Krach entsteht, an dessen Ende Helga und Katrin weggehen und damit die weitere Mitarbeit einstellen.

1148 Isarfilm, Tonstudio

Unter dem Mischpult springen elektrische Funken. Herr Groß, der auf dem Rücken liegend in den Eingeweiden des Pultes arbeitet, hat – vielleicht aus Übermüdung – einen Kurzschluß verursacht. Das Licht im ganzen Haus geht aus. Mit dem Schein einer Feuerzeugflamme versucht er, sich in der Dunkelheit zu orientieren.
GROSS. Mensch, Stutzi, tu amal die Sicherung rein, i sieg nix mehr!
Hermann und Rob begegnen sich im dunklen Eingang zum Tonstudio. Das Mondlicht fällt durch das Fenster. Die Gesichter wirken fahl und übermüdet.
ROB. Sag mal, heut ist doch der Achtzehnte!
ERIKA *(meldet sich aus dem Dunkeln)*. Schon seit drei Stunden.
ROB. Reinhard – vor einem Jahr! Heute vor einem Jahr ist ein Freund von uns im Ammersee ertrunken! Wir sollten an Reinhard eine Hommage in unser Werk aufnehmen.
Rob wendet sich an Herrn Groß und seine Techniker, die ihn erstaunt ansehen.
ROB. Wären Sie bereit, jetzt zum Ammersee rauszufahren?
Rob liest in den übernächtigten Gesichtern. Kann er das von seiner Mannschaft fordern?
ROB. Es wird doch bald hell!
In diesem Augenblick geht das Licht wieder an. Stutzi, wie einer der Techniker heißt, hat die Sicherung gefunden; die Mitarbeiter lachen. Der wiederkehrende Strom gibt ihnen ein Zeichen zum Aufbruch.

1149 Ammersee-Ufer

Das erste Morgenlicht wirft einen zarten Schleier von rosarotem Dunst über das Wasser. Die Möwen, vom ankommenden Filmteam aus dem Schlaf gescheucht, schwirren aufgeregt über der Uferzone.

Die Kameras sind nur als Silhouetten wahrnehmbar, als die Techniker sie auf die Stative stellen. Die Arbeit geschieht wortlos. Es ist kalt. Der Atem der Männer gefriert vor den Mündern.
Ein Probelauf wird gemacht, die Morgenzeit in vierundzwanzig Partikel pro Sekunde zerhackt.
Hermann steht mit Rob an einen Zaun gelehnt. Im Hintergrund das Forsthaus von Robs Eltern.

HERMANN. Als ich sechzehn war, habe ich mir Zukunft immer als etwas vorgestellt, das auf mich zukommt. Zu-kunft – ich dachte, ich bräuchte nur zu warten.

ROB. Wie mit meinem Vater auf der Jagd. Man sitzt da, vergißt, was man will, beobachtet, und dann kommt das Wild.

Erika bringt den beiden Künstlern heißen Tee in Pappbechern.

HERMANN. Reinhard hat auch gewartet.

ROB. Vielleicht hätte er einen schönen Film gemacht.

HERMANN. Oder einen schlechten. Das ist reine Spekulation, Rob.

ROB. Du warst nicht sein Freund. Ich war mit Reinhard sieben Monate in Mexiko. Für mich liegt da unten einer, der gute Karten hatte.

HERMANN. Wir müssen uns anstrengen. Das ist das einzige, was zählt.

ROB. Schade, daß Helga weggelaufen ist.

HERMANN. Ja, schade. Wir sind immer weniger geworden.

ROB. Ja, warum?

Rob sieht, daß er bei den Kameras gebraucht wird. Er läßt Hermann mit seinen Grübeleien allein.
Es wird allmählich heller. Vier Kameras stehen aufnahmebereit am verschneiten Seeufer, so ausgerichtet, daß auch hier wieder ein aus vier Teilbildern zusammengesetztes Panoramabild entstehen kann.
Dagmar, die mit hierhergekommen ist, hält nach der Stelle Ausschau, an der Reinhard ertrunken ist. Sie wendet sich an Hermann.
DAGMAR. Wo ist es eigentlich passiert?
HERMANN. Ungefähr da. Genau heute vor einem Jahr.
Rob hat noch einmal das Licht gemessen. Jetzt ist genau die Menge von Tageslicht vorhanden, die er für die Belichtung des Films braucht. Er gibt seinen Mitarbeitern Zeichen.
ROB. Ihr seid im Bild!
Hermann sieht auf den See hinaus.
HERMANN. Für mich wird das Wort »Ammersee« immer nach Reinhard klingen.
Rob ruft nach Hermann. Da das Panoramabild den ganzen Halbkreis umfassen wird, müssen auch Hermann und Dagmar zu der Gruppe um Rob kommen und dort in die Hocke gehen. Nur so sind sie vor dem Blick ihrer Optik sicher.
Rob nimmt die Steckverbindung zu den Batterien in die Hand. Er dreht sich um. Die Gesichter sind voller Erwartung. Ein paar Minuten werden jetzt, wenn die Kameras laufen, aus ihrer aller Leben herausgeschnitten und für alle Zeiten in Film verwandelt.
ROB. Hommage an Reinhard!

1150 Elternhaus Rob

Rob lädt die ganze Crew zum Frühstück in sein Elternhaus ein. Am liebevoll gedeckten Tisch essen die Filmleute schweigend, ausgelaugt und erschöpft ihr Frühstück. Die große Standuhr tickt, das Geschirr klirrt, Robs Eltern sehen lächelnd zu, wie es den Freunden ihres Sohnes schmeckt. Als Dagmar durch das Fenster auf den See hinausblickt, entdeckt sie ihre kleine Schwester, die unten auf dem Holzsteg erscheint. Dagmar springt erstaunt auf.

1151 Ammersee, Bootssteg

Sie erreicht den Holzsteg. Sie sieht, daß Trixi ganz vorn am Stegende steht und fürchtet, sie könnte hineinspringen, wenn sie ihr zu nahe kommt. Deswegen spricht sie ihre Schwester von weitem an.

DAGMAR. Trixi, wie kommst du denn hierher? Komm mit rein, bei Rob gibt's Frühstück.

TRIXI. Ihr frühstückt – und ich mache, was ich will! Ist das klar?

Jetzt kommt Dagmar näher.

DAGMAR. Bist du auch wegen Reinhard da?

TRIXI. Ja.

DAGMAR. Traurig.

TRIXI. Was ist schon dabei, wenn einer stirbt!

DAGMAR. Du machst mir angst.

TRIXI. Ihr macht *mir* angst.

1152 Reisebüro

Das Reisebüro, in dem Schnüßchen arbeitet, hat Hochbetrieb. Mehrere Kunden wollen gleichzeitig bedient werden, und Schnüßchen ist ganz in ihrem Element. Sie macht sich gut als Geschäftsfrau.

Helga und Katrin wollen mit Schnüßchen sprechen. Sie wissen aber nicht, wie sie an die Überbeschäftigte herankommen sollen. Helga drängelt sich einfach vor.

HELGA. Entschuldigung, nur eine kurze Frage.

KUNDE. Nein, jetzt bin ich zuerst dran.

Schnüßchen telefoniert gerade mit einer Agentur in Italien. Sie plappert italienisch, als wäre es Hunsrücker Dialekt.

HELGA. Sag mal, weißt du, wo der Hermann ist? Ich suche ihn seit Tagen, und bei der Isarfilm kriege ich auch keine Auskunft.

SCHNÜSSCHEN. Hast du's mal auf dem Ausstellungsgelände probiert?

HELGA. Ja, natürlich, aber da lassen sie mich nicht rein.

SCHNÜSSCHEN. Helga, ehrlich gesagt, du kommst mir im Moment ziemlich ungelegen. Entschuldigung!

HELGA. Mein Gott, jetzt sei doch nicht so geschäftlich! Du siehst ihn doch heute abend, du kannst ihm doch was ausrichten.

SCHNÜSSCHEN. Ich sehe den Hermann seit Monaten nur noch sehr selten. Ich rate dir, versuch's mal auf dem Ausstellungsgelände.

Schnüßchen läßt Helga stehen. Sie eilt mit den ausgefüllten Formularen eines Kunden zu ihrem Chef, der an einem der Schreibtische im Hintergrund arbeitet.

SCHNÜSSCHEN. Herr Merkel, können Sie da bitte mal Rimini, Hotel Marina festmachen, ja?

Als Helga nicht losläßt und Schnüßchen zu einem anderen Tresen folgt, läßt sie sich zum Schein auf Helgas Anliegen ein. Sie bittet sie, in der Warteecke zu warten, bis sie die Kunden bedient habe.

Schnüßchen verkauft Reisen nach Oberammergau, nach Ruhpolding und anderen schönen Orten im Alpenland. Als sie aber sieht, daß Helga und Katrin sich mit den als Dekoration dienenden Nationalitätenfähnchen zu schaffen machen, entschuldigt sie sich bei ihrem Chef, um Zeit für ihre beiden Besucherinnen zu bekommen.

SCHNÜSSCHEN. Bei uns hat das Saisongeschäft begonnen, da rennt einem die Zeit richtig davon. Tut mir leid, daß ich euch nicht eher helfen konnte.

HELGA. Was heißt denn hier nicht helfen können! Ich habe eine Menge Texte gemacht. Ich habe geschuftet wie blöd, und jetzt zahlen die nicht!

SCHNÜSSCHEN. Du, Helga, das mit dem Geld, das haben die sicher nur vergessen. Der Hermann und der Rob, die leben in ihren Experimenten. Die arbeiten Tag und Nacht, sogar am Wochenende. Neulich war schönes Wetter, aber die wissen nicht mal mehr, ob Sommer oder Winter ist.

HELGA. Und was sonst in der Welt los ist, scheinen sie auch nicht zu wissen!

SCHNÜSSCHEN. Also, versauern tun die bei ihrer Arbeit schon nicht!

Katrin versucht, der sinnlosen Diskussion ein Ende zu machen. Sie drückt Schnüßchen einen großen Umschlag in die Hand.

KATRIN. Also, ich hab hier einen Text, und den mußt du Hermann geben. Es ist auch noch ein Brief mit dabei. Ich will, daß der Text mit reinkommt in die Aufführung. Er ist von mir und den Freunden vom SDS. Es handelt sich um eine politische Klarstellung, damit das Ganze nicht ohne gesellschaftskritisches Bewußtsein bleibt. Ich fürchte nämlich, daß es sonst darauf hinausläuft.

HELGA. Und kannst ihm ruhig sagen, daß er sich der Ausbeutung von Arbeitskräften schuldig macht, wenn ich mein Geld nicht kriege.

SCHNÜSSCHEN. Also, das mit dem Geld, das sehe ich ein. Ich sag's ihm. Aber mit dem Text, das müßt ihr ihm schon selber sagen.

Schnüßchen gibt Katrin ihren Umschlag zurück und geht entschlossen weg. Nun erwacht ein böser Haß in Helgas Seele. Sie nimmt ihr Feuerzeug und zündet damit eins von den Fähnchen, die dekorativ im Schaufenster stehen, an. Es ist die amerikanische Flagge, das Symbol des »Imperialismus«, des »Kapitalismus« und des »Konsumdenkens«. Helga und Katrin freuen sich über ihre »revolutionäre Tat« und suchen das Weite.

1153 Messegelände

Der Novembertag im Jahre 1968, an dem das Wort Varia-Vision endlich in riesigen Leuchtbuchstaben über der Ausstellungshalle prangt, ist ein schneebedeckter Frühwintertag. Es scheint, daß die Arbeit an dem Projekt sich in allen entscheidenden Stadien immer im Winter abspielt. Helga und Katrin rasen in einem Volkswagen am Zaun des Ausstellungsgeländes entlang. Sie suchen einen Hintereingang, denn sie sind zur Eröffnung nicht eingeladen worden, und am Haupteingang hat man sie abgewiesen. Der Volkswagen nähert sich der Halle mit der Leuchtschrift. Katrin hält an. Da ist dieser verdammte Zaun! Helga meint, Hermann zu erkennen, der gemeinsam mit Konsul Handschuh und einer Gruppe von Journalisten am Halleneingang steht. Sie ruft laut seinen Namen. Auch Katrin beteiligt sich an den Rufen. Helga klettert am Maschenzaun empor, um besser sehen zu können und auch, um bemerkt zu werden.
Da kommt ein Wachmann mit seinem Schäferhund gelaufen. Er schreit Helga und Katrin an und fordert sie auf, sofort zu verschwinden. Alle Argumente der beiden Frauen, daß sie eingeladen werden müßten, weil sie »dazugehören«, alles Geschimpfe wegen des autoritären Tonfalls des Wachmanns und alles Gekläffe des Hundes ändert nichts daran, daß Hermann die Szene nicht bemerkt, weil er gar nicht in der Nähe ist.

WACHMANN. Haben Sie überhaupt eine Einladung?
HELGA. Wir müssen hier rein, verstehen Sie das?
WACHMANN. Sie können hier nicht rein. Hier ist ein Zaun, das sehen Sie doch!
KATRIN. Wie kommen wir denn sonst hier rein? Nehmen Sie Ihren Köter weg hier!
HELGA. Nehmen Sie Ihren Köter weg!
KATRIN. Scheißhund!

HELGA. Haben Sie überhaupt einen Waffenschein für dieses Tier?
WACHMANN. Sie haben hier nix zu suchen!
HELGA. Das sind ja Methoden wie früher...
Das Gekläffe geht noch eine Weile so, bis sowohl der Hund als auch die Frauen die Lust daran verlieren und sich auf beiden Seiten des Zaunes zurückziehen.

Konsul Handschuh führt die Journalistengruppe zum festlich geschmückten Halleneingang. Hübsche, uniformierte Hostessen helfen die Leute zusammenzuhalten und kontrollieren die Presseausweise. Es sind Journalisten aus aller Welt und von den bekanntesten internationalen Zeitungen erschienen.
HERMANN. *Der Premierentag war viel zu früh gekommen. Zuerst hatte es geheißen, es sollte der 5. Februar sein. Dann hatten die Geldgeber den Termin vorverlegt, um die Anwesenheit einer internationalen Journalistengruppe zu nutzen. Die Techniker und wir schufteten Tage und Nächte, um den Termin zu schaffen. Zwei Wochen früher, das war der Wahnsinn! Es ist uns in der ganzen Zeit kein einziger Probelauf gelungen. Seit mehr als einem Jahr hatten wir die höchsten Maßstäbe angewendet, jede Liebe zum Detail, jeden Perfektionismus. Und jetzt reduzierte sich alles darauf, die Anlage überhaupt zum Laufen zu bringen. Wir waren völlig mit den Nerven fertig.*

1154a Varia-Vision, Ausstellungshalle

Der Zugang zur Halle führt durch eine sogenannte Lichtschleuse. Das bedeutet, daß die Journalisten Konsul Handschuh durch einen Labyrinthgang folgen müssen, der vollkommen in Schwarz gehalten wurde. Man würde die Richtung verlieren, wenn nicht immer wieder Hinweispfeile mit dem geheimnisvollen Titel der Veranstaltung angebracht wären. Die Hostessen verteilen Champagnergläser. Die Reporter halten dem Konsul ihre Mikrofone vor das Gesicht, die Blitzlichter flammen auf.

KONSUL HANDSCHUH. Meine Damen und Herren, bevor wir die Halle betreten, um einen historischen Moment zu erleben, möchte ich Ihnen noch ein paar Erläuterungen geben. Es war von Anfang an meine Vorstellung, Film neu zu begreifen. Seit der Erfindung der Cinematographie ist Film ja nichts anderes als die Vorführung bewegter Bilder auf einer Bühne. Die Leinwand steht auf einer Bühne hinter einem Vorhang wie der Schauspieler, und wenn der Vorhang sich hebt, beginnt die Vorstellung. – Ich frage mich, ist das nicht alles gedankenlose Nachahmung des Theaters?

Herr Zielke steht an einem Elektrokasten, an dem es eine Störung zu geben scheint. Er schnuppert, weil es verbrannt riecht. Er öffnet die Metalltür. Dort im Innern des Kastens springen elektrische Funken über, etwas schmort. Herr Zielke schließt den Kasten schnell wieder und stellt sich mit seinem Rücken davor.

1155a Regieraum

Alle Fäden laufen in dieser eigens eingerichteten Regiezentrale zusammen. Hier gibt es die Steuerpulte, die Bandspieler, die Gleichrichter und die Relaisstation für das gesamte Programm. Herr Groß, Rob, Hermann und die Techniker sind fieberhaft damit beschäftigt, die Anlage zum Laufen zu bringen. Auf dem Steuerpult leuchten plötzlich alle Kontrollämpchen auf einmal auf.

GROSS. Wir haben eine Störung.

ROB. Herr Groß, was heißt Störung?

GROSS. Ich weiß es nicht!

1154 b Ausstellungshalle

Herr Zielke überlegt, ob er den Kurzschluß melden soll. Er verbirgt ihn aber immer noch.

KONSUL HANDSCHUH. But without... Think it over...

1155 b Regieraum

Rob ist entschlossen, selbst einzugreifen. Er berät sich mit den Technikern.

ROB. Bild oder Ton?

STUTZI. Bild ist es.

ROB. Und wo, welcher Projektor?

STUTZI. Der Dreier.

ROB. Gut, ich schau's mir an. Gib mir die Taschenlampe!

GROSS. Aber Vorsicht auf dem Gerüst! Da ist nur ein provisorisches Geländer droben.

ROB. Hermann?

HERMANN. Was ist denn los?

ROB. Ich geh rauf. Der Dreier spinnt. Sag der Erika Bescheid.

Hermann nimmt ein Funksprechgerät, mit dem er Verbindung zu Erika aufnimmt.

HERMANN. Ja. Erika? Erika, wir haben hier eine Störung!

1154 c Ausstellungshalle

Erika hat den Ruf empfangen. Sie beobachtet den Konsul, der immer noch seine Rede hält.

HERMANN *(off)*. Wir müssen noch mehr Zeit gewinnen.

KONSUL HANDSCHUH. Und ich glaube...

ERIKA. Er redet jetzt noch...

1155 c Regieraum

HERMANN. Ja, das ist gut. Er soll weiter Blabla reden, bis wir uns wieder melden!

1156 a Projektion

Rob balanciert mit der Taschenlampe über ein Rohrgerüst unter der Hallendecke. Er kommt in die Nähe der Elektroanlage.

ROB. Hermann, hier riecht's etwas verbrannt!

1154 d Ausstellungshalle

Der Konsul steigert sich in Euphorie. Die Reporter fotografieren, die Journalisten machen Notizen.

KONSUL HANDSCHUH ... mit Varia-Vision wollen wir einen Schritt in die Zukunft des Kinos wagen. In monatelanger Entwicklungsarbeit ist es uns ...

1156 b Projektion

Rob klettert eine Eisenleiter hinauf, so erreicht er einen der riesigen Kinoprojektoren.

ROB. Ich bin jetzt bei Projektor drei.

1154 e Ausstellungshalle

KONSUL HANDSCHUH ... gelungen, Varia-Vision zu entwickeln. Das ist, wie ich meine, die vierte Dimension des Kinos ...

1156 c Projektion

Auch Rob hat ein Funkgerät, durch das er Hermann erreicht.

ROB. Habt ihr schon auf manuell umgeschaltet?

1155 d Regieraum

Hermann vermittelt Robs Frage weiter an die Techniker.
HERMANN. Stutzi, ist schon auf manuell umgeschaltet?
STUTZI. Ja, ist schon gemacht.
HERMANN. Ja, ist gemacht...

1156 d Projektion

ROB. O. k., dann schalte ich jetzt.
Rob, der den Deckel des Projektionsgehäuses geöffnet hat, schaltet an einem Schalter.
ROB. Hermann, die Xenonlampe zündet nicht.

1155 e Regieraum

HERMANN. Herr Groß, die Xenonlampe zündet nicht!
GROSS. Dann wird halt ein Relais sich verhakt haben.

1154 f Ausstellungshalle

Als verspäteter Gast erscheint auch Esther Goldbaum in der Lichtschleuse. Herr Zielke begrüßt sie.
KONSUL HANDSCHUH ... die vierte Dimension des Kinos. Die Fortentwicklung des Films zu seinen eigenen Gesetzen. I mean the development of the cinema to the own logical rules of doing a film. Also die eigene Gesetzmäßigkeit der Filmpraxis, nur in die Zukunft projektiert. You remember Albert Einstein, the fourth dimension, and we try to find out a way to get the own logical rules of doing a film.

1156 e Projektion

Rob hat einen Deckel am Projektor aufgeschraubt und das Relais untersucht.
ROB. Nein, Hermann, das Relais ist in Ordnung.

1155 f Regieraum

HERMANN. Wackel mal dran!
GROSS. Nein, nicht wackeln! Seid ihr wahnsinnig?
Herr Groß, der alles mitgehört hat, stürzt sich auf Hermann. Er verlangt die Korrektur der Durchsage. Er ist sehr aufgeregt.
HERMANN. Nicht wackeln! Nicht wackeln!

1154 g Ausstellungshalle

Esther hat die Journalistengruppe erreicht. Sie hört das schauerliche Englisch des Konsuls, sie fragt sich, wohin sie hier geraten ist.
KONSUL HANDSCHUH. To go to the audience, visual and for the ears ...

1155 g Regieraum

Um einen der Schaltkästen hat sich die gesamte Technikergruppe versammelt. Es kursieren verschiedene Vermutungen über die Ursache der Störung.
GROSS. Es ist die Steuerung, Herr Simon.
HERMANN. Was ist denn das für ein Geräusch da oben?
GROSS. Das ist das Relais, das ist in Ordnung.
HERMANN. Aber das kommt doch nicht von ungefähr da hinten.

1154 h Ausstellungshalle

KONSUL HANDSCHUH. Meine Damen und Herren, wenn Sie jetzt diese Halle durchschreiten, werden Ihnen keine festen Objekte begegnen ...
Esther ist im Begriff, wieder zu gehen. Erika, die sie beobachtet, nickt ihr freundlich zu, möchte sie aufmuntern dazubleiben.
Esther verläßt trotzdem die Halle.
ESTHER. Grüß Gott!
ERIKA. Grüß Gott!
KONSUL HANDSCHUH ... sondern der Prozeß einer permanenten Verwandlung.

Herr Zielke sieht immer noch keinen Anlaß, den Kurzschluß am Schaltkasten zu erwähnen.

1155 h Regieraum

GROSS. Fahren wir doch per Hand, wie neulich!
HERMANN. Ja, gut.
GROSS. Geben Sie den Countdown.
HERMANN. Ja gut, wir fangen jetzt an.
Hermann ist zu allem entschlossen. Er nimmt das Funkgerät in die Hand und betätigt die Sendetaste.
HERMANN. Alle zusammen aufgepaßt! Rob, Erika, ich beginne jetzt mit dem Countdown ... sechzehn, fünfzehn, vierzehn ...

1154 i Ausstellungshalle

Eine besonders wißbegierige Journalistin hält den Konsul auf.
JOURNALISTIN. Herr Konsul, haben Sie schon einmal einen Probelauf mit angesehen?
KONSUL HANDSCHUH. Gnädige Frau, Sie werden es gleich erleben.

1155 i Regieraum

HERMANN ... zehn, neun ...

1154 j Ausstellungshalle

KONSUL HANDSCHUH. Fräulein Erika, halten Sie das mal bitte!
Der Konsul überreicht Erika sein Sektglas.
Rob sitzt noch immer auf dem Projektionsgerüst. Er hat das Lampengehäuse geöffnet und steckt mit seinem ganzen Kopf in der Maschine, um die Schaltung besser studieren zu können.

1155 j Regieraum

HERMANN ... sieben, sechs ...

1154 k Ausstellungshalle

HERMANN *(off)* ... fünf, vier ...

1155 k Regieraum

HERMANN *(on)* ... drei ...

1154 l Ausstellungshalle

KONSUL HANDSCHUH. Kommen Sie, meine Herrschaften, kommen Sie doch ...

1155 l Regieraum

HERMANN ... eins ...
GROSS *(schreit)*. Rob, weg von der Xenonlampe!
Alle Techniker und Hermann betätigen gleichzeitig die Schalter, mit denen die sechzehn Maschinen eingeschaltet werden.
HERMANN ... zero ...

1154 m Ausstellungshalle

Der Konsul und die Journalisten werden von einer Reihe von Lichtblitzen erhellt. Dann rieseln brennende Kabelteile von der Hallendecke herab. Die Gäste schreien vor Schrecken auf. Der Konsul und Erika versuchen, die Augen zuzuhalten, aber die Lichtblitze sind so blendend hell, daß Panik entsteht.
KONSUL HANDSCHUH. Herr Stürmer, da kommt was runter! Von oben. Herr Stürmer, was ist das?

ERIKA. Ja, was ist passiert?
STUTZI. Wir haben 'n Kurzen ...

1156 f Projektion

GROSS. Rob?
ROB. Meine Augen! Ich seh nichts! Ich seh nichts mehr! Kann mich jemand hier runterholen? Bitte ...
Rob ist verletzt. Die Explosion der Xenonlampe erfolgte so nah vor seinen Augen, daß er nun nichts mehr sieht. Seine Augen tun schrecklich weh.

1156 n Ausstellungshalle

ERIKA *(off)*. Ja, mach doch endlich mal einer Licht!
KONSUL HANDSCHUH ... Licht an!

1156 g Projektion

GROSS. Ich mache mir solche Vorwürfe. Ich hab extra noch geschrien, aber dann war's schon zu spät. Ich hab doch gewußt, daß Sie mit dem Kopf im Lampengehäuse stecken. Ich hab's regelrecht vor mir gesehen, ich Depp. Ich leg mit meinen eigenen Händen den Hauptschalter um ...
Herr Groß ist mit den Technikern zu Rob auf die Brücke geklettert. Nun hilft er, den Erblindeten in Sicherheit zu bringen. Rob wird über die Eisenleiter weggetragen.
ROB. Das brennt ...
GROSS. Können Sie sich vorstellen, daß jemand so blöd ist, glauben Sie's, ich könnt mich watschen. Schauen S' jetzt bitte nicht ins Licht. Wir bringen Eana in eine Klinik. Na, bluten tut nix, sehen tut man a nix. Lassen S' jetzt bitte die Augen zu.
ROB. Ich seh nix!
GROSS. Herrgott, war das ein gewaltiger Lichtblitz!

1155 m Regieraum

Das Team hat sich in der Schaltzentrale versammelt. Niemand sagt ein Wort. Es ist unbegreiflich, wie es zu dieser Panne und dem Unfall kommen konnte.
Da rauscht der Konsul in den Raum. Er verbreitet schon wieder seinen ernormen Werbeoptimismus.
KONSUL HANDSCHUH. Herr Simon, ich stehe zu Ihnen und Herrn Stürmer. Sie haben Neuland betreten! Ich habe veranlaßt, daß er die beste Behandlung bekommt. Keine Angst, er wird wieder sehen!
Jemand reicht dem Konsul ein Glas Wasser, das er in einem Zug leert. Dann wendet er sich an alle.
KONSUL HANDSCHUH. Also, für mich war das der Urknall! Und wenn die Presse jetzt nicht neugierig wird, dann ist sie selber schuld. Also, auf Wiedersehen!
Der Konsul rauscht davon. Fröhlichkeit kann er aber bei seinen Leuten nicht hinterlassen.

1157 Ammersee

Einige Wochen sind vergangen, Schnee liegt am Ufer.
Rob verläßt, von seinem Vater liebevoll geführt, das Forsthaus. Er trägt einen Verband über beiden Augen. Der Vater bringt Rob über die Straße bis zu einem Geländer, an dem er sich orientieren kann. Von hier aus findet Rob seinen Weg allein, ohne Hilfe. Er bückt sich, schlüpft unter dem Geländer hindurch und steigt vorsichtig zum Uferstreifen hinab. Rob zählt seine Schritte, er horcht auf das Geräusch des Wassers. Immer langsamer geht er, dann bleibt er stehen.
Der Vater beobachtet seinen Sohn von der Straße aus. Robs Hände tasten sich zu dem Augenverband empor. Mit äußerster Vorsicht heben seine Finger den unteren Rand der Binde empor. Nur für Sekunden trifft das Tageslicht seine Augen. Das Bild, das er sieht, ist nur hell, schrecklich weiß und überbelichtet.
Rob schließt die Augen, er hat Schmerzen. Die Tränen fließen, aber er will sehen! Er versucht es noch einmal. Es ist eine Tortur, aber das Bild des Sees nimmt auf seiner Netzhaut Konturen an. Rob versucht es immer und immer wieder. Er will seine Augen wieder dem Licht aussetzen, das ihn so verletzt hat.

Die Tränen fließen. Er winselt vor Schmerzen, aber das Bild des Sees wird normal. Rob kann wieder sehen.
Auf dem See treibt ein Boot. Es ist das Boot, mit dem einst Reinhard hinausgefahren ist. In dem Boot sitzt eine Person. Rob sieht, wie dieser Mensch in dem Boot sich erhebt.
Esther ist auf den See hinausgefahren, um Reinhards Grab zu besuchen.

Zwölftes Buch

DIE ZEIT DER VIELEN WORTE

Stefan, 1968/69

1201 Grenzübergang Hirschberg

Das kreisrunde Staatsemblem der DDR mit Hammer und Zirkel in der Mitte, mit heraldisch stilisierten Ähren rundum und der schwarz-rotgoldenen Trikolore darunter wirkt schäbig in seiner laienhaft-überladenen Grafik. Es zeigt den Autofahrern, die in den schnittigen Wagen der westlichen Designgesellschaft daherkommen, daß ihre Welt hier zu Ende ist. Von hier ab gelten die Gesetze des ewig Gestrigen, der Uniformen, der Lederriemen, der Unterordnung. Wachtürme, Stacheldraht, hohe Betonzäune, Kandelaber aus verwittertem Eisenbeton bestimmen die bedrückende Atmosphäre des Platzes, der mit rechteckigen Betonplatten ausgelegt ist. Hier zieht es immer.
Die Gebäude, die als Befestigungswall und als Unterkünfte der Kontrollbeamten dienen, sind so heruntergekommen und so beliebig in ihrer Bausubstanz, daß man denken könnte, sie seien zur Abschreckung der Fremden erbaut worden.
Unter einem langgedehnten Zickzackdach stehen Betonhütten, an denen die Westautos vorbeifahren müssen. Grenzpolizisten, die überall wie Taschendiebe herumschleichen, beobachten vor allem die Westdeutschen, die in den Autos sitzen. Hier herrscht Feindschaft, die sich in jedem Augenblick gegen die Transitreisenden richten kann. Die Abfertigung in den Paßkontrollen und Zollbaracken geschieht betont langsam.
In einem Kombiwagen mit Münchner Kennzeichen kommt Stefan angerollt. Olga sitzt neben ihm und hilft ihm, die spärlichen Hinweisschilder zu entziffern. Als der Wagen vor ihnen das Zeichen zur Weiterfahrt erhält, fährt Stefan vorsichtig bis zu einem Stoppschild, das zwanzig Meter vor dem Kontrollhäuschen steht. »Motor abstellen«, liest Olga auf einem der Schilder. Stefan stellt seinen Motor ab. Der Polizist hinter der Glasscheibe läßt sich nicht anmerken, ob Stefan warten soll oder nicht. Ein zweiter Uniformträger umschleicht Stefans Auto, als hätte er einen bestimmten Verdacht.

STEFAN. Es ist jedesmal so, als würde man ins KZ eingeliefert. Die könnten doch wenigstens mal freundlich »guten Tag« sagen. Aber das ist wohl nicht so im Sozialismus.

OLGA. Die sind neidisch auf uns.

Der Uniformierte im Häuschen sieht durch Stefan und Olga »hindurch«, als gäbe es im Hintergrund einen Film zu sehen, dem er unbewegt folgt. Stefan wartet. Er weiß, daß hier alles gegen ihn verwendet würde, wenn er ausstiege, um zu fragen, ob und wann er weiterfahren darf. Wäre das vielleicht schon ein Grund, auf ihn zu schießen, oder ihn anzubrüllen und ihn dann endlos warten zu lassen? Dieser Staat vermittelt schon in den ersten Minuten, die man auf seinem Territorium verbringt, das Gefühl völliger Unsicherheit. Stefan atmet seufzend und mit gebändigter Ungeduld.

STEFAN. Wir müssen nicht vor sechs Uhr in Berlin sein. Vorher ist der Bernd nicht da, und wir kommen nicht in die Villa rein. Rob wird auch erst um diese Zeit mit der Kameraausrüstung ankommen.

Dem Mann hinter der Scheibe wird von einer anonymen Hand ein Päckchen mit Papieren gereicht. Er studiert die Pässe, wirft gelegentliche Blicke auf Stefan und sein Auto, aber auch wieder in die Ferne auf jenen unsichtbaren Film im Hintergrund. Da kommt das Zeichen. Es ist ein winziges, kaum bemerkbares Winken mit der Hand, die Stefans Paß hält. Schon wieder diese Unsicherheit! Stefan startet den Motor und rollt langsam auf das Kontrollhäuschen zu. Er hat Glück gehabt: Das Winken hat ihm gegolten, er darf weiterfahren.

Hier beginnt das »andere Lager«, eine Welt, in der Stefan und Olga ihre Freiheit ablegen müssen wie ein unerwünschtes Kleidungsstück. Ihr Auto rollt nun auf dem holprigen Endlosband der Autobahn, über die schon Hitlers Panzer im Zweiten Weltkrieg gerollt sind. Die Landschaft draußen ist gelbbraun, von merkwürdigen Silos und Starkstrommasten besiedelt, und wirkt, als ob hier keine Menschen lebten. Nur der schwelende Gestank von Chemikalien und Düngemitteln dringt ins Innere von Stefans Auto.

Olga versucht, von den Angstgedanken abzulenken.

OLGA. Soll ich dir mal den Esther-Monolog aus der Venedig-Szene vorspielen?

STEFAN. Nein, jetzt lieber nicht.

OLGA. Ich habe die aber damals ganz genau mit Reinhard durchgesprochen. Paß auf, das geht so ...

STEFAN. Olga, du weißt doch, daß ich mich nicht nach Reinhards Vorgaben richte.

OLGA. Ja, aber ich will mich ganz fallen lassen, eine andere sein. Ich stelle mir die Dreharbeiten so vor, daß mich keiner mehr Olga nennt, nur noch Esther, einverstanden?

STEFAN. Olga!

OLGA. Esther!

STEFAN. Olga, so genial unser Reinhard war, aber für politische oder historische Realitäten hat er überhaupt kein Gespür gehabt.

OLGA. Aber seine Menschen! Seine Menschen, die haben Blut in den Adern. Also, paß auf. Ich hole jetzt den Zettel, den Reinhard damals geschrieben hat, warte doch mal.

STEFAN. Olga, bitte bleib sitzen! Du verstehst mich nicht. Du begreifst das Dritte Reich erst, wenn wir in Berlin sind. München, das war immer nur eine Idylle, ein großgewordenes Kuhdorf. In Berlin, da bekommt unser Film historische Dimensionen.

Bei ihrem Versuch, das Drehbuch aus dem Gepäck zu holen, das sich auf der hinteren Ladefläche befindet, ist Olga auf den Sitz gestiegen und beugt sich so weit über die Lehne, daß Stefan Angst bekommt, die DDR-Polizei könnte an Olgas Spontanaktion Anstoß nehmen.

Tatsächlich stehen am nächsten Parkplatz Uniformierte, die ihn auf die Parkspur herauswinken. Stefan gehorcht, hält an der angezeigten Stelle an. Schon wieder muß er warten, weil die Polizisten erst einmal ein

anderes West-Auto kontrollieren und ihm nicht zu erkennen geben, wie lange es dauern wird.
Olga versinkt in Gedanken.
OLGA. Immer sind die Männer, an die ich mich halten wollte, gestorben. Ansgar, Reinhard …
STEFAN. Sag so was nicht in dieser Situation!
OLGA. Vielleicht ahne ich so was und spüre, daß einer nicht lange lebt. Vielleicht verliebe ich mich deshalb.
STEFAN. Du meinst hoffentlich nicht mich!
OLGA. Du wirst einmal uralt werden, Stefan.
Jetzt kommt der DDR-Polizist auf Stefans Wagen zu. Stefan kurbelt die Scheibe herunter und sieht den Beamten fragend an.
DDR-POLIZIST. Zeigen Sie mal Ihren Führerschein!
Stefan hat seine Papiere noch von der Grenzkontrolle her auf dem Armaturenbrett liegen. Der Beamte nimmt das Dokument entgegen. Sein Gesicht nimmt einen arroganten, verächtlichen Zug an.
POLIZIST. Haben Sie das Schild nicht gesehen?
STEFAN. Welches Schild?
POLIZIST. Dürfen Sie in der BRD die Geschwindigkeitsbeschränkung überschreiten?
STEFAN. Welche Geschwindigkeitsbegrenzung?
POLIZIST. Sechzig Ka-em-ha!
STEFAN. Da war aber kein Schild.
Das hätte Stefan nicht sagen sollen! Der Polizist ist nun entschlossen, ihn seine Macht spüren zu lassen.
POLIZIST. Werden Sie nicht frech! Da zeigen wir doch gleich mal den Paß.
Stefan gibt seinen Paß herüber. Olga sitzt aufrecht, als wollte sie jeden Moment aus dem Auto springen. Der Vopo blättert in Stefans Paß und wirft Kontrollblicke in das Auto.
POLIZIST. Was sind Sie? Regisseur? Was drehen Sie denn da so für Filme?
STEFAN. Spielfilme.
OLGA. Cinema d'amore.
POLIZIST. Das ist italienisch! Ja ja, Italien …
Es scheint, daß der sehnsüchtige Gedanke an Italien selbst diesen Schergen für Sekunden zum Menschen macht. Im Grunde leidet auch er unter dem Eingesperrtsein. Ein Leidenslächeln weht über sein Gesicht. Er wirft einen flüchtigen Blick auf Olga und ihr elegantes Kleid. Er muß

einmal kurz schlucken, ehe er wieder zur Sache kommt und sich an Stefan schadlos hält.

POLIZIST. Sind Sie mit hundert Mark Strafe einverstanden?

STEFAN. Andernfalls?

POLIZIST. Andernfalls müssen Sie nämlich gleich mit.

Stefan zahlt die Strafe. Er erhält eine Quittung und darf weiterfahren.

STEFAN. Weißt du, was das war? Eine Devisenfalle. Scheißland! Das paßt zu denen, daß sie sich selbst eingemauert haben, haben sich selbst in den Knast gesperrt, und da gehören sie auch hin.

Die Schlaglöcher in der Betonpiste sind hier besonders tief, so daß Stefan und Olga rhythmische Stöße ertragen müssen. Vielleicht ist auch das eine Strafe für ihre Träume.

1203 Villa in Berlin

Die Villa, in der Stefans Dreharbeiten stattfinden sollen, liegt unweit des Wannsee-Ufers inmitten eines hochherrschaftlichen Gartens mit altem Baumbestand. Das Haus ist im Stil eines Jagdschlößchens gebaut, in dem sich alpenländische und englische Stilelemente auf abenteuerliche Weise mischen. Das Gebäude hat ein ähnlich verspieltes Dach mit Turm und Türmchen wie der ehemalige »Fuchsbau« in München. Es ist alles nur noch großbürgerlicher, noch reicher.

Stefans Auto rollt den breiten Kiesweg hinab, an einer Art Gesindehaus vorbei auf einen gepflegten Rasen zu, vor dem es zum Stehen kommt. Olga, die das Haus zum ersten Mal sieht, steigt langsam und von den vielen Fragen, die jetzt in ihr aufsteigen, beunruhigt aus dem Wagen. Sie sieht sich um.

STEFAN. Olga, das ist also für die nächste Zeit dein Haus. Was sagst du dazu?

Von einem plötzlichen Impuls der Vorfreude gepackt, rennt Olga in die Wiese hinein. Sie stößt einen Schrei aus. Aber sogleich bremst sie sich wieder ab und kehrt mit gespielter Resignation zu Stefan zurück.

OLGA. Ach, nein, als Esther habe ich nie darin gewohnt, da kann ich gar kein Verhältnis zu der Villa haben.

STEFAN. Olga, reg dich doch nicht auf. Schau mal genau hin! Schau, allein der Anblick, der erzählt doch schon eine ganze Menge. Dieser Herrschaftsanspruch, die Fassade, die die kleinen Leute abweist und die großen empfängt.

OLGA. Du bist der Regisseur. Die Geschichte mußt du erzählen.

Hoch oben unter dem Turmdach gibt es einen Balkon, auf dem Bernd, der sächsische Aufnahmeleiter, erscheint. Er ist nach seinem Ausflug ins Land der Gastronomie froh, nun wieder beim Film tätig sein zu können. Er faßt zwei junge Frauen um die Schultern und präsentiert sie seinem Regisseur, der von seinem Turm aus gesehen ganz winzig wirkt, so weit unten auf der Wiese.

BERND. Grüß Gott, Herr Aufhäuser! Grüß Gott, Fräulein Olga, kommen Sie ruhig rein, wir warten schon.

STEFAN. Ist die Maske schon da?

BERND. Ja, freilich! Und die Kostüme sind auch schon da mit den beiden Garderobenmädels.

Während Bernd seine beiden Garderobenmädels wieder ins Haus zurückkehren läßt, geht Stefan mit Olga zum Haupteingang des Hauses.

STEFAN. Wir färben dir die Haare, Olga. Du mußt schwarze Haare haben.

OLGA. Ach, meinst du das immer noch? Du vergißt immer, daß Esthers Vater bei der SS war.

STEFAN. Wie du so auf mich zugekommen bist, da habe ich gespürt, daß du schwarz sein mußt. Das gibt dir so was Fremdes. Das ganze Bild wird irgendwie so fremd davon.

Rob, der schon eine Reihe von Tagen früher hierhergekommen ist, erwartet die beiden auf der Haustreppe.

ROB. Herzlich willkommen, wie war die Fahrt?

STEFAN. Teuer.

ROB. Teuer? Übrigens, das mit den schwarzen Haaren ist richtig. Das hat Reinhard so ins Drehbuch geschrieben.

OLGA. Ich bin da anderer Meinung. Ich bin Esther, so einfach ist das.

STEFAN. Du mit deinem Reinhard! Ich habe drei Jahre im »Fuchsbau« gelebt, bevor überhaupt irgendeiner von euch aufgetaucht ist. Durch mich hat Reinhard die ganze Geschichte überhaupt erst kennengelernt. Ohne mich hätte er das Drehbuch gar nicht schreiben können. – Olga, jetzt bleib mal da!

Olga hat sich Stefans Reden nicht anhören wollen. Sie ist einfach ins Haus hineingegangen und läßt Stefan keine Gelegenheit, seine Argumente auch vor ihr darzulegen.

1204 In der Berliner Villa

Das Innere der Villa ist bereits für den Film hergerichtet: Die ehemalige Veranda hat sich in einen Masken- und Garderobenraum verwandelt, hier sind die Schminkspiegel und Kleiderständer aufgebaut. Kleindarsteller und Assistenten tummeln sich in den Räumen, probieren Kostüme oder machen sich wichtig. Robs Beleuchter haben begonnen, das Wohnzimmer mit dem benachbarten Salon sowie die geräumige, holzvertäfelte Diele auszuleuchten. Dazu werden sogenannte »Pole Cats«, das sind lange Aluminiumrohre, unter die Zimmerdecke gespreizt. Allerlei Kabel und kleinere Lampen werden auf diese Weise hoch über den herumeilenden Menschen befestigt.

Stefan, der das Bedürfnis hat, sofort die Herrschaft über alle Aktivitäten und Teammitglieder zu ergreifen, baut sich hinter dem langen Tisch auf und beginnt eine Ansprache.

STEFAN. Jetzt hört mal alle her! Ich möchte zur Begrüßung etwas Grundsätzliches sagen: Ein Film besteht aus lauter Einzelheiten, die man nicht sieht. Deshalb möchte ich, das heißt, ich wünsche mir, daß wir alle eine große Familie werden. Ich meine, daß sich jeder für das Ganze mitverantwortlich fühlt.

Rob kommt mit Herbert, seinem Oberbeleuchter, herein. Nach Robs Anweisungen steigt Herbert direkt vor dem redenden Stefan auf den Tisch, um eine Lampe unter der Decke anzubringen. Rob wendet sich an Herbert.

ROB. Da mach dir mal keine Sorgen, oder, Herbert?

HERBERT. Wirklich net!

ROB. Schau mal, da oben geht's.

HERBERT. Da oben geht's wunderbar.

So wird Praxis gegen Theorie, Technik gegen die Regieambitionen gesetzt. Stefan hält inne. Er konzentriert sich nun auf Ulla, seine Regieassistentin.

STEFAN. Ulla, wir haben uns jetzt drauf geeignigt, daß wir Olga die Haare schwarz färben.

ULLA. Da müssen wir aber sofort einen Termin machen.

STEFAN. Ja, muß man ...

Bernd, der emsige Aufnahmeleiter, kommt die Treppe vom Obergeschoß herunter. Er verteilt Pappbecher an alle und öffnet eine Sektflasche.

STEFAN. Also, laßt uns einen schönen Film machen!

ULLA. Prost!

BERND. Na, Fräulein Olga, sind Sie schon aufgeregt?

OLGA. Natürlich. Das wäre ja ganz unnatürlich, wenn ich jetzt eiskalt wäre. Nicht wahr, Frau Wunderlich?

Frau Wunderlich ist eine ältere Schauspielerin, mit der Olga sich soeben bekannt gemacht hat. Bernd schenkt auch ihr einen Becher Sekt ein und prostet ihr zu.

BERND. Nächstes Jahr im Mai werden Sie vielleicht in Cannes auf der Bühne stehen und sich vor der Weltpresse verbeugen. Wer weiß, Fräulein Olga, ob wir nicht sogar einen Preis bekommen. Der deutsche Film ist schwer im Kommen!

Stefan, Ulla und die Garderobenmädels stehen in der Tür. Was Bernd da sagt, das hören sie allzu gern.

1205 München, Isarfilm, Tonstudio

Hermanns *Studio für elektronische Musik* ist inzwischen ein ganz perfekt eingerichtetes Labor für Klangerzeugung geworden. Hermann und Herr Groß sind ein gut aufeinander eingespieltes Team, von Erika immer noch liebevoll umsorgt. Hermann produziert die Filmmusik für Stefan. Mit jeder Steckverbindung, die er herstellt, und mit jeder Reglerbewegung auf dem riesigen Mischpult entstehen neue, meist aggressive, scharf klingende Töne.

Das Telefon läutet. Erika, die den Anruf entgegennimmt, reicht den Hörer an Hermanns Ohr.

ERIKA. Das ist der Stefan! Aber er hat scheinbar wenig Zeit.

HERMANN. Stefan! Wunderbar, sehr gut! Ich habe etwas Großartiges gefunden für unseren Film. Eine Art Titelthema, oder einen Titelklang. Das mußt du dir anhören.
Warte mal einen Moment.

1206 Berliner Villa

Stefan hat sich in der Berliner Villa zum Telefonieren in eine Fensternische zurückgezogen. Der Raum ist erfüllt vom Lärm vieler Stimmen.

STEFAN. Wir haben gerade eine Teambesprechung. Hier ist die ganze Bude voller Leute.

HERMANN. Stefan, bitte, du mußt dir das anhören! Einen Moment. Paß auf!

STEFAN. O. k., laß laufen.

Hermann startet eine seiner Tonbandmaschinen und hängt dann den Telefonhörer vor den großen Studiolautsprecher. Die elektronischen Klänge klingen nun in Stefans Ohr wie eine gewaltige Übertragungsstörung im Telefonnetz, als hätten alle Verstärker und alle Richtfunkstationen der Post angefangen zu schmoren.

ROB. Kommst du mal? Deine Familie diskutiert. Könnt ihr vielleicht das Ganze woanders hin verlagern?

Die Diskussionen im Raum sind noch leidenschaftlicher geworden, so daß Rob einschreitet. Er versucht, Stefan vom Telefon wegzulocken. Das aber gelingt ihm nicht, weil draußen im Hof Helga erschienen ist. Zusammen mit ihrer Genossin Katrin und einem jungen, langhaarigen Mann mustert sie die Fahrzeuge mit den Filmgeräten, die im Hof stehen. Schließlich entdeckt sie auch Stefan hinter seinem Fenster. Helga fixiert den ehemaligen Freund mit ihren fanatischen Augen.

Stefan, der das Telefon nicht verlassen kann, weil Hermanns Musik immer noch nicht zu Ende ist, verfolgt mit Blicken, wie Helga und ihre beiden Begleiter durch die Hintertür ins Haus kommen. Katrin mischt sich sogleich in die Diskussionen ein, die sich nun um »Demokratisierung des Teams«, »Mitspracherecht in inhaltlichen Fragen« und ähnliche Themen drehen. Helga geht lächelnd auf Stefan zu. Sie grüßt aber nicht. Stefan wird nervös. Er drückt sich an ihr vorbei und legt den Telefonhörer einfach auf einen Stuhl. Dann schaltet er sich in die Diskussion des Teams ein.

STEFAN. Ich verstehe euch ja, daß ihr Mitspracherecht wollt. Auch in inhaltlichen Fragen. Ich habe das ja erst gestern angeboten. Niemand will gerne Befehlsempfänger oder Ausführungsorgan sein. Aber so habe ich das nicht gemeint.

ZWISCHENFRAGE. Ja, wie denn?

STEFAN. Die Regie ist immer noch unteilbar. Ich könnte stundenlang erzählen, was ich unter Autorenkino verstehe.

ROB. Jetzt sei doch nicht gleich beleidigt, Stefan.

BERND. Also, so ein Filmteam, das ist was Öffentliches.

1207 München, Isarfilm

Endlich ist Hermanns Musikbeispiel zu Ende gegangen. Voller Stolz nimmt Hermann den Telefonhörer wieder in die Hand.

HERMANN. Na, Stefan, wie findest du das?

1208 Berliner Villa

Katrin, die in der Berliner Wohnung den Hörer auf dem Stuhl liegen sieht, hat sich das letzte Stück von Hermanns Musik noch mit angehört. Nun erkennt sie seine Stimme.

KATRIN. Klingt beschissen!

1209 München, Isarfilm

HERMANN. Katrin, wie kommst du denn da rein? Grüß dich!

1210 Berliner Villa

KATRIN. Wir haben ein kleines »Go-in« gemacht. Wir wollen dem Stefan mal auf den Zahn fühlen. Macht Spaß.

HERMANN. »Go-in«?

KATRIN. Willst du nicht herkommen? Hier versäumst du was.

HERMANN. Ich habe keine Zeit, ich habe soviel zu tun.

KATRIN. Willst du mal hören?

Katrin hängt den Telefonhörer an ein Lampenstativ und richtet ihn nach der Diskussionsgruppe aus. Hermann hat nun das Hörspiel einer Teamrevolte am Apparat.

ROB. Stefan, laß dir das erklären. Die Statisten, die wollen das Drehbuch lesen und anschließend den Inhalt diskutieren. So ist es doch, oder? – Ja, und du sollst offenlegen, was du mit dem Film politisch aussagen willst.

Auch Katrin beteiligt sich nun, versucht, die Diskussion noch anzuheizen.

KATRIN. Das ist nicht persönlich gemeint, Stefan. Dahinter steht der ganz normale Anspruch auf nichtentfremdete Arbeit.

ZWISCHENRUF. Jetzt mischt die sich auch noch ein!
KATRIN. Deshalb wollen wir den Inhalt mitbestimmen.
STEFAN. Aber was sollen wir denn diskutieren? Der Inhalt steht doch fest. Es gibt ein Drehbuch, von dem wir nicht abweichen dürfen, weil wir sonst das Geld verlieren.

Katrin kehrt zum Telefon zurück. Sie bringt den Apparat in eine Ecke, um unbeobachtet mit Hermann sprechen zu können.

KATRIN. Machst du noch immer Reklamemusik, für diesen unsäglichen Konsul?
HERMANN. Ja.
KATRIN. Und die Familie?

1211 München, Isarfilm

HERMANN. Danke der Nachfrage!

Hermann hat sich auch in seinem Studioraum in eine Ecke zurückgezogen. Er versucht, Katrins Provokationen in einen Flirt umzuwandeln, was ihm mehr und mehr gelingt.

1212 Berliner Villa

KATRIN. Laß doch die Scheiße hinter dir. Komm her, hier ist es lustig!

1213 Isarfilm

HERMANN. Das hört man. Ihr macht Revolution.
KATRIN. Revolution, ja.

1214 Berliner Villa

KATRIN. Aufbruch in neue Gefilde!

1215 München, Isarfilm

HERMANN ... zu neuen Ufern.
KATRIN. Ja, zu neuen Ufern, ganz recht!
HERMANN. Nein, das geht nicht. Ich habe viel zuviel zu tun.

1216 Berliner Villa

KATRIN. Feigling! Du hast Schiß, hab ich recht?

1217 München, Isarfilm

HERMANN. Und was hätte ich davon?

1218 Berliner Villa

KATRIN. Was du davon hättest?
Katrin läßt eine Spannungspause entstehen. Ihre Augen leuchten.
KATRIN. Mich zum Beispiel! Jetzt bist du platt. Sag doch was!

1219 München, Isarfilm

Hermann schweigt. Er weiß selber nicht, ob er keine Worte findet, weil Katrin ihn verwirrt hat, oder ob es der Gipfel seines Flirts ist, wenn er das Schweigen nun absichtlich verlängert.
Katrin hat ein Feuer in ihm entfacht.
KATRIN. Hermann?
HERMANN. Ja?

1220 Berliner Villa

KATRIN. Ich habe oft an dich gedacht. Tatsache.
Stefan hat inzwischen die Diskussionen autoritär abgebrochen. Sein Team ist zwar auf diese Weise nicht zu beruhigen, aber Stefan hat ein

wenig Zeit gewonnen. Er besinnt sich auf das Telefonat mit Hermann. Er nimmt Katrin den Hörer einfach aus der Hand.

STEFAN. So, Freunde, jetzt ist Schluß! Es ist genug.
Hermann? Ja, ich bin's. Du, hier ist die Demokratie ausgebrochen. Sei mir nicht böse. Was, der Klang? Der Klang ist gut!

Er legt den Hörer auf, um zu seiner Arbeit zurückzukehren. Katrin sieht ihm kopfschüttelnd nach.

STEFAN. Soll ich vielleicht den Beleuchter fragen? Oder den Fahrer, wie das hier zu funktionieren hat?

KATRIN. Du solltest dich mal reden hören, Stefan! Aus deinen Worten spricht das reine bourgeoise Klassenverhalten. Warum soll ein Beleuchter nicht ein sehr klares Urteil über eine Szene haben, oder?

BELEUCHTER. Ist ja schon recht.

KATRIN. Die Arbeiter wissen vielleicht mehr vom Leben als wir Kleinbürgerkinder mit Universitätsabschluß. Schließlich sollen ja auch die Arbeiter ins Kino gehen.

Es ist Katrin gelungen, die Diskussion wieder in Gang zu bringen. Nun mischt sich auch Kalle, ihr langhaariger Begleiter, ein.

KALLE. Riskiere doch mal was mit deinem beschissenen Geld von diesem beschissenen Staat! Mach doch mal einen richtigen Agitprop-Film, daß denen in Bonn die Ohren sausen, daß sie sich wundern, was sie da bezahlt haben.

BERND. Zweihundertfünfzigtausend Eier.

KALLE. Mann, das ist ja verdammt viel Knete, reicht ja für ein paar »Mollis« extra. Rück doch mal was rüber, Mister Regisseur, oder wer ist denn hier der Regisseur?

STEFAN. Ich, dachte ich.

ROB. Dachte ich auch.

Jetzt ist Stefan beleidigt. Er verschwindet in den benachbarten Salon und schaut dort demonstrativ zum Fenster hinaus. Er wäre so gern der empfindsame Künstler gewesen, den alle respektieren, aber niemand beachtet ihn.

KATRIN. Die Frage heißt doch: Einzelregisseur oder Kollektivregie? Diese Frage ist ein allgemeines Problem heutzutage. Natürlich gibt es so etwas wie Genies, wobei die große Frage ist, ob Stefan ein Genie ist. Aber selbst wenn er eins wäre, wäre er in dem Augenblick überfordert, wo der Film sich mit gesellschaftlicher Realität beschäftigt.

GARDEROBIERE. Wieso?

KATRIN. Wieso, warum, was.

GARDEROBIERE. Das kann er doch!

Helga, die bisher geschwiegen hat, ist bei Stefan im Salon erschienen. Sie sieht plötzlich müde aus und traurig.

HELGA. Ich habe mein Kind jetzt bei mir.

STEFAN. Ich dachte, das ist bei deinen Eltern in Dülmen.

HELGA. Ich wollte nicht, daß es in dieser autoritätshörigen Kleinfamilie aufwächst. Das erschwert meine Lage. Außerdem geht meine politische Arbeit vor.

STEFAN. Und der Vater des Kindes?

HELGA. Hundertdreißig Mark Alimente im Monat. Reicht nicht mal fürs Essen.

Stefan dreht sich nach ihr um. So kennt er sie nicht. Er hat anderes von ihr erwartet, gerade in diesem Moment. Er versucht, sie zu verstehen.

HELGA. Ich falle der Katrin und der Kommune zur Last, weil ich natürlich nichts zahlen kann. Das sind fünf Leute. Du mußt denen Jobs geben.

Schon dreht sich alles wieder um. Stefan ist wieder der Angeklagte. Er schweigt und leidet erneut. Im Nebenraum geht die Diskussion weiter.

KATRIN. Ihr müßt euer Bewußtsein ändern. Ihr müßt eure Motivation analysieren. Deshalb könnt ihr nicht einfach aufhören, diesen Film zu drehen.

GARDEROBIERE. Genau, vollkommen richtig.

KATRIN. Also Diskussion statt sinnloses Drehen!

Olga kommt herein. Ihre Haare sind pechschwarz gefärbt worden. Das verändert sie sehr. Sie ist gereizt, wie es nur Schauspieler sein können, die kurz vor ihrem Auftritt zuwenig Beachtung finden.

BERND. Sie sehen aber hübsch aus, Fräulein Olga.

KATRIN. Wer ist denn das?

BERND. Unsere Hauptdarstellerin.

OLGA. Was ist denn hier los, Rob?

ROB. »Diskussion statt sinnloses Drehen.«

OLGA. Wo ist Stefan?

KATRIN. Ich schlage jetzt mal vor, daß wir über die Gagen verhandeln. Ich könnte mir vorstellen, jeder sollte mal klarlegen, was er verdient. Nehmen wir alles zusammen, und dann teilen wir das durch die Anzahl der Teammitglieder.

Olga will ihren Regisseur sehen. Er soll sich ihre gefärbten Haare anschauen und dafür sorgen, daß diese Diskussionen aufhören, an denen sie nicht beteiligt worden ist! Sie findet Stefan und Helga im Salon. Kaum ist ihr klar, welche Rolle Helga zu spielen beginnt, stürzt sie sich auf die Freundin aus alten Zeiten, um sie hinauszuwerfen.

OLGA. Verschwinde! Du hast ganz richtig gehört, du gehörst nicht zum Team. Jetzt verschwinde hier! Du kommst hier einfach reingeschneit, fängst an, alles in Grund und Boden zu diskutieren, und ich, ich muß dann später als Schauspielerin meinen Kopf dafür hinhalten. Jetzt hau ab!

STEFAN. Olga, laß das. So geht's ja nun auch wieder nicht.

HELGA. Na komm, nu laß mal. Wir reden später weiter.

Im Durchgang will Kalle Helga zu Hilfe kommen. Sie nimmt ihn aber mit ins große Diskussionszimmer, um sich mit ihm zu beraten. Stefan beugt sich über Olga, die weint.

STEFAN. Olga, wir müssen doch beide zugeben, daß viele Köpfe klüger sind als einer. Denk doch mal an die Kritiker. Alles gestandene Linke. Das ist doch wunderbar, wenn unser Projekt ideologisch abgesegnet wird. Die besorgen uns das hier gratis.

Helga und Katrin haben beschlossen, sich nicht auf Stefans Hilfe zu verlassen. Sie setzen ihre Hoffnung auf den Demokratisierungsprozeß im Team. Helga wendet sich an alle.

HELGA. Also, Kalle hat Kunst studiert. Er hat das erste Examen gemacht, hat das zweite Examen gemacht und ist prima prädestiniert.

KATRIN. Die Gagen haben wir jetzt auch alle zusammen.

STEFAN. Was für Gagen?

KATRIN. Ja, die Gagen, die ich gerade jetzt verhandle, dann teilen wir das Ganze eben durch zehn und nicht durch neun.

TONMEISTER. Seid ihr alle einverstanden? Ich nicht!

GARDEROBIERE. Ich schon.

HELGA. Also, könnt ihr noch mal die Hände erheben, vielleicht, wer dafür ist.

Helga, Katrin und Kalle erscheinen in Stefans Salon. Sie wirken locker und zufrieden.

HELGA. Mit Kalle ist o. k., tschüß!

KALLE. See you ...

Die drei Eindringlinge ziehen ab. Stefan tritt auf die Terrasse hinaus. Es wird Abend. Die Wannsee-Landschaft wirkt so idyllisch, daß man nicht glauben mag, wie aufgewühlt Stefan ist, als er seinen Blick auf dieses Bild des Friedens richtet.

STEFAN. *Seit Tagen drehte sich die Diskussion um die Frage: Was ist ein Team, und was ist ein Regisseur? Was kann der einzelne Künstler leisten? Und wozu bedarf es einer Gruppe, eines Kollektivs? Bei der zeitgeschichtlichen Thematik meines Films war das eine wichtige Frage, denn wie sollte ich allein die Antworten einer ganzen Generation finden? Ich wollte, daß alle Teammitglieder mitdenken und mithelfen, die Geschichte richtig zu erzählen.*

Stefan geht einsam durch das ganze Haus. Sein Team ist nun weggegangen. Nur der eifrige Bernd sitzt noch in seinem Turmstübchen und kocht sich eine Suppe.

BERND. Herr Aufhäuser, ich kann Ihnen sagen, es hat mich bedrückt, die Kamera den ganzen Tag hier rumstehen zu sehen.

Stefan antwortet nicht. Er geht die Treppe hinab und bleibt in der Diele stehen. Nun ist sein ganzer Kopf voll von den Szenen seines Films. Alles ist vorbereitet. Aber die Mitarbeiter verweigern ihm die Gefolgschaft. Was ist passiert? Stefan begreift nur langsam, daß sich etwas verändert hat – in den Köpfen seiner Leute.

Bernd, der ihm unauffällig gefolgt ist, weil er sich Sorgen um seinen Regisseur macht, trifft auf dem Treppenabsatz Olga, die dort auf einem Fensterbrett sitzt und vor sich hinbrütet.

BERND. Sie werden sehen, Fräulein Olga, es wird sich alles noch zum besten wenden. Ich spüre, daß hier ein wunderbarer Film entsteht. Wir erleben nun mal eine revolutionäre Zeit.

Olga steht auf. Sie gibt Bernd eine schallende Ohrfeige. Dann verzieht sie sich in ihre Privatgarderobe im oberen Stockwerk der Villa.

1221 Isarfilm, Studiogebäude

HERMANN. *Seit einundzwanzig Monaten war ich Angestellter der Isarfilm in München. Seit mehr als dreizehn Monaten hatte ich mein Studio für elektronische Klangerzeugung aufgebaut, und es war das modernste in ganz Europa, der Stolz der Firma und meines hingebungsvollen Mitarbeiters, des Tonmeisters Groß.*

Hermanns Studio befindet sich in einem ehemaligen Kino, das der Isarfilm auch als Aufnahmestudio für Filmaufnahmen dient. Als er mit Herrn Groß das Gebäude verläßt, um in das Auto seines treuen Tonmeisters einzusteigen, öffnet sich ein Fenster im Obergeschoß. Es ist Erika, die herunterwinkt.

ERIKA. Herr Simon!

HERMANN. Ja, was gibt's denn?

ERIKA. Der Chef hat grad ogruafa. Sie solln heut no vorbeischaun im Büro.

HERMANN. Gut. Wiedersehen, Erika!

HERMANN. *Seit Monaten wartete ich darauf, daß unser Chef, Konsul Handschuh, endlich sein Zeichen zum Aufbruch gab: mein Aufbruch zu neuen Ufern der Neuen Musik.*

1222 Büro Konsul Handschuh

Herr Groß bringt Hermann in seinem Auto zum Stadtbüro der Isarfilm. Geduldig wartet er draußen bei seinem Wagen auf Hermanns Rückkehr.

Inzwischen hört Hermann sich die Ansprache des Konsuls von der Bürotür aus an. Er zögert, das Chefzimmer zu betreten.

KONSUL HANDSCHUH. Ich kann Sie doch nicht laufen lassen, ohne Ihnen dieses zu überreichen: eine Jahres-Netzkarte für die ganze Bundesbahn. Ein persönliches Geschenk für die Schöpfer von Varia-Vision. Herr Stürmer bekommt auch eine, wenn er aus Berlin zurück ist. Für Ihre Verdienste um das neue Werbekonzept. Jetzt werden Sie mobil sein, und wenn Sie einmal allein sein wollen oder nachdenken müssen, dann setzen Sie sich in den Aussichtswagen des TEE und lassen die Natur auf sich wirken. Eine neue Dimension, finden Sie nicht auch?

HERMANN. Vielen Dank!

Hermann nimmt die Netzfahrkarte in Empfang. Er ist wortkarg wie vorher.

KONSUL HANDSCHUH. Herr Simon, irgend etwas bedrückt Sie. Wollen Sie sich nicht einmal anvertrauen? Kann ich Ihnen helfen?

HERMANN. Eigentlich nein. Die Zeit. Die Zeit vergeht.

KONSUL HANDSCHUH. So spricht man in meinem Alter.

HERMANN. Sie haben mir einmal versprochen, daß ich frei arbeiten kann in meinem Studio.

Der Konsul erhebt sich und führt Hermann in die Besprechungsecke. Dort setzt er sich vertraulich neben ihn.

KONSUL HANDSCHUH. In *unserem* Studio, das wollen wir bitte nicht vergessen, Herr Simon! Überall in der Welt muß man das Geld, das investiert wird, auch hereinwirtschaften. Freiheit kann man nur genießen, wenn man seine Rechnungen bezahlt hat. Aber wir haben jeden Grund zur Freude. Ihre Kennmelodien sind ein großer Erfolg, und unser Studio wird sich in einem Jahr amortisieren. Das ist sensationell. Und Sie, haben Sie nicht auch ein hübsches Sümmchen allein mit den Tantiemen verdient? Und das wird so bleiben, solange die Leute Schokolade essen, Zug fahren, solange Sie leben, Herr Simon!

Der dicke Chef erhebt sich. Er tut, als ob er nachdächte. Er läuft im Zimmer umher und macht ein Grübelgesicht.

KONSUL HANDSCHUH. Ich gebe Ihnen Urlaub, Urlaub für Ihre eigenen Projekte. Ab sofort gehört Ihnen das Studio ganz allein. Sagen wir, für zwei Monate. Niemand wird Sie stören. Dichten Sie, machen Sie etwas für die Nachwelt. Ich bin stolz auf Sie und auf Ihren Revolutionsgeist. Und nun gehen Sie zu Ihrer lieben Frau, grüßen Sie sie bitte von mir. Was studiert sie noch mal?

HERMANN. Psychologie, Sozialpädagogik.

KONSUL HANDSCHUH. Ach, ich möchte sie unbedingt kennenlernen.

Am Ausgang hält der freundliche Chef Hermann noch einmal auf. Er versucht, dem traurigen Künstler in die Augen zu blicken.

KONSUL HANDSCHUH. Und lachen Sie mal. Das hilft! Sehen Sie, ich versuche immer zu lachen oder wenigstens zu lächeln. In jeder Lebenslage. Das ist meine Weisheit.

1223 Wohnung Hermann und Schnüßchen

Als Hermann sich in seinem Treppenhaus der Wohnungstür nähert, hört er laute Rockmusik und ein Dröhnen von übersteuerten Lautsprechern. Er beeilt sich, die Tür aufzusperren, um nachzusehen, was in seiner Wohnung los ist.

Schon in der Diele kommt ihm Zigarettenqualm entgegen. Hermann schaut in alle Zimmer und ruft nach Waltraud, seiner Frau. Aber in Küche, Kinderzimmer und Schlafzimmer ist sie nicht.

Im Wohnzimmer, von wo der Lärm kommt, findet Hermann drei unbekannte junge Leute vor. Einer von ihnen klimpert auf seinem Flügel und versucht den Schlager vom Plattenteller mitzuspielen. Hermann knallt den Klavierdeckel zu, ohne auf die Hände des Jungen Rücksicht zu nehmen.

HERMANN. Der Flügel ist tabu, verstanden? Ich will nicht, daß du das Instrument versaust.

Hermann reißt die Balkontür auf, um den Rauch zu vertreiben. Dann stellt er den Plattenspieler ab. Er nimmt seine Gitarre, die auf dem Sofa herumliegt, demonstrativ an sich.

HERMANN. Wo ist meine Frau?

MANNI. Wenn du die Waltraud meinst, die ist noch mal zurück zur Uni. Ein wichtiger Vortrag.

ILONA. Um halb zehn kommt sie zurück, hat sie gesagt.

HERMANN. Wie heißt du?

ILONA. Ilona.

HERMANN. Und du?

MANNI. Manni.

Manni läßt Hermann den Totenkopf sehen, der auf seine Brust tätowiert ist. Auf dem Boden liegt noch ein junger Mensch. Er scheint auf einem Trip zu sein und nimmt von allem kaum Notiz. Er streckt Hermann nur seine Hand entgegen, auf deren Finger die Buchstaben L-O-V-E tätowiert sind.

Hermann gibt sich einen Ruck, er will zeigen, wer der Herr im Haus ist.

HERMANN. Wißt ihr was? Was ihr hier eßt und trinkt, dafür gehe ich arbeiten. Habt ihr schon mal was von Arbeit gehört?

MANNI. Wir können ja gehen. Aber dann kriegst du's mit deiner Frau zu tun.

ILONA. Wir haben nämlich hoch und heilig geschworen, daß wir hierbleiben.

HERMANN. Geschworen! Und die Lulu? Habt ihr ein kleines Mädchen gesehen?

MANNI. Mitgenommen.

HERMANN. Wer? Wen?

MANNI. Ja, deine Frau – das Kind.

Manni erhebt sich. Mit Drohgebärde geht er auf Hermann zu, so daß dieser den Rückzug antritt.

MANNI. Und jetzt spiel dich nicht so auf, sonst kriegst du Ärger mit mir.

HERMANN. Ich gehe weg. Sagt meiner Frau, daß ich spät zurückkomme. Und daß ich euch hier nicht wiedersehen will!

Den letzten Satz brüllt Hermann so laut, daß er selber erschrickt.

1224 Vor »Renates U-Boot«

Als Hermann vor Renates Kneipe ankommt, spielt Alex dort den »Türsteher«. Mehrere Gäste, die in das Lokal wollen, werden abgewimmelt. Als er aber Hermann sieht, ist er begeistert.

ALEX. Ach, Hermann, mein lieber, alter Oberstift, hast du die Familie endlich verlassen, diese historisch-veraltete Neurosenküche? Hat dich das Leben wieder? Es schien ja, als ob du ewig krank wärst.

1225 »Renates U-Boot«

Renate tritt nun nicht mehr selbst auf ihrer Kleinkunstbühne auf, sondern ein Liedermacher, dessen Politlieder den Gästen, meist jungen Leuten und Studenten, gefallen. Renate hat in Bernds Abwesenheit verstanden, wie sie ihr Geschäft den Zeiten anpassen kann.

POLITSÄNGER.

»Komm, heißer Herbst, komm wieder
und mache Revolution.

Oktober soll es werden,
Oktober soll es sein,
des Menschen Not auf Erden,
sie soll zum Himmel schrei'n.

Komm, heißer Herbst, und bringe,
weil sonst ja nichts geschieht,

den Sturm zu uns und singe
mit uns ein neues Lied.

Ein Lied, das alle hören
in Elend und in Gefahr,
die sich mit uns verschwören
im Herbst und immerdar.

Komm, heißer Herbst, komm wieder.
Die Herrschenden zittern schon.
Verändere unsere Lieder
und mache Revolution.

Komm, heißer Herbst, und mache
die Bäume alle rot.
Komm, heißer Herbst, und lache
die Herrschenden mausetot.

Verändere unsere Reime,
denn Kunst tut nicht mehr not.
Gar wie die großen Bäume
mach unsere Träume rot.«

(Text Hanns Dieter Hüsch)

Das Lokal ist heute abend ziemlich leer. Nur ein Herr vom Finanzamt sitzt da und versucht, gemäß seinem Auftrag Renates Umsätze zu schätzen. (Deswegen hat Alex die Leute nicht hereingelassen.)
Hermann steht bei Renate an der Theke. Er und Alex bekommen ihren Champagner unter dem Tisch eingeschenkt. Sie trinken ihn aus Tarnungsgründen aus Wassergläsern.

RENATE. Ich bin schon froh, daß ich rechtzeitig aufgehört habe zu studieren. In den Augen meiner Gäste bin ich schon Oma. Bist du auch schon dreißig, Hermann?

HERMANN. Noch nicht ganz.

RENATE. Für die Revolution sind wir genau acht Jahre zu alt.

ALEX. Ich nicht.

RENATE. Was haltet ihr davon, wenn ich als revolutionäre Meerjungfrau auftrete? Ich singe das Lied vom Untergang der »Vierten Welt«, und dabei tun wir die ganze Bühne mit himmelblauem Wasser auffüllen. *(Sie lacht)* Schön warm, daß alle zu mir in die Welle neihüpfe könnet. Sexuelle Revolution!

HERMANN. Ich arbeite jetzt autonom: ganz freie, elektronische Stücke, wie du sie noch nie gehört hast!

RENATE. Finde ich gut! *(Sie lacht)* Autonom!

HERMANN. Davon verstehst du nichts, Renate.

Alex entwirft für Hermann eine Karikatur der linken Meinung über Kunst, die auch der Liedermacher in seiner Schlußzeile vertritt.

ALEX. Aber die freie Kunst hat keine Legitimation mehr, in Anbetracht der gesellschaftlichen Widersprüche und in Anbetracht der imperialistischen Ausbeutung in der Dritten Welt.

HERMANN. Glaubst du an die Revolution?

Alex zieht es vor, einen kräftigen Schluck aus dem Glas zu nehmen. Hermann entdeckt Volker, der mit Jean-Marie an einem der Tische sitzt und mit einer hübschen, dunkelhaarigen Frau verhandelt. Hermann freut sich, den Freund endlich wiederzusehen. Er geht mit seinem Glas auf ihn zu, will mit ihm anstoßen.

VOLKER. Hast du was zu feiern?

HERMANN. Ich kann jetzt endlich autonom arbeiten in meinem Studio.

VOLKER. Schön für dich.

RENATE. Hermann, hast du schon gehört, der Volker hat einen Kompositionsauftrag für das Südwestfunk-Orchester! Habe ich das jetzt richtig gesagt, Volker?

VOLKER. Ja, so ungefähr.

HERMANN. Erzähl mal, das ist ja phantastisch!

Aber Volker hat es plötzlich sehr eilig. Er erhebt sich, küßt der dunkelhaarigen Frau auf bourgeoise Weise die Hand und verabschiedet sich schnell von Hermann.

VOLKER. Seid mir nicht böse, ich habe noch eine Verabredung.

JEAN-MARIE. *Wir.*

HERMANN. Ja, gratuliere trotzdem.

VOLKER. Danke! Ich freue mich *auch* darüber. Ich fahre morgen nach Baden-Baden.

JEAN-MARIE. Auf bald, Hermann.

HERMANN. Tschüß!

Schon ist Hermann wieder allein. Er fühlt sich hier genauso ausgestoßen wie zu Hause in seiner Wohnung.

1226 Straße vor Wohnung Volker und Clarissa

Volker und Jean-Marie kommen im Auto an. Der Platz vor der Kirche liegt in Dunkelheit. Volker parkt ein. Dann steigen die beiden Freunde aus. Sie sind in Aufbruchstimmung.

JEAN-MARIE. Du solltest unbedingt in unserem Haus in Straßburg wohnen. Von dort bist du in zwei Stunden beim Südwestfunk. Und im übrigen hast du alles, was du brauchst: Ruhe, gute Luft und den Flügel.

VOLKER. Und den Blick auf Seesenheim, ich weiß. Jean-Marie, du weißt, das ist nicht meine Welt.

Die beiden Freunde erreichen die Haustür. Volker sperrt auf. Oben in seiner Wohnung brennt Licht.

1227 Treppenhaus Volker und Clarissa

Auch in diesem Treppenhaus erklingt Musik, die näher kommt. Aber im Gegensatz zu Hermann hört Volker keine Rockmusik, sondern moderne Klassik. Clarissas Gesangsstimme ist zu erkennen.

VOLKER. Was ist das?

1228 Wohnung Volker und Clarissa

In der Diele stehen viele Koffer und andere Gepäckstücke, so daß Volker und Jean-Marie kaum wissen, wie sie durch den Flur gelangen sollen. Aus der Küche kommt ihnen eine junge Frau entgegen, die lächelnd einen Teller Spaghetti vor sich herträgt. Sie verschwindet in dem Zimmer, aus dem die Musik dringt. Die beiden Männer steigen über die Gepäckstücke.

Sieben junge Frauen sind zu Besuch, die alle Musikinstrumente bei sich haben und entweder gerade Clarissa begleiten oder begeistert zuhören, wie sie singt.

Was Clarissa vorträgt, ist ein Teil aus Schönbergs »Pierrot Lunaire«. Es spielen eine blonde Frau am Klavier, eine Cellistin und eine Klarinettistin.

CLARISSA *(singt)*.

»Finstre, schwarze Riesenfalter
töteten der Sonne Glanz.

Ein geschlossenes Zauberbuch,
ruht der Horizont, verschwiegen.
Aus den Qualen verlorener Tiefen
steigt ein Duft, Erinnerung mordend.
Finstre, schwarze Riesenfalter
töteten der Sonne Glanz.

Und vom Himmel erdenwärts
senken sich die schweren Schwingen
unsichtbar die Ungetüme
auf die Menschenherzen nieder.
Finstre, schwarze Riesenfalter.«

Das Stück endet mit einem kurz angerissenen Ton auf dem Cello. Die Frauen lachen. Clarissa, die Volker und Jean-Marie schon während ihres Gesangs beobachtet hat, ist froh, ihren Freundinnen endlich Volker vorstellen zu können.

CLARISSA. This is Volker, my husband, this is Jean-Marie. He is conductor and composer as well.

JEAN-MARIE. Das ist großartig!

CLARISSA. I am so happy, that you didn't forget me.

JEAN-MARIE. Clarissa, wie kommt ihr auf »Pierrot Lunaire«?

CLARISSA. Haben wir öfter mal so zum Spaß in Amerika gespielt. Abends so im »Student Union«.

JEAN-MARIE. Das war der Anfang der Neuen Musik 1911, als Schönberg das komponierte.

CLARISSA. 1912.

JEAN-MARIE. Es ist unglaublich, wie du das singst!

Clarissa umarmt ihre amerikanischen Freundinnen der Reihe nach. Sie strahlt vor Glück. Die sieben Frauen sind sehr laut, sie reden durcheinander, lachen und wollen sofort alles über Volker wissen. Besondere Freundschaft verbindet Clarissa offenbar mit Camilla, der Posaunistin. Sie ist eine rundliche Frau mit einem Kinderlächeln. Clarissa drückt sich an den weichen Frauenkörper und küßt Camilla auf beide Wangen.

CLARISSA. Sie sind alle hier, um mich zu besuchen. Ich kann es überhaupt nicht fassen. Die schönste Zeit in meinem Leben!

CAMILLA. We are only staying one night. Tomorrow we plan Salzburg.

CLARISSA. Ja, sie sind ein ganz berühmtes Orchester geworden und machen gerade eine Europatournee. Sie haben sogar eine Schallplatte. Volker, das wollte ich dir sowieso zeigen.

Clarissa ist so aufgeregt, daß sie nicht weiß, womit sie anfangen soll. Sie drückt Volker die Platte in die Hand, die dieser mit Jean-Marie studiert, dann eilt sie zu ihren Freundinnen zurück.

CLARISSA. I want you to come back after Salzburg. Is it possible? Volker, du hast doch nichts dagegen, wenn sie heute hier schlafen? Ich möchte nicht, daß sie ins Hotel müssen. Schaust du mal nach Arnoldchen? Der schläft, bei dem Lärm! Ich kann das überhaupt nicht verstehen!

Volker ist froh, eine Aufgabe zu bekommen. So kann er erst einmal diesem aufgeregten Frauenleben entkommen und allein sein. Jean-Marie entschließt sich, noch ein bißchen zuzuhören. Die Musikerinnen spielen nun ein Lied von Gershwin. Clarissa singt zu Klavier, Posaune und Klarinette.

CLARISSA *(singt)*.

»Zoom, zoom, zoom, zoom
the world is in a mess
with politics and taxes
and people grinding axes
there's no happiness
zoom, zoom, zoom, zoom
rhythm lead your ace
the future doesn't fret me

if I can only get me
someone to slap that bass ...«

Als Jean-Marie zu Volker ins Kinderzimmer kommt, ist Arnoldchen wach. Der Vater ist gerade dabei, seinem Kind eine Geschichte zu erzählen. Mit einem Ohr hört er aber auf Clarissas Gesang. Auch Jean-Marie weiß nicht, was er zu dieser musikalischen Ausgelassenheit sagen soll. So jedenfalls haben die beiden Clarissa noch nie erlebt.

1229 Wohnung Hermann und Schnüßchen

Als Hermann spät in der Nacht nach Hause kommt, ist er betrunken. Er schwankt, wirft seine Jacke über den Garderobenständer, verfehlt sein Ziel, wirft noch mal und verliert seinen Schlüsselbund, während er im Wohnzimmer nachsieht, ob die wilden Kerle vom Abend endlich fort sind. Er kann getrost die Schuhe ausziehen, denn es ist alles wieder in Ordnung, das Zimmer ist sogar aufgeräumt.

Er öffnet die Schlafzimmertür. In der neuen Wohnung, die er sich für Schnüßchen und Lulu jetzt leisten kann, ist dieses Schlafzimmer der Clou: Endlich besitzt auch Schnüßchen ihr »Japanzimmer«. Ein Baldachin aus schwarzem Lattengerüst, mit sepiafarbener Seide bezogen, überspannt den riesigen Futon.

Hermann setzt sich auf einen Hocker, um die Hose über seine Beine streifen zu können. Sein Blick fällt auf die schlafende Frau in seinem Bett. Wer ist das? Das ist nicht Schnüßchen, das ist eine fremde Frau, die da schläft. Hermann ruft Waltrauds Namen. Da erhebt sich hinter der fremden Frau der Kopf von Schnüßchen. Sie sieht ihn erstaunt an.

Hermann begreift: Der Platz an Schnüßchens Seite ist heute besetzt. Er geht auf Schnüßchen zu und raunzt sie an.

HERMANN. Wo soll ich jetzt schlafen?

SCHNÜSSCHEN. Ich mache dir ein Bett drüben bei der Lulu.

Hermann läßt sich auf dem Bettrand nieder. Schnüßchen beugt sich über ihn. Sie ist noch nicht ganz wach.

SCHNÜSSCHEN. Hermann, was hast du denn?

HERMANN. Ich denke nicht daran, mitzugehen. Das ist mein Bett!

SCHNÜSSCHEN. Pst!

HERMANN. Was ist denn hier eigentlich los? Ich komme von der Arbeit heim, die Wohnung ist ein Vandalenlager für weggelaufene Heimzöglinge.

SCHNÜSSCHEN. Ja!

HERMANN. Überall Haschischwolken, Dreck, Lärm, Krach. Der Kühlschrank ist leergefressen, und die Frau ist ständig auf Achse. Keiner begrüßt einen. Ich komme mir vor wie ein Arschloch, ausgestoßen und in den Dreck gekippt. Und dann ist auch noch mein Bett belegt. Wer ist denn das eigentlich?

Hermann springt auf und brüllt los wie ein alter Haustyrann. Schnüßchen weiß nicht, wie sie ihn beruhigen kann.

SCHNÜSSCHEN. Nicht so laut, du weckst sie ja sonst auf! Die heißt Ilona und hat zuviel Drogen eingenommen.

HERMANN. Ja, stimmt.

Hermann besinnt sich des Namens. So hieß doch das Mädchen, das diesen aggressiven Manni bei sich hatte. Schnüßchen flüstert.

SCHNÜSSCHEN. So was nennt man Horrortrip. Verstehst du, da ist man sehr empfindlich für Außenreize. Da können Wahnvorstellungen entstehen.

Ilona richtet sich im Bett auf und läßt sich gleich danach wieder auf die Matratze fallen. Sie ist dabei nicht einmal aufgewacht. Hermann starrt sie an. In seinem besoffenen Kopf dreht sich alles.

SCHNÜSSCHEN. Ich habe einen Arzt dagehabt, den Professor von der Petra, die kennst du doch noch.

HERMANN. Ja.

SCHNÜSSCHEN. Der ist sehr erfahren mit Drogen. Der hat schon mal selbst welche genommen. Also, der hat ihr eine Valium-Spritze gegeben und gesagt, daß ich die ganze Nacht auf sie aufpassen müßte. Deswegen liegt sie auch neben mir. – Für eine Nacht mußt du das aushalten, Hermann.

Behutsam führt Schnüßchen Hermann zur Tür.

HERMANN. Und die anderen? Da war doch eine ganze Clique da, als ich heimkam! Ich bin vielleicht erschrocken. Der eine war schwer aggressiv.

SCHNÜSSCHEN. Vor denen habe ich auch Angst bekommen. Die sind wieder weg.

HERMANN. Und die Lulu? Ich mache mir Sorgen um das Kind.

Schnüßchen bringt eine Plastikschüssel, in der sie für Ilona kalte Umschläge gemacht hat, in die Küche. Hermann sitzt inzwischen auf dem Klavierhocker im Flur und starrt vor sich hin.

HERMANN. Willst du nicht doch lieber das nette Kindermädchen wieder anstellen?

SCHNÜSSCHEN. Nein, Hermann, das macht sich schlecht vor meinen Kommilitonen. Weißt du, die sollen nicht wissen, daß ich soviel Geld habe – als Studentin. Das wäre mir peinlich.

HERMANN. Aber *ich* verdiene doch das Geld.

SCHNÜSSCHEN. Trotzdem, oder gerade deswegen. Komm, ich mache dir jetzt dein Bett.

Jetzt will sie Hermann tröstend küssen. Als sie ihm nahekommt, riecht sie den Alkohol. Sie richtet sich auf.

SCHNÜSSCHEN. Hermann, du hast eine Fahne. Bist du blau?

HERMANN. Ja.

SCHNÜSSCHEN. Sei doch nicht beleidigt. Schau, wir sind so eine glückliche Familie. Wir sind gesund und haben keine Sorgen. Da habe ich mir gedacht, davon könnten wir doch leicht was abgeben. Deswegen arbeite ich auch an der Drogenberatungsstelle mit.

HERMANN *(stöhnt)*. Das weiß ich doch alles!

Hermann geht zum Kinderzimmer. Schnüßchen rennt hinter ihm her.

SCHNÜSSCHEN. Nicht so laut, das Kind!

Hermann beugt sich über sein schlafendes Kind. Lulu sieht wirklich süß aus mit ihren dunklen Locken und der Puppe im Arm. Schnüßchen macht das Bett auf einer Schlafcouch. Gehorsam wie ein Kind kommt der betrunkene Hermann und legt sich auf die Liege. Er läßt sich von Schnüßchen zudecken. Er schließt die Augen. Sie wünscht ihm gute Nacht und schickt sich an zu gehen.

An der Tür bleibt sie aber noch mal stehen.

SCHNÜSSCHEN. Hermann, ich bin so glücklich, Studentin zu sein. Der Professor Huber hat neulich gesagt: »Wir leben in einer Zeit des Aufbruchs und der Frau!«

Sie kehrt zu Hermanns Bett zurück. Er richtet sich auf und hört ihr brav zu.

SCHNÜSSCHEN. Glaube mir, Hermann, ich spüre das, als Frau, meine ich. Ich habe Kraft in mir für zehn.

Auch er hat etwas mitzuteilen, was ihn stolz macht.

HERMANN. Ich kann jetzt endlich autonom arbeiten.

SCHNÜSSCHEN. Was?

HERMANN. Frei, freie Musik, in meinem Studio, ohne Auftrag. Musik der Musik zuliebe.

SCHNÜSSCHEN. Hermann, ich lese jetzt Bücher von Wilhelm Reich.

Hermann brummt.

SCHNÜSSCHEN. Du glaubst gar nicht, wie interessant die sind.

Hermann brummt.

SCHNÜSSCHEN. Weißt du, was »Orgon« ist?

HERMANN. Irgendwas mit Orgasmus.

SCHNÜSSCHEN *(holt Luft)*. Pst! Nicht so laut. Ja! Das sind Kräfte, die sammeln sich.

Hermann brummt.

SCHNÜSSCHEN. Zum Beispiel in unserem Japanbett. Und die haben heilende Kräfte.

Schnüßchen legt sich neben Hermann. Um ihm zu demonstrieren, wie »Orgon« wirkt, greift sie ihm unter die Decke zwischen die Beine. Er reagiert, brummt nun behaglich. Schnüßchen lacht.

HERMANN. Hast du deswegen die Kleine in unser Bett gelegt?

SCHNÜSSCHEN. Daran habe ich gar nicht gedacht. Aber vielleicht hilft es ihr ja auch.

Schnüßchen sieht zu Lulu hinüber, die sich in ihrem Bettchen umdreht.

SCHNÜSSCHEN. Hoffentlich wird unsere Lulu nicht auch mal so auf die schiefe Bahn kommen. *(Sie holt Luft)* Hast du gewußt, daß besonders viele Jugendliche, die in die Drogenberatung kommen, eigentlich aus den besten Familien stammen? Da gibt es auch eine Statistik darüber.

HERMANN. So?

Schnüßchen zieht Hermann die Socken aus, damit er ordentlich schlafen kann. Sie will ihn einfach schlafen lassen. Aber da kommt ihr wieder ein Gedanke dazwischen, der sie aufhält.

SCHNÜSSCHEN. Hättste nicht Lust, auch mal Drogen zu probieren? Als Experiment.

HERMANN. Nä, isch weiß net, da han isch Angst!

SCHNÜSSCHEN. Das könnten wir doch mal probieren. Angsthase!

Hermann brummt wieder. Sie küßt ihn auf die Stirn. Dann verabschiedet sie sich endgültig und macht das Licht aus.

SCHNÜSSCHEN. Jetzt schlaf!

HERMANN. Ja.

1230 Wohnung Volker und Clarissa, Schlafzimmer

Clarissa findet in dieser Nacht keinen Schlaf. Sie sitzt neben dem schlafenden Volker in ihrem Ehebett und gibt sich ihren Gedanken und Erinnerungen hin. Ihre ganze Situation wird ihr bewußt: das Ende ihrer Karriere als Musikerin, ihre glücklose Ehe mit Volker, der Verlust ihrer

Träume mit Hermann, ihr Kind, das alles von ihr fordert und sie nie ganz bekommt.
Volkers Körper liegt abgewendet und ungeliebt neben ihr. Er atmet ruhig und ist unendlich fern von ihr. Ihr Blick fällt auf den Spiegel, der über dem Nachttisch hängt. Sie sieht sich und Volker darin, ein Bild der Hoffnungslosigkeit. Clarissa weint. Sie betrachtet sich im Spiegel, wie sie weint.
Da hält sie es im Bett nicht mehr aus. Sie erhebt sich und holt ihren blauen Bademantel. Sie verläßt das Schlafzimmer, ohne Volker zu wecken.

1231 Wohnzimmer Volker und Clarissa

Die Freundinnen aus Amerika schlafen auch, überall in der Wohnung, wo Platz für sie gefunden wurde. Auf der Couch, auf dem Teppich, unter dem Flügel, ja sogar auf Luftmatratzen im Flur, durch den Clarissa sich mit nackten Füßen tastend voranbewegt.
Sie sieht sich alle diese schlafenden Gesichter an. Sie geht leise wie eine Fee über die ausgestreckten Beine und umherliegenden Gepäckstücke hinweg, bis sie in der Nähe von Camilla ankommt, der liebsten Freundin aus glücklicheren Tagen in Kalifornien.
Hier geht Clarissa in die Hocke. Ihre Tränen fließen, ihr Kummer verwandelt sich in eine große, unerfüllte Sehnsucht.
Da ertönt Camillas Stimme neben ihr.
CAMILLA. Du weinst!
Clarissa dreht sich nicht nach der Stimme um. Sie spricht einfach ins Dunkle.
CLARISSA. Ich bin so froh, daß du mich besucht hast.
CAMILLA. Du bist allein, ich spüre das.
Jetzt weiß Clarissa, daß da jemand ist, der mit ihr empfindet. Sie nimmt all ihren Mut zusammen und kuschelt sich an Camillas Seite. Sie versucht der Freundin in die Augen zu sehen, so gut das in diesem düsteren Zimmer möglich ist.
CLARISSA. Kannst du nach der Tournee nicht noch mal zu mir kommen?
CAMILLA. Ich bleibe hier. Ich habe lange darüber meditiert, und jetzt habe ich mich entschieden. In California it was so hard. I just had shit jobs. You know, I had to cook Hamburgers, remember, when we used to get Hamburgers. I worked there at Dairy Queen! Just so I

could pay the poor musicians, you know, and that's just no life. Like your husband Volker, he lives from his compositions here, right? The people go to the concerts: they're interested! I just feel the roots of our music here. It's so strong and I just feel I could really do something here. Na ja, vielleicht können wir was zusammen machen.

CLARISSA. Aber ich habe mein Cello aufgegeben.

CAMILLA. Good. It was a bomber anyway. Das war mehr für deine Mutter als für dich.

CLARISSA. Findest du wirklich?

CAMILLA. Ja. Wir müssen unsere Wege selbst finden.

CLARISSA. Ich habe mir immer eine Freundin gewünscht.

CAMILLA. Ich auch.

Die beiden Freundinnen nehmen sich fest in die Arme. Camilla ist wie eine Mutter zu Clarissa. Sie hält sie warm und erlaubt ihr, sich an ihrer weichen Brust auszuweinen.

1232 Straße vor Haus Volker und Clarissa

Am folgenden Morgen holt ein Taxi Volker ab. Es ist sein Aufbruch nach Baden-Baden, wo er den Kompositionsauftrag für das Rundfunkorchester übernehmen soll. Clarissa ist mit ihm auf die Straße hinausgegangen, Arnoldchen, ihren Sohn, trägt sie auf den Armen. Sie hilft Volker nicht beim Verladen der Koffer, sie verfolgt nur seine Abreise mit merkwürdiger Nüchternheit. Auch das Kind beobachtet das seltsame Geschehen.

CLARISSA. Schau, Arnoldchen, jetzt fährt der Papa weg für einige Zeit.

VOLKER. Warum sagst du ihm das?

CLARISSA. Das ist ein wichtiger Tag für ihn, den soll er in Erinnerung behalten.

Volker steigt noch einmal aus dem Taxi aus, um dem Kind einen Abschiedskuß zu geben. Auch auf Clarissas Wange drückt er einen flüchtigen Kuß, ehe er wieder einsteigt.

VOLKER. Mach's gut. Ich denke an dich!

CLARISSA. Ich denke auch an mich.

Oben, am Fenster der Wohnung, sind die Freundinnen aus Amerika erschienen. Sie sehen zu, wie Volker mit dem Taxi wegfährt. Mit Geschrei und großen Gesten der Heiterkeit winken die Frauen hinter dem Taxi her.

1233 Englischer Garten

Es ist ein sonniger Tag über München. Schnüßchen rennt mit zwei Kommilitonen, der Medizinstudentin Petra und dem Jungpädagogen Jürgen, über eine Wiese des Englischen Gartens. Die drei nähern sich dem Monopteros und haben es offenbar sehr eilig.

SCHNÜSSCHEN. Als ich den Hermann kennenlernte, da habe ich alle meine Freunde aufgegeben. Ich habe seine Freunde für meine Freunde angesehen. Das merkwürdigste daran war, es hat mir überhaupt nichts ausgemacht, ungelogen.

PETRA. So sind wir Frauen.

JÜRGEN. Also, ich kenne aber auch deine Freunde!

PETRA. Das hat ja auch lange gedauert.

SCHNÜSSCHEN. Der Hermann kommt heim und sagt: »Lauter fremde Leute in meiner Wohnung.« So seid ihr Männer, wenn wir Frauen eigene Freunde haben.

PETRA. Ich finde es toll, daß du dich da rauswindest.

SCHNÜSSCHEN. Ich bin nicht sicher, ob mich das glücklicher macht.

Eine Gruppe von Hippies lagert auf den sonnenbeschienenen Marmorstufen des Monopteros. Einer von ihnen singt zur Gitarre, die anderen kiffen, schmusen oder dösen einfach in den schönen Tag. Schnüßchen und ihre Freunde sind völlig außer Atem, als sie hier oben ankommen. Sie mustern die Gesichter der jungen Leute. Sie suchen jemanden, der aber offenbar nicht unter den Hippies zu finden ist. Erst auf der anderen Seite des klassizistischen Tempelchens entdeckt Petra einen schlafenden Jungen, auf dessen Brust Trixi zärtlich ihren Kopf kuschelt.

JÜRGEN. Da ist er.

TRIXI. Was wollt ihr denn? Haut ab!

JÜRGEN. Wir haben extra die Vorlesung geschwänzt, weil wir den Sigi gut kennen. Wir haben gehört, daß er aus dem Entzug abgehauen ist. Und bevor die Polizei ihn findet, wollen wir ihm helfen.

TRIXI. Ich helfe ihm allein.

JÜRGEN. Das ist die Petra. Die studiert Medizin.

PETRA. Was ist mit ihm? Laß mal sehen!

Petra untersucht den Jungen, indem sie seine Lider hochzieht und die Reflexe der Augen kontrolliert. Anschließend klatscht sie auf seine Wangen. Der Junge reagiert nicht.

PETRA. Der schläft nicht, der ist ohne Bewußtsein.

TRIXI. Hör auf, du tust ihm doch weh!

PETRA. Das spürt er nicht. Aber er muß doch zu sich kommen.

JÜRGEN. Ihr könnt hier nicht einfach liegen bleiben. Der krepiert doch hier.

PETRA. Warum ist er denn abgehauen? Er war doch in Sicherheit in der Klinik.

JÜRGEN. Der Sigi muß sofort in ärztliche Behandlung. Du kannst ihm nicht helfen.

Jürgen und Petra heben den bewußtlosen Jungen vom Boden auf und laden ihn auf Jürgens Rücken. Trixi wehrt sich mit aller Kraft, sie will ihren Freund zurückholen, aber Schnüßchen hält sie fest.

TRIXI. Aber ich liebe ihn doch!

JÜRGEN. Gerade deswegen mußt du zulassen, daß wir ihn zurückbringen.

TRIXI. Aber dann kommt er wieder ins Heim. Und diesmal bringt er sich wirklich um, das hat er geschworen.

SCHNÜSSCHEN. Das tut er nicht. Wenn er weiß, wo du bist und daß du auf ihn wartest.

TRIXI. Wer seid ihr denn überhaupt?

SCHNÜSSCHEN. Wir sind Studenten. Wir helfen bei der Drogenberatungsstelle. Wir sind genauso gegen die Polizei und gegen das Heim wie ihr. Glaubst du mir das?

Trixi ist mißtrauisch. Als Schnüßchen sie einen Moment lang losläßt, rennt sie davon. Schnüßchen sammelt die Kleider von Trixi und Sigi ein und folgt damit den Freunden.

1234 Wohnung Hermann und Schnüßchen

Als Hermann an diesem Abend von der Arbeit nach Hause kommt, rennt Lulu ihm entgegen, sobald er die Wohnung betritt. Das Kind freut sich sehr, den Vater zu sehen. Hermann fängt die Kleine im Lauf auf und herzt und küßt sie zur Begrüßung. Als er mit dem Kind auf dem Arm das Wohnzimmer betritt, kommt Schnüßchen ihm aufgeregt entgegen. Sie macht ihn auf das Mädchen aufmerksam, das da auf dem Sofa liegt, mit einer Wolldecke sorgfältig zugedeckt.

HERMANN. Trixi, wie kommst du denn hierher?

SCHNÜSSCHEN. Kennt ihr euch? Kennst du sie?

HERMANN. Ja, sicher. Ihre Schwester arbeitet bei uns. Soll ich die Dagmar anrufen? Soll ich deiner Schwester Bescheid sagen?

Trixi sagt nichts und reagiert kaum. Sie richtet sich nur langsam auf, sie legt die Wolldecke zur Seite und zieht ihre Lammfellweste an. Hermann weiß nicht, was er von alldem halten soll, denn Schnüßchen blickt auch ganz ratlos.

HERMANN. Was hat sie denn?

SCHNÜSSCHEN *(flüstert)*. Drogen!

HERMANN. Moment, Lulu. Ich muß mal eben telefonieren. Ich sage ihrer Schwester Bescheid. Sie soll sich um sie kümmern. Sie hat schließlich Familie.

Hermann begibt sich in den Flur hinaus und beginnt zu telefonieren. Trixi hat sich inzwischen die Schuhe angezogen. Nun schnappt sie sich ihre bestickte Hirtentasche, die sie sich umhängt. Draußen hat Hermann Trixis Schwester erreicht.

HERMANN. Dagmar, Ihre kleine Schwester ist bei uns aufgetaucht. Ja, ich dachte, das würde Sie interessieren, es geht ihr nicht gut. Meine Frau hat sie aufgegabelt. Aber Sie können doch nicht uns die Verantwortung für Ihre Schwester übergeben. Dagmar, es geht uns doch im Grunde genommen überhaupt nichts an.

Trixi läßt sich von Schnüßchen nicht aufhalten. Sie geht in die Küche und packt dort ungeniert alles, was sie an Lebensmitteln, Süßigkeiten und sonstigen nützlichen Dingen findet, in ihre Hirtentasche.

SCHNÜSSCHEN. Was soll denn das! Das habe ich dir aber nicht erlaubt. Bleib wenigstens hier, bis wir wissen, was deine Schwester dazu sagt. Das ist eine Frechheit!

Nachdem sie noch ein anderes Gepäck und die Jacke ihres Freundes aus dem Kinderzimmer geholt hat, verläßt sie schnell und ohne ein Wort zu sagen die Wohnung. Schnüßchen mag versuchen, sie festzuhalten, zu schreien oder zu fluchen – Trixi ist nicht mehr aufzuhalten.

SCHNÜSSCHEN. So was Unverschämtes! Sie hat den Haustürschlüssel.

Jetzt stehen beide ratlos da.

1235 Universität

Mit ihrer Kommilitonin Petra läuft Schnüßchen durch die Gänge der Universität. Petra ist sehr aufgeregt. Sie überholt andere Studenten in den Gängen, Schnüßchen kommt bei dem Tempo kaum noch mit.

PETRA. Wir gehen nach Zimmer 221 ins Hauptseminar und helfen den Genossen, den reaktionären Prof..., wie heißt er?

SCHNÜSSCHEN. Kilian.

PETRA ... zu destabilisieren. Das ist von uns ganz klar beschlossen worden, daß in den Veranstaltungen über die Mitbestimmung der Studenten gegen die Profs diskutiert werden muß, wegen dem Interessengegensatz, also: kapitalistische und Arbeiterinteressen in den Lehrinhalten und bei Berufen. So, und jetzt weigern die sich und blocken unheimlich ab wegen Beamtentreue und Lehrverpflichtung und dem ganzen Schmarrn. Der Rektor hat die Bullen angefordert, zur Bereitschaft angeblich. Und vorhin ist der Prof total unverschämt geworden. Hat rumgebrüllt und so.

SCHNÜSSCHEN. Aber diskutieren ist doch erlaubt! Das kann man doch nicht verhindern.

PETRA. Sowieso nicht. Ein Witz! Die eigentlichen Seminarmitglieder sollten abstimmen, ob sie das normale Seminar wünschen oder die inhaltliche Diskussion. Das hat aber überhaupt nichts geändert, weil die längst agitiert waren. Der Versuch der Reaktion ist auf der ganzen Linie abgeschmettert worden. Jetzt versucht's der Kilian immer noch weiter mit formal-demokratischem Scheiß, dem Recht des einzelnen Studenten, Minderheitenschutz und so.

Es herrscht große Aufregung in der Uni. Studentengruppen ziehen mit Spruchbändern und roten Fahnen durch den berühmten Lichthof,

Flugblätter werden verteilt. Als Petra und Schnüßchen den Hörsaal 221 erreichen, empfängt sie ein ohrenbetäubendes Getöse von Sprechchören und Diskussionen. Hier findet sich auch der SDS-Funktionär Dirk wieder, der auf dem Katheder das Mikrofon erobert hat, um den Professor, der hier sein Kolleg abhalten will, zur Auseinandersetzung mit den Standpunkten der Studenten zu zwingen. Die Studenten in den Bankreihen ergreifen Dirks Partei, sie trommeln Beifall.

DIRK. Die Gewalt, von der Sie die ganze Zeit reden, die ist uns doch aufgezwängt worden.

PROF. Aber, Herr Kommilitone, das ist doch glatte Polemik! Sie wissen doch genauso gut wie ich ...

DIRK. Wenn hier einer polemisiert, dann sind Sie das, Herr Professor! Unsere Aktionen sind demokratisch beschlossen worden, und die müssen friedlich durchgesetzt werden.

Dirk hat die Studentenstimmung voll im Griff. Er läßt in seiner Rede an effektvollen Stellen immer wieder Gelegenheit für Beifall und Sprechchöre.

STUDENTEN IM CHOR. Solidarität – Drittelparität. So-li-da-ri-tät... Drittel-pari-tät!

DIRK. Erstens nämlich eine Änderung der Institutsverfassung, die uns – der Mehrheit immerhin, Herr Professor – endlich ein Mitbestimmungsrecht garantiert. Und zweitens die Abschaffung der altväterlichen und autoritären Ständeordnung!

Jetzt skandieren die Studenten ihren Sprechchor gegen den abwesenden Kultusminister Huber.

STUDENTEN IM CHOR. Hu-ber ... wir kommen!

DIRK. Und da haben Sie, Herr Professor, da haben Sie die Staatsmacht angerufen, und die hat auf uns losgeknüppelt. So war das doch!

Professor Kilian berät sich mit seinen strebsamen Lieblingsstudenten, die eine Art Schutzwall um ihn bilden.

PROF. Diesen ungeheuerlichen Vorwurf weise ich zurück! Sie wissen ganz genau, daß in der Sache der Rektor und der Senat sich mit der Thematik befaßt haben, daß sie Stellung bezogen haben und daß diese Stellungnahme weitergeleitet wurde an den Bayerischen Landtag. Hier findet heute mein Kolleg statt. Sind Sie überhaupt Hörer meines Kollegs?

STUDENTEN IM CHOR. Bullen raus!

DIRK. Das spielt doch hier überhaupt keine Rolle! Zur Sache! Punkt eins der Beschlüsse der Vollversammlung lautet: Der Lehrbetrieb an der

Universität München wird für mindestens eine Woche für Lehrende und Lernende unterbrochen und durch Diskussionen ersetzt.

Der Professor sieht, daß er der Lage durch Argumente nicht mehr Herr werden kann. Zu groß ist die Empörung der Studenten über den Polizeieinsatz des Rektors. Er versteht auch nicht, daß eine Zeit angebrochen ist, in der die Diskussion demokratischer Prinzipien an den Universitäten einfach stattfinden muß.

PROF. Diese Auseinandersetzung widerstrebt jeder akademischen Tradition. Auf Wiedersehen, meine Damen und Herren!

Als der Professor den Hörsaal verläßt, geraten die Studenten in Siegestaumel. Auch Schnüßchen und Petra freuen sich über Dirks Leistung. Als Dirk das Mikrofon freigibt, entsteht sofort der Kampf der Redner. Einer erobert schließlich das Mikrofon und beginnt eine flammende Rede gegen den imperialistischen Vietnamkrieg der Amerikaner.

STUDENT. Tausend Dollar für einen Toten – das ist der Preis des Imperialismus!

Schnüßchen begrüßt Dirk. Sie fühlt sich von der Siegesstimmung im Saal so angeregt, daß sie nun auch etwas sagen möchte. Sie bittet Dirk, ihr den Zugang zum Mikrofon zu ermöglichen. Dirk hilft ihr gern, denn er hat ja Schnüßchens Weg von der kleinen, engstirnigen Hausfrau zur politisch erwachenden Studentin verfolgt.

DIRK. Moment mal, Genossen! Einen Moment. Hört mir mal ganz kurz zu. Auch ihr am Mikrofon vorne. Ich glaube, die Genossin hier hat etwas sehr Interessantes zu sagen. Gebt ihr mal eine Minute. Nur eine Minute!

Mit Dirks Hilfe kann nun Schnüßchen in das Mikrofon sprechen. Ihre Stimme ist so aufgeregt, daß sie sich immer wieder überschlägt.

SCHNÜSSCHEN. Ich habe da was zu erzählen. Ich bin zwar eine Spätstudentin, aber dafür habe ich den Hitler-Faschismus im Hunsrück noch mit eigenen Augen miterlebt. Obwohl – und das muß auch einmal gesagt werden – es in meiner Familie nie Nazis gegeben hat.

ZWISCHENRUF. Komm endlich zur Sache!

SCHNÜSSCHEN. Meine vier Brüder sind Arbeiter ...

ZWISCHENRUF. Was heißt denn hier Arbeiter? So ist doch der Begriff völlig unwissenschaftlich angewendet.

SCHNÜSSCHEN. Zwei meiner Schwestern haben Arbeiter geheiratet ...

STUDENT. Genossin, wo bleibt die Analyse?

SCHNÜSSCHEN. Und ...

Sie hat nicht damit gerechnet, daß kein Interesse an ihren persönlichen Geschichten besteht. Sie hat wohl gemeint, sich beliebt machen zu können, indem sie von ihrer Herkunft und von ihrem Lebensweg erzählt. Aber damit hat sie die Situation völlig falsch eingeschätzt.

STUDENT. Privatistische Scheiße!

SCHNÜSSCHEN. Ich, ich fühle mich eigentlich auch eher ...

ZWISCHENRUF. Wo bleibt der ökonomische Aspekt?

SCHNÜSSCHEN ... der Arbeiterklasse zugehörig.

STUDENT. Äpfel und Birnen ...

Bei all diesen Angriffen verliert sie vollends den Faden. Hilfesuchend wendet sie sich an Dirk, der immer noch neben ihr steht.

SCHNÜSSCHEN. Hätte ich das jetzt nicht sagen sollen?

DIRK. Na ja, das war terminologisch nicht ganz auf der Höhe, aber inhaltlich stimmt's.

Dirk erhebt seine Stimme. Er wendet sich an die tosende Meute.

DIRK. Moment mal, Genossen. Einen Moment mal, bitte. Was die Genossin hier inhaltlich artikulieren wollte, ist folgendes:

STUDENTEN IM CHOR. Auf Wiedersehen!

Schnüßchen zieht sich an die Seite von Petra zurück. In ihrem Kopf ist alles leer. Sie starrt bleich vor sich hin. Am Katheder hat nun Dirk wieder das Wort ergriffen. Es entsteht Ruhe im Saal. Spruchbänder werden entrollt.

DIRK. Der Begriff Faschismus kann nur aufgrund einer Analyse der Lage der Klasse angewendet werden. Das heißt, nur dann wird er mit der Entlarvung der Praktiken der Herrschenden in der spätkapitalistischen Gesellschaft synonym. Ich empfehle zum Faschismus-Begriff folgende Literatur...

1236 Isarfilm, Studio

In Hermanns Studio für elektronische Musik laufen alle Maschinen zugleich. Die Tonbandspulen drehen sich, die Mischpultregler werden aufgezogen. Herr Groß ist begeistert, denn mit jedem Knopf, den er betätigt, werden neue Klänge dem Grundklang hinzugemischt, so daß der Raum sich bald mit einem mächtigen Brausen füllt.
Hermann sitzt in sich gesunken und resigniert da. Als der Tonmeister ihn stolz um Anerkennung für seine Leistung bittet, springt Hermann auf. Er zieht die Lautstärkeregler zu und lehnt sich muffig in einem Studiosessel zurück.

HERMANN. Scheiße! Das ist alles Scheiße, was wir hier machen. Das kann man keinem ernsthaften Musiker vorführen.

GROSS. Herr Simon, gestern waren Sie aber noch ganz begeistert. Ist was anders als gestern?

HERMANN. Es liegt nicht an Ihnen, Herr Groß.

GROSS. Ach so, ich habe schon gedacht...

HERMANN. Ich bin schlecht!

GROSS. Aber geh!

HERMANN. Ich spüre einfach, daß ich nichts zu sagen habe.

GROSS. Herr Simon, Sie arbeiten zuviel!

HERMANN. Schauen Sie sich doch mal um: Aufbruchstimmung überall!

GROSS. Ja.

HERMANN. Revolution in allen Lebensbereichen. Die Beatles sind tausendmal besser als wir. Wir sind meilenweit hinter der Unterhaltungsmusik zurück.

GROSS. Das finde ich jetzt aber ungerecht. Mensch, wir erzeugen hier Klänge, die gibt es nirgends in der Welt! Ich werde Ihnen das beweisen.

Herr Groß startet erneut die Maschinen. Er sucht andere Einstellungen auf dem Mischpult.

HERMANN. Dann bin ich eben der falsche Mann auf diesem Platz.

GROSS. Herr Simon, haben Sie denn nicht ein paar Kollegen oder Freunde, die man mal hierher einladen könnte?

HERMANN. Was glauben Sie denn, was ich seit Monaten versuche?

Mitten in Hermanns Brüten bricht Herr Zielke ein. Er reißt die Studiotür auf und stürzt mit einer Zeitschrift auf Hermann zu.

ZIELKE. Herr Simon, ich muß Ihnen gratulieren. Lesen Sie mal! »Die Chandonnay-Produktpalette hat infolge eines ultramodernen Werbefeldzugs der Münchner Isarfilm und ihres Kreativteams als Magnet und Lokomotive eine Umsatzsteigerung von mehr als 27,4 Prozent erreicht, das heißt fast ein Drittel.« Jetzt verstehe ich endlich, was Sie gemeint haben, als Sie sagten, »Aroma eines Klanges«. Ich gebe Ihnen völlig recht. Melodien sind veraltet. Klänge erobern die Masse. Wir sind auf dem Vormarsch.

Als Herr Zielke in seiner Begeisterung so weit geht, Hermanns Gesicht mit beiden Händen zu umfassen, springt Hermann auf.

HERMANN *(schreit)*. Lassen Sie mich in Ruhe!

Ehe Zielke begreift, was passiert ist, hat Hermann das Studio schon verlassen. Aber Herr Groß findet schnell eine Erklärung.

GROSS. Herr Zielke, bitte. Herr Simon hat eine Krise.

ZIELKE. Eine Krise? Und das erfahre ich erst jetzt! *(Er hustet)* Mir geht es auch nicht gut.

1237 Kindergarten

Hermann holt Lulu aus dem Kindergarten ab. Die Kleine weint, als sie den Vater sieht. Hermann, der sich das nicht erklären kann, trägt sein Kind eng an sich gepreßt den Gehsteig hinab.

HERMANN. Ach, Lulu, wir gehen doch nach Hause!

Lulu hört nicht auf zu weinen.

1238 Wohnung Hermann und Schnüßchen

Als Hermann das Kind in seine Wohnung bringt, ist es auf seinen Armen eingeschlafen. Erst die Stimme der Mutter macht es wieder wach. Schnüßchen sitzt auf dem Fußboden, umgeben von Drucksachen und Büchern. Auf dem Sofa und im Sessel sitzen zwei junge Männer mit langen Haaren und Tätowierungen auf den Armen. Der Fernseher läuft und zeigt einen Bericht über Hörsaalbesetzungen und Studentendemonstrationen in Berlin.

Hermann bleibt vor Schnüßchen stehen.

SCHNÜSSCHEN. Hermann, guck mal, was ich mir heute angeschafft habe: Marx, Lenin, Mao Tsetung, Marcuse: »Der eindimensionale Mensch«, »Triebstruktur und Gesellschaft«, Adorno: »Negative Dialektik«. Dann »Die kritische Universität«. Russell und Sartre: »Das Vietnam-Tribunal«. Also, von diesen blauen Marx-Bänden, da habe ich nur »Das Kapital«, Band 6 und 7. Aber nächste Woche kann ich mir den Rest abholen. Im Spartacus-Buchladen, da gibt es wunderbare Bücher, als Raubdruck. Die kosten weniger als die Hälfte. Stell dir das mal vor, Hermann. Die Raubdrucke, die muß man unterstützen, weil das Geld für die Vietnamhilfe verwendet wird.

Schnüßchen sieht Hermann an. Allmählich bemerkt sie seine fragenden Blicke.

SCHNÜSSCHEN. Das sind der Heiner und ... wie heißt du noch mal?

BLACKY. Blacky.

SCHNÜSSCHEN. Blacky.

HERMANN. Soll ich das Kind ins Bett bringen?

SCHNÜSSCHEN. Freust du dich denn gar nicht mit mir?

HERMANN. Worüber?

SCHNÜSSCHEN. Die vielen Bücher! Die muß man heutzutage alle gelesen haben – und noch einiges mehr.

Die Bücher, die Schnüßchen am Boden ausgebreitet hat, sind Lektüre für ein ganzes Jahr. Sie kann sich im Augenblick nicht vorstellen, daß sie das alles lesen wird, aber der Besitz allein gibt ihr schon etwas mehr Sicherheit. Sie erinnert sich.

SCHNÜSSCHEN. Hermann, ich habe mich heute auf der Uni so blamiert. Ich habe was sagen wollen bei der Hörsaalbesetzung, und da ist mir regelrecht der Faden im Kopf gerissen. Kennst du das? Du stehst da, so blöd wie noch nie. Also, ich habe mir gesagt, das muß jetzt anders werden.

Unter den Büchern kommen nun auch noch Schnüßchens Füße zum Vorschein, neben denen ein paar hübsche neue Schuhe stehen.

HERMANN *(lacht)*. Die Schuhe sind doch auch neu!

SCHNÜSSCHEN. Du merkst aber auch alles. Ich bin dann noch beim Unabhängigen Schülerbund vorbei, um die zwei Freunde da abzuholen, den Heiner und den Blacky. Die sind von den »Umherschweifenden Haschrebellen« in Berlin. Die haben gestern in der Staatsoper ein »Smoke-in« gemacht, und da müssen sie jetzt für ein paar Tage untertauchen.

HERMANN. Was hat denn das mit deinen Schuhen zu tun?

SCHNÜSSCHEN. Die habe ich mir auf dem Rückweg gekauft. Und weil die zwei da mir beim Büchertragen geholfen haben, da sind sie jetzt hier beim Abendbrot. Hermann, bei dir braucht man wirklich viele Worte. Und ich bringe jetzt das Kind ins Bett.

Schnüßchen trägt Lulu, die während des ganzen Gesprächs traurig an Hermanns Schulter schwieg, ins Kinderzimmer hinaus. Hermann hat Hunger. Er entdeckt die Brote, die Schnüßchen für die beiden »Haschrebellen« gemacht hat. Aber ehe er danach greifen kann, haben die Besucher ihm die Brote weggeschnappt.

Im Fernseher läuft ein langer Bericht über die Studentenrevolte in Berlin. Die Kommentare sind mit Bildern von der Vietnamkonferenz 1968, Straßenschlachten und Demonstrationen illustriert.

1. SPRECHER *(Fernsehton)*. ... Immer wieder von den Veranstaltern zur Wahrung der Disziplin aufgerufen, bewegte sich der Demonstrationszug über die Holstendorf-Straße, Friedberg- und Winsteinstraße. Obgleich die Marschroute durch dichte Wohngebiete führte, fanden sich nur wenige Berliner als Zuschauer ein. Der Demonstrationszug bewegte sich im übrigen genau auf jener Route, die den Veranstaltern vom Verwaltungsgericht zur Auflage gemacht war.

Gebrüll Demonstranten.

1. SPRECHER *(Fernsehton).* Zuvor waren im völlig überfüllten Auditorium Maximum zahlreiche Grußtelegramme verlesen worden, unter anderem von dem englischen Pazifisten Bertrand Russell und der kommunistischen Jugend Kubas. Als ein Telegramm der vietnamesischen FNL verlesen wurde, kam es zu einem Zwischenfall.

2. SPRECHER *(Fernsehton).* Die vietnamesische Bevölkerung... *(er wird von einem anderen Sprecher unterbrochen)*

3. SPRECHER *(Fernsehton).* Wir protestieren gegen diese Kampagne, meine Damen und Herren!

Gebrüll Demonstranten.

1. SPRECHER *(Fernsehton).* Nach einer Abstimmung, ob man den Zwischenrufer anhören soll, wurde er unter Hinweis auf die Diskussion am Nachmittag aus dem Saal gebracht. Die Vietnamkonferenz wird voraussichtlich bis Mitternacht dauern.

Gebrüll Demonstranten.

1. SPRECHER *(Fernsehton).* Die von der Polizei unter bestimmten Auflagen genehmigte Vietnamdemonstration des Berliner SPD-Mitglieds Jürgen Gerund ist heute von dem Rathaus Charlottenburg kurzfristig abgesagt worden.

Gebrüll Demonstranten.

1. SPRECHER *(Fernsehton).* Und so begann der Sonntagnachmittag. Am Ehrenmal für die Opfer des Faschismus am Steinplatz legten Mitglieder der französischen kommunistischen Jugendorganisation Kränze nieder. Rote Fahnen mit Hammer und Sichel und die Fahne des Vietcong bildeten die Kulisse für diese – vorwiegend von Ausländern gestaltete – Demonstration.

Gebrüll Demonstranten.

1. SPRECHER *(Fernsehton).* Der Zug bewegte sich vorbei an der Britischen Militärmission und, von der Polizei nicht behindert, die Uhlandstraße entlang bis zum Kurfürstendamm. Deutsche Teilnehmer dieser eindeutig kommunistischen Demonstration wurden von den Veranstaltern aufgefordert, die Kolonne zu verlassen.

Gebrüll Demonstranten.

1. SPRECHER *(Fernsehton).* Am Kurfürstendamm kam es zu einem ersten Zwischenfall, als ein Pkw-Fahrer den die Straße versperrenden Kommunarden Rainer Langhans anfuhr, aber nicht ernsthaft verletzte. Die Veranstalter mahnten zur Disziplin. Unter den französischen Jungkommunisten auch der SDS-Funktionär Rudi Dutschke.

Gebrüll Demonstranten.

1. SPRECHER *(Fernsehton)*. Von der Höhe des Olivaer Platzes aus bewegte sich der inzwischen auf rund 10 000 Teilnehmer angewachsene Demonstrationszug über den Kurfürstendamm und in Richtung Halensee, von Sonntagsspaziergängern und von Polizeihubschraubern eskortiert. An der Kreuzung Kurfürstendamm/Joachimsthaler/Friedrichstraße, wo die genehmigte Demonstration in Richtung Stuttgarter Platz in die Bismarckstraße einbog, kam es zu einem weiteren Zwischenfall. Eine Gruppe von Passanten entriß den Demonstranten mehrfach Fahnen und Transparente. Auch kam es hier erstmalig zu spontanen amerikafreundlichen ...

Es klingelt an Hermanns Wohnungstür. Als er öffnet, stehen draußen zwei Polizeibeamte, die zuerst höflich fragen, dann aber an Hermann vorbeidrängen.

1. POLIZIST. Grüß Gott. Sind Sie der Wohnungsinhaber? Herr ...

HERMANN. Hermann Simon, ja. Grüß Gott!

2. POLIZIST. Dürfen wir reinkommen?

HERMANN. Bitte sehr, worum geht es?

Schnüßchen kommt aus dem Kinderzimmer. Sie wird von den Polizisten zur Seite gedrängt.

1. POLIZIST. Bleiben Sie hier!

SCHNÜSSCHEN. Hermann?

1. POLIZIST. Gehen Sie bitte in Ihr Zimmer zurück!

Kaum haben die Beamten die beiden Rebellen im Wohnzimmer erkannt, stürzen sie sich mit Brachialgewalt auf sie und zwingen sie in den Polizeigriff. Innerhalb von Sekunden werden den Jungen, die sich heftig wehren, Handschellen angelegt.

HEINER. Scheißbullen!

HERMANN. Das haben wir nicht gewußt.

BLACKY. Petzer.

HERMANN. Was liegt denn vor gegen die beiden?

1. POLIZIST. Wir haben einen Haftbefehl. Sie hören von uns.

2. POLIZIST. Schönen Abend noch.

HERMANN. Danke, ja, schönen Abend.

Das Ereignis war wie ein Spuk. Hermann schließt die Wohnungstür und steht nun Schnüßchen gegenüber, die sich für alles schuldig fühlt.

HERMANN. Ich glaube, du mußt noch sehr viele Bücher lesen, Schnüßchen. Sehr viele Bücher.

1239 Straße

Trixi und ihr Freund Sigi, der schon wieder aus der Drogenhilfe abgehauen ist, ziehen durch die Straße. Sie sind auf der Suche nach Autos, die sie aufknacken können. Sie probieren an den Türgriffen. Eins der abgestellten Autos ist bestimmt nicht abgesperrt. Trixi wird fündig.

Ausgerechnet ein Porsche läßt sich öffnen. Sie steigt ein, klettert auf den Nebensitz und macht Sigi die Tür auf.

TRIXI. Kriegst du den zum Laufen?

SIGI. In drei Sekunden!

Er verschwindet unter dem Armaturenbrett. Dort untersucht er die Kabel. Währenddessen zieht Trixi einen Hausschlüssel aus ihrem Strumpf.

Die Szene ereignet sich direkt vor dem Haus, in dem Hermann und Schnüßchen wohnen.

TRIXI. Ich gehe jetzt hoch, ja?

1240 Isarfilm, Studio

Wie alle Tage verschanzt sich Hermann in seinem Studio. Er sucht und findet keine Idee für seine »Autonome Komposition«, auf die er sich doch so gefreut hat. Im Nebenraum kommt ein Anruf an. Herr Groß nimmt das Gespräch entgegen. Dann betätigt er die Gegensprechanlage. Er ruft Hermann.

GROSS. Herr Simon, nehmen Sie den Hörer ab? Telefon für Sie.

Hermann am Nebenstellenapparat.

HERMANN. Isarfilm, Simon...

Schnüßchen meldet sich am anderen Ende der Leitung. Ihre Stimme ist weinerlich; sie klingt verzweifelt.

SCHNÜSSCHEN *(off)*. Ich kann net mehr, Hermann. Du mußt mir helfen! Ich bin völlig mit den Nerven runter. Die Petra hat mich mit Tabletten vollgestopft. Aber ich kriege mich nicht mehr ein.

HERMANN. Was ist denn passiert?

SCHNÜSSCHEN *(off)*. Bei uns ist eingebrochen worden.

HERMANN. Eingebrochen?

SCHNÜSSCHEN *(off)*. Die Wohnung ist völlig verwüstet. Der Fernseher ist weg, und Geld und Kleider, alles mögliche. Kommst du heim, Hermann? Ich brauche dich jetzt.

HERMANN. Ja, ist gut. Ich komme.

Hermann läßt seine Arbeit liegen und macht sich sofort auf den Weg nach Hause.

1241 Wohnung Hermann und Schnüßchen

Als Hermann in seiner Wohnung ankommt, sind da viele Leute, die er nicht erwartet hat. Petra, ihr Freund Jürgen, eine Dame vom Jugendamt und einige Studenten.

Hermann sucht Schnüßchen. Er findet sie nicht unter den rauchenden und diskutierenden Menschen in seinem Wohnzimmer. Nur Lulu sitzt einsam zwischen all diesen Leuten und spielt mit ihrem Brummkreisel.

STUDENT. Wer ist denn das?

PETRA. Das ist Hermann.

DAME VOM JUGENDAMT. Kennt von Ihnen jemand den Sigi Schöpke?

Hermann findet Schnüßchen in der Küche. Sie ist dort beim Kaffeekochen.

HERMANN. Ist dir eigentlich klar, was du mit mir machst? Du holst mich mitten aus der Arbeit. Ich denke, du stirbst gleich, dabei veranstaltest du hier ein linkes Kaffeekränzchen. Du machst mich zum Waschlappen, das lasse ich mir nicht gefallen.

SCHNÜSSCHEN. Hermann, es ist wirklich was Schreckliches passiert. Hör dir mal an, was die Dame vom Jugendamt sagt.

HERMANN. Das hättest du mir alles auch heute abend erzählen können!

SCHNÜSSCHEN. Der Sigi hat unseren Fernseher verkauft und Drogen dafür besorgt und dann der Trixi gegeben, so viel, daß sie ins Krankenhaus gekommen ist. Und da haben sie heute festgestellt, daß sie schwanger ist. Stell dir so was mal vor, Hermann, wo sie doch selber noch ein Kind ist.

HERMANN. Na ja, und? Willst du ihr Kind jetzt vielleicht auch noch aufnehmen?

SCHNÜSSCHEN. Ach, Hermann, die Großstadt ist so grausam. Ich möchte am liebsten von hier wegziehen.

HERMANN. Sentimentales Gewäsch! Weißt du eigentlich, daß ich Nacht für Nacht durch die Gegend laufe und nicht weiß, wo ich hin soll? Ich dachte mal, das wäre mein zu Hause hier. Aber was ist denn das? Das ist eine Studentenkommune mit angeschlossenem Erziehungsheim. Die Polizei geht ein und aus. Jeder findet hier Obdach. Das ist ein akademisches Obdachlosenasyl!

SCHNÜSSCHEN. Du hast doch auch deine Freunde. Habe ich mich je beklagt, wenn deine Freunde Tag und Nacht bei uns ein und aus gegangen sind?

HERMANN. Jetzt kommt wieder der Komplex wegen meiner Freunde. Manchmal glaube ich, du hast nur deswegen angefangen zu studieren, um deine Komplexe abzureagieren. Hast du überhaupt ein klares Ziel? Das ist doch alles nur Chaos. Und ich bin nur noch zum Blechen gut, mit dem Geld, das ich ganz alleine verdiene. Damit leistet ihr euch das, euer soziales Getue, dein Luxusstudium!

SCHNÜSSCHEN. Das nimmst du zurück, Hermann, sonst ist es aus mit uns.

Schnüßchen ist plötzlich sehr ernst geworden. Sie geht in eine Ecke der Küche und sieht Hermann nicht mehr an. Sie erwartet, daß er jetzt einlenkt. Hermann aber möchte ihr noch mehr weh tun. Er zieht den Ehering von seinem Finger und hält ihn ihr vor die Augen.

HERMANN. Jetzt schau dir mal ganz genau an, was ich jetzt mache. Schluß mit der Täuschung!

In hohem Bogen wirft er seinen Ehering aus dem Fenster.

HERMANN. Ich trage diesen Ring am Finger, ich lasse mich darauf ansprechen, ich laufe wie ein Idiot durch die Welt, ich stehe dazu, und wenn ich nach Hause komme, ist nichts davon wahr.

SCHNÜSSCHEN. So, und mir reicht es jetzt auch!

Schnüßchen streift nun auch ihren Ehering vom Finger und tut es ihrem Ehemann gleich.

SCHNÜSSCHEN. Meinst du etwa, ich stehe weniger dazu? Ich habe die Doppelbelastung mit Kind und Haushalt und Studium und Mann und Emanzipation und politischen Aktionen an der Uni und ... und Drogenberatung.

HERMANN *(lacht)*. Ich gehe!

SCHNÜSSCHEN. Du bleibst hier! Ich will Antwort auf meine Fragen.

HERMANN. Was für Fragen denn? Ich bin ein freier Bürger. Ich kann hingehen, wohin ich will.

SCHNÜSSCHEN. Zu deiner Büroschickse, die nichts anderes zu tun hat, als die Beine breit zu machen.

Das hätte sie nicht sagen sollen, denn nun kann Hermann auch noch den Gekränkten spielen. Er rennt ins »Japanzimmer« und packt in Eile seine Reisetasche. Schnüßchen merkt, daß es ernst wird. Sie hastet hinter ihm her.

SCHNÜSSCHEN. Du bist immer fein raus. Du bist der edle, feine Herr, der sich aus allem raushält. Hör mir zu, wenn ich was sage!
HERMANN. Ich denke doch gar nicht dran, auf deinen Stil einzugehen.
SCHNÜSSCHEN. Egoist! Dann hau doch ab! Hau endlich ab!
Hermann hat die gemeinsame Wohnung verlassen. Schnüßchen hört nur noch seine Schritte auf der Treppe. Als sie sich umdreht, steht Lulu da und hält sich die Ohren zu. Schnüßchen versucht, das Kind anzulächeln.
SCHNÜSSCHEN. Der Papa kommt wieder.

1242 Im Flugzeug nach Berlin

Vom Flugzeug aus hat Hermann einen herrlichen Blick über das Land: Unter den Wölkchen, die wirklich wie Wattebäusche auf der Landschaft liegen, erkennt er Dutzende von Dörfern. Sie alle sehen aus wie Hunsrückdörfer, deren Anordnung zwischen Wäldern, Feldern und Straßen er sich mit geschlossenen Augen vorstellen könnte.
HERMANN. *Ich hatte keine Lust, mich zu rechtfertigen. Ja, ich gebe zu, daß ich keinen moralisch hochwertigen Grund hatte, an diesem Tag nach Berlin zu fliegen. Es war nicht dieser lächerliche Krach mit Schnüßchen. Es war auch keine Kurzschlußreaktion wegen Trixis Einbruch in unsere Wohnung. Ich hatte auch keinen beruflichen Grund, zum Beispiel Stefan bei seinen Dreharbeiten zu besuchen. Nein, es war an diesem Spätnachmittag eine ganz unbestimmte Sehnsucht, die mich trieb. Es war wie in meinen Studentenjahren, wenn ich das Gefühl hatte, daß es immer die anderen sind, die ihre Hände am Puls der Zeit haben. Es war das plötzliche Verlangen, teilzunehmen am Geschehen. Doch was geschah denn? Es lag eine unglaubliche Unruhe in der Luft. Ich flog nach Berlin wie ein nervöser Falter, der zu einem sehr entfernten Lichtpunkt hinflattert.*
Er ist in Berlin angekommen. Sein Ziel ist ein Haus in Kreuzberg. Als er die richtige Hausnummer gefunden hat, ist er erstaunt, daß es so viele Hinterhöfe gibt. Er geht durch eine Toreinfahrt nach der anderen.

Hermann findet die Wohnungstür im dritten Stock offen. Er zögert zuerst, dann ruft er »Hallo« und tritt ein. Niemand nimmt von ihm Notiz, obwohl die Wohnung voller Menschen zu sein scheint. Er hört Stimmen aus allen Zimmern.

In der Küche sitzen Kalle und Heiner. Die beiden bereiten Brathühner zum Braten vor.

HEINER. Ich traue dem Typen nicht!

KALLE. Ist doch völlig egal, ob du dem traust oder nicht. Die Frage ist doch, ob wir mit den Medien auf Konfrontationskurs gehen, oder ob wir sie benutzen.

Hermann versteht nicht, wovon die beiden sprechen. Jedenfalls ist er nicht damit gemeint. Er räuspert sich, um sich bemerkbar zu machen.

HERMANN. Entschuldigung, kennt ihr eine Katrin Schöps?

HEINER. Die wird interviewt.

KALLE. Ja, interviewt.

HEINER. Wie sollen wir sie benutzen? Die machen doch, was sie wollen.

KALLE. Das ist alles eine Frage der Taktik.

Hermann geht weiter durch die Wohnung. Es gibt viele große Zimmer. Überall sind die Wände vollgeschrieben mit Kampfsprüchen der linken Bewegung. Endlich findet er Katrin. Sie sitzt auf einem riesigen Bett und unterhält sich mit einem Journalisten. Ein Fotograf macht währenddessen Bilder. Neben Katrin sitzt noch eine andere hübsche Kommunardin auf dem Bett.

KATRIN. Typisch *Stern*, daß Sie uns beide Mädchen hier auf der Bettkante fotografieren. Immer diese heimliche Geilheit. Fällt Ihnen denn das nicht selber auf?

REPORTER. Sie können sich gern auch anders hinsetzen.

KATRIN. Ich habe damit keine Probleme. Ich bin nicht so verklemmt wie Sie.

REPORTER. Ich weiß. Sie leben Ihre sexuelle Freiheit aus, rund um die Uhr und in jeder Lebenslage. Das haben mir die anderen auch alle erzählt.

KATRIN. Die Revolution muß eben alle Lebenslagen erfassen. Aber wenn Sie denken, das wäre so wie bei Ihnen, wenn Sie fremdgehen und Ihre spießigen Abenteuer erleben, da sind Sie schief gewickelt!

REPORTER. Sie glauben doch wohl nicht im Ernst, daß die Kommune das Modell für das menschliche Zusammenleben überhaupt ist!

KATRIN. Doch. Früher haben die Menschen in Großfamilien, Sippen, Rotten oder Clans gelebt. Da war Arbeit, Liebe, Kinderaufzucht, Kampf gegen die Natur alles eins. Die moderne Kleinfamilie ist – wie wir seit Freud wissen – ein Saustall.

REPORTER. Na ja, das haben wir jetzt schon oft gehört und gelesen. Das ist abstraktes Gerede. Was mich interessiert, ist der konkrete Mensch, sind Sie. What makes you tik?

KATRIN. Wissen Sie was? Das verrate ich Ihnen nicht.

REPORTER. Haben Sie reiche Eltern?

KATRIN. Gegenfrage: War Ihr Vater auch bei der NSDAP?

REPORTER. Aha, dann war Ihrer also bei der NSDAP. Ist ja interessant. Was meint der denn zu Ihrer Lebenslage?

KATRIN. Ich bin mündig. Warum fragen Sie nicht die anderen? Wir sind hier sieben Leute, die alle sehr gut wissen, was sie wollen. Und noch was: Die bürgerliche Gesellschaft ist marode und korrupt. Wir sind die Vorhut einer neuen Gesellschaft.

REPORTER. Sind Sie glücklich hier? Sie brauchen sich nicht hinter Parolen zu verschanzen.

KATRIN. Sie haben Vorurteile. Es langweilt mich, mit Ihnen zu sprechen.

Die Kommunardin hat Hermann erspäht, der in der Tür stehengeblieben ist, um das Interview nicht zu stören. Er hört erstaunt zu. Katrin ist schöner denn je mit ihrem Minirock, ihrem geflochtenen Lederriemen über der Stirn, ihren nackten Armen.

REPORTER. Wissen Sie, ich gehöre nicht zu den Journalisten, die schreiben, was man von ihnen erwartet. Ich beschreibe, gebe wieder, was ich vorfinde.

KATRIN. Das können Sie sowieso nicht.

Jetzt hat auch Katrin Hermann bemerkt. Sie hält mitten in ihrer Rede inne und springt auf. Sie fällt Hermann um den Hals, als hätte sie seit Tagen auf ihn gewartet.

KATRIN. Hermann, ich hätte nie geglaubt, daß du kommst! Das ist ein Festtag heute! Die Typen vom *Stern* fliegen gleich raus, dann habe ich Zeit für dich. Setz dich in die Küche. Ach, ich zeige sie dir. Komm.

Der Reporter ist verwirrt wegen dieser Unterbrechung. Er macht sich Notizen und sieht sich unter den anderen Kommunarden nach einem neuen Opfer um.

Katrin stellt Hermann ihre Genossen Kalle und Heiner vor. Die beiden in der Küche sind zurückhaltend gegenüber dem Gast. Ob sie ihn für einen Spion halten?

KATRIN. Der ist o. k., verstanden?
Der Illustriertenfotograf macht sein Sensationsbild: Er stellt die ganze Gruppe, die hier ein neues Lebensmodell praktiziert, nackt auf das große Bett. Dieses Bild wird die Runde durch die Medien machen. War es das, was Heiner meinte, wenn er sagte, man solle die Medien »benutzen«?

1244 München, vor Haus Hermann und Schnüßchen

Abends versucht Schnüßchen mit Lulu, die Eheringe zu finden, die sie und Hermann aus dem Fenster geworfen haben. Mit Taschenlampen gehen sie durch den Hof und leuchten in alle Ecken. Auch auf einem Rasenstreifen suchen sie, der entlang der Hofmauer angelegt worden ist. Schnüßchen findet nichts, aber Lulu, die im Gras wühlt, entdeckt etwas, das golden aufleuchtet.
SCHNÜSSCHEN. Hast du ihn? Ach, schön. Das ist der Ring von deinem Papa. Guck mal, ob du meinen Ring auch noch findest, den von der Mama, such mal mit. Komm, Simone, laß uns suchen. Guck auch mal mit, sonst findet ihn morgen vielleicht jemand anderes.
Lulu hat nun keine Lust mehr. Sie versteht nicht, daß die Mutter noch nicht zufrieden ist. Schnüßchen sucht weiter, aber sie hat kein Glück mehr. Ihr Ring bleibt verschollen.

1245 »Renates U-Boot«

Später abends, als Lulu schläft, macht sich Schnüßchen auf, um Hermann zu suchen. Sie kommt in Renates Kneipe, als dort gerade die Fernsehübertragung der ersten amerikanischen Mondlandung angesehen wird. Die Kneipengäste sitzen vor der Kleinkunstbühne, auf der heute das Fernsehgerät steht. Alex ist einer der begeisterten Zuschauer.
FERNSEHTON. The eagle has landed.
Alex und die Gäste klatschen begeistert Beifall. Gebannt folgen sie der weiteren Fernsehübertragung aus dem Raumfahrtzentrum.
Schnüßchen trifft Renate, die hinter der Theke zu tun hat.
SCHNÜSSCHEN. Renate, du hast den Hermann auch nicht gesehen?
RENATE. Ich glaube, vor zwei Wochen zum letzten Mal.
SCHNÜSSCHEN. Jetzt weiß ich nicht mehr weiter.

Schnüßchen weint hemmungslos. Renate versucht, sich um sie zu kümmern.

RENATE. Willst du dich nicht hierher setzen? Komm, da ist ein Stuhl. Ich bringe dir was zum Trinken.

Schnüßchen weint in ihr Taschentuch. Sie merkt nicht, daß hinter ihr Clarissa sitzt, die mit ihrer Freundin Camilla magische Orakelsprüche deutet. Clarissa sieht sehr verändert aus. Ihr Haar ist in Hunderte von kleinen Locken gedreht. Auch sie trägt das beliebte Stirnband und viele afrikanische Holzketten um den Hals. Unter dem Einfluß Camillas, die schon in Amerika der Hippiebewegung angehört hat, ist sie ein richtiges »Blumenkind« geworden.

Camilla betätigt sich als Wahrsagerin. Sie reiht kleine Steine mit germanischen Runen vor Clarissa auf, um ihr daraus Weissagungen zu machen. Die beiden Frauen sehen glücklich aus.

Schnüßchen wendet ihren tränenumflorten Blick auf das Fernsehgerät. Das völlig unscharfe Bild läßt die Konturen des Astronauten Armstrong ahnen, der als erster Mensch den Mond betritt.

FERNSEHTON. Ich bin am Fuße der Leiter und werde jetzt vom Landefahrzeug hinuntersteigen. Es ist ein kleiner Schritt für einen Menschen, aber ein Riesenschritt für die Menschheit.

Clarissa erkennt Schnüßchen, die immer noch mit dem Rücken zu ihr sitzt und schluchzt. Clarissa erhebt sich und setzt sich Schnüßchen gegenüber.

CLARISSA. Schnüßchen, kennst du mich nicht mehr?

SCHNÜSSCHEN. Nein, doch, du bist die Clarissa! Mensch, Clarissa, ich bin heute ziemlich unglücklich.

Clarissa wendet sich an Camilla.

CLARISSA. Schau, Camilla, das ist die Frau von Hermann. Das ist meine Freundin Camilla. Ich habe ihr viel erzählt.

SCHNÜSSCHEN. Vom Hermann? Darf ich grad mal?

Schnüßchen greift nach Clarissas Rotweinglas und trinkt es in einem einzigen verzweifelten Zug aus.

1246 Wohnung Volker und Clarissa

Clarissa und ihre Hippiefreundin haben Schnüßchen mit nach Hause genommen. Nun liegt sie auf der Couch und schläft, während die beiden Musikerinnen ihr Weissagungsspiel fortsetzen. Sie haben viele Kerzen angezündet, die ein flackerndes Licht in den Raum werfen und auch die Gesichter in ein zartes Traumlicht tauchen.

Camilla überreicht Clarissa einen indianischen Halsschmuck, auf dem ein magisches Bild dargestellt ist.

CAMILLA. Schau, zwei Frauen, die nebeneinandersitzen.

Clarissa studiert währenddessen in einem feministischen Buch.

CLARISSA *(liest)*. »Warum wurden vierhundert Jahre lang Frauen, die die Kirche zu Hexen erklärte, systematisch gefoltert und gemordet?«

CAMILLA. Zwei Geister, die versuchen, in die Frauen reinzukommen, aber die Frauen sind noch nicht bereit.

CLARISSA *(liest)*. »Dahinter steht eine militante Gesellschaft, die Frauen durch Abtreibungsverbot und Benachteiligung in der Arbeitswelt beherrschen will.«

Camilla zählt die kleinen Anhänger, die am unteren Ende des Schmucks baumeln. Es sind sieben goldene Körner.

CAMILLA. Sieben pomegranates, das Fruchtbarkeitssymbol, die Hexenzahl. Das schenke ich dir.

Sie legt Clarissa den Schmuck liebevoll um den Hals.

CLARISSA *(liest)*. »Wenn man die Frauen beherrscht, beherrscht man die ganze Welt.« Ich weiß nicht, ich glaube, ich bin keine Hexe.

CAMILLA. Doch.

CLARISSA. Ich denke zuviel, aber du, du bist eine Hexe. Ich muß lachen über so was.

CAMILLA. Ich bin eine Hexe.

Plötzlich wacht Schnüßchen wie aus einem Alptraum auf. Sie fährt auf der Couch hoch, faßt sich an den Kopf und ist ganz verwirrt.

SCHNÜSSCHEN ... mein Kind, ich hab mein Kind vergessen! Um Gottes willen! Taxi, Taxi!

Schnüßchen taumelt durch die kerzenbeleuchtete Wohnung. Sie ruft immer wieder nach einem Taxi. Camilla und Clarissa stehen da, sie verstehen nicht, was passiert ist, und sehen sich ratlos an.

1247 Vor Haus Volker und Clarissa

Schnüßchen rennt kopflos auf die Straße. Wäre der Straßenverkehr um diese Nachtstunde nicht so ruhig, so hätte sie ein Chaos erzeugt und sich obendrein tödlich gefährdet. Sie läuft in irgendeine Richtung. Es ist purer Zufall, daß sie auf diese Weise überhaupt einem Taxi begegnet.

1248 Wohnung Volker und Clarissa

Clarissa schlägt auf dem Flügel ein tiefes F an. Sie sieht ihrer Freundin erwartungsvoll in die Augen. Der Ton verklingt, aber Camilla greift ihn auf ihrer Posaune auf. Sie läßt ihn weiterschwingen. Clarissa hört hinter dem Posaunen-F her. Sie ergänzt den Ton durch einen erneuten Anschlag auf dem Klavier. Dann erhebt sie ihre Stimme. Scheu, tastend, gleichzeitig eine kleine Melodie improvisierend, singt Clarissa eine Gedichtzeile von Else Lasker-Schüler.

CLARISSA. »Dein Herz ist wie die Nacht so hell...«

Camilla geht auf die melodische Idee ein. Sie modifiziert sie auf der Posaune. Jetzt hört Clarissa zu. Sie spürt, daß etwas Schönes entsteht. Sie singt die Verszeile in der Variante noch einmal. Es ist eine sehr konzentrierte und zugleich träumerische Stimmung zwischen den Freundinnen entstanden. Mitten aus der Schwärmerei für Magie, Frauenaufbruch und Selbstbewußtsein ist ein Projekt geboren worden. Camilla und Clarissa komponieren ein Stück zusammen.

1249 Berliner Villa

Freunde von Helga und Kalle haben Dokumentarmaterial besorgt, das sie in Stefans Filmvilla auf einer improvisierten Leinwand vorführen. Der Kameraassistent hat den dafür notwendigen Projektor organisiert und spielt den Vorführer. Rob, Bernd und Ulla haben sich unter die Studenten gemischt, die in die Villa gekommen sind, um die Filmaufnahmen zu besichtigen. Es sind Aufnahmen, die ein Fernsehteam von Demonstrationen und Straßenschlachten in Berlin gemacht hat. Aufnahmen, die in den Sendungen nicht verwendet worden sind. In den Diskussionen geht es um Fragen der Taktik, um Filmästhetik, sofern es große Unterschiede für die politische Arbeit macht, ob die Filme von Teams der Fernsehanstalten gedreht werden oder von den Revolutionären selbst. Die Standpunkte gehen auch hier auseinander, und die Diskussion leidet darunter, daß die Zuschauer immer wieder sich selbst auf der Leinwand entdecken und in Gelächter ausbrechen. Helga versucht, »Struktur« in die Gespräche zu bringen.

HELGA. Ihr glaubt doch nicht im Ernst, daß die Revolution sich auf einer Demo entscheidet.

KALLE. Natürlich, warum gehe ich denn auf die Straße!

HELGA. Die Revolution beginnt genau da, wo wir arbeiten, wo wir leben, wo wir unsere Kinder erziehen – zum Beispiel, weil wir nicht mehr bereit sind, Herrschaftsstrukturen als gegeben hinzunehmen. Also in Betrieben, in der Schule, an der Uni, in der Familie. Das ist Basisdemokratie.

Die Genossen schweigen. Helga hat ihnen einen Gedankenbrocken hingeworfen, mit dem sie ihre Köpfe eine Weile beschäftigen können. Sie läßt die Gruppe und den Projektor allein und besucht Stefan, der sich im Nebenraum abgeschottet hat. Er versucht, seine Gedanken auf der Schreibmaschine zu Papier zu bringen. Helga mustert die große Studiokamera, die aufgebaut im Türdurchgang steht. Als Stefan den Blick hebt und sie ansieht, fängt sie an, auf ihn einzureden.

HELGA. Es gibt da Szenen und Texte in deinem Drehbuch, Stefan, die kann man heute nicht mehr so bringen. Die sind rein subjektiv, willkürlich geschrieben. Unser toter Reinhard in Ehren, aber das ist romantische Gefühlsduselei. Du machst dich lächerlich damit.

Sie hat tatsächlich Stefans Drehbuch in der Hand. Sie hat es so zusammengerollt, daß Stefan zuerst nicht erkennen konnte, daß sie davon spricht. Als sie aber das Script entrollt und es vor ihn auf den Tisch knallt, weiß er, daß sie sein Buch gelesen hat.

STEFAN. Wann hat dich jemals interessiert, ob ich mich lächerlich mache?

HELGA. Die fortschrittliche Kritik macht dich dafür platt. Du wirst vernichtet, wenn du so was verfilmst. Du kannst Figuren heute nicht mehr losgelöst von ihrer gesellschaftlichen Funktion zeigen. Und dazu noch in dieser Geschichte, die in der Hitlerzeit spielt und die Juden, Nazis, Großbürger, SS-Leute zum Thema hat. Das sind gesellschaftliche und historische Fakten, Stefan. Das kannst du nicht mit Gefühlen beschreiben.

STEFAN. Ausgerechnet du. Niemand war je so gefühlsmäßig wie du.

Stefan nimmt sein Drehbuch an sich. Er versucht es wieder geradezubiegen. Auf dem Deckblatt steht sein Titel: »Die deutsche Angst«. Vielleicht ist dies ein passender Titel für den Erstlingsfilm von Stefan Aufhäuser.

Helga nimmt einen neuen Anlauf.

HELGA. Dein Geld, das kommt doch vom Innenministerium – oder? Steuergelder! Da hat die Arbeiterklasse geschuftet für, Stefan. Und aus diesem Grund ist es nicht egal, was mit dem Geld des Volkes geschieht.

STEFAN. Das sind doch alles nur Definitionen. Das Geld wurde mir zuerkannt, damit sich in dieser öden Kommerzwelt ein Stückchen Filmkunst entwickeln kann.

Rob, Ulla, Bernd und andere Teammitglieder erscheinen nun in der Tür, um der Debatte zuzuhören. Helga bezieht die neuen Zuhörer sofort in ihre Rede mit ein, motiviert sie gegen Stefan.

HELGA. Das Geld wurde ihm als Regisseur zuerkannt, als einem einzelnen Künstler, der sich einbildet, allein die Filmkunst weiterentwickeln zu können.

STEFAN. Was habt ihr nur davon, wenn ihr mir meinen Job wegnehmt – oder ist es vielleicht doch so attraktiv, Regisseur zu sein? Ich frage ja nur.

ROB. Stefan, so ist es auch wieder nicht. Tatsache ist, daß seit einer Woche nicht gedreht wurde, und anscheinend die nächsten zwei Tage auch nicht.

Es hat offensichtlich zwischen Helga und Rob eine Übereinkunft gegeben, die Kameraausrüstung von hier fortzubringen. Rob begibt sich zu Helga, die sich während aller ihrer Angriffe auf Stefan immer in der Nähe der Kamera aufgehalten hat.

HELGA. Nehmen wir das Ding gleich mit?

ROB. Na klar!

STEFAN. Moment mal, was macht ihr denn mit der Kamera?

HELGA. Nun mal ruhig. Es geht um eine wichtige Sache.

ROB. Solange hier nicht alles ausdiskutiert wurde, ist das ja auch kein Problem.

HELGA. Du hast ja auch genügend zu tun mit den Änderungen an deinem Drehbuch, oder?

ROB. Martin, auf geht's!

Rob gibt seinem Assistenten Martin Anweisungen, die Geräte einzupakken und ihm nach draußen zu folgen. Auch Kalle beteiligt sich an der Aktion.

KALLE. Macht kaputt, was euch kaputtmacht.

Ulla, die Regieassistentin, hält Stefan noch die Treue. Sie stellt sich demonstrativ auf seine Seite, kann aber auch nicht verhindern, daß sein Team sich immer mehr gegen ihn richtet.

ULLA. Genau, was ich dir vorhin gesagt habe.

STEFAN. Lächerlich!

1250 Kommune Berlin

In den Räumen von Katrins Kommune ist Nachtruhe eingekehrt. Hermann liegt neben Katrin im großen Bett und schläft. Da geht Licht an. Katrin schreckt aus den Träumen auf. Sie blinzelt in das helle Zimmer.

Es ist Helga, die so spät von ihren politischen Aktionen zurückkommt. Sie trägt Karli, ihren zweijährigen Sohn, im Arm. Das Kind schläft.

Auf der Treppe, die aus dem großen Wohnschlafraum ins nächste Stockwerk hinaufgeht, bleibt Helga kurz stehen. Sie hat Hermann an Katrins Seite entdeckt.

HELGA. Hast du es endlich geschafft?

KATRIN. Ja.

Katrin kuschelt sich demonstrativ an Hermanns Schulter. Helga geht in die obere Etage, wo sie ihr Zimmer hat. Dort bringt sie Karli zu Bett. Mit einem starken Tee, den sie sich direkt auf dem Schreibtisch bereitet, macht sie sich um diese Stunde noch verbissen an ihre Arbeit.

Einer der Genossen, der hinter einer offenen Tür schläft, beschwert sich über den Schreibmaschinenlärm.

HEINER. Sag mal, pennen tust du nie, was?

1251 Isarfilm, Büro Konsul Handschuh

Schnüßchen gibt nicht auf. An diesem Morgen hat sie ihr schickes Ledermäntelchen angezogen und geht in das Stadtbüro der Isarfilm. Sie läßt sich bei Konsul Handschuh anmelden.

Der Firmenchef ist völlig überrumpelt. Nach und nach faßt er aber Sympathie für die kleine, aufgeregte Hunsrückerin.

SCHNÜSSCHEN. Ich wollte doch mal in die Höhle des Löwen schauen. Wissen Sie, mein Mann hat mir nämlich nichts von Ihnen erzählt.

KONSUL HANDSCHUH. Nichts?

SCHNÜSSCHEN. Ja, so gut wie gar nichts. Ich habe Sie mir genauso vorgestellt, wie Sie wirklich sind, so ein freundlicher und imposanter Herr. So groß und ...

KONSUL HANDSCHUH ... na, und so dick!

SCHNÜSSCHEN. Genauso muß ein Chef auch aussehen.

KONSUL HANDSCHUH. Bitte ...

Der Konsul bietet ihr einen Platz auf der Besuchercouch an. Er setzt sich ihr gegenüber auf den unter seinem Gewicht ächzenden Ledersessel.

SCHNÜSSCHEN ... Danke. Herr Konsul, ich habe Sorgen.

KONSUL HANDSCHUH. Habe ich, hat meine Firma damit zu tun? Dann ist Ihnen schon jetzt jede Hilfe sicher.

SCHNÜSSCHEN. Mein Mann ist in letzter Zeit sehr eigenartig gewesen. So wie ich ihn eigentlich gar nicht kenne. Und nun ist er verschwunden, seit gestern.

KONSUL HANDSCHUH. Und Sie wissen nicht, wo er ist?

SCHNÜSSCHEN. Wissen Sie's?

KONSUL HANDSCHUH. Na ja, lassen Sie mich mal nachdenken.

SCHNÜSSCHEN. Um offen zu sein, ich weiß, daß es in Ihrer Firma eine – wie soll ich sagen – eine sehr nette Sekretärin gibt.

KONSUL HANDSCHUH. Sie meinen ...

Die Tür zum Sekretariat steht noch offen. Der Konsul fühlt sich von seiner älteren Chefsekretärin belauscht. Er wird unruhig. Wer weiß, was jetzt zur Sprache kommt?

KONSUL HANDSCHUH. Fräulein Kaldemann, seien Sie so lieb und machen mal die Tür zu? Danke.

SCHNÜSSCHEN. Ich meine, daß man Arbeit und Privatleben doch trennen können sollte.

KONSUL HANDSCHUH. Dienst ist Dienst, und Schnaps ist Schnaps – meinen Sie das?

SCHNÜSSCHEN. Wenn Sie meinen Mann sehen, werden Sie ihm dann sagen, daß ich hier gewesen bin?

KONSUL HANDSCHUH. Natürlich nicht. Ich wollte Sie ja immer schon mal kennenlernen. Und dazu werden wir in der Zukunft noch viele, viele Möglichkeiten haben.

Der Konsul atmet auf. Es scheint also doch nicht zu größeren Indiskretionen und Firmenklatsch zu kommen. Er erhebt sich erleichtert, um Schnüßchen eines jener milchigen Nationalgetränke seiner Südseerepublik einzugießen.

KONSUL HANDSCHUH. Was Ihren Mann angeht, da bin ich übrigens ganz sicher, daß er in diesem Augenblick eine Bahnreise macht. Allein. Ich habe ihn quasi dazu verführt, indem ich ihm eine Bundesbahn-Netzfahrkarte zukommen ließ. Wußten Sie das nicht?

SCHNÜSSCHEN. Nein.

Nun atmet auch Schnüßchen auf. Der Konsul beugt sich über sie und setzt sein liebenswertestes Reklamelächeln auf.

KONSUL HANDSCHUH. Ich stelle mir vor, daß er jetzt in dem herrlichen Aussichtswagen des TEE sitzt, die Schönheit der deutschen Lande genießt und – komponiert.

1252 Kommune Berlin

Hermann wacht im Bett neben Katrin auf. Es muß gestern sehr spät und auch berauschend gewesen sein, bevor er einschlief, denn nun, bei Tageslicht, weiß er nicht recht, wo er sich befindet. Vorsichtig hebt er den Kopf. Überall, über, vor und hinter ihm gibt es diese Sprüche auf den Wänden: »Worte sprengen keine Ketten«, »Macht kaputt, was euch kaputtmacht«, »Haut dem Springer auf die Finger«, »Freiheit für alle politischen Gefangenen«, »Sympathy for the Devil«, »High sein, frei sein, Terror muß dabei sein«.

Hermann betrachtet die schlafende Katrin. Ihr Gesicht sieht im Schlaf viel zarter und ausgeglichener, auch mädchenhafter aus als am Tag vorher. Es macht ihn glücklich, sie so zu sehen.

Jetzt spürt er seine volle Blase. Rücksichtsvoll und leise steht er auf, um die Toilette zu suchen. Er geht die Treppe empor. Im oberen Gang gibt es mehrere Türen, die alle ausgehängt worden sind, so daß man in die Räume hineinsehen kann. Überall liegen Leute – Pärchen und einzelne, die noch schlafen.

Hermann findet das Bad. Auch hier fehlt die Tür. Selbst die Toilettenkabine ist immer offen.
Hermann sieht sich um. Es ist still in der weitläufigen Wohnung. Jetzt öffnet er die Hose und beginnt zu pinkeln. Währenddessen liest er die Sprüche, die auch hier die Wände zieren. Viele von den Texten sind ihm unverständlich.
Plötzlich steht Katrin in der Tür. Sie ist vollkommen nackt und lächelt. Hermann versucht schnell, sein Glied in der Hose verschwinden zu lassen.

KATRIN. Pinkel ruhig weiter. Wir haben hier überall die Türen ausgehängt, damit endlich mal Schluß ist mit diesen kleinbürgerlichen Schamhaftigkeiten. Am Anfang war es für uns auch neu. Du mußt eben lernen, in Gegenwart deiner Genossen zu scheißen und so weiter.

HERMANN. Ich weiß gar nicht mehr, wann ich eingeschlafen bin. Ich muß unheimlich kaputt gewesen sein.

KATRIN. Ich habe dich zugedeckt. Ich habe geredet und geredet, und auf einmal warst du eingeschlafen.

Im Aufenthaltsraum wird ein großes Frühstück veranstaltet. Kalle und Heiner haben schon am frühen Morgen der Feinkostabteilung des KaDeWe einen Besuch abgestattet. Sämtliche Taschen ihrer Parkajakken sind mit den erlesensten Köstlichkeiten gefüllt. Stolz berichten sie ihren Wohngenossen, wie sie es diesmal angestellt haben, die Detektive zu überlisten. Hermann wird in alle Tricks eingeweiht, während man den Tisch für das Festmahl deckt.
Helga erscheint als letzte beim Frühstück. Sie bleibt in der Tür stehen und schüttelt den Kopf.

HELGA. Wieder mal geklaut? Wenn ihr das doch endlich mal kapieren würdet! Mit solchen Aktionen, da fallt ihr jeder ernstzunehmenden Politik in den Rücken.

HEINER. Was denn, wir haben das Kapital geschädigt!

Helga streicht sich ein Margarinebrot. Sie ißt davon und macht noch ein Brot für ihren kleinen Sohn. Hermann und Katrin würdigt sie keines Blickes.

HELGA. Ich bring den Karli jetzt in den Kindergarten, und dann suche ich uns eine eigene Bude. Ich halte das nicht mehr aus, dieses Chaos hier.

HERMANN. Guten Morgen, Helga.

HELGA. Ich meine, was soll dieses dauernde Gequatsche von kollektiver Kindererziehung? Am Schluß bleibt dann doch alles an mir hängen!

Von euch hat in den letzten Wochen kein Schwein sich jemals um Karli gekümmert. Da kann ich uns ja gleich eine eigene Bude suchen. Das kommt auf dasselbe raus.

KALLE. Von was willst du dann leben?

HELGA. Ich suche mir einen Job bei Osram.

Katrin versucht die ganze Zeit, mit Helga in Kontakt zu kommen, aber Helga reagiert nicht auf Lächeln und nicht auf Gesten der Hilfsbereitschaft.

KATRIN. Bist du sauer wegen Hermann?

HELGA. »Es reicht nicht, daß der Gedanke zur Wirklichkeit drängt, die Wirklichkeit muß auch zum Gedanken drängen.«

HERMANN. Das verstehe ich nicht.

HELGA ... Rudi Dutschke. Ich habe echt Wichtigeres zu tun als eure kleinbürgerlichen Privataffären.

Helga ruft nach ihrem Sohn, dann verschwindet sie. Katrin und Hermann sehen sich an wie zwei gescholtene Schulkinder.

1253 Kinderladen in Berlin

Helga hat in Kreuzberg zusammen mit anderen Müttern einen Kinderladen aufgezogen. In den Räumen einer ehemaligen Vorstadtmetzgerei werden etwa zwanzig Kinder abwechselnd von den jungen Müttern gehütet und nach der Theorie der repressionslosen Erziehung aufgezogen. Das Ergebnis ist ein Chaos von wild durcheinanderschreienden Kindern, die sich gegenseitig wegen aller Bedürfnisse – Spielsachen, Essen, Zuwendung der Erwachsenen – bekriegen. Dabei werden Möbel, Wände, Kleider ebensowenig geschont wie die Nerven der Erwachsenen. Die Hoffnungen, daß sich geordnete Beziehungen unter den Kindern von allein einstellen, erfüllen sich nicht oder zumindest nicht schnell genug. Helga hat beschlossen, dieses Experiment mit der Filmkamera zu dokumentieren. Deswegen wurde die Kamera bei Stefan entwendet und wird nun von Rob und seinem Assistenten im Kinderladen aufgebaut.

Natürlich sind die Kinder zunächst nur an der Kamera und an den fremden Gästen interessiert. Sie wollen alles anfassen und alles ausprobieren. Unter den Fragen der Kinder fallen die Filmleute sprachlich in ihre frühen Entwicklungsstufen zurück. Auch sie reden jetzt in der Kindersprache.

KIND. Und was sind das für runde Ohren?

TONMEISTER. Die hier? Das sind keine Ohren, das sind Kopfhörer.

ROB. Und dann schau mal her, da kann man aufmachen.

KIND. Was machst du mit dem Kram?

TONMEISTER. Damit nehme ich euch auf, und nachher, wenn wir den Film fertig haben, dann können wir auch den Ton dazu anhören.

Helga mischt sich ein. Sie wirkt sehr ernst, denn es geht um ein Erziehungsexperiment, von dem sie zutiefst überzeugt ist.

HELGA. Das geht so nicht. Wir müssen warten, bis die Kinder uns nicht mehr wahrnehmen. Wir müssen Geduld haben, einsickern in ihre Welt. Erst dann kann man drehen.

ROB. Das kann lange dauern.

HELGA. Wir haben Zeit.

ROB. Stimmt. Wochenlang!

Robs Gedanken gehen zu Stefan und dem verfahrenen Spielfilmprojekt zurück.

Mit einem Taxi kommt der berühmte Schauspieler an, der in Stefans Film die Rolle des Villenbesitzers und Verlegers spielen soll. Olga hält sich in Begleitung ihrer Garderobiere im Garten auf, um den Schauspieler abzufangen, denn er weiß noch nichts von den Teamdiskussionen und der Unterbrechung der Dreharbeiten. Sie schämt sich für die unprofessionelle Situation und möchte verhindern, daß der Star Stefan in seiner geschwächten Position begegnet. Als der Mime aus dem Taxi steigt, eilt Olga ihm entgegen.

OLGA. Ah, Sie sind bestimmt der Herr René Christian.

CHRISTIAN. Ja.

OLGA. Wie schön, daß Sie da sind. Ich bin Ihre Tochter. Ich spiele die Esther, Olga Müller.

CHRISTIAN. Ich habe Sie mir immer blond vorgestellt.

OLGA. Sagen Sie das bloß nicht, sonst werde ich wahnsinnig! Ich habe wochenlang gekämpft, um nicht gefärbt zu werden.

CHRISTIAN. Ist unser Regisseur schon da?

OLGA. Herr Aufhäuser ist in schwierigen Gesprächen. Er läßt gerade das Drehbuch ideologisch absegnen.

Der Taxifahrer bringt Herrn Christian eine Quittung über den Fahrpreis. Olga nimmt dies zum Anlaß, das Taxi aufzuhalten. Die Garderobiere möchte nun auch den Star begrüßen, sie reicht ihm überschwenglich die Hand.

GARDEROBIERE. Guten Tag, Herr Christian. Ich bin ihre Gewandmeisterin.

CHRISTIAN. Freut mich.

Olga winkt dem Schauspieler vom Taxi her zu. Sie ist so lebhaft, daß er nicht mehr weiß, in welche Richtung er sich bewegen soll.

OLGA. Kommen Sie doch mit. Es wird heute sowieso nicht gedreht. Kommen Sie!

CHRISTIAN. Ja, aber ...

OLGA. Das können Sie sich ersparen. Kommen Sie!

CHRISTIAN. Gut, aber auf Ihre Verantwortung.

Es ist Olga tatsächlich gelungen, Christian vom Drehort wegzulotsen. Er nimmt neben ihr im Fond des Taxis Platz und läßt sich in den schönen Tag entführen.

1255 Café am Wannsee

Am Wannsee-Ufer haben Olga und Herr Christian ein Ausflugslokal gefunden, wo sie den Tag genießen und in Ruhe plaudern können. Nur einzelne Spaziergänger kommen hier vorbei, und der Blick über den See ist eine Wohltat für Olgas angestrengte Augen. Sie hört zu, wie der berühmte Kollege ihr von seinen Erlebnissen berichtet, die er während des Einmarsches der Russen in Prag gehabt hat.

CHRISTIAN. Ich war noch in Prag am 21. August, als die Russen einmarschierten. Ich war unterwegs zum Studio Barrandow mit dem tschechischen Standfotografen. Da werden wir aufgehalten. Überall russische Panzer, quergestellte und umgestürzte Wagen. Die Leute versteckten sich dahinter. In diesem Augenblick war scharfes Schießen zu hören. Die Leute flüchten in Richtung auf uns zu und rufen »Dubček, Dubček«. Herr Paniczek, der Standfotograf, rennt mitten in diese Schießerei und fotografiert. Ich habe ihn nicht wiedererkannt, diesen scheuen, ängstlichen Mann. Er war plötzlich ein Held. Ich hatte um ihn mehr Angst als um mich.

OLGA. Und Sie, welche Rolle haben Sie denn gespielt?

CHRISTIAN. Ich spiele einen französischen Diplomaten in Wien, Kostümfilm. Wir haben das alte Wien in Prag gedreht. Das ist nicht so modern. Es fehlten mir noch fünfzehn Drehtage. Wir mußten natürlich abbrechen, weil nichts mehr funktionierte. Außerdem mußte die amerikanische Produktion sofort das Land verlassen. Die prozessieren jetzt mit der Versicherung. Wann wir weiterdrehen, weiß keiner. Und Sie, sind Sie mit Ihrer Rolle zufrieden? Ist doch eine schöne Rolle!

1256 Kurfürstendamm, Café Möricke

Auch Hermann und Katrin haben sich von den Strapazen einer Ideologiediskussion davongestohlen. Arm in Arm, in dieser ganz und gar verpönten, spätbürgerlichen Pose, gehen sie den Kurfürstendamm hinab, froh, daß sie hier keiner der Genossen sieht. Im Café Möricke finden sie Platz unter der Markise. Die beiden genießen die Romantik ihrer neuen Beziehung. Katrin bestellt eine Tasse Kakao.

KATRIN. Kakao erinnert mich an meine Mutter. Ich muß noch sehr klein gewesen sein. Ungefähr drei, vier. Da nahmen mich meine Eltern mit nach Wiesbaden. Ich glaube, es war in einem Offizierskasino der Amerikaner.

HERMANN. Im Kurhaus? Ich kenne das. Ich glaube, es gibt die Amerikaner dort immer noch. Ich bin dort sehr oft vorbeigekommen, auf meinen Radtouren, als ich das erste Mal verliebt war.

KATRIN. Kakao, das erste Mal in meinem Leben.

Während er weiterspricht, berührt Hermann Katrins auf dem Tisch ausgestreckte Finger. Diese sehr vorsichtige Berührung gibt allen seinen Worten die Würze.

HERMANN. Es gab nichts, was begehrenswerter war als Amerika. Die Amerikaner strahlten. Sie waren unkompliziert, sie rochen gut, und sie liebten die Freiheit. Als ich in die Schule kam, da lernten wir aus einem amerikanischen Buch, daß es nichts Verwerflicheres gäbe als den Militarismus. Wer Gehorsam um des Gehorsams willen verlangt, verstößt gegen die Würde des Menschen. Es ist unwürdig, Fremde zu hassen, die Meinung eines anderen zu verachten, im Gleichschritt zu marschieren – all diese Ideale kamen damals aus Amerika. Und ich glaube an sie, mein Leben lang. Das schwöre ich denen.

KATRIN. Ich war noch sehr klein in den Nachkriegsjahren. Ich kann mich nur noch an Farben erinnern.

HERMANN. Und jetzt fürchten wir die Amis. Die Bilder aus Vietnam erinnern an die Greuel, die unsere Väter angerichtet haben.

Hermanns Hand findet Katrins nacktes Knie.

KATRIN. War dein Alter auch ein Nazi?

HERMANN. Ich glaube, nicht. Er hat 1944 eine Bombe entschärfen wollen. Schiefgegangen.

In Begleitung zweier Herren in karierten Jacken kommt Stefan des Wegs. Er will das Café betreten, da sieht er Hermann auf der Terrasse sitzen. Er tippt ihm, der ganz in Katrin versunken ist, von hinten auf die Schulter. Hermann erschrickt.

STEFAN. Hermann!

HERMANN. Stefan!

STEFAN. Was machst denn du in Berlin? Aber erzähle mir das später. Ich habe eine wichtige Verabredung mit den zwei Hollywood-Managern. Weißt du, von dieser Produktion, die letzten Sommer aus Prag fliehen mußten. Besuche mich doch mal am Drehort, am Wannsee. Sie weiß, wo das ist.

Stefan beeilt sich, die beiden Amerikaner einzuholen, die vor ihm das Café betreten haben. Sie warten an einem der kleinen Tische.

Ein Foto des Stars, der heute eingetroffen ist, wird herumgereicht. Stefan spielt den überbeschäftigten Künstler und mimt Ungeduld. Einer der beiden amerikanischen Filmleute spricht recht gut deutsch, der andere muß sich Stefans Antworten von seinem Kollegen leise übersetzen lassen.

PRODUZENT. Mister Christian ist ein wunderbarer Schauspieler. Wir lieben ihn.

STEFAN. Ja ja. Er ist mein absoluter Hauptdarsteller. Er ist fast in jeder Szene, und der Film ist praktisch auf ihn aufgebaut.

PRODUZENT. Was kostet es, sagen wir mal, wenn Sie Ihren Film verschieben? Zehn oder fünfzehn Tage.

STEFAN. Aber wir haben schon begonnen. Das ganze Team ist bereits in Berlin. Und alle sind unter Vertrag.

PRODUZENT. The whole team is in Berlin under contract. Wir müssen unsere Produktion zu Ende bringen, wir prozessieren seit sechs Monaten mit der Versicherung. Jetzt zahlen sie endlich.

STEFAN. Ja, aber Herr Christian ist bei mir unter Vertrag.

Stefan zeigt in dem Gespräch seine eigentlichen Qualitäten. Er spürt sofort, daß er mit den Amerikanern ein Geschäft machen wird, wenn er hart bleibt.

PRODUZENT. Deswegen spreche ich mit Ihnen. Sagen Sie mal, was es kostet, wenn Sie verschieben.

STEFAN. Verschieben? Das müßte kalkuliert werden. Und das braucht Zeit.

PRODUZENT. He has to calculate, it takes him time. Wieviel Zeit? Drei Stunden, vier Stunden?

STEFAN. Aber da brauche ich meinen gesamten Mitarbeiterstab dafür.

PRODUZENT. Kommen Sie um fünfzehn Uhr in das Hotel Kempinski. Kennen Sie das?

STEFAN. Ja, natürlich, aber – das ist schon in zweieinhalb Stunden.

Stefan ahnt, daß der Preis für Herrn Christian um so niedriger ausfallen wird, je weniger Zeit er zum »Kalkulieren« bekommt. Er beeilt sich wegzukommen. Als er die Kellnerin zum Zahlen ruft, winkt der Amerikaner ab.

PRODUZENT. Lassen Sie. Wir bleiben hier und erledigen das.

STEFAN. Wiedersehen!

Stefan rennt ein bißchen zu schnell davon.

Stefan ist im Zahlenrausch. Zusammen mit Ulla hat er sich in seinem Hotelzimmer verschanzt, um das Geschäft seines Lebens zu machen. Er hat sich vorgenommen, mit Hilfe der amerikanischen Produktionsfirma, die ihm seinen Star René Christian abkaufen will, aus der Schlappe herauszukommen. Ulla addiert Stefans Zahlenkolonnen, während er mit dem Münchner Büro der Isarfilm telefoniert, um sich von Erika die Preislisten durchsagen zu lassen.

ULLA. Also, ich komme auf zirka zwanzigtausend Mark pro Woche. Mal drei – macht sechzigtausend Mark. Für sechzehn Drehtage plus zwanzig Prozent sind ... zweiundsiebzigtausend.

STEFAN. Zweiundsiebzig.

ULLA. Ob die Amis so viel zahlen für einen deutschen Schauspieler?

STEFAN. Die sind in einer absoluten Notlage. Also, schreib nochmal auf: Hotel – dreitausendvierhundert.

ULLA. Das habe ich schon.

STEFAN. Dann schreib es noch mal dazu: Kilometergeld – tausendachthundert. Verpflegung zwei ...

Stefan verabschiedet sich von Erika und legt den Hörer auf. Ulla hat Zweifel an diesen unseriösen Rechnungen.

STEFAN. Die haben mit dem in Prag den größten Teil der Rolle gedreht. Das kostet die hundertmal soviel.

ULLA. Mir wird schlecht bei dem Gedanken, daß wir beim Team erscheinen und das Ende der Dreharbeiten verkünden.

STEFAN. Du wirst es nicht glauben, aber ich habe schon lange mit dem Gedanken gespielt, weil alles so verfahren ist. Nur, bis jetzt hätte ich es mir finanziell nicht leisten können. Je länger die Diskussionen gingen, um so weniger hätte ich mir leisten können, das Spiel abzubrechen. Verstehst du?

ULLA. Und jetzt zahlen ausgerechnet die Amerikaner die ganze Revolte.

STEFAN. Ja. Irgendwie stimmt der Laden. Die Kulturimperialisten zahlen für uns.

ULLA. Hör auf, Stefan! Ich komme mir kriminell vor. Ich möchte dem Team nicht mehr unter die Augen treten.

STEFAN. So weit geht das!

Stefan bindet sich die Krawatte. Er zieht seine Weste und die feine Anzugjacke an. So macht er sich bereit, wieder zu den Amerikanern zu gehen. Ulla denkt an die vergangenen Tage und Wochen.

ULLA. Es war auch schön. Alle diese Träume von Freiheit und Selbstbestimmung, das machte irgendwie Hoffnung.

STEFAN. Gehirnwäsche!

ULLA. Letzte Nacht haben wir überlegt, was wir nach der Revolution machen. So weit waren wir schon in Gedanken.

STEFAN. Man muß das trennen: Revolution ist das eine und Film das andere. Bringst du mich in das Hotel Kempinski?

ULLA. Ich möchte nach München fahren. Heute noch.

Ulla ist traurig geworden. Stefan steht an der Tür. Mit seiner Sonnenbrille und dem ironischen Gesicht wirkt er schon ein bißchen amerikanisch.

STEFAN. O. k. That's movie!

1259 Hotel Kempinski

Als Stefan in seiner Entschlossenheit und mit seiner Ledertasche die Halle des Luxushotels durchquert, scheint er völlig verwandelt: Er ist ein jungdynamischer Geschäftsmann geworden, der nichts Künstlerisches mehr vermuten läßt. Er geht immer ein wenig auf den Fußspitzen, versucht lässig zu wirken und ist dennoch nicht annähernd so locker wie die echten Amerikaner, die da von den Aufzügen her auf ihn zukommen. Die beiden Produzenten, die er schon kennt, werden von einem Herrn, der »deutscher« aussieht als die anderen, begleitet.

PRODUZENT. Hallo, Stefan, nice to see you. Herrn Philips kennen Sie?

STEFAN. Hallo.

PRODUZENT. Mister Braunitsch von Warner Brothers. Er möchte unbedingt Ihr Drehbuch sehen. Wer ist Ihr Verleiher?

STEFAN. Wir sind noch mit verschiedenen Firmen in Verhandlung.

PRODUZENT. Mister Braunitsch ist eine sehr gute Adresse. Er kennt Hollywood wie seine Hosentasche.

Die Herren sind bei einer Sitzgruppe angekommen, wo sie Platz nehmen. Stefan wirkt nun doch fahrig und ein wenig unkonzentriert. Es sind zu viele Augen, die ihn belauern. Er versucht, sachlich zu wirken.

STEFAN. Wir haben kalkuliert.

PRODUZENT. They have calculated. So? Zeigen Sie uns Ihr Gesamtbudget.

STEFAN. Sehr knapp kalkuliert, kämen wir auf einen Ausfall von mindestens achtzigtausend Mark.

PRODUZENT. Für eine Woche?
STEFAN. Für fünfzehn Tage.
Schon hat er als Pokerspieler verloren, denn er hätte merken sollen, daß die genannte Summe auch für eine Woche Drehausfall in den Ohren der Amerikaner sehr niedrig klingt. Stefans Reflexe sind die eines deutschen Bürgerkindes, starr, unflexibel und autoritätsgläubig.
Der amerikanische Produzent läßt sich nicht anmerken, daß der Preis für fünfzehn Drehtage ein Witz ist. Schnell greift er zum Scheckheft und läßt seinen Boß, Mister Braunitsch, unterschreiben.
PRODUZENT. So, das sind dreißigtausend Dollar. Sie können den Scheck bei jeder Bank einlösen. Ist das o. k.?
STEFAN. Das ist o. k.
Schon ist alles vorbei. Stefan hätte nie geglaubt, daß sein Pokerspiel so schnell zu Ende sein könnte.

1260 Bankschalter

Trotz allem ist es ja eine Menge Geld, die Stefan mit dem Scheck der Amerikaner abholen kann. Er will die Summe in bar ausgezahlt haben. Er will das Geld mit seinen eigenen Augen sehen und in der eigenen Tasche mitnehmen, bevor er das in die Tat umsetzt, was er sich nun vorgenommen hat. Mit diesem sinnlichen Verlangen ist er geradezu wieder ein Künstler.
Die Kassiererin zählt ihm die Hundertmarkscheine vor.
KASSIERERIN. Dreißigtausend Dollar – das sind hundertsiebzehntausendsechshundertfünfundzwanzig Mark und zweiundzwanzig.
Es ist wirklich ein Haufen Geld, den Stefan da einstecken kann.

1261 Berliner Villa

In der Filmvilla im Grunewald gehen währenddessen die »revolutionären Umwandlungen« im kleinen Team weiter. Bernd, der sächsische Aufnahmeleiter, ist nun auch völlig von den neuen Ideen zur Demokratisierung des ganzen Lebens erfaßt. Er ist mit viel größerer Begeisterung bei der Sache als in den früheren Jahren. Nun arbeitet er zum ersten Mal ganz in seinem eigenen Auftrag.
Als Katrin in ihrem VW vorfährt und Hermann, den sie mitbringt,

aussteigen läßt, tritt Bernd ihr entgegen. Sie will Hermann die Filmvilla zeigen, aber Bernd verwehrt den beiden den Eintritt.

BERND. Das Team ist gerade dazu übergegangen, sich selbst zu portraitieren, in seinem revolutionären Prozeß. Das heißt, wir filmen uns gegenseitig und nehmen zu den Ereignissen Stellung. Der revolutionäre Prozeß beginnt doch bei einem jeden von uns selber. Das müssen wir doch festhalten. Habe ich recht?

Katrin nimmt Hermann bei der Hand. Sie kennt sich ja hier gut aus und weiß, wo es kuschelige Ecken und Räume gibt, in denen sie sich mit ihm verkriechen kann.

1262 Berliner Villa

Bernd hat für seine Filmgenossen Kaffee gemacht. Während er mit der Thermoskanne durch die Diele geht, wird im Wohnzimmer eine Dokumentaraufnahme gedreht. Die große Studiokamera ist wieder hier, und das Team hat sich in überraschender Weise »umstrukturiert«. Die Garderobiere bedient das Tonbandgerät, Martin, der Kamera-Assi, ist zum Chefoperateur avanciert, und Kalle ist nun sein Assistent. Er schlägt die Klappe und macht die Ansagen. »Bestandsaufnahme« wird der Film genannt, den das Team hier über sich selbst dreht.

Rob ist gerade an der Reihe, vor der Kamera Statements über sich und sein filmästhetisches Kredo abzugeben.

GARDEROBIERE. Ton läuft.

KALLE. »Bestandsaufnahme«. Vierundzwanzig, die erste.

MARTIN. Läuft. Bitte.

ROB. Wer in dieser Zeit wertvollen Rohfilm belichtet, trägt Verantwortung. Eine Verantwortung für das gesellschaftliche Bewußtsein. Der Spielfilm kann immer nur mühsam erzählen, was tagelang inszeniert und vorbereitet ist. Was unsere Augen sehen, wird erst dann zur Wahrheit, wenn wir es auch empfinden und dann filmen. Ich meine damit, die Kamera ist eine Maschine, zu keiner Empfindung fähig. Deswegen ist es auch völlig unsinnig, die Kamera einfach nur draufzuhalten, so, wie wir das im Fernsehen oft sehen. Um der Wahrheit näher zu kommen, muß der Kameramann seine Empfindungen abbilden. Realität ist nicht Wahrheit.

1263 Berliner Villa, Foyer

Stefan kommt in dem riesigen Möbelwagen einer Berliner Speditionsfirma vor der Villa vorgefahren. Als er mit dem Ausdruck finsterer Entschlossenheit die vier bulligen Möbelpacker vom Lkw zum Villeneingang führt, fühlt er sich wie ein Westernheld, der mit seinen Hilfssheriffs in eine Räuberspelunke einzieht, um die Gangster festzunehmen. Das meuternde Team ist gerade dabei, Kalle, das neueste unter den Teammitgliedern, gleichberechtigt neben den anderen zu interviewen.

KALLE *(off)*. Mein Name ist Karl-Heinz Peter Schubert. Genossen und Freunde nennen mich Kalle. Meine maßgebliche Motivation zur ...

Der Einzug von Stefan mit seinen starken Männern bringt alles durcheinander. Olga, der Stefan im Durchgang begegnet, erschrickt, als wären Räuber eingebrochen. Im Vorübergehen läßt Stefan die Lampen ausschalten, Proteste kümmern ihn nicht. Die Teammitglieder sind zu sehr überrumpelt, als daß sie begreifen könnten, was hier geschieht.

Stefan steigt auf den Kamerawagen. So hat er einen erhöhten Standpunkt. Sein Drehbuch klemmt er sich fest unter den Arm, als wäre es das Strafgesetzbuch, nach dessen Vorschrift er handelt.

STEFAN. So, das war's! Ich will euch hiermit das Ende der Produktion ansagen.

ROB. Stefan, was soll denn das?

STEFAN. Wir werden jetzt alle Geräte, sämtliches belichtetes und unbelichtetes Filmmaterial einpacken. Außerdem werden diese Herren hier von der Speditionsfirma alle Kostüme, Requisiten, Möbel, Werkzeuge – alles, was der Produktion gehört –, mitnehmen. Es wird heute noch alles nach München transportiert.

BERND. Aber Herr Aufhäuser, was für belichtetes Material? Meinen Sie etwa den Film über unseren revolutionären Bewußtseinsprozeß? Da passe ich aber selber drauf auf.

STEFAN. Ich beantworte keine Fragen. Das ist keine Diskussion, sondern ein ganz normaler Rechtsakt. Die Produktion ist abgebrochen!

TEAMMITGLIED. Wir haben doch Verträge.

STEFAN. Wer gegen die Arbeitsverträge verstoßen hat – und das sind ja wohl fast alle hier –, ist fristlos entlassen. Die Dreharbeiten wurden seit zwei Wochen systematisch be- oder verhindert. Ende!

Kalle hat schnell noch versucht, Stefans Rede auf Tonband aufzunehmen. Er ist aber zu spät damit. Stefan vermeidet es, Rob in die Augen zu sehen.

ROB. Stefan, ist das wirklich wahr? Ich habe mich doch nicht so in dir getäuscht?

STEFAN. Ich diskutiere nicht mehr.

Stefan beeilt sich. Mit fahrigen Gesten gibt er Befehle an die Möbelpacker, die treuherzig alle seine Anordnungen ausführen.

STEFAN. Schrank kommt mit, Filme, Tisch, Stühle, der Sekretär, Lampen – alles, was hier rumsteht.

Olga kann die Veränderung in Stefans Wesen ebensowenig fassen wie Rob. Sie starrt ihn wortlos an.

STEFAN. Olga, du kommst auch mit.

ROB. Stefan, du machst einen Fehler! Das ist das Ende der Freundschaft.

STEFAN. Ich kann nicht anders.

Stefan hat genug Geld in der Tasche, um sich diesen Auftritt zu leisten. Das macht ihn frei, aber auch unempfindlich. Er verläßt das Haus mit den Möbeln.

Im Untergeschoß der Villa ist die Kulisse eines Märchenschlosses aufgebaut. Katrin und Hermann haben sich in das Filmbett verkrochen und geliebt. Nun kommen die Möbelpacker und tragen vor den Augen des erschrockenen Paares die Wände weg. Plötzlich sind sie in ihrer Nacktheit den Blicken der fremden Männer ausgeliefert.

MÖBELPACKER. Mensch, kiek dir die mal an, det is ja wie im Kintopp.

So endet auch für Hermann und Katrin dieses Filmprojekt, das sie ebensowenig verhindern wollten wie alle anderen Mitarbeiter.

1264 Im Auto Stefan, Fahrt nach München

Stefan nimmt Olga in demselben Kombiauto mit, in dem die beiden schon von München nach Berlin gefahren sind. Diese Rückfahrt hätten sie sich niemals träumen lassen.

STEFAN. Ich könnte mich ohrfeigen, daß ich so langsam reagiert habe. Der Amerikaner fragte bei meinen achtzigtausend Mark »pro Woche?«, und ich Idiot, ich bin so ehrlich und sage »für fünfzehn Tage«. Der hätte glatt achtzigtausend Mark pro Woche hingeblättert. Das war wie beim Pokern.

OLGA. Mit dir ist etwas Schreckliches passiert, Stefan.

STEFAN. Schrecklich? Aber es geht doch endlich weiter, Olga. Auch für dich! So, wie du es immer wolltest.

OLGA. Du fühlst dich als Sieger!

STEFAN. In gewisser Weise ist das ja auch so.

OLGA. Nein.

STEFAN. Was hast du denn plötzlich? Bist du nicht einverstanden?

OLGA. Alles wird ganz normal werden. Wir werden in München ins Studio von Herrn Konsul gehen, werden morgens abgeholt, abends heimgebracht. Es gibt keine Fragen, keine Diskussion mehr. Es wird keine Geheimnisse mehr geben.

STEFAN. Aber es wird endlich professionell zugehen!

Olga, die immer gegen die Revolte gewesen ist und sich als die eigentlich Geschädigte dabei empfunden hat, ist nun traurig, daß alles vorbei ist. Sie schweigt. Sie spürt, daß das Glück sie und Stefan verlassen hat.

1265 Vor Kinderladen in Berlin

Feuer ist in Helgas Kinderladen ausgebrochen. Das ganze Stadtviertel ist in Aufruhr, die Feuerwehr ist im Einsatz, und die Nachbarn stehen in Haufen hinter den Absperrlinien, um das Spektakel mit anzusehen. Daß die Kinder gerettet wurden, erleichtert sie, aber die Berliner Kleinbürger hätten gern mehr Schaden gesehen. Sie haben die jungen Revoluzzer, die hier heranwachsen sollten, immer als Ärgernis empfunden.

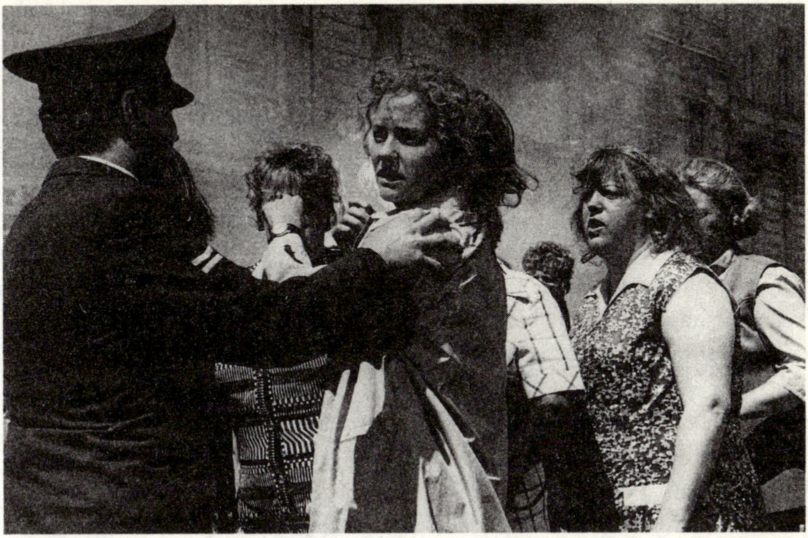

1. BERLINER FRAU. Es ist doch fürchterlich. So was geht einfach nicht, sehen Sie sich doch diese Mütter an.

2. FRAU. Aber bei den Langmähnigen, was soll man denn da ...

1. FRAU. Ja, was soll dabei weiter rauskommen! Und nicht pädagogisch ausgebildet, das muß man sich mal vorstellen. Wie soll denn das ... Ja, die sollen dahin ziehen, wo die Kommunisten sind. Rüber über die Mauer, die nehmen sie gerne auf.

Die Feuerwehr hat den Brand schnell unter Kontrolle. Es konnte verhindert werden, daß die Flammen auf das Nebenhaus oder die oberen Stockwerke übergreifen. Das gesamte Inventar des Kinderladens ist aber ein Raub des Feuers geworden. Wände, Fensterstöcke und Türen sind verbrannt.

Helga wird vom selben Reporter, der schon Katrin befragt hat, interviewt. Er hat sie für sein Gespräch in die ausgebrannten Räume des Kinderladens gebeten.

REPORTER. Sehen Sie einen Zusammenhang zwischen diesem Brand und den Aktivitäten Ihres »Aktionsrats«?

HELGA. Das ist Terror.

Man sieht Helga den Schock an, den sie bei dem Feuer erlitten hat. Sie wirkt viel ernster als sonst. Sie ist nachdenklich, so, als wollte ein bestimmter Gedanke, eine bestimmte Konsequenz sich in ihrem Innern festsetzen.

REPORTER. Liest man die Parolen Ihres »Aktionsrats zur Befreiung der Frau«, könnte man als zumindest bürgerlich unemanzipierter Mann durchaus auf die Idee kommen, an Terror zu denken.

HELGA. Provokation, Hetze der Springer-Presse und jetzt Brandstiftung.

REPORTER. Sie halten das also für einen Anschlag?

HELGA. Es hätte ja sein können, daß ein Kind in der Panik nicht mehr rauskommt und verbrennt.

Draußen auf der Straße kehrt das Alltagsleben wieder ein. Die Feuerwehr ist abgerückt, die Neugierigen sind in ihre Häuser zurückgekehrt. »Normalität« umgibt Helga, die tief in ihrer Seele erregt ist wie noch nie.

REPORTER. In Ihren Kreisen wird doch gern der Unterschied zwischen »Gewalt gegen Sachen« und »Gewalt gegen Menschen« diskutiert. Was sagen Sie jetzt dazu?

HELGA. Schwierig.

REPORTER. Finden Sie diese Position nicht ein bißchen zynisch?

Ein Fernsehteam ist erschienen. Es filmt einen Schwenk über die rußgeschwärzte Fassade. Helga, die beinah ins Bild gekommen wäre, zieht sich vom Fenster zurück.

Der Reporter versucht, sie zu extremistischen Äußerungen zu verlocken.

REPORTER. Was halten Sie vom sogenannten »Gewaltmonopol des Staates«?

HELGA. Was heißt denn »Gewaltmonopol des Staates«? Das ist ein Machtmonopol.

REPORTER. Aha, Sie halten es also auch für »sozialdemokratischen Dreck«, der Imperialismus lasse sich ohne Gewalt abschaffen.

HELGA. Das ist schwierig!

Jetzt glaubt der Reporter, daß er sie festnageln kann.

REPORTER. Sie sind also für Gewalt?

HELGA. Es bleibt immer ein Widerspruch.

1266 Kommune Berlin

In Katrins Kommune gibt man sich der Musik und dem Rausch hin. Die Musik von Jimi Hendrix dröhnt aus den selbstgebastelten Boxen. Heiner, der Hippietyp unter den Wohngenossen, führt einen Phantasietanz auf, in dessen Verlauf er nach und nach seine Kleider abstreift. In

den Ecken wird geschmust, geraucht, und man singt mit Jimi Hendrix oder trommelt den Rhythmus auf die Wand.
Katrin und Hermann lassen es sich auf der großen »Lustwiese« gutgehen. Auch sie wiegen sich in den Wogen der Musik. Katrin füttert Hermann mit kleinen Kuchenstückchen, die er gierig aus ihren Händen ißt.

KATRIN. Vorsichtig, das ist ziemlich stark.
HERMANN. Stark?
KATRIN. Spezialgewürz.
HERMANN. Schmeckt wie Weihnachten.
KATRIN. Das merke ich mir. Da hat der Kalle ein halbes Pfund Shit reingebacken.
Hermann erschrickt, denn er begreift, was er eben gegessen hat. Da er aber noch keine Wirkung spürt, ist die Angst gleich wieder verflogen.
Neben ihm und Katrin hat ein Pärchen begonnen, ungeniert zu vögeln. Hermann findet diese Art der Freiheit überwältigend. Es enthemmt ihn, und seine Hände beginnen Katrins Körper zu erobern. Katrin genießt es, auch wenn Heiner, der seinen Striptease fortsetzt, sich über sie beugt und sie küßt. Sie läßt alles geschehen.
Kalle, der heute nach dem Abbruch der Filmarbeiten völlig verstört ist, taumelt die Innentreppe herunter. Den Stiel eines Tennisschlägers benutzt er als Maschinengewehrersatz. Er »schießt« in alle Richtungen. Er

ballert und weint zugleich. Kalle halluziniert. Er ist in einem tödlichen Krieg, in dem er keine Chancen hat zu überleben.

Katrin, die merkt, daß Kalle auf einem bösen Trip ist, nimmt ihn zärtlich in die Arme, als er sich erschöpft zu ihr und Hermann auf das Bett fallen läßt.

Die laute Musik aus den Boxen geht weiter. Heiner macht weiter seinen Strip, das Paar nebenan nähert sich dem Orgasmus.

Hermann beginnt sich unbehaglich zu fühlen. Kalle rückt ihm auch immer näher.

Nun kommt auch Heiner, so nackt, wie er inzwischen ist, auf das Bett und legt sich über Hermann und Katrin. Er küßt Katrin direkt vor Hermanns Augen. Hermann kann nicht glauben, daß Katrin das mitmacht und es auch noch mit geschlossenen Augen genießt. Sie ist gar nicht mehr daran interessiert zu wissen, mit wem sie ihre Lust gerade teilt.

Das Paar neben Hermann stöhnt atemlos. Eine bewußtlose Rammelei hat begonnen. Als nun auch Kalle nach Hermann greift und seine Hose erwischt, die vom vorangegangenen Spiel mit Katrin noch offen ist, verliert Hermann die Nerven. Er windet sich unter den begehrlichen Körpern heraus und versucht, auf die Beine zu kommen. Er zieht die Hose hoch und schreit nach Katrin, die aber nicht antwortet. Hermann sieht sich plötzlich inmitten eines Alptraums. Er beginnt sich so schnell wie möglich anzuziehen. Als er auf den Stufen der Innentreppe steht und auf das große Bett hinabsieht, bricht die Wirkung der Droge über ihn herein. Sein Zeitgefühl zerfällt, er sieht nun nur noch Fetzen. Sein Zeitkontinuum reißt, wie ein Faden zerreißt. Katrins Körperteile, ihre Hände, ihre Brüste, ihr Bauch, ihre Füße, die Hände und die Füße der anderen, die Musik, die Bewegungen – alles wird zu Splittern eines zerbrochenen Spiegels und dreht sich wie in einem Kaleidoskop.

1267 Berliner Innenhof

Hermann weiß nicht, wie er aus der Wohnung in dieses Treppenhaus gelangen konnte. Es ist ein ganz anderer Aufgang als der, über den er sonst zu Katrin gekommen ist. Er fühlt sich wie auf einem Karussell. Er versucht auf seine Armbanduhr zu schauen. Wie spät ist es eigentlich? Er weiß nicht, in welche Richtung er gehen soll.

Da kommt eine Rockergang auf ihren Motorrädern durch die Flucht von Hinterhöfen und Durchfahrten gefahren. Die Luft erbebt vom Dröhnen der schweren Maschinen. Hermann findet zwischen den blendenden Scheinwerfern der Motorräder den Ausgang zur Straße. Er ist gerettet.

1268 Autobahnauffahrt Dreilinden

Es gibt eine Stelle, an der die Anhalter stehen, die Westberlin verlassen wollen. Im Hintergrund die kreisrunde Gaststätte mit den Neonlichtern. Das Dröhnen der Lastzüge mischt sich mit dem Nachklang der Drogenmusik von Jimi Hendrix in Hermanns Ohren.
Er steht in einer Gruppe mit anderen Anhaltern, jungen Leuten, die mit Gitarren oder als buntgekleidete Pärchen unterwegs sind. Hier herrscht der Darwinismus der Landstraße: Der Stärkere fährt zuerst.
Hermanns Wahrnehmung der Realität ist noch immer verändert. Es kommt in Wellen, dieses Gefühl, nicht ganz wirklich oder aus dem Zeitempfinden herausgehoben zu sein.
Auto um Auto braust vorbei.
Hermann lächelt selig.
Plötzlich erscheint da der blaue Lieferwagen einer Münchner Filmfirma. Er traut seinen Augen nicht. Es sind die Beleuchter der Isarfilm, die ihn erkannt haben und nun anhalten. Hermann rennt mit anderen Anhaltern um die Wette.
HERMANN. Ich kenne den. Der ist für mich.
Er steigt ein. Er fährt nach München.

1269 München, Wohnung Hermann und Schnüßchen

Es ist sehr früh am Morgen, als Hermann in seiner Wohnung ankommt. Er sperrt die Tür auf und geht durch die dämmrige Diele. Hier sieht es verlassen aus. Er blickt in die verschiedenen Räume, in denen das Frühlicht erwacht. Durch das Fenster hört er Kinderstimmen, die vom Hof heraufdringen. Vorsichtig klopft er an die Schlafzimmertür. Er will Schnüßchen nicht erschrecken. Aber er erhält keine Antwort. Er öffnet. Da steht er vor einem Notenständer, auf dem ein Briefchen für ihn befestigt ist.
HERMANN *(liest)*. *»Lieber Hermann, Du mußt Dir vorstellen, daß ich*

jetzt gerade in dem herrlichen Aussichtswagen des TEE sitze und die Schönheit der deutschen Lande genieße und komponiere. Waltraud. Für Lulu habe ich gesorgt.«

1270 Alter Nordfriedhof

Hermann geht über den kleinen Friedhof, den er so sehr liebt. Kinder spielen hier, und die alten Leute aus dem Viertel sitzen auf Bänken und denken an den Tod.
Er läßt sich auf einer Bank nieder. Er hat seinen Matchsack bei sich, der schon seine Reise aus dem Hunsrück hierher mitmachte. Er ist auf einer Reise, deren Ziel er nicht mehr weiß.
Hermann denkt nach. Da sieht er Lulu, sein Kind. Plötzlich steht die Kleine in einem Sonnenstrahl, der durch das Geäst auf die Friedhofswiese fällt. Das Bild vor seinen Augen scheint unwirklich. Ist das Realität? Ist es immer noch die Droge, die ihm das Bild seines Töchterchens vorgaukelt? Hermann reißt die Augen auf. Lulu steht immer noch in dem Sonnenstrahl wie eine kleine Engelserscheinung.
Die Kleine setzt sich plötzlich in Bewegung. Zuerst langsam, dann schneller werdend, kommt sie auf ihn zu und wirft sich überglücklich an seine Brust.
Hermann herzt und küßt sein Kind. Es ist wie im Traum

HERMANN. Lulu, wo kommst du denn her? Wo ist denn die Mama?

LULU. Die ist verreist.

HERMANN. Verreist? Und was machen wir jetzt?

LULU. Wir sind auch verreist.

HERMANN. Wir sind auch verreist? Na gut, wir verreisen. Wohin verreisen wir? Wir brauchen ein Pferd. Oder ein Auto? Sollen wir ein Auto kaufen?

Hermann packt die Kleine auf die Arme und erhebt sich. Er entschließt sich, mit dem Kind alles in die Tat umzusetzen. Die kleine Prinzessin soll bestimmen, was er zu tun hat.

1271 Ein Autogeschäft

In den Schaufenstern der Autogeschäfte sehen Autos immer viel begehrenswerter und auch viel schöner aus als auf der Straße, wo sie in der Masse der anderen Autos nur noch Teile der großen Blechlawine sind. Hermann bestaunt das Citroën-Cabrio, ein silbernes Straßenschiff mit roten Lederpolstern. Er geht mit dem Kind in den Laden, und er kauft, weil Lulu es so will, den Wagen auf der Stelle aus dem Schaufenster heraus.

1272 Voralpenland

Hermanns Fahrt im neuen Auto geht nach Süden. Lulu sitzt wie eine Königin auf dem Rücksitz. Hermann chauffiert sie mit offenem Verdeck durch den sonnigen Tag. Der Fahrtwind spielt in den Haaren des kleinen Mädchens. Hermann ist zufrieden. Vor ihm werden die Berge sichtbar, zur Linken weiden Schäfchen. Das bringt doch Glück! Die Straße leuchtet wie ein weißes Band.

1273 Zugspitzbahn

Hermann und Lulu fahren in der Gondel einer Seilbahn auf den höchsten Berg hinauf. Das Kind sieht schweigend hinaus und staunt, wie klein die Autos werden, die Häuser und selbst der See, an dessen Ufer die Bahn eben noch gestartet ist. Hermann hat die neueste Ausgabe des *Stern* gekauft, auf dessen Titelseite Katrin abgebildet ist. »Deutschlands schönste Kommunardin« steht neben dem Foto. Katrin sieht eigenartig fremd darauf aus in ihrer Pose, die Nacktheit zeigt und gleichzeitig verbirgt.
Hermann vertieft sich in den Artikel, der über sie berichtet. Katrin wird darin wörtlich zitiert mit einer Deutung der Liebe, die Hermann aber nicht versteht.

KATRIN. *»Für die meisten Gefühle haben wir keinen passenden Ausdruck mehr. Wir haben Hunger und sagen, daß wir arbeiten wollen. Wir frieren und sagen, daß wir ein Haus besitzen wollen. Wir sehnen uns nach Solidarität und sagen, daß wir verliebt sind. Die Liebe ist nur ein Trümmerhaufen der Gefühle und die Familie eine Neurosen-*

küche. Der Mann unterdrückt die Frau, die Frau rächt sich am Kind, das Kind ist eifersüchtig auf den Vater, der Vater hat ein schlechtes Gewissen vor der Mutter. Die Mutter erdrückt das Kind mit Liebe. Das Kind versucht zu fliehen. Der Vater gibt der Mutter die Schuld. Die Mutter erinnert an die Pflicht. Der Vater vertritt den Staat. Das Kind revoltiert. Die Mutter weint, der Vater schlägt zu.
Es gibt einen Faschismus der Gefühle. Wir sprechen diese Wahrheit aus. Danach ist nichts mehr so, wie es vorher war.«

Dreizehntes Buch

KUNST ODER LEBEN

Hermann und Clarissa, 1970

1301 Theresienwiese, Blick über München

Niemand kann von sich behaupten, er sei ein Kenner dieser Stadt, wenn er das Oktoberfest nicht gesehen hat. Hier wird die Liebe, die man für München empfinden kann, auf eine harte Probe gestellt, denn alle Liebenswürdigkeiten, die sich auf dem »größten Volksfest der Welt« entdecken lassen, werden durch ebenso abstoßende Grobheiten und aggressiven Suff aufgehoben. Das Panorama der Großstadt wird in den Nächten der letzten September- und ersten Oktoberwoche vom Lichterschein der Karussells, der Festzelte und Leuchtreklamen beherrscht. In der Luft schwebt ein Dunstgemisch von Bier, Bratfett und süßen Mandeln. Der Lärm, den Hunderte von Kirmeslautsprechern, Amüsierbetriebe, Blaskapellen und die unübersehbare trunkene Menge erzeugen, liegt wie eine Glocke über der Stadt, so daß niemand, der hier lebt, dieses Fest ignorieren kann. Die U-Bahnen, Bahnhöfe, Zufahrtsstraßen sind verstopft von den Massen, die zum Fest drängen oder einige Stunden später in »ausgelassener Stimmung« von der »Wies'n« zurückkehren. Kaum eine Münchner Firma kann es sich leisten, ihren Angestellten nicht wenigstens einen freien Nachmittag zum Besuch des Volksfestes zu gewähren, und viele Unternehmen stellen ihren Mitarbeitern reservierte Plätze in den Zelten zur Verfügung, in den sogenannten Boxen. Hier darf der betrunkene Angestellte auch einmal den Chef beim Vornamen nennen und mit ihm pinkeln gehen.
Seit zehn Jahren lebt Hermann nun in München, und es ergeht ihm nicht anders als den anderen »Zugereisten«, die von Jahr zu Jahr diesem Massenspektakel weniger Freude abgewinnen können. Oft wird der Besuch der Wies'n auch eine lästige Pflicht, weil man auswärtige Freunde dorthin begleiten muß, weil die Kinder den Schutz der Erwachsenen brauchen oder die Firma eine Betriebsfeier veranstaltet und einer als arrogant gilt, der sich ausschließt.
Hermann ist zu einem Umtrunk der Isarfilm-Belegschaft mit ihrem Chef auf das Oktoberfest gekommen. Herr Groß, der ihn nach getaner Arbeit vom Studio zur Theresienwiese begleitet hat, wollte aber unbedingt noch mit dem Riesenrad fahren, bevor er sich in die Lärmwüste stürzt. Hermann scheut die schwindelerregende Fahrt in Münchens Nachthim-

mel. Er wartet unten, bis der kleine Herr Groß die Gondel wieder verläßt.
Zwischen den illuminierten Festzelten, Achterbahnen, Sensationsunternehmen und dem Gedränge grölender Menschen geht Hermann durch das unwirkliche Licht des vergehenden Tages. Vor einer Mandelbrennerei bleibt er stehen. Der Duft der süßen Mandeln lockt ihn an. Er kauft sich eine Tüte voll mit den glühendheißen Süßigkeiten.
Hermann sieht sich kauend im bunten Lichtermeer um. Das Krachen der Mandeln zwischen seinen Zähnen übertönt den Festlärm in seinem Kopf.
Er kommt auf die Idee, sich die Ohren zuzuhalten. Nun hört er nur noch seine Kaugeräusche. Die Bilder, die in seine Augen dringen, wirken verändert, weil die Lärmkulisse fehlt.
Herr Groß kommt vom Riesenrad zurück, findet Hermann bei dem Mandelstand.

HERMANN. Sie müssen mal ausprobieren, wie das Oktoberfest auf jemanden wirkt, der taub ist.

Nun hält auch Herr Groß sich die Ohren zu. Als Tonmeister versteht er Hermanns Hörexperiment.
Auf dem Weg zu dem Festzelt, in dem sie erwartet werden, versuchen sie noch mehrmals, die Bilder von diesem barbarischen Originalton zu trennen, indem sie sich die Ohren fest zuhalten und mit den Augen »Momentaufnahmen« machen.

1302 Im Festzelt

Das riesige Festzelt ist brechend voll. In endlosen Reihen sitzen Menschen an Holztischen, grölen, trinken, essen, schreien, schunkeln. Die Blasmusiktribüne, die in der Mitte des Zeltes aufgebaut ist, versinkt in Bratendunst und Tabakqualm.
Hermann und Herr Groß haben Mühe, sich zu orientieren. An Hendlgrill, Ausschanktresen und Schmankerltheken vorbei müssen sie sich vom Menschenstrom schieben lassen, bis es ihnen gelingt, auf die Seite zu gelangen, wo sich die Firmenboxen befinden.
Über einem Treppchen ist hier ein Schild mit der Aufschrift »Reserviert« angebracht, und neben einem uniformierten Saaldiener, der die Zugänge kontrolliert, prangt am Geländer auch das Firmenzeichen der Isarfilm.

Die Blaskapelle in der Mitte intoniert das »Prosit-Lied«, danach entsteht eine von Bierkehlen und dumpfem Johlen erfüllte Musikpause. Es wird getrunken.

Hermann und Groß sind angekommen.

Konsul Handschuh residiert in der Mitte des Tisches, seine Angestellten, seine Geschäftsfreunde und ein paar Schnorrer haben auf beiden Seiten neben und hinter ihm Platz gefunden.

Der Konsul wuchtet seinen schweren Körper hoch, um die Neuankömmlinge gestenreich zu empfangen.

KONSUL. Willkommen. Schön, daß Sie da sind, unser unermüdliches Genie! Ich möchte wirklich mal wissen, Herr Simon, wann Sie schlafen.

Und Sie, Herr Groß, wenn Sie so weitermachen, schicke ich Sie in Zwangsurlaub. Kommen Sie hier an meine Seite.

HERMANN. Dankeschön.

Der Konsul plaziert Hermann an seine »grüne Seite«, indem er »Haselchen«, seine Frau, bittet, einen Platz weiterzurücken, so daß Hermann zwischen den beiden gewichtigen Menschen eingeklemmt wird. Herr Groß darf auf der anderen Seite vom Konsul sitzen und erhält wie Hermann einen Maßkrug voll Bier gereicht. Die Stimme des Chefs übertönt alle. Er verbreitet Stimmung und versucht sich hemdsärmelig zu geben.

KONSUL. Wir sind eine große Familie. Es wäre doch gelacht, wenn es bei uns zweierlei Menschen gäbe. Wo ist eigentlich unser lieber Herr Zielke?

HERMANN. Den haben wir verloren.

Beim erneuten großen »Prosit«, das durch den ganzen Saal brandet, klirren auch in der Isarfilm-Box die Krüge aneinander. Dann lassen die Gäste das Bier durch die Kehlen fließen.

Der Konsul hat einen zünftigen Lodenanzug an. Haselchen trägt ein Dirndlkleid, dessen Mieder unter der Last der überquellenden Brüste schier zu platzen droht.

Hermann möchte liebend gern seinen Blick von diesem Fleisch wenden, aber er sitzt so eingeklemmt zwischen dem Chefehepaar, daß er nicht anders kann als hinschauen.

Der Konsul betrachtet ihn schmunzelnd.

KONSUL. Haselchen, bring dem Herrn Simon was zu essen. Der sieht ja ganz verhungert aus.

Die Konsulin sieht, wie die bayerische Kellnerin gerade einige Brathühner serviert. Sie stürzt sich auf einen der Teller, um ihn für Hermann zu reservieren.

FRAU KONSUL. Entschuldigen Sie. Ich muß Ihnen das wieder wegnehmen. Sie kriegen das nächste.

Während Hermann das frisch dampfende Brathuhn vor die Nase gestellt bekommt, entdeckt der Chef einen Herrn, der unterhalb der Brüstung durch den Seitengang des Festzeltes geht. Schnell stemmt er sich hoch und walzt auf das Treppchen zu, wo der Herr im Lodenanzug stehengeblieben ist.

KONSUL. Wen sehe ich denn da! Mein lieber Herr Oberkirchenrat, grüß Gott. Und so braungebrannt!
Aus der Urlaubsfrische gerade, wie?

Schon ist der Oberkirchenrat eingemeindet in die Runde der Isarfilm. Auch er erhält die obligate Maß Bier und Gutscheine für Hähnchen und weiteres Bier. Sobald der lächelnde Kirchenmann Platz genommen hat, gibt der Konsul seinen Angestellten die Geschichte zum besten, wie er den Gast im Urlaubsort kennengelernt hat. Handschuh hat den Kirchenrat damals dabei ertappt, als er sich eine Rebe von des Konsuls Zierwein klauen wollte.

KONSUL. Da hätten Sie mal sehen sollen, wie er erschrocken war, als hätte ihn der liebe Gott persönlich ertappt. Wir sind dann die besten Freunde geworden, und ich muß sagen: ein herrliches Fleckchen Erde da unten.

Hermann hat sich die Geschichte nicht angehört, denn seine Gedanken schweifen in die Ferne.

HERMANN. *Die Situation wäre ganz nach Schnüßchens Geschmack gewesen, denn sie war in einer lauten Riesenfamilie aufgewachsen und liebte es, eingeklemmt zwischen den Eltern, Geschwistern, Bratenschüsseln und Geschwätz zu sitzen und eine von ihnen zu sein – ein Familienmensch.*
Ich aber haßte diese Nähe, die sich selbstverständlich gab, aber eigentlich genau das Gegenteil war: das Niederwalzen aller Gefühle mit dem Gewicht des Alltäglichen.

Die Kapelle animiert erneut zum Trinken. Abermals werden um Hermann herum die Maßkrüge angestoßen, und die Feststimmung der Angestellten wächst. Einige sind auf die Bänke gestiegen, schunkeln und singen zur Musik der Blaskapelle: »Ein Prosit der Gemütlichkeit«. Es ist wie im Hunsrück, nur mit einer Million, der Einwohnerzahl Münchens, multipliziert.

KONSUL. Übrigens, ich war im letzten Monat bei Ihrer Tagung in Tutzing, und ich muß Ihnen sagen, das hat mich mächtig beeindruckt. Sie kennen ja meine Einstellung gegenüber der Kirche. Aber Ihre Kritik am ethischen Zerfall dieser Zeit und der kulturellen Nivellierung, da bin ich völlig mit Ihnen einig. Da fühle ich wie ein Evangele.

Hermann ist vergessen worden. So überschwenglich der Chef ihn bei der Ankunft begrüßt hat, so konsequent widmet er sich nun seinen Geschäftsfreunden und der Mittelpunktrolle, die er hier einnimmt. Hermann sitzt einsam im Lärm.

HERMANN. *Im Mai dieses Jahres war ich dreißig geworden. Zehn Jahre waren vergangen, seit ich mein Hunsrückdorf verlassen hatte. Zehn Jahre, auf die ich nicht zurückblicken mochte, denn alles, was ich hatte erreichen wollen, lag noch vor mir; oder war es längst vom Schicksal beschlossen, daß ich meine Traumziele nie erreichen würde?*

In letzter Zeit plagten mich mehr und mehr Zweifel an mir und meinem Talent.

Der Konsul hat schon wieder einen Kunden ausgemacht, den er mit lauter Stimme anspricht und zu sich in die Box bittet. Es ist ein rotbackiger Herr um die Fünfzig in Begleitung von Erika. Auch sie trägt ein zünftiges Trachtenkostüm.

KONSUL. Lieber Herr Doktor Pöscher, das Bayerische Fernsehen persönlich. Und seine liebe Gattin, die uns allen ja keine Unbekannte ist. Ja, sehen Sie, wären Sie bei uns geblieben, dann hätten Sie Ihre wahre Bestimmung nicht gefunden. Ich habe immer gespürt, Ihr Platz ist ganz woanders: im Leben, und nicht im Büro. So, Schorsch, alter Volksverführer. Wie wär's denn, wenn du mal für deine Partei, die CSU, bei uns einen Werbefilm produzieren würdest? Wär doch eine Schande, wenn euch die Roten zuvorkämen. Du weißt, ich bin total unparteiisch, Gott sei Dank! Ja, die Nazis haben mich nicht gekriegt, und ihr werdet mich auch nicht kriegen. Es wäre wirklich eine Schande, Herr Doktor Pöscher, wenn ihr unser Archiv nicht nutzen würdet. Wir haben nämlich die seltensten Aufnahmen aus den Anfangsjahren. Da werden Sie staunen. Also, da kommt Ihr Archiv vom Bayerischen Rundfunk überhaupt nicht mit.

Hermann begrüßt Erika, die sich vor Lachen über des Konsuls Anspielungen nicht mehr einkriegen kann. Sie genießt es nun, als Ehefrau eines mächtigen Mannes auftreten zu können und zu registrieren, daß selbst die Konsulin ihr den Hof macht.

HERMANN *(grinsend)*. Grüß Gott, Frau Doktor Pöscher.

ERIKA. Mensch, Hermann, das ist ja toll, daß ich dich wiedersehe. Wie geht's denn?

HERMANN. Ja, es läuft so, du kennst es ja, es hat sich nichts verändert, seitdem du weg bist.

HERR GROSS. Jetzt müssen Sie aber »Sie« zu ihr sagen.

ERIKA. Ach was, um Gottes willen. Wahnsinn, daß wir uns wiedersehen.

HERMANN. Prost!

Der Konsul und Pöscher machen sich nun vor, wie schmal sie in den zitierten »Gründerjahren« nach dem Krieg gewesen sind, und wie sie jetzt mit ihrem Übergewicht zu kämpfen haben.

KONSUL. So sah er aus, so sah er aus.

PÖSCHER. Aber du auch, soo.

Hermann entdeckt Herrn Zielke, der in der Menge auftaucht und sich ängstlich seinen Weg durch die Sitzreihen zur Box herüber bahnt.

HERMANN. Herr Zielke!

KONSUL. Ja, da kommt Zielke. Schaut euch das an. Herr Zielke, hier sind wir!

Zielke hat sich für den Weg durch das Gewühl Oropax in die Ohren gesteckt. Zur Begrüßung auf den Stufen zur Box muß er sich die Pfropfen erst einmal herausnehmen, um den Konsul zu verstehen und sich orientieren zu können.

KONSUL. Schön, daß Sie da sind, Herr Zielke, ich sage, schön, schön, daß Sie da sind. Haselchen, was zu essen und zu trinken für unseren Herrn Zielke. So, nehmen Sie Platz.

ZIELKE. Danke, Herr Konsul, aber ich gehöre in eine andere Welt – eine, die untergegangen ist.

KONSUL. Nicht traurig sein, Herr Zielke, es wächst immer was Neues nach. Da wird ein Platz frei am Künstlertisch. Kommen Sie, Herr Zielke, irgendwie sind Sie ja auch ein Künstler. Ich werde Ihnen nie vergessen, was Sie damals für mich getan haben, Herr Zielke, nie!

Der Konsul steht ein paar Sekunden im Lärm und schweigt, auch seine Gedanken entschweben für einen Augenblick in die Vergangenheit.

Am Tisch hat der Oberkirchenrat begonnen, Zauberkunststücke vorzuführen. Aus seiner Faust zupft er ein rotes Tuch, das er vor den staunenden Zuschauern entfaltet.

OBERKIRCHENRAT. Und nun, was wird bei der nächsten Bundestagswahl sein?

KONSUL. Herr Oberkirchenrat, Sie können ja richtig zaubern! Dafür gibt es eine Ehrenbiermarke für den Herrn Oberkirchenrat.

OBERKIRCHENRAT. Danke, Herr Konsul. Wir hoffen doch, daß die Schwarzen wieder drankommen.

KONSUL. Sag mal, Haselchen, fahren wir dieses Jahr noch nach Kitzbühel in unser Haus? Fein, dann können wir es ja Herrn Doktor Pöscher und seiner lieben Gattin überlassen. Das wird ein Riesenspaß für Sie, nicht wahr? Schorsch, du erinnerst dich genau, bei unserem Haus ist ein kleiner Abhang, das Richtige zum Üben. Tun Sie mir den Gefallen, fahren Sie für ein paar Wochen hin, und erholen Sie sich richtig. Wir brauchen da kein Wort drüber zu verlieren, denn wir profitieren ja nur davon.

Hermann, den derlei Geschäftspraktiken nicht interessieren, erhebt sich, um seinen Gedanken nachzugehen. Er setzt sich an die Brüstung und sieht in die brodelnde Menschenmenge hinab.

HERMANN. *In einem Punkt gingen meine Gedanken doch in die Vergangenheit der zehn Münchner Jahre zurück: die Freunde.*
»Voll von Freunden war mir die Welt,
als mein Leben noch licht war.
Nun, da der Nebel fällt,
ist keiner mehr sichtbar.«

Ich hatte dieses Herbstgedicht von Hesse schon einmal vertont. Ich war fünfzehn. Als hätte ich schon damals gewußt, was Einsamkeit ist.

Da steht plötzlich der Konsul vor ihm. Mitten in diesem vor Hermanns Augen verschwimmenden Bild taucht er auf an der Seite eines glatzköpfigen älteren Herrn. Hermann erschrickt.

KONSUL. Herr Simon?! Wollen Sie sich nicht bei dem Herrn Bundesbahnpräsidenten bedanken?

Hermann dreht sich um. Raum und Zeit scheinen um ihn herum den Atem anzuhalten.

KONSUL. Schauen Sie mich nicht so fragend an, Sie Engelchen, Sie Träumerchen! Das ist der Herr, dem Sie das phantastische Geschenk verdanken. Jetzt schon im zweiten Jahr. Na?

HERMANN. Die Netzfahrkarte!

KONSUL. Endlich! Kein Wort des Dankes?

HERMANN. Ich bedanke mich.

KONSUL. Waren wir nicht alle einmal Träumer? Hätten wir ohne unsere Träume unseren Weg gefunden?

Konsul und Bahnpräsident kehren in den Zigarettenqualm zurück, aus dem sie aufgetaucht sind. Hermanns Blick sucht Halt an dieser lärmenden Realität. Alle Personen am Tisch, Konsul, Konsulin, Zielke, Groß, Erika und Gäste, sehen ihn an, als wäre er eine Geistererscheinung.

Der Blick ins Festzelt zeigt unterhalb der Brüstung eine Tischrunde mit Männern in Krawallstimmung, Nazilieder werden gesungen. Grölend und vom Bedürfnis beherrscht, die Blasmusik noch zu übertönen, singen die Randalierer: »Ein junges Volk steht auf, zum Sturm bereit...«
Hermann beobachtet, wie Herr Zielke unter den neofaschistischen Tiraden leidet. Zu sehr erinnert ihn das an seine Vergangenheit, die er gern ungeschehen machen möchte, denn sie hat auch ihm kein Glück gebracht.
Am Prominententisch singt man die Nazilieder gedankenlos mit. Man schwelgt im Gedenken an alte Zeiten.
Nun singen die Randalierer das Horst-Wessel-Lied und bringen Hakenkreuzfähnchen zum Vorschein, mit denen sie durch den Seitengang ziehen. Zielke wird bleich. Als die Neonazis anfangen, mit dem Saalordner unterhalb der Brüstung zu raufen, packt Zielke entschlossen seinen vollen Maßkrug und schüttet ihn über die Köpfe des Pöbels.
In Sekundenschnelle bricht ein Chaos los. Die Neonazis springen über das Geländer, kippen Tische und Stühle um und zerren Herrn Zielke vom Podest herunter. Sie werfen ihn wie einen Sack in die Luft und lassen ihn zu Boden fallen. Herr Groß und Erika versuchen noch, Zielke zu Hilfe zu kommen, bewirken aber durch ihr Einschreiten nur, daß die Randalierer die Box stürmen.
Der Konsul und seine Freunde rufen um Hilfe. Man schreit nach den Saalordnern und nach der Polizei. Jeder bekommt ein paar Schläge ab, nur Hermann und Erika nicht, die sich rechtzeitig in Sicherheit bringen können.
Groß findet Zielke, der mit zerbrochener Brille unter dem Podium liegt und sich ganz klein macht.
GROSS. Herr Zielke, fehlt Ihnen etwas?
ZIELKE. Meine Brille!
Die Neonazis flüchten, als sie merken, daß der Widerstand gegen sie zu groß wird.

1303 Taxiplatz Nähe Oktoberfest

Hermann und Erika erreichen den Standplatz der Taxis. Noch immer fühlen sie sich verfolgt und werfen ängstliche Blicke zurück zur Festwiese, wo aber nur die vielen bunten Lichter zu sehen sind und die Betrunkenen, die mit ihnen die Straße überqueren.

ERIKA. Ich habe noch oft an dich gedacht. Mein Mann ist sehr nett. Ich glaube, ich habe mich gar nicht von dir verabschiedet damals.

Sie gibt Hermann ein Zeichen, vorsichtig mit ihr zu sein, weil der Ehemann sie beobachten könnte.

HERMANN. Ich gehe auch nicht mehr zurück. Ich gehe nach Hause.

ERIKA. Auf Wiedersehen, Hermann. Es war ein sehr schönes Spiel.

Bei den Taxis herrscht Gedränge. Jeder versucht dem anderen den Wagen wegzuschnappen, so daß Erika und ihr Mann Mühe haben, einzusteigen. Hermann sieht sich diese Szene an, als spiele sie in einer anderen Zeit.

HERMANN. *Ich hatte das Gefühl, als hätte ich ununterbrochen geredet. Meine Kehle fühlte sich heiser an, und mein Hirn war ein Trümmerhaufen von unnötigen, unnützen Worten. Ich konnte nichts mehr sagen. Was hätte ich Erika sagen sollen? – Ich ging durch die Nacht. Ich wollte nicht nach Hause und ging doch dorthin zurück.*

1304 Straße vor Haus Hermann

So kommt Hermann, ganz in seine Gedanken versunken, vom Oktoberfest zurück. Er bemerkt auch nicht das Taxi, das direkt vor seiner Haustür in zweiter Reihe mit Standlicht parkt. Hermann will gerade das Eisentor zum Hof öffnen, als jemand ihn anspricht.

Hermann erschrickt. Er erkennt Herrn Groß, der ihm aus dem Taxi zulächelt und Zeichen gibt. Auf dem Rücksitz ist Herr Zielke zu erkennen, der die Scheibe herunterkurbelt.

GROSS. Hallo, Herr Simon.

ZIELKE. Wir haben auf Sie gewartet. Steigen Sie ein, trinken Sie ein Glas Wein mit uns.

1305 »Alter Simpl«

Die Gaststätte in der Schwabinger Maxvorstadt, in die Zielke Herrn Groß und Hermann einlädt, ist ein beliebter Treffpunkt für Filmleute, Schauspieler, Künstler und Einheimische, die dazugehören wollen. Die Tradition dieser Wirtschaft reicht bis in die berühmten Zeiten der Schwabinger Boheme vor dem Ersten Weltkrieg zurück, als man mit Kunst noch Revolution machen konnte.

An den Wänden hängen Filmplakate, meist von den Produktionen des »Jungen Deutschen Films«, der hier seine eigenen Mythen kultivieren will. Toni Netzle, die Kneipenwirtin, unterhält sich im Hintergrund mit Gästen. Hier ist nichts vom Oktoberfest zu spüren. Dieser Ort schafft das Gefühl der Zusammengehörigkeit und der Gemeinsamkeit der Geschichten.

ZIELKE. Ich bin dabei, über Sie nachzudenken, Herr Simon. Es gibt eine Gemeinsamkeit zwischen uns beiden. Wir sitzen auf den Stühlen von Herrn Handschuh und trauern, trauern um unsere verlorenen Hoffnungen. Haben Sie nicht auch schon mal geglaubt, daß man mit dreißig uralt ist, daß man mit dreißig seine genialen Jahre längst hinter sich hat? Nehmen Sie schon Abschied?

Ich möchte Ihnen beiden eine Idee vortragen, einen ganz unausgereiften Gedanken – aber wäre es nicht denkbar, dieses Musikstudio der Isarfilm abzuzweigen, sozusagen als kleines Unternehmen, ganz der Musikproduktion gewidmet? Würde sich das nicht anbieten: ein freies »Studio der Neuen Musik«?

HERMANN. Wie stellen Sie sich das vor, Herr Zielke?

GROSS. Da steckt doch ein Haufen Geld drin.

ZIELKE. Gesetzt den Fall, ich hätte im Laufe der Jahre ein ganz schönes Sümmchen zusammengebracht – jedenfalls genug, um eine komplette Technik einzukaufen.

GROSS. Aber Herr Zielke, das ist doch überhaupt nicht Ihr Fach!

ZIELKE. Ich beteilige mich an Ihren Ideen. Da nehme ich teil an Ihrem Wagemut, Ihren Idealen, an Ihrer Jugend natürlich auch. Und Sie, Herr Simon und Herr Groß, wären dann meine Engel. Wir brauchen dann nur noch ein paar kluge Köpfe, die uns beim Rechnen behilflich sind, damit wir wissen, was uns unsere Träume kosten. Und wenn ich verliere – mein Gott, in meinem Alter, das macht doch nichts.

Hermann schweigt. Er steht auf, um sich nachdenkend ein paar Schritte durch das Lokal zu bewegen. An der Wand sieht er ein Plakat, auf dem die Worte »Abschied von gestern« stehen. Ist es das, was Zielke will, oder muß Hermann selbst sich von etwas verabschieden? Er lehnt sich an die Wand, um Zielke und Groß beobachten zu können.

HERMANN. *Herr Zielke schien zu träumen. Vielleicht war auch das Geld, von dem er sprach, nur Utopie. Ich blieb vollkommen ruhig. Oder war es umgekehrt, und das Geld gab es wirklich, dafür existierte ich aber nicht. Ich war ein Traum. Mein Traum? Zielkes Traum?*

Eine schöne junge Frau kommt auf Hermann zu. Sie hält ihm fragend einen Strauß weißer und roter Rosen vor das Gesicht. Was will sie? Wie im Traum geht die Blumenverkäuferin weiter.

Zielke hat begonnen, sich Herrn Groß anzuvertrauen.

ZIELKE. Im Herbst 44 hatten wir an der Westfront eine Ausrüstung beisammen, die sich sehen lassen konnte: zwölf Kameras Typ Arriflex, vierunddreißig Scheinwerfer mit Zubehör, Objektive der besten Serien von Zeiss, dann diese Projektionseinrichtung für die Kinozelte, Stromaggregate, Rohfilme, Tausende Meter, noch und noch. Das alles hat unser cleverer Gefreiter »H« ...

GROSS. Hitler?

ZIELKE. Nein, Handschuh. Er hat das alles auf seinem Grundstück am Ammersee »in Sicherheit gebracht«, wie er das nannte. Ich habe als Hauptmann auch noch den Befehl dazu gegeben, ohne zu ahnen, was er in Wirklichkeit damit vorhatte. Mich versteckte er genauso vor den Amerikanern wie diese Filmgeräte. Er brachte mich ebenso über das Kriegsende wie dieses Material, verstehen Sie?

GROSS. Was haben Sie denn verbrochen gehabt?

ZIELKE. Nichts. Ich war Spielleiter und Regisseur in der Propagandakompanie von Goebbels, Parteimitglied wie alle anderen. In Babelsberg hatten sie uns doch versprochen, nach dem Endsieg könnten wir Spielfilme drehen. Ich gehörte zu den »belasteten Personen«, mehr nicht.

GROSS. Ich verstehe schon.

Hermann kehrt allmählich in die Gegenwart zurück. Er hört Zielke zu und beginnt zu verstehen, wovon er spricht.

ZIELKE. Und 47 hat dann unser Herr H. die Isarfilm gegründet, und ich wurde sein Hausregisseur. Er verschwieg meine Jugendsünden bei der NSDAP und ich die Zweckentfremdung von Heeresbeständen. Ich hätte unserem cleveren Soldaten Handschuh nicht soviel Macht über mich einräumen dürfen.

Herr Groß trinkt mit Zielke nachdenklich seinen Wein.

GROSS. Aber Zielke, das sind ja fünfundzwanzig Jahre.

ZIELKE. Ja, Sie sind doch auch so einer, dem die Sache wichtiger ist als die eigene Person. Ich rate Ihnen, befreien Sie sich mit mir.

Groß entsinnt sich, daß er ja mit Hermann gekommen ist, und sucht ihn mit den Augen.

GROSS. Was sagen Sie jetzt da dazu, Herr Simon?

Aus einem bisher nicht einsehbaren Teil des Lokals kommen Jean-

Marie und Volker, im Gespräch mit einer unbekannten jungen Frau, die sie beide hofieren.
Einen Augenblick zu spät erkennt Hermann die Freunde. Er reißt sich von Zielke und Groß los, um hinter den Musikern herzurennen. Die haben das Lokal aber schon verlassen.

1306 Öffentliches Gebäude

Hermann folgt den Freunden in den neoklassizistischen Palast mit seinem gewaltigen Treppenhaus, das sich um einen vom Mondschein erfüllten Lichthof windet. Gerade ist Corinne, die Begleiterin der beiden Freunde, barfuß auf die weitläufige Marmorfläche geeilt, um im bläulichen Nachtlicht einen Tanz aufzuführen.
Hermann hat kaum eine Chance, die Freunde auf sich aufmerksam zu machen. Sie geben ihm zwar die Hand, fragen nach seinem Befinden, aber die Blicke folgen nur Corinne, die sich völlig stumm ihren gespenstischen Bewegungen hingibt: einer tänzerischen Kollage aus militärischen Exerzier- und faschistischen Gruß- und Marschierritualen.
JEAN-MARIE. Achte auf ihre Füße, du kannst alle deine Rhythmen ganz exakt mitzählen. Das ist dein Stück, was Corinne da tanzt. Hörst du es nicht?
VOLKER. Ich bin völlig durcheinander. Sie fährt fast zweitausend Kilometer aus dem Süden Frankreichs hierher, sie lebt weit weg von unserer faschistischen Vergangenheit. SS, SA, Heil Hitler, Blitzkrieg, das sind doch Mißverständnisse. Ihr seid frivol, ihr Franzosen. Man kann doch mit diesen Dingen nicht herumspielen! Jean-Marie, höre mir zu: Corinne ist Jüdin, ich will sie verstehen.
Hermann steht dicht neben Volker und Jean-Marie. Doch er wird immer noch nicht einbezogen in ihr erregtes Gespräch. Er strengt sich an, die imaginäre Musik zu dem stummen Tanz zu »hören«.
JEAN-MARIE. Sie tanzt ihre Alpträume.
VOLKER. Ich beginne das Stück langsam zu hassen. Wir Musiker sind doch alle Huren.
Hermann hat sich von den Freunden entfernt, um Corinnes Tanz von der anderen Seite ansehen zu können. Ihre Bewegungen werden immer eckiger, der Tanz gerät zusehends zu einer Parodie militärischen Gehorsams. Volker wendet sich um. Er ist verzweifelt.
VOLKER. Musik läßt sich für alles mißbrauchen.

Corinnes stummer Tanz geht weiter, konsequent befolgt sie ihre Choreographie bis zum Ende. Ihre Schritte auf dem Marmor, ihre Arme und ihr fliegendes Haar erzeugen leise Geräusche, die allmählich wie konkrete Musik klingen. Der Rhythmus wird spürbar.

Corinnes Schatten huschen gespenstisch über die Wände.

JEAN-MARIE. Ich liebe das Publikum.

VOLKER. Eine Bestie.

JEAN-MARIE. Im Gegenteil. Es ist herrlich, wenn es die Zähne zeigt, wild und archaisch. Ich liebe diesen Zweikampf.

Wir fahren morgen nach Avignon, mit Volkers Stück, einer Ballettmusik, wie ich finde. Corinne will es auf dem Festival tanzen.

VOLKER. Ich bin immer noch dagegen.

Zuletzt ist Corinne auf dem Marmorboden zusammengesunken, liegt da wie ein Häuflein Asche. Volker geht zu ihr. Er hilft ihr behutsam auf die Beine und führt sie feierlich, wie auf einer Bühne, die Treppe hinauf zu einem der umlaufenden Säulengänge im ersten Obergeschoß.

Jean-Marie schließt sich den beiden an, ohne an Hermann noch ein Abschiedswort zu verlieren.

JEAN-MARIE. Du hättest Literat werden sollen. Da begegnet man seinem Publikum wenigstens nicht persönlich.

Hermann steht nun allein da, er traut seinen Augen nicht und erinnert sich langsam, daß ja Herr Zielke und Herr Groß noch auf ihn warten könnten. Er ist einfach dort weggelaufen wie einer, der nicht weiß, was er tut.

HERMANN. *Jetzt war es passiert. Ich war sicher, verrückt geworden zu sein. Dieser Auftritt der Freunde bewies mir alles. Das konnten keine Lebewesen sein aus Fleisch und Blut. Sie waren Theaterfiguren, verblendet in ihrem Künstlerwahn. Ausgedacht für dekadente Bildungsbürger. Ich wollte aufwachen, wollte, daß es endlich Tag wurde.*

Hermann rennt davon.

1307 Wohnung Hermann und Schnüßchen

Langsam geht Hermann durch die Räume seiner Wohnung. Er ist allein zu Hause. Das Zimmer Lulus ist ohne Bett, ein ordentliches, leeres Kinderzimmer. Das Schlafzimmer scheint als Abstellraum zu dienen: Das »Japanbett« ist vollgeräumt mit Koffern, Wäsche, Hermanns

Kleidern, Taschen. Die Lichter der draußen vorbeifahrenden Autos huschen über Decken und Wände. Die Diele wirkt leblos und leer. Im Wohnzimmer stehen die Möbel stumm und fremd umher – Fernseher, Plattenspieler, Couch und Klavier machen einen unbenutzten Eindruck. Hermann hat an einem kleinen Tisch begonnen, einen Brief an seine Mutter zu schreiben. Schon nach wenigen Worten zerknüllt er aber das Papier und beginnt von neuem.

HERMANN. *Ich war allein und wurde von Heimweh gepackt. In den ersten Jahren habe ich es bekämpft. Dann habe ich es vergessen, und ich bildete mir Urteile über dieses Gefühl, das sich zusammensetzt aus Angst, Gewohnheit, kindlicher Unreife und dergleichen. Und jetzt heulte es wieder auf in mir. Ich dachte an meine Mutter im Hunsrück, und mein Herz fing an, weh zu tun. »Liebe Mutter, zu Deinem siebzigsten Geburtstag, der nun bald sein wird, wünsche ich Dir ...« Welchen sprachlosen Blödsinn schrieb ich da.*

Wieder zerreißt Hermann den begonnenen Brief. Abermals fängt er von vorn an.

HERMANN. *»Liebe Mutter, es ist nicht Dein siebzigster Geburtstag, daß ich Dir so unerwartet schreibe, sondern weil ich plötzlich an Dich denken muß, weil ich schon seit Monaten immer wieder, in größeren Abständen, aber grundlos ...«*

Plötzlich hat Hermann das Dorf vor Augen: Ganz deutlich sieht er die Felder mit der Wintergerste, die Kirchturmspitze und die Schieferdächer von Schabbach.

HERMANN. *»Liebe Mutter, ich möchte Dir endlich erklären, warum ich vor zehn Jahren ...« Mein Gott.*

Jetzt ist es das Kartoffelfeld des Großvaters, das Hermann vor sich erblickt. Am Waldrand fährt der Traktor des Onkels.

HERMANN. *»Liebe Mutter, in Deinem Leben ist es wohl ein Gesetz, daß man von Dir fortgeht und sich zehn Jahre nicht mehr ... Hat es mein Stiefvater nicht auch schon so gemacht?«*

Das Hunsrücker Bächlein, an das Hermann jetzt denkt, fließt durch das Tal, in dem er mit Klärchen, seiner ersten Liebe, Mondscheinspaziergänge machte.

Die Wohnungsglocke reißt ihn aus seinen Gedanken. Draußen, im Halbdunkel des Treppenhauses, steht Alex, kaum wiederzuerkennen mit seinem ungepflegten Vollbart. Hermann braucht mehrere Schrecksekunden, ehe er den späten Besucher erkennt.

ALEX. Grüß dich, Hermann. Hast du Alkohol im Hause?

Er läßt den Freund aus Jugendtagen eintreten. Hermann ist immer noch in Gedanken bei seiner Mutter und findet sich mit Alex nicht so schnell zurecht.

HERMANN. Alkohol? Ich glaube, es ist irgendwo noch Whisky da.

Hermann sucht in der Küche, während Alex mit fahlem Gesicht und starrem Blick im Flur wartet.

Auf dem Etikett der Whiskyflasche ist die Elektrofabrik seines Stiefvaters in Detroit abgebildet: »Simon-Electric«, ein Relikt aus frühen Jahren im Hunsrück.

HERMANN. Trinkst du so was? Es ist halb drei.

Alex setzt sich an den runden Tisch in der Küche. Er gießt sich ein Wasserglas voll und nimmt einen großen Schluck. Er wendet Hermann den Rücken zu. Das Trinken hat, so wie Alex es praktiziert, etwas Technisches, etwas Seelenloses, ist ohne jede Emotion.

Hermann geht in der Diele umher. Er muß nun einfach warten, bis Alex seinen Alkoholspiegel in Ordnung gebracht hat. Das dauert eine Weile. Dann erst dreht Alex sich nach ihm um und ist gesprächsbereit.

ALEX. Am Neujahrstag dieses Jahres, so morgens gegen zehn Uhr, hatte ich plötzlich die entscheidende Vision meines Lebens. Ich trat auf den Balkon meiner Wirtin hinaus – es war einer dieser klaren Wintertage, wie sie in Bayern vorkommen, bevor in den Bergen die Lawinenunglücke passieren –, also, an diesem Tag sah ich plötzlich sieben Bücher vor mir, die ich schreiben werde. Sieben Bücher über Deutschland. Alles Bücher, mehr oder weniger, über Frauen. Hermann, wußtest du, daß wir im Jahrhundert der Frau leben? Alle großen Dinge der Zukunft werden die Frauen vollbringen, leise, hexenhaft. Wir Männer haben ausgedient. Wir sind Fossilien, Relikte einer vorangegangenen Entwicklungsstufe. Weißt du, daß das wahr ist, Hermann?

Alex trinkt weiter, während er an Hermann »vorbeiredet«. Hermann will von der Kinderzimmertür aus zuhören, sieht ein Bild seiner kleinen Tochter, das direkt neben ihm an der Wand hängt. Lulus Augen schauen traurig aus dem Rähmchen.

HERMANN. *Schnüßchen hatte sich von mir getrennt. Sie lebte mit Lulu wieder in unserer alten Wohnung. Ich wußte nicht einmal, was sie gerade tat und wie weit sie mit ihrem Studium gekommen war. Hin und wieder sah ich Lulu, die nun bald in die Schule kommen sollte. War das wirklich das Jahrhundert der Frauen, wie Alex sagte? Merkwürdig, daß sich gerade Alex zum Urbild des untergehenden Mannes*

machte. Alex, der nie eine Frau gefunden hatte und der die Frauen nur aus dem Leben seiner Freunde kannte.
So wie Alex breitbeinig in der Küche sitzt mit seinem verschwitzten Hemd, seinem speckigen Anzug und den strähnigen Haaren, ist er wirklich das Bild des untergehenden Mannes, wie er sagt.

1308 Am Ammersee

Überraschend hat Handschuh seinen Chauffeur zu Hermann geschickt, der den jungen Musiker zur Villa des Konsuls am Ammersee fährt. Hermann sitzt im Fond des Rolls-Royce wie ein Staatsgast. Draußen schweben die Vorortvillen vorbei, und das große Eisentor zum Landsitz öffnet sich wie von Geisterhand vor der Limousine.
Hermann wurde mitten aus seiner nachdenklichen Einsamkeit geholt und sieht sich nun mit dem Reichtum Handschuhs konfrontiert. Der Rolls-Royce hält geräuschlos an. Herr Bittner, der Chauffeur, öffnet die Wagentür, läßt Hermann aussteigen und führt ihn auf dem Kiesweg nun zu einem Seitenflügel des Hauses. Hier kann Hermann den Eingang allein finden, während Bittner eine Kiste Wein, die er noch nebenher in der Stadt besorgen mußte, eine Kellertreppe hinabträgt.
Die Konsulin hat Hermann schon erwartet. Sie erscheint in der Haustür und streckt ihm ihre Hand entgegen.
HERMANN. Grüß Gott, gnädige Frau.
FRAU KONSUL. Wir haben Sie sehnsüchtig erwartet. Darf ich Hermann zu Ihnen sagen?
HERMANN. Wenn Sie wollen.
Sie führt Hermann ins Haus.

1309 Villa Konsul Handschuh

Frau Handschuh hat Hermann durch die hübsche Diele in ein helles, mit Blumen geschmücktes Wohnzimmer geleitet. Durch die halbgeöffnete Terrassentür kann man auf den See hinaussehen. Hermann spürt, daß er sich auf fremdem Boden bewegt.
FRAU KONSUL. Mein Mann fühlt sich nicht wohl. Das auf dem Oktoberfest gestern abend war eigentlich nur seine Theaterrolle. Hätten Sie das gedacht?

Er weiß nicht, was er auf diese Frage antworten soll. Die Konsulin wirkt traurig. Sie sieht ihn warmherzig an. Hermann zuckt mit den Schultern. Sie setzt sich auf eine Sessellehne, um ihn erst einmal in Ruhe und ausgiebig zu betrachten. Hermann ist verlegen, das Schweigen dauert sehr lange. Frau Handschuh gibt sich nun einen Ruck, sie erhebt sich. Hermann folgt ihr in die Diele zurück und die schön gewundene Haustreppe hinauf zur Schlafetage.

Die Konsulin öffnet eine Tür und gibt den Blick frei in ein großzügiges Schlafzimmer, dessen Balkon ebenfalls zum See hinaus geht. Sie sagt nichts. Der See liegt in strahlend hellem Sonnenlicht.

Da wird ein Motorengeräusch vernehmbar. Hermann wendet den Kopf. Nun bemerkt er das Bett, das vorher nicht zu sehen war, weil es von der Tür verdeckt wurde. Es ist das Bett des dicken Konsuls, der eine elektrische Verstellmechanik in Gang gesetzt hat, mit der sich das Kopfende seines Bettes automatisch aufrichtet, so daß er ohne eigene körperliche Anstrengung in Sitzhaltung gerät. Endlich kann er Hermann begrüßen.

KONSUL. Darf ich Hermann zu Ihnen sagen?

HERMANN. Wenn Sie wollen.

Die Konsulin sitzt bei ihrem Mann auf der Bettkante, sie sieht Hermann wieder so unbegreiflich lieb an.

KONSUL. Haselchen, hast du Hermann unser Haus gezeigt?

FRAU KONSUL. Später, Theobald, später.

Hermann traut sich nicht, dem Mann im Bett die Hand zu geben. Er steht mitten im Zimmer, ist wie gelähmt.

KONSUL. Wie Sie vielleicht wissen, sind wir kinderlos geblieben, meine Frau und ich. Jahrelang war es unser größter Wunsch. Aber Sie werden sehen, unser Haus ist für Kinder wie geschaffen. Die herrlichsten Spielecken. Es gibt sogar ein Kinderzimmer. Zum Weinen, nicht wahr?

FRAU KONSUL. Bitte, Theobald, werde nicht sentimental.

KONSUL. Aber ich möchte, daß Hermann uns kennenlernt!

Jetzt streckt der Konsul Hermann seine Hand entgegen. Es ist die linke, von der es ja heißt, sie käme von Herzen. Die Konsulin erhebt sich.

FRAU KONSUL. Kommen Sie, ich zeig's Ihnen.

Sie geht mit Hermann in den Flur und öffnet dort die Tür zu einem weiteren Schlafzimmer. Hermann blickt in eine mit Blümchentapeten und Bildern eingerichtete Mansarde, in der eine romantische alte Kinderwiege mit Baldachin und Seidenschleifchen steht. Ein Teddybär aus

Plüsch sitzt in dem Bettchen, das Frau Handschuh hin- und herzubewegen beginnt. Dabei sieht sie Hermann an, als wolle sie ihm anbieten, in das Bettchen zu krabbeln und sich wiegen zu lassen.
Hermann bekommt einen Niesanfall. Es ist ihm peinlich. Aber die Konsulin lächelt und begibt sich mit ihm zu ihrem Mann zurück.

FRAU KONSUL. Sie bleiben doch noch zum Abendessen, nicht?

HERMANN. Ja, ja.

Sie läßt die beiden Männer allein.
Der Konsul wuchtet seinen Körper aus dem Bett. Er scheint Schmerzen zu haben, denn er stöhnt und ächzt bei jeder Bewegung.

KONSUL. Schlechte Prognosen, unmißverständliche Diagnosen – kurz: das Alter, mein Lieber. Ich mache mir keine Illusionen über mich. Wissen Sie, ich verdiene für uns das Geld mit Reklame für Bier, Kaufhäuser, Seife und politische Parteien und all diesen sinnlosen Schrott, weil der liebe Gott mich mit einer Gabe geschlagen hat. Ich bin nämlich ein guter Verkäufer. Ich habe mir früher mal was darauf eingebildet, bis Sie zu uns kamen. Ja, ich leiste mir einen verdammt teuren Luxus mit Ihnen und dem Studio.

Vor Hermanns Augen hat sich der Chef seinen Schlafanzug ausgezogen und beginnt, sich anzukleiden. Hermann ist froh, daß er Gelegenheit erhält, sich vom Anblick des nackten Mannes abzuwenden. Er gibt seine Antwort, indem er den See betrachtet, das heißt, er spricht zum Fenster hinaus, in diesen unwirklichen Septembertag hinein.

HERMANN. Aber wissen Sie denn nicht, daß unser Studio das modernste in ganz Europa ist? Wir sind inzwischen so weit, daß ein Komponist sein Werk ganz allein nach seinen Vorstellungen realisieren kann. Wir brauchen in Zukunft kaum noch Musiker, die sowieso immer alles mißverstehen. Wir sind in der Lage, die Wirkung eines Hundert-Mann-Orchesters genauso synthetisch zu erzeugen wie den Klang einer Geige oder eines Klaviers oder von Schlaginstrumenten. Sie können das Studio für zweitausend Mark am Tag vermieten, das schwöre ich Ihnen. Wenn das mal begriffen würde! Was wir allerdings bräuchten, sind Demonstrationsbeispiele und freie Werke, damit wir bekannter werden. Aber dann kommen auch die Kunden, da bin ich sicher.

Dem Konsul ist Hermanns Unsicherheit nicht entgangen. Er läßt ihn reden und beobachtet, wie er in das Nachmittagslicht starrt und immer wieder den Faden verliert. Hermann vergißt für einen Augenblick, wo er sich befindet.

HERMANN. *Da war sie wieder, meine Stimme, die ich gestern glaubte, verloren zu haben. Ich redete, und die Worte purzelten mir aus dem Mund, als hätte sie jemand vorher hineingestopft. Ich fühlte nicht, glaubte nicht, ich beteiligte mich nicht. Mitten in meinem Stolz war ich abgestürzt, ohne Hoffnung. Was bedeutete Musik für mich? Suchte ich noch nach den Gesetzen der Natur wie die Genies der Wiener Schule? Gab es überhaupt noch einen Halt außer dem des Geschmacks und dem der Anerkennung? Ich hörte mich reden und wurde traurig.*

Der Konsul hat sich im Hintergrund fertig angezogen. Er steht in Hose und Weste da und wirkt wie ein Patient kurz vor der Entlassung aus dem Krankenhaus.

KONSUL. Unser Herr Zielke war gestern bei Ihnen, stimmt's?

HERMANN. Ja. Wir haben ein Glas Wein zusammen getrunken.

Hermann kann es nicht fassen, daß Handschuh darüber informiert ist.

KONSUL. Er hat Ihnen ein Angebot gemacht? Fragen Sie mich nicht, woher ich das weiß. Sie wissen, ich schätze Herrn Zielke über alle Maßen. Er ist gebildet, humorvoll, skurril, voll von rührenden Eigenschaften. Aber im Geschäftsleben, da zählen nur Realitäten, und vor ebendiesen Realitäten habe ich ihn zwanzig Jahre lang beschützt. Aus Dankbarkeit, weil er mir einmal geholfen hat, 1945, 46, 47. Er wird sich an seinem Lebensabend nicht sorgen müssen. Aber ich warne Sie vor finanziellen Abenteuern mit Herrn Zielke. Haselchen?

Herr Handschuh hat Schwierigkeiten mit seinen Manschettenknöpfen, die er ohne seine Frau wohl nicht in die Knopflöcher hineinbringt.

Hermann folgt ihm die Treppe hinab in die untere Diele. Während seine Frau ihm die Hemdsärmel in Ordnung bringt, beobachtet der Konsul Hermann, der in das helle Wohnzimmer gegangen ist.

KONSUL. Ich bin von Erbschleichern umgeben.

FRAU KONSUL. Wie meinst du das, Theobald?

KONSUL. Na ja, also, meine Prokuristen, die Regisseure, der Leiter der Buchhaltung – alle habe ich im Verdacht, daß sie meine Firma erben wollen, wenn ich mal umfalle. Die kriechen mir alle in den Hintern.

HERMANN. Aber das ist doch ...

KONSUL. Sagen Sie es ruhig. Natürlich ist das angenehm, macht aber auch dumm.

Nun geht der Konsul voraus, durch eine Tür, die in den Salon führt. Hier stehen schwere Polstermöbel in mehreren Reihen auf eine Kinoleinwand ausgerichtet.

KONSUL. Übrigens, haben Sie schon gesehen? Ein kleines Geheimnis. Schauen Sie mal – da.

Handschuh öffnet ein Wandschränkchen, in dem sich ein Steuerpult für das komfortable Heimkino verbirgt. Vom Sessel aus kann er hier alles bedienen: Projektion, Leinwand, Vorhang, Schärfe und dergleichen.

Auf Knopfdruck fährt die Leinwand, die eine ganze Breitseite des Salons einnimmt, zur Seite. So verschwindet sie restlos in der Wand. Es gibt sogar einen automatischen Vorhang, der sich vor der Leinwand schließt – das Privatkino eines reichen Filmmanagers. So hat Hermann sich das Haus eines Hollywood-Produzenten vorgestellt.

KONSUL. Ich hätte gern einen Sohn. So einen wie Sie. Ich meine das ernst. Was macht Ihr Vater, Hermann?

HERMANN. Ich habe ihn nur einmal gesehen. Da war ich vier Jahre alt. Mein Stiefvater lebt in Amerika. Er ist Elektrofabrikant, glaube ich. Ich bin mit meiner Mutter aufgewachsen.

KONSUL. Und Sie haben sich nie einen Vater gewünscht?

HERMANN. Doch, manchmal schon. Einen, den ich hassen kann.

Hinter der Leinwand kommt eine Hausbar zum Vorschein, an der der Konsul für sich und Hermann einen Drink zurechtmacht.

KONSUL. Ich möchte Ihnen jetzt etwas sagen, Hermann. Wenn Sie bei mir bleiben wollen und weiter so engagiert sind, mit Leib und Seele –

meinetwegen können Sie mich auch hassen –, dann vererbe ich Ihnen meine ganze Firma.

Hermann kann nicht glauben, was er da gehört hat. Der Konsul hat seine Worte so beiläufig gesprochen, daß er sich ihre Tragweite im Augenblick nicht vorstellen kann. Sosehr er auch seine Stirn in Falten legt und die Augen aufreißt – das Angebot Handschuhs übersteigt sein Fassungsvermögen.

HERMANN. Aber ich bin doch Musiker, Herr Konsul!

KONSUL. Das weiß ich doch!

Die Konsulin serviert auf dem festlich gedeckten Eßzimmertisch drei gebratene Renken aus dem See. Abwesend schaut Hermann auf die Fische hinab. Als er den Kopf nun hebt, treffen ihn die Blicke der Gastgeberin. Ihr Gesicht ist tränenüberströmt. Hermann versucht aufmunternd zu lächeln, ohne zu wissen, was er damit zum Ausdruck bringen kann. Der Konsul scheint auf Hermanns Antwort zu warten.

HERMANN. Muß ich mich jetzt gleich entscheiden?

KONSUL. Nein. Aber bald.

Er erhebt sich und nimmt seine dicke, traurige Frau in die Arme. Ein intimes Drama enthüllt sich vor Hermanns Augen. Aber die Situation überfordert ihn.

Draußen am See geht die Sonne unter. Das leise Schluchzen der Konsulin mischt sich mit dem Geräusch der Wellen, das über die Terrasse hereinweht. Herr Bittner, der Chauffeur, steht im Gegenlicht am Ufer. Er wirft eine Angel aus. Er fischt auf seine Art.

1310 Königsplatz, Münchner Straßen

Hermann ist nach München zurückgekehrt, will aber nicht nach Hause in seine leblose Wohnung gehen.

Am Königsplatz, einem der ersten Orte, die er vor zehn Jahren in dieser Stadt kennenlernte, sitzt er genau da, wo Juan gesessen hat, als er zum ersten Mal mit ihm musizierte. Einzelne betrunkene Oktoberfestbesucher wanken über den Platz. Der Autoverkehr rollt an ihm vorbei; es ist eine Nacht, die leer und ausgebleicht wirkt. Straßen und Plätze sind in Hermanns Wahrnehmung schäbig, verbraucht. Zehn Jahre Hoffnung, Konkurrenzkampf und Träume haben sich mit dem Anblick dieser Stadt verbunden und verzehrt. Hermann hockt auf den Steinstufen, bis es ihm zu kalt wird. Dann geht er in Richtung Musikhochschule weiter.

HERMANN. *Zum zweiten Mal innerhalb von vierundzwanzig Stunden war ich Traum- und Hoffnungsbild eines alternden Mannes geworden. Zum zweiten Mal wurden mir phantastische Summen angeboten, mit denen ich planen und wirtschaften sollte. Und immer waren es meine Jugend und mein Idealismus, die soviel Geld wert waren. Ich fing an, mich für beides zu schämen. Ich brauchte einen Rat.*

Schon lange ist er nicht mehr in Renates Kneipe gewesen. Als Hermann aber die kleine Gasse heraufkommt, wo man immer schon diese Mischung aus Tabakqualm und Renates Boulettenküche roch, muß er erkennen, daß es »Renates U-Boot« nicht mehr gibt. Der Zigarettenautomat neben dem Eingang ist zerstört, die Tür zugenagelt, und die Teile des Leuchtschilds über dem Eingang liegen zerbrochen auf dem Boden herum. Nur noch das »Ren« ist von Renates Namen übriggeblieben.

HERMANN. *Früher, im Hunsrück, da wäre man zu seiner Großmutter gelaufen, so man noch eine hatte, und hätte sie um Rat gefragt. Und die Großmutter wäre stolz auf mich gewesen und hätte gesagt: »Wenn der reiche Herr Konsul ein solches Vertrauen zu dir hat, dann darfst du ihn nicht enttäuschen. Nur deine Großmutter und deine Mutter, die darfst du nicht vergessen, wenn du auch noch soviel Geld zu eigen hast. Versprichst du mir das?« Und ich hätte es ihr versprochen, so wahr ich das Schabbacher Hermännsche bin!*

Hermann geht langsam an dem Haus vorbei, in dem Clarissa wohnt. Er sieht die dunklen Fenster. Es ist schon kurz vor Mitternacht. Er erreicht den gegenüberliegenden Platz mit der Kirche. Noch einmal bleibt er stehen und dreht sich nach Clarissas Haus um.

Da gehen im zweiten Stock die Lichter an. Sofort macht er kehrt. Er eilt zur Haustür und klingelt. Der elektrische Türöffner surrt.

1311 Treppenhaus Wohnung Volker und Clarissa

Es ist Clarissas Mutter, die die Tür öffnet, um den späten Besucher zu empfangen. Sie trägt Clarissas Sohn Arnoldchen im Arm.

Hermann, vom Treppensteigen noch ganz außer Atem, spricht die Mutter auf den oberen Stufen an.

HERMANN. Guten Abend, Frau Lichtblau. Ist Clarissa nicht zu Hause?

MUTTER CLARISSA. Wissen Sie denn nicht, daß sie auf Tournee ist? Schon seit drei Wochen. Und Volker, der ist in Avignon, in Frankreich. Ja, wissen Sie das denn gar nicht?

HERMANN. Ich war lange nicht hier.

Clarissas Kind sieht Hermann ängstlich an. Die Mutter ist aber ganz lieb. Sie empfängt ihn mit leuchtenden Augen.

MUTTER CLARISSA. Ja, alles zerstreut sich in die Welt. Ob das nun das Glück auf Erden ist? Kommen Sie rein. Ich kann Ihnen den Plan zeigen.

HERMANN. Ich hätte nur eine Frage gehabt.

Sie führt Hermann in den Flur und weist auf einen genauen Tourneeplan, der an der Wand hängt: eine Landkarte, die mit bunten Stecknadeln versehen ist, welche Clarissas Auftrittsorte markieren.

MUTTER CLARISSA. Die Tournee ist ein großer Erfolg. Hier, sie geht über Bern, Basel, Freiburg, Straßburg; dann nach Norden bis Hamburg, Kiel, Neumünster und dann nach Holland – Amsterdam, Rotterdam –, Brüssel. Morgen ist sie noch in Heidelberg.

Hermann entdeckt auch das Plakat, das von dem Tourneeplan halb verdeckt wird. Er hebt das Papier ein wenig an, um das Poster näher betrachten zu können. Es zeigt Clarissa und ihre amerikanische Freundin, nackt in hexenhafter Geste, ganz in Violett und Grün gehalten, so daß vor allem Clarissas hochgestreckte Hände den Blick anziehen.

MUTTER CLARISSA. Na ja, sie tritt ja nicht nackt auf. Das ist nur ein Plakat!

Er liest den Text, der oben quer über das Plakat geschrieben steht.

HERMANN. »Hexenpassion – Melodrama in sieben Gesängen«.

1312 Hauptbahnhof München

Hermann trägt seinen alten Matchsack und ein dickes Kursbuch bei sich, als er die Bahnhofshalle durchquert und zu den Bahnsteigen geht. Das Geflecht der Oberleitungen, die Signale und eisernen Brückenkonstruktionen, die Gleise, Weichen und Züge – das sind Impressionen, die Hermann aus Varia-Vision und Robs Filmbildern besser kennt als aus der Wirklichkeit. Was sie für den Kameramann bedeuteten – »Reisen, ohne anzukommen« oder »unendliche Fahrt, aber begrenzt« –, das bleibt auch für Hermann fest eingeprägter Sinn dieser Szenen.

HERMANN. *Seit zwei Jahren besaß ich eine Netzfahrkarte Erster Klasse, ein Geschenk der Bahn für Varia-Vision. Aber ich hatte nie Gebrauch gemacht von der Möglichkeit, einfach wegzufahren in eine beliebige Richtung, ohne Ziel, ohne den Zwang, anzukommen. Jetzt entsprach diese Möglichkeit genau meinen Gefühlen. Ich wollte mich bewegen, weiträumig, ruhelos, ohne Ende. Niemand sollte mich finden. Und ich wollte endlich schweigen.*

Hermann studiert die Fahrpläne. Während er noch die Abfahrtszeiten mit den Anschlüssen in seinem Kursbuch vergleicht, erfolgt eine Ansage über die Bahnsteiglautsprecher. Hermann horcht auf.

STIMME DER ZUGANSAGE. Zum Schnellzug 218 nach Heidelberg bitte einsteigen, Türen schließen. Vorsicht bei der Abfahrt. Wir wünschen eine angenehme Reise.

Er rennt sofort los. Er sieht, daß eine Tür des letzten Waggons noch offensteht. Er erreicht den Waggon tatsächlich, bevor der Zug sich in Bewegung setzt.

1313 Zugabteil

Hermann läßt sich in den Polstersitz eines leeren Erste-Klasse-Abteils fallen. Er ist noch außer Atem. Draußen zieht die Randbebauung des Münchner Bahngeländes vorbei.

Rasch erreicht der Zug freie Landschaft. Hermann verspürt große Erleichterung.

Auf dem kleinen Klapptisch entwirft er einen Telegrammtext, den er auf die Rückseite seines Kursbuches schreibt.

HERMANN. *»Herrn Konsul Theobald Handschuh, Isarfilm München. Bin Ihrem Rat gefolgt, fahre ins Ungewisse – Stop – Wenn ich eine Antwort weiß, komme ich zurück – Stop*
›Rheinpfeil‹, 11.06 Uhr.
Zwischen Adelzhausen und Augsburg, westwärts. Hermann Simon«

1314 Bahnhof Augsburg

Hermann steigt aus dem »Rheinpfeil« aus. Er läuft durch die Unterführung und sucht das Bahnpostamt, wo er sein Telegramm an Konsul Handschuh aufgeben kann.

Hermann hat es eilig, denn er will sich so kurz nach seiner Abreise nicht schon wieder aufhalten lassen.

1315 Zugfahrt

Es ist ein frühherbstlicher Tag, der draußen an der Glasscheibe vorbeizieht: Hügel, abgeerntete Felder, die Donau, die Turmspitze des Ulmer Münsters und immer wieder Gleise, Fahrdrähte, Buschwerk, von der Geschwindigkeit verwischt. Hermann ist in diesem Erste-Klasse-Abteil allein. Seine Augen lassen sich von der Landschaft führen, gleiten leicht hin und her, versuchen die permanente Bewegung zu erfassen. Jetzt ist es die Schwäbische Alb, die vorbeizieht, der Ort Geislingen. Nur Hermanns Spiegelbild steht unbeweglich im Reflex der Scheibe, wird vor dem Hintergrund der dunklen Hügel und Wälder immer deutlicher. Zeit vergeht. Zeit, die nicht genutzt werden muß. Das Geräusch der Räder wirkt hypnotisch. Als sein Blick unabsichtlich und träumerisch in das Zugabteil zurückkehrt, sieht Hermann sich selbst gegenüber: dem zehn Jahre jüngeren Hermann – kurzhaarig, provinziell –, der da sitzt und in einem Buch liest. Es ist Hermann Hesses »Steppenwolf«, ein Buch, das er auf seiner ersten Reise vom Hunsrück nach München mitgenommen hat. Hermann versucht zu lächeln, aber das Hermännchen ist ernst, unterbricht seine Lektüre nur eine Sekunde, um sein älteres Ich mit einem Gedankenblitz zu streifen. Hermann richtet sich auf. Er wartet, bis sein Gegenüber ihn wieder ansieht.

HERMANN. Dat sin eisch.

Dieser Satz – »Das bin ich« – ist nur halblaut gesprochen, so daß es ungewiß bleibt, ob er für jemand anderen oder nur für sich selbst gemeint war. Hermanns Lächeln spiegelt sich in der Scheibe, als der Zug nun durch einen Wald fährt.

Im Spiegelbild ist aber noch eine andere Bewegung zu erkennen: Jemand kommt draußen durch den Gang und klopft geräuschvoll an die Abteiltür. Renate, im Reisekostüm mit Pelzkrägelchen und Minirock, wuchtet einen großen Koffer herein.

Hermann sieht sich suchend um. Aber sein zweites Ich ist verschwunden. Um so realer erscheint jetzt Renate, die ihren Koffer auf den freien Sitz vor sich stellt und Hermann anstrahlt.

RENATE. Hermann, ich habe dich doch erkannt. Ich denke, ja, wer sitzt denn da in dem Zug? Weil du dich verändert hast, du hast dich sehr verändert. Bischt älter worde.

Er erhebt sich und betrachtet sein Gesicht in dem länglichen Spiegel, der über seiner Kopfstütze angebracht ist. Er sieht tatsächlich viel älter aus, hat schon ein paar graue Strähnen an den Schläfen.

RENATE. Habe ich mich auch so verändert, Hermann?

Renate schaut sich in dem Spiegel gegenüber an. Dort ist sie neben der Reflexion des Spiegelbildes von Hermann zu sehen. Renates Gesichtsausdruck wirkt plötzlich sorgenvoll und ängstlich.

Doch mit einem aufgesetzten Lächeln bringt sie sich wieder in Schwung.

RENATE. Ich fühle mich aber noch so richtig jung. Soll ich es dir auch zeigen?

Sie bewegt sich zu Hermann hinüber. Sie öffnet ihre Kostümjacke, so daß ihre Brüste Hermann entgegenschwellen.

RENATE. Ich fahre gerade nach Basel auf den Gynäkologenkongreß. Weisch d', da hab i glei mehrere Auftritte vor. Soll ich dir's auch zeigen?

Im Nu hat Renate ihren Koffer geöffnet. Sie packt glitzernde Phantasiekostüme aus: eine blonde Langhaarperücke, einen Plastikknochen, ein Dirndlkleid und selbstgemachte Gliedmaßen eines Dinosauriers.

RENATE. Also, was hätten wir da: Das da ist meine große Busen-Pirouettendame, und das da ist das Kostüm von der Jodler-Emma. Da habe ich immer die Goldhaarperücke dazu an. Das sieht superschön aus, immer ich mit blonden Haaren. Das ist der Unterrock dazu, und das da ist vom Kannibalenweible das Frühstück. Am schönsten die Unterwasserhure, die muß ich dir unbedingt zeigen. Willst sie angukken? Das hab ich immer mit den Schuhen an. Da muß ich das Kleid auch dazu ausziehen.

Ohne auf die ungewöhnliche Situation einzugehen, beginnt Renate, ihren Rock aufzuknöpfen, bis man die schwarzen Strapse, ihre Netzstrümpfe und den kleinen schwarzen Slip sehen kann.

Es ist erstaunlich, was Renate da alles aus ihrem Koffer herauszaubert. Hermann genießt grinsend die Erotikphantasien, die Renate ihm präsentiert.

RENATE. Das ist mein Lieblingsgewand. Die anderen Schuhe auch noch. So, und das da habe ich dann oben an, da ziehe ich das dann dazu aus. Manchmal singe ich auch, zur Jodler-Emma.

Nun jodelt Renate mit brüchiger Stimme. Dabei steigt sie auf den Sitz und zieht die Goldhaarperücke über ihren Kopf.

RENATE. Dann ziehe ich die Perücke dazu auf. Siehst meine blonden Haare, wie von der Lorelei *(sie jodelt)*. Und dann habe ich manchmal noch das Hütle dazu auf, das mache ich je nach Variation, da habe ich das selbergemachte oder da ist noch der andere Schuh. Das Herzle habe ich meistens auch noch dazu an. Gefällt dir das?

Hermann steht feixend vor dem Fenster. Er schaut Renates Spiel schweigend zu.

RENATE. Und jetzt meine Unterwasserhure.

Renates Vorrat an Verwandlungen scheint unerschöpflich. Plötzlich ist sie zu einem grotesken Ungeheuer mit durchsichtiger Plastikhaut geworden. Im nächsten Augenblick wird sie ein Zirkusclown, der Kunststücke vorführt und mit Tellern jongliert. Schließlich sitzt sie als Seejungfrau im Gepäcknetz und läßt ihren überdimensionalen Schweif ins Abteil herunterhängen.

Draußen wird das Bahnhofsgelände von Heidelberg sichtbar.

HERMANN. Entschuldige, aber ich muß hier, ich muß raus, ich muß jetzt aussteigen! Es ist Heidelberg, ich muß hier raus. Ich wünsche dir viel Glück.

Renate, die immer noch im Gepäcknetz sitzt, zeigt unbegrenztes Verständnis für Hermann. Sie läßt ihn lächelnd gehen und winkt ein bißchen mit ihren Perlenketten und dem Fischschweif hinter ihm her.

Er betritt den Heidelberger Bahnhof. Hier ist alles wieder real.

1316 Heidelberger Altstadt

Als er durch die Altstadt läuft, kehren die Eindrücke von Irrealität wieder. Der Anblick des Schloßbergs mit der Schloßruine versetzt ihn wieder in jenen Schwebezustand, in den er schon während der Fahrt geraten ist.

Dieser Zustand macht es ihm leicht, sinnlich Erfaßtes für Traum zu halten und Träume für Wirklichkeit. Da gehen Lichter an, die Nacht beginnt, und das Heidelberger Schloß wird bunt.

Er wäre fast gegen eine Litfaßsäule geprallt, auf der Clarissas Plakate von der »Hexenpassion« kleben. In einer langen Reihe wiederholt sich der nackte Körper mit den hochgestreckten Armen. Hermann liest den Aufkleber: »Theater der Stadt Heidelberg«.

1317 Stadttheater Heidelberg

Er ist beim Gebäude der Städtischen Bühnen angekommen. Auch hier sehen ihn überall die nackten Silhouetten Clarissas an. Er betritt den Vorraum. Die Abendkasse wird gerade geöffnet.

HERMANN. Ich hätte gern noch eine Karte für heute abend. Für die »Hexenpassion«.

KASSIERERIN. Da kommen Sie leider zu spät. Die »Hexenpassion« war nämlich gestern. Und heute morgen war die Vorführung für die Presse. Ja, ab heute spielen wir wieder den »Bettelstudent«.

HERMANN. Wissen Sie, ob die Truppe schon abgereist ist? Ist Frau Lichtblau vielleicht noch in Heidelberg?

KASSIERERIN. Haben Sie schon im Hotel Ritter gefragt?

1318 Hauptstraße Heidelberg

Hermann geht an der Kirche vorbei, an deren altem Gemäuer Plakate hängen, die jetzt schäbig aussehen, halb abgerissen, teilweise überklebt. Der Wind spielt mit den lila-grünen Papierfetzen.
Er bewegt sich auf die rote Sandsteinfassade des betagten Hotels zu. Er ist müde.

1319 Hotel Ritter

Hermann fragt nach einem Zimmer, in dem er diese Nacht bleiben kann. Der Portier ist freundlich, sogar ein wenig anzüglich, als er ihm den Zimmerschlüssel überreicht.

HOTELPORTIER. Jedenfalls ist die »Hexenpassion« heute um vierzehn Uhr abgereist. Mit einem Kleinbus, neun Frauen und ein Fahrer. Das Zimmer von Frau Lichtblau wäre frei.

Hermann betritt das Zimmer, in dem Clarissa letzte Nacht geschlafen hat. Er vermeidet es, die Beleuchtung einzuschalten; er zieht es vor, das Fenster zu öffnen, um so das weniger grelle Licht von der Straße hereinzulassen. Der romantische Platz vor dem Hotel ist menschenleer. Hermann sieht sich um. Sein Blick sucht nach Spuren, die Clarissa hinterlassen haben könnte. Er läßt sich auf das aufgeschlagene Bett fallen, er schließt die Augen, er atmet die Luft, die Clarissa geatmet hat. Da spürt er etwas, das ihn an der Nase kitzelt. Er versucht im Halbdunkel zu erkennen, um was es sich handelt. Er findet ein langes Frauenhaar, das vom gepolsterten Kopfende des Bettes herabhängt. Er ergreift es an einem Ende und richtet sich auf: Ob es ein Haar von Clarissa ist? Er pustet das Haar in die Luft. Er ist allein.

1320 Bahnhof Heidelberg

Am frühen Morgen will er weiterfahren. Hermann kommt am Bahnhof an, ohne zu wissen, welchen Zug er nehmen wird, ja, nicht einmal sein Reiseziel ist ihm klar. Er studiert die Fahrpläne, will sich vom Angebot der Stunde inspirieren lassen. Da fällt sein Blick auf ein Fahndungsplakat, das die gesuchten Terroristen der Baader-Meinhof-Bande abbildet.

HERMANN *(liest die Überschrift).* »Strafvereitelung?« »Anarchistische Gewalttäter«. »Baader-Meinhof-Bande«. »Steckbrieflich gesucht werden die Beteiligten an Morden, Sprengstoff-Verbrechen, Banküberfällen ...«

Eins der paßfotogroßen Bildchen auf dem Plakat zeigt das Portrait seiner Freundin Helga mit dem beistehenden Text: »Helga Aufschrey, 31 Jahre, Schriftstellerin, blond, Augen blau, Größe 163 cm. Zuletzt wohnhaft West-Berlin, spricht hochdeutsch mit westfälischem Anklang. Gesucht wegen Raub, Kaufhaus-Brandstiftung, Strafvereitelung ...«

1321 Zugabteil

Hermanns Weiterfahrt führt am Mittelrhein entlang. Draußen die Pfalz von Kaub. Die Bahnstrecke verläuft parallel zur Uferstraße, die gelegentlich in kleinen Ortschaften verschwindet und am anderen Ende wieder zum Vorschein kommt.

Schiefergedeckte Häuser, Fachwerk, heimatliche Architektur prägen das momentane Bild. Im Abteil nebenan unterhält man sich im Hunsrücker Dialekt. Selbst der Schaffner, der die Fahrkarten kontrolliert, spricht mit vertrautem Akzent. Hermann steht im Gang, um bessere Sicht auf den mächtigen deutschen Fluß zu haben. Auf der Uferstraße fährt ein Auto parallel zum Zug, es ist ein Citroën-Cabrio, silbergrau mit roten Sitzen.

Hermann erkennt sein Auto und auch, wer darin sitzt: Schnüßchen und sein Töchterchen Lulu. Die beiden fahren mit offenem Verdeck fröhlich dahin, sehen ihn nicht und wissen nichts von ihm.

HERMANN *(schreit).* Schnüßchen! Lulu!

Hermann trommelt gegen das Fenster, er ruft, er versucht sich bemerkbar zu machen. Schließlich gelingt es ihm, das Fenster zu öffnen. Aber alles Rufen, Winken und Schreien hilft ihm nicht, weil das Geräusch des

Zuges, der Fahrtwind, die Entfernung seine Bemühungen vereiteln. Schnüßchen und Lulu lachen und fahren Auto.
Hermann erkennt die Sinnlosigkeit seines Tuns. Er hält resigniert inne.
Jetzt verschwindet das Auto mit Schnüßchen und Lulu in einer Ortschaft.
In Bacharach steigt Hermann aus.

1322 Marktplatz Bacharach

Schon wieder ist Hermann in einer unwirklichen Wirklichkeit gelandet: Als er mit seinem Matchsack suchend den Marktplatz von Bacharach mit den romantischen altdeutschen Fachwerkhäusern überquert, sieht er dort einen als Bacchus verkleideten Weinkönig stehen, der für die Touristen, die ihn umringen, ein Lied singt.
WEINKÖNIG.
»Wie gern bin ich in Bacharach,
in Bacharach am Rheine.
Die Menschen sind so freundlich hier,
so köstlich sind die Weine.
Des Morgens, wenn die Sonn' aufgeht
und aus dem Nebel steiget ...«
Hermann schaut sich die parkenden Autos an. Keins davon ist sein schönes französisches Straßenschiff.

1323 Rheinufer

Am Rheinufer gegenüber der Lorelei hat ein liebenswerter kleiner Wanderzirkus Station gemacht. Das Viermastzelt ist mit vielen bunten Wimpeln geschmückt. Die Wohn- und Gerätewagen des Unternehmens bilden einen Schutzwall um das Zelt herum und trennen den Zirkusbereich sowie eine kleine Tierschau von einem großem Parkplatz.
Hermann kommt von Bacharach her mit seinem Matchsack die Uferstraße herunter. Sein Interesse gilt auch hier den geparkten Autos.
Plötzlich rennt er los: Auf dem Zirkusplatz steht sein Citroën-DS-Cabrio! Das Auto ist mit offenem Verdeck abgestellt.
Hermann erreicht das Flußufer. Die Zirkusmusik kommt immer näher. Die Vorstellung hat zwar schon begonnen, jedoch ist die Kasse noch

offen, so daß er sich eine Karte kaufen kann. Applaus und viele Kinderstimmen tönen ihm aus dem Zelt entgegen.

1324 Zirkus Antoni

Das Zirkuszelt ist mit Kindern gefüllt. Sie werden nur von wenigen Erwachsenen, hauptsächlich Müttern, oder größeren Geschwistern begleitet, die auf die Kleinen aufpassen. Hermann braucht eine Weile, bis sich seine Augen an den Helligkeitsunterschied gewöhnt haben. Er sucht sein Kind, kann es aber zunächst nirgends entdecken. Er setzt sich mitten in eine Kindergruppe in den hinteren Reihen. Die Zirkusdirektorin tritt auf und kündigt eine neue Nummer an.

DIREKTORIN. Es geht weiter im Programm mit Artistik. Empfangen Sie nun aus Südamerika das »Duo Fernandez«.

Hermann klatscht mit den Kindern, als die beiden Artisten in Glitzerkostümen auftreten. Die Show besteht darin, daß der Mann eine unglaublich gelenkige Südseeschönheit in allerlei akrobatischen Figuren emporhebt, über seinem Kopf schweben läßt und Türme mit ihr baut.

Die Kinder im Zelt sehen gebannt zu und applaudieren begeistert, wenn

eine akrobatische Figur beendet ist. Da treten zwei Clowns auf, die mit der Ansagerin zanken und vorgeben, solche Akrobatiknummern auch ausführen zu können. Dies führt zu allerlei komischen Situationen, in deren Verlauf das Akrobatikpaar immer wieder »gestört« wird.
Da Hermann immer noch nach Lulu Ausschau hält, erkennt er zunächst nicht, wer der Akrobat ist, der diese naiv-rührende Artistikdarbietung mit seiner Partnerin präsentiert. Es ist Juan!
Er entdeckt jetzt auch Lulu, die mit ihrer Mutter in einer Loge ganz vorn am Manegenrand sitzt und Juans Auftritt gebannt verfolgt. Juans Lächeln ist immer noch das alte, aber es wirkt starrer, noch maskenhafter als früher.
Noch einmal erhält das »Duo Fernandez« herzlichen Applaus, dann kündigt die Direktorin eine Pause an und die Möglichkeit, draußen die Tierschau zu besichtigen.
Gemeinsam mit Müttern und Kindern verläßt Hermann das Zelt.

1325 Zirkusanlage

Die Wagen mit den Raubtieren bilden eine Gasse neben dem Zelt. Von hier aus weitet sich der Spielbereich, in dem auch die Tiere zu bestaunen sind, die den Kindern am besten gefallen: Esel, Ziegen, Ponys, Lamas – es gibt sogar ein Kamel.
Hermann folgt Lulu von weitem. Er will das kleine Mädchen, das sich mit den anderen Kindern zu den Tiergehegen treiben läßt, nicht erschrecken.
Schnüßchen hat sich mit Juan am Artisteneingang des Zeltes getroffen. Juan sitzt in seinem engen Kostüm auf einer Kiste. So hört er unbewegt zu, was Schnüßchen zu erzählen hat.
SCHNÜSSCHEN. Weißt du, daß ich viel intellektueller geworden bin? Sonst schaffst du das auch nicht mit dem Studium. Du mußt mehr lesen und lernst wissenschaftliches Falsifizieren und Verifizieren. Weißt du, daß ich viel Philosophie gemacht habe und Gruppendynamik-Seminare? Das war hartes Brot. Dann kam meine Identitätskrise: Ich habe das Vordiplom nicht geschafft. Harter Schlag für meinen Ehrgeiz.
Hermann trifft seine Tochter an einem Laufstall für kleine Ziegen. Das Kind steht einsam da. Es hat ihn kommen sehen, schweigt aber, blickt zu Boden. Alle Fröhlichkeit ist aus dem Kindergesicht gewichen.

HERMANN. Hallo, Lulu, willst du nicht deinen Papa begrüßen? Lulu, was ist denn los?

Als Hermann ihre Wange berührt, um sie tröstend zu streicheln, fängt Lulu an zu weinen. Sie läuft weg. Hermann sieht hinter dem Kind her. Er weißt nicht, was er falsch gemacht hat.

Schnüßchen hat sich zu Juan gesetzt und plaudert.

SCHNÜSSCHEN. Auf jeden Fall will ich versuchen, dieses Jahr meinen Abschluß zu machen, da muß ich mal gucken, ob ich das hinkriege. Wenn das klappt, das wäre wunderbar, dann könnte ich anfangen zu arbeiten, und dann ...

Hermann, der noch einen Augenblick hinter den Schiffen auf dem Rhein hergesehen hat und überlegt, ob er hierbleiben soll oder nicht, geht auf den Artisteneingang zu. Juan erkennt ihn sofort.

JUAN. Hallo.

HERMANN. Juan.

Schnüßchen sieht Hermann überrascht an.

HERMANN. Ich habe euch gesehen, wie ihr hierhergefahren seid. Aus dem Zugfenster.

SCHNÜSSCHEN. Wir haben die Vorstellung von Juan gesehen. Denk dir mal, der macht eine ganz tolle Artistiknummer und hat eine ganz tolle Partnerin. Wo kommt die eigentlich her? Aus Indonesien?

JUAN. Aus Java.

SCHNÜSSCHEN. So ein schönes Mädchen! Und ihr paßt auch so gut zusammen, wenn die dann so auf dir obendrauf ist. Also, mir fehlen die Worte.

Hermanns Gesicht wird während der aus Verlegenheit immer flüchtiger dahinplätschernden Unterhaltung trauriger. Er ist den Tränen nahe, als er sich zu Schnüßchen herabbeugt und ihr in die Augen zu blicken versucht.

HERMANN. Sag mal, was ist denn mit unserer Lulu los? Die ist so merkwürdig.

SCHNÜSSCHEN. Und das wundert dich?

Schnüßchen steht auf. Ihre Haltung drückt wieder die ganze Gekränktheit des getrennten Partners aus. Jeder ihrer Schritte, mit denen sie sich jetzt zum Zirkuszelt begibt, betont noch ihre Vorwürfe und die moralische Verurteilung Hermanns. Auch er reagiert nun so, wie geschiedene Ehemänner im allgemeinen reagieren. Er meint, Stolz demonstrieren zu müssen, als er die Situation einfach überspielt und Schnüßchen nicht mehr beachtet.

HERMANN. Und wie geht es dir, Juan?
JUAN. Gut, danke, und dir?
HERMANN. Ich muß weiterfahren.
Hermann spürt, daß es Jahre dauern würde, den Freund wieder einzuholen. Er wendet sich an Schnüßchen.
HERMANN. Sag der Kleinen einen schönen Gruß von mir.
Hermann entfernt sich.
Schnüßchen ist nicht fähig, ein erlösendes Wort zu sagen. Sie kommt näher, blickt Hermann nach. Ihr Gesicht zeigt jedoch fast keinen Ausdruck.
Er geht den Weg zurück, den er vor kurzer Zeit in so hoffnungsvoller Stimmung gekommen ist: vorbei an dem einzigen Kamel des Zirkus, vorbei an seinem schönen Auto, das er nun an Schnüßchen verloren hat. Ohne sein Kind noch einmal zu sehen, verläßt er den schönen Platz am Rheinufer.

1326 Im Zugabteil

Die Zugfahrt ins Ungewisse geht weiter. Diesmal über eine Nebenstrecke ins Bergische Land. Hermann sitzt einer älteren Dame gegenüber, die ihn unentwegt beobachtet. Er aber studiert sein Kursbuch, sucht nach den Städten, in denen Clarissa mit ihrer »Hexenpassion« auftreten wird.

1327 Landschaft mit Bahngleis

Zwei Helikopter nähern sich über einen Hügel hinweg und überqueren das Bahngleis. Als der Zug aus einer Kurve auftaucht, nehmen sie die Verfolgung auf.
Einer der beiden Hubschrauber setzt sich vor die Lokomotive und bringt den Zug so zum Stehen.
Hier, in flachem Gelände mit Feldern und Wiesen, sind mehrere Polizeifahrzeuge in Stellung gegangen. Sobald der Zug hält, fahren sie los und setzen einen Spezialtrupp von Polizisten ab, der beginnt, die Waggons von allen Seiten zu umzingeln.

1328 Im Zugabteil

Hermann verfolgt die Ereignisse vom Gangfenster aus. Er kann die zwei Hubschrauber sehen, die auf beiden Seiten des Zuges in geringer Höhe schweben und einen fürchterlichen Lärm veranstalten. Hermann beobachtet die Polizisten, die von allen Seiten durch die Felder vordringen. Er wendet sich an die ältere Dame.

HERMANN. Was ist das denn?

FRAU KRAUSE. Kennen wir uns nicht?

1329 Bahndamm mit Wegkreuzung

Ein Lautsprecherwagen der Polizei hat sich quer über das Gleis gestellt, einer der Polizisten nimmt darin Platz, ergreift das Mikrofon, und es ertönt eine Durchsage.

POLIZEISPRECHER. Hier spricht die Polizei. Der Zug wird kontrolliert. Bitte bleiben Sie auf Ihren Plätzen, und bewahren Sie Ruhe. Die Fahrt wird in Kürze fortgesetzt.

Die kreisenden Hubschrauber, das Geräusch ihrer Rotoren, die schrillen Kommandos aus dem Lautsprecher, die Fahrzeuge, die auf den Feldern Stellung beziehen, die vielen uniformierten Männer, die schweren Waffen verwandeln das Gelände in einen Kriegsschauplatz.

1330 Im Zugabteil

Schwerbewaffnete Männer mit langen Uniformmänteln, Lederstiefeln und Stahlhelmen kommen durch die Gänge, um die Abteile zu kontrollieren. Auch das Abteil von Hermann wird durchsucht.

POLIZIST. Guten Tag. Ausweis- und Gepäckkontrolle!

Hermann muß seinen Matchsack öffnen und seine Taschen ausleeren. Sein Paß wird einer längeren Prüfung unterzogen. Die Dame im Abteil betrachtet das Geschehen eher mit amüsiertem Gesichtsausdruck, sie mustert Hermann und lächelt über seine Nervosität.

FRAU KRAUSE. A-Moll. Wissen Sie nicht mehr? Ich sagte, daß Ihr Stück in a-Moll geschrieben ist. Jetzt erinnere ich mich!

Hermann sieht die Dame an. Es ist Frau Krause, die Mitarbeiterin des Anwalts Doktor Bretschneider, bei dem Hermann vor seinem ersten Semester Renate kennengelernt hat.

Die Polizisten haben nichts gefunden und verabschieden sich.

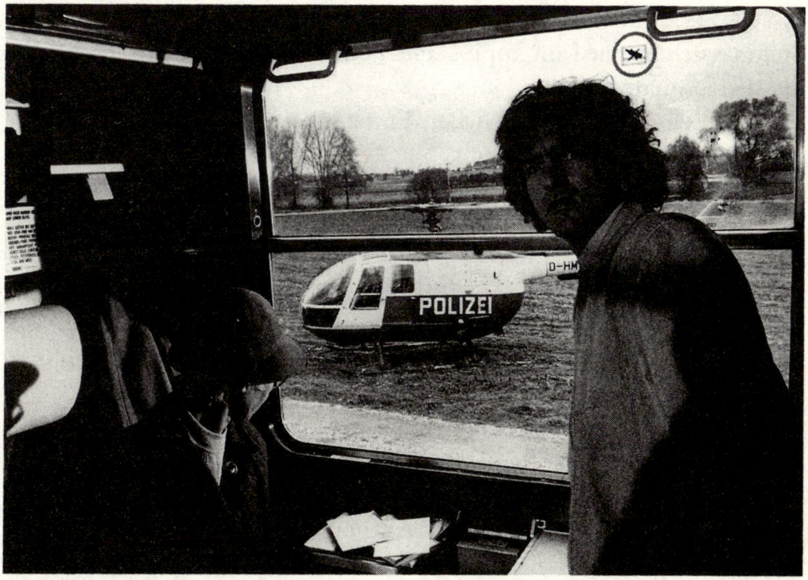

POLIZIST. Danke. Gute Weiterfahrt.
HERMANN. Die fahnden nach Terroristen.
FRAU KRAUSE. So ist es.
Frau Krause lächelt schon wieder. Hermann denkt an Helga.

1331 Straßenkreuzung, Verkehrskontrolle

Unweit der Stelle, an der die Zugkontrolle erfolgt, hat die Polizei eine Straßensperre errichtet. Einer der beiden Helikopter fliegt mit der Einsatzleitung zur nahen Kreuzung und landet dort auf der Straße.
Eine kleine Kolonne von Fahrzeugen hat sich hier angesammelt. Beamte, die ebenfalls schwer bewaffnet sind, durchsuchen Wagen für Wagen.
Aus einem der wartenden Autos steigt Stefan, der Filmemacher. Auch er muß seinen Kofferraum öffnen.
Während er das tut, hält einer der Polizisten seine Maschinenpistole schußbereit auf das Wagenheck gerichtet. Die Beamten sind nervös.
1. POLIZIST. Öffnen Sie die Sporttasche.
STEFAN. Ich bin kein Terrorist.
2. POLIZIST. Was ist das da?
STEFAN. Ein Spielfilm.
2. POLIZIST. Holen Sie ihn bitte raus.
Stefan wuchtet eine Kinokopie seines neuen Films »Die deutsche Angst« auf den Asphalt.
Der Hubschrauber startet wieder. Er zieht über die Szene eine Schleife und entschwindet am Horizont.

1332 Münchner Straße

Stefan kommt mit seinem Auto in München an. Er hält in der Nähe des Viktualienmarkts. Vor ihm präsentiert sich die Silhouette mit den Münchner Wahrzeichen: Frauenkirche, Rathausturm, Alter Peter.
Stefan ist sehr müde nach der langen Fahrt. Er reckt seine Glieder, ehe er aussteigt. Dann hebt er die schwere Spielfilmkopie aus dem Kofferraum und schleppt sie zum Hauseingang. Ein Messingschild weist dort auf seine kleine Firma hin: »Stefan Aufhäuser Filmproduktions GmbH 4. Stock«.

1333 München, Wohnung Stefan

Stefan müht sich mit dem gewichtigen Paket das gewundene Treppenhaus hoch. Es gibt hier keinen Aufzug. Er stellt den Film vor der Wohnungstür ab, steckt den Schlüssel ins Schloß und sperrt auf.
Er betritt den schmalen Flur seiner Wohnung, deponiert das Paket neben der Garderobe. Seine Reisetasche bringt er ins Schlafzimmer. Die Jacke, die er im Gehen auszieht, legt er sich über den Arm, und dann schaltet er das Flurlicht aus, das seltsamerweise noch brennt. Er zieht seinen Taschenkalender aus der Tasche und sucht nach einer Telefonnummer. So gelangt er in seine Küche. Dort bemerkt er eine Veränderung – Lebensmittel, die er nicht auf den Tisch gestellt hat, benutztes Geschirr – und dreht sich um. In seinem Wohnzimmer sitzen Leute, die er nicht kennt: zwei Männer, die ihn schweigend anstarren. Jetzt erst erkennt er Helga, die ein wenig versteckt hinter den beiden Männern sitzt und nun den Kopf wendet.
Stefan bleibt in der Tür stehen.

HELGA. Hallo, Stefan! Ankündigen ging nicht, aus verständlichen Gründen!

Stefan bringt kein Wort heraus. Sein einziger Gedanke ist, die Lamellenjalousien vor den Fenstern herunterzuziehen, damit niemand hereinschauen kann. Dann setzt er sich auf seine Couch vor das große Plakat von Viscontis »Morte a Venezia«.
Helga sitzt vor dem Spiegel, ist dabei, sich zu schminken, wie sie es früher nie getan hat. Die beiden Begleiter sehen Stefan zu, wie er vor Angst Schweißausbrüche bekommt. Helga stellt ihre Begleiter vor, ohne Namen zu nennen.

HELGA. Das sind meine Genossen. Heute nacht verschwinden wir wieder.

STEFAN. Wie seid ihr hier reingekommen?

HELGA. Hast wohl vergessen, daß ich noch einen Schlüssel habe. Hier.

Sie holt den Schlüsselbund vom Tisch und wirft ihn Stefan zu. Er fängt ihn auf, die »Genossen« schweigen. Stefan folgt Helga in die Küche, er schaut dort zu, wie sie sich Rühreier zubereitet und diese gleich aus der Pfanne ißt.

STEFAN. Mein Gott, Helga, wie kannst du nur so leben!

HELGA. Ich werde endlich gebraucht.

1334 Rheinbrücke Köln

Der Zug, mit dem Hermann weitergefahren ist, überquert den Rhein und fährt in den Kölner Hauptbahnhof ein. Die Nacht senkt sich herab, so daß die gotischen Domtürme wie aus Glanzpapier ausgeschnitten vor dem fahlen Himmel stehen.

1335 Konzertsaal

In der Nähe des Doms findet Hermann Stellwände mit Plakaten zu Clarissas »Hexenpassion«. Ein Aufkleber trägt den Text: »Nur heute«. Hermann sieht sich um: Er steht den Eingängen des Konzertsaals direkt gegenüber. Eine der Türen ist geöffnet. Er reißt den Aufkleber ab und nimmt ihn mit in das Gebäude hinein. Er begegnet aber nur einer Putzfrau, die die Eingangshalle säubert. Hermann kann nicht weitergehen, der Konzertsaal ist geschlossen. Er hält der Frau den Plakataufkleber vor die Nase.

PUTZFRAU. Heute ist gestern.

1336 »Domplatte«

Auch auf dem zugigen, mit Steinplatten belegten Platz vor dem Dom steht eine kleine Plakatsäule, auf der Clarissas »Hexenpassion« angekündigt wird. Hermann sieht zu den Domtürmen empor, die sich im blauen Mondlicht über ihm in den Himmel recken. Nebelschwaden ziehen über ihn und die Turmfassaden hinweg. Er beginnt sich zu drehen. Die Türme über ihm drehen sich mit. Immer schneller dreht er sich, bis die Türme in eine schwindelerregende Rotation geraten. Alles ist subjektiv.

1337 München, Bude Alex

Alex kommt zu dieser Stunde, betrunken wie immer, in seine über und über mit Büchern angefüllte Bude zurück. Er verliert das Gleichgewicht und versucht sich festzuhalten. Sein Gesicht ist kreidebleich, Schweiß steht auf seiner Stirn. Irgend etwas scheint sich in der Thermosflasche zu befinden, die er noch schnell austrinken will. Sein Zustand verschlechtert sich aber innerhalb von Sekunden. Er torkelt in seinen Schlafraum hinein, er ringt nach Atem, faßt sich an den Hals, an die Brust. Wenige Sekunden danach stürzt Alex zu Boden. Er liegt, aus Nase und Mund blutend, mitten zwischen seinen zehntausend Büchern. Der versoffene ewige Student ist tot.

1338 München, Wohnung Stefan

Auf Stefans Küchentisch liegt Helgas Pistole mit vollgeladenem Magazin. Helga steckt die Waffe in ihre Handtasche. Sie hat sich eine dunkle Perücke aufgesetzt. Als sie jetzt noch die Brille auf die Nase setzt und Stefan anlächelt, ist sie kaum wiederzuerkennen. Die Maskerade ist perfekt: Jeder wird sie für eine seriöse Chefsekretärin halten. Stefan trinkt Rotwein und schweigt. Er hat immer noch Furcht. Helgas »Genossen« verbrennen alle Papiere und Notizzettel, die sie während des Aufenthalts in Stefans Wohnung benutzt haben. Stefans gefährliche Besucher sind zum Aufbruch bereit. Noch einmal geht Helga zum Telefon, sie wählt Katrins Nummer in Berlin. Der Anschluß ist aber besetzt.

1339 Berliner Kommune

Katrin telefoniert mit Hermann. In den Räumen der Berliner Kommune hat sich vieles verändert: Die ehemals ausgehängten Türen sind wieder eingehängt, das Zimmer ist gemütlich eingerichtet und angefüllt mit Katrins persönlichen Dingen: Büchern, Möbeln, Nippes, Bildern. Es gibt sogar Blumentöpfe und ein Klavier. An diesem Klavier sitzt sie mit strubbeligen Haaren, im Nachthemd. Sie singt in den Telefonhörer, den sie sich zwischen Schulter und Ohr geklemmt hat. Es ist Schuberts Lied »Der Wanderer«, das sie auswendig weiß und dessen Melodie sie auf dem Klavier begleitet.

KATRIN.

»Die Sonne dünkt mich hier so kalt,
die Blüte welk, das Leben alt,
und was sie reden, leerer Schall,
ich bin ein Fremdling überall.«

1340 Köln, Hotelzimmer Hermann

Hermann sitzt, einen Wollschal um den Hals, in seinem Hotelbett in Köln und hört zu. Auch er kennt das Lied. So kann er die nachfolgenden Zeilen mitsingen, so gut es seine erkältete Stimme zuläßt.

HERMANN.

»Wo bist du, wo bist du,
mein geliebtes Land?
Gesucht, geahnt und nie gekannt.«

1341 Berliner Kommune

Katrin antwortet mit dem Klavierzwischenspiel. Dann spricht sie Hermann die Zeilen, auf die es ihr ankommt, ausdrucksvoll vor, damit er jedes Wort versteht. Sie begleitet den gesprochenen Text auf dem Klavier. Fast kommen ihr die Tränen, so innig ist ihr Vortrag.

KATRIN.

»Das Land, wo meine Rosen blühn,
wo meine Freunde wandelnd gehn,
wo meine Toten auferstehn –
das Land, das meine Sprache spricht –
oh Land, wo bist du?«

Plötzlich treten ihre Wohngenossen, die Kommunarden, ins Zimmer. Sie entrollen ein improvisiertes Transparent mit dem Text: FASSE DICH KURZ, DAS TELEFON GEHÖRT DER REVOLUTION!

1342 Hotelzimmer Hermann

Katrin hat sich nicht irritieren lassen, sie spielt die Überleitung zu Ende und gibt Hermann den Einsatz für den Liedschluß:

HERMANN.

»Im Geisterhauch tönt's mir zurück,
dort, wo du nicht bist, dort ist das Glück.«

Die tragisch-romantische Schlußzeile singen beide gemeinsam. Das Telefon verbindet sie in einem vom Prinzip Hoffnung erfüllten Gefühl des Unglücks.

1343 München, Treppenhaus Stefan

Im Laufschritt stürmen vier Polizeibeamte das geschwungene Treppenhaus herauf. Vor Stefans Wohnungstür verteilen sich die Männer, ihre Waffen im Anschlag.
Einer von ihnen betätigt Stefans Glocke. Als nicht gleich geöffnet wird, richten sich die Waffen auf die Tür, noch einmal wird geläutet.

1344 Wohnung Stefan

Stefan ist wach geworden. In Pyjamahose und mit nacktem Oberkörper geht er in seinem Flur auf und ab. Er glaubt, daß es Helga und ihre Genossen sind, die wieder in die Wohnung wollen. Als nun erneut geläutet wird, wird Stefan sauer.

STEFAN. Laßt mich in Ruhe, ich mache nicht auf!

POLIZIST. Polizei, machen Sie die Tür auf!

STEFAN. Hört doch mit dem Quatsch auf! Ich laß euch jetzt nicht mehr rein.

POLIZIST. Hier ist die Polizei, machen Sie sofort die Tür auf!

STEFAN. Nein, haut endlich ab!

Stefan trommelt von innen gegen die Tür, um seine Entschlossenheit zu zeigen.
Das gibt den Polizisten Anlaß, gewaltsam in die Wohnung einzudringen. Mit der Maschinenpistole schießen sie einen Ring um das Schloß und rammen ihre Schultern fast gleichzeitig so hart gegen die Tür, daß sie splitternd aufspringt. Stefan ist von den Schüssen im Oberschenkel getroffen worden, er schreit vor Schmerzen und Entsetzen. Die Bullen werfen sich über ihn, zerren ihn zu Boden. Im Nu hat man ihm die Arme mit Handschellen auf den Rücken gefesselt.
Nun durchsuchen die Polizisten hektisch die ganze Wohnung. Sie werfen Möbel um, reißen Schränke auf, durchwühlen Bett und Bad, verwüsten die Küche – nur die Terroristen, hinter denen sie her sind, können sie nicht finden.
Stefan liegt in einer Blutlache. Einem der Polizisten ist die Winchester in die Hände gefallen, die Stefans toter Freund Reinhard ihm hinterlassen hat.

1345 Hauptbahnhof Köln

Hermann setzt seine Reise ins Ungewisse fort. Im Kölner Hauptbahnhof kauft er sich eine Münchner Zeitung. Er starrt auf die Titelseite. »Filmemacher von Polizei niedergeschossen«, so lautet die Überschrift.

HERMANN *(liest)*. »In den frühen Morgenstunden drang ein Spezialtrupp der Münchner Bereitschaftspolizei in die Wohnung des Filmemachers Stefan A. ein. Es hatte offenbar einen Hinweis gegeben, daß sich gesuchte Terroristen der Baader-Meinhof-Bande in seiner Wohnung aufhielten. Der ahnungslose Filmemacher hielt die Aufforderung, die Tür zu öffnen, für einen üblen Scherz seiner Kollegen und weigerte sich, die Beamten hereinzulassen. Daraufhin eröffnete die Polizei das Feuer durch die Tür und verletzte den Filmemacher schwer. Die Durchsuchung der Wohnung ergab keine Hinweise auf konspirative Betätigung. Ein Sprecher der Polizei erklärte, es habe einen anonymen Anruf gegeben, der die Polizei zum Eingreifen veranlaßt hätte. Nach Auskunft der Ärzte des Schwabinger Krankenhauses schwebt der Filmemacher noch in Lebensgefahr. Stefan A. war vor einigen Wochen bekannt geworden, weil sein Film ›Die deutsche Angst‹ einen Spezialpreis auf den Filmfestspielen von Venedig erhielt.«

Es ist auch ein Foto von Stefan auf der Titelseite der Zeitung abgedruckt. Es zeigt ihn, auf einer Wiese des Englischen Gartens sitzend, sorglos in die Kamera blickend.

Hermann wählt für seine Weiterreise einen Zug Richtung Norden.

1346 Zugfahrt, Speisewagen

Hermann hat sich im Speisewagen niedergelassen. Dort ist es um diese Stunde zwischen Mittagessen und Kaffeezeit besonders angenehm, weil man vom Personal in Ruhe gelassen wird und auch genügend Platz hat für die Lektüre auf dem Tisch. Er hat sich noch andere Zeitungen gekauft, um mehr über die Vorfälle in München zu erfahren. Er trinkt einen Kaffee dazu. Das Bild Stefans findet sich auch in diesen Zeitungen wieder. Hermann sinniert zum Fenster hinaus.

Da nähert sich eine junge Frau seinem Tisch. Ihre Lederjacke, die schußbereite Kamera um ihren Hals und ihr Aluminiumköfferchen weisen sie als Fotoreporterin aus. Sie klopft Hermann von hinten auf die Schulter, so daß er erschrickt.

ELISABETH. Hallo, Hermann. Das Foto habe ich geschossen. Dann weißt du ja alles.

Mit dem Zeigefinger tippt sie auf das Titelbild in der *Abendzeitung*. Sie will Hermann zeigen, wie gut sie im Geschäft ist. Hermann dreht sich um und erkennt sie jetzt.

HERMANN. Elisabeth!

ELISABETH. Na, ist der Groschen endlich gefallen? Also, ich wohne jetzt in Bonn. Von Rolf bin ich getrennt, die Kinder sind ja groß, da habe ich aus meinem Hobby einen Beruf gemacht. Jetzt fahre ich nach Marl – da wird der Grimme-Preis verliehen. Und du? Lebst du noch mit Schnüßchen oder sie mit dir? Hat sie ihr Studium beendet?

Sie setzt sich an einen Einzeltisch auf der anderen Seite des Ganges. Von hier aus redet sie lässig über die Distanz mit Hermann. Hermann weiß nicht, auf welche von allen ihren Fragen er zuerst antworten soll. Eigentlich hätte er ebenso viele Gegenfragen.

ELISABETH. Na ja, uns moderne Frauen kann man nicht mehr ohne weiteres binden. Wir wissen, was wir wollen, und das ist heute mehr als nur Mann und Kinder. Kann ich bitte einen Schnaps haben?

Sie winkt den Kellner zu sich heran. Hermann sucht nach einer einfachen Antwort.

HERMANN. Wir leben getrennt.

Elisabeth ist zufrieden. Diese Antwort hat sie erwartet. Plötzlich ändert sich ihr Gesichtsausdruck. Ihre Augen bekommen einen magischen Schimmer, die Lippen spannen sich, ihre Körperhaltung strafft sich, der Zug fährt in einen Tunnel ein, und es wird düster im Wagen.

ELISABETH. So. Und jetzt werde ich zaubern. Aus zwei mach vier, aus sechs mach acht, aus zehn mach eins – das ist das Hexeneinmaleins. Simsalabim!

Elisabeth ist langsam immer näher auf Hermann zugekommen. Sie starrt in seine Augen. Dann reißt sie das Tischtuch von seinem Tisch. Sein Blick folgt ihrer Hand: Vor ihm liegen Dutzende von großformatigen Aufnahmen.

ELISABETH. Neunzehnhundertvierundsechzig.

Es sind die Bilder von Hermanns Hochzeit mit Schnüßchen. Der Zug verläßt den Tunnel. Es wird wieder hell. Hermann beginnt in den Fotos zu wühlen. Es ist unglaublich, was da alles zum Vorschein kommt:
das Brautpaar mit Trauzeugen vor dem Standesamt; die Hochzeitstafel mit allen Freunden; Hermann, wie er die Braut über die Schwelle trägt; er und Schnüßchen bestaunen Cerphals Spieluhr-Geschenk; das Treffen

mit Renate und Juan vor dem »Fuchsbau«; ein Bild des einsamen Juan mit der künstlichen Nachtigall; Stefan und Rob im »Fuchsbau«-Garten; die fröhlich winkenden Freunde auf der Villentreppe; Clarissa im »Fuchsbau«; noch einmal der Eingang zum Standesamt mit Alex; Helga, sie sieht ganz rund aus im Gesicht – wie ein Kind fast –, aber mit fanatischen Augen.
Die Erinnerungen überfallen Hermann. Er ist schon während der Betrachtung der Szenen aus seinem Leben immer unruhiger geworden. Jetzt wird ihm schlecht. Er gerät in Panik und rennt zur Zugtoilette.
Er muß warten, weil besetzt ist. Hermann lehnt sich an die Wand und versucht, ruhiger zu werden und durchzuatmen. Plötzlich dreht sich das Türschloß auf »frei«. Hermann wartet nervös und ungeduldig, daß die Person, die das Schloß betätigt hat, endlich auch aus der Toilette herauskommt.
Als sich eine Zeitlang nichts rührt, klopft er an die Tür. Diese wird von innen aufgerissen. Es ist Helgas Dülmener Großmutter, die da auf dem Klo sitzt und Steinhäger aus der Flasche trinkt. Die Alte hat einen hochroten Kopf vor Empörung.
OMA AUFSCHREY. Wat fällt Ihnen ein, hier einfach zu kloppen. Kerl!
Sie knallt die Tür wieder zu. Hermann steht da und verliert die Orientierung. Wie kommt diese Frau hierher? Er fühlt sich von Gespenstern der Vergangenheit verfolgt. Er will raus aus diesem Zug! Er rüttelt an der Tür.
Da verlangsamt sich die Fahrt. Der Zug fährt in einen Bahnhof ein. Hermann macht sich zum Aussteigen bereit.

1347 Dülmen, Bahnhof, Innenstadt

Er steht auf dem Bahnsteig. Erst als der Zug den Bahnhof verlassen hat, erkennt Hermann, wo er ist: in Dülmen, der Stadt von Helga, Dorli und Marianne, der Stadt, aus der er geflohen ist, geflohen vor der Sehnsucht der Frauen.
Jetzt würde er sofort wieder in den Zug steigen, den er soeben verlassen hatte. In der Ferne verliert sich das Geräusch seiner Räder. Auf dem Bahnsteig ist außer Hermann kein Mensch. Es gibt hier auch keinen anderen Zug, mit dem Hermann weiterfahren könnte. Nur leere Gleise, die sich in beiden Richtungen in der Ferne verlieren. Dies ist ein Durchgangsbahnhof.

Hermanns Schritte hallen wider in der Leere des Bahngeländes. Er setzt sich auf die Stufen zur Überführung und blättert nervös in seinem Kursbuch. Über ihm wieder das Fahndungsplakat mit dem Foto Helgas. Er ist in die kleine Stadt hineingegangen. In der Nähe des alten Backsteintores findet er eine Telefonzelle. Er wählt eine Nummer in München.

HERMANN. Guten Tag, Frau Lichtblau. Hier ist Hermann Simon. Können Sie mir bitte sagen, wo Clarissa zur Zeit ist? Ich muß sie finden.

Hermann muß warten, bis Clarissas Mutter auf dem Tourneeplan nachgesehen hat.

Schräg gegenüber, ganz nah beim alten Stadttor, parkt vor einem Blumenladen ein weißes Auto. Es gehört einer Frau, die mit ihren beiden Töchtern Blumen kauft. Es ist Marianne, älter geworden, ganz bürgerlich in ihren Bewegungen und der selbstverständlichen Art, sich bedienen zu lassen. Frau Lichtblau meldet sich vom anderen Ende der Leitung. Sie steht nun mit dem Telefon vor der Landkarte mit Clarissas Tourneeplan.

MUTTER CLARISSA. Gestern war sie in Aachen, und heute ist sie für zwei Tage in Amsterdam.

Marianne schließt den Kofferraumdeckel ihres Wagens. Eine Dülmener Kirchenglocke beginnt zu läuten. Marianne lächelt die Zwillinge, die auf dem Rücksitz Platz genommen haben, an. Es ist Feiertagsstimmung im Städtchen eingekehrt. Die hübsch gekleideten Mädchen, das Glokkenläuten und das Lächeln der Mutter, die sich ans Steuer setzt, lösen dieses Gefühl aus.

Hermann verläßt die Telefonzelle. Er erkennt Marianne nicht. Marianne ergeht es ebenso. Sie fährt ganz nah an ihm vorbei. Nichts verbindet sie mehr mit diesem Zeitreisenden.

1348 Zugfahrt

Der Zug rast durch eine ebene Landschaft. Hermann hat eine schnelle Verbindung nach Amsterdam herausgefunden. Es gelingt ihm, noch am selben Abend kurz vor Einbruch der Dunkelheit in der holländischen Metropole anzukommen.

Auch diese Stadt durchstreift er erst einmal zu Fuß. Das Labyrinth der Amsterdamer Grachten, Brücken, schmalen Straßen mit schiefen Fassaden, Hausbooten und Eckkneipen hält ihn von Anfang an gefangen. Er geht und geht und findet kein Ziel.

HERMANN. *Seit fünf Tagen hatte ich im trüben gefischt: Finde ich Clarissa, finde ich sie nicht, laufen wir uns irgendwo wie vor zehn Jahren zufällig in die Arme? Es hätte mir gefallen, wenn ich diesen romantischen Zufall unbemerkt hätte arrangieren können. Aber das Schicksal sträubte sich. Das Verlangen war eindeutig. Also wollte ich mich auch entsprechend verhalten. Endlich ein Ziel.*

Auf einer Brücke tanzen Hippies und Hare-Krishna-Leute in orangefarbenen Gewändern. Es riecht nach orientalischen Düften und Shit. Als er das andere Ufer der Gracht erreicht hat, wird er von einem Dealer angesprochen, der sich bei ihm unterhakt und ihn in eine Ecke zerren will.

PASSANT. You want some shit?
HERMANN. What?
PASSANT. Some shit?
HERMANN. No, thanks. Later.

Hermann kann sich losmachen. Er steht vor einer Bretterwand, auf der er endlich Clarissas Plakate wiederentdeckt. Er entdeckt auch den Hinweis: »Melkweg«, den Schauplatz der »Hexenpassion«.

1350 Amsterdam, »Melkweg«

Unweit des berühmten »Leidseplein« findet Hermann das Backsteingebäude, eine ehemalige Molkerei, das der Protestjugend als Veranstaltungsort für Konzerte, Filme oder auch nur als Treffpunkt dient. Hier tummelt sich ein buntes Völkchen von singenden, kiffenden Leuten, Hippies, Studenten und durchreisenden Jugendlichen mit Schlafsäcken.
Hermann überquert die alte Zugbrücke, die von der Straße zum »Melkweg« führt.
Im Näherkommen hört er Musik aus Clarissas »Hexenpassion«: Die Vorstellung hat schon begonnen.

1351 Theatersaal

Das kleine Theater ist mit einfachen Mitteln in die alte Backsteinarchitektur integriert worden. Unter Verwendung von Rohrgerüsten wurde eine umlaufende Empore errichtet, die man mit zusätzlichen Plätzen für die Zuschauer versehen hat, welche sich mit Kinostühlen bequemen müssen.
Der Raum ist in dämmeriges Licht gehüllt, aus dem sich die kleine Bühne besonders schön hervorhebt. Das Bühnenbild der »Hexenpassion« besteht aus einigen feststehenden Dekorationsteilen, die aussehen wie das Mauerwerk einer klassischen Tempelruine. In imitierte Marmortafeln wurden die Liedertexte graviert, so daß die Zuschauer Clarissas oft kompliziert klingende Gesänge auf den Tafeln mitlesen können.
Im Hintergrund stehen sieben hohe Säulen, die Camillas »Hexenzahl« symbolisieren. Sieben Feuer brennen in sieben Bronzeschalen, die davor aufgestellt sind. Alle Musiker sind Frauen, sieben an der Zahl. Sie tragen engelhafte, weiße Gewänder, die ihnen an Armen und Beinen in Streifen herabhängen. Die Gesichter sind kalkig geschminkt, die Szene ist völlig in blaues »Mondlicht« getaucht.
Clarissa kauert, ganz in Rot gekleidet, am Bühnenrand auf einem rohen Stein und wimmert in kleinen, rhythmischen Tonfolgen in sich hinein.

Das Orchester erzeugt ein unheilschwangeres Klanggemisch, das sich dynamisch steigert, bis es in einem schrillen Aufschrei von Clarissa gipfelt.
Lichtblitze zucken über die Bühne. Clarissa bäumt sich auf, bevor es dunkel wird im Raum.
Die »Hexenpassion« erzählt eine Geschichte aus dem Jahre 1672. Damals wurde in Marburg eine oberhessische Bauerntochter namens Katherine Lips der Hexerei angeklagt und tagelang gefoltert. Das überlieferte Protokoll dieses Martyriums ist von Clarissa und ihrer Freundin, der Posaunistin Camilla, vertont und als kleine Oper inszeniert worden. Dabei werden die Texte des Folterprotokolls, die Clarissa in einer Art Sprechgesang vorträgt, von Liedern unterbrochen.
Hermann wird vorerst nicht in den Saal gelassen, weil er zu spät kommt. Er hört an der angelehnten Saaltür zu, wie sich die Aufführung weiter entwickelt. Clarissa tritt jetzt zwischen den Steinsäulen heraus. Sie ist sehr ernst.

CLARISSA.

»Und hat gesagt, sie wäre keine Hexe. Hat sich selber herzhaft und willig ausgezogen.
Worauf der Scharfrichter sie an den Händen angeseilet und wieder abgeseilet.
Peinlich Beklagtin hat gerufen: ›O weh! O wehe!‹ Ist wieder angeseilet. Hat gerufen: ›O weh, O wehe, Herr im Himmel, komm zu Hilf!‹
Die Zähne sind angeseilet worden, hat um Rach' gerufen, und ihre Arme brechen ihr. –
Die Spanischen Stiefel sind ihr uffgesetzet. Die Schraube auf dem rechten Bein ist zugeschraubet. Ist ihr zugeredt worden, die Wahrheit zu sagen. Sie hat aber druff nicht geantwortet. Die Schraube auf dem linken Bein auch zugeschraubet, hat geruffen, sie kennte und wüßte nichts, hat geruffen, sie wüßte nichts, hat ums Jüngste Gericht gebeten, sie wüßte ja nichts, hat sachte in sich geredt, sie kennte und wüßte nichts.
Die linke Schraube gewendet, peinlich Beklagtin am Seil uffgezogen.
Hat geruffen: ›Du lieber Herr Christ, komm mir zu Hilf!‹ Sie kennte und wüßte nichts, wann man sie auch ganz tot arbeitete.
Ist höher uffgezogen, ist stille worden.«

Clarissas Vortrag wird von Camilla auf der Posaune begleitet. Sie ist während der Rezitation bis zur Rampe gekommen. Dort bleibt sie nun stehen und schweigt im Gedenken an das arme Folteropfer.

Jetzt darf Hermann endlich den Saal betreten. Er kommt durch den Mittelgang und hält nach einem freien Platz Ausschau. Das Publikum sieht gebannt zur Bühne, wo nun eine süße, junge Gitarristin, hoch auf einer Mauer postiert, eine zarte Introduktion zum folgenden Lied spielt. Clarissa sitzt unterhalb einer Marmortafel. Sie singt mit aufgelösten Haaren in dem blauen Bühnenlicht.

CLARISSA.

»Um meine Augen zieht
die Nacht sich
wie ein Ring zusammen.
Mein Puls verwandelte
das Blut in Flammen,
und doch war alles
grau und kalt um mich.

O Gott, und bei
lebendigem Tage
träum ich vom Tod.
In Wassern trink ich ihn
und würge ihn im Brot.
Für meine Traurigkeit
gibt es kein Maß
auf deiner Waage.«

Hermann versucht zu begreifen, daß er endlich angekommen ist. Er sitzt in diesem Halbdunkel, umgeben von vielen Menschen, und weiß nicht, ob es wirklich Clarissa ist, die er da hört und sieht. Sie wirkt sehr verändert, schöner und »moderner«. Hermanns Augen sind weit geöffnet, vermögen deswegen aber nicht tiefer in das Geschehen einzudringen. Er muß permanent gegen das Gefühl ankämpfen, daß auch hier wieder alles nur geträumt sein kann.

Die Posaune beginnt nun ein neues Klagelied. Clarissa tritt zwischen sieben Frauen hervor, die mit den Gesichtern an die Säulen gelehnt stehen: die Musikerinnen, die mit ihren hochgestreckten Armen und den nackten Füßen aussehen wie Sklavinnen im alten Rom. Clarissa, die Rotgewandete, schreitet auf das Publikum zu.

CLARISSA.

»Und hat nichts reden wollen.
Hieruff ist sie hinausgeführt worden von dem Meister, um ihr die Haare vom Kopf zu machen.

Darauf er, der Meister, kommen und referiert, daß er das Stigma funden, worin er eine Nadel über Glieds tief gestochen, welches sie nicht gefühlt, auch kein Blut herausgegangen.

Nachdem ihr die Haare abgeschoren, ist sie wieder angeseilet worden an Händen und Füßen, abermals uffgezogen.

Da sie geklagt und gesagt, sie müßte nun ihr liebes Brot heischen. ›Brot! Brot!‹ hat laut gerufen, ist wieder ganz stille worden, gleich als wenn sie schliefe.«

Die Frauen vor den Säulen lassen ihre Arme sinken. Sie wenden sich dem Publikum zu. Das Licht verändert sich. Aus Clarissas Augen fallen Lichtstrahlen, die von der Bühne bis zu Hermanns Platz dringen. Auch auf ihrer Stirn leuchtet ein Punkt. Es ist ein mandelförmiges Mal, ein »drittes Auge«.

Hermann wendet den Kopf. Vor den sieben Säulen sieht er die Körper der Frauen seines Lebens: Helga, Katrin, Renate, die Mutter des Klavierschülers Tommy, die nackte Studentin mit den F-Löchern auf dem Rücken, Erika und Marianne aus Dülmen. Alle diese Frauen sehen aus wie die Geister von Verstorbenen. Sie enthüllen ihre Körper und lächeln ihn so süß an, daß er fast die Besinnung verliert.

Das Orchester auf der Bühne beginnt ein neues Klagelied. Wieder wimmert die Posaune mit gestopften Tönen.

Hermann wacht auf. Der Spuk ist vorbei. Vor der Bühne steht nun

Clarissa im magischen Licht neben ihrer Freundin, in deren Posaunentrichter ein Hexenstern aufleuchtet.

CLARISSA.

»Und hat gesagt, sie wüßte nichts. Die Schraube am rechten Bein wieder zugeschraubet. Wieder gerufen, und stracks ganz stille worden, und ihr das Maul zugangen.

Mit Werkzeugen ihr das Maul uffgebrochen. Am linken Bein zugeschraubet, worauf sie gesagt, sie könnte nichts sagen, wann man sie auch tot machte.«

Clarissa und die Posaunistin setzen sich dem Publikum direkt gegenüber auf die Rampe. Das Lied, das sie jetzt anstimmen, ist ein Kanon, der von den beiden Frauen gesungen wird. Hermann erkennt in der vorderen Reihe auch Fräulein Cerphal, die von Herrn Gattinger begleitet wird. Sie reist offenbar immer noch wie der Fliegende Holländer rastlos durch die Welt, von Kulturereignis zu Kulturereignis. Nun entdeckt auch sie Hermann. Sie winkt ihm zu. Ihr ist nichts fremd in der Welt, und nichts Unwahrscheinliches setzt sie in Erstaunen.

CLARISSA und CAMILLA *(singen)*.

»Dein Herz ist wie die Nacht so hell,
ich kann es sehn,
du denkst an mich,
es bleiben alle Sterne stehn.«

Begleitet von dröhnenden Akkorden, beginnen nun alle sieben Säulen auf der Bühne zu brennen. Es scheint so, als ginge das ganze Theater in Flammen auf.

1352 Vor Hotel Acacia

Camilla geht, gefolgt von ihren Musikerinnen – der Gitarristin, der Bassistin, der Schlagzeugspielerin und den vier Streicherinnen –, die menschenleere Straße an der Gracht entlang. Die Frauen gehen schweigend mitten auf der Straße, auf der einen Seite die schiefen Fassaden mit den großen Fenstern, auf der anderen Seite der Kanal mit dem modernden Wasser und den schaukelnden Hausbooten. Die Geräusche der sechzehn Füße, die vielen Stakkatoschläge der hohen Absätze zerfetzen die Nachtruhe. Der Marsch der Frauen endet vor dem Hotel Acacia, einem Haus, das so schmal ist, daß kaum eine Tür und ein Fenster in der Fassade Platz finden.

1353 Hotel Acacia

Hermann und Clarissa liegen, umgeben von Kleiderfetzen, nackt auf dem blanken Boden – merkwürdig verrenkt und vom Mondlicht ausgebleicht. Die beiden Körper sind so regungslos, daß man sie für tot halten könnte. Nur die Geräusche der Frauenschritte auf der steilen Haustreppe dringen noch herein. Es scheint, als ob die beiden Liebenden nicht einmal atmen.

Es ist der »kleine Tod«, wie die Franzosen den Höhepunkt des Liebesspiels nennen, der sie so dahingestreckt hat.

In Hermanns Körper kehrt allmählich wieder Leben zurück. Er richtet sich ein wenig auf. Er sieht sich umgeben von Spiegeln, die sein Bild und das von Clarissas Körper reflektieren.

Er wendet rasch den Blick zur Seite, sucht Clarissa: Sie liegt nackt und erschöpft neben ihm. Hermann nähert sein Ohr ihrem Mund. Er horcht auf ihren Atem.

Ihre Lippen bewegen sich fast unmerklich.

CLARISSA. Lieber – ich bin bei dir.

Hermann erhebt sich. Er geht zum Fenster und sieht auf die Gracht hinaus.

Der Mond spiegelt sich im trüben Wasser. Es ist der Vollmond.

HERMANN. Es bleiben alle Sterne stehn.

CLARISSA. Ja.

Er geht zum Bett, das ganz unberührt ist, schlägt die Tagesdecke zurück und macht aus dem Kissen einen Berg am Kopfende. Seine Bewegungen sind liebevoll, fast mütterlich.

HERMANN. Komm, erkälte dich nicht.

Clarissa schweigt. Sie liegt ruhig auf dem Rücken.

Hermann nimmt das Kissen und das Federbett und kehrt zu ihr zurück. Er schiebt ihr das Kopfkissen unter den Nacken. Er deckt sie zärtlich zu. Clarissa läßt alles mit sich geschehen, ohne sich von der Abwesenheit ihrer Gedanken freizumachen.

CLARISSA. Ich gehe gerade durch diese zehn Jahre. Ich habe immer auf dich gewartet. Es verging kaum ein Tag, an dem ich nicht wußte, wo du bist. Und es kam kaum ein Tag, an dem ich erfahren hätte, was du denkst. Können wir das jemals einholen?

HERMANN. Ich will es versuchen.

CLARISSA. Ich habe dich zum ersten Mal vergessen auf dieser Tournee, und besonders heute.

HERMANN *(seufzt)*. Ich habe dich verfolgt.

CLARISSA. Es wird lange dauern, bis du mich zum Sprechen bringst. Ich habe so lange geschwiegen. Ich habe immer nur mit mir selbst gesprochen. In meinem Kopf sind tausend Stimmen. Echos meiner Stimme, die eingesperrt war so lange Zeit.

Hermann legt seinen Kopf auf ihre Brust, sieht zur Zimmerdecke hinauf.

HERMANN. Ich hatte geschworen: nie mehr die Liebe! Und ich habe mich daran gehalten. Ich schwöre dir, ich habe mein Herz in Schach gehalten die ganze Zeit, seit ich sechzehn war, vierzehn Jahre.

CLARISSA. Zweimal sieben Jahre!

HERMANN. Es heißt, nach sieben Jahren ist kein Atom mehr das gleiche in unserem Körper.

CLARISSA. Aber die Sehnsucht – bleibt.

HERMANN. Ich habe mich immer nach dir gesehnt.

CLARISSA. Nach der Liebe?

HERMANN. Nach dem Augenblick, in dem die Seele ja sagt.

Clarissa richtet sich auf. Sie will Hermann ins Gesicht schauen.

HERMANN. Ja. Ich könnte dir für alle Frauen in meinem Leben Gründe nennen. Ich habe sie verglichen und abgewägt – aber...

CLARISSA. Keine Namen nennen, bitte keine Namen!

Sie küßt Hermann auf den Mund, damit er nicht weitersprechen kann.

CLARISSA. Ich will nicht, daß die Bilder anderer in dieses Zimmer kommen. Laß uns endlich allein sein auf dieser Welt. Immer hat es die anderen gegeben, das war furchtbar – die falschen anderen.

Sie springt auf, rennt zum Fenster, reißt es auf und läßt die Nachtluft über ihren nackten Körper wehen. Sie sieht in die fremde Stadt hinaus. Der Vollmond scheint sie an.

CLARISSA. Ende, Ende, Ende!

HERMANN. Ich bin frei.

CLARISSA. Ich glaube, ich bin auch frei.

1354 Straße vor Hotel Acacia

Das Mondlicht wird von der Wasseroberfläche reflektiert und auf die Hotelfassade geworfen.

Es sieht aus, als wolle das Wasser emporsteigen bis zu dem Zimmer der Liebenden.

1355 Hotelzimmer Acacia

Hermann und Clarissa liegen nackt neben dem Bett auf dem Teppich. Auf ihre Ellbogen gestützt, beobachtet sie ihn und sieht, wie seine Lider immer schwerer werden.

HERMANN. Stört es dich, wenn ich einschlafe?

CLARISSA. Schlaf ruhig.

HERMANN. Ich traue mich nicht, einzuschlafen.

CLARISSA. Vielleicht schlafe ich auch ein.

HERMANN. Wenn man schläft, wird man so fremd für die anderen. Und man vergißt die Liebe.

Er zwingt sich, wach zu bleiben. Er richtet sich auf. Er sieht Clarissa daliegen und reißt die müden Augen auf.

CLARISSA. Ich will mich nie mehr so anstrengen, Hermann. Vergiß einfach die Liebe. Ich glaube, man muß die Liebe vergessen.

HERMANN. Aber das wäre auch anstrengend.

CLARISSA. Schlaf!

Er versucht, ihren Wunsch zu erfüllen, er streckt sich wieder aus auf den Teppich. Aber nun kann er die Augen nicht schließen.

HERMANN. Jetzt bin ich wieder hellwach.

CLARISSA. Was machen wir denn da?

HERMANN. Vielleicht sollten wir doch ins Bett gehen. Es wird so hart hier auf dem Boden.

CLARISSA. Nein, ich fürchte mich vor diesem Bett. Das kennt man zu gut. Ich bin froh, daß wir nicht zusammen ins Bett gegangen sind.

Sie setzt sich neben ihn. Mit ihren vier Augen sehen sie das bis jetzt unberührte Doppelbett an.

HERMANN. Meinst du, das halten wir durch?

CLARISSA. Nein.

Die beiden müssen lachen.

1356 Gracht vor Hotel Acacia

Das Mondlicht über dem Kanal verliert alle Nachtfarben und bleicht aus. Das Wasser wird modriger, der Tag zieht herauf. Alltagsgeräusche breiten sich über der Gracht, dem kleinen Platz vor dem Hotel und den Straßen aus.

1357 Hotel Acacia

Hermann schläft noch. Jemand versucht die Zimmertür zu öffnen, es wird angeklopft.
Hermann erschrickt. Ein Zettel fällt auf ihn herab. Er weiß zunächst nicht, wo er ist. Der Zettel berührt wie eine lästige Fliege sein Gesicht, er schlägt danach. Dann ergreift er das Papier. Er richtet sich auf und sieht, daß Clarissa nicht neben ihm liegt. Nur die Delle in ihrem Kopfkissen verrät, daß er nicht geträumt hat.
Er liest die Notiz.
Unvermittelt kommen zwei bildschöne Zimmermädchen herein und fragen, ob sie sein Zimmer saubermachen dürfen. Es scheint schon sehr spät zu sein.
Hermann ist verlegen, denn die beiden Blondinen fangen an zu putzen, staubzusaugen und aufzuräumen und lächeln ihn dabei unentwegt verführerisch an.
Er schämt sich seiner Nacktheit vor den kichernden Schönheiten, die holländisch miteinander tuscheln, so daß er nichts von ihren Worten verstehen kann. Ungeschickt und schamhaft hüllt er sich in sein Federbett und verdrückt sich ins Bad.
Kaum ist er fort, machen sich die Mädchen über Clarissas Nachricht her, die sie sich kichernd vorlesen.

STUBENMÄDCHEN. »*Warte hier auf mich. Ich habe einen wichtigen Termin. Ich wollte dich nicht wecken. Du hast so süß geschlafen. Clarissa.*«

1358 Café in Amsterdam

Hermann hat in einem Café nahe beim Hotel gefrühstückt. Von hier aus kann er den Hoteleingang beobachten und Clarissa, sobald sie zurückkommt, sofort sehen. Zurückgelehnt sitzt er da und erschrickt jedesmal, wenn der Papagei, der in seinem Käfig vor der Hoteltür hockt, wie ein guter alter Kumpel pfeift.

HERMANN. *Ich glaube, daß die Menschen in früheren Jahrhunderten viel besser warten konnten. Wenn einer wegging, brauchte er sehr lange, um anzukommen. Und das Wiedersehen war immer ungewiß. Die Mütter, die Mütter waren es, die zu Hause blieben und warteten. Jahre, Jahrzehnte, das Leben lang – wie meine Mutter im Hunsrück.*

1359 Straßen von Amsterdam

Hermann unternimmt nun lange Spaziergänge durch die Stadt. Auch hier begegnen ihm noch Plakate der »Hexenpassion«. Er versucht zu bummeln und sich überall solange wie möglich aufzuhalten. Aber gerade deswegen will die Zeit überhaupt nicht vergehen.
Auf einem Blumenmarkt kauft er einen Strauß Sonnenblumen, die Blumen des Vincent van Gogh.
Dann geht er wieder über Brücken und an Kanälen entlang, bis er das Gefühl hat, daß nun Clarissa von ihrem »wichtigen Termin« zurück sein müßte und auf ihn wartet.
Er kehrt rasch um, er beeilt sich. Je näher er dem Hotel kommt, desto schneller werden seine Schritte. Als er den Eingang erreicht, rennt er fast.

HERMANN. *Es war das erste Mal in meinem Leben, daß ich warten mußte. Wie hatte ich einst zu Juan gesagt: Warten macht dumm. Aber ich liebte sie doch, und hatte ich nicht oft genug die Frauen warten lassen, angefangen mit meiner Mutter?*

1360 Hotelzimmer Acacia

Mit seinem Sonnenblumenstrauß betritt er das Zimmer. Es ist alles aufgeräumt, das Bett gemacht, aber Clarissa ist nicht da.
Er läßt die Blumen aufs Bett fallen, setzt sich enttäuscht auf den Stuhl und versucht es noch einmal mit dem Warten.
Da fällt sein Blick auf den Spiegel. Er sieht sein enttäuschtes Gesicht. Eine maßlose Unruhe steigt in ihm auf, er hat das Gefühl, daß er etwas Entscheidendes tun muß, um diesen gewaltigen innerlichen Druck loszuwerden.
Er ergreift den schweren gläsernen Aschenbecher, der auf dem Tischchen steht, und schleudert ihn mit aller ihm zur Verfügung stehenden Gewalt in den Spiegel.
Der Spiegel zersplittert. Hermanns Bild vervielfältigt sich, und als er aufspringt, sieht er sein Gesicht in Dutzenden von Spiegelscherben, wie es ihn anstarrt.
Es ist alles nur noch schlimmer geworden.

1361 Zugabteil

Hermann fährt wieder im Zug. Wie zu Beginn seiner Reise sitzt er in einem Erste-Klasse-Abteil, diesmal aber in holländischen Polstern, und schaut in die Landschaft hinaus. Die Fahrt geht durch die niederländische Landschaft. Auch hier Kanäle, die der Zug überquert.

HERMANN. *Ich war auf der Flucht. Dabei hatte ich mir vorgenommen, nie mehr zu fliehen. Etwas war in Unordnung geraten in meinem Leben – ganz zu Anfang, da, wo es mit dem Fliehen angefangen hatte. Am liebsten hätte ich Clarissa mitgenommen in den Hunsrück. Am liebsten hätte ich sie alle mitgenommen. Alle Freunde, alle meine Frauen. Das wäre ein Spektakel geworden. Dieser Haß und dieser Neid, diese Empörung, dieser kleinkarierte Unverstand. Dieses bedrückend enge, beschränkte, hoffnungslose, nach Scheiße stinkende Terrain, das wir Heimat nennen!*

1362 »Melkweg«, Presseraum

Die Pressekonferenz ist auf den Plakaten für vierzehn Uhr angekündigt. Im improvisierten Presseraum haben sich ein Dutzend Journalisten und einige Zuhörer versammelt. Clarissa und Camilla sitzen mit der Veranstalterin und einer Dolmetscherin auf einem Podium.

Der Raum ist mit Plakaten und Modellen des Bühnenbilds dekoriert.

Ein Amsterdamer Kulturkritiker hat sich erhoben, um ein zusammenfassendes Statement abzugeben.

HOLLÄNDISCHER JOURNALIST. Frau Lichtblau, Sie haben jetzt stundenlang erklärt, was es mit der Hexenverfolgung auf sich hat, und was das wiederum mit der Unterdrückung der Frau zu tun hat. Sie hielten einen Vortrag über Else Lasker-Schüler und ihre Liebeslyrik. Sie haben sogar politische, literarische und historische Erklärungen gegeben. Aber ich glaube, daß Sie eine ganz wichtige Sache verschwiegen haben. Was ist Ihr persönlicher Hintergrund? Warum haben Sie das Stück gemacht?

Clarissa trägt eine Frisur aus frischen Löckchen, die das Gesicht wie Engelshaar umflutet.

Sie hat ein modisches Kostüm an und wirkt ausgeruht und selbstsicher.

CLARISSA. Lassen Sie mich Ihre Frage so beantworten: Bei diesem Projekt hat von Anfang an meine Seele ja gesagt, zum ersten Mal.

JOURNALIST. Sind Sie eine Hexe?

Auch Camilla ist schön zurechtgemacht und glänzt an Clarissas Seite. Sie ergreift das Mikrofon und antwortet, nachdem sie sich über Blickkontakt mit Clarissa noch einmal abgestimmt hat.

CAMILLA. Let's put it this way, baby. Fourhundred years ago we would have been burned at the stake.

DOLMETSCHERIN *(erst in holländisch, dann in deutsch).* »Vor vierhundert Jahren hätten sie uns sofort auf den Scheiterhaufen gebracht.«

Neben dem Podium hängt eine der Marmortafeln aus dem Bühnenbild. Der Text des Schlußliedes, das Hermann so verzauberte, steht darauf. Alle Besucher der Pressekonferenz sollen es noch einmal lesen.

»Dein Herz ist wie die Nacht so hell,
ich kann es sehn,
du denkst an mich,
es bleiben alle Sterne stehn.«

1363 Zugabteil

Auf dem letzten Teilstück seiner Reise fährt Hermann im Zug durch den Hunsrück.
Nichts, was seine Augen nun sehen, ist spektakulär: Büsche, Hügel, gesichtslose Lagerhäuser am Ortsrand, dann ein kleiner schäbiger Bahnhof mit einem hölzernen Vordach. SIMMERN heißt es auf dem Stationsschild. Er ist angekommen. Hermann greift nach seinem Matchsack im Gepäcknetz, dann steigt er aus.

1364 Bahnhof Simmern

Als sein Fuß vom Trittbrett hinab den Hunsrücker Boden berührt, weht eine zischende Dampfwolke von der Lokomotive herüber. Für einen Moment wird Hermann völlig vom Nebel verhüllt. Er sieht sich um. Ja, alles ist immer noch vertraut. Er kennt den Weg. Wenn der Schaffner nicht hinsieht, überquert er rasch vor der Lok die Gleise. Diesen verbotenen Weg hat er schon als Schüler genommen, um den Heimweg ein paar Meter abzukürzen.

1365 Hunsrücker Landschaft

Hermann findet das Brückchen, das über den stillen Goldbach führt. Dann durchschreitet er die ansteigenden Wiesenhänge, hinter denen Schabbach liegt.
Bald sieht er die heimatliche Kirchturmspitze, die sich bei jedem Schritt ein wenig mehr aus den Feldern emporreckt.

HERMANN. *»Lieber Konsul Handschuh. Auf meiner Reise bin ich da angekommen, wo ich vor mehr als zehn Jahren aufgebrochen bin: im Dorf meiner Mutter. Ich weiß, daß ich hier nichts lernen kann, und ich werde hier auch nicht anknüpfen können an all die Entwicklungen, die in München begonnen haben. Ich stehe am Anfang. Und dennoch: Ich möchte mich von Ihnen für immer verabschieden. Ihr Vertrauen hat mich überwältigt, aber meine Träume sind andere. Welche, das will ich herausfinden. Ich möchte das Warten lernen. Ihr Hermann W. Simon«*

Hermann erreicht die holprige Straße, auf der einst der Bus mitten durch eine Schafherde mit ihm in die Welt gefahren war.

Mit Blick auf das Dorf bleibt er stehen. Von weitem kommt ihm ein alter Mann entgegen. Es ist der Glasisch-Karl, der schon bald mit seinem Stock auf Hermann deutet. Er hat den Heimkehrer erkannt.

GLASISCH-KARL. Du bist doch's »Schabbacher Hermännsche«. Na, so ebbes, disch han eisch ja schon ewig nimmer gesehe. Du bist bestimmt wege deiner Mutter do, der Maria, wege ihrem Siebzigste!

HERMANN. Tach, Glasisch.

Hermann gibt dem Glasisch die Hand. Er kann es nicht fassen, daß dieser ihn nach der langen Zeit wiedererkennt.

GLASISCH. Mensch, Hermännsche, fast hätt eisch die Engelscher pfeife gehört. Eisch war schon so gut wie dot. Der Doktor in Simmern hat festgestellt, daß e Ader im Herzkranz verstoppt war. Dann han sie misch nach Mänz in die Uniklinik geschleppt, da han se mir zwei Bypässer verpaßt.

Der Glasisch knöpft sich das Hemd auf, um Hermann die Narbe auf seinem Brustbein zu präsentieren.

GLASISCH. Da guck emal die Narb, bis da nunner. Und die Ader, die han sie mir hier unne aus'm Bein geholt.

Jetzt krempelt der Glasisch auch noch sein Hosenbein hoch. Er zeigt Hermann die andere Narbe am Unterschenkel.

GLASISCH. Guck emal, zwanzig-, fünfundzwanzig Zentimeter! Dat is die Witwe-Ader, die heeßt so, weil die Männer immer dot umfalle. Aber ich sin ja net verheirat.

Der Glasisch lacht triumphierend.

HERMANN. Und die Ader da unne, fehlt Eusch die net?

GLASISCH. Nä, dat Blut, dat sucht sisch einfach en annere Weg.

Jetzt trottet der Glasisch einfach weiter. Er pafft eine Zigarre. Dicke Rauchwolken umgeben seinen alten Kopf und werden vom Wind verweht.

Hermann sieht hinter ihm her. Da dreht der Glasisch sich noch einmal um. Etwas hat er vergessen zu sagen.

GLASISCH. Du hast disch überhaupt net verändert, Hermännsche!

Hermann geht auf das Dorf zu. Er geht und geht. Es sieht aus, als käme er gar nicht voran. Wieder kreuzt eine Schafherde seinen Weg. Es scheint von hier aus noch endlos weit zu sein nach Schabbach.

ANHANG

Die Figuren der Handlung und ihre Darsteller

Hauptrollen

Hermann Simon
Er ist die zentrale Hauptfigur – der Junge aus dem Hunsrück, der sein Dorf verläßt, um in München Musik zu studieren.
Er sucht die »zweite Heimat« – eine Welt von Freiheit, Freundschaft, Wahlverwandtschaft.

Henry Arnold
Schauspieler, Pianist

Schnüßchen alias **Waltraud Schneider**
Ein Mädchen aus dem Hunsrück, das weiß, was es will. Für die entscheidenden Jahre wird sie Hermanns Frau und Mutter von Lulu. Als Spätstudentin nimmt sie an der Revolte von 1968 teil und emanzipiert sich so gut sie kann.

Anke Sevenich
Schauspielerin

Clarissa Lichtblau
Uneheliches Kind einer pommerschen Flüchtlingsfrau. Ihr Cellotalent führt sie nach München. Sie wird Hermanns große, aber unerfüllte Liebe.
An Clarissas Künstlerschicksal erfüllt sich das Drama, eine Frau zu sein.

Salome Kammer
Schauspielerin, Cellistin, Sängerin

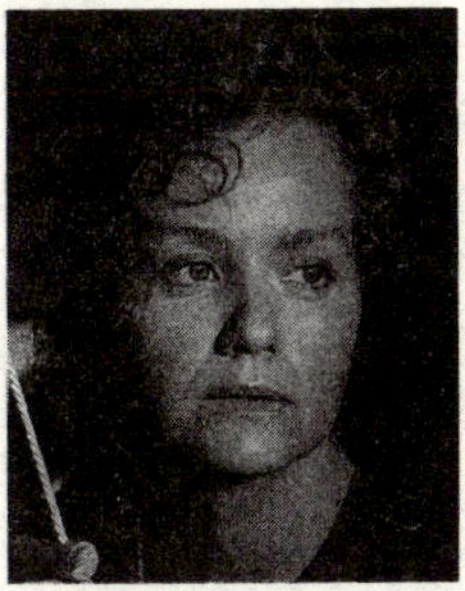

Helga Aufschrey
Lehrerstochter aus Dülmen/Westfalen. Lyrikerin, Literaturstudentin. Helga ist ein radikaler Charakter. Als APO-Mitglied wächst sie über deren Ziele hinaus und landet im Terrorismus.

Noemi Steuer
Schauspielerin

Juan Ramon Fernandez Subercaseaux
Junges Universalgenie aus Chile, auf rätselhafte Weise nach Deutschland gekommen.
Seine Tragödie: Er kann alles und findet keinen Job – er liebt alle und findet keinen Freund.

Daniel Smith
Lehrer für Tanz, Akrobatik, Komponist, Musiklehrer

Evelyne Cerphal
Auf den Spuren ihrer im Krieg verschollenen Mutter gerät sie in den Freundeskreis des »Fuchsbaus«. Ihre große Liebe ist der drogensüchtige Medizinstudent Ansgar.

Gisela Müller
Sängerin

Ansgar Herzsprung
Aus Rosenheim geflohener Medizinstudent. Ansgar ist nur scheinbar ein Zyniker – als er Evelyne kennenlernt, kann auch er lieben. Er stirbt mit 22 Jahren.

Michael Seyfried
Autor, Schauspieler

Volker Schimmelpfennig
Der Film beschreibt seine Liebe zu Clarissa, die er heiratet, als sie ein Kind von ihm erwartet, und die unlösbaren Konkurrenzkämpfe zwischen Mann und Frau.

Armin Fuchs
Komponist, Pianist

Jean-Marie Wéber
Ein junger Dirigent aus reichem Hause in Straßburg, Freund von Volker, Frauenheld.
Die internationale Künstlerkarriere ist vorgezeichnet.

Martin Maria Blau
Schauspieler, Regisseur

Alex
Er lebt als ewiger »Stud. phil.« – immer auf der Suche nach Freundschaft. Alex bleibt ein einsamer Bücherwurm und tröstet sich mit Alkohol.

Michael Schönborn
Schauspieler

Olga Müller
Eine unglückliche Schauspielerin mit manischem Charakter (himmelhoch jauchzend, zu Tode betrübt). Zweimal stirbt ihr ein Freund weg, mehrmals platzen die Projekte.

Lena Lessing
Schauspielerin

Rob Stürmer
Von Jugend an begeisterter Fotograf, jetzt Kameramann der Jungfilmer – ein Augenmensch. Er hängt mit großer Treue an den Projekten seiner Freunde, ist aber nicht unkritisch.

Peter Weiß
Schauspieler

Esther Goldbaum
Als Tochter einer jüdischen Mutter und eines SS-Offiziers ist sie tragisch verwickelt in die Geschichte ihrer Familie und die Zeitgeschichte. Sie lebt als Fotografin in Venedig.

Susanne Lothar
Schauspielerin

Stefan Aufhäuser
Ein Streber, der seine Phantasieschwäche durch Geschäftstüchtigkeit kompensieren will. Aber ohne ihn würde manches Projekt nicht zustande kommen.

Frank Röth
Schauspieler

Reinhard Dörr
Reinhard ist der Drehbuchautor unter den Jungfilmern, ein eher verschlossener Mann, der sich nie verliebt, und wenn, dann tödlich.

Laszlo I. Kish
Schauspieler

Elisabeth Cerphal
Tochter einer großbürgerlichen Verlegerfamilie der 20er Jahre, Erbin eines Millionenvermögens und Besitzerin der »Fuchsbau«-Villa. Sie entdeckt Talente und ist Mäzenin junger Künstler.

Hannelore Hoger
Schauspielerin, Regisseurin

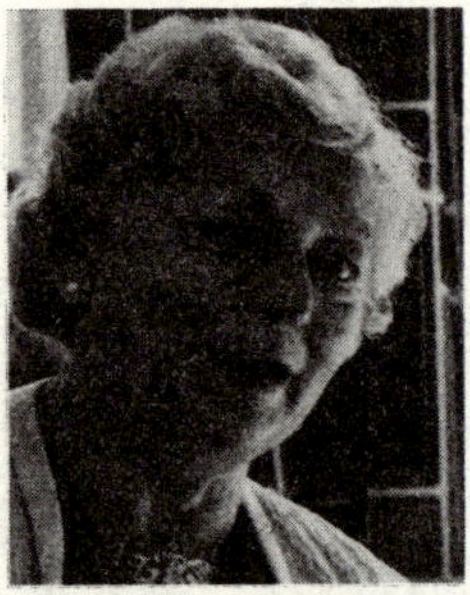

Frau Ries
Haushälterin im großbürgerlichen Haushalt der Cerphal-Familie. Treue Dienste und Verschwiegenheit über ein ganzes Leben.

Franziska Stömmer
Schauspielerin

Gerold Gattinger
Der Mann, »der das Finanzielle regelt«. Aus dem Dritten Reich herübergeretteter Freund des Hauses Cerphal. Vater der Halbjüdin Esther Goldbaum. Er ist ehemaliger SS-Offizier, der alles vergessen hat.

Manfred Andrae
Schauspieler

Renate Leineweber
Jurastudentin aus Neu-Ulm, will Schauspielerin werden; später Kneipenwirtin.

Franziska Traub
Schauspielerin

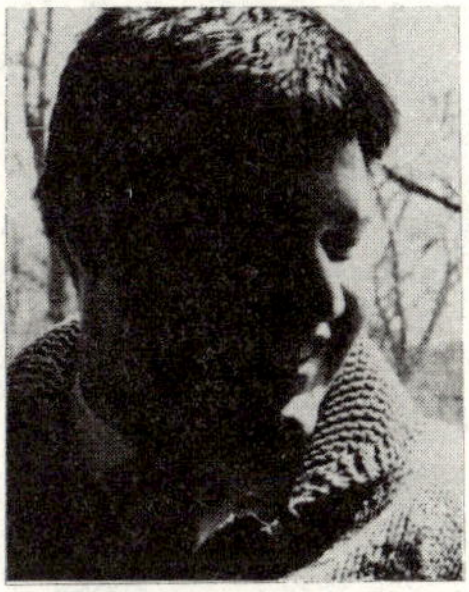

Clemens
Ein Hunsrücker wie Hermann. Ein Musiker, ganz anders als Hermann. Er kann keine Noten lesen und kein Hochdeutsch sprechen. Er trommelt in einer Jazzband und verschläft den Tag.

Michael Stephan
Schlagzeuger

Frau Moretti
Eine Exil-Ungarin und Frohnatur, in deren drallem Körper ein Herz für die Kunst schlägt.

Hanna Köhler
Schauspielerin, Sängerin

Bernd
Ein kleiner, aus der DDR geflohener Sachse – obrigkeitshörig, stets zur Mitarbeit bereit. Über alle Maßen begeisterungsfähiger Aufnahmeleiter, der dem Filmteam alle Türen öffnet.

Holger Fuchs
Schauspieler

Mutter Lichtblau
Sie ist fromm, gütig und ehrgeizig mit ihrer cellospielenden Tochter: »Das Leben gibt dir nur einmal die Hand.«

Edith Behleit
Schauspielerin

Kohlen-Josef
Ein Relikt des untergegangenen alten München: Ein Urbayer, das knorrige Original eines Schwabinger Kohlenhändlers, der wegsaniert wird.

Fred Stillkrauth
Schauspieler

Dr. Bretschneider
Ein Tiroler Winkeladvokat, der bei Kriegsende in der Münchner Vorstadt hängenblieb.

Kurt Weinzierl
Schauspieler, Theaterregisseur

Dr. Kirchmayer
Chefarzt des Kreiskrankenhauses irgendwo in Bayern. Kunstsinnig, früher Förderer und später Bewunderer von Clarissa.

Reinhold Lampe
Schauspieler

Marianne Westphal
Frau des Gynäkologen Dr. Westphal, ehemalige Vollschwester aus Wien. Mutter von blonden Zwillingsmädchen. Das Provinznest fällt ihr auf den Kopf – da kann auch Hermann nicht für lange trösten.

Irene Kugler
Schauspielerin

Vater Aufschrey
Hauptschullehrer aus Dülmen; sein Hobby ist die Pflege des Heimatdialektes.

Hannes Deming
Lehrer, Amateurschauspieler

Dorli
Konditoreibesitzerstochter aus Dülmen mit einem Körper wie Marzipan. Sie ist Helgas beste Freundin und hat eine sturmfreie Bude.

Veronika Ferres
Schauspielerin

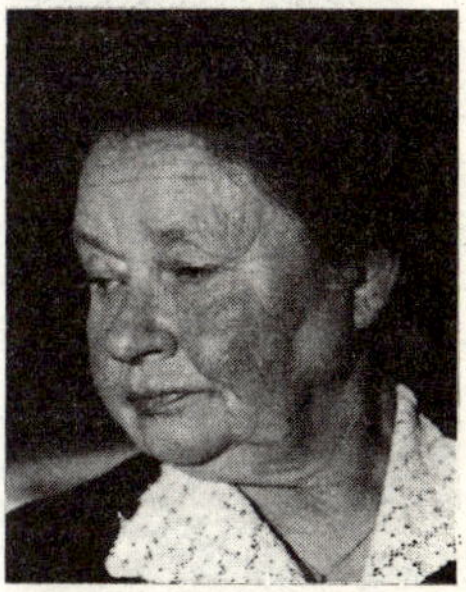

Oma Aufschrey
Helgas Großmutter, hochmoralischer Hausdrachen mit Schnapsfahne.

Tana Schanzara
Schauspielerin

Marie-Goot
Hermanns Großtante aus Schabbach, bekannt aus »Heimat«.

Eva-Maria Schneider
Lehrerin, Amateurschauspielerin

Tante Pauline
Die Schwester von Hermanns Stiefvater. Frau des Uhrmachers Kröber aus Simmern. Bekannt aus »Heimat«.

Eva Maria Bayerwaltes
Schauspielerin

Elisabeth
Amateurfotografin, die in einem Reisebüro arbeitet und Schnüßchens Freundin wird.

Sabine v. Maydell
Schauspielerin

Trixi
Ein frühreifes Früchtchen aus dem Schneideraum der »Isarfilm«. Sie versucht der Fuchtel der großen Schwester zu entkommen und träumt von der großen Liebe und einer Karriere als Brigitte Bardot.

Anna Thalbach
Schauspielerin

Katrin
68er Studentin, in allen linken Organisationen dieser Zeit zu Hause. Später Berliner Kommunardin.
Ihr Leben: Provokation, Diskussion, aber auch: die Liebe, wenn es keiner sieht.

Carolin Fink
Schauspielerin

Konsul Handschuh
Freundlicher, dicker Unternehmertyp alten Schlages. Er ist Chef der Münchner »Isarfilm«.

Alexander May
Schauspieler, Regisseur

Haselchen, seine Frau
Ehemalige Chefsekretärin, hat ihre Nachfolgerinnen in der »Isarfilm« fest unter der Fuchtel.

Gwendolyn v. Ambesser
Schauspielerin, Regisseurin

Eberhard Zielke
Ehemaliger Offizier der großdeutschen Propagandakompanie mit Ufa-Ausbildung. Jetzt, nach dem Krieg, ist er Angestellter bei Konsul Handschuh als Hausregisseur der »Isarfilm«.

Thomas Kylau
Schauspieler

Herr Groß
Er ist der Kleinste, und seinen Vornamen kennt man nicht. Groß ist ein nimmermüder Techniker, Leiter des Tonstudios der »Isarfilm«, Hermanns große Stütze.

Marinus Georg Brandt
Schauspieler

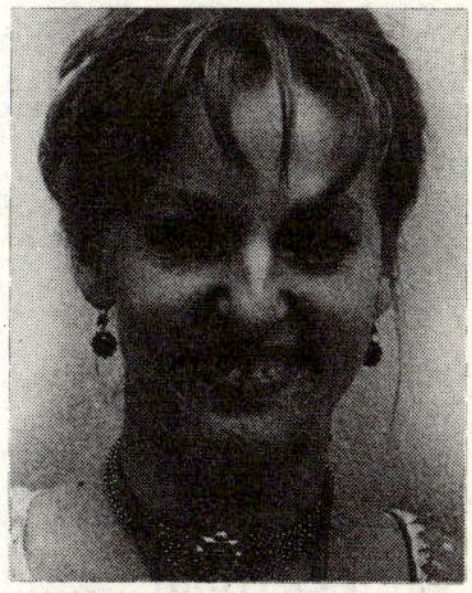

Erika
Chefsekretärin der »Isarfilm«, die aber ins Leben gehört und nicht ins Büro. Geborene Münchnerin, praktisches, handfestes Gemüt.

Johanna Bittenbinder
Schauspielerin

In weiteren Rollen

Herr Edel	Alfred Edel
Gabi	Barbara Gossler
Marianne Elz	Tanja Ripp
Sprechlehrer	Michael Rossié
Schauspiellehrerin	Ulrike von Zerboni-Behrmann
Gehörlehrer	Adolf Rüdiger
Frau Krause	Stella-Marion Pahlke
Tante Emmi	Sarah Camp
Gänselieserl	Erni Stuhs
Pianistin Tacke-Wéber	Heidi Stroh
Angars Mutter	Ingeborg Sassen-Haase
Zimmerwirtin	Luise Deschauer
Tommys Mutter	Ute Cremer
Tommys Vater	Dieter Steinbrink
Tommy	Daniel Muck
Mercedesfahrer	Wolf Dietrich Berg
Nachbar	Ossi Eckmüller
Polizist	Wilfried Hübner
Arzt	Günter Geiermann
Regieassistentin Ulla	Johanna Schubert
Hausbesitzer	Horst Reichel
Sein Junior	Robinson Reichel
Organist	Dietrich Paul
Wladimir »Bär«	Wolfgang Seidenberg
Vater Cerphal	Heinz-Joachim Klein
Cutterin Dagmar	Wookie Mayer
Verlagsleiter	Peter Hohberger
Lektorin	Suzanne Geyer
Studentenführer	Dirk Salomon
René Christian	Ivan Desny
Kalle	Achim Barrenstein
Striptease-Kommunarde	Michel Guillaume
Journalist	Christoph Wackernagel
Studentin	Gabi Drechsel
US-Produzent	Edward Brigadier

Camilla .... Abbie Conant
Frau mit F-Löchern .... Margret Völker
Glasisch Karl .... Kurt Wagner

und

Elisabeth Assmann	Peter Lilienthal
Andrea Bärner	Renate Malzacher
Eva Behrmann	Siegfried Marhold
Alfons Biber	Reinhard Moosmann
Benjamin Brüdern	Sabine Mucha
Eric P. Caspar	Hubert Mulzer
Heribert Dämgen	Ludger Pistor
Terrence Darby	Jürgen Prinz
Toni Ertl	Franz Rampelmann
Danielle Fienbork	Raimund Reichenberger
Walter Fitz	Dennis Röhrbein
Josef Fröhlich	Robert Rowley
Benjamin Fürmann	Jura von Schlippe
Nikolaus Furch	Renate Schmidt
Stefan Gabanyi	Wulf Schmidt-Noerr
Natascha Geisler	Rudolf Schmitz
Leopold Gmeinwieser	Franz Josef Schmoll
Uwe Gränitz	Konrad Schnell
Wolfgang Häntsch	Richard Scholpp
Rainer Haustein	Willy Schultes
Helga Heibl	Karl Sibold
Marianne Heise-Giger	Heide Simon
Michael Hirsch	Paco Soucek
Goddy Osa-Idehen	Gerhard Stiglmayer
Jenny Janson	Harry Täschner
Tim Kalhammer	Bernd Tauber
Georg Kilian	Brenda Tugwell
Karl-Heinz Knaup	Hermann van Ulzen
Ursula Kober	Andreas Voß
Peter Kocher	Josef Weiß
Wolfram Kunkel	Anneliese Weiß

Das Filmteam

Drehbuch und Regie	Edgar Reitz
Besetzung und Co-Regie	Robert Busch
Musik	Nikos Mamangakis
Ausstattung	Franz Bauer
Schnitt	Susanne Hartmann
Kamera	Gernot Roll (BVK) (1–5), Gerard Vandenberg (BVK) (6–8), Christian Reitz (9–13)
Kostüm	Billie Brassers (1–8), Nikola Hoeltz (9–13)
Maske	Mia Schöpke
Ton	Heiko Hinderks, Manfred Banach, Rainer Wiehr, Heymo Heyder
Continuity	Patricia Leray
Script	Ulla Geiger, Kirsten Liesenborghs
Mischung	Manfred Arbter
Ton-Schnitt	Friederike Treitz
Schnitt-Team	Helga Beyer, Beate von Strauch, Birgit Trautwein, Marina Arxleben
Kameraassistenz	Herbert Sporrer, Constantin Kesting, Erwin Lanzensberger, Christoph Dammast, Daniel Dietenberger
Lichtteam	Heinrich Pfeilschifter, Francisco Bataller, Franz Hujber, Klaus Weischer, Hans Hiendl, Mirko Wittig, Holger Seidel, Josef Hujber
Standfotografie	Graziano Arici, Rolf von der Heydt, Stefan Spreer
Tonassistenz	Alois Unger, Ernst Münzhuber, Rudolf Hellwig
Garderobe	Stefanie Bieker, Barbara Zumstein, Nadine Wittig, Elke Müller, Hermann Luther
Maskenbildner	Sabine Utke, Ulrike Madey

Kostümassistenz .... Yella Rottländer, Reinhard Klebeck
Requisite .... Axel Meinhardt, Herbert Ratzesberger
Studiobauentwurf Hexenpassion ... Toni Lüdi
Trickberatung .... Theo Nischwitz
Choreographie und Tanz .... Susanne Reitz
Spezialeffekte .... Max Gretmann, Ulli Nefzer
Kopierwerk .... Arnold & Richter
Lichtbestimmung .... Ingrid Lingenberg, Jens Vosswinkel
Regiehilfen .... Stefan Spreer, Friederike von Aigner
Produktionsfahrer .... Malte Bittner, Jo Baumgärtel, Roman Geib
Filmgeschäftsführung .... Ursel Reinfeld, Renate Urban
Produktionsassistenz .... Katharina Hembus, Heike Weidler, Inga Gordan, Michaela Meier, Meada Mounajed
Aufnahmeleiter .... Laszlo Varga, Florian Nilson, Susanne Kümpel
Produktionsleiter .... Inge Richter, Joachim Huth, Cornel Neata
Herstellungsleitung .... Inge Richter
Redaktion .... Joachim von Mengershausen

Hergestellt von Edgar Reitz Filmproduktions GmbH München in Co-Produktion mit WDR, Köln; SFB, Berlin; BR, München; NDR, Hamburg; SWF, Baden-Baden; HR, Frankfurt; BBC, London; TVE, Madrid; SVT, Stockholm; A 2, Paris; ARTE; NRK, Oslo; YLE, Finnland; ORF, Wien; DR, Dänemark; SBS, Australien

Produktionsdaten

Produktionsbeginn Herbst 1985 – Produktionsende Herbst 1992
Erster Drehtag 18. 1. 1988 – Letzter Drehtag 7. 11. 1991
Spieldauer: 25 Std. 15 Min. 9 Sek. (bei 25 Bildern pro Sek.), 45 300 m, Format 35 mm 1 : 1,66
Schwarzweiß und Farbe, Stereo-Lichtton

2143 .... Seiten Drehbuch
372 046 .... Meter belichtetes 35-mm-Negativmaterial
557 .... Drehtage
117 .... Tage Mischung
310 .... Kleindarsteller
2300 .... Mitwirkende
2870 .... Tonbänder mit
956 .... Stunden Originalton-Aufnahmezeit
ca. 2 560 000 .. Telefoneinheiten =
ca. 860 000 ..... geführte Telefonate
42 .... Hektoliter Kaffeeverbrauch
31 097 .... geschlagene Klappen
5800 .... Stunden Drehbuch-Schreibarbeiten, verteilt über 6 Jahre
67 .... Monate Schnittzeit
8539 .... Bildschnitte
84 .... Mischakte

Premiere: 6.–9. September 1992 Prinzregententheater München und 60. Filmfestspiele Venedig vom 31. 8. bis 12. 9. 1992.

Edgar Reitz, Autor, Filmregisseur, Filmproduzent

Edgar Reitz wurde 1932 in Morbach (Hunsrück) geboren. Der Vater war Uhrmacher. Nach dem Abitur studiert er in München Theaterwissenschaft sowie Germanistik, Kunstgeschichte und Publizistik. 1950–54 gelegentliche Veröffentlichungen von Gedichten und Erzählungen, Mitherausgeber einer literarischen Zeitschrift.
Mitte der 50er Jahre Kamera-, Schnitt- und Produktionsassistent. 1956–59 (Co-)Autor zahlreicher Kulturfilme, 1959–65 Regisseur von Dokumentar-, Industrie- und Kurzfilmen. 1962–65 Leiter der Abteilung für Entwicklung und Experiment der »Insel-Film«. Mitglied der sogenannten »Oberhausener Gruppe«, die 1962 bei den Oberhausener Kurzfilmtagen den Anspruch erhebt, den neuen deutschen Spielfilm zu schaffen.
1963 Mitbegründer des Instituts für Filmgestaltung an der Hochschule für Gestaltung (HfG) in Ulm, bis zur Schließung der HfG 1968 dort als Dozent. 1966 erster Spielfilm MAHLZEITEN, der 1967 bei den Filmfestspielen in Venedig ausgezeichnet wird, gehört zu den Debütfilmen, die 1966/67 den Begriff »Junger Deutscher Film« prägen. 1967/68 Jurymitglied beim Experimentalfilmfestival in Knokke. 1968 Unterricht an einem Münchner Gymnasium in Filmtheorie und -praxis, FILMSTUNDE, ein Dokumentarfilm über dieses Projekt. Im August 1968 mit Pasolini aus der Jury der Biennale in Venedig zurückgetreten. 1971 Versuche mit einem Kneipenkino, in dem die Besucher anhand einer »Speisenkarte« das Programm aus 23 KÜBELKIND-GESCHICHTEN und Filmen aus der Frühzeit des Kinos selbst zusammenstellen können. Gründung der »Edgar Reitz Filmproduktions« GmbH, einer in München ansässigen Produktionsfirma. Seit Mitte der 60er Jahre Beteiligung sowohl an filmpolitischen als auch an Gemeinschaftsaktionen des Neuen Deutschen Films. Zahlreiche Veröffentlichungen über Filmtheorie, Filmästhetik und Fragen der Zukunft der Filmkunst in Zeitschriften und Büchern.
1978 Abwendung vom Spielfilm und seinen staatlich geförderten Formen. 1979 Beginn mit dem Filmroman HEIMAT, nach dessen Veröffentlichung 1984 er sofort mit der Produktion zu DIE ZWEITE HEIMAT beginnt. So entsteht ein filmisches Werk eigener Art, das bis jetzt den Umfang von ca. 25 Spielfilmen angenommen hat mit einer Spieldauer von mehr als 42 Stunden.

Edgar Reitz, Filmographie

1957/58	SCHICKSAL EINER OPER (Kurzfilm) Regie, Buch: Bernhard Dörries, Edgar Reitz. Kamera: Edgar Reitz
1959/60	BAUMWOLLE (Dokumentarfilm) Regie, Buch, Kamera: Edgar Reitz. Schnitt: Beate Mainka-Jellinghaus. Musik: Josef Anton Riedl. Kameraassistenz: Thomas Mauch
1960	YUCATAN (Kurzfilm) Regie, Buch, Kamera: Edgar Reitz. Schnitt: Beate Mainka-Jellinghaus. Musik: Josef Anton Riedl. Kameraassistenz: Thomas Mauch
1961	KOMMUNIKATION – TECHNIK DER VERSTÄNDIGUNG (Kurzfilm, Experimentalfilm) Regie, Buch, Kamera, Schnitt: Edgar Reitz. Musik: Josef Anton Riedl
1962/63	GESCHWINDIGKEIT. KINO EINS (Kurzfilm, Experimentalfilm) Regie, Buch, Kamera, Schnitt: Edgar Reitz. Musik: Josef Anton Riedl
1964/65	VARIAVISION (Kinoexperiment) Regie, Buch: Edgar Reitz. Texte: Alexander Kluge. Kamera: Thomas Mauch. Schnitt: Barbara Schröder. Musik: Josef Anton Riedl. 16 Filmschleifen unterschiedlicher Länge (45–360 Sek.) werden simultan auf 16, aus 120 beweglichen Lamellen bestehende Leinwände projiziert und erreichen alle 36 Min. ihre gemeinsame Ausgangsstellung
1965/66	ABSCHIED VON GESTERN (Spielfilm) Regie: Alexander Kluge. Kamera: Edgar Reitz
1966	DIE KINDER (Kurzfilm) Regie, Buch: Edgar Reitz. Kamera: Thomas Mauch MAHLZEITEN (Spielfilm) Regie, Buch: Edgar Reitz. Regieassistenz: Ula Stöckl. Kamera: Thomas Mauch. Kameraassistenz: Frank Brühne. Schnitt: Beate Mainka-Jellinghaus. Darsteller: Heidi Stroh, Georg Hauke

1966/67 FUSSNOTEN (Spielfilm, Experimentalfilm)
Regie, Buch: Edgar Reitz. Kamera: Edgar Reitz, Thomas Mauch. Schnitt: Maximiliane Mainka-Jellinghaus. Darsteller: Heidi Stroh, Georg Hauke, Nina Frank

1968 FILMSTUNDE (Dokumentarfilm)
Regie, Buch: Edgar Reitz. Kamera: Dedo Weigert, Thomas Mauch

1968/69 CARDILLAC (Spielfilm)
Regie, Buch: Edgar Reitz. Kamera: Dietrich Lohmann. Kameraassistenz: Jörg Schmidt-Reitwein. Darsteller: Hans-Christian Blech, Catana Cayetano, Rolf Becker, Liane Hielscher

1969/70 GESCHICHTEN VOM KÜBELKIND (Spielfilm-Serie)
Regie, Buch: Edgar Reitz, Ula Stöckl. Kamera: Edgar Reitz. Uraufführung am 2. April 1971 im Kneipenkino im Rationaltheater, München

1971 DAS GOLDENE DING (Spielfilm)
Regie, Buch: Edgar Reitz, Ula Stöckl, Alf Brustellin, Nikos Perakis. Kamera: Edgar Reitz. Ausstattung: Nikos Perakis. Kostüme: Regine Bätz. Schnitt: Hannelore von Sternberg. Musik: Nikos Mamangakis. Darsteller: Christian Reitz, Alf Brustellin, Reinhard Hauff, Katrin Seybold, Antje Ellermann u. a.

1973 DIE REISE NACH WIEN (Spielfilm)
Regie, Buch: Edgar Reitz. Regieassistenz: Alf Brustellin. Kamera: Robby Müller. Kameraassistenz: Martin Schäfer. Kostüme: Monika Altmann-Krieger. Schnitt: Claudia Travnicek. Ton: Günther Stadelmann. Darsteller: Elke Sommer, Hannelore Elsner, Mario Adorf, Nicolas Brieger, Heinz Reincke, Ferdy Mayne

1976 STUNDE NULL (Spielfilm)
Regie: Edgar Reitz. Buch: Peter Steinbach, Edgar Reitz. Regieassistenz: Petra Kiener. Kamera: Gernot Roll. Ausstattung: Winfried Henning. Schnitt: Ingrid Broszat. Musik: Nikos Mamangakis. Darsteller: Kai Taschner, Anette Jünger, Herbert Weissbach, Erika Wackernagel

1978 DER SCHNEIDER VON ULM (Spielfilm)
Regie: Edgar Reitz. Buch: Petra Kiener, Edgar Reitz. Kamera: Dietrich Lohmann. Modell-Flugaufnahmen: Martin Schäfer.

Bauten: Winfried Henning. Musik: Nikos Mamangakis. Darsteller: Tilo Prückner, Vadim Glowna, Hannelore Elsner

1980/81 GESCHICHTEN AUS DEN HUNSRÜCKDÖRFERN (Dokumentarfilm) – Regie, Buch, Kamera: Edgar Reitz. Musik: Nikos Mamangakis

1981–84 HEIMAT. EINE CHRONIK IN ELF TEILEN (Film-Roman) Regie: Edgar Reitz. Co-Regie/Casting: Robert Busch. Buch: Edgar Reitz, Peter Steinbach. Kamera: Gernot Roll. Ausstattung: Franz Bauer. Schnitt: Heidi Handorf. Musik: Nikos Mamangakis. 25480 m; 15 Std. 31 Min. Darsteller: Marita Breuer, Karin Rasenack, Rüdiger Weigang, Dieter Schaad, Gertrud Bredel, Eva Maria Bayerwaltes, Jörg Richter, Michael Kausch, Hans Jürgen Schatz, Kurt Wagner, Jörg Hube, Gudrun Landgrebe, Mathias Kniesbeck, Sabine Wagner

1. Teil: Fernweh, 119 Min.
2. Teil: Die Mitte der Welt, 90 Min.
3. Teil: Weihnacht wie noch nie, 58 Min.
4. Teil: Reichshöhenstraße, 58 Min.
5. Teil: Auf und davon und zurück, 58 Min.
6. Teil: Heimatfront, 58 Min.
7. Teil: Die Liebe der Soldaten, 59 Min.
8. Teil: Der Amerikaner, 102 Min.
9. Teil: Hermännchen, 138 Min.
10. Teil: Die stolzen Jahre, 82 Min.
11. Teil: Das Fest der Lebenden und der Toten, 100 Min.

1985 FILMGESCHICHTE(N). DIE STUNDE DER FILMEMACHER
4 Fernsehfilme:
1. Liebe mit tödlichem Ausgang
2. Das Leben als Veranstaltung
3. Glück im Unglück
4. Flucht

Gestaltung: Alexander Kluge, Edgar Reitz. Kamera: Gernot Roll

1985–92 DIE ZWEITE HEIMAT. CHRONIK EINER JUGEND in 13 Filmen (Film-Roman)
Regie: Edgar Reitz. Co-Regie/Casting: Robert Busch. Buch: Edgar Reitz. Kamera: Gernot Roll (1–5), Gerard Vandenberg (5–8), Christian Reitz (9–13). Ausstattung: Franz Bauer. Schnitt: Susanne Hartmann. Musik: Nikos Mamangakis.

25 Std. 15 Min. 9 Sek. Darsteller: Henry Arnold, Salome Kammer, Anke Sevenich, Noemi Steuer, Michael Schönborn, Michael Seyfried, Gisela Müller, Daniel Smith, Franziska Traub, Laszlo I. Kish, Peter Weiß, Frank Röth, Lena Lessing und Hannelore Hoger

Film 1: Die Zeit der ersten Lieder, 119 Min.
Film 2: Zwei fremde Augen, 115 Min. 14 Sek.
Film 3: Eifersucht und Stolz, 115 Min. 39 Sek.
Film 4: Ansgars Tod, 100 Min. 4 Sek.
Film 5: Das Spiel mit der Freiheit, 119 Min. 8 Sek.
Film 6: Kennedys Kinder, 107 Min. 51 Sek.
Film 7: Weihnachtswölfe, 110 Min. 25 Sek.
Film 8: Die Hochzeit, 119 Min. 56 Sek.
Film 9: Die ewige Tochter, 118 Min. 15 Sek.
Film 10: Das Ende der Zukunft, 132 Min. 2 Sek.
Film 11: Die Zeit des Schweigens, 120 Min. 7 Sek.
Film 12: Die Zeit der vielen Worte, 121 Min. 21 Sek.
Film 13: Kunst oder Leben, 115 Min. 18 Sek.

(Alle Zeiten beziehen sich auf eine Abspielgeschwindigkeit von 25 Bildern pro Sek.)

Edgar Reitz, wichtigste Preise und Auszeichnungen

1960 Rom, 1. Preis »Bester wissenschaftlicher Film«
1960 Rouen, 1. Preis Europäische Industriefilmtage
1961 Berlin, 2. Preis Industriefilmtage
1963 Filmband in Gold – Bundesfilmpreis
1967 Venedig, »Premio Opera Prima«
1973 Sorrent, »Sirena d'Argento«
1974 Ernst-Lubitsch-Preis
1975 Filmband in Gold – Bundesfilmpreis
1977 Filmband in Silber – Bundesfilmpreis
1978 Adolf-Grimme-Preis mit Silber
1978 Filmband in Gold – Bundesfilmpreis
1984 Venedig, Fipresci-Preis
1984 Berlin, Kritiker-Preis
1985 Verdienstorden des Landes Rheinland-Pfalz
1985 München, Bayerischer Filmpreis
1985 Berlin, »Goldene Kamera«
1985 Adolf-Grimme-Preis mit Gold
1986 London, »Bester ausländischer Film« – The British Film Academy
1986 London, Kritiker-Preis
1987 Filmband in Gold – Bundesfilmpreis
1992 Venedig, Spezialpreis »60 Jahre Biennale Venedig«
1992 Bundesverdienstkreuz 1. Kl.
1992 Kultureller Ehrenpreis der Landeshauptstadt München

Literatur

Edgar Reitz: LIEBE ZUM KINO, Verlag Köln 78, Köln 1984
Edgar Reitz / Peter Steinbach: HEIMAT – EINE DEUTSCHE CHRONIK, Greno, Nördlingen 1985
Edgar Reitz: HEIMAT. Eine Chronik in Bildern, C. J. Bucher Verlag, München/Luzern 1985
Reinhold Rauh: Edgar Reitz – Film als Heimat, Heyne Verlag, München 1993
Michael Töteberg: Edgar Reitz, Drehort Heimat, Verlag der Autoren, Frankfurt/Main 1993

Quellennachweis

GÜNTER EICH: Ende August, aus: Gesammelte Werke, Suhrkamp Verlag, Frankfurt am Main 1973
IRA GERSHWIN: Slap that bass...
ALBERT GIRAUD: Finstre, schwarze Riesenfalter..., aus: Universaledition 53/36, Wien o. J.
HANNS DIETER HÜSCH: Komm, heißer Herbst...
ELSE LASKER-SCHÜLER: Gott hör..., aus: Sämtliche Gedichte, Kösel Verlag, München 1988
KLAUS MUNRO: Tango d'amor, Leo Leandros
ROBERT MUSIL: Der Mann ohne Eigenschaften, Band 1, Rowohlt Verlag, Reinbek b. Hamburg 1987
RAINER MARIA RILKE: Werkleute sind wir..., aus: Das Stundenbuch, Insel Verlag, Wiesbaden o. J.
SAID: Der eine Wolf..., aus: Liebesgedichte von Said, Klaus Friedrich Verlag, München 1980
KURT TUCHOLSKY: Augen der Großstadt, aus: Das Kurt Tucholsky-Chanson-Buch, Rowohlt Verlag, Reinbek b. Hamburg 1983
A. M. WILLNER / ROBERT BODANZKY: Hör ich Cymbalklänge..., aus: Franz Lehár, Zigeunerliebe, Operette

Fotos

Graziano Arici, Rolf von der Heydt, Stefan Spreer © Edgar Reitz Filmproduktions GmbH

Es kann eine enge Verwandtschaft entstehen zwischen der Filmkunst und der Musik. Beide Künste gestalten die Zeit. Hier ein Augenblick der Verständigung zwischen Kameramann, Regisseur und Komponist (v. l. n. r.: Gernot Roll, Edgar Reitz, Nikos Mamangakis).

◁ *Seite 990/991*
Dreharbeiten in Venedig (Szene 1042). Der Nebel, der über Kanälen und Brücken liegt, ist künstlich.

Die Arbeit mit den Schauspielern kann mehr sein als die Suche nach richtiger Darstellung. In der Arbeit mit Hannelore Hoger entwickelt sich aus Fräulein Cerphal die »ewige Tochter«.

In einem Film entsteht nichts von allein, und nichts ist Zufall. Auch die kleinste Szene muß minutiös geplant werden, damit die Kamera sie ausdrucksvoll erfassen kann. Hier eine Szenenbesprechung mit Hauptdarstellerin Salome Kammer (im Spiegel Gisela Müller).

Das Spiel vor der Kamera erfordert von den Schauspielern nicht selten, daß sie die Gesetze der Optik verstehen. Wie kann die Kamera Hermanns Blick durch das Rotweinglas abbilden? Arbeit mit Hauptdarsteller Henry Arnold.

Seite 996/997 ▷
Obwohl uns der Film von einem verschworenen Freundeskreis erzählt, kommen die Darsteller der jungen Künstler nur selten an einem Ort zusammen. Zu Hermanns Hochzeit sind sie alle erschienen. Dies mußte auf einem Gruppenbild mit Filmteam festgehalten werden.

DIE 2. HEIMAT
Kleine
Prinzessin

Szenographie

Erstes Buch
DIE ZEIT DER ERSTEN LIEDER
Hermann, Herbst 1960

101 Wohnküche, Haus Simon in Schabbach
102 Hermanns Schlafzimmer
103 Dorfkirche, Orgelempore
104 Gymnasium-Prüfungszimmer, Gänge
105 Schulaula, Musiksaal
106 Gymnasium, Ausgang
107 Haus Simon, Dorfrand Schabbach
108 Schnellzug, Rheintal
109 Hauptbahnhof München
110 Straßen in Bahnhofsnähe
111 Kanzlei Bretschneider
112 Geschäft Moretti
113 Wohnung Moretti
114 Kanzlei Bretschneider
115 Laden Moretti
116 Morettis Dachboden
117 Odeonsplatz
118 Vor Haus Renate
119 Zimmer Renate
120 Straße vor der Musikhochschule
121 Musikhochschule
122 Musikhochschule, Prüfungszimmer
123 Musikhochschule, Flure, Konzertsaal
124 Vor der Musikhochschule
125 Königsplatz
126 Münchner Trambahn
127 Kohlenhandlung, Hof
128 Bude von Clemens
129 Vor Haus Renate
130 Alter Peter
131 Musikhochschule, Portiersloge, Gänge
132 Musikhochschule, Kammermusikraum

133 Musikhochschule, Treppenhaus
134 Mensa der Universität
135 Vorortstraße, Schauspielschule
136 Schauspielschule
137 Vorortstraße
138 Musikhochschule, Kompositionsklasse
139 Musikhochschule, Celloklasse
140 Musikhochschule, Gänge
141 Musikhochschule, Übungszimmer
142 Musikhochschule, Treppenhaus
143 Musikhochschule
144 Musikhochschule, Treppenhaus
145 Musikhochschule, Konzertsaal
146 Vor der Musikhochschule
147 Bude von Clemens
148 Hof des Kohlen-Josef
149 Vorderschuppen
150 Postamt
151 Straße in Simmern
152 Gymnasium Simmern
153 Hof des Kohlen-Josef
154 Bude von Clemens

Zweites Buch
ZWEI FREMDE AUGEN
Juan, 1960/61

201 Bahnstation
202 Villenstraße
203 Schauspielschule
204 Schauspielschule, Chauffeurszimmer
205 Chauffeurszimmer
206 Schauspielschule, Garten
207 Straßen in Schwabing
208 Vor der Musikhochschule
209 Straßenbahn
210 Vor Villa Hünerbein
211 Villa Hünerbein

212 Am Isarufer
213 Vor Haus Clarissa
214 Treppenhaus Wohnung Clarissa
215 Zugabteil
216 Straßen in Wasserburg
217 Wohnung Mutter Clarissa
218 Villa Dr. Kirchmayer
219 Platz vor der Kirche
220 Wohnung Mutter Clarissa
221 Milchgeschäft
222 Vor Milchgeschäft
223 Münchner Straßen
224 Laden Moretti
225 Wohnung Moretti, Treppenhaus
226 Dachboden Moretti
227 Laden Moretti, Straße
228 Toreinfahrt, Treppenhaus Bretschneider
229 Kanzlei Bretschneider
230 Zugabteil
231 Hof des Kohlen-Josef
232 Kohlen-Josef, Vorderschuppen
233 Münchner Innenstadt
234 Studentenschnelldienst
235 Arnold & Richter, Lager
236 Straßen vor einem Konzertsaal
237 Konzertsaal
238 Straßen in Schwabing
239 Schwabinger Kneipe
240 Villa Cerphal
241 Villa Cerphal, Küche
242 Villa Cerphal, Diele
243 Renates Zimmer
244 Vor Haus Renate
245 Englischer Garten
246 Hof des Kohlen-Josef
247 Bude Clemens
248 Stripteaselokal
249 Münchner Straßen, Haus Renate
250 Bude Clemens

251 Hof vor Bude Clemens
252 Bude Clemens
253 Hof vor Bude Clemens
254 Hof des Kohlen-Josef
255 Bude Clemens
256 Jazzkneipe
257 Straße vor Haus Clarissa
258 Straßen in Schwabing
259 Musikhochschule, Übungszimmer
260 Bude Clemens
261 Hof Moretti
262 Salon Moretti
263 Kino in Schwabing

Drittes Buch

EIFERSUCHT UND STOLZ

Evelyne, 1961

301 Friedhof Neuburg an der Donau
302 Straßen in Neuburg
303 Musikalienhandlung
304 Wohnung Witwe Cerphal
305 Zimmer Evelyne
306 Stadtbilder München
307 Englischer Garten
308 Ein Münchner Taxi
309 Villa Cerphal
310 Villa Cerphal, Diele
311 Kellerwohnung Ries
312 Villa Cerphal, Garten
313 Kellerwohnung Ries
314 Villa Cerphal, Bibliothek, Terrassenzimmer
315 Villa Cerphal, Garten
316 Villa Cerphal, Terrassenzimmer
317 Tor Villa Cerphal
318 Eingang Villa Cerphal
319 Villa Cerphal, Terrassenzimmer
320 Villa Cerphal, Garten

321 Villa Cerphal, Diele
322 Villa Cerphal, Bibliothek
323 Villa Cerphal, Diele
324 Villa Cerphal, Terrassenzimmer
325 Villa Cerphal, Bibliothek
326 Villa Cerphal, Terrassenzimmer
327 Villa Cerphal, Bibliothek
328 Villa Cerphal, Terrassenzimmer
329 Villa Cerphal, Bibliothek
330 Villa Cerphal, Terrassenzimmer
331 Villa Cerphal, Bibliothek
332 Villa Cerphal, Terrassenzimmer
333 Villa Cerphal, Terrasse
334 Villa Cerphal, Terrassenzimmer
335 Villa Cerphal, Terrasse
336 Villa Cerphal, Bibliothek
337 Villa Cerphal, Garten
338 Villa Cerphal, Terrassenzimmer
339 Villa Cerphal, Garten
340 Villa Cerphal, Garten
341 Haus Clarissa
342 Haus Clarissa, Treppenhaus
343 Vor Haus Clarissa
344 Zimmer Clarissa
345 Schwabinger Straße
346 Villa Cerphal, Salon
347 Villa Cerphal, Terrasse
348 Isarufer
349 Kellerwohnung Ries
350 Villa Cerphal, Bibliothek
351 Café am Siegestor
352 Häfnerstraße
353 Milchladen
354 Häfnerstraße
355 Nordfriedhof
356 Milchgeschäft
357 Nordfriedhof
358 Milchladen
359 Englischer Garten, Maximilianstraße

360 Sendlinger Tor
361 Vor Villa Cerphal
362 Villa Cerphal, Terrassenzimmer
363 Straße in Schwabing
364 Isarauen
365 Kino am Sendlinger Tor
366 Münchner Motive

Viertes Buch
ANSGARS TOD
Ansgar, 1961/62

401 Nymphenburger Park
402 Münchner Straße
403 Villa Cerphal, Garten
404 Villa Cerphal, Bibliothek
405 Villa Cerphal, Terrassenzimmer
406 Villa Cerphal, Garten
407 Hof des Kohlen-Josef
408 Vor Haus Clarissa
409 Wohnung Clarissa, Treppenhaus
410 Vor Haus Clarissa
411 Wald über Wasserburg
412 Wasserburg, Villa Dr. Kirchmayer
413 Villa Dr. Kirchmayer
414 Villa Dr. Kirchmayer
415 Wohnung Mutter Clarissa
416 Münchner Trambahn
417 Musikhochschule, Konzertsaal
418 Musikhochschule, Übungsraum
419 Königsplatz
420 Kongregationssaal, Neuburg
421 Straßen in Neuburg
422 Kongregationssaal, Neuburg
423 Restaurant in Neuburg
424 Villa Cerphal, Terrassenzimmer
425 Vor der Musikhochschule
426 Musikhochschule, Foyer

Fünftes Buch
DAS SPIEL MIT DER FREIHEIT
Helga, 1962

510 Leopoldstraße
511 Dillesstraße
512 Straße vor Villa Cerphal
513 Villa Cerphal, Terrassenzimmer
514 Straße vor Villa Cerphal
515 Villa Cerphal, Terrassenzimmer
516 Straße in der Innenstadt
517 Trödelladen
518 Polizeipräsidium, Gänge
519 Polizeipräsidium, Wachzimmer
520 Straße Nähe Präsidium
521 Autobahnauffahrt
522 Bahnfahrt
523 Zugabteil, Bahnhof Rolandseck
524 Bahnhof Bonn
525 Bahnhof Rolandseck
526 Bahnhof Dülmen
527 Dülmener Straßen
528 Vor Elternhaus Helga
529 Wohnzimmer Elternhaus Helga
530 Schwimmbad Dülmen
531 Autobahn
532 Kino in Dülmen
533 Straßen in Dülmen
534 Elternhaus Helga
535 Vor dem Kino
536 Vor Haus Marianne
537 Café Hintsch
538 Dorlis Speicherbude
539 Konditorei
540 Dorlis Speicherbude
541 Vor Elternhaus Helga
542 Helgas Zimmer
543 Vor Haus Helga
544 Vor Haus Marianne
545 Wohnung Marianne
546 Dülmener Straßen
547 Wohnung Marianne
548 Café Hintsch

549 Wiesen und Waldrand
550 Vor Haus Helga
551 Haus Helga, Hausflur, Gästezimmer, Wohnzimmer
552 Café Hintsch
553 Haus Helga, Wohnzimmer, WC
554 Haus Helga, Gästezimmer, oberer Flur
555 Dülmener Straßen
556 Wohnung Marianne
557 Haus Helga, oberer Flur
558 Haus Marianne, Schlafzimmer
559 Autobahnauffahrt
560 Café Hintsch
561 Insel Sylt
562 Landhaus auf Sylt
563 Elternhaus Helga
564 Münchner Straßen
565 Trödelladen
566 Villa Cerphal
567 Villa Cerphal, Terrassenzimmer
568 Villa Cerphal, Gartenterrasse

Sechstes Buch
KENNEDYS KINDER
Alex, 1963

601 München, Englischer Garten
602 Zimmer Alex
603 Haustür, Hauseingang
604 Villa Cerphal, Terrasse
605 Villa Cerphal, Terrassenzimmer
606 Königsplatz
607 Musikhochschule, Eingangshalle
608 Musikhochschule, Kantine
609 Musikhochschule, Übungszimmer
610 Musikhochschule, Foyer
611 Villa Cerphal, Küche und Diele
612 Sightseeing-Bus
613 Villa Cerphal, Terrassenzimmer

614 Villa Cerphal, Bibliothek und Terrassenzimmer
615 Alter Nordfriedhof
616 Ein Blumenladen, Straße
617 Haus Clarissa, Treppenhaus
618 Zimmer Clarissa
619 Vor der Bank
620 Foyer der Bank
621 Straße, Schaufenster
622 Straße
623 Versicherungsgebäude, Treppenhaus
624 Versicherungsgebäude, Foyer und Treppenhaus
625 Vor Versicherungsgebäude
626 Sightseeing-Bus
627 Hauptbahnhof
628 Straße vor Haus Olga
629 Wohnung Olga
630 Hausflur, Wohnung Schnüßchen
631 Straße in Rosenheim
632 Arzthaus
633 Behandlungszimmer
634 Arzthaus, Stadtpanorama
635 Hinterhöfe, Vorstadt
636 Straßenbahn
637 Kino
638 Versicherungsgebäude
639 Straßen bei Nacht, Telefonzelle
640 Kneipe in Schwabing
641 Im Kino
642 Straßen in München
643 Untermietzimmer Helga
644 Straße vor Wohnung Clarissa
645 Villa Cerphal, Garten
646 Villa Cerphal, Terrassenzimmer
647 Villa Cerphal, Küche
648 Villa Cerphal, Terrassenzimmer
649 Villa Cerphal, Küche
650 Villa Cerphal, Terrassenzimmer

Siebtes Buch

WEIHNACHTSWÖLFE

Clarissa, 1963

701 Straße vor Musikhochschule
702 Musikhochschule, Foyer und Damentoilette
703 Weg zur Pinakothek
704 Pinakothek
705 Zimmer Clarissa
706 Vor dem Konzertgebäude
707 Konzertsaal, Bühne
708 Konzertsaal, Toilette
709 Konzertsaal, Foyer
710 Konzertsaal
711 Wohnung Clarissa
712 Krankenwagen
713 Krankenhaus, Foyer
714 Konzertsaal
715 Vor dem Krankenhaus, im Auto
716 Krankenhaus, Foyer und Gänge
717 Foyer, Konzertsaal
718 Krankenhaus, Foyer
719 Bar
720 Zimmer Renate
721 Villa Cerphal, Terrassenzimmer
722 Vor dem Krankenhaus, im Auto
723 Treppenhaus Stefan
724 Villa Cerphal, Terrassenzimmer
725 Straße vor Kosmetiksalon Moretti
726 Kosmetiksalon
727 Konzertsaal, Foyer
728 Krankenhaus, Flur und Zimmer Clarissa
729 Straßburg, Villa von Jean-Maries Eltern
730 Straßburg, Terrasse der Villa
731 In den Bergen
732 Berghütte
733 Kirche in München
734 Berghütte
735 Krankenhaus, Zimmer Clarissa

736 Krankenhaus, Pförtnerloge
737 Krankenhaus, Toilette
738 Krankenhaus, Zimmer Clarissa
739 Haus von Jean-Marie in München
740 Vor dem Postamt
741 Villa Cerphal, Terrassenzimmer
742 Villa Cerphal, Terrasse
743 Villa Cerphal, Terrassenzimmer
744 Villa Cerphal, Bibliothek
745 Villa Cerphal, Terrassenzimmer
746 Villa Cerphal, Terrasse, Wintertag

Achtes Buch
DIE HOCHZEIT
Schnüßchen, 1964

801 Im Hunsrück. Das Haus von Schnüßchens Eltern
802 Elternhaus Schnüßchen
803 Vor Elternhaus Schnüßchen
804 Münchner Innenstadt
805 München, Englischer Garten
806 Biergarten am Chinesischen Turm
807 Münchner Straßen
808 Mietshaus, Treppenhaus
809 Kinderkarussell
810 Vor Haus Elisabeth
811 Treppenhaus
812 Wohnung Elisabeth
813 Kleinhesseloher See
814 Wohnung Elisabeth
815 Wohnung Elisabeth, Flur
816 Orientexpreß
817 Wohnung Elisabeth
818 Villa Cerphal, Terrassenzimmer
819 Musikhochschule
820 »Japanzimmer«/Orientexpreß
821 Rosenheim, Arztpraxis
822 Paris, Gare de l'Est

823 Paris, Straßen
824 Atelierwohnung, Paris
825 München, Straße vor Villa Cerphal
826 Villa Cerphal
827 Straße Nähe Bahnhof
828 Büro des Immobilienmaklers
829 Treppenhaus des Immobilienmaklers
830 Schlemmerlokal
831 Villa Cerphal, Terrassenzimmer
832 Autobahn
833 Autobahn, Parkplatz
834 Standesamt
835 Villa Cerphal, Garten und Haustür
836 Villa Cerphal, Diele, Terrassenzimmer
837 Vor dem Standesamt
838 Villa Cerphal, Straße und Garten
839 Villa Cerphal, Diele und Bibliothek
840 Villa Cerphal, Terrassenzimmer
841 Villa Cerphal, Garten und Straße
842 Villa Cerphal, Garten, Terrassenzimmer
843 Paris, Straßen
844 Atelier des Celloprofessors
845 Villa Cerphal, Garten
846 Villa Cerphal, Terrassenzimmer
847 Villa Cerphal, Schuppen
848 Villa Cerphal, Bibliothek
849 Villa Cerphal, Garten
850 Flughafen München
851 Villa Cerphal, Terrasse
852 Münchner Straßen
853 Villa Cerphal, Terrasse und Diele
854 Villa Cerphal, Küche
855 Villa Cerphal, Diele und Bibliothek
856 Wohnung Hermann und Schnüßchen
857 Villa Cerphal, Bibliothek und Terrassenzimmer
858 Wohnung Hermann und Schnüßchen
859 Villa Cerphal, Terrasse und Garten
860 Villa Cerphal, Küche
861 Villa Cerphal, Garten

Neuntes Buch

DIE EWIGE TOCHTER

Fräulein Cerphal, 1965

901 Villa Cerphal, Garten
902 In einem Taxi
903 Straße vor Villa Cerphal und Garten
904 Villa Cerphal, Diele
905 Altenheim, Anfahrt
906 Altenheim, Zimmer des alten Cerphal
907 Am Maxmonument
908 Vor Cerphal-Verlag
909 Cerphal-Verlag, Gänge
910 Cerphal-Verlag, Hof
911 Villa Cerphal, Garten und Eingang
912 Villa Cerphal, Terrassenzimmer
913 Kellerkneipe »Renates U-Boot«
914 »Renates U-Boot«, Schänke und Bühne
915 Wohnung Hermann und Schnüßchen
916 Villa Cerphal, Zufahrt und Eingang
917 Villa Cerphal, Küche, Räume der Cerphal
918 Fuchsstraße, Villa Cerphal
919 Flughafen, Landebahn
920 Flughafen München
921 Im Auto von Dr. Kirchmayer
922 Villa Dr. Kirchmayer
923 Musikhochschule
924 Cerphal-Verlag
925 Straße und Boutique
926 Villa Cerphal, Diele
927 Villa Cerphal, Schlafzimmer und Salon
928 Altenheim
929 Altenheim, Zimmer des alten Cerphal
930 Konzertsaal
931 Straße in Schwabing
932 Wohnung Hermann und Schnüßchen
933 Konzertsaal
934 Café Annast
935 Universität, Gänge und Foyer

936 Villa Cerphal, Terrassenzimmer
937 Schlafzimmer Fräulein Cerphal
938 Geschäft eines Geigenbauers
939 Straße vor Geigengeschäft
940 Wasserburg, Villa Dr. Kirchmayer
941 Villa Cerphal, Garten/Eingang
942 Cerphal-Verlag
943 Villa Cerphal, Eingang
944 Villa Cerphal, Diele
945 Wasserburg, Villa Dr. Kirchmayer
946 Wohnung Mutter Clarissa
947 Straße vor Wohnung Mutter Clarissa
948 Straße vor Villa Cerphal
949 Villa Cerphal, Diele
950 Altenheim, Zimmer des alten Cerphal
951 Straße vor »Renates U-Boot«
952 Villa Cerphal, Garten
953 Villa Cerphal, Diele
954 Villa Cerphal, Garten

Zehntes Buch
DAS ENDE DER ZUKUNFT
Reinhard, 1966

1001 Müllberg Nord
1002 Mexiko-Bilder
1003 Abbruch Villa Cerphal
1004 Hollandstraße, Telefonzelle
1005 Abbruch Villa Cerphal
1006 Straße vor Abbruchvilla
1007 Abbruch Villa Cerphal
1008 Straße vor Abbruchvilla
1009 Abbruch Villa Cerphal
1010 Straße vor Abbruchvilla
1011 »Renates U-Boot«
1012 Wohnung Reinhard
1013 Isarfilm, Studio
1014 Isarfilm, Schneideraum

1015 Abbruch Villa Cerphal
1016 Wohnung Reinhard
1017 Verlagsgebäude
1018 Cerphal-Verlag, Zimmer Frau Ries
1019 Villenstraße, Abbruch Villa Cerphal
1020 Hauptbahnhof und Zugabteil
1021 Abbruch Villa Cerphal
1022 Wasserburg, Wohnung Mutter Clarissa
1023 Venedig, Kanäle
1024 Venedig, Pensionszimmer
1025 Traumbild
1026 Venedig, Gassen
1027 Palazzo Esther
1028 Venedig, Gassen, Hotelzimmer
1029 Palazzo Esther und Gassen
1030 Palazzo Esther
1031 Isarfilm, Schneideraum
1032 Venedig, Gassen, Palazzo Esther
1033 Palazzo Esther
1034 Kanal in Venedig
1035 Wasserburg, Aussichtspunkt
1036 Palazzo Esther, Esthers Zimmer
1037 Palazzo Esther, Reinhards Zimmer
1038 Venedig, Kanäle und Gassen
1039 Palazzo Esther
1040 Palazzo Esther
1041 München, Englischer Garten
1042 Venedig, Kanäle
1043 Palazzo Esther, Dunkelkammer
1044 Palazzo Esther, Reinhards Zimmer
1045 Markusplatz
1046 München, eine Buchdruckerei
1047 Straße vor Druckerei
1048 Ein Café
1049 Forsthaus am Ammersee
1050 Landstraße Nähe Ammersee
1051 Forsthaus am Ammersee
1052 Kapelle Sankt Alban
1053 Ammersee-Ufer

1054 Venedig, Markusplatz
1055 Palazzo Esther, Esthers Zimmer
1056 Ammersee

Elftes Buch
DIE ZEIT DES SCHWEIGENS
Rob, 1967/68

1101 Ballsaal eines Dorfgasthauses
1102 Vor Dorfgasthaus
1103 Ammersee-Ufer
1104 Parkplatz, Ammersee-Ufer
1105 Schilfgebiet am See
1106 Vor Haus Hermann und Schnüßchen
1107 Wohnung Hermann und Schnüßchen
1108 KZ Dachau
1109 In Dachau
1110 Dachau, Schloßwirtschaft
1111 Straße vor Haus Volker und Clarissa
1112 Wohnung Volker und Clarissa
1113 Wohnung Volker und Clarissa, Küche
1114 Wohnung Hermann und Schnüßchen
1115 Straße in Schwabing
1116 Büro Konsul Handschuh
1117 Wohnung Hermann und Schnüßchen
1118 Ammersee, Bootshaus
1119 Wohnung Hermann und Schnüßchen
1120 Verlagsgebäude am Isarufer
1121 Cerphal-Verlag
1122 Münchner Straßen, Limousine
1123 Bank, Foyer und Flur
1124 Bank, ein Konferenzsaal
1125 Bundesbahngelände
1126 Vorgebirgslandschaft mit Schnee
1127 Isarfilm, Tonstudio
1128 Verschneite Abendlandschaft
1129 Wohnung Volker und Clarissa
1130 Isarfilm, Studio

1131 Isarfilm, Studio, Tonregie
1132 Nächtliche Straßen
1133 Wohnung Erika
1134 Wohnung Hermann und Schnüßchen
1135 Wohnung Erika
1136 Vor Haus Hermann und Schnüßchen
1137 Wohnung Hermann und Schnüßchen
1138 Alter Nordfriedhof
1139 Wohnung Volker und Clarissa
1140 Zugfahrt nach Wasserburg
1141 Villa Dr. Kirchmayer
1142 Bahnhof Wasserburg
1143 München, Fuchsstraße
1144 Isarfilm, Studio
1145 Isarfilm, Schneideraum
1146 Isarfilm, Tonregie
1147 Isarfilm, Schneideraum
1148 Isarfilm, Tonstudio
1149 Ammersee-Ufer
1150 Elternhaus Rob
1151 Ammersee, Bootssteg
1152 Reisebüro
1153 Messegelände
1154a Varia-Vision, Ausstellungshalle
1155a Regieraum
1154b Ausstellungshalle
1155b Regieraum
1154c Ausstellungshalle
1155c Regieraum
1156a Projektion
1154d Ausstellungshalle
1156b Projektion
1154e Ausstellungshalle
1156c Projektion
1155d Regieraum
1156d Projektion
1155e Regieraum
1154f Ausstellungshalle
1156e Projektion

1155f Regieraum
1154g Ausstellungshalle
1155g Regieraum
1154h Ausstellungshalle
1155h Regieraum
1154i Ausstellungshalle
1155i Regieraum
1154j Ausstellungshalle
1155j Regieraum
1154k Ausstellungshalle
1155k Regieraum
1154l Ausstellungshalle
1155l Regieraum
1154m Ausstellungshalle
1156f Projektion
1156n Ausstellungshalle
1156g Projektion
1155m Regieraum
1157 Ammersee

Zwölftes Buch
DIE ZEIT DER VIELEN WORTE
Stefan, 1968/69

1201 Grenzübergang Hirschberg
1202 Fahrt durch die DDR
1203 Villa in Berlin
1204 In der Berliner Villa
1205 München, Isarfilm, Tonstudio
1206 Berliner Villa
1207 München, Isarfilm
1208 Berliner Villa
1209 München, Isarfilm
1210 Berliner Villa
1211 München, Isarfilm
1212 Berliner Villa
1213 Isarfilm
1214 Berliner Villa

1215 München, Isarfilm
1216 Berliner Villa
1217 München, Isarfilm
1218 Berliner Villa
1219 München, Isarfilm
1220 Berliner Villa
1221 Isarfilm, Studiogebäude
1222 Büro Konsul Handschuh
1223 Wohnung Hermann und Schnüßchen
1224 Vor »Renates U-Boot«
1225 »Renates U-Boot«
1226 Straße vor Wohnung Volker und Clarissa
1227 Treppenhaus Volker und Clarissa
1228 Wohnung Volker und Clarissa
1229 Wohnung Hermann und Schnüßchen
1230 Wohnung Volker und Clarissa, Schlafzimmer
1231 Wohnzimmer Volker und Clarissa
1232 Straße vor Haus Volker und Clarissa
1233 Englischer Garten
1234 Wohnung Hermann und Schnüßchen
1235 Universität
1236 Isarfilm, Studio
1237 Kindergarten
1238 Wohnung Hermann und Schnüßchen
1239 Straße
1240 Isarfilm, Studio
1241 Wohnung Hermann und Schnüßchen
1242 Im Flugzeug nach Berlin
1243 Berliner Kommune
1244 München, vor Haus Hermann und Schnüßchen
1245 »Renates U-Boot«
1246 Wohnung Volker und Clarissa
1247 Vor Haus Volker und Clarissa
1248 Wohnung Volker und Clarissa
1249 Berliner Villa
1250 Kommune Berlin
1251 Isarfilm, Büro Konsul Handschuh
1252 Kommune Berlin
1253 Kinderladen in Berlin

1254 Vor Berliner Villa
1255 Café am Wannsee
1256 Kurfürstendamm, Café Möricke
1257 Café Möricke
1258 Hotelzimmer
1259 Hotel Kempinski
1260 Bankschalter
1261 Berliner Villa
1262 Berliner Villa
1263 Berliner Villa, Foyer
1264 Im Auto Stefan, Fahrt nach München
1265 Vor Kinderladen in Berlin
1266 Kommune Berlin
1267 Berliner Innenhof
1268 Autobahnauffahrt Dreilinden
1269 München, Wohnung Hermann und Schnüßchen
1270 Alter Nordfriedhof
1271 Ein Autogeschäft
1272 Voralpenland
1273 Zugspitzbahn

Dreizehntes Buch
KUNST ODER LEBEN
Hermann und Clarissa, 1970

1301 Theresienwiese, Blick über München
1302 Im Festzelt
1303 Taxiplatz Nähe Oktoberfest
1304 Straße vor Haus Hermann und Schnüßchen
1305 »Alter Simpl«
1306 Öffentliches Gebäude
1307 Wohnung Hermann und Schnüßchen
1308 Am Ammersee
1309 Villa Konsul Handschuh
1310 Königsplatz, Münchner Straßen
1311 Treppenhaus Wohnung Volker und Clarissa
1312 Hauptbahnhof München
1313 Zugabteil

1314 Bahnhof Augsburg
1315 Zugfahrt
1316 Heidelberger Altstadt
1317 Stadttheater Heidelberg
1318 Hauptstraße Heidelberg
1319 Hotel Ritter
1320 Bahnhof Heidelberg
1321 Zugabteil
1322 Marktplatz Bacharach
1323 Rheinufer
1324 Zirkus Antoni
1325 Zirkusanlage
1326 Im Zugabteil
1327 Landschaft mit Bahngleis
1328 Im Zugabteil
1329 Bahndamm mit Wegkreuzung
1330 Im Zugabteil
1331 Straßenkreuzung, Verkehrskontrolle
1332 Münchner Straße
1333 München, Wohnung Stefan
1334 Rheinbrücke Köln
1335 Konzertsaal
1336 »Domplatte«
1337 München, Bude Alex
1338 Wohnung Stefan
1339 Berliner Kommune
1340 Köln, Hotelzimmer Hermann
1341 Berliner Kommune
1342 Hotelzimmer Hermann
1343 München, Treppenhaus Stefan
1344 Wohnung Stefan
1345 Hauptbahnhof Köln
1346 Zugfahrt, Speisewagen
1347 Dülmen, Bahnhof, Innenstadt
1348 Zugfahrt
1349 Grachten in Amsterdam
1350 Amsterdam, »Melkweg«
1351 Theatersaal
1352 Vor Hotel Acacia

1353 Hotel Acacia
1354 Straße vor Hotel Acacia
1355 Hotelzimmer Acacia
1356 Gracht vor Hotel Acacia
1357 Hotel Acacia
1358 Café in Amsterdam
1359 Straßen von Amsterdam
1360 Hotelzimmer Acacia
1361 Zugabteil
1362 »Melkweg«, Presseraum
1363 Zugabteil
1364 Bahnhof Simmern
1365 Hunsrücker Landschaft
1366 Straße nach Schabbach

Inhalt

Anhang